谨以此书深切缅怀中国文物保护技术协会

前副理事长及顾问蔡学昌先生、李最雄先生！

中国文物保护技术协会第十次学术年会论文集

中国文物保护技术协会
山　西　博　物　院　编

科　学　出　版　社
北　京

内 容 简 介

本书收录中国文物保护技术协会第十次学术年会提交的文物保护、文物研究论文82篇，内容涵盖金属文物、石质文物、纸张、纺织品、竹木漆器、彩绘壁画、古建筑遗址等不同质地的文物保护研究与分析研究等。

本书可供文物保护、文物科技研究工作者及高等院校相关专业师生阅读、参考。

图书在版编目（CIP）数据

中国文物保护技术协会第十次学术年会论文集 / 中国文物保护技术协会，山西博物院编. —北京：科学出版社，2020.5

ISBN 978-7-03-064872-3

Ⅰ. ①中…　Ⅱ. ①中…　②山…　Ⅲ. ①文物保护–学术会议–文集
Ⅳ. ①G264-53

中国版本图书馆CIP数据核字（2020）第064885号

责任编辑：王光明 / 责任校对：邹慧卿
责任印制：肖　兴 / 封面设计：张　放

科 学 出 版 社 出版
北京东黄城根北街16号
邮政编码：100717
http://www.sciencep.com

中国科学院印刷厂 印刷
科学出版社发行　各地新华书店经销

*

2020年5月第　一　版　开本：889 × 1194　1/16
2020年5月第一次印刷　印张：44
字数：1 267 000

定价：358.00元

（如有印装质量问题，我社负责调换）

目　　录

可移动文物保护技术研究

故宫乾隆花园宫廷家具保护性修复与工艺特征研究…………王文涛（3）
铁质文物纸浆脱盐工艺初步研究及应用——以大钟寺铁钟为例……张　然　李　沫　郭　聪（15）
河南上蔡楚墓出土四耳铜鉴的修复保护…………王有亮　吕团结　高　飞（24）
青岛市博物馆藏两件青铜文物的保护修复研究…………胡可佳　张海燕（30）
青铜器残缺部位的快速无损修复…………胡　威（37）
宋代湖州铜镜的保护修复研究…………韦佳媚（43）
雅安“4·20”地震受损青铜釜保护修复…………吴俊杰　刘　洋　刘　宇（51）
故宫博物院藏商代亚“□”鼎的修复保护…………高　飞　尚素红　刘建宇　曲　亮（57）
用辩证的观点研究和分析金属文物的腐蚀与保护…………李振兴　齐迎萍　冯绍彬（63）
故宫藏英国两件大型古钟的修复与研究…………亓昊楠（69）
古瓷器裂缝污染物的初步研究及清洗…………李艳红　王嘉堃　周双林　江雪辰（81）
古陶瓷文物修复常用胶黏剂的紫外光老化性能研究…………高　鑫　韩向娜　魏书亚　何海平（93）
菏泽古船一件青花花鸟瓷盘的保护研究…………
…………白广珍　段鸿莺　吴双成　曲　亮　雷　勇　吕凤涛　任庆山（114）
唐代黄地花瓣团窠对含绶鸟纹锦的保护修复…………陈绍慧　魏彦飞（123）
湖南省平江县明代古墓出土纺织品文物的现场保护…………董鲜艳（132）
清代鹭鸶补服的保护修复…………杨丽蔚　杨云峰（137）
酸化图书pH测定中的影响因素探讨…………张玉芝　郑冬青　张金萍（152）
元代赵孟頫《牧马图》的修复探索…………吕　云（158）
贴条糨糊浓度对书画修复的影响…………孙文艳　王晓静（163）
《清冯廷丞诗稿墨迹》册页的保护修复案例…………李晓晨（170）
重庆市北碚区图书馆馆藏书画文物的保护修复…………
…………周理坤　杨　军　牛伟宏　左　训　胡乾娟　唐　欢（174）
浅谈馆藏明清祖先画像的保护修复…………张慧敏　周理坤（179）
馆藏书画文物保护修复——以《李峦山水图轴》为例…………赵晓龙　张晓珑（182）

《清邹一桂（？）仿宋人工笔花鸟绢本图轴》的修复
——中国书画修复中绢本画全色出现泛色问题的探究……………………徐婉玲　傅志勇（189）
浅谈近现代文献脱酸的考察指标……………………张玉芝　张云凤　石　慧　李瑶瑶　郑冬青（199）
浅谈博物馆纸质文物的保护……………………………………………………………………李秀红（205）
纸质文物常见病害及病害图绘制
——以湖北省博物馆馆藏古籍《淳祐临安志》的病害图绘制为例…………谢　梦　赵艳红（213）
1943年中国银行重庆分行海外汇款单的保护修复…………李　慧　程　廉　何　方　张秀娟（225）
运用科技保护理念与传统技法修复馆藏书画
——修复长沙市博物馆馆藏谭延闿书法对联………………………………………………张兴伟（234）
岳德明烈士结婚证书的保护修复…………………………张秀娟　程　廉　何　方　李　慧（239）
西藏历史文献档案纸张的纸性分析及修复用纸的选用………………………………………达　珍（248）
洪洞县博物馆馆藏水陆画装裱样式初探…………………………………………………………王晓静（254）
关于养心殿内檐书画保护“综合性”研究视角的思考………………………………………喻　理（261）
纸质文物修复过程中的探索与思考………………………………………………………………樊　坤（268）
泥金银写绘类书画文物复制中传统摹画技艺与现代数字技术的融合…………………………廖安亚（272）
考古发掘现场文物保护有效模式初探
——随州叶家山曾国墓地二期考古发掘现场文物保护…………………………………………卫扬波（280）
颐和轩的“导和养素”匾联的保护与修复…………………………………………………………孙　鸥（287）

不可移动文物保护技术研究

植被种类及分布调查对墓葬类遗址保护的重要性研究
——以汉代长沙王陵墓群桃花岭汉墓为例……………………………………………徐　路　丛义艳（297）
绍兴柯岩造像及摩崖题刻云骨岩体稳定保护方案探讨……………………………………………刘迎兵（304）
置换砂浆加固砌体在剪压复合受力下的试验研究……………………………………………………
……………………………郑雪锋　石建光　谢益人　郑煌典　王新宇　许志旭（311）
阜新万人坑遗骸病害调查及研究…………………郑冬青　万　俐　何子晨　张玉芝　云　悦（319）
石质修补材料试验设计中文物保护原则的应用
——以南京瞻园明代石狮修复为例…………………………………………………………李　玮　王光明（326）
泥土稳定剂在熊家冢遗址土化学加固中的应用……………………………陈　华　周丽珍　吴顺清（334）
敦煌莫高窟生态环境研究进展………………………杨小菊　武发思　贺东鹏　徐瑞红　汪万福（343）
莫高窟第245窟裂隙渗水对壁画产生的病害破坏研究………………………牛贺强　王丽琴　郭青林（355）
常用壁画保护材料的性质评价与研究……………………………张化冰　苏伯民　谈　翔　张　瑞（364）
韩休墓《玄武图》壁画的保护修复…………………………………金紫琳　杨文宗　王　佳　霍晓彤（373）

赤峰博物馆馆藏塔子山辽墓、砂子山元墓壁画的保护修复中的认识……任亚云（381）
应县木塔变形的过去、现在与将来……吴育华　永昕群（409）
基于历史传承的晋祠鱼沼飞梁维修设计研究……李晋芳（416）
浅谈古建筑文物的保护研究……阴雪融（422）
浅谈古建筑维修工程管理中存在的问题及对策……连颖俊　姚　远（426）
晋祠圣母殿消防安全保护浅析……马晓军（432）

文物预防性保护

中国古代壁画生物病害研究现状与展望……武发思　贺东鹏　苏　敏　田　恬　杨小菊　陈　章　冯虎元　汪万福（441）
浅谈田野石质文物在线保护系统……邓　宏　全定可　杨双国　贾　甲（453）
纸质文物有害微生物监测方法研究……张　诺　郑冬青（459）
如何做好馆藏古籍善本的预防性保护工作——以湖北省博物馆为例……赵艳红　谢　梦（464）
浅谈开封市博物馆新馆文物预防性保护建设思路……吕淑颖（473）
山东博物馆文物预防性保护工作实践与环境评估……李　晶（478）
天津博物馆馆藏文物预防性保护系统应用研究……王冬冬（485）
湖北省博物馆纸质文物保存环境调查研究——以荆楚百年英杰展厅为例……张晓珑　赵晓龙（492）
植物精油熏蒸剂在纸张上残留的初步研究……曾　檀　唐　欢　何　纳　王　春　周理坤（500）

文物科学分析研究

应用Illumina MiSeq高通量测序技术研究白鹤梁水下题刻表面淤泥的微生物组成……唐　欢　范文奇　何　纳　周理坤　曾　檀（505）
拉曼光谱仪在陶瓷修复常用胶黏剂上的应用……范文奇　李　磊　王　春　唐　欢（516）
松滋市博物馆馆藏铜镜的初步科学分析……魏　蓓　李华丽　李冰洁　江旭东　胡　涛　曾燕凌（522）
成都蒲江飞虎村战国墓葬群出土青铜器的保护研究……肖　嶙　蒋璐蔓　龚扬民　杨　弢　赵丽娟　宋永娇　杨军昌（534）
汉代漆纱残片的检测及研究……王　丹（543）
平遥清虚观藏纱阁戏人主要制作材料及工艺研究……韩　宁（550）
南陵县铁拐宋墓M1出土丝织品老化程度研究——以蚕丝蛋白取向度为视角……张晓宁　龚钰轩　龚德才（569）
漆器文物的科技检测方法应用研究……马江丽　颜玮莉（577）
晋中市文物局库房藏部分壁画制作材料初探……解　晋　梁　萍　双　瑞　张政敏（583）

一种新型文物颜色测量方法应用初探——以一件清代官服补子的颜色数字化为例……………………付文斌　张雪艳　刘存良（593）

其　他

一种文物保护用湿固化聚氨酯的研制、表征及应用……………………赵　星　王丽琴　王子铭（617）
青铜文物保护修复项目验收规范的制定……………………钟博超　龚德才（623）
现代测绘技术在彩画现状记录中的应用——以景福宫为例……………………王　莫（634）
无人机倾斜摄影技术在云冈石窟的应用……………………潘　鹏（646）
青铜器修复补配材料使用历史调查……………………蔡毓真　温建华（653）
晋祠博物馆法人治理结构建设浅析……………………王新生（663）
公众对文物保护修复的认知情况调查……………………刘逸堃（668）
数字化技术在博物馆文物保护工作中的思考……………………张宝圣（678）
文物数字化在文化遗产保护中的应用探究——以晋祠文化遗产保护为例……………………郭　蕾（682）
革命文物藏品的保管保护的工作实践……………………董海鹏（689）

后记……………………（694）

可移动文物保护技术研究

故宫乾隆花园宫廷家具保护性修复与工艺特征研究

王文涛

（故宫博物院，北京，100009）

摘要 紫禁城乾隆花园建筑内部陈设及内檐装修制作极为精美，其用材广泛、工艺精巧、典雅精致，体现出清乾隆时期宫廷建筑装饰的高贵风格。作为乾隆花园修复工程中家具与内檐装修的研究保护项目之一，对符望阁建筑室内原陈设的一对紫檀木带雕刻方凳采用传统工艺与现代先进科学手段相结合的方法进行了保护性修复与研究，对文物所传递的历史信息和工艺特征进行了认真研究解读，深刻体会到清代中期宫廷家具制作匠人严谨的工作态度和精湛的工艺水平。修复与研究过程为今后故宫文物家具的研究与保护提供了宝贵的经验和工作方法。

关键词 乾隆花园 宫廷家具 紫檀方凳 保护性修复

引 言

乾隆花园又称宁寿宫花园，位于紫禁城宁寿宫区的西北角，清乾隆三十七年（1772年）开始建，四十一年（1776年）建成，是乾隆皇帝为自己归政后颐养天年修建的游赏之所。这一时期是中国国力鼎盛的时期，财力富足，园内陈设倾入了大量心血，投入了大量的工本。乾隆花园这一区建筑内部家具陈设及内檐装修制作之精美、用材之广泛前所未有，其中所使用的木材有楠木、黄花梨木、紫檀木、沉香木、乌木等上等名贵木材，有些镶嵌竹、玉石、宝石、陶瓷片、珐琅、螺钿、铜等珍贵材料，配以书画、织锦、玻璃，式样、图案由宫廷匠师设计。室内家具陈设及内檐装修工艺涉及绘画、雕刻、镶嵌、刺绣、鎏金、髹漆、雕漆、竹黄等诸多领域，融合乾隆时期各种工艺，装修纹饰典雅大方、富丽堂皇，体现出皇家建筑装修的高贵风格。

家具与内檐装修的制作属小木作，清代宫廷家具做法在继承明代宫廷家具做法的基础上形成了自己的特点，其造型厚重、形式手法多样、题材种类繁多、用材广泛、装饰手段丰富多彩。清代宫廷家具主要产地是广州、苏州和北京，分别称为广作、苏作、京作，都有着各自的风格特点，是清代家具的三大名作。广作家具用材粗大充裕，装饰花纹雕刻较深，且刀法圆润、磨工精细，所用题材除传统纹样外还大量采用西洋式图案，并佐以象牙、珐琅、玻璃画等镶嵌。苏作家具以俊秀灵巧著称，装饰题材多取自历代名人画迹及神话传说故事，镶嵌材料多为玉石、象牙、螺钿、彩石、木雕等。京作家具以清宫内务府造办处所作为代表，风格介于广作家具和苏作家具之间，且更具皇家气派[1]。

清乾隆年间，供役清宫内务府造办处的有很多南方手工匠人，称为“南匠”，据记载造办处中“南匠”比北方的“旗匠”具有更高的地位，报酬也丰厚得多[2]，这种南北技术工艺的大融合极大地丰富了清宫家具门类，产生了无数的杰作。

作为乾隆花园保护项目的一部分，故宫-WMF家具与内檐装修保护培训中心的文物保护工作者在国内外文物保护专家的指导下对乾隆时期家具与内檐装修的历史及特点进行了深入学习研究，并系统学习了文物家具的保护与修复的方法。在深入学习、了解清代家具与内檐装修时代特征和工艺特点的基础上对乾隆花园符望阁室内残损的装修陈设及家具展开保护性调查研究与修复，其中包括对一对符望阁内陈设的做工精美的紫檀方凳展开的研究和修复工作。

这对紫檀方凳的外形、结构、用材尺度、雕刻纹饰特征和雕刻手法等多方面有着明显的清中期家具的特点，特别是四条腿足内翻回纹马蹄形式和凳腿上部拱肩的做法（家具的腿部上端由于束腰缩进而随势做成的肩膀称为“拱肩”）及榫卯结构具有时代特征，其做工非常高雅、精美，有很高的历史文化价值和文物研究价值，是京作家具坐凳类的典型代表。

1　文物现状的调研、记录

1.1　现状调研记录

文物名称：紫檀有束腰带单面凤纹浮雕牙板方凳。

文物编号：故198959、故198960。

材质：檀香紫檀（印度小叶紫檀）。

外形尺寸：495mm × 495mm × 515mm。

出处：清宫内务府造办处。

年代：清中期。

陈设地点：故宫宁寿宫花园符望阁内。

文物外观现状：从方凳外形尺寸来看，高为515mm，折合1.609营造尺，基本延续传统家具尺寸加工标准，按标准的形制制作。《鲁班经》中所记载“板凳式，每做一尺六寸高，一寸三分厚，……脚一寸四分大，一寸二分厚。……”[3]。就尺寸而言，坐凳类家具形式多样，用料尺寸和平面尺寸有所不同，可大可小，但其中凳高的尺寸应该最为重要，一尺六寸，符合古代中国人人体生理结构，是一个成年人坐在上面感到最为舒适的高度，所以这种做法成为一种规制一直延续下来，在故宫同类家具中，大多数高度在490 ~ 520mm之间。

经现状调查，两件文物结构完整，没有构件缺失，表面布满污渍、灰尘和颜料。凳子坐面与四条凳子腿连接榫卯处松动；坐面边框、抹头割角处榫卯连接出现干缩缝隙；面板为三拼（由三块板拼接而成），相互间有2mm宽干缩缝隙；坐面表面存在多处面积大小不等的油漆类污渍，面积超过50%；四面浮雕花牙板干缩，与牙条板间有2mm缝隙。编号“故198959”方凳的一块浮雕花牙板下角残缺30mm × 10mm × 15mm，且一条凳子腿足部开裂、表面轻度腐朽、有细小孔洞（图1和图2）。

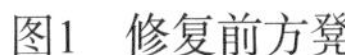

图1 修复前方凳

图2 修复前方凳坐面

1.2 文物现状病害分析

对两件紫檀方凳整体木构件现状病害调研表明，两件文物本身结构完整，没有木构件的结构性缺失，无大面积糟朽、霉变。个别木构件有开裂纹、榫卯处脱榫属于材料干缩老化的自然现象；紫檀方凳木质晦暗褪色属于受环境影响出现的自然现象；面表有多处大面积油漆类污渍属于后期人为使用等原因造成（大部分为黑色，小部分为红色和绿色）；各榫卯连接处出现不同程度的松动和缝隙而造成方凳结构不稳属于胶黏剂老化失效所出现的自然现象。

紫檀方凳表面污渍影响美观，榫卯松动、部分构件开裂、腿足轻度腐朽、有孔洞影响结构稳定性，已经达不到正常使用要求，需要用科学安全的方法对方凳表面污渍全面清除，并全面整修加固，恢复其安全牢固的本来面貌及使用功能，满足陈设使用要求，祛病延年。

2 方凳修复前准备工作

在对方凳进行详细观察调研后，根据存在的病害，按照中国古典家具传统修复的方法，在专家的指导帮助下制定保护性修复原则和修复方案并严格按传统修复工艺的工作步骤进行。

2.1 保护性修复遵循的原则

（1）文物修复要遵守《中国文物古迹保护准则》（中国ICOMOS委员会，2002年）。

（2）遵守《中华人民共和国文物保护法》（2002年10月）。

（3）遵守《中华人民共和国文物保护法实施条例》（2003年7月）。

本着修复过程中对文物最小干预的原则，完全按照传统修复工艺进行修复，最大限度保留历史信息，恢复原貌，使其历史价值和文物价值得以充分体现。

2.2 修复工作步骤

（1）仔细观察掌握方凳结构组成，按照与方凳制作组装相反的顺序小心拆卸方凳，并细心收集拆下和散落的构件。

（2）对各部分木构件进行归类、编号，分类存放。

（3）采用科学安全的方法清除构件表面的污垢和尘土。

（4）黏接加固开裂的构件，修补残坏部位，榫卯处重新整修加固。

（5）按顺序将修复好的木构件进行组装。

（6）方凳表面烫蜡、抛光保护。

3 方凳各组成部分的尺寸数据及细部做法比对

两件看上去一模一样的方凳分别拆卸后，分别对每类木构件用材进行详细测量并绘制出草图。测量后发现，这一对方凳同类构件在尺寸上基本相同，但在制作手法上有细微的差别，特别是木结构榫卯连接处做法也有所不同，应为纯手工工艺制作中不同匠人对制作的理解所反映出的差异，见表1和表2。

方凳是以四条凳腿作为支撑构件，上面撑起坐面板，下面围绕着四条凳腿从上到下依次为束腰、牙条板和花牙板三层构件。每层构件之间都采用木销暗榫相互连接，大大增加了方凳的稳定性。

表1 紫檀方凳木构件组成分类数量、尺寸表

<table>
<tr><td rowspan="2">名称</td><td colspan="2">面板</td><td rowspan="2">凳腿
（含榫长）</td><td rowspan="2">束腰</td><td rowspan="2">牙条板</td><td rowspan="2">花牙板</td></tr>
<tr><td>边框、抹头</td><td>板心</td></tr>
<tr><td>数量</td><td>4</td><td>3</td><td>4</td><td>4</td><td>4</td><td>4</td></tr>
<tr><td>尺寸/mm</td><td>495 × 33 × 62</td><td>厚10</td><td>500 × 40 × 40</td><td>465 × 12 × 20</td><td>480 × 50 × 20</td><td>410 × 95 × 15</td></tr>
</table>

表2 两件紫檀方凳木结构榫卯结构及雕刻工艺对照表

<table>
<tr><td colspan="2"></td><td>“故198959”方凳</td><td>“故198960”方凳</td></tr>
<tr><td>坐面</td><td>相同做法</td><td colspan="2">坐面是由边框、抹头和板心三部分组成（出榫头的称为边框，出卯口的称为抹头）。边框及抹头相互之间通过割角榫拼插，围出方形面框，将面板心组装后卡在当中，见图3和图4。

图3 坐面
图4 坐面组成结构</td></tr>
</table>

续表

<table>
<tr><th></th><th></th><th>“故198959”方凳</th><th>“故198960”方凳</th></tr>
<tr><td rowspan="2">坐面</td><td>相同做法</td><td colspan="2">边框的端头做出一长榫和一小三角榫，抹头的端部做出两个与榫形状大小相同的卯口相对应。四个割角连接处各凿出一矩形卯口，与下面凳腿抱肩榫顶端的直榫连接固定，见图5。

图5　边框、抹头的榫卯连接
面板心由三块木板拼接而成，三块板之间为龙凤榫拼接，每块板一侧开槽口，另一侧做出榫，依次插入后相互连接。三块板拼接好后，在下面垂直连接缝的板中间贯穿开一通长底宽上口窄的槽口，将一根底部带燕尾榫的穿带穿入槽口内连接三块板心，以防止板心扭曲变形，同时穿带的两端头做出榫头插入前后边框固定，见图6和图7。

图6　拼接板心
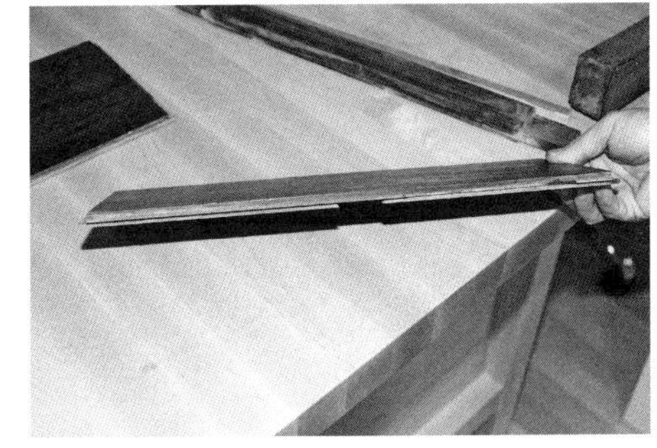
图7　板心结构
拼好的板心沿四个边加工出榫，边框沿围成的方框内侧开槽口，板心镶入边框槽口，拼接成一完整的坐面（不落堂做法），坐面上面平齐。这样，面板四边有边框围拢束缚，下面有穿带连接，形成平整固定的整体。</td></tr>
<tr><td>
不同做法</td><td>面板下穿带两端头插入前后边框后没有再做其他固定，见图8。

图8　坐面穿带</td><td>穿带两端头插入前后边框后再从底面垂直钉入边框一根直径6mm的圆木销，将边框与穿带固定在一起，见图9。

图9　坐面穿带加木销</td></tr>
</table>

续表

		“故198959”方凳	“故198960”方凳
束腰	相同做法	束腰原是指须弥座上枭与下枭之间的垂直平面部分，在家具上指面框和牙条板之间缩进的部分。束腰是我国传统家具造型的典型式样之一。 方凳方形坐面下面连接的是束腰部分，束腰是四根方木条之间通过闷榫连接成一方框。束腰下面由一圈牙条板托起，每根牙条板上面中间开有卯口，通过暗销榫与上面一圈束腰连接固定。 面板下面边框、抹头与束腰间通过暗销榫连接。坐面下面每条边框、抹头中间都开有细小的矩形卯口，与四条束腰上面开有的卯口相对应，通过木片状暗销榫上下相互连接固定，见图10。  图10　束腰	
	不同做法	束腰四根木条之间通过单闷榫连接，一根束腰的两端出方榫头，另一根束腰的两端做出与方榫头大小一致的卯口，安装时榫卯相接围成一正方形的框箍住四条凳腿上端，见图11。  图11　束腰单闷榫	束腰制作非常讲究，束腰四根木条之间用双闷榫连接，一根束腰的两端各平行做出一个燕尾榫和一个与燕尾榫大小一致的卯口，另一根束腰的两端同样做出榫头和卯口（位置与前一根互换），安装时每一端都是榫卯双连接，使得两构件连接更加牢固。在这样断面很小的构件端头既做榫又做卯，显示出工匠技艺的高超、讲究，见图12。 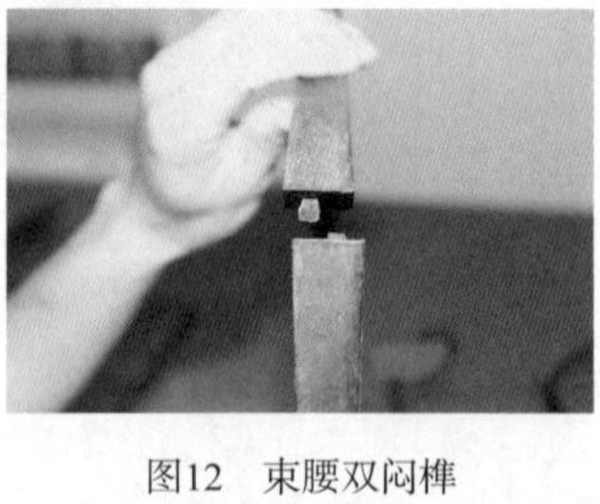 图12　束腰双闷榫
凳腿与牙条板、花牙板	相同做法	腿部挂肩榫顶端直榫插入面板下面四个割角处开的长方形卯口内，与面板相互连接固定。 牙条板两端做出斜肩与凳腿挂肩榫处斜肩相吻合，牙条板端头通过出榫插入凳腿挂肩榫卯口来连接固定。同时，凳腿挂肩榫两侧下端各做出一竖向挂销，挂销上窄下宽，里面比外面窄，呈燕尾榫形状，在牙条板内侧做出与挂销形状大小相同的槽口（安装时将牙条板槽口从上到下挂在挂销上，使凳腿与牙条板斜肩相吻合，这种结构既有相互拉扯的作用，又起到挺的作用，有效地把四足与牙条板牢固地结合起来），见图13和图14。  图13　腿部连接 　　图14　腿部挂肩榫	

续表

<table>
<tr><th colspan="2"></th><th>“故198959”方凳</th><th>“故198960”方凳</th></tr>
<tr><td>凳腿与牙条板、花牙板</td><td>相同做法</td><td colspan="2">花牙板两端做出直榫插入凳腿处侧卯口与凳腿连接固定，起到木枨的作用，增加了方凳的牢固性，有装饰效果。花牙板与上面的牙条板之间通过暗销榫连接固定，见图15。

图15　花牙板榫卯
凳腿挂肩榫处、牙条板及花牙板内侧两端均各刻有“下一”“下二”“下三”“下X（下四）”的构件位置编号，显现出古代匠人工作中的细致之处，见图16和图17。

图16　花牙板处标识
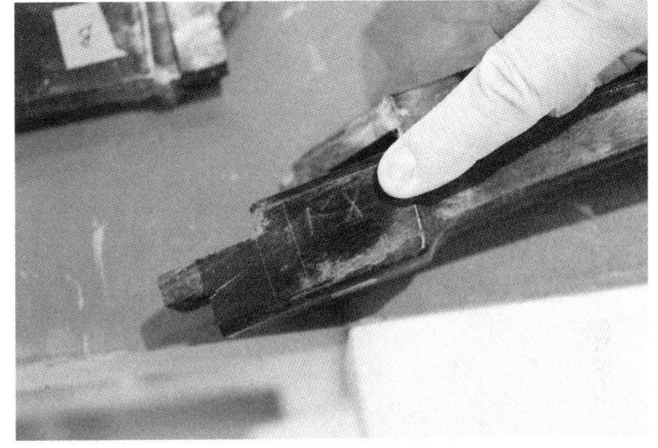
图17　腿部标识</td></tr>
<tr><td rowspan="2">雕刻纹饰</td><td>相同做法</td><td colspan="2">四面木枨位置装饰有单面凤纹的浮雕牙板，见图18。

图18　雕刻花牙板</td></tr>
<tr><td>不同做法</td><td>雕刻手法圆润，线条精细，浮雕纹饰线条为混面。</td><td>雕刻手法略显粗糙，浮雕纹饰线条有些为平面，不够生动。</td></tr>
</table>

4　方凳的保护性清洗修复

4.1　方凳的修复过程

（1）首先按照与方凳制作组装相反的顺序将方凳拆散，对两件方凳拆下的木构件分别编号，明确每一构件位置和相互关系，按编号顺序小心存放，见图19和图20。

图19　拆解

图20　分类编号

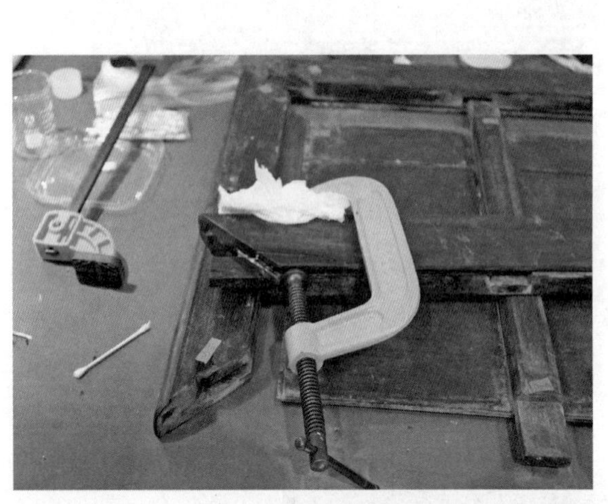

图21　修整坐面

（2）清理每一构件表面的污垢和尘土：用吸尘器清除榫卯及板缝处灰尘、渣滓，再用潮湿棉布擦拭构件表面，初步清理后按编号顺序排放构件。

（3）用传统鱼鳔黏接开裂的构件，再用专业木工卡具固定24h以上直至粘牢，见图21。

（4）经检验面板表面存在大面积油漆类污渍，经辨别这是黑色油漆和建筑彩画用油饰材料，而且存在时间太长，已经渗入木构件表层以下。对于此类油漆类污渍，目前还没有确实有效的清除方法。在确保不损坏文物的前提下，对黑色、红色和绿色油漆类污渍进行采样，再对样品进行清除试验。分别将样品放入纯净水、乙醇和丙酮三种不同的溶液，测试选择最适合的清洗溶剂。经过一段时间处理后发现：丙酮溶液对黑色污渍有一定溶解作用，乙醇溶液对红色和绿色污渍有一定溶解作用。用棉签蘸取相应的清洗液对不同污渍进行滚压清洗，再用棉棒蘸取纯净水清除残留的清洗液，之后发现，绝大部分污渍能够被清除掉，少量渗入木结构中的污渍仍难以彻底清除。

对于没有油漆类污渍的木构件表面，根据木材清洗的知识，我们配制出浓度为2%、pH为7.5的弱碱性TAC（柠檬酸三铵）溶液清洗剂，用棉棒蘸取TAC溶液在木框表面滚压清洗，再用棉棒蘸取纯净水清洗三遍，确保没有清洗剂残留，清洗的效果非常好，基本恢复了紫檀木家具原有的面目和光泽。TAC溶液是一种化学螯合剂，偏中性，短时间内对木材本身没有腐蚀，其对金属离子有螯合作用，可吸附材料表面长期以来沉积的有害金属离子等杂质，用棉签蘸取后滚压可以去除污渍，达到清除的目的，最后一定用纯净水清除清洗剂残液，防止清洗剂对木材表面的腐蚀。用浓度大的清洗剂清洗木材表面，效果会稍好，但是会造成过度清洗，使得木材表面泛白，所以不能轻易使用，见图22和图23。

图22　清洗剂

图23　TAC溶液清洗

（5）选用同种材料补配缺失的暗销和花牙板下角残缺部分。一条凳腿足部腐朽、孔洞部位清理后用同种材料随形黏接补配。

（6）按结构安装顺序组装方凳。由于年代久远，坐面割角处出现抽涨缝隙的地方，修复人员采用传统剎缝的修复方法进行收缝归位。

（7）在组装好的方凳表面进行传统烫蜡、抛光处理，见图24和图25。

图24　修复前

图25　修复后

4.2 文物的修复中有待解决的问题

目前还没有很有效的方法清洁渗入木材表层深处的油漆类污渍，还需要不断试验摸索。

5 材质的鉴别研究

经科学检测，方凳所用的木材为明清宫廷家具常用的紫檀木，这种木材家具较其他材质更显沉稳、庄重。

紫檀木特点（表3）：

（1）紫檀属（*Pterocarpus* sp.）树种。

（2）结构甚细至细，平均管孔弦向直径不大于160μm。

（3）气干密度大于1.00g/cm^3。

（4）心材颜色为红紫色，久则转为黑紫色。

别名：牛毛纹紫檀、金星紫檀（俗名）、紫檀（英拉汉植物名称）、赤檀（本草纲目）、紫榆（树木大图说）。

商品名：Red Sander， Red sandalwood。

树木及分布：紫檀为乔木，高可达20m，胸径0.5m；树干通直；树皮为黑褐色，深裂成长方形薄片。原产印度、泰国、马来西亚和越南。我国台湾及广州有栽培，在广州20余年生，树高20m，胸径0.39m。直径大者，常有中空，故有十檀九空之说。

表3 紫檀木微观结构特征

<table>
<tr><th colspan="3">检验项目</th><th>检验结果</th><th>备注</th></tr>
<tr><td rowspan="7">宏观特征</td><td>生长轮</td><td>明显、不明显</td><td>不明显</td><td></td></tr>
<tr><td>心边材</td><td>明显、不明显</td><td>明显</td><td></td></tr>
<tr><td>木射线</td><td>肉眼下显著、肉眼下可见、肉眼下不见</td><td>肉眼下不见</td><td></td></tr>
<tr><td>材色</td><td>心材色、边材色</td><td>心材呈紫红色至黑紫色</td><td></td></tr>
<tr><td>气味</td><td>香气、难闻气味</td><td>无</td><td></td></tr>
<tr><td>纹理</td><td>直纹理、斜纹理、交错纹理</td><td>直纹理或交错纹理</td><td></td></tr>
<tr><td>结构</td><td>结构细、结构中、结构粗</td><td>结构细</td><td></td></tr>
<tr><td rowspan="8">导管与管孔</td><td>管孔类型</td><td>散孔材、环孔材、半环孔材</td><td>散孔材</td><td></td></tr>
<tr><td>管孔排列</td><td>星散、径列、斜列、波列、树枝状</td><td>星散</td><td></td></tr>
<tr><td>管孔组合</td><td>单管孔、径列复管孔、管孔团、管孔链</td><td>单管孔、径列复管孔</td><td></td></tr>
<tr><td>穿孔板</td><td>单穿孔、复穿孔</td><td>单穿孔</td><td></td></tr>
<tr><td>管间纹孔式</td><td>梯列、对列、互列</td><td>互列</td><td></td></tr>
<tr><td>导管内含物</td><td>侵填体、树胶、沉积物</td><td>树胶、沉积物</td><td></td></tr>
<tr><td>螺纹加厚</td><td>早材导管、晚材导管、环管管胞</td><td>无</td><td></td></tr>
<tr><td>导管与射线间纹孔式</td><td>类似管间纹孔式、刻痕状、大圆形</td><td>类似管间纹孔式</td><td></td></tr>
</table>

续表

检验项目			检验结果	备注
轴向薄壁组织	傍管型	稀疏环管状、环管束状、翼状、聚翼状、傍管带状	稀疏环管状、翼状	
	离管型	星散、星散-聚合状、轮界状、离管带状（切线状）	离管带状	
	内含物	树胶、结晶体	树胶、结晶体	
	油细胞或黏液细胞	有无	无	
木纤维	木纤维类型	纤维状管胞、韧型纤维、分隔木纤维	韧型纤维	
	细胞形状	早材木纤维、晚材木纤维		
	胞壁纹孔	具缘纹孔、单纹孔	单纹孔	
木射线	射线种类	单列射线、多列射线、聚合射线、栎木型射线	单列射线	
	射线排列	非叠生、叠生	叠生	
	射线组成	同形射线：同形单列、同形多列； 异形射线：单列、Ⅰ型、Ⅱ型、Ⅲ型	同形单列	
	射线高度	不足5个细胞、5～20个细胞、20个细胞以上	5～20个细胞	
	特殊细胞	鞘状细胞、油细胞、含晶异细胞	无	
	射线内含物	树胶、结晶体、硅石	树胶	
树胶道		轴向、径向	无	
内含韧皮部		有无	无	

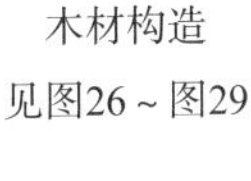
木材构造
见图26～图29

图26　径切面宏观构造图

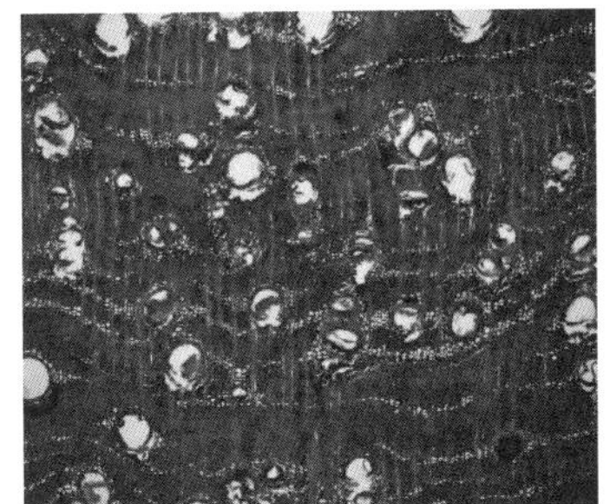
图27　横切面微观构造图

图28　径切面微观构造图

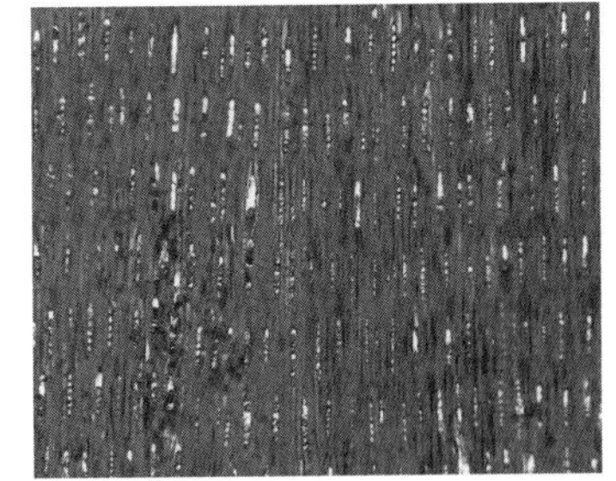
图29　弦切面微观构造图

鉴别结果		
	木材中文名：	紫檀
	拉丁名：	*Pterocarpus* sp.
	科别：	蝶形花科 Fabaceae

结　语

通过对这对乾隆花园符望阁中紫檀方凳的结构研究与科学保护性修复中体会到，对传统古典宫廷家具的修复过程是对家具很好的了解、认识过程，是对古典家具工艺文化的诠释。从时代特征上比较总结这对方凳在榫卯结构连接和雕刻手法等工艺上存在的异同，了解宫廷家具用材的讲究，体会古代匠人对家具制作不同的理解和审美，赞叹古代匠人的聪明才智。随着对宫廷古典家具历史和工艺学习研究的进一步深入，今后还会有更多的实践接触机会，有更多的故宫宫廷文物家具等着我们去认识、研究、用科学的方法保护，这当中还有更多的问题需要解决，只有不断摸索和总结完善，才能使得历史文物得以健康传承。

参 考 文 献

[1] 黄希明，芮谦. 清宫建筑与清宫家具［A］// 中国紫禁城学会论文集（第一辑）［C］. 北京：紫禁城出版社，1997：385.
[2] 刘畅，王时伟，张淑娴. 乾隆遗珍：故宫博物院宁寿宫花园历史研究与文物保护规划［M］. 北京：清华大学出版社，2010：90.
[3] （明）午荣. 鲁班经（白话译解本）［M］. 张庆澜，罗玉平，译注. 重庆：重庆出版社，2007：223.

铁质文物纸浆脱盐工艺初步研究及应用
——以大钟寺铁钟为例

张　然[1]　李　沫[1]　郭　聪[2]

（1. 中国国家博物馆，北京，100079；2. 大钟寺古钟博物馆，北京，100086）

摘要　脱盐是铁质文物保护过程中的重要环节。对于大型铁质文物，用纸浆贴敷是比较合适的脱盐方法。本文对碧林®DP-01 型排盐纸浆用于铁质文物脱盐的可行性进行了初步研究和模拟实验。结果表明：原始纸浆对铁基体具有一定的腐蚀性；而在纸浆中添加 NaOH 后，不但能抑制铁基体的腐蚀，而且能提高脱盐效率。随后将添加 NaOH 的纸浆用于大钟寺铁钟的保护，取得了较好的效果。

关键词　铁质文物保护　脱盐　纸浆

引　　言

在铁质文物保护过程中，脱盐是重要环节。可溶性盐类尤其是氯化物对铁质文物危害极大。一方面，环境湿度较高时可溶盐吸水溶解，湿度较低时晶体析出。溶解-结晶的过程有明显的体积变化，反复发生会造成锈层层状剥离、裂缝甚至断裂；另一方面，盐类溶于水形成导电性较好的电解质溶液，对腐蚀具有促进作用；阴离子（尤其是氯离子）本身也会参与腐蚀反应，改变腐蚀产物的类型和形态，引发点腐蚀，造成腐蚀循环发生等。因此为了减缓铁质文物腐蚀，延长文物寿命，必须进行彻底的脱盐处理。

针对大型铁质文物，纸浆贴敷法是比较适合的脱盐方法，即将湿润的纸浆贴敷在铁质文物表面，纸浆中的水分渗入铁器锈层空隙内，溶解可溶盐分，锈层内的盐分在纸浆上迁移。纸浆干燥后取下，带走部分盐分，反复贴敷可使脱盐较为彻底。

近年来，纸浆脱盐法广泛应用于国内大型铁质文物，如山东蓬莱铁锚[1]、鸦片战争博物馆铁炮[2]、晋祠铁狮子[3]、铁钟[4]、魏家庄遗址出土铁器[5, 6]等的保护处理过程中，所用纸浆大多为自行制备，即将生宣纸撕碎后在纯净水中浸泡并搅拌均匀形成糊状纸浆。通常还要加入一些 NaOH，使纸浆呈碱性，这一方面可以提高脱盐效率，另一方面也会抑制脱盐过程中铁的腐蚀。纸浆的制备工作较为繁重。

碧林®排盐纸浆 DP-01 是一种成品纸浆，采用天然木纤维参考德国 WTA 标准制备而成，主要应用于历史建筑、石质文物等脱盐。本文尝试将其应用于铁质文物脱盐，通过模拟实验研究其脱盐效率及对铁基体的腐蚀，添加 NaOH 以改进效果，并应用于大钟寺铁钟的保护过程中。

1　实验材料、样品与仪器设备

1.1　实验材料

碧林®排盐纸浆 DP-01：上海德赛堡公司生产。

氢氧化钠：分析纯，沪试®。

四水合氯化亚铁：分析纯，阿拉丁®。

1.2　实验样品

（1）Z30 铸铁片（图 1）：高邮市秦邮仪器化工有限公司生产。矩形，尺寸为 50mm×50mm×3mm。

（2）带锈 Z30 铸铁片（图 2）：为模拟腐蚀严重、含有较多氯离子的铁器表面，将 1mol/L $FeCl_2$ 溶液滴加在 Z30 铸铁片表面并使其铺满整个表面，自然放置 60 天，铁片表面严重腐蚀，锈层呈现层状剥离状态。去除剥离的锈层并刮掉铁片表面浮锈。此时的铁片状态与除锈后的铁质文物表面状态类似。

图 1　Z30 铸铁片

图 2　带锈 Z30 铸铁片

1.3　仪器设备

离子色谱（IC）仪：戴安 ICS2500 型，AS11-HC 阴离子分离柱，淋洗液为 KOH，浓度 30mmol/L，流速为 1.5mL/min，进样量 20μL，柱温 25℃，样品间进高纯水空白样冲洗管路。

水质分析仪：哈希 HQ40D 型，配 PHC10103 型 pH 电极、CDC40103 型电导电极。

分析天平：奥豪斯 CP214 型。量程 210g，精度 0.0001g。

恒温水浴摇床：泰斯特 YC-H30 型。

电热鼓风干燥箱：泰斯特 101-0AB 型。

2 纸浆成分分析和改进

2.1 纸浆成分分析

（1）水分测定：按照 GB/T 462—2008[7] 进行。

（2）pH、电导率测定：使用水质分析仪测定纸浆的 pH 和电导率。

（3）阴离子分析：取一定量的纸浆贴敷在干净培养皿表面，完全干燥后取下称重，撕碎后用 25.00mL 纯净水浸泡，以 150r/min 振荡 1h 后静置 1 天，离心分离，取上层清液进行 IC 分析。折算成干纸浆中离子含量，以 mg/g 计，计算公式如下：

$$w=c\times 0.025/m \tag{1}$$

式中，w 为干纸浆中离子含量，mg/g；c 为浸泡液离子浓度，mg/L；m 为干纸浆质量，g。

2.2 纸浆改进

分析检测表明，原始纸浆（以下称为纸浆 A）呈中性，电导率较高，含有一定量的 Cl^- 和 SO_4^{2-}，用于铁器脱盐可能效果不佳。因此委托厂家对纸浆进行改进：使用高纯水将纸浆浸泡漂洗 3 次。经过改进的纸浆（以下称为纸浆 B），电导率和 Cl^-、SO_4^{2-} 含量显著降低。

纸浆 A、B 分析结果见表 1。

表1 碧林DP-01型纸浆成分分析结果

纸浆	水分含量 /%	pH	电导率 /（mS/cm）	Cl^-含量 /（mg/g）	SO_4^{2-}含量 /（mg/g）
A	86.02	7.84	3.16	3.27	4.45
B	90.69	7.62	0.432	1.15	1.84

3 模 拟 实 验

为确保纸浆适用于铁质文物脱盐，并且避免在使用过程中对铁基体造成新的腐蚀，进行了以下模拟实验。

3.1 实验方法

3.1.1 添加 NaOH 纸浆的配制

分别配制不同浓度的 NaOH 溶液，取 10mL NaOH 溶液添加到 100g 纸浆 B 中，混合均匀，分别称为纸浆 C、D、E、F、G，详情见表 2。

表2　添加NaOH纸浆的配制

纸浆	纸浆质量 /g	添加的 NaOH 浓度 /（g/L）	添加的 NaOH 体积 /mL	纸浆 NaOH 浓度 /（mol/L）
C	100	5	10	约 0.0.0125
D	100	10	10	约 0.025
E	100	50	10	约 0.125
F	100	100	10	约 0.25
G	100	200	10	约 0.5

3.1.2　纸浆对铁基体的腐蚀性实验

分别取纸浆 B、C、D、E、F、G，贴敷在 Z30 铸铁片表面，完全干燥（约 1 天）后取下，观察铁片是否腐蚀。每个铁片上反复贴敷 3 次。

3.1.3　纸浆脱盐效率实验

取 3 片带锈 Z30 铸铁片，带锈表面分别使用纸浆 B、E、G 贴敷。完全干燥（约 1 天）后取下纸浆，每个铁片上反复贴敷 6 次。称取干纸浆质量，随后将其撕碎用高纯水浸泡，以 150r/min 振荡 2h，离心分离，取上层清液进行 IC 分析，结果折算成干纸浆脱出的离子含量，以 mg/g 计，计算公式如下：

$$w=cV/1000m-w_0 \tag{2}$$

式中，w 为贴敷后干纸浆脱出的离子含量，mg/g；c 为浸泡液离子浓度，mg/L；V 为加入高纯水的体积，mL；m 为干纸浆质量，g；w_0 为未贴敷的干纸浆离子含量，mg/g。

3.2　实验结果

3.2.1　纸浆对铁基体的腐蚀性

Z30 铸铁片被纸浆贴敷第一次后表面腐蚀状况见图 3。

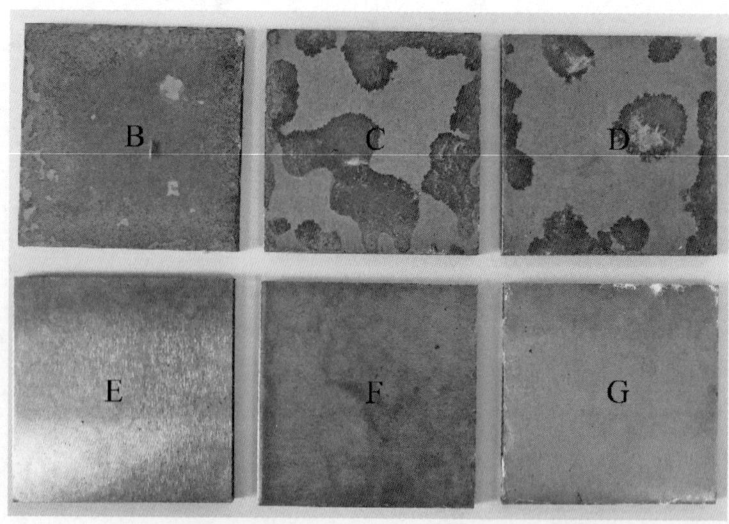

图 3　纸浆贴敷第一次后 Z30 铸铁片表面腐蚀状况

经过多次贴敷，纸浆 B、C、D 在每次贴敷后产生新的锈蚀，且 NaOH 浓度越低，锈蚀越严重，表明纸浆对铁基体有一定的腐蚀性。而 NaOH 对腐蚀具有抑制作用，达到一定浓度时，可以完全阻止铁片的锈蚀。纸浆 E、F、G 多次贴敷的铁片均未发生锈蚀。

3.2.2 纸浆脱盐效率

经过对带锈 Z30 铸铁片的贴敷，纸浆 B 外表面呈淡褐色，内表面颜色更深一些，应是贴敷过程中铁片产生新的锈蚀；纸浆 E、G 外表面呈白色，内表面有褐色斑点，应是铁片原有锈蚀粘贴在纸浆上，无新锈蚀产生。

纸浆脱出的氯离子含量见表 3 和图 4。

表3 纸浆脱出的氯离子含量 （单位：mg/g）

贴敷次数	纸浆 B	纸浆 E	纸浆 G
1	9.61	11.56	12.14
2	4.61	3.65	2.84
3	0.86	1.19	1.34
4	0.09	−0.19	0.72
5	0.15	0.71	0.78
6	0.35	0.28	1.37

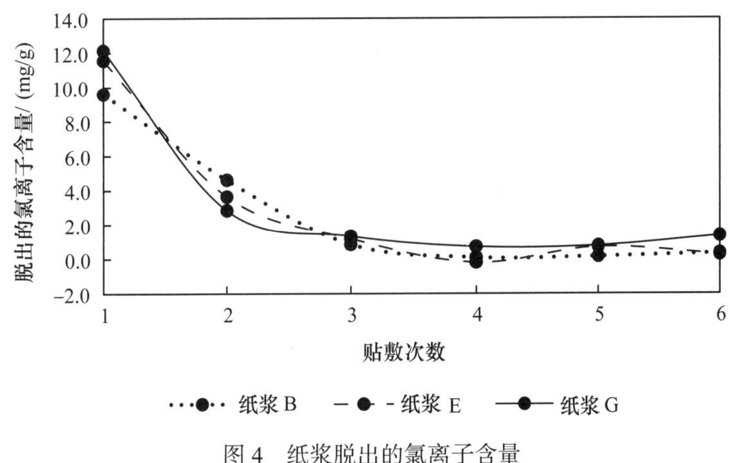

图 4 纸浆脱出的氯离子含量

三种纸浆贴敷都有明显的脱氯效果，其中第一次贴敷脱出的氯离子最多，以后逐次减少。经过多次贴敷，脱出的氯离子含量趋近于零。从第一次贴敷的效果看，添加 NaOH 的纸浆脱出的氯离子更多一些。

3.3 讨论

NaOH 溶液是铁器脱盐常用的溶液，常用的浓度为 0.5mol/L，但近期也有研究表明低至 0.1mol/L 的 NaOH 溶液同样具有较好的脱盐效果[8]。为配制含 NaOH 的纸浆且使各部位浓度一致，将 NaOH 先用少量水溶解再加入纸浆中，充分搅拌使其均匀。根据含水率计算，本实验所用的纸浆 G NaOH 浓度约为 0.5mol/L，而纸浆 E NaOH 浓度约为 0.125mol/L，与常用脱盐溶液浓度接近。结果表明，两种纸浆都具有较好的脱氯效果，且能够抑制铁基体的腐蚀，在短期的贴敷过程中，铁片没有明显腐蚀发生；而未添加 NaOH 或 NaOH 浓度不够的纸浆虽然也具有脱氯效果，但对铁基体有一定的腐蚀。因此在铁质文物脱盐处理中，应使用 NaOH 浓度为 0.125 ～ 0.5 mol/L 的纸浆。

4　在大钟寺铁钟保护中的应用

2017 年，中国国家博物馆文物科技保护中心受大钟寺古钟博物馆委托，对其在展的两件铁钟进行了保护处理。铁钟的基本信息见表 4。

表4　铁钟的基本信息

编号	名称	级别	时代	外形尺寸 /cm		重量 /kg
				高	口径	
ZB0324	大兴铁钟	三级	清嘉庆十六年（1811 年）	72.5	57.5	93
ZB0326	重兴寺铁钟	三级	清光绪二十五年（1899 年）	70.5	53.0	74

在进行脱盐处理前，我们对铁钟进行了信息采集和除锈处理。脱盐前的铁钟照片见图 5 和图 6。

图 5　大兴铁钟脱盐前

图 6　重兴寺铁钟脱盐前

4.1　脱盐过程和现象

将 160g NaOH 用少量纯净水溶解，加入一桶（17kg）纸浆中。搅拌均匀，用于脱盐。纸浆 NaOH 浓度约为 0.2mol/L。

将纸浆均匀地贴敷在铁钟表面。为便于操作，每次只贴敷外壁或内壁。纸浆干燥后取下，反复贴敷。大兴铁钟外壁贴敷共 6 次，内壁贴敷共 4 次；重兴寺铁钟外壁贴敷共 5 次，内壁贴敷共 3 次。脱盐完成后使用 0.02mol/L NaOH 对铁钟表面进行清洗，去除残余纸浆，再进行后续的局部除锈、缓蚀、封护等保护步骤。

在对两个铁钟外壁进行第一次贴敷时，有褐色产物从铁钟表面局部微小的孔洞、缝隙中产生，在纸浆湿润时以液珠的形式冒出到纸浆外表面，干燥后呈斑点状，使纸浆与铁钟表面紧密结合而难以揭取（图 7），而其他部位纸浆干燥后则与铁钟表面脱离，易于揭取。

图 7　大兴铁钟外壁第一次贴敷出现的褐色斑点

经过几次贴敷后，贴敷过程中褐色区域逐渐减少。最后一次贴敷时，两个铁钟外壁基本没有褐色点产生（图 8），而内壁始终没有褐色点产生。

（a）大兴铁钟　　　　（b）重兴寺铁钟

图 8　铁钟外壁最后一次贴敷纸浆干燥后

纸浆在干燥过程中体积收缩。在对铁钟外壁贴敷时，纸浆干燥后与表面贴合更加紧密；而内壁纸浆干燥后则会收缩变形，局部脱离内壁，形成空鼓（图 9）。

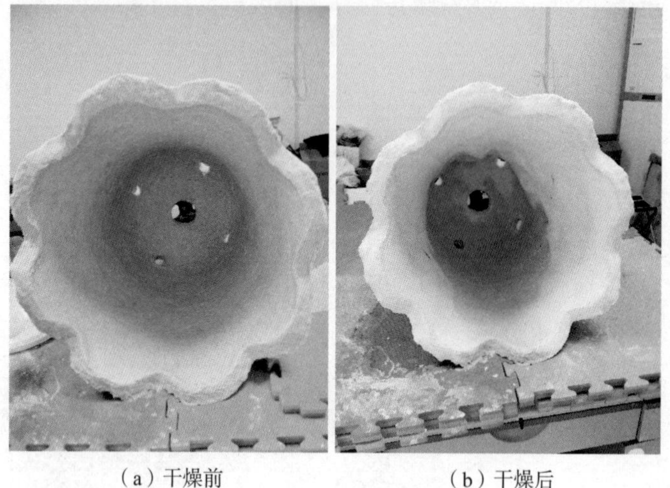

（a）干燥前　　（b）干燥后

图 9　大兴铁钟内壁贴敷纸浆干燥前后

4.2　纸浆脱盐效果分析

为检测每次贴敷脱出的盐含量，每次从相同部位取同等面积纸浆，称重，撕碎后用高纯水浸泡，振荡 1h 后静置 1 天，离心分离，取上层清液进行 IC 分析；对贴敷后生锈的部位单独取样称重，用高纯水浸泡后振荡、静置、离心，取上层清液进行 IC 分析。结果均折算成干纸浆中离子含量，以 mg/g 计，使用式（2）计算。

以重兴寺铁钟为例，纸浆贴敷后脱出离子含量分析结果见表 5。

表5　重兴寺铁钟纸浆贴敷后脱出离子含量

取样位置	颜色	贴敷次数	Cl^-含量/(mg/g)	SO_4^{2-}含量/（mg/g）
外壁西侧下部“回”形中央	白色	1	0.01	0.31
	白色	2	0.10	0.40
	白色	3	−0.27	−0.15
内壁从钟肩到钟唇取 5cm 宽一条	白色	1	0.03	0.33
	白色	2	−0.25	−0.12
	白色	3	−0.15	0.06
外壁褐色区域纸浆外层	褐色	1	10.32	19.19
外壁褐色区域纸浆内层和褐色产物	褐色	1	13.35	21.67

4.3　讨论

离子含量分析结果（表 5）表明，白色部位的纸浆离子含量与空白纸浆接近，表明铁钟该部位可溶盐含量不高，或可溶盐位于深层而难以脱出；而褐色部位的纸浆离子含量远高于空白纸浆，表明铁钟该部位含有大量可溶盐，且被纸浆脱出。根据 Turgoose 提出的腐蚀模型[9]，铁器的孔洞、缝隙内有大量 $FeCl_2$，与 NaOH 接触后发生反应：

$$FeCl_2+2NaOH \longrightarrow Fe(OH)_2\downarrow+2NaCl \quad (3)$$

生成的 $Fe(OH)_2$ 在空气中发生氧化，生成中间产物绿锈（深绿色），最终氧化为 $Fe(OH)_3$ 或 FeOOH。仔细观察新揭取的纸浆发现，褐色部位内侧为深绿色，在空气中逐渐转变为褐色，可能发生了上述反应的过程。

虽然模拟实验表明，添加 NaOH 可以有效地抑制纸浆对铁基体的腐蚀，但模拟实验所用的 Z30 铁片为未腐蚀、不含盐的干净铁片，而带锈 Z30 铁片锈层较薄，没有较深的蚀孔，与实际文物有一定差别。Turgoose[10, 11]认为，当蚀孔较深时，OH^- 难以很快地扩散至铁基体表面，未必能抑制腐蚀，且 $Fe(OH)_2$ 以及绿锈的生成和氧化会阻塞蚀孔，使可溶盐的脱出变得困难，因此仍需寻找更好的脱盐试剂配方。

铁钟内的盐分布不均匀，集中于少数部位，但在贴敷前难以判断集中于哪些部位，因此仍应整体贴敷。对于多次贴敷仍然有褐色产物反复出现的区域，可单独进行贴敷。而贴敷后纸浆的颜色也是脱盐效果的标志。在实际工作中，现场难以及时进行定量分析检测，就以多次贴敷后无褐色点产生作为脱盐结束的依据，但更准确的脱盐结束依据和判断方法尚需进一步研究。

在对铁钟内壁进行贴敷时，纸浆在干燥过程中收缩变形，脱离钟内壁，必然会影响脱盐效果，这也是需要进一步研究解决的问题。

结　语

改进并添加 NaOH 的碧林®排盐纸浆 DP-01 可以有效地脱出铁质文物中的可溶盐，且避免对铁基体的腐蚀，适用于大型铁质文物的脱盐，应用于大钟寺铁钟的脱盐取得了较好的效果，但纸浆配方、实施工艺、脱盐深度、脱盐结束依据等问题仍需大量的进一步研究。

致谢：本研究得到中国国家博物馆科研项目（GBKX2019Y16）经费资助。

参考文献

[1] 成小林，胥谓，赵鹏．山东蓬莱水城出土铁锚病害分析及保护处理［A］// 中国文物保护技术协会，湖北省博物馆．中国文物保护技术协会第八次学术年会论文集［C］．北京：科学出版社，2015：8-16.

[2] 孙广平．鸦片战争博物馆馆藏明清铁炮保护修复技术［J］．客家文博，2016，（2）：38-46.

[3] 李小波．浅谈室外铁质文物的保护修复方法——以晋祠对越牌坊前雄狮保护修复为例［J］．文物世界，2016，（3）：75-78.

[4] 李娜，郭建．浅谈晋祠博物馆铁钟的保护和修复［J］．文物世界，2017，（6）：64，74-78.

[5] 王浩天，张红燕，韩化蕊，等．魏家庄遗址出土铁器的保护修复［J］．南方文物，2016，（4）：258-268.

[6] 张红燕，王浩天．魏家庄遗址出土铁质文物的脱盐处理研究［J］．文物保护与考古科学，2017，29（1）：78-85.

[7] GB/T 462—2008．纸、纸板和纸浆　分析试样水分的测定［S］．

[8] Rimmer M. Investigating the treatment of chloride-infested archaeological iron objects [D]. Cardiff, Wales: Cardiff University, 2010.

[9] Turgoose S. The nature of surviving iron objects [A]// Clarke R, Blackshaw S. Conservation of Iron[C]. Greenwich, London: Trustees of the National Maritime Museum, 1982: 1-7.

[10] Turgoose S. The corrosion of archaeological iron during burial and treatment [J]. Studies in Conservation, 1985, 30(1): 13-18.

[11] Turgoose S. Structure, composition and deterioration of unearthed iron objects [A]// Aoki S. Current Problems in the Conservation of Metal Antiqutites [C]. Tokyo: Tokyo National Research Institute of Cultural Properties, 1993: 35-53.

河南上蔡楚墓出土四耳铜鉴的修复保护

王有亮　吕团结　高　飞
（故宫博物院，北京，100009）

摘要　河南上蔡郭庄春秋晚期的楚国墓出土了一件四耳铜鉴，此件文物由河南省文物考古研究院送修时破碎为数十块，部分碎片变形严重，修复难度大。本文在对铜鉴进行了科学检测分析的基础上，结合传统工艺和现代材料对其进行了修复保护。

关键词　上蔡楚墓　铜鉴　成分分析　整形

引　言

四耳铜鉴，出土自被誉为“豫南第一大墓”的上蔡郭庄楚墓。春秋末期因诸侯国争霸，战事频繁，社会生活和礼制活动发生了巨大变化。随着生产力的不断提高和对铜器的需求的日益增长，很多诸侯国开始更加关注铜器的造型、纹饰及功用等方面，导致了青铜器形的复杂化，除种类有所增加外，体量也有所增大。

图1　铜鉴纹饰局部

以鉴为代表的大型盛水器正是在这一历史变革时期出现。鉴，《说文》金部：“鉴，大盆也”。在用作盛水容器的同时，也“用以照形”—— 在铜镜没有盛行的时候，古人常以鉴盛水照容貌，正衣冠。此外，鉴也可盛冰或用来沐浴[1]。

鉴初为陶质盆皿，随后出现青铜鉴。春秋晚期至战国中晚期最为流行，西汉时仍有铸造[2]。智君子鉴、吴王光鉴和吴王夫差鉴等都是典型器。这件上蔡出土的铜鉴是典型的春秋晚期四耳圈足式盛水器：口缘较窄，束颈有肩；口外壁按对角线方向铸有兽首形耳两对，兽口均衔蟠螭纹扁片圆环；腹部环收，其下有短圈足。

春秋晚期青铜器纹饰精丽细密，以繁缛为美，正如上蔡铜鉴所呈现的（图1），器身遍布各种交缠状龙蛇纹，其构图特点排列繁杂，以单体联结呈格条状二方连续与复合交缠叠加的四方连续穿插呼应。这种纹饰特征是在春秋中期同类构图微型化的基础上发展起来的。

1 文物出土环境与修前状况

1.1 文物出土环境

上蔡楚墓是罕见的积沙积石墓，在7m厚的夯土层下面填满细沙，厚达10m的细沙层之下则是数量可观的巨大石块，大的重约150kg，小的也有数十千克。这种防盗掘的建造方式一方面对墓室内文物起到了良好的保护作用，防止盗墓贼大范围施盗，大量的随葬品历经12次盗掘依旧留存；另一方面在挖掘盗洞时沙子流到洞里，流沙会带动大石向下方墓室坍塌，包括铜鉴在内的数件青铜器因被埋压而碎裂、严重变形，损毁程度严重。

1.2 文物修前状况

河南省文物考古研究院的工作人员将破碎的铜鉴包装在大木箱内送至文保科技部金属修护室，箱内为数十块大小不一的碎片，最小碎片直径仅有2～3cm（图2）。由于文物受到长期埋压，部分碎片变形得比较严重，修复的难度可想而知。

铜鉴器身遍饰蟠螭纹与蟠虺纹，有的呈条带状遍布口沿，有的组成数个“V”形区域环饰器腹。这样繁复的纹饰造型也无疑增加了修复难度。铜鉴口下器外壁的两对兽形耳均与器身分离，原本兽口衔的四片圆环有三片已散落。

图2 修复前大小不一的铜鉴碎片

2 金属成分分析

选取两块碎片使用德国Bruker便携式微区X射线荧光光谱仪进行了成分定性及微定量分析，结果见表1。

表1 铜鉴碎片Ⅰ和Ⅱ的XRF成分分析结果 （单位：wt%）

碎片	Cu	Sn	Pb
Ⅰ	76.6	11.4	12
Ⅱ	78	11.2	10.8

注：wt表示质量分数。

检测结果表明该铜鉴成分为铜-锡-铅三元合金，在较低含锡量的锡青铜中加入铅，总的机械性能降低不多，但可大大降低熔点，提高铸造流动性，改善材料削磨性能，从而能够铸造出这种体量较大、表面纹饰精巧细致的青铜器。

3 修复保护

3.1 修复保护技术路线的制定与信息采集

对上蔡铜鉴这种体量较大、破碎程度严重的文物进行修复保护是一件长期复杂而又须耐心的细致工作。在科学地做该工作之前，应基于文物保存现状及其修复保护目的制定相应规范的技术路线。因此在综合考察铜鉴出土的实际情况之后，制定了主动性保护修护方案，使用传统方法与现代材料相结合的方式，在延长文物材料寿命的同时还原其艺术、文化及历史价值。修复保护技术步骤主要包括碎片分类与清理、整形、拼对、焊接与黏接、补缺及做色等。

在制定技术路线的同时，应做好文物信息采集工作。对铜鉴出土环境、保存状况等信息进行初始文字记录、绘图，并由专业文物摄影人员对碎片进行拍照、存档。科学地采集文物修前信息可以为后续修复保护工作留存参照，并为文物长久流传提供依据。

3.2 修复保护的具体方法

文物修复保护的过程也是文物研究的过程，在实际操作中，既要遵循“不改变原状”“最小干预”等文物修复的基本原则，又要在具体问题中灵活应变，主张“因病施治”。针对铜鉴的修复保护具体分为以下几个部分。

3.2.1 碎片整理

将送修的碎片有序地整理是修复实践工作中必备的准备工序，盲目地拼对数十块大小不一的碎片势必会降低效率。因此，有技巧、有条理地整理碎片可使后续工作事半功倍。

长期的碎片整理实践为我们积累了丰富经验，即碎片应按照由大到小、由整体到局部、由外形规则到不规则的一般原则进行整理。

除了遵循一般原则整理之外，针对铜鉴也应参考纹饰接续及器形特征对碎片进一步分类。正如前文所述，春秋战国时的青铜器大多带有比较繁缛的纹饰，按照纹饰的走向和布局等内在关系将部分碎片进行筛选，把能够接续的部分归类。再者，青铜器形制规范、特点鲜明，不同器形的作用也不同，这也为碎片分类提供了依据。

3.2.2 碎片清洗

金属文物表面在长期阴暗潮湿的墓穴环境中产生锈蚀，为保证文物被完整提取，因此在发掘现场采集铜鉴碎片时保留了其周围的埋藏土。锈蚀产物与落沙、腐土混杂，这在一定程度上也为碎片的清洗增加了工作量。

将碎片浸泡在去离子水中，在脱盐的同时软化腐土、沙石等表面固结物。此时利用竹签、手术刀和牙医探针等工具将大面积软化的固结物剔除。由于该步骤不可逆，故应掌握好清洗分寸，对器物表面一些附着紧密的沙土不应盲目去除，应适当保留。碎片清洗后应及时脱水晾干。

3.2.3 整形

为便于后续拼对工作的开展，将清洗后脱水的碎片进行整形。金属文物，特别是青铜器的变形都是受到外力作用而产生的，整形的核心是通过在碎片的变形部位施加相反的力，以达到整形的目的。这是整个修复保护过程中难度较高的一个环节。

图3 使用U形夹钳及木条整形

出土铜鉴的变形属于塑性变形，即原器物在外力的作用下（沙石坍塌）变形、碎裂，去掉外力后，变形部位已不能恢复原状。针对塑性变形，需综合运用锤击、扭压和顶撑法进行整形。为达到理想的整形效果，这一步骤往往耗时许久。

具体的整形策略为：将大块的弧形碎片利用千斤顶进行整形；略平直的大碎片则利用U形夹钳撑顶木条的方法进行整形（图3）；个别小碎片利用铅锤、台钳等工具锤击，扭压整形。经采取多种工具及手段，在多人配合下铜鉴整形工作收效显著。

3.2.4 拼对与焊接、黏接

整形之后的碎片需要拼对组合、焊接与黏接。不同于工业焊接，青铜器焊接采用传统的“锡焊法”工艺。由于金属文物保存状况及基体“矿化” 程度不同，拼对组合后采取的措施也不拘泥于焊接，可配合使用现代高分子胶黏剂对碎片进行黏接。

锡焊法的优点是设备简单、操作方便，焊接时温度较低（铜器焊接温度为250～450℃），因此对焊件的影响很小。且当碎片变形严重时，可边焊接边整形，操作更加灵活。

焊接时首先将器物倒置以鉴口为基准点，鉴口的直径可由口沿几处大碎片的弧度来确定。对于鉴口缺失处在内口沿弧度临时固定约1cm的铜条（俗称“信子”），并使用足量的锡灌入鉴口碎片之间的缝隙内（图4）。然后根据基准点依次完成其他碎片的焊接或黏接（图5）。

图4 口沿碎片使用铜条临时固定

图5 铜鉴器身基本焊接完成

部分铜鉴碎片经过长时间的氧化和腐蚀已存在“矿化”的问题，即失去基体铜合金的性质，从而会影响焊接后的强度。在面对这种问题时，宜使用环氧树脂对部分碎片进行黏接。

不论焊接或黏接，其难度都在于准确依照原本碎片拼对的碴口、器形的弧度和纹饰的衔接进行操作，手法应娴熟沉稳，避免错位返工。

3.2.5　补缺

整体组合完成后，对于缺失的部分，需打制铜片进行补缺（图6）。

补配时依照缺失部位的形状剪裁适宜厚度的铜片并锤打至理想弧度，将其与原器物进行焊接或黏接，逐步将整个铜鉴器身和兽耳补配完整。

涉及纹饰的缺失部分，为更好地与原件接近，需先将与铜鉴缺失部位对应完好的纹饰拓印，之后将纹样送至相关单位对铜片进行腐蚀处理，即得到与原器物纹饰接近的补配铜片（图7）。

图6　纹饰处补配使用的铜片

图7　使用铜片进行补配

3.2.6　做色

经过前面的整形、拼对、焊接、黏接和补配等工艺，将铜鉴器身补配完整后，器物表面和内壁会留下焊锡和黏接痕迹，因此需要进行做色处理。做色工艺是一项技术性很强的工序，需依靠大量实践经验的积累和对色彩的深层理解来表达，是传统青铜器修复技艺中重要一环。

做色前需将碎片拼接处的焊锡及树脂打磨平滑。然后使用无水乙醇调和虫胶漆作为胶黏剂，矿物颜料粉末作为着色剂，用牙刷喷弹、点染在被处理的铜鉴表面使其和周边颜色浑然一体。由底层开始，往外层层施加颜色，经过多次过渡、套色后，器物整体外观颜色自然流畅。至此，整个修复实践工作完成（图8）。

3.3　修后档案整理

任何阶段的修复保护工作完成后，应对照预先制定的技术路线及时总结整理。包括前文中修前文物评估的信息，修复工作中使用的方法、技术、材料、工具及修后总结等均应作为文物档案，伴随其延传后代。

图8 修复后的四耳铜鉴

3.4 保存环境建议

文物寿命除了与其自身材料相关之外，还受到保存环境因素的影响。在完成对铜鉴的保护和修复工作后，考虑到铜鉴的长期保存问题，应尽量消除外在环境对其造成损害的潜在风险。

建议将处理后的铜鉴置于环境稳定的库房保存，环境温湿度推荐值为：温度为15～20℃，其相对湿度保持在20%～40%且环境日温差小于2～5℃，环境相对湿度日波动值小于5%[3]。除此之外，文物保管人员应定期巡查环境检测设备运行状态，根据实际情况适时调整。

致谢：感谢河南省文物考古研究院马俊才研究员为本文提供相关背景资料，感谢故宫博物院文保科技部主任史宁昌为本文提出的指导性意见，感谢故宫博物院曲亮在文物检测及数据分析工作上给予的帮助。

参考文献

[1] 朱凤瀚. 中国青铜器综论（上）[M]. 上海：上海古籍出版社，2009：311-316.

[2] 马承源. 中国青铜器[M]. 上海：上海古籍出版社，2003：258-271.

[3] 许淳淳，潘路. 金属文物保护——全程技术方案[M]. 北京：化学工业出版社，2018：208-210.

青岛市博物馆藏两件青铜文物的保护修复研究

胡可佳　张海燕

（青岛市博物馆，山东青岛，266061）

摘要　青岛市博物馆藏春秋双螭耳铜盘、商兽面纹铜壶两件青铜文物具有重要的研究价值，但残缺、锈蚀严重，亟待保护修复。本文借助显微观察、扫描电镜能谱、X射线衍射等方法，对两件青铜文物的形貌及锈蚀产物进行了分析检测。在此基础上，遵循文物保护修复的原则，采用除锈、矫形、补配等保护修复技术措施，提高了文物的整体稳定性，满足展示及研究需求，取得了较好的保护修复效果。

关键词　青铜器　科学分析　保护修复

引　　言

青岛市博物馆藏青铜文物年代跨度自商代至明清，器物类型丰富，为馆藏的重要组成，其中部分青铜器出土自青岛地区，较有代表性，为研究青岛地区生活习俗、生产方式等提供了实物资料。在前期对馆藏珍贵铜器保存现状进行全面调查和评估的基础上，挑选了一批结构及病害状况不稳定的青铜器进行了保护修复，本文以春秋双螭耳铜盘、商兽面纹铜壶两件文物作为案例，对保护修复的程序、方法进行简要的梳理和总结，为日后馆藏青铜文物的保护修复提供借鉴。

1　藏品现状

1.1　春秋双螭耳铜盘

春秋双螭耳铜盘，一级文物。口径495mm，高190mm。圆形，敞口，窄缘，浅腹，平底。双耳高出器口，耳顶附四只小兽。圈足外侈，下附三卧牛足。腹外壁饰蟠龙纹，内底有“亭叔作宝盘，其万年无疆，子孙永宝用”十五字铭文。该铜盘体量较大，整器制作精良，耳部纹饰尤其精美，对于研究春秋时期社会生活、审美取向以及铸造工艺均具有重要的意义。

春秋双螭耳铜盘修复前的保存情况见图1，通体存在较严重的表面硬结物，且器身附着的锈蚀产物覆盖了部分铭文和纹饰。一耳自腹底部断裂（图2），其上端一小兽残缺，一足残断，器身有两处明显裂隙。

图1　春秋双螭耳铜盘修复前照片

图2　春秋双螭耳铜盘耳部断裂

1.2　商兽面纹铜壶

商兽面纹铜壶，二级文物。壶为盛酒器，也可盛水。此器由兴隆路废品库拣选入藏，残高280mm，腹径180mm×200mm。铜壶呈扁圆体，侈口，小贯耳，扁腹，腹下垂，高圈足。腹部以回纹衬底，饰兽面纹。整器造型优美，纹饰线条流畅、立体感较强，具有一定的历史、艺术、科学价值。

商兽面纹铜壶修复前的保存情况见图3，器物颈部、腹部大面积缺失，器身存在多处裂隙，圈足局部残缺（图4）。通体锈蚀严重，存在大量瘤状物和点腐蚀（图5），并有进一步蔓延的趋势，器身内部有少量硬结物。

图3　商兽面纹铜壶修复前照片

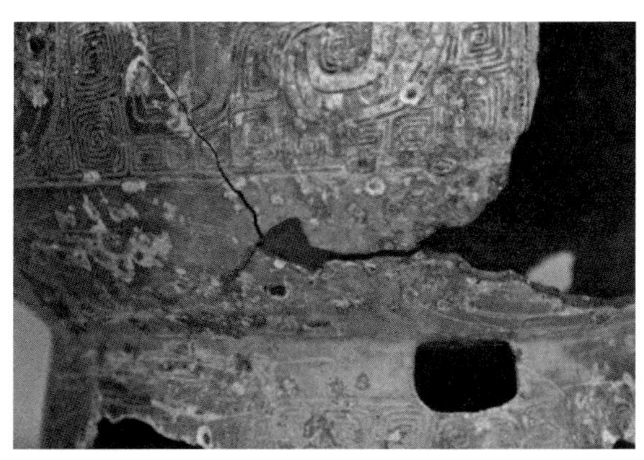
图4　器身裂隙、圈足残缺

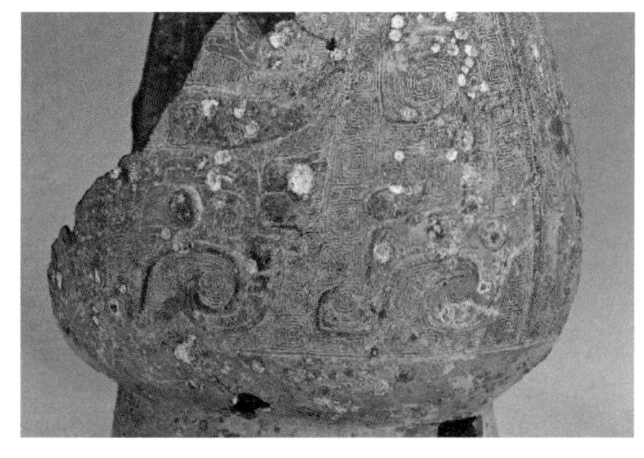
图5　点腐蚀、瘤状物

2　分析检测

为进一步了解两件青铜文物的腐蚀程度及病害成因，并有针对性地制定修复方案，对两件器物进行了显微观察，并从器物耳部、腹部、底部等多个位置选取了8个锈蚀产物样品进行了扫描电镜能谱、X射线衍射分析。

2.1　显微观察

利用徕卡体视显微镜对两件青铜文物进行显微观察，不仅可以对器物表面状况、铸造工艺等有更进一步的了解，也可通过颜色、颗粒大小、疏密情况等，初步判定锈蚀产物的种类。显微观察的结果表明，春秋双螭耳铜盘耳部除有锡焊和锡补痕外，还存在褐色胶结物（图6），应为黏接材料老化残留，可见此件器物耳部曾经过黏接焊接修复后再次断裂；铜盘通体以绿色锈蚀为主，耳部发现少量蓝色锈蚀产物（图7）。商兽面纹铜壶内壁发现多处划痕（图8），锈蚀严重，锈蚀产物为亮绿色，疏松呈粉末状（图9），且存在层状堆积的现象，并伴有剥落的情况。

图6　春秋双螭耳铜盘耳部断面残留褐色胶结物（×10）

图7　春秋双螭耳铜盘耳部蓝锈（×40）

图8　商兽面纹铜壶内壁划痕（×10）

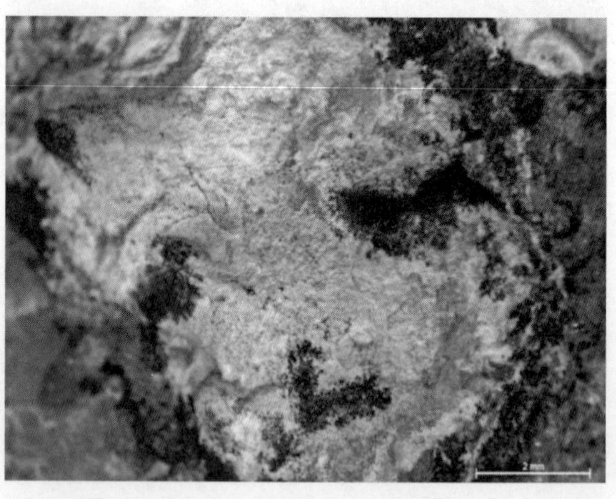

图9　商兽面纹铜壶腹部亮绿色锈（×10）

2.2 扫描电镜能谱分析

使用日本Hitachi公司S-360N扫描电子显微镜、美国EDAX公司Genesis 2000XMS型X射线能谱仪对锈蚀样品进行分析，分析电压为20kV。分析结果见表1。由结果可得，锈蚀产物普遍含有Cu、Sn、Pb等元素，以及Si、K、Ca、Al、Fe等杂质元素。其中商兽面纹铜壶样品发现含有Cl元素，含量最高达19.17wt%，表明含氯腐蚀较为严重；且此件器物样品中Sn元素含量较高，最高达到58.32wt%。青铜器的点腐蚀与合金中锡铅密切相关，青铜器中Cu、Sn、Pb呈不均匀分布，可形成许多电位不同的微区，产生电化学腐蚀，其中δ高锡相更易发生腐蚀，构成点蚀发生的内因[1-3]。

表1 青铜锈蚀产物SEM-EDX分析结果 （单位：wt%）

样品编号	样品描述	Mg	Al	Si	Cl	K	Ca	Sn	Fe	Cu	Pb
10002-1	耳内侧土锈	—	2.22	12.39	0.49	—	—	1.46	3.31	47.42	30.60
10002-2	耳旁绿锈	—	2.15	13.05	—	—	1.60	0.28	1.57	59.64	21.71
10002-3	盘内绿锈	—	1.10	10.81	0.15	1.23	3.83	—	2.00	57.94	22.96
10002-4	盘内绿锈	—	1.48	2.09	—	0.28	0.71	—	1.20	88.73	5.50
10002-5	耳内侧蓝锈	—	2.51	10.34	—	0.85	3.86	—	2.10	55.34	25.00
20005-1	腹部绿锈	—	0.81	0.96	19.17	—	0.41	7.95	0.59	56.85	13.16
20005-2	颈部绿锈	—	1.69	5.69	0.45	—	1.9	58.32	0.56	17.48	13.90
20005-3	腹部绿锈	—	1.38	5.72	—	—	—	50.23	—	21.55	21.11

2.3 X射线衍射分析

采用日本Rigaku公司D/max 2200型X射线衍射仪对样品进行物相分析。电压40kV，电流40mA，Cu靶，发散狭缝、防散射狭缝和接收狭缝分别为1°、1°和0.15mm，分析结果见表2。结果表明，两件青铜器的锈蚀产物主要为碱式碳酸铜、碱式氯化铜、氯化亚铜等。

表2 锈蚀产物XRD分析结果

样品编号	样品描述	锈蚀产物主要成分	矿物名
10002-3	绿色锈蚀	$CaCO_3$，$Cu_2(OH)_2CO_3$	方解石，碱式碳酸铜
10002-4	绿色锈蚀	$Cu_2(OH)_2CO_3$，$CuCl_2 \cdot 3Cu(OH)_2$，CuCl	碱式碳酸铜，碱式氯化铜，氯化亚铜
20005-1	绿色锈蚀	$Cu_2(OH)_2CO_3$，$CuCl_2 \cdot 3Cu(OH)_2$，CuCl	碱式碳酸铜，碱式氯化铜，氯化亚铜

3 保护修复

通过显微观察和锈蚀产物分析检测，可大致了解两件青铜文物的保存状况。在此基础上，制定出大致的修复方案，保护修复的技术路线为：建立修复档案→清洗→黏接加固→补全做旧→缓蚀→封护→长期保存方法和建议。同时，在修复过程中通过深入了解修复对象，不断改进具体的修复实施工艺。

3.1 建立档案

参照《馆藏金属文物保护修复档案记录规范》（WW/T/0010—2008），为两件器物建立保护修复档案，采用文字记录和图片采集相结合的方式进行详细记录。

由于春秋双螭耳铜盘内底刻有铭文，为了更加全面地记录文物的历史信息和制作工艺，制作了铭文拓片，提取重要的文字信息，为相关研究提供资料。

3.2 清洗

青铜器的清洗主要分为机械清洗和化学清洗，针对不同的表面污染物和锈蚀产物类型，采取不同的清洗方法。

土锈和表面硬结物的去除主要使用机械方法。用棉签蘸取溶液湿润软化后，用竹签、手术刀等将污染物去除，必要的时候结合使用洁牙机和高压蒸汽清洗机进行清理。

商兽面纹铜壶表面存在大量的粉状锈和瘤状物，若不清理彻底，将会不断向青铜器内部延伸，危及器物本体。粉状锈的去除采用机械与化学方法相结合的手段，先使用手术刀、洁牙机进行试探性打磨，一步步将内部的有害锈完全剔除，接近青铜本体时应及时停止，然后将锌粉与10%氢氧化钠溶液混合调成糊状，敷在锈蚀部位，经过0.5h以上的反应时间，用蒸馏水反复擦洗干净，进行干燥处理，达到了较好的去除效果。对已形成孔洞的地方，使用双组分环氧树脂进行局部填充补配。

春秋双螭耳铜盘断裂的耳部及器身表面残留褐色黏接材料和焊接痕迹，为保证再次黏接和焊接的效果，需要对其进行清洗。锡焊痕迹使用电烙铁加热清除；黏接材料先用丙酮擦拭软化，再用手术刀剔除，直至处理干净。

3.3 黏接加固

图10　春秋双螭耳铜盘耳部整形固定

春秋双螭耳铜盘主要存在耳部、足部断裂以及局部缺失等病害，且由于耳部的断裂脱落，铜盘腹底产生变形和裂隙。首先，需对该位置进行预先矫形，由于器物底部较薄较脆，矫形需缓慢谨慎，使用热风枪加热，用皮锤轻敲，并通过逐步试探性地加压、减压不断调整。由于器物耳部重量较大，选用焊接的方式进行修复，使用电烙铁在耳部断裂位置选点焊接，再用双组分环氧树脂胶填充缝隙进一步黏接加固，最后使用整形夹加以固定（图10）。

3.4 补全做旧

为了增强器物的结构稳定性，达到更好的展示效果，需要对器物残缺部位进行补全和做旧处理。补全是在有依据的前提下，根据器物的原始形状，用修复材料对缺失部位进行修补的过程。补全所用的修补剂应具有可再处理性，日后如有更为合适的修复材料可随时去除。

春秋双螭耳铜盘耳部残缺一小兽，由于器形对称，所缺部位有据可依，可通过复制对称位置的小兽进行补全。先在小兽上涂抹凡士林，再涂上调好的硅胶作模，将修补剂灌入模中，通过不断挤压赶走气泡，干燥后取出黏接，待补配树脂凝固，再对纹饰进行细节雕刻、打磨处理。

商兽面纹铜壶腹部、颈部存在大面积缺失，且器物本体厚度较薄，较为脆弱，补配难度较大。由于器物腹部表面存在孔洞，先对其进行清理修补，再根据兽面纹的对称性，对局部缺失的纹饰进行绘制和雕刻。对于器形大面积缺失的补全，需要充分细致的考证，以同一时期的相似器形作为参考。商代扁形铜壶器形、纹饰对称，且该件文物器身残留较为完整的对称成组纹饰，因此，此次修复以残存的器身为模，进行翻模补全。翻模过程较为烦琐复杂，分为两步，首先补全残存位置相对完整的腹部，由于缺失面积较大，器壁本身厚度较薄，翻模时在硅胶中加入麻布以增加强度（图11）；待腹部补全完成后，再对铜壶颈部进行补全，使用蜡片圈于器物的外口沿，根据残留部分器壁的厚度和高度，在蜡片内部涂抹树脂修补剂，干燥后进行打磨和局部修整。全色做旧应坚持修旧如旧及可辨识的原则，对比器物原有部分的色彩，使用虫胶调和矿物颜料，一层层地进行，如图12所示，直至总体协调一致。经过修复，总体器形、弧度达到美学上的复原，使文物的原真性和艺术美感得到了统一。

图11 商兽面纹铜壶腹部翻模

图12 商兽面纹铜壶做色

3.5 缓蚀、封护

由于苯丙三氮唑（BTA）可与铜离子结合生成BTA-Cu，较为稳定，可将铜器本体与外部环境隔离开来，被认为是有效的铜缓蚀剂[4]，在国内青铜文物的保护中应用广泛。本次修复中缓蚀和表面封护均采用喷涂的方法，先选用3% BTA乙醇溶液，再用2% Paraloid B72丙酮溶液喷涂2～3次，观察封护效果，防止液体流淌或产生眩光。

4 结论

春秋双螭耳铜盘、商兽面纹铜壶两件青铜文物经保护修复后，结构稳定，原貌得以展现，修复后照片见图13和图14，基本达到了揭示文物信息、延缓文物寿命，以及进一步展示和研究的目的。

图13 春秋双螭耳铜盘修复后照片

图14 商兽面纹铜壶修复后照片

致谢：两件文物的保护修复属"青岛市博物馆馆藏青铜器保护修复项目"，感谢合作单位山东省文物保护修复中心在保护修复过程中给予的支持和帮助。

参考文献

[1] 范崇正，吴佑实，王昌燧．粉状锈生成的电化学腐蚀及价电子结构分析［J］．化学物理学报，1992，5（6）：479-484.

[2] 张玉忠．青铜病的机理及防治方法研究［D］．北京：北京化工大学，2010.

[3] 王蕙贞．文物保护学［M］．北京：文物出版社，2009.

[4] 祝鸿范．BTA缓蚀剂在文物保护中的应用［J］．腐蚀科学与防护技术，1999，11（4）：255-256.

青铜器残缺部位的快速无损修复

胡　威

（荆州博物馆，湖北荆州，434020）

摘要　荆州出土的古代青铜器，时代以东周时期为主，其保存现状和其他地区情况大同小异。锈蚀、残缺是通病，所谓“十铜九补”则不无道理。青铜器作为金属类文物被埋藏在地下经历了千百年，经过电化学反应腐蚀、挤压等破坏，多数墓葬由于抢救发掘才使古代青铜器得以重见天日。然而出土后的保存环境和地下的埋藏环境发生了变化，打破了之前微环境下的动态平衡。所以保存完美的器物少之又少。残缺的青铜器亟待修复，用什么材料和方法进行修复才能对文物本体造成最小伤害是很关键的问题。快速无损修复残缺的青铜器，加快对文物的保护速度很有必要。

关键词　材料方法　快速无损

引　　言

青铜器作为金属文物，其成分来源于性质稳定的矿物，受到外界的影响会恢复到原来的化学结构。这一变化过程使金属单质转化成化合物，这就是青铜器的腐蚀。在残损的青铜器准备修复前，首先进行信息采集和检测分析，看文物有无青铜病、金相结构等。其次观察器物有没有变形，最后看残缺部位应该选择什么方法和材料修复。这需要制定出科学合理的文物修复方案，修复文物需要遵循文物保护的原则。在遵守原则的情况下，选择最合理的修复方法进行文物修复，同时也要快速阻止文物病害继续滋生和蔓延。

1　青铜器的腐蚀[1]原因

1.1　在墓坑里腐蚀

土壤是微孔结构的，有些还伴有胶体结构，它的空隙会吸收空气和水分，墓坑里的土壤也是如此。而且水和土壤相结合有两种形式，一种是物理结合，即水在土壤空隙中；另一种是化学结合，土壤中的物质与水形成了水的化合物。不管是哪种形式的结合对金属包括青铜器都会造成腐蚀。

1.2 出土后的腐蚀

1.2.1 大气腐蚀

大气腐蚀属于一种电化学反应。大气中有水分、氧气、二氧化碳、二氧化硫等气体，还有灰尘等颗粒物。通过大气的温湿度变化，表面有残留电解质的青铜器会发生电化学反应，对文物造成不同速度的腐蚀。

1.2.2 气体腐蚀

青铜器出土后，一般经过简单的清洗，在相对干燥的文物库房中自然存放，没有温湿度控制，存放条件很一般。虽然文物是干燥的，但是也会受到空气中的气体腐蚀。青铜器与空气中的氧气接触就会被氧化，在它的表面形成一层氧化物。有的氧化物结构紧密，但有的氧化物结构很疏松，结构紧密的物质会对青铜器起到保护作用，让它不再继续氧化、腐蚀。但是结构疏松的氧化物对文物根本起不到保护作用，相反还会吸收空气中的水分和有害物质，使文物继续受到腐蚀。

2 快速无损修复的意义

青铜器的腐蚀需要多方面因素在一起，并通过一定的时间形成化学反应。为了及时保护文物，不让古代青铜器继续受到腐蚀和破坏，我们应该早发现、早控制、早修复、早保护，才可能延长文物的寿命。运用快速无损的修复方法及时抢救、修复残缺的青铜器是科学的、合理的。

3 修复方案

3.1 表面情况

用去离子水清洗掉青铜器表面和器物里面的泥土、污渍、杂物等，然后用恒温干燥箱烘干器物上的水分，使其保持干燥。

3.2 检测分析

检测分析青铜器金属和锈蚀物的成分，看有无含氯离子的有害锈。青铜器上的有害锈通常指的是两种，一种是绿色粉状锈——碱式氯化铜，另一种是白色粉状锈——氯化亚铜。这两种锈蚀物在一定的条件下会对青铜器不断腐蚀，并且还会使其周边的青铜器都存在这种病害。因此发现这种病害就要及时清理并做好缓蚀和封护处理。

以一件蒜头壶为例，以下是检测分析结果。

3.2.1 三维视频照片

放大倍数分别为50倍、75倍、100倍、150倍。

3.2.2 X射线衍射分析

分析条件：工作电压为40kV；工作电流为40mA；阳极靶为铜靶；2θ为5°～85°。

检出物：氧化亚铜（Cu_2O）、磷氯铅矿［$Pb_5(PO_4)_3Cl$］、硫化铅（PbS）。

经检测，显微照片（图1）中含有白色粉状锈，并从X射线衍射分析（图2）中也可以看到有不稳定的磷氯铅矿等有害锈，说明白色粉状锈为有害锈，需要采用机械方法去除。

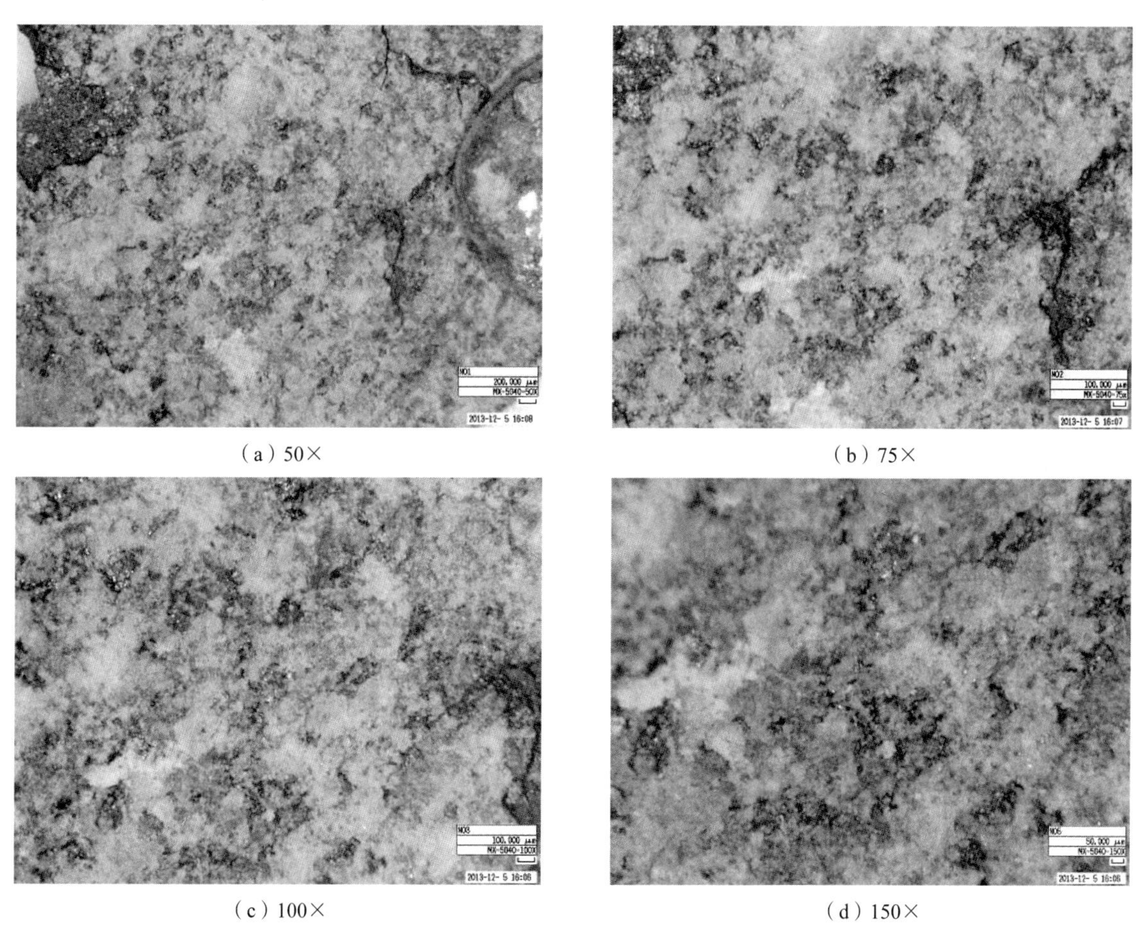

（a）50×　（b）75×　（c）100×　（d）150×

图1　三维视频照片

3.3 矫形

青铜器埋藏在地下受到泥土的挤压而断裂、变形。为了使断裂部位的碴口能按原状拼对在一起，必须对变形部位进行矫形。矫形的方法很多，有锤击、模压、撬压、顶撑等方法，根据变形青铜器本身腐蚀矿化、薄厚程度和铜质强度、弹性、脆性而定[2]。

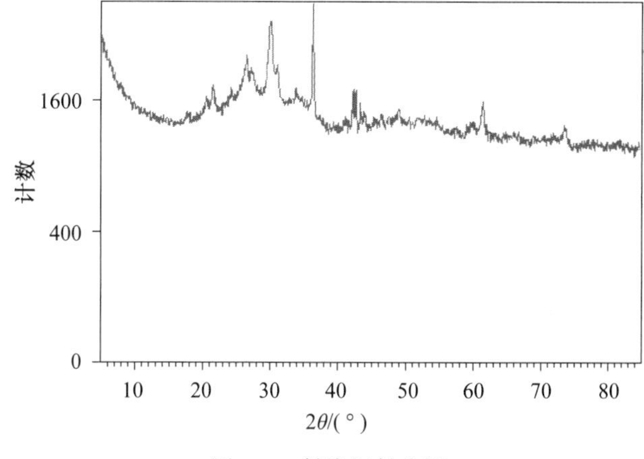

图2　X射线衍射分析

3.4　除锈

青铜器上的锈蚀物分为有害锈和无害锈，有害锈是必须去除的，无害锈可以选择性去除。除锈方法有物理除锈法和化学除锈法，物理除锈又有手工和机械两种（手工除锈如用小刀、钢针、竹签剔除；机械除锈如超声波洁牙机清洗除锈、超声波清洗槽除锈、小型打磨机除锈、喷砂除锈等）。化学除锈可选择不含氯离子的弱酸（草酸、柠檬酸等）和稀释过的氢氧化钠交替软化锈层再除锈。

3.5　补配

经过前期的科学检测残损的文物如果没有青铜病、化学性质稳定，其他修复步骤如变形部位矫形处理、清洗、除锈做完之后，就开始对青铜器的残缺部位进行补配修复。

传统的青铜器修复中残缺部位补配的方法有：玻璃钢补配、铅锡合金补配、打制铜胎补配、泥子补配等，需根据具体情况而定。

3.5.1　玻璃钢补配

例如，一件铜壶腹部有一处直径5cm的破洞，其他部位完好，像这种破洞根本不会影响其他部位的稳定性和对整件器物的机械支撑要求，一般可以用玻璃钢补配的方法来修复。这里所说的玻璃钢是指以环氧树脂为基体，以玻璃纤维为增强加固材料制成的塑料。

3.5.2　铅锡合金补配

铅锡合金熔点低，利用青铜器上的纹饰规律（有对称性、重复性等）翻模后向模子中浇灌熔融的合金，得到和器物原件一样的配件。

3.5.3　打制铜胎补配[3]

这种技术俗称“打铜活”，是一种胎坯锻打技术，利用金属的延展性用锤子敲打，把铜片打制成和器物外形一致的铜胎。把打好的铜胎放到器物里面，贴到破损部位，用记号笔在铜胎上画出破损的形状。取出铜胎根据记号笔所画出的痕迹剪掉多余的部分，补配件就做好了。

3.5.4　泥子补配

这里所说的泥子是指原子灰，它是一种汽车喷漆之前钣金打底的材料。通过把原子灰和固化剂按1∶100的比例完全混合，涂抹在破损部位完成铜器的外形修复。

3.5.5　快速无损修复

快速无损修复要求补配材料经过长期的实践验证，有一定的黏接强度，材料的可逆性好，对文物本体没有伤害；修复方法符合文物修复的操作规范；修复理念要遵循文物保护的原则。

补配材料：滑石粉、北京化工502胶水、天雅牌矿物色粉。

修复工具：牙科固粉调刀、油泥、塑料薄膜、纤维布。

修复方法：用快速无损修复的方法来修复青铜器的残缺部位时，在器物里面用一块油泥做范（油泥表面贴一层塑料薄膜），在外面用补配材料进行填补修复。修复时首先将调好的滑石粉和配好颜色的矿物色粉混合均匀，平整地铺在残缺处，然后用502胶水慢慢地往上滴，胶水会很快渗透到滑石粉中（图3）。在滴的过程中，要顺着一个方向滴，快速往前推进。在滴胶的同时用一块小抹布（纤维布）轻轻地蘸。蘸的过程中避免胶水流淌到器物原件部位上，造成不必要的污渍，也可以让胶水更好地渗透到滑石粉中。这个程序反复进行，如果太稀就再加滑石粉，胶水和滑石粉的混合物干得很快，这是由胶水的性能决定的。短时间内残缺部位就可以修补好。

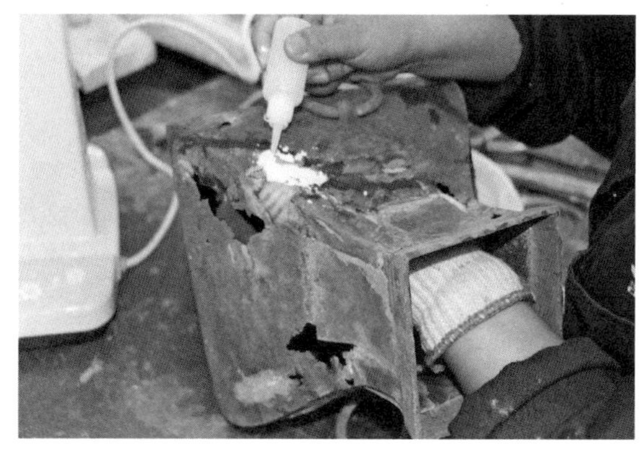

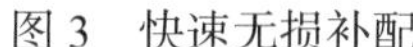

图 3　快速无损补配

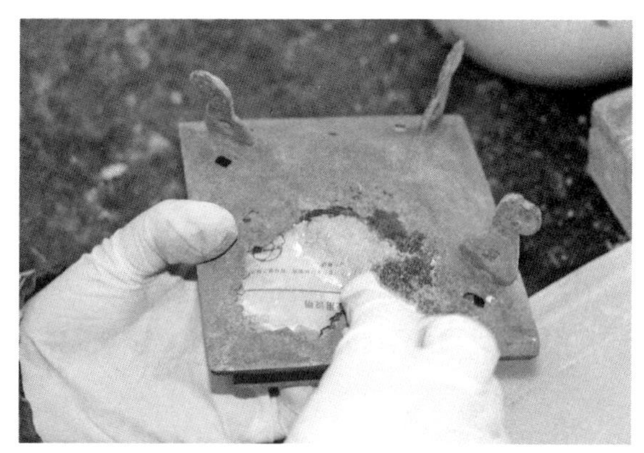

图 4　打磨修饰

修复特点：这种修复方法的好处就是抢救速度快、黏接强度大、修复面硬度高、可逆性好、对器物无损。

说它无损是因为相比传统的焊接修复，对文物本体不会造成新的创伤。如果采用焊接修复，就会在断裂、碴口处锉出焊口使青铜的铜质露出，无疑是对文物的破坏；如果焊接修复中使用镪水作为助焊剂，其具有酸性也会腐蚀青铜器。即使焊接完后用蒸馏水浸泡，也需要24h以上，还要经常换水，在时间上就给金属的腐蚀原理创造了条件。而用胶粘就不会存在这些问题。

说它可逆性好是因为采用的502胶水惧高温，用热风枪加热后易脱落，而在普通的阴凉干燥环境下胶质不容易老化，正好符合馆藏文物修复的要求。

初步的补缺完成后需要将修补的胶质物进行打磨修饰，尽量打磨得与文物本体协调统一，但是不可能完全一样（图4）。正因为这一点，接下来还有批灰打底这一道工序。我们用的方法基本和汽车做钣金油漆一样，所用的批灰材料也一样：p.38钣金灰（图5）。批灰的目的是将胶补得不平的地方用钣金灰抹平，然后打磨修饰。打磨也分初步打磨和精细打磨，初步打磨可以用打磨机、锉子来磨出大形，再用砂纸精细打磨。砂纸也分粗砂和细砂，先用粗砂纸打磨一遍，再用细砂纸蘸水打磨，直到磨出与器物本身的肌理相同的效果为止，为后续的着色做旧做准备。

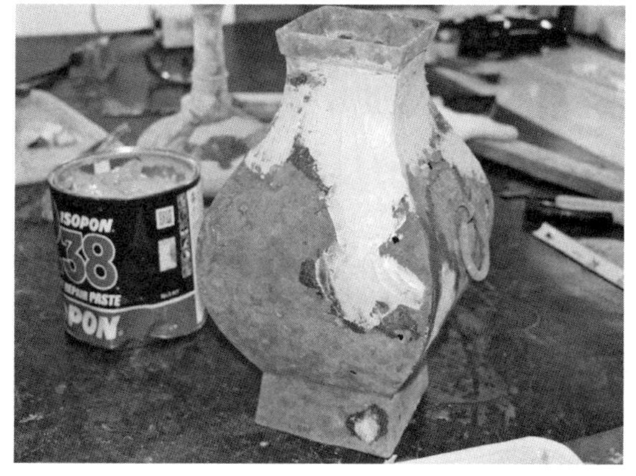

图 5　批灰打底

3.6 做旧

做旧一般选用天然矿物色粉作为着色材料，并用虫胶水或硝基清漆作为胶黏剂，二者调和使用。做旧要做得自然就必须掌握器物原件部位锈层的特点。例如，1983年广州象岗山西汉南越王墓出土的一件青铜提桶，它的锈层断面可以分辨出七个层带[4]，每个层带的锈蚀产物都不同，当然颜色也不同。掌握了青铜器的锈层特点，再随色做旧就可以做得非常自然：第一层做底色，要和器物最底层的锈蚀物颜色一致，再做第二层、第三层……每一层的颜色都要和原锈蚀物颜色吻合。就好比画油画层层叠加，色彩丰富、自然，与青铜器本体的皮壳颜色一致互相协调为宜。

3.7 缓蚀处理

用苯并三氮唑溶液来保护腐蚀的青铜器，这是常用的方法。这种方法从1965年就在文物保护行业中不断使用。它是对铜和银很好的络合剂，能防止金属的变色和腐蚀。这种溶液在金属表面能形成我们肉眼所看不到的、不溶性的、透明的覆盖层。

3.8 封护

封护是在文物表面涂覆一层能隔绝空气的保护层。我们采用Paraloid B72丙烯酸树脂丙酮溶液作为封护剂，Paraloid B72是文物保护领域使用最广泛的一种聚合物材料，涂覆在青铜器表面能防止继续腐蚀、病变。

结　　语

用快速无损修复的方法来修复保护文物，这个过程所采用的材料和修复方法对文物没有损害，修复速度也最快。修复速度快，在时间上就控制了青铜器的腐蚀速度。为了以最短的时间来抢救修复濒危的文物并且是无损修复，首先是修复方法是一种快捷方便的方法；其次要做到文物修复过程对文物本体无损，就应该避免对文物本体有创伤性的修复，做到对文物最小干预；最后是修复材料的选择，修复材料要有很好的可逆性，等到若干年再次修复这件文物时，能够很容易拆解原来的补配修复材料，并且不损伤文物本体。

参考文献

[1] 李化元. 青铜器、铁器的腐蚀与保护［J］. 中国博物馆，1987，（2）：64-70.

[2] 贾文熙. 青铜器传统修复要点［A］//李震，贾文忠. 青铜器修复与鉴定［M］. 北京：文物出版社，2011.

[3] 肖璇. 荆州博物馆馆藏青铜器保护修复［M］. 北京：科学出版社，2017.

[4] 李化元，陈志芬. 青铜器的腐蚀与保护［A］//李震，贾文忠. 青铜器修复与鉴定［M］. 北京：文物出版社，2011.

宋代湖州铜镜的保护修复研究

韦佳媚

（广西壮族自治区博物馆，广西南宁，530022）

摘要 以广西壮族自治区博物馆藏的2面宋代湖州葵花镜为对象，借助现代科学技术手段，对病害情况、合金成分、内部结构进行检测分析，在此基础上，制定出科学有效的保护修复方案，使用成熟可靠的文物保护修复技术与材料进行保护修复，对保存环境提出建议，并进一步加深对宋代湖州葵花镜的史料研究，使其再现原有历史风貌、科学价值、艺术价值。

关键词 湖州铜镜 检测分析 史料研究

引　言

铜镜是研究古人生活方式、艺术美感及科技生产力水平发展程度的重要实物标本。广西壮族自治区博物馆仅有2面桂林出土的宋代湖州镜由于埋藏在地下，受到了广西地区复杂的酸性土壤环境的腐蚀，出土后又受到自然气候环境和库房保管环境的影响，其表面受到不同程度的氧化和锈蚀，铭文模糊不清，严重影响铜镜整体的稳定性，不利于铜镜的保管和展陈，对铜镜长久保存构成威胁。因此，需对铜镜进行保护修复，解决上述问题，最大限度地恢复器物原本面貌，为日后进行科学研究及常年陈列展览做准备。

1 基本信息

湖州石家葵花镜面径17.1cm，边缘厚度0.3cm，重量492g；八出葵花形，小圆钮，素窄葵缘；钮右侧为长方形框，框内以一竖线将框分为两竖格，格内铸有两行竖行楷书铭文“湖州真石家口口叔口口”，其余均被锈层覆盖，无法辨认；器身锈蚀较严重，未锈蚀区域呈现光亮、银色的金属质感；广西桂林出土（图1）。湖州陆家葵花镜面径15.9cm，边缘厚度0.4cm，重量561g；六出葵花形，小圆钮（残），素窄葵缘；钮的左右侧各有一长方形框，框内有一竖行和两竖行楷书铭文，左侧铭文为“旧住湖州陆家，无比炼铜照子”，右侧铭文为“炼铜照子每两一百文”；器身锈蚀较严重，未锈蚀区域呈现光亮、银黑色的金属质感；1932年广西桂林兴安宋塔出土（图2）。2面铜镜存放在樟木柜中，保存环境较差，温湿度变化大。

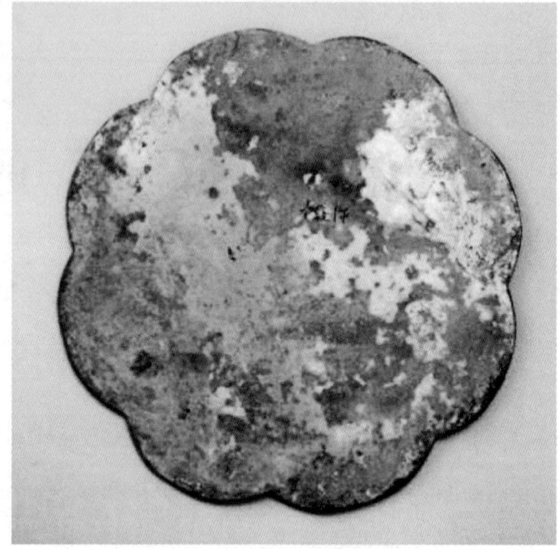

图1　湖州石家葵花镜修复前

图2　湖州陆家葵花镜修复前

2　科技检测分析

对铜镜合金成分、显微结构和锈蚀产物进行科学检测，将有助于提取铜镜众多的宝贵信息，为制定科学有效的保护修复方案提供依据。

2.1　锈蚀分析

通过超景深显微镜观察发现，2面铜镜的锈蚀物基本差别不大，2面铜镜锈蚀都有分层情况，分别为土垢、浅绿锈层、蓝绿色锈层以及红褐色锈层。我们使用Renishaw in Via型显微共聚焦激光拉曼光谱仪、D/max-rB型X射线衍射仪对文物锈蚀样品进行分析。分析表明2面铜镜锈蚀产物为孔雀石[$Cu_2(OH)_2CO_3$]、蓝铜矿[$Cu_3(CO_3)_2(OH)_2$]、赤铜矿(Cu_2O)、少量的氯铜矿和副氯铜矿[$Cu_2(OH)_3Cl$],此外水胆矾[$Cu_4(OH)_6SO_4$]是湖州石家葵花镜特有的。本次检测的铜镜锈蚀产物碳酸盐是土壤中可溶性碳酸盐或空气中CO_2与铜镜表面作用产生的。在干燥条件下常生成孔雀石,在潮湿环境中常生成蓝铜矿。后者易向前者转化,但前者难向后者转化。这种情况在这2面铜镜中表现得尤为明显,生成的锈蚀产物以孔雀石为主,这类锈蚀产物在常温条件下是比较稳定的。个别样品检出的硫酸盐应为土壤中含有的SO_4^{2-}腐蚀造成的,水胆矾锈蚀呈翠绿色,有玻璃光泽。在铜镜腐蚀产物中以氯化物类危害最大,本次检测2面铜镜均含有氯化物,即氯铜矿和副氯铜矿,可见这2面铜镜已受到青铜病的侵蚀,在后续保护修复中需要针对性地处理。

2.2 合金成分分析

由于2面铜镜形制基本完整,本着不破坏文物原貌,用X射线荧光光谱(XRF)合金分析仪检测铜镜正面、背面的分析点。但表面分析点的数据与基体分析点的数据会存在一定的误差,不能作为青铜合金成分的准确值判定,只能起参考作用(表1)。

表1 2件铜镜X射线荧光光谱成分分析

序号	样品编号	样品位置	元素含量/wt%					
			Cu	Sn	Pb	As	Fe	Ag
1	湖州石家葵花镜	正面基体	60.83	32.82	5.32		0.19	
		背面基体	54.47	36.48	3.98	0.439	0.35	
2	湖州陆家葵花镜	正面基体	29.23	54.98	8.08	2.07	0.80	0.429
		背面基体	55.43	29.50	7.13	0.67	0.63	0.266

从检测结果来看,2面铜镜的主要元素均为铜(Cu)、锡(Sn)、铅(Pb)三元合金,属于高锡青铜镜。2面铜镜锡元素占比超过29%,这是因为青铜器埋藏过程中,器物表层的铜因腐蚀而流失,锡的氧化物因不溶于水而在原地沉积,使得青铜器表面出现明显的锡富集;铅被腐蚀以后,铅离子可以迁移到青铜器表面也会导致表层铅富集的现象。所以,对表面铜镜基体检测时,锡、铅的数据会偏高。夹杂物砷、铁、银微量元素可能是由矿料冶炼、锈蚀产物以及埋藏环境带来的,这种推断还需要有更多的例证和其他多种辅助分析进一步验证。

2.3 X射线探伤分析

用X射线探伤分析仪检测2面铜镜,可以看出湖州石家葵花镜表面有一道清晰的裂痕,长7cm(图3);湖州陆家葵花形铜镜内部有隐藏性裂纹(图4)。在铸件内部形成隐藏性裂纹,是由于器物内、外壁冷却速度不同,导致铸件内外成分不均匀,或者铸造工艺本身也会产生小孔洞和裂纹等缺陷。这些缝隙和小孔为铜镜的腐蚀提供了内在条件,易吸附水分,外界有害物质更易于进入铜基体中,从而加快铜镜的腐蚀。

3 修复保护

经过对铜镜的观察和分析,我们制定出科学有效的保护修复方案。铜镜的保护修复方案为:建

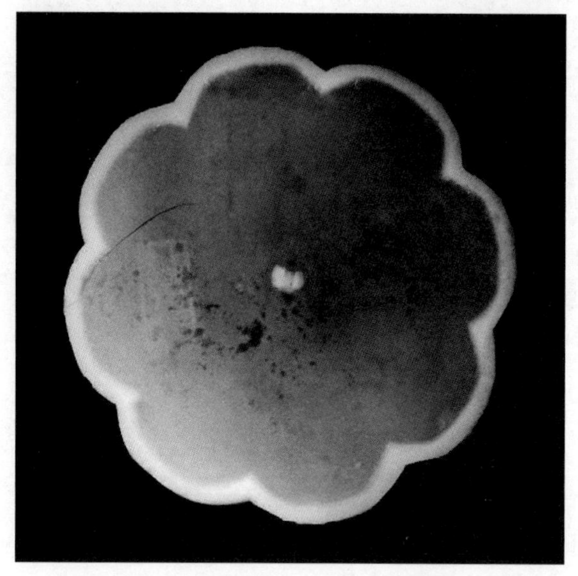

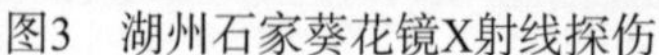

图3　湖州石家葵花镜X射线探伤

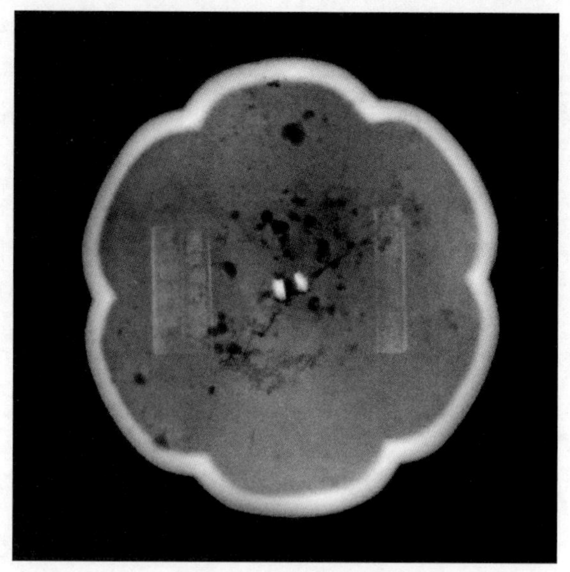

图4　湖州陆家葵花镜X射线探伤

立修复档案、清洗除锈、缓蚀、预加固、封护。在实施方案时，需尊重其历史价值和美学价值，并充分考虑和体现文物修复基本原则，即少干预、可辨识的原则。具体操作过程如下。

3.1　建立修复档案

对铜镜进行测量和拍照，并记录铜镜的名称、时代、尺寸、重量、保存现状、修复方法、修复材料、修复后效果等相关信息，形成一套完整的修复档案，便于后人查究，也为再次修复及重新研究提供相关参考。

3.2　保护修复步骤

3.2.1　清洗除锈

针对腐蚀状况、锈蚀成分分析，我们需重点去除浅绿色粉状锈，防止铜镜进一步腐蚀，同时除去铭文区锈蚀产物，还原铜镜的原始面貌，为研究宋代湖州葵花镜的形制特征、铭文内容等提供依据。

2面铜镜质地较好，锈蚀多为硬结物，需将器物放入超声波清洗机中，加入适量的蒸馏水，振动清洗2h，使器物表面污垢脱落，也可以使坚硬的锈蚀物变得疏松，然后再用手术刀、刻刀、硬毛刷结合无水乙醇、3%过氧化氢进一步剔除。如刻刀也不容易剔除的坚硬锈蚀，需用打磨机、超声波洁牙机去除。另外，经检测铜镜存在有害锈，需先用手术刀去浅绿色粉状，然后用3%倍半碳酸钠浸泡，直至硝酸银滴定浸泡液无浑浊物产生即为去除干净。最后，用蒸馏水反复清洗器物上残留的化学药剂，并放入50℃的烘干箱内烘干，避免残留物进一步腐蚀器物。

经过清洗除锈，湖州石家葵花镜被锈蚀覆盖的铭文完全显现出来——“湖州真石家口二叔照子”，且铭文下方有一道7cm长的裂纹。此外，我们发现湖州石家葵花镜正面底色为“水银沁”，且表面特殊保护层有起泡、脱落的现象，绿锈将该特殊保护层拱起、拱破，边缘分布少许“黑漆古”斑块；背面绿锈分布较广，“黑漆古”与“水银沁”两色交错，稍带光泽。湖州陆家葵花镜正面“黑漆古”与“水银沁”两色交错，锈蚀较为严重；背面情况与湖州石家葵花镜情况基本一致，但其光泽度较好。结合上述检测结果来看，铜镜含锡量波动的范围是29.50%～54.98%，这是铜镜铸造成形后，用毛毡一类物品蘸粉状磨镜药在镜表面上擦拭、抛光，使铜镜表面形成富锡层，才能令其照出人影。正如宋代赵希鹄《洞天清禄集》所述："以水银杂锡末，今磨镜药是也"。铜镜镜身布满细密的磨痕，分布有方向性，这实际是用磨镜药擦拭抛光时产生的不规则磨抛痕迹（图5）。这种镀锡工艺可掩盖镜面上的各种加工道纹，填补铸造缺陷，提高它的表面清晰度，达到"鬓眉微毫可得而察"的效果。富锡层在空气中逐渐氧化，生成以二氧化锡为主成分的透明膜，它的耐腐蚀性十分优良，只要未被破坏，就可保护铜镜内部金属不受腐蚀，保持"千年不锈"。铜镜表面呈现"黑漆古""水银沁"等不同颜色，是镀锡表层被自然腐蚀（包括大气、人体、土壤中腐蚀酸等）的结果。腐蚀产物的结构形态及其数量比例都会对镀锡表层产生影响，从而影响铜镜表面颜色[1]。

（a）

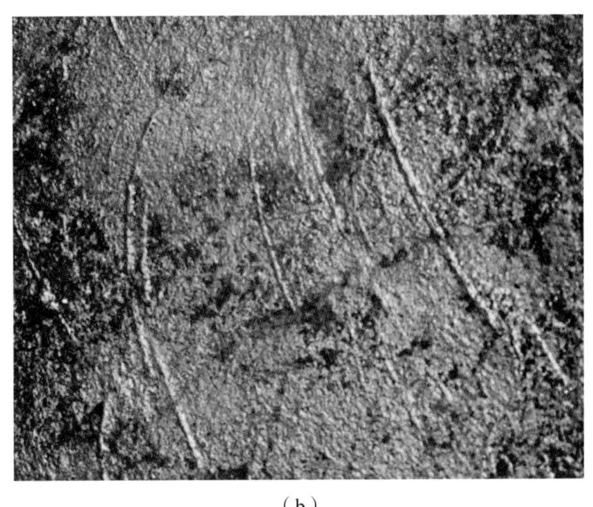

（b）

图5 铜镜正面（a）、背面（b）磨痕

3.2.2 缓蚀

为了避免有害锈的再次产生，应选用3%苯并三氮唑（BTA）乙醇溶液浸泡10min，使其充分浸入铜镜中，可以隔断铜与各种腐蚀环境的接触，进而抑制青铜的腐蚀。如果铜镜表面析出白色结晶，可以用无水乙醇溶液去除。由于BTA是致癌物，安全起见，整个操作过程应在通风橱内完成，操作者需戴防毒面具和防护手套。

3.2.3 预加固

湖州石家葵花镜的铭文下方有一道7cm长的裂纹，本着最小干预原则，可使用目前较为成熟的丙烯酸树脂Paraloid B72材料进行预加固，使铜镜开裂部位因有机纤维素的连接而增强物理强度。方法如下：用5% Paraloid B72丙酮溶液渗透加固，如涂刷过多，可用丙酮溶液擦拭去除。

3.2.4 封护

由于BTA在常温下容易在器表升华析出结晶，需用3% Paraloid B72丙酮溶液涂刷铜镜，在铜镜表面形成了一层无色、透明、无眩光的保护膜，使其与环境中的氧气、水汽、二氧化碳、氯化物等有害物质隔开，起到防锈、隔潮等作用（图6和图7）。

图6　湖州石家葵花镜修复后

图7　湖州陆家葵花镜修复后

3.3　保存环境

虽然铜镜的保护修复效果显著，但并不是一劳永逸的，后期需要给青铜器创造一个有利的保存环境，配备无酸纸囊匣，且将保存环境的温度控制在15～22℃之间，相对湿度控制在35%左右。

4　史料研究

自宋初以来，连年战乱，铜荒不断加剧，导致铜钱的购买力下降，民间常将铜钱熔化，铸成器物，获取更多的利润。按史书记载，宋神宗时“销熔十钱，得精铜一两，造作器物，获利五倍”，南宋绍兴年间“以钱将（作）铜一两，铸器皿可得百五十文”。这说明当时私自铸造器物并贩卖的现象是时有发生的。宋代从至道二年朝廷严斥湖州等地“融钱铸铜”起，至南宋绍兴六年“凡私铸铜器徒二年”，再到庆元三年“复禁铜器”止，朝廷通过禁止民间私自融钱铸铜的手段来平抑钱币供需，但以湖州石家镜为代表的民间铸镜业规模不断扩大，可见禁铜法令收效甚微[2]。

2面镜子均为宋代湖州镜。宋代湖州是一个著名的铜镜铸造中心。湖州镜在北宋中晚期开始流行，南宋时期最为盛行。其制品大多实用，不尚花纹，一般都素背，背上铸有商标性铭记，产品销路极广，产量也较大。在国内多地均有出土，说明了当时铜镜的热销及流通情况。

湖州石家葵花镜的铭文为“湖州真石家囗二叔照子”。根据现有史料可推测出其铭文应该是“湖州真石家念二叔照子”，铭文中的“真”字表明“湖州石家”的铜镜在当时是较为著名的一家，有同行假冒该名牌铜镜充市，所以要加刻“真”字让顾客放心购买。而“二叔”，表示其在宗族辈分中的排行（图8）[3]。

湖州陆家款葵花镜的铭文为“旧住湖州陆家，无比炼铜照子”“炼铜照子每两一百文”。可见，该面镜子为湖州陆家所制，铭文中的“无比炼铜照子”形容自家炼铜技术的精良，是纯正铜制品。“每两一百文”可以看出宋代铜镜是以重量计价，每重一两，售价为一百文，按宋代1两为40g左右，那么该面铜镜重14两（561g），售价为1400文铜钱，从中可了解到宋代铜的价格（图9）。

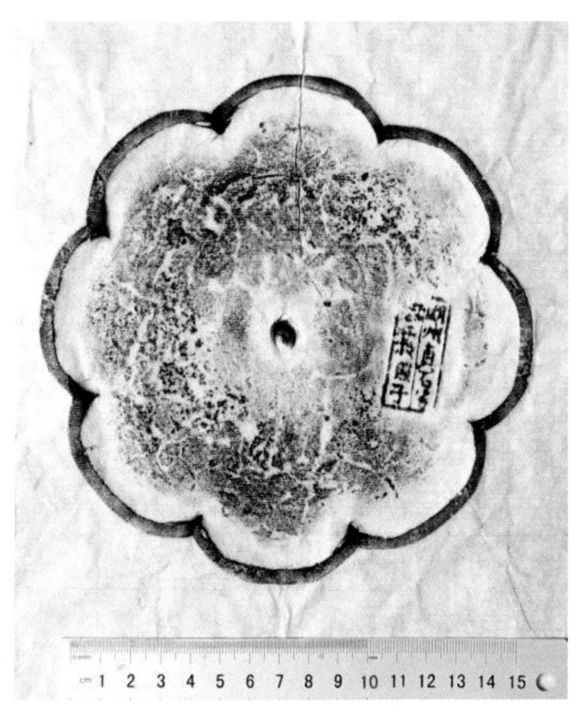

图8 湖州石家葵花镜拓片

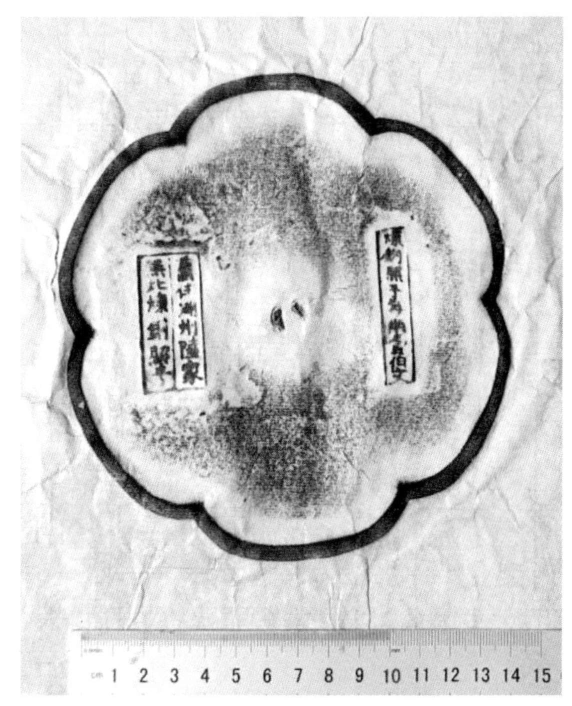

图9 湖州陆家葵花镜拓片

从上述分析我们可以看出：①北宋为避讳开国皇帝赵匡胤之祖名赵敬，诏令全国讳“敬”之同音字“镜”为“照”，为宋镜改名为“照子”这一历史事实提供了佐证；②铜镜镜背刻铸产地、作坊店主、价格是湖州镜的一大特色。这种现象反映出各家铜镜在市场上展开激烈的竞争，标注上自家的品牌，其目的是防止他人假冒，宣传自己的产品优良，扩大市场影响力，打开销路；③湖州镜在广西桂林出土，反映了宋代的商品流通以及民营手工业产品在全国各地的运销情况。

结 语

在科学的保护修复方案指导下，2面铜镜的保护修复工作严格按照修复原则和操作流程进行，基本达到了展陈要求和预期目标。文物保护修复，不仅是将文物恢复原貌、延长寿命，也是对铜镜的历史价值、科学价值、艺术价值的重新发掘、认识和评价。

参 考 文 献

[1] 何堂坤. 几面表层漆黑的古铜镜之分析研究［J］. 考古学报，1987，（1）：119-131.
[2] 闵泉. 管窥宋代铜镜业中的湖州铸鉴局［N］. 中国文物报，2007-04-04（006）.
[3] 黄启善. 广西铜镜［M］. 北京：文物出版社，2004.

雅安“4 · 20”地震受损青铜釜保护修复

吴俊杰　刘　洋　刘　宇

（四川博物院，四川成都，610072）

摘要　本文对一件在雅安“4 · 20”地震受损的文物青铜釜进行保护修复。先对其锈蚀物样品使用科学仪器进行监测分析，分析表明该器物表面锈蚀物为孔雀石和蓝铜矿，无有害锈，无氯离子。通过这个分析，该青铜釜表面没有影响文物后续研究及展出的锈蚀物尽量不去除。由此制定该文物的保护修复流程：表面附着土垢去除—残片及断面整形—黄泥塑形—残片黏接—补全—打磨—上色做旧。

关键词　青铜釜　锈蚀物分析　修复

引　　言

青铜是金属铸造史上最早的合金，我国的青铜文化形成于龙山时代（距今4500～4000年），鼎盛于夏、商、西周、春秋及战国早期。我国古代青铜器种类繁多，不仅有日常工具和生活用具，如刀、锥、铜镜等，也有礼乐器、兵器。而在这些种类繁多的青铜器上出现的精美纹饰、独特造型、珍贵铭文，为我们研究古代社会生活、战争祭祀、宗教政治等各方面提供了科学依据和实物佐证。

由于埋藏时间久远，多数青铜器出土时已锈蚀严重，器物表面有大量铜锈。一般没有影响文物后续研究、收藏及展出的铜锈（即无害锈）尽量不去除，而含氯离子的铜锈（即有害锈）则必须去除。

本文通过一件青铜釜的保护修复过程，探讨保护修复前期科学仪器的分析检测数据与后期保护修复的联系及相互作用。

1　文物基本信息

这件青铜釜出土于四川省芦山县清源乡芦溪村。芦山县位于四川盆地西缘，自秦时建县至今已有2000多年历史，历史遗存十分丰富。

这件青铜釜（图1）器壁薄，肩部一侧有一耳，另一侧有一执柄，柄上也有一耳。这两只耳上都有辫索纹饰，这是巴蜀青铜器常见的装饰手法。现在此青铜釜腹部至底部几乎全部残缺，有三个残片。通过预拼接，这三个残片均为残缺部位部件。执柄的一端也有部分缺失。由于在地下埋藏时受周围环境及压力影响，铜釜器形有不同程度变形，特别是残断处和三个残片变形程度尤为明显。而且器物内外表面附着大量土垢及蓝绿色锈蚀物。

图1　芦山县馆藏带把铜釜

2　修复前的病害检测分析

2.1　锈蚀物的区分

一般将锈蚀分为两大类：有害锈和无害锈。无害锈是相对而言的，它也是一种锈蚀物，只是相对稳定，不再与器物本体发生反应而产生新的锈蚀物，不再促进或加速腐蚀的发生。有些无害锈质地紧密，对器物有一定的保护作用。而有害锈则是不断与器物本体发生反应，腐蚀不断加深，直至器物表面穿孔，甚至最终导致器物“解体崩散”。

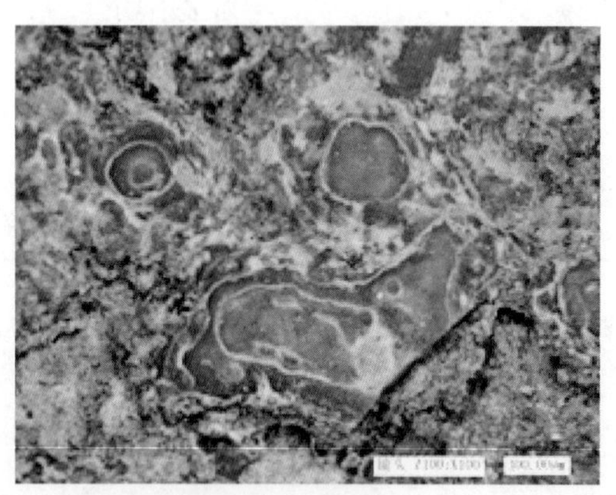

图2　青铜釜表面腐蚀情况（一）

有害锈最重要的特征就是其成分中含有氯离子。所以只要检测出锈蚀物成分，看其中有无氯离子，便能判断它是不是有害锈。如果是有害锈就予以清除；不是有害锈则尽量不去除。

在这件青铜釜中主要有浅绿色（图2）和蓝绿色（图3）两种腐蚀产物。为此我们从青铜釜表面提取少量这两种锈蚀物和残片断面的锈蚀物（图4），然后对三份样品进行检测实验。

2.2　锈蚀物检测实验

2.2.1　样品制备

为避免对文物造成更大的影响，使用手术刀轻轻刮取厚层锈体处疏松的锈蚀物，直接采用激光拉曼光谱仪分析。

图3 青铜釜表面腐蚀情况（二）

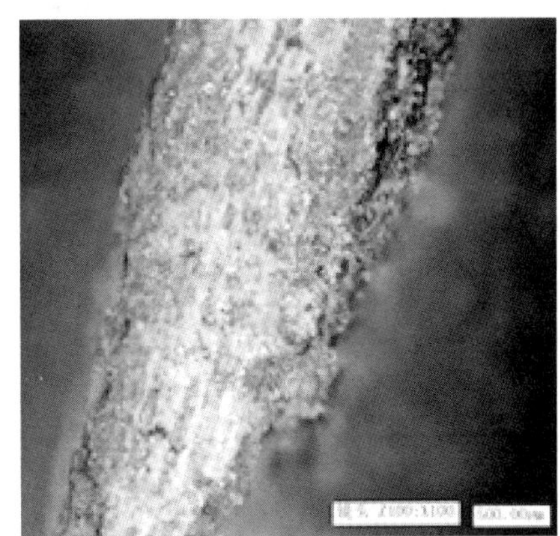

图4 青铜釜断面腐蚀情况

2.2.2 实验仪器及实验条件

实验仪器：英国RENISHAW公司inVia Reflex型显微共聚焦激光拉曼光谱仪。

实验条件：使用固体激光器，激发波长532nm，样片表面激光功率1mW（5%），信号采集时间100s，50倍物镜，光斑尺寸1μm，光谱记录范围2000～100cm^{-1}。

2.3 实验结果

对青铜釜浅绿色和蓝绿色的腐蚀产物以及残片断面的腐蚀产物进行激光拉曼光谱分析，结果见图5。

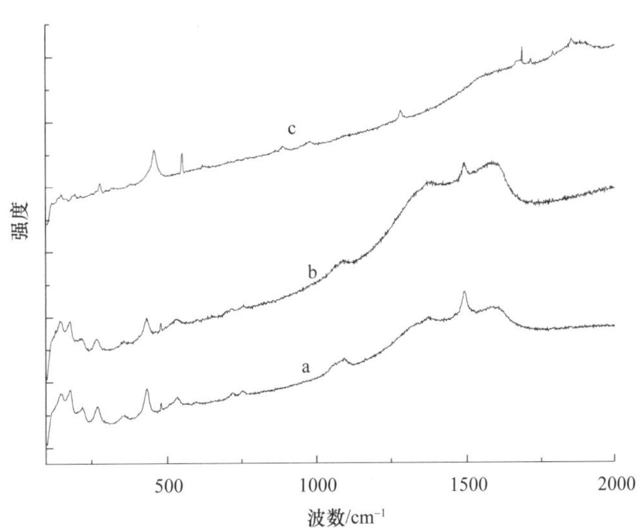

图5 几种锈蚀物的拉曼光谱图

a. 浅绿色锈蚀物；b. 蓝绿色锈蚀物；c. 残片断面的锈蚀物

浅绿色锈蚀物的主要拉曼特征峰为131cm^{-1}，179cm^{-1}，220cm^{-1}，269cm^{-1}，355cm^{-1}，433cm^{-1}，533cm^{-1}，721cm^{-1}，753cm^{-1}，1094cm^{-1}，1331cm^{-1}，1492cm^{-1}，与孔雀石的特征

峰十分相似，可判断为孔雀石［$CuCO_3 \cdot Cu(OH)_2$］[1]。蓝绿色锈蚀物的主要拉曼特征峰为120cm^{-1}，181cm^{-1}，250cm^{-1}，403cm^{-1}，481cm^{-1}，539cm^{-1}，765cm^{-1}，831cm^{-1}，935cm^{-1}，1097cm^{-1}，1334cm^{-1}，1437cm^{-1}，1461cm^{-1}，1578cm^{-1}，与蓝铜矿的特征峰十分相似，可判断为蓝铜矿［$2CuCO_3 \cdot Cu(OH)_2$］[1]。残面断面的锈蚀物的主要拉曼特征峰为131cm^{-1}，179cm^{-1}，212cm^{-1}，267cm^{-1}，356cm^{-1}，432cm^{-1}，480cm^{-1}，532cm^{-1}，718cm^{-1}，758cm^{-1}，1065cm^{-1}，1327cm^{-1}，1391cm^{-1}，1493cm^{-1}，与浅绿色锈蚀物特征峰十分相近，可判断为孔雀石[1]。

由于孔雀石与蓝铜矿均为稳定的锈蚀物，不含氯离子，且覆盖在器物表面，对器物内部金属能起到一定的保护作用，所以这件青铜釜表面锈蚀物尽量不去除。

3　青铜釜的修复

3.1　表面附着土垢去除

用木质泥塑刀剔除表面的土垢。遇到较硬难去除的土垢，先用2A溶液（无水乙醇+去离子水，比例1∶1）浸湿表面，再用木质泥塑刀剔除。

3.2　残片及断面整形

由于在地下埋藏时间久远，受到各方压力，其局部发生变形，特别是残片及断面。这样塑形就有很大困难，所以在塑形前要对变形部分进行整形。

先将三个残片预拼接，找到其在器物本体上的位置，再根据器物未变形处的弧度，将断面与残片整形，使其弧度与周围相协调。由于这件器物器壁较薄，所以在整形时，一定要注意锤子的力道，最好在敲击处垫一木块使力道均匀作用在变形处。在一些不宜用锤子的部分整形，可以用夹持工具轻轻将其整成想要的形状，再固定夹持工具，待整形处不再回弹，取下工具。因为这个过程一般较长，中间还需几次松开夹持工具以确定是否整形成功，所以要有足够的耐心，一定要等达到整形效果、整形处不再回弹，再取下工具。

3.3　黄泥塑形

将青铜釜倒放在雕塑转台上，把沙包堆放在釜口沿周围，使其固定，利于接下来的操作。然后，从釜的缺失处往内部填充小沙包，直到达到低于断口1～2cm的位置。以填充的沙包为基质，在其上用备好的黄泥根据器物腹部的弧度塑形缺失的部分。这时要注意塑形后的黄泥表面应该与断口下表面相平，以便于后续的残片拼接及补全。由于这件青铜釜缺失的部分较大，对塑形的要求较高、较细，所以要用木质雕塑刀反复调整，以达到最佳效果。这样耗费的时间较长，要时不时用喷壶对黄泥喷少量水，防止黄泥变硬、变干而开裂。青铜釜的执柄上也有缺失，取一块黄泥垫在缺失处。

3.4　残片黏接

由于此青铜釜器壁薄，表面有大量锈蚀物，本体铜已较少，残片不适宜通过焊接固定在残缺处。所以这次采用环氧树脂黏接的方法，将其固定在残缺处。

先把三个残片放在塑形的黄泥上，预拼接好，再用铅笔在残片与本体连接处画一条约1cm线。较大的残片画两条，较小的两个残片各画一条。用微型模具电磨换上切片将四条线锯开，再剪四个长约1cm、宽约2mm的铜皮备用。调好双组分环氧树脂胶（AAA超能胶，AB组分比例1：1），将其涂抹在四个铜皮上以及填入四条切开的线里。最后将铜皮嵌入切开的线上。用余下的双组分环氧树脂胶将三个残片与本体连接处的缝隙填平。

3.5 补全

对腹部至底部缺失处和执柄缺失处进行补全。补全材料为玻璃纤维网格布及双组分环氧树脂胶。先将双组分环氧树脂胶调好，并在调好的胶中加入少量碱式碳酸铜粉末和滑石粉，使其呈"牙膏状"，这样能稍微减小胶的流动性使其在补全过程中不会流出缺失处，而且由于碱式碳酸铜粉末呈蓝绿色，补全处的底色与周边较为接近，能为以后的上色做旧做铺垫。然后将调好的胶均匀涂抹在缺失处，注意第一次涂胶的厚度约为器壁厚度的一半，再剪下一块玻璃纤维网格布，贴在第一层胶上。最后在第一层胶上涂第二层胶，使胶的厚度与器壁大致相平。在双组分环氧树脂胶中加入玻璃纤维网格布，是为了增加补全块的强度。

3.6 打磨

待双组分环氧树脂胶干后，用锉子、砂纸、微型打磨机等工具将残片黏接处、填缝处、补全处打磨平整。

3.7 上色做旧

用丙烯颜料在双组分环氧树脂胶填补处上色，使其与周围颜色相协调。为了使补全处有青铜釜表面那种粗糙感及老旧感，用油画笔蘸取虫胶加矿物颜料的混合物，将其弹在补全处。待其干后，就会呈现出老旧、粗糙感。至此，这件青铜釜修复完成。修复后的青铜釜见图6。

图6 修复后的青铜釜

4 修复后的收藏环境

虽然在修复前的检测中未发现氯离子等有害物质的存在，但在以后的收藏中应注意收藏环境中有害物质的检测及消除；控制温度在20℃，相对湿度0～40%，光照强度≤300lx，并且恒温恒湿；保持收藏环境的相对稳定，避免环境各项指数在短时间内剧烈变化。

结　语

通过保护修复前期科学仪器的检测分析得出：青铜釜的主要锈蚀产物为孔雀石和蓝铜矿，无氯离子存在，所以在这件青铜釜的保护修复过程中可以尽量不去除锈蚀物。这体现出前期的检测分析结果就是后期保护修复的科学依据。从另一个侧面来说，其实后期的保护修复也为检测分析提供了方向。例如，在这次修复过程中涉及锈蚀物去不去除的问题，就要看其中有无有害锈的存在，而有害锈的重要标志就是含有氯离子，只要检测分析出锈蚀物中有无氯离子即可。所以前期的检测分析与后期的保护修复是相辅相成的关系。检测分析使保护修复有充足的科学依据，而不是凭经验“想当然”；保护修复为检测分析指明了方向，使其“有的放矢”，具有目的性，而不是费时费力地全面检测或不知要检测何物。

参 考 文 献

[1] 李涛，秦颖，罗武干，等. 古代青铜器锈蚀产物的拉曼和红外光谱分析[J]. 有色金属，2008，60(2)：147.

故宫博物院藏商代亚“□”鼎的修复保护

高　飞　尚素红　刘建宇　曲　亮
（故宫博物院，北京，100009）

摘要　亚“□”鼎是故宫博物院藏的一件商代青铜器，文物出现了表面锈蚀、器身碎块脱落和轻微缺失等问题，需要进行保护修复。通过相关的仪器分析方法对文物进行了前期研究，了解了文物的内部及成分信息、碎块脱落的原因和锈蚀产物的成分，从而明确了科学的修复保护路线和方法。并在利用传统青铜器修复技术修复的过程中，根据文物的情况应用了科学的方法和材料，取得了比较理想的修复保护效果。

关键词　亚“□”鼎　传统青铜器修复技艺　保护　检测分析　有害锈　矿化

引　　言

关于青铜器修复的历史，最早可追溯至东周时期。但通过一些博物馆所藏的青铜器来看，更多是对在铸造中出现缺陷的一种补救，主要的方法就是补铸，并没有形成一种主动的、程序化的青铜器修复技术。我国青铜器的传统修复技术形成的源头在宋代；发展到明代才开始成为一项专门的工艺技术；民国初年，一套完整的具有自己独立特色的青铜器修复技术正式形成[1]。在这一时期形成的“京派”青铜器修复技艺流派，为后来的北京及中国北方部分地区博物馆的青铜器修复人才和技艺的传承和发展奠定了基础。故宫博物院的青铜器修复技艺传承归属于“京派”青铜器修复技艺流派，从第三代的赵振茂开始现已传承到第五代。2011年故宫“青铜器修复及复制技艺”被评为国家级非物质文化遗产，今后我们将继续致力于该项技艺的传承与发展。

随着科学技术水平提高，我们将现代科技和传统的青铜器修复技艺相结合。力求通过前期对青铜器文物的检测分析提高对其材质、工艺、病害的认知，从而制定出有针对性的修复保护策略和技术路线；同时新材料及新方法的应用也可以提升青铜器文物修复保护工作的科学性。就故宫院藏青铜器而言，很多器物都经过不同时期的修复，随着时间的推移，修复材料存在不同程度的老化问题，需要重新对文物进行修复保护，因而对于文物历史修复信息的探究也是非常重要的工作。

1　文物概况

亚“□”鼎（新104778），因其铭文而得名，二字铭文，一为“亚”，另一字不辨，疑为族徽等符号，记作“□”（图1），商代，二级文物。通高31.8cm，宽25.7cm，体圆，深腹，双立耳，三柱足，颈部饰一周涡纹，腹饰兽面纹。铭文在器内壁上。此鼎铸造精良，纹饰精美。文物档案上记载此件器物由北京市文化局自古玩商倪玉书处没收而来，1957年拨交给故宫博物院。

鼎是我国古代的一种礼器，是社会等级的标志和权力的象征，鼎也可以用来盛放食物，或在鼎的腹底烧火烹煮、加热。常见的鼎多为圆形，双耳，三足，也有方形，双耳，四足。古代时期用鼎制度等级森严，鼎常与簋一起组合使用，在西周时期列鼎制度最为明显，按照周礼，天子用九鼎八簋，诸侯用七鼎六簋，大夫用五鼎四簋，士用三鼎二簋。

修复保护前器物有一碎块脱落，碎块有一处严重的开裂，在碎块的边缘处有残留的焊锡；器身经碎块拼对后有轻微缺失，还有一处明显的裂隙，在器腹有多处黑色线条状痕迹；此外，器物口沿处还出现了疑似的青铜器有害锈（图2），这些都使得文物的情况变得不稳定，甚至有保存状况继续变差的风险。

图1　亚“□”鼎铭文

图2　亚“□”鼎修复前状况及疑似产生有害锈的部位

2　修前检测分析

对青铜器文物进行修复保护前的检测分析，有助于我们了解文物的材质、制作工艺和病害机理以及内部结构等重要信息，以此作为重要依据，有针对性地制定修复保护策略，选取适当的保护方法、材料及工艺。针对亚“□”鼎的实际情况，我们做了如下相关检测分析。

2.1　成分分析

使用Bruker Tracer3-SD型手持式X射线荧光光谱仪对亚“□”鼎进行多点位元素分析测试。测试金属构件使用黄色滤片，电压40kV，电流10.3mA，活时间40s，采用设备自带的标准合金分析模式。在鼎身和碎块选取的5个点位检测结果表明，此鼎为铜锡铅的三元合金，且各个部分无明显差异。

2.2 X射线成像分析

X射线成像技术是研究金属文物内部基本情况和结构的无损分析方法。通常来看，成像上相对较暗的区域，材料密度较低、厚度较小，可能存在裂隙或者锈蚀程度较高。同时由于传统的青铜器修复技艺中，经过焊接补配的青铜器都需在修复处进行做色修饰，也就是做旧，所以仅凭肉眼的直接观察是很难发现青铜器上的修复痕迹的。X射线成像技术是检测修复痕迹科学有效的方法。通过对亚“□”鼎的X射线成像的仔细观察，发现文物进行过多处修复：如图3所示，亚“□”鼎器腹部整体颜色较暗，应为此处金属基体矿化比较严重所致，因此在修复处理中要特别注意并选择科学有效的修复保护方法；亚“□”鼎的X射线成像可见多条裂缝清晰的贯穿分布在器腹部位；裂缝及其周围的白色亮块，应该是在修复过程中用锡焊法焊接时留下的焊锡。

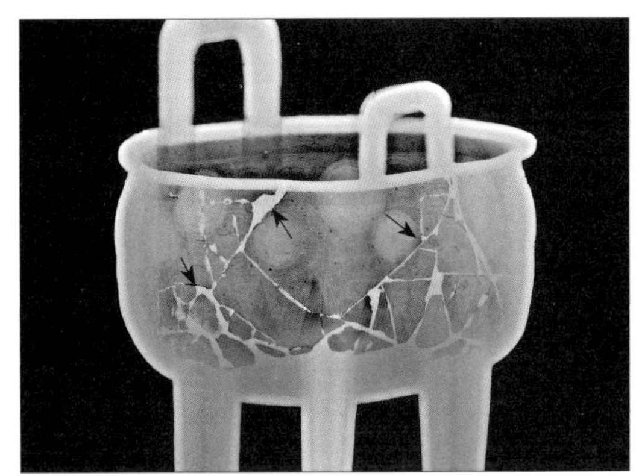

图3　X射线成像及显示为黑色缝隙的虚焊处（箭头所示）

2.3 锈蚀产物分析

通过X射线衍射仪（XRD）对亚“□”鼎绿色锈蚀物样本进行检测分析，发现有氯铜矿［$Cu_2(OH)_3Cl$］，副氯铜矿［$Cu_2(OH)_3Cl$］，赤铜矿（Cu_2O）。赤铜矿属于稳定的无害锈，而氯铜矿和副氯铜矿都属于有害锈。在青铜器的保护中，氯离子是形成有害锈的直接因素，氯离子会在适合的温湿度环境下使铜器不断地循环腐蚀，也就是所谓的“青铜病”。这对于青铜器来说是最严重的病害，必须及时加以保护处理。

3　修复保护技术路线与方法

根据文物的修复前状况以及前期检测分析结果，对亚“□”鼎进行修复保护，制定了由传统青铜器修复技艺、化学保护和预防性保护等结合的修复保护技术路线，主要工作有去除有害锈、缓蚀封护、黏接、加固、补缺、做色，详见表1。

表1　亚“□”鼎保护修复处理技术路线详解

序号	处理步骤	技术难点	前期检测分析数据指导	方法、材料
1	脱盐处理	有害锈的局部去除	检出有害锈和基体中的氯，为进行脱盐处理提供依据	用脱脂棉蘸取5%倍半碳酸钠溶液进行局部涂敷，置换去除有害离子
2	缓蚀封护	—	明确需要缓蚀、封护的部位	使用含BTA的5%丙烯酸树脂Paraloid B72的丙酮溶液局部封护
3	黏接	黏接强度与材料	—	① 使用EVA热熔胶对碎块和器身临时定位； ② 使用HXTAL NYL-1树脂胶黏剂渗透完成黏接

续表

序号	处理步骤	技术难点	前期检测分析数据指导	方法、材料
4	渗透加固	材料选择	明确需要临时加固的区域	使用HXTAL NYL-1树脂胶黏剂对裂缝处进行渗透加固
5	补缺	材料选择及纹饰补配		使用福乐阁（Flügger）精细表面填充膏进行补缺
6	做色处理	—	—	用乙醇调和虫胶漆并加入需要的矿物颜料，用牙刷蘸取喷弹、毛笔点染在需要做色的部位达到锈色的协调一致

4　修复保护实施中的重点

由于亚“□”鼎有多处的修复痕迹，青铜基体锈蚀、矿化的程度比较严重，在修复保护技术路线的实施过程中，经过试验调整了传统修复技艺中的一些具体的方法与材料工艺。在这一过程中，许多传统保护修复技术难题得到了较好的解决，科技和新材料的介入也使传统青铜器修复技术焕发了新的生命力，并在文物修复保护的实际工作中有效地解决了相关问题。

4.1　原修复方法与材料及病害成因分析

传统的青铜器修复技艺中较为重要的两个步骤为焊接和做旧。

焊接是将破裂脱落的碎块与器物重新连接的过程，主要的工具是电烙铁，材料为焊锡和焊剂。焊锡在电烙铁的加热作用下熔化并和焊剂发生反应，待冷却后完成碎块的连接。

做旧是将青铜器上经过焊接等步骤修复过的部位按照器物原有锈色进行随色，使修复过的部位从视觉效果上达到展览的要求。青铜器经过修复、做旧的意义是在展览中不使破损和修复处吸引观众的注意力，而是使观众的注意力放到完整的文物上，从而更好地实现文化和历史传播。传统做旧方法的工具主要是毛笔和牙刷，材料为虫胶漆（俗称漆皮）、乙醇溶剂以及矿物颜料。在做色时用毛笔或牙刷蘸取调好的颜色进行点染或喷弹。

由于亚“□”鼎在近四五十年间并无修复的记录，其修复年代应为20世纪60～70年代，根据X射线照片和传统工艺判断，由于受到当时修复材料、工艺的局限，从亚“□”鼎X射线照片中可以看到几乎所有的裂缝都是用焊接的方法进行修复的，其主要原因应是当时并没有适合强度的胶黏剂的应用，所以只能进行焊接。但鼎身的矿化程度比较高，而焊接又恰恰要求两个断口的连接处有比较好的金属性质，否则即使焊接完成也会出现虚焊的情况（图4）。随着时间的推移，虚焊处就会开焊脱落，这也正是亚“□”鼎碎块脱落的主要原因。

图4　亚“□”鼎断口处呈现严重矿化部位

4.2 鼎身有害锈的去除

除锈是青铜器修复保护中常见的工作步骤，去除的锈蚀产物以有害锈为主，青铜器表面致密稳定的无害锈蚀一般不予去除。

经检测分析可知，亚“□”鼎局部产生了含氯离子的有害锈，继续发展将使文物受到更严重的破坏，也易引发“青铜病”，因此宜使用倍半碳酸钠进行脱盐处理，科学有效地去除含氯锈蚀产物。选用了5%倍半碳酸钠溶液置换的方法去除有害锈（图5），并用含BTA的5%丙烯酸树脂Paraloid B72的丙酮溶液局部封护，取得了比较理想的效果。

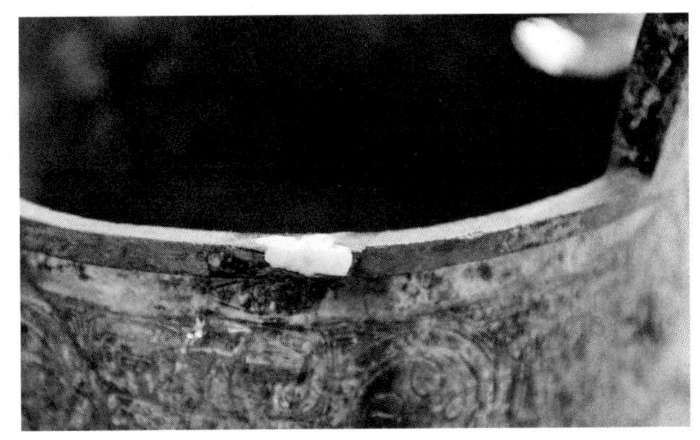

图5　亚“□”鼎有害锈的去除

4.3 黏接和加固

如前文所述，亚“□”鼎鼎身矿化程度较高，基体金属性质退化比较严重，并不适用于焊接的修复方法。如果再次选择焊接，依然会形成虚焊的效果，给文物结构稳定性造成隐患。所以在这次修复中我们选择了用现代高分子材料HXTAL NYL-1树脂胶黏剂进行黏接。

HXTAL NYL-1树脂是专为文物修复和保护而生产的树脂。它是一种双组分、低稠度、高强度、强耐光及老化的树脂，适用于黏接陶瓷、玻璃、金属材料等。在黏接的过程中，我们进行了渗透黏接，也就是先将碎块与鼎身连接好并用EVA热熔胶临时固定，然后将HXTAL NYL-1树脂用牙签蘸取渗入需要黏接的缝隙中，待固化后去除临时固定的材料完成黏接（图6）。这种方法有别于先在需要黏接的断口处涂胶再进行黏接的方式，利用了HXTAL NYL-1树脂良好的流动性的特点。

碎块黏接完好后，也用同样的方法和材料将鼎身几处裂隙进行了加固。

4.4 补缺

亚“□”鼎黏接、加固完成后，还有几处裂缝需要补缺。在补缺的材料上没有选择硬度较高的环氧树脂类的补缺材料，因为这会使之后的打磨和纹饰补配工作变得困难。几处裂缝较为细小，选择了福乐阁（Flügger）精细表面填充膏，其特点是强度和硬度适中，既可以满足修复保护工作的需要，又便于补缺后的打磨，也使补缺处的纹饰雕刻补配工作变得相对简单。补缺完成见图6（右）。

结　语

通过从前期检测分析、制定修复保护路线到具体实施的一系列修复保护过程，这件商代的青铜

图6　亚“□”鼎的黏接（左）、补缺（右）

图7　亚“□”鼎修复保护后

器亚“□”鼎基本修复完好，达到了展览和研究的要求（图7）。

在此过程中，我们使用现代仪器和科学方法对文物的材质、原有修复情况、锈蚀产物进行了较为全面的了解。结合国际通行的修复保护理念，以传统青铜器修复技艺为基础，加之现代科学保护手段和新材料、新方法制定了技术路线。此次科学修复保护工作取得了良好的实际效果。

任何一门传统技艺都不能一成不变，故步自封，都需要不断地创新发展，青铜器修复技艺也是如此。我们既要尊重传统、研究传统，又要结合相关领域科学发展带来的新技术、新成果、新方法、新材料，这样才能使传统技艺真正地保持活力，不断科学、规范地向前发展。

致谢：本研究中的X射线成像分析工作由故宫博物院张雪雁完成；X射线衍射分析工作由故宫博物院康葆强完成；此外一并感谢故宫博物院文保科技部王有亮、吕团结、荀艳对本研究的支持和指导。

参考文献

［1］ 莫鹏. 中国青铜器修复技术源流刍议［J］. 中国博物馆，1998，（3）：82-87.

用辩证的观点研究和分析金属文物的腐蚀与保护

李振兴　齐迎萍　冯绍彬

（郑州博物馆，河南郑州，450007）

摘要　共性与个性的辩证统一是研究和认识事物的基本方法。采用加速腐蚀和电化学测试相结合的实验方法研究了金属腐蚀的全过程。用辩证的观点探讨了青铜器和铁质文物等的腐蚀问题，提出了金属表面层及其腐蚀物可构成一个复杂的氧电极体系的看法，给出了腐蚀产物中某些组分如青铜器表面的氯化亚铜、铁锈中的δ-FeOOH等具有明显电催化活性的试验证据。金属文物表面的这一高效腐蚀体系，进入大气的富氧环境后，会立即被启动，进入金属全面高速腐蚀阶段。同时比较了青铜器与铁器腐蚀的不同特点，分析了铁器腐蚀更为严重的原因。还给出了保护青铜器的高效缓蚀剂和铁器的磷化-封护工艺防护性能的对比测试结果，并从氧电极的观点进行了保护机理的探讨。文物腐蚀的研究又进一步丰富了人们对金属腐蚀一般理论的认识。

关键词　辩证研究　青铜器　铁器　腐蚀与保护

引　　言

现代自然科学的发展表明，许多新的发现和新的成果都证明了辩证唯物主义的真理性。同时，马克思主义哲学对具体科学的一般世界观和方法论的指导作用也更为明显。因此，每位从事各种专业科学技术的研究者，都应当在自己的工作和实践中，自觉地以唯物辩证的哲学原理和思维方法为指导，进行相关的研究工作。结合近期的工作，本文就金属文物的腐蚀与保护问题展开初步的探讨。

1　文物腐蚀的共性与个性

金属文物和现代金属制品，从化学成分比较并无太大差别。首先讨论铜合金，最常见的铜合金主要有青铜和黄铜两大类。在合金元素中一类以锌为主，颜色明显发黄被称为黄铜，另一类以锡为主，颜色发青称为青铜，又称锡青铜。青铜器以锡为主还含有少量的铅等元素，应属铜合金中的青铜类。这类合金材料的突出特点是具有较低的熔点、较高的硬度、较好的铸造性能和耐蚀性能。这几点很重要，在古代生产力不发达的情况下，低的熔点更便于冶炼和铸造成型；在铁器出现以前，高的硬度适合做器具和武器；高的耐蚀性使得其埋于地下几千年有的还能保存完好。青铜以含锡量的多少又可分为低锡、中锡和高锡。含锡量在40%左右属高锡青铜，呈银白色，抛光性能好，又称镜铜。古代的铜镜多属此类。含锡量在10%左右属低锡青铜，应用面较广，青铜器多采用低锡。我国在20世纪50～60年代，在电镀行业曾广泛采用低锡青铜合金镀层代镍用于提高镀层的防护性能。

铁器无论古代的还是现代的都是以铁碳为主并掺杂少量硅、锰、磷、硫等其他元素的铁合金。一般认为，含碳量高于1.7%的称为生铁，低于1.7%的称为钢。炼钢就是将生铁中过多的碳除去。现代冶炼技术可以通过在冶炼过程中吹入氧完成。古代需通过反复加热锤炼，于是才有了“百炼成钢”的成语。金属的腐蚀主要取决于化学成分，因此，从腐蚀的角度看，文物和现代金属制品并无本质区别（特殊类型的如现代的不锈钢系列除外）。这就是所谓的共性，不承认这一共性的存在，就否定了腐蚀这门科学本身，也无法进一步研究和认识具体的腐蚀问题。

另外，金属文物大多经历了一个在地下的埋藏腐蚀过程（即土壤腐蚀），进入大气后的腐蚀也必然与此相关，这就是矛盾的特殊性。关于矛盾的特殊性问题，伟人毛泽东曾有十分精辟的论述：对于物质的每一种运动形式，必须注意它和其他各种运动形式的共同点。但是，尤其重要的，成为我们认识事物的基础的东西，则是必须注意它的特殊点，就是说，注意它和其他运动形式的质的区别（《毛泽东选集》一卷第283页）。掌握好共性与个性的辩证关系是我们研究文物腐蚀问题的原则和方法。同样，青铜器和铁器之间在腐蚀问题上也存在着共性与个性的类似问题。

2　关于青铜器

以上已介绍对金属文物腐蚀问题开展研究的一般原则和方法，即必须在现代金属腐蚀理论的指导上，针对文物的特点展开系统的工作。违背这一原则必然会走弯路。这里不妨举个青铜器的例子。青铜器出土之后，正面临着极严重的腐蚀问题。文物界称之为“青铜病”，又称青铜器的“癌症”，还认为这种粉状锈具有“传染性”等。其实，金属腐蚀理论中，并无类似生物学的“传染”概念。化学是一门以实验为基础建立起来的学科，认为粉状锈是最有害的实验证据是什么，粉状锈是腐蚀的结果还是引起腐蚀的原因，一直是有争论的。在这一系列问题尚未清楚之前，不少研究者便对粉状锈的物理化学性质乃至生成机理投入了大量的研究精力是有些欠妥的。

2.1　青铜器的腐蚀膏试验

一开始，我们对大家已成共识的问题并不怀疑，只是想找到证据[1-5]。曾选几种铜盐作为铜的腐蚀产物涂于铜合金试片上进行高温高湿试验，用于考察各种腐蚀产物对青铜试片腐蚀的影响。18天的腐蚀膏失重数据见表1。

表1　腐蚀膏失重数据表

涂覆物	空白	高岭土	碱式氯化铜	碱式碳酸铜	氯化亚铜
失重/mg	2.9	3.4	5.9	8.3	209

应用理论电化学关于氧电极的概念，我们可以对表1的数据作出较好的解释：

（1）所有涂固相物的失重数据均高于空白试片，是固相涂覆物增加了氧电极表面“固、液、气”三相反应界面所造成的。

（2）所选取的三种铜盐与高岭土相比均有催化活性，且氯化亚铜活性最高，竟超出两个数量级，说明氯化亚铜才是加速腐蚀的最有害物，碱式氯化铜即粉状锈在此与其他二价铜盐（碱式碳酸铜）并无太大的差别。

腐蚀膏试验说明了金属的腐蚀产物通过对氧电极性质和结构的改变影响金属在大气中的电化学腐蚀。随后，还有多种测试结果得到与以上规律基本相同或相近的结论。

2.2 腐蚀试片的电化学测试

采用模拟青铜试片用化学腐蚀法可在试片上分别生成氧化亚铜、碱式氯化铜和氯化亚铜等，采用电化学工作站测出Φ-log$i$曲线，可从中得出腐蚀电流密度，数据如表2所示。

表2 不同腐蚀产物对应的腐蚀电流密度

试样	空白	氯化亚铜	碱式氯化铜	氧化亚铜
i_{corr}/（A/cm^2）	7.09×10^{-7}	4.13×10^{-6}	1.80×10^{-6}	2.21×10^{-7}

从表2的数据可看出，氧化亚铜试片腐蚀电流密度最小，且小于空白试片，说明铜上的氧化亚铜膜确实具有保护作用，这种保护作用应该来自氧化亚铜对氧电极的抑制作用。碱式氯化铜和氯化亚铜均比空白试片的腐蚀电流密度大，且仍是氯化亚铜的腐蚀电流密度最大。电催化作用最强，这与前文的腐蚀膏试验的结果基本一致。

我们由此否定了所谓“粉状锈”是引起腐蚀加剧的最主要原因的说法，提出了加速青铜器腐蚀的氯化亚铜氧电极催化机理。

2.3 缓蚀剂的研制

传统的保护方法有倍半碳酸钠法、氧化银转化法、苯并三氮唑（BTA）法等。这些方法多是基于钝化层对铜的阳极过程的抑制。氧电极催化机理表明我们还可从抑制氧的还原进行考虑。于是，在苯并三氮唑的基础上加入促进剂展开研究并选出苯并三氮唑+促进剂类型的高效缓蚀剂。

在以氯化亚铜为主要腐蚀产物的试片上，分别用苯并三氮唑法、倍半碳酸钠法和苯并三氮唑+促进剂法进行处理，然后用电化学工作站多次测定其腐蚀电流密度取其平均值。缓蚀电流密度测试结果如表3所示。

表3 各种保护方法的缓蚀电流密度测试结果

方法	空白	BTA	1/2$NaHCO_3$+1/2Na_2CO_3	BTA+促进剂
i_{corr}/（A/cm^2）	1.49×10^{-6}	1.14×10^{-7}	9.59×10^{-7}	1.03×10^{-9}

由表3可知，苯并三氮唑+促进剂法能显著降低青铜腐蚀试片的腐蚀电流密度达两个数量级，思路的改变使我们较快地找到了较为理想的保护方法。

3 关于铁质文物腐蚀问题的研究

唯物辩证法认为，一个比较复杂的事物的发展一般要经历若干过程或阶段，区分这些不同过程或阶段的基础就是它们各自包含的矛盾的特殊性。因此要想认识铁质文物的腐蚀问题还必须对铁的腐蚀过程有一个全面的认识。

3.1　腐蚀过程的定量跟踪测试

我们仍然从钢铁材料腐蚀的一般现象和规律入手，不是重复别人的工作[6-11]，采用现代电化学测试技术对常规的盐水浸泡加速腐蚀试验进行腐蚀电流的定量跟踪测试。并由$R_c=|U|/I_{corr}$，计算出腐蚀电阻，找出随时间变化的规律。测试结果如表4所示。

表4　不同浸泡时间试样的腐蚀电阻测试　（单位：Ω）

试样	1h	4h	8h	20h	24h
空白	1.098×10^6	4.130×10^4	严重腐蚀	严重腐蚀	严重腐蚀
封护	5.300×10^6	2.489×10^5	1.007×10^5	2.646×10^4	严重腐蚀
磷化	6.531×10^6	6.840×10^5	1.815×10^5	7.962×10^4	5.655×10^4
磷化-封护	∞	∞	∞	∞	∞

表4给出了空白试样和几种常见的保护试样的结果，从中可以看到：

（1）在1h时，前三种试样（空白样、封护样、磷化样）的腐蚀电阻数据均在10^6Ω左右，即腐蚀电流相近。这说明此时铁的三种表面层，即自然氧化层、涂装层和磷化层均有好的保护能力，铁的锈蚀物均极少。

（2）浸泡时间空白样4h，封护样20h，磷化样24h时，腐蚀电阻均降至10^4Ω左右，说明试片此时的腐蚀状况也相近，即都接近严重腐蚀阶段。随着腐蚀产物的大量生成，腐蚀反应呈加速发展导致铁的严重腐蚀。腐蚀发展过程的三个阶段，即表面层保护期、保护层破坏失效期和基体全面腐蚀期，均能清晰分辨。特别是钢铁材料和制品在加工过程中，自然形成的表面层也具有一定的防护性能，是一个重要发现。

（3）自然氧化层、涂装层、磷化层和磷化-封护层的保护能力各不相同，这与它们的结构和性质有关。其中磷化-封护层最好，测试结果保持无穷大。

对铁质文物而言，出土之后的腐蚀显然应处在铁全面腐蚀的最后阶段。

3.2　铁腐蚀产物活性的测定

前文已提到，铁质文物的一个重要特点是出土后已被腐蚀得相当严重，这些腐蚀物会对今后的腐蚀有什么影响已是人们关注的焦点。我们采用铂微电极法对粉状锈的腐蚀电流和电位进行比较和测定。我们采用文献报道的化学法制备出几种铁锈所得到的测试结果如表5所示。

表5　不同试样的腐蚀电流和腐蚀电位

试样	空白铂电极	Fe_2O_3	γ-FeOOH	δ-FeOOH	β-FeOOH
腐蚀电流I/A	1.80×10^{-9}	4.00×10^{-9}	5.70×10^{-9}	5.60×10^{-8}	5.50×10^{-9}
腐蚀电位Φ/V	0.28	0.14	0.22	0.42	0.42

由表5可知，所有固相锈蚀物均比空白铂电极值高，其中δ-FeOOH高出其他近一个数量级。这说明，随着铁表面固相锈蚀物的生成和积累，不仅为氧的还原提供了三相反应界面，其中的δ-FeOOH有较高的催化活性，成为加速铁继续腐蚀的重要原因之一。

3.3 铁器与青铜器腐蚀问题的比较分析

铁器与青铜器的腐蚀都属于金属文物的腐蚀，有相似之处，都处在金属高速腐蚀的第三阶段，但是两者相比较，又有各自不同的特点，主要表现在腐蚀速度、类型和机理方面的差别。首先，铁的腐蚀速度大大高于青铜器，这可以从前面的腐蚀电流的数据看出。涂有氯化亚铜的电流密度是$2.21\times10^{-7}A/cm^2$，铁往往在$10^{-4}A/cm^2$以上，两者可相差三个数量级。这是因为，铁属活泼金属，不容易钝化，发生整体的全面腐蚀。铜合金属耐蚀材料在空气中很容易钝化，仅发生局部的小孔腐蚀。氧电极仅分布在空口附近，阳极为小孔的底部，且在腐蚀过程中还会再次钝化。另外，腐蚀的形式也不同，铁的快速全面腐蚀可使文物变成一堆铁锈而很快消失。青铜器的腐蚀因集中于局部位置可使一件完整的器皿穿孔甚至破碎。因此，铁器和青铜器都需要进行相应的保护。

需要再次强调的是，依据金属腐蚀的电化学机理，铁属不易钝化的活泼金属，腐蚀阳极面积在不断扩大，阳极电流密度可维持很高值，铁的腐蚀速度完全由阴极过程控制。附着在金属表面的大量固相腐蚀产物不断积累，极大地提高了氧的还原反应速率，从而使铁的腐蚀以很高的速度发生。这一情况对铁质文物犹如沉睡的火山，进入富氧环境后，这一高效的腐蚀体系立即被启动，就像火山喷发一样直接进入全面高速腐蚀阶段。这要比通常的钢铁制品严重得多，这是铁质文物在腐蚀问题上的特殊之处，务必采取有效措施进行防护。这不仅属于技术常识，也应纳入制度要求。铁质文物出土之后，不加以清理和保护，存放是很危险的。不用多长时间，很珍贵的文物就会因快速的腐蚀而消失。阻止铁质文物的快速消失理应是对其保护的重中之重。

3.4 铁质文物的保护

表4已给出了常见的几种保护层在氯化钠溶液中的腐蚀数据。其中磷化-封护层最好，测试结果保持无穷大。而仅作封护处理的结果甚至还低于单纯的磷化处理。这就明确地告诉我们，对铁质文物的保护也应先进行磷化处理，再进行封护即有机膜涂装处理。这种工艺方法早已列为涂装工艺的规范施工方法。抗蚀原理可以这样解释：封护膜的防护能力并不理想，是因为有机膜层作为氧电极，腐蚀在铁基体与封护膜内侧的交界面处进行，属典型的缝隙腐蚀，不断生成的腐蚀产物由于体积膨胀的物理作用会引起有机膜层的胀裂，从而使有机层较快地失去保护作用。相反，有磷化膜保护的试片，腐蚀仅发生在磷化膜的孔隙处，有机层对磷化膜的封孔作用使得这一腐蚀被进一步抑制。所以磷化膜的存在不仅表现为本身的较好抗蚀能力，同时又可防止有机膜的早期破坏。磷化-封护膜在经48h和138h浸泡后腐蚀电阻比磷化膜均高出一个数量级，浸泡36天后，腐蚀电阻仍高出数倍，也进一步说明了这种叠加协同效应使得有机膜的氧电极阻化作用得到更好的发挥。

出于文物的珍贵性和特殊性，有人会担心磷化过程对铁的腐蚀。其实不然，第一，磷化液中的游离酸浓度很低，而磷化膜生成速度很快，磷化膜生成后即起到对金属的保护作用。第二，前期腐蚀反应的速率会随着磷化膜的生成而不断下降，到膜完全形成时几乎停止。由于磷化的这一特点，工业上常用于精密零件的表面处理，处理前后可做到尺寸基本保持不变，因此不会发生铁在酸中的过腐蚀问题。

4　结论与展望

从以上讨论可知，青铜器和铁质文物等和现代金属制品与材料，从化学成分看并无太大差别，因此具有一般金属材料腐蚀的共性。同时作为文物大多经历了在地下的埋藏腐蚀过程，表面往往已锈蚀严重，因而又具有自己的特点。金属的表面层及其腐蚀物（包括人工得到的保护层），从整体上可看成一个复杂的氧电极体系，特别是腐蚀产物中某些组分如青铜器表面的氯化亚铜、铁锈中的δ-FeOOH等均具有明显的电催化活性。它们与金属电极可组成一个高效的氧电极腐蚀体系。进入大气的富氧环境后，这一高效的腐蚀体系立即被启动，并进入金属全面高速腐蚀阶段。特别是铁器往往比通常的钢铁制品严重得多，也更增加了保护的难度。这就是文物在腐蚀问题上的特殊之处。

共性与个性始终是辩证的统一。另外，对金属文物腐蚀问题的认识，也必然使金属腐蚀理论得到进一步的丰富和发展。氧电极及其电催化现象，都是理论电化学的基本概念，主要应用于燃料电池和空气电池关于负极材料即氧电极的研究。在金属腐蚀领域，仅仅是将金属表面的不活泼的杂质看成腐蚀电池的微阴极，通过组成原电池加速腐蚀。在考虑大气腐蚀时，因涉及发生在微阴极上的氧的去极化反应问题才提及氧电极，但长期以来并未引起足够的重视。

金属文物腐蚀的氧电极电催化问题的提出和研究，无疑是对金属大气腐蚀理论的更深层次的理解。同时，我们对青铜器缓蚀剂和铁的磷化-封护工艺的研究，在给出好的保护工艺的同时，也初步探讨了保护膜层与氧电极的关系。这些都是金属腐蚀与防护理论需要进一步探讨的新课题。总之，人们对于自然科学某一领域的认识过程（包括腐蚀）也是一个由一般到个别再到一般的往复循环的发展过程。

致谢：本研究得到国家自然科学基金连续资助项目（20376077、20576126）、河南省科技攻关项目（0524490018）、郑州市科技攻关项目（083SGYG23143-7）的经费资助。

参 考 文 献

［1］　范崇正，王昌燧，王胜君，等．青铜器粉状锈生成机理研究［J］．中国科学B辑，1991，（3）：239-245.

［2］　周浩，祝鸿范，蔡兰坤．青铜器锈蚀结构组成及形态的比较研究［J］．文物保护与考古科学，2005，17（3）：22-26.

［3］　王菊琳，许淳淳，于淼．已锈蚀青铜在大气环境中的腐蚀发展及其保护研究［J］．腐蚀科学与防护技术，2005，17（5）：324-327.

［4］　冯丽婷，刘清，包祥，等．青铜器加速腐蚀的多孔氧电极研究［J］．中国腐蚀与防护学报，2006，26（3）：184-188.

［5］　冯丽婷，张巍，刘清，等．应用电位活化理论研究青铜器的腐蚀与保护（二）——关于多孔氧电极的加速腐蚀机理研究［J］．文物保护与考古科学，2007，19（2）：1-4.

［6］　程蓓，何积铨．有机-无机杂化物在铁质文物保护研究中的应用研究［J］．文物保护与考古科学，2008，20（3）：6-11.

［7］　徐飞，万俐，陈步荣，等．清代铁炮的磷化和封护研究［A］//中国文物保护技术协会第四次学术年会论文集［C］．北京：科学出版社，2007：47-56.

［8］　祝鸿范，周浩，蔡兰坤．铁器文物保护中锈层化学稳定转化的研究［J］．文物保护与考古科学，1995，7（2）：1-11.

［9］　潘郁生，黄槐武．广西博物馆汉代铁器修复的保护研究［J］．文物保护与考古科学，2006，18（3）：5-9.

［10］　许淳淳，于凯，李子丰．铁质文物复合防蚀封护剂的研制及应用研究Ⅱ［J］．腐蚀科学与防护技术，2004，16（6）：406-407.

［11］　Fouladi M, Amadeh A. Effect of phosphating time and temperature on microstructure and corrosion behavior of magnesium phosphate coating [J]. Electrochimica Acta, 2013, 106: 1-12.

故宫藏英国两件大型古钟的修复与研究

亓昊楠

（故宫博物院，北京，100009）

摘要 钟表是故宫博物院众多文物藏品中较为特殊的一个门类。它是晚明西学东渐下的产物，也是反映明清时期中国宫廷中西文化交流盛况的重要遗存。故宫所藏钟表共1500余件，其中英国钟表居多，这些钟表不仅走时、打点准确，而且造型精美并且融雕塑、工艺、音乐、机械、科技等于一体，从中可以领略数百年前钟表制造的精湛技艺。作者通过修复铜镀金绶带鸟人物牵马钟和铜镀金塔式吐球转鸭水法钟，对英国钟表的制作和发展进行了梳理，对英国钟表的发展与特点进行了讨论。

关键词 英国钟表 音乐钟 修复 转花 音乐机芯

1 英国钟表与中国的渊源

机械钟表起源于欧洲，“人类最早迈出机械计时步子的，也就是在欧洲最初使用新式时钟的，不是农民或牧民，也不是商人和手工艺人，而是渴望迅速而又准时崇敬上帝的宗教界人士。僧侣们需要知晓规定的祈祷时间”[1]。因此早期的机械时钟只是为了提醒人们祈祷而制作的，主要应用于教堂，只要听到钟声就知道该是做祷告的时间了。但是教堂的钟声在晚上是不敲的，随着科学技术的迅速发展，教堂的钟被昼夜等分并以同样间隔定时敲声的钟表所代替，小时钟便由此走上了历史的舞台。

随着时间的不断推移，科学技术的不断飞跃，真正的钟表在欧洲诞生了，它的发明不仅给人们的生活和观念带来了巨大的变化，而且最重要的也是欧洲人没有想象到的是，几百年后正是这种奇异的机械钟表打开了中国这个东方帝国的大门，使西方传教士进入中国的路途变得轻松顺畅起来。

最早把西洋钟表引进中国的是欧洲传教士，他们为了能向中国传教，想方设法打开中国的大门，但是当时的中国是个相当封闭的封建国家，况且对洋人又比较排外，因此传教士们很难达到他们的目的。他们之中的罗明坚是开拓中国传教业的奠基人，他在1580年写给耶稣会总部的信中这样说道：“希望教皇赐赠的物品中最为紧要的是装饰精美的大时钟。那种可以报时，音乐洪亮，摆放在宫廷中的需一架。此外还需要另一种，我从罗马启程那年，奥尔希尼密卿呈献教皇的那种可套在环里，放在掌中的，也可报时打刻的小钟，或类似的亦可。”[2]与此同时，他还推荐了他的同窗好友利玛窦到澳门，为进入中国内地做准备。

通过传教士们的不断努力，已经逐渐打开了中国的市场，利玛窦在那时也逐渐成为中国文人中的名人，受到他们的礼敬。但是只获得地方官员和一般民众的认同对整个传教事业是远远不够的，要想在中国立足，必须得到至高无上的皇帝的认知。而当时恰巧有机会把礼品进献给皇帝，但在众多的贡品名目中，却没有引起万历帝的注意。过了一段时间，万历帝偶尔想起奏疏上所讲的自鸣钟，才问左右："那座钟在哪里？我说那座自鸣钟在哪里？就是他们在上疏里所说的外国人带给我的那个钟。"[2]正是这一大一小两座自鸣钟引起了皇帝极大的兴趣，它们不仅是宫中最早的现代机械钟表，而且还是打开中国宫廷的敲门砖，也是以后皇宫收藏、制作自鸣钟的源头。

2 故宫藏英国钟表的历史背景与特点

英国钟表的发展历史较为漫长，其钟表最早诞生于14世纪中叶，它也是世界上最早独立制造机械钟表的国家之一。例如，1348年伦敦出现的第一座自鸣钟与1386年制造的英国沙士堡教堂内的大钟（Salisbury Cathedral）都能证明英国早期制造钟表的水平。钟表发展到了17世纪，通过众多钟表匠师的研究与努力，其发明与创造更是比比皆是，加速了钟表业的改进与发展。例如，R. 胡克（Hooke）采用后退式擒纵机构进而取代了冕状轮擒纵机构，并于1644年发明了钟表游丝；而且先后有W. 克莱门特（Clement）用叉瓦装置制成了锚式擒纵机构；T. 汤皮恩（Tompion）发明了工字轮擒纵机构，其中工字擒纵器是英国首创的，但在英国受到冷遇后，后来却在法国和瑞士大受欢迎[3]。还有许多值得一提的发明是：格雷厄姆发明的摩擦间歇式擒纵机构与水银补偿摆，T. 马奇（Mudge）发明的自由锚式擒纵机构，J. 阿诺德（Arnold）发明的精密表擒纵机构，约翰·哈里森发明的航海天文钟，詹姆斯·考克发明的水银瓶装置气压钟等都证明了此时的英国钟表已经到达了鼎盛时期，显现出了百家齐鸣的状态，这些发明都促进了钟表走时的精确性，但随着科学技术与制造技术的迅猛发展，钟表机芯内部零件的品质要求也在不断提高。如资料显示，"1740年，钟表制造师本杰明·亨茨曼由于在市场上找不到制造发条的合适材料，遂在谢菲尔德开设了一片钢厂，经过长期（10年）努力终于取得成功。""18世纪中期英国在铸件生产上处于世界领先地位"[4]。从17世纪晚期到18世纪，随着工业革命的迅速突起，加之机械化的大生产运动，英国从产量上与质量上都有了极大的质的飞跃，钟表制作工厂在英国本土也是比比皆是。英国钟表打入中国市场主要是通过贸易买卖、互赠礼品和官员购买后作为贡品进献这三种途径，与此同时，中国成为进口英国钟表最多的国家之一。

故宫博物院所藏钟表中，英国钟表数量种类最为繁多，造型与设计更是复杂新颖，工艺与色彩也是相当精致与华丽。院藏的英国钟表根据钟表上标有的制作者如詹姆斯·考克斯（James Cox）、威廉森（Williamsom）、巴伯特（Barbot）等以及夹板上打注的年代和产地标识"London"可以分析判断出，大部分钟表是18世纪左右的产品。即使有一些钟表没有特别的标注和说明，我们通过修复观察，其设计风格、制作原理以及机芯的构造都能体现出浓厚的英国皇家的风格。由于英国也是皇室占统治地位，所以其钟表从选材到制造都必须经过严格的加工与审核方能进行，通过修复对比，我们能够看见英国的机芯夹板比其他欧洲国家制造的更为厚实，且内部机芯齿轮轴径与链条加工也相当精细，粗细适中，加工规矩，精度极高，称得上极品之作。况且当时为了打开东方市场，迎合中国皇亲国戚的喜爱，也不惜余力地投入资金、人力与技术，制作的钟表大多为铜镀金材质，并以东方特色建筑为模型，同时融入西方欧式造型与西方田园风格，更能体现其贴近中国的是外套上的一些动植物与人物造型，均是有中国特色的寓意场景与实体展示。它们通过发条等动力源联动走时打点系统，做出各种复杂的动作，并附加优美动听的背景铃声，这就要求其内部结构必须相对复杂，要靠多组动力机构协调配合完成每一种运动，齿轮间的比例与位置不差丝毫。最终付出的努力得到了清代皇室的喜爱与认可，那时的英国商人只图在与中国的贸易中获利，却没有为本国留存此时期的钟表，以至现今故宫博物院所藏英国钟表在英国的博物馆中难以找寻。

3 英国两件大型钟表的修复

3.1 铜镀金绶带鸟人物牵马钟的修复

铜镀金绶带鸟人物牵马钟（长114cm，宽71cm，高238cm）是18世纪英国制作的，此钟（图1）由上（图2和图3）下（图4）两部分组合而成。下部为底座，近似方形，四角以高大、粗壮的铜镀金棕榈树为主柱，托起一方形平台。底部下座放置假山石，四只小龙布列其间，山石正中高处立有一羽毛华丽的绶带鸟。底座顶部悬挂一铜镀金卷叶与玻璃花组成的吊环，上面栖有一只口衔料石花的铜镀金鹦鹉（图5）。方形平面上为一镶嵌彩色料石的铜镀金帐幔（图6），帐顶为彩色料石拼合的宝星花（图7），帐内衬玻璃镜以形成双重影像。帐幔所罩的乐箱上有一骑士手牵骏马，马披彩色料石镶嵌花纹的鞍，其上置小表一块（图8）。马身旁植有棕榈树一株。乐箱正面布景为海滨风景画，有忙碌的人们与远去的帆船。底部音乐机芯在乐箱内部。启动机械，于整点报时，乐声响起，布景人行船航，帐幔上宝星花转动。这件钟表由海关采买贡进宫廷，应是1769～1781年英国的钟表匠詹姆斯·考克斯制造的。

图1 修复后全貌

图2 修复前上部

图3　修复后上部整体

图4　修复前底部

图5　清洗后鹦鹉部件

图6　清洗修复后帐幔与转花

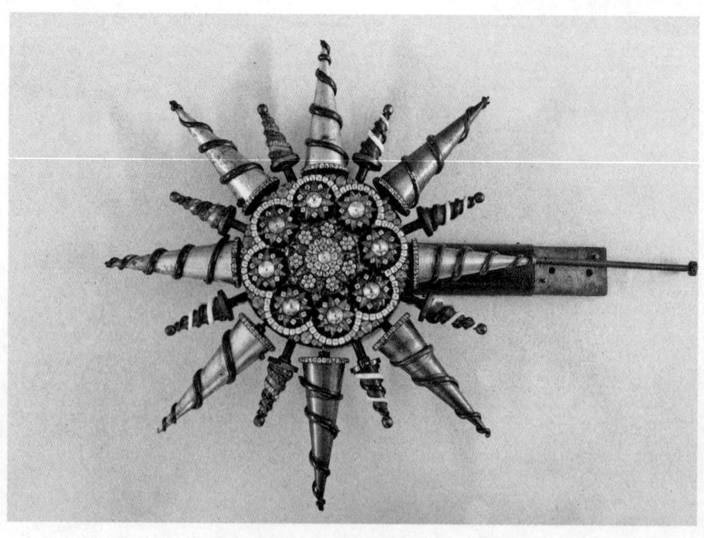

图7　顶部宝星花

由于此件钟表体形较大，修复时我们先将上下两部分分离，底部由于温湿度变化，长久放置导致绶带鸟身体开裂，漆面剥裂，其余假山石部分也有脱皮开裂，我们将其用石膏修复开裂，并将其固定，重新进行漆器修复，使之焕然一新。上部主要分为三部分，第一部分是底座的大型音乐跑人跑船动力机芯，修复时先将人牵马部分与底部分离（图9），取出底部音乐机芯（图10），经过拆解、清洗、组装与调试，修复后（图11）装回壳体即可（图12）；第二部分是棕榈树上的小表走时机芯，首先将小表（图8）从树上取下，通过从走时机芯背面（图13）观察，此机芯必须全部拆解清洗（图14），修复后将清洁好的表盘（图15）装回走时机芯（图16），并放回树上原

图8 修复前走时机芯

图9 上部音乐机芯与走时部分分离

图10 拿出音乐机芯

图11 转花机芯

图12 修复后放入音乐机芯

图13 走时机芯背面

位（图17和图18）；第三部分是帐幔顶端宝星花的转动机芯，从背面后盖可以清楚看见其内部结构（图11）。修复后将底部音乐机芯（图19）与人牵马部分进行合体组装（图3）与调试，必须做到底部音乐机芯启动时必须自动带起顶部宝星花的机芯开关，使其运行转动。最后将上半部落在下半部的底座上，此钟修复完毕（图1）。

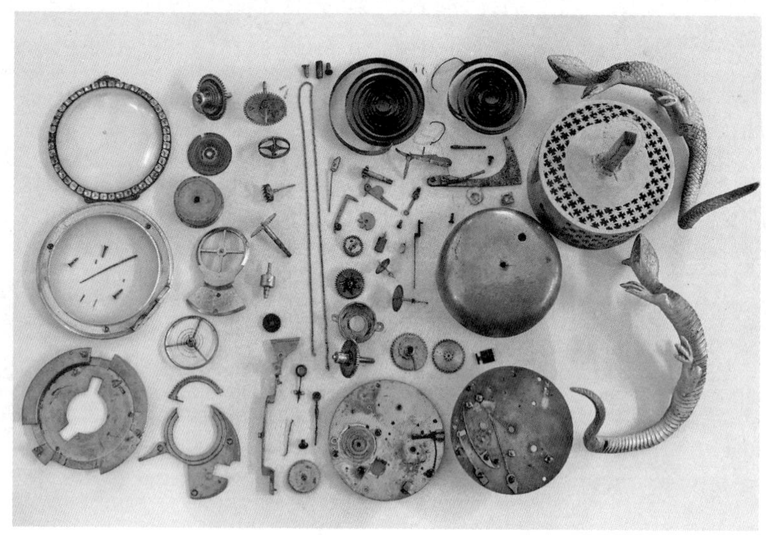

图14　走时机芯拆解

图15　修复后表盘

图16　修复后走时机芯

图17　修复后走时机芯装回棕榈树

图18　修复后上部

3.2 铜镀金塔式吐球转鸭水法钟

铜镀金塔式吐球转鸭水法钟（图20）（长52cm，宽45cm，高123cm）是18世纪英国制造的，集中体现了中西方建筑、艺术与工业的完美结合，设计巧妙，栩栩如生。在修复这件钟表过程中，最值得一提的是不仅此件钟表是中西方文化碰撞的产物，而且此件钟表的修复团队也恰恰是中西结合，这是故宫博物院首次与荷兰自动音乐钟博物馆合作修复交流。修复专家的团队除了故宫博物院的修复专家外，还联合了荷兰音乐钟修复专家，同时也得到了俄罗斯东宫博物馆钟表修复专家的技术支持。通过专家们相互探讨研究，最终将此件钟表修复完善，也圆满完成了修复交流的合作项目。

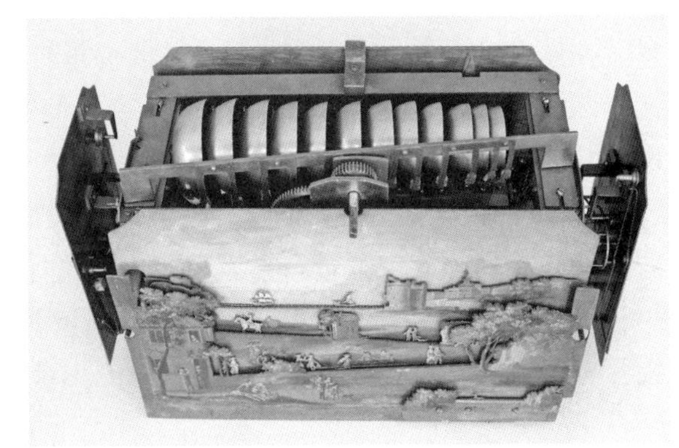

图19 修复后音乐机芯

铜镀金塔式吐球转鸭水法钟外观豪华，全钟采用铜镀金材质，整体看来有浓重的享乐主义的色彩。从建筑造型来看此钟体现了当时英国古典主义与浪漫主义风格，同时也紧密结合东方亭台楼阁的传统风格，整体看来像是中国的亭式风格，亭子在上面则表明至高无上的寓意，同时也迎合了中国皇帝的至高皇权，但塔顶端又体现了英国的教堂风采，这些则说明制作者具有丰富的想象力，做到了完美的中西合璧，别有一番风味；从人物、动物和水法转动的角度看，此钟也十分注重结合中国文化所蕴含的寓意，例如底座四端人物均为亚洲人物，每层帽檐四端的飞兽也是外国人对中国龙的想象，玻璃柱水法的转动从上到下，仿佛中国诗歌中的飞流直下三千尺形容瀑布的奇景；同时英国人也不忘在底座四面充分描绘欧洲田园风光的背景。

图20 修复后全貌

铜镀金塔式吐球转鸭水法钟共分三层，最底层是塔基，内置音乐机芯（图21和图22），四面是玻璃柱水法和人物风景。塔中部下层（图23）是玻璃柱水法沿假山流入水池中，池面上有鸭子游动。塔中部上层（图24）是玻璃柱水法，外面有螺旋形盘梯环绕，盘梯下有一条张嘴的蟒蛇盘踞下方，塔基内机芯有一盘长发条，它将力矩传给传动系齿轮，带动底层四面水法及上下两层水法转动，形似瀑布飞泻。利用齿轮上的摇臂联杆，使底层两侧面人物左右转动。鸭子在湖面上游动，是因为在平置的圆形镜子下面有两块儿马蹄形磁铁，它固定在一个大齿轮上对称位置，两块磁铁距镜子很近，鸭子底面是铁板并嵌三个无齿轮子，鸭子放在湖面上，其下面磁铁与鸭子对应，鸭子受到吸引，随之向前游动。铜镀金滚球从上层顶部的出口处滚出，沿螺旋形盘梯滚下入蛇口中，并从蛇尾滚出，进入一个螺旋形丝杠，螺旋形丝杠转动后，把球带到顶端出口处再滚出来。外面看到的只是滚球从高处到低处一个接一个滚下来。机芯齿轮还带动钟锤打出乐曲，有两排铅锡合金哨子发出鸟鸣。此钟设计精巧，构思独特。塔顶部为走时时钟，嵌于塔顶正中，走时、打点、上弦孔在时钟背面，在塔基右侧柱子上有一按钮，可以启动音乐和各种动作。

在修复过程中，我们首先对底部的音乐机芯（图25～图27）进行了全面修复，对它的修复分为三个方面，第一方面是将音乐动力机芯拆卸（图28）、清洗、组装并调试，直到音乐动力机芯运转正常方可（图29和图30）。第二方面是对破损的气袋（图31）进行重新换皮，当拆开气袋我们发现过去由于材料的缺乏，破损气袋是用纸币代替皮质修补（图32），因此发出的声音并不理想，我们进口了荷兰的优质皮革进行重新修补，恢复了其原始的状态，进气与出气均达到完美的状态（图33和图34）。第三方面则是清除管风琴管的污渍（图35），将其全部拆散清除污渍，并重新调整位置与音调，底部全部翻新如初（图36）。修好后放到一起组装调试（图37），动力机芯带动气袋

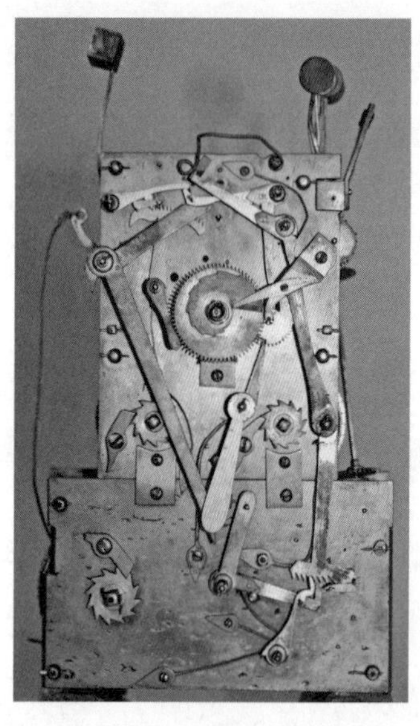

图21 修复后顶部走时机芯正面

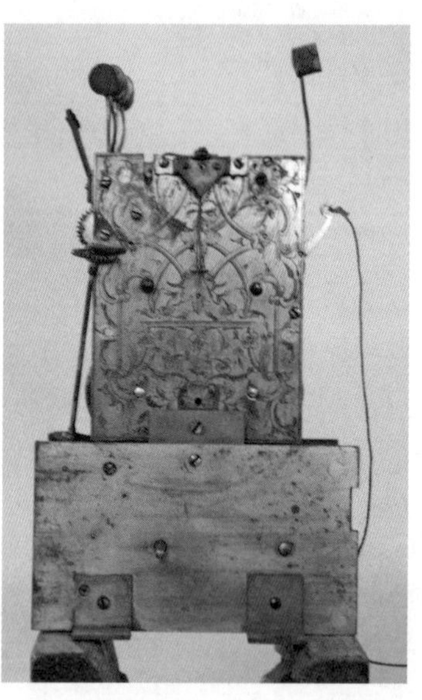

图22 修复前顶部走时机芯背面

图23 修复前塔中部下层

图24 修复前塔中部上层

图25 底部音乐机芯

图26　底部动力机芯侧面

图27　底部动力机芯另一侧面

图28　拆卸动力机芯

图29　修复后底部动力机芯正面

图30　修复后底座动力机芯背面

图31　底部破损的气袋

图32　修复前破损气袋（用纸币当羊皮使用的老方法）

图33　修复后的气袋

图34　修复后气袋背面

图35　修复前管风琴

图36　修复后管风琴

图37　修复后组装好底部机芯

运动，气袋出气，动力机芯再通过带动音乐刺滚子，随之带动风琴口开关，使气吹风琴发出悦耳音乐。其次是对塔中部上层（图24）与中部下层（图23）进行拆卸与清洗（图38和图39），并最后组装。最后对走时机芯进行全方位的清洗拆装调试，使其走时精准为止。修复后的钟表（图1）赴荷兰展出，得到荷兰女王的大加赞赏。

图38 清洗后塔中部上层

图39 清洗后塔中部下层

结　语

通过对此两钟与以往英国钟表的大量修复，总结出了英国钟表主要可分为以下三大类：①以建筑为造型，当时的英国主导是古典主义与浪漫主义风格，同时也紧密结合东方的传统风格，钟表造型多样，中西合璧，另有一番风味；②以人物、动物转动为景观，并十分注重结合中国文化所讲的寓意，如马到功成、太平有象、牛气冲天等各种动物及人物的吉祥寓意；③以大自然及田园风光为背景的陈设钟表，18世纪正值中西文化交流的黄金时期，这一时期欧洲兴起一股旷日持久、影响深远的中国热，因为传教士的络绎来华与海外贸易的发展，中国的政治制度、道德宗教、民俗戏剧艺术等被陆续介绍到西方，向西方人展示了一个充满魅力的东方体系，因此钟表上的背景画必然是中英结合。

英国钟表外壳大多是整体铜镀金，镀金外壳上以红、绿、蓝、黄、白等色料石镶嵌花草。亮丽的金色是其基本色调，即使是黑色木壳钟，其边框、底足、顶部也包以镀金花饰、异兽，给人以金碧辉煌之感。这和当时英国贵族中流行的室内装饰风尚相一致。英国钟表造型不拘一格，各式建筑、田园风光、自然景观等均可被选取作为题材，附之以水法、变花、转花、跑人、跑船、转鸭等活动玩意装置。表盘、机芯上夹板上多标明制作者名款及产地。这一时期的英国钟表体现了当时英国在机械制造、金属工业及雕刻、珐琅、玻璃等方面的高超技术，以及在音乐与绘画方面的发展水平，是中西文化交流的载体之一。

参考文献

[1] Boortin D J. The Discoverers [M]. New York: Random House, 1983.
[2] 平川佑弘．利玛窦传［M］．刘岸伟，徐一平，译．北京：光明日报出版社，1999.
[3] 张心康．古表［M］．台北：星岛出版社，1989.
[4] 亚・沃尔夫．18世纪科学、技术和哲学史（下册）［M］．周昌忠，译．北京：商务印书馆，1997：760.

古瓷器裂缝污染物的初步研究及清洗

李艳红[1] 王嘉堃[2] 周双林[1] 江雪辰[3]

（1. 北京大学考古文博学院，北京，100871；2. 首都师范大学历史学院，北京，100048；
3. 北京联合大学应用文理学院，北京，100083）

摘要 通常在古瓷器裂缝中可以看见一些黑色污染物，但是目前对古瓷器的清洗研究多存在于瓷器表面，对于裂缝的污染物并没有研究。故而本文通过分析古瓷器裂缝中的污染物，并选择多种清洗材料对家用瓷器裂缝中的污染物进行清洗实验，确定清洗材料，并考虑用于古瓷器裂缝的清洗。这为古瓷器的修复提供了一定的依据。

关键词 古瓷器 裂缝污染物 清洗

引 言

瓷器是我国传统的工艺制品，且闻名于世。商周时期出现了原始瓷器，到汉代时已经发展成熟；而后经过青瓷、白瓷、彩瓷的发展，为后人留下了无数的珍品。对于瓷器表面污染物的清洗，已有大量的研究工作。王蕙贞[1]的《文物保护学》中将陶瓷表面的污染物分为石灰质、石膏质、硅质三大类，并对每类污染物应使用的清洗方法进行了详细的介绍。周双林[2]曾对瓷器表面硅质水垢的清洗进行研究，并在氢氧化钠及乙二胺四乙酸的混合溶液中添加表面活性剂对硅质水垢进行清洗，且确定该清洗液对瓷釉表面没有损害。胡东波和张红燕[3]对瓷器表面常用的清洗材料对瓷器的影响进行了研究，发现各种清洗材料对胎釉或多或少均有一定的损伤，为瓷器污染物的清洗提供了一定依据。胡晓伟[4]曾对西沙华光礁Ⅰ号沉船出水的瓷器表面的硬结物进行X射线衍射分析并确定其成分，采用10%柠檬酸溶液对锰白云石和文石进行化学清洗。包春磊[5]对华光礁出水的青白瓷表面的白色和黄色凝结物进行成分分析，并采用多种材料进行清洗实验，发现3%苹果酸、5%二乙三胺五乙酸和乙二胺四乙酸二钠盐清洗效果较好，并建议将其作为出水陶瓷器文物表面碳酸盐类凝结物的清洗去除剂。这些文献都是研究瓷器表面污染物的去除。

然而俞蕙和杨植震[6]曾在书中对瓷器的清洗定义是："清洗指去除古陶瓷表面或内部的各类杂质或异物……"朱善银等[7]曾对古陶瓷冲口和冰裂纹内的铁锈污染进行清洗实验，并确定"草酸+硅藻土"贴敷清洗效果较好。而对于瓷器裂缝中的有机污染物则研究较少，因此本文通过对古哥窑瓷器和现代家用瓷器裂缝中的污染物进行分析，并根据污染物的成分选取适当的清洗材料进行清洗实验，确定最佳清洗材料。

1　污染物分析

1.1　样品信息

1.1.1　湘湖窑瓷片裂缝污染物

瓷片样品取自景德镇湘湖窑，是北宋早期青白瓷。如图1所示，在开片及裂缝处有清晰可见的黑色污染物，对瓷片的外观影响较大。

图1　湘湖窑瓷片

1.1.2　家用瓷片裂缝污染物

家用瓷片裂缝污染物的样品如图2所示。

C1　C2　C3　C4　C5

图2　家用瓷片样品

1.2　分析方法

便携式显微镜：RoHS USB Digital Microscope型，放大倍率为20～200。

超景深三维显微镜：KEYENCE VHX-2000型超景深三维显微镜。

扫描电子显微镜-能谱仪（FEI Quanta G200）：加速电压为15～20kV，束斑直径为4.0～4.5，低真空下观察样品，工作距离10mm。

傅里叶变换显微红外光谱仪：Spotlight200型，光谱范围是650～4000cm^{-1}。

1.3　分析结果

1.3.1　哥窑瓷片裂缝污染物

1.3.1.1　扫描电子显微镜-能谱分析结果

对哥窑瓷片裂缝污染物进行微观形貌及成分分析，结果如表1所示。从表1的扫描电子显微镜照片中可以看到，污染物以零散的颗粒状存在于裂缝中，且颗粒大小差异较大。从能谱数据中发现，

CP-2的C元素含量相对较低，Si、O、Al、Ca元素含量较高，故推测其是以二氧化硅、氧化铝、碳酸钙等瓷片本体成分的无机物为主要成分；而CP-1、CP-3、CP-4中的C、O、Si元素含量较高，故而其主要成分除瓷片本体的无机物外，还应含有大量的有机物。具体成分还有待进一步分析。

表1　哥窑瓷片裂缝污染物的SEM及EDS分析结果

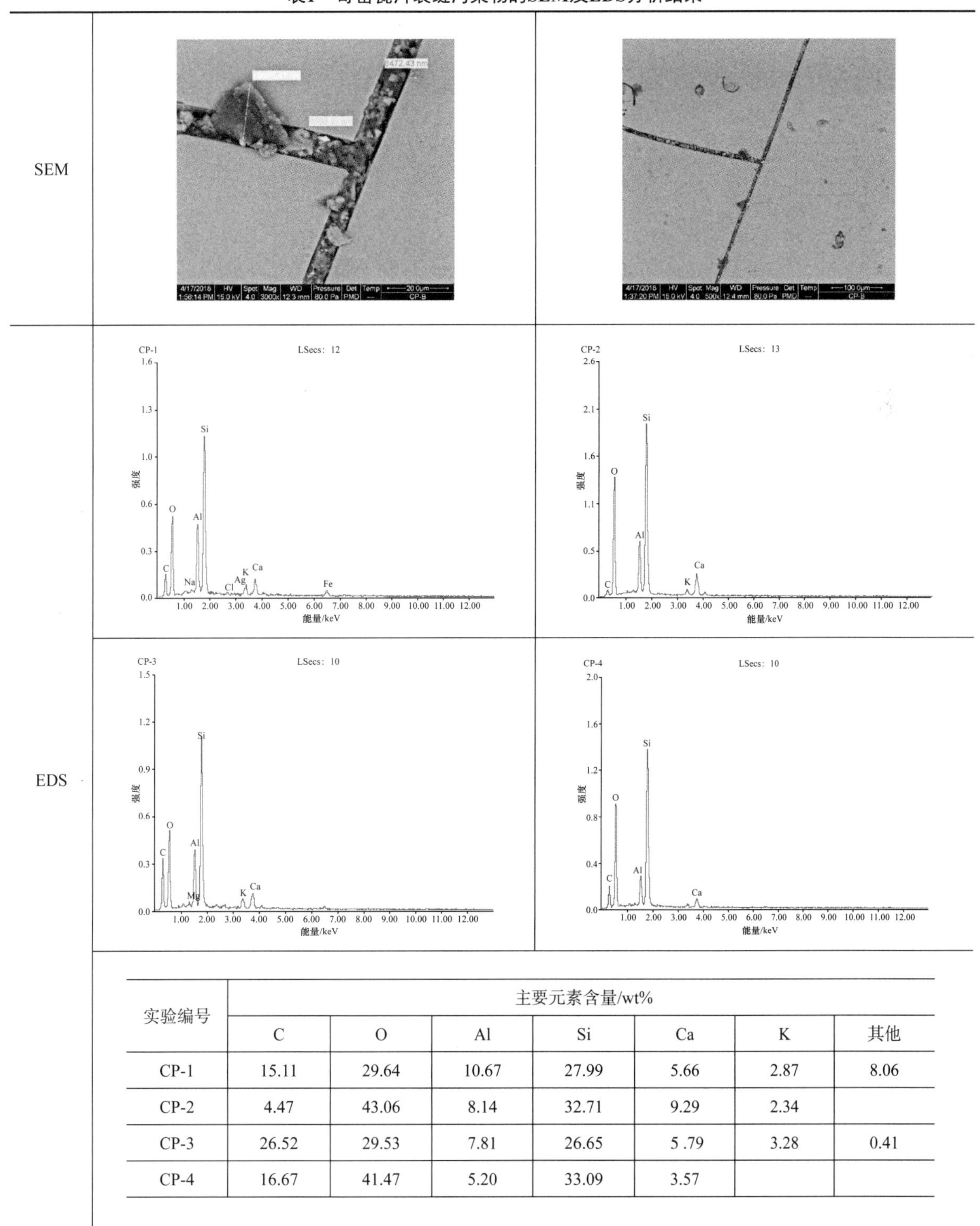

实验编号	主要元素含量/wt%						
	C	O	Al	Si	Ca	K	其他
CP-1	15.11	29.64	10.67	27.99	5.66	2.87	8.06
CP-2	4.47	43.06	8.14	32.71	9.29	2.34	
CP-3	26.52	29.53	7.81	26.65	5 .79	3.28	0.41
CP-4	16.67	41.47	5.20	33.09	3.57		

1.3.1.2　红外光谱分析结果

对哥窑瓷器裂缝污染物进行傅里叶变换红外光谱分析，图谱如图3所示。在图3中，1022cm^{-1}的峰较宽而强，是二氧化硅的典型特征峰；而2522cm^{-1}、1796cm^{-1}、872cm^{-1}、715cm^{-1}则是碳酸钙的典型特征峰；另外，宽峰3294cm^{-1}则是羟基的伸缩振动峰，根据峰型判断可能为分子间缔合羟基；1739cm^{-1}是羰基的伸缩振动峰，1405cm^{-1}则为亚甲基的伸缩振动峰。因此，该瓷片的污染物中除了二氧化硅和碳酸钙外，还含有有机物。这结果与扫描电子显微镜-能谱的分析结果相一致。

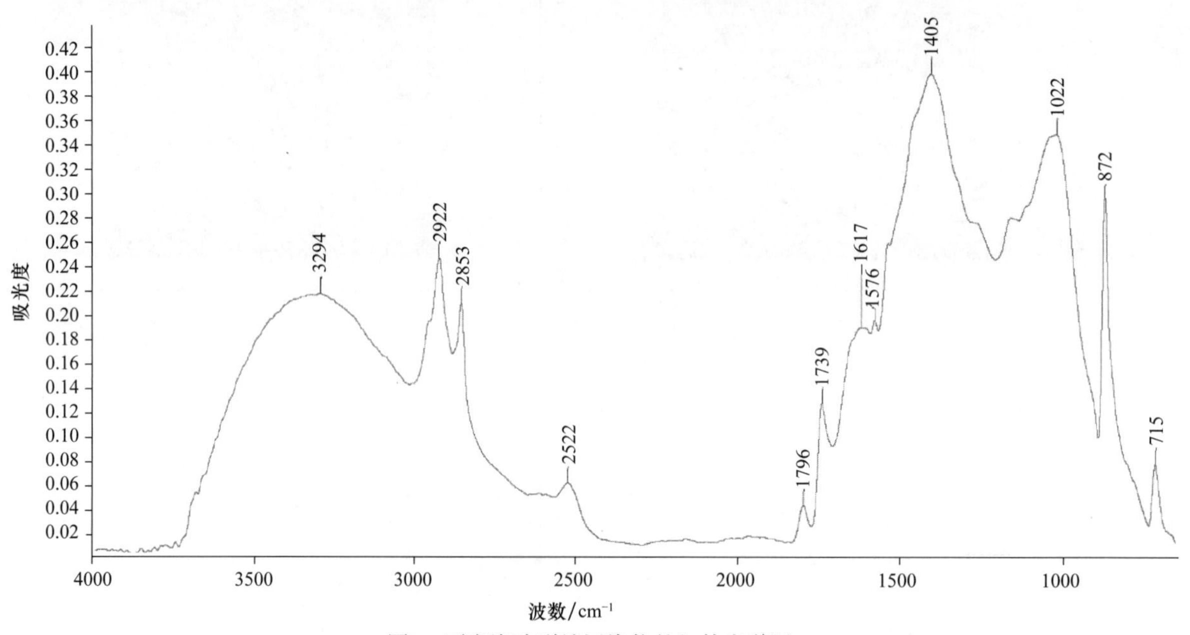

图3　哥窑瓷片裂缝污染物的红外光谱图

1.3.2　家用瓷片裂缝污染物

1.3.2.1　超景深显微分析

对家用瓷器裂缝处进行超景深显微观察，结果如图4所示。C1～C3都是没有碎裂的、表面上一道不易察觉的缝隙中污染物的超景深显微照片，C4和C5是断口上的污染物。从图中可以看出，裂缝中污染物的含量虽少，但是每个裂缝中均有污染物存在，且对瓷器外观的影响很明显。因此，裂缝中污染物的去除非常有必要。

1.3.2.2　扫描电子显微镜-能谱分析结果

从家用瓷器裂缝处取污染物的断面样品，将其置于导电胶上，进行扫描电子显微镜-能谱分析，结果如表2所示。从C1的SEM图中可以看出瓷片的剖面痕迹，且上面有颗粒状物质存在；且能谱结果显示，C1中仅含有很少量的碳，并根据元素含量推断可能含有二氧化硅、氧化铝、氧化钙等，这是瓷片本身的成分。所以样品C1上的颗粒状物质是瓷片取样时留下的，而测试点并没有发现污染物，这可能与取样位置有关。从C2的SEM图中可以看出，颗粒状的物质被包裹在类似于絮状物中；且能谱结果显示碳、氧元素含量极高，高达70%，而铝、硅、钙含量较低，这显示样品中除了可能含有氧化钙、氧化铝、二氧化硅外，还含有有机物，该有机物就可能是存在于瓷片裂缝中的污染物。而C3、C4、C5的SEM图，形态相似，都以散落的颗粒状存在，而且能谱测定结果也显示碳、氧元素含量将近70%，所以，瓷片裂缝中的污染物应是有机物。具体成分还需进一步的分析。

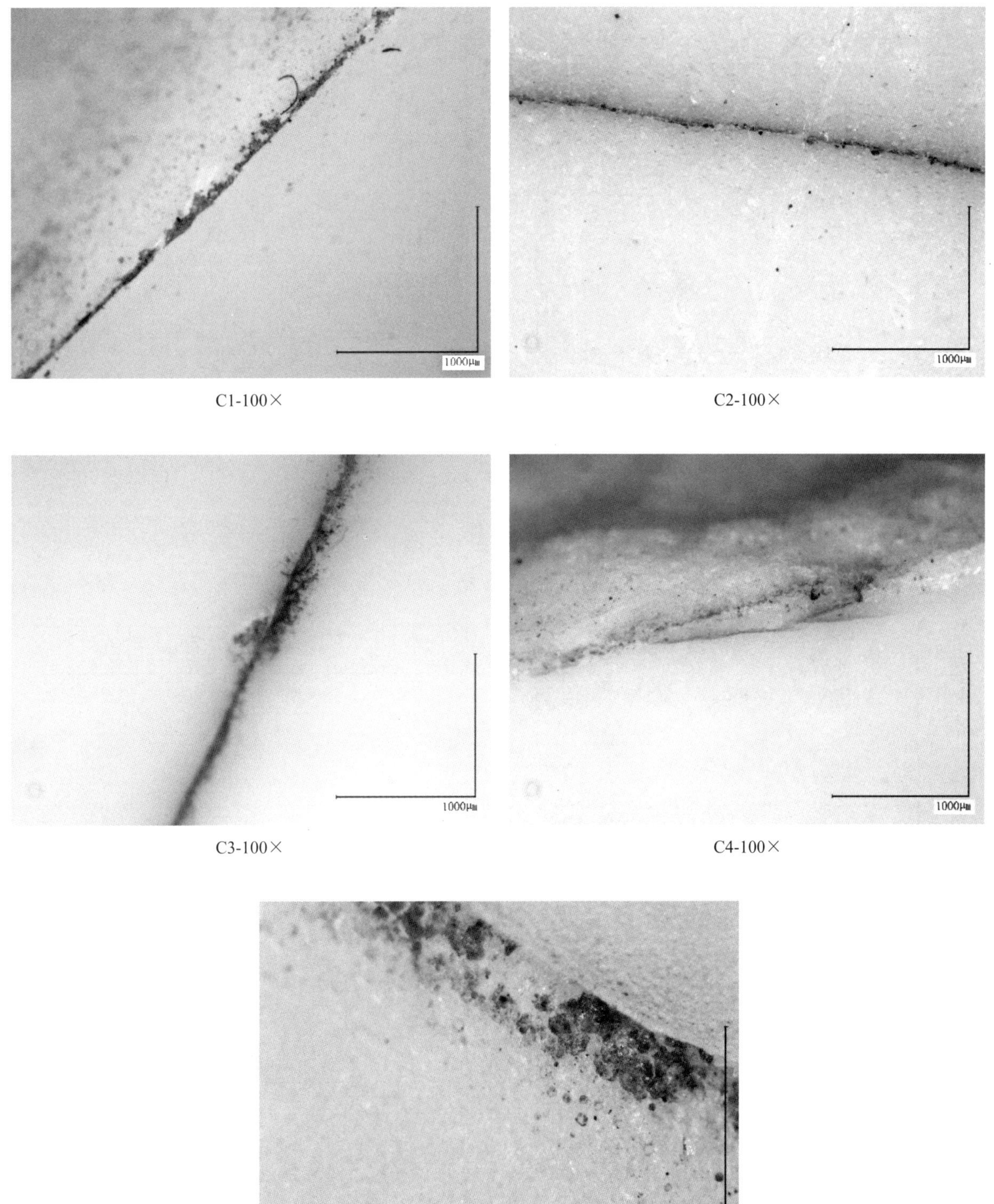

C1-100×　C2-100×

C3-100×　C4-100×

C5-150×

图4　家用瓷器裂缝超景深显微观察

表2　家用瓷器裂缝污染物的SEM及EDS分析结果

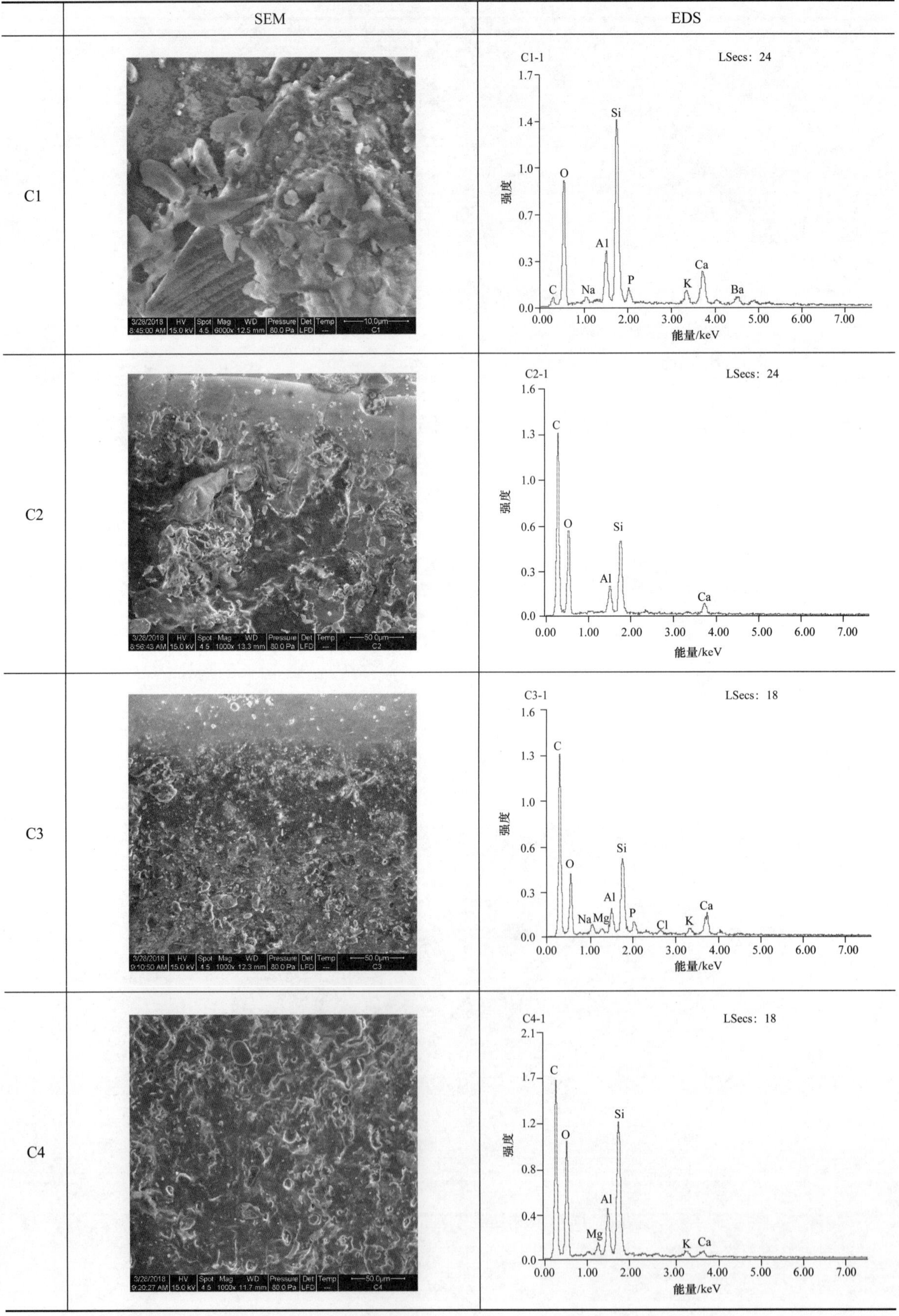

续表

	SEM	EDS
C5		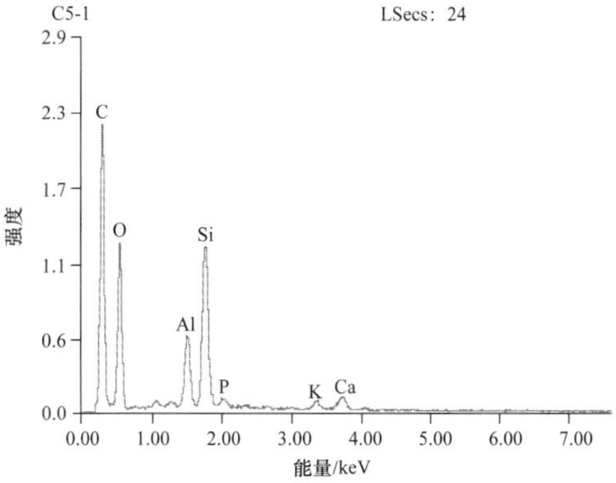

实验编号	主要元素含量/wt%						
	C	O	Al	Si	Ca	K	其他
C1	1.93	34.87	7.07	27.9	10.0	3.66	14.57
C2	36.26	38.09	4.91	15.79	4.96		
C3	35.77	28.90	3.93	14.43	8.42	2.02	6.53
C4	31.94	35.63	6.13	20.97	2.12	1.81	1.40
C5	33.12	36.06	6.75	17.61	3.48	1.95	1.02

2 清洗实验

2.1 实验材料

清洗材料见表3。

表3 清洗材料

实验编号	1	2	3	4	5	6	7
清洗材料	蒸馏水	无水乙醇	丙酮	5%十二烷基苯磺酸钠溶液	30%过氧化氢溶液	5%乙二胺四乙酸二钠溶液	人工唾液

待清洗的样品：家用瓷片，其编号为C3、C5，共两组。

2.2 实验过程

将每个瓷片分为7个区域，每个区域采用一种清洗材料先贴敷再擦涂处理。清洗前后分别用便携式显微镜观察效果，并拍照记录。

2.3 实验结果

第一组实验结果如表4所示。从清洗前后照片可以看出，区域C3-4有明显变化，区域C3-6其次，C3-3、C3-5和C3-7有轻微变化，区域C3-1和C3-2无明显变化。即该组实验中5%十二烷基苯磺酸钠溶液对此类污染物清洗效果最好，其次是5%二乙胺四乙酸二钠溶液，而蒸馏水和无水乙醇则完全没有效果。

表4　瓷片C3清洗前后显微照片

实验编号	清洗前	清洗后
C3-1		
C3-2		
C3-3		
C3-4		

续表

实验编号	清洗前	清洗后
C3-5	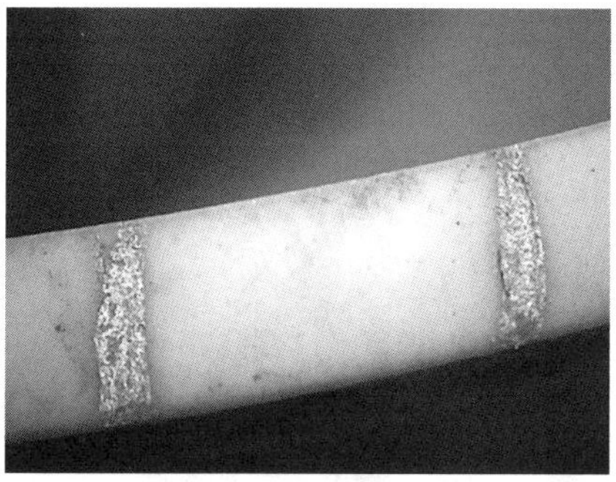	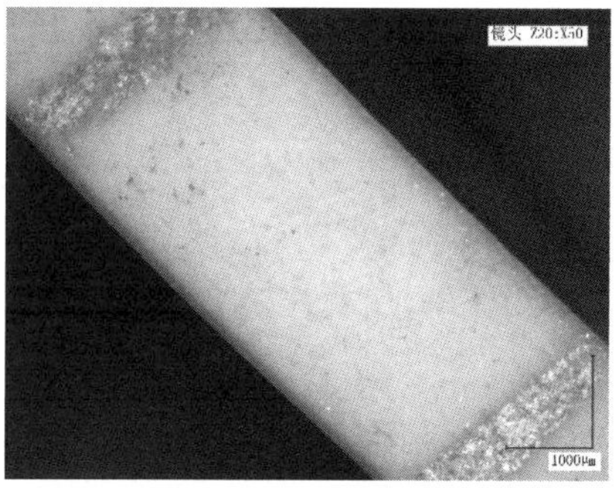
C3-6	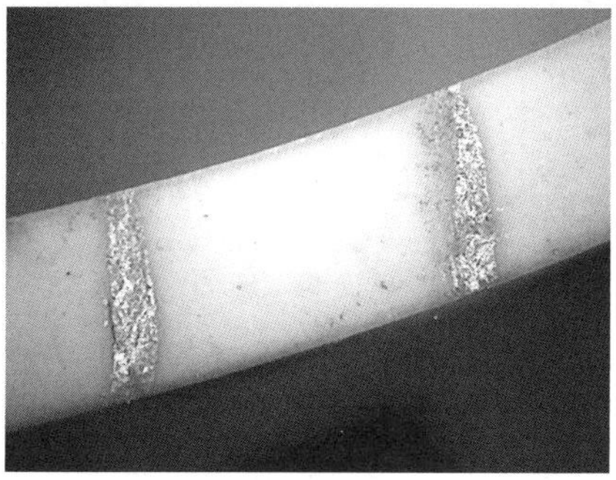	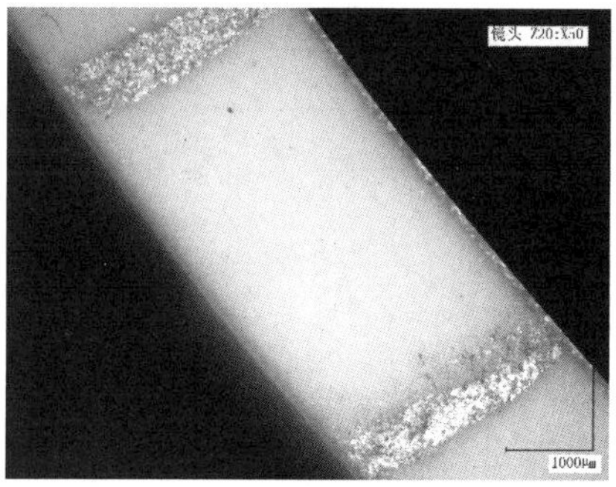
C3-7	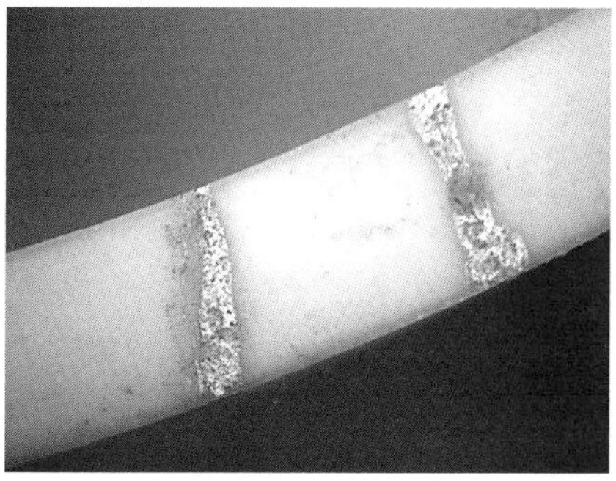	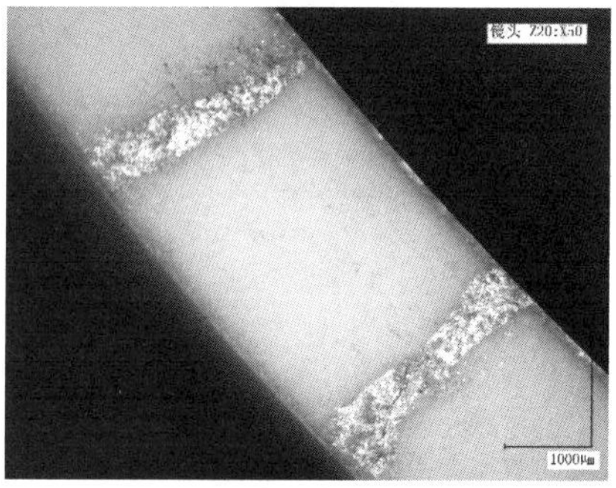

第二组实验结果如表5所示。从清洗前后照片可以看出，C5-4变化最为明显，C5-5、C5-6其次，C5-3和C5-7有轻微变化，区域C5-1和C5-2无明显变化。即该组实验中5%十二烷基苯磺酸钠溶液对此类污染物清洗效果最好，其次是5%二乙胺四乙酸二钠溶液和30%过氧化氢溶液，而蒸馏水和无水乙醇则完全没有效果。

综合两组实验结果发现，5%十二烷基苯磺酸钠溶液的清洗效果最佳，而蒸馏水对清洗毫无效果。从显微照片下可以发现，该污染物为固体状，主要靠分子间作用力的吸附作用黏附在物体表面。在清洗过程中，表面活性剂水溶液首先将污染物和瓷片裂缝处都润湿，接着表面活性剂分子会吸附到污染物和瓷片裂缝处，由于表面活性剂形成的吸附层加大了污染物与裂缝间的距离，导致它们之间的分子力减弱。而十二烷基苯磺酸钠为磺酸盐型阴离子表面活性剂，表面活性剂在污染物和裂缝处的吸附导致它们带有相同的负电性而相互排斥，使两者的黏附强度减弱，在外力作用下，污染物更易从表面清洗，稳定地分散在水溶液中。而且，该类表面活性剂是产量最大、应用最广的一类阴离子型表面活性剂，是洗衣粉中的必要组分，成本较低，清洗效果好。

表5　瓷片C5清洗前后显微照片

实验编号	清洗前	清洗后
C5-1	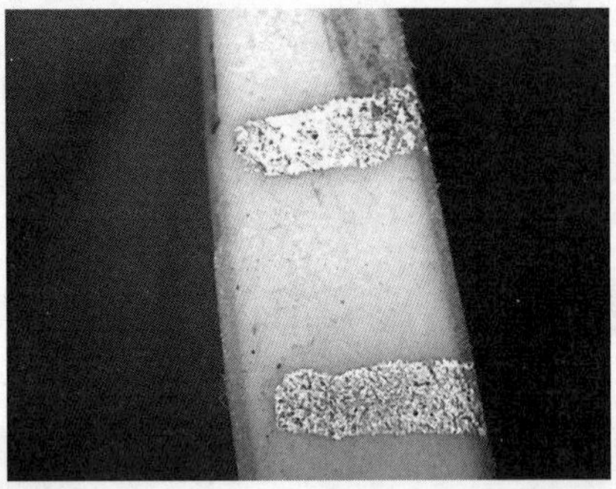	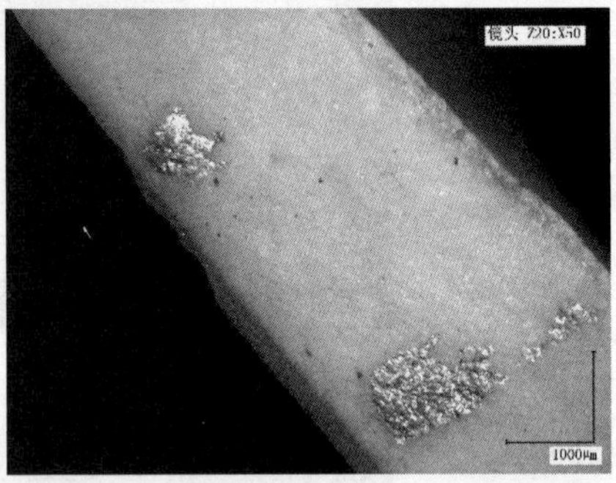
C5-2	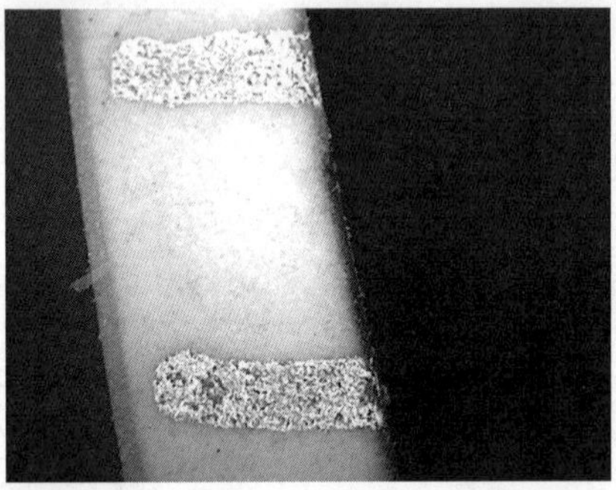	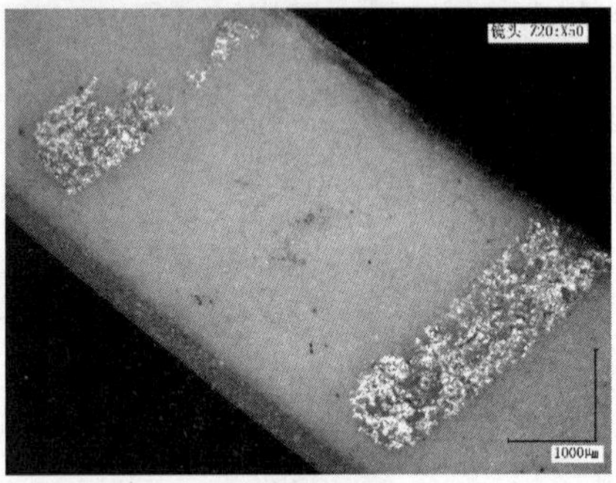
C5-3	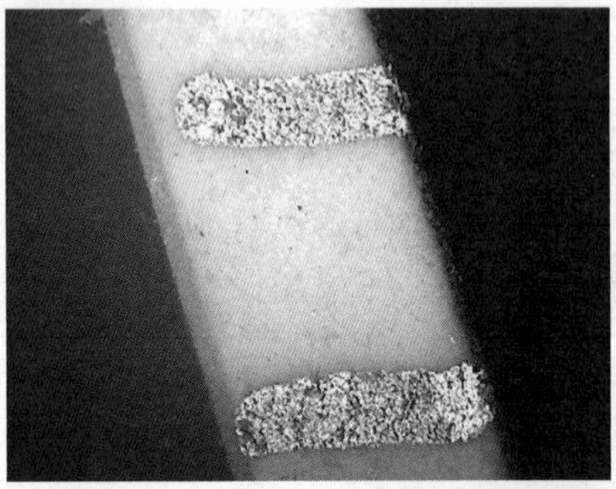	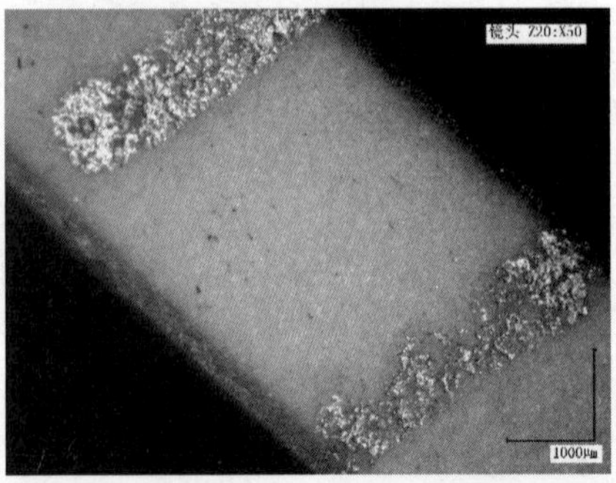
C5-4	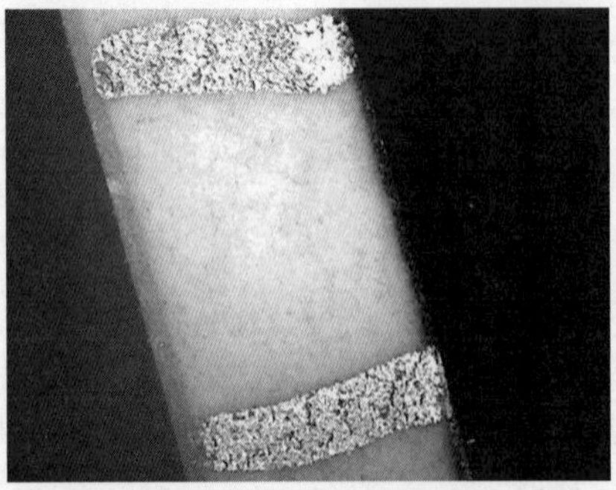	

续表

实验编号	清洗前	清洗后
C5-5	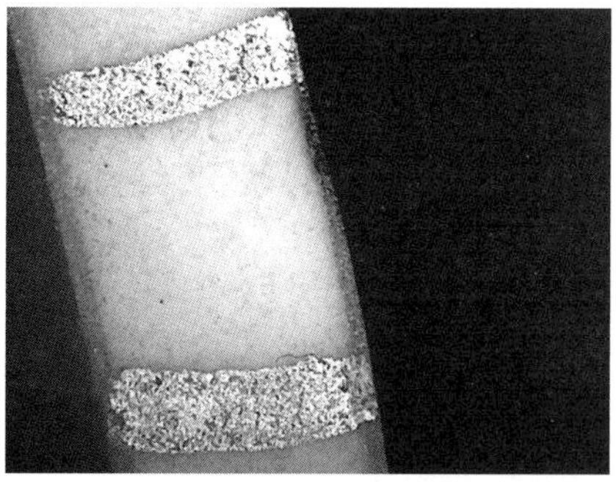	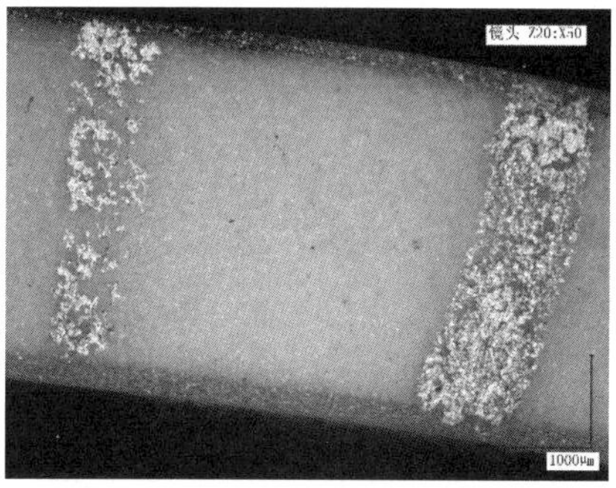
C5-6	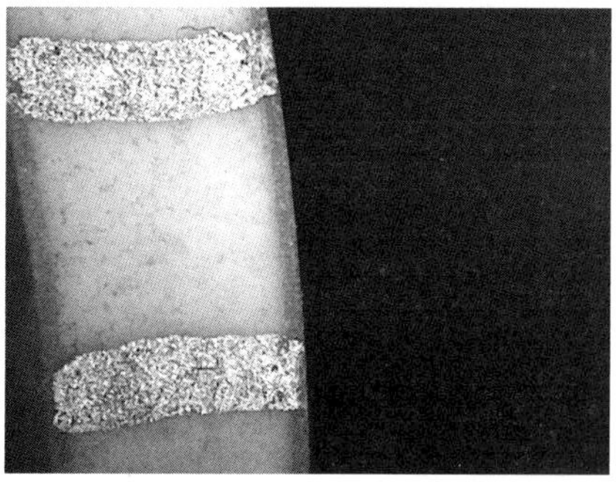	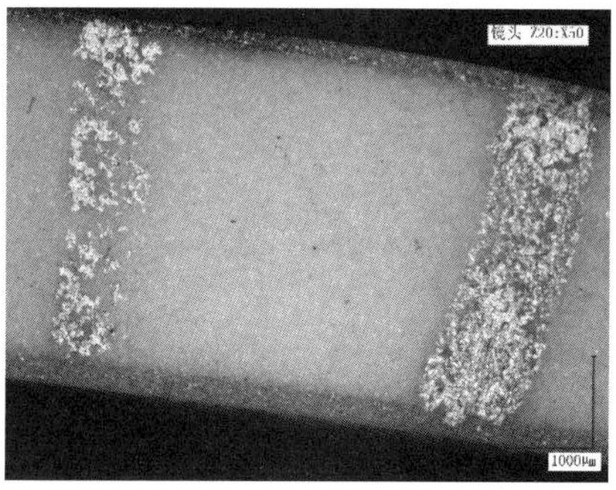
C5-7		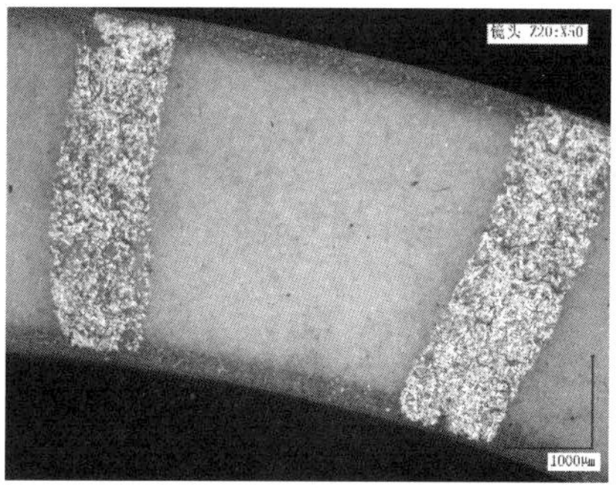

3　结论与讨论

（1）通过对景德镇湘湖窑青白瓷片裂缝污染物的分析发现，污染物除了有瓷片本身的小颗粒状外，其余的为有机物，但因成分较为复杂，具体分子式还需进一步分析。

（2）确认污染物含有大量的有机物，故而选择适合有机物的清洗材料进行清洗实验。经实验发现，5%十二烷基苯磺酸钠溶液清洗效果最佳，且成本较低，对瓷片几乎没有损伤，非常适合在瓷器修复中进行瓷片清洗。而5%二乙胺四乙酸二钠溶液虽有一定的清洗效果，但是对瓷片的胎和釉有所损害，故而不建议使用。

参 考 文 献

[1]　王蕙贞. 文物保护学［M］. 北京：文物出版社，2009：30-33.

[2]　周双林. 瓷器表面硅质水垢的清洗［J］. 中原文物，1995，（2）：111.

[3]　胡东波，张红燕. 常用清洗材料对瓷器的影响研究［J］. 文物保护与考古科学，2010，22（1）：49-59.

[4]　胡晓伟. 几件西沙华光礁Ⅰ号沉船遗址出水瓷器的保护研究［J］. 文物保护与考古科学，2013，25（4）：54-64.

[5]　包春磊. 华光礁出水瓷器表面黄白色沉积物的分析及清除［J］. 化工进展，2014，33（5）：1108-1112.

[6]　俞蕙，杨植震. 古陶瓷修复基础［M］. 上海：复旦大学出版社，2012：38.

[7]　朱善银，刘洁，张辉. 古陶瓷冲口和冰裂纹清洗技术研究［J］. 清洗世界，2017，33（3）：45-48.

古陶瓷文物修复常用胶黏剂的紫外光老化性能研究

高 鑫[1] 韩向娜[1] 魏书亚[1] 何海平[2]

（1. 北京科技大学科技史与文化遗产研究院，北京，100083；2. 首都博物馆，北京，100007）

摘要 本文选用9种常用的古陶瓷文物修复胶黏剂，包括环氧树脂类、丙烯酸酯类、聚乙酸乙烯酯等，首先测试胶黏剂的固化效果和附着力；经过1100h紫外照射后，分析胶黏剂的微观形貌及颜色变化；再采用红外光谱分析胶黏剂的光老化机理；最后对这9种胶黏剂的性能优劣进行综合评价。本文为古陶瓷文物修复选用合适的胶黏剂提供一定的科学依据。

关键词 古陶瓷修复 胶黏剂 光老化 性能评估

引　　言

古陶瓷在我国文物宝库中不仅具有极高的历史研究价值，而且具有一定的艺术欣赏价值。由于陶瓷器容易破碎，尤其是发掘出土的陶瓷质文物大多数为残片，必须经过黏接修复才能发挥文物本身的历史、艺术和科学价值。随着现代科学技术的发展，越来越多商用胶黏剂被应用于古陶瓷黏接修复中。但是文物修复不同于普通物件的拼接，必须按照文物修复的原则、要求，所选用的黏接材料必须经过严格的实验筛选，确实可行后才能实际应用。古陶瓷文物保存状况千差万别，材质各有不同，修复要达到的效果不同，如何选择最适宜有效的胶黏剂，成为文物保护工作中遇到的普遍难题。

为了了解目前国内古陶瓷修复用胶黏剂的研究现状，本文对1990～2017年中国知网及万方数据库中的相关期刊论文、著作、专利等进行了梳理。中国科学技术大学胡珺[1]对哥俩好AB胶、合众AAA胶、Hxtal NYL-1三种胶，使用E3000电子万能材料试验机进行弯曲强度的试验，得出Hxtal NYL-1强度最好，为46MPa，几乎是哥俩好AB胶的3倍。中国文化遗产研究院马菁毓等[2]对6种环氧树脂类胶黏剂，即Hexion、Araldite、Plus、国产凤凰环氧胶、鹏宇AAA、合众AAA进行了耐紫外、耐高低温、耐冻融、耐恒温恒湿的对比研究，得出Araldite的耐紫外光最差，Hexion耐紫外性最好；国产凤凰环氧胶、鹏宇AAA和合众AAA的耐湿性差，Hexion和Araldite耐湿性好；几种胶的耐冻融力学性能变化都不大；鹏宇AAA、合众AAA及Plus的耐高温性好。浙江大学王思嘉等[3]为研究环氧树脂类黏接材料的老化过程及老化机理，以双酚A型环氧树脂为主剂，与几种不同稀释剂、固化剂、偶联剂混合，模拟自然极端条件进行老化，得出紫外线辐照对环氧树脂黏接材料破坏最大；其老化特征是本身质量不断损失、色差增大；不同固化剂对环氧树脂色差变化影响较大。四川省博物馆卫国和李刚[4]研究502瞬干胶在文物修复中的危害，发现502瞬干胶存在有毒、抗潮湿能力差、耐高温性差、耐碱性差、不易去除、柔韧性差等问题。秦始皇陵博物院容波和蓝德省[5]对文物修复中黏接断面的处理、胶黏剂的配胶及涂敷方法进行了讨论，在胶黏剂的选择上，主要以黏接强度作为对不同疏松及脆弱质基底文物的表征条件。陕西师范大学汪娟丽等[6]使用三乙氧基硅烷缩合而成的树脂对西汉彩绘兵马俑进行了修复。宝鸡青铜器博物馆钟安永等[7]以乙酸乙烯酯和丙烯酸酯等单体合成的共聚树脂为主体，加填料研制出文物专用陶粘剂和瓷粘剂。陕西师范大学欧秀花等[8]以半坡土、水、水性氟材料比例为3：3：7，自行研制了具有优良性能的加固材料和黏接材料。湖北大学董兵海等[9]制备了具有高黏接强度、低干燥收缩的新型陶质文物黏接材料。中国文化遗产研究院成倩和赵丹丹[10]发明了一种水包油型复合微乳液清洗剂，用于清洗老化的三甲树脂。上海博物馆卜占民[11]使用局部蒸汽清洗残胶，并使用AAA全透明超能胶黏接元青花瓷。辽宁省文物考古研究所王贺等[12]修复战国彩绘陶礼器，使用环氧树脂加低浓度Paraloid B72作用于需较强黏接强度的部位，使用50% Paraloid B72在受力较小的碎片处黏接。新疆博物馆姚书文[13]对吐鲁番出土的早期素面泥塑使用乙醇烊干漆溶液渗透加固的方法进行黏接修复。内蒙古师范大学张亚伟[14]使用环氧树脂AAA和3250结构胶对准格尔旗巴润哈岱出土的陶器进行修复。秦始皇帝陵博物馆张尚欣等[15]使用环氧树脂：聚酰胺树脂=3：2对秦俑彩绘跪射俑进行修复。浙江省博物馆刘莺[16]使用502胶黏剂以点渗的方法，对浙江嘉兴双桥山遗址出土的红陶鬶进行黏接修复。甘肃省博物馆赵亚军[17]研究表明黏接陶质首选环氧树脂。甘肃省博物馆康明大和马艳[18]使用环氧树脂（AAA胶）修复青州香山汉墓出土的彩绘陶马。连云港市重点文物保护研究所骆琳[19]研究表明，在修复过程中常用FD1过度胶、环氧树脂、热熔胶等对陶器进行黏接。西北大学王蕙贞等[20]使用环氧树脂对西汉初期粉彩陶俑进行黏接。四川省博物馆李跃和李刚[21]使用565胶黏剂、双酚A型环氧树脂、Q/GH001-80胶黏剂以改性氯丁胶黏剂等对成都新都区出土的陶马车进行黏接修复。上海博物馆胡渐宜[22]使用国产SW-2环氧树脂对三件古代青花瓷进行黏接修复。广东省文物考古研究所吴启昌[23]使用滑石粉：环氧树脂：固化剂=0.6：1：1.2对“南海Ⅰ号”出水古瓷器进行修复黏接。萧山博物馆施加农[24]对青瓷器进行补缺，在石膏做成的胎壁内外涂上502胶水，再涂一层AAA强力胶。首都博物馆吕淑玲[25]使用AAA环氧树脂对元代青白釉瓷器进行修复。湖北省博物馆李澜[26]使用环氧树脂、无机胶黏剂、AAA胶对中山舰出水瓷器进行修复。梧州市博物馆梁萍[27]表明使用环氧树脂、502、AAA透明胶对馆藏瓷器进行修复。西安文物保护修复中心周萍[28]使用双组分环氧树脂、液态环氧树脂、502胶对陕西耀州窑馆瓷器进行修复。故宫博物院文保科技部恽小刚[29]使用454胶对宋汝窑瓷盘进行黏接修复。中国冶钢历史博物馆张文泽[30]使用5%～10%聚乙酸乙烯乳液胶对鞍山地区出土的陶器进行黏接修复。上海博物馆蒋道银和施加农[31]使用CH-AAA超能胶对唐代彩绘陶仕女俑进行修复。

对文献进行整理，列出目前国内古陶瓷修复中使用的胶黏剂的种类、修复的文物对象及性能测试内容（表1），现状分析见图1。分析可知，在收集到的31篇文献中，商品胶黏剂性能研究有5篇，新材料研究4篇，老化后去除研究2篇，修复案例报道21篇（其中1篇既涉及老化胶的去除又涉及文物修复）。

表1　国内古陶瓷修复胶黏剂研究现状分析

文献类型（篇数）	胶黏剂	文物	研究内容	第一作者单位	参考文献
商品胶黏剂性能研究（5篇）	哥俩好AB胶、合众AAA胶、Hxtal NYL-1	柳孜运河遗址出土釉盏、釉碗黏接	强度研究	中国科学技术大学	[1]
	环氧树脂（Hexion、Araldite、Plus、鹏宇AAA、合众AAA、国产凤凰环氧胶）	出水古瓷器修复	老化性研究	中国文化遗产研究院	[2]
	环氧树脂类	—	老化性能	浙江大学	[3]
	502瞬干胶	—	危害	四川省博物馆	[4]
	聚乙烯醇缩丁醛、502胶、Paraloid B72、环氧树脂（环氧树脂618、改性环氧树脂810）	秦俑修复	黏接强度、固化时间	秦始皇陵博物院	[5]
新材料研究（4篇）	三乙氧基硅烷缩合而成的树脂	西汉彩绘兵马俑	修复	陕西师范大学	[6]
	乙酸乙烯酯、丙烯酸酯聚合得共聚树脂液。瓷黏剂：共聚树脂液（8%～10%）+10%填料及颜料；陶黏剂：共聚树脂液+聚乙烯醇水溶液+10%经活化处理的无机填料及颜料	—	陶瓷文物专业修复胶黏剂的研制	宝鸡青铜器博物馆	[7]
	半坡土：水：水性氟材料=3：3：7	铠甲武士俑	修复	陕西师范大学	[8]
	粉料：白水泥、石灰石粉；胶液：丙烯酸聚合物复合乳液、增稠剂（羟丙基甲基纤维素HPMC）、防霉剂（华科-108）、增塑剂（邻苯二甲酸二辛酯DOP）	—	新型陶质文物修复胶黏剂研制	湖北大学	[9]
老化后去除研究（2篇）	三甲树脂	老化的三甲树脂	清洗	中国文化遗产研究院	[10]
	环氧树脂局部清除	一件元青花瓷上老化的环氧树脂	清除	上海博物馆	[11]
修复案例报道（21篇）	环氧树脂	战国彩绘陶礼器	修复	辽宁省文物考古研究所	[12]
	乙醇烊干漆溶液	吐鲁番出土的早期素面泥塑	修复	新疆博物馆	[13]
	环氧树脂AAA和3250结构胶	准格尔旗巴润哈岱出土的陶器	修复	内蒙古师范大学	[14]
	AAA全透明超能胶	汤和墓出土的元青花	修复	上海博物馆	[11]
	环氧树脂：聚酰胺树脂=3：2	秦俑彩绘跪射俑	修复	秦始皇帝陵博物院	[15]
	502胶黏剂	双桥山遗址出土的红陶鬶	修复	浙江省博物馆	[16]
	环氧树脂	甘肃馆藏彩陶保护	修复	甘肃省博物馆	[17]
	环氧树脂（AAA胶）	青州香山汉墓出土的彩绘陶马	修复	甘肃省博物馆	[18]
	FD1过度胶、环氧树脂、热熔胶	古陶瓷器	修复	连云港市重点文物保护研究所	[19]

续表

文献类型（篇数）	胶黏剂	文物	研究内容	第一作者单位	参考文献
应用（21篇）	环氧树脂	西汉初期粉彩陶俑	修复	西北大学	[20]
	565胶黏剂、双酚A型环氧树脂、Q/GH001-80胶黏剂	成都新都区出土的陶马车	修复	四川省博物馆	[21]
	国产SW-2环氧树脂	三件古代青花瓷	修复	上海博物馆	[22]
	环氧树脂、滑石粉、固化剂	"南海Ⅰ号"两件出水古瓷器	修复	广东省文物考古研究所	[23]
	502胶水、AAA强力胶	青瓷器	修复	萧山博物馆	[24]
	AAA环氧树脂	元代青白釉瓷器	修复	首都博物馆	[25]
	环氧树脂胶、无机胶黏剂、AAA胶	中水舰出水瓷器	修复	湖北省博物馆	[26]
	环氧树脂、502、AAA透明胶	馆藏瓷器	修复	梧州市博物馆	[27]
	双组分环氧树脂、液态环氧树脂、502胶	馆藏瓷器	修复	西安文物保护修复中心	[28]
	454胶	宋汝窑瓷盘	修复	故宫博物院	[29]
	5%～10%聚乙酸乙烯乳液胶	鞍山地区出土的陶器	修复	中国冶钢历史博物馆	[30]
	CH-AAA超能胶	唐代彩绘陶仕女俑	修复	上海博物馆	[31]

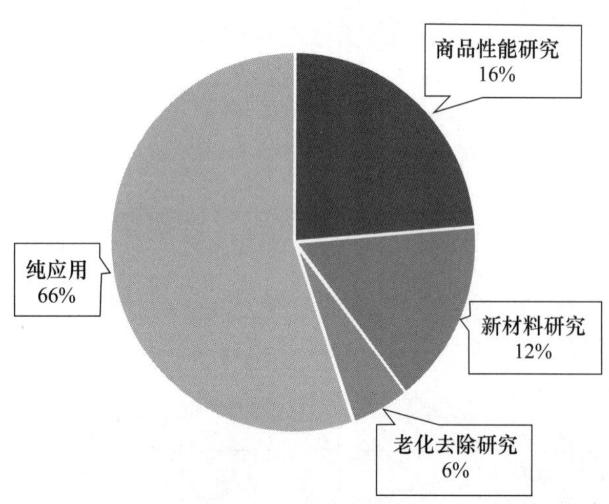

图1　国内古陶瓷修复胶黏剂研究现状分析

综合文献可知，国内在古陶瓷黏接修复方面存在的普遍问题是重应用，对于商品胶黏剂多是拿来即用，目前已经意识到应用前材料性能评价的重要性，针对现有商品胶黏剂的不足已开展了初步的新材料的研制探索工作。古陶瓷修复中环氧树脂类胶黏剂应用最多，而环氧树脂类材料的最大问题是耐光老化性差、易变色。国外学者对环氧树脂的老化研究最早始于20世纪70年代。Adams[32]通过凝胶渗透色谱法（GPC）测量聚丙烯氧化引起的分子量变化，以红外光谱和化学反应的方法发现了聚丙烯在光降解和热氧化过程中的未挥发产物不同。Birkina等[33]以邻苯二甲酸、马来酸酐、间苯二胺等作为固化剂配制而成环氧树脂，测量其耐辐射性能，研究并记录了环氧树脂的热机械曲线以及红外光谱，从而得出不同固化剂的环氧树脂对其物理机械性能影响较大。但国内环氧树脂胶黏剂的光老化性研究开展较少。

本文选用古陶瓷修复中常用的9种胶黏剂，重点研究紫外光照射对胶黏剂的影响，初步探索光老化机理，对这些商品胶黏剂的性能进行评价，为古陶瓷文物修复选用合适的胶黏剂提供一定的科学依据。

1 实验内容和方法

1.1 实验对象

目前古陶瓷修复中常用的胶黏剂有环氧树脂类、丙烯酸酯类、聚乙酸乙烯酯等。经博物馆调查及文献阅读，选取以下9种使用较广泛的商用胶黏剂作为实验对象：Aibida 502、Araldite 2020、Devcon 14167-NC、Hxtal NYL-1、HY 914、LOCTITE 401、UHU、合众AAA、三甲树脂，详细信息见表2。

表2 9种商用胶黏剂信息

名称	组分	类型	厂家/提供单位
Aibida 502	单组分	丙烯酸酯	广东爱必达胶粘剂有限公司
Araldite 2020	双组分	环氧树脂	广东爱牢达胶粘剂有限公司
Devcon 14167-NC	双组分	丙烯酸酯	首都博物馆
Hxtal NYL-1	双组分	环氧树脂	北京艾高科技有限公司
HY 914	双组分	环氧树脂	天津燕海化学有限公司
LOCTITE 401	单组分	丙烯酸酯	汉高乐泰（中国）有限公司
UHU	单组分	聚乙酸乙烯酯	德国UHU（深圳制造）
合众AAA	双组分	环氧树脂	浙江黄岩光华胶粘剂厂
三甲树脂	单组分	丙烯酸酯	中国社会科学院考古研究所

1.2 实验仪器及方法

1.2.1 样品制备

使用SZQ涂布器在76mm × 26mm载玻片上分别制备不同种类胶黏剂的胶层。单组分胶黏剂根据其流动性控制胶层均匀性、多组分胶黏剂严格按照比例及操作要求进行制备。

1.2.2 附着力测试

使用QFH漆膜划格仪（百格刀）配合专用3M胶带对胶层的附着力进行比对评估。将载玻片上不同种类胶黏剂的胶层，采用根据ISO2409—1992标准设计制造的百格刀，在胶层表面横向与纵向各划1刀，即形成100个小方格。需要注意的是，在切割胶层时要将涂层穿透，随后将3M胶带粘贴于百格胶层上，快速拉起3M胶带，计算脱落的小方格数量。按百格刀评定等级标准可知，胶层对应的ISO等级越小，ASTM等级越大，说明其附着力越好，从而评定涂层从底材分离的抗性，即胶层的附着力。用超景深视频显微镜（日本KEYENCE VHX-900）观察并拍照记录胶层脱落及起翘情况。百格刀原本用于测试漆膜的附着力实验中，本实验中被嫁接到胶黏剂的附着力测试中，因此制样时必须要求胶层具有一定的厚度、平整度且硬度适中以便刀片可完全穿透胶层。

1.2.3 紫外老化

将制备好的胶层置于紫外线加速试验箱中（型号UVB-313、功率30W，光源波长280～400mm、辐射照度21.74mW/cm^2），胶黏剂与光源距离20cm，对其进行紫外辐射，并每间隔10h测量一次色度值。

1.2.4 胶层老化前后对比分析

（1）形貌观察：使用SONY α5100相机（SELP1650，F3.5～5.6/焦距16～50mm）拍照记录胶黏剂经紫外老化前后的宏观变化；采用超景深视频显微镜（日本KEYENCE VHX-900）观察记录已固化胶层的表面微观形貌，并对比经紫外老化后胶层微观形貌的区别。

（2）色差：采用3nh NH310便携式电脑色差仪，测量老化前后胶层的L^*、a^*、b^*值，使用CIELAB色差公式计算出ΔE，从而评估不同胶黏剂经过紫外照射后的颜色变化。

（3）红外光谱分析：采用傅里叶变换红外光谱仪（Thermo Scientific Nicolet iS5，背景扫描次数：16；样品扫描次数：16）分析胶黏剂的主要化学成分并对其进行分类；对比并分析紫外老化前后样品的红外光谱图。

2 实验结果与分析

2.1 胶黏剂固化现象观察

将制备好的胶黏剂置于室温下使其自然固化，观察记录9种胶黏剂的固化时间及固化现象。记录结果见表3，固化后照片见图2。

表3 胶黏剂的固化时间及现象

名称	固化时间	固化现象
Aibida 502	＜50s	单组分胶，固化后由无色透明变为半透明状，流动性强，有弱催泪性
Araldite 2020	30h	双组分胶，固化前后均透明
Devcon 14167-NC	初固：8min 全固：24h	双组分A：B=10：1，固化前后颜色由蓝色变绿色，不透明，有强烈刺激性气味
Hxtal NYL-1	初固：24h 全固：7d	双组分胶，固化前后均无色透明
HY 914	245～260min	双组分A：B=5：1，固化前后均为橙色，不透明
LOCTITE 401	初固：15s 全固：24h	单组分胶，固化后无色透明，流动性强，有微弱刺激性气味
UHU	24h	单组分胶，固化前后无色透明，黏度大，易拉丝
合众AAA	180～225min	双组分A：B=1：1，固化后半透明，有刺激性气味
三甲树脂	约7min	单组分胶，固化前后无色透明

由表3和图2可知，Araldite 2020、Devcon 14167-NC、Hxtal NYL-1、HY 914、合众AAA，这5种胶为双组分胶黏剂，其中Devcon 14167-NC以及HY 914胶黏剂固化后分别呈蓝绿色和橙色，

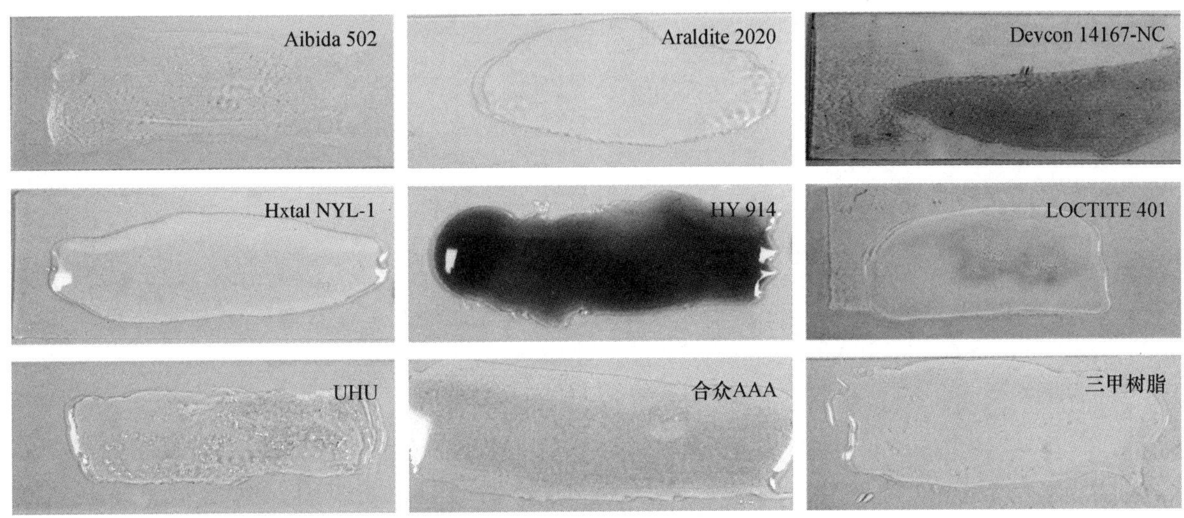

图2　9种胶黏剂固化后宏观照片

不符合文物修复中对胶黏剂“无色透明”的要求；其余3种双组分胶黏剂均为无色透明。Aibida 502、LOCTITE 401、UHU、三甲树脂，这4种胶是单组分胶黏剂，均无色透明。9种胶黏剂完全固化速率由快至慢可排列为Aibida 502＞三甲树脂＞合众AAA＞HY 914＞LOCTITE 401≈Devcon 14167-NC≈UHU＞Araldite 2020＞Hxtal NYL-1。

2.2　附着力测试

对固化后的胶层进行百格刀附着力测试，并使用超景深视频显微镜观察脱落情况，观察结果见图3，评定标准见表4。

表4　QFH漆膜划格仪评定等级及标准 ISO2409—1992 [34]

ISO等级	ASTM等级	评定标准
0	5B	切口的边缘完全光滑，格子边缘没有任何剥落
1	4B	在切口的相交处有小片剥落，划格区内实际破损≤5%
2	3B	切口的边缘和/或相交处部分剥落，其面积大于5%，但不到15%
3	2B	沿切口边缘有部分剥落或整大片剥落，及/或部分格子被整片剥落。剥落的面积超过15%，但不到35%
4	1B	切口边缘大片剥落，或者一些方格部分或全部剥落，其面积大于划格区的35%，但不超过65%
5	0B	在划线的边缘及交叉点处有成片的油漆脱落，且脱落总面积大于65%

本实验过程中，Aibida 502流动性太强不能形成一定厚度的胶层；Hxtal NYL-1因其固化时收缩大，无法成膜；Devcon 14167-NC以及HY 914具有较深颜色，且硬度较大导致漆膜划格仪无法穿透胶层，故这4种胶黏剂没有进行百格刀实验测试。

由图3结合表4，根据SZQ漆膜划格仪评定等级及标准ISO2409-1992可评定几种胶黏剂的等级为：Araldite 2020：ISO 5/ASTM 0B；LOCTITE 401：ISO 3/ASTM 2B；UHU：ISO 5/ASTM 0B；合众AAA：ISO 4/ASTM 1B；三甲树脂：ISO 1/ASTM 4B。附着力大小排序为：三甲树脂＞LOCTITE 401＞合众AAA＞Araldite 2020≈UHU。

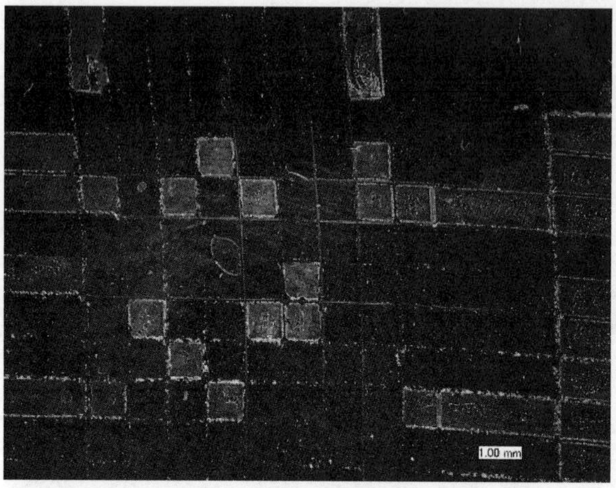

（a）Araldite 2020

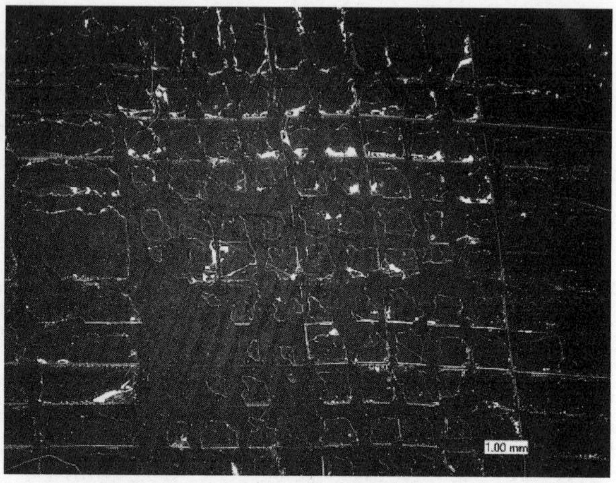

（b）LOCTITE 401

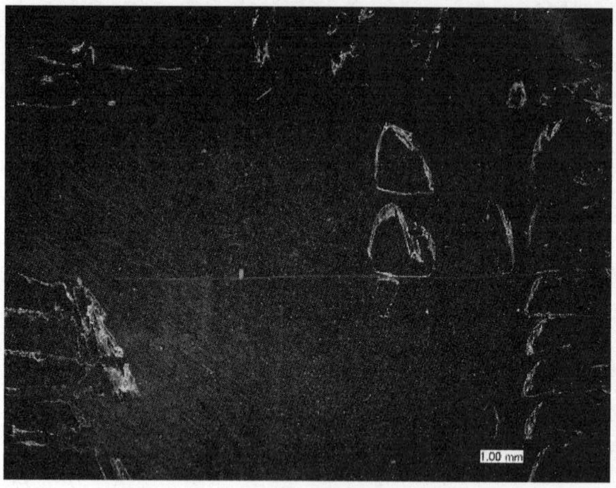

（c）UHU

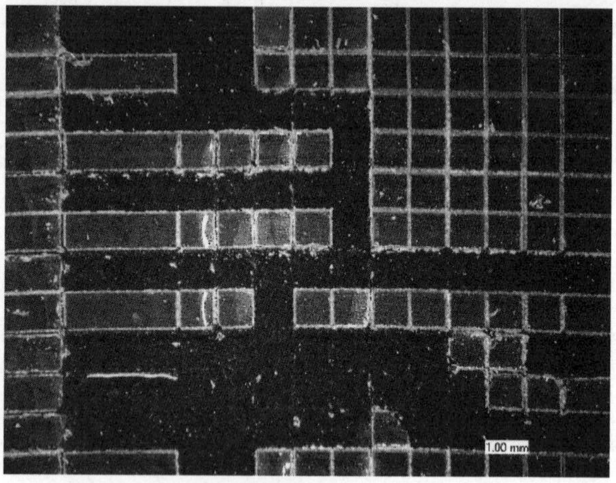

（d）合众AAA

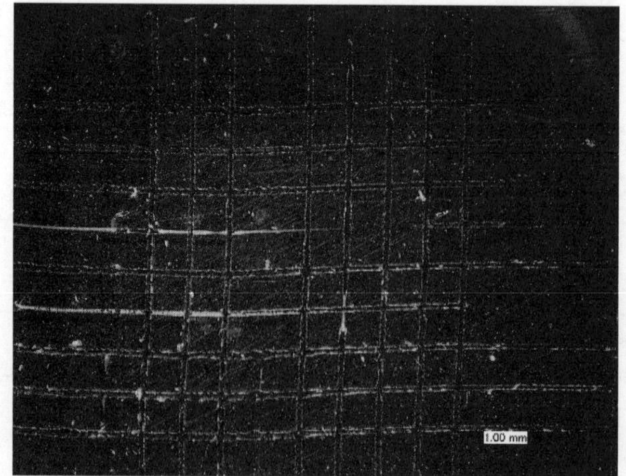

（e）三甲树脂

图3　百格刀附着力测试微观照片

2.3 形貌观察

2.3.1 宏观形貌观察

将初始样品及经紫外老化后的样品进行拍照对比，结果见图4。

通过观察图4可知，经过1100h紫外光老化后，HY 914、合众AAA有肉眼可见的明显变色，Araldite 2020有轻微变色，其余6种胶黏剂宏观观察基本无变化。HY 914、合众AAA和Araldite 2020均是环氧树脂，初步判定环氧树脂类胶黏剂的抗紫外老化性不及丙烯酸类及聚乙酸乙烯酯类。

2.3.2 微观形貌观察

超景深显微镜观察9种胶黏剂的胶层在载玻片上室温环境下的初始固化现象，并与经过老化1100h紫外老化后的现象进行对比，结果如图5所示。

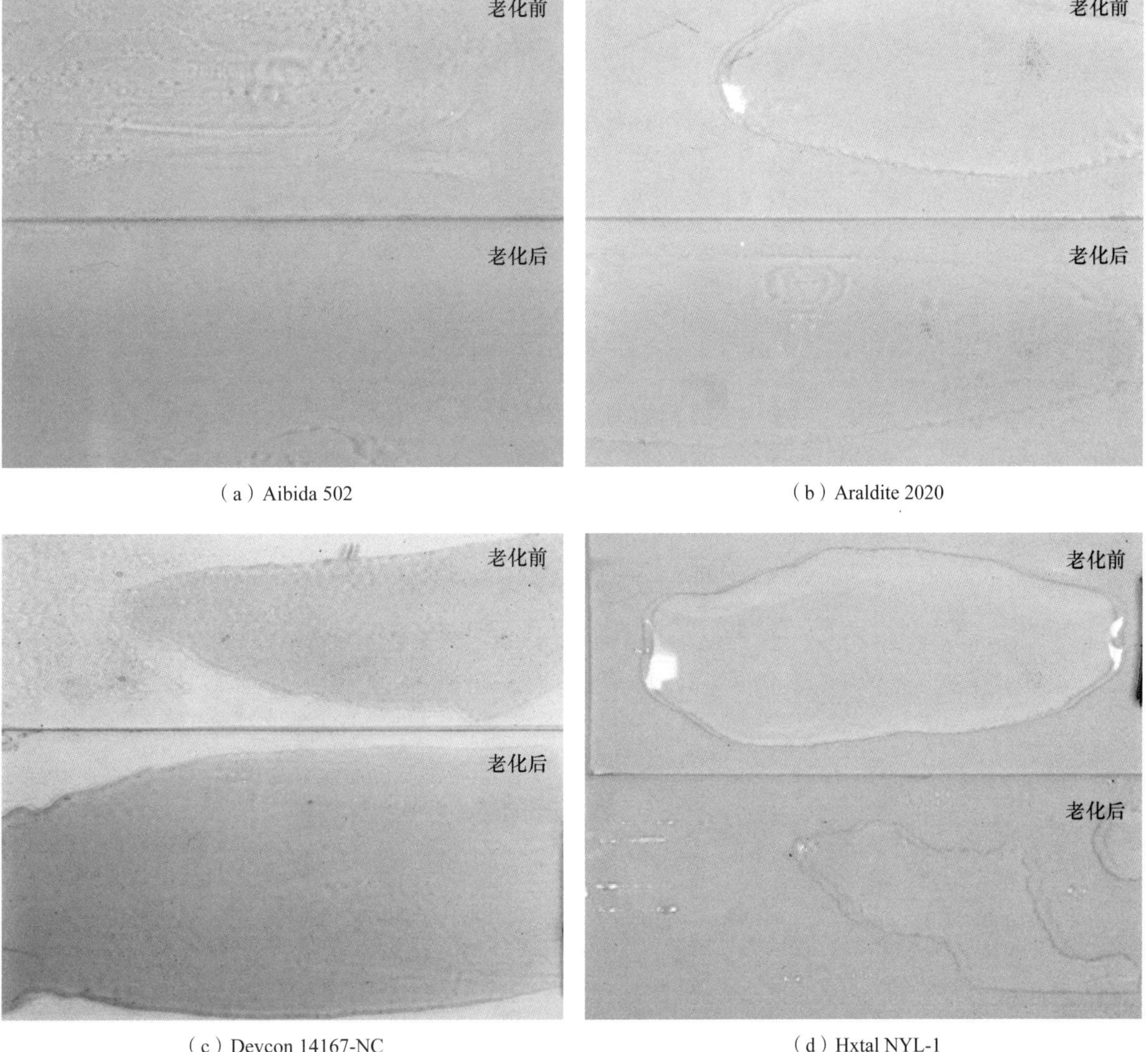

（a）Aibida 502　（b）Araldite 2020

（c）Devcon 14167-NC　（d）Hxtal NYL-1

图4　空白组与紫外老化样品的宏观形貌观察

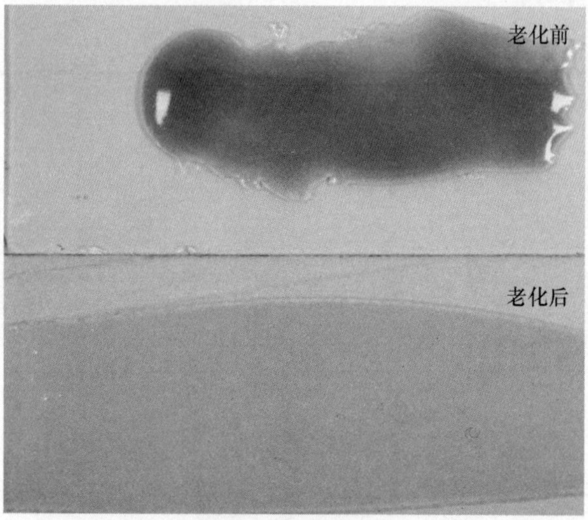

老化前
老化后

（e）HY 914

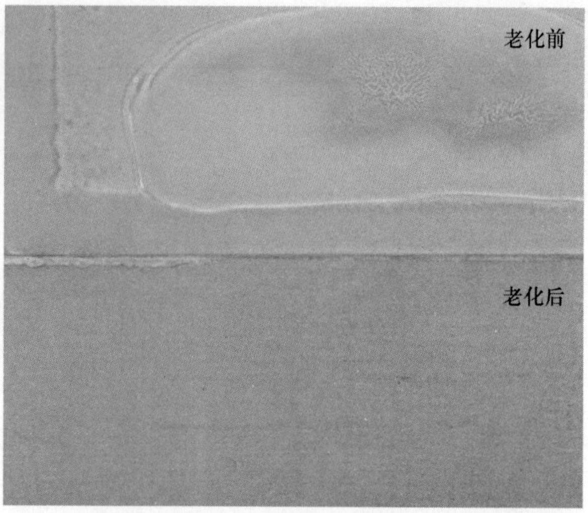

老化前
老化后

（f）LOCTITE 401

老化前
老化后

（g）UHU

老化前
老化后

（h）合众AAA

老化前
老化后

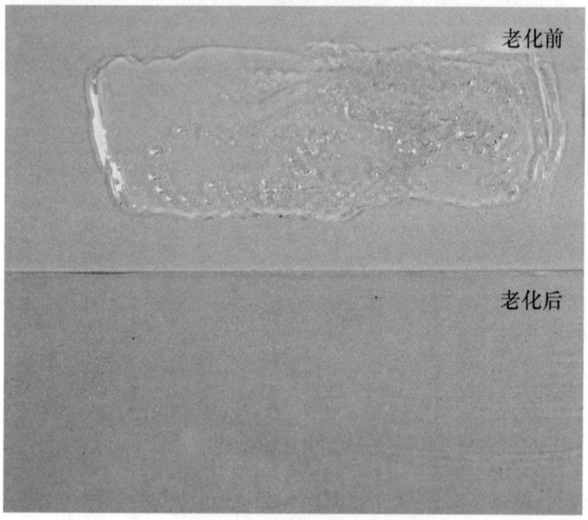

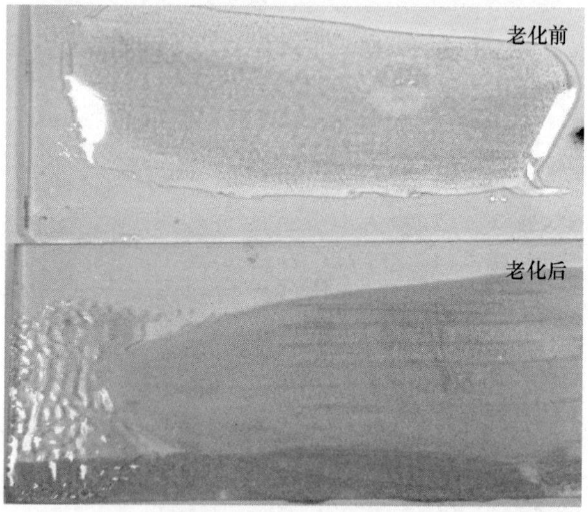

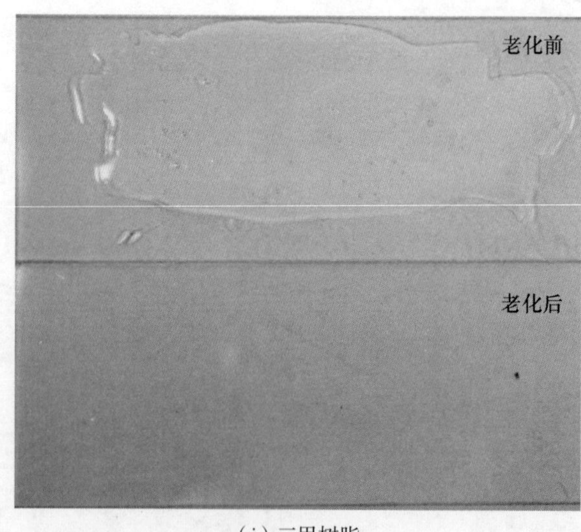

（i）三甲树脂

图4　（续）

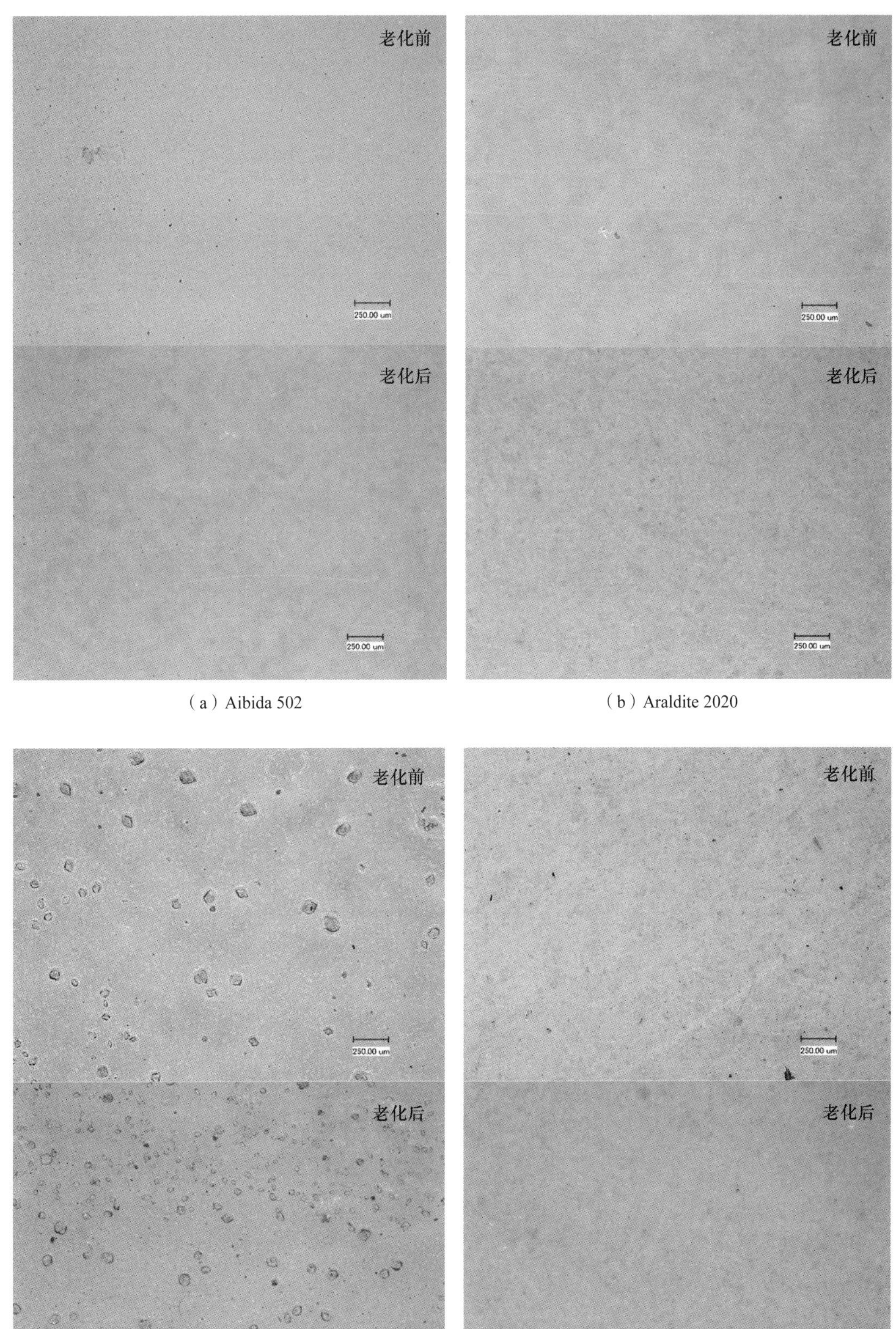

（a）Aibida 502 （b）Araldite 2020

（c）Devcon 14167-NC （d）Hxtal NYL-1

图5 空白组与紫外老化样品的表面微观形貌（100×）

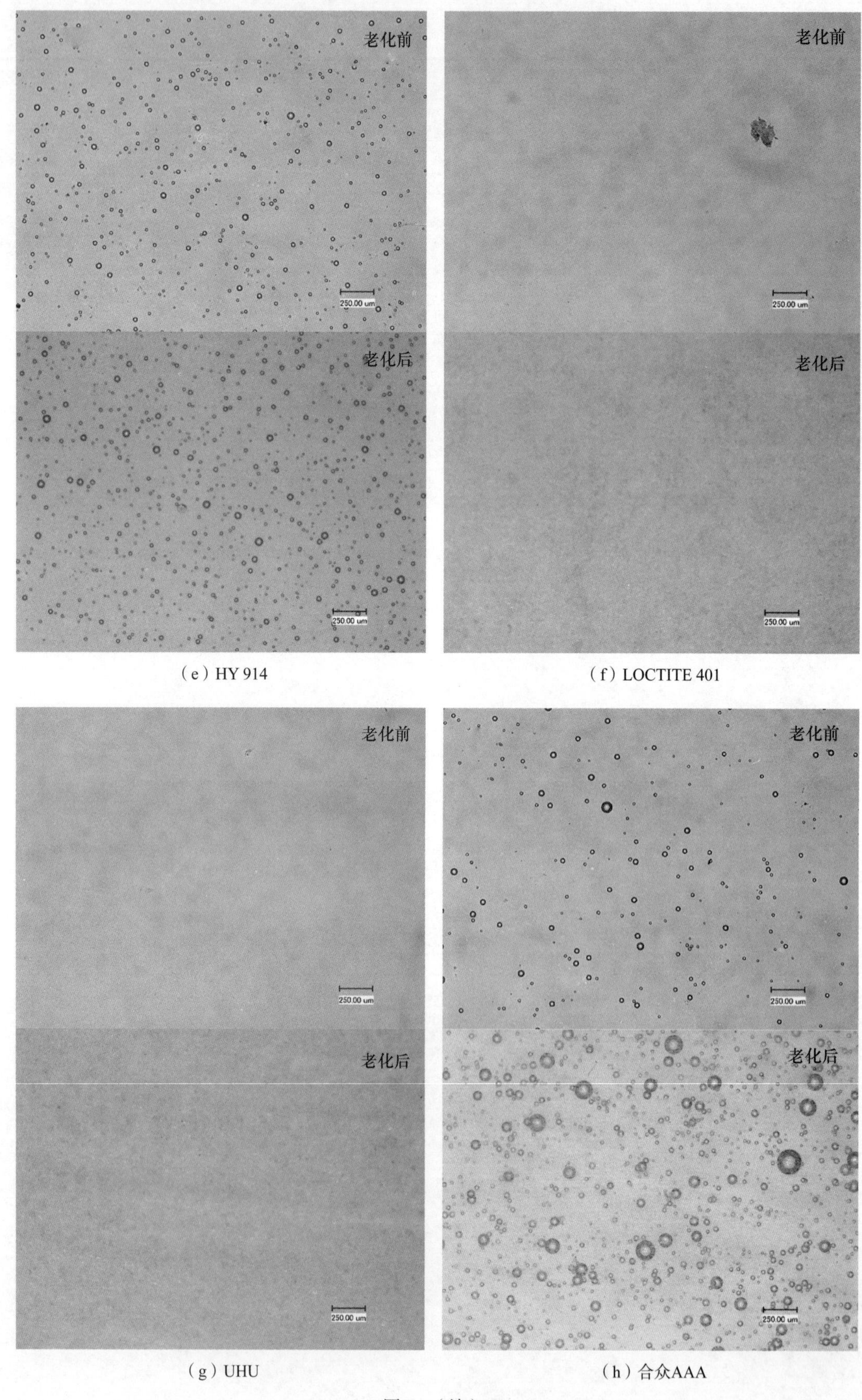

（e）HY 914　（f）LOCTITE 401

（g）UHU　（h）合众AAA

图5　（续）

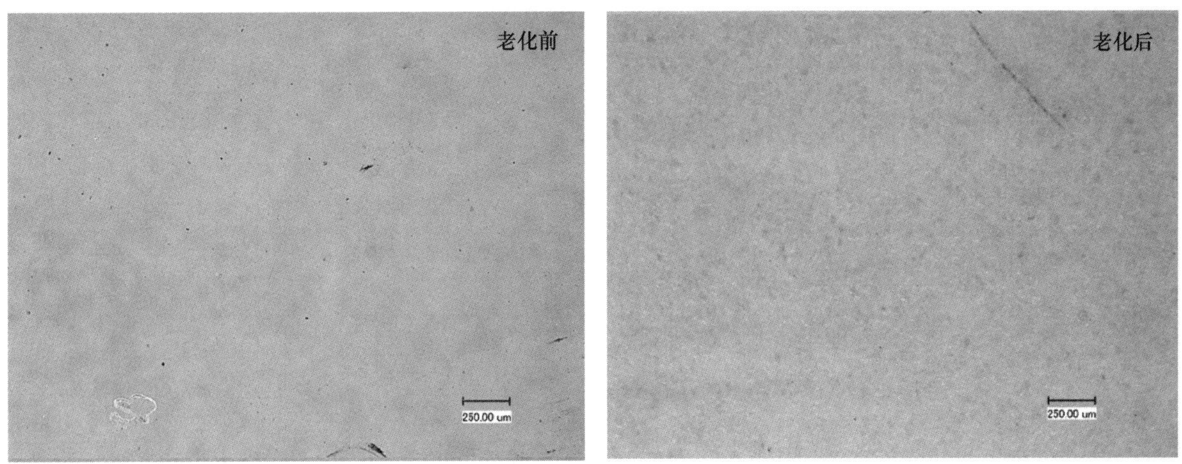

（i）三甲树脂

图5 （续）

在超景深视频显微镜下观察（图5）可知，Aibida 502、Araldite 2020、Hxtal、LOCTITE 401、UHU、三甲树脂初始固化后胶层均匀致密、无气泡产生，紫外老化后，微观形貌无大变化；Devcon 14167-NC内有少量颗粒状物质，紫外老化后颗粒仍存在；HY 914初始与老化后气泡无明显变化；合众AAA固化后的胶层中含有较多气泡，紫外老化后气泡数量增多且直径变大。

结合各类胶黏剂胶层固化现象可知，胶层均匀致密的胶黏剂流动性比含有气泡的胶黏剂流动性大；HY 914、合众AAA含有气泡的胶层均为双组分胶黏剂，因此推测气泡可能在A、B两组分搅拌过程中带入。

2.4 颜色变化

胶黏剂自身颜色及老化后的颜色变化在文物修复中具有重要的影响，颜色深浅及变化程度都会影响文物修复的最终结果。因此，以颜色变化作为胶黏剂的耐光老化性评定方法。紫外老化1100h胶层的颜色变化测量结果见图6。

由图6可知，Aibida 502、Araldite 2020、Devcon 14167-NC、Hxtal NYL-1、LOCTITE 401、三甲树脂、UHU在经历1100h紫外老化后色差以较缓慢的速度增加最终保持平稳；合众AAA、HY 914在老化660h前色差均以较快速度持续上升，之后较稳定。综上，ΔE的变化程度最大的胶黏剂为合众AAA和HY 914，因此可知耐紫外老化性最差的胶黏剂为合众AAA和HY 914，其余7种胶黏剂相较而言均具有较好的耐光老化性。

2.5 红外光谱分析

对所选用9种商品胶黏剂进行红外光谱测试，并和1100h紫外老化后进行对比，结果见图7，分析见表5。

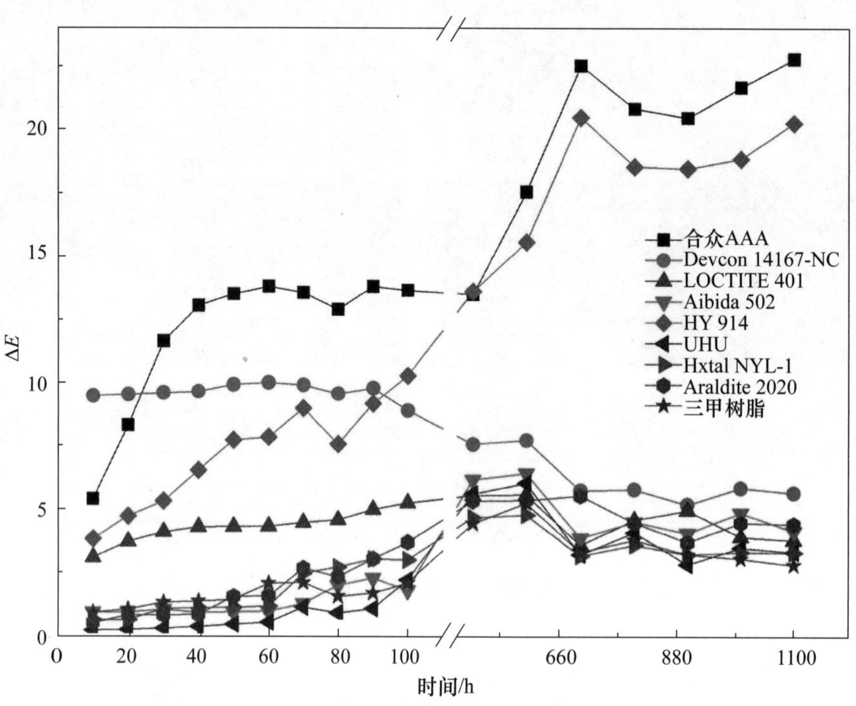

图6　不同胶层随老化时间的色差变化

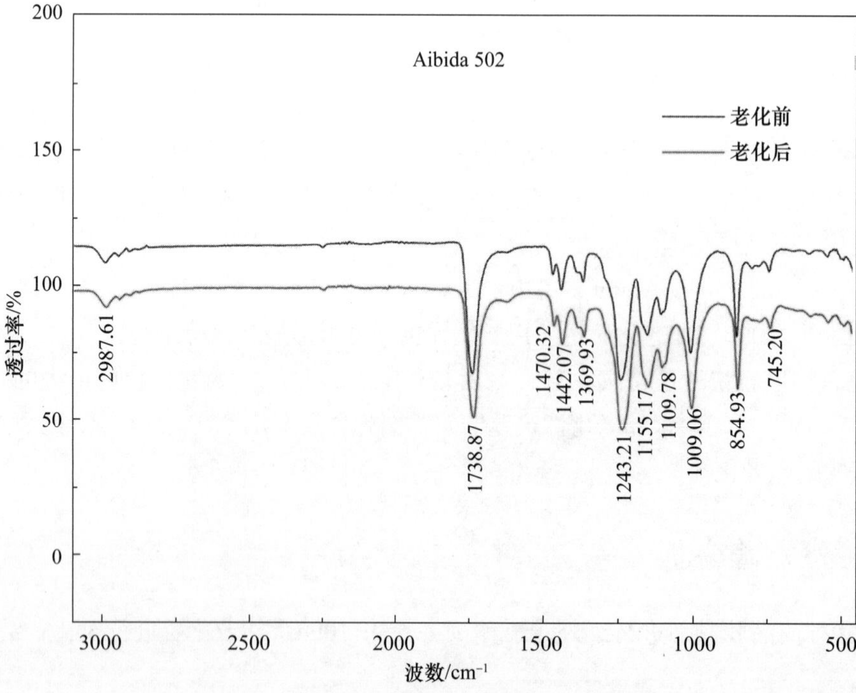

图7　9种胶黏剂紫外老化前后红外光谱图

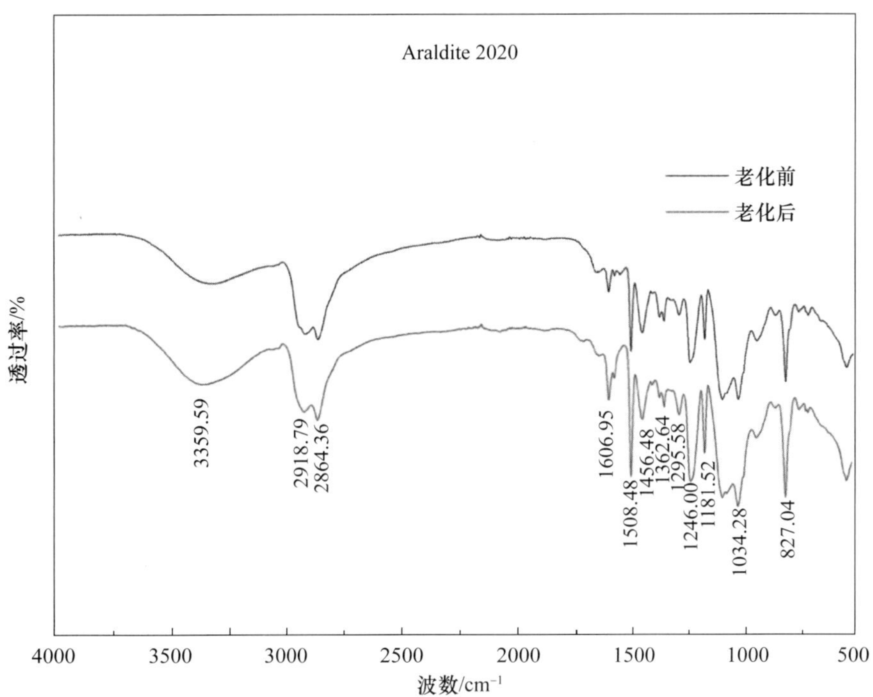
Araldite 2020
老化前
老化后
透过率/%
3359.59
2918.79
2864.36
1606.95
1508.48
1456.48
1362.64
1295.58
1246.00
1181.52
1034.28
827.04
4000
3500
3000
2500
2000
1500
1000
500
波数/cm⁻¹

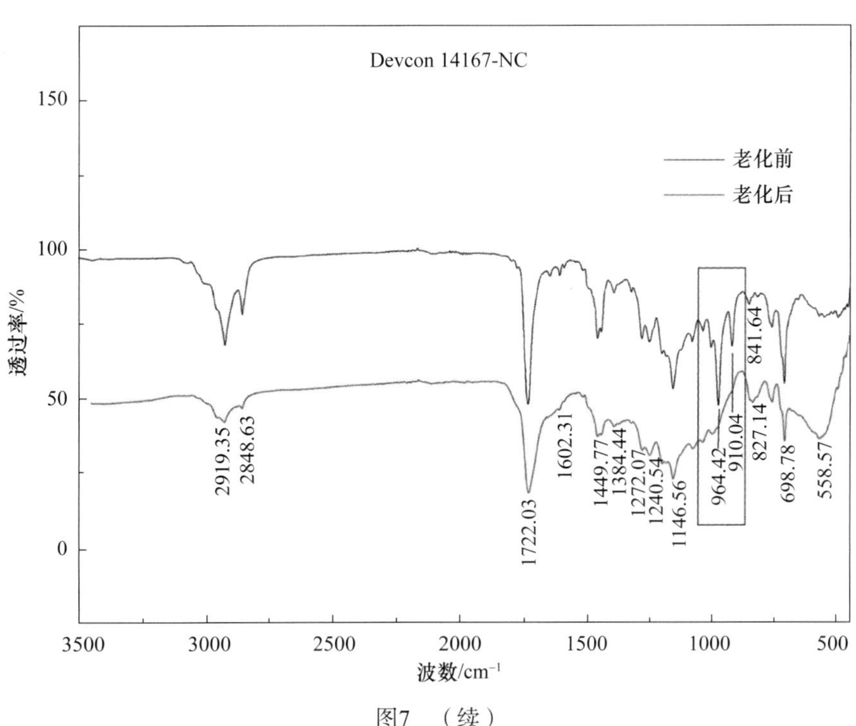
Devcon 14167-NC
老化前
老化后
150
100
50
0
透过率/%
2919.35
2848.63
1722.03
1602.31
1449.77
1384.44
1272.07
1240.54
1146.56
964.42
910.04
841.64
827.14
698.78
558.57
3500
3000
2500
2000
1500
1000
500
波数/cm⁻¹

图7 （续）

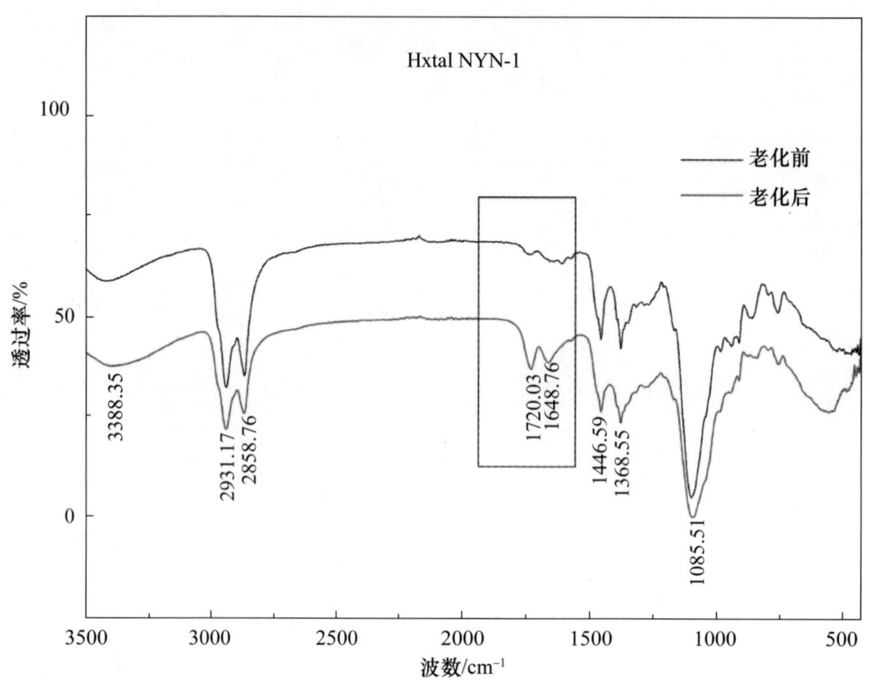

Hxtal NYN-1
老化前
老化后
透过率/%
波数/cm⁻¹
3388.35
2931.17
2858.76
1720.03
1648.76
1446.59
1368.55
1085.51

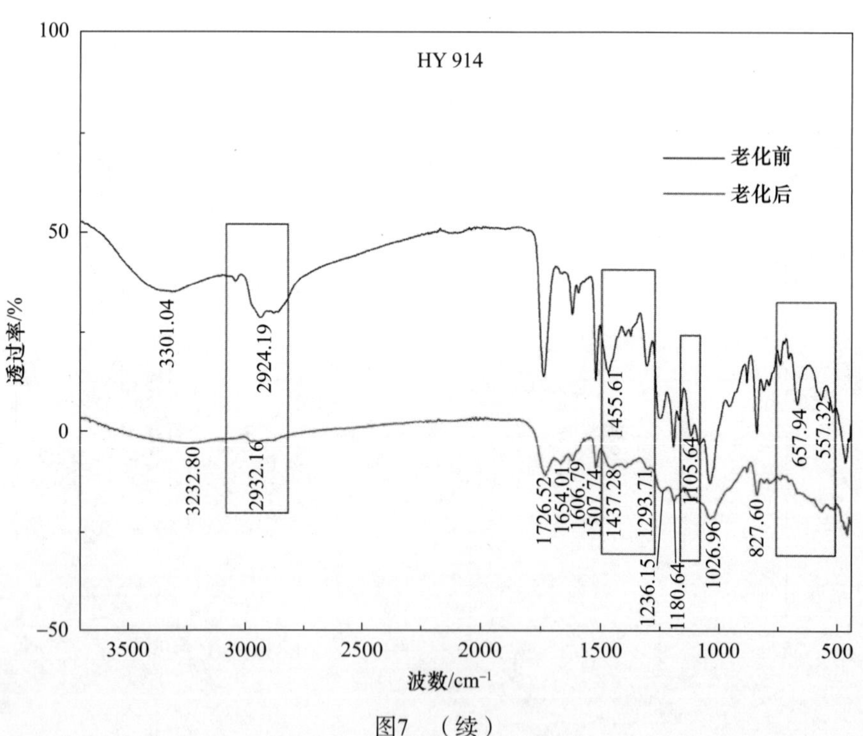

HY 914
老化前
老化后
透过率/%
波数/cm⁻¹
3301.04
2924.19
3232.80
2932.16
1726.52
1654.01
1606.79
1507.74
1455.61
1437.28
1293.71
1236.15
1180.64
1105.64
1026.96
827.60
657.94
557.32

图7 （续）

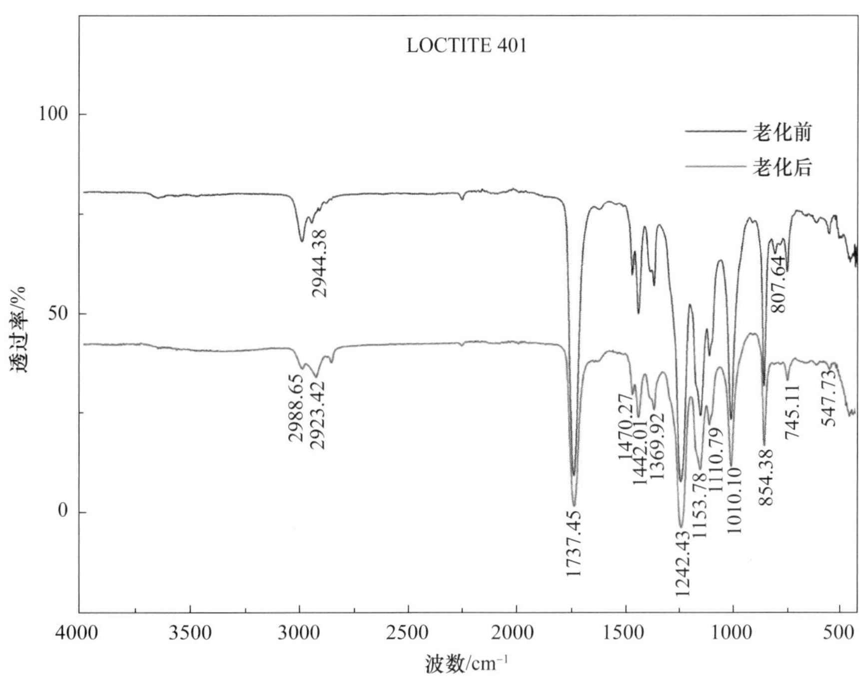
LOCTITE 401
老化前
老化后
透过率/%
波数/cm⁻¹
100
50
0
4000
3500
3000
2500
2000
1500
1000
500
2944.38
2988.65
2923.42
1737.45
1470.27
1442.01
1369.92
1242.43
1153.78
1110.79
1010.10
854.38
807.64
745.11
547.73

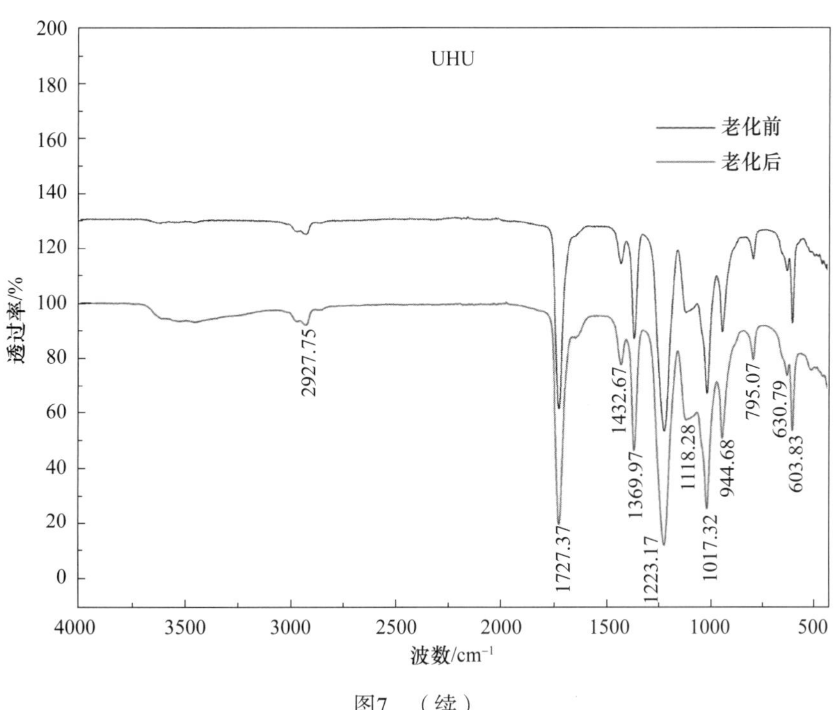
UHU
老化前
老化后
透过率/%
波数/cm⁻¹
200
180
160
140
120
100
80
60
40
20
0
4000
3500
3000
2500
2000
1500
1000
500
2927.75
1727.37
1432.67
1369.97
1223.17
1118.28
1017.32
944.68
795.07
630.79
603.83

图7 （续）

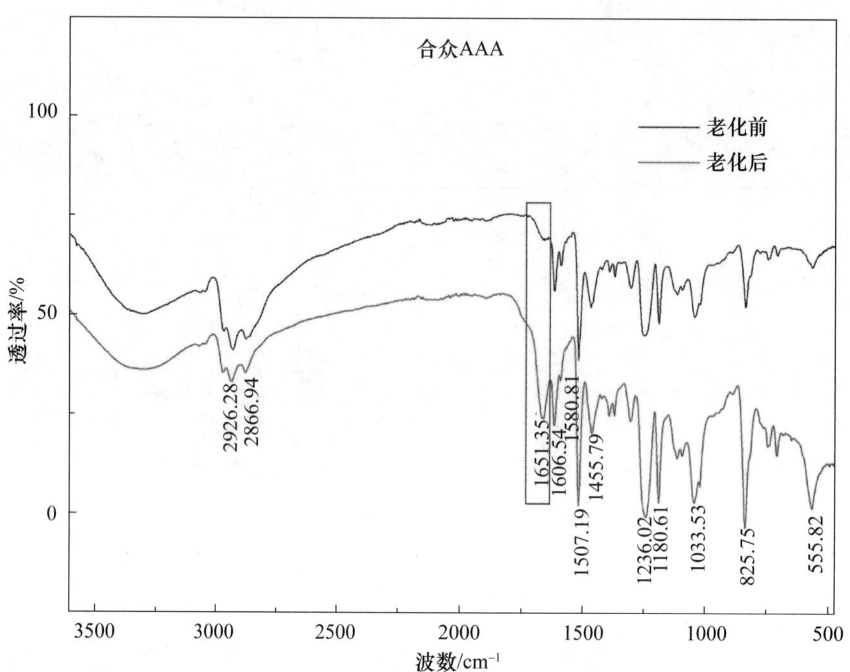
合众AAA
老化前
老化后
透过率/%
波数/cm⁻¹
2926.28
2866.94
1651.35
1606.54
1580.81
1455.79
1507.19
1236.02
1180.61
1033.53
825.75
555.82

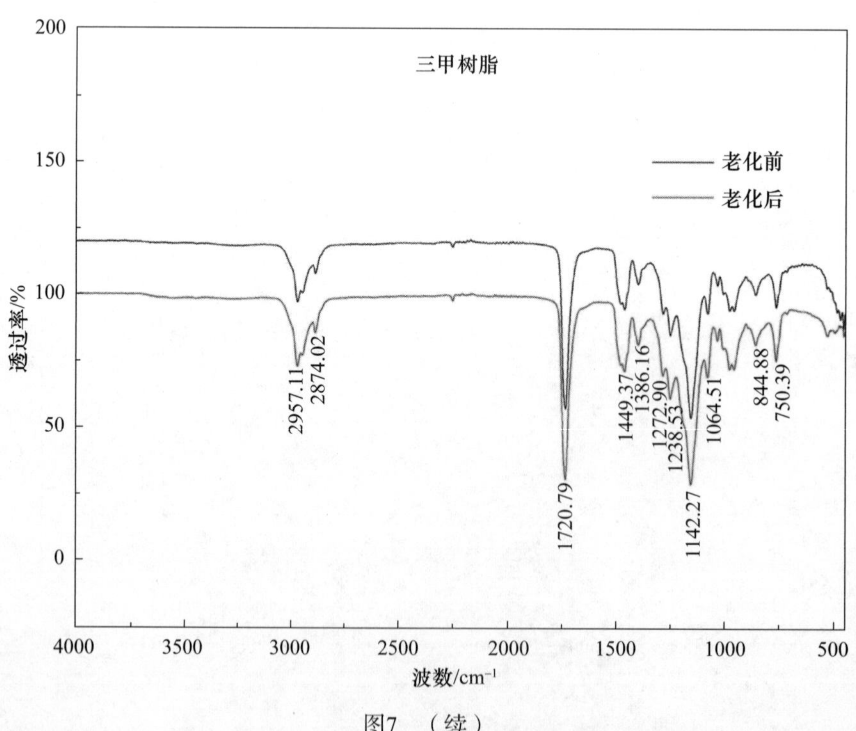
三甲树脂
老化前
老化后
透过率/%
波数/cm⁻¹
2957.11
2874.02
1720.79
1449.37
1386.16
1272.90
1238.53
1142.27
1064.51
844.88
750.39

图7　（续）

由表5可知，Aibida 502和LOCTITE 401主要成分是α-氰基丙烯酸乙酯，属于瞬干胶；Araldite 2020、Hxtal NYL-1、HY 914和合众AAA都是双酚A型环氧树脂；Devcon 14167-NC以聚甲基丙烯酸甲酯、丙烯酸乙酯为主；三甲树脂以甲基丙烯酸甲酯、甲基丙烯酸丁酯、甲基丙烯酸为主，UHU是聚乙酸乙烯酯。观察图7可知，经过1100 h紫外光老化后，Aibida 502、Araldite 2020、UHU、三甲树脂4种胶黏剂的红外谱图几乎无变化，其余几种胶黏剂均有峰位置或面积的变化。对照图4宏观照片结果，HY 914、合众AAA很明显变黄，且在色差测量图6中HY 914与合众AAA变化最大，这与表5和图7中这两种胶黏剂的红外光谱变化较大有关。

表5　9种胶黏剂红外光谱分析

名称	波数变化	主要化学成分	变化基团
Aibida 502	无变化	α-氰基丙烯酸乙酯	—
Araldite 2020	无变化	双酚A型环氧树脂	—
Devcon 14167-NC	964cm^{-1}、910cm^{-1}减弱至消失	聚甲基丙烯酸甲酯、丙烯酸乙酯	—C—O—C—
Hxtal NYL-1	1720cm^{-1}、1648cm^{-1}增强	双酚A型环氧树脂	苯环—C═C—弯曲振动
HY 914	2924cm^{-1}、1455cm^{-1}、1293cm^{-1}、1105cm^{-1}、657cm^{-1}、557cm^{-1}减弱至消失	双酚A型环氧树脂	甲基的C—H伸缩震动；苯环—C═C—弯曲振动
LOCTITE 401	无变化	α-氰基丙烯酸乙酯	—
UHU	无变化	聚乙酸乙烯酯	—
合众AAA	产生新峰1651cm^{-1}	双酚A型环氧树脂	苯环骨架伸缩振动
三甲树脂	无变化	甲基丙烯酸甲酯、甲基丙烯酸丁酯、甲基丙烯酸的共聚体	—

3　结　　论

本文所选用的9种胶黏剂材料可分为以下几大类：环氧树脂类、丙烯酸酯类和聚乙酸乙烯酯类，各大类胶黏剂均有其优缺点：

1）环氧树脂类［Araldite 2020、Hxtal NYL-1、HY 914、合众AAA］

（1）优点：多数无色透明。

（2）缺点：双组分，使用不方便；搅拌过程中容易引入气泡；耐紫外老化性差，易变黄。

耐紫外老化性能顺序为：Hxtal NYL-1＞Araldite 2020＞HY 914＞合众AAA。

2）丙烯酸酯类（Aibida 502、Devcon 14167-NC、LOCTITE 401、三甲树脂）

（1）优点：单组分；无色透明；固化时间快；附着力较强。

（2）缺点：固化后部分易成白色；有刺激性气味。

耐紫外老化性能顺序为：三甲树脂＞Aibida 502≈LOCTITE 401＞Devcon 14167-NC。

3）聚乙酸乙烯酯类（UHU）

（1）优点：单组分胶黏剂，使用方便；耐紫外老化性好。

（2）缺点：易拉丝；附着力差。

综合以上结论，所选用的9种商品胶黏剂中，遵循“无色透明”的条件排除Devcon 14167-NC

（蓝绿色）、HY 914（橙色）；附着力测试中以三甲树脂与载玻片基底的黏接力最佳，Araldite 2020和UHU在所测胶黏剂中附着力最差；耐紫外老化性中，合众AAA、HY 914耐老化性较差，短时间内持续发生颜色变化，而Aibida 502、Araldite 2020、Devcon 14167-NC、Hxtal NYL-1、LOCTITE 401、三甲树脂、UHU可耐较长时间紫外老化而几乎不变色。三大类胶黏剂对比中，环氧树脂类耐紫外老化性最差。

每种胶黏剂都各有其优劣之处，古陶瓷保护工作者应按所需修复文物的具体情况、文物所处的不同环境，综合考虑胶黏剂的颜色、附着力、耐紫外老化性几个方面因素，合理选择黏接材料。

致谢：本研究得到中央高校基本科研业务费（FRF-BR-17-00913）的资助。

参 考 文 献

[1] 胡珺. 柳孜运河遗址出土刻莲瓣白釉盏和青白釉碗的研究与修复［D］. 合肥：中国科学技术大学，2016：35-57.

[2] 马菁毓，詹文莉，耿苗，等. 出水古瓷器保护修复用胶黏剂老化性研究［A］// 2016中国国际黏接技术大会论文集［C］. 中国陕西西安，2016：162.

[3] 王思嘉，方世强，张秉坚. 典型环氧类粘结材料老化过程的探索性研究［J］. 文物保护与考古科学，2017，29（2）：15-25.

[4] 卫国，李刚. “502”瞬间黏合剂在文物修复中的危害［A］// 文物保护与修复纪实——第八届全国考古与文物保护（化学）学术会议论文集［C］. 中国广东，2004：405-407.

[5] 容波，蓝德省. 秦俑修复黏接剂实验初步研究［J］. 文博，2003，（2）：71-78.

[6] 汪娟丽，李玉虎，邢慧萍，等. 陕西杨家湾出土西汉彩绘兵马俑的修复保护研究［J］. 文物保护与考古科学，2008，20（4）：59-63.

[7] 钟安永，周宗华，陈德本，等. 陶瓷文物专用修复黏接剂的研制［J］. 四川大学学报（自然科学版），1995，（2）：213-217.

[8] 欧秀花，李玉虎，杨文宗. 一件土质铠甲武士俑的保护与修复［J］. 文博，2009，（6）：496-499.

[9] 董兵海，夏璐，谭白明. 新型陶质文物修复黏合剂的研制［J］. 中国胶粘剂，2006，（3）：23-25.

[10] 成倩，赵丹丹. 一种用于清洗老化三甲树脂的复合微乳液清洗剂［P］. 中国专利：CN102775841A，2012-11-14：1-5.

[11] 卜占民. 安徽凤阳汤和墓出土一件元青花瓷的修复［J］. 文物保护与考古科学，2014，26（3）：99-103.

[12] 王贺，肖俊涛，华玉冰，等. 辽宁建昌县东大杖子战国墓地出土彩绘陶礼器的保护修复［J］. 北方文物，2016，（4）：40-45.

[13] 姚书文. 吐鲁番出土雕塑的修复与保护［A］// 中国文物保护技术协会第三次学术年会论文集［C］. 杭州，2004：63-67.

[14] 张亚伟. 准格尔旗巴润哈岱出土陶器的文物修复［J］. 山西大同大学学报（自然科学版），2015，31（3）：93-96.

[15] 张尚欣，付倩丽，黄建华，等. 秦俑二号坑出土一件彩绘跪射俑的保护修复［J］. 文物保护与考古科学，2012，24（4）：109-116.

[16] 刘莺. 浅谈浙江出土古陶瓷修复［J］. 中国文物修复通讯，2001，（20）：25.

[17] 赵亚军. 甘肃馆藏彩陶的保存环境与病害处理方法［J］. 丝绸之路，2010，（2）：105-107.

[18] 康明大，马艳. 青州香山汉墓出土彩绘陶马的修复与保护［J］. 丝绸之路，2011，（16）：107-110.

[19] 骆琳. 概述古陶器的考古修复［J］. 中国文物科学研究，2008，（1）：23-26.

[20] 王蕙贞，董鲜艳，李涛，等. 西汉初期粉彩陶俑的保护研究［J］. 文物保护与考古科学，2005，（4）：39-43.

[21] 李跃，李刚. 陶质文物修复技术浅谈——记成都市新都区陶马车的修复［J］. 四川文物，2003，（1）：94-95.

[22] 胡渐宜. 关于古代青花瓷器的修复［J］. 考古，1990，（5）：471-472.

[23] 吴启昌. “南海Ⅰ号”两件出水瓷器文物的保护与修复［J］. 文物保护与考古科学，2016，（1）：93-100.

[24] 施加农. 青瓷器的修复［J］. 东方博物，2004，（3）：26-29.

[25] 吕淑玲．浅说元代青白釉瓷器的修复［A］// 中国文物保护技术协会第五次学术年会论文集［C］．中国江苏南京，2007：126-128．
[26] 李澜．中山舰出水瓷器的修复［J］．中国文物科学研究，2009，（3）：72-75．
[27] 梁萍．广西梧州市博物馆瓷器藏品的修复［J］．中国文物修复通讯，1999，（16）：2．
[28] 周萍．陕西耀州窑博物馆瓷器保护修复［J］．文博，2005，（2）：60-63．
[29] 恽小刚．宋汝窑瓷盘的修复［A］// 中国文物保护技术协会第五次学术年会论文集［C］．中国江苏南京，2007：3．
[30] 张文泽．鞍山地区出土陶器的修复［J］．中国文物修复通讯，1993，（2）：2．
[31] 蒋道银，施加农．唐代彩绘陶仕女俑的修复［J］．收藏家，1997，（4）：46-47．
[32] Adams J H. Analysis of nonvolatile oxidation products of polypropylene. Ⅲ. Photodegradation [J]. Journal of Polymer Science Part A-Polymer Chemistry, 1970, 8 (5): 1279-1288.
[33] Birkina N A, Neverov A N, Bocharnikov V K. Radiation resistance of epoxy resins [J]. Polymer Mechanics, 1967, 3 (3): 317-321.
[34] 中华人民共和国化学工业部．GB/T 9286—1998 色漆和清漆 漆膜的划痕实验［S］．北京：中国标准出版社，1999-05-01．

菏泽古船一件青花花鸟瓷盘的保护研究

白广珍[1] 段鸿莺[2] 吴双成[1] 曲 亮[2] 雷 勇[2] 吕凤涛[3] 任庆山[4]

（1. 山东省文物保护修复中心，山东济南，250014；2. 故宫博物院文保科技部，北京，100009；
3. 菏泽市文物保护中心，山东菏泽，274000；4. 菏泽市博物馆，山东菏泽，274000）

摘要 根据显微镜、X射线荧光、X射线衍射等分析测试结果来看，菏泽古船出土的青花花鸟瓷盘符合景德镇元代青花瓷器特征。在对该器物进行病害评估的基础上，制定保护修复预案。经清洗、黏接、补配和上釉等保护修复工作后，消除缺损、铁锈侵蚀等病害，最大限度恢复了其原貌，为类似文物的保护修复提供了参考。

关键词 元青花 分析测试 保护修复

1 概　　况

1.1 文物考古背景

2010年10月，山东省文物考古研究所联合菏泽市文物事业管理处在菏泽市牡丹区中华东路与和平路路口西南约250m处，国贸中心建筑工地上，发掘出土了一艘木质古船。从出土器物及菏泽古船的制作技术看，此船沉没的年代为元代[1]。在古船内及周围发现100余件文物，主要包括瓷器、漆器、玉器、石器、铁器、铜器、金器等。其中龙纹梅瓶、花鸟瓷盘和鱼藻纹高足碗等元青花瓷器引起了社会广泛关注。

为做好该批文物保护修复工作，山东省文物保护修复中心联合菏泽市文物保护中心等单位开展了前期研究，编制保护修复方案，并具体实施了保护修复工作。本文系统整理青花花鸟瓷盘（HZC035）的分析与保护修复工作，以求方家指正。

1.2 青花花鸟瓷盘基本信息

青花瓷又称白地青花瓷，常简称青花，是中国瓷器的主流品种之一，属釉下彩瓷。青花瓷是以含氧化钴的钴矿为原料，在陶瓷坯体上描绘纹饰，再罩上一层透明釉，经高温还原焰一次烧成。青花瓷始创于唐代，成熟于元代，鼎盛于明清时期。

这件青花花鸟瓷盘口径15.7cm，底径13.0cm，通高1.6cm，重155.0g。青白釉，花口，弧腹，平砂底，底部不施釉。盘内绘凤穿花纹，凤尾较短。所绘花卉为单层扁菊花，花大叶小；盘口饰卷草纹。胎质细白，釉色莹润，具有典型的元代特征（图1）。

图1　青花花鸟瓷盘保护修复前

2　分析检测与病害评估

2.1　分析测试

2.1.1　仪器与设备

2.1.1.1　显微镜

徕卡S9i体视显微镜。

2.1.1.2　X射线荧光能谱仪

采用美国布鲁克公司Tracer-3D型便携X射线荧光能谱仪对瓷器胎釉进行无损分析测试。

测试条件：A．在抽真空情况下，采用15kV电压，55μA电流，测量活时间为300s，测量面积为3mm×4mm，利用仪器自带的陶瓷主次量元素曲线对Na-Fe元素进行了定量分析；B．采用40kV电压，10.3μA电流，测量活时间为300s，测量面积为3mm×4mm，利用仪器自带的陶瓷微量元素曲线对Fe-U元素进行了定量分析。

2.1.1.3　X射线衍射仪

日本理学公司的D/max-2550PC型X射线衍射仪。

测试条件为工作电压40kV，工作电流150mA，扫描角度范围3°～90°，步长0.02°，发散狭缝（DS）、防散射狭缝（SS）1°，接收狭缝（RS）0.3mm。采集瓷器表面黄色侵蚀（附着物），先在玛瑙研钵中将样品研成精粉，然后涂敷在单晶硅样品架上，送入X射线衍射仪样品室进行测试。

2.1.2　测试结果

2.1.2.1　显微结构

通过显微观察，铁锈黏土等黄色表面侵蚀多浮于器物釉层，另外存在较为典型的苏麻离青钴料的“铁锈斑”（图2）。铁锈斑呈不规则块状、大小不一，中央呈浓黑色、外边界呈褐色，从中心向外逐渐由黑色、黑褐色、褐色自然过渡，边界晕散不光滑。在青花料的堆积部位，如顿笔处等常出现铁锈斑现象。

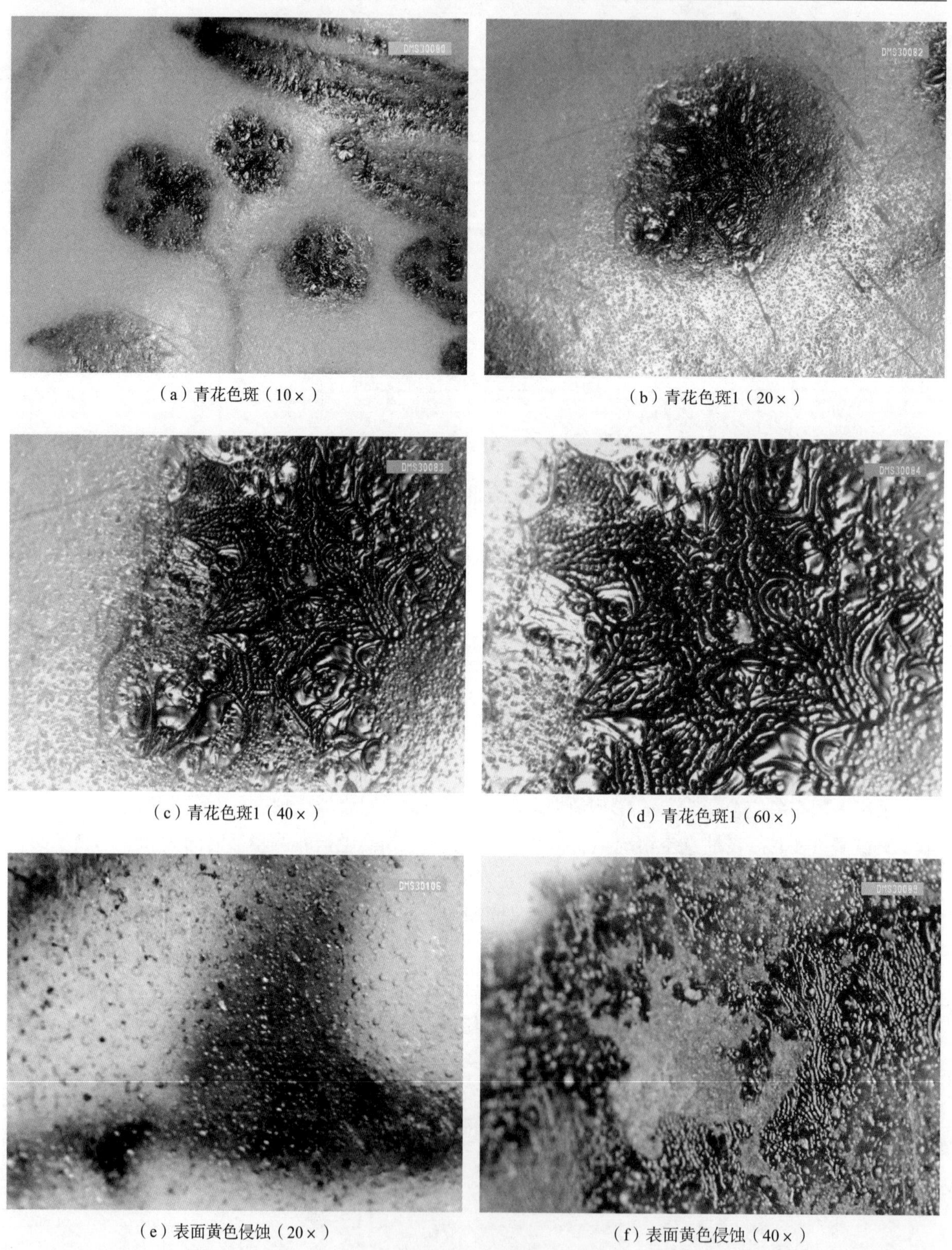

（a）青花色斑（10×）　（b）青花色斑1（20×）

（c）青花色斑1（40×）　（d）青花色斑1（60×）

（e）表面黄色侵蚀（20×）　（f）表面黄色侵蚀（40×）

图2　青花花鸟瓷盘局部显微照片

2.1.2.2　胎体及釉料的成分

选择器物外壁腹部较为平整部位，测试区域小心避开裂纹或者污染区域，并在测试前清理了测试点（图3），测试重点为瓷盘胎体、透明釉和青花料（表1、图4）。

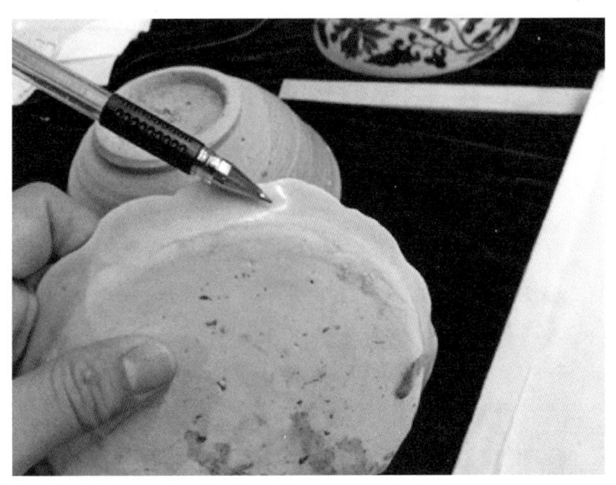

图3 青花花鸟纹盘测试点位置

表1 HZC035元青花花鸟盘样品釉元素组成 （单位：wt%）

组成	Na_2O	MgO	Al_2O_3	SiO_2	K_2O	CaO	TiO_2	MnO	Fe_2O_3
透明釉	0.67	0.73	11.19	75.26	2.86	7.27	0.07	0.09	0.86
胎体	0.59	0.87	26.79	67.13	2.21	0.12	0.09	0.08	1.13

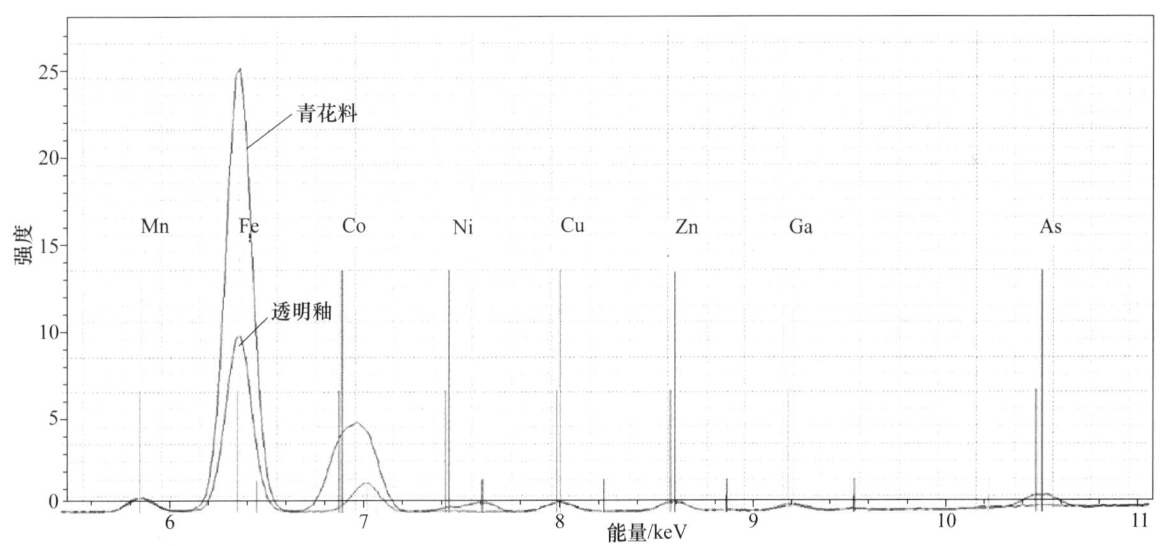

图4 青花料（含透明釉）和透明釉的对比X射线荧光图谱

2.1.2.3 表面黄色侵蚀分析

瓷盘正面及盘底表面有大面积黄色侵蚀，经取样做X射线衍射分析（图5），含有铁锰的氧化物（如赤铁矿、针铁矿、菱锰矿）和土壤成分（如石英、方解石、钠长石、石膏等）。该瓷盘与其他铁器一起出土，受到铁器腐蚀物的影响。

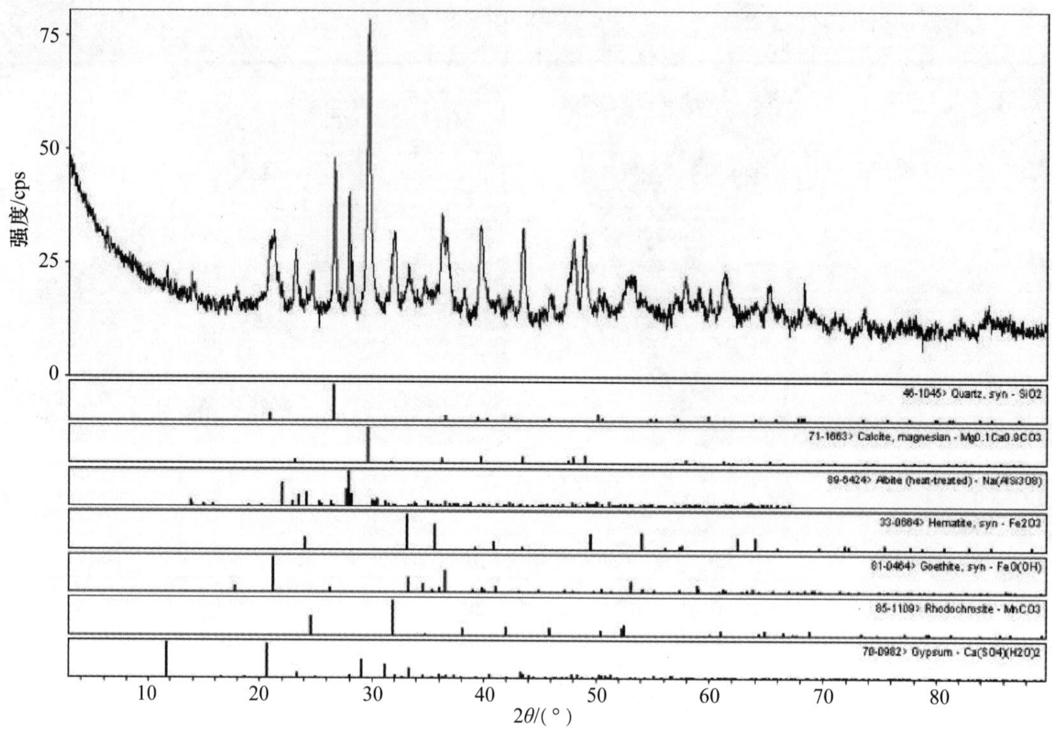

图5　黄色侵蚀样品的X射线衍射分析图谱

2.2　病害评估

器物整体较为完整，破碎成3块。为方便展览和保管，曾采用氰基丙烯酸酯瞬干胶对碎片进行了临时拼对黏接，另外破碎处有1cm左右长度的三角形缺损。

3　保护与修复

3.1　原则与目的

遵照文物保护基本原则，针对病害特征采取相应的保护修复措施，最大限度地恢复文物原貌，延长文物寿命，发掘文物价值。

特别对于可发展病害，应将病患彻底去除或转化，满足文物在一般库房保存条件下相对长久保存和展览要求。修复工作按照文物修复“修旧如旧”的原则来开展，且兼顾该文物的历史、科学及艺术价值。

3.2　保护修复流程

青花花鸟瓷盘保护修复工作拟采用的技术路线：建档→分析检测→拆解→清洗→黏接→补配→上釉做色→完善档案。

3.2.1 拆解

因器物出土后采用瞬干胶临时黏接，且稍有错位。为保证修复效果，首先采用丙酮溶液滴灌贴敷胶黏位置，软化、溶解胶黏剂从而使瓷片脱离［图6（a）］。

（a）拆解

（b）清洗

图6 青花花鸟瓷盘的拆解和清洗

3.2.2 清洗

清洗主要是指对瓷器的冲口、裂缝、断碴、伤釉等处的各类有机、无机污垢以及各类侵蚀进行彻底清理，以方便下一步的黏接补配和上釉做色工作。

首先把器物放入威派斯清洗液中浸泡，软化器物碴口处残留的胶黏物，然后采用丙酮溶液清洗干净碴口。对于表面大面积的黄色铁锈侵蚀，先从腐蚀性小、成熟的化学清洗试剂入手，在器物上进行局部实验，取得一定效果后，再大面积使用。我们采用蘸取棉签过氧化氢和氨水的混合溶液对铁锈侵蚀等污染进行清洗，去除效果较好［图6（b）］。污染去除干净后，再将文物放入去离子水中浸泡，清洗置换出残留的化学清洗剂。

3.2.3 黏接

拼对瓷片，不能有丝毫错位。先用热熔胶固定，确定无误后用手术刀片蘸取Araldite 2020环氧树脂胶流入缝隙中进行黏接，使用不掉毛的棉签擦去缝隙边多余胶液。室温下16～25h后，树脂完全固化。

3.2.4 补配

补配缺损部位。采用Araldite 2020环氧树脂胶加入瓷土作为填料调成黏稠状，对缺损部位进行填补，并采用手术刀、刮刀等修整。待补配材料完全固化后，首先对预打磨部位旁边釉层处刷涂液体保护膜。待保护膜干燥成膜后，对补配处使用砂纸由粗到细打磨，打磨到以手触摸接缝处感到衔接一致、光滑即可（图7）。

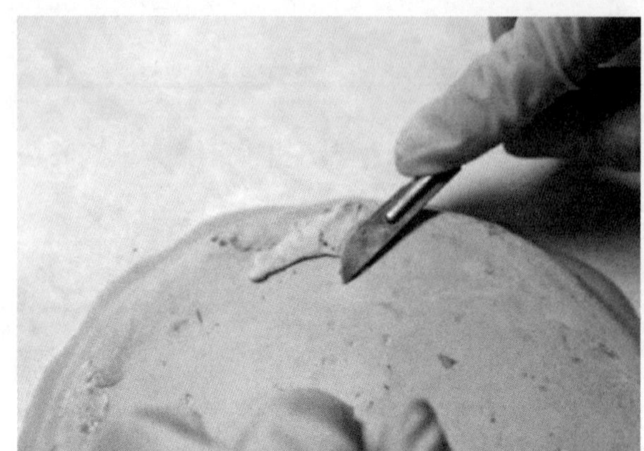

图7　青花花鸟瓷盘的补配打磨

3.2.5　上釉做色

为了与文物整体色彩协调一致，要对黏接及补配部位进行上釉做色处理。使用室温修复釉为基料，以矿物颜料调出与文物色泽一致且覆盖力适当的底色，使用喷笔将文物上的裂缝和补配部分与文物本身进行色彩衔接。将底色浓度稀释至50%，再次对已喷涂底色的部位进行修饰，达到莹润质感，在视觉上接近文物本体。使用喷笔和画笔模仿文物本身纹饰，并制作纹饰以外的视觉效果。完成后，使用一遍无色透明釉料覆盖，对修复部分进行光度处理，尽量做到瓷器光亮度一致。

3.2.6　完善档案

到这里，这件青花花鸟瓷盘的保护修复工作就完成了（图8），然后拍照、称重、完善保护修复档案。

图8　青花花鸟瓷盘保护修复后

4 讨　论

4.1 产地分析

从表面特征看，这件青花花鸟瓷盘颜色青翠，存在典型“铁锈斑”。马希桂先生认为[2]苏麻离青料含锰量少，铁和钴的含量较高，特别是铁的含量相当高。这种青料在高温还原气氛中烧成，发色深蓝苍翠，流动性较大，浓处有黑色结晶斑，闪耀着银色锡光，色浓处深入胎骨，形成凝聚的结晶斑点。

从胎体分析结果看，根据表1结果显示，胎体Al_2O_3含量高达26.79%。宋元之前，中国南方瓷器多用瓷石为胎土原料，Al_2O_3含量一般在18%以下，最高不超过20%。元青花瓷的胎由于采用“瓷石+高岭土”的二元配方，胎中的Al_2O_3含量升高，烧成温度升高，焙烧过程中的变形率减少。从透明釉分析结果看，采用的是钙碱釉，CaO起助熔作用。青花透明釉中主次量元素结果与青白瓷非常接近，而釉的Na_2O、Al_2O_3、SiO_2、K_2O、CaO、MnO、Fe_2O_3等成分组成和景德镇官窑元青花十分相近[3]。

根据研究表明[4]，景德镇元青花用苏麻离青钴料为高铁低锰型。青花料中的金属氧化物，如Fe_2O_3、MnO和CoO是呈色剂，而CaO是助熔剂。苏麻离青料青花和釉中的Fe_2O_3含量较高，MnO的含量较低，其Fe_2O_3和CoO之比，大大高于MnO和CoO之比。而国产钴土矿的Fe_2O_3和CoO之比，却大大低于MnO和CoO之比。从图4可以看出，青花料（含透明釉）和透明釉相比，Fe和Co的含量明显升高，Ni和As有一定的升高，Mn、Cu、Zn含量也相同，这说明青花料中主要含Fe、Co，还有一定量的Ni和As，具备高铁低锰型的苏麻离青钴料特征。

综上分析结果，这件青花瓷盘的胎釉、青花特征均符合使用苏麻离青钴料烧制的景德镇产元青花。

4.2 清洗方法

清洗是瓷器文物修复的重要步骤。常见的化学清洗剂有酸性材料：草酸、柠檬酸、乙酸等；络合材料：六偏磷酸钠、EDTA二钠盐等；碱性材料：碳酸钠等；氧化材料：84消毒液和过氧化氢等。有研究表明，碱性材料、络合材料对瓷器胎釉有非常严重的损伤，造成胎釉内部物质的溶蚀流失。各类酸性材料也会对胎釉造成损伤，尤其是草酸。氧化剂中的84消毒液和过氧化氢对瓷釉损伤较小[5]。

本着将文物受损程度降到最低，我们采用的是过氧化氢加氨水的方法来清洗瓷器表面污染物。过氧化氢是氧化剂，常用于木材、丝毛织品、象牙、纸浆的漂白。过氧化氢和水混合时发生化学反应，过氧化氢被分解水并放出具有强氧化作用的原子态氧。氨水的作用就是促使原子态氧的生成。过氧化氢加氨水的操作常用于硅片的清洗[6]。对于普通涂刷、浸泡难以去除的污垢，也可以辅以超声波清洗[7]或者蒸汽清洗[8]进行去除。

4.3 黏接与补配

Araldite 2020环氧树脂胶是一种无色透明、室温固化、低黏度、黏接强度高和耐老化的光学树脂，折射率为1.553。玻璃相是瓷釉的主要组成，玻璃的折射率一般为1.5，故该树脂胶十分适合作为玻璃、陶瓷的黏接补配材料。另外也可以采用市面上常见的AAA超能环氧树脂胶，效果也可以。刷涂液体保护膜，对于减少打磨时砂纸对原有釉层的破坏有积极意义。瓷器补配填料除瓷土外，还可以根据瓷器胎体釉层的不同，选择石膏、石英粉、滑石粉、玻璃微珠等。打磨方法，除使用由粗到细不同标号砂纸慢慢打磨外，为追求抛光效果，可以使用抛光膏。还注意要采用“十字打磨法”，即反复先横向打磨再竖向打磨。

4.4　上釉与做色

瓷器修复环节难度最大的是做釉色，除了需对文物本体的颜色细心观察及调色准确外，更重要的是用心寻求对文物质感的体现，尽量模仿那种自内而外生成的自然感觉。实际操作中，要把握好颜色、亮度的变化就要做好分层次做色。先按照原器调配出主色，运用互补色原理调出各种相近的颜色套色。整个过程可用喷笔喷涂与毛笔手绘相结合的方法做色，每喷涂完一层颜色之后放入烘干机中完全烘干或者用风机吹干，再用金相砂纸对喷涂好的部分打磨抛光，如此反复喷涂、打磨直至颜色大致与原器相同。接着通过手绘的方式用矿物颜料对喷涂部位进行细微调整，利用美术学中的明暗关系对细部进行艺术处理，力求使颜色过渡自然。

瓷器修复釉料也可采用硝基清漆、丙烯酸清漆等，颜料除矿物颗粒颜料外，也可以采用丙烯酸快干色颜料等。

结　语

菏泽古船出土的青花花鸟瓷盘经仪器分析，符合景德镇元代青花瓷器特征。该文物主要存在黏接错位、缺损、铁锈侵蚀等病害。首先对器物进行拆解清洗，然后采用环氧树脂黏接补配，最后用毛笔、喷枪等工具喷涂室温釉料加矿物颜料进行上釉做色，完成了该文物的本体保护修复工作。

经过保护修复，器物病害得到消除，原貌得以展现，基本达到了既最大限度恢复文物价值又延缓文物寿命的目的。建议为该件珍贵文物配置专属囊匣，保存在恒温恒湿环境中。温度控制在20℃，温度日较差不高于5℃；相对湿度控制在40%～50%，相对湿度日波动值不大于5%；光照强度控制在300lx之内；大气环境要求清洁，无灰尘、无酸性气体。

参 考 文 献

［1］　王守功，张启龙，马法玉．山东菏泽元代沉船发掘简报［J］．文物，2016，（2）：40-49.
［2］　马希桂．中国青花瓷［M］．1版．上海：上海古籍出版社，1999：84-85.
［3］　陈尧成，郭演仪，陈虹．中国元代青花钴料来源探讨［J］．中国陶瓷，1993，（5）：57-62.
［4］　李家治．中国科学技术史（陶瓷卷）［M］．北京：科学出版社，1998：371-373.
［5］　胡东波，张红燕．常见清洗材料对瓷器的影响研究［J］．文物保护与考古科学，2010，（1）：49-58.
［6］　张厥宗．硅片的化学清洗技术［J］．洗净技术，2003，（4）：27-31.
［7］　蒋道银．元青花瓷的修复［A］// 中国文物保护技术协会第四次学术年会论文集［C］，2005：133-136.
［8］　卜卫民．安徽凤阳汤和墓出土一件元青花瓷的修复［J］．文物保护与考古科学，2014，（3）：101.

唐代黄地花瓣团窠对含绶鸟纹锦的保护修复

陈绍慧　魏彦飞

（荆州文物保护中心，湖北荆州，434020）

摘要　本文介绍了唐代黄地花瓣团窠对含绶鸟纹锦的保存现状，使用超景深三维视频显微镜、红外光谱仪、扫描电子显微镜等现代分析手段，对其组织结构、材质、染料和污染物等进行了检测分析，并根据其保存现状和病害特点进行了针对性的保护修复，取得了良好的保护修复效果。

关键词　唐代黄地花瓣团窠对含绶鸟纹锦　检测分析　保护修复

引　　言

黄地花瓣团窠对含绶鸟纹锦出土于青海省都兰吐蕃隋唐大墓，为国家一级文物。其构图内容丰富、图案精美，是研究唐代丝绸贸易、丝绸之路的文化传播和交流以及丝织品织造工艺的珍贵实物资料，具有极高的历史、艺术、科学价值。这一时期的丝织品图案远比前期丰富，为研究唐代丝织品的艺术风格提供了丰富的实物资料。丝绸之路是人类文明史上亚洲、欧洲、非洲大陆主要交通道路的统称，自古以来，中西方文化交流大多通过丝绸之路进行传播。青海省都兰吐蕃隋唐大墓位于古丝绸之路南道上，为探讨“丝绸之路——青海道”在中西方贸易、文化交流中的地位和作用提供了新的重要资料，该纹锦的成功保护修复对提高文物价值、发挥其社会效益等方面具有深远意义。

1　文物保存现状

黄地花瓣团窠对含绶鸟纹锦残长110cm，宽30cm。由于长期地下埋藏，受环境因素影响，该纹锦污染严重，力学强度下降，多处破裂，严重残缺，表面形变皱褶，加之后期不当修复等影响了其外观及保存（图1），其病害主要有糟朽、残缺、皱褶、污染、破裂、褪色等。

图1　黄地花瓣团窠对含绶鸟纹锦外观图

2　检测分析

2.1　色彩分析

采用便携式色差仪（CR-400），对纹锦进行原位无损色彩测量记录，测量部位见图2，为清洗和修复效果评价提供依据，具体色差数据见表1。

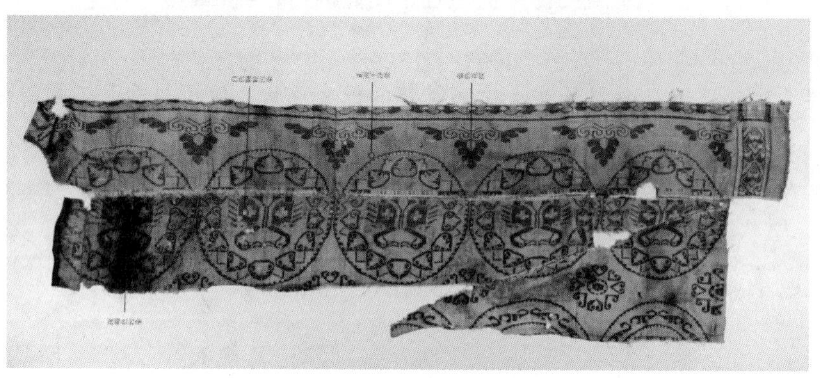

图2　测试部位图示

表1　原始色彩记录

测试部位	L^*	a^*	b^*	ΔL^*	Δa^*	Δb^*	ΔE^*
深褐色污染	32.8675	6.9925	17.57	−67.115	8.81	15.225	69.385
白色颗粒物	47.4025	4.79	22.155	−52.58	6.6075	19.8125	56.5825
正面干净处	52.23	5.85	25.315	−37.7525	7.665	22.975	53.54
蓝色花纹	45.5625	2.405	19.915	−54.42	4.22	17.5725	57.3475

2.2　组织结构分析

采用超景深三维视频显微镜，对纹锦进行显微图像采集，获取组织结构等信息，以此来判断纹锦的工艺、材质属性。图3是黄地花瓣团窠对含绶鸟纹锦的组织结构显微图片，由显微分析显示，纹锦的基本组织为左向斜纹纬二重组织，背面无纬浮。经线分为明经和夹经两组，均由加了强捻的丝线承担。明经和夹经的比例为1：1，每厘米中有16根明经和16对夹经，纬线共有两色。

2.3　纤维鉴定

采用扫描电子显微镜并结合纤维的红外光谱图特征峰对黄地花瓣团窠对含绶鸟纹锦纤维横截面进行观察分析，进行纤维的成分鉴定。

正面  反面

花纹 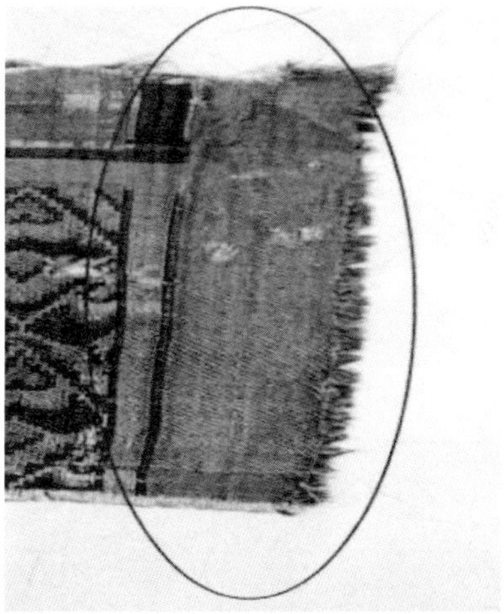 边维

图3 组织结构显微图片

2.3.1 扫描电子显微镜分析

图4所示，纤维横截面近似圆角正三角形，推测其是以家蚕丝作为纺织原材料。

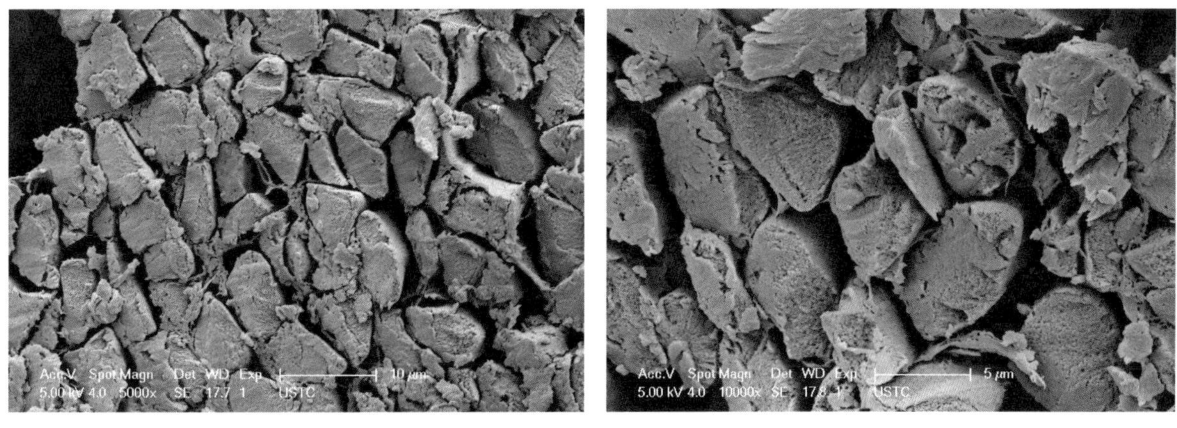

图4 锦横截面（左：5000×，右：10000×）

2.3.2 傅里叶变换红外光谱仪分析

图5红外光谱出现了如下特征峰：在1690～1600cm^{-1}处出现了—C═O伸缩振动所产生的特征吸收谱带（酰胺Ⅰ）；在1575～1480cm^{-1}处出现了—NH变形振动所产生的特征吸收谱带，主要代表形成氢键的—NH的振动（酰胺Ⅱ）；此外，在1301～1222cm^{-1}处还有—CN和—NH的伸缩、弯曲振动所产生的吸收谱带（酰胺Ⅲ）。这些都是家蚕丝的特征峰，因此推测该丝织品是以家蚕丝作为纺织原材料。表2 为蚕丝官能团的特征吸收峰。

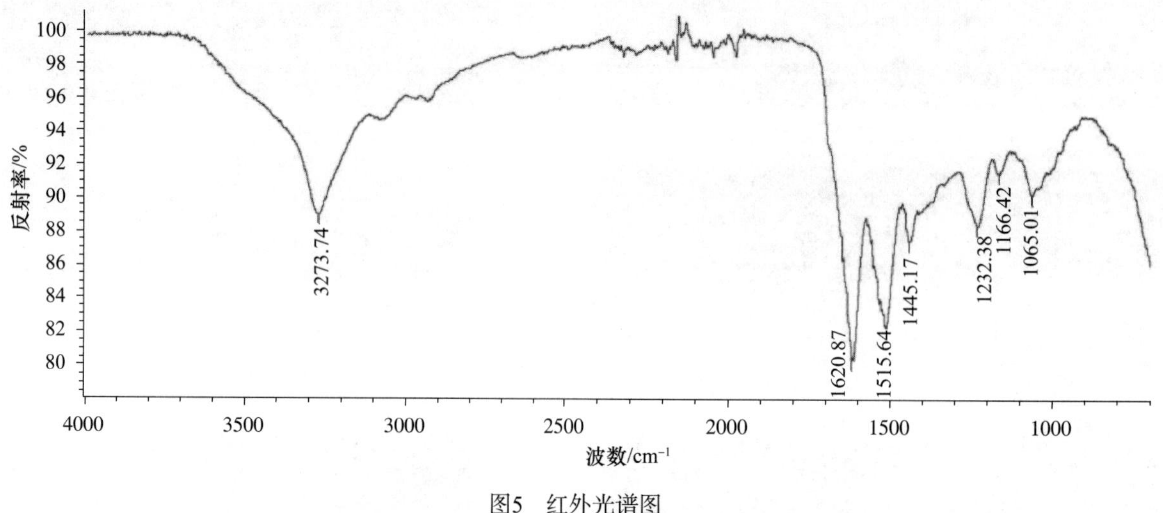

图5 红外光谱图

表2 蚕丝官能团的特征吸收峰

吸收峰位/cm^{-1}	吸收峰归属
3300～3290	—NH伸缩振动
1690～1600	—C═O伸缩振动（酰胺Ⅰ）
1575～1480	—NH面内变形振动和—CN伸缩振动（酰胺Ⅱ）
1301～1222	—CN伸缩振动和—NH面内变形振动（酰胺Ⅲ）

2.4 污染物分析

2.4.1 超景深三维视频显微镜分析

采用超景深三维视频显微镜对纹锦局部进行观察（图6），可以看出，纹锦表面有很多白色颗粒和深褐色污染物，纤维表面有大量黑色污染物，并与纤维结合紧密，对纹锦保存不利。

2.4.2 扫描电子显微镜分析

采用扫描电子显微镜对黄地花瓣团窠对含绶鸟纹锦的部分污染物进行观察，如图7所示。

通过用扫描电子显微镜对局部污染物分别放大5000倍和10000倍进行观察，可以看出，纤维表面附着大量片状以及点状物质，这些附着物使纤维表面凹凸不平，对纤维的保存造成了不利的影响。

（a）

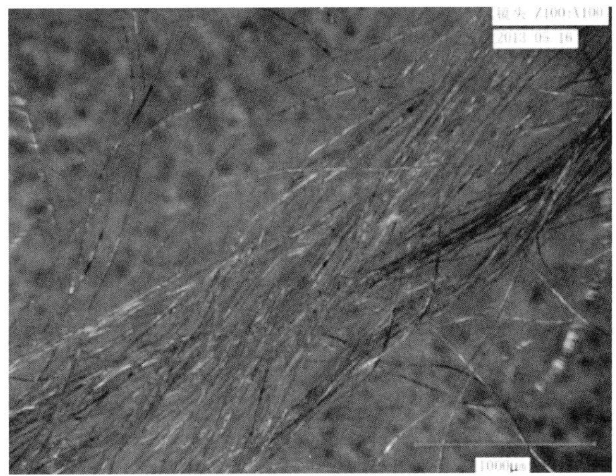

（b）

图6 （a）白色颗粒及深褐色污染物；（b）纤维表面的大量黑色污染物

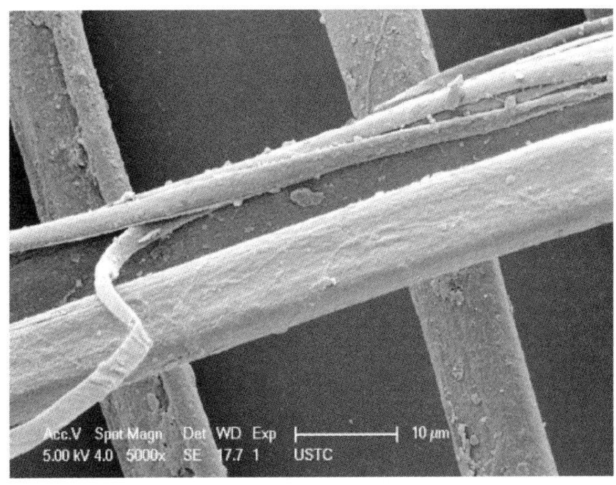

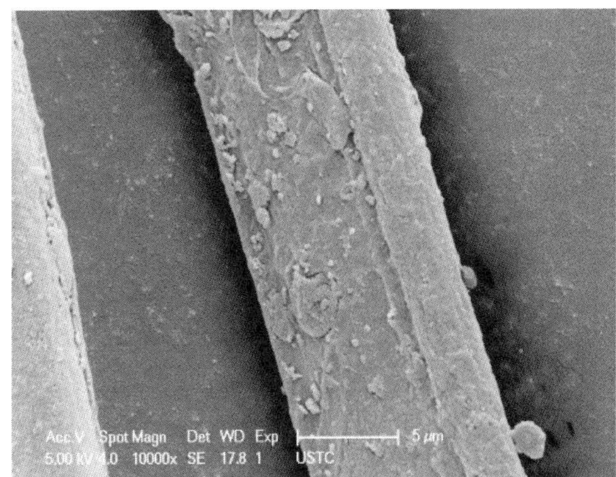

图7 纹锦纤维纵向（左：5000×，右：10000×）

2.5 老化程度分析

采用扫描电子显微镜对纹锦样品纤维及现代蚕丝纤维表面形貌进行对比观察（图8），从纤维表面的裂痕、断裂、原纤化以及腐蚀产物等对比分析其老化程度。

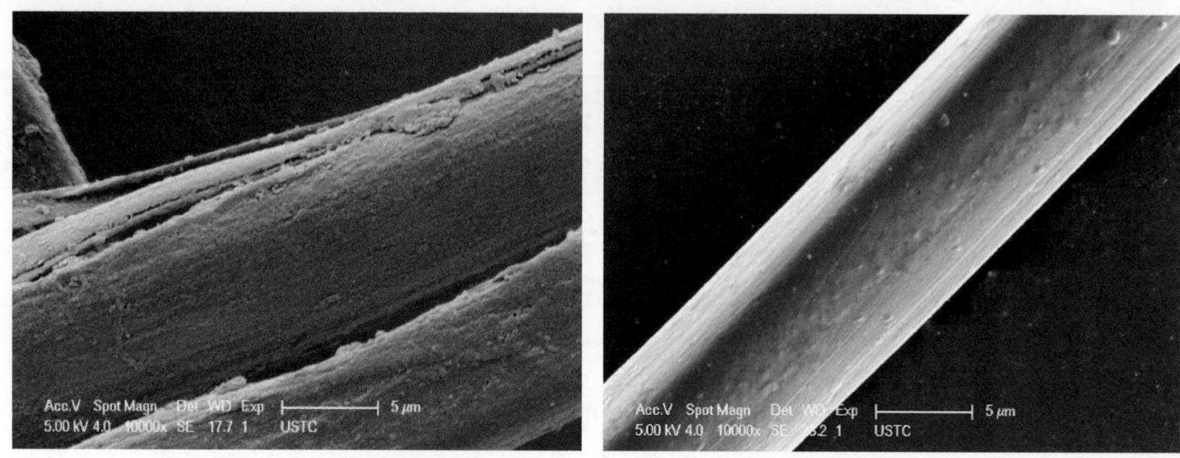

图8　纵向10000×（左：纹锦样品纤维，右：现代蚕丝纤维）

通过观察发现现代蚕丝纤维表面十分光滑，无其他的成分附着在表面，表面未出现任何的毛糙和断裂现象。而纹锦样品纤维表面有大量附着物存在，附着物形态大小均不一致，聚集在纤维表面，且纤维表面出现了裂痕，表明纹锦样品纤维存在一定程度的老化。

2.6　染料鉴定

采用薄层色谱法对黄地花瓣团窠对含绶鸟纹锦蓝色纤维进行染料鉴定。

将靛蓝试剂作为参比样品，选取少量蓝色织物样品，分别滴入几滴50g/L氢氧化钠溶液及50g/L连二亚硫酸钠溶液中。适当加热几分钟，待溶液颜色变为黄色后，滴入几滴乙酸乙酯并且摇匀，静置至乙酸乙酯层变成浅蓝色，完成剥色实验。将剥色实验中所得染料萃取液同时在硅胶板上点板，选取苯：硝基苯：丙酮（8：1：1）作为展开剂，在常温下展开。待展开剂前沿离顶端约1cm附近时，将硅胶板取出并且干燥，在紫外灯（365nm）下显色。天然靛蓝的主要成分是靛蓝素，也含有一定量的靛红素，靛蓝薄层展开后，均得到蓝色及红色两个斑点。实验测得样品有蓝色与红色两个斑点，其中蓝色Rf值均为0.77，红色Rf值为0.71，均与靛蓝提取液相同，初步判断该织物染料可能为靛蓝。

3　保护修复技术路线的制定

通过前期大量的检测分析，并结合黄地花瓣团窠对含绶鸟纹锦的保存现状及病害特点，我们制定了以下保护修复技术路线（图9）。

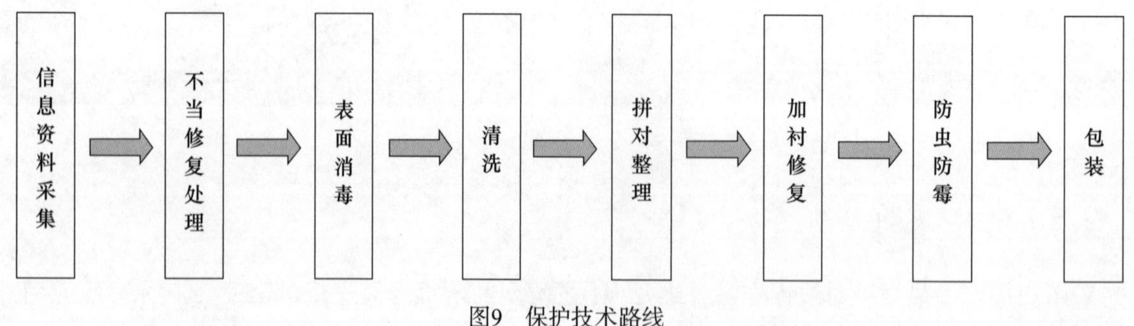

图9　保护技术路线

4 保护修复方法及流程

4.1 修复前拍照

纹锦修复前，由专业的摄影师对纹锦整体、局部、破裂部位、花纹等进行拍照存档。这在文物保护过程中是一项必不可少的工作，收集文物信息、翔实记录文物的保存状况，以备保护过程中参考。

4.2 不当修复处理

用电吹风加热法将纹锦破口处的塑料粘胶带慢慢揭取，对粘连较紧密的地方则在水洗加热过程中用竹签慢慢挑起揭取。

4.3 表面消毒

将纹锦残片用纱网托住，平铺在清洗槽里，用0.1%新洁尔灭消毒液浸泡10min进行表面消毒处理。

4.4 清洗

首先，采用软毛刷将吸附在纹锦表面的松散污迹（如灰尘、沙土等）去除，清洁时要把握好方向和力度。

其次，将纹锦用纱网托住，平铺在清洗槽里，采用0.2%烷基多苷溶液对纹锦进行整体浸泡清洗。对于附着较紧密的白色颗粒和部分深褐色污染物则用超声波清洗机进行局部清洗。浸泡前在其表面加覆一层轻薄透明的纱网，避免清洗过程中直接触及纹锦，同时对清洗过程中的纹锦起到固定保护作用。

再次，用乳酸发酵提取液整体浸泡清洗30min。

最后，将清洗槽缓缓倾斜，使污水尽量排出，用吸水纸将纹锦中的水分吸干。用去离子水反复漂洗。重复上述步骤，直至pH为中性，最后用去离子水将纹锦浸泡30 min，吸干纹锦中的水分即可。漂洗时可以用手轻轻按压纹锦，尽可能抚平纹锦表面的皱褶，理顺经纬线。水流必须缓慢流经纹锦表面，确保残留在纹锦内部的清洗材料被去离子水充分置换出来。

将彻底清洗干净的纹锦用纱网托住移到晾晒架上平放，自然阴干。丝织品干燥时若天气寒冷潮湿，织物又比较厚实须开启除湿机或其他外加设备加快干燥，必须使其均匀干燥。

清洗后对纹锦文物的色泽、强度、手感等方面的安全性进行评价，与保护前进行对比（图10），由清洗前后色差数据可看出，清洗后白色颗粒污染处ΔL^*值趋于纹锦干净处的ΔL^*值，说明清洗效果明显。

4.5 拼对整理

待纹锦处于一定湿度时，直接对破裂处以及花纹进行拼对整形。按照原来的状态小心调整破口

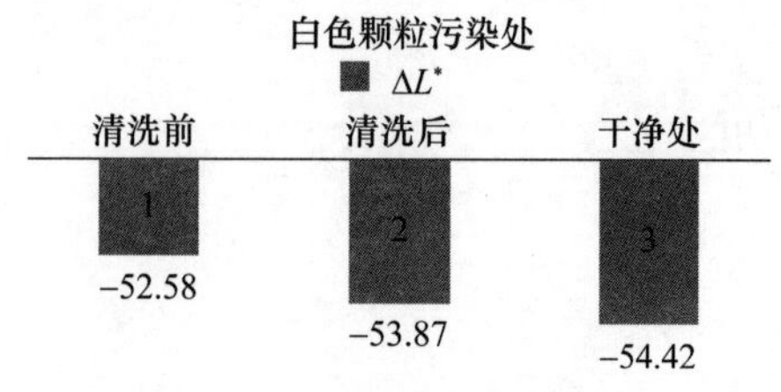

图10　保护前后色差对比

处经纬线，仔细理顺散落的纱线，达到经平纬直，力度不能太重，以免损伤纱线。理顺经纬线后用35℃热水袋在适当部位进行平压，以保持其平整状态。图11是拼对整理后得到的纹锦的团窠样图，团窠内由一对含绶鸟和12个花瓣构成，其形式齐整、对称，看起来十分饱满，团窠直径约为18cm，应属于比较大的团窠。

图11　黄地花瓣团窠对含绶鸟纹样图

4.6　加衬修复

由于该纹锦由多块残片构成，且残片均具有一定强度能够承受缝纫力度，为了便于保存和展陈，我们采用了针线为主的加固修复方法，此方法也是国际上最为常用的丝织品修复方法。

首先，选用与其质地、结构等相近的丝织品作为背衬材料进行水洗、染色等预处理。由于该纹锦破裂残缺严重，我们先采用跑针法将残片和背衬加固缝合在一起，对于破裂比较严重的部位再采用铺针法加固（图12）。修复用缝线的选择也非常重要，我们选用的是较细但有一定强度和弹性且

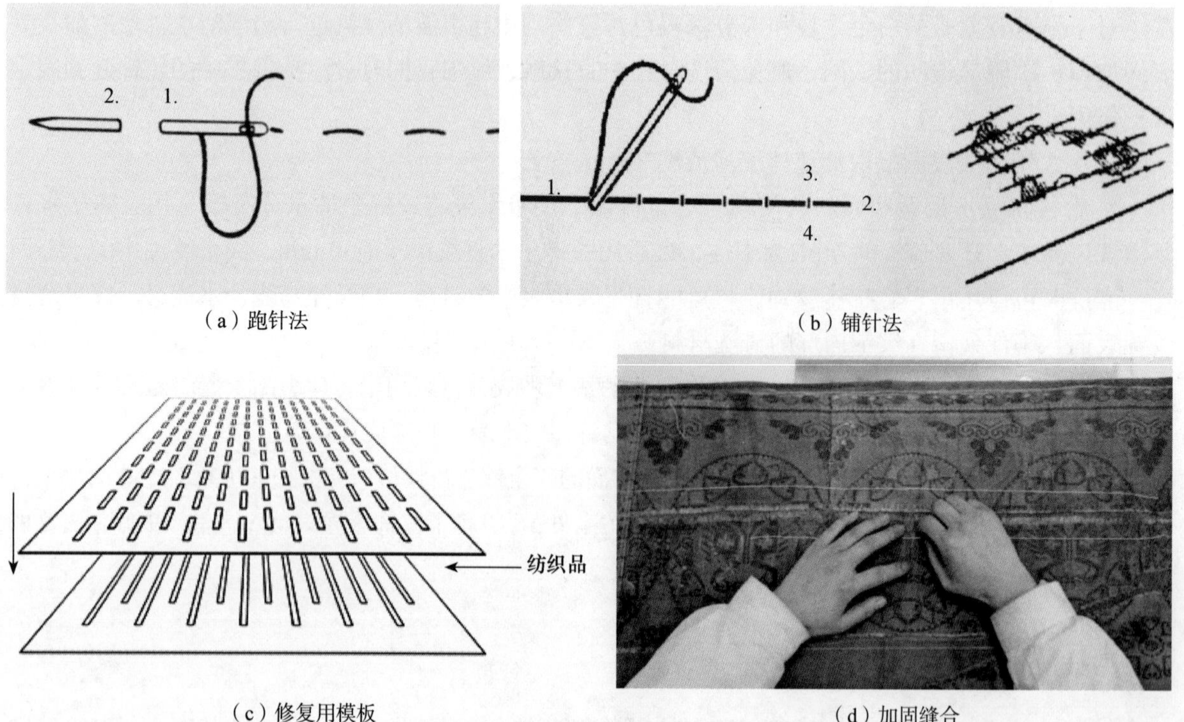

（a）跑针法

（b）铺针法

（c）修复用模板

（d）加固缝合

图12　加衬修复

不僵硬的丝线，能给予丝织品文物以支撑和保护，而又不损坏文物本身。

4.7 防虫防霉

采用对丝织品文物和环境安全的纳他霉素及其助剂乳酸链球菌素对保护修复后的纹锦进行防虫防霉处理，避免其在保存和展陈过程中受到虫霉侵害。

4.8 包装

修复后的纹锦平铺放入无酸纸盒中，既便于保存又便于运输。

4.9 保护后修复资料的整理

按照《馆藏丝织品保护修复档案记录规范》编写修复档案和修复报告，各类保护修复资料归档保存。

5 结 论

采用各种现代分析手段对黄地花瓣团窠对含绶鸟纹锦进行了科学的分析检测，为其成功保护修复和以后研究唐代丝织品提供了科学依据。通过修复保护后的黄地花瓣团窠对含绶鸟纹锦（图13）不当修复得到了有效处理，污染物得到了很好清除，纹锦色泽丰润、手感柔软，加衬修复后强度得到很好的恢复，纹锦更加完整，达到了保存及展陈要求。

修复前（背面）

修复中

修复后

图13 纹锦修复前后对比

湖南省平江县明代古墓出土纺织品文物的现场保护

董鲜艳

（湖南省博物馆，湖南长沙，410005）

摘要 考古现场出土文物的提取保护工作是考古现场出土文物保护的重要内容之一，古代墓葬出土纺织品文物的现场提取保护尤其显得重要。本文通过对湖南省平江县一座明代古墓出土纺织品文物保存状况的分析研究揭示出该墓葬出土纺织品保存良好的原因，从而为出土纺织品保存提供了环境参数。本文翔实地记录了出土纺织品的现场提取保护技术手段和方法，并对此技术方法、手段进行了讨论，以期予以同行借鉴。同时对该批出土纺织品实验室的保护工作提出了科学、规范、有效的保护建议，确保该批纺织品文物得到良好的保护。

关键词 明代古墓 纺织品文物 现场保护

引 言

2008年10月13日平江县一村民在拆房重建时在地基下意外挖出一块墓碑，继而又挖掘出一完整棺木。这是当地第一次发现较完整的400多年前的古墓，尽管最后没有传言中的“不腐女尸”、没有金银珠宝等价值连城的珍贵物品，但是出土了三十多件（套）珍贵的明代纺织品文物。这批纺织品文物保存完整，是研究明代的服装款式、纺织品种类、丧葬习俗较为完整的实物资料，具有很高的研究价值，因此保护、保存这批纺织品文物工作显得尤为重要。笔者有幸受湖南省文物局的邀请参与了该墓葬出土纺织品文物的现场抢救保护工作。

1 出土纺织品保存状况分析研究

1.1 墓葬结构

该墓葬构造分三层：三合土层、石质外椁棺层、木质内棺层。三合土层由“糯米浆、石灰、沙子”混合土夯实，石质外椁是用80多mm厚石料制成，内棺为木棺。出土时木棺保存完好，木质棺盖和棺体有嵌槽卡合严密，四周用大铁钉固定。内棺木棺没有腐烂、被盗的迹象。此棺距地面有20多cm，棺内没有棺液存留。

1.2 埋藏环境分析

（1）土壤酸碱度的测试：土样用蒸馏水溶解过滤，其pH为6.2左右，呈弱酸性。

（2）土壤含水量的测试：烧杯中盛一定量的土样，干燥后至恒重，计算出土壤的含水量28.8%左右。

（3）密封性好：棺材周围用古代传统的三合土层密封方法夯实，棺盖和棺体嵌槽卡得严实。

基于上述墓葬环境的分析结果，我们对该墓葬纺织品文物保存相对完好的主要原因进行了分析和探讨。

（1）地下保存环境相对干燥：该棺材距地面仅有20多cm，且土壤的含水量较低，在地下水位以上处于比较干燥的地面，受地下水的影响相对较少。

（2）文物埋藏在弱酸环境中：分析结果表明埋藏环境的pH为6.2左右，因此推断墓葬内自身的酸碱度及地下水的酸碱度应为弱酸性，这是该墓葬中纺织品保存到现在的另一个重要因素，也是逝者的头发保存相对完整且仍然乌黑发亮的原因。

（3）棺材自从下葬以来就一直处于良好的密封状态，外界的氧气无法进入，使棺材内部形成一个恒温低氧的小环境，尸体内部残留的细菌开始繁殖，但是为数不多的氧气很快就被耗尽，使繁殖无法继续下去，避免了细菌对尸体和纺织物的继续腐蚀。因此，良好的密封性就为这批衣物保存到现在提供了前提。

（4）放置了干燥剂：在清理棺底时发现棺底是双层的，在最底层铺了厚厚的一层白色物质，专家认为应该是干燥剂或防腐剂。成分分析结果表明，其主要成分是$CaSO_4$，还有少量的硅和铝，说明该墓葬使用$CaSO_4$作为干燥剂使棺内的小环境相对更加干燥。

笔者认为正是基于以上几种原因的相互协同作用才使这些衣物能够较好地保存到现在。但是在同样密封的条件下、同样的保存环境中被衣物包裹的尸体却已彻底腐烂，只剩少数尸骨，为什么呢？有关专家分析：自古以来，我国都有在人死后其尸体要在家中存放几天的习俗，“有些地方甚至要存放七七四十九天”，墓主人钟氏死后，很可能是尸体在家中停放时滋生了大量细菌，而在下葬后细菌与尸体同时存在，尸体便开始腐烂而不得留存。在对纺织物文物揭取的过程中也发现织物上残留大量的虫卵和虫蛀的孔洞，这就更加证实了专家的分析。

2 出土纺织品的现场揭取保护

纺织品文物的现场提取保护是纺织品文物能够延续的前提，根据该墓葬的具体情况，分步对出土纺织品进行保护。

首先确保文物安全的各项措施到位；其次为了避免光照对棺内文物的影响和破坏将整个棺材拖到平江县殡仪馆内；再次开棺前先用新洁尔灭消毒液对周围环境进行消毒灭菌；最后对棺内出土文物进行初步清理和揭取。

2.1 现场实验

笔者用手尝试性地触摸盖在逝者身上的黄褐色棉被后感到质地相对较好，纺织品干湿程度适中，适合立即揭取。

2.2　卷取法揭取被子

根据现场实验结果，对盖在逝者身上的被子采用卷取的方法进行揭取。具体操作步骤：用随身携带的宣纸卷起一个纸筒作轴，在要揭取的被子上盖一层柔软的丝绵纸，再用做好的卷筒从被子的一端卷起，慢慢剥离粘连的织物边卷，在要卷的被子下面再垫丝绵纸，连同织物一同卷起。边卷边剥离，边剥离边垫纸，直至将整个被子全部卷到卷筒上[1]。被子的揭取并不是一个一个地揭取，根据当时的叠压情况，有的棉质被子质地相对遭朽，可以和质地相对较好的丝质被子一同揭取；有的几个被子叠压较紧，粘连部位较多，很难剥离，可以一起卷起，待这些文物进实验室后再慢慢地分离揭取。

2.3　衣服的整体揭取

逝者身上除了盖有多层被子外，还穿有多层衣服，衣服的揭取相对于被子难度更大，不能采用卷曲的方法。由于棺材比较小，要在棺材内“脱下”这些衣服很不容易，同时为了避免在揭取过程中棺材的解体造成纺织品文物的坍塌和对棺材破坏等意外，按照我们先前探讨的预案将尸体连同身上的衣服一同从棺材拖出放在殡仪馆的解剖台上进行。如何将尸体和衣物整体从棺材挪至解剖台是我们面临的一大难题，通过仔细观察发现衣物和四周的棺板都有手可以伸进去的空间，用手慢慢探伸进去摸至棺底，感到尸体下面的垫身棉被已经腐烂且与棺材已经有一层脱离。在和各位老师的商议后决定用随身携带的白棉布从棺底穿过，将棉布和尸体一同抬起转移到解剖台上，再揭取衣服和裙、裤。

2.4　系带结的打开

逝者戴的帽子、穿的衣服、膝袜等上面都有带结，因为带结已经十分脆弱，用常规的办法无法完好打开，特别是棉质的带结稍用力就断。根据笔者多年的经验积累采用一圆锥形的小工具慢慢插到需打开的接口部位，慢慢旋转锥体，使锥体更多地进入带结的接口部位，带结慢慢松开，借助于圆头镊子轻轻用力拉整个带结就解开了（图1）。用此法解带结的优点是受力均匀、受力面积大、避免单个带结受力[2]。

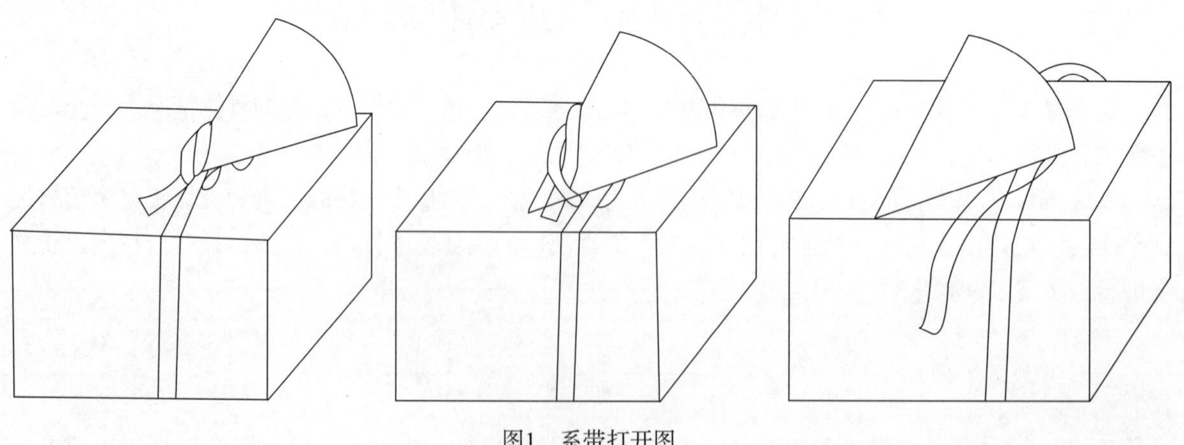

图1　系带打开图

2.5 衣服分离揭取

逝者身上每一件衣服都是由两根系带在腋下系合，从外到内按照一件左衽一件右衽的规律穿在身上。为了衣物揭取的方便，先将所有衣服从最外层向最内层一件件慢慢展开，在每层衣服展开的部位都垫上丝绵纸，以减少摩擦，增强辅助力。最内层衣服展开后，将残骸全部收集。出土纺织品质地很差，要尽可能不使衣物受到任何损伤，如果从内向外一件件揭展，袖子揭展难度很大，很可能造成一些不必要的人为损伤。根据衣服所处状况决定从最外层向最内层揭取，这样袖子的揭展对文物损坏影响小。具体操作：把所有衣服整体翻转过来，从领口背部慢慢卷取，卷取到袖子处时把左手从袖口伸进去，右手和胳膊从腋下伸进袖筒内部凭感觉慢慢将最外层袖子拖出来。由于墓葬中的杂质、微生物腐烂、地下水的渗入和织物的相互挤压等原因，织物多部位粘连。因此，在卷取的过程中，注意粘连部位，粘连部位借助韧性较好的竹签和一定的工作经验慢慢揭展开[1]。

2.6 反转法揭取裙子

裙子都是褶裥裙，从逝者背后缠绕一圈系带在前腰处打结，所陪葬的裙子都是一层层缠绕穿在身上。因此我们利用反转法使整个裙子一边慢慢摊平，揭展粘连部位后再慢慢卷取（方法同被子的卷取）。

所有的衣物现场揭取完成后，派人立即拖到平江县文物管理所暂时保管。在织物送到文物管理所前安排了相关人员先用新洁尔灭消毒液对存放织物的库房进行清扫消毒，并保持门窗紧闭。最后这批文物将运至湖南省博物馆纺织品保护实验室进行抢救性清洗保护和整理研究等。

在揭取文物的过程中，及时采用照相、绘图和文字的方法记录文物信息，包括文物的叠压关系、存放位置、取样位置和文物上的重要信息等，并及时标明每件提取文物的信息和位置等。

3 讨　　论

（1）出土文物现场保护前应做好充分的准备工作，充分考虑到可能出现的各种情况，做好现场保护的预案。

（2）很多重要的信息和样品包括颜色等可能在开棺后很快就消失，现场的信息记录十分重要。现场信息记录可以采用文字、摄影、绘图和影像等尽可能详细地记录纺织品的原始信息如叠压状况、存放位置、纺织品与周围文物的关系。

（3）现场采样应包括环境样品和文物样品的采集，要明确采样目的和样品的位置，采取的样品能够满足研究需要且采样不能对文物造成损伤，科学保管，避免被外界污染等[3]。

4 实验室保护处理建议

（1）本墓葬出土的纺织物中有棉织物和丝织物，丝织物属于动物纤维，而棉织物属于植物纤维，在实验室清洗保护时应采取不同的清洗方法。

（2）在实验室清洗保护前必须做好充分的前期实验，特别是带有织金和颜色的衣物。由于清洗是一个不可逆的过程，在清洗前必须对污染物仔细记录、全面检查、取样分析、科学评估，对清洗过程的得失利弊谨慎权衡[4]。

（3）要分析粘连处粘连的原因，因为该批纺织物虫蛀现象比较明显，很多死虫卵使织物局部粘连，稍微不慎，就会使织物上有一破洞。这种粘连的揭取和腐败微生物的粘连揭取应采用不同的方式。

结　语

由于这批纺织品文物在墓葬中一直处于比较理想的保存状态，笔者依靠多年的经验积累和各位老师多方面的帮助顺利地完成了这批纺织品文物的现场抢救保护工作，使这批纺织品文物得到了较好的现场保护。但是现场保护经验不足，难免造成一些人为损伤。在以后现场保护时一定要及时、详细地做好文物现场信息记录，根据纺织品文物的不同保存状态采取合适的提取方法，尽量避免由于人为原因对纺织品造成不可挽回的损伤。

致谢：作者能够顺利完成该批文物的现场提取保护工作，离不开湘雅医学院几位老师和平江县文物管理所工作人员的大力帮助，在此表示衷心的感谢！

参考文献

［1］ 吴顺清，陈子繁，吴昊．古墓中出土纺织物的清理与保护研究［A］// 中国文物保护技术协会第三次学术年会论文集［C］．北京：紫禁城出版社，2005.

［2］ 吴天才．法门寺地宫出土丝绸的揭取方法［J］．文博，2003，（3）：73-76.

［3］ 龚德才．考古出土纺织品文物的现场保护［R］．纺织品文物保护培训讲义.

［4］ 国家文物局博物馆与社会文物司．博物馆纺织品文物保护技术手册［M］．北京：文物出版社，2009.

清代鹭鸶补服的保护修复

杨丽蔚　杨云峰
（宁夏回族自治区博物馆，宁夏银川，750001）

摘要　本文详细分析了清代补服的纹样、材质及具体的保护修复过程，根据最小干预原则，以传统针线法进行了加固了修复，可作为今后此类文物保护修复的一个参考例证。

关键词　清代补服　保护修复　针线加固

引　言

补服，又称补褂、外褂，即前胸和后背各缀有一块（补子），在补子上绣不同的飞禽走兽用以区别官职高低。因此，补服集中体现了封建王朝的衣冠之治。

古代的官服，自隋唐时期开始，就在胸腹、肩颈部位缝制专门的补衬标识，用以区别官职类别与官衔的大小，这个补衬，唐宋时期称为官衬，用精密细巧考究的手工绣制而成，图案为动物图腾。明代称为官补，到了清代称为补子。清太宗皇太极于崇德元年开始初步定置冠服制度，清代冠服制度坚持以满族的传统服饰为基础，采用女真族传统带有马蹄袖和披领方式的服饰。顺治九年诸王以下文武官员舆服制，对补服制作了一次较大的厘定，到乾隆皇帝时主张润色章身，即取其文，将汉族传统的十二章和补服纹饰，一概转用到清代服制中。清制规定，补服是清代的礼服。皇帝穿衮服、皇子穿龙褂时，王公大臣和百官穿补服相衬配，所以补服又是清代文武大臣和百官的重要官服，为圆领、对襟、平绣、门襟有五颗纽子的宽松式外衣，其长度比袍短、比褂长，一般穿在吉服外面。乾隆年间明确规定，凡补服皆为石青色。清代补子有圆形及方形之分，圆形补子为皇亲贵族所用，方形补子为文武官员所用，前者用金线或彩丝制作，需由南京、苏杭、江南三制造定做进贡，后者可由本人按典章制度自备。

每一块“补子”的样子都是不同的，真正代表官位的官补定型于明代。洪武二十四年（1391年）规定常用补子区分品级如下：公侯驸马伯：麒麟、白泽；文官：一品仙鹤，二品锦鸡，三品孔雀，四品云雁，五品白鹇，六品鹭鸶，七品鸿溂，八品黄鹂，九品鹌鹑；武官：一品二品狮子，三品四品虎豹，五品熊罴，六品七品彪，八品犀牛，九品海马；杂职：练鹊；风宪官：獬豸。除此以外，还有赐补，是皇帝作为赐服专门赐给特定的人物，有斗牛和飞鱼两种补子，不在此列。

清朝沿袭明代的官制，用补子区别官职。本次保护修复的文物为清代补服，补子上绣有鹭鸶，表明该文物为六品文官的补服。其前胸的补子由两片拼接而成，这是由于清朝补服为对襟衣服，所以前胸的补子为两半片拼接而成，后背的补子则为一整片。该补子质地较为坚硬，这是由于其绣线为金线（彩线外包裹金箔）。清朝初、中期的补子，制作时的彩线外全都包裹着一层薄薄的（金箔或银箔），所以制作完成后，整个补子会比较硬。但到了清朝晚期，补子基本都是用普通的绣线来完成，所以质地就比较柔软，但保存极为不便，容易掉丝、脱丝。

1　文物现状分析

此件衣服为对襟圆领，前后方补，袖口贴绣边。文物袖通长147cm，衣长99cm，袖口宽47cm，胸围71cm，下摆93cm，补子长29cm、宽27cm，袖口贴边长96.8cm、宽17cm。此文物共两层，表层织物为藏蓝色桑蚕丝提花绫，其纹样为由盘长纹和杂宝纹组成的团巢圆形图案；里衬织物为蓝绿色桑蚕丝平纹；前胸补子由两片组成，后胸为一块整片，补子是缂织和绘画相结合，画有海水纹、云纹；缂有红日、鹭鸶、梅花。袖口贴边底为香云绸，上绣有蝙蝠、荷花、如意、蜘蛛、兰花，使用的针法有打籽、戗针、盘金、平绣。

该补服破损十分严重，虽形制完整，但已基本散架，缝线脱落，污迹斑斑。特别是后背，连同里衬大面积缺失，由于此服为尸体身上穿着，腐尸渍、油脂、血迹和无机盐沉淀物、褶皱等布满整件衣服，必须及时进行修复加固和保护（图1～图8）。

图1　正面

图2 背面

图3 残缺（一）

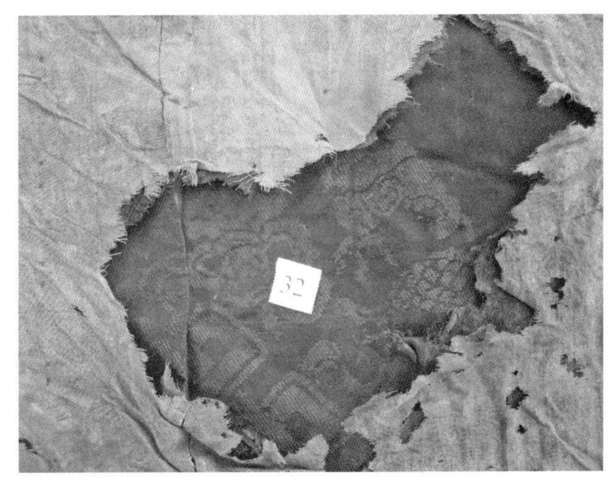

图4 残缺（二）

图5 污染（一）

图6 污染（二）

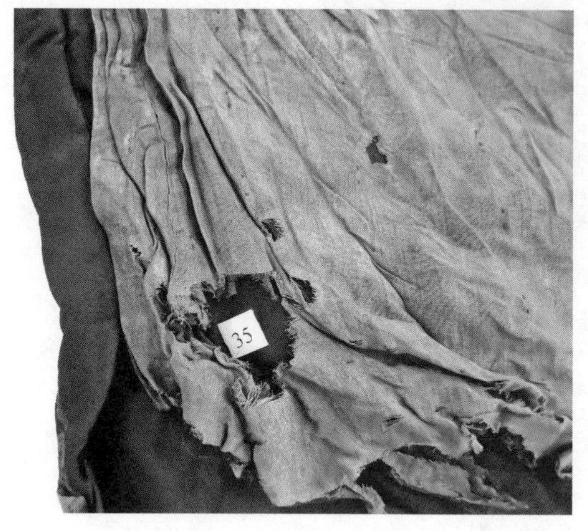

图7　褶皱（一）

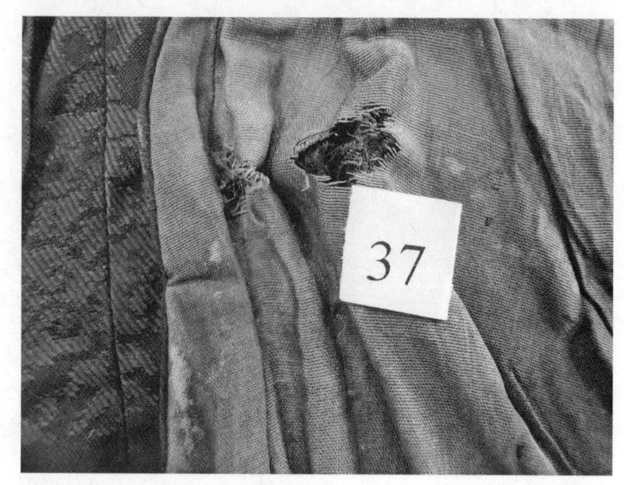

图8　褶皱（二）

2　检测分析

2.1　织物组织结构分析

利用手持式显微镜观察此件衣服的纺织物经纬密度、捻向和捻度、丝线颜色、织造方式和特点。此文物表面织物（图9）的颜色为藏蓝色，其组织结构为两上一下左斜纹，捻向为S捻，弱捻，经密度为52根/cm，纬密度为35根/cm，经线直径为0.187mm，纬线直径为0.24mm，里衬织物（图10）的颜色为蓝绿色，组织结构为一上一下平纹，捻向为S捻，弱捻，经密度为48根/cm，纬密度为27根/cm，经线直径为0.21mm，纬线直径为0.284mm。

图9　织物表面组织结构图（60×）

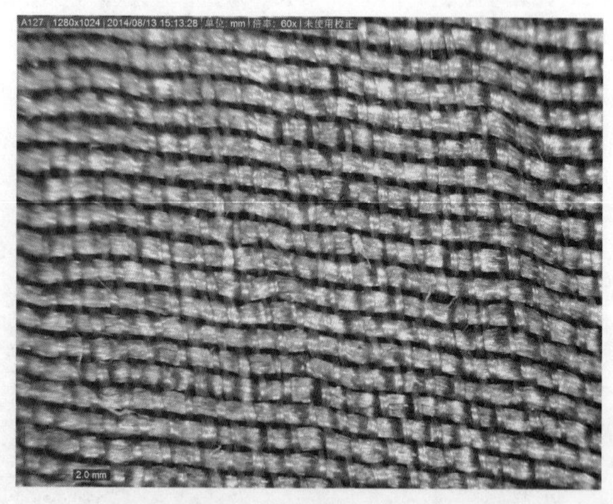

图10　织物里衬组织结构图（60×）

2.2 绘制纹样图（图11～图13）

图11 袖子贴边纹样图

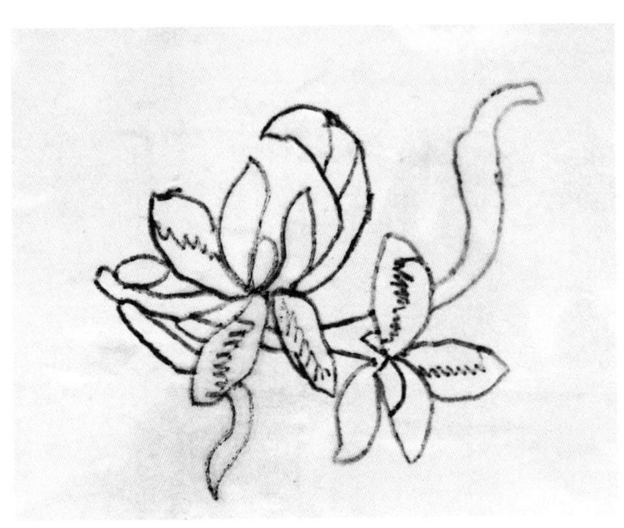

图12 袖子贴边纹样图

图13 衣服纹样图

2.3 纤维分析鉴定

本次采用哈氏切片器对提取的文物表面织物经纬线、里衬织物经纬线及缝线进行纤维显微鉴定。

1）文物表面织物纤维切片（图14～图17）

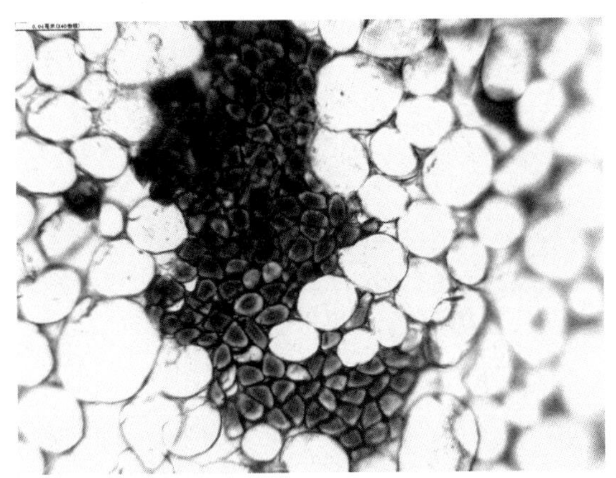

图14 表面织物经线横截面（40×）

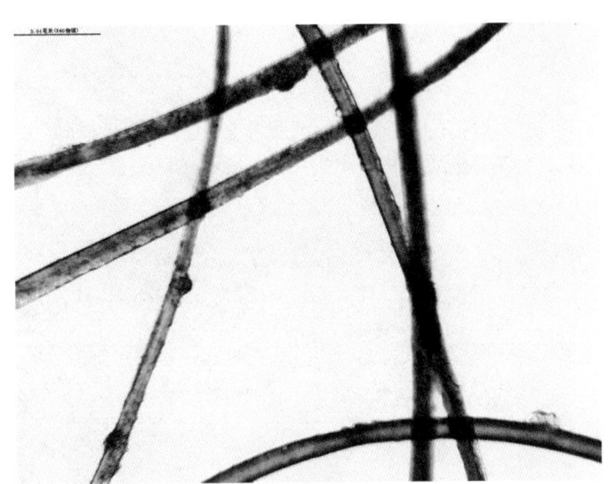

图15 表面织物经线纵面（40×）

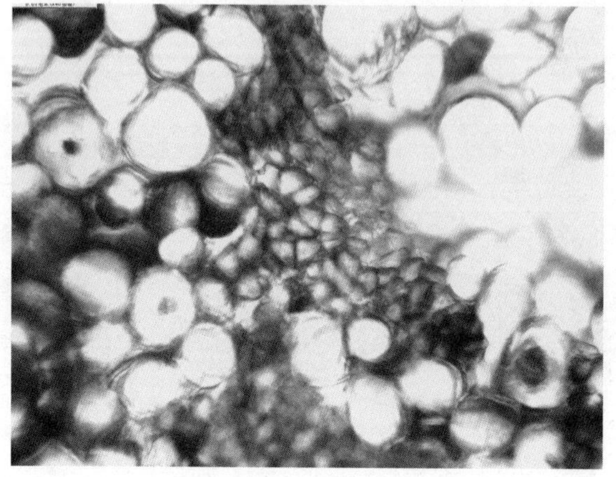

图16　表面织物纬线横截面（40×）

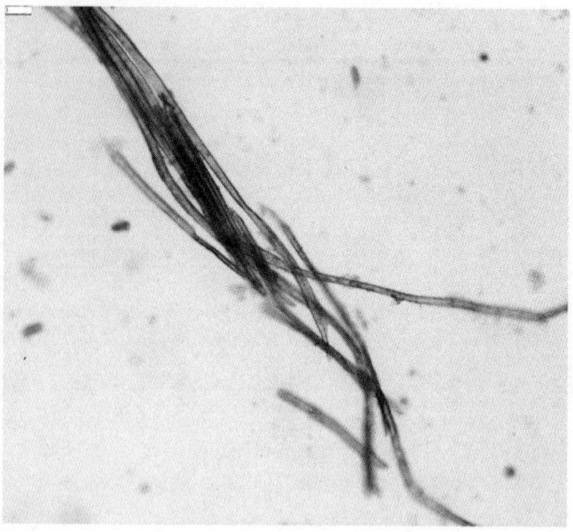

图17　表面织物纬线纵面（10×）

2）里衬纤维纵横面（图18～图21）

图18　里衬织物经线横截面（20×）

图19　里衬织物经线纵面（20×）

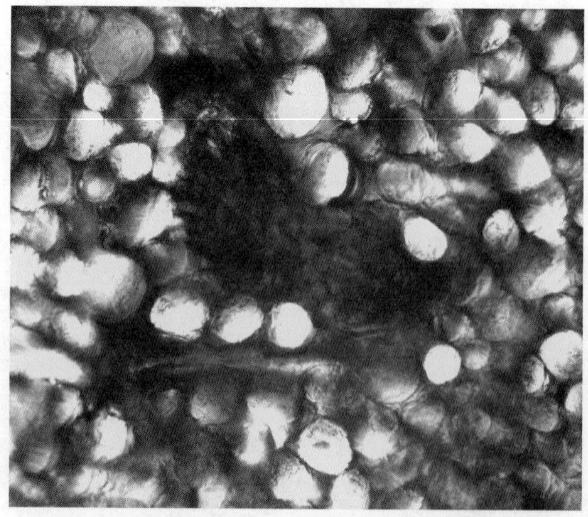

图20　里衬织物纬线横截面（40×）

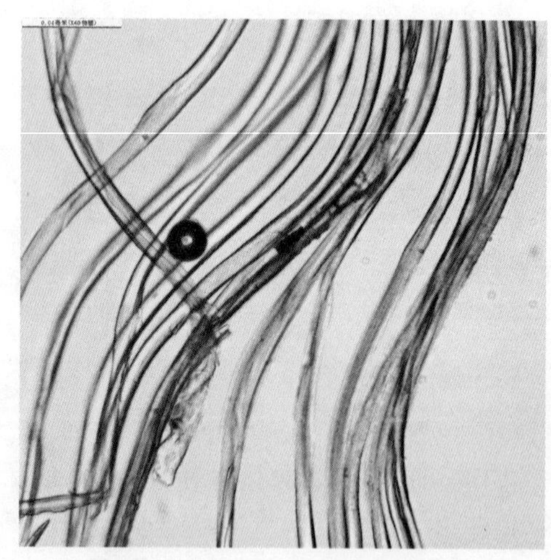

图21　里衬织物纬线纵面（40×）

3）缝线纵横面（图22和图23）

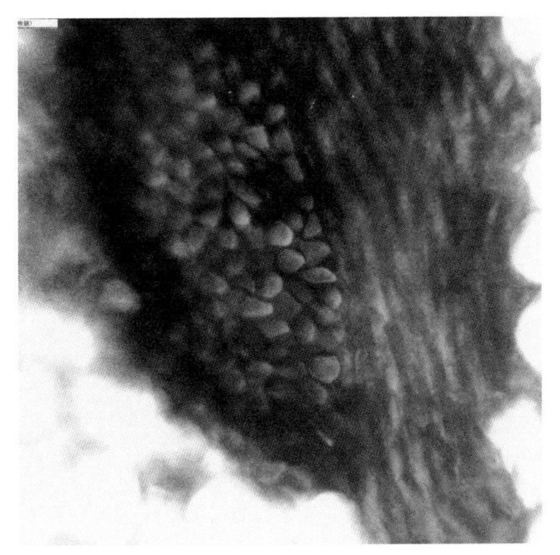

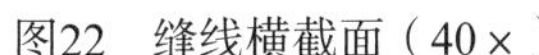

图22　缝线横截面（40×）

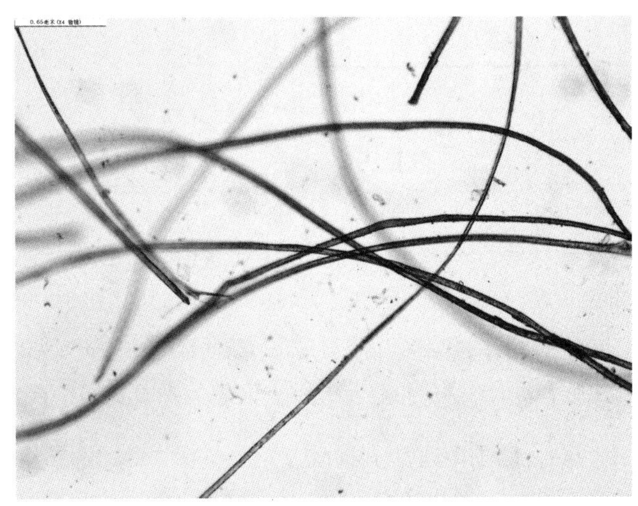

图23　缝线纵面（10×）

3　制定修复方案

为使这一文物恢复其原来面貌，尽力保持原有的材料质地，根据前期调查取样分析拟对该件文物做以下修复。

3.1　清洗

先做斑点实验，在确保文物不掉色的情况下，对文物进行清洗，在文物下铺上塑料片，塑料片上铺上吸水棉，文物放在最上面，用羊毛刷蘸去离子水对文物逐步清洗，并及时更换吸水棉，以免吸水棉上的污水反渗到文物上，重复数次，直至将文物清洗干净。

3.2　平整

清洗完后，在织物半潮的情况下，用镊子小心仔细地将经纬线理顺合拢，用制作好的磁铁块进行平压。

3.3　针线加固

补服的修复所采用的方法为传统的针线加固法，此方法也是国际上最为常用的一种修复方法，它通过在织物主体背后加上染过色的背衬材料，再通过针线的连接，将两层织物缝合，以起到加固文物的作用，使破损部分看起来与整体相吻合。

4　具体操作步骤

4.1　染色

4.1.1　藏蓝色面织物、蓝绿色里衬及丝线染色

斜纹绸1.5m：取直接深蓝、直接蓝，加去离子水，放入氯化钠，搅拌均匀，放入斜纹绸，缓慢加热（40～60min）至沸腾，沸腾后再放入氯化钠，沸煮30min后将织物捞出皂洗，阴干。

平纹土丝纺1m：取直接蓝，加去离子水，放入氯化钠，搅拌均匀，放入土丝纺，缓慢加热（40～60min）至沸腾，沸腾后再放入氯化钠，沸煮30min后将织物捞出皂洗，阴干。

4.1.2　褐色补贴边染色

绉纱0.2m：取直接黄、直接红2mL，加去离子水至500mL，放入氯化钠1g，搅拌均匀，放入绉纱，缓慢加热（40～60min）至沸腾，沸腾后再放入氯化钠，沸煮30min后将织物捞出皂洗，阴干。

4.2　针线法修复

4.2.1　针线法

本次保护修复使用了回针法、缭针法、跑针法、铺针法。

（1）回针法：此针法的针脚互相连接，正面类似缝纫机机缝的针迹，反面针迹相互重叠，其线迹总长度为正面的两倍。回针法的稳定性较好，被缝的织物较难产生滑动的现象。

本次保护修复中用回针法把衣服面和衣服里衬上下两层进行缝合固定，还用于衣服缺损处的拼接和衣服的加固、裂缝的修复。

（2）缭针法：由于该针法的缝线在折叠的两层织物间滑动，所以针迹几乎看不见。可用于织物卷边的固定或两块卷边织物的水平连接。

本次保护修复中用缭针法把衣服的边及衣服的接缝处连接缝合。

（3）跑针法：此针法在纺织品修复过程中使用率较高，缝线施加于织物纱线的力较小，纱线在受到外力产生位移时，不会被缝线死死地固定住，而是有一定的活动余量，这对于脆弱纱线的保护是非常有利的。

本次保护修复中将整件衣服都用了跑针法，其作用是将衣服面以及里衬进行缝合。

（4）铺针法：铺针法用于破损部位与背衬材料的缝合；将松散的纱线固定于背衬织物等。铺针中缝线对于织物经纬线的作用力较为均匀，多排铺针的运用可较柔和稳定地保护所修复部位，与其余较完好的部位融于一体。

本次保护修复中用铺针法将衣服经线或纬线缺失的部位固定于背衬织物上。

4.2.2 修复前后对比（图24～图31）

图24 表面正面（修复前）

图25 表面背面（修复前）

图26　里衬正面（修复前）

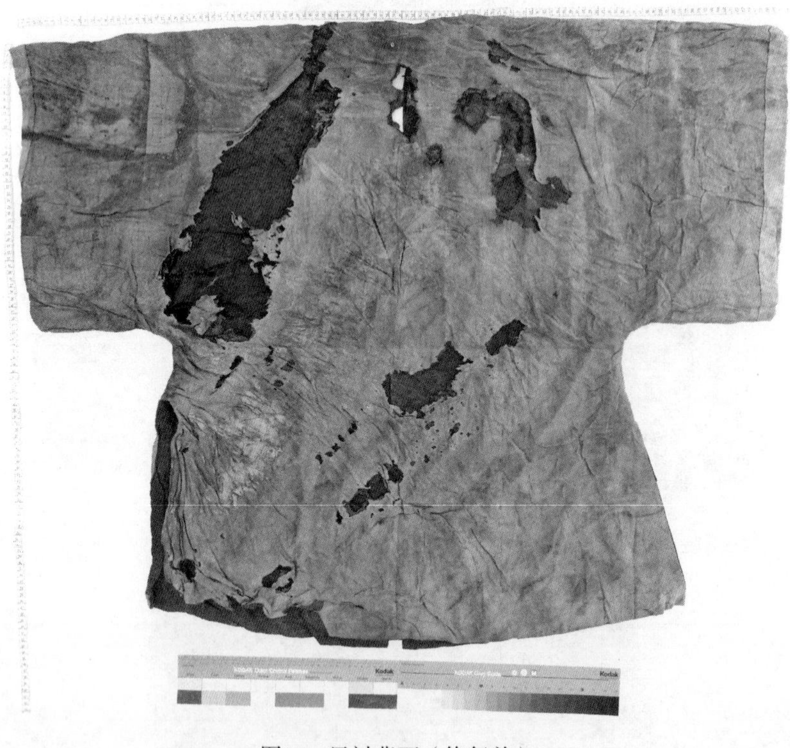

图27　里衬背面（修复前）

图28 表面正面（修复后）

图29 表面背面（修复后）

图30　里衬正面（修复后）

图31　里衬背面（修复后）

4.2.3 修复部分细节前后对比（图 32 ~ 图 39）

图32 残缺处修复前（一）

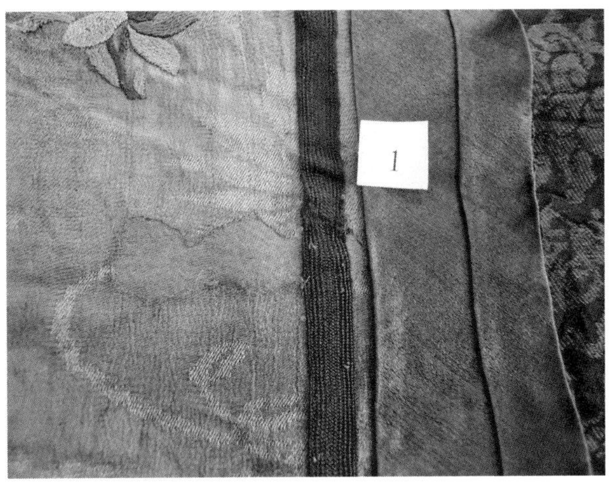

图33 残缺处修复后（一）

图34 残缺处修复前（二）

图35 残缺处修复后（二）

图36 污染处修复前

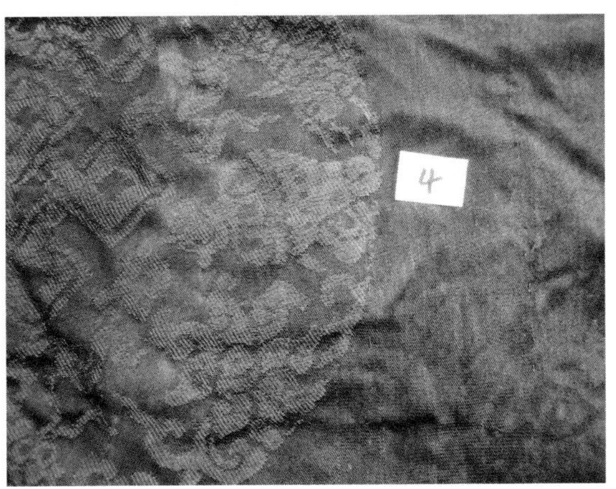

图37 污染处修复后

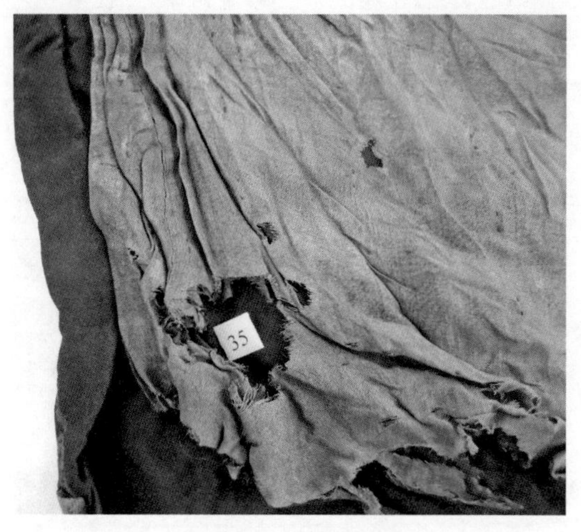

图38　褶皱处修复前

图39　褶皱处修复后

5　保护修复后的状况（图40和图41）

通过对文物的一系列保护处理，该件文物得到了妥善的保护，整件效果较好，其原有的历史价值和艺术价值得到了最大限度的展现，达到预期的目的和效果。

图40　文物正面

图41 文物背面

酸化图书pH测定中的影响因素探讨*

张玉芝[1-3]　郑冬青[1-3]　张金萍[1-3]

（1. 近现代纸质文献脱酸保护技术文化和旅游部重点实验室，江苏南京，210016；2. 纸质文物保护国家文物局重点科研基地，江苏南京，210016；3. 南京博物院，江苏南京，210016）

摘要　测定pH可以衡量纸张酸度，测定时会受多种因素的影响。从不同用水类型、不同温度、不同pH测定方法、纸张晕散速率（以接触角为度量）等方面测试，以期得到理想的结论，为酸化的图书及革命文物的pH测定提出一种安全高效、科学可行的方法。

关键词　酸化图书　pH　影响因素

引　　言

我国纸张酸化的形势非常严峻，全国几乎所有的图书馆、档案馆、博物馆都存在纸张脆化的问题，特别是民国文献尤为明显[1]。引起纸张脆化的主要原因是纸张含酸量的增加，即pH的下降。

一般而言，pH即氢离子浓度的负对数（以10为底数）。纸张的pH则是纸张溶液对纯水溶液（pH=7）中H^+/OH^-平衡的影响程度。pH（即酸度值）非常重要，它直接影响纸张的存放年限。

影响pH的测定因素很多，如测试用水、仪器、用水、纸张材料等。针对工作实际，筛选一种科学的pH测定方法显得尤为必要，为今后的分析检测乃至文物保护奠定了基础。

1　仪器和材料

ORION 3-star 台式pH计（Thermo公司）、CLEAN PH30便携式pH计（一代、二代）、AL204电子天平（梅特勒-托利多公司）、Elix2纯水仪（Merck，二级纯水仪）、电热恒温老化箱（苏州鑫达）、DDS-307电导率测定仪（梅特勒-托利多公司）、MC20G超级恒温水浴（上海正慧）、DAT动态接触角测定仪（TMI公司）、DZG一级纯水仪（普力菲尔公司）、市售纯净水（怡宝）、DRK白度仪（济南德瑞克）、透气率测定仪（L&W公司）。

* 2015年文化部科技创新项目“苏州桃花坞木刻年画保护研究”成果之一。

2 图书选择

选择A、B、C三本图书作为研究对象（图1）。

图1 A、B、C三本图书

A、B、C三者的透气率、白度情况、出版社、出版年信息均不相同，具体信息可见表1。

表1 三本图书信息表

序号	透气率/［μm/（Pa·s）］	R_{457}	出版社	出版年
A	23.6	29.78	人民体育出版社	1973年
B	1.78	41.96	少年儿童出版社	1982年
C	3.58	23.97	人民教育出版社	1961年

三本图书由于造纸工艺、原料来源不同等原因，纸张的动态接触角随时间呈现不同趋势（图2），其中图书A在20s后，接触角基本为零；图书B在120s内维持稳定，水滴滴于纸张表面时可以滚动；图书C在水接触纸面的10s时，接触角降低，到60s左右接触角降低为原值的1/3。

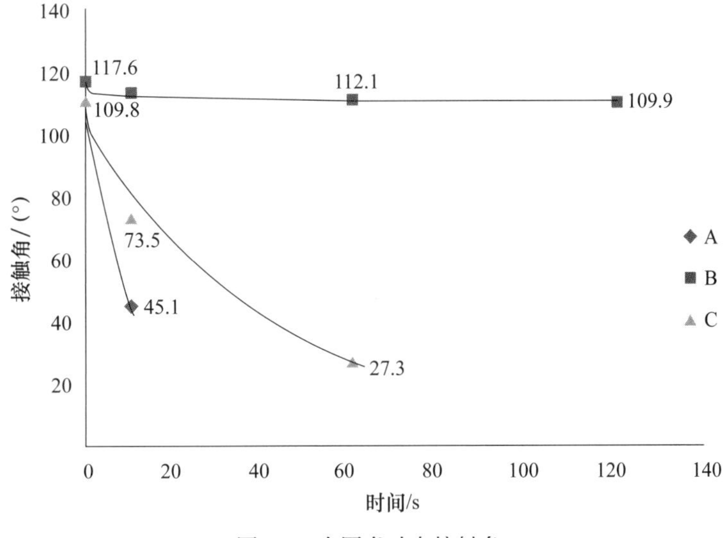

图2 三本图书动态接触角

3　影响因素试验

3.1　用水类型

测试前分别用pH为7.00、4.01标准溶液标定酸度计，再用蒸馏水冲洗数次，酸度计校正完成。将实验室所制的一级纯水、二级纯水、市售纯净水、自来水均置于25℃的超级恒温水浴中稳定4h后，用ORION 3-star台式pH计进行测定。同时采用三者，取出用经校正的电导率测试仪测定不同类型水的电导率，结果见表2。

表2　不同类型水的pH及电导率

	自制一级纯水	自制二级纯水	市售纯净水	自来水
pH	5.29	6.27	6.50	7.60
电导率/μS	4.03	1.250	2.56	293

按照GB/T 13528—2015《纸和纸板　表面pH的测定法》要求，测定pH需用纯水，参考GB/T 6682—2008《分析实验室用水规格和试验方法》的分类，结合实验室具体情况，排除自来水和自制一级纯水，可采用自制二级纯水（即Elix2 纯水仪所制得的水）和市售纯净水进行试验。

3.2　酸度计类型

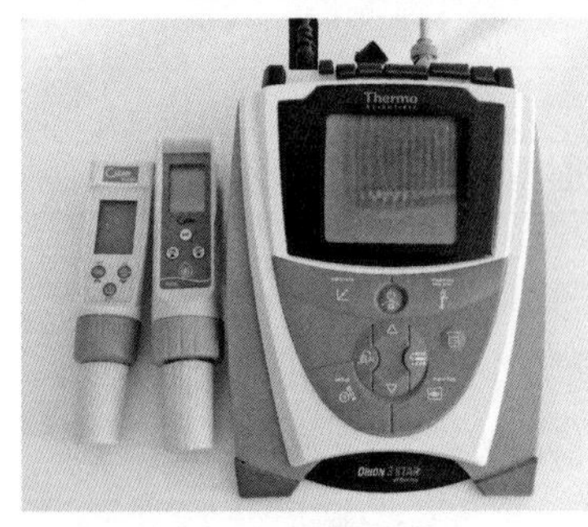

图3　不同pH计类型

由于试验条件限制，实验室共有三种酸度计进行选择，图3从左至右即：CLEAN PH30一代笔式pH计、CLEAN PH30二代笔式pH计、ORION 3-star台式pH计。

采用pH为4.01、7.00、10.00（25℃条件下）的市售缓冲溶液进行酸度计的校正，校正过程中发现：台式pH计和一代笔式pH计的斜率较好，可以达95以上，二代笔式pH计校正过程中偏差较大，弃用。所以试验过程中采用一代笔式pH计和台式pH计进行测定。

3.3　温度变化

试验过程中，一般将待测纸张和相关试验用品置于恒温室内（温度：23℃ ± 1℃，相对湿度：50% ± 2%），待放置稳定后进行测定。如若是普通办公环境，夏季和冬季空调开启，室温基本控制在15 ~ 30℃。从物理学角度讲温度越高，分子运动越快，所以温度将会影响pH的大小。选择台式pH计测定缓冲溶液在不同温度下pH的变化，可以看出：温度对于pH的影响比较小。结果见表3。

表3　温度对纸张pH的影响

温度/℃	15	20	25	30
pH	7.04	7.03	7.01	7.00

由表3可知，普通的办公区环境稳定对pH测定的影响有限，这个因素的影响基本可以忽略。

4 测试方法选择

一般用于测定pH的方法有两种，即参照GB/T 13528—2015《纸和纸板　表面pH的测定法》、GB/T 1545.2—2003《纸、纸板和纸浆　水抽提液pH的测定》进行，其中水抽提液法又分为冷抽提法和热抽提法。

4.1 表面pH的测定

目前将确定下来的因素汇总如下：自制二级纯水（a）、市售纯净水（b）、一代笔式pH计（c）、台式pH计（d）。将这些因素两两组合，参考标准GB/T 13528—2015《纸和纸板　表面pH的测定法》，测定每本图书的页面中心位置pH，25℃下测定4次，取平均值，具体数据见表4。

表4　三本图书表面pH的测定

pH / 图书	测定方法	pH 1	pH 2	pH 3	pH 4	平均pH
A	ad	4.82	4.78	4.71	4.92	4.81
	bd	4.63	4.50	4.78	4.64	4.64
	bc	5.13	5.33	4.96	4.95	5.09
	ac	5.08	4.94	5.17	5.03	5.06
B	ad	4.52	4.70	4.48	4.63	4.58
	bd	4.56	4.44	4.49	4.51	4.50
	bc	4.82	4.93	4.99	4.75	4.87
	ac	4.85	4.96	4.96	4.83	4.90
C	ad	5.90	5.94	5.90	5.42	5.79
	bd	5.18	5.35	5.75	5.84	5.53
	bc	4.50	4.54	4.46	4.52	4.51
	ac	4.90	4.47	4.77	4.81	4.74

三本书疏水性能不同，乃至同一本书内pH测定结束后，水滴在不同纸页上的晕散直径也不同，这对pH测定有影响，对于容易渗透（即接触角较小）的纸张而言，表面pH更接近真实情况。对于疏水性强（接触角大）的纸张而言，需要抽提法来进一步验证表面pH结果的有效性。

从表4中分析可知表面pH测定结果主要取决于pH计的种类，即ad和bd、ac和bc测定值比较接近，测定用水影响小。

4.2 冷抽提法测定pH

冷抽提法是将2g纸样（绝干质量）剪成5mm × 10mm的小纸片，加入100mL二级纯水，25℃环境下浸泡1h，见图4。

浸泡期间摇动至少3次，然后将抽提液倒入小烧杯，其中采用台式pH计（a）、一代笔式pH计（b）平行测定三次，测定结果见表5。

表5　冷抽提法测定pH

图书 \ pH	pH计类型	pH 1	pH 2	pH 3	平均pH
A	a	5.05	5.04	4.88	4.99
	b	5.03	4.85	4.86	4.91
B	a	5.60	5.61	5.56	5.59
	b	5.71	5.74	5.68	5.71
C	a	4.61	4.60	4.71	4.64
	b	4.91	4.88	4.93	4.91

由表5可知，三种不同疏水性能（造纸过程中添加的疏水材料多少、种类不一）的纸张，采用冷抽提法分别用台式pH计、笔式pH计测定pH，台式与笔式的pH相差0.08、−0.12、−0.27。

4.3　热抽提法测定pH

热抽提法是将2g纸样（绝干质量）剪成5mm×10mm的小纸片，加入100mL二级纯水，25℃环境下浸泡1h，见图5。

图4　冷抽提法测定pH

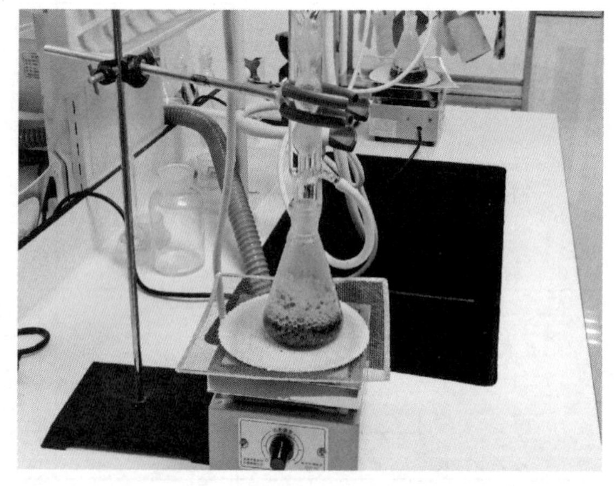

图5　热抽提法测定pH

精密吸取100mL的二级纯水，加热至近沸腾，将此水倒入装有2g绝干纸样的磨口锥形瓶中，加热回流1h，之后放入冰水浴中冷至25℃，然后将抽提液倒入小烧杯，其中采用台式pH计（a）、一代笔式pH计（b）平行测定三次，测定结果见表6。

表6　热抽提法测定pH

图书	pH计类型	pH 1	pH 2	pH 3	平均pH
A	a	4.37	4.64	4.73	4.58
	b	4.64	4.89	4.91	4.81
B	a	5.01	4.89	4.88	4.93
	b	5.26	5.16	5.15	5.19
C	a	4.58	4.63	4.61	4.61
	b	4.97	4.93	4.87	4.92

参照美国标准*TAPPI T509 OM-2002 hydrogen ion concentration*（*pH*）*of paper extracts*（*cold extraction method*），其中此标准的附言中指出：用冷抽提法和热抽提法测定的pH不同。

对于含有松香和明矾施胶的纸张，热抽提法pH要比冷抽提法普遍低0.5～0.6。这种pH的差异主要是由明矾和碱性硫酸盐的水解导致的；对于添加三聚氰胺甲醛树脂的纸张，在热抽提中容易释放出碱性物质，会导致pH比冷抽提法偏高；对于同时含有明矾和三聚氰胺甲醛树脂的纸张，热抽提法测定的pH可能高于、低于、等于冷抽提法测定的pH。

从表6中可以看出，对于ABC三本图书的热抽提法测定结果，用“台式”的测定结果分别比“笔式”低0.23、0.26、0.31，数据偏差不大，若局限于实验室条件，测定热抽提液pH时，可用“笔式”代替“台式”使用。

5 总　　结

将台式pH计（简称“台式”）、一代笔式pH计（简称“笔式”）、表面pH测定法（简称“表面”）、冷抽提pH测定法（简称“冷抽提”）、热抽提pH测定法（简称“冷抽提”）所测的pH数据进行汇总，即：将表4中含有“台式”“笔式”的测定结果相加取平均值，将表5和表6中的数字分别进行统计，结果见图6。

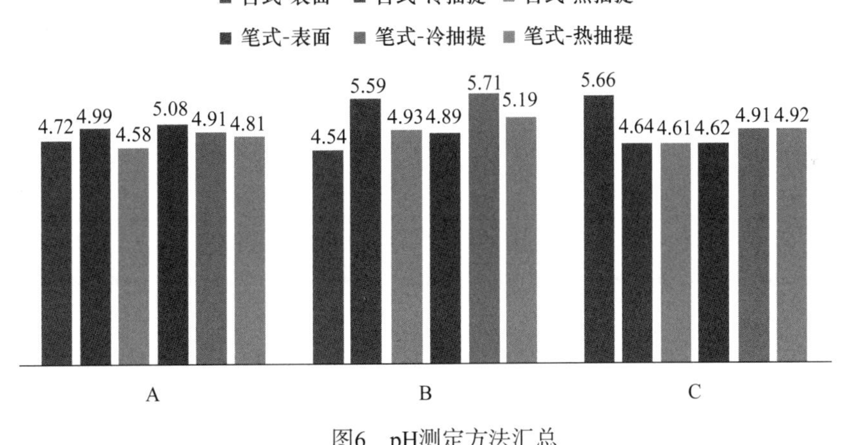

图6　pH测定方法汇总

综上，冷抽提法提取溶液并用台式pH计测定溶液pH是公认最为准确的pH测定方法。但是对一些珍贵文物、档案等，抽提法取样不可取，无法实现。从图6的汇总结果看，对ABC三本图书而言，均是“笔式-表面”比“台式-表面”更加接近于“台式-冷抽提”。

综上所述，在今后的试验操作中建议使用实验室自制二级纯水、一代笔式pH计来测定酸化图书或珍贵文物。将来的试验过程中，会进一步扩大样本，来验证结果的科学性。

参 考 文 献

［1］ 张金萍. 近现代文献酸化危机与防治思考［J］. 文物保护与考古科学，2008，（20）：95-99.

元代赵孟頫《牧马图》的修复探索

吕　云

（山东博物馆文保科技部，山东济南，250014）

摘要　这幅《牧马图》是元代大家赵孟頫大德四年的绢本绘画作品，因装裱及保存环境不善，加之年代久远，画面颜色暗沉、灰蒙模糊；画芯绢质重度酸化，变脆，左半画芯四分之三碎裂成片和渣，且碎片边口卷翘呈瓦状，右半画芯折痕折裂严重，已无法收卷和保存，需及时进行保护修复。鉴于画芯这一具体情况，修复难点在于如何将酥脆断裂的绢质画芯拼接复位并进行脱酸、清洗、揭裱、托芯等，本文主要简述修复过程中的疑点难点及注意事项，为类似病症的修复提供一些经验，以更好地延长每幅书画文物寿命。

关键词　绢本　酸化　脆化　折裂　碎裂

引　　言

赵孟頫（1254—1322），字子昂，别号松雪道人，宋太祖十二世孙，善画山水人物和马，尤善画马，他画马既融进唐宋韩、李之养分，又深入体察马之生活习性，由此形成独特的画马之风，成为继唐宋后又一画马名家。

此幅《牧马图》，画芯长92cm，宽47.5cm。原裱为立轴一色绫裱，原裱尺寸180cm × 57cm，绢本工笔设色画。

由于画作残损酸化碎裂较严重，如图1所示，画面内容只能看到赵孟頫采用平远全景构图所绘

图1　画作原状

的山丘、树木、湖泊、鞍马，虽画意不完整，但从零星的画面碎片能感受到整幅画笔势沉穆，笔法古朴，笔墨沧古，以墨立骨，工细着色，十分富有情趣和意境。

1 拼　接

此画经七百年的流传，画芯绢质各项性能都已降低，质地酥脆，绢色灰暗，有无数断折裂痕及破缺处，画作碎裂部分占据了画面2/3，所以提起移动画芯难度较大。针对这种情况，将修复台一分为二，一边摆放打开的画作，另一边重铺助纸。铺好助纸后，将画作没有碎裂的整体部分先平移至另一边的助纸上，然后将余下的碎裂部分按原位移至助纸，将碎裂部分找不着原位的放入固定容器内，待进一步拼接。在拼接过程中遵循“先大后小，先整体后局部”的原则。

1.1 干拼

此画芯碎裂严重，部分碎裂画芯已完全错位，将画芯平移于助纸后，需先对其干拼，即主要依碎裂画芯形状、画面笔意及画面颜色，将画意明显的大块拼接起来。

1.2 湿拼

经大体干拼后，因画芯老化碳化严重，画面模糊，线条笔法难以看清，为更好拼接，根据画芯遇水画面越显的原理，决定对其进行湿拼，即将画芯润湿展平后再拼，因画芯碎片卷翘成瓦状，湿拼时为了保护画芯，一改喷壶上扬喷润画芯法，改用大毛笔在画芯正面多遍滚水，借助水力润潮展平画芯卷曲部分。毛笔滚水对画芯无冲击力、无破坏性，避免喷洒水花冲跑上一步干拼好的画芯的可能性，实为一种安全做法。

画芯遇水后将毛巾对折卷成筒状开始展平画芯，由中间向两侧依次排赶展平，展平画芯并非一次就能完成，需重复两三遍才能将画芯展平。从遇水展平后的画面现状看，画面颜色较以前显现了很多，在遇水展平画芯的同时，也起到了清洗画芯的作用。

展平画芯后对其碎裂部分进行湿拼，找到它们各自在画面中的位置。小碎片需要用镊子夹，一个碎片要多次试拼，才能拼接到位。

2 清　洗

2.1 脱酸

经前期检测，画芯pH为4.04，呈强酸性，为延缓其绢质老化速度，降低绢质酸度，更好地延长画作寿命，在清洗画芯前需对其进行湿法脱酸处理。

2.2 清洗

清洗时，为避免水力将碎裂画芯冲划错位或丢失，需做好以下防护工作：

（1）清洗前，在画芯正面扫贴一张四周都比画芯宽3cm左右的护纸对其做保护。

（2）清洗前，将画芯四周围堵一圈滚状浴巾，以防冲洗画芯时水流流出来，将画芯位置改变。

（3）清洗时，因画芯碎裂较严重，用排刷在画芯正面一遍遍轻轻铺水，铺湿画芯，等到水流铺满整个画芯，呈薄薄的一层水层为宜。等到水流铺满整个画芯，将毛巾对折卷成筒状开始化水清洗。

2.3　揭掉护纸，检查画芯

清洗完后，揭掉画芯正面护纸，揭掉护纸原因有二：第一，护纸经数次清洗、毛巾卷滚后，纸张力量变弱，不适合下一步翻个后做助纸；第二，此幅《牧马图》画芯碎裂极为严重，清洗过程中难免会发生错位移动，揭掉护纸方便重新拼接错位画芯，而且可以更好地观察画芯清洗前后画面变化情况。

经检查，此画芯经过清洗后，画芯并没有发生离脱错位和移动，可直接进行下一步修复。

3　揭　　裱

揭裱前，一定等画芯润湿闷透后再揭，千万不可盲目揭裱，我们先分析此幅画作的具体破损状况，分析揭裱难点，建立相应的解决方案，以免造成不可弥补的损失。

此画的具体揭裱难点在于：

（1）是否揭掉命纸。北宋米元章在《画史》中谈道：古画至唐初，都用生绢，到吴道子、周昉、韩干，后来都用热汤半熟入粉，捶如银板，所以画人物时精彩入笔。元代也一直沿用“用热汤半熟入粉”这一传统，故有的绢经揭裱后就筛了。这是因绢稀，命纸一去，画面颜色会随刷在绢后的糨糊一起揭掉，绢就有了格眼，像筛子一样，因而画就无神了。筛了的画，无法补救。对于此幅画，犹豫在揭与不揭之间，若不揭，画芯已严重碳化酸化，覆褙纸和命纸粘在一块，揭覆褙纸时易揭“通花”，通花即画面薄厚不均，花花离离；若揭，担心接筛，整幅画毁于一旦。故在正式揭裱前，需在有画面的地方先揭一小块试验一下，看会不会接筛，经试验证明，发生筛的情况为零，画面揭去命纸后反倒更清晰了。

（2）画面绢质碳化酸化严重，绢质一搓呈泥状或粉状，揭裱手法有局限性。此画作命纸发生碳化酸化，十分难揭，若采用揭搓捻的揭裱手法很容易将画芯绢质破坏，故在此画揭裱时采用的方法是：将画芯喷至很湿，命纸借助水力可划动，用铲刀轻轻拨挑画芯命纸，命纸就脱离画芯了，在揭裱过程中，难免会有泥状的命纸残渣遗留在画芯上，遇到这种情况，我们的处理办法是，将大毛笔蘸饱水分，将笔肚平放在需清理的画芯表面，向外卷滚残渣。

透过这幅揭裱完成后的画芯我们可知：揭去命纸的画芯颜色一下子就显现出来了，画面也不再那么乌气了。

4　小　　托

针对此幅《牧马图》的具体情况分析，采用“整托心”补法进行修补较为实际和科学，原因主要有以下两点：

（1）《牧马图》画芯洞口较多，若采用“碎补法”对其一个一个进行配制补料，进行刮口打磨，极其费工费力费时，操作难度较大，并且补料刷过胶矾进行处理之后，两者生熟不一，违背平衡原则。

（2）《牧马图》画芯碎裂严重，若采用“碎补法”将画芯洞口补好后，在小托上浆时补料很可能会移动。

若采用湿托法，在画芯上上浆，将命绢扫贴到画芯上，难度较大，命绢很难扫平，故我们采用“飞托法”，即在命绢上刷浆后，将带着助纸的画芯直接翻个扣到上好浆的命绢上，扫贴排实后将其翻个，进行修补工序。

此幅《牧马图》绢本已经失去氢原子和氧原子，绢本脱水十分严重，只剩下碳原子这种黑色物体，绢本碳化相当严重，在绢本碳化的情况下，绢本更不易挂住浆，若在此情况下我们再给画芯上的浆子比较薄，浆子的水分又会停留在绢本表面，下渗不下去，画芯便不能够与命纸黏接紧密。故此次画芯上浆，我们选用较稠糨糊。

5 修　　补

5.1 补洞

经小托后的画芯洞口处仅有一层绢，无洞处有两层绢，一层为原本画芯绢质，另一层为命绢，为使洞口处和无洞处的厚度达至平衡，我们需在洞口处命绢的后面用白绢垫在破洞处衬平，即采用“隐补”的“补洞”法。

5.2 加蛇条

补洞后在画芯断裂折痕处加贴蛇条予以加固。

6 全　　色

全色前需在画芯背面刷胶矾水，以便全色时着色不漏和全错颜色时较易修改。

全色即补色，即在破洞处填入与画芯底色相近的颜色。

在颜料盒中调配好全色时所需的颜料，为使颜料呈“旧气”，在调配时可使用老色，如我们会使用清洗字画时所洗出来的茶色污水来调配颜色，调配好后先在画芯四周多余的命纸上，多次试色基本满意后，再在画芯边角处试全。

本幅画因碎裂折痕较多，故在全色时主要是避免黑圈的出现，毛笔所蘸颜料不要太多，执笔手法要正确，毛笔保持直立状态。

7 修复结果评估

在修复元代赵孟頫的此幅《牧马图》的过程中，我们采用中国古旧书画传统的修复工艺方法，根据画作的具体损伤情况作出具体分析，并制定严密合理的修复方案，在修复过程中，根据画作不断出现的新情况，做出相应的解决措施，不断探索研究和实践适合画作的修复工艺，经几十道修复工序，使元代大家赵孟頫的这幅古画恢复了原有的艺术风貌，重现了昔日风采。如图2画作修复完成后可见：原本画面中透迤的群山，蜿蜒的湖湾，曲折的湖岸，平静的湖泊，绿色的平坡，七匹千里骏马又重新映入我们眼帘，画芯经过修复后，原有的艺术效果最大限度得以再现。

图2　画作修复完成后

贴条糨糊浓度对书画修复的影响

孙文艳　王晓静

（山西博物院文物保护中心，山西太原，030024）

摘要　贴条是书画文物修复过程中针对断裂、折痕进行加固的修复方法，一般在两种情况下使用，一种是揭裱修复时贴敷在命纸上的纸条，一般为宽3～5mm的单层棉料单宣；另一种是非揭裱修复时，贴敷在褙纸上的纸条，一般为宽5～7mm的已托棉料单宣。贴条处的厚度、柔软度、平整性影响着文物的寿命，通过实验发现，直线型贴条效果好于曲线型贴条；母浆黏度高，贴条修复时糨糊浓度低的好于浓度高的。将这一实验结果应用到具体文物修复中，收到了较好的修复效果。

关键词　贴条　直线型　高黏度稀浆

书画文物在流传过程中会产生不同程度的折痕和断裂，通过贴条可以有效地解决此种病害。修复方案不同，贴条操作也不同。揭裱修复时，贴条是在命纸层上进行，一般为宽3～5mm的单层棉料单宣。非揭裱修复时，在褙纸上对文物严重折痕和断裂进行贴条，此纸条一般为宽5～7mm的已托棉料单宣。糨糊浓度的高低对贴条处的厚薄、平皱、软硬等有直接关系，而书画文物的薄、软、平、光是延长文物寿命的重要指标。为寻求更好的保护修复效果，本文通过实验探讨不同浓度的糨糊对贴条效果的影响。

1　实验思路

选用小麦面粉与水的重量比为1∶3的比例配制母浆。称取定量母浆，配制成不同浓度的糨糊，均匀涂抹在实验纸条a和b上，贴于实验断裂口处，每组三个平行样。

将制好的实验样统一放至老化箱进行干热老化，老化条件：105℃±2℃，连续老化72h（相当于自然老化25年）。每隔数小时揉动实验样*n*次，老化数小时后观察贴条效果。

2　实验过程

2.1　实验材料的准备

2.1.1　母浆的制备

称取面粉150g，按照面粉与水的重量比1∶3的比例，将450mL的凉水加入150g干面粉中，将面粉和至稀糊状。在电磁炉上，用1000℃熬至3min后，改用500℃熬22min，糨糊成熟。倒入凉水，待糨糊冷却。

2.1.2　验载体的制备

（1）实验纸张为“徽记”牌四尺棉料单宣。

（2）在已托的四尺棉料单宣上剪切18对断裂口，做实验底材。

（3）将单层四尺棉料单宣裁切成宽3mm的窄条（标号a）。

（4）将托过的四尺棉料单宣裁切成宽5mm的窄条（标号b，图1）。

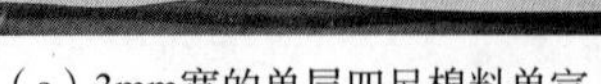

（a）3mm宽的单层四尺棉料单宣

（b）5mm宽的已托四尺棉料单宣

图1　实验窄条

2.2　贴条

1#样品：称取120g母浆，用木棒将其研磨细润，分别均匀涂抹在a和b上，贴于实验断裂口处。

2#样品：往1#样品研磨的糨糊中加入20mL冷水，研磨细润后分别涂抹在a和b纸条上，贴于实验断裂口处。

3#样品：往2#样品糨糊中加入10mL冷水，研磨细润后分别涂抹在a和b纸条上，贴于实验断裂口处。

4#样品：往3#样品糨糊中加入10mL冷水，研磨细润后分别涂抹在a和b纸条上，贴于实验断裂口处。

5#样品：往4#样品糨糊中加入15mL冷水，研磨细润后分别涂抹在a和b纸条上，贴于实验断裂口处。

6#样品：往5#样品糨糊中加入40mL冷水，研磨细润后分别涂抹在a和b纸条上，贴于实验断裂口处（图2和图3）。

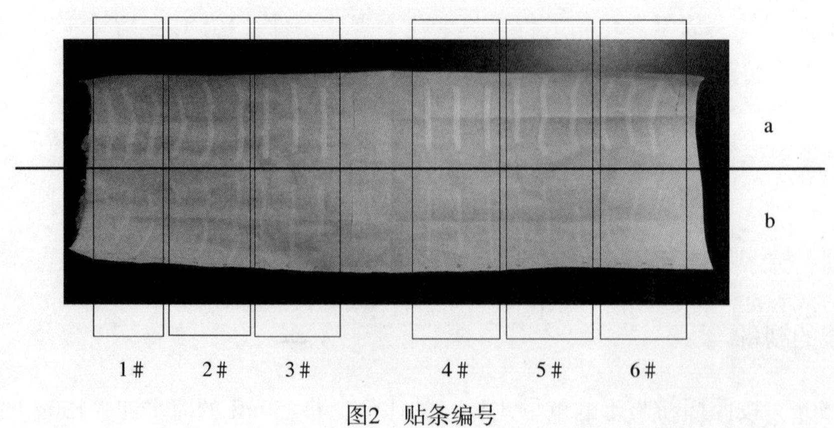

图2　贴条编号

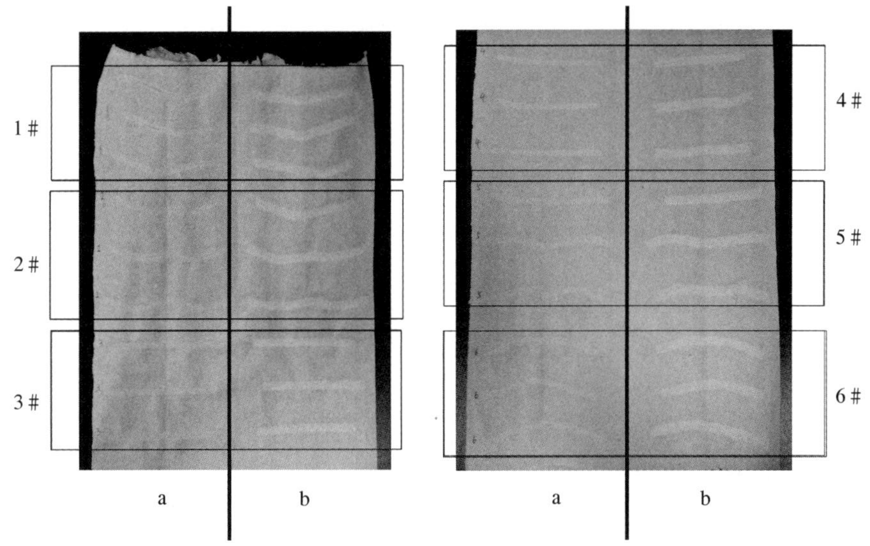

图3 贴条后的初次效果

2.3 老化

设备：GZX-9240 MBE数显鼓风干燥箱（上海博迅实业有限公司医疗设备厂）。

老化方式：干热老化。

老化条件：105℃±2℃，连续老化156 h（相当于自然老化55年）。

操作：①每隔10 h裹杆碾、卷、展实验样20次；②实验裂缝是模拟文物的病害，而文物的折痕、断裂病害是与文物的天地杆平行或近于平行的，不会与其垂直。同时修复此类病害时，垂直于天地杆的折痕是不贴条的，故而揉动样品采取的实验操作是，沿平行于贴条方向，将样品纸的一端裹缠在地杆上，如卷画般卷至样品的另一端（图4），如此往复10次。再以同样的方式从样品的另一端卷起，往复10次（图5）。

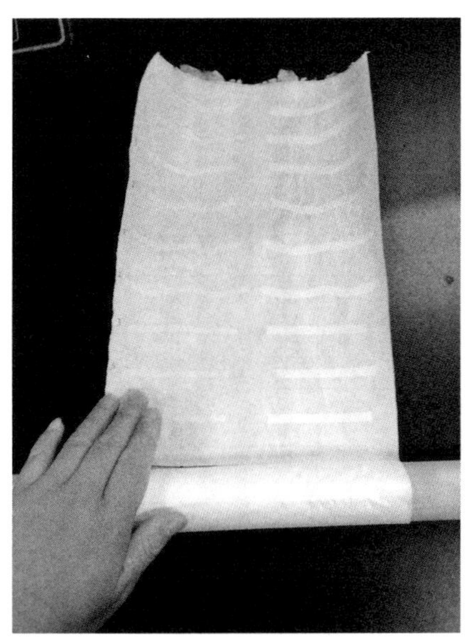

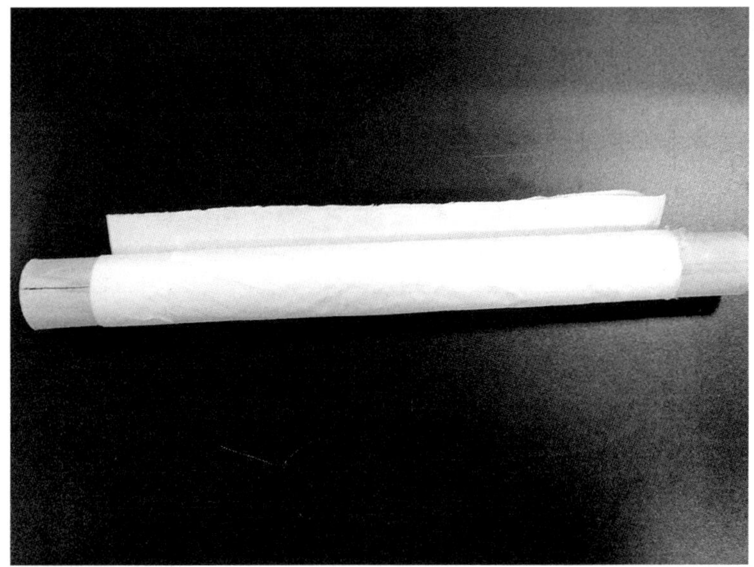

图4 模拟卷轴画卷、展实验样

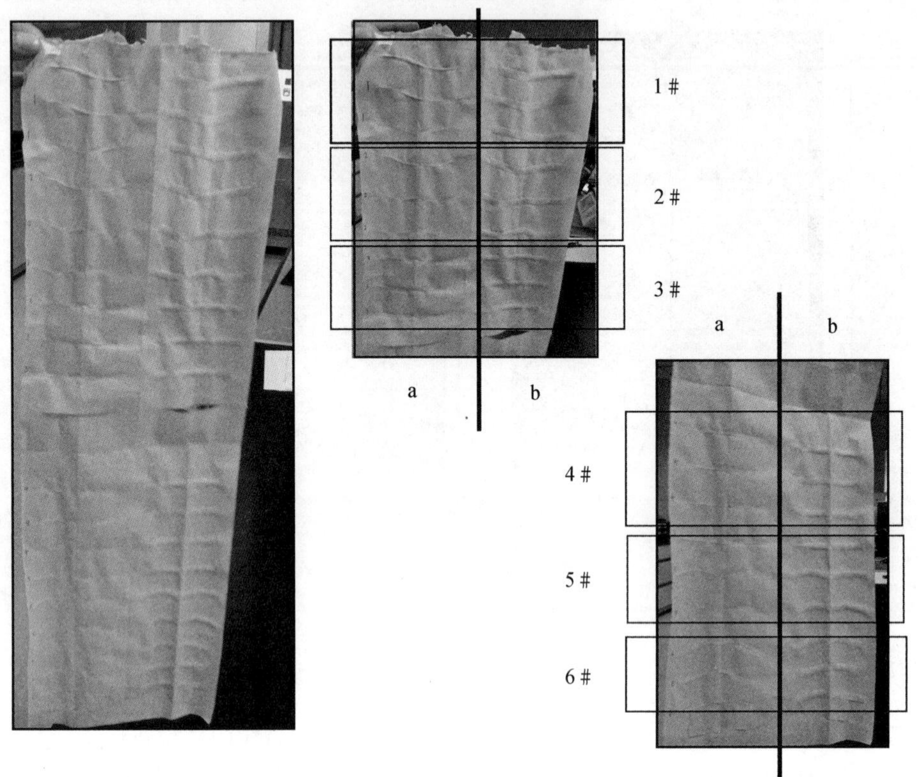

图5　老化21h后的效果

2.4　实验结果

书画装裱后，要达到薄、软、平、光。书画修复后也是从这四方面衡量的。本实验主要考量书画装裱后的打蜡砑磨质量，故不做该方面的要求。薄、柔软、平整是本实验比较的项目。实验结果如表1所示。

表1　糨糊黏度对帖条、厚度、柔软性、平整性的影响

样品号	厚度/mm		柔软性		平整性		糨糊黏度/（mPa·s）	备注
	单层纸条	双层纸条	单层纸条	双层纸条	单层纸条	双层纸条		
1#	0.164	0.242	较硬	较硬	差	差	—	糨糊基本为固体，无流动性
2#	0.164	0.254	较硬	较硬	差	差	—	糨糊基本为固体，无流动性
3#	0.14	0.221	较软	较软	好	较好	—	糨糊基本为固体，无流动性
4#	0.14	0.212	较软	较软	好	较好	—	糨糊基本为固体，无流动性
5#	0.15	0.24	较软	略硬	较好	较差	22000	4号转子，6转速
6#	0.135	0.227	软	略软	好	较好	1290	3号转子，12转速

2.4.1　贴条糨糊黏度

1#～4#样品使用的糨糊稠度大，基本为固体，无流动性，所以无法测出其黏度。5#、6#

样品使用的糨糊为液态，根据浓度不同，使用了不同的转子和转速，经测试，5#样品黏度为22000mPa · s，6#样品黏度为1290 mPa · s。

2.4.2 厚度

贴条厚度的测算是每个浓度的糨糊有三个平行样，每个样品条又在相同的两个部位采值，共6个厚度值，再平均6个值后，得到最后的厚度。

从数值中可以看出，①贴条处厚度受糨糊浓度、病害形状和贴条方法的影响。糨糊浓度越大，单位面积堆积的糨糊分子数越多，其厚度也越高。实验中使用单层纸条加固结果（5#样品除外）就符合这一规律。5#样品的结果除受糨糊浓度因素影响外，还与病害形状和贴条方法有关。5#样品的三个平行样中5#-1是近似直线的断裂口贴条，5#-2和5#-3为多曲线断裂口贴条。5#-2和5#-3贴条，为满足贴条时断裂口位于贴条的中部，故纸条上重叠处较多，所以测试结果偏高。②双层纸条加固效果受以上三种因素影响强于单层纸条加固效果。实验样品中，1#、2#、5#和6#实验样的断裂口是曲线型，其中1#和6#实验样是单弧线型断裂口，2#和5#实验样是多弧线组合型断裂口。3#和4#样品是直线型断裂口。由此可见双层纸条贴条的实验可分成三组，即1#和6#一组，2#和5#一组，3#和4#一组。从三组的实验结果可以看出：①直线型断裂口贴条厚度小于曲线型断裂口贴条厚度，即3#和4#实验组厚度值最小。②断裂口的弯曲数越少，其贴条处越薄，即1#和6#实验组的厚度值小于2#和5#实验组。③同组实验中，糨糊浓度越低，贴条处的厚度值越小，即1#和6#实验组中6#样品的厚度值小；3#和4#实验组中4#样品的厚度值小；2#和5#实验组中5#样品的厚度值小。④用一根完整纸条对弯曲弧度大的断裂口贴条时，贴条上形成多处叠压痕，使贴条平整性差，厚度值大。

2.4.3 平整性

面粉的主要成分为淀粉，淀粉大分子中因含有许多羟基，所以其具有较强的极性，在较大的氢键力和分子间力作用下，淀粉对与其结构相似的纤维素有较强的黏附力[1]，黏合处的分子间力大于未黏合处，故而贴条周围产生褶皱。糨糊浓度越大，淀粉大分子越多，与纤维素结合越紧密，贴条周围越不平整。当贴条放入烘箱进行干热老化后，贴条处的水分逐渐失去，淀粉大分子与纤维素结合越紧密，与未贴条处纤维间分子间力差距拉大，贴条周围褶皱程度加重，加之实验样每隔10 h裹杆碾、卷、展20次，加重了褶皱病害。此外，面粉中的蛋白质在浸润时黏性大，易使纸张起皱。实验中，由于单、双层纸条厚度和用浆多少的差异，贴条后纸张的平整性不同。

2.4.4 柔软性

糨糊浓度、折裂口形状及纸条厚度对贴条柔软性均有影响。

（1）贴条处厚度越大，柔软性越差，贴条处厚度既与糨糊浓度有关，又与纸条厚度有关。糨糊浓度越大，黏合处的糨糊颗粒越多，淀粉分子间结合力越大，贴条处柔软性越差。纸条越厚，其自身的柔软性较低，进而影响贴条处的柔软性。

（2）折裂口形状的影响。直线型的折裂口由于附加在底纸上的力方向单一，故而对于柔软于曲线型的折裂口应施以多方向力的贴条。

2.5　实验对实际工作的指导

（1）直线型贴条效果好于曲线型贴条，故在贴条过程中，弯曲角度大的断裂口，不需用一根整条贴敷，可据弧度截断纸条，而后转向衔接后，继续粘贴。

（2）糨糊浓度低的贴条效果好于浓度高的，所以在制备母浆时，要注意母浆的黏性，母浆黏度高，则在贴条时，糨糊浓度不需太高。

（3）贴条后的薄、软、平、光要素可通过打蜡、研磨得到改善，尤其是厚度和柔软性方面，改善效果最明显。

2.6　实验结果的应用

《祁文端大字卷》是清代大臣、三代帝师祁寯藻的书法作品，其书法功底深厚，笔力遒劲，自成一格。该手卷装裱技术精湛，在装裱技术衡量指标——薄、软、平、光四方面无可挑剔。但由于装裱过程中使用了胶矾水，在流传过程中，空气中的水分、灰尘等因素使纸张局部酸化，出现脆化现象，尤其是手卷的撞边，因长期裸露于外部空间，撞边发生脆化，出现撕裂、残缺等病害。此次修复的思路是加固撞边、保护文物美观的同时，加强撞边对文物内部的保护作用。

（1）文物严重折痕的修复。采用已托四尺棉料单宣，通过对贴条糨糊浓度和贴条效果实验可知，用2.2节中6#样品的糨糊贴条效果最佳，同时通过实验可知，直线型贴条的效果好于非直线型贴条。故而此次修复，我们使用黏度为2.2节实验中6#样品的糨糊，将已托四尺棉料单宣裁成4mm纸条，以直线方式对折痕进行加固，即对曲线断裂贴条时沿断裂处将纸条刮断，再将纸条断裂口重合1～2mm后，改向沿断裂口继续粘贴（图6）。

（2）对于撞边的修复。①断裂的修复。由于病害处无残缺，所以用5mm的已托四尺棉料单宣黏合断裂处。糨糊略稀于2.2节中6#样品的糨糊。贴条后用吸水纸吸去贴条中的水分，再压重物待干燥、平整（图7）。②残缺的修复。越靠近手卷卷首，撞边破损现象越严重，修复时考虑到破损病害相邻，逐个修复易在今后的使用中产生新的撕裂，故而采用将残损撞边修复成一个整体的修复方案。将与撞边同色已托绢裁成4mm窄条，在绢面均匀涂抹2.2节中6#样品浓度的糨糊后，用吸水纸吸去贴条上多余的水分，压重物待干燥、平整（图8）。

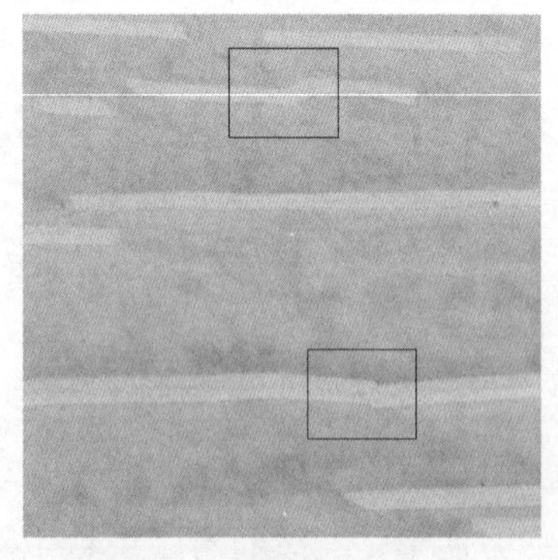

图6　曲线断裂的贴条

图7　无残缺撞边的修复

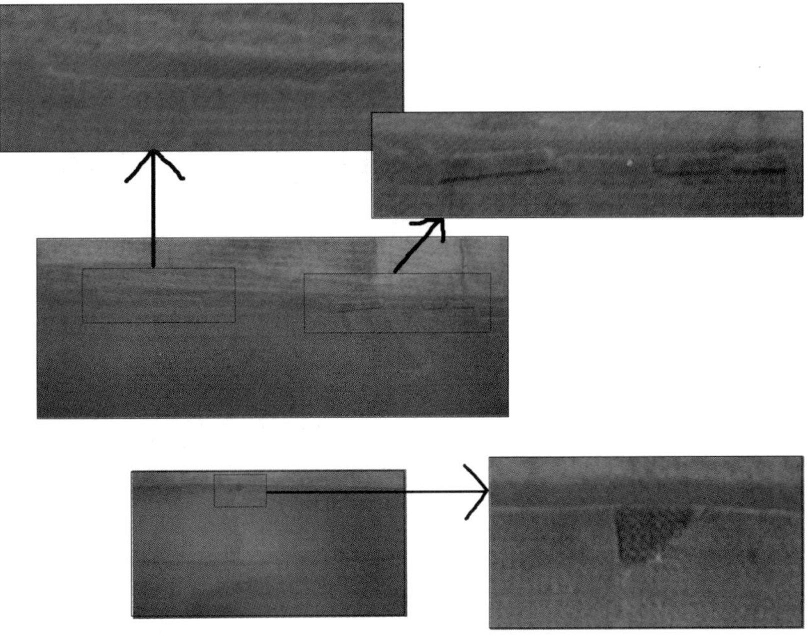

图8　残缺撞边的修复

（3）修复效果。贴条干燥后，涂蜡、砑磨。修复后修复部位能达到薄、软、平、光（图9）。

图9　修复后的效果

致谢：本研究得到山西省文物局文物保护科学和技术研究课题（2012-kb-03）资助。

参 考 文 献

[1]　郭莉珠. 档案保护技术学教程［M］. 北京：中国人民大学出版社，2000：293.

《清冯廷丞诗稿墨迹》册页的保护修复案例

李晓晨
（山西博物院，山西太原，030000）

摘要 冯廷丞，字均弼，号康斋，今山西省代县人，清代官员，代州冯氏第十一世代表人物。晋祠博物馆藏《清冯廷丞诗稿墨迹》，为册页形式。由于年代久远，册页空鼓，糟朽断裂，曾经因受潮而发生霉变，严重的发霉致使册页下半部分霉斑附着、册页粘连成书砖，部分页面无法安全打开。本文通过《清冯廷丞诗稿墨迹》册页的保护修复，对发霉粘连册页的保护修复进行经验总结。

关键词 霉变 册页 保护修复

引　　言

《清冯廷丞诗稿墨迹》，纸本，晋祠博物馆收藏，清代，纵25.4cm，横16.8cm，共12开。册页封皮题名《均弼公墨宝——冯氏家藏》。文曰“乾隆庚寅典试福建，怀京华及门诸子，徐后山选贡，驿馆催人觉五更……”。

冯廷丞，字均弼，号康斋，清代州城（今山西省代县）人，代州冯氏第十一世代表人物，清代乾隆壬申科举人，一生为官清廉。历任光禄寺署正、大理寺丞、刑部郎中、刑部广西司员外郎、广东司郎中、江浙分巡宁绍台兵备道兼海关监督、台湾兵备道兼提督学正、江西提刑按察使、湖北提刑按察使等职。著有《敬学堂诗抄》《霞报斋诗集》等[1]。他于1775年（乾隆四十年）奉旨担任福建分巡台湾兵备道，为台湾清治时期这阶段的地方官员。

由于年代久远，册页书角处被磨成圆角，页面有灰尘，糟朽断裂；糨糊失效发生空鼓、开裂；曾经因受潮而发生霉变，严重的发霉致使册页下半部分霉斑附着、册页粘连成书砖，部分页面无法安全打开。该册页现保存于晋祠博物馆，保存环境为博物馆库房环境，册页配有专门的木质囊匣。

该册页的修复具有两大难点：一是将粘连的页面揭取开；二是修复过程中尽量保证发霉部位的完整性。纸张发霉是其物理性能下降的一个不可逆的破坏过程，发霉后的纸张变得更加脆裂，纸张pH降低，纸张纤维断裂，甚至成为粉末，表面看册页墨迹完整，一遇水可能瞬间消失。

通过对《清冯廷丞诗稿墨迹》的保存现状及病害分析，制定出详细的保护修复方案，并根据保护修复方案进行保护修复。

1 前期准备

修复前，对《清冯廷丞诗稿墨迹》进行消毒灭菌，采用除氧充氮法进行消毒灭菌，以抑制霉菌的繁殖。建立修复档案，进行前期资料采集，测量尺寸、记录数据、拍照记录。册页纸张颜色发黄，经测定，pH为5.2，呈酸性，非常不利于长期保存，再加上霉变腐蚀，修复过程需更换新的碱性宣纸作为墩子纸。通过显微镜对纸张纤维进行观察，该册页为熟宣，修复过程中根据纤维观察结果，寻找尽可能接近的仿古纸作为补纸。

2 修复过程

该册页要经过拆分、清洗、揭取、补缺等传统修复工序，尽可能最大限度保持册页原貌。

册页保护修复过程中使用的胶黏剂为低筋小麦面粉制作的糨糊。低筋小麦面粉制作的糨糊具有可逆性、黏合力强，修复后册页柔软，易于折页。

2.1 拆分

先将册页内芯与封面进行分离，再将册页每开拆分开。每拆下一开，及时进行页码标记。坚持最小损伤原则，拆分过程中避免保护性损伤。由于册页发霉产生粘连，为了尽可能展现出粘连部位的历史原貌，拆分册页采用干揭法，使用竹启子慢慢插入空鼓处，轻轻挑开。

2.2 除尘

用面团和软毛刷清洁每开册页，去除表面灰尘。虫屎、污点等使用小竹片将其挑刮干净。

2.3 加固写印

由于年代久远，墨迹中的胶老化分解，为了保证文物的安全，清洗前必须检查写印是否脱落。用棉签蘸清水，轻拭写印，看其颜料遇水是否掉色。掉色部位用5%黄明胶水进行封护，用小毛笔蘸黄明胶水涂刷。

2.4 清洗、揭取

由于册页纸张为熟宣，年代久远纸张脱矾，长时间浸泡水中可能会引起跑墨，册页下半部分霉变严重，直接清洗也会造成霉变处字迹受损，故不采用泡水清洗，而是先将册页回潮揭取，再淋少量去离子水进行清洗。若整开册页直接清洗，洗出的污渍大部分都是册页墩子纸的污渍，揭去墩子纸后再清洗可以缩短画芯浸水时间，直接清洗到画芯。既防止跑墨，霉变处也得到了保护，避免了霉变处受损。

为防止墨迹受损，先铺一张宣纸在工作台上，将册页正面向下铺于宣纸上，在册页上喷少量去离子水回潮，揭去册页的墩子纸。画芯下面垫宣纸可以防止大量水直接浸泡画芯。在画芯上淋少量常温去离子水，而后用干净毛巾滚吸脏水，往复若干次，直至毛巾拧出的水呈清水色为止。

虽然该册页下半部分被霉菌侵蚀，纸张上形成了粉、绿、黑等颜色的霉斑，影响了册页的美观，但是传统去霉法采用高锰酸钾清洗的方法并不使用于该册页。该册页霉蚀严重，纸张糟朽，使用化学药剂清洗很容易致使册页纸张强度和耐折度降低、墨迹受损，不能为了追求干净而损伤册页纸张及写印。根据最小干预原则，清洗时不使用化学药剂去除霉斑，只使用去离子水淋洗。

清洗的水温对纸张也有一定的影响。通常针对霉变纸张的清洗是采用烫洗的方法，本次清洗选用的是常温淋洗，是因为画芯为熟宣，使用热水清洗容易导致胶分解而产生跑墨现象。

2.5　托命纸、补缺

托画芯，并对画芯残破处进行隐补。根据“整旧如旧”的保护修复原则，托纸和补纸均采用与画芯纸张纹理、颜色相近的仿古宣纸。

2.6　托墩子纸

墩子纸选用碱性厚宣纸，托到上数第3层时分芯，即黏合两个半张，中间留0.5cm的空隙。

2.7　覆册

将画芯覆到墩子纸上。墩子纸搭浆上墙正贴崩干。

2.8　研光

册页下墙后垫纸研光。

2.9　裁齐、折册、压平、装帧

按照册页原大小裁齐，以册页原中线上下为准对折，对折后的册页按照页码顺序垫纸压平。按照册页原样进行装帧。根据“整旧如旧”的保护修复原则，保护修复后的册页不改变原大小尺寸、装帧形式。

3　修复结果讨论

经过揭裱方法进行修复，《清冯廷丞诗稿墨迹》册页最大限度地得到了保护，并利于长久保存。修复过程中拆分册页使用了干揭法，清洗过程根据最小干预原则使用常温去离子水对画芯进行清洗，缩短了画芯浸水时间，有效保护了册页的霉变部位，取得了良好的修复效果。通过对《清冯廷丞诗稿墨迹》的修复，积累了霉变册页的修复经验（修复前后对比见图1和图2）。

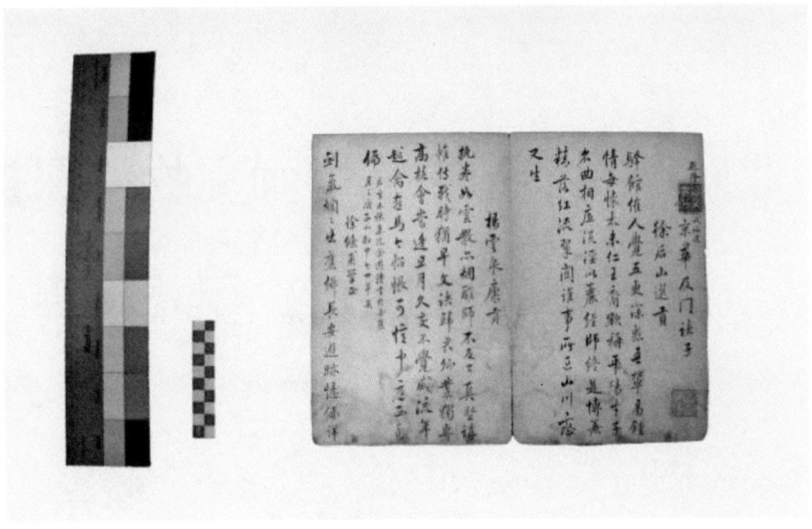

图1　修复前

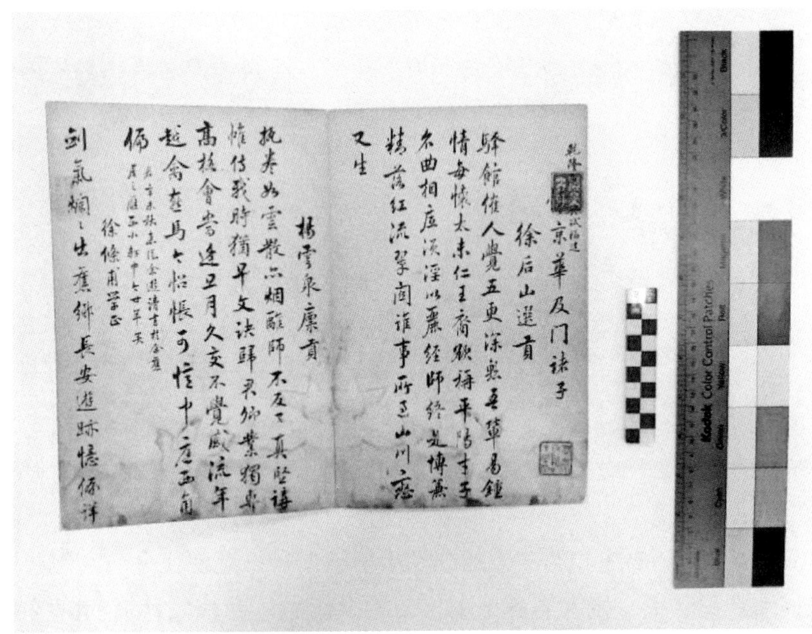

图2　修复后

参 考 文 献

[1]　马春生．台湾道台——冯廷丞［EB/OL］．http: // blog. sina. com. cn/s/blog-790d4b250102xip6. html. 2018-02-15.

重庆市北碚区图书馆馆藏书画文物的保护修复

周理坤　杨　军　牛伟宏　左　训　胡乾娟　唐　欢

（重庆中国三峡博物馆，重庆，400015）

摘要　重庆中国三峡博物馆文保部于2016～2018年对重庆市北碚区图书馆馆藏31件珍贵书画文物进行科学分析检测，并实施了传统保护修复工作。在不损伤文物的基础上，采用纤维测量仪、酸度计等仪器对文物的微观形貌及装裱材料进行观察分析，发现有些画芯极为脆弱，曾经过两次以上揭裱重装，前人为保证脆弱画芯不再进一步断裂，采用构皮纸作为中间层对画芯进行保护加固。在本次保护修复过程中，采用传统工艺，对画芯进行加固、清洗、闷润、逐层揭裱、染托命纸、贴直条加固等步骤，以恢复文物的本来面貌。

关键词　北碚　书画　保护修复

引　　言

重庆市北碚区图书馆位于缙云山下，嘉陵江畔，前身为峡区图书馆，由爱国实业家卢作孚先生于1928年创办。馆藏的31件二三级书画文物，其中有清代著名工笔画家邹一桂的大型富贵长春图、书法家龚晴皋的八尺书法鸿篇巨制、洪亮吉的篆书诗经摘抄、“淡墨探花”王文治的行书对联；晚清广东水师提督、维护南海诸岛主权第一人的李準所书篆书联；近现代书法家周嗣培、溥儒、商承祚等所书的对联；画家黄君璧、张聿光、王羽仪的绘画作品；近代民族资产阶级立宪派的代表人物蒲伯英行书联等，传世稀少，是川渝地区书画史研究的宝贵资料，极具学术研究价值。因受光、氧、温湿度和微生物协同作用的影响，受到不同程度的损伤，质地遭到败坏，文物产生了残缺、断裂、折痕、水迹、污渍、糟朽等现象，裱件镶料多已损坏，无法起到有效保护文物的作用，亟须保护修复。典型病害如图1所示。

1　文物现状评估及分析检测

在保护修复前，需要对画芯的完残程度、画芯质地、装裱风格、酸度、装裱材料、写印色料溶解性进行初步判定，以制定相应的保护修复方法，编制保护修复方案。例如，对于画芯极为脆弱、酥粉的清代王文治行书对联，在保护修复之前，需要用较稀的糨糊水、宣纸条等进行表面加固。画芯为竹纸、大面积酥粉并与命纸相连的清董少峰指画兰竹图立轴，采用保留命纸、揭取覆褙纸的保

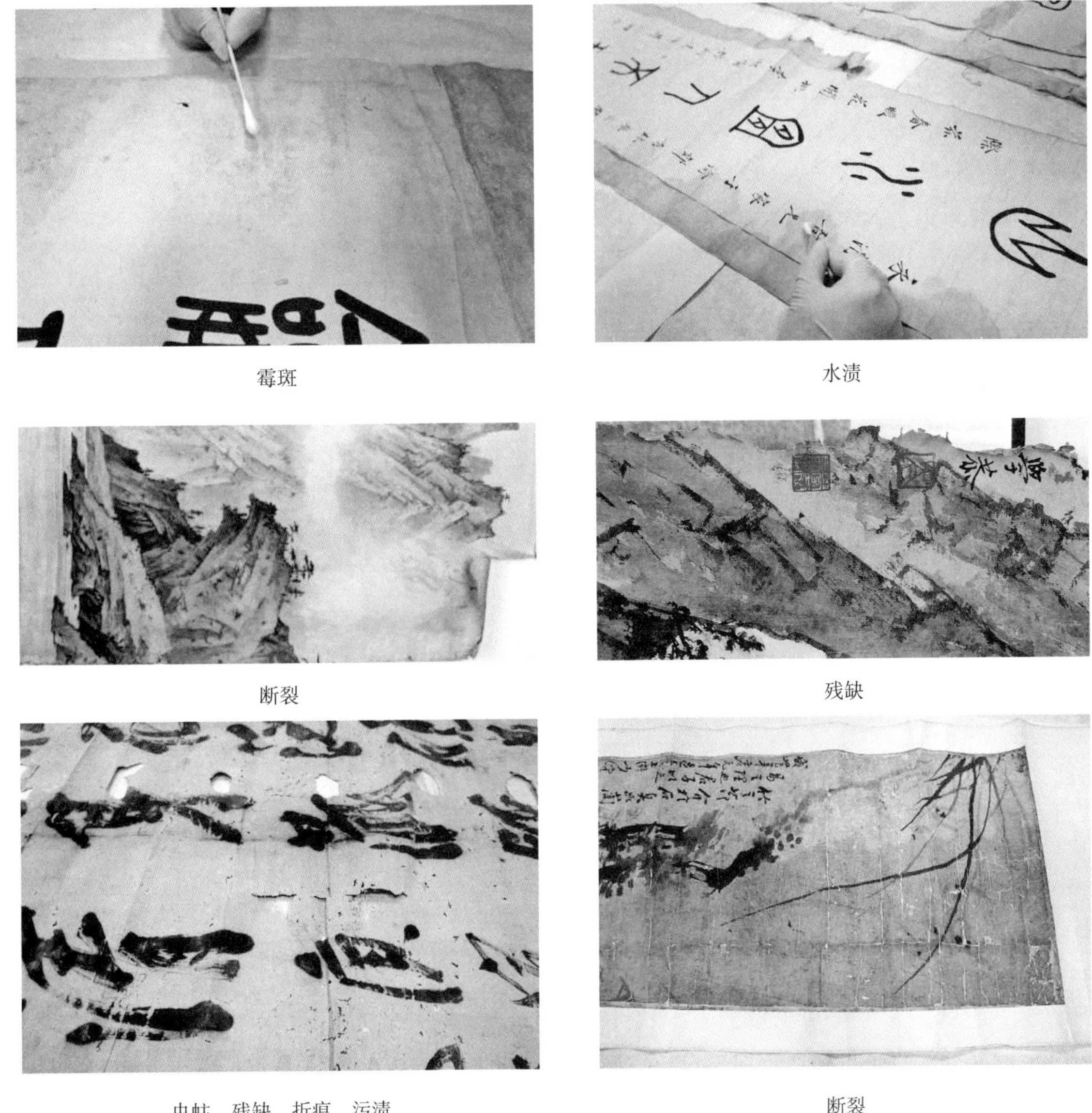

霉斑　水渍

断裂　残缺

虫蛀、残缺、折痕、污渍　断裂

图1　典型病害

护修复方法。画芯保存较好但酸度较高的顾印愚致颜雍耆手札单条等文物，在清洗过程中需要多次使用去离子水，以达到除酸效果。对于绢本工笔画邹一桂富贵长春图立轴，用棉签蘸去离子水轻擦，无写印色料脱落，但考虑到工笔画采用胶和颜料反复上色的绘画技法，在保护修复时，适当降低清洗水温，以防止破坏原胶层。

在保护修复工作开展之后，经过清洗、闷润之后，将文物的覆褙纸、命纸逐一揭取下来，发现有些文物是前人进行揭裱修复过的。采用XWY-VI纤维仪进行纤维分析，发现覆褙纸和命纸大部分为竹纸，其中掺有麻、构皮、稻草。对脆弱画芯，检测结果如表1所示。检测结果表明，前人在揭裱画芯之后，采用构皮纸加固。构皮纸又称棉纸，在现代书画保护修复中作为加固用纸，辅助修复书画使用，对画芯施予暂时性加固，便于纸本画芯起台，防止绢本画芯在揭裱过程中绢丝移位，以确保后续修复工作过程中的文物安全[1]。构皮纸作为修复用纸未见记载，而在传统古籍修复技术中，构皮纸为主要加固连接材料，其性能软而薄，耐折度高，不易断裂。从书画的保存情况看，经过构皮纸加固托裱的书画文物，未产生画芯断裂的大病害。目前日本书画装裱修复还在沿用构皮纸的传统，前人采用构皮纸作为修复材料，既可以起到加固作用，又可以利用其长纤维的优势，便于日后揭裱，具有一定的传统依据和科学道理。

参考国家标准《纸和纸板　表面pH的测定法》（GB/T 13528—2015）采用Thermo A211 酸度计8135平头电极对保护修复前的书画画芯部位取5点进行酸度测试，测试结果表明所有文物均呈现酸性，检测结果如表1所示。

表1　检测分析

藏品号	名称	画芯	装裱材料	pH
00002	李準篆书联	纸	命纸中含有檀皮、稻草，覆褙纸中含有麻、竹纤维	4.7
00004	黄君璧山水人物立轴	纸	覆褙纸中含有构皮、麻、稻草	6.04
00007	清李石君指画水墨四季花卉翎毛屏	纸	命纸含竹纤维和稻草纤维，覆褙纸含有稻草纤维、构皮纤维、竹纤维	6.31
00008	张问堂临右军草书立轴	纸	命纸含有竹、苎麻、构皮纤维，覆褙纸含有竹纤维	5.97
00011	顾印愚致颜雍耆手札单条	纸	命纸含有构皮、竹纤维，覆褙纸含有竹、棉纤维	3.78
00012	清洪亮吉篆书立轴	绢	命纸和覆褙纸中均含有竹、大麻纤维	4.09
00015	清郭兰石草书立轴	纸	补纸中含亚麻纤维，命纸中含构皮、覆褙纸中含构皮和棉纤维	4.87
00016	清白镕行书立轴	纸	命纸为构皮纸，覆褙纸含有构皮、竹、棉纤维	5.12
00017	周嗣培楷书联	纸	命纸中含稻草纤维，覆褙纸中含稻草、竹纤维	4.31
00024	清王文治行书联	纸	命纸为构皮、覆褙纸为檀皮、稻草	4.76
00026	王羽仪着色花卉立轴	纸	命纸和覆褙纸中均含有竹纤维	5.17
00028	张聿先着色山水立轴	纸	命纸中含有竹、麻、棉秆纤维，覆褙纸含有竹纤维	4.04
00029	清董少峰指画兰竹图立轴	纸	纸镶和覆褙纸中均含有稻草和竹纤维	4.31
00030	溥濡行书联	纸	命纸含稻草、檀皮纤维，覆褙纸含有稻草、大麻、檀皮纤维	上联5.84，下联5.91
00035	蒲伯英行书立轴	纸	命纸中含有檀皮、稻草纤维，覆褙纸含有构皮、竹纤维	3.69
00040	周嗣培楷书联	纸	命纸含稻草、构皮纤维，覆褙纸含有大麻、麦草	上联4.81，下联4.99
00049	郭沫若题关良画陆文龙着色立轴	纸	命纸中含有竹、麻纤维	5.74
00057	周嗣培楷书立轴	纸	命纸中含有麻、檀皮、稻草纤维，覆褙纸含有竹、大麻纤维	3.61

续表

藏品号	名称	画芯	装裱材料	pH
00064	清邹一桂富贵长春图立轴	绢	覆褙纸中含有竹、稻草纤维	4.73
00070	清龚晴皋草书立轴	纸	命纸、覆褙纸中含有竹、麻纤维	4.67
00074	莊学恭峡江山水图	纸	命纸中含有竹、大麻纤维	4.71
00081	商承祚书甲骨文联	纸	覆褙纸含有竹纤维、稻草纤、维棉纤维，命纸含檀皮、稻草	上联5.21，下联5.37

2 保护修复方法要点简介

清洗之前，需拿针锥将虫粪、硬壳类污物剔除，用干排笔扫去表面浮尘。对于颜料松动严重的画芯使用面团清洁去污的方法。对于易脱落的颜料，用质量分数为2%的明胶溶液加固，为使胶液保持一定渗透效果，其温度控制于50℃左右[2]。画面起翘脱落部位，用中等稠度的糨糊将其预加固。尽最大可能在原包装物中将残渣碎片中辨认并保留可能属于画芯的部位，将其回贴。

修复材料使用小麦面粉、明矾、存放三年以上的红星单宣四尺、五尺、六尺纸，耿绢、花绫、天然矿物颜料。对于不同的画芯，采用的去离子水温度不同，如“清邹一桂富贵长春图立轴”，为绢本工笔重彩画，放置于平整的桌面上清洗，画芯朝上，底下垫衬一次性桌布，防止在清洗画芯时发生移动。清洗选用温水，防止颜料的载体——胶老化而造成颜料脱落。用水先均匀润湿画芯，使得画芯平贴。然后将水用排笔均匀淋在画芯上，用毛巾滚压，搓去黄水，待黄水颜色变淡，采用pH定性试纸定性检测水的pH达到7.0以上，即停止清洗。因为其命纸上带有一定的颜料，因此保留命纸，并用浆水对其加固。绢本清洪亮吉篆书立轴表面有大量残缺破洞，前人曾揭裱并补上旧绢，经过辨认，此类补绢大部分保存较完整，可以继续使用，因此重新加固保留。

命纸的颜色是影响文物保护修复后整体效果的关键因素，尤其是对于残损面积大的画芯，如果命纸颜色和画芯差异大，将大大增加全色的难度。可先揭开画芯一个小角的覆褙纸、命纸，用吸水纸吸干，根据其颜色较为准确地染制命纸。

对于画芯尺寸较大的文物，采用去横向找平的方法上墙挣平，如“清龚晴皋草书立轴”（113cm×228cm），用海绵包裹纸杆，将重新托好命纸的画芯卷起，在激光水平仪的辅助下，横向贴于墙上挣平。

3 小　　结

在本次保护修复过程中，采用传统工艺，对31件书画文物进行保护修复，使得原本残破不堪、深受病害侵扰的文物恢复了本来面貌，为文物信息录入提供了可靠依据。例如，00074号文物“莊学恭峡江山水图”保护修复之前，画芯断裂残破、边缘落款字迹、印章难以辨认，经过仔细拼对、保护修复后发现，落款为：“北碚图书馆惠存三十□年”“夏月於古蜀渝州之静秋山莊”“学恭”，钤朱文“岑”、白文“学恭长寿”两小印。作者应为三峡画派创始人、近现代著名画家岑学恭。文物名称误作“莊学恭”，皆因原画芯四周破损严重，如图2所示。从图3可见，经过拼对、清洗、修补、全色，此图恢复完整。

图2　修复前

图3　修复后

参 考 文 献

[1]　纸质文物保护国家文物局重点科研基地，南京博物院．中国书画文物修复导则［M］．南京：译林出版社，2017：22.

[2]　李寅．浅谈绢本重彩绘画的修复保护技术［J］．故宫博物院院刊，2009，（4）：143-148.

浅谈馆藏明清祖先画像的保护修复

张慧敏[1]　周理坤[2]

（1. 山西博物院，山西太原，030024；2. 重庆中国三峡博物馆，重庆，400015）

摘要　明清祖先画像属于肖像画的一种。墨线勾勒轮廓、着以重彩注重写实传神，是祭祀祖先的一种绘画艺术，也是中国工笔画技艺的一种表现形式，盛行于明清时期。因其入馆收藏之前，常年被供奉于宗庙祠堂，受环境影响较大，容易发生霉变、鼠啃虫蛀、变色、断裂、破损等病害。本文介绍祖先画像的绘画技法、装裱工艺，并综述近年来的相关保护修复实例。

关键词　祖先画像　修复保护

引　　言

中国的祖先崇拜文化历史悠久，为逝者画像的传统可追溯到汉代。千百年来民间盛行为真人“写照”“传神”“小像”，以满足人们在照片出现之前怀念亲朋好友的需求。其写实传神性为各阶层人们所看重。元代元人王绎的《写像秘诀》中清晰地教习世人如何做出最真实的肖像。到了明朝，肖像画写实的要求更加广泛地深入人心，不仅愈来愈多的画论指导画者如何创作一幅写实的肖像画，而且市民阶层也大量订购写实肖像。明代画师曾鲸引领的“墨线淡彩”人物绘画技法将原本归属民俗类的肖像绘画上升为可燕赏的文人雅事。中国儒家传统文化思想中尊老敬贤、传承优良家风的观念极为重要。逝去的祖先在精神层面仍然会对子孙的生存状态有着深刻影响，这也是祖先画像均为逝者身着官服，正襟端坐，平视观者的原因之一。明清时期，祖先画像绘画技法进入成熟期，注重人物的透视效果和明暗关系，虚实相结合，以墨线勾勒，着以重彩，再现人物面容、肌肤、衣着、附属陈设雅器的真实感。所绘人物细腻精致，形神兼备。祖先画像有单像，也有群像，画芯材质有绢本，也有纸本。每逢家祭、元宵、清明、中元、冬至等节令，人们多要悬挂祖先画像进行相关的祭祀活动。然而祖先画像常年被供奉于宗庙祠堂，受环境影响较大，表面产生积尘、霉变、鼠啃虫蛀、脱色、断裂破损等病害，这为保护修复带来一定的困难。

1　保护修复要点简介

在保护修复前，首先要对文物进行综合分析，照相记录文物在修复前的保存状况及装裱风格，参考国家标准《纸和纸板　表面pH的测定法》（GB/T 13528—2015）使用平头电极对书画文物的酸度进行测定。对于表面有虫霉病害，尤其是入藏不久，保管欠妥的书画文物还需要做消毒杀菌处理。书画文物上常见的害虫有衣鱼、蜚蠊、书虱、烟草甲、药谷盗等，它们以文物为食，分泌有机酸或酶腐蚀文物基体，排泄产物污染文物表面。霉菌和细菌利用分解书画文物中的蛋白质、碳水化合物进行生长和繁殖，产生甲酸、乙酸、柠檬酸等有机酸腐蚀文物。可采用除氧充氮法进行消毒灭菌，这种灭虫方法快速且不会对文物带来任何有害的影响，对操作者没有任何安全或者健康上的隐患。整个过程保证除氧灭菌设备的氧气含量≤2%，充入99.99%的高纯氮气，温度严格控制在18℃以下，相对湿度保持在50%～60%，除氧充氮10天可以100%杀灭档案中的成虫、幼虫、虫卵、虫蛹。对于好氧性菌能100%杀灭，对于厌氧性菌及丝状霉菌能阻止其生长、滋生、繁殖。灭菌后不会在文物上残留任何有害的物质，在杀虫灭菌之后修复人员可以直接接触文物。还可以采用RP袋，内置干燥剂和绝氧剂封装半年以上的方法进行消杀，此方法不需要大型设备，操作简便。

清洗之前，需用针锥将虫粪、硬壳类污物剔除，用干排笔扫去表面浮尘。对于颜料松动严重的画芯可使用面团清洁去污的方法。对于易脱落的颜料如石青、石绿等，用质量分数为2%的明胶溶液加固，为使胶液保持一定渗透效果，其温度控制于50℃左右[1]，或者视颜料厚度和固色效果选用热熨斗喷气加热辅助其深入渗透[2]。画面起翘脱落部位，可用中等稠度的糨糊将其预加固。

祖先画像尺幅较大，一般画芯在4尺以上，又为重彩。因此放置于平整的洗画池或者桌面上清洗，画芯朝上，底下垫衬一次性桌布（前人有用白色花绫、皮纸，经过实验，一次性桌布效果较好），防止在清洗画芯时发生移动。清洗水温不宜过高，防止颜料的载体——胶老化而造成颜料脱落。用水均匀润湿画芯，使得画芯平贴。将水用排笔均匀淋在画芯上，毛巾滚压，搓去黄水，待黄水颜色变淡，采用pH定性试纸定性检测水的pH达到7.0以上，可停止清洗。闷润时间不宜过长，否则会造成胶料老化，颜料脱落。可以先揭开一个小角的覆褙纸、命纸，用吸水纸吸干，根据其颜色较为准确地染制命纸。揭去覆褙纸、命纸，如果是稀薄绢质地的画芯，大部分绘画留在命纸上，则需考虑保留命纸。用覆托的方法代替湿托的方法上命纸，对于缺损面积较大的需要补纸，以避免由面积大导致画芯厚薄不均的缺陷。采取在命纸背后隐补的方法，这样可以减少画芯在浆水中浸泡而导致颜料脱落的风险。绢本质地画芯采用贴补的方法，即用磨快的小刀尖刮去洞口旁多余的单丝、杂丝，补绢前洞口的油纸上用小毛笔涂上厚浆水，每个洞口的补绢对准画芯的经纬丝。小裂缝及小洞需要用染好颜色的细网网绢补上[3]。

2 保护修复实例简介

晋祠博物馆藏绢本清代祖先画像（图1），纵145cm，横85cm，画芯表面布满灰尘和水渍，有少量虫蝇屎；画芯多处隐形断裂，天杆处开裂，画面有大面积的残破、断裂、污渍。修复材料：修复用纸均采用红星牌棉料单宣，修复用裱料和补绢由湖州双绫厂定制，修复用胶黏剂均使用小麦淀粉糨糊，全色颜料使用天然矿物颜料。通过拍照、光谱分析和显微观察颜料及画芯材质等方法记录详细信息，采用除氧充氮法消毒灭菌，并且对画芯进行面团除尘，挑刮画芯，固色后用50℃左右去离子水清洗画芯表面，闷润约3h，揭去原装裱材料，补绢，重新上命纸，上墙挣平，下墙，打折条加固，全色，按照原装裱风格镶活，覆褙，上墙挣平约半年时间，下墙砑装。

（a）

（b）

图1 晋祠博物馆藏绢本清代祖先画像保护修复前（a）与保护修复后（b）

结　语

祖先画像对其所承载的信仰，于中国文化史、思想史及民俗信仰研究，中国古代服饰研究，中国美术史研究等都具有不可代替的文物、艺术、文献价值。流传至今的祖先画像既是珍贵的文物资料，也是难得的艺术珍品。清代方濬师所著《蕉轩随录》："为人子孙，岁时伏腊，悬其祖若父影像于堂，相率展拜，亦如生如存之意。画之逼似者，固俨然吾先人之遗貌也，即画之稍不似者，以吾之精诚，与吾之先人神气息息相关，不犹愈于设尸立主耶？"对于祖先画像的保护是中华传统文明重要的组成部分，需要文博工作者不断集思广益，发挥优势，贡献力量。

参考文献

[1] 李寅．浅谈绢本重彩绘画的修复保护技术［J］．故宫博物院院刊，2009，（4）：143-148.

[2] 张志红．故宫倦勤斋通景画固色修复解析［J］．荣宝斋，2009，（3）：206-211.

[3] 诸品芳．略述中国古旧绢本书画的修复［J］．文物保护与考古科学，2007，（2）：51-54.

馆藏书画文物保护修复
——以《李峦山水图轴》为例

赵晓龙　张晓珑

（湖北省博物馆，湖北武汉，430077）

摘要　纸质文物因其材质因素，容易老化、变黄、变脆、发霉、虫蛀等，是各类文物中较难保存的藏品之一，因此必须加强主动性保护才能延长纸质文物的寿命和保持材料成分的稳定性。本文在传统书画修复技艺的基础上融入现代新科技手段就李峦山水图轴的保护修复案例对纸质文物的科学保护措施展开讨论，寻求最佳的解决办法保护书画文物，使其延年益寿。

关键词　纸质文物　保护修复

1　作者人物生平

李峦，原名谔言，字尊岳，清初画家。他出生于湖北钟祥世代书香之家，幼时读书聪颖异常，但成年后不屑于科举仕途，喜爱吟咏诗文，并从诗意中领悟到“画家三昧”，于是拜师学画。初学山水、人物、花鸟，后专习山水，尤醉心于唐朝王维所创的水墨山水画。不数年，画乃大进，并逐渐形成自己的风格。他的山水画不拘一格而又实有一格，在吸收传统技法的同时，李峦还直接向大自然学习，即所谓“直师造化”。他一生酷爱山水，中青年时期足迹遍历江南名山大川，从江南山水风物的接触中吸取滋养，不断丰富自己的艺术创作。因此，李峦的山水画无论是写层峦怪石、老树虬松，还是屋舍村墟、垂钓读书景色，都力求表现自然对象的“气质俱盛”，并以“可居、可游之为得”，极具自然情趣和富有生活气息。

随着李峦的声誉日隆，其画作成为人们竞相索求的珍品。特别是在湖北地区，当时士大夫阶层还以家中是否有李峦的画，来评定这家门第的雅俗。嘉庆年间，浙江巡抚朱轼曾将李峦所绘《溪山高逸图》贡奉内廷，嘉庆皇帝御览后极为赏识，称其为“画中逸品，一朝之雅……”。

李峦天性纯笃，淡泊名利，画品、诗品、人品均为世所称道。他一生不涉足官场，不交结权贵，承天府知府曾以“贤良方正”向朝廷荐举他做官，但他谢绝了地方官的好意，甘愿以布衣终老。晚年在钟祥城东楠木山下筑画室兼寓所，并取苏东坡“当其下手风雨快，笔所未到气已吞”诗意，榜其居曰“快雨山房”。终日或流连山水，或诗画自娱，过着闲适恬静、与世无争的隐居生活，八十七岁无疾而终。

2 修复前准备

在修复古书画文物之前，首先需要对书画文物进行细致观察，从宏观对褶皱、霉斑、污迹、微生物损害等问题一一拍照记录（图1），留下其原始面貌，以便在修复过程中进行比对。修复文物必须按照真实、全面地保存并延续文物的历史信息及全部价值，尽可能减少干预的原则，采用的保护措施以延续现状、缓解损伤为主要目标，不得改变文物原状[1]。修复之前编写修复报告，一切技术措施不得妨碍对原物再次进行处理；优先使用传统工艺技术和材料，所有新材料和新工艺都必须经过前期试验和研究，以对文物最无害的工艺技术用于保护修复，并做好详细的档案记录[2]。其次，要借助科学仪器，从微观上做进一步的科学分析，如对纸张、颜料成分的分析、纸张的酸化程度及色差检测等[3]。针对不同问题设计不同方案措施，以此来最大限度地保证文物的原貌。

图1 修复前文物原状

《李峦山水图轴》原存放于钟祥市博物馆（老馆）文物库房内，室内阴暗潮湿，无恒温恒湿设备，混装在几个大的木盒内，放置在焊制的铁架上保存，极易受潮并发生霉变。2012年6月以后，新馆建成投入使用，书画等所有文物转移到新馆库房存放，室内增加了除湿机，所有文物装入木质档案柜而保管，但书画等文物仍然没有专门的装具，只是用宣纸包裹放入档案柜进行保存。

由图1可看出《李峦山水图轴》纸张表面有脱落、污渍及大面积霉斑，此种严重的微生物病害多半是由保存环境不当导致的，而这些病害的存在严重影响了文物的外观，且存在进一步发展的趋势，因此文物亟待保护修复处理。在文物保护修复处理前，针对文物本体取样进行了科学分析。

2.1 纤维鉴定

通过使用德国Leica公司的DVM6型视频显微镜观察肉眼不能清晰识别的字画纸张纤维形态特征，可以为修复字画选用的纸张材质提供依据。实验中，对典型区域分别进行100倍和200倍拍照。对《李峦山水图轴》进行取样后，采用XWY-Ⅵ型纤维测量仪对纸张纤维进行观察，如图2和图3所示。经碘-氯化锌染色剂染色后纤维呈黄色，纤维较为僵硬，很少有弯曲的现象，平均宽度为10μm，平均长度约为1.70mm。表皮细胞都平滑无齿痕，由此鉴定该纸张纤维为竹纤维。

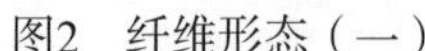
图2　纤维形态（一）

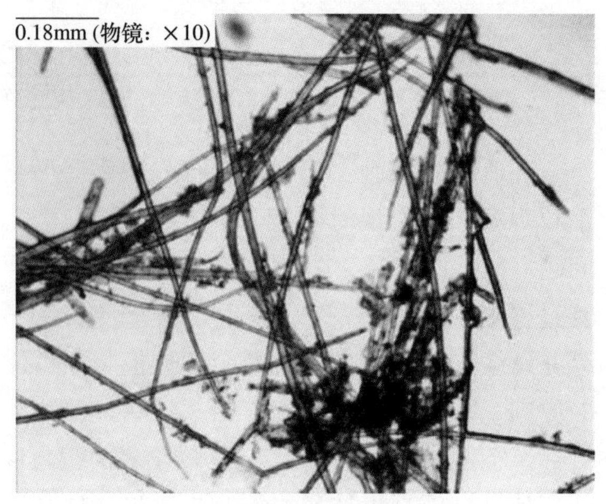

图3　纤维形态（二）

2.2　加工工艺分析

通过使用美国复纳科学仪器（上海）有限公司生产的Phenom XL型扫描电子显微镜及其装配的能谱仪对纸张样品进行元素分析（图4），可以为确定其加工工艺中是否加填或施胶处理提供依据。

如图5所示，该纸张中Si、Ca、Al的相对含量较高，这表明造纸过程中可能加入了含有这些元素的填料，根据文献记载古代造纸所用的涂布原料推测其加入的填料可能为高岭土（$Al_2O_3 \cdot 2SiO_2 \cdot 2H_2O$）、滑石粉（$3MgO \cdot 4SiO_2 \cdot H_2O$）及白垩（$CaCO_3$）等细粉[4]。又因其中含有K，根据文献记载及传统工艺，该纸张可能用明矾［$KAl(SO_4)_2 \cdot 12H_2O$］施胶。

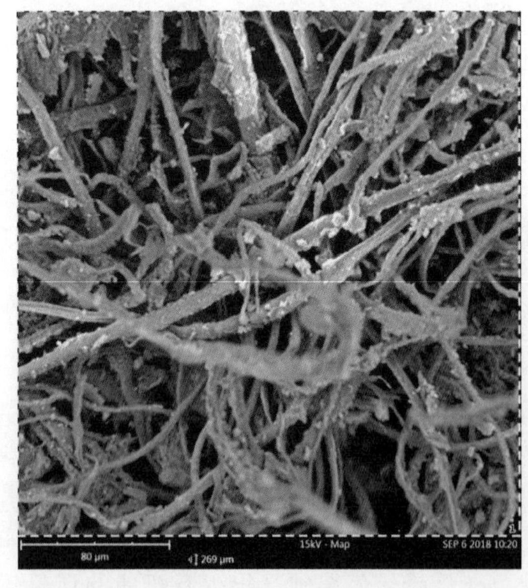

图4　样品SEM-EDS

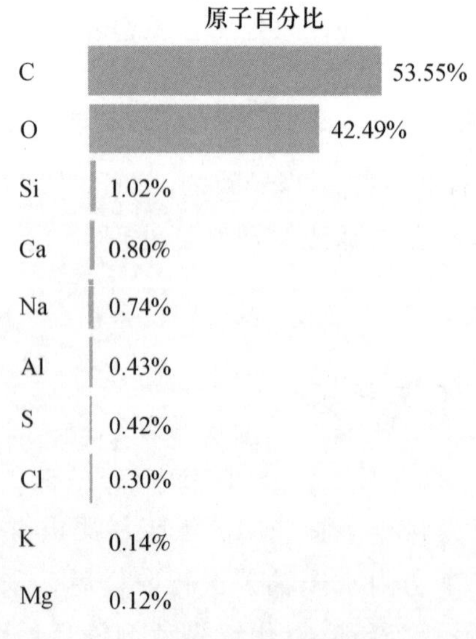

图5　SEM结果数据

2.3 颜料成分分析

通过使用法国Horiba公司的XploRA plus激光拉曼光谱仪来确定字画文物表面颜料的类型。通过对XRD和拉曼光谱的分析，结合体视显微观察和能谱仪测量的元素成分，最终确定字画文物表面颜料的属性。对样品颜料部分用激光拉曼光谱仪测试结果如图6所示。

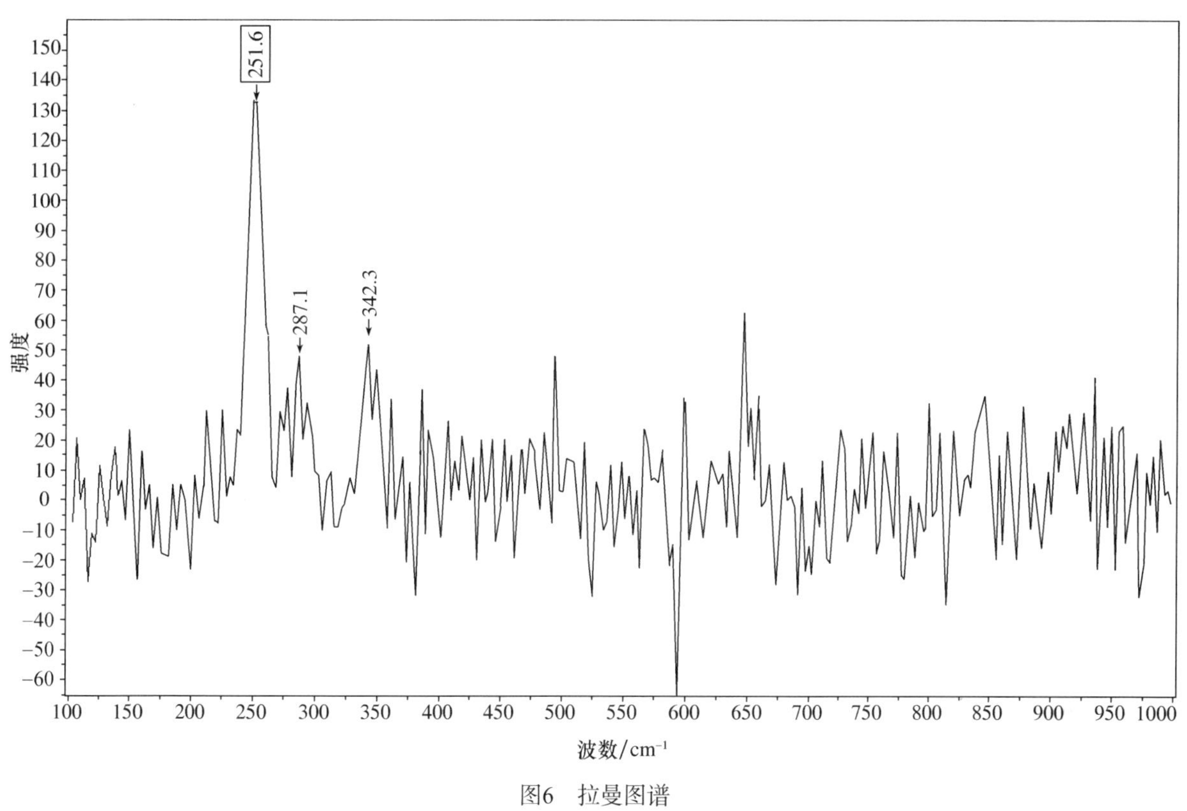

图6 拉曼图谱

由图6可以看出，印章中红色颜料的拉曼光谱中出现了251.6cm^{-1}、287.1cm^{-1}和342.3cm^{-1}几个峰，与标准谱图对比可得，其成分为HgS，即朱砂。

3 保护修复过程

修复过程主要分为清洗画芯（图7）、揭画芯、修补画芯、全色和重新装裱等步骤。

清洗该画之前，需对文物上的污渍进行细致的观察分析，针对不同类型的污渍，选择最佳清洗方案，并在清洗前进行预实验，使文物在最大的安全范围内得到最有效的清洗。清洗前先用软毛刷轻轻拂去画表面尘垢，再用排刷顺着裂纹方向小心刮除。用蘸水的滤纸或棉签印在墨、色彩上，检查是否褪色、扩散，若褪色则用胶矾水加固。对于水渍，要用热水多次浸洗，并持排笔挤压画面，以求除尽黄污水。对于霉斑，将画芯正面朝上平铺裱台，先润清水，再以毛巾吸走水分。然后，持小排笔或棉球，蘸取少量木瓜蛋白酶涂于霉斑处。10～20min后，持排笔蘸蒸馏水淋洗，并逐次吸走水分。在霉斑严重的地方，多涂几遍木瓜蛋白酶。

揭画芯（图8）的托纸，是整个古旧书画修复过程中最重要、最艰难的一环。周嘉胄在《装潢

图7　清洗画芯

图8　揭画芯

志》中说得非常深刻："书画性命全在于揭"，在揭去画芯的命纸时，如果操作不当，将会"断送画的性命"。揭画芯前，根据画芯材质的不同，用绢和水油纸衬垫在画芯下，一是防止画芯变形，二是有利于揭裱。揭裱时，先在画芯空白处找出易揭之处，根据褙纸的情况，顺着一个方向循序渐进，操作时要耐心细致。

画芯经过清洗并揭掉命纸后，其断裂、破洞、缺损之处也随即显露出来（图9）。修补画芯就是对断裂、虫蛀、破损的文物，用质地薄软、纤维纯净、强度、透明度高的纸（尽量与所检测画芯纤维原料一致）及加防霉防虫剂的糨糊对其进行修补，使之成为一幅完整的作品。托旧画芯之前，根据画芯底色的颜色染出托画芯的命纸，为了保持原画芯尺寸，在托画芯时要出局条。画芯托好并干燥后，裁切宽3mm左右的厚薄适宜的重单宣纸条粘贴在折缝处，其目的是防止画芯断裂处继续损伤（图10）。

图9　检查画芯破损

图10　隐补

画芯破损部位经过补、托之后，虽然看上去已经完整，但其颜色与原画芯仍有差异。补全画芯颜色，简称"全色"（图11），就是将画芯破损部位用颜色将它补全，使之与整个画面相协调，恢复原貌。

将画芯修复完成的画件，选择适宜的装裱形式和材料，进行重新装裱，包括镶接（图12）、覆褙、上墙（图13）、下墙、研光、装天地杆等常规工艺步骤。

图11 全色

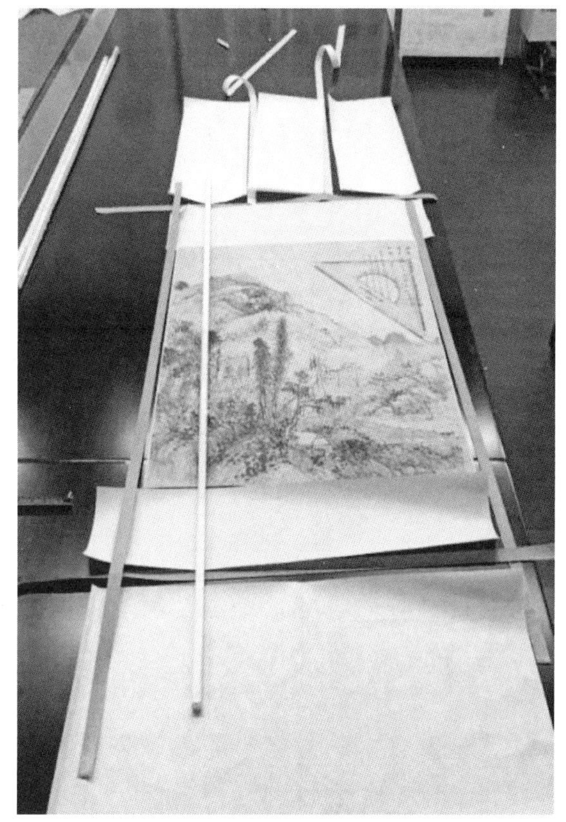
图12 镶绫子

由于古书画的纸年代久远，纤维变脆，经过揭裱后的画不宜直接贴墙，托好后一定晾干，再润水上墙，选择质地柔软洁净的覆褙纸覆于裱件背后，包首选用质地匀称密实的丝绢，颜色与轴头签条、绳带协调。

书画修复的过程固然很重要，但后期的制作也不可忽视，在砑画时应注意重彩、绢本及修补的画芯，在砑光前应先在画芯部位铺垫干净、细腻的宣纸，以免画芯受损，砑光时要用力均匀，不可漏砑，使画背平整光滑、柔软、舒挺。装杆前，先检查夹口纸的平直，左右的尺寸一致，选用的天地杆一定要烘干处理，有韧性、无木油、无虫蛀、杆身直、粗细相等、表面光滑、无棱痕、不易变形的木质材料最佳，对于修复好的书画作品（图14）能够起到更有效的保护作用。

根据《博物馆藏品管理办法》《博物馆藏品保存环境试行规范》等标准或规范化文件对经过保护修复后书画进行保管。光易使纸

图13 上墙

图14　修复完成

张的主要成分纤维素发生氧化和降解，使纸质文物出现发脆、变黄等现象。因此，保存环境中应采用不含紫外线的光源作为照明工具，且环境光照强度应控制在50lx以下[5]。温湿度控制范围不科学或控制不稳定都易造成纸张的形变和受到虫霉侵害，因此纸质文物保存环境温度应控制在20℃左右，相对湿度控制在50%～60%，温度波动范围应控制在2～5℃，湿度波动范围应控制在±5%左右。控制环境中微生物及虫类的存在，保管过程中投放不与纸质文物直接接触的气相防虫防霉剂，以免局部药物浓度过大引起纸质文物材料糟朽、发脆。书画文物不能折叠或与其他文物堆积，建议保存使用传统画套和画匣。

结　　语

本次保护修复过程中主要有两个操作难点。一是给画作上托纸。托纸的作用是保护画芯，是最贴近画芯的纸张。它的颜色、韧性、厚度等都有严格的要求。通过对原托纸的分析及现有纸张的检验，找出了与画芯相对匹配的纸张，并在修复前以画芯底色为依据进行染纸，染的颜色需与画芯底色尽量一致，切勿过重。二是为画作全色。在古旧字画修复过程中，全色可谓是难度较高的工艺，也是画芯修补好坏的关键阶段，全色之前，检查所有断裂处是否完全贴好折条，再将画芯背面用排笔刷上胶矾水，晾干后则可进行全色。借助显微镜观察残缺状况及墨色层次，选用合适的颜料根据原画意补上墨色，全色时笔一定要干，由浅入深，切不可急于求成，可按照由点到面的顺序精耕细作。全色的目的是保证画的完整性，如画面破损严重的，又没有任何依据和原始材料可提供参考，则只全底色，绝不可以进行主观修复，破坏其原作风貌。

文物保护修复保护的不仅是文物本体，还有它的历史价值、科学价值和艺术价值，是一项漫长而艰巨的工作，修复古旧字画要求每位文物保护工作者务必掌握一定的中国书法绘画的基本知识和技法，还需要在实践中不断摸索总结并融入现代的科技手段，才能在传统书画修复技艺的基础上对纸质文物展开科学的保护措施，寻求最佳的途径保护文物，使其延年益寿。

参 考 文 献

［1］ 苏荣誉，詹长法，〔日〕冈岩太郎. 东亚纸质文物保护——第一届东亚纸张保护学术研讨会论文集［C］. 北京：科学出版社，2008.

［2］ 冯鹏生. 中国书画装裱技法［M］. 北京：北京工艺美术出版社，2002.

［3］ 何伟俊，张金萍，陈潇俐. 传统书画装裱修复工艺的科学化探讨——以南京博物院为例［J］. 东南文化，2014，（2）：25-30.

［4］ 刘舜强，张旭光，王璐. 古代书画装裱用纸的研究现状及成分检测［J］. 科技创新导报，2013，（28）：209-210.

［5］ 周海宽. 纸质书画的修复与保护——以清《陈嘉言纸本花卉卷》为例［J］. 中国文物科学研究，2011，（2）：77-80.

《清邹一桂（？）仿宋人工笔花鸟绢本图轴》的修复
——中国书画修复中绢本画全色出现泛色问题的探究

徐婉玲　傅志勇

（上海视觉艺术学院文物保护与修复学院，上海，201620）

摘要　本文针对《清邹一桂（？）仿宋人工笔花鸟绢本图轴》的修复过程，通过对该画现状检查、问题分析、实验观察，发现作品修复前存在断裂、折痕、缺损、泛黄、返铅等问题，并且有明显被前人修复过的痕迹。修复过程中通过绢本材料、全色颜料的分析以及补绢材料的选择等，阐述了绢本画全色出现泛色的原因以及对应的解决方案。另外，本文还介绍了什么是全色，并阐述了对绢本画修复过程中出现泛色问题的研究对于文物保护和修复的意义。

关键词　书画修复　全色　泛色　文物保护

引　言

《清邹一桂（？）仿宋人工笔花鸟绢本图轴》，画芯残长169.3cm×60.3cm，该画为绢本工笔重彩画。因绢料较为稀疏，所用颜料少量附于绢丝上，多附于命纸上，后因前人修复不当，揭去最原始的命纸，导致本件作品的画意大量缺失，多处无法分辨，并有泥垢陷入绢丝细缝。另外，由于年代久远，文物本身自然老化，绢丝出现严重歪裂、跑丝、并丝、脆化等现象，厚重的颜料也出现严重剥落、缺失、泛黄、返铅等现象，从而增加了此次绢本画的修复难度。因此本件作品所制定的修复方案有所不同，例如，采用网网绢整托作为作品新的命纸，采用单丝全色的方式代替整处全色等。本文以此次修复作品为例着重于描述绢本画修复中全色出现泛色问题的课题探究。

1　修复作品的原始状况

所修复作品病害分布图可见图1。

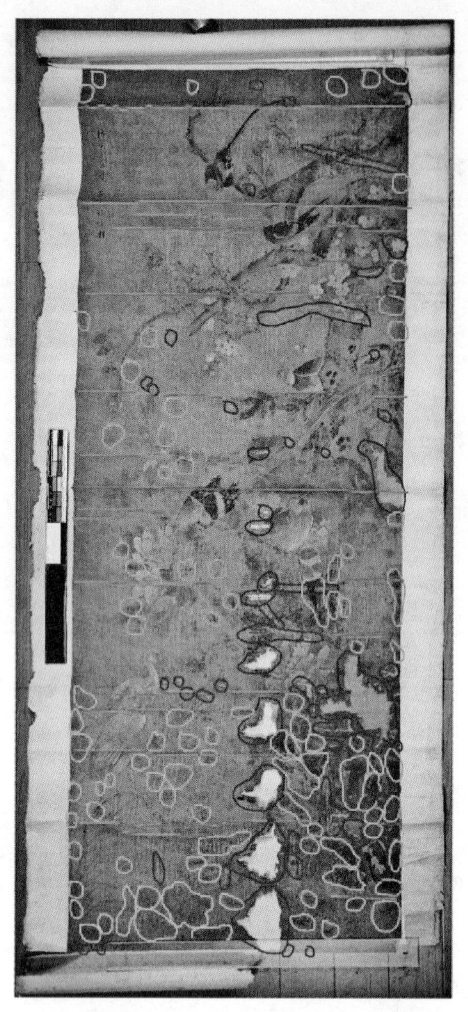

图1　病害分布图

2　修复操作报告

修复者姓名：徐婉玲

修复者单位：上海视觉艺术学院

修复日期：2017年7月11日至2018年1月2日

2.1　去除原装裱，清洗画芯

清洗过程：①将裁减好的画芯正面朝上平铺在擦干净的工作台面上；②用排笔蘸取水分，将画芯正面整体淋上清水清洗（注意：水分要均匀、饱和）；③将半干湿毛巾卷成圆条状，从画芯中心往外扇形滚出多余水分，并滚平在桌面上。

以上动作进行三次，直至毛巾吸出的水明显变脏、变黄。

2.2 固定画芯

固定画芯是方便画芯在揭去覆褙和命纸后避免跑丝，也方便画芯翻面。

固定步骤：①将糨糊用鬃刷均匀地刷在水油纸上，将水油纸刷平在桌面上；②将刷上糨糊的水油纸逐个平刷在画芯正面（注意：水油纸和水油纸的接缝处不能留空隙）；③在水油纸背后用糨糊刷上一层合好的双层宣纸；④用鬃刷排实后将画芯翻到覆褙面朝上，画芯正面朝下，用鬃刷刷平在干净的桌面。

2.3 揭覆褙、命纸

旧覆褙与命纸已经失去对画芯的保护作用，甚至和画芯一样受到污染，带有污渍和霉斑，去除旧命纸是对画芯的保护和避免画芯的二次伤害。

操作步骤：①将拧干的湿毛巾盖满整张修复作品上，在开始揭覆褙的地方揭开毛巾（此步骤为了避免揭覆褙的同时其余处晾干，要保持整张修复作品的干湿度均匀）；②用镊子辅助将画芯背面的覆褙揭去后揭去命纸。

注意事项：在揭覆褙、命纸过程中，使用喷壶保持整张画面的干湿均匀，在短时间内揭去命纸，避免发霉，造成画芯的二次伤害。

在揭命纸过程中发现命纸和画芯中有补绢痕迹，判断由前人修复所致，且命纸带有少量颜色，经过讨论，为去除前人修复过程中发黑的补绢，为了避免作品二次伤害，决定去除命纸。

2.4 补洞、托命纸、上墙

对于绢本画修复，补洞方法有局部补绢和整托补绢，因画芯的绢丝过疏，采用网网绢整托作为绢本画的补绢和命纸，便于更好地固定画芯绢丝，保护画芯。将网网绢打胶矾水／豆浆水是为了在全色时，颜色不会在补绢上化开，影响全色效果。在上墙前背后吸一张比画芯小的宣纸，为了使画芯和板面接触时不会黏合，全色时更方便。在上命纸前用刀刮去洞口跑丝的绢丝。

操作过程：①将托好的网网绢染上与揭去命纸的修复作品画芯相近的颜色（颜色要比画芯浅，便于全色）；②将染好色的网网绢利用胶矾水／豆浆水做熟，避免漏矾，然后放在毛毡上晾干；③将配好的网网绢作为新命纸与补绢均匀地刷上糨糊，用鬃刷刷在画芯上（事先在画芯上适当、均匀地喷洒一些清水），四周贴上助条；④将画芯翻到正面，揭去正面的水油纸；⑤在画芯反面吸一张比画芯小一圈的两层宣纸，拍浆上墙。

注意事项：糨糊不能刷得过薄，绢和绢黏合时需要中等厚度的糨糊。

2.5 全色、接笔

全色是为了补全画面缺损部分，提升画面的完整度。

接笔是尽可能补全画意，达到更好的观赏效果。

用天然植物颜料、矿物颜料、墨汁、锡罐颜料（根据情况而定）配比出画芯需要的颜色，用羊毫笔或狼毫笔进行全色、接笔，先全色后接笔。

2.6　染料、托覆褙

对画芯进行装裱前材料准备，有利于作品保护、提升观赏效果，便于张挂、展示。

操作步骤：①对画芯进行测量，配比出合适的装裱材料尺寸；②对装裱材料（绫、绢）进行染色，托上命纸；③根据尺寸托好覆褙。

注意事项：因为画芯过脆，不适合卷轴，所以裱成镜片，为了更好地保护画芯，将覆褙托成五层宣纸（棉料）厚度。

2.7　镶画、托覆褙

为了使作品更美观，便于展示、张挂，提高观赏价值，也为了更好地保护作品，对作品进行装裱。

操作步骤：①画芯启下后，留出助条，将画芯裁方正；②用事先准备好的装裱材料裁好尺寸后（托染好的绢、绫）镶在画芯上；③将准备好的覆褙托在画作背面，拍浆，上墙。

2.8　研装

为了使画作更平整，需要做最后工作——研装。

操作步骤：①用蜡打磨后用研石上下反复研四次；②裁方正、装框。

3　中国书画修复中绢本画全色出现泛色问题的探究

3.1　修复论点概述

3.1.1　绢本画修复中补绢的结构分析与选择

3.1.1.1　绢本画修复中补绢的结构分析

中国书画绢本画绢的种类有很多种，画绢的织法、密度以及绢丝的粗细、圆扁的不同都会影响补绢的选择方向，另外作品年代的不同，破损程度的不同也会影响修复的难度和修复材料的选择。所以在清洗前，选择合适的补绢和命纸是成功的第一步。

选择合适的补绢除了要靠运气和积累以外，还要对作品本身所用绢丝材料的结构、年代、材料等进行研究，在尽可能的情况下提高补绢和作品原绢的匹配度。

中国古代早期最重要的两种书画载体是竹木简和丝帛，由于它们各自的质地和形状等因素的不同，又具有各自不同的功能：书与画。竹木简呈条状，丝帛则呈片状，前者多用于书写，后者则多见于绘画，这两件书画载体是书绘材料进展历史之大观。

而在中国早期文明中，与丝帛并用的书画载体其实非常多样，如玉、骨（甲骨、兽骨）、金（实为青铜）等，而并非是竹木简。丝帛的发明，可以说是中国古代物质文明的一大进步，也是早期人们精神生活的产物。作为世界上最早有蚕、植桑、缫丝、织绸的国家，丝帛在中国有着悠久的发展历史[1]。

在古代，绢丝多泛指蚕丝。而在现代的绢丝中，开始分为交织绢丝织物和纯绢丝织物。它们根据绢丝制作原料的不同来区分，可以分为柞蚕丝绢丝、木薯蚕绢丝和桑蚕绢丝等。每种不同的绢丝都是由不同材质的蚕丝织造而成，而每种蚕丝所织造的绢丝也都有它们独特的展现效果，无论是从反光程度、手感或者质地去观察，都会有略微差别存在。

不仅仅是绢丝的织造方法在日益更新，织造绢丝的机器也随着科技的进步不断更改、进步。早期，人们简称织绢机器为绢机，也就是过去织丝绸用的。当时的绢机使用木头织造而成，棱角分明，方方正正的。而现在根据产量和时代进步的要求，织绢的机器的基本要求都开始自动化、机械化、工厂化，手工织绢也就自然而然地成为“历史”，但毋庸置疑的是在过去的年代里，绢都是织工们用自己的双手配合着绢机一针一线完成的。绢就是以绢纱或纱线为原资料，以平纹安排编织的商品，而绢纱就是选用蚕丝的短纤维通过纺纱而再生制成。所以丝绸类的绢包含绢纱和绢线制品。绢的质地相对严密，绸面细洁、润滑、平挺，光泽柔软，故多用作装饰品和服装材料。

绢的制作工艺大多是将丝线作为经丝、纬丝交织制作而成，可大体分为生织和熟织两大类，用于绘画和服饰的材料。生织是丝线经编织后染色而成，熟织是丝线经染色加工后再编织而成。由于每类绢的生产过程、制作工序、织造材料的不同，它们的应用方向也是有很大的差异的，用作绘画的绢多数归为生织类。从制造工艺的角度去考究，随着朝代文明等各类原因的多样化，每个朝代的制造工艺也各有其特色之处，汉代以前人们作画均是画在较细密的单丝织绢上，五代到南宋时期的丝绢与前代相比有了很大的发展和变化[2]。也就使得双丝绢出现，双丝绢的经线是每两根丝为一组，每两组之间约有一根丝的空隙，纬线为单丝。元代绢与宋代绢相比就显得粗一些，不如宋代的绢细密，呈现的效果相对稀松很多。而明代绢质量较低，主要体现在质感粗糙，绢也比较稀薄。由此可见古代丝绢有的粗糙稀松，有的整齐致密，各有其优劣之处。

3.1.1.2　绢本画修复中补绢的选择

不同的织造方式也形成了不同纹路的画绢，无论是从手的触摸感知还是眼睛的视觉感官上都有很大的不同，由于绢的种类与制造方法的多样性，在绢本书画的修复过程中，更需要认真地比对修复作品所用丝绢的经线、纬线的特点，然后根据对其的研究和理解采用经线、纬线相同或相近的绢作为补绢，使选择的补绢的经线、纬线与修复作品原本的经线、纬线连接自然（补绢与修复作品原绢的经线和经线相连，纬线和纬线相通，并且要与修复作品原绢的经线、纬线间距一致）。不要小看这些细节步骤，一幅作品的成败往往体现在这些细节步骤中，所以每一位修复师在修复过程中都要有十足耐心，全神贯注、细心地应对每一个看似容易的步骤。从上述丝绢的多样性、年代性的角度去分析，对于书画修复来说，修复者需要了解不同朝代的绢的特色，所谓“对症下药”，也就是专门针对每一幅修复作品去寻找其织造工艺、年代、特色相对应的补绢。只有达到这个要求，对于绢本画的修复才能称得上精益求精。

另外，补绢的褒光与修复作品原绢的褒光也需要较高的匹配度。在古玩行业中有一个专业术语是“包浆”，指的是物体表面因长时间地氧化而形成的氧化层。“包浆”指的就是“光泽”，专指古器物经过长年累月之后，在表面形成一层自然的光泽。不止文中所提到的绢本画，包括宣纸材质书画、瓷器、木器、铜器、玉器等都可以形成包浆。包浆承托着岁月，物件年代越久远，形成的包浆就会越淳厚，所以在中国画的修复过程中，残余的部分绢、纸上也有包浆，都需保留，可用于补洞，年代相近的补绢、补纸在褒光程度上相近，也有利于全色。其实在传世字画、古籍善本上，本身并不具有"油性"，但也会出现包浆。

随着时间的积累，文物经过无数次的风吹雨打，画绢缝隙中就会进入很多不明的填充物，如泥土（随葬书画中出现较多）、灰尘、昆虫尸体等不明物体。在这些不明填充物的影响下，也为选择补绢提高了一定难度。

综上所知，补绢要求必须做到"三接近"：①补绢的自然褒光与画芯本身接近；②补绢的颜色与画芯的颜色接近；③补洞的绢丝与画芯的结构接近[3]。因为旧绢本画本身颜色较深，画芯本身材质相对纸本较厚，容易酥脆，所以选择合适的命纸颜色、材质以及糨糊的厚薄都是至关重要的步骤。绢本画命纸往往会略比画芯深一层，容易托显画作原本的神采，材料多用棉连，糨糊相对纸本略厚。

另外，绢本的补绢方法除了局部的补绢，也有整托的方法。在修复作品断裂与缺损较为严重，绢丝跑丝，无法完整地将绢丝利用局部补绢固定的情况下，多用整托绢的方法。

3.1.2　全色

中国绘画基本都是在宣纸和画绢上进行创作的，因为保存方法的不妥善、天气的干湿、霉斑的侵袭等各种原因叠加，本身脆弱的材质出现霉斑、形变、断裂、缺损等不可逆等损伤。中国书画修复是为了尽可能"医救"已经惨不忍睹的残破作品，恢复它的基本原貌。

在修复过程中，有一项工序称为"全色"。全色有两个意思，一是完整残缺的画意；二是完整残缺的画面。画芯有破损的情况下，在补缺用的纸或者绢上使用墨色填入与原本画芯相同的画意及基本底色色调，这就是全色。

全色是一项极为细致的工作，不仅要求修复人员有熟练的技巧、合理的方法，还需要对色彩具有敏锐的观察能力和分析能力。根据修复材质的不同选择合适的全色颜料，对画面有合适的色彩分析、对画意有正确的补缺，是全色的基本要求[4]。全色的技巧则是达到目的的手段，它包括用笔的选择、用笔的方法、颜料的选择以及颜色的调配等。只有正确的方法和熟练的技巧，才能使全色后的作品恢复它的原貌，取得满意的效果。

3.2　绢本画全色过程中出现泛色现象的基本情况阐述与分析

3.2.1　绢本画全色过程中出现泛色现象的几种可能原因

在中国书画修复过程中，全色结果是需要时间考验的，颜料会根据各种外界因素而产生不同的变化，如发黄、发黑等，统称泛色，而绢本画出现泛色的概率高于纸本画，绢本画全色出现泛色问题是由于以下几种不恰当的选择：①补绢的选择；②补绢的吸水性（打胶程度）；③补绢表面的糨糊层；④全色颜料材质的选择；⑤颜料的调配以及颜色的选择。

3.2.2　绢本画全色过程中出现泛色现象的原因分析

3.2.2.1　补绢的选择

每一幅绢本修复作品选择的画绢材质的不同（绢丝的材料以及织法等因素）会导致作品自然褒光程度不同。从各个角度观察绢丝的反光程度以及颜色都会有所变化。因此，在绢本画的修复过程中，补绢的绢丝织法以及材质都要严格按照原画芯去比对选择，尽量做到所呈现的自然褒光程度相近。

3.2.2.2　补绢的吸水性

绢本画全色与纸本画的全色最大的不同就是材质，绢本身就是密度较高的材质，修复过程中补绢的颜色需要根据修复作品的画芯颜色情况染出基本接近的颜色。染绢大多采用中国画颜料调配明胶进行染色，颜色越深，加染的次数越多，明胶的量就越高，另外在染好的补绢上还要再打一层胶矾水或豆浆水，为了使补绢的生熟程度与画芯本身的生熟程度接近，补绢的生熟程度影响补绢的吸水程度，所以在两种步骤的交替下，补绢本身胶的程度就会提升，从而影响全色过程中颜色在材质上的吸附能力以及颜色的反光程度，也影响着颜料在时间考验过程中与外界空气的接触面的大小，从而导致颜料的氧化程度不同，颜色发生变化，出现泛色现象。另外，吸水程度的不同也会影响全色过程中颜料在补绢上的吸附能力，从而影响全色效果。

3.2.2.3　补绢表面的糨糊层

在补绢利用的过程中，补绢表层残留的糨糊层会影响全色过程中颜色的覆盖率。在全色过程中，如果补绢表面的糨糊层过厚，颜色就会大量覆盖在糨糊层，而不是覆盖在绢面上，颜色无法往下渗透，固然会出现全色泛色现象。

3.2.2.4　全色颜料材质的选择

中国画使用的颜料主要分三种：植物颜料、矿物颜料、锡管颜料（化学颜料）。植物颜料主要有藤黄、花青、胭脂等。矿物颜料主要有石青、石绿、石黄、赭石、朱砂、朱膘等。而锡管颜料大多是化学合成颜料。这些颜料都各有缺陷：植物颜料是透明色，可以相互调和使用，覆盖能力差，色质不稳定，容易褪色；矿物颜料是不透明色，相互不能调和使用，覆盖能力强，色质稳定，不易褪色；锡管颜料虽使用方便，但容易出现胶色分离现象，色质不稳定，容易褪色，干后无法使用。

在中国古书画修复过程中，为了使呈现的效果更接近完美，颜色更饱和，全色的颜料多为矿物颜料和植物颜料。但矿物颜料与植物颜料在使用的过程中往往要调配胶才可以使用的，胶越厚重，吸附能力越高，从而反光程度也越大。当然，也有选择锡管颜料进行全色的，锡管颜料与矿物颜料和植物颜料的分子结构不同，用的胶不同，导致颜料与外界的接触面不同，化学反应也会有所不同。

当然，选择矿物颜料与植物颜料全色也是有根据和原因的。传统的中国画颜料，一般分为矿物颜料与植物颜料两大类，从使用历史上讲，应先有矿物后有植物，就像用墨先有松烟后有油烟。远古时的岩画上留下的鲜艳色泽，化验后发现是用了矿物颜料（如朱砂），矿物颜料的显著特点是不易褪色、色彩鲜艳，看过张大千晚年泼彩画的大多有此印象，大面积的石青、石绿、朱砂能使人精神为之一振。植物颜料主要是从树木花卉中提炼出来的。修复作品中时间久远的字画多用的是矿物颜料和植物颜料，为了使全色后的修复作品颜料所产生的变化在时间的见证下与原作相近，全色颜料大多是矿物颜料和植物颜料。

3.2.2.5　颜料的调配以及颜色的选择

不同厂家的颜料往往会有不同的材质添加，在颜料调配的过程中会产生不同的融合效果，如矿物颜料与植物颜料的调配、锡管颜料与植物颜料的调配、植物颜料与植物颜料的调配产生的融合程度会有所不同，颜色效果和泛色程度都会有所影响，其原因是其制作材质不同、化学反应不同等。

颜色的选择也会影响颜色的变化，在全色过程中，多数采用赭石、藤黄、墨进行调配。

3.3 如何解决绢本画全色出现泛色问题

3.3.1 如何解决绢本画全色出现泛色问题的难点分析

根据综合上述绢本画全色过程中出现泛色现象的几种可能原因以及原因分析，了解到每种原因都有不可控制的因素。

3.3.1.1 补绢的选择

修复作品的绢本材料的褒光程度可能是由时间积累中物质影响所导致，每个时段不同，绢丝的材料和织法也会有很大的不同，所呈现出的效果也不同，所以要做到补绢和画芯本身材质基本相近，需要修复过程中对材料的不断采集和积累。

3.3.1.2 补绢的吸水性

补绢的颜色根据清洗后画芯的颜色进行判断，在补绢染色的过程中，需要的颜色越深，加染的次数就容易增多，从而导致胶越重，在根据比例调配的状况下，胶本身的黏稠程度、补绢加染的次数、胶对补绢材质的吸附能力都是影响胶的轻重的影响因素，也是不可控因素及难点。

在打胶矾水的过程中，根据比例调配的状况下，空气的干湿程度也会导致补绢对胶矾的吸收程度有所影响。

3.3.1.3 全色颜料材质的选择

植物颜料、矿物颜料以及化学合成颜料，在加工过程中都会受不同的外界因素影响，使用过程中使用胶的浓度都是不可控因素。

3.3.2 解决绢本画全色出现泛色问题的方法及实验类比

中国书画修复的每一个步骤都是环环相扣的，所以在修复进行前要制定修复方案，此外每一个步骤都要根据具体情况分析，以最安全、最适合的方法进行修复，每个步骤都要细心、耐心，因为每个步骤在进行过程中出现任何纰漏都可能影响下一个步骤的进行。

每一种解决方法都要根据不同的原因进行选择分析，即“对症下药”。

3.3.2.1 补绢

针对补绢选择方面的解决方法：①对修复作品进行年代分析，寻找相关资料，了解作品年代绢的材料以及织法特色，根据材料分析，寻找同年代绢本修复作品残余材料作为补绢。本方法要求较高，实现率较低，需要修复过程中对材料的不断采集和积累。②用放大镜观察修复作品画芯的绢丝的织法，寻找相近的新绢进行染色，尽可能做到材质、绢丝织法以及粗细相近。

材料：接近作品本身的绢（包括年代、织法、褒光程度）、新绢。

实验过程：①在准备好的两种补绢上打上同比例的胶矾水（做成熟绢）；②在两种补绢背后托一层相同的命纸；③用相同的颜料及颜色在两种补绢上进行颜色覆盖；④24h后，观察两种补绢上颜色变化，对比两种补绢上颜色的不同，并选择与作品更接近的补绢。

实验结果：与原作品接近的补绢在形制与颜料呈色上都相对接近原作品，对修复过程中全色有更好的诠释，初步判断，绢本画全色泛色与补绢选择有一定关系。

3.3.2.2 补绢的打胶程度

针对补绢的打胶程度方面的解决方法：①按照适当的比例来调配染色水和胶，在材料上避免胶过重；②染色水的颜色尽量与需求的颜色相近，避免多次染色，从而减少胶的叠加；③选择适当天气，调整好工作室的干湿度，在适当的干湿度下打胶矾水（豆浆水），避免多次打胶矾水，减少胶的叠加。

材料：两块托好命纸且相同的补绢，一盆7：3的胶矾水。

实验过程：①在两块补绢上均匀地打一次胶矾水，晾干；②晾干后，将一块补绢两次重复打胶矾水及晾干过程；③在晾干后的两块绢上进行相同颜料及颜色的全色；④24h后，对两块绢上的颜色进行观察及对比，并与原作品进行对比。

实验结果：多次打过胶矾水的绢不仅质感上相对比较酥脆，颜色的吸附性也比较差，容易出现反光现象，颜色饱和度也与只打过一次胶矾水的绢有明显不同，所以推断绢本的打胶程度对绢本画全色有影响。

3.3.2.3　补绢表面的糨糊层

针对补绢表面糨糊层方面的解决方法：①出浆（用手指肚搓出补绢表层的糨糊层）；②在补绢运用工序中降低糨糊的厚度，尽量针对每一个步骤以最合适的浓稠度去操作；③用毛笔蘸取温开水局部清洗（水分含量控制在水无法从画面往下流的状态）。

材料：两块相同的绢、一盆糨糊、颜料、毛笔。

实验过程：①在两块相同的补绢上覆盖一层水和浆的比例为6：3浓稠度的糨糊，并且晾干；②将其中一块有糨糊的绢进行出浆（用手指肚搓出补绢表面的糨糊层），另一块保持原样；③用相同的颜料调制出颜色后分别在两块绢上全上颜色；④24h后观察，两块绢上哪一块出现了泛色现象。

实验结果：出浆的补绢颜色的覆盖性比较强，颜色没有明显变化，而未出浆的补绢，颜色基本覆盖在糨糊层上，出现了明显的泛色现象，所以经实验判断，全色出现泛色问题与补绢表层的糨糊层有一定关系。

3.3.2.4　全色颜料材质的选择

针对全色颜料材质的选择方面的解决方法：选择多种中国画颜料进行实验，在相同的补绢材料上进行全色，经过一两天时间后，观察每种颜料全色后的颜色是否有泛色现象，选择泛色变化最微弱的全色颜料进行修复（不同的修复作品采用不同的补绢和相适应的全色颜料）。

材料：矿物颜料及植物颜料、锡管颜料、相同的绢（托好命纸、打过相同次数及相同浓度的胶矾水）。

实验过程：①用矿物颜料、植物颜料和锡管颜料相同的颜色分别在相同的补绢上进行全色；②放置在相同的环境下，24h后，对两块绢上的颜色进行观察及对比。

实验结果：两块绢上的颜料细腻程度不同，颜色光泽与饱和度也有明显差别，所以推测颜料的选择对全色后呈现的效果有影响，但对绢本画全色出现泛色问题没有说服力。

3.3.2.5　颜料的调配以及颜色的选择

针对颜料调配以及颜色选择方面的解决方法：在确定全色颜料的状况下，在剩余补绢上进行全色实验，观察两天是否发生泛色，选择合适的颜色后，做好全色色卡和调配的材料记录，保证实验所用颜色与实际全色时一致。

材料：相同的补绢、相同的颜料。

实验过程：①在确定全色颜料的状况下，调配出两种相同色度但不相同的颜色，分别涂在两块相同的补绢上；②在相同的环境下放置，24h后进行观察及对比。

实验结果：经过24h后，墨色更重的颜色饱和度降低幅度较大，而颜色鲜艳的颜色饱和度降低幅度略小，所以推测颜色的选择与调配方式，对全色后呈现效果和绢本画全色出现泛色问题有影响。

3.4 对于绢本画修复过程中全色出现泛色问题的探究意义

中国画修复过程中有很多步骤是必不可少的，全色是修复恢复作品样貌最重要的步骤之一，这一步骤其中一个目的是减少观赏者欣赏画作的视觉干扰，在全色过程中若出现颜料泛色问题，会直接影响观赏者的视觉效果，使观赏者在欣赏作品的同时被反光吸引，从而导致欣赏趣味降低。所以解决绢本画修复过程中全色出现泛色问题从修复作品的完整角度和观赏角度都是有着一定存在的意义。

结　语

从此次对中国书画修复中绢本画全色出现泛色问题的探究过程中，得出以下结论：在中国修复中，每一件作品的损坏程度、画芯材质、年代等因素的不同都会影响作品修复方案的制定，好比每一位患者都有根据自己状况定制的医疗方法一样。问题也许会反映在很小的一个步骤上，需要修复人员在修复过程中细心观察，以最安全、最适合的方案去解决每一幅修复作品。修复过程中的每一个步骤以及每一个小细节都是完成成品的关键。

参 考 文 献

［1］ 陈锽．从帛绘到帛画——中国古代绢帛绘画源流试探［J］．新美术，2002，（4）：46-57.

［2］ 周海宽．《明人仿李龙眠绢本人物卷》修复工艺探索［J］．文物保护与考古科学，2011，（1）：81-85.

［3］ 康建国．古书画修复全色的探索［J］．文物修复与研究，2003：61-64.

［4］ 萧依霞．全色与补笔的适可而止［N］．美术报，2016-10-29（026）.

浅谈近现代文献脱酸的考察指标*

张玉芝[1]　张云凤[2]　石　慧[1]　李瑶瑶[1]　郑冬青[1]
（1. 南京博物院，江苏南京，210016；2. 东南大学，江苏南京，211102）

摘要　近年来，近现代文献脱酸工作在博物馆、图书馆、档案馆日益受到重视，同时有很多高校和科研院所也投入近现代文献脱酸研究工作中，但是，关于脱酸工作完成前后的考察指标却鲜有论述。本文针对脱酸前后纸张的化学指标、机械指标、光学指标等方面进行系统、翔实的论述，为后续的脱酸工作奠定基础。

关键词　近现代文献　脱酸　考察指标

引　　言

图书文献是文明传播的重要载体，绝大多数的图书文献是书写于纸张之上。纸张性能是衡量纸张质量的指标，也是判定纸张耐久性的重要依据。纸张的性能可以粗略划分为物理性能、化学性能、机械性能、光学性能。近现代文献的纸张酸化表现为：①纤维素聚合度下降，纸张机械强度降低；②羰基、羧基的含量增加，纸张pH下降，铜价上升；③木质素、半纤维素的分子结构发生变化，纸张发黄；④纸张的理化性能逐渐下降，甚至完全丧失。

在从事近现代文献的脱酸工作过程中，必须时刻关注纸张性能的变化情况。纸张的性能指标多样，组成成分多变，这也给近现代文献的脱酸工作带来不小的挑战。作者结合实际的脱酸工作，列举了脱酸工作中可用的性能指标，以供相关工作者选择。

1　物理性能

1.1　水分

在造纸过程中，纸浆中所含的水是植物纤维互相结合而形成纸张的必要条件，如果没有水的媒介作用，纤维不可能结合成纸张。但是水分也会对纸张的性能产生不利的影响。具体表现为：①当纸张中的水分增大时，纸张的纤维组织会变得疏松，可见纤维结合的强度是随着水分的增多而降低的，这是由于纸张中单根纤维的强度和柔韧性随着湿度的增加而增强，而纤维之间的结合强度随着湿度的

* 本文是江苏省文物局课题“纸质文物脱酸关键指标的量化研究”的成果之一。

增加而减弱；②水分对纸张的脆性和耐折度也有很大的影响，水分过低会使纸张的刚性增加而变得发脆，同时，纤维间发生滑移和分散应力的能力降低，从而导致纸张的柔韧性和耐折度降低。

1.2　透气率

透气率是指在规定条件，在单位时间和单位压差下，通过单位面积纸的平均空气流量，以μm/（Pa · s）为单位。纸张透气率的影响因素较多，如原料、打浆工艺（如打浆浓度、打浆功率等）、造纸工艺（如压榨压力、干燥方式）、研光等。

1.3　皱缩率

通过纸张的表面积变化间接表征由皱缩引起的纸张幅面变化。$C=(A_{脱酸后}-A_{脱酸前})/A_{脱酸前}\times 100\%$（其中$C$表示皱缩率，$A$表示纸张表面积，其中脱酸前后面积的差值取绝对值）。采用水溶液脱酸方法，若长时间浸泡容易导致纸张表面积变化，所以在采用水溶液脱酸过程中，应合理地控制纸张与脱酸液的接触时间，避免纸张发生严重皱缩。

1.4　平滑度

平滑度是指纸张表面的平整程度。通常所说的平滑度是指在一定的真空度下，一定体积的空气，在一定的压力作用下，通过一定面积的试样表面与玻璃面之间的间隙所需要的时间，以秒为单位。印刷纸的平滑度决定它与印版接触的紧密和完满程度，对于印品质量有非常密切的关系。①足够的平滑度可以保证纸张的书写流利；②纸张的表面平滑度不足，会让使用者通过视觉和触觉对纸张质地和触感产生不良印象。

1.5　厚度

厚度表示纸张的厚薄程度。测定过程中宜采用多张测量法，测量时应确保所有纸张按同一面向上层叠起来，各纸张间互不相连，最后将读取的数值除以张数，然后计算平均值，以mm为单位。经长时间浸泡处理，纸张厚度发生变化，因此需注意脱酸时长。

1.6　润湿性

纸张的润湿性是纸张对水的吸收能力，不仅与纸张的疏松程度、毛细状态有关，而且与纸张纤维的表面性质、填料和颜料的含量、油墨的组成及特性有关，还与印刷方式、印刷压力有关。实际工作过程中常采用动态接触角测定仪测定纸张对纯水的接触角的动态变化，表征纸张润湿性能的变化。

2　化学性能

2.1　pH

pH（纸张酸碱度）是表征纸张老化状态的一个非常重要的参数。一般情况下，纸张的老化过程通常伴随着酸化进程。酸碱度的高低直接影响纸张的保存寿命。日常工作中常采用五点法（图1）来测定纸张（尤其是纸质文物）的表面pH。

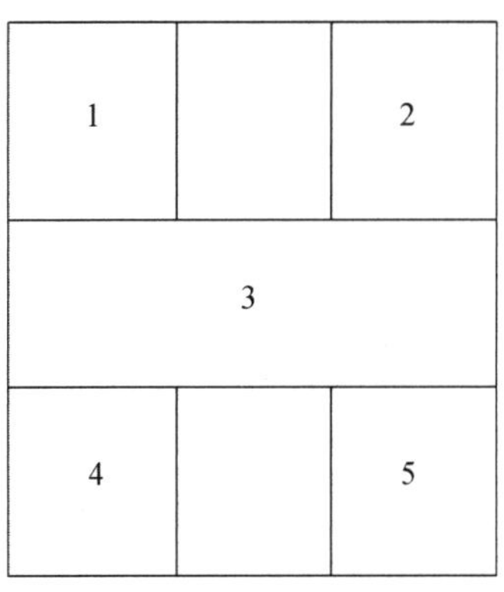

图1　五点法测定表面pH

2.2　碱储量

碱储量可以中和纸张中酸性物质的碳酸钙、碳酸镁等化合物，该类化合物能中和由于自然老化或受到大气污染所生成的酸（若以OH^-计算，单位为mol/kg；以$CaCO_3$计算，单位为%）。测定原理：先将样品浸泡在水中，加热沸腾一段时间，同时加入一定量的盐酸溶液，使盐酸与溶液中的碱性物质反应完全，用氢氧化钠标准溶液滴定未反应的盐酸，从而计算碱储量。

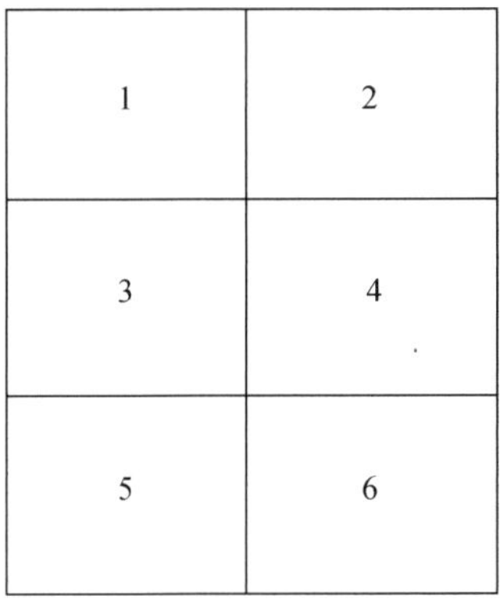

1	2
3	4
5	6

图2　脱酸均匀性考察

2.3　脱酸均匀性

将脱酸后纸张分成六部分（图2），采用表面pH、碱储量的测定值验证脱酸均匀性。若一张纸的质量不足以满足测量要求，则取多张纸的同一位置作为一组试样。均匀性=［1－（最大值－最小值）/平均值］×100%，若大于95%，认为均匀性良好。

2.4　灰分

灰分是按照规定的温度灼烧后残渣的质量与原绝干试样质量之比，用百分数表示。灰分提高（纸张填料提高或者涂布提高或者两方面同时提高），纸浆纤维用量减少，生产成本也随之降低。灰分不能盲目提高，大幅度地提高会影响纸张的厚度、耐折度、平滑度等指标[1]。

2.5　铜价

铜价指100g绝干纸纤维在碱性介质中，于100℃时将硫酸铜还原为氧化亚铜的克数。该方法可以表征纸张中还原性末端基的数量。对于机械浆纸，由于木质素等杂质较多，铜价无法准确反映纤维素的还原能力，但是可以评估纸浆中具有还原性物质（氧化纤维素、水解纤维素、木质素、糖等）的量。

2.6　纸张纤维聚合度

纸张纤维聚合度指纸张中组成纤维素的葡萄糖基的数量，反映了纸张内部纤维素分子链的长短，是纸张老化程度的重要指标[2]，是纸张宏观物理强度的基础，纸张的酸化老化会造成纤维聚合度降低，最终导致裂环。某种程度上，纤维聚合度反映的是纸张内部纤维状态最基本的信息，比测定纸张的抗张强度、耐折度等物理轻度指标更能反映纸张内部的强度状态。

3 机械性能

3.1 抗张强度

抗张强度是衡量纸张机械性能的主要指标，也可作为表征纸张老化程度的一个重要因素。它是指纸张所能承受的张力。强度越高，纸张越不容易被拉坏。在纸质文献长期保存的过程中，酸性纸张中纤维会在酸的催化下发生水解作用，从而纤维发生氧化断裂，纸张的抗张强度降低。

3.2 耐折度

耐折度指纸张断裂前所能承受的双折叠次数，反映了纸张反复折叠的能力，是衡量纸张机械性能的重要标准之一。在标准张力条件下进行试验（张力一般是4.9N或者9.8N），试样断裂时双折叠次数的对数（以10为底），即为纸张的耐折度。

3.3 撕裂度

撕裂度是纸张撕裂强度的量度，它是指将预先切口的纸撕裂一定长度所需的力的平均值，反映了纸张抗外界干扰的能力。

3.4 耐破度

耐破度是指由液压系统施加压力，当弹性胶膜顶破试样圆形面积时的最大压力，单位为kPa。耐破度是纸张重要的质量指标之一[3]。

4 光学性能

4.1 白度

纸张老化的宏观表现是颜色变黄（返黄），随着老化程度的加深，颜色可能逐渐加深[4]。因此，返黄是一项表征纸张老化程度的直观指标。纸张的返黄与木素含量和结构、初始白度、制浆漂白方式均有密切关系。纸张返黄的最主要原因是纸张内木质素的C—C键或者C—O键的断裂[5]。因此，纸张木质素含量越高，返黄也越严重。

4.2 色差

色差是衡量纸张光学性能的重要指标，保持纸张原有颜色状态是图书保护和修复管工作的一项基本要求。色差计算公式如下：

$$\Delta E=[(\Delta L^*)^2+(\Delta a^*)^2+(\Delta b^*)^2]^{1/2}$$

式中，L^*、a^*、b^*分别是亮度、色调和颜色饱和度计量。ΔE值越大，颜色变化越明显（表1）。

表1 Δ*E*评价标准

等级	变色程度	Δ*E*
0	无变色	≤1.5
1	很轻微变色	1.6～3.0
2	轻微变色	3.1～6.0
3	明显变色	6.1～9.0
4	较大变色	9.1～12.0
5	严重变色	＞12.0

4.3 纤维形态及填料

日常工作中，采用超景深三维立体显微镜、扫描电子显微镜/能谱法来分析脱酸前后纸张纤维形态及纸张填料情况。超景深三维立体显微镜通过实现超大景深的方式，加大了被摄主体前后影像清晰范围的距离，打破了普通显微镜景深的局限性，使微观的纤维形态最大限度地被镜头感知，并将光学信号转变成电信号，从而实现影像呈现；扫描电子显微镜是常用光学分析仪器，兼具快速无损、使用方便等特点，能获得比光学显微镜更加清晰的样品表面形态，并可以与X射线能谱仪联用，测试纸张填料的组成。

4.4 光泽度

光泽度反映了纸张的光泽和印刷品光泽的质量，也反映了纸张表面显示影像的能力。理论上，把光泽度定义为纸张表面在反射入射光能力方面与完全镜面反射能力的接近程度。通常所说的光泽度是指白纸光泽度，是用纸张在一定角度下的镜面反射率与标准黑玻璃在同一角度下的镜面反射率之比来表示，即将标准黑玻璃的镜面反射率规定为100%，记为100度，纸张镜面反射率与标准黑玻璃镜面反射率的百分比为多少，就记为多少度。光泽度均匀性不好直接影响印刷质量。偏色、反光不均匀等问题，直接影响视觉效果。

4.5 不透明度

不透明度是以纸张通过光的量来测定的。通过光的量为零时，纸张相应的不透明度为100%。虽然不透明度能由通过光的量来测定，但通常测定它的对比率，即由背衬黑色实体的单张纸的反射值R_0与背衬白色实体的同样测试面积的反射值R_∞的对比率，即不透明度=R_0/R_∞。对比率是对通过光的量的间接测定。纸张不透明度既是保证印刷不透印、版面洁净、字迹清晰、色泽鲜明等规定的指标，也是反映纸张在印刷效果上的一项重要措施。

囿于作者工作经验有限，对近现代文献的脱酸工作认识较浅薄。此外，纸张的指标多种多样，且近现代文献脱酸暂时还没有相关国家标准支撑。亟待近现代文献脱酸的国家标准早日面世，利于近现代文献脱酸工作的科学化、规范化开展。

参 考 文 献

[1] 刘玉娟. 纸张灰分检测及其重要性的研究 [J] . 湖北造纸，2013，（2）：7-9.

[2] 张慧，陈步荣，朱庆贵. 传统氧化去污材料对纸张纤维纤维素聚合度的影响 [J] . 中国造纸，2014，33（2）：30-33.

[3] 梁健文. 谈谈箱纸板耐破度的测定 [J] . 造纸科学和技术，2005，24（3）：38-40.

[4] 刘家真. 古籍保护原理与方法 [M] . 北京：国家图书馆出版社，2015.

[5] 王心琴. 浅析纸张老化的原因 [J] . 档案与建设，1997，（9）：33.

浅谈博物馆纸质文物的保护

李秀红

（太原市晋祠博物馆，山西太原，030025）

摘要 博物馆是征集、典藏、陈列和研究文物的场所，承担着文物保护和文化传承的艰巨任务，而在各类馆藏文物中，纸质文物承载着我国文化遗产中的重要部分，有着极为重要的历史、科学和艺术价值。脆弱、娇贵的纸质文物在保存中极易发生霉变、破损，能够保存到今天就显得更加珍贵了。当然其保护难度最大，收藏或陈列不当都会造成破坏。本文是笔者在纸质文物保护工作中总结的一些工作经验和体会。

关键词 纸质文物 保护 损害 修复

纸是我国的四大发明之一，据考古和史料证实，约发明于东汉。自诞生之日起，纸就在历史的进程中发挥着非常重要的作用，一步步记载了中华民族的历史发展和文明创造。千百年以来，历代流传下来的书画、古籍、经卷、信件都是研究古代世事变迁、民生民俗、科技发展进程等原始信息的重要载体。在历史的发展中纸质文物将越来越少，并且无法实现真正意义上的复原。相关的历史信息、文化传承、艺术价值也会随纸质文物的损坏而失去，出现各种文献的缺失，所以纸质文物的保护刻不容缓。

在博物馆藏品中，近现代工业发明以前，所有纸质文物的制作都是手工的。如各类纸张和丝质织物。所以，纸质文物的陈列和保存过程中状态最不稳定，特别娇贵。从化学成分上看，纸质文物的成分是纤维素、木质素、半纤维素。纸张中的纤维素是从植物中提取的，经过捣炼，悬浮在水中变成纸浆，然后再用纸帘从纸浆中过滤出一层交织的纤维，经过干燥和挤压去除水分，这样纤维就变成了一张纸。经过时间推移，纸张中会慢慢地发生许多化学反应，造成纤维断裂、脆化。

温湿度是纸张损坏的重要自然因素之一。湿度过高时，纸张纤维吸收过量的水分，纸张的性能就会减弱，抗张强度会随之降低，极容易滋生大量的细菌和微生物。湿度过低时，随着纸张中的水分蒸发，纸张纤维中的内部结构被破坏，使纸张变脆、断裂。因此，纸质文物保存或陈列环境条件要稳定，房间温度应该保持在15～18℃、相对湿度应该保持在55%～65%最好。

防霉和杀毒是保护纸质文物的基本日常工作。纸张的纤维是有机质，字画和书籍的制作过程中大量加入动物胶、淀粉等，给霉菌和害虫提供了培养基和食物，一旦环境条件温暖、潮湿，霉菌和虫害便会生长蔓延，不仅使纸张性能变得脆弱，还会造成颜色的变化。所以，不管是库房保存还是展馆陈列，纸质文物都要经过消毒处理，以便达到防霉、杀菌的目的。同时工作人员还应封闭储存空间和展柜，为了有效控制虫害和霉菌的滋生，可以在柜子角落里放置胡椒粒、芸香草、樟脑丸（每年卵孵化前），也可在封闭的展柜内充入大量的惰性气体，使其氧气的浓度降低至10%以下，这样低氧会抑制霉菌和虫害的生长。此外，展厅的通风装置要做好保护网，以防昆虫和飞鸟的入侵。展馆周围树木要避免鸟类的栖息和繁殖，这样可以最大限度地防治虫害。

封闭的收藏环境会使有害气体长时间停留，使纸质文物受损，如氢硫酸有很强的漂白作用，使纸质文物上的文字和颜料褪色。另外，二氧化硫严重影响纸张的机械性能，使纸张变得酥脆。因此，要加强室内通风，减少有害气体对文物的侵蚀。一些酸化严重的，必须经过脱酸处理。如果pH的测试结果降到4～4.5，机械强度几乎为零，其中一些纸质文物很容易脆裂成碎片，根本不能安全打开，更无法翻阅或陈列。所以，如果发现纸张的pH降到5.6就应当采取相应的处理措施。一般的脱酸有水溶液法、有机溶液法，酸化的纸质文物经过脱酸后呈中性，延缓了老化速度。

在文物的保存过程中，一些字画会长期或不定期在展厅中裸展陈列，难免会接触空气中的粉尘，当粉尘落到文物上时，会被牢牢吸附，尤其是在四季分明又多风的北方，这种情况尤为严重。在整理、翻阅、收放纸质文物的同时，粉尘就会摩擦纸张，使其表面纤维起毛，长久之后引起纸张受损，从而影响作品的清晰度。此外，粉尘中还含有霉菌孢子，被附着的文物表面容易发生霉烂。在做除尘养护时，城市或乡村可根据收藏环境的实际情况作合理的调整。除尘方法：①将电吹风调至冷风挡与文物表面成30°角、10～15cm的距离从右到左吹一次；②用鸡毛掸轻轻扫过画面（必须保证鸡毛掸得干净）；③用软毛刷轻扫文物表面的同时，用低风挡的吸尘器吸尘。切记不可擦拭，否则会使有害尘埃在擦抹的同时侵入纸张或丝织品的纤维中，造成长期的损害。必须强调，保管员在拿取文物时要佩戴手套和口罩，防止唾液和汗液中的油脂污染和损坏文物。

光辐射是影响纸质文物的重要因素之一，特别是紫外线，它可使文物纤维发生变化，导致变色、分解。紫外线主要来自阳光，其次是白炽灯和荧光灯。在陈列文物时，展品避免靠近窗户，远离阳光。灯泡或日光灯作为灯照明，对展品影响不大，但长久照射也能使纸质文物纤维变质。所以，纸质文物的照明强度不能超过50lx。展柜最好选用专业性博物馆照明设备，保障其以冷光源、无紫外线辐射，以功耗小、光利用率高、寿命长、照明效果好的灯光设备为选配原则，展厅窗玻璃用茶色玻璃或配置遮光窗帘。特别珍贵的字画应在暗处保存，最好复制陈列。

针对纸质文物的保护，保管员必须经过专业知识的学习，制定周密的工作方案，采取相应的方法和措施，应用到日常的工作中。工作中不仅需要小心谨慎地操作，避免不良的习惯动作，更要保持足够的耐心。正确的操作，可以预防对文物的损害，否则不但起不到保护的作用，还会造成文物的再次损伤。管理不善或不妥是纸质文物损坏的重要人为因素之一。在整理、提取、翻阅、陈列、收放纸质实物过程中没有严格按照纸质文物的科学操作程序进行，如不戴手套、口罩，手上佩戴手链、戒指，或涂抹指甲油，未经晾晒就收卷潮湿、褶皱的书画，这些不当的行为都会对纸质文物造成不同程度的污染和损坏。

在日常维护的同时，修复和挽救破损文物的工作量也在不断增加。文物修复的基本原则是“修旧如旧”，最大限度保持原貌。纸质文物质地轻薄柔软，强度低，一旦保护方法失当，将造成不可挽回的毁灭性的后果。因此，对亟须修复的纸质文物而言，保护方案的正确制定极为关键。

下面列举严重破损的纸质文物的修复步骤。

1 前期实验与修复方法的筛选

我们选取病害相同的纸张、织物材质相近的样品作为实验材料，通过前期实验，对病害进行处理，通过比对结果，选择修复方法。

1.1 纤维检测

用显微镜观察纸张和织物的表观结构，判断纤维的老化程度（图1和图2），对选配修复材料进行指导。

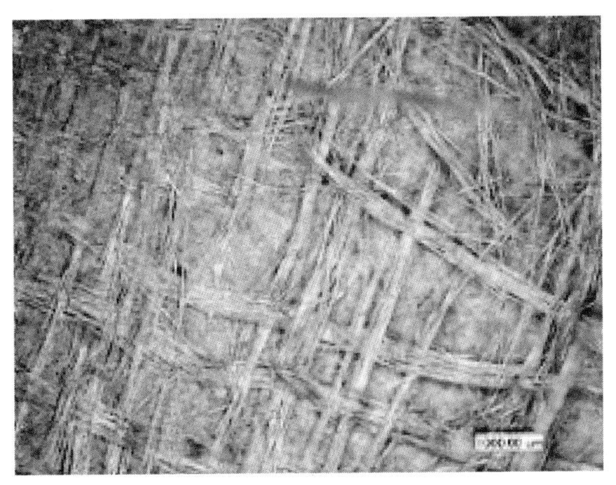

图1 绢丝老化断裂

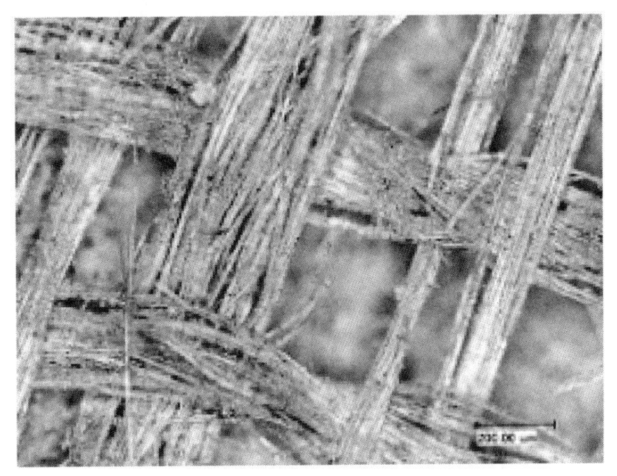

图2 绢丝老化断裂

1.2 消毒灭菌

拟采用除氧充氮法进行消毒灭菌，以抑制霉菌的繁殖。这是一种环保、安全的灭虫方法，这种灭虫方法不会对文物带来任何有害的影响，对操作者没有任何安全或者健康上的隐患。

整个过程保证除氧灭菌设备的氧气含量≤2%，充入99.99%的高纯氮气，温度严格控制在18℃以下，相对湿度保持在50%～60%，除氧充氮10天可以100%杀灭档案中的成虫、幼虫、虫卵、虫蛹。对于好氧性菌能100%杀灭，对于厌氧性菌及丝状霉菌能阻断其生长、滋生、繁殖。灭菌后不会在文物上残留任何有害的物质，在杀虫灭菌之后修复人员可以直接接触文物。

1.3 清除水渍

水渍是书画最常见的受损现象。经过前期实验，我们选用超纯水作为清洗介质，采用传统的方法对书画进行清洗。用热水乃至沸水多次淋洗，以达到去污的目的。

1.4 脱酸

对需要脱酸处理的书画，拟采用水溶液法对其进行脱酸。水溶液法是将纸张浸入0.15%氢氧化钙液，经20min浸泡使纸内游离酸中和。然后取出再浸泡在0.15%碳酸钙溶液中，约20min，过量的氢氧化钙转变为碳酸钙。碳酸钙沉积在被处理的纸上，能起抗酸、缓冲作用，防止纸张进一步变质。该法发明于1940年，至今仍在使用，脱酸后pH可能超过8，经过长期实践证实水溶液法是最安全可靠的方法之一，待修复书画需进行清洗，水溶液法具有成本低的优点。

1.5　霉渍的清除方法

霉菌种类很多，且情况较复杂，大多是由湿度过大、温度过高、通风不好所引起的。加之宣纸纤维是霉菌的培养基。霉斑是一种较为常见的受污现象。洗涤时，将书画正面朝上平铺裱台，先润清水，再用毛巾吸走水分。然后，持小排笔或棉球，蘸取0.5%高锰酸钾（$KMnO_4$）溶液涂于霉斑处。10～20min后，溶液由红色变为棕褐色，再涂以0.5%亚硫酸氢钠（$NaHSO_3$）溶液，棕褐色随即变成浅米色。接着持排笔蘸蒸馏水淋洗，并逐次吸走水分，直至以pH试纸测试达到中性为准。霉斑严重的地方，多涂几遍高锰酸钾溶液。

1.6　不当修复的去除

一些字画折裂破损处会有塑料胶带或即时贴的不当修复（图3和图4）。经过实验采用加热的方法去除胶带。对胶带吹热风，一一轻挑再缓缓吹热风，使胶慢慢融化，然后将胶带轻轻挑落或掀起。对于胶带去除后的余胶，可用棉球蘸丁酮、乙酸乙酯或者乙醇溶液轻轻擦掉。

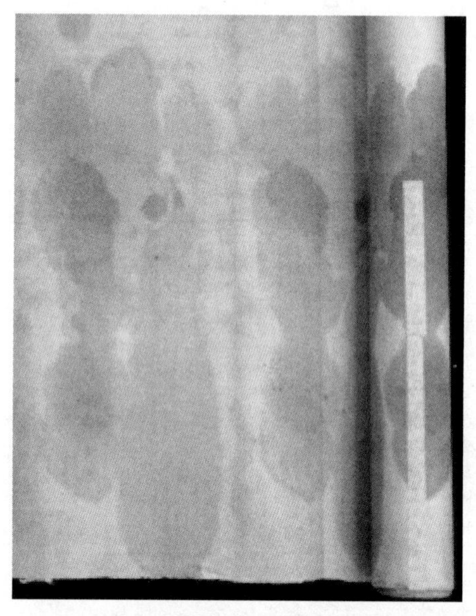

图3　不当贴条

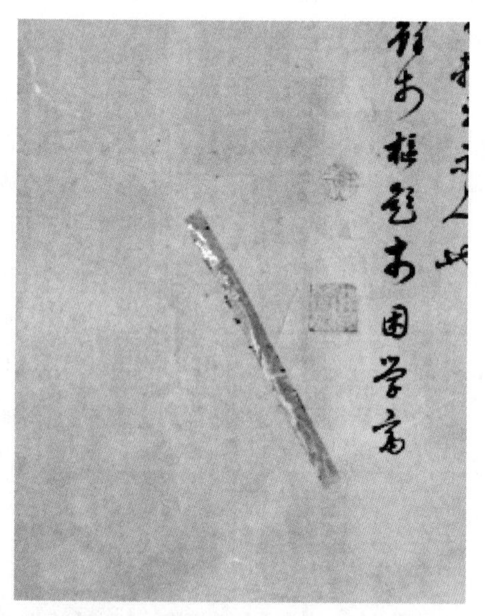

图4　粘贴胶带

1.7　胶黏剂的制作

小麦淀粉糨糊的黏度主要受到淀粉稀释度、水的温度、糊化时间及保存方法四个要素的影响和制约。对淀粉糊化过程中的温度测定也说明了这一点。当淀粉糨糊加热到60℃时，淀粉不发生糊化。当温度上升到63℃以上时，淀粉开始糊化。但如果将温度保持在63～75℃，则无论熬制多长时间淀粉糨糊内仍会存有一部分未糊化的淀粉。只有将温度加热到75℃以上时，淀粉才会完全糊化。另外，淀粉的糊化温度和黏度与淀粉的质量有着密切的关系。一般情况下，淀粉纯度越高，糊化开始温度越低，而黏度越高。

通过测试，我们选用小麦淀粉制作的糨糊作为胶黏剂。以小麦淀粉和去离子水按照1：4的比例浸泡2h，然后小火隔水熬制40min，制作出的小麦淀粉糨糊不含任何化学添加剂，不含蛋白质，黏度达到峰值。

2 保护修复原则及工作目标

2.1 保护修复原则

（1）修复过程中严格遵循最小干预、不改变文物原状的修复原则，真实、全面地保存并延长文物的历史信息及全部价值。尽可能减少干预，不得改变文物的原状。

（2）以文物保存现状作为主要修复依据。优先使用传统工艺技术和材料，所有新材料和新工艺都必须经过前期实验和研究。修复技术和修复材料的使用和选取要遵循协调性、可再处理原则，一切技术措施不得妨碍对原物进行二次处理，必要时修复材料可以被拆除。经过处理的部分要与原物既协调、又可辨识，并且把对文物的损伤降到最低。

（3）修复过程中按照《馆藏纸质文物保护修复档案记录规范》的要求做好详细的修复档案记录。

2.2 保护修复工作目标

（1）增强脆弱文物的强度。

（2）增强文物的柔软度和平整度。

（3）确保文物的重彩颜料不受损失。

（4）文物能达到长期保存的目的，满足陈列展览、研究的需要。

（5）整理出版修复报告，为日后同类型的修复提供指导。

3 保护修复的技术路线及操作步骤

3.1 拟定采用的技术路线

（1）对于保存状况差、多折裂、裱料损坏严重、影响收藏和展示效果的卷轴类书画，采取揭裱的方法，技术路线如下：

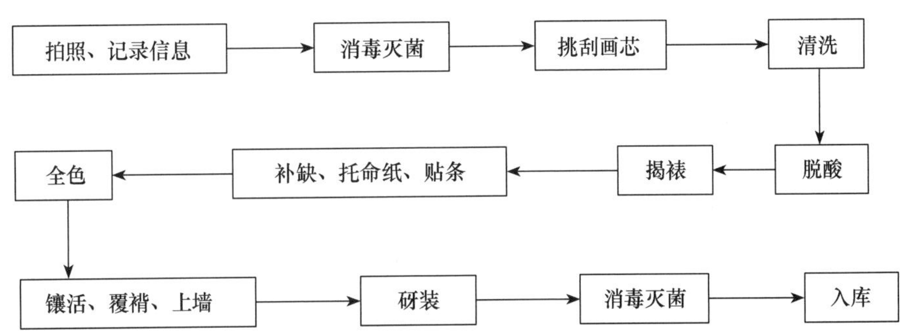

（2）对于破损严重的册页，采取揭裱重装的方法，技术路线如下：

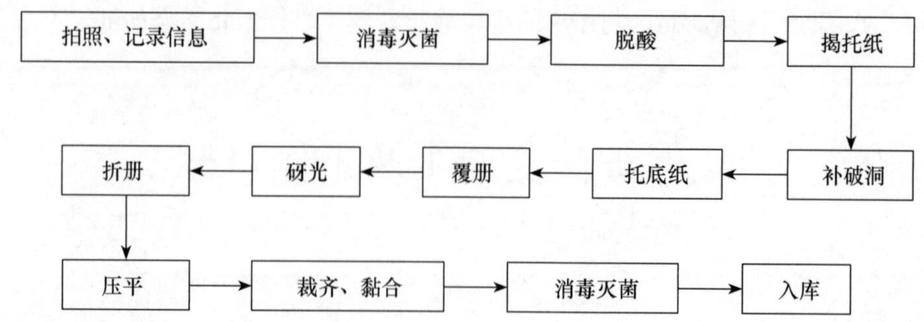

3.2 操作步骤

3.2.1 采用揭裱的卷轴类书画修复步骤

（1）拍照，登记文物情况，建立修复档案。

（2）消毒灭菌。拟采用除氧充氮法进行消毒灭菌，以抑制霉菌的繁殖。这是一种环保、安全的灭虫方法，这种灭虫方法不会对文物带来任何有害的影响，对操作者没有任何安全或者健康上的隐患。整个过程保证除氧灭菌设备的氧气含量≤2%，充入99.99%的高纯氮气，温度严格控制在18℃以下，相当湿度保持在50%～60%，除氧充氮10天可以100%杀灭档案中的成虫、幼虫、虫卵、虫蛹。对于好氧性菌能100%杀灭，对于厌氧性菌及丝状霉菌能阻断其生长、滋生、繁殖。灭菌后不会在文物上残留任何有害的物质，在杀虫灭菌之后修复人员可以直接接触文物。

（3）挑刮画芯。使用小竹片将画面的虫屎、污点等挑刮干净。

（4）检查颜料是否脱落。用棉签蘸清水，轻拭画面的颜料处，看其颜料遇水是否掉色。若掉色则先依照传统用浓度为5%胶水封护颜料。若墨色因浓厚而产生龟裂甚至起翘的，也先用浓度为5%的胶水封护。

（5）清洗画芯。裁去天地头，用排笔蘸75℃的水淋洗画面，而后用干净毛巾滚吸脏水，往复若干次，直至毛巾拧出的水呈淡酱油色。

（6）脱酸。对需要脱酸处理的书画，采用水溶液法对其进行脱酸。待修复书画需进行清洗，水溶液法具有成本低的优点。

（7）揭裱。将清洗过的书画翻转铺于衬有绢的案子上，揭去褙纸，命纸的揭、留视画芯状况而定。绢本绘画在揭裱前，为保护画芯颜料不受损失，画芯绢不应错动、挪位，要在重彩颜料上用水吸附一层水油纸，再在其上刷一层由糨糊潮透的水油纸。

（8）揭裱后用水吸附吸水纸，上墙，待干燥平整。

（9）染命纸，并托命纸，出局条。命纸选用红星棉料单宣。

（10）补破洞。画面破损、折痕处，在托好的命纸上进行隐补、贴条。

（11）上浓度为0.5%的胶矾水。

（12）衬吸水纸上墙全色。

（13）镶活、覆褙、上墙、研装。

（14）归库前灭菌。①文物归库前对库房进行灭菌杀虫处理；②对修复完成的文物再进行一次充氮灭菌，防止将细菌带回库房，污染其他文物。

（15）填写修复档案。

3.2.2 需要揭裱的册页具体修复步骤

（1）拍照，登记文物情况，建立修复档案。

（2）消毒灭菌。拟采用除氧充氮法进行消毒灭菌，以抑制霉菌的繁殖。这是一种环保、安全的灭虫方法，这种灭虫方法不会对文物带来任何有害的影响，对操作者没有任何安全或者健康上的隐患。整个过程保证除氧灭菌设备的氧气含量≤2%，充入99.99%的高纯氮气，温度严格控制在18℃以下，相对湿度保持在50%～60%之间，除氧充氮10天可以100%杀灭档案中的成虫、幼虫、虫卵、虫蛹。对于好氧性菌能100%杀灭，对于厌氧性菌及丝状霉菌能阻断其生长、滋生、繁殖。灭菌后不会在文物上残留任何有害的物质，在杀虫灭菌之后修复人员可以直接接触文物。

（3）挑刮画芯。使用小竹片将画面的虫屎、污点等挑刮干净。

（4）检查颜料是否脱落。用棉签蘸清水，轻拭画面的颜料处，看其颜料遇水是否掉色。若掉色则先依照传统用浓度为5%的胶水封护颜料。若墨色因浓厚而产生龟裂甚至起翘的，也先用浓度为5%的胶水封护。

（5）清洗画芯。用排笔蘸75℃的水淋洗画面，而后用干净毛巾滚吸脏水，往复若干次，直至毛巾拧出的水呈淡酱油色。

（6）脱酸。对需要脱酸处理的册页，采用水溶液法对其进行脱酸。待修复册页需进行清洗，水溶液法具有成本低的优点。

（7）揭托纸。将清洗过的册页翻转铺于衬有绢的案子上，揭去底纸。

（8）补破洞。对画芯残破处进行隐补。

（9）托底纸。底纸选用厚宣纸，托到上数第3层时分心，即黏合两个半张，中间留0.5cm的空隙。上墙待干。

（10）覆册。将画芯和开身纸粘贴到底纸上。底纸搭浆上墙正贴崩干。

（11）研光。册页下墙后垫纸研光。

（12）折册、压平。以镶料中线上下缺口为准对折，对折后的册页垫纸压平。

（13）裁齐、黏合。裁齐册页上下两口，按顺序抹浆黏合，以重物压牢。

（14）归库前灭菌。①文物归库前对库房进行灭菌杀虫处理；②对修复完成的文物再进行一次充氮灭菌，防止将细菌带回库房，污染其他文物。

（15）填写修复档案。

整个修复过程中，使用的均为传统无污染的材料。如使用化学药品，也应严格控制用量，并完全清洗干净。图5～图8为字画修复前后的对比照。在每一件文物的修复档案中都会做记录保存。

文物完成修复后，入库管理。但是，这并没有完事大吉，修复后的文物更应加大保护力度，在传统与现代科技相结合的双重保护之下，实现最大可能的“延长生命”。

在各个博物馆的藏品中，基于各种原因，有一些纸质文物纸张或丝质部分或多或少都会出现了不同程度的水解、酸蚀、脆断，变为黄褐色和褐色。脆裂严重的纸质文物在博物馆藏品的比例不容小觑，修复和挽救的工作压力很大。

早在汉魏时期，前人就知道利用中草药来防治纸张发霉和虫害。对书画装裱和囊盒、匣套的配置，也同样有防虫和防潮的作用。古人尚且如此，如今的我们，在学习和继承祖先优秀传统技艺的

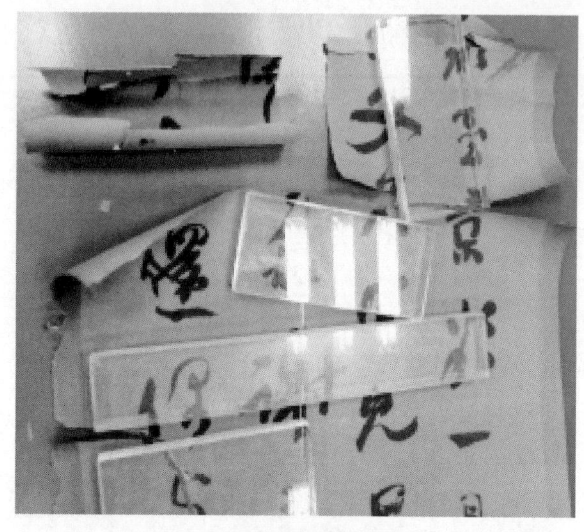
图5　修复前

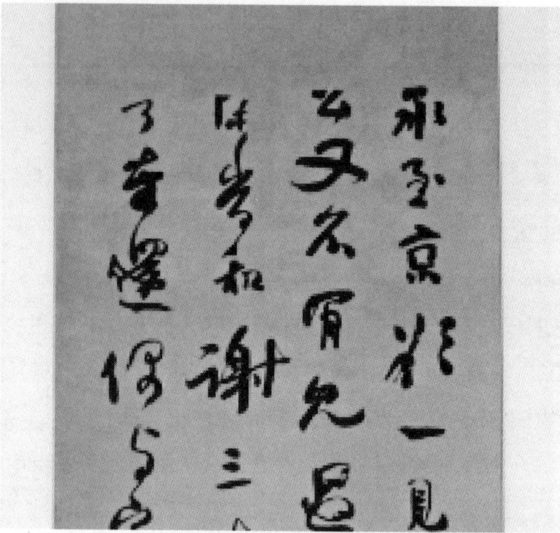
图6　修复后

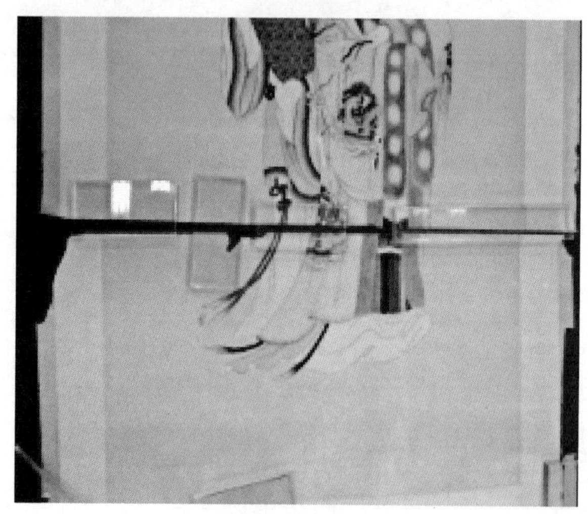
图7　修复前

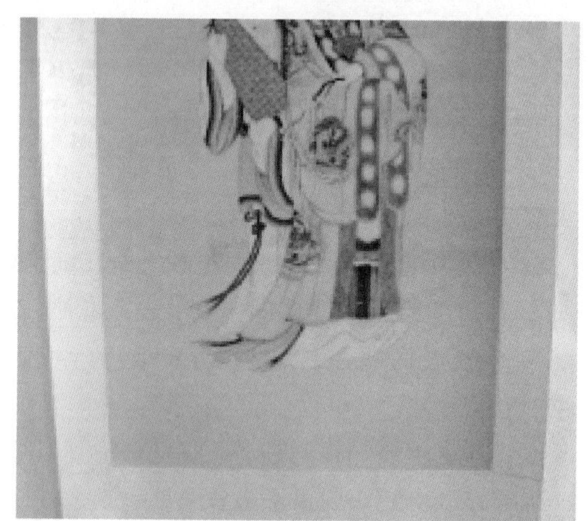
图8　修复后

同时运用现代科技的力量，纸质文物的保护方法也在不断进步和发展。在保护和利用的工程中，也会出现其他复杂的变化。因此，最佳的保护环境，规范的保管人员的操作行为，高科技的保护设施，都成为纸质文物“延长生命”的重要因素。

今天，大众对博物馆展览的热情方兴未艾，体现了人们对优秀文化的渴望、对美好生活的追求，更加衬托出文物保护工作者应该具有的历史使命感和社会责任感。纸质文物作为人类文明的重要载体，保护工作尤为重要。加强文物的保护、加强文物的研究和利用，如何让历史说话，让文物说话，是我们不断思考和努力的方向，我们还有大量的工作要做。

文物保护任重道远。

纸质文物常见病害及病害图绘制
——以湖北省博物馆馆藏古籍《淳祐临安志》的病害图绘制为例

谢　梦　赵艳红

（湖北省博物馆，湖北武汉，430077）

摘要　纸质文物是指由收藏机构所收藏的，由纸及写印色料所构成的文物，具有重要的艺术性、历史性和文物性。得益于纸质文物对人类历史的记录和传承，中国的历史没有出现文化断层。目前我国纸质文物生存环境不容乐观，保存状况令人担忧。本文列举了纸质文物常见的病害类型及其图例，然后以湖北省博物馆馆藏古籍《淳祐临安志》为例，详细说明了纸质文物病害图的绘制方法，以期为规范纸质文物保护方案的编制和修复档案的填写以及指导后期修复实践提供一些有益的借鉴。

关键词　纸质文物　病害　病害图绘制

引　言

纸质文物是指由收藏机构所收藏的，由纸及写印色料所构成的文物，包括字画、古籍、碑帖、拓片、纸币、奏折、诰命、案卷、单据、契约、报刊、档案、剪纸、纸币、信札、执照、宣言、传单、票据、邮票、证书、烟标等[1]。四大文明古国之中，唯有中国的历史没有出现文化断层，这很大程度上得益于纸质文物对人类历史的记录和传承[2]。

我国目前纸质文物生存环境不乐观，保护状态令人担忧，守卫精神家园，传承璀璨历史，是每一位文物工作者的责任和义务。保护纸质文物的第一步是要认识纸质文物的病害，区分不同的病害类型，界定病害程度的轻重。对病害清晰准确的认知是规范保护修复标准和指导保护修复实践的必要条件。

纸质文物的病害是指纸质文物因不利的物理、化学、生物及人为因素的影响而产生的损害。这些不利的因素包括：不适宜的温湿度、光照、有害气体、动物微生物和人类不当行为的侵害等。纸质文物的病害可根据病害产生对象的不同分为纸张病害和写印色料病害两大类。下面详细介绍纸质文物常见的病害类型、病害图例及病害图绘制方法。

1　纸质文物的病害类型

1.1　纸张病害

纸张常见病害主要包括水渍、污渍、皱褶、折痕、变形、断裂、残缺、烟熏、炭化、变色、粘连、微生物损害、动物损害、糟朽、絮化、锈蚀、断线和书脊开裂等。

水渍：纸张受水浸润而留下的痕迹。

污渍：纸张受污染而形成的斑迹。

皱褶：纸张受各种因素作用在纸张表面形成的凹凸皱纹。

折痕：纸张由于折叠或挤压而产生的痕迹。

变形：纸张因水浸或保存不当导致的整体形状的改变。

断裂：纸张从一个整体断为两个或者多个部分。

残缺：纸张部分出现缺失的现象。

烟熏：纸张受烟雾熏染产生的痕迹。

炭化：纸张因火烧等原因而发生纤维素完全降解的现象。

变色：纸张的化学结构因受到物理、化学或生物等因素的影响而发生变化，导致颜色发生改变的现象。

粘连：纸张因受潮、霉蚀、虫蛀等原因发生相互黏接和胶着的现象。

微生物损害：纸张因微生物在其上生长繁殖而受到的损害。

动物损害：昆虫、鼠类等动物活动对纸张造成的污染或损害。

糟朽：纸张因其化学结构发生严重降解，导致结构疏松、力学强度大幅降低的现象。

絮化：纸张因物理、化学或生物因素的影响发生严重降解而呈棉絮状的现象。

锈蚀：铁钉等铁制品对纸张造成的腐蚀。

断线：线装书的装订线、纸捻损坏。

书脊开裂：书脊由于脱胶、断线等原因而导致的开裂。

1.2　写印色料病害

纸张常见的写印色料病害包括脱落、晕色、褪色、字迹扩散、字迹模糊、字迹残缺等。

脱落：写印色料与纸张载体发生脱离的现象。

晕色：颜色较深部位的呈色物质向浅色部位扩散或沾染的现象。

褪色：物理、化学及生物等因素的作用，导致字迹或颜料色度降低或改变的现象。

字迹扩散：字迹边缘呈羽状晕开的现象。

字迹模糊：肉眼观察到的字迹不清晰的现象。

字迹残缺：字迹出现缺失、失去完整性的现象。

2 纸质文物的病害图例

纸质文物常见病害的图例如表1所示。

表1 纸质文物常见病害图例

编号	名称	图示	编号	名称	图示
1	水渍	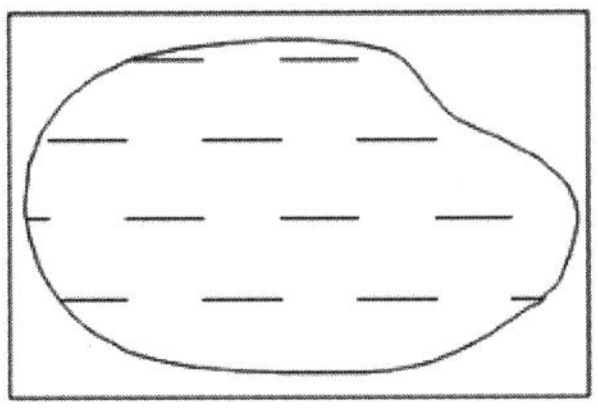	7	残缺	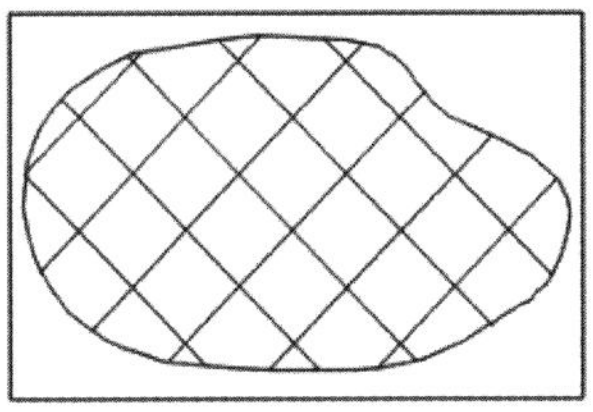
2	污渍	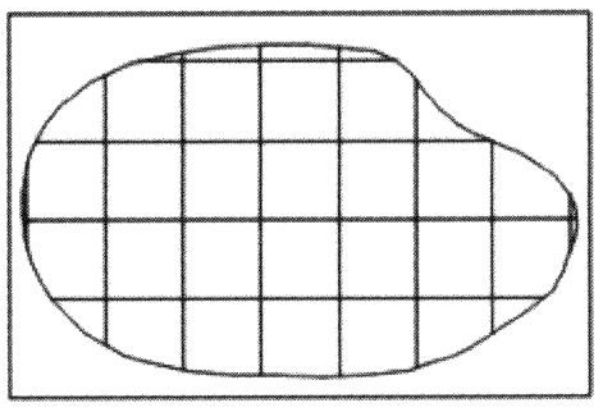	8	烟熏	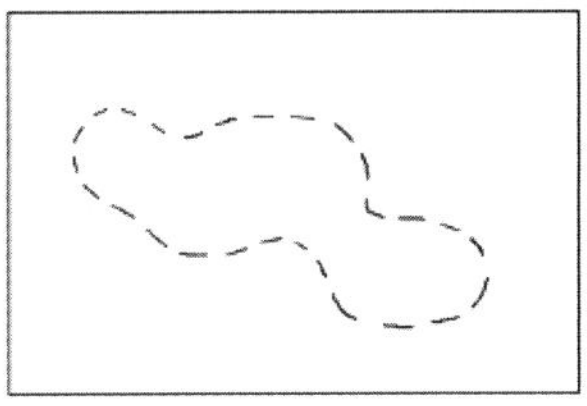
3	皱褶	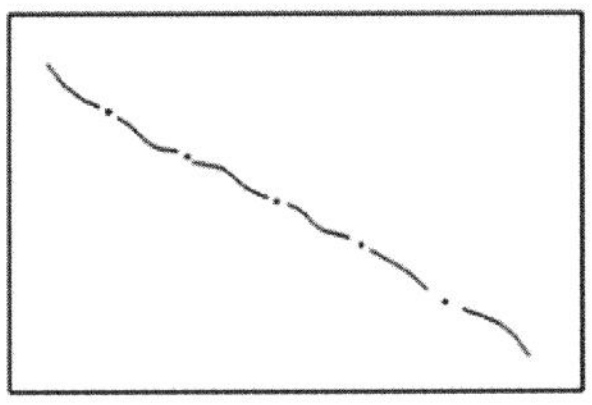	9	炭化	 H H H H H
4	折痕	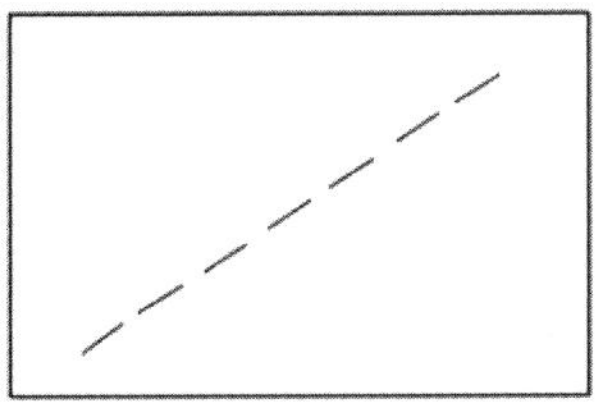	10	变色	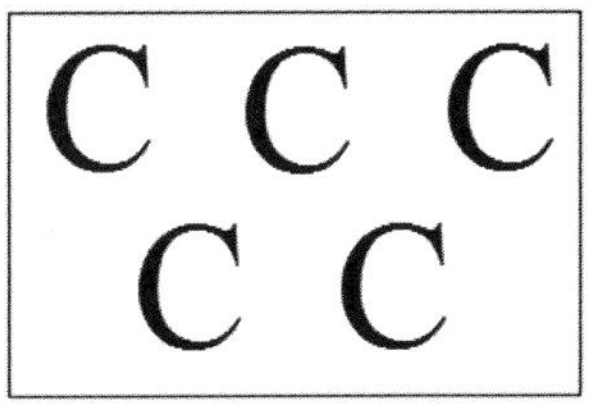 C C C C C
5	变形	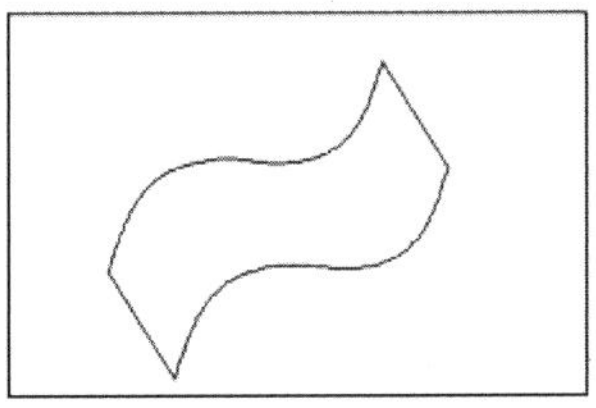	11	粘连	
6	断裂	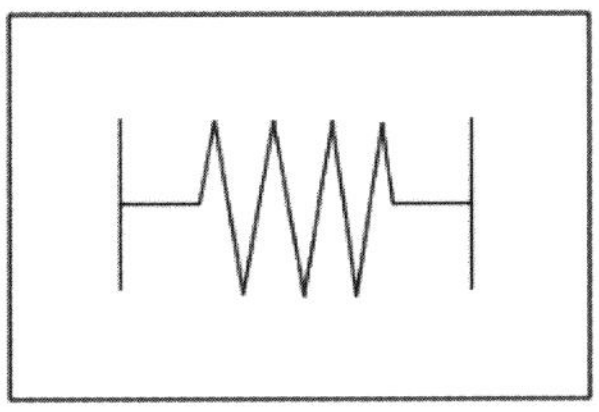	12	微生物损害	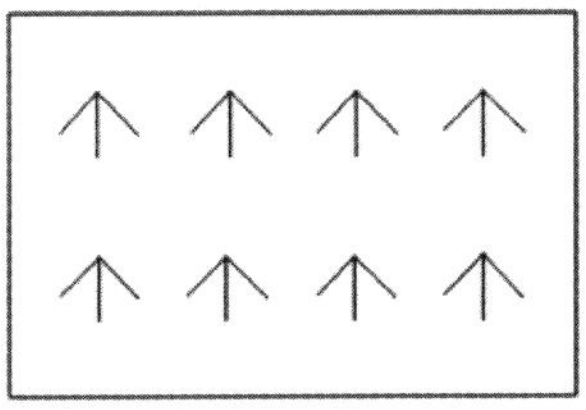

续表

编号	名称	图示	编号	名称	图示
13	动物损害	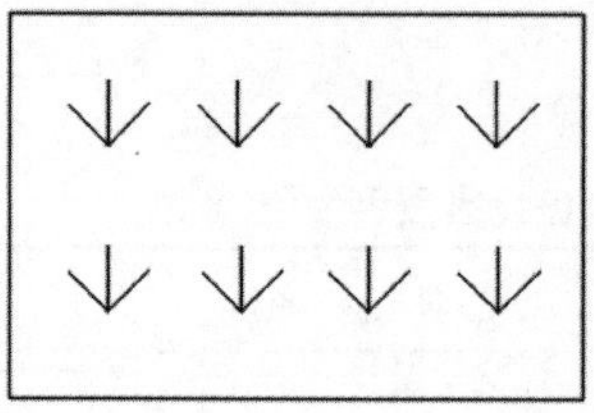	19	脱落	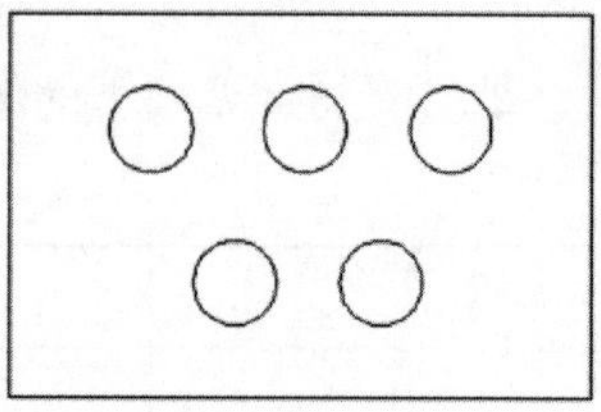
14	糟朽	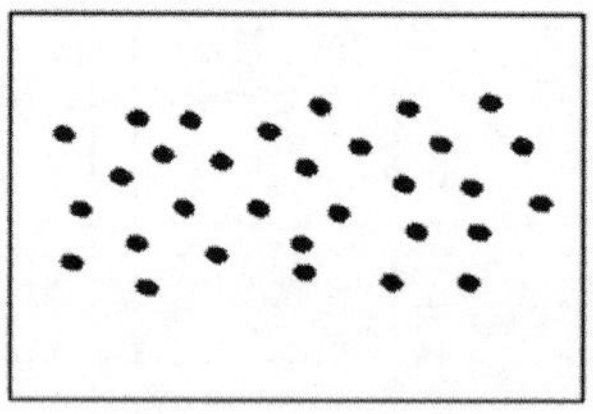	20	晕色	
15	絮化	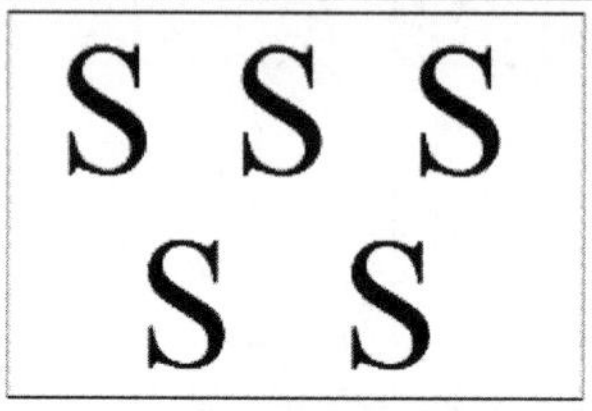 S S S S S	21	褪色	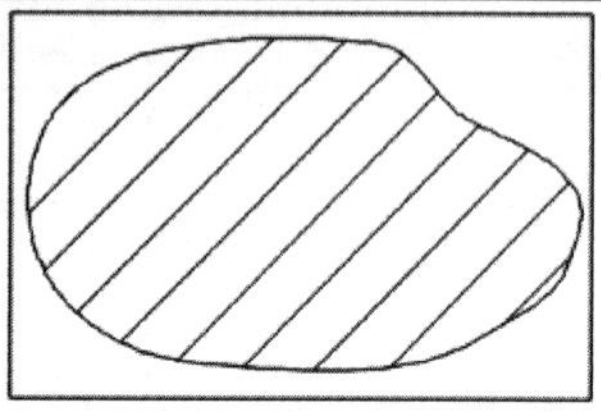
16	锈蚀	 R R R R R	22	字迹扩散	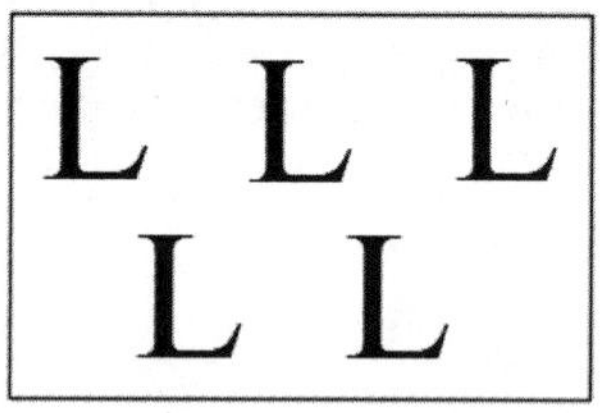 L L L L L
17	断线	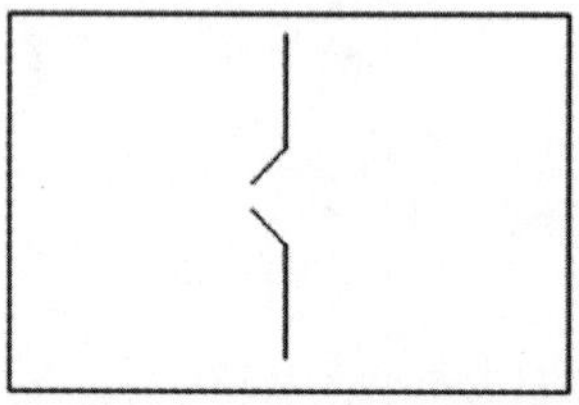	23	字迹模糊	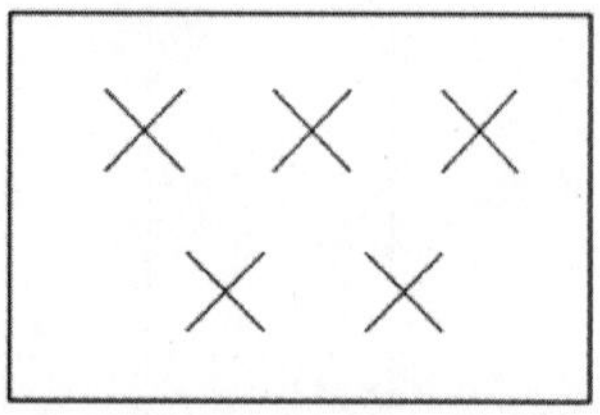
18	书脊开裂	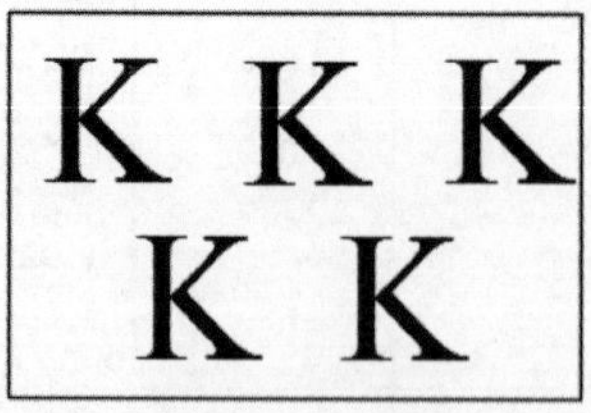 K K K K K	24	字迹残缺	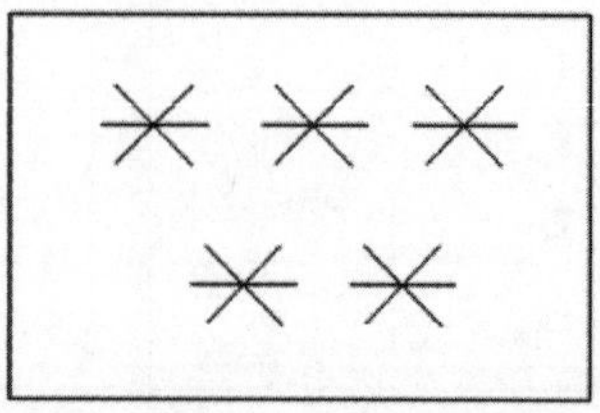

3　纸质文物的病害图绘制方法

这里以湖北省博物馆馆藏古籍《淳祐临安志》的病害图绘制为例进行详细说明。

3.1 辨识纸质文物的病害

仔细观察、小心翻看古籍的封皮和书页，确认古籍的保存状况。除肉眼观察外，必要时还可借助手持式显微镜分析。经逐页翻看，发现封皮和书页均存在变色病害、少数书页存在残缺和污渍等病害，详情见图1。

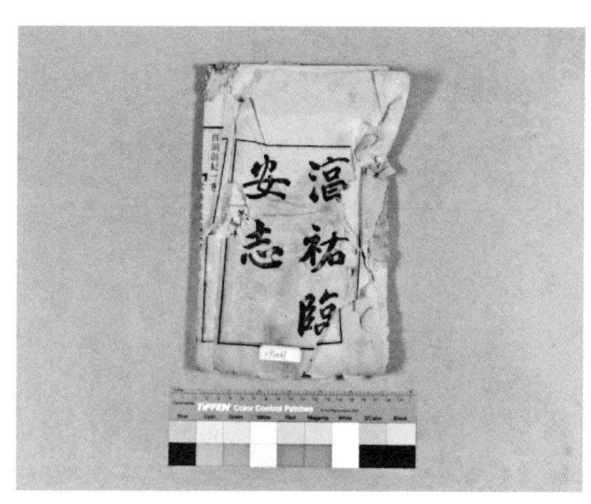

图1　古籍《淳祐临安志》正投影照片

3.2 拍摄纸质文物的照片

拍摄该古籍的正投影照片，务必与比例尺和色卡一起拍。这里需要注意的是前期灯光的布置与每一册古籍的摆放位置和角度要保持一致，如图1所示。

3.3 绘制纸质文物的病害图

3.3.1 打开AutoCAD界面

这里使用的是AutoCAD2016版本，如图2所示。

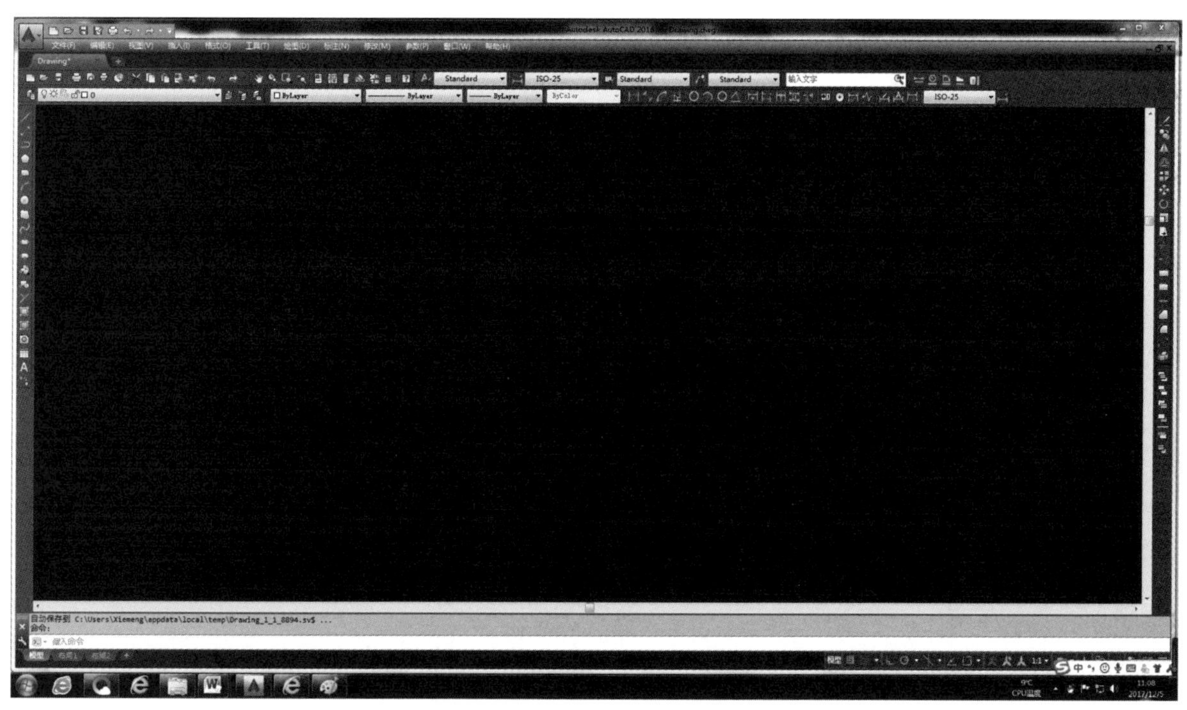

图2　AutoCAD 2016版本打开界面

3.3.2　插入图片

选择顶栏的菜单项→插入（I）→光栅图像参照→选择图像文件→找到所在文件夹图片→打开→图像→缩放比例1（取消√）→确定（出现方框）→左键单击（照片出现在屏幕），如图3所示。

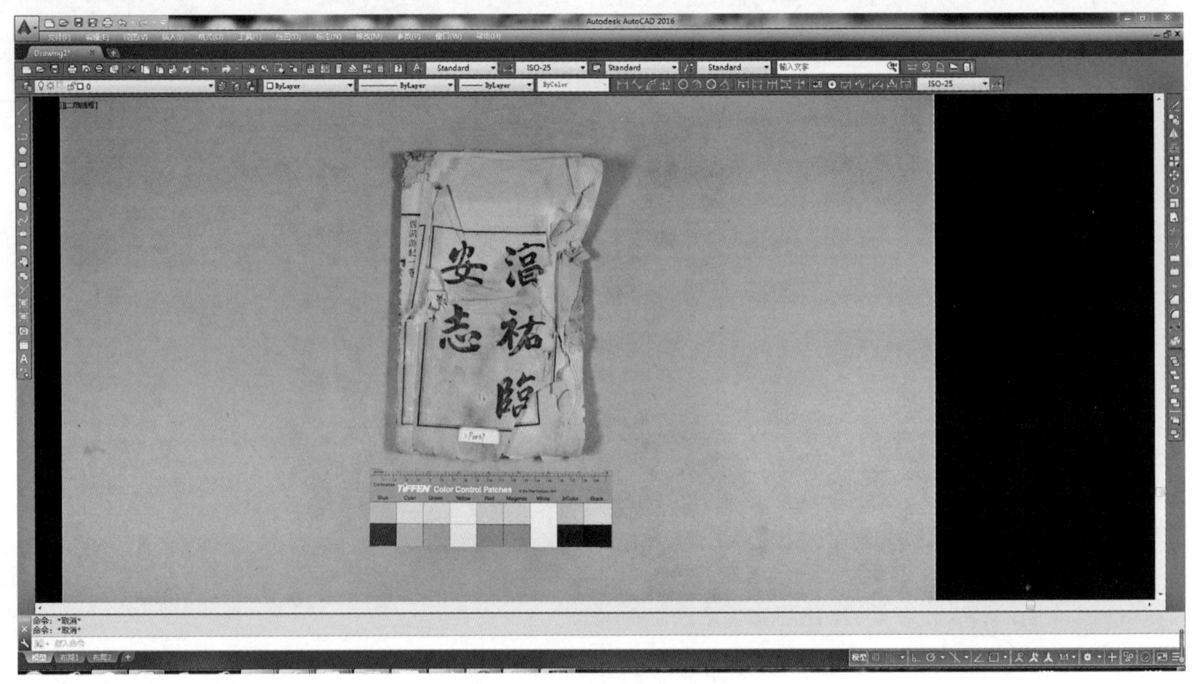

图3　古籍照片插入AutoCAD

3.3.3　建图层

首先将插入软件的古籍照片设置为图层0，具体步骤是：选中图片→右击鼠标→特性→光栅图像→图层0→自动隐藏或者X关掉。然后左击顶面的“图层特性管理器”→新建图层→出现“图层1”（重命名“轮廓”）→确定→新建图层完成。将轮廓、病害（变色、残缺、污渍）、比例尺、图例和信息表各建一层，以下的绘图步骤都在相对应的图层完成，如图4所示。

3.3.4　绘制古籍的轮廓

在“轮廓”图层界面下，选取界面左边工具栏里的“矩形”，左击“矩形”→选中古籍左上角的点→沿着古籍的轮廓左击描图，如图5所示。

3.3.5　绘制病害

分别绘制古籍的变色、残缺、污渍病害。

3.3.5.1　变色病害

新建变色图层，在变色图层下描变色范围的轮廓，轮廓描好后进行变色图例的填充。

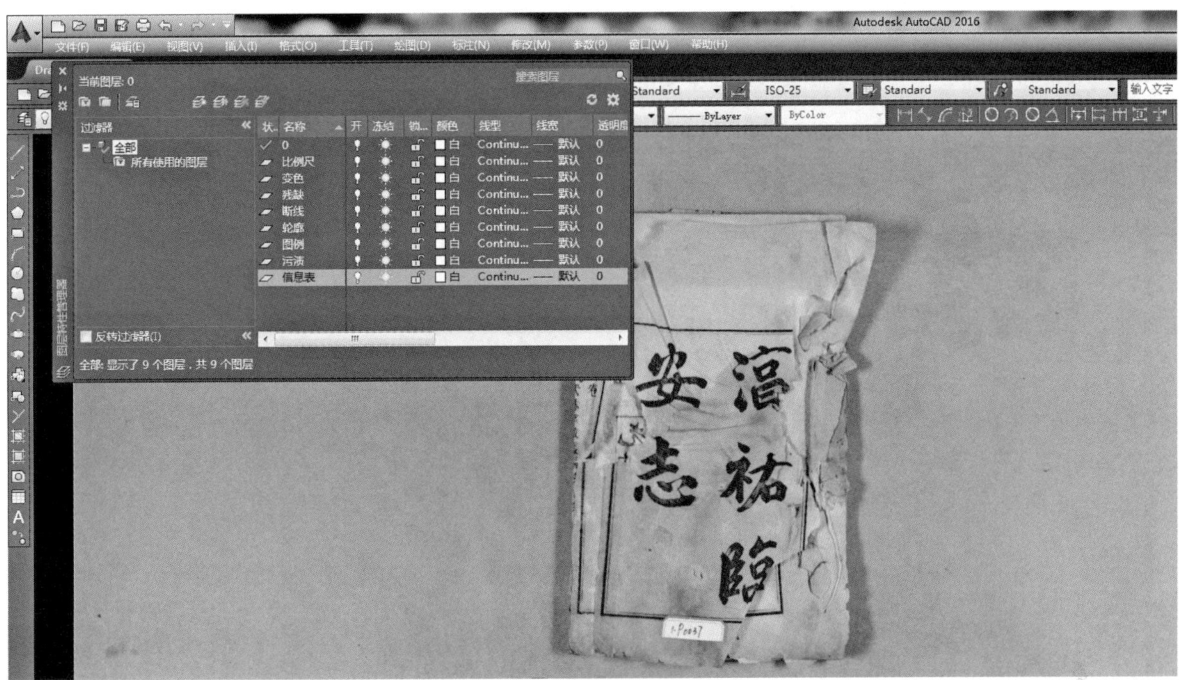

图4　建图层

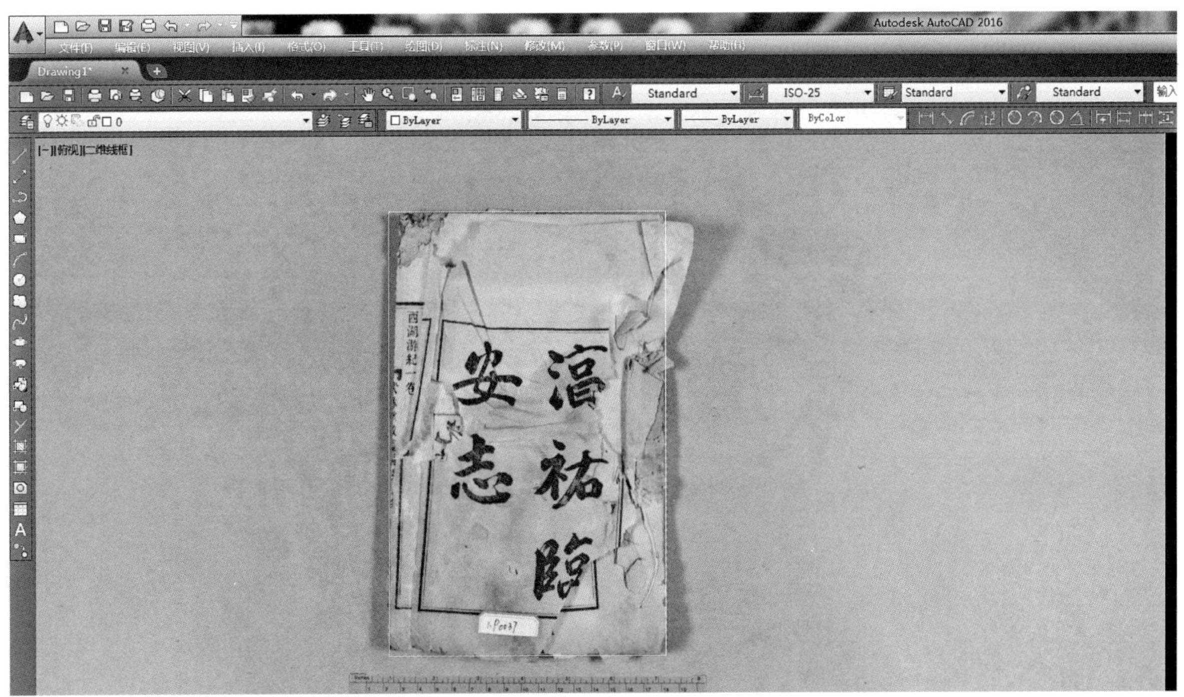

图5　绘制古籍轮廓

纸质文物的大部分病害图例都可在CAD自带的填充图案中找到，如果找不到可以采用专用的CAD填充图案制作工具如“齐丝小趣”等制作。利用齐丝小趣制作出变色的图例C.pat。

图案填充→左击“图案填充和渐变色”→左击“图案的……”→填充图案选项板→自定义→C.pat→确定→角度0→左击“添加拾取点”→找到变色处轮廓框（需闭合）→左击→虚线选中→右击→确认→图案填充和渐变色“确定”→图例填上，如图6所示。

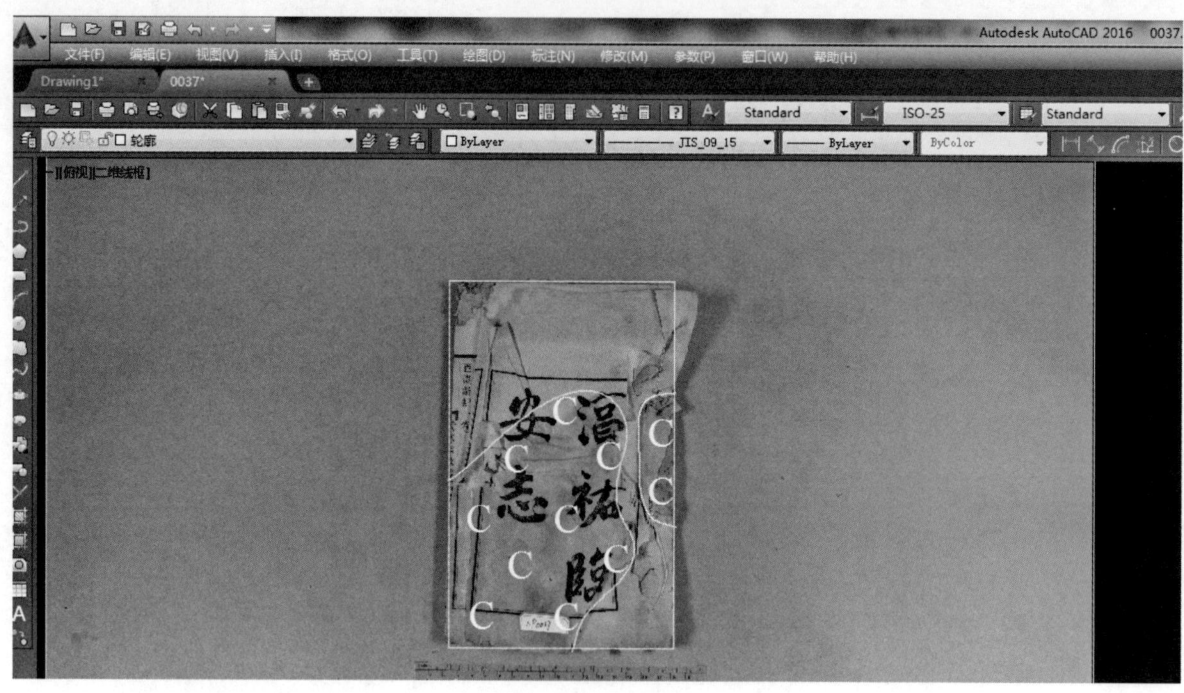

图6　绘制变色病害

3.3.5.2　残缺病害

新建残缺图层，在残缺图层下描残缺范围的轮廓，轮廓描好后进行残缺图例的填充。

残缺的图例为界面左边的“图案填充”工具项中的ANSI37。

图案填充→左击“图案填充和渐变色”→左击“图案的……”→填充图案选项板→ANSI→ANSI37→确定→角度0→左击“添加拾取点”→找到残缺处轮廓框（需闭合）→左击→虚线选中→右击→确认→图案填充和渐变色“确定”→图例填上，如图7所示。

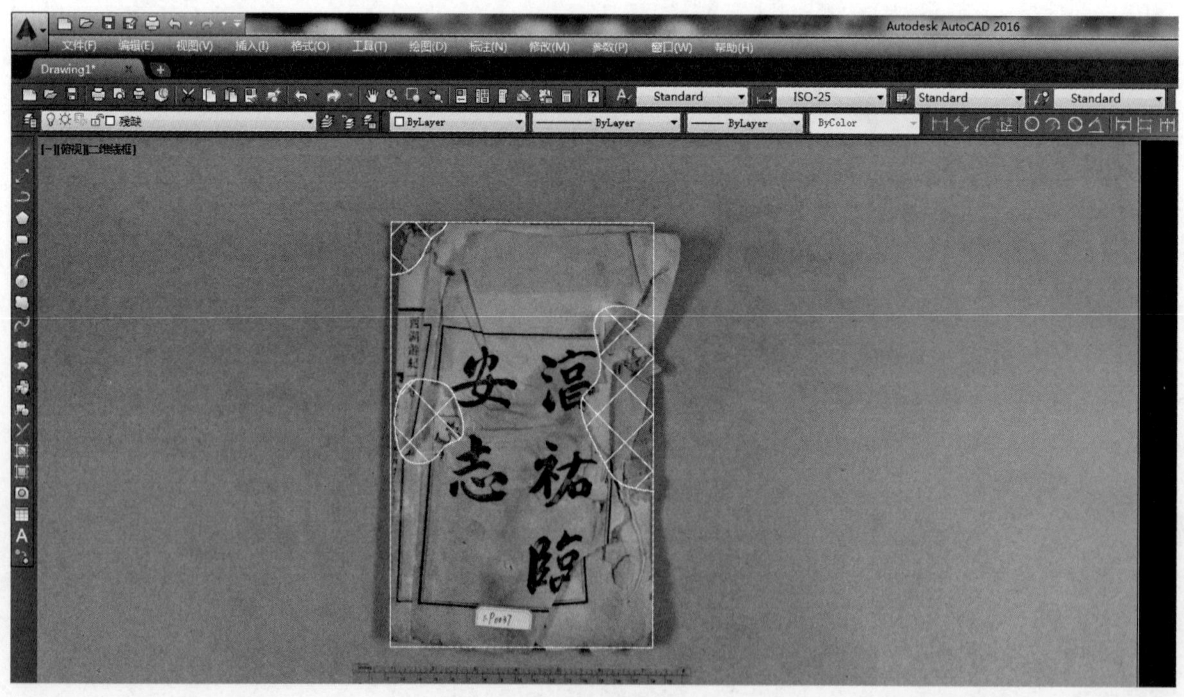

图7　绘制残缺病害

3.3.5.3　污渍病害

新建污渍图层，在污渍图层下描污渍范围的轮廓，轮廓描好后进行污渍图例的填充。

污渍的图例为界面左边的“图案填充”工具项中的ANSI37（角度45°）。

图案填充→左击“图案填充和渐变色”→左击“图案的……”→填充图案选项板→ANSI→ANSI37→确定→角度45°→左击“添加拾取点”→找到污渍处轮廓框（需闭合）→左击→虚线选中→右击→确认→图案填充和渐变色“确定”→图例填上，如图8所示。

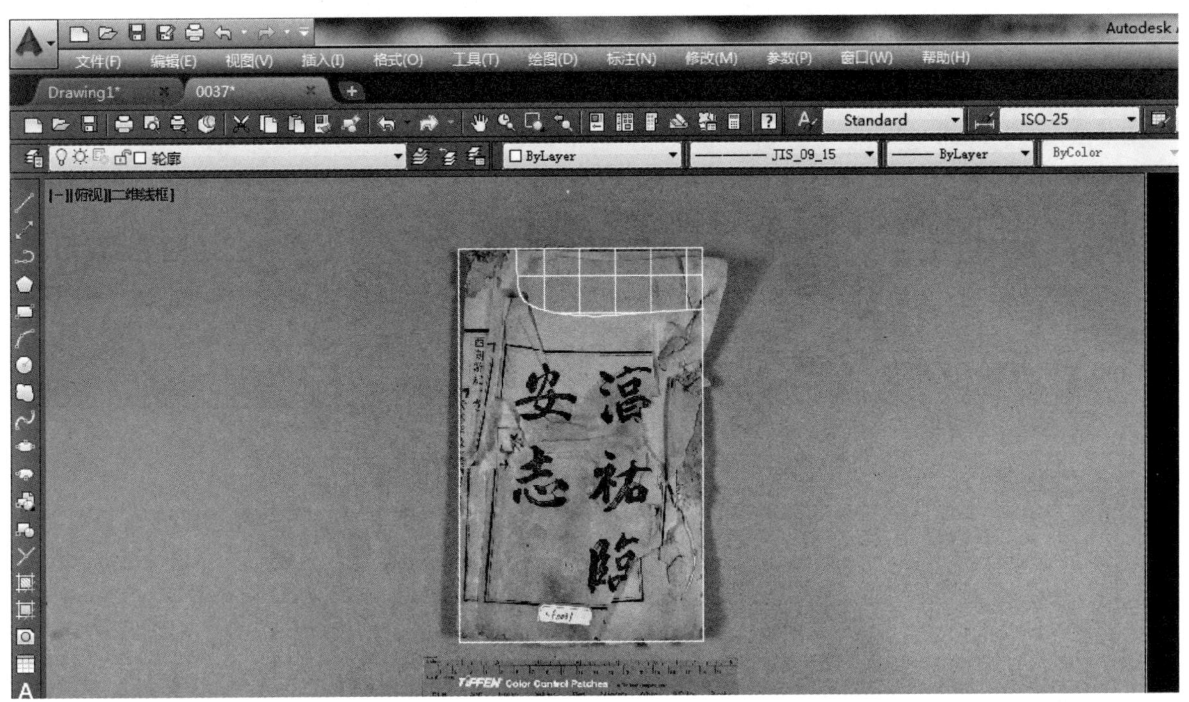

图8　绘制污渍病害

3.3.6　绘制图例

病害图例绘制方法与描病害轮廓及填充图例的方法相同，新建图例图层，在图例图层下，先绘制一方框，再在方框内填充相应的病害图例，如图9所示。

3.3.7　绘制比例尺

新建比例尺图层，在比例尺图层下，采用“矩形”多段线，左击界面下“正交”选项，在图片上描比例尺，选取10cm长，均分成2格。后一个方框填充黑色：图案填充→左击“图案填充和渐变色”→左击“图案的……”→填充图案选项板→其他预定义→SOLID→确定→SQUARE图案填充和渐变色→角度0→左击“添加拾取点”→找到轮廓框（需闭合）→左击→虚线选中→右击→确认→图案填充和渐变色“确定”→图例填上。比例尺做好后再在其上标注数字，如图10所示。

3.3.8　绘制文物信息表并填写文物基本信息

采用界面左边的“直线”工具，左击界面下的“正交”选项，绘制边框。使用界面左边的“A”工具，编写文字，如图11所示。

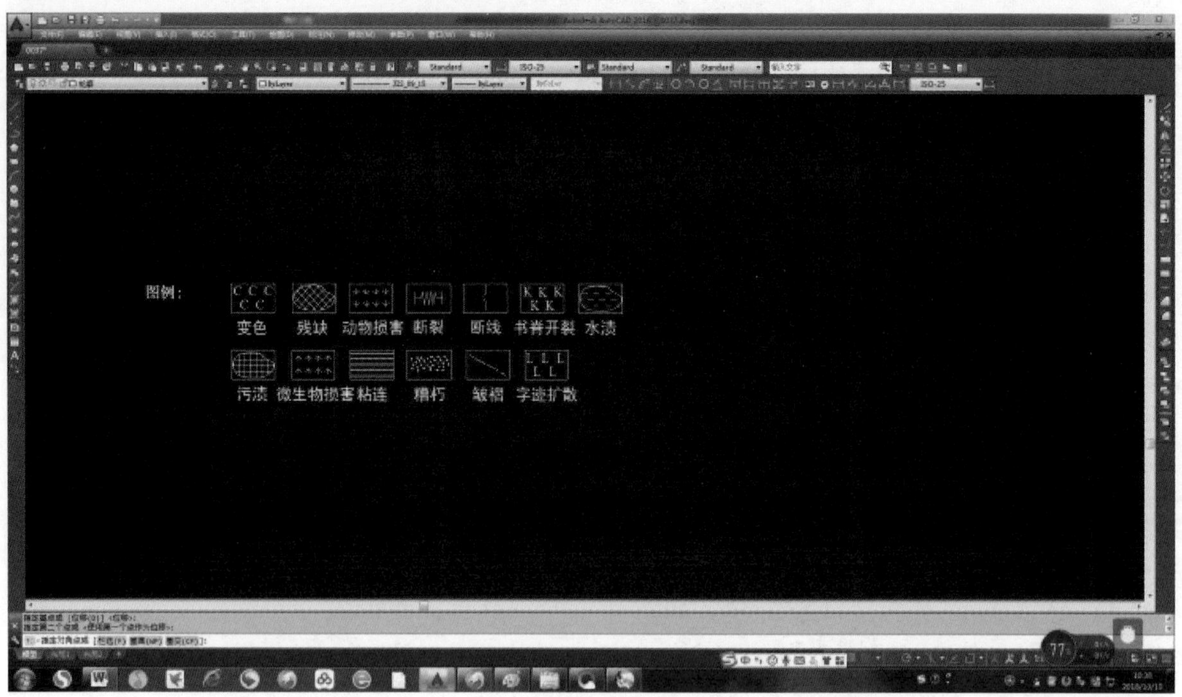

图9　绘制图例

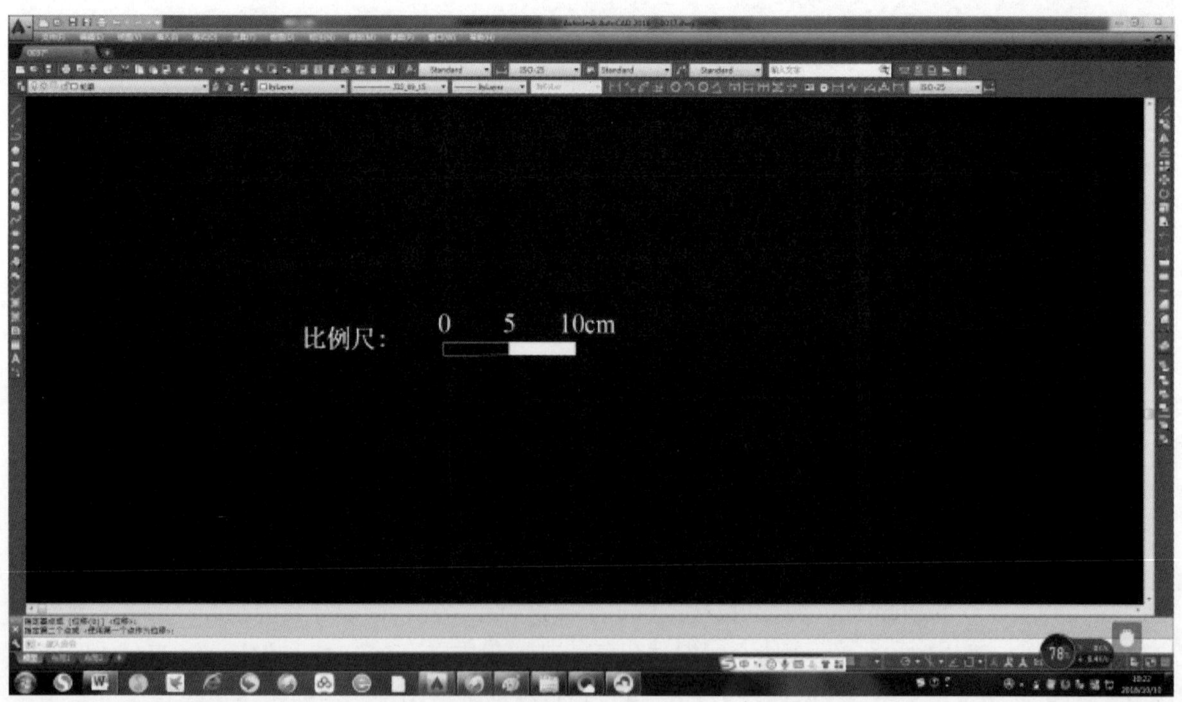

图10　绘制比例尺

3.3.9　最后将除了图层0（背景）以外的所有图层打开

将绘制的轮廓、病害、图例、比例尺、信息表放到一起，组合成一张完整的纸质文物病害图，如图12所示。

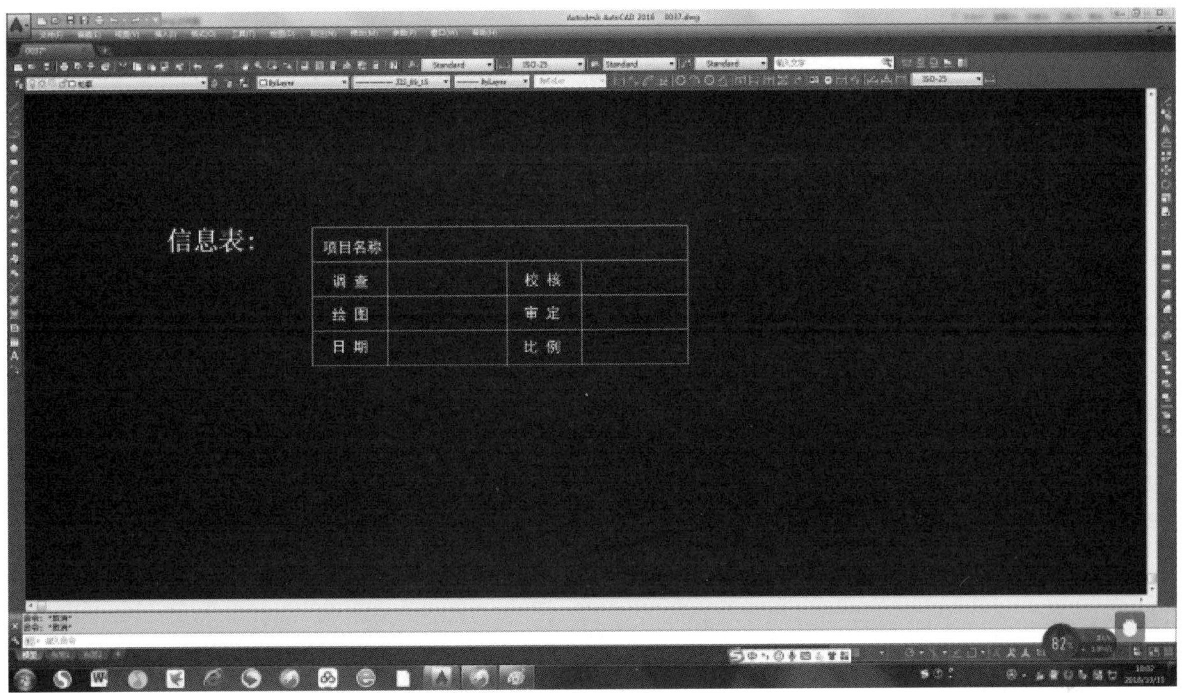

图11　绘制信息表

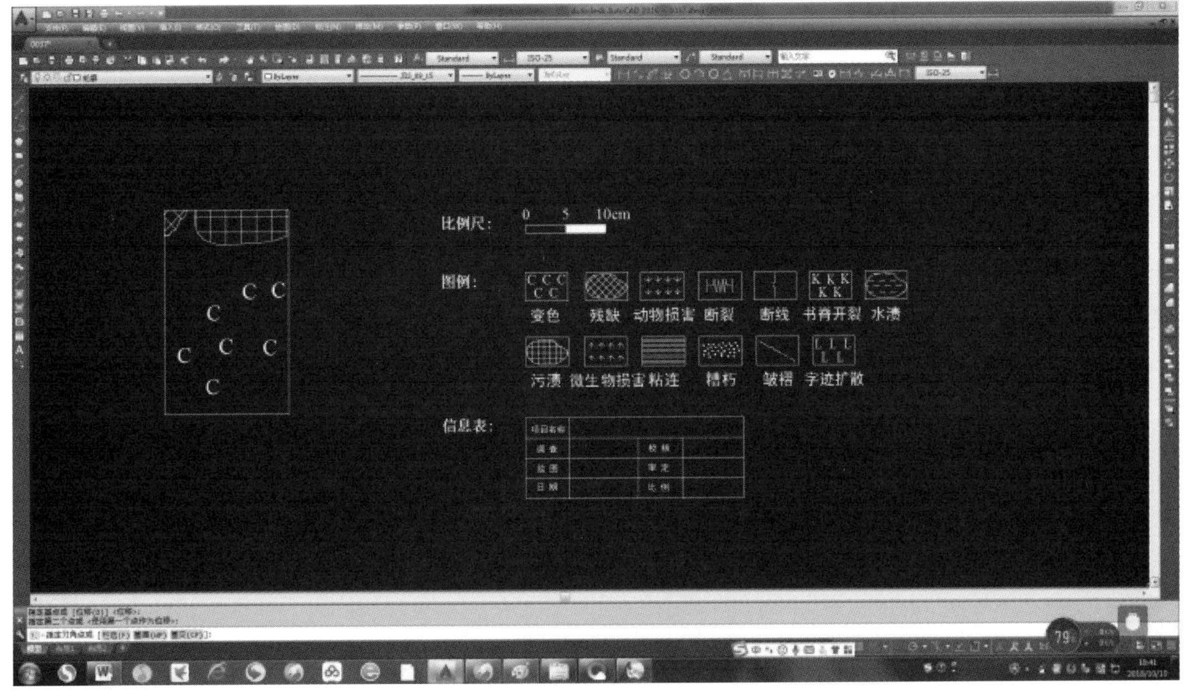

图12　完整的病害图

3.3.10　打印输出图片

界面左上角菜单项“文件”→页面设置管理器→修改→页面设置-模型→图形方向→横向→确定→关闭页面，设置管理器，设置打印图片在打印纸上的方向。

打印输出图片：界面左上角菜单项“文件”→打印→打印-模型→打印机、绘图仪→名称→选择打印机→图纸尺寸→打印范围→窗口→十字光标选择打印范围→居中打印→打印预览→确定即可直接打印出图。

结　语

不同类别的纸质文物，如古籍善本、字画和档案等的各项保护修复工作，需要统一的标准来指导。而保护修复工作的第一步就是科学界定纸质文物的病害，建立统一的病害标准和图例，这对于规范纸质文物保护方案的编写和修复档案的填写以及后续具体的修复工作具有十分重要的指导意义。

可用于病害图绘制的软件有很多，除本文介绍的AutoCAD之外，还有Adobe Photoshop（PS）、CorelDRAW（CDR）和Artificial Intelligence（AI）等，选择AutoCAD具有操作简单、使用广泛、便于交流等优势，但视情况也可结合其他方法取长补短。

参 考 文 献

［1］ 国家文物局. WWT0025—2010 馆藏纸质文物保护修复方案编写规范［S］. 北京：文物出版社，2010.
［2］ 潘吉星. 中国造纸技术史稿［M］. 北京：文物出版社，1978.

1943年中国银行重庆分行海外汇款单的保护修复

李 慧 程 廉 何 方 张秀娟
（重庆红岩革命历史博物馆，重庆，400043）

摘要 重庆大韩民国临时政府旧址陈列馆馆藏1943年中国银行重庆分行海外汇款单，是韩国临时政府在中国进行反日复国运动时，接受中国经济援助的实物见证，具有较高的历史研究价值。由于保存不当，文物出现酸化、残缺、折痕等病害，亟须保护修复处理。利用视频显微镜、纤维测量仪、SEM-EDS、分光测色计、pH测量仪对该文物进行检测分析，结果表明：纸张为针叶木机械纸，加填了高岭土、碳酸钙等，纸张厚实致密、酸化严重。遵循文物保护基本原则，针对性地对其实施去污、脱酸、平整、选配补纸、修补等保护修复技术措施，使文物病害得到消除或控制，纸张强度增强，基本恢复原有形貌，更有利于长久保存。

关键词 检测分析 脱酸 选配补纸 修补

引 言

大韩民国临时政府为了反日复国在中国流亡27年，并在重庆成立韩国光复军，为反对法西斯主义、维护世界和平贡献了力量。

1943年中国银行重庆分行海外汇款单是国家一级文物，质地为纸，长21.10cm，宽10.75cm，重庆大韩民国临时政府旧址陈列馆于2009年购买得到。这件文物记录了一笔资金流转的全过程，主要内容为1943年9月3日中国银行重庆分行向韩国临时政府汇款1550美元，由金九接收。所汇款项由中国银行纽约分行发出，同时该银行是在1943年8月26日接到夏威夷银行的命令后进行的汇款操作，于9月3日汇入收款账户。该文物是战争年代韩国独立运动资金运转的凭据，为研究韩国独立运动提供了重要的实物资料，同时见证了中韩两国人民并肩作战、共同抗日的光辉历史，具有一定的历史研究价值。

本次具体的保护修复工作由重庆红岩革命历史博物馆修复组完成，对该文物进行了详细的病害调查，通过视频显微镜、纤维测量仪、SEM-EDS、分光测色计、pH测量仪进行检测分析，根据文物保护的基本原则，采用传统修复技术保护文物，使文物病害得以消除或控制，基本恢复原有形貌，更有利于长久保存。

1　保存现状及病害分析

1.1　保存现状

由于重庆韩国临时政府旧址陈列馆的库房环境简陋，温度、湿度、空气质量、微生物防治等条件都不利于文物的保存。加上重庆地处西南，气候潮湿，雨水充沛，使得陈列馆库房浸漏、渗水、返潮现象严重，文物保存环境更加不稳定。重庆的空气质量相对较差，SO_2、H_2S等酸性气体含量偏高，吸附在饱水纸质文物表面加速了纸张的酸化。

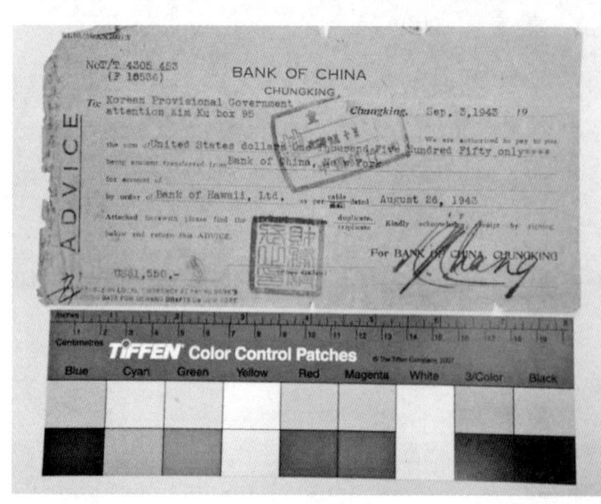

图1　文物现状图

该文物的纸张是机械纸，相对手工纸而言性能较差、不稳定。并且文物上有大量的文字信息，纸张上的字迹有油墨字迹、钢笔字迹及印台油字迹。这些字迹的色素为有机染料，性能不稳定，容易受光照、空气、温湿度的影响，发生化学变化导致文物字迹蜕变，导致文物珍贵信息的流失。文物库房环境简陋、文物纸张性能较差，内外因素作用导致文物病害的发生。该文物保护修复前的保存现状如图1所示。

1.2　病害分析

根据对这件文物病害的调查分析，存在的病害有残缺、折痕、断裂、字迹残缺、字迹模糊、酸化等。这些病害的存在不仅严重影响文物的外观，而且存在进一步发展的趋势，造成文物蕴含的历史信息的缺失，威胁文物的长久保存。文物的左侧部分残缺较为严重，右侧的上、下角有轻微缺失，上部有2处缺失，下部有3处缺失。文物在使用及保存的过程中出现了多处折痕，中上部的折痕较为明显。文物存在2处断裂，都位于上部。针对断裂病害，如不进行保护处理，很容易造成断裂部分文物的缺失，影响文物的完整性，损害文物价值。文物钤有4个印章，中间部分、左下角的印泥字迹部分缺失。左侧的铅笔字迹也有缺失。左下角的印刷字迹出现了模糊，该病害存在继续发展的趋势，影响了文物文字信息的保存。为了将文物存在的病害直观地反映出来，根据病害调查分析的结果绘制了病害图，如图2所示。

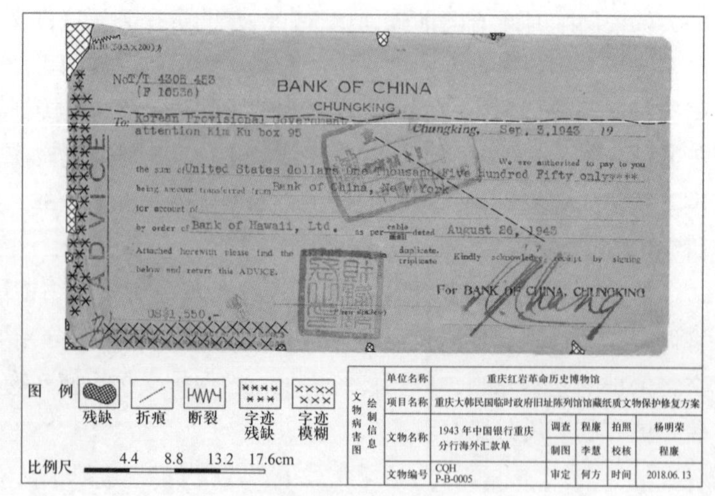

单位名称	重庆红岩革命历史博物馆				
项目名称	重庆大韩民国临时政府旧址陈列馆馆藏纸质文物保护修复方案				
文物名称	1943年中国银行重庆分行海外汇款单	调查	程廉	拍照	杨明荣
		制图	李慧	校核	程廉
文物编号	CQH P-B-0005	审定	何方	时间	2018.06.13

图2　文物病害图

2 检测分析

2.1 检测方法及仪器设备

对该文物进行色度、酸度的无损分析，并在该文物左上角破裂且无文字处取样，进行显微观察、纤维鉴定、纸张填料的分析。检测分析的结果为文物的保护修复提供了科学依据，为文物修复的实施指明了方向。

显微观察：采用VHX-1000E视频显微镜观察文物表面的形貌特征。选定放大倍数后，可以清楚地观察文物纸张的表面结构以及污渍沾染情况。

纤维鉴定：采用XWY-Ⅵ型纤维测量仪对文物纸张纤维进行观察，用纯水浸泡分散文物纸样，滴于载玻片上，用碘氯化锌染色剂染色后利用纤维测量仪观察纤维结构[1]，以判断文物的纤维种类。

填料分析：采用Sirion200场发射扫描电子显微镜对文物纸张的加工工艺进行分析，以确定其是否加填或施胶处理[2]，据此了解文物纸张性能。

色度分析：保护修复前利用CM-700d/600d分光测色计对文物的色度进行检测，检测的部位为右上角空白处，记录数据。修复处理后选取相同位置再进行检测，以观察保护修复前后文物色度的变化。

酸度分析：保护修复前利用Thermo Fisher Orion 3Star 310P-35T（配置8135BNWP平面复合电极）pH台式测量仪对文物的pH进行检测，检测的部位为右下角空白处，文物样品测4次，取平均值[2]，记录数据。修复处理后选取相同位置再进行检测，以观察保护修复前后文物pH变化。

2.2 检测结果及讨论

2.2.1 显微观察

从放大100倍图中可以看出纸张比较厚实、致密。文物呈棕色，表面有污渍。放大300倍图显示污渍与文物表面结合紧密，如图3所示。

（a）放大100倍

（b）放大300倍

图3 视频显微镜图

2.2.2　纤维鉴定

从图4可知，文物的纤维多呈扁平带状，纤维表面具交叉场纹孔，经测量纤维宽度为30～50μm，据此推测此纸张的纤维原料为针叶木纤维，纤维形态如图4所示。

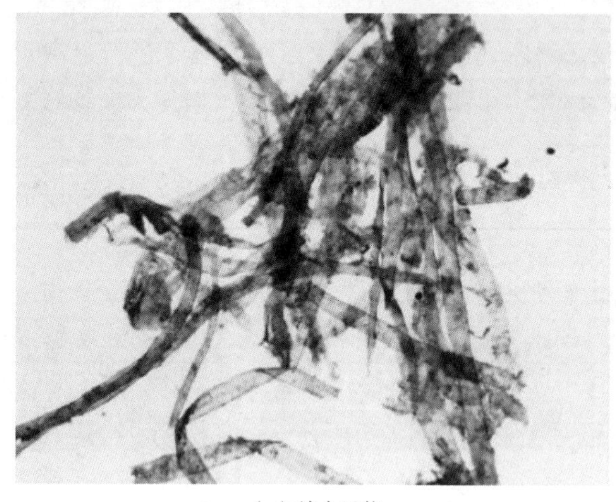

（a）放大20倍　　（b）放大40倍

图4　文物纤维图

2.2.3　填料分析

从文物的SEM-EDS结果可以看出，除了纤维所含主要元素C、O外（H在能谱图中不显示），该纸张中元素Si、Al、Ca的相对含量较高，结合近代造纸工业的发展，推测该纸张样品中可能加入了高岭土（$2SiO_2 \cdot Al_2O_3 \cdot 2H_2O$）和碳酸钙（$CaCO_3$）作为填料，加入填料的目的是改变纸张的平滑度和不透明度，改善纸张的性能，便于书写、打印，文物SEM-EDS结果如图5所示。

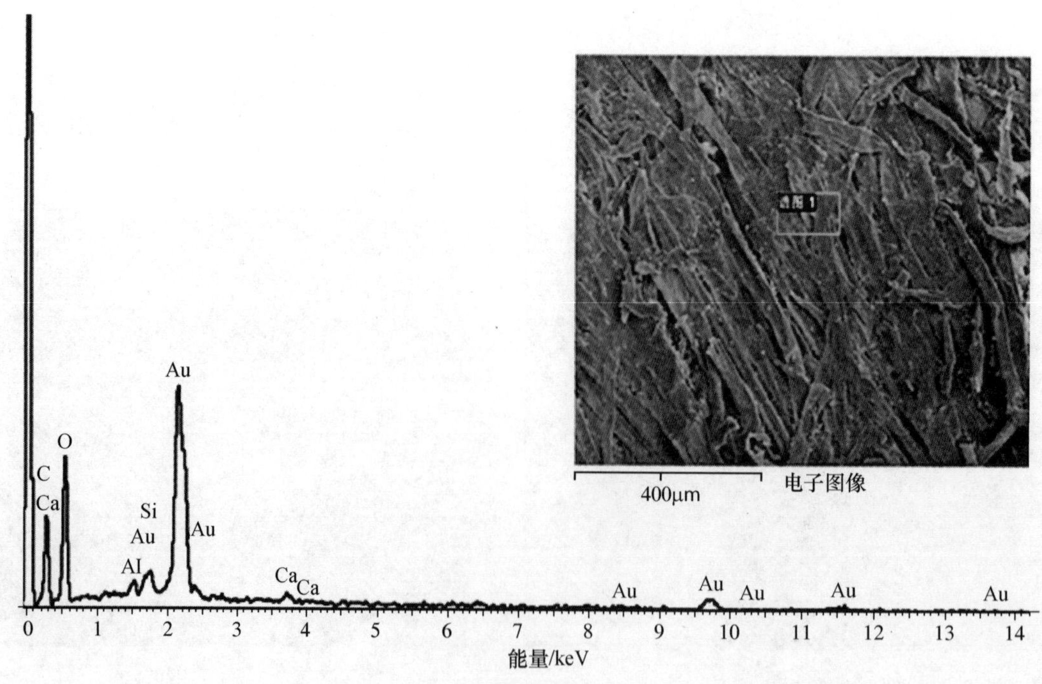

图5　文物SEM-EDS结果

2.2.4 色度分析

保护修复前对文物的色度进行测量，样品检测三次，具体检测数据详见表1。

表1 文物保护修复前的色差数据

检测部位	编号	L^*	a^*	b^*	c^*	h
右上角空白处	1	69.51	6.55	37.96	38.52	80.21
	2	69.52	6.61	38.73	39.29	80.32
	3	68.58	6.21	37.47	37.98	80.60

2.2.5 酸度分析

经检测，文物保护修复前的pH为4.71。纸张酸化情况严重，亟须进行脱酸处理。

2.2.6 讨论

经检测分析可知，纸张颜色为棕色，表面有污渍沾染。文物纸张为针叶木机械纸，加填了高岭土、碳酸钙等，纸张厚实致密，表面未经过研光处理。

纸张的酸化是造成纸张老化的主要原因，酸化会促使纸张中的纤维素发生水解反应。发生水解后，纤维素的聚合度降低，纸张强度随之降低。保藏过程中，纸张中的酸会呈现增长趋势，如不进行脱酸处理，纸张会出现黄斑、变色、字迹褪色、孔洞、脆化、粉化等病害，严重损害文物的外观及信息的保存。文物的pH为4.71，表明纸张酸化情况严重，因此亟须进行脱酸处理。

3 选配补纸

3.1 补纸的选择

在选择文物补纸时，需根据文物的纸张性能来决定，最好选取同文物纸张厚度相近、纤维原料相同、不存在酸化情况的补纸进行修补。

根据检测分析的结果可知，文物纸张厚实致密，为针叶木机械纸，加有填料，选配的补纸应与文物纸张的性能相近。文物有7处缺失部位、2处断裂部位需要采用补纸修复，但缺失和断裂的部位都很小，所以主要根据纤维种类、薄厚程度、pH来选取补纸。补纸的机械强度作为辅助参考。

依据补纸的厚度应略薄于文物的要求且文物纸张为机械纸，选择了三种补纸，分别是白报纸、高丽纸、机制毛边纸，并对这三种补纸进行了纤维鉴定、pH检测。检测结果显示三种补纸均未出现酸化情况，且白报纸的纤维种类为针叶木纤维，与文物纤维种类相同。根据检测结果筛选比对后，选取纤维种类与文物相同、厚薄程度相近略薄的白报纸来修补文物。三种补纸的检测结果详见表2。

表2 补纸检测结果

种类	纤维种类图	pH
白报纸	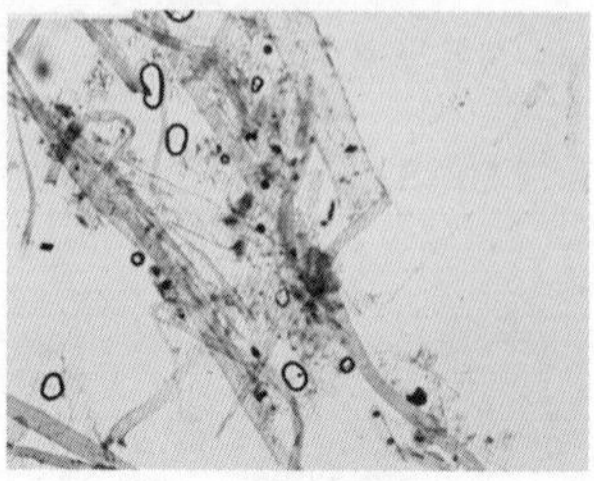 针叶木纤维	7.71
高丽纸	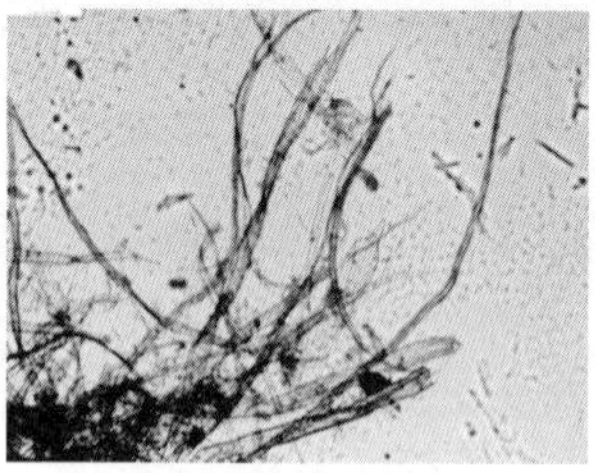 阔叶木纤维	7.54
机制毛边纸	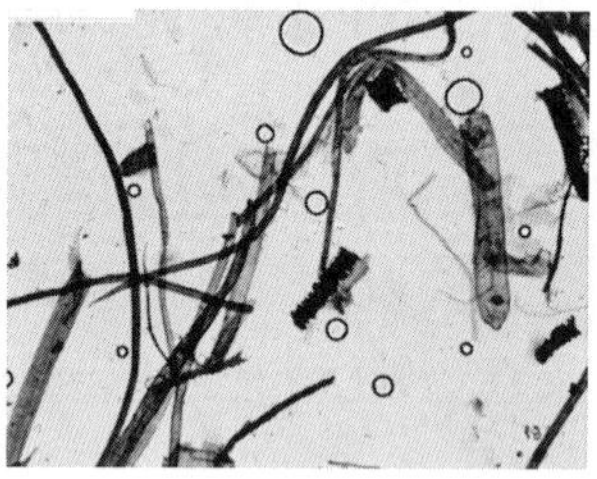 草纤维	7.62

3.2 补纸机械性能测试

为进一步掌握白报纸的性能，对其横向、纵向（横向、纵向的判断按照国家标准规定区分[3]）分别进行了抗张强度、耐折度、撕裂度的检测。

抗张强度是指在标准试验方法的条件下，单位宽度的纸断裂前所能承受的最大张力。采用ZB-L立式电脑拉力仪进行检测。根据标准试验的规定制备纸样[4]，横向、纵向测取10组有效数据，取算术平均值。经测试，白报纸抗张强度横向为0.281kN/m，纵向为1.555kN/m。

耐折度是试样在一定的拉力下进行往复折叠至断裂所需的双折叠次数的对数（以10为底），用来衡量纸的耐折性能。采用ZB-NZ135A耐折度测试仪进行测试。按照标准试验的要求制备纸样[5]，由于白报纸横向耐折度较低，拉力不宜过大，故初始拉力设为4.91N。为了对比横向与纵向耐折度的大小，纵向的初始拉力同样设为4.91N。横向、纵向分别测取10组有效数据，取算术平均值。经试验，白报纸耐折度横向为1.322，纵向为3.041。

撕裂度是指继续撕开已切口的纸所需力的平均值[6, 7]，是纸张撕裂强度的一个量度。采用ZB-SL纸板撕裂度仪进行测试。根据仪器的操作要求，将白报纸按照横、纵两个方向裁成63mm × 75mm的长方形纸样，4张为一组，横向、纵向分别测取5组有效数据，取算术平均值。经测试，白报纸横向撕裂度为346.0mN，纵向撕裂度为187.8mN。

经测试可知，白报纸的抗张强度、耐折度纵向高于横向，撕裂度横向则高于纵向，说明纵向比横向容易被撕裂。根据试验结果，针对文物存在的2处断裂应选择强度较高的纵向白报纸来修补；由于文物纸张强度弱，避免补纸强度过高与文物纸张相差太大，应选择强度稍弱的横向白报纸来修补缺失处。白报纸机械性能横向、纵向对比数据如图6所示。

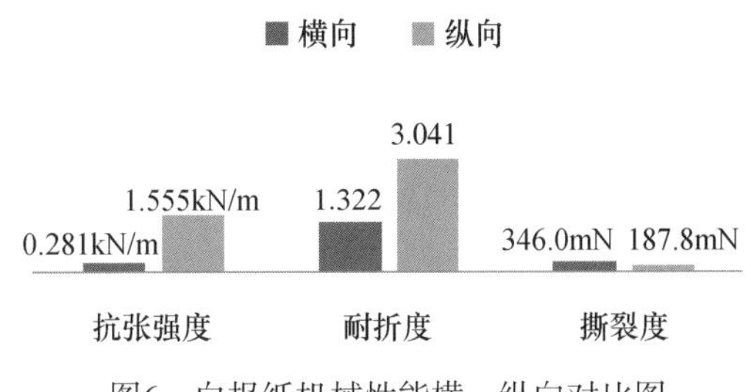

图6 白报纸机械性能横、纵向对比图

3.3 补纸染色

在修补前，白报纸还需染色。根据文物纸张的颜色，用国画颜料调色将补纸染成相近略浅的颜色，具体的操作方法为：调配颜料；用排笔在补纸上涂刷；用吹风机将补纸吹干后，在自然光下观察文物与补纸的颜色；在调配好的染料中加入少量的胶，防止补纸的颜色脱落；将补纸裁成需要的尺寸整体染色；染好色的补纸悬挂自然晾干后备用。

4 保护修复步骤

根据文物保护修复原则，结合检测结果及文物保存现状，制定了文物保护修复方案，在方案通过国家文物局的审核后，确定了保护修复技术路线：去污→脱酸→平整→修补→保存，具体的保护修复操作步骤如下。

4.1 去污

去污包括除尘和清洗两个步骤。除尘是物理方法，用软毛刷轻轻刷去浮尘等污物。该文物表面污渍不严重，用羊毛软刷轻轻刷去表面浮尘即可。经过除尘后，文物表面还残留一些与纸张结合得更牢固的污渍，需要进一步处理。清洗一般采用去离子水对文物整体进行润湿，然后用毛巾轻轻在文物表面滚动，除去污渍。本次修复的这件文物表面有铅笔、钢笔、印泥字迹，这些字迹与纸张结合得不是很牢固，并且钢笔字迹遇水很容易扩散，故采用有机溶剂乙醇在有污渍的地方进行清洗。清洗前，选取在文物右上角污渍处做清洗试验，确认乙醇对文物纸张无影响后，对污渍处整体清洗。乙醇挥发快，不会在文物上形成水渍。

4.2 脱酸

该文物表面有大量的文字，右下角有钢笔书写的蓝黑墨水字迹，钢笔字迹遇水容易发生扩散，故采用南京鼎纳科技有限公司研制的BookSaveR无水纳米氧化镁喷雾脱酸液进行脱酸处理。中国国家博物馆、山西博物院都使用这种脱酸液对纸质文物进行脱酸，该脱酸液脱酸效果良好。

整体脱酸之前，在文物表面选取空白处、铅笔字迹、印泥字迹、印刷油墨字迹、蓝黑墨水字迹做好标记后做脱酸试验，用脱脂棉蘸取少量脱酸液涂抹在选取的试验点上，自然风干后观察到文物字迹未发生变化。随后进行整体脱酸，采用的喷涂工具是日本进口的精密喷壶，该喷壶喷出的水雾致密且均匀，可确保脱酸液均匀喷涂在文物表面。脱酸的具体操作步骤如下：放在通风橱内将文物放在一块白色的毛巾上；将脱酸液加入喷壶后摇匀，调整喷出液体的多少；喷壶对准文物，按压后脱酸液均匀地分布在文物表面；关上通风橱待文物自然干透；取出文物，用软毛刷清除表面多余的固体颗粒。脱酸后，将文物放置24h，选取检测前相同位置检测pH。经过无水纳米脱酸液处理后的文物，文物字迹没有受到影响，纸张酸化情况大大改善，pH为8.55，为弱碱性。

4.3 平整

根据最小干预原则，采用物理方法对文物的折痕进行平整。文物脱酸后，折痕、褶皱处有一定的伸展，再放入压书机中整体压平。放入压书机之前，用宣纸将文物包好，避免文物受到摩擦等第二次伤害，压平的时间为一天。

4.4 修补

采用传统古籍修复的方法对文物残缺、断裂处进行修补。首先是制作修补时黏接文物和补纸的糨糊，在糨糊中加入少量的明矾，防止糨糊生虫（放入明矾的量不宜过多，以防引起纸张酸化）。将染好色的补纸裁剪成残缺处的形状，在残缺处的边缘薄薄涂上一层糨糊（糨糊浓度不宜太高，防止因伸缩率不均引起补纸皱褶），把补纸黏接上去。粘牢后，待糨糊半干，用调刀将接口处刮薄，调刀锋利度适中，不会损伤文物。左上角断裂处的处理方法结合书画装裱中的贴折条方式，将补纸裁成5mm细条，按照裂口的形状把文物拼接好后，用补纸蘸少量糨糊固定，再用调刀将补纸刮薄。

4.5 修复后色度检测及色差计算

完成上述保护修复操作后，选取检测前相同位置再次对文物的色度进行检测，对比修复前后文物色度的变化，具体检测数据详见表3。

表3 文物保护修复后的色差数据

检测部位	编号	L^*	a^*	b^*	c^*	h
右上角空白处	1	69.07	6.95	36.95	37.90	79.43
	2	69.01	6.92	37.04	38.98	78.55
	3	69.35	5.96	39.27	36.96	80.52

从检测结果可以看出，经过去污、脱酸、平整、修补后的文物色度相较保护修复之前变化不明显，修复后亮度稍有变暗，彩度c^*与色相h的值也略有降低，说明修复后文物表面色彩艳丽程度稍有下降。通过计算文物修复前后的色差可知，ΔE为0.34，$\Delta E \leqslant 0.5$，符合色差变化的要求，色差的计算结果详见表4。

表4 色差计算数据

色度值	修复前平均值	修复后平均值	差值
L^*	69.20	69.14	0.06
a^*	6.46	6.61	−0.15
b^*	38.05	37.75	0.3

$$\Delta E=\sqrt{(\Delta L^*)^2+(\Delta a^*)^2+(\Delta b^*)^2}=0.34$$

4.6 保存

修复完成的文物用宣纸小心包好，再次放入压书机中压平，待文物完全平整后，取出放入特定的无酸纸囊匣中保存。囊匣中放入文物保护专用的纤维调湿剂以调节囊匣内部的湿度，更有利于文物的长久保存，保护修复后的文物现状如图7所示。

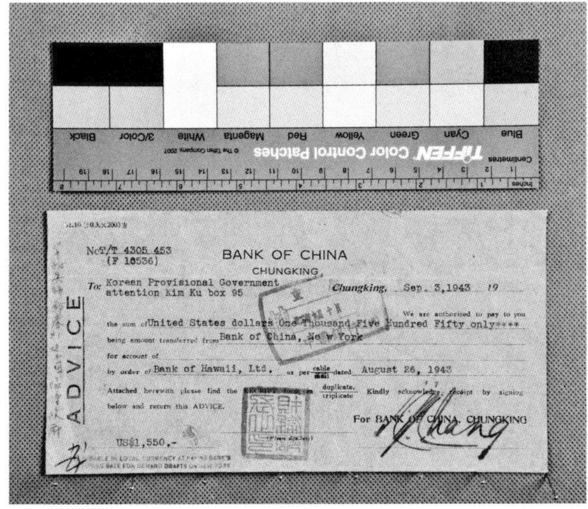

ADVICE

No. T/T 4305 453
(F 16536)

BANK OF CHINA
CHUNGKING

To: Korean Provisional Government
attention Kim Ku box 95

Chungking, Sep. 3, 1943

We are authorized to pay to you
the sum of United States dollars One Thousand Five Hundred Fifty only****
being amount transferred from Bank of China, New York
for account of
by order of Bank of Hawaii, Ltd. as per cable dated August 26, 1943
Attached herewith please find the ... duplicate. triplicate. Kindly acknowledge receipt by signing below and return this ADVICE.

For BANK OF CHINA, CHUNGKING

US$1,550.-

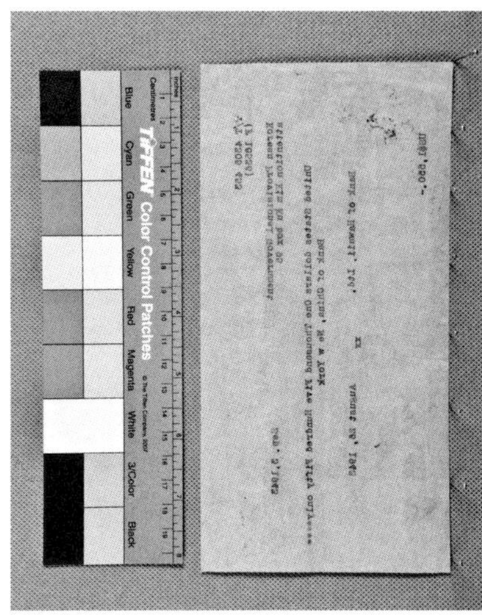

图7　保护修复后文物图

结　　语

本次对1943年中国银行重庆分行海外汇款单的保护修复取得了显著的效果。修复前，对文物进行了显微观察、纤维鉴定，填料、色度、酸度的分析，确定文物纸张为针叶木机械纸，加填了高岭土、碳酸钙，有残缺、折痕、字迹模糊、酸化等病害。在文物保护基本原则的前提下，通过古籍修复的方法对文物进行了保护修复处理。最终使文物残缺部位复原、折痕处变得平整、pH由4.71变为8.55，酸化大大缓解，修复前后色度也无明显变化，最后定制囊匣存放文物。经过保护修复处理，文物病害得以消除或控制，纸张耐受力增强，文物寿命大大延长。

致谢：感谢中国科技大学柏小剑对本文相关实验的帮助，感谢重庆中国三峡博物馆王春研究员对本文给予的指点和帮助。

参 考 文 献

[1] 王菊华. 中国造纸原料纤维特征及显微图谱［M］. 北京：中国轻工业出版社，1999.

[2] 何秋菊. 中国传统手工纸施胶用天然胶料的评估［J］. 博物馆技术与应用，2017：345-351.

[3] GB/T 450—2008. 纸和纸板试样的采取及试样纵横向、正反面的测定［S］. 中华人民共和国国家质量监督检验检疫总局和中国国家标准化管理委员会. 2008.

[4] GB/T 12914—2008. 纸和纸板抗张强度的测定［S］. 中华人民共和国国家质量监督检验检疫总局和中国国家标准化管理委员会. 2008.

[5] GB/T 457—2008. 纸和纸板耐折度的测定［S］. 中华人民共和国国家质量监督检验检疫总局和中国国家标准化管理委员会. 2008.

[6] GB/T 455—2002. 纸和纸板撕裂度的测定［S］. 中华人民共和国国家质量监督检验检疫总局和中国国家标准化管理委员会. 2002.

[7] 郑冬青，彭银，张金萍. 贵州贞丰县龙井村白棉纸制作工艺调查及纸张性能研究［J］. 四川文物，2014，（2）：93-96.

运用科技保护理念与传统技法修复馆藏书画
——修复长沙市博物馆馆藏谭延闿书法对联

张兴伟

（长沙市博物馆，湖南长沙，410005）

摘要 中国是世界文明古国之一，地大物博，历史悠久，中华民族在漫长的历史进程中创造了丰富的科学文明和艺术文明，保存了许多有价值的文化遗产，这些文化遗产给我们带来了巨大的考古价值和艺术价值。这些文物是我们古人伟大的创造和智慧的结晶，都是研究我国古代历史文化艺术和科学技术发展的重要实物资料。但是由于时间的流传，这一大批珍贵的文物已经“饱经风霜”，因为时间、环境、时代的变迁“伤痕累累”了，所以我们更要保护好它们，利用科学的技术保护好这些“经过风雨”的珍贵文物。它们是我国古代艺术家们的劳动结晶，是华夏历史的见证，是民族文化的瑰宝。

我们要正确地面对这些珍贵的文物，作为一个专业的保护与修复人员来说也应该正确地面对这样的事实。由于书画的质地以纸张为主，传世时间比较长，损坏是避免不了的，又何谈其作用的发挥。因此我们要加强对此类文物的修复与保护。运用科学的保护理念，结合我们传统的技术，真正地让这些珍贵的文物永远绽放它们的魅力。

本次修复主要以长沙市博物馆馆藏谭延闿书法对联进行阐述分析，概述作者生平以及文物的整体概况，如何对文物进行修复和修复过程应遵循的原则，化学药剂应用的原则及研究，如何进行保护、保管（传统与现代理念的结合），对书画文物传统装裱的研究。

关键词 保护 修复 书法 原则 科技保护 装裱 研究 化学

谭延闿是20世纪早期中国政坛一位集士子、官僚、政客、书家于一身的风云人物。他在政治动荡不稳的年代，能左右逢源，位高权重，又能静心作书，而且以鲁公书风受用一生，尚能独具一些自家面貌，实属不易。

谭延闿字祖安、祖庵，号无畏、切斋，湖南茶陵人，生于浙江杭州。当年与陈三立、谭嗣同并称当时“湖湘三公子”，授翰林编修。其父谭钟麟为进士，曾任陕西巡抚和陕甘、闽浙、两广总督等职务[1]。

他的楷书点如坠石，画如夏云，钩如屈金，戈如发弩，竖画多用悬针法，起笔沉着稳重，顿挫有力，使人感到貌丰骨劲，味厚神藏。一洗清初书坛姿媚之态，所不足者，少自家面目。其行书功深厚，变化灵巧，笔笔中锋，笔锋于纸能藏锋力透，有大气磅礴之势[2]。从民国至今，写颜体的人没有出谭延闿右者[3]。他尤以颜体楷书誉满天下。谭延闿可以说一生基本都在攻颜书。谭延闿善诗联，擘窠榜书、蝇头小楷均极精妙。于右任先生每论时人书法时必曰：“谭祖安是有真本领的。”[4]他的行书是将刘石庵与钱南园相互熔于一炉。其点画之丰满圆润、挥洒从容乃似石庵，而浑健苍劲，体势阔疏朗，气势夺人处又似南园。

在末岁的谭延闿致力章草，访求石刻旧拓，想丰富书法的变化，力求寻找自己书法的表现语言，可惜皇天无眼，天不假年，先生以51岁而遂终。

此次修复的谭延闿书法对联应为其中晚期作品，整体情况比较复杂，损坏比较严重。画面霉菌、折痕、烟熏、水渍、污渍较多，所以在修复过程中要制定一套有针对性的详细方案来进行修复。修复前如图1和图2所示。

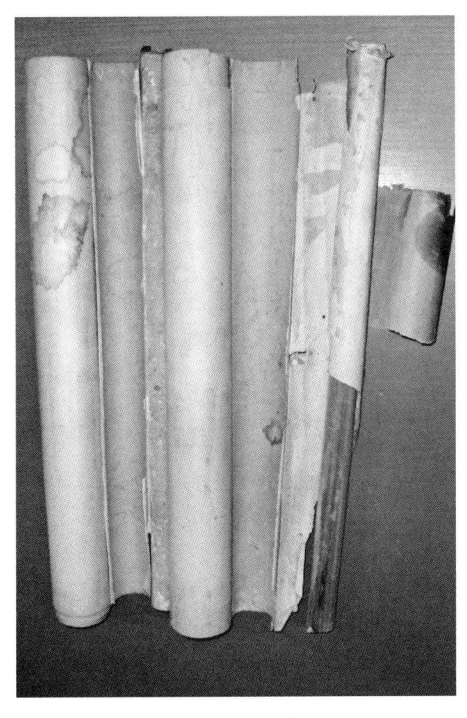

图1　展开前

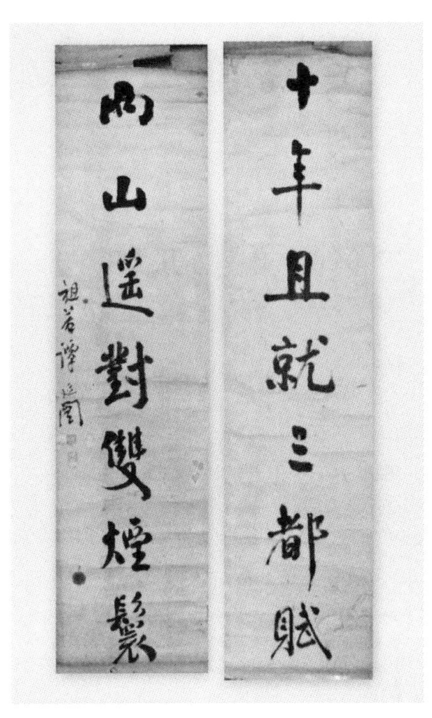

图2　展开后

我们首先做好修复前的修复记录，再进行修复。画面的破损与折痕，加上文物长时间的卷曲已经发脆，给揭裱带来了困难。杀菌采用熏蒸式进行。去污主要是使用蒸馏水进行清洗，因受损程度不同，有些较严重地方要用化学药品进行去污处理，但绝不能用纯度较高的试剂，防止损害纸张的内部结构与纤维。

谭延闿书法对联由于年代久远，表面污渍十分多。霉菌、破损、蝇屎，需要进行清理（图3和图4）。

去除附着污染物，表面有蝇屎的部位可用12号的眼科手术刀小心地挖掉，再把破损处边缘挖掉半层，切忌伤害到画芯。去掉附着物时要把画芯放在透视台上仔细地观察，做到心中有数，然后再进行清洗。把作品平放在案板上，画面朝上，用排笔蘸热水淋湿，再用毛巾覆盖上闷透。然后反复用毛巾吸走上面的水分。在画面上有一些较脏的地方，要多用水冲洗几遍。整体冲洗之后，洗下来的水是茶色和褐色的，最后再洗干净。在破损比较严重的地方要垫上衬绢，采用推捻式的方法用毛笔慢慢地清洗，这样才能做到深层的清洗。切记不可用力过猛和水流过大，这样会直接伤害文物表面，造成破坏性修复，后果是不堪设想的。在一些霉菌、水痕、油渍及污渍的处理方法中会用一些

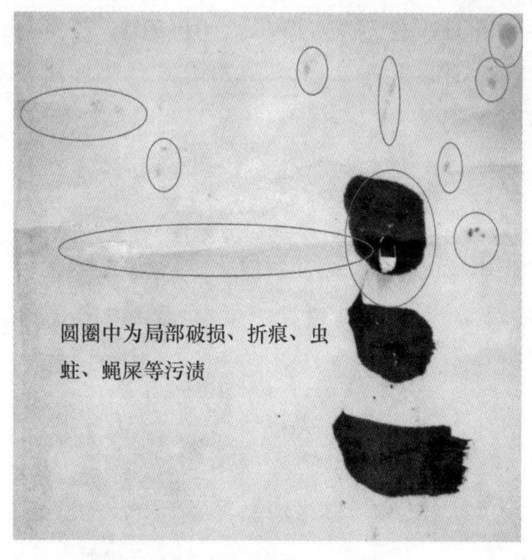

图3　表面破损与污渍

图4　抓痕、水渍等污染物

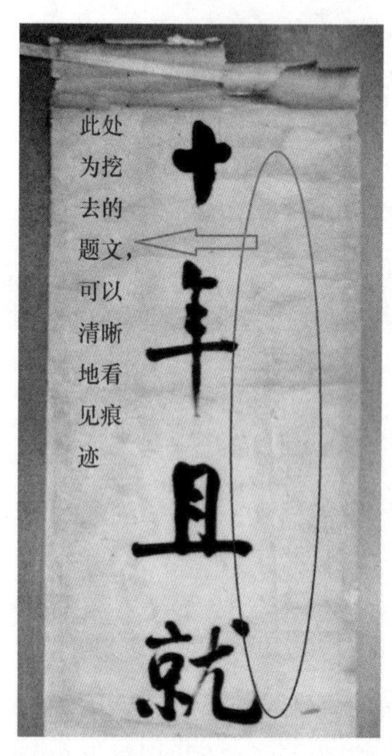

图5　挖补痕迹

化学药剂进行清洗处理。

清洗处理干净以后再进行揭裱。画芯的揭裱一般有两种情况，一种是原有命纸完好且黏合结实，即不用再揭；另一种是画芯破损情况比较严重，必须重新配命纸，把旧的揭下来。本次修复作品由于破损严重，画芯已经不完整，必须揭去命纸。在揭裱时也要注意，千万不能把画芯揭花，要揭均匀，否则影响以后的装裱，违背了可逆性原则。在揭裱完成以后在后面涂上胶矾水，轻轻地涂一层，然后进行全色。

这副书法对联在揭裱命纸时上联右边处有一长约63cm、宽约13cm的重新挖补痕迹（图5）。应该是后做上去的旧纸，经分析得出是当时所做的旧纸。纸张纤维与纸张的拉伸程度和纸张色差对比度均与原纸测验数值相近，所以补上的纸也应为同一时期的纸张。为什么要挖掉此处呢？可能是因为挖去处在当时有脏污影响作品整体效果与美感，也可能是因为此处有题文“XXX雅正”等有针对性地赠送题字，影响收藏和交易的价值。经仔细分析与思考，本人认为应该是后者。因为当时谭延闿已经是书法名家，社会背景、地位也很高，当时已经有人收藏他的作品。另一点就是仅从此处的挖补情况来看也应该是一个题字，挖补处非常大，内行人一看就知道是一个挖款的藏品，不可能是脏污。所以在处理时要特别小心，更不能把这块后来挖补的去掉。无论是揭裱还是重上命纸时，这个地方都是值得我们注意的。

在全色过程前要进行引洞，加固画芯，防止画芯再一次破裂。本次修复的这副书法对联需要修补的地方就是画面中破损的地方（虫蛀、脆化脱落）和挖补处的修复。全色时最理想的就是一次恰到好处，然而事实上这样的情况是很少的。因为画面的干湿前后是不同的，一定要掌握每一次全色过程中的深浅变化，反复对比几次。在全色时也要遵循宁浅勿深的修复原则。多全几次，否则一次过重，那就真地无法挽救了。

在修复过程中要遵循修复原则。“修旧如旧”这一原则对古书画的修复有着指导性的意义，是指在修复过程中，要尽量保留作品的原有特点，从外观来看要有文物本身的“影子”而不是全部的覆盖。明朝周家胄在《装潢志》中所说，前代书画，传历至今，未有参脱者，苟欲改装，如病延医，医善者则随有而起，医不善则随剂而毙。所谓不药当中医，不遇良工，宁存古物[5]。

在修复过程中一些污渍用水溶解不掉的。这样我们就要用一些化学试剂去污。

现在常用的化学去污剂主要有：碱（Na_2CO_3）、草酸（$COOH \cdot COOH \cdot 2H_2O$）、高锰酸钾（$KMnO_4$）、漂白粉［$Ca(ClO)_2$］、过氧化氢（$H_2O_2$）。此外，还有去油去蜡的苯、甲苯、乙醚、汽油、乙酸乙酯、四氯化碳等有机溶液。经研究比对，有机溶液对纸张性能的影响较小。而高锰酸钾、漂白粉、过氧化氢等强氧化剂对纸张的损伤特别大，尽量避免使用。

图6 修复后

本次修复应用的化学试剂是高锰酸钾、草酸、碱和非离子表面活性剂，因为画面的水渍、污渍特别多，采用1%碱溶液配合非离子表面活性剂去污。用完以后要再用蒸馏水反复清洗数遍，以缓解化学药品与纸张的接触和反应，去霉菌用0.5%高锰酸钾溶液涂刷霉菌处，10min后，高锰酸钾溶液变为茶色，再用2%草酸溶液涂刷相同部位，使茶色部位慢慢变白。但由于此副对联颜色比较陈旧，颜色偏黄，所以要先做实验，看看高锰酸钾和草酸反应后的结果与颜色再慎重涂刷。要避开印章处，因为药剂和印泥中油会发生氧化反应，会损伤印泥颜色及内部的结构。整个修复过程中去污、去霉修补全色占用了修复方案中60%的时间（修复后见图6）。

作品修复完成以后，要考虑文物的保护和保管，总体来说可以分成几个方面因素：人为因素和环境因素。书画裱件的收藏保管是十分重要的。博物馆陈列室展厅、库房、书画箱等都是书画保存的关键，应具备防潮、防霉、防腐、防蛀等条件。要定时打开，使之通风。把画平整地卷起，主要结合环境来谈一谈对书画文物的保管措施的个人见解。

防尘：主要是经过长时间的陈列与摆放形成的灰尘污染，防治措施是结合空气洁净屏使室内、库内展厅保持洁净，打扫时间均匀，定期打扫，最后一并把灰尘打扫干净，防止灰尘污染文物。

防蛀：主要是虫害，对书画危害最大的是蛀虫和毛衣虫，它们的生命力是非常强的。在没有食物和没有适宜生长环境的条件下，它们可以寄生休眠在纸张上，达到一定的温度时，就会迅速繁殖，主食纸张中的纤维，环境潮湿度也与虫害繁殖有直接关系。借鉴我国传统的保护方法，运用科学的手段，使书画类藏品有一个适宜的环境。严格控制温湿度，保持空气流通。另外，定期消毒，书柜、箱子中都要投放消毒剂或杀虫剂，使书画类藏品能够更安全地保存下来。

防霉：霉菌主要是裱件因长时间在温度相对低的条件下生长出来的。我们一定不能忽视这个重要的问题，注重防止与治理相结合。一般温度控制在14～15℃，相对湿度应为50%～65%。库房展厅也要保持自然通风，空气新鲜，这样基本就不会发霉了。在梅雨季节要格外注意字画等纸张类文物的保存，因为在这个季节微生物和虫害繁衍比较快，整体空气大环境与相对小环境的比值都非常低，这时最容易感染霉菌等常见病害。如果字画发霉了可以晾晒，但千万不要在太阳暴晒，在太阳分子的作用下会使纸张纤维脆化、变色发黄，应在阴凉地方悬挂晾晒。

防潮：潮湿对古旧书画文物的保藏有着巨大的危害，藏品存放处的相对湿度也要控制在50%～65%。微生物霉斑的生长破坏了纸张的纤维。我们要主动地防治，在藏品处放置通风装置，如果可以有自然空气流通，效果更佳，相对的温度也要控制在一定的范围内，这样就会有效地控制室内潮湿度。在以上防霉、防潮、防蛀和防微生物的同时，结合恒温恒湿环境调节功能系统对库房的整体环境监控是有百利而无一害的。

防止光线和有害气体：光分自然光和人工光。自然光是日光，人工光是除自然光以外的其他光线。其中有可见光和不可见光，紫外线就是属于不可见光。一定要防止紫外线直接照射到藏品。光线过强会导致纤维内分子结构断裂和机械能力降低，甚至出现脆裂、粉化、颜色变黄等现象。这就要及时地处理，如展厅柜的玻璃上要贴防紫外线的透明膜等做到深层的保护。比较珍贵的文物不应该有很长的展览期，有时可以用复制作品代替展览也是必要的。

防止有害气体的进入：一定要加强通风，保持空气洁净，防止书画类文物变质。

文物保护和保管方面的技术是很强的，意义是重大的。这些文物是我国传统的文化的重要财富。我们要充分利用传统与现代相结合的保护、保管的理念，使馆藏文物最大限度上得到保护。

书画的装裱是我国特有的一门传统工艺，有着悠久的历史。现在我国对文物的装裱也要十分考究。我国古代早在晋代，装裱这门技艺已经进入了萌芽时期，装裱也有了很大的发展，宋代的装裱技艺成为我国历史上的鼎盛时期[6]。我们现在所用的“宣和裱”（又是宋式裱）就是宋徽宗年间的风格。到了明清两代，装裱技艺有了新的发展，由宫廷广泛地传到了民间，出现了许多的款式，如四条屏、中堂、对联等。其主要的款式还有手卷、册页、经折装。

现在的馆藏文物多要求装裱成传统的，不要求创新，这其实也要遵循一定的原则。谈到传统的装裱工艺，我们首先要去继承，但是继承仅是基础和手段，而通过发展和创新使装裱工艺得到提高与升华才是目的，没有继承就谈不上发展与创新，没有发展与创新也就谈不上提高与升华了。而继承并不是一丝不苟地照搬，要有选择，要有突破，要有当代的时代特色。这样才会使传统的装裱技艺在不断发展的同时有所提高。

在今后的道路上，我们认真地学习，努力去挽救每一件危在旦夕的书画文物，科学地对待古旧书画文物，进行修复与装裱，使其寿命真正得到延续，让它们的艺术魅力永远绽放。

参考文献

[1] 谭特立.“八面玲珑”谭延闿［J］. 湖南文史，2000，（2）：54-58.

[2] 王启初. 谭延闿的书法艺术［A］//流光溢彩［C］. 上海：上海书画出版社，2008：139-144.

[3] 孙洵. 民国书法史［M］. 南京：江苏教育出版社，1998.

[4] 冯治，刘永彪. 民国名人逸闻［M］. 南京：江苏古籍出版社，1997.

[5] 周家胄. 装潢志［M］. 合肥：黄山书社，2016.

[6] 冯鹏生. 中国书画装裱技法［M］. 北京：北京工艺美术出版社，2002.

岳德明烈士结婚证书的保护修复

张秀娟　程　廉　何　方　李　慧

（重庆红岩革命历史博物馆，重庆，400043）

摘要　重庆红岩革命历史博物馆馆藏民国时期岳德明与陈平的结婚证书，对研究岳德明烈士生平和民国社会风俗文化具有重要意义。该文物存在污染、断裂、褶皱、残缺等病害，亟须保护修复。利用纤维检测仪、手持显微镜、FTIR、pH计对该文物原料、保存现状进行检测分析。结果表明，证书内页为阔叶木机械纸，含有较多填料，呈酸化状态；证书封套红色纺织品为平纹组织。针对该文物的保存现状，遵循文物保护基本原则，对其实施去污、脱酸、修补、全色、平整等保护修复技术措施，使其文物病害得以消除或控制，达到了恢复文物原貌、增加文物强度、延长文物寿命的目的。

关键词　检测　脱酸　染色　修补　全色

引　言

红岩革命历史博物馆馆藏大量珍贵纸质文物，这些文物具有丰富的历史、军事、文化价值，对弘扬红岩革命传统、进行爱国主义教育、坚定文化自信具有重要意义。

岳德明（1921—1949），烈士，湖北宜昌人。曾在重庆《新华日报》当推销员，创办人间出版社、前进书局，宣传进步思想。1945年与陈平小姐结婚，1949年“九二”火灾后被国民党警备部逮捕，关押于新世界看守所，同年11月29日殉难于歌乐山松林坡[1]。

1948年岳德明与陈平的结婚证书为馆藏国家三级文物，经折装，内6页，单页长25.3cm，宽18.1cm，第一页是题为“福禄鸳鸯”的图案，第二页为装饰花与碟的空白相框，第三、四页为“结婚证书”正文，记录结婚人双方籍贯、出生日期、证婚人、主婚人、介绍人以及结婚祝词等，第五页为花卉装饰的“记录”空白页，左下角印“同心所爱”四字，第六页是题为“瓜瓞绵绵”的图案，第一页和第六页粘贴于硬纸板，硬纸板以红色丝绸装裱，并于丝绸上印有“结婚证书”四字。

对该文物进行详细的信息记录、病害图绘制，并通过纤维检测仪、手持显微镜、FTIR和pH计等设备对文物进行无损和微损分析，针对其保存现状和材料工艺，遵循文物保护基本原则，对其实施修复，使文物病害得以消除或控制，达到恢复文物原貌、增加文物强度、延长文物寿命的目的。

1　文物病害

对文物病害调查分析发现，该文物内页纸张保存较好，但存在较为严重的断裂、褶皱、晕色现象，局部有残缺，封套纺织品边缘经纬线发生严重的破裂现象，表面污染严重，早期藏品保管过程中使用标签纸在封套上进行了不当粘贴，不利于文物的后续保存。文物病害如图1所示。

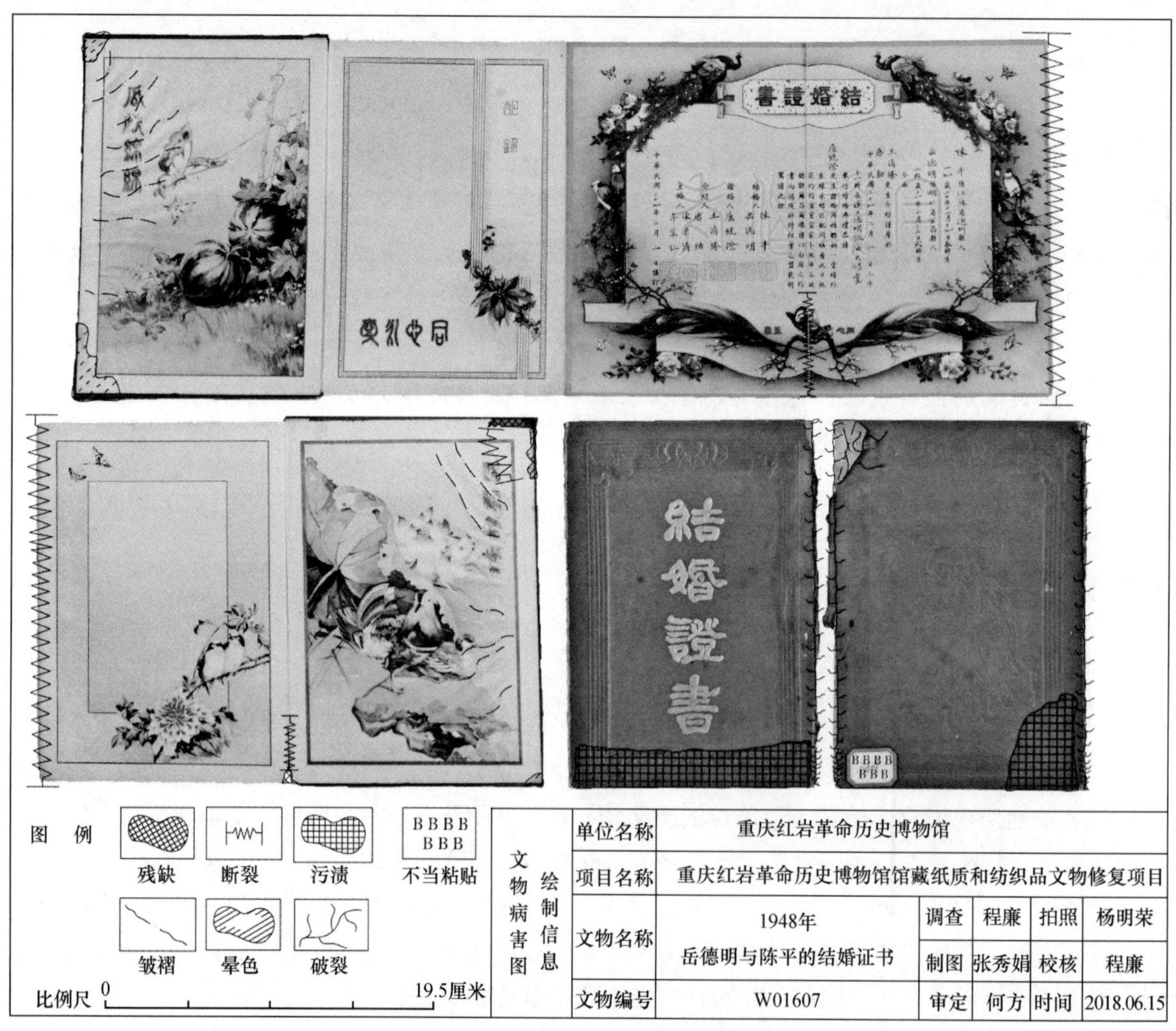

图1　岳德明烈士结婚证书病害图

2　文物检测分析

2.1　检测方法及设备

利用无损和微损检测方法对文物原料、工艺及酸碱度进行分析。

纤维染色观察：在该文物断裂处提取微量纸样用纯水浸泡溶解分散，滴于载玻片，用Herzberg染色剂染色后利用XWY-VIII型纤维测量仪对样品纤维进行观察[2]，以判断样品纤维种类及纤维保存情况。本实验在重庆红岩革命历史博物馆完成。

手持显微镜：采用北京爱迪泰克科技有限公司Anyty X200便携式显微镜对文物内页纸张表面形态和纺织品组织结构进行无损分析，本实验在重庆红岩革命历史博物馆完成。

FTIR：通过红外光谱可以分析样品的官能团和分子结构，从而推断样品所含成分。采用美国热电仪器公司Nicolet 8700型傅里叶变换红外光谱仪对文物进行微损分析。本实验在中国科技大学完成。

pH测量：测量文物纸张pH有助于了解纸张酸碱度，为文物修复提供依据。本实验采用台湾科霖仪器公司的CLEAN 30便携式pH计对文物纸张进行表面pH测试[3]，每次测量5个数据，取平均值，分别测试内页纸张空白处和外壳纸板空白处。本实验在重庆红岩革命历史博物馆完成。

2.2 检测结果及讨论

2.2.1 纤维染色观察

纤维经染色后呈蓝紫色，纤维较短粗，多裁切平整的端部，应该为机械制浆而成，端部帚化严重，杂细胞众多，导管分子多为一端平整，一端为舌状，导管分子和纤维壁上多均匀分布的纹孔，推测为阔叶木机械制浆，如图2所示。

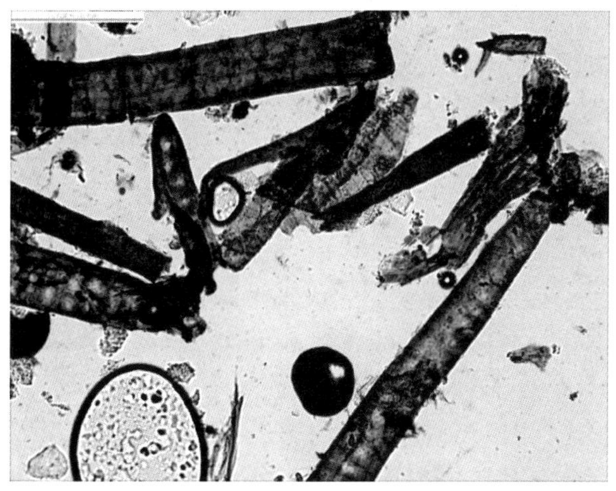

图2 内页纸张纤维染色图（40×）

2.2.2 手持显微镜

从图3内页纸张表面显微图可见，纤维成束存在，纤维间填充较多填料，纸张致密，纸张表面光滑、平整，可能经过研光处理。

利用手持显微镜对证书封套完整处进行观察，从图4显微图可见其组织结构为平纹，纤维为红色，表面有光泽，纤维间空隙明显，无杂质，说明该纺织品纤维未经后续填涂处理。

2.2.3 FTIR

对证书内页纸张进行FTIR分析，从图5可见，在3416.16cm^{-1}附近有羟基（—OH）伸缩振动

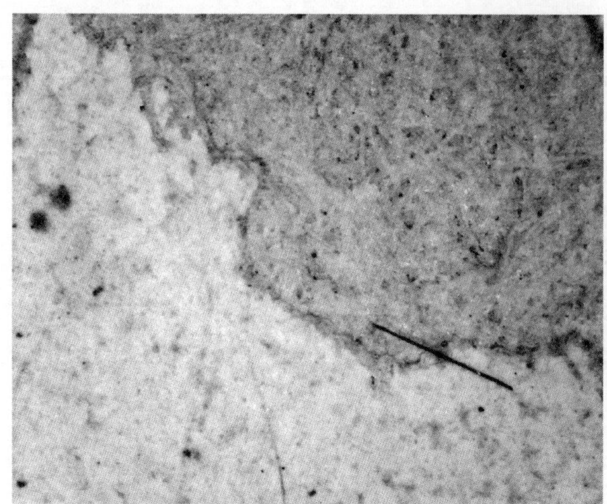

图3　内页纸张表面显微图

图4　封套纺织品组织结构显微图

峰，2318.19cm^{-1}附近有甲基（CH）伸缩振动吸收峰，1640.18cm^{-1}附近有纤维素中吸附水羟基（—OH）弯曲振动峰，1617.59cm^{-1}处的吸收峰归属为C＝O的伸缩振动峰，在1450～1020cm^{-1}之间有与苷键伸缩振动有关的连续特征峰，1374.60cm^{-1}处应该是纤维素、半纤维素中（C—H）伸缩振动峰，1159.00cm^{-1}处应该为β-（1→4）-葡萄糖链的氧桥（C—O—C）伸缩振动峰，1060～1020cm^{-1}处应该为纤维素中（C—O）反对称伸缩振动峰[4, 5]，这些均为植物纤维素的特征峰，表明该文物内页原材料为植物纤维。

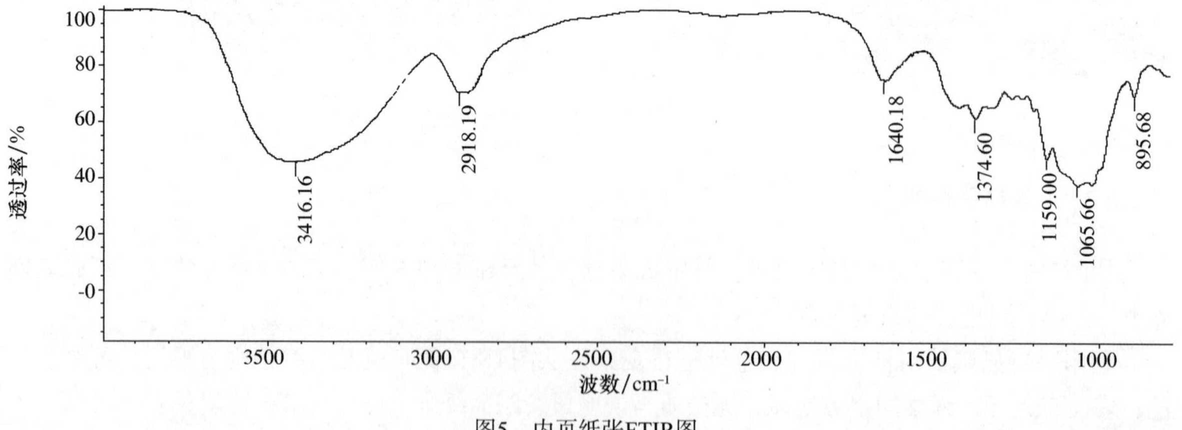

图5　内页纸张FTIR图

2.2.4　pH测量

经检测，该文物内页纸张空白处pH为5.23，处于中度酸化；外壳纸板空白处pH为7.13，属于中性。

2.2.5 讨论

经检测分析可得知，该证书封套纺织品为平纹组织，内页纸张为阔叶木机械纸，纸张致密，填料较多，经研光处理，纸张强度较好，但经反复折叠造成文物纸张断裂，说明应该选择机械强度较好的纸张作为修复用纸。

证书内页纸张为阔叶木机械纸，处于中度酸化，木纤维中木质素含量较高，容易发生氧化降解反应，且机械制浆过程中的机械摩擦，极易造成大量金属离子残留，铁、钾等金属离子的存在会加速纸张纤维的光降解，产生有机酸，增加纸张酸度。为缓解纸张酸化程度，需对文物纸张进行脱酸处理，采用耐老化性能更佳的纸张作为修复用纸，可以延缓修复用纸和文物纸张的酸化速度。

3 修复用纸对比实验

纸质文物修复用纸需在纤维原料、纸张厚度、纸张外貌等方面与文物纸张保持一致，纸张呈中性或弱碱性。对文物不同位置的修复，修复用纸的纸张性能要求应有所差异。用于文物本体破损处进行碎补的纸张，修复用纸的抗张强度、柔软度、撕裂度等应与文物用纸尽量接近；对于折叠处导致文物纸张断裂的，如经折装的折口处和线装书书口折口处等，需要采用较文物纸张略薄，抗张强度、耐折度、撕裂度较强的修复用纸，以提高修复用纸的耐用性。

岳德明烈士结婚证书为经折装，折叠部分发生严重断裂，应选用厚度较文物纸张略薄、外观一致、机械性能较强的纸张作为修复用纸，根据肉眼观察和经验选择了厚度较文物纸张略薄、外观一致的三种纸张，分别是白报纸（纤维原料为阔叶木）、安徽皮纸、温州皮纸，三种纸张均为机制纸，经检测，pH分别为6.81、9.84、10.86。对三种纸张进行物理性能测试。

3.1 实验设备及方法

抗张强度测试：抗张强度是指在标准实验方法规定的条件下，单位宽度的纸或纸板断裂前所能承受的最大张力。纸张的抗张强度受纸张含水率以及纤维自身强度和纤维间结合力的影响[6]。本次实验采用杭州纸邦自动化技术有限公司ZB-L立式拉力仪利用恒速拉伸法对样品的抗拉强度进行测试[7]，试样宽度为15mm，试样长度为180mm，横向和纵向各测得10个有效数据，取平均值。

撕裂度测试：撕裂度是将预先切口的纸或纸板，撕至一定长度所需力的平均值。撕裂纸张需要拉出纤维或者撕断纤维，所以纤维长度会影响纸张的撕裂度。本次实验采用杭州纸邦自动化技术有限公司ZB-DSL1000电脑纸张撕裂度仪对样品的撕裂度进行测试[8]，试样宽度为63mm，长度为75mm，重锤2147mN，测试层数为4层，横向和纵向各测试5组有效数据，取平均值。

耐折度测试： 耐折度是在标准张力条件下进行实验，试样断裂时双折叠次数的对数（以10为底）即为耐折度，纸张的耐折度受纤维自身强度、柔韧性、纤维长度和纤维结合力的影响。本次实验采用杭州纸邦自动化技术有限公司ZB-NZ135A耐折度仪对样品的耐折度进行测试[9]，试样宽度为15mm，长度为150mm，经过反复实验发现，使用9.81N固定拉力对纸样横向耐折度进行测试时，耐折次数低于5次，测量无效，故横向耐折度采用4.91N固定拉力；使用4.91N测试纸样纵向耐折度时，耐折次数高于1000次，测量时间过长，故采用9.81N固定拉力对纵向耐折度进行测试。

3.2 实验结果

修复用纸机械性能测试结果见表1和图6。

表1 修复用纸机械性能测试数据表

种类	方向	抗张强度		耐折度		撕裂度/mN
		拉力平均值/N	抗张强度/（N/m）	耐折次数（横向固定拉力4.91N，纵向固定拉力9.81N）	耐折度	
白报纸	横向	6.917	0.461	76	1.852	430.6
	纵向	25.397	1.693	22	1.330	419.0
安徽皮纸	横向	3.932	0.262	23	1.373	630.2
	纵向	31.078	2.072	105	2.006	585.3
温州皮纸	横向	3.677	0.245	27	1.416	875.4
	纵向	31.615	2.108	176	2.247	871.5

注：耐折度测试中，采用不同固定拉力分别测试纸样横向和纵向，故不能以表中耐折数据将纸张的横向和纵向耐折度进行比较，但可对不同纸张横向耐折度、不同纸张纵向耐折度分别进行比较。

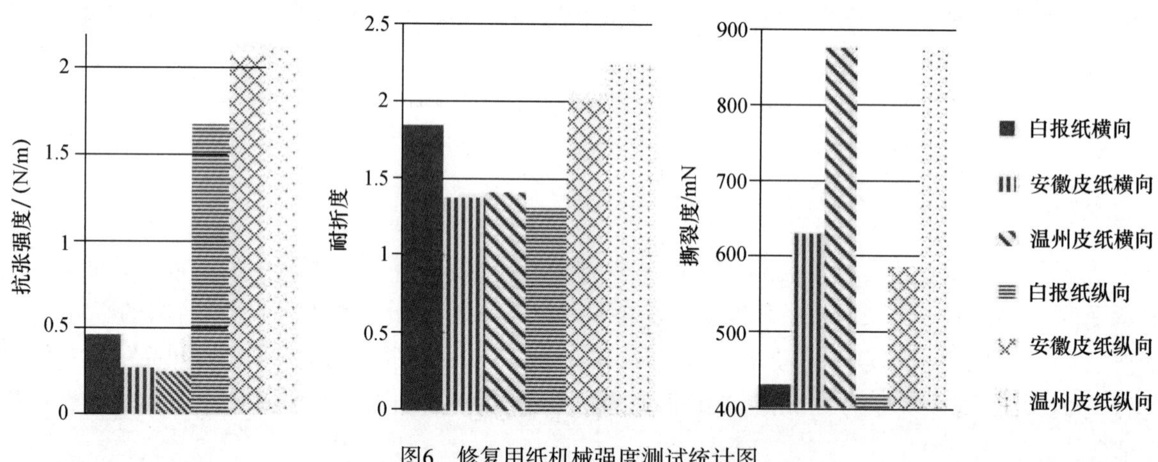

图6 修复用纸机械强度测试统计图

抗张强度测试中，纵向抗张强度远大于横向，温州皮纸纵向抗张强度大于白报纸和安徽皮纸。

撕裂度测试中，温州皮纸撕裂度远远大于白报纸和安徽皮纸，纵向撕裂度略微小于横向撕裂度。

耐折度测试中，由于纸张横向和纵向耐折度差距较大，未能使用相同固定拉力进行测试，故无法从表1数据对纸张横向和纵向耐折度进行比较。但在纸张耐折度前期反复试验过程中，采用9.81N进行测试时，横向耐折次数均低于5次，纵向耐折次数处于20～200；使用4.91N对纸张耐折度进行测试时，纸张横向耐折次数为20～100，纵向耐折次数大于1000，由此可得：采用相同固定拉力对纸张耐折度进行测试时，这三种纸样的纵向耐折度远远大于横向耐折度。同时，从图表数据可见，温州皮纸纵向耐折度远远大于白报纸和安徽皮纸。

综上所述，三种纸张中，温州皮纸纵向机械性能最强。

3.3 讨论

该文物为经折装，在多处折叠部位发生严重断裂，修复完成后需要按照原有装帧形式进行保存，会遭受反复折叠，承受较大的拉力和撕扯，故要求修复用纸具有良好的机械性能。实验中的三种修复用纸在厚度、外观和pH方面，均适宜作为修复用纸，尽管温州皮纸的原材料与文物纸样有差别，但其机械性能最强，且pH大于7，处于碱性，有利于抑制其酸化，且韧皮纤维纤维素含量高，半纤维素和木质素含量低，较木纤维来说，抗老化性能更强。因此，三种修复用纸中，温州皮纸最适合作为该文物的修复用纸。

根据实验数据，温州皮纸纵向机械性能最强，修复时应该以纸张的纵向作为长边对断裂处进行溜口修复。

4 修复步骤

在对文物原料和加工工艺具有一定认识后，根据文物保护修复原则，对该文物制定了去污除尘、脱酸、内页修补、修复用布选配、封套修补、全色、压平、装匣保存的保护修复技术路线。具体操作步骤如下。

4.1 去污除尘

在长期的流存过程中，文物本体黏附了较多灰尘，文物内页纸张和纺织品封套上留下较多水渍和污渍，对文物外观造成一定影响，同时，灰尘污渍的沉积会携带着大量的有害物质和微生物等，从水渍可见文物曾受潮，大量的水分和纸张、纺织品等有机质基体，为微生物的滋长提供了得天独厚的条件，微生物分泌物又会进一步加剧文物的酸化降解，不利于文物保存。

首先使用白色羊毛软刷对文物表面灰尘进行刷除，对于局部掉落在纺织品缝隙的灰尘颗粒使用羊毫毛笔轻轻反复清除。文物纸张上的彩绘颜料易溶于水，故用脱脂棉蘸取少量无水乙醇对彩绘颜料局部进行清洗试验，无明显掉色或晕色现象，故采用无水乙醇对文物纸张上的水渍和污渍进行逐一清洗，达到了去污除尘的显著效果。

4.2 脱酸

该文物内页纸张为阔叶木机械制浆，木纤维中木质素含量高、纤维素含量少，更易降解产生有机酸，加快纸张的酸化，且该文物纸张曾受潮，空气中的SO_2、NO_2等有害气体以及灰尘沉降在纸张上，形成酸性物质，潮湿的环境也更容易导致微生物的滋生，微生物排泄物也会加剧纸张酸化，污染纸张，经检测文物内页纸张pH为5.23，处于中度酸化，需对其进行脱酸处理。

本次修复采用南京鼎纳科技有限公司BookSaveR无水纳米氧化镁喷雾脱酸液对内页纸张进行脱酸，脱酸液为有机溶剂，不易破坏写印材料。在进行大面积喷涂前，蘸取少量脱酸液在文物颜色鲜艳的局部进行试验，无明显掉色或晕色现象。故利用喷壶将脱酸液喷洒至文物纸张，使其完全浸润在脱酸液中。喷涂完成后，脱酸液迅速挥发，将文物静置在通风橱中待其晾干，用软毛刷轻轻刷除表面的氧化镁白色沉淀物。经脱酸后的文物内页纸张pH为8.25，处于碱性，能有效抑制纸张酸化。

4.3　内页修补

文物内页纸张存在严重的断裂和局部破损情况，需对修复用纸染色后采用传统古籍碎补法和书画托裱法的技术对其进行修补。根据修复用纸机械性能测试结果，温州皮纸纵向机械性能最强，故在对断裂处进行溜口修补时，裁切的修复用纸长边应该为纸张纵向，纸张纵向平行于文物纸张断裂痕迹。在修补前，采用丙烯颜料对修复用纸进行染色，使修复用纸颜色与文物纸张颜色匹配，染料中添加少量明胶，防止染色纸遇水晕色。修复时，使用狼毫小毛笔蘸取适量人工捣制的糨糊，均匀涂抹于裁切好的溜口修复用纸上，手托修复用纸，轻轻放置于破口处按压平整，再用毛边纸垫在修复处，吸走多余的水分。

图7　修复用布组织结构显微图

4.4　封套修补

文物封套为红色平纹纺织品，包边处长期遭受磨损，导致经纬线断裂，发生严重破裂，如不及时处理，会危及整个封套的保存。本次修复选用原材料、组织结构、厚度与封套纺织品一致的布对其进行修补，其纤维组织结构如图7所示。利用植物染料对其进行染色后，对封套包边破裂处进行裱糊修补，既恢复了文物原貌，又能抑制其进一步破裂。

4.5　全色

文物纸张的破损导致部分背景色和图案信息的残缺，利用丙烯颜料对其进行全色，更加全面地恢复了文物原貌和保存了文物信息。

4.6　压平

在文物原有留传和保存过程中产生了较多褶皱，传统纸张修复中也会产生少量褶皱，将文物放置于压书机下两天，使其更加平整。修复后的文物如图8所示。

4.7　装匣保存

定制无酸纸囊匣，并在囊匣中放入纤维调湿剂，将文物装匣保存。文物保存在恒温恒湿的纸质文物库房中，并定期检查文物是否遭受虫害、微生物损害等状况。

结　语

岳德明烈士结婚证书经保护修复后，去除了表面灰尘、污渍，脱酸后内页纸张无掉色、晕色现

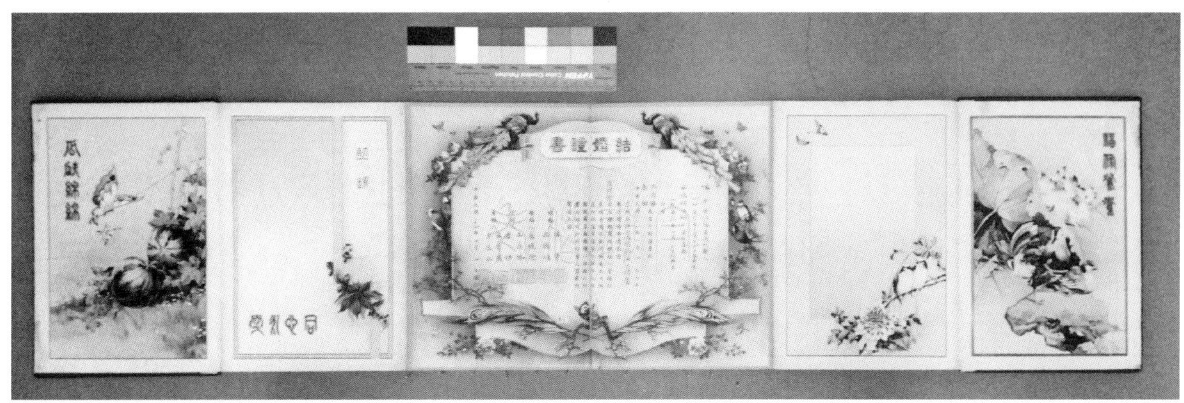

图8 保护修复后的岳德明烈士结婚证书

象，纸张pH达到8.25，纳米氧化镁微粒渗入纤维中，能够有效抑制纸张酸化，对内页纸张和封套纺织品修补后，基本恢复了文物原貌，延长了文物的保存时间。该文物是岳德明烈士生平的重要历史物证，也是民国时期社会风俗的反映，科学合理的保护修复为后续的研究、展览奠定了基础。

致谢：感谢荆州文物保护中心魏彦飞对本文相关实验的帮助，感谢重庆中国三峡博物馆王春研究员对本文给予的指点和帮助。

参考文献

[1] 重庆红岩联线文化发展管理中心，重庆红岩革命历史博物馆. 红岩人物档案［M］. 重庆：重庆出版社，2010：557.

[2] 王菊华. 中国造纸原料纤维特征及显微图谱［M］. 北京：中国轻工业出版社，1996.

[3] 中华人民共和国国家质量监督检验检疫总局，中国国家标准化管理委员会. GB/T 13528—2015 纸和纸板 表面pH的测定法［S］. 北京：中国标准出版社，2015.

[4] 罗曦芸，杜一平，沈美华，等. 红外光谱在纤维质文物材料鉴别中的应用研究［J］. 光谱学与光谱分析，2015，35（1）：60-64.

[5] 郭宇宁. 人工老化纸张的力学性能综合研究［J］. 辽宁警察学院学报，2016，18（1）：81-84.

[6] 中华人民共和国国家质量监督检验检疫总局，中国国家标准化管理委员会. GB/T 12914—2008 纸和纸板 抗张强度的测定［S］. 北京：中国标准出版社，2008.

[7] 中华人民共和国国家质量监督检验检疫总局，中国国家标准化管理委员会. GB/T 455—2002 纸和纸板 撕裂度的测定［S］. 北京：中国标准出版社，2002.

[8] 中华人民共和国国家质量监督检验检疫总局，中国国家标准化管理委员会. GB/T 457—2008 纸和纸板 耐折度的测定［S］. 北京：中国标准出版社，2008.

[9] 潘吉星. 中国造纸史［M］. 上海：上海人民出版社，2009.

西藏历史文献档案纸张的纸性分析及修复用纸的选用*

达　珍

（西藏自治区档案馆保护技术处，西藏拉萨，850033）

摘要　西藏历史文献档案浩如烟海，种类繁多，其中绝大多数是藏文文献档案，其载体纸张是藏纸。藏纸是一种独具地方特色的手工纸。为了提高以藏纸为载体的历史文献档案修复质量，本文通过对藏文历史文献档案常见载体纸张的纸性进行分析研究，并与内地历史文献档案常用修复纸张进行比较的基础上，总结过往修复经验，从而为选配最适合的纸张进行修复提供有益的指导。

关键词　藏文历史文献档案　修复用纸　选配

西藏自治区馆藏档案291个全宗，馆藏档案332.29万卷（册、件）。档案资料文字以藏文为主，还有汉、蒙古、满、回、梵、尼、英、俄等20余种文字，载体有木质、骨质、纸质、叶质、金石以及帛等，部分珍本典籍用金、银、翡翠、珍珠、珊瑚、朱砂等研磨调制后书写。藏文历史文献档案浩如烟海，种类繁多，西藏自治区档案馆保存有自元代以来的300多万卷历史文献档案，以文种较多，有20多种文种，以内容丰富、载体形式多样著称业界，规格上大到336m长，小到几厘米。在这些多样的档案载体中，数量最多的还是各类藏纸，约占90%。这些馆藏藏文历史文献档案最早可追溯到13世纪的元朝，并历经明、清、民国直到20世纪50年代，时间跨度长达700多年。由于绝大部分馆藏藏文历史文献档案是1959年中央从原西藏地方政府机构和拉萨地区的部分贵族府邸僧俗官员、寺庙拉章以及上层喇嘛等处征集、接管来的。许多文献档案受到了不同程度的酸化老化、受潮粘连、鼠啮虫蛀、撕裂缺损、火焚烬毁等，需要进行修复；对后期陆续收集的、散落的一些文献古籍档案也需要进行修复和归类整理。这些藏文文献档案的载体绝大多数是纸张，尤其是以藏纸为主。藏纸作为独具地方特色的手工纸，其纸性独特有别于其他手工纸。为了提高以藏纸为载体历史文献档案修复质量，我们有必要对这些历史文献档案常见载体纸张的纸性进行分析研究，从而选配最适合的纸张进行修复。

1　藏文历史文献档案载体纸张的特性

藏纸制作历史源远流长，早在公元7世纪的吐蕃时期就已经掌握了造纸技术。据《中华造纸2000年》载："吐蕃于公元650年开始生产纸张。7世纪中叶，逻些（今拉萨）成为吐蕃政治，经济，文化中心，自然也成为最需要纸张的地方。"[1]近代随着社会对纸品的需求量的增加，刺激了西藏造纸

* 本文是国家社会科学基金项目（项目编号15BTQ036）阶段成果。

业的发展；从西藏东部的西康往西南延及贡布、塔布、珞隅、门隅，再到前藏的拉萨、尼木、墨竹工卡，以及后藏的日喀则、江孜、南木林、聂拉木、昂仁等地，几乎遍布全藏区，呈现出“多地开花，一派繁荣”的景象，形成了独具特色的藏纸文化。由于西藏各地选用造纸原料不尽相同，因而各地的造纸工序也有所不同；由于产地制作工艺、原材料等的不同，其纸性也不尽相同，其用途也有所不同。从各地藏纸的应用情况看，基本上是根据纸张的不同纸性，有选择性地应用于不同的文种和级别。年代比较久远的档案，如元代的“薛禅皇帝颁给拉洁僧格贝的圣旨”“也孙铁木儿皇帝颁给类乌齐等和尚们的圣旨”“贡嘎罗追坚赞桑布帝师法旨”等，都是用最上品的藏纸书写，至今完好地保存在西藏自治区档案馆。再如，噶厦、译仓、孜康等旧西藏地方政府的各大小机关的普通公文，多采用一般的尼木藏纸等。常见的藏文历史文献档案载体纸张主要有以下几种。

1.1 金东纸（སྐྱིམ་ཤོག）

金东纸产于金东即今西藏林芝朗县金东区，其主要原材料为瑞香科灌木枝条。旧时原西藏地方政府在金东设立了造纸坊制作藏纸。金东造纸坊属官方造纸坊，分为上下两个造纸场，西日卡上造纸场生产的纸张质量佳，为旧西藏地方政府官方公文用纸，属藏纸中的上品，所以一般用于书写达赖喇嘛和班禅喇嘛及噶厦摄政王等呈皇帝的奏文，噶厦政府译仓和噶厦机关重要呈文、禁令、告示等；现在保存的许多公文档案载体纸张就是这种金东纸。下造纸场规模小于西日卡上造纸厂，但其造纸工艺更为复杂，是西藏历史上第一座纸币造纸坊，所产藏纸主要用于印制藏钞。金东纸品质轻柔白、抗折耐拉、富有弹性、两面光滑，纸地厚薄均匀，可算是藏纸中的上上品。

1.2 塔布纸（དགས་ཤོག）

塔布纸产自金东以西塔布即今西藏林芝加查县。其主要原材料与金东纸类似，为瑞香科灌木枝条，其辅料为瑞香狼毒等。旧时塔布纸的造纸坊为地方或民间办的造纸场，规模较小且纸品略逊于金东纸，主要用于书写旧西藏地方政府噶厦机关给达赖喇嘛和摄政王等的报告，一些重要公文、禁令、告示等，此外还用于印制经书。现今收藏的许多公文、经书属此种纸。塔布纸厚薄适度、纸面平整、柔软而有韧性。

1.3 尼木纸（སྙེ་ཤོག）

尼木纸产自尼木县塔荣乡雪拉村，又因其制作原材料选用了瑞香科狼毒草的根肉。因其具有一定的毒性，又称毒纸。尼木纸分为上品纸和普通纸，尼木上品纸主要用于书写原西藏地方政府的噶厦译仓、孜康等各大小机关的普通公文；尼木上品纸在地方公文用纸中的所占比例较大。尼木普通纸主要用于印制经书，或者普通民众作为书写纸。尼木纸的纸性柔软，纸张纤维较长，抗拉力性能较好，具有防鼠虫齿啮的功能。纸张两面均较光滑，适合两面书写。

1.4 昂仁纸（སྙད་ཤོག）

昂仁纸又称堆纸，产自今昂仁县境内。堆纸中上乘品质的纸与塔布纸略为相似，主要用于班禅堪布厅公文用纸。其造纸工艺较为粗糙，纸张纤维粗细不匀，纸的表面一侧较平滑，而另一侧较为粗糙，纸色略呈粉色。

1.5 察隅纸（ཙ་ཤོག）

察隅纸产自今察隅县境内。旧时西藏地方政府孜康、拉恰等机关的凭证、记录、备忘录、账目和手抄经卷一般多用该纸书写。察隅纸的纸品杂质略少，纸张很厚，表面平展，用肉眼即能看出纸张的纹路，较为适合加工成册后书写文字。

此外还有产自林芝的雪纸（ཞོ་ཤོག）、产自后藏的藏纸（གཙང་ཤོག）和德格地区的藏纸，以及产自不丹（འབྲུག་ཤོག）、尼泊尔（བལ་ཤོག）的藏纸等，主要原料也多为瑞香科狼毒草，主要用于一般经卷的印刷。

1.6 粘连纸（སྦྱར་ཤོག）

粘连纸属于加工纸，在西藏主要有蓝靛纸、黑纸和加厚印经纸之分。

蓝靛纸又称磁青纸（མཐིང་ཤོག），该纸是将几张上乘藏纸黏合在一起并涂布藏青（石青）矿物颜料，再经过研光而成。纸质厚而硬，纸面平整而且光滑，纸色以青色和蓝色为主。蓝靛纸经书之所以价格昂贵是因为不仅制作工序复杂，还配以金、银、珍珠、玉、珊瑚等贵重材料研磨成汁后进行书写。据传，吐蕃时期赞普书写令文和告示等都使用该纸。现今所见的一些珍贵佛典，如13世纪时书写的《般若波罗蜜多八千颂》，文字均以金粉书写在蓝靛纸上，至今这种经书完好无损地保存在许多寺庙中。古时的“兵册”等也选用磁青纸，配以金粉、银粉研磨成汁后进行书写，显得尤为华美贵重。

黑纸（ནག་ཤོག）在中原内地蓝色为底的称为磁青纸，黑色为底的称为羊脑笺。在西藏也有类似羊脑笺的黑纸，这种纸的加工方式类似于蓝靛纸，只是纸面所涂布的颜料有所不同，主要用藏墨进行浸染或涂布，且工序也十分复杂，纸张黏合、涂布完成后与蓝靛纸的制作工艺类似，需用天然九眼石或海螺等进行抛光，即研光。

加厚印经纸（དཔེ་ཤོག）主要用于重要的典藏经书的手工书写；加厚印经纸也是将几张藏纸黏合在一起，纸质厚而平整，纸面经研光后较为光滑且易于书写，一般用黑墨或朱砂等一些特殊墨汁进行书写。

2 藏文历史文献档案修复选用的纸张种类

通常修复历史文献档案需要使用的纸张几十种，但就其用途来说主要包括四大类，即修复用纸、加固用纸、吸水撤潮用纸和书皮用纸[2]。目前我国修复历史文献档案使用的纸张大致分为麻纸、皮纸、藤纸、竹纸、宣纸五大类。麻纸是以黄麻、布头、破履为主原料生产的强韧纸张。麻纸的特点是纤维长，纸浆粗（纸表有小疙瘩），纸质坚韧，虽历经千余年也不易变脆、变色；外观有粗细厚薄之分，又有“白麻纸”“黄麻纸”之别。皮纸是以树木韧皮纤维为原料制作的纸张，一般来说皮纸包括构皮纸、桑皮纸、雁皮纸、三桠皮纸（又称山棉皮）、柳构皮纸等，藏纸便属此类。此类纸的原料主要有两类：一类是桑科植物构树、楮树、桑树；另一类是瑞香科植物瑞香、结香、滇结香、荛花、狼毒草等。藤纸是以藤类植物的韧皮为原料制作的纸张，主要有葛藤、紫藤、黄藤等。竹纸是以竹子为原料制作的纸张。主要原料为毛竹，此外还有苦竹、绿竹、慈竹、黄竹等。竹纸种类繁多，常见的有毛边纸、毛太纸、元书纸、玉扣纸、连史纸，传统的富阳宣和夹江宣纸也属竹纸。

修复藏文历史文献档案除选用麻纸、皮纸和竹纸外，最常用的是上乘安徽宣纸。安徽宣纸严格意义上讲属于皮纸，主要产于安徽泾县，是中国古代用于书写和绘画的纸。宣纸具有“韧而能润、光而不滑、洁白稠密、纹理纯净、搓折无损、润墨性强”等特点，并有独特的渗透、润滑性能。写字则骨神兼备，作画则神采飞扬，成为最能体现中国艺术风格的书画纸，再加上耐老化、不变色、少虫蛀、寿命长，故有“纸中之王、千年寿纸”的誉称。因此，历史文献档案多选用安徽宣纸作为修复用纸。

除选用内地手工纸之外，我们还选用了各类藏纸作为修复用纸。这些用于修复的藏纸主要来自收藏的旧纸和修复过程中产生的旧废纸。随着时代的变迁，旧纸的储量越来越少，而且旧纸的重要性也越来越强，这给纸质文物的修复带来了困难[3]。定制的纸张以古纸为样本，在古代造纸原产地选择生产厂家，采用传统手工纸生产工艺，在修复中效果较好。西藏档案馆用于修复历史文献档案的修复用定制纸张主要来自恢复生产的尼木县塔荣乡雪拉村传统造纸作坊。目前生产的尼木雪拉藏纸原料与传统尼木藏纸原料一致，均采用瑞香狼毒作为原料经手工浇造而成。恢复生产的尼木藏纸纤维细长、抗压抗折、耐拉而富有弹性，还具有防虫鼠齿啮的作用，已成为西藏档案馆藏纸历史文献档案和古籍的最佳修复用纸。

3　藏纸和内地修复用纸的纸性比较及选配

在修复纸质载体的历史文献档案时，修复用纸的选用是极为重要的，是修复的关键所在。破损历史文献档案文献修复质量的好坏、修复技术的高低是一个方面，修复用纸是否选用适当也是相当重要的一个方面；破旧不堪的古书，经过修补加工以后，能够成为“整旧如新”的书，但如果为了保持原来的面貌，也能使其“整旧如旧”。这里的奥妙就是纸张配备得恰当。如果纸张配备不恰当，反而会把古书修坏[4]。在“整旧如旧”原则的指导下进行配纸，既能够最大限度地复原了古籍原有的面貌，同时也尊重了历史，尊重了自己，尊重了后世，可谓善莫大焉[5]。因此在修复工作中，“工欲善其事，必先利其器”，熟悉和辨别古代刻印书籍的用纸是做好配纸工作的基本功[6]。

内地传统手工纸不仅作为历史上书写、印刷的主要载体，承载着中华5000年的文明历史，更是今天修复历史文献档案、保护中华传统文化的最佳材料[7]。西藏档案馆最初是严格按照内地历史文献档案修复方式选用了内地档案部门修复所常用的麻纸、皮纸和竹纸，尤其是倾向于选择上乘的安徽宣纸作为修复用纸，后期在不断总结经验教训的基础上开始选用各类藏纸作为修复用纸。我们在修复藏文文献档案时选用藏纸作为修复用纸的根本原因是我们所接触到的藏文历史文献档案绝大部分载体是藏纸，由于制作藏纸原料和制作工艺与内地传统手工纸的造纸原料及造纸工艺有较大的差别，从而造成了这两种纸的纸性也有较大的不同。与内地历史文献档案修复用安徽宣纸等进行比较，藏纸纤维粗长而富有韧性，柔软而耐折抗压，耐水耐浸湿，墨迹不宜在水中浸润扩散，耐老化，寿命长，更能适应西藏特殊的气候环境。在选用安徽宣纸进行修复的实践过程中，发现用这种方法修复出来的以藏纸为载体的历史文献档案经常出现崩裂、卷曲等现象，虽经多次重复改进试验，但效果甚微；后来我们分析其原因得出的结论是修复用纸的纸性不同导致的，加之西藏气候环境干燥更加剧了这种现象的发生。宣纸等内地手工纸生产环境潮湿，在干燥环境下纸张伸缩幅度较大，与原载体藏纸的伸缩率不同而出现崩裂、卷曲等现象。所以在修复技术方面必须有别于内地历史文献档案的传统修复方式，特别是在修复用纸选材方面，以选择西藏原产的藏纸为宜。同样是藏纸，由于产地和用料的不同，在选择时也必须注意几个问题：

一是必须根据被修复文献档案的载体纸张，选择与之相同或相近的纸张，若能使用同一产地的纸张更好。

在修复一般的历史文献档案时，我们多选用产自尼木的雪拉藏纸，由于其纸性和多数历史公文用纸的纸性一致，具有抗折耐拉、富有弹性、久藏不坏、纤维长、耐水而不易变脆等很多优点。因而修复效果颇佳，未发现崩裂和卷曲等现象。特别是在新技术条件下，我们运用纸浆补洞机进行历史文献档案的修复时，手撕的藏纸打成纸浆的优势尤其明显，档案修复效果极好。

二是必须考虑修复用纸的酸度。

传统的修复技术考虑更多的是纸张的柔软、韧性、纤维长短等因素，而对纸张酸度的考虑并不多。随着科技的发展和人们对纸张的认识逐步加深，纸张酸性的强弱很大程度上影响着纸张的寿命，纸张酸性问题逐步凸显。纸张的酸性pH越低，纤维素酸催化水解速率也就越快，纸张的耐久性也就越差；而中性纸和碱性纸就不存在酸催化水解现象，耐久性优于酸性纸；但纸张的老化是不会停止的，其主要是自动氧化反应造成的。从目前我国国内和国际有关耐久性的纸张标准来看，虽然pH标准值范围不完全一致，但其值也基本处于7 ~ 10范围内。

目前有一种误解就是认为传统手工纸的酸度很弱，适合作为修复用纸，其实不然。我们曾对原西藏地方政府时期生产的藏纸及现代恢复生产的部分藏纸的酸度进行了专业的测试，发现不同产地的藏纸，酸度的强弱有所不同，有些酸性甚至较强，不适合用于档案的修复。虽然古旧藏纸的保存年代已久远，我们委托检测的纸样大多具有300多年的历史，但是pH检测发现除个别纸样酸性较大外，大部分古旧纸张均属于中性纸，这也体现了藏纸的一个优点，适合作为修复用纸。表1是我们委托检测的一组古旧藏纸与现代纸张的酸性对比表，以供选用时参考。

表1 古旧藏纸与现代纸张的酸性对比表

纸张种类		pH检测值	纸张种类		pH检测值
古纸	察隅纸	6.7	现代纸	现代尼木纸样1	6.1
	林芝（达布）纸	6.5		现代彩泉福利厂纸样1	6.8
	昂仁纸	6.3		现代尼木纸样2	6.3
	尼木纸	6.2		现代彩泉福利厂纸样2	6.7
	金东纸	6.3		复印纸	8.7
	珞巴纸	7.8		滤纸	7.7
	达布纸	6.2		报纸	7.6
	古纸（薄）	6.6		牛皮纸	5.7
	古纸（厚）	6.6			

注：检测的样纸中除现代尼木纸样1和2还有现代彩泉福利厂纸样1和2之外，其余的纸样均为原西藏地方政府时期生产的藏纸。达布纸又称塔布纸。

由上面可以看出，无论是作为内地历史文献档案修复材料的宣纸、竹纸等纸张，还是作为西藏藏文文献档案的最佳修复用纸的藏纸，都有着各自特殊的选配价值。但在具体选用的过程中，我们必须具体情况具体分析，不能盲目地照搬某一个地方的经验，必须结合修复工作的实际效果合理选用，只有这样，中华民族优秀传统修复技艺才能够真正发扬光大。

参考文献

[1] 杨润平. 中华造纸2000年［M］. 北京：人民教育出版社，1997.

[2] 张平，田周玲. 古籍修复用纸谈［J］. 文物保护与考古科学，2012，（2）：106-112.

[3] 张平，吴澍时. 古籍修复案例述评［M］. 北京：国家图书馆出版社，2012.

[4] 刘晓东，刘琦，郭玉清. 对医学古籍修复中配纸问题的几点认识［J］. 医药产业资讯，2005，2（18）：88-89.

[5] 郑冬青，张金萍，何子晨，等. 古代纸质文物修复用纸的研究［J］. 中国造纸，2013，32（7）：71-73.

[6] 张美芳. 历史档案及古籍修复用手工纸的选择［J］. 档案学通讯，2014，（2）：75-80.

[7] 王珊，顾苏宁，严文英，等. 清代吴煦档案纸张调查和修复用纸的思考［J］. 中国文化科学研究，2016，（1）：72-79.

洪洞县博物馆馆藏水陆画装裱样式初探

王晓静
（山西博物院，山西太原，030024）

摘要 水陆画是在水陆法会时配合道场仪式使用的一种宗教人物画。本文主要从装裱样式、材料、颜色、尺寸等方面介绍了洪洞县博物馆馆藏80幅水陆画的装裱情况，从而探讨原裱样式对于书画文物的意义，以期在日后的保护修复中，我们能够加强对书画文物原裱样式的重视。

关键词 水陆画 装裱 样式

水陆画是在水陆法会时配合道场仪式使用的宗教人物画，按照神灵身份品级不同，悬挂于上堂或下堂。水陆法会规模宏大，参加人数众多，故而配合这种隆重活动的水陆画备受重视和珍惜，不乏画坛高人参与绘制。洪洞县博物馆藏的水陆画，由广胜寺移交，残存80幅，其中一级文物3幅，二级文物18幅，其余均为三级文物。1988年曾展出，其绘画技法高超，内容丰富，涉及范围广泛，能深刻反映社会现实。构图巧妙，主题突出，人物情态多姿，表达细致，震撼人心。画作既是洪洞县博物馆的重要藏品，又是山西古代书画的重要组成部分。

书画装裱在我国历史悠久，由湖南马王堆汉墓出土的帛画，便可证实我国秦汉时代，也就是距今两千多年前就已有书画装裱技术[1]。唐张彦远在《历代名画记》中曾记载：自晋代以前装褙不佳，宋时范晔始能装褙。隋唐时期，装裱技术有了很大的发展，到盛唐时期形成宫廷形制；到宋朝时期，装裱修复技术以臻成熟；元代没有太大发展；明清两代进入书画装裱修复的黄金时期，进一步得到发展和定型[2]。书画装裱工作不仅是对书画的保护更是对书画作品的一种再创作，集中体现了一个时代人们的艺术与审美观念，传达了时代的审美理想。本文主要从装裱样式、材料、颜色、尺寸等方面介绍了洪洞县博物馆馆藏80幅水陆画的装裱情况，从而探讨原裱样式对于书画文物的意义，以期在日后的保护修复中馆，我们能够加强对书画文物原裱样式的重视。

1 装裱样式

洪洞县博物馆馆藏的这80幅水陆画并不是一堂完整的水陆画，其装裱形式主要为两色裱，也有少部分为一色裱，经笔者统计大概可以分为7大类，具体如下：

（1）两色裱，天、地头和局条为深蓝色；惊燕和圈档为橘黄色（图1）。这样装裱的文物有20多幅。

（2）两色裱，天、地头和局条为蓝色；局条内压小白纸边，惊燕为白色（纸本）；圈档为橘黄色（图2）。这种装裱样式的文物也有20多幅。

（3）两色裱，天、地头为蓝色；无局条，有小白纸边，惊燕为白色（纸本）；圈档为橘黄色（图3）。这种装裱较少，只有3幅。

图1　829-21

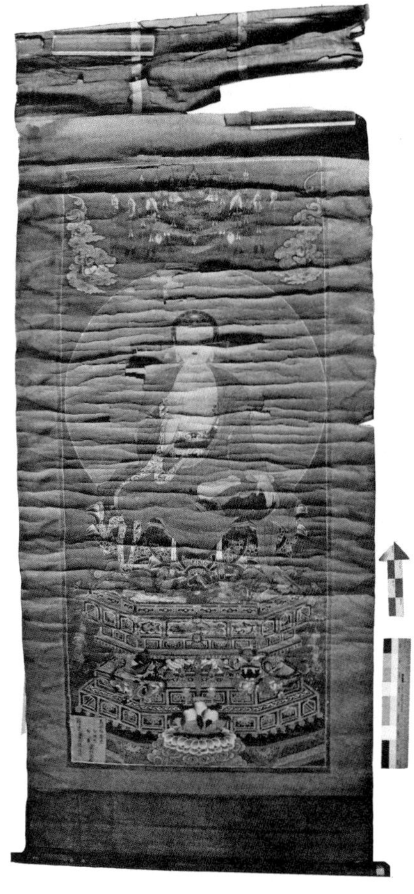
图2　834-26

（4）两色裱，天、地头为蓝色；无局条，惊燕为黄色，圈档为白色（图4）。这种装裱主要是3件水陆画拓片。

（5）黄色一色裱，无惊燕，有局条（图5）。这样装裱的文物有14幅。

（6）橘黄色一色裱，惊燕为蓝色，无局条（图6）。这种装裱有7幅。

（7）橘黄色一色裱，惊燕为蓝色，外压小白纸边；有蓝色局条，局条内压小白纸边（图7）。这种装裱的文物有5幅。

除以上7大类外，还有3幅为白色一色裱（图8）、蓝色一色裱（图9）、蓝绿两色裱（图10，蓝色地头为后期新补）；整体上这批水陆画的装裱样式分为两色裱和一色裱两大类，两色裱的装裱风格相对统一，仅在惊燕、局条以及小白纸边的使用上略有变化；一色裱的画芯尺寸相对两色裱的小一些，主要在惊燕的使用上有所变化。整体上这批水陆画的装裱形式与画芯内容相得益彰，风格统一，装裱样式讲究，与同时代山西其他地区水陆画的装裱风格一致，是山西地区传统水陆画装裱样式的一个缩影。

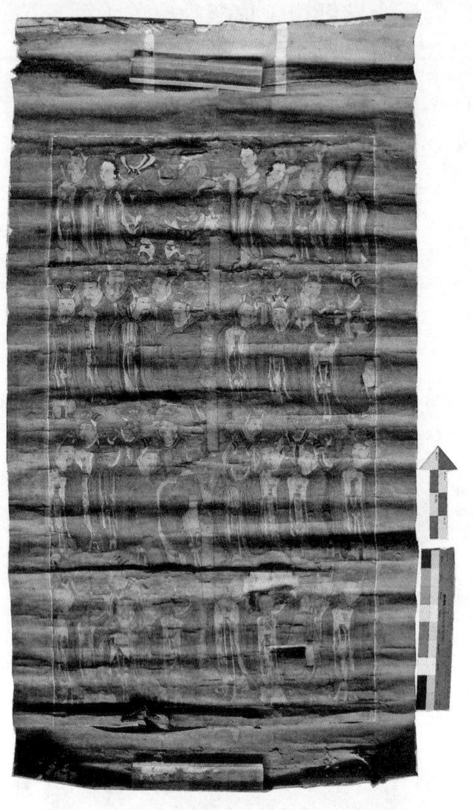

图3　873-65

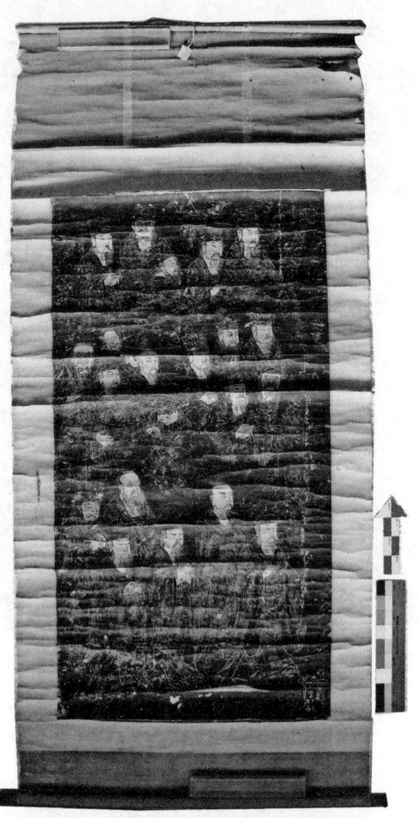

图4　884-76

图5　859-51

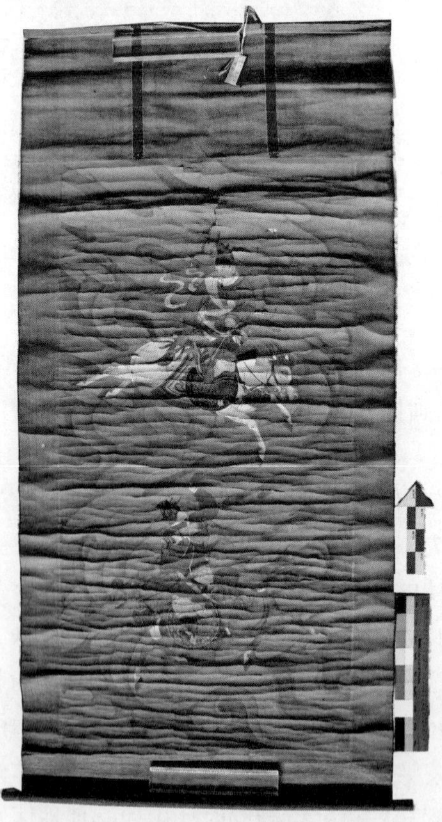

图6　886-78

图7　843-35

图8　849-41

图9　833-25

图10　840-35

2 装裱材料

笔者使用手持式电子放大镜（AM3011，台湾，Dino-lite）和生物学显微镜进行初步检测后发现，这批水陆画中，两色裱的裱件为花绫装裱（图11），花形有凤鸟纹、万字纹和八宝纹三种；一色裱为绢裱；这批水陆画的装裱材料均为桑蚕丝（图12）；经线直径为0.1～0.2mm，经密度为30～80根/cm，纬线直径为0.15～0.3mm，纬密度为30～50根/cm；经检测分析发现，本次所测纸样的纤维以韧皮纤维为主，主要来源有麻纤维、棉纤维、构皮纤维、稻草纤维、桑皮纤维等（图13）。因此，推断这批水陆画的覆褙用纸以麻纸居多，命纸以构皮纸、桑皮纸为主。

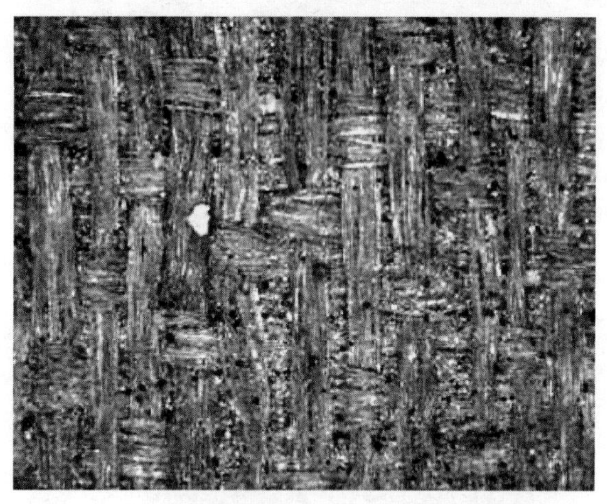

图11　花绫（200×）

图12　桑蚕丝（40×）

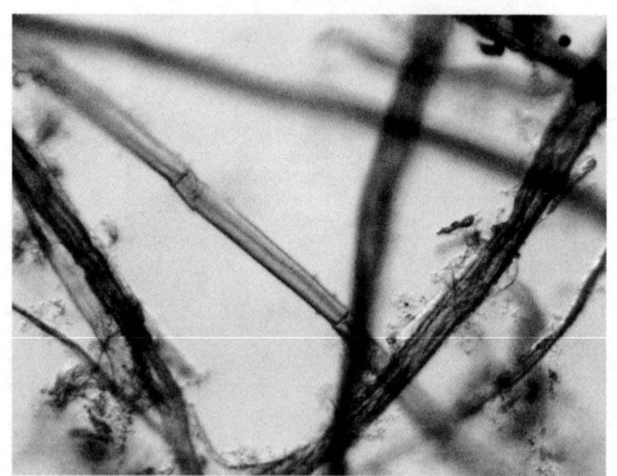

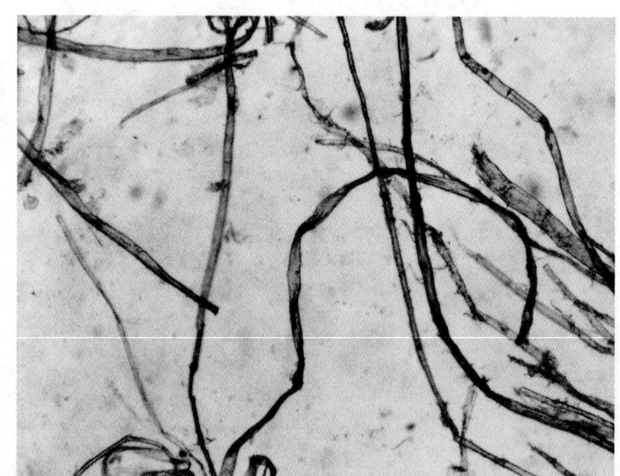

图13　麻纤维、棉纤维、构皮纤维和稻草纤维（4×）

3 装裱颜色

洪洞县博物馆馆藏水陆画的装裱颜色主要采用橘黄色、黄色、蓝色三色为主色调。蓝色常用于两色裱的天、地头；橘黄色常用于两色裱的圈档部位，或者直接用于一色裱；黄色则主要是用于一色裱。这三色在佛教和道教中都是比较重要的颜色。佛教颜色的主基调偏暖，红色、黄色是主要的色彩[3]。在佛教中，红色是代表生命和创造性的色彩；黄色象征威严与肃穆，代表类似皇权的地位，又充满神圣感，象征佛法的光辉以及超世脱俗的境界，被誉为最崇高的色彩，寺院中的佛像、僧人的衣装和寺院佛阁多采用黄色；橘黄色象征光明的意义，东南亚的僧侣服、寺院和宫殿都用到许多橘黄色的装饰；白色，代表清净洁白，断一切恶业诸烦恼，示意“清净”；青、蓝色，象征佛陀顶上绀碧之螺髻，磐结坚定，示意“禅定”。道教尚黑，宣扬阴阳五行说，五行中红色代表的是火，方向是南方，代表心脏；黄色代表的是土，方向是西南方，代表脾；白色代表的是金，方向是西方，代表肺；黑色代表的是水，方向是北，代表肾；青色代表的是木，方向是东方，代表肝；不同颜色有不同的象征意义。因此，洪洞县水陆画选择橘黄色、黄色、蓝色作为装裱的主色调，并不是装裱师的随机选用，而是一种特定的颜色搭配，这样的颜色搭配大量出现在山西闻喜、芮城、定襄等地区的水陆画中。

4 装裱尺寸

笔者选择保存相对完整的44幅水陆画进行测量、统计分析后发现：被测文物中，画芯较大的（长140cm以上）多数作两色裱装，画芯较小的（长140cm以下）大部分作一色裱装。其中天、地头比例较常用的六四分更多样化，大概有四大类，分别为2/1、3/1、3/2、4/3；上隔水和下隔水的比例也与常用的六四分不同，大约为2/1；裱边为8～15.5cm；蓝色局条宽为1～2cm，有两种样式，一种为四边一样宽，另一种靠近上隔水的一边要比其余三边宽一些；惊燕的宽与天头比例为2/100～3/100；天杆直径为1.5～2.5cm，地杆直径为2.5～3.5cm。由此可以看出，洪洞县博物馆的这批水陆画的装裱规格比例与当今常用的装裱规格比例有一定差异。每个时代的装裱都具有一定的规格比例，但在此基础之上，具体到每幅画的装裱中，装裱师可能会根据个人的审美不同稍作变动。因此，洪洞县博物馆的这80幅水陆画的装裱形制也是同时代山西其他地区水陆画文物装裱形制规格的一个缩影。我们在日后的保护修复过程中，应该加强对原裱样式的保护与传承，最大化地恢复其原裱样式。

结　　语

书画装裱是中国几千年文化历史依靠连续积累的审美经验所形成的一门独特的手工技艺。书画装裱工作不仅是对书画的保护更是对书画作品的一种再创作，自古就有“三分画，七分裱”的说法，书画艺术就是书画与装裱相结合[4]。装裱集中体现了一个时代古人的艺术与审美观念，传达了时代的审美理想。人们的起居方式、陈设方式、建筑格局、不同阶层的审美观、所用材料的生产情况等都会影响一个时代和一个地区的装裱样式[5]。因此，我们在书画保护修复工作中，应该加强对书画原裱样式的尊重，不能一味地按照装裱师个人的审美或当前书画装裱的流行样式进行修复重装，要加强对书画原裱样式的传承与研究，尽量最大化地还原原裱样式，这样才能给后人留下更多相对原汁原味的书画文物。

参 考 文 献

[1] 王楠. 传统书画装裱修复中纸绢配料的选择［D］. 长春：吉林艺术学院，2013.

[2] 何伟俊，张金萍，陈潇俐. 传统书画装裱修复工艺的科学化探讨——以南京博物院为例［J］. 东南文化，2014，（2）：25-30.

[3] 庄丽月，杨群，张积家. 宗教对信徒颜色认知的影响及作用机制：以中国台湾宗教信徒为例［J］. 心理科学，2016，39（2）：399-405.

[4] 王丹波. 谈书画装裱的历史与现实［J］. 吉林师范大学学报（人文社会科学版），2007，（4）：121-122.

[5] 张平. 书画装裱研究［D］. 苏州：苏州大学，2009.

关于养心殿内檐书画保护“综合性”研究视角的思考

喻　理

（故宫博物院，北京，100009）

摘要　本文为养心殿内檐书画类文物全面的病害成因分析及综合性的防治研究，旨在对养心殿各区块、各期段书画类文物按照病害种类分类，拓展各类病害成因与建筑结构、功能、装潢时间的关联性，统计养心殿内各类病害集中区域并制定修复与保护对策。本文论及的“病害成因”或“致病因素”只从“文物本体”与“保藏环境”两个层面展开，并最终将这种“综合性”的分析成果落实于临床保护措施和预防性保护方案中。

关键词　养心殿　贴落　槅扇　匾额　病害分析　书画修复与保护

引　言

2016年年初，故宫博物院文保科技部开始着手对养心殿内檐书画装饰进行系统的伤况调查与研究。经过前期现场考察，课题组成员认为：在对原状文物保护研究的过程中，应将每件受损文物还原到其原本的陈设“环境”与“时代”中去探讨其病害成因，将空间建筑结构、保藏环境与历史功能纳入研究范围中，结合综合性的因素考量，并有针对性地制定修复方案。

在对伤况致病因素的探讨中，需要借助科技检测手段从外部储存环境及文物自身基质的稳定程度两个方面搜集数据。此外，在修复实践中也需参考前期的检测数据进行反复比对和试验，并且全程跟进检测及数据的收集，切实加强科技检测与临床修复的契合度。

在此项目中应突出其“研究性”，选取典型伤况文物形成“典范修复案例”，以检测数据指导修复，多试验、多讨论，避免修复操之过急，检测滞后且无效的情况发生。贴落等原状陈列文物是故宫书画保护中的十分独特的一类，应将其与卷轴书画类文物的彼此独立、割裂的研究与修复方式区别开来，在养心殿研究性保护中要着重挖掘原状陈列书画文物自身独有的研究特点。希望本文所提供的研究思路与视角能够为以贴落为代表的原状陈列书画的研究性修复开辟一条崭新的道路，并且为修复报告、档案撰写范式的完善有所裨益。

1 学术史梳理

1.1 国内外相关研究

由于目前学界对养心殿保护研究类成果较少，类似的原状文物保护范例见于乾隆花园修复工程相关成果。2005年，杨泽华在故宫召开的“传统装裱技术研讨会”上发表《化纤纸在书画修复中的使用》，利用倦勤斋通景画修复的契机，试验分析化纤纸、海藻胶在书画修复领域应用的可行性，获得了大量的数据和成果，拓展了国内书画修复材料选择的视野，在业界具有重要的参考意义。

李寅于同年发表《概说倦勤斋通景画的修复技术》，详见故宫博物院、中国文物保护技术协会主编的《传统装裱技术研讨会论文集》（2005年10月）。对倦勤斋通景画的修复过程进行了详尽的叙述。该文对于大型贴落画文物的修复颇具启发。

同时，张志红发表《石青石绿矿物质颜色在修复过程中的加固试验》，该文针对原状文物矿物颜料脱胶的情况，做了缜密细致的固色试验，试验数据颇具参考价值。然而该文仅仅将倦勤斋通景画作为试验样本，用以探讨重彩设色画的固色问题，而研究重点并非通景画作为原状文物自身的特性。

此外，王时伟主编的《倦勤斋研究与保护》同样收录参与倦勤斋通景画修复的专家执笔的五篇文章：常洁、曹静楼、吴钟《倦勤斋通景画的修复——乾隆高丽纸的仿制》；杨泽华《倦勤斋通景画的修复——海藻胶、化纤纸在书画修复中的应用》；张志红《倦勤斋通景画的修复——石青、石绿矿物质颜色在修复过程中的加固试验》；李寅、杨泽华《倦勤斋通景画的回裱工艺做法》；李寅《倦勤斋内部壁纸的调查、试揭和部分恢复》。关于倦勤斋保护工程还有如下文章颇具参考价值：刘畅、曹静楼、王时伟《倦勤斋保护工作阶段报告——通景画部分》（《故宫博物院院刊》，2004年第1期第127～138页）；苑洪琪《倦勤斋的复原陈设与保护》［中国紫禁城学会编，《中国紫禁城学会论文集》（第四集），北京：紫禁城出版社，2004年，第106～110页］；罗伯特·凯斯勒《文化遗产的生物破坏及综合微生物虫害防治——谈倦勤斋木结构和纸质文物的保护》［中国紫禁城学会编《中国紫禁城学会论文集》（第四集），北京：紫禁城出版社，2004年］；张昕、詹庆旋、王时伟、刘畅《倦勤斋光环境及相关文物保护研究——倦勤斋保护工作阶段报告之二》（《故宫博物院院刊》，2008年第2期第72～90页）。

除此之外，符望阁案例同样可资参照，在符望阁原状文物保护方面，研究文献多集中在《乾隆花园研究与保护：符望阁》一书中（故宫博物院编，北京：故宫出版社，2014年），该书在宫廷史、文物修复、环境控制、微生物防治等方面系统论述和记录了符望阁修复工程始末及相关研究成果。

杨泽华所发表《符望阁原存贴落的调研与修复——以乾隆御笔〈题符望阁〉为例》一文的参考意义尤为重要，该文从档案与实物比对、修复方案和保护理念相结合等方面对符望阁贴落类文物展开了严谨系统的介绍，并以《题符望阁》贴落为例，着重介绍了装裱工艺、材料及修复方案的制定（《故宫博物院院刊》，2015年第3期第136～145页）。

对于原状文物的修复与保护，除故宫博物院外，还有不少业内专家也进行过深入的讨论，如高晓茗《浅谈颐和园古建内部书画形式与修复》（《传统装裱技术研讨会论文集》，2005年10月，第162页）。该文介绍了颐和园内贴落、匾额春条等原装文物的修复过程，对颐和园内原装贴落与故宫“南书房”的关联做了简要的介绍。但该文作者并未对原存文物与建筑的关系，以及原存文物在修复时与传世卷轴画修复的异同做出说明。

北京市颐和园管理处文物部王晓笛发表《颐和园藏“贴落”的修复方法与实际应用》一文，他依照装裱形式作了初步的分类，列举如槅扇上方装饰画，墙壁上的贴落以及窗牖，槅扇上的“贴落”等不同的装饰形式，并将贴落损耗与室内温湿度、空气环境和光照等因素结合起来加以考虑。可惜作者并未提供颐和园贴落所在区域的具体检测数据，也并未举例做具体分析。

养心殿书画保护类研究虽然较少，但已有研究集中于建筑形制研究和内部空间功能研究，如苑洪琪《养心殿寝宫》（《紫禁城》，1981年第1期第16页）；傅连兴、许以林《养心殿建筑》（《紫禁城》，1983年第6期第1～9页）；缘齐《养心殿附属建筑的使用》（《故宫博物院院刊》，1983年第6期第14～15页）；傅连仲《清代养心殿室内装修及使用情况》（《故宫博物院院刊》，1986年第2期第41～48页）；王子林《仙楼佛堂与乾隆的“养心”、“养性”》（《故宫博物院院刊》，2001年第4期第33～44页）（另可参考王子林《在乾隆的星空下——乾隆皇帝的精神世界》，北京：紫禁城出版社，2011年，第74页）；郭福祥《康熙时期的养心殿》（《故宫博物院院刊》，2003年第4期第30～34页）；张荣《从内务府工程档案看清代紫禁城修缮活动——以养心殿及其他朝仪宫殿为例》（硕士论文，北京：清华大学，2004年）；王子林《紫禁城原装与原创》（北京：紫禁城出版社，2007年）；刘畅《清代宫廷内檐装修设计问题研究》（博士论文，北京：清华大学，2002年）；刘雯雯《从图样到空间——清代紫禁城内廷建筑室内空间设计研究》（硕士论文，北京：清华大学，2009年）等。周苏琴《“大雅斋”匾的所在地点及其使用探析》（《故宫博物院院刊》，2008年第2期），徐超英《浅谈故宫藏匾联的形制特色与文物价值》（《故宫博物院院刊》，2010年第4期），也可作为参考。

1.2 “整体性”讨论的意义

在以往的研究中，往往将单件贴落文物的保护与研究从建筑的这种“整体性”中抽离出来作个案式研究。其原因，或许是传世卷轴书画研究的思维惯式过于根深蒂固，从而忽略了贴落等内檐装饰画与卷轴画的特性差别，往往失之于见木不见林。这样的一种思维惯性与研究范式，有意屏蔽了很多具有关键价值的历史信息。当然，这种历史信息不能被简单化、平面化地理解为对文物原存位置的记录，而应提示我们如何考量文物受损的成因以及修复后如何规避伤况再次发生或进一步发展的必要性，也即如何对临床修复与预防性保护产生指导意义与价值。

个案修复报告固然重要，但是脱离了语境的、缺失“全面与综合观念”的个案研究，必将消解贴落及其原存环境之间的“文化、礼仪和视觉环境”，丧失它作为清宫原状陈列保护研究对象的重要价值。

2 养心殿内檐书画装饰的保护理念

展开进一步探讨前，首先应思考如下几个问题——故宫养心殿内檐原存书画修复方案在乾隆花园的经验基础之上将从哪些方面推进？养心殿书画是否出现以往被忽视的新材料或新信息？出现了哪些新伤况、新问题？如何解决这些新问题？采用何种新方法？

我们在实地调研之后，认为养心殿保护复杂性较强，这种复杂性体现在时间与空间两个方面。

首先是时代归属层面，由于养心殿一直处于日常使用中，因此内部书画装饰品一直处于不断的更替变化之中，大体可以看到从雍正到清末光绪年间不同时期的作品，且不同时代贴落残片叠压的情况屡有发现，这是时代上的复杂性。

空间层面，养心殿空间自身的复杂性虽然不及符望阁，但是利用率更高。所以可以发现不同形式的书画装饰品，如贴落、对联、槅扇、春条等不胜枚举，并且这些装饰形式与建筑结构结合的方式需加深认识。

最后是伤况的复杂性，同一建筑中室内原存环境的差异，会直接反映在文物的伤况形式上。因此，结合以上三点，促使我们不得不思考如何将书画装饰与建筑内部的空间结构和功能结合起来，站在整体的高度上对贴落等原状陈列展区的文物保护工作加以重新认识。作为原状保护对象的养心殿决不仅仅是一座建筑的躯壳，而是建筑、贴落、陈设、家具等一系列实用与装饰的视觉形式和物质形式的综合体。其中的每一个方面都应该从一个综合的、整体的视角加以考虑，因为它们之间有着相互依存的内在逻辑，而书画作品与建筑的关系更是尤为紧密。

2.1　概念厘定与理论铺陈

（1）贴落与建筑空间具有“整体性”，应从“原存环境”角度全面认识“贴落”。以养心殿东暖阁为例，同一期段的作品，文物基质材料与装裱工艺趋同的情况下为什么老化及破损的伤况不同？佛堂一层的贴落画时代略有不同，但伤况基本相同，均出现大面积虫蛀现象。这是为什么？凡此种种，都可从建筑的空间结构对书画作品的病害成因产生重大影响切入展开研究。再如，以王羲之为主角的金廷标《山水人物》贴落，张贴于三希堂明窗西墙，其位置体现了画作主题与建筑功能、空间的紧密关联，但其位置同样使其较易遭受光照影响。

（2）历史维度的观照。贴落是反映皇室成员审美观念的最直接的材料，不同历史时期建筑功能的转变，与宫殿使用者的更替，对贴落贴挂风格、装裱形制的个人审美趣味，以及对于不同书画材料选择的变化（如对蜡笺纸的偏爱），也将对贴落等室内书画装饰的贴挂与替换产生影响。譬如养心殿东暖阁光绪时期的彻底改做，将涉及对光绪前原存贴落的更换与不同时期基质材料和装裱工艺的比较研究。燕喜堂碧纱橱槅眼画的装潢时代在养心殿区域中最为晚近，然而其破损却最为严重，应如何解释？

2.2　养心殿各类病害成因的分析——从典型案例出发

（1）文献梳理部分，调阅如《各作成做活计清档·如意馆》《旨意底档·如意馆》《内务府奏销档》《内务府奏案》《钦定日下旧闻考》《养心殿陈设档》《乾隆御制诗》等内府档案，对养心殿内府建筑格局及参与贴落绘制画家的生平进行分析，尤其着重考察艺术家籍贯、官阶以及贴落的绘制时期与宫殿使用者之间的关系。从两条线索展开分析，一条以宫殿装潢档案为线索，另一条以画家生卒年表为线索，可以大致推断出贴落画或某一空间的装潢年代。

（2）病害成因的检测与分析——以本体材料技术与原存环境两个切入点进行考察。以养心殿东暖阁为例，其内部书画装饰品以光绪朝前后绘制者为大宗，因此，作品的使用材料和基质强度应较为相似。那么，可以初步排除掉其自身的材料和工艺因素，更多地考虑建筑内部环境因素对文物带来的影响。这一过程，需要对文物进行系统的、科学的、全面的检测与记录。对同一时期的基底材料进行归纳，并使用仪器进行观测，尝试根据不同时期绢经纬特点进行材料的复原，并使用到日后的修复中。此外，还可以通过纸张纤维的观测判断装裱材料与技术，总结每一期段的特点，并考虑在修复中是否沿用或作调整。

建筑内部构造会直接作用在文物上，带来截然不同的受损形式。不同期段的装潢材料与技术局限如何对应文物的病害机理？仪器检测的数据与结果会有效帮助研究者验证判断。

2.3 对临床修复与预防性保护的借鉴意义

2.3.1 原存环境的考量与修复策略的制定

具体研究个案的选择有几种选择标准，其一可凭借传统装潢形式加以判断，最为直观的例子就是位于隔断门两侧的对联。此类贴落往往成对或者成套出现。我们在养心殿等原状陈设中可以见到大量成套出现的贴落作品。这样一套作品往往包括三件作品，即上联、下联和匾额，是由三件彼此独立的作品构成，并且在修复过程中分别进行处理。但是，我们应该清醒地认识到，类似这样的作品相互之间存在的关联性，对它的一切研究与修复应该从三者统一的层面整体考虑。例如，对修后视觉效果的协调性方面，虽然上、下联距离并不远，但是很常见的一种情况就是，其中某联更靠近南窗，在上百年强烈日光的照射之下，上、下联的褪色老化程度并不一致。那么在修复时，必然要对更脆弱的一联进行特殊的全色或加固处理，那么其中的尺度如何拿捏，则需要在对仪器检测数据的参考之下反复对比和试验才能完成。

这样成套出现的作品还有包括碧纱橱、落地罩等成规模出现的槅眼画，如燕喜堂、体顺堂明间东西两侧就出现正反两面多达44件的槅眼画，槅眼画处于碧纱橱的横眉、帘罩或槅扇等不同部位，其病害程度均有所不同。

再如佛堂一层贴落大面积集中出现虫蛀现象，而其他建筑空间中并未发现同类情况发生，可见佛堂书画文物的这种特殊病害与其建筑空间结构、朝向、光照等环境因素息息相关。

如果放宽视野，我们还应考虑一种更大范围的对应关系。在建筑形式的对称性所带来的对应关系之外，还有一些潜在的、容易被忽视的对应关系，需要对作者画风及绘画题材背后的象征含义进行分析，考虑建筑形式上的复杂的对称关系以及画风的一致性。这种形式的认识与判断要基于对建筑内部空间的综合考量之上，进而在临床修复中注意其协调一致性（清洗程度、蓝色绢边的宽度及颜色需保持一致）。

此外，在具体操作方法上，还可以从如下层面进行比较研究。首先，可以将同一空间内不同装裱形式的作品以及不同空间内相同装裱形式的作品互相比较、进行研究。其次，可以将同一空间内不同时期的作品以及同一时期创作及装裱贴挂于不同空间的作品相互比较。此外，还可以将同一材质的作品（如蜡笺）在不同建筑格局中的伤况特点相互比较，进行分析。具体操作方法应在进一步的讨论与对材料的整理中逐渐深入。

2.3.2 不同时代基质材料如纸、绢等工艺的复原——作为传统修复材料的应用

对“文物本体”的基底强度的检测与评估也是十分重要的一个层面，包括厚度、质量、紧度、帘纹状态、白度、色度、光泽度、pH、经纬、加工纸填料、工艺等，所用仪器包括红外光谱、扫描电子显微镜、光学显微镜、色层分析、X射线衍射和色谱法等。结合保存环境监测数据相互支撑，从内外因两个方面对文物受损原因进行全面、立体的分析。

考虑到不同时期的工艺特点，是否应该复原与原件使用材料相似的基底材料？我们应认识到，对于基底层，一味复原原材料或许并不可取，因前人受制于当时的客观条件，材料的选用未必考虑文物的长期保存，加之贴落类作品的特点，装潢工艺往往有简化之虞，因此，在充分的调查研究后，当代修复者可采用更加安全、稳定的材料替换原基底层，使文物得以延续寿命。

2.3.3　伤况成因检测需以科技检测设备为依托（室内外环境参数采集及分析）

着重探讨养心殿室内外文物保存环境评估对临床修复与预防性保护的指导意义，尤其是与临床修复实践紧密结合。研究表明环境因素是引发博物馆环境劣化损害的主要原因，主要包括温湿度、光辐射、污染气体和有害生物四类。相关数据采集与分析方法参考《倦勤斋室内外文物保护环境评估》《倦勤斋室内环境设计与控制研究》《倦勤斋光环境及相关文物保护研究》的经验，室内选取不同方向点位采样，并按照如下指标进行数据采集：温度、湿度、风速、紫外线强度、氮氧化物、二氧化硫、甲醛、氨气、二氧化碳硫酸盐化速率等。

对书画影响较大的有如下几个方面：日照光带来的影响（采光系数测量，紫外线），由于处于开放区域，养心殿光照程度差异非常大，可以加以比对研究，室内环境测试与文物自身色度测试相结合；空气流动带来的影响，风速、降尘量等，以及灰尘中酸碱性对文物的腐蚀；有害气体检测及分析（氮氧化物、二氧化硫、二氧化碳、甲醛、氨气，硫酸盐化速率）；有害生物等。

此项措施一方面根据检测数据分区块分析判断文物伤况的致病因素，并且在临床修复中加以针对性的保护措施，如对较易受到空气流动因素影响而出现断裂的区域，应该做整体的特制材料处理，以防止修复过的文物出现再次损伤，以及尚未出现损伤的文物遭到破坏。而较易受到光照紫外线影响的区域，则应该对其色度变化的数据进行采集和比对，在清洗或全色时尝试维持同一色度，做到整体的协调统一，并对修复后展示照明及采光材料设计方案进行调整。对生物虫害的区域应做集中熏蒸、灭虫处理，并改善建筑空间环境。

预防性保护长期以来致力于维持展览环境的稳定，防止各项指标产生大幅度波动。而在原状陈列的展览条件下，无法保证展厅的完全封闭与稳定，那么为了防止文物再次受到损害，应该在修复过程中采取有针对性的措施，充分发挥前期检测数据的参考意义。

2.3.4　贴落和建筑的剥离与回贴需要综合考虑

建筑墙纸对回贴带来的影响应该在回贴之前反复试验，设计安全有效的实施方案。例如，考虑贴落如何与涂刷过白粉的壁纸粘贴得更加牢靠？新中国成立后曾使用楠木条对画作四周进行加固，但该做法从某种程度上改变了原有的室内装饰面貌，本次修复应考虑如何加以改进。修复完成后，为满足原装陈列展览需要，哪些文物需要复原回贴？哪些位置需用复制品代替原件展出？其合法性需要进行考量。

3　结论：从全面、综合的研究性视角修复保护养心殿内檐书画装饰

（1）理论创新与意义。本文提出了贴落等原状文物保护研究的新思路，即将每件受损文物还原到其原本的陈设“原存原境”中去探讨其致病原因，将空间建筑结构（环境）、时代局限与历史

功能纳入研究范围中，有针对性地制定修复方案，从而将科技检测、文献考据、临床修复、预防性保护有机结合起来。

（2）强调临床修复与科技检测的有效结合。在对伤况致病因素的探讨中，需要借助科技检测手段从外部环境及文物自身基质的稳定程度两个方面搜集数据。此外，在修复中的试验中也需将参考前期的检测数据进行比对和试验，并且全程跟进检测及数据的收集，切实加强科技检测与临床修复的契合度。选取典型伤况文物形成“典范修复案例”，以检测数据指导修复，多试验、多讨论，避免修复操之过急，检测滞后且无效的情况发生。贴落等原状陈列文物是故宫书画保护的独特的一种类型，应该将其与卷轴类书画类文物彼此独立、割裂的研究与修复方式区别开来，在养心殿研究性保护中要着重挖掘原状陈列书画文物自身独有的研究价值。

（3）不同时代基质材料如纸、绢等工艺的复原。作为传统修复材料进行探索与应用试验，结合不同时期的工艺特点，用与原件使用材料相似的基底材料进行修复，最大限度地保留传统工艺特点。希望本项课题所提供的研究思路与视角能够为以贴落为代表的原状陈列书画的研究性修复拓展一个崭新的研究方向，并且对现有修复报告、档案撰写范式的完善有所裨益。

纸质文物修复过程中的探索与思考

樊 坤

（山西博物院，山西太原，030024）

摘要 纸质文物的修复，是一项功在当代、利在千秋的宏伟事业，它既是一个集严谨性、科学性、专业性于一身的复杂过程，同时又是每个文物修复者毕生的心血历程。笔者试图在遵循国家文物保护和修复理念的基础上，以文物修复者的视阈出发，分别从“认识”和“实践”两个层面阐释：如何全面提高修复者自身的综合素质，树立科学的文物保护和修复观，以期实现修复人才的可持续发展，进而更好地推进纸质文物保护和修复事业的有序发展。

关键词 文物 修复 人才 综合型

1 纸质文物的特殊属性

纸质文物是先祖留给世人的一笔极为珍贵的历史文化遗产，它凝聚着悠久的历史，书写着中华灿烂的文明，是我们了解历史和过往的桥梁和纽带。可见，其蕴含的价值并没有随着时间的推移而有丝毫的减退，反而愈发地受人关注，历久弥新！但是，就纸质文物而言，其自身也存在着一定的特殊性，较其他的文物，纸质文物显得十分单薄和脆弱。在历史的更迭和时空的变化下，纸质文物极易受到来自外界自然条件以及环境等诸多因素的影响，也容易遭受诸如战乱、迁徙等一系列人为因素的影响，它们用细小的纤维对抗着周围的一切，用看似脆弱的“身躯”经受着岁月的洗礼，细数着时代的沧桑变化。所以，我们当务之急是要保护这些珍贵的纸质文物，如何保护，如何用技艺延续其寿命，如何再现其蕴含的历史和文化价值，是我们每位文物保护者的义务，更是我们纸质文物修复者的重要使命。

2 纸质文物修复的要求

纸质文物的修复需要遵循《中华人民共和国文物保护法》《馆藏文物修复管理办法》等相关法律法规，同时也要恪守文物保护和修复原则，注意以下问题。

2.1 纸质文物的安全性

纸质文物的安全性不仅包括纸质文物自身存放和妥善保管的安全性，同时还包括纸质文物修复环境、过程、手段等多方面的安全性操作问题。首先，要树立文物修复者的安全意识，只有在思想上重视，才会在行动中将文物的安全性落实。其次，修复者在从事纸质文物的修复过程中，要注意防火、防盗，保证修复环境的安全。再次，大多纸质文物的文字和图像都或多或少存在有污渍、残缺、破损等现象，在修复过程中稍有不慎，就会使原本书画的受损范围扩大蔓延，造成对文物的二次伤害，所以在选取修复材料、选用修复方法时，也应因物而异，不可随意发挥，也不可千篇一律。最后，在注重纸质文物安全性的同时，也应做好文物的保密工作，对尚未公开发表的重要信息和相关资料，不得贸然向外界公开透露，为纸质文物把好每道安全防线。

2.2 真实再现、最少干预、修旧如旧

遵循纸质文物的真实性，实则是保护文物所持有的原始信息的真实性。它包括文物的内外两方面的真实性，一方面是文物内在的真实性，即文物内容的真实；另一方面是文物外在的真实性，即文物的外观、形态、样式等方面的真实。对于纸质文物的修复，要在遵从其真实性的基础上，做最少的干预，实现修旧如旧，即纸质文物在修复过程中，要尽可能地保持文物的原貌，保留文物原有的特点，从而还原和再现文物的历史价值、文化价值、艺术价值等。这对我们的修复过程提出了极高的要求，在修复过程中既要使纸质文物整体协调，同时又要使修复过的地方具备一定的可辨识性。

文物内容是文物的主要信息。纸质文物的内容信息是通过文字和图像加以诠释的。但是，由于内外因素的影响，纸质文物的内容存在部分或整体上的缺失，所以，在修复过程中要格外注意，不可随意补缺、全色、接笔、勾描、填色，要确保整体的一致性，也要留存文物的真实风貌和神韵风骨，让人远观不觉得突兀，保持整体的一致性，近观易于辨识出修补过的痕迹。这里需要注意的是：对那些破旧不堪或内容残缺的纸质文物，不可在文物上做过多的技术勾描来刻意追求其完整效果，应当对纸质文物做最少的干预。因为这种做法不仅是对历史史料的尊重，更是一种良性的、科学的、可持续的保护和修复方式。倘若在我们的研究领域或其他方面的应用领域，需要获取和还原文物原本的完整性，我们可以通过科技的手段，在不破坏原文物的基础上，通过将文物复制的方式来达到画面美观完整的效果，如果直接在原文物上进行尝试，则会对原文物造成不必要的破坏，这种破坏往往是无法弥补和挽救的。

3 高素质综合型的修复人才应当具备的基本素质

纸质文物的修复技艺，早在魏晋时期就已萌芽，后历经隋唐的完善、两汉的鼎盛，一直延续至今。这一传统技艺，其过程十分复杂，从起初对纸质文物的观察到最后的砑活装杆，这其中至少要经历淋洗、揭画、上托纸、隐补、打条等十几道传统工序。同时，每一道工序的实施都有各自需要注意和关注的要点难点。如此严苛的修复过程，需要修复人员在具备一定的专业性和技术性的基础上，善于发现问题，解决问题，在问题中总结经验，不断进步，逐渐向高素质综合型的修复性人才靠拢，为国家的文物保护事业贡献一份力量。

3.1 提升自我的文化修养

身为一名纸质文物修复者，需要做到“有技术，懂知识”。我们除了要掌握一定的书画修复知

识外，还应当熟知有关文学、历史学、美学、化学、物理、生物学等相关学科的综合知识。因为书画本身就是一个多元体的集合，书画的内容和表现手法可能会涉及一定的历史文化、书院文化、佛教文化、碑刻文化等。另外，书画原本的装裱材料、形式、风格等也在一定程度上反映着时代的背景和历史的变迁。

对于一幅亟待修复的书画文物，修复者需要明晰它的相关背景知识，这样才能更好地指导后续的修复工作。例如：

（1）配纸环节。颜色的选取要求命纸的颜色比画芯颜色浅两色，在纸张的质地上，需要借助一定的检测设备来选取与纸质文物材质接近的纸张，这样才能使二者在酸碱度、张力等方面保持一致，防止对文物造成保护性破坏。

（2）洗画和揭画环节。对不同质地和内容的书画文物要区别对待，对纸本的书法作品，应当格外留意是否存在跑墨的现象，需要在洗画之前采取适当的措施，做好防范，以免画意受损，丧失其艺术价值、文化价值、历史价值等。对水陆画而言，它们大多为绢本质地，设色多为工笔重彩，多采用石青、石绿、朱砂等矿物颜料作画，历经岁月的洗礼和展示环境的影响，纸张变黄变脆，存在折裂、破损，厚重的颜料大部分已经失胶，有些地方已经起泡空鼓。那么，如何在洗画的过程中固色就显得尤为重要，水陆画的颜色一旦跑掉，画面就会变得黯淡无光，毫无生机和神韵可言。所以一般在对水陆画进行清洗和揭画时，往往采用温热骨胶水多次渗入进行固色，再进行清洗和揭画，揭画时不可将其长时间用水浸湿闷于案台，应当及时用洗干净的毛巾铺于画芯，将水淋于毛巾上，再用手从画芯中心向四周呈放射状擀压污渍，多次清洗、吸水，直至清洗干净。

（3）全画环节。如何配色，如何接笔，如何明晰事物之间的遮挡、前后、交织、明暗、虚实等一系列的复杂关系，画面中线条的粗细如何，如何在质地、光泽和帘纹上与原物保持相似，如何修旧如旧，如何把握其中的“旧气”，往往都需要修复者不断学习，积累相关经验。

可见，在对纸质文物修复的过程中，文物修复者只有尽可能地丰富自身的文化知识，提高文化修养，才能使蕴藏于文物内在的种种价值得到最大限度的彰显。

3.2 工匠精神的锤炼

何为“工匠精神”？它是敬业、责任、专注、认真、踏实、钻研、奉献、创新等一系列精神的集合。它渗透在每道修复的过程中，也在每位文物修复者的心中蔓延开来。

在着手修复每件纸质文物前，我们往往会忽视包裹在其外面的纸张和贴有相关文物信息的便签条，殊不知这些看似废旧的东西恰恰是文物的第二张名片，同样具有利用的价值。作为一名纸质文物修复者，我们需要妥善地搜集和保存这些看似微不足道的信息，因为这其中记载着该件文物自身的文物信息（如文物名称、作者、年代、尺寸、数量、级别、内容、主题、文化内涵等）和文物的保存信息（如保管机构名称、保管时间、保管者、保管手段、建档时间和过程、文物来源、文物的展览和借展史等），我们需要认真分析和对待这些有利的文物资源，使其更好地指导和推进我们的修复工作。

在修复工作中，我们需要有足够的耐心，有时遇到破损严重的纸质文物，我们更要潜下心来，戒骄戒躁，用镊子将残损的碎片一一夹取至透明的塑封袋中妥善保存，待拼画时拿出，将其按照纸张的碴口一一拼接。在揭画时，不可东揭一处，西揭一处，也不可在这处揭一层，在另一处揭数层，揭画要均匀，需要在保全画芯的基础上，尽可能保持揭纸的完整性，并将其晾干保存，这些揭下的旧纸也许会在日后的修复和实验过程中起到事半功倍的效果。这其中，我们还需要做好及时的记录和反馈，善于利用有限的资源、设备和工具，将修复过程中出现的问题及时以文字、图片、影像等形式记录下来，做好每天的修复日志，善于将遇到的问题进行归纳总结，将探寻出的解决方案也一同记录下来，使其成为一种经验的积累。同时，也要养成良好的工作习惯，做好工具的分类和归纳，及时将废料与文物分开，随时保持工作环境的干净整洁，为文物创设良好的修复环境。倘若在修复过程中将工具随意丢放，将有用的材料和废料混合，将全色的毛笔随处乱丢，将会给文物的修复带来极大的安全隐患，会给文物造成不必要的二次损伤。

3.3 解放思想，与时俱进

在纸质文物的修复过程中，需要我们解放思想，与时俱进。书画的装裱技艺一直以来都是沿袭着传统的师承制，往往各行其是，同行之间缺乏相互的沟通与交流，因而思想相对落后和保守。

如今，时代在发展，科技在进步，纸质文物的修复不能仅仅依托师承制来沿袭和发展，它需要在传承技艺的基础上解放思想、与时俱进，不断加强相互之间知识、技术、经验的交流与共享，需要加强修复人员的团队合作意识、开放意识、共享意识。另外，各修复者师从不同的老师，再加上彼此都缺乏必要的交流和探讨，导致在纸质文物的修复过程中出现一些不严格、不规范的事项，使原本的保护性修复变成保护性破坏。

作为纸质文物的修复者，我们应当严格按照相关法律法规和行业标准来开展工作，应当在全国文物保护标准化技术委员会的指导下，严格按照相关规定和标准进行保护性修复，将“文物保护标准化+”的概念落到实处，自身努力做到真正意义上的解放思想、与时俱进。在具体的工作中，对于技术的传授，要善于跟同事分享经验，在工作之余也要不断关注时事政治，关注最新的科技和相关学术的动向，利用自身闲散的时间充电学习，多吸收有利的知识来填补自身的不足，勤于思考，不放过任何可以引入并有利于推进纸质文物修复的先进科学技术，紧跟现代科技发展的前沿，将各学科的先进技术运用于文物保护和修复中，努力创设可以交流的机会和渠道，将自身总结的经验和工作中遇到的问题分享，不做知识和技术的“守财奴”，让传统经验和技术真正转化为可持续的、动态化的传承，共同促进文物保护事业的可持续发展。

结　　语

作为一名纸质文物保护者、修复者，不仅身兼保护和传承的重任，更担负着神圣的修复使命，它是一项磨人心性的事业，需要每位文物修复者以严谨认真、精益求精的工作态度去面对。它是一份传承历史、永续未来的事业，我们要在保护和修复的过程中善于探索和思考，既着眼于过往，又放眼于未来，将纸质文物修复的技艺传承下去，使文物存续的价值更好地造福社会和世人。

泥金银写绘类书画文物复制中传统摹画技艺与现代数字技术的融合

廖安亚

（故宫博物院，北京，100009）

摘要 泥金银写绘工艺作为中国传统书画技艺中不可缺少的一部分，同传统墨书书画相比，具有材料贵重、工序复杂、所呈效果华丽、材料质感鲜明的特点。本文以两件磁青纸泥金银写绘佛金文物的复制为例，总结了该类文物复制中的标准流程，并分析了传统摹画技艺与现代数字技术特点，为今后同类文物的保护、修复和复制提供了依据。

关键词 泥金银写绘工艺 书画临摹 数字复制

引 言

泥金银写绘工艺作为中国传统书画技艺中独特的一部分，一直都受到统治阶级的推崇，特别是佛教经卷的书写当中。佛经作为传播佛教文化的一种重要手段传入内地后，随着统治阶级对佛教的推崇，除了大量刊刻的佛经以外，上层阶层开始不满足于白纸黑墨的缮录形式，以泥金、泥银和磁青纸这些贵重的材料缮写绘制的佛经开始出现，一方面表现贵族虔诚的心态，一方面又显示出其尊贵的身份姿态。泥金银缮写绘制的经文在墨蓝色磁青纸的映衬下，不但增加了其观赏价值，还逐渐形成了一种视觉上华丽明亮、形式上富丽堂皇的宗教绘画题材。

随着时间的推移、朝代更迭，泥金银缮写描绘的典籍经卷绘本类文物留存至今的有诸多病害，主要有泥金银粉因固着剂老化而松动脱落，直观表现为字迹、画面模糊；有些较厚的经书叠装侧面也有图案和文字，每次开叠都会造成折痕处字迹损伤。这些特点都导致此类文物不适合频繁展出。所以，将复制品用于长期巡展或进行原状陈列就是很好的解决方法。这样既保护了原件，又让大众借此了解此类文物的传统魅力和艺术特点，能够依照原件复制出仿真度高的复制品就成为收藏同类文物博物馆共同的课题。

1 泥金银佛经卷（本）的特点

泥金银写绘工艺同传统墨书书画相比，具有材料贵重、工序复杂、所呈效果华丽、材料质感鲜明这四个特点。泥金银写绘工艺佛经文物除了上述特点以外，还附加了装帧、镶嵌装饰等其他工艺特征，是多材料、多工艺的文物品类。

白纸黑墨的常规经卷（本）在书写绘制时，主要用于传播佛教文化，便于受众阅读学习，当然也不乏书法价值很高的写本，但泥金银佛经卷（本）成本的高昂，导致它们并非传播阅读的物品，更多的是以艺术品的形式在王公贵族间留存下来（图1和图2）。

图1 北宋泥金银写绘《妙法莲花经》局部

所谓成本高昂，首先是因为磁青纸的昂贵。明代沈榜在《宛署杂记》中就有记载："大磁青纸十张，价一两"（第十五卷，北京出版社，2018年）。其次是，金银除了属于贵重金属，在古代作为流通货币来使用，然而最为重要的是，要制作能用于书写绘画的泥金银更是有繁复的研磨工艺，是熬工耗时的过程，工艺本身附加了更多价值。在《中国画传统颜料的制作》（王定理著，《美术研究》，1991年10月）一文有详细具体的介绍，甚至"以二指压中指在碟心内旋转"的具体手法都有要求，其中明确指出研磨时需要在火上烤热，且所用力道也有十分严格的讲究，因为力道不对，"金则成饼永泥不开"或者会失去光彩。这样的研磨方式稍有不当，便会造成材料的浪费，更增加材料成本（如图3所示，泥金研磨后加胶沉入底部，用时用笔尖从底部轻轻蘸取）。

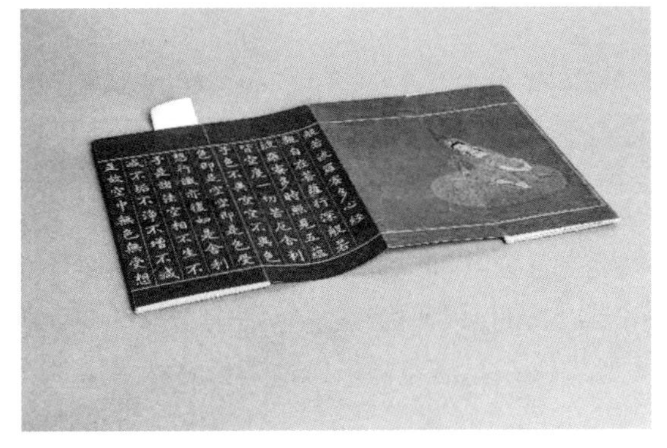

图2 清弘历书《般若波罗蜜多心经》

泥金银写绘工艺的最终视觉效果，是同佛教绘画、佛经内容相得益彰的。从视觉效果来说，佛教绘画传入中原，金银由于自身独特的光彩而被大量运用，这种光彩象征着宗教的神圣与庄严，更容易让受众敬畏和神往。中国画的传统颜料中金银主要是两种形态，一种是用纯金、纯银锤炼加工而成的金箔、银箔，另一种是将金箔加工制成的泥金、泥银。它们所具有的神秘光泽和华丽色相，在墨蓝色磁青纸的承托下呈现出富丽堂皇的视觉效果，产生了与白纸黑墨的常规经卷（本）截然不同的艺术形式。泥金泥银缮录绘制的佛经所用主要材料是磁

图3 泥金研磨后加胶沉入底部

青纸和金银，也有一些更华丽讲究的经卷在绘制宗教图案时中还会用到传统的矿物颜料，如石青石绿等。无论从工艺性还是艺术形式上都极尽华丽，尤其到清代，从装帧上更为奢华繁复，大量珍贵宝石和纯金银的镶嵌成为泥金银写绘本的点缀（图4）。

图4　乾隆时期藏文《甘珠尔经》写绘精致、装潢华贵的代表

因此，泥金银写绘工艺所制成的佛经文物的复制，除了要复原泥金银写绘工艺本身，还要综合考虑书写纸的复制、装帧方式的复制、经本镶嵌宝石及金属工艺的复制等综合要素，这就给书写画面的复制提出了更高的要求，所以必须结合传统、现代的多种技术手段来实现。

2　人工临摹与数字复制技术结合复制案例简析

故宫藏《甘珠尔经》和山东即墨博物馆藏《妙法莲华经》都是泥金银写绘经卷（本）。一部是乾隆皇帝为其母祝寿所写绘，另一部则是年代久远的北宋时期泥金银写绘经典之作。这两件文物都需要以长期原状的形式进行展陈，但纸质文物长期展示陈列必定会造成破坏性损伤，为更好地保护文物，又满足展览需求，这两件文物最后选用了人工临摹和数字复制相结合的复制方式。

2.1　纸张的选用

《甘珠尔经》与《妙法莲华经》所用纸张均为磁青纸，但因磁青纸造纸工艺繁复特殊，又因价格昂贵，材料稀少，未大规模生产。更为惋惜的是，发展至今，这种造纸工艺众多环节都找不到详细记载，虽然目前也有一些地方在仿制，但色泽和质地都与古代磁青纸有很大差别。

图5　蓝黑色卡纸叠放后形成的色泽

基于此，在复制时的纸张选择上，既要体现原件纸张的墨蓝色泽，又要接近宣纸质地。结合文物不同的展陈方式，《妙法莲华经》是经卷形式，进行平铺展开陈设，故选用可打印厚宣纸，数字复印工作者在电脑中调配好磁青纸颜色进行整体打印。而《甘珠尔经》为贝页夹装，一夹即一函，展陈时以一函整体摆放，内里经文不做打开展示。需要向观众展示的是经页叠放后形成经墙上的精美泥金银纹样，故选用了比宣纸更厚的蓝黑色卡纸（如图5所示，蓝黑色卡纸叠放后形成的色泽在视觉上靠近原件）。

2.2 数字打印复制部分

为了满足《妙法莲华经》复制要求，将原件进行数字化信息采集，然后校色打印复制出来。《甘珠尔经》数字打印复制完成上部、内页、底部的制作。虽然两件文物所完成的数字打印部分不一样，但整体制作流程和处理方式是完全一样的。

首先，复制人员将原件进行数字化信息采集，信息采集的过程就是将原件的每一个特征无差别显现至工作的色彩空间中，每一个文字能够准确定位，文物的长宽高、纹饰等距离的大小都能做到零差别，实现复制过程中的严谨化特征。接下来，复制人员运用Photoshop对其破损的纸张纹理进行修复，对扫描后的文物图像进行处理和校正，包括将所有扫描文件统一进行全局的降噪与锐化，局部减淡、加深、立体感塑造与磁青色中间调强化［如图6（a）所示为数字复制部分的经文，极强地还原了原件写绘部分的细节］。

（a） （b）

图6 （a）数字复制部分的经文；（b）人工泥金银写绘后的经文

2.3 人工临摹复制部分

在《妙法莲华经》中，人工临摹主要在已经模仿打印好磁青纸经文图卷上摹拓，即用真金真银色在原有的印刷字体及图像上复勾复写，需要一定的临摹功底和具备相当的用线功力［如图6（b）所示，人工泥金银写绘后的经文，呈现出金银华丽神秘的光泽］。《甘珠尔经》人工临摹则更特别，是在单页累积后形成的经墙上摹绘图案，由于单页累积的纸张之间会形成空隙，造成凹凸不平，前期的纸张毛刺处理都需人工打磨处理平整。

在这两部经文中，虽然同样是泥金银所写绘，但由于《妙法莲华经》卷本的展览要求为平铺打开展览，让观众通过仔细观看复制品细节感受到此经卷的不朽魅力。所以复制方案中，所用金银为传统方式研磨的泥金银颜色。而《甘珠尔经》展陈方式以整体摆放，原状陈列为主，并且复制时间上有一定要求，所以为了节约时间和材料成本，选用了现代金色颜料摹绘。在摹绘技法上，完全按照人工临摹的传统技法，通过拓印、描金、开染等传统技法完成复制工作（图7和图8）。

图7　人工临摹时的传统技法

图8　《甘珠尔经》局部完成后的图案效果

3　讨　　论

3.1　传统摹画技艺复制泥金银写绘工艺的特点

3.1.1　材料

传统人工临摹复制首先对材料有严格的要求，纸张、绢绫、颜料都需要接近原件材质。泥金银写绘的经卷所用颜料为纯金银加工后而成，而纸张大多是呈墨蓝色的磁青纸，磁青纸的制造工艺繁复，原料特殊，因靛蓝染料有药用作用，经过处理后染在宣纸上，不但颜色高雅厚重，还有防虫、防霉的效果。

这样复制后的文物不但体现了原件文物的珍贵性，还以接近原件的完美姿态呈现。很多需要抢救的珍贵文物会以最传统技法进行修复。如《北宋金银书〈妙法莲花经〉》一文中，王岩箐老师详细描述了人工传统技法修复此经卷的过程。

3.1.2　技法

泥金银写绘本的所用技法与中国工笔画传统技法基本一致，由于泥金银佛经写绘本既有文字，又有插画，所以在复制此类文物时，既要用到人工临摹书法的技法，又要求熟练掌握摹画技法。

首先在临摹佛经文字部分时，需要采取临摹书法的双钩填色技法，待轮廓完成，再用泥金银按照书法笔意书写在轮廓中，在泥金银未干透时将不足处补全。在绘画部分要求按照人工临摹的程序来完成，包括过稿和赋色渲染。

3.1.3　优劣总结

依照传统技法临摹复制的此类文物，最大的优势便是文物本身的艺术性得到完美诠释，常常可以作为文物副本流传下去。早在历朝历代都有很多书画类文物被人工临摹保存留存至今。

但随着历史变迁，传统技法和传统材料都在不同程度流失。一个好的人工临摹副本，对临摹者和传统材料都有高要求。虽然现在传统技法和材料越来越受到重视，但某些传统材料的制作工艺已经遗失，如泥金银写绘的经文所用磁青纸工艺就有很多具体工艺流程失传，导致现在无法完全制作出与古代磁青纸媲美的成品。而且传统临摹复制技术往往需要一个较长的周期，如有临时陈设需要，这样的复制品无法在短时间内完成。

3.2 现代数字影像仿真技术复制泥金银写绘工艺的特点

近年来，数字影像仿真技术越来越多用于书画类文物的复制保护工作，在此类文物复制时，材料的选择、颜色的采集、图像的处理都是关键。

3.2.1 材料

佛经类文物的主要材质是纸质和绢绫，而在数字复制中，纸张的选择是将“虚拟”转为“现实”的重要手段，纸张在数字复制中更多被称为承印物，不同纸张能够呈现出不一样的感官与质感。市面上的打印耗材琳琅满目，然而对于文物复制来说，宣纸是首要选择，打印纸张的宣纸上面都需有专门的涂层，主要为墨水提供一个可供附着的依托，避免油墨在纸张上晕开（图9为各类宣纸的扫描情况，往往为了其再次人工装裱，会选择图中标记纸张，该纸张是人工制作，在背后衬托涂层纸张，装裱时可揭掉褙纸）。

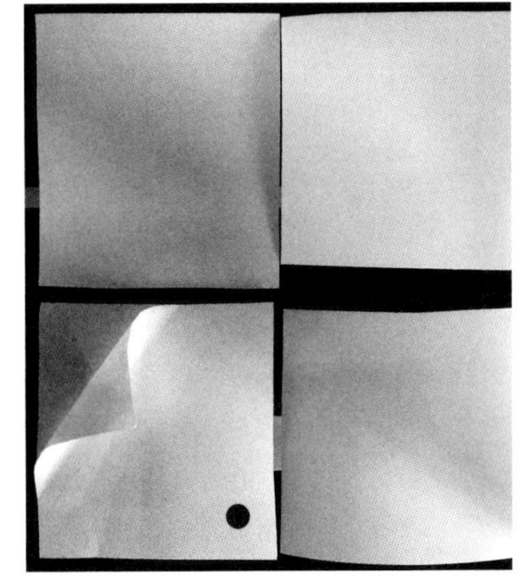

图9 各类宣纸的扫描情况

3.2.2 颜色

数字复制的承印色彩是Y、M、C、K混合形成的不同颜色，先后叠印在承印物上，堆积点成为面的彩色图像（图10）。

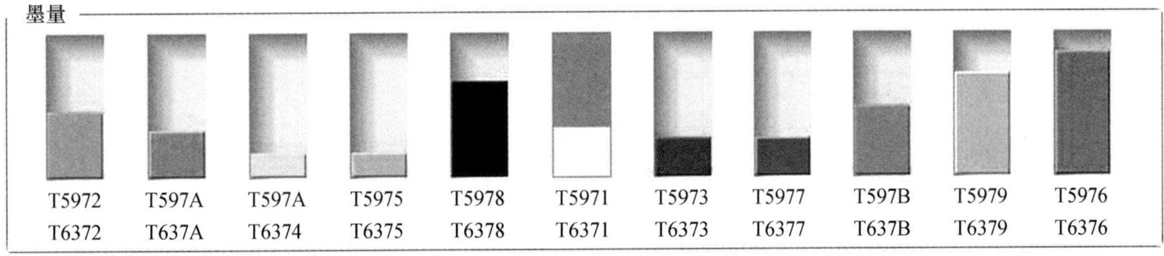

图10 Epson 9910设备油墨的装置

3.2.3 图像

图像颜色的校正和修整，是文物数字复制最复杂的一个过程，一方面是由于图像颜色在扫描传递过程中受到一部分机械影响，另一方面是人对颜色的敏感程度大于设备的识别广度，对于色彩的还原程度是观众评判复制要求的第一要素，因此，文件复制前最关键的是“色彩”（图11）。文件扫描后需要对此进行颜色校正，因此，在扫描的过程中可利用色卡校正原稿图像颜色，将文物原件与色卡在同一环境中扫描（图12和图13在Photoshop中对其进行色彩管理校准）。

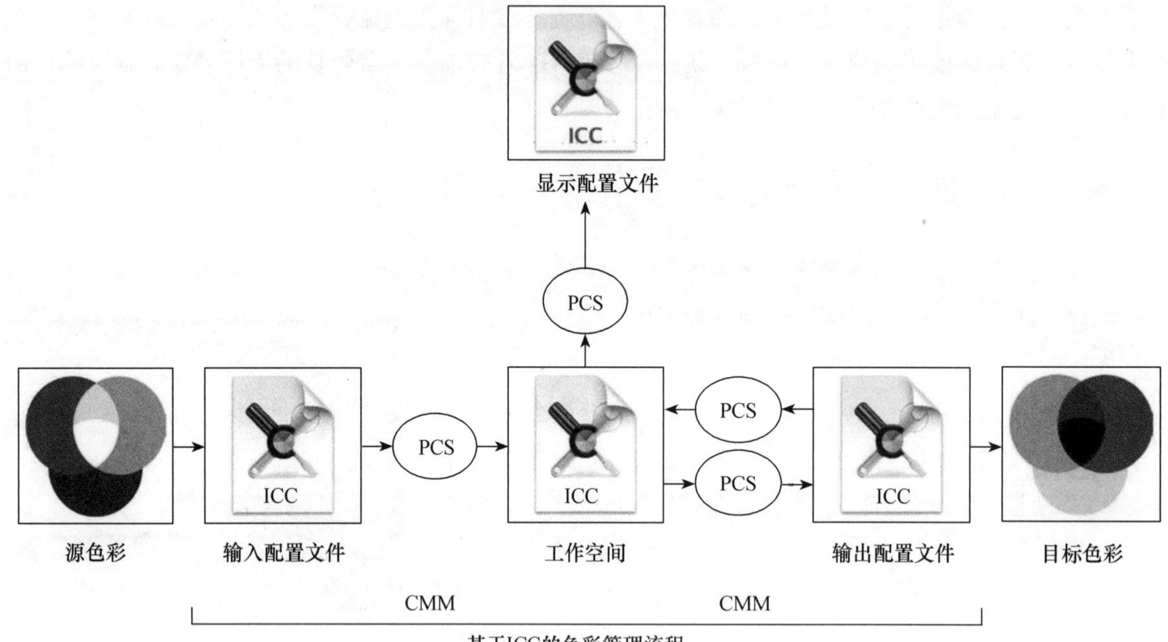

图11　色彩管理流程的基本概况

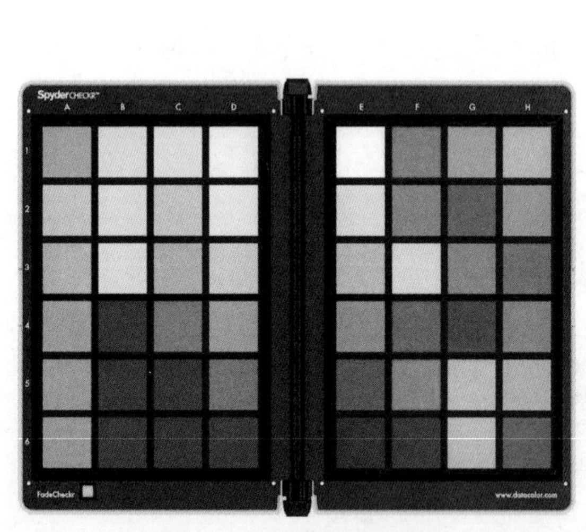

图12　扫描中所使用的色卡

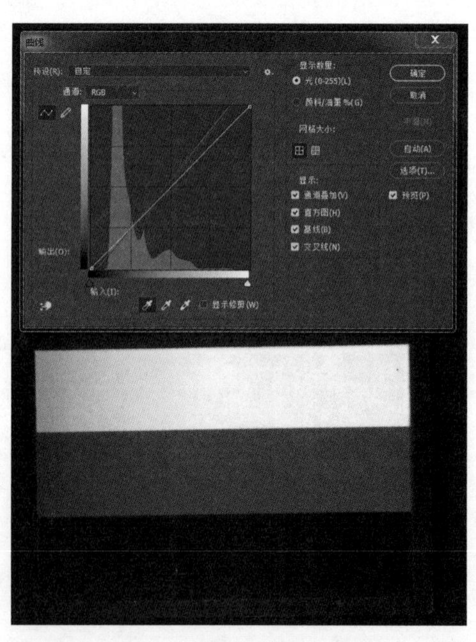

图13　黑白灰三色标准色卡

任何一件平面文物被数字化的过程中，都不可避免地出现对原始文件信息产生模糊，在图像扫描的过程中，扫描原本清晰的原稿图像，文字的边缘也变得稍微模糊。针对佛经类文物中文字信息含量为主，通常选用“图像锐化”，具体锐化的数值要根据画面本身的内容而决定。针对文物信息处理的过程中，色彩校正与锐化是必不可少的，其他的命令使用，如包全局的降噪，局部的减淡、加深、立体感塑造，色彩范围等技法，都应该是具体文物具体调控。

3.2.4 优劣总结

随着科学技术的迅猛发展，数字影像技术的发展为书画类艺术品的复制和抢救工作提供了更加快捷便利的方法，满足了快节奏的工作需求，更实现了批量化。

但不管如何发展，数字复制毕竟是机械动作，虽然能在细节上完美复制原件，但在色彩上暂时与传统颜料有着较大差距，尤其对于矿石类颜料的色彩和质感还无法还原再现。单纯的“机械性”复制品在可近距离观看的展览中容易让观众觉得单薄而廉价。经文书籍类文物经常还会在书籍或者经墙上有纹饰装饰，这些不是单一平面，数字复制无法完成图像采集及打印成形（表1）。

表1 单独使用传统摹画技术和现代数字复制技术的特征对比

	传统摹画技艺	现代数字复制技术
材料工艺	使用原材料、原工艺	使用替代材料及数码技术
失传工艺恢复	难以恢复或部分恢复	无法恢复但可以高精模拟
技法	对原件的仿真程度同复制人的技法娴熟程度关联大	对原件的仿真程度同数码指标校对有关
效果	最好效果可达到原件效果	整体近似原件效果，但在质感、肌理等材料性质细节上难以达到原件效果
复制速度	周期长	可达批量复制

3.3 泥金银写绘工艺类文物的复制流程

根据两件复制案例及上述复制技术特点的总结。泥金银写绘工艺文物的复制流程可以归纳为原件病害记录和工艺分析、复制效果要求、复制件复制方法的选择和技术交叠部分的技术取舍、复制过程、复制效果评价五个步骤。

（1）原件病害记录和工艺分析主要使用显微镜及无损方法观察原件保存情况。

（2）复制效果要求是以原件为标准，制定合适的复制方案，或纯粹人工临摹，或数字复制，或人工与数字结合的复制方式，达到其展陈的标准和要求。

（3）复制件复制方法的选择和技术交叠部分的技术取舍，根据复制效果的要求，在传统方法和现代数码手段中选取合适的方法。

（4）复制过程主要为材料的准备、工艺的实施。参照原件的材料，合理规划，以制定好的方案为准则实施复制工艺，把控好复制周期。

（5）复制效果评价，包括与原件的对比、与复制要求的对比两个部分。

结　　语

本文通过两件泥金银写绘工艺佛经的复制，总结了该类工艺的特点，对比了单一运用传统摹画技艺和现代数字技术在该工艺中优缺点，归纳了此类文物的复制流程。在文物修复保护工作中，随着科技的发展，传统修复技法和新科技总是在不断碰撞和融合，为文保事业解决了一次次难题，保护和抢救了众多文物，满足了人们不断提高的观展需求。弘扬传统技法，有效结合新科技到文保工作中更是与时俱进的一种文保工作态度。

考古发掘现场文物保护有效模式初探
——随州叶家山曾国墓地二期考古发掘现场文物保护

卫扬波[1, 2]

（1. 湖北省博物馆，湖北武汉，430077；2. 湖北省文物考古研究所，湖北武汉，430077）

摘要 在随州叶家山曾国墓地一期发掘出土器物类别统计基础上，对叶家山墓地土体土层分布特征、土体力学参数进行了分析研究，针对性地建立了考古发掘现场文物保护实验室，以及对发掘出土各类型文物采取了应急措施；同时，对采用应急措施后的文物微环境进行了不间断的监控，通过对获取的数据分析研究，初步探讨了考古发掘现场文物保护有效模式。

关键词 考古发掘现场 文物保护 叶家山曾国墓地

引 言

湖北随州叶家山西周墓地发现于2010年底。2011年1月至6月，经国家文物局批准，湖北省文物考古研究所对该墓地进行了第一次大规模勘探和发掘，科学发掘墓葬63座和马坑1座，出土了西周早期各类文物达739件（套）。资料公布后，引起了学术界的高度关注，次年被评为中国考古学论坛六大新发现和中国十大考古新发现[1, 2]。

2013年3月26日至7月26日，湖北省文物考古研究所对叶家山墓地进行了第二次大规模的勘探和发掘。在历时4个月的考古发掘中，文物保护工作人员贯穿全程，开展了大量的工作，包括前期地质条件调查，发掘过程中文物埋藏环境调查，每一座墓葬文物保护预案编制，出土文物附着物、腐蚀产物及土壤等重要信息样品采集，同时对出土的铜器、漆木竹器及彩绘进行了现场保护处理和整体揭取等多项工作。

1 叶家山墓地土体概况

1.1 叶家山墓地地形、地貌

随州市位于湖北省北部，闻名于世的编钟出土于此，随州地处长江流域和淮河流域的交汇地带，东承武汉，西接襄樊，北临信阳，南达荆州，居“荆豫要冲”，扼“汉襄咽喉”，为“鄂北重镇”，是湖北省对外开放的“北大门”。

叶家山西周墓地则位于随州东北，处于一南北走向的椭圆形岗地上。岗地南北长约400m、东西宽约100m，面积约4万m^2，岗地高出周围农田约8m。涢水（府河）的支流漂河自墓地东北部流经墓地北部及西部。墓地所在地现隶属随州市经济开发区淅河镇蒋寨村八组，南距已发掘的西花园及庙台子遗址约1km。地理坐标为东经113°27′28″、北纬31°45′22″，海拔88m。

1.2 叶家山墓地土体土工试验

根据叶家山墓地详细勘探，墓葬埋深均在12m以内，在该区域内粉质黏土为第一硬土层，为了研究该层土样的物理性能，选取土样来自该区域内不同墓葬的粉质黏土进行测试，测试结果见表1。

表1 粉质黏土的物理力学参数

土样	地表深度	含水率/wt%	孔隙比e	压缩模量	压缩系数	塑性指数IP	液性指数IL
M3北二层台中部	5.8	28.7	0.801	6.53	0.309	12.6	0.73
M50北二层台中部	5.9m	29.1	0.811	6.636	0.312	13.6	0.69
M65棺床底部	6.4m	29.5	8.808	7.06	0.309	13.1	0.75
M27北二层台中部	9.4m	30.2	0.842	7.29	0.276	13.0	0.76

1.3 叶家山墓地岩土层土分布特征

根据野外考古勘探，结合场地原位测试及室内土工试验成果，叶家山墓地以地基土第四系（Q）沉积地层，按其成因类型，土体特征自上而下分述见表2。

表2 叶家山墓地土体分布情况

序号	土名	特征简述	分布特征	埋深/m
1	填土	分为素填土和杂填土等	普遍分布	
2	粉质黏土	灰黄、褐黄、含铁锰结核、硬塑、可塑、夹粉	普遍分布	6.5
3	黏土	灰黄、灰色，局部灰黄色，局部夹薄层粉质	普遍分布	14.5

2 考古发掘现场文物保护实验室建立

做好文物的现场保护，首先应正确理解文物出土时的保存状况、保存条件以及在出土后地面保存环境的变化，从影响文物的外部环境和文物的自身因素两方面入手，一方面通过对文物所处环境的控制如控湿、控温、避光等，营造出有利于文物保护的与原有埋藏环境相近的保存环境；另一方面通过各种保护手段如渗透加固、表面封护等提高文物对环境的适应能力，降低保存环境的变化对文物造成的危害[3]。

2.1　仪器设备

2.1.1　监测仪器

温湿度记录仪：Rotronic HYGROLOG NT2，测量范围：湿度0～100%，温度－50～200°C，测量精度：湿度1%。

照度计：Testo 545，测量范围：0.0～100000.0lx，测量精度：+/-1.0lx（0.0...32000.0lx）；+/-10.0lx（0.0...100000.0lx）。

2.1.2　分析仪器

超景深显微镜：ZEISS，SmartZoom 5。

便携式XRF分析仪：Thermo Scientific Niton，XL3t 900S-HE。

酸度计：METTLER TOLEDO，SevenGo™ pH－SG2，pH测量范围：0.00～14.00，pH测量精度：0.01。

离子色谱仪：DIONEX，ICS 2500，干法测量范围为1～2000μm，湿法测量范围为0.05～2000μm，准确性/重复性小于3%。

水分测定仪：METTLER TOLEDO，MJ33，最小样品称量0.5g，最大样品称量35g。

三维激光扫描仪：Faro Focus 3D 120，测量距离：120m，不光滑反射表面上，反射率为90%，低环境光的户内和户外检测距离能够达到153.4m。

2.2　应急保护材料与试剂

2.2.1　材料

炭黑材料聚乙烯紫薄膜、UV镜面反光铝板、石膏、单组分聚氨酯填缝剂、无酸纸、宣纸、牛皮纸、棉纸、纱布、大小不同的阻截式塑料袋、成卷塑料薄膜、麻绳、各种木板、储藏运输箱、海绵、泡沫板、整理箱等。

2.2.2　试剂

乙醇、新洁尔灭、丙酮、防腐防霉剂、Paraloid B72、柠檬酸、EDTA、无水乙醇、406胶水、防紫外线剂、RP保护系统材料、Primal AC33、BTA、PEG200、PEG600、桃胶、UV-P、Primal SF106等。

3　考古发掘现场应急保护措施

3.1　发掘现场环境调查与监控

3.1.1　光照及温湿度的监控

选取较重要具有代表性的墓葬作为目标墓葬，选取不同位置为测试地点，在不同时间段同时测试即时光照强度（图1）。

挑选叶家山墓地最大规模、出土遗物最多的墓葬M111作为目标墓葬。于M111墓葬二层台遗物基本清理完毕第二天（2013年7月12日）作为连续监测日，采用两台同一型号温湿度记录仪连续监控其西北角遮盖遗物UV镜面铝板上下24h温湿度变化。

图1 现场环境监控

3.1.2 土壤pH、阴离子含量、含水率等分析

选取数个较重要、具有代表性的墓葬作为目标墓葬，选取不同埋深土壤作为样品。在发掘现场实验室中采用分析仪器科学测试土壤样品pH、阴离子含量、含水率等重要参数。

3.2 考古发掘现场区域性的保护

根据前期对叶家山墓地部分土体分析结果可见，墓葬埋藏深度均处于填土层及粉质黏土层，土壤性质十分不稳定[4]。因此，针对部分埋深超过10m的墓葬（M28、M111等）采取如下措施：

（1）对墓葬进行阶梯状扩方，形成斗形中开，使组成墓葬土壤基体的力学性能稳定，防止塌方的发生。

（2）墓葬四壁采用塑料薄膜围盖，在日照强烈时，防止土壤水分过度流失失去黏接力，同时也可以避免雨水对墓壁的冲刷。

3.3 出土遗物微环境的营造

图2 脆弱文物渗透加固

3.3.1 有机类遗物微环境控制

叶家山墓地一期出土了大量的漆木器遗物，由于当时条件限制，部分精美漆木器遗物未能较好保存下来。因此，针对这类文物，笔者采取了以下应急措施：

（1）将紫外线吸收剂UV-P与Primal SF106复配，对漆器进行防紫外线处理，同时加固漆器，有效地解决了漆膜褪色、漆层皱缩和起翘等问题（图2）。

（2）第一层用饱水医用纱布覆盖漆器表面进行保湿处理，第二层采用含炭黑材料聚乙烯紫薄膜遮盖器物防止强光对文物的损害。

（3）采用光反射板有效地反射大部分紫外光及红外光，有效地控制文物体表温度。

3.3.2 无机类遗物微环境控制

叶家山墓地出土了大量精美的青铜器和玉器。相较于玉器较稳定的性质，青铜器如果不及时采取保护措施，极易加速腐蚀。针对精美青铜器，笔者采取了以下应急措施：

（1）当青铜文物揭露于墓坑时，采用BTA 0.5% ~ 1%的无水乙醇溶液均匀地喷涂青铜器表面，对其进行现场防护处理，它不仅能吸收有害的紫外光，同时可形成多层保护膜有效地隔离了水分、氧气和有害气体对铜器基体的侵蚀，使青铜文物腐蚀得到控制。

（2）直接采用光反射板将青铜文物完全遮挡，既可避免紫外光反应，也可防止日光直射导致文物体表温度的上升。

3.4　现代技术与传统工艺结合

3.4.1　三维激光扫描技术的运用

选取出土遗物层位复杂，或出土遗物脆弱难于提取，或遗物精美、颜色鲜艳存在迅速病变风险的墓葬，在清理完毕后，第一时间采用三维激光扫描技术对其进行扫描，提取出土遗物相对层位关系、组件位置关系及所有遗物形制、颜色等信息资料，最大限度保留墓葬、出土遗物及葬俗、葬制等各方面信息（图3）。

3.4.2　采用传统套箱技术整体提取

现代信息提取技术对于全面、真实保留遗物信息十分重要，作为信息载体的遗物提取技术却是发掘现场文物保护的首要目标。对于性质稳定、结构单一的部分遗物，可以小心直接提取；对于仅剩痕迹的漆木器、某些脆弱青铜器及部分成组的遗物就不能简单地逐件提取[5-8]。对于上述的这类遗物，笔者采取了如下整体提取措施（图4）：

图3　墓葬信息三维扫描

图4　成组青铜车马器整体提取

（1）将所提取文物体量与土壤分割出来，去除文物周围泥土保留为矩形的土质台，测量所揭取对象长、宽、高尺寸及上下底面积。

（2）订制木质的相对应尺寸箱框。

（3）对于漆木器痕迹类文物可配制PEG600加Primal AC33复合液进行加固；对于成组文物中脆弱的青铜器可采用Paraloid B72溶液进行加固。

（4）用保鲜膜包扎漆木器痕迹或者成组青铜器表面，避免文物表面污染，同时四周再用纱布包裹一周。

（5）配制Primal SF106乳液浸润纱布，同时喷洒于套箱内四壁。然后用Ⅱ型发泡剂喷于套箱及文物土方之间，直到发泡剂与套箱上沿持平即可。

（6）将套箱上盖牢固地钉于套箱上，放置4h。

（7）待Ⅱ型发泡剂完全固化，沿木质套箱底边向内平掏，去掉泥土，插入长度大于木质框架宽度20cm的木方。当土质台基底部全部掏空后，用绳索或铁丝将套箱底板与木质框架绞紧即可。然后用麻绳扎紧套箱，用吊车起吊箱体运离现场。

4 结果与讨论

4.1 发掘现场环境监测结果

在整个叶家山墓地发掘过程中，笔者挑选了数个有代表性的墓葬进行了光照强度的测试，表3为M92不同位置光照测量结果。

表3 M92不同位置光照测量结果 （单位：lx）

时间	地表光照	遮阳网下二层台光照	炭黑材料聚乙烯紫薄膜下
7:00	13665	889	0
7:30	18950	2199	0
17:00	26029	1989	2
17:30	23780	2499	0
18:00	18950	2078	0
18:30	12155	664	0
19:00	5010	589	0

图5和图6为M111二层台西北角遗物UV镜面反光铝板上下24h温湿度变化曲线。

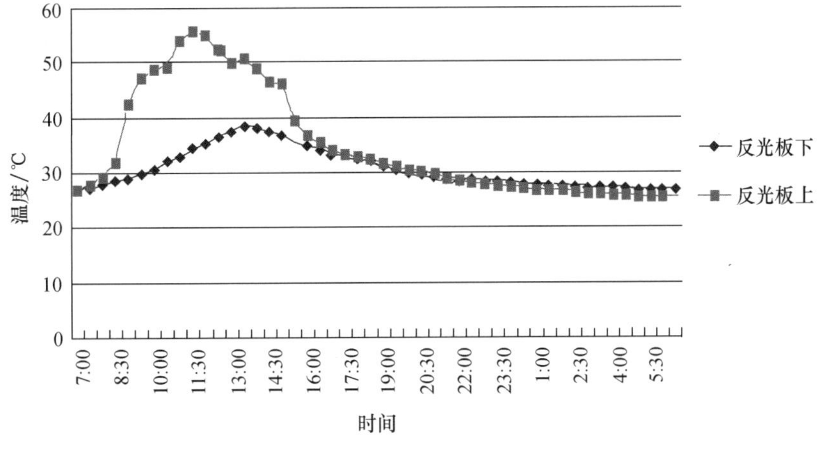

图5 M111二层台西北角UV镜面反光铝板上下24h温度变化

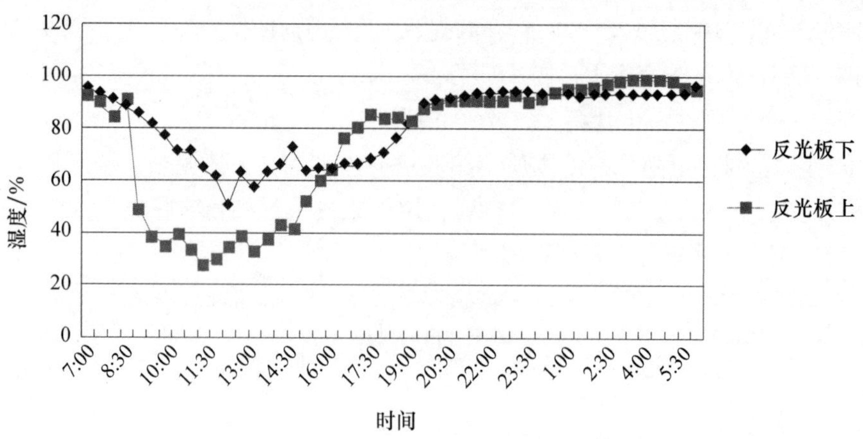

图6　M111二层台西北角UV镜面反光铝板上下24h湿度变化

4.2　讨论

表3为叶家山二期墓地M92不同位置光照测试结果。可见：在M92附近地表无任何遮挡条件下，光照强度最大；而在炭黑材料聚乙烯紫薄膜遮蔽下光照强度基本为零。结果表明：所选取的遮蔽材料能有效地吸收和阻隔光线到达出土遗物，可以达到较好的紫外线屏蔽效果。

图5和图6为M111二层台西北角UV镜面反光铝板上下24h温湿度变化。测量时，采用温湿度记录仪均为同一型号，24h内相隔30min记录一组；测量当日气候为：晴，微风，最高气温37°C，最低气温27°C。

由图5和图6可见：UV镜面反光铝板上温度变化范围为25.64～55.55℃（波动幅度约30℃），湿度变化范围为27.28%～99.28%（波动幅度72%）；UV镜面反光铝板下温度变化范围为26.86～38.2℃（波动幅度约11℃），湿度变化范围为50.8%～96.4%（波动幅度约46%）。对比测量当日气温条件，表明UV镜面反光铝板所营造温度条件达到了室内的温度条件；而UV镜面反光铝板所营造的湿度条件高于50%，适于漆木器类有机遗物的保存。通过观察图5和图6曲线变化，UV镜面反光铝板下无论是温度还是湿度均缓慢、平稳地上升或下降，所营造的环境更适于各类出土遗物的保存。

考古发掘现场文物保护的主要任务是通过各种被动的或积极干预的补救措施防止文物文化特征的丧失和损耗：采用各种物理手段控制出土文物所处环境（如光照、温度、湿度等）；采用最小剂量可再处理保护材料对脆弱文物进行加固；采用整体揭取技术将脆弱文物整体搬迁至实验室内细致清理。

参考文献

[1]　湖北省文物考古研究所，随州市博物馆．湖北随州叶家山西周墓地发掘简报［J］．文物，2011，（11）：4-60.

[2]　湖北省文物考古研究所，随州市博物馆．随州叶家山西周墓地第二次考古发掘的主要收获［J］．江汉考古，2013，（3）：3-6.

[3]　蔡磊，李晓昭，曹亮．苏州粉质粘土热物理试验及参数相关性研究［J］．山西建筑，2011，（33）：89-91.

[4]　于宗仁，苏伯民，陈港泉，等．文物出土现场保护移动实验室在考古发掘现场应用支撑研究中分析体系的构建［J］．敦煌研究，2013，（1）：51-55.

[5]　黄建华．考古发掘现场文物保护的理念与现状［J］．西部考古，2009：299-306.

[6]　杨璐，黄建华．考古发掘现场文物保护中的整体提取技术［J］．文物保护与考古科学，2008，（1）：65-71.

[7]　陈家昌．考古现场脆弱文物的提取与保护材料的应用［J］．中国文物报，2007-08-17.

[8]　李玲．随州叶家山西周墓地田野考古发掘中的文物保护技术［J］．江汉考古，2012，（2）：98-104.

颐和轩的“导和养素”匾联的保护与修复

孙　鸥

（故宫博物院，北京，100009）

摘要　“导和养素”横匾和“茂对祥风景总宜”“静延佳日春长盎”对联悬挂于故宫宁寿宫的颐和轩，在恢复宁寿宫乾隆“太上皇宫”的原状展览时送修故宫博物院。以修复“导和养素”为例，送修时布满灰尘，脱落22块嵌件、缺失24件。经过整体除尘、拼找脱落嵌件、清理不良修复痕迹、剪补配嵌件纸样、选贝壳片、贝壳切料、贝壳打磨、电脑雕刻机雕刻、打磨边缘嵌入文物、嵌件抛光、雕刻嵌件上纹饰、嵌件做旧、黏接补配嵌件、整理，完成了修复。

关键词　螺钿镶嵌　分析伤况　保护修复

引　言

“导和养素”横匾和“茂对祥风景总宜”“静延佳日春长盎”对联悬挂于故宫宁寿宫的颐和轩，宁寿宫是乾隆皇帝为自己“退休后”生活所建造的“太上皇宫”。在恢复太上皇宫原状陈列展览的过程中，此对匾联送修故宫博物院，此套文物的修复对于这次原状展览具有非常重要的意义。这副匾联在历史档案中曾记载是乾隆四十一年十一月十九日挂上的：（乾隆四十年十一月）十六日，员外郎四德、库掌五德、福庆来说太监胡世杰交御笔宣纸“导和养素”匾文一张，御笔宣纸字对本文一副，俱系宁寿宫颐和轩殿内。传旨：着发往苏州交舒文照本文随意漆做匾一面，对一副送来，钦此。于四十一年十一月十九日，员外郎四德、库掌福庆将苏州送到漆匾一面、对一副持进交太监如意呈进交原处安挂[1]。乾隆帝明确指出匾联要遵循文本之意制作，也就是说匾联上的龟背纹与建筑装修上的龟背纹是统一的，是按照他所理解的长寿之意来设计的。此套匾联因修复的时间短，四位修复师同时修复，本人以修复“导和养素”横匾为主（图1）。

图1　原状展览现场

1　文物的形制特征

“导和养素”横匾，长230cm，宽77cm，厚5cm。“茂对祥风景总宜”“静延佳日春长盎”对联尺寸为长58cm，宽272cm，厚4cm。横匾和对联属于两件文物，两个文物号，但属于同工艺同材质，现以“导和养素”横匾为主，主要进行阐述。此件横匾整体呈长方形，木质胎体，外框四周为红色雕漆龙纹及回纹，红色雕漆雕刻的夔龙纹苍劲有劲，游弋于海涛中，以中心为对称的形式连续围绕一圈。匾芯为黑漆彩绘万字纹及龟背纹，龟背纹为六边形花纹以四方连续的方式向四周重复延伸扩展，布满整个匾芯。匾芯中心上方以雕漆的方式刻有“乾隆御笔之宝”的印章。在匾面正中使用厚螺钿镶嵌拼接出“导和养素”四个大字，表面线刻龟背纹，嵌件厚度约2.5cm。“导和养素”匾联细节精细，整体悬挂端庄雅致，体现了乾隆皇帝对修身养性的一种精神追求。

2　文物的工艺特征

2.1　描漆彩绘工艺

图2　描漆彩绘、雕漆工艺

描漆彩绘即设色画漆。制作时使用各种颜色，以线描的方式描绘于黑漆底上或红漆底上，颜色会稍微高于漆面，绘画出锦纹或各类图案等。此件文物匾芯底子全部使用的是朱漆与金漆，描绘出龟背纹锦文和万字纹（图2）。

2.2　雕漆工艺

雕漆即在器物的漆灰坯子上刷上许多道漆，刷一层干燥几天，再接着刷一层，少则二三十道，多则百道，厚度达到约15～25mm。然后用刀刻剔出精美的花纹，雕漆工艺的制作要求刀法棱角清晰。雕漆的颜色有同色的，有不同色的，传统颜色有红色、黑色、黄色、绿色，最常用的为红色。史书上也有“剔红”“剔黑”“剔彩”及“剔犀”之名。

2.3　螺钿镶嵌工艺

螺钿又称螺甸、螺填、钿嵌等，即填嵌漆器用的各种贝壳原料，分硬螺钿和软螺钿两种，主要取材于蚌壳、鲍鱼壳、夜光螺、各类贝壳等，将其磨薄磨光加工成硬螺钿片或通过泡制加工成软螺钿后，具有美丽的珍珠般的光泽，可以用霞锦来形容它，软螺钿也称点螺。螺钿镶嵌制作时工艺复杂，需要经过设计胎型、制作胎体、胎体刮灰、打磨胎体、设计图案、画刻图案、胎体上漆、镶嵌螺钿、反复髹漆、反复打磨、油面推光等工序。此文物使用的是白蝶贝，属于硬螺钿镶嵌的一种（图3）。

图3　螺钿镶嵌工艺

2.4 黏接方法

在镶嵌螺钿字的位置，匾芯的木质胎体上按照字体的外形，挖槽并嵌入木质胎体，木胎与整体漆面持平，因螺钿有厚度，切割成薄片后拼接并黏接，将螺钿片与木质胎体使用鱼胶平粘比较好地贴合，螺钿高出底面，出现微微的浮雕效果。

3 文物的装饰寓意

此件匾联文物有鲜明的皇家宫廷的艺术特点。周围四边的海水龙纹，代表了皇帝的至高无上，而此处的龙纹有别于其他龙纹，略显老态，游弋于海水中的行动也略见迟缓，但龙的造型体态饱满，肌肉力量感很强，遒劲有力。匾联上的文字“导和养素”表达了乾隆皇帝的修养并保持本性的心声，而对联“茂对祥风景总宜”“静延佳日春长盎”，“春”即仁，仁者长寿，也同样体现了乾隆渴望延长自己的寿命。匾联里布满剔彩满雕龟背锦花纹以及卍字纹，绘画一丝不苟，如同织出的锦绣。颐和轩有大量龟灵纹的出现，灵龟又称大龟，古人以龟腹甲占卜，认为龟历久知远，活得越长越有灵应。龟长得大说明活的时间长，故以大龟为灵龟。乾隆借灵龟之意，认为灵龟活得长，是因为灵龟善于颐养，这样才能延长寿命。他对灵龟的理解不是停留在表面长寿上，而是要学习灵龟的颐养之道。

4 文物使用的原材料

4.1 大漆

此件文物以整体黑漆为底，黑漆主体为天然大漆，也称生漆，我国四川、福建、山西等地盛产天然生漆。生漆具有防腐蚀、耐强酸、耐强碱、防潮、绝缘、耐高温、耐土抗性等特点，因此应用源远流长，古今中外闻名，一直沿古至今。生漆是割开漆树树皮，从韧皮内流出的一种白色黏性乳液，经加工而制成的涂料。漆液内主要含有高分子漆酚、漆酶、树胶质及水分等，属于纯天然的产品。古人使用漆酚与氧化铁显呈色反应，拌匀后，刷在物件上，黝黑如墨，称为黑漆。黑漆更加坚硬，硬度达0.65～0.89（漆膜与玻璃比值），耐磨强度更大，光泽明亮，外观典雅，附着力也更强。 红色雕漆的颜色是在大漆里加入等量桐油，再加入朱砂等矿物颜料调和而成。

4.2 螺钿

螺钿即贝壳，贝壳是海洋或湖泊里软体动物所具有的钙质硬壳，贝壳主要由三层组成，第一层为介质组成的表壳层（壳皮），第二层是由晶质碳酸钙（通常是方解石）棱柱体组成并由介壳质黏接的晶质层（壳层）。这两层都是由外套膜边部的细胞分泌而成，一旦形成其厚度不再增加。第三层主要由叠覆的文石片状晶体组成并由介壳质黏接，称为珍珠质层（底层），它是由外套膜的全部外表面分泌的，在软体动物存活期间随时间的推移而增厚。晕彩是光从珍珠质层内部反射出时发生干涉效应的结果[2]。螺钿即各种贝壳，有珍珠贝、白蝶贝、夜光螺等，贝壳的颜色光怪陆离，使用厚螺钿时，去掉其表皮层，使用内部珍珠质层。

5　文物的修前伤况

此对匾联文物送修时，整体布满重度灰尘，基本看不到文物的残缺情况，经整体除尘后，可观测到嵌件缺失、脱落情况严重。存在部分不良的原始修复痕迹，缺失部分使用夜光螺碎片拼凑，无任何雕刻痕迹，显得很拙劣。目测黏剂为鱼胶，因年久失修，胶黏剂沾满灰尘，无任何黏接强度，因此嵌件脱落，脱落嵌件平摆于文物之上一部分，还有一部分打包收藏。经统计，横匾一件文物上脱落的嵌件有23件，缺失需补配的嵌件22件。漆面有开裂的情况，雕漆部分脱落开翘，漆器修护室负责漆面的除尘与补漆工作（图4和图5）。

图4　修前横匾

图5　修前对联

6　修复与保养

6.1　修复方案

整体除尘、拼找脱落嵌件、清理不良修复痕迹、剪补配嵌件纸样、选贝壳片、贝壳切料、贝壳打磨、电脑雕刻机雕刻、打磨边缘嵌入文物、嵌件抛光、雕刻嵌件上纹饰、嵌件做旧、黏接补配嵌件、整理。

6.2　修复工具

电脑雕刻机、切割机、玉雕机，微型雕刻机、乳胶、手工雕刻刀、吸尘器。

6.3　修复流程

（1）整体除尘：除尘时，先将重度灰尘吸附，吸附前用薄纱网将吸尘器口蒙上，以免将细小嵌件吸入。

（2）拼找脱落嵌件：送修时送来脱落嵌件一包，两件文物的残件混杂于一起，需要像拼图一样比对文物，确定脱落嵌件的位置，并做标注。清理脱落嵌件底面的残留胶粘痕迹，将脱落的嵌件进行黏接（图6）。

（3）清理不良修复痕迹：经专家讨论意见，去除不良的修复痕迹，重新补配嵌件，使用潮湿的棉片敷在夜光螺贝壳上，等胶粘痕迹化开，嵌件即可取下（图7）。

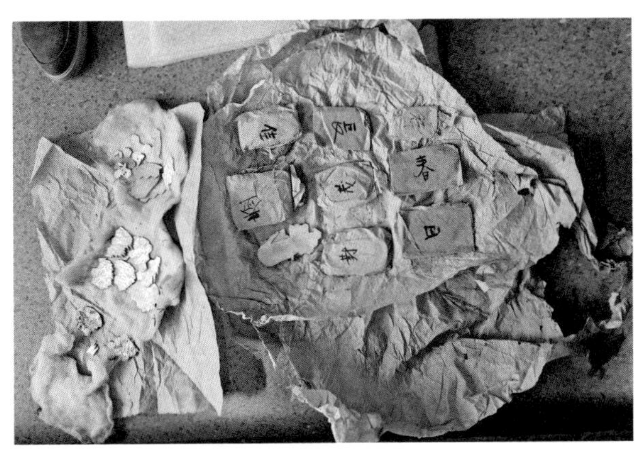

图6　脱落嵌件一包

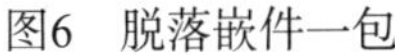

图7　不良修复部分

（4）剪补配嵌件纸样：绘制缺失嵌件的图纸并剪纸样，用宽胶条贴于缺失嵌件的凹槽位置，用油性笔描画缺失嵌件的边缘。再将胶纸贴于深色纸张上，按嵌件的外形剪纸样，并按贝壳的拼接规律分割出细小的嵌件外形。

（5）选贝壳片：选取直径有为15cm的贝壳原料，表面尽量光滑平整，按嵌件纸样大小分区划分，用油性笔标注。

（6）贝壳切料：将贝壳原料按油性笔画的图切割出嵌件的外形，切割时使用薄的切割片，将带有弧度贝壳切成小块（图8）。

（7）贝壳打磨：使用磨抛盘进行打磨，将粗糙的外皮磨光，并将贝壳磨制成2.5mm的厚度（图9）。

图8　贝壳切料

图9　贝壳打磨

（8）电脑雕刻机雕刻：此次修复使用了电脑雕刻机进行镂刻外形。先将磨平的贝壳平片紧挨着粘于木板上，固定在机器的夹板上，再把剪好的纸样输入电脑中，勾线描图，并在电脑中将多件嵌件进行排版，设定程序，雕刻头按照程序进行镂刻，可一次性镂刻出几片嵌件（图10和图11）。

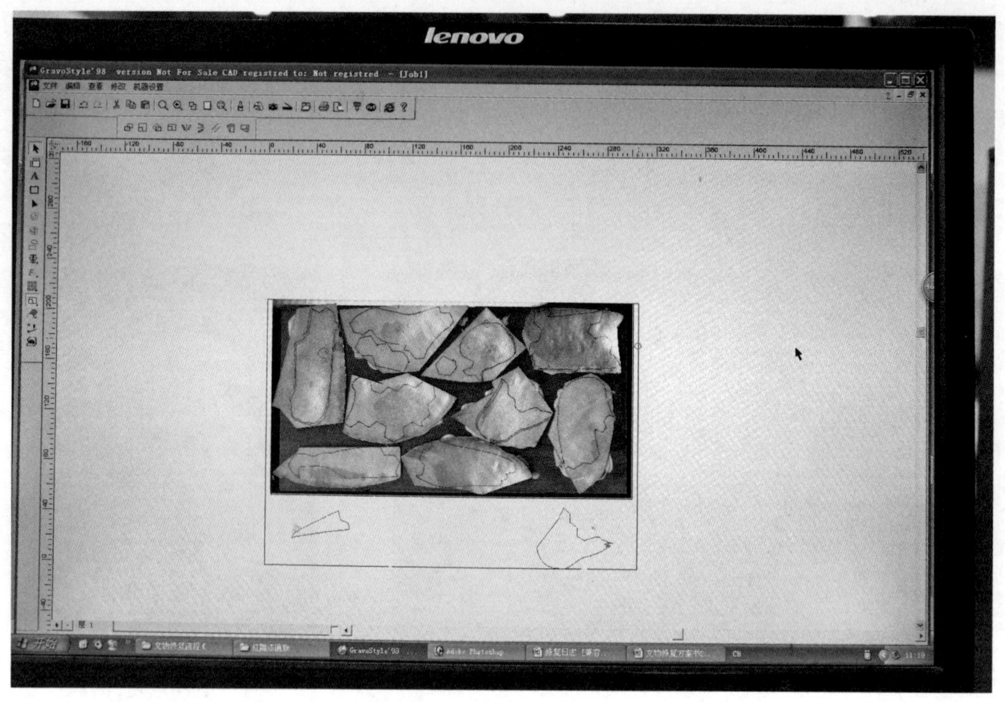

图10　电脑制图

（9）打磨边缘嵌入文物：镂刻好的嵌件，从木板上取下，外形准确，边缘有些毛躁，需进行打磨，并将嵌件放入文物中进行比对，与文物完全贴合。

（10）嵌件抛光：将镂刻完成的嵌件从木板上取下，打磨不平整边缘，将嵌件能够严丝合缝地嵌入文物凹槽，补配合适的嵌件，取下后进行抛光。先后用600目、1000目砂纸进行打磨，无划痕即可。

（11）雕刻嵌件上纹饰：当嵌件磨制光滑，在贝壳表面用铅笔简单地描画六棱龟背纹，再用油性笔描画，使用微型雕刻机安装钉子型钻头，沿画好的线刻画边缘，完成后再用刻刀修，达到与文物刻画效果一致（图12）。

图11　电脑雕刻机雕刻

图12　手工修刻

（12）嵌件做旧：新的贝壳光泽亮丽，使用传统的做旧方法，将雕刻好的嵌件做成略微发黄的颜色，与文物的其他嵌件相匹配。

（13）黏接补配嵌件：将补配好的嵌件复原位，一一黏接。

（14）整理：将文物上残存的灰尘再次擦拭，去除胶粘痕迹，清理干净残留垃圾，文物转送漆器修护室进行漆器部分的除尘清理补配工作。

6.4 修复中需解决的难题及保养

（1）补配嵌件要精挑细选原料，贝壳原料不能有任何的坑疤等杂质，做嵌件时还不能过大，面积大一点时，磨平会露出黄色的皮层，效果不佳，即使磨平时显露黄色的原料，也要重新选料制作。

（2）此次修复时间紧张，补配的嵌件多，外形要求准确度高，稍有偏差，嵌件就无法严丝合缝拼合在一起。因此按文物缺失嵌件剪纸样后，使用电脑雕刻机制图雕刻嵌件外形，嵌件雕刻能准确地拼接在一起，同时也提高了修复效率。

（3）补配贝壳嵌件时图案是以龟背纹多块菱形组合出字体，拼接时犹如拼图，要把图案连续组合，又要将平整的贝壳原料进行严丝合缝地拼合，拼接难度很大，需要严谨调整嵌件的边缘。

（4）补配嵌件贝壳上的龟背纹：要求龟背纹的六棱形标准规矩，线条雕刻流畅。制作时尝试先用手工雕刻，因抛光后的贝壳原料太光滑，雕刻跑刀现象严重，后采用机器刻线，刻完略显呆板，最后再用手工刀修刻，完成雕刻。

（5）保护与保养：此匾联以漆器为主，保护环境最好不要有太阳光直晒，所以保存时阳光不要直晒，温度控制不高于30℃，湿度控制在不低于45%（图13和图14）。

6.5 修复总结

此对匾联修复时间为2018年4月28日到8月27日，修复时长为4个月。修复中所遇到的各类问题都及时解决，脱落缺失嵌件全部黏接完成。补配嵌件做旧后完全与文物融为一体，完成整体修复目标。同时也积累了修复经验，以备日后待参考。

参与修复的修复师有郭思达、杨晓丹、展菲。

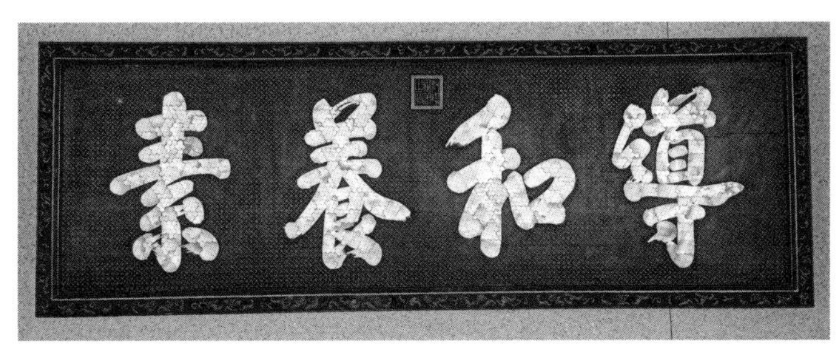

图13 修后横匾

图14 修后对联

参考文献

［1］ 王子林. 一轮明月：乾隆皇帝的春之宫殿［EB/OL］. https://mp.weixin.qq.com/s/yrXxOuQSKx423a0Q4UKY4g.

［2］ 张蓓莉. 系统宝石学［M］. 北京：地质出版社，1997.

不可移动文物保护技术研究

植被种类及分布调查对墓葬类遗址保护的重要性研究
——以汉代长沙王陵墓群桃花岭汉墓为例

徐　路[1]　丛义艳[2]

（1. 长沙国王陵考古遗址公园管理处，湖南长沙，410219；
2. 湖南师范大学生命科学学院，湖南长沙，410012）

摘要　植被种类及分布调查是墓葬类遗址保护工作开展的先决条件和基础之一。为了进一步了解桃花岭汉墓乡土植物种类及分布，更好地提升周围环境品质和遗址周边游览价值，采用“群落学—生态学”对桃花岭汉墓保护范围内植被进行调查统计分析。调查区域植被分为5个植被型，12个群系。主要植物有30科56种，包括菊科植物7种，竹亚科植物11种等。根据调查结果，统一各方认识，在文物保护最少干预原则下提出环境品质提升方向和策略。

关键词　桃花岭汉墓　植被调查整治建议

引　　言

汉代长沙王陵墓群是第七批全国重点文物保护单位[1]。据《史记》记载，高祖五年（公元前202年），“徙衡山王吴芮为长沙王，都临湘”[2]。1974～2008年，长沙文物部门于湘江西岸咸嘉湖一带先后发掘了多座西汉吴氏长沙王及王后墓。主持发掘的宋少华认为在长沙湘江西岸的咸嘉湖一带相继发掘的陡壁山曹嫘墓、象鼻咀一号汉墓都是具有黄肠题凑的长方形竖穴岩坑墓，墓室规模宏大，形制特殊[3]。黄展岳认为吴氏长沙王墓是在山顶上开凿竖穴土石坑，在坑内用木板或石块构筑墓室[4]。2009年以来相继发现的汉代长沙王陵墓群，数量多、分布集中、保存相对完整，对研究汉代诸侯王葬制，特别是汉代长沙国历史具有重大价值[5]。

桃花岭汉墓是汉代长沙王陵墓群的重要组成部分，位于湖南省长沙市望城区星城镇，目前已完成考古勘探。轰动全国的“长沙市12·29盗墓案”追缴的“长沙王印”、双面云纹青玉璧等文物即出土于此处[6]。

1　调查必要性

植被种类及分布调查是墓葬类遗址保护的先决条件和基础之一。桃花岭汉墓位于城市扩张界面，地铁四号线在遗址东面设站，紧邻城市主干道银杉路，周围环境受到生产和生活影响，景观环境破坏严重。为了提升周围环境品质，改变现有景观杂乱的状态，桃花岭汉墓及所在片区的环境整治工程势在必行。2015年最新修订的《中国文物古迹保护准则》第30条规定环境整治是保证文物古迹安全、展示文物古迹环境原状、保障合理利用的综合措施。绿化应尊重文物古迹及周围环境的历史风貌，如采用乡土物种，避免因绿化而损害文物古迹和景观环境[7]。孙卫邦指出乡土植物指在当地自然植被中，观赏性突出或具有景观绿化功能的高等植物，它们是最适应当地大气候生态环境的植物群体[8]。有学者认为遗址环境整治过程中应把遗址保护和遗址景观安全放在首位，做到与遗址历史风貌相结合，与生态环境恢复保护相结合，同时适当考虑经济效益[9]。《长沙国遗址保护总体规划》确定保护范围内的植被应以保护和展示遗迹为主，植物种类和栽种形式的选择应符合遗址保护、展示和遗址景观保护的要求[10]。因此，做好桃花岭汉墓保护区域环境整治工程的基础是植被调查。遗址表面植被调查研究的文章十分少见：孙满利和王旭东借鉴岩土工程、边坡工程、水土保持工程等相关学科理论，提出了能够保护遗址的植物必须符合根系、茎叶及日常维护管理三方面的要求，初步筛选了细叶麦冬、结缕草、碱毛茛、狗牙根、假俭草、繁花地丁、蒲公英、白车轴草等八种植物作为防护遗址的备选植物[11]。王菲和孙满利等通过对内蒙古东部地区三个遗址的植物进行调查，结合实际的遗址分析研究植物在土遗址保护中发挥的有利作用，为土遗址保护领域开辟了一种新思路[12]。卢建松认为个别地方盲目搞旅游开发对遗址环境风貌破坏较大[13]。另外，环境整治措施在保护工程案例中有所体现，处理标准不一。

长沙属亚热带季风性湿润气候，降水充沛，四季分明，植被生长茂密，为了进一步了解桃花岭汉墓保护范围植物种类及分布，保护桃花岭汉墓及景观环境，为环境整体品质提升提供重要依据，本文采用“群落学—生态学”对桃花岭汉墓保护范围植被进行调查统计分析，以期了解植被的类型及分布特征，统一各方认识，在文物保护最少干预原则下提出环境品质提升方向和策略。

2　桃花岭汉墓保护范围概况及植被调查方法

2.1　概况

汉代长沙王陵墓群位于长沙市湘江西岸，分布在南起岳麓山，北至谷山一线的沿江低矮丘陵台地上，包括公元前202年～公元37年间长沙王（或王后）的一切陵园建筑遗迹。根据何旭红的考古调查结果，桃花岭汉墓位于汉代长沙王陵墓群西北角，依山而建，封土堆中心点海拔70m。封土堆呈覆斗状，为“甲”字形竖穴岩坑墓。在封土堆西侧分布有陪葬坑，平面呈“凸”字形。墓主人身份暂时不详。桃花岭汉墓由封土、墓道、墓坑、椁室四部分组成[14]。

2.2　植被调查方法

根据《中国植被》和《湖南植被》的分类原则和分类单元。采用“群落学—生态学”，依据调查区内植物群落种类组成、外貌结构、生活型、建群种类、生态地理特征和动态特征对桃花岭汉墓保护范围进行调查统计分析。具体操作：以桃花岭汉墓封土中心坐标点（Y=108125.744，X=44224.042）为中心作两条互相垂直的直线为坐标轴，在两条线上依次定出距离中心点的位置向外逐步扩大，得到需要的样方，在这些小样地中统计植物种数，乔木层样方大小为

10m × 10m，灌木层为4m × 4m，草本层为1m × 1m，现场工作由湖南师范大学生命科学学院丛义艳副教授主导完成。

2.3 调查区域

调查区域总面积42864m^2。调查区域分为四个区，其中封土为A区，陪葬坑为B区，山体为C区，山体南侧低洼地带为D区（图1）。

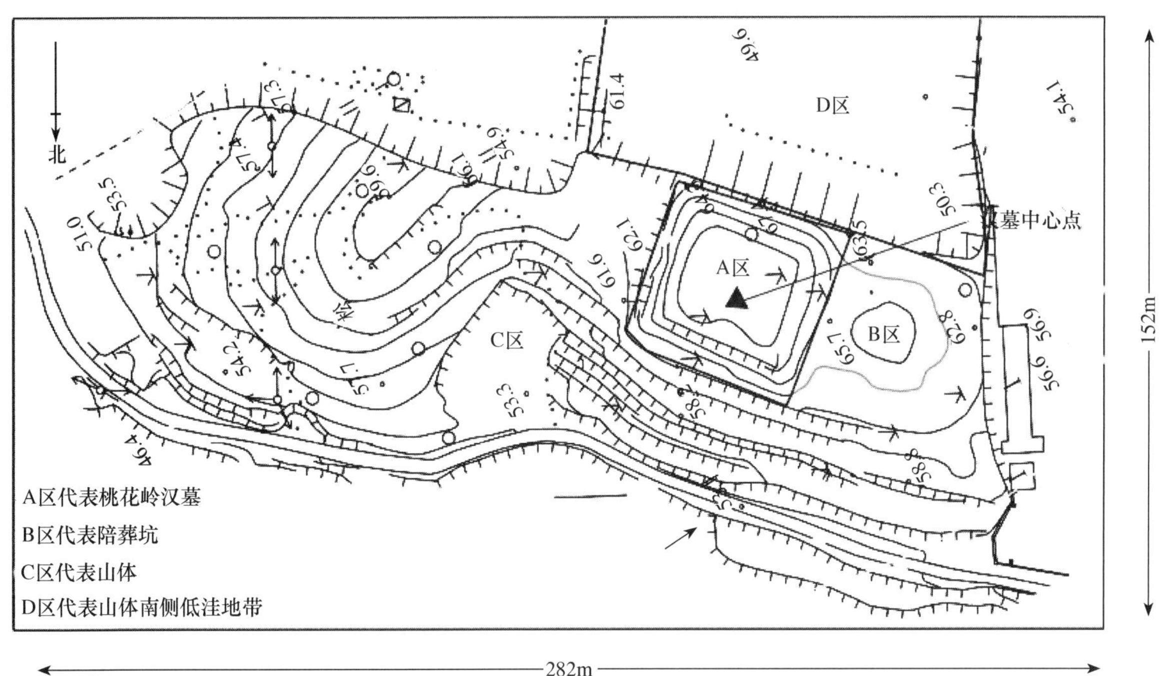

图1 桃花岭汉墓植被调查范围（汉墓位置根据何旭红《汉代长沙国考古发现与研究》一书制图）

3 结果及讨论

3.1 植被型及群落特征

根据调查区内植被的群落种类组成、外貌结构和优势种群，桃花岭汉墓保护范围可分为5个植被型，12个群落类型（表1）。植被型用“Ⅰ、Ⅱ、Ⅲ、……”来表示，群系用“（1）、（2）、（3）、……”来表示，植被种类分布示意图和植被群落图详见图2和图3。

表1 调查区主要植被类型

植被型	群落类型
Ⅰ常绿阔叶林	（1）樟树林
Ⅱ落叶阔叶林	（2）泡桐林，（3）构树林，（4）喜树林
Ⅲ竹林	（5）篌竹林
Ⅳ灌木林、灌丛	（6）小蜡树灌丛，（7）野茶灌丛
Ⅴ草丛	（8）一年蓬草丛，（9）白茅草丛，（10）芒萁草丛，（11）五节芒草丛，（12）香蒲草丛

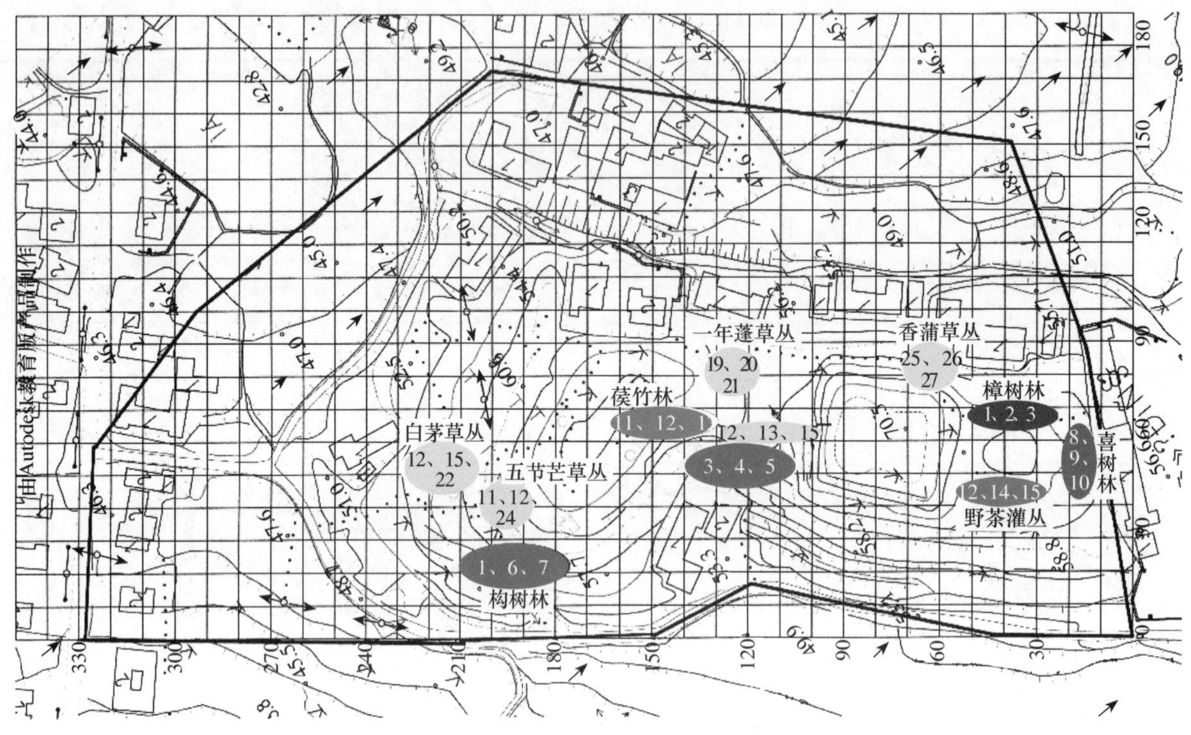

图2　植被种类分布示意图（来源于《桃花岭墓园植被调查报告》）

1. 樟树；2. 檫木；3. 泡桐；4. 盐肤木；5. 野漆树；6. 构树；7. 刺槐；8. 喜树；9. 秃瓣杜英；10. 桑；11. 葰竹；12. 芒萁；13. 菝葜；14. 小蜡树；15. 白茅；16. 野茶；17. 苎麻；18. 细柄荞麦；19. 一年蓬；20. 蛇莓；21. 藜；22. 石松；23. 五节芒；24. 狼尾巴草；25. 香蒲；26. 芦苇；27. 山莴苣

图3　植被群落图（来源于《桃花岭墓园植被调查报告》）

1. 樟树林；2. 泡桐林；3. 构树林；4. 喜树林；5. 葰竹林；6. 小蜡树灌丛；7. 野茶灌丛；8. 一年蓬草丛；9. 白茅草丛；10. 芒萁草丛；11. 五节芒草丛；12. 香蒲草丛

（1）樟树林，主要分布于封土顶部及四周，山体的南部、西部和北部。调查区域内樟树群落高8m左右，胸径为8～40cm，林下更新层幼树较多。乔木层伴生种有檫木、泡桐、杉木等；灌木层高3m，主要有山苍子、楤木等；草本层植物有大蓟、千里光芒萁等；层间植物有白英、小果蔷薇等。

（2）泡桐林，主要分布于封土的顶部、东部、南部和北部，陪葬坑所在山体与封土连接处，山体西部。泡桐群落高8～10m，胸径20～42m。乔木层伴生种有盐肤木、野漆树、野桐等；灌木层高2m左右，主要有篌竹；草本层植物有荔枝草、千里光、蛇床和天胡荽等；层间植物有金樱子、葛藤等。

（3）构树林，主要分布于封土的顶部和北部，陪葬坑所在山体与封土连接处，山体西部。构树群落一般高4～6m，胸径为20cm左右。乔木层伴生种有樟树、刺槐、苦楝等；灌木层高1.5～2m，主要有枸骨、栀子、盐肤木等；草本植物有苎麻、石荠苎、鸭跖草和金毛耳草等；层间植物有忍冬、鸡矢藤等。

（4）喜树林，主要分布于陪葬坑所在山体与封土连接处。调查区域内喜树群落高12～14m，胸径为10～30m。乔木层伴生种有秃瓣杜英、桑等；灌木层高1.6m，主要有茶；草本植物有龙葵、淡竹叶、野菊、酢浆草和蚕茧草等；层间植物有野葛和扛板归等。

（5）篌竹林，主要分布于封土顶部、东部、南部、西部和北部，山体南部、西部和北部。因其生长特性，群落比较单纯。篌竹群落高约2m，总盖度约80%，草本层主要优势种有芒萁、菝葜等，高度20cm以下，盖度约5%。

（6）小蜡树灌丛，小蜡树半常绿灌木，主要分布于陪葬坑所在山体与封土连接处。小蜡树群落高约2m，总盖度约50%；草本层主要优势种有白茅、芒萁、金毛耳草等，高度10cm以下，盖度约45%。

（7）野茶灌丛，主要分布于陪葬坑所在山体与封土连接处。群落高约1.5m，总盖度约70%；草本层主要优势种有苎麻、细柄荞麦、黑足鳞毛蕨等，高度10cm左右，盖度约12%。

（8）一年蓬草丛，一年生或二年生草本，主要分布于考古发掘土堆积而成的台地上。群落高约1.8m，总盖度约90%；草本层主要优势种有蛇莓、藜、狗尾草和酢浆草等，高度5cm以下，盖度约10%。

（9）白茅草丛，白茅多年生草本，主要分布于山体南侧低洼地带、山体东部。群落高约1.6m，总盖度约90%；草本层主要优势种有芒萁、石松等，高度10cm以下，盖度约10%。

（10）芒萁草丛，芒萁多年生杂草，主要分布于封土东部、西部、南部和北部，山体南部。群落高约1.1m，总盖度约92%；草本层主要优势种有白茅、菝葜等，高度15cm以下，盖度约15%。

（11）五节芒草丛，主要分布于山体南侧低洼地带、山体东部。群落高约1.8m，总盖度约95%；草本层主要优势种有篌竹、狼尾巴草、钻叶紫菀等，平均高度30cm左右，盖度约15%。

（12）香蒲草丛，主要分布于山体南侧低洼地带。群落高约2m，总盖度约80%；草本层主要优势种有芦苇、山莴苣、狗牙根等，平均高度80cm左右，盖度约30%。

3.2 植被种类及基本特性

汉代长沙王陵墓群桃花岭汉墓保护范围共有维管束植物66科114属128种。其中蕨类植物5科5属5种，种子植物61科109属123种（裸子植物1科1属1种，被子植物60科108属122种）。现对影响遗址安全及景观环境的30科56种植物种名、株数做以下统计（表2）。

表2 桃花岭汉墓保护区域主要植物名称及株数统计

科名	种名及株数	科名	种名及株数
石松科	石松（150）	里白科	芒萁（800）
鳞毛蕨科	黑足鳞毛蕨（560）	杉科	杉木（10）
樟科	樟树（168），山苍子（59），檫木（10）	蓼科	细柄野荞麦（258），蚕茧草（139）
藜科	藜（192）	酢浆草科	酢浆草（158）
山茶科	茶（430）	杜英科	秃瓣杜英（5）
大戟科	野桐（11）	桑科	构树（236），桑（8）
荨麻科	苎麻（317），构骨（10）	楝科	楝树（29）
漆树科	盐肤木（34），野漆（67）	蓝果树科	喜树（219）
五加科	楤木（168）	伞形科	蛇床（76），天胡荽（230）
木樨科	小蜡树（27）	茜草科	栀子（29），金毛耳草（380）
菊科	艾蒿（328），钻叶紫菀（46），野菊（112），大蓟（52），一年蓬（2210），山莴苣（120），千里光（87）	禾本科	白茅（1500），五节芒（244），芒（1100），求米草（438），芦苇（80），毛竹（52），篌竹（4000），狼尾草（265），淡竹叶（143），狗尾草（290），狗牙根（500）
唇形科	石荠苎（172），荔枝草（159）	鸭跖草科	鸭跖草（320）
菝葜科	肖菝葜（67），菝葜（85）	香蒲科	香蒲（320）
灯芯草科	灯芯草（890）	蔷薇科	蛇莓（78）
玄参科	泡桐（170）	豆科	刺槐（67）

注：草本植物植株细小、覆盖率大，本文中草本植物株数统计结果为估值。

3.3 讨论和建议

3.3.1 讨论

桃花岭汉墓陵区位于城市扩张临界面，部分土地使用权已于2003年左右售出，虽然在发现王陵后已停批停建，并对涉及保护范围内的土地进行了收回，但城市建设威胁仍较大；陵区内现有工农业生产和界墙外房地产开发公司产生的大量生活垃圾、建筑垃圾等也对遗址造成局部破坏。土地为退出之前当地开发商和村民取土、开挖山体修建水泥搅拌厂等人为活动破坏了原生的乔木和灌木，现状植被已经表现出一定的次生植被。从表2可看出桃花岭汉墓保护范围主要植物有30科56种。以菊科最多，占总种数的11%，包括艾蒿、钻叶紫菀、野菊等7种植物；禾本科次之，包括白茅、五节芒、篌竹等11种植物，占总种数的17%。其余科植物种数相对较少，多为单种科。

根据《中国植被志》和《湖南植被志》，菊科和禾本科植物多为多年生草本，适应性强，耐干旱，繁殖速度快，如篌竹、五节芒、白茅。篌竹在山体开阔地带生长迅猛，侵占性强，凡有篌竹出现的地方，植物群落都比较单一。五节芒为多年生中旱生的阳性根状茎禾草，对环境适应性强，侵占力和再生力强，能迅速形成大面积草地。白茅根状茎可长达2～3m以上，能穿透树根，断节再生能力强。因此，山体西侧缓坡地带白茅草丛、五节芒草丛密集分布，总面积约4000m^2。香蒲繁殖能力强，能形成连片的香蒲群落，香蒲草丛大部分集中于山体南侧低洼地带，总面积约1000m^2，该低洼地带由于常年积水，已形成一个小的生态系统。里百科植物芒萁属于蕨类植物，耐酸、耐旱、耐瘠薄。芒萁在森林砍伐或放荒后常成为优势的草丛群落，山体南侧缓坡地带绝对海拔为54.9～57.3m，芒萁连片分布于此处，植物群落单一。樟木林群落和篌竹林群落显示出较明显的分布优势，其盖度平均达80%，广泛分布于山体各处。2009年盗墓案后，为了调勘遗址性质，长沙市文物考古研究所对汉墓及山体上方的植被进行过部分砍伐，开挖过探沟，致使部分植物胸径尺寸跨度比较大，如樟木胸径为8～4cm，篌竹胸径为1～10cm，植物幼苗较多。泡桐林、喜树林和构树林林下结构较为稀疏，呈现点状均匀分布于山体各处。

3.3.2 建议

根据植被调查结果，笔者对桃花岭汉墓保护区域环境整治提出以下建议：①广泛宣传遗址保护的重要性，提升周边居民保护遗址的自觉意识；②对可能损害遗址的社会因素进行综合整治；③根据植被调查结果，对植被进行引导处理。对开挖盗掘等造成的封土破坏，回填后其表面可采用保护性地被进行种植，植物种类可选择保护区域内现有易成活、耐旱观赏性好的山体草本植物和小型灌木，如狗牙根、金边耳草、千里光、球米草等。对于封土上成材胸径10cm以上的乔木如现存的樟树、构树、刺槐和泡桐，其乔木根系已深入封土较深区域，应沿地平齐根砍伐，桃花岭汉墓封土顶部乔木较少，仅6棵，大多为葰竹；对于未成材乔木、根系较浅的草本和灌木如野山茶、山苍子、盐肤木、芒萁等予以保留，保留植被不能对遗址本体造成干扰，如芒萁和茅草生长过快，应适当人工干预；对于深根性扩张速度极快的葰竹林应齐根清理。植被清理后应长期、持续地管理和维护。桃花岭汉墓所在山体植被在不影响遗址安全和整体面貌的情况下可进行适当的环境优化，补种经济林和观赏性好的植物，改善生态环境，提升经济价值。

4 结 论

（1）桃花岭汉墓保护范围可分为5个植被型，12个群系。桃花岭汉墓保护范围以菊科和禾本科植物种数和株数最多。

（2）根据植被种类及分布特征，提出环境整治建议，强调了采用乡土植被优化环境和保护遗址的可行性及持续管理和维护的重要性。

（3）植被调查结果受季节的影响比较大，尤其草本植物的种类和数量随季节变动较大，本文中草本植物的数量按照面积和密度进行了估算，乔木和灌木的种类与数量准确。

参 考 文 献

［1］第七批全国重点文物保护单位名单［EB/OL］. http://www.sach.gov.cn/module/download/downfile.jsp?classid=0&filename=1406261621052128423.pdf.

［2］罗庆康. 长沙国研究［M］. 长沙：湖南人民出版社，1998：2-4.

［3］宋少华. 略谈长沙象鼻咀一号汉墓陡壁山曹嫘墓的年代［J］. 考古，1985，（11）：1023.

［4］黄展岳. 汉代诸侯王墓论述［J］. 考古学报，1998，（1）：11.

［5］刘瑞，刘涛. 西汉诸侯王陵墓制度研究［M］. 北京：中国社会科学出版社，2010：428.

［6］长沙市文物考古研究所. 长沙12·29古墓葬被盗案移交文物报告［J］. 湖南省博物馆馆刊，2010，（6）：329-368.

［7］国际古迹遗址理事会中国国家委员会. 中国文物古迹保护准则［S］. 北京：文物出版社，2015：23.

［8］孙卫邦. 乡土植物与现代城市园林景观建设［J］. 中国园林，2013，（5）：63.

［9］白海峰. 对大遗址环境整治中绿化的思考［J］. 丝绸之路，2009，（8）：31-33.

［10］清华大学建筑设计研究院有限公司. 汉代长沙王陵墓群环境整治工程设计方案［Z］，2015：6.

［11］孙满利，王旭东. 植物保护潮湿地区土遗址适应性分析研究［J］. 敦煌研究，2016，（6）：109-114.

［12］王菲，孙满利，徐路，等. 植物对土遗址的保护作用初探 ——以内蒙古东部地区土遗址为例［J］. 文物保护与考古科学，2013，25（1）：6-14.

［13］卢建松. 中国大遗址保护的现状、问题及其政策思考［J］. 复旦大学学报（自然科学版），2005，（6）：122.

［14］何旭红. 汉代长沙国考古发现与研究［M］. 长沙：岳麓书社，2013：118-119.

绍兴柯岩造像及摩崖题刻云骨岩体稳定保护方案探讨

刘迎兵

（绍兴市柯桥区文化发展中心越国文化博物馆，浙江绍兴，312030）

摘要 柯岩造像及摩崖题刻是第七批全国重点文物保护单位，云骨是该处文保单位的重要组成部分。云骨石高31m，底围4m，而接近地面的骨突处厚薄竟不足1m，看似头重脚轻，由于各种自然环境因素的长期影响，文物本体已经出现了大量的损害现象。通过对柯岩造像及摩崖题刻云骨的地质环境、文物病害的现状勘察与评估，叙述了保护云骨石刻所需的保护对策。重点讨论了治理云骨稳定性危害的三种方案：碳纤维加固保护方案、钢绞线斜拉加固保护方案、钢管支撑加固保护方案。

关键词 石刻 云骨 碳纤维加固 钢绞线斜拉加固 钢管支撑加固

引 言

图1 云骨

柯岩造像及摩崖题刻是第七批全国重点文物保护单位，位于浙江省绍兴市柯桥区柯岩风景区内。云骨是该处文物保护单位的重要组成部分。云骨石高31m，底围4m，而接近地面的骨突处厚薄竟不足1m，看似头重脚轻（图1）。据说“云骨”石是古代石匠采石的高度度量标尺，俗称“竖标”，用于保证采石的尺寸。此地原是三国时期的一处采石场，数代石匠几百年间一锤一钎，鬼斧神工，造就了姿态各异的石穴、石洞、石壁、石柱……不想时过境迁，却为后世留下了令人惊叹的奇观。

由于各种自然环境因素的长期影响，文物本体已经出现了大量的损害现象。例如，云骨题刻等处，水锈结壳等污染已经严重覆盖文物表面，云骨题刻的左下方，已经发现多处层状脱落现象，题刻表层严重失稳，题刻正在消失，岩体在卸荷、应力及岩体自重作用下开裂，形成危岩体，危及文物及游客安全。

为此，2013年7月，组织了多家单位对柯岩造像及摩崖题刻进行了多专业联合研究，对云骨进行翔实、准确的调查与研究，在此基础上，针对文物病害拟定保护对策，从而达到延长文物的寿命、保证文物与游客安全的目的。

1 勘察与评估

1.1 勘察

通过现场勘察及三维激光扫描方式，对石刻云骨的表面现状主要归纳为以下四类地质病害：表面风化、表面泛盐、岩体开裂、雨水的侵蚀[1]。

1.1.1 表面风化

云骨的表面风化有两种特征——粉化脱落和片状剥落。表面粉化脱落是由多种因素共同作用导致的石质文物表面酥粉脱落现象，是石质文物最广泛存在的一种病害；片状剥落是一种较为严重的石质文物病害，对文物具有彻底的破坏性，极大地影响文物附带的信息，降低文物的观赏性（图2）。

1.1.2 表面泛盐

云骨的石质材质属凝灰岩石质，密度低，存在大量孔隙，为毛细水与可溶盐活动提供通道，使得可溶盐在石质文物材质表面富集析出，产生文物表面泛盐现象（图3）。

图2 层状剥落

图3 表面泛盐

1.1.3 岩体的开裂

云骨石刻由于岩体本身结构应力、自身重力以及地质变动等原因，在岩石内部会产生各种特定的内应力，当这种内部应力达到临界点时，就可能造成石质文物开裂、断裂等（图4～图6）。

1.1.4 雨水的侵蚀

柯岩位于北亚热带南缘，盛行东亚季风，受冷暖气流交替影响，四季分明，冬夏长，春秋

图4　岩体开裂处表面污垢

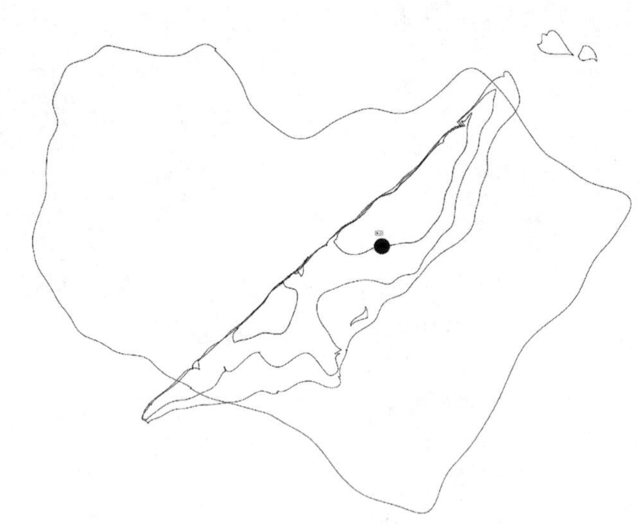

图5　云骨重心投影图

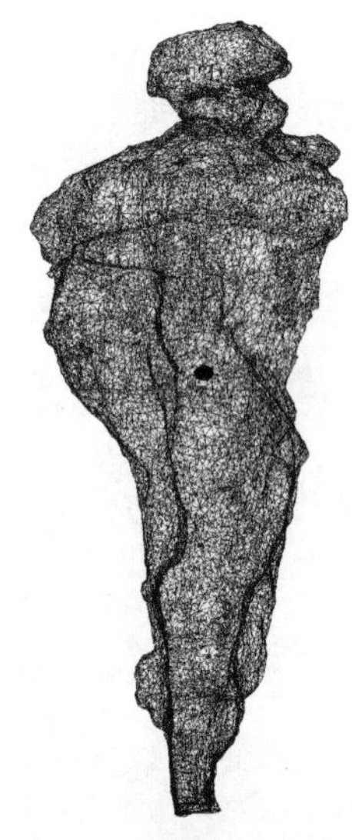

图6　云骨重心立面图

短。雨量充沛，日照丰富，湿润温和。全区常年平均气温16.5℃，降雨量1397mm，无霜期237天，相对湿度81%。由于文物暴露在露天环境中，风雨及空气中的湿度侵蚀加速了文物的风化。

1.2　评估

采集文物本体数据，总结出不同区域石质文物及石质文物不同位置的风化程度，并参考新鲜岩石数据，判定分析文物本体风化程度；根据总结出的石质文物的风化程度及风化差异，以及现场微环境检测结果，分析判断出文物表层风化程度与周边环境之间的关系。

1.2.1　文物本体表面现状评估

根据数据检测结果，云骨石文物表面自由渗水（0.33mL/30min），文物材质表层贯通孔隙更加发达，较易发生流水侵蚀、污染与风化。通过对云骨石本体进行回弹测试，其强度范围为30～90MPa，平均强度为54MPa，与新鲜石材的回弹强度91MPa相比有一定差距，可以看出，云骨石的表层强度远远低于新鲜石材，石刻表层风化严重。

1.2.2　文物保存环境评估

通过QC-2A型大气采样仪、722N可见分光光度计、便携式二氧化碳检测仪（TEL7001）、便携式紫外光测定仪（YK-34）等环境分析仪的检测可知：第一，云骨石周围二氧化硫浓度较高，与水气结合对当地石质文物的腐蚀作用较大，风化产物分析中硫酸根离子含量是其他离子含量的20倍以上，其浓度最高达到9.1392g/kg；第二，紫外线强度较大，平均值达到1.906mW/cm^2，远远大于之前检测的其他文物保护单位；第三，云骨石区域的相对湿度较大。

因此，云骨表面风化、表面泛盐、岩体的稳定性、空气中的湿度四类病害与周边环境之间有着密切的关系。其表层强度低于新鲜石材，石刻表层风化严重，亟须采取保护措施，进行表面的防水、防风化及表面裂隙、空鼓的加固处理。

2 保护的对策

根据勘察及评估结果，设计单位制定了有针对性的保护措施。保护措施主要针对文物污染和风化病害、盐分析出病害、裂隙及危岩体病害进行专项治理工作。其中，污染和风化病害、盐分析出病害属文物本体病害，裂隙及危岩体病害属文物赋存环境病害。针对云骨文物本体的风化病害与盐分析出病害，保护对策主要有文物本体表面清洗、加固、防水、防紫外线封护等保护工作；针对裂隙与片状剥落，将实施裂隙加固、危岩体加固等加固方法[2]。

3 云骨稳定性保护加固方案

2013年12月，浙江省文物局组织相关专家对《柯岩造像及摩崖题刻抢救加固工程设计方案》作了评审，专家组因云骨稳定加固方案对文物价值影响较大而存在疑问，提出以监测为主的建议。

云骨岩体雕成后已历经1000多年，历经风吹、日晒、雨淋及风霜侵蚀，岩体风化十分严重，不断产生粉状、片状、层状及块状剥落。回弹试验也表明，云骨岩体表面强度最小值为新鲜石材强度的46%，表面强度平均值为新鲜石材强度的73%，岩石风化严重，已对其稳定性产生了严重影响。在上部荷载长期作用下，云骨下部中间位置出现了竖向张裂隙。张裂隙的出现，也意味着岩体稳定性已处于危险的状态。并且云骨岩体属于极硬岩，如果稳定性出现问题，不是线性缓慢倒塌，而是瞬间倒塌断裂，对文物安全及人员安全存在极大隐患。

综上所述，云骨目前虽不会马上倾倒，但其稳定性状态十分危险，亟须进行抢险加固，进行表面的防水、防风化及表面裂隙、空鼓的加固处理，并应尽快对其偏心状态、上大下小的不利于稳定的状态进行加固。

根据云骨的特殊形制，其文物价值不仅体现在上部的题刻，也体现在其独特的景观属性。因此，进行加固设计时，首先应考虑上述因素。因为任何加固措施必然会牺牲云骨的部分景观属性。云骨的加固，必须在景观属性及文物安全之间找到一个平衡点，只有在文物稳定与安全受到直接威胁、不治理将不复存在时，则必须牺牲其部分景观特性进行加固。

因此，本文在上述勘测分析的基础上提出以下三种保护方案：一是碳纤维加固，二是钢绞线斜拉加固保护方案，三是钢管支撑加固保护方案。现就三种方案进行比较分析，为下一步解决云骨稳定性隐患提供参考。

3.1 碳纤维加固

碳纤维材料用于加固修补的研究始于20世纪80年代美国、日本等发达国家。我国的这项技术起步很晚，但随着我国经济建设和交通事业的飞速发展，碳纤维加固技术也开始应用于建筑物、桥梁等构筑物的加固。

3.1.1　碳纤维加固的特点

碳纤维的化学结构稳定，本身不会受酸碱盐及各类化学介质的腐蚀，有良好的耐寒、耐热及耐疲劳性能。按高分子材料的种类可分为碳纤维布（CFRP）、玻璃纤维布（GFRP）和芳纶加筋布（AFRP）三种，其材料的力学性能与钢材比较见表1。由表1可知，碳纤维布具有较高的抗拉强度，约为普通钢材的3倍，弹性模量与钢材处于同一数量级；自重轻，每平方米质量为3mm厚钢材的1/100；厚度小，其厚度为1～2mm，是一种高效的结构加固修补材料[3]。

表1　纤维布材料的力学性能与钢材比较

材料种类	钢筋	钢绞线	GFRP	CFRP	AFRP
抗拉强度/MPa	490～700	1400～1890	1400～1750	1680～2450	1190～2100
屈服强度/MPa	280～420	1050～1400	—	—	—
弹性模量/GPa	210	180～200	42～56	154～168	49～154
极限长度/mm	＞0.100	＞0.040	0.030～0.045	0.010～0.015	0.020～0.025
热膨胀系数	11.7	11.7	0.0	0.0	—
密度/（g/cm^3）	7.90	7.9	2.4	1.5～1.60	1.25

3.1.2　碳纤维加固施工

碳纤维加固在施工方面具有以下特点：①高强、高效、适用面广、质量易保证；②补强物薄而轻，几乎不增加原结构尺寸及自身重量；③抗酸碱盐类介质的腐蚀应用面广；④可以有效地封闭裂缝、延长使用寿命；⑤易于保持加固物原状；⑥碳纤维布具有良好的耐久性能；⑦施工便捷、工效高、没有湿作业、不需现场固定设施、施工占用场地少等。加固步骤通常分为基底处理、粘贴碳纤维布和涂刷浸渍树脂。首先将底层树脂浸入被加固物，其次在表面涂刷浸渍树脂，粘贴碳纤维布，最后再涂刷一层浸渍树脂。

3.1.3　云骨碳纤维布加固

云骨石刻由于岩体本身结构应力、自身重力以及地质变动等原因，在岩石内部会产生各种特定的内应力，这种内应力已经造成石质文物开裂。因此云骨石刻加固部位选择在地面基岩起至裂缝以上2m处。采用抗拉强度最大的碳纤维布作为加固材料。第一步，清理地表种植土，清除加固部位松动的岩石，对裂缝处进行修补，清洗加固部位。第二步，涂刷底胶，将配好的底胶（胶黏剂）用滚筒均匀涂刷于需要加固的石材表面。第三步，粘贴碳纤维布。第四步，再涂刷一层浸渍树脂。经养护后，碳纤维布固化。第五步，为了环境协调，可以在加固部位做一些伪装修饰。云骨碳纤维布加固后可防止云骨裂隙继续发育，保持云骨稳定性。

3.2 钢绞线斜拉加固保护方案

3.2.1 钢绞线分类及用途

钢绞线根据配置的钢丝不同及用途不同可分为：镀锌钢绞线、预应力钢绞线、铝包钢绞线。镀锌钢绞线通常用于承力索、拉线、加强芯等，也可以作为架空输电的地线、公路两边的阻拦索或建筑结构中的结构索。常用的预应力钢绞线为无镀层的低松弛预应力钢绞线，也有镀锌的，常用于桥梁、建筑、水利、能源及岩土工程等，无黏接预应力钢绞线常用于楼板、地基工程等[4]。

3.2.2 云骨钢绞线斜拉加固

云骨石刻上大下小，为了消除岩体稳定性隐患，可采用钢绞线斜拉加固。具体施工步骤为：①在云骨上部横截面最大部位开凿一条沟槽，用多道钢绞线环埋在槽内固定云骨；②用四根钢绞线与钢绞线环固定；③将四根钢绞线和地面采用岩锚固定。

云骨钢绞线斜拉加固可以很好地解决云骨稳定性太弱的问题，尤其是可以消除侧向作用力，如大风、地震等造成的云骨侧向倒塌威胁。钢绞线斜拉加固方法实施后，可以对斜拉的四个钢绞线做些修饰，将其装饰成藤蔓，以减少对云骨景观的破坏。

3.3 钢管支撑加固保护方案

钢管支撑一般情况是倾斜的连接构件，最常见的是人字形状和交叉形状，截面形式可以是钢管、H型钢、角钢等，作用是增强结构的稳定性。广泛应用于地铁工程、建筑物基坑工程[5]。

具体施工步骤为：在云骨上部三分之一处开凿一条沟槽，用多道钢绞线环埋在槽内固定云骨，并为钢管支撑提供支撑受力点。圆环周围用四根钢管支撑。四根钢管上部与钢绞线环相连，下部与基岩连接。一方面防止云骨倒塌，消除稳定性较差的隐患；另一方面支撑云骨上部重量，减小云骨下部的压力，防止底部裂隙进一步发育。

结　语

号称“天下第一石”的“云骨”石，历代誉为“石魂”“绝胜”，是绍兴柯岩的标志物和名片，根据云骨目前的病害要立即进行抢救保护，此工作迫在眉睫、刻不容缓。但是，如何科学地延缓云骨的寿命，要求我们慎之又慎。由于云骨的特殊形制，其文物价值不仅体现在上部的题刻，也体现在其独特的景观属性。因此，云骨的加固必须在景观属性及文物安全之间找到一个平衡点。碳纤维布加固对云骨景观属性影响最小，但是不能解决云骨重心不稳的问题。钢绞线斜拉加固对云骨环境风貌影响较小，同时消除了云骨侧向倒塌的安全隐患，但在一定程度上增加了云骨下部的压力。钢管支撑加固保护方案，虽对云骨的环境风貌影响最大，但此方案彻底解决了云骨稳定性问题，同时钢管支撑云骨部分重量，降低云骨下部裂隙的发育。因此最终云骨稳定性保护采用何种方案或两种方案联合使用，将由专家组论证决定。另外，本文只是对云骨稳定性保护的方案探讨，未包含具体选材及计算过程。

参 考 文 献

[1] 建设综合勘察研究设计院有限公司. 柯岩造像及摩崖题刻抢险加固工程前期研究报告［R］.

[2] 建设综合勘察研究设计院有限公司. 柯岩造像及摩崖题刻抢险加固工程设计方案［Z］.

[3] 王健. 浅论碳纤维加固［J］. 四川建材，2011，37（6）：42-43.

[4] 天津市第三建筑工程公司. 高强度钢绞线的应用［J］. 冶金建筑，1975，（1）：37-40.

[5] 汪少悦，易荣贵. 浅议圆形钢管支撑的应用［J］. 中国高新技术企业，2009，（9）：29-30.

置换砂浆加固砌体在剪压复合受力下的试验研究

郑雪锋[1]　石建光[1]　谢益人[2]　郑煌典[1]　王新宇[1]　许志旭[1]

（1. 厦门大学建筑与土木工程学院，福建厦门，361005；2. 厦门合立道工程设计集团股份有限公司，福建厦门，361005）

摘要　在满足历史建筑保护的要求下，针对由砂浆性能退化引起的砌体结构安全性问题，提出了置换部分原有砂浆恢复或增强砌体结构性能的置换砂浆加固砌体结构的方法。通过对置换砂浆前后、置换竖缝砂浆以及不同剪压比的砌体试件在剪压复合受力下的试验发现，置换砂浆对提高砌体结构抗剪性能有明显影响，提高幅度可以达到127.31%。置换竖缝砂浆的对比试验表明仅置换水平灰缝提高30.25%，而同时置换水平与竖向灰缝承载力提高了127.31%。在水平与竖向都替换砂浆的情况下，剪压比为1.483的试件承载力仅提高了0.92%，而剪压比为2.373的试件承载力降低了27.54%。随着置换砂浆方式的不同，破坏形式也发生改变。置换砂浆是一种非常有效的技术保护手段，置换竖缝砂浆有明显效果，剪压比增加，加固效果降低。试验研究表明通过置换砂浆加固砌体结构是一种提高既有建筑结构安全性的有效措施。

关键词　置换砂浆　砌体结构性能　剪压作用　破坏形式

引　　言

砌体结构是我国使用最多的结构形式，尤其是一些历史保护性建筑的结构多为无筋砌体结构。在水平地震作用下，由于墙体的抗剪能力较弱，抗剪强度不足则成为引起砖砌体结构房屋破坏的主要原因。例如，汶川地震和芦山地震中，大量砌体结构房屋遭受破坏或倒塌。砌体结构在剪力作用下，可能发生三种剪压破坏形式，即沿水平灰缝破坏、沿齿缝破坏和沿阶梯形缝破坏。其中沿阶梯形缝破坏是在地震中砌体墙体最常见的破坏形式，在外纵窗间墙尤为明显，窗间墙X形裂缝是常见的破坏形式，表现出明显的剪切破坏特征[1]。根据砌体墙体地震中剪压受力的实际状态，很多学者开展了相关的试验研究。

南昌大学土木工程系陈卓英等对红石砌体沿阶梯形截面的抗剪试验进行了研究。该试验试件为4片高宽比为0.6的长方形墙体，由半细料红石砌块砌筑而成。该试验采用对角线加载的方法，其试件墙体裂缝均首先在墙体中部的水平灰缝处出现，并随荷载的增加，沿水平与竖向灰缝呈阶梯状向加载对角线方向发展。红石砌体沿阶梯形截面抗剪的破坏形态与砖砌体基本相近。其抗剪强度主要取决于灰缝砂浆与石块之间的切向黏接力，抗剪强度由砂浆的强度所控制[2]。

黑龙江科技学院赵春香等对4片750mm（高）×750mm（宽）×235mm（厚）既有砌体墙片试件进行了对角加载剪压力学性能试验，测得了沿阶梯形缝的剪压破坏形态，对角压墙片破坏主要是沿对角加载方向首先出现阶梯形裂缝并继续发展贯穿而导致的[3]。

上海理工大学彭斌等选取了3种组砌方式、2种灰缝厚度和10种压应力水平，通过特别设计的夹具对144个砖砌体试件进行了剪压破坏试验。当σ_y/f_m为0.40～0.70时，试件发生剪压破坏，其临界主裂缝明显，沿砌体中的2条水平灰缝开裂并贯穿中间砖块呈“之”字形，中间砖块处的裂缝与竖轴间的夹角约为45°[4]。

本文研究置换部分原有砂浆恢复或增强砌体结构性能的置换砂浆加固砌体结构方法的有效性，开展了置换砂浆前后、置换竖缝砂浆以及不同剪压比的砌体剪压试验。

1　置换砂浆加固砌体试验的试件

1.1　试件设计

根据试验规范[5, 6]、厦门大学结构实验室长柱试验机以及实际中砖的尺寸，设计了实际尺寸主要为700mm×700mm×225mm的剪压试件，试验试件如图1所示。

此次试验试件考虑的因素包括：①置换砂浆与未置换砂浆；②置换竖缝砂浆的影响；③不同剪压比的影响。由此一共设计了5个试件，具体试件参数如表1所示。

图1　试验试件图

表1 剪压试验试件设计

编号	L/mm	H/mm	B/mm	置换砂浆强度	竖缝影响	剪压比
1	700	700	225	—	—	1
2	700	700	225	M1	替换	1
3	700	700	225	M1	不替换	1
4	700	472	225	M1	替换	1.483
5	700	295	225	M1	替换	2.373

1.2 试件材料性能

1.2.1 砂浆的性能

此次试验用到的砂浆主要分为两种：模拟旧砂浆和水泥砂浆。模拟旧的黏土混合砂浆采用石灰、黏土、砂子、水配合而成，根据土工试验规范，分别在黏土砂浆硬化后拆模7天和28天后进行无侧限抗压试验，测得的平均抗压强度为0.625MPa。

替换用的水泥砂浆不仅需要满足强度的要求，还需要满足和易性和实际施工可行性的要求，因此对不同的配合比试验砂浆，除了进行抗压、抗折强度试验外，还测量了其收缩变形和稠度，并对是否泌水、水泥浆与沙子的黏聚进行肉眼观察。通过对各组砂浆7天和28天的变形测量，选定了一组砂浆的收缩率在允许范围内，达到了对于置换砂浆无收缩或微膨胀的要求，综合砂浆工作性和强度的测试，最终确定了砂浆配合比，置换砂浆的稠度为91.5mm，7天抗压强度为6.2MPa，28天抗压强度为11.1MPa。

1.2.2 砖的性能指标

砖的抗压强度平均值为12.31MPa，标准值为8.96MPa，变异系数0.15 ~ 0.21，根据规范《烧结普通砖》（GB/T 5101—2017）5.3可得，其强度等级为MU10。

1.3 试件制作

1.3.1 置换工艺

置换砂浆的工艺流程包括砂浆替换位置的确定、原有砂浆的清除、清除砂浆后的处理、墙体的污染防护、新砂浆的填入、新砂浆层的外部养护、新砂浆层的防护，部分工艺过程图如图2所示。

在根据墙体尺寸和受力状态确定了置换砂浆的位置之后，其主要的工艺流程可分为以下五个步骤：①掏缝；②清孔；③墙体保护；④灌浆；⑤人工压缝及美缝。置换时换缝的方式、换缝的长度、换缝的深度等需要根据墙体尺寸和受力状态确定。此次试验的试件均采用X形交叉换缝形式，深度为40mm。

1.3.2 试件养护过程

此次试验的试件砌筑由专业的砖工完成，置换砂浆过程由专业的小工完成。整批试件在室外养

图2　置换砂浆部分工艺过程图

护时间不少于28天，在此期间做好防雨防暴晒等措施。同时为了方便试验加载时捕捉裂缝，在每个试件的表面都抹上一层薄薄的白灰，方便观察，不影响强度。

2　置换砂浆加固砌体试验的现象和结果

2.1　破坏过程

此次试验采用位移控制，加载速度控制在0.5mm/min，加载过程中当承载力达到峰值，力-位移曲线不再上升时即停止加载。试件在加载过程中首先与底座、顶座整体预紧，预紧阶段结束后，力-位移曲线的上升段斜率先较平缓后较陡峭，试件剪压承载力达到峰值后，试件灰缝内部裂缝迅速发展，试件承载力失效。试件失去承载力后，力-位移曲线呈直线剧烈下降，整个过程未出现明显的开裂声音，试件表面灰缝处裂缝也较不明显，未出现大裂缝，砖块未见明显断裂。以下为此次试验的5个试件具体破坏过程。

（a）

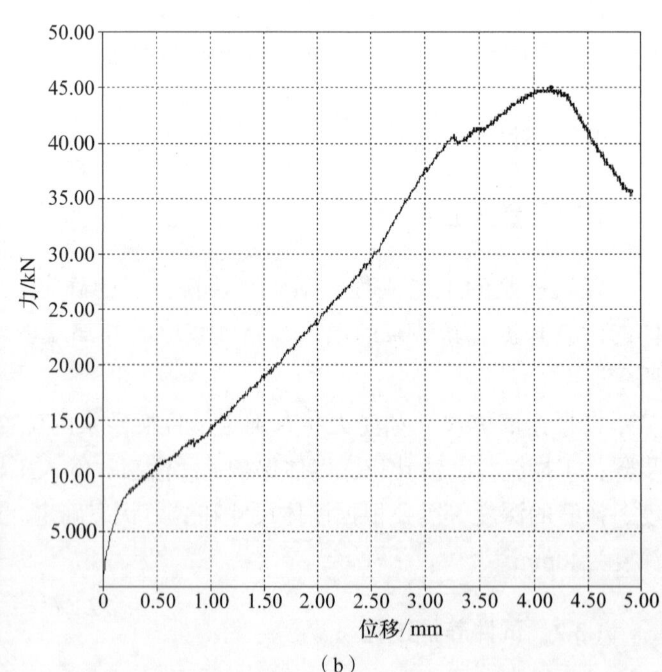

（b）

图3　1#试件裂缝图（a）及力-位移曲线图（b）

1#试件：为未置换砂浆的对照组。加载过程中，力加载到45kN之后不再上升，最后曲线呈直线剧烈下降，属于脆性破坏，整个过程未出现明显的开裂声音。同时，旧砂浆不断被压紧，裂缝集中在旧砂浆上，砖表面未见明显裂缝。旧砂浆上的裂缝发展顺序如图3（a）所示，主要集中在中间段，最先从中间区域竖缝开始发展，并向两边不断扩展，直至内部裂缝贯通，试件失去承载力，属于剪压破坏，并最终在试件的中间段呈一定的阶梯形状。

（a）

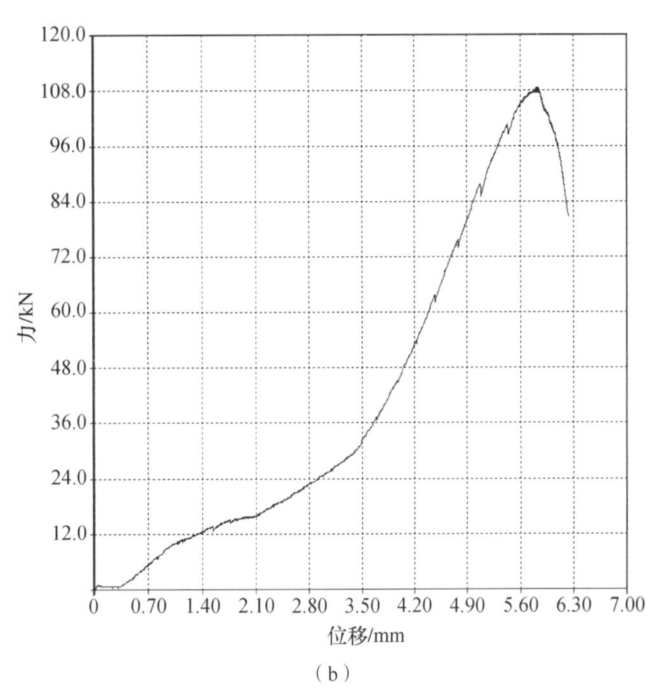

（b）

图4　2#试件裂缝图（a）及力-位移曲线图（b）

2#试件：为X形置换砂浆组。加载过程中，力上升到108.2kN为峰值，之后迅速呈直线下降，属于脆性破坏，整个过程未出现明显的开裂声音。同时，旧砂浆与置换砂浆均受到不同程度的挤压，由于加固区的强度和刚度比较大，所以裂缝主要集中在竖向中间段并且处于加固区，裂缝发展顺序如图4（a）所示，沿着灰缝发展，但表面未见明显的阶梯状和贯通裂缝，属于剪压破坏。

3#试件：为X形未置换竖缝组。加载过程中，力上升到62kN之后承载力不再上升，属于脆性破坏，整个过程未出现明显的开裂声音。同时，旧砂浆与置换砂浆均受到不同程度的挤压，由于加固区的强度和刚度比较大，但加固区未能形成有效的传力路径，所以裂缝主要集中在加固区与未加固区砂浆交界处，砖表面未见明显裂缝。且裂缝均从竖缝最先开裂，裂缝发展顺序如图5（a）所示，试件表面裂缝分布较为零散，未见明显的阶梯状和贯通裂缝，属于剪压破坏。

4#试件：剪压比为1.483。加载过程中，力上升到109.2kN之后承载力不再上升，属于脆性破坏，整个过程未出现明显的开裂声音。同时，旧砂浆与置换砂浆均受到不同程度的挤压，裂缝首先从加固区与未加固区砂浆处开裂，并最终形成贯通裂缝，砖表面未见明显裂缝。试件表面裂缝发展顺序如图6（a）所示，属于剪压破坏，裂缝呈一定的阶梯形状。

5#试件：剪压比为2.373。加载过程中，力上升到78.4kN之后承载力不再上升，属于脆性破坏，整个过程未出现明显的开裂声音。同时，由于试件的高宽比较小，X形加固区占比较大，所以裂缝直接从加固区砂浆处开裂，并最终形成贯通裂缝，砖表面未见明显裂缝。试件表面裂缝发展顺

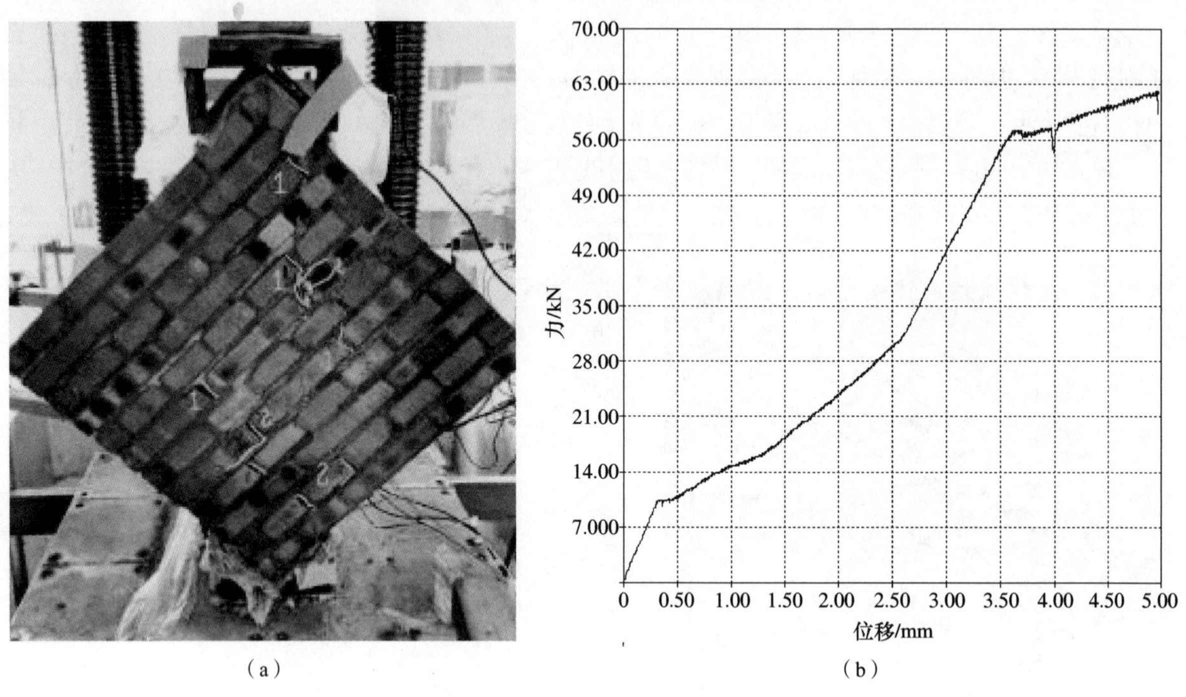

（a）　　（b）

图5　3#试件裂缝图（a）及力-位移曲线图（b）

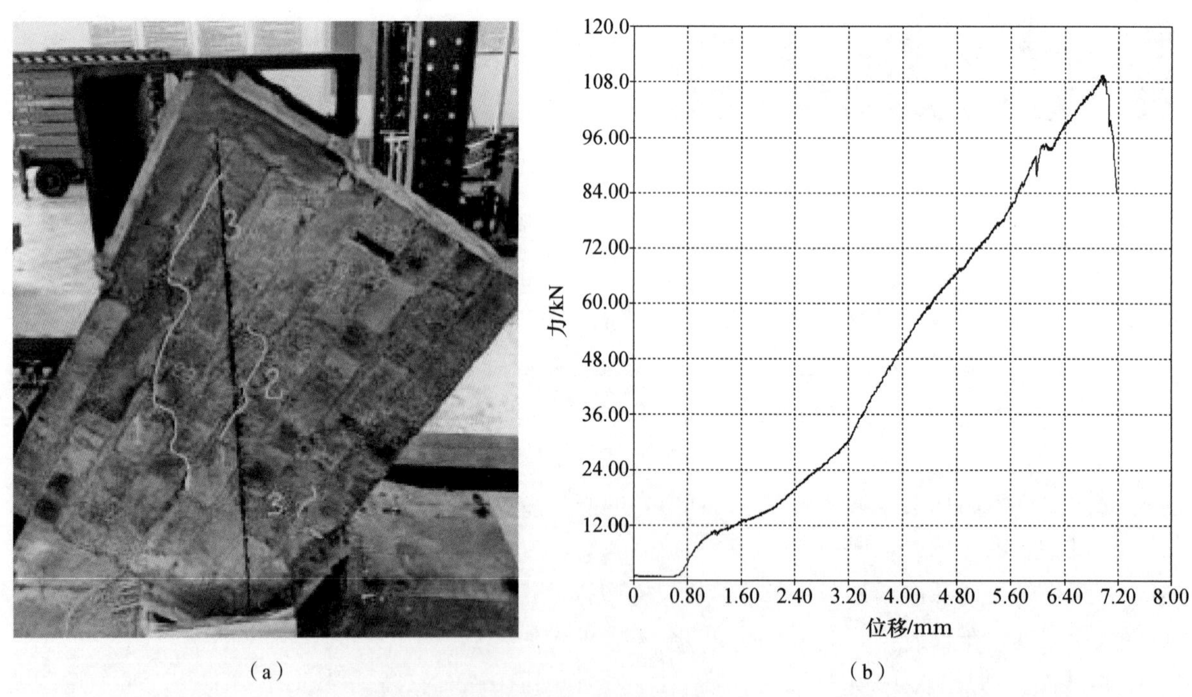

（a）　　（b）

图6　4#试件裂缝图（a）及力-位移曲线图（b）

序如图7（a）所示，呈贯通裂缝破坏，未见明显阶梯形状，属于斜压破坏。

2.2　试验结果

本次试验试件的加载终值如表2所示。

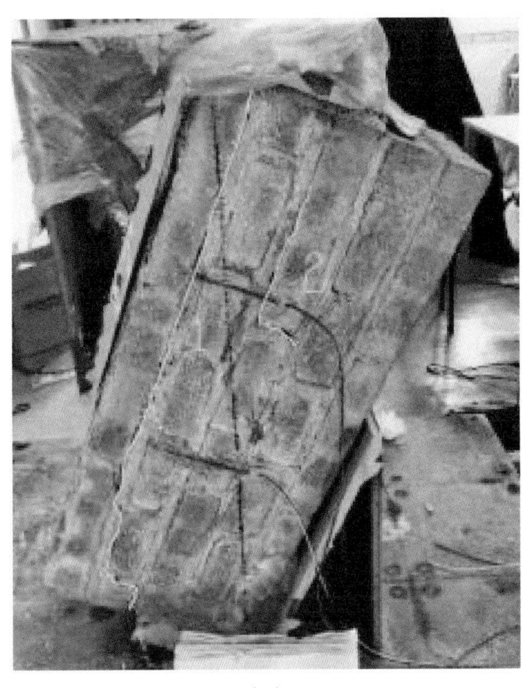

（a）

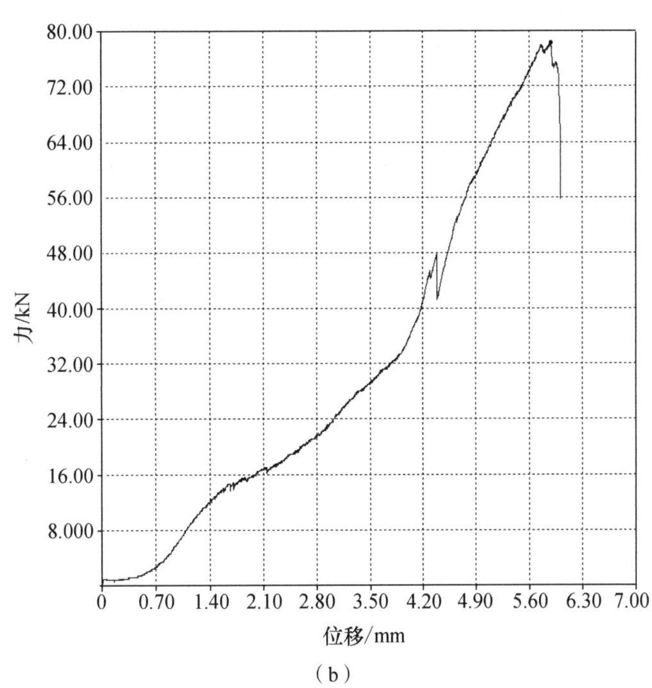

（b）

图7　5#试件裂缝图（a）及力-位移曲线图（b）

表2　剪压试验试件加载终值

编号	自变量	加载终值/kN	不同自变量下提高百分比/%		
			置换砂浆前后	置换竖缝砂浆	不同剪压比
1#	对照组1（24墙）	45	—	—	
2#	X形40mm	108.2	140.44	140.44	—
3#	不置换竖缝	62		37.78	
4#	剪压比1.483	109.2			0.92
5#	剪压比2.373	78.4			−27.54

整理表2数据，可初步分析得到每个自变量下，置换砂浆所提高（或减少）的比例：

（1）置换砂浆前后：对比1#和2#的数据，可以算出，2#替换了水泥砂浆之后的承载力提高了140.44%。

（2）置换竖缝砂浆：对比1#、2#和3#的数据，可以算出，2#替换了竖缝的试件承载力提高了140.44%，3#未替换竖缝的试件承载力提高了37.78%。

（3）不同剪压比：对比2#、4#和5#数据，可以算出，4#剪压比为1.483的试件承载力比2#剪压比为1的试件承载力升高了0.92%，5#剪压比为2.373的试件承载力比2#剪压比为1的试件承载力降低了27.54%。

结　语

从置换砂浆前后、置换竖缝砂浆以及不同剪压比的砌体试件在剪压复合受力下的试验中，我们可以发现试件在剪压复合受力的情况下，往往形成阶梯形裂缝而发生剪压破坏，是由于砌体单元所受的主拉应力大于砌体的抗拉强度。而阶梯形裂缝最先从试件中部开始出现，慢慢向两侧发展直至承载力失效，内部裂缝贯通，外部裂缝未见明显贯通。根据主拉应力破坏理论可知，只要试件破坏的裂缝经过加固区，加固就有效果。从上面的数据可以看出：

（1）经过置换砂浆X形加固后的试件的抗剪承载力明显提高，提高幅度可达140.44%。根据主拉应力理论，置换砂浆后，加固区的强度和刚度均变大，且形成了有效的传力路径，从而提高了抗剪承载力。

（2）经过加固的试件，其中替换竖缝的试件承载力提高了140.44%，未替换竖缝的试件承载力提高了37.78%，前者比后者升高了102.66%，说明在竖缝饱满的情况下，竖缝直接影响传力路径，因此竖缝对剪压承载力的影响明显，故替换竖缝对加固效果具有较大影响。

（3）不同剪压比，试件呈现出不同的破坏形态，大致可分为三种：剪摩破坏、剪压破坏、斜压破坏。此次试验中，剪压比为1.483的试件承载力最高，其次为剪压比为1的试件，最后为剪压比为2.373的试件。不同的剪压比呈现出不同的破坏形态。

参 考 文 献

［1］ 雷涛. 汶川地震和芦山地震中砌体结构房屋震害分析［J］. 建筑与装饰，2013，（23）：46-47.

［2］ 陈卓英，刘漫漫，虞锦晖. 红石砌体沿阶梯形截面的抗剪试验研究［J］. 南昌大学学报（工程技术版），1994，16（3）：10-16.

［3］ 赵春香，南景富. 既有砌体墙片对角加载受剪性能试验研究［J］. 建筑科技，2011，（11）：82.

［4］ 彭斌，王冬冬，宗刚，等. 砖砌体材料压剪破坏准则试验研究及验证［J］. 建筑材料学报，2017，20（4）：586-591.

［5］ 四川省建设委员会. GBJ 129—90 砌体基本力学性能试验方法标准［S］. 1990-01-01.

［6］ 美国材料与试验协会ASTM. E519/E519M—15 砌体组合中对角线张力（剪切）的标准试验方法［S］. 2010-06-01.

阜新万人坑遗骸病害调查及研究

郑冬青　万　俐　何子晨　张玉芝　云　悦

（南京博物院，江苏南京，210016）

摘要　阜新万人坑遗址为第六批全国重点文物保护单位，是辽宁境内众多万人坑遗址中规模较大、地位较重要的万人坑遗址。由于历史沿革、管理机构变更和维护经费匮乏，阜新万人坑年久失修、面临诸多问题，受到习近平总书记的关注并做出批示要求相关单位迅速落实保护工作。南京博物院联合有关单位的技术人员对阜新万人坑进行了现场勘察和实验室分析研究，发现其保存现状较差，主要存在污染物沉积、霉变、糟朽等病害，且有继续发展恶化的迹象，针对这些病害提出了解决问题的四项建议。

关键词　阜新万人坑　遗骸　病害　前期研究　分析检测

引　言

阜新万人坑遗址是辽宁境内众多万人坑遗址中规模较大、地位较为重要的万人坑遗址，是近代日本帝国主义对辽宁实施侵略和殖民统治时期所遗留的重要文化遗产。阜新万人坑遗址于1988年被列为辽宁省第四批省级文物保护单位，2006年被国务院公布为第六批全国重点文物保护单位。

多年来由于缺乏维护经费，阜新万人坑遗址年久失修，其面临的诸多问题逐渐受到各级领导的关心和重视。2014年9月，习近平总书记对此做出批示，要求相关单位迅速落实对阜新万人坑死难矿工纪念馆的维修改善工作，尽早恢复其爱国主义教育基地功能。

2014年10月，按照国家文物局领导的指示精神和阜新市文化广电新闻出版局的委托，南京博物院联合南京工业大学等单位的技术人员进行了现场勘察和分析研究，了解了病害情况，为保护工程顺利开展奠定了基础。

1　遗骸遗址保护前状况

阜新万人坑遗址已发掘部分包括三个群葬大坑（抗暴青工遗骨馆万人坑、死难矿工遗骨馆南坑和北坑）和七个单人典型遗骨遗址，以及收集散落矿工遗骨的百骨厅等。

抗暴青工遗骨馆万人坑（图1）由北及南，顺东山坡，北高南低，长16m，宽2m，底深不足

1m。共摆放137具尸骨，是被关押在日本警备队设立的“思想矫正院”的有反满抗日思想的青壮年，因参加震惊日伪当局的新邱下菜园子大暴动而被集体屠杀的抗日志士。坑内所埋尸身分为5组，有的单层摆放，有的摆放5层，资料介绍发掘后露出尸骨或仅外露头骨的共83具。

死难矿工遗骨馆（图2）分南、北两坑，间距22m。南坑于沟坡，东高西低，高低差约1m，长11.1m，宽3.5m，坑深不及1m，坑内埋尸52具，分双行将尸体下肢交叉相压。北坑平底，南北长13m，宽3.5m，深约1m，坑内埋尸58具，尸体单层平放。两坑露出的尸骨中均有肢体残缺者，有的肢骨、椎骨、肋骨折断或颅骨穿洞、断裂。其中南坑中有一具尸骨，两臂撑地、双腿后蹬、上身挺起、头微扬、斜卧于其他尸体（全坑尸体均单尸仰摆）之上，呈前爬之势，显系被活埋者，当时意欲爬出；北坑有一具儿童的遗骸。

图1　抗暴青工遗骨馆万人坑

图2　死难矿工遗骨馆南坑

2　遗骸主要病害

经现场实地勘察和调查访问，发现遗骸所面临的主要病害有污染物附着、霉变和糟朽（表层起翘、脱落、粉化）等。

2.1　污染物附着

阜新万人坑遗骸发掘后一直暴露在空气中，未进行过科学、系统的保护处理。经历长期展示后，遗骸表面沉积了大量的污染物，现场能明显看出的有灰尘、砂石、蜘蛛网、油漆和不明化学物质（图3～图5）等，覆盖了遗骨的本色，展示效果受到较大影响。

图3　遗骸表面的蜘蛛网

抗暴青工遗骨馆万人坑和死难矿工遗骨馆南北坑中所有遗骸表面都有灰尘沉积，大部分都有砂石等附着在表面。抗暴青工遗骨馆万人坑第17号、第45号等遗骸周边有明显的蜘蛛网。由于屋顶及围栏涂刷油漆时油漆滴洒到坑中的遗骸上，如抗暴青工遗骨馆万人坑第2号、第4号等最外围

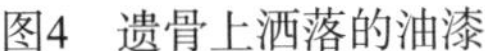
图4 遗骨上洒落的油漆

图5 遗骨上不明化学物质

遗骸上，且当时未及时处理，目前材料已老化，增大了清洗的难度。

在调查中还发现有些遗骸有加固过的痕迹，加固材料老化造成发黄、眩光，与周边遗骸形成较大反差，如死难矿工遗骨馆南坑第19号、25号、26号和34号等遗骸。

2.2 霉变

据阜新万人坑死难矿工纪念馆工作人员介绍，结合现场观察，发现抗暴青工遗骨馆万人坑和死难矿工遗骨馆南北坑均有被水侵蚀的痕迹，因此遗骸受潮生霉，虽然现场勘察时坑内比较干燥（土壤含水率5%左右），未发现明显霉菌滋生，但是以前生长的霉在遗骸上形成了一块块的黑色斑迹（图6和图7）。

图6 腿骨上的黑色霉斑

图7 头骨上的黑色霉斑

2.3 糟朽（表层起翘、脱落、粉化）

阜新万人坑遗骸展示馆内无任何温湿度调控设备，温湿度基本与室外环境等同，夏季的高温和冬季的严寒有60℃左右的温差。加上场馆漏雨使雨水直接落于遗骨坑内的土壤中（图8），使房内空气及表层土体的湿度增大，遗骨在潮湿环境中被腐蚀。目前三个遗骨坑绝大多数遗骸都存在不同程度的糟朽（图9），严重的已经出现表层脱落、粉化等现象（图10），如抗暴青工遗骨馆万人坑的第28号、84号、90号，死难矿工遗骨馆南坑第14号、47号、49号，北坑第10号、15号、24号等。其中抗暴青工遗骨馆万人坑第47号等遗骸已出现表层起翘、脱落、粉化等严重腐蚀糟朽现象。

图8　漏雨的痕迹

图9　儿童遗骸糟朽

图10　表层脱落、粉化

3　前期研究

3.1　表面形貌观察

采用KEYENCE公司的VHE-1000E型超景深显微镜观察了附着在遗骨表面的污染物，结果如图11和图12所示。

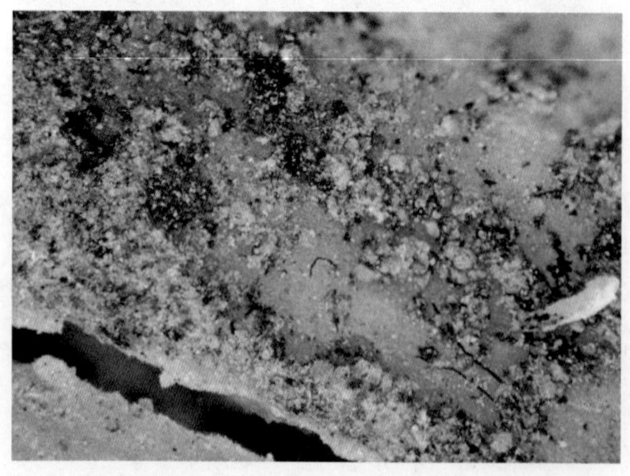

图11　抗暴青工遗骨馆万人坑遗骨表面污染物形貌

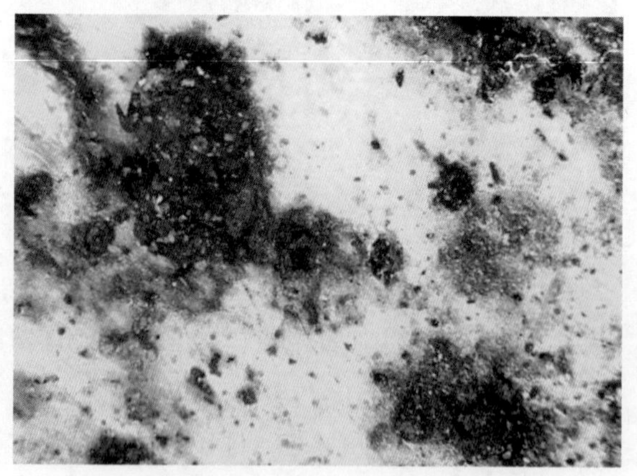

图12　死难矿工遗骨馆遗骨表面污染物形貌

由图可见，遗骨表面附着了很多沙砾，污染物较多，需要进行清洗处理。

3.2 表面污染物成分分析

经现场检查，很多遗骸表面被涂刷过化学物质，由于老化发黄、发黑，严重影响了遗骨外观，需进行清除。经NEXUS 870FT红外光谱仪分析，表明表层黄色固体为聚甲基丙烯酸甲酯，也就是在遗骨加固中普遍采用三甲树脂。

3.3 扫描电镜及能谱分析

采用HITACHI S-3400N型扫描电子显微镜和HORIBA EX250型能谱仪对遗骨进行扫描电子显微子镜-能谱仪分析，结果如图13～图16及表1和表2所示。

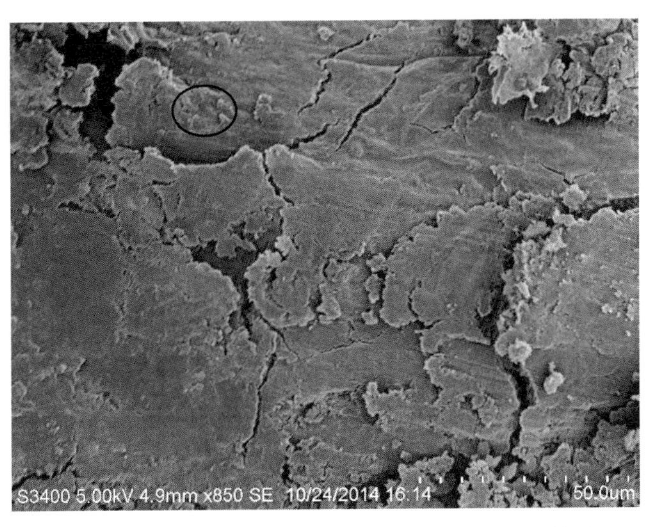

图13　抗暴青工遗骨馆万人坑遗骨扫描电子显微镜图

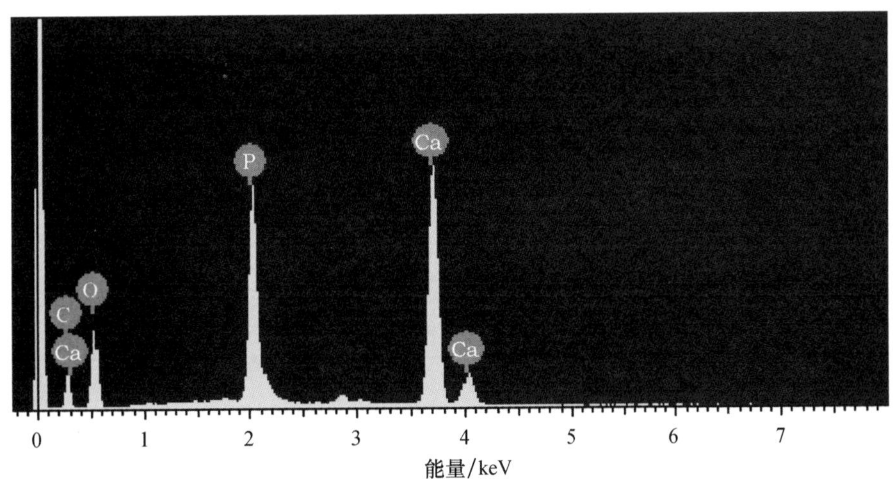

图14　抗暴青工遗骨馆万人坑遗骨能谱分析谱图

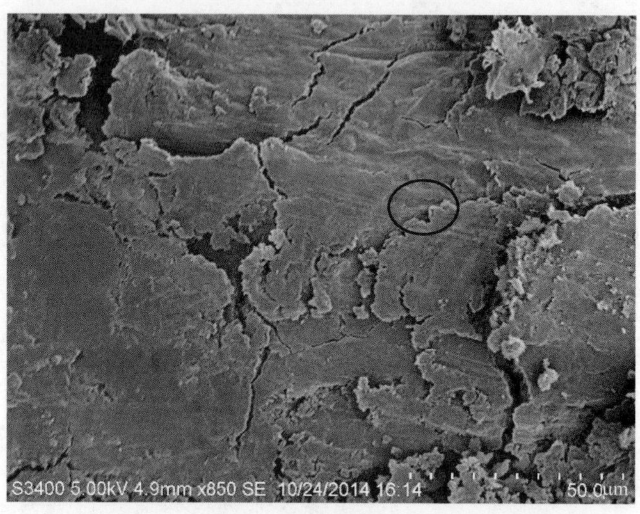

图15　死难矿工遗骨馆遗骨扫描电子显微镜图

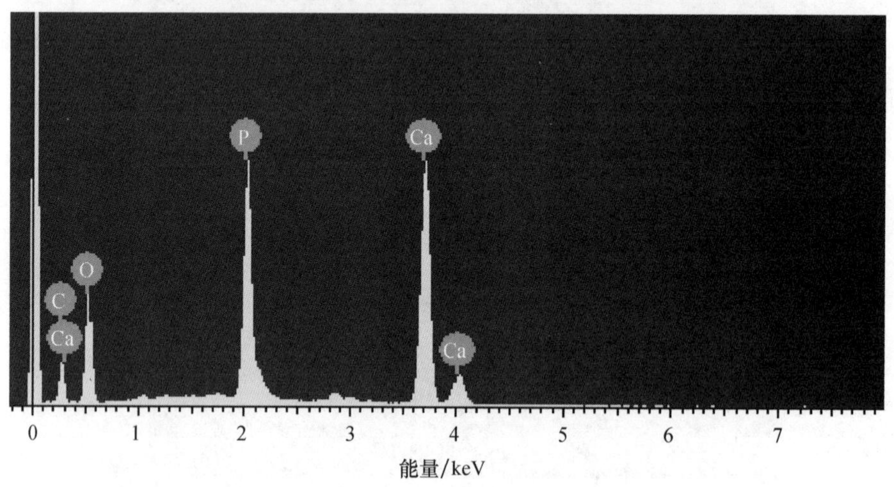

图16　死难矿工遗骨馆遗骨能谱分析谱图

表1　抗暴青工遗骨馆万人坑遗骨元素含量

元素	质量百分比/%	原子百分比/%
C	19.47	29.82
O	45.46	52.27
P	13.42	7.97
Ca	21.65	9.93
总量	100.00	100.00

表2　死难矿工遗骨馆遗骨元素含量

元素	质量百分比/%	原子百分比/%
C	19.48	30.70
O	41.22	48.76
P	14.30	8.74
Ca	25.00	11.80
总量	100.00	100.00

综合测定结果，发现遗骨骨质呈层状，每层间易剥落，质地比较疏松，需进行加固和封护保护。两个遗骨坑内遗骨的主要元素含量基本相同，主要成分为$CaCO_3$和$Ca_3(PO_4)_2$。

3.4 拉曼光谱分析

采用HORIBA Jobin Yvon公司的智能型全自动拉曼光谱仪LabRAM XploRA对遗骨进行原位分析，工作镜头为10倍长焦距物镜，以Nd:YAG为激发光源，激发线波长532nm，光谱分辨率为4cm^{-1}，扫描时间为8s，连续扫描10次，检测结果如图17所示。

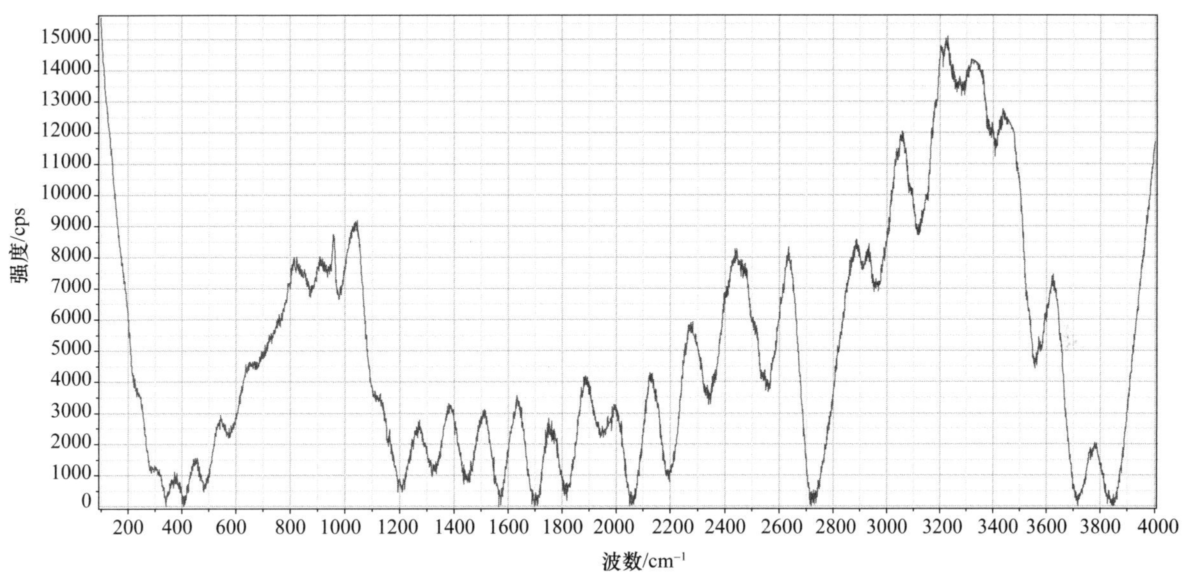

图17 死难矿工遗骨馆遗骨拉曼光谱分析谱图

通过特征峰比对，基本确定遗骨的成分为$CaCO_3$和$Ca_3(PO_4)_2$，因此在保护过程中不能使用酸性太强的材料，否则会腐蚀遗骨。

结 语

经现场调查和分析检测，发现遗骸目前存在污染物沉积、霉变、糟朽等病害，且有继续发展恶化的迹象，保存现状较差。造成这些病害的主要原因是馆舍年久失修漏雨、地表水和地下水的侵蚀、环境温湿度的变化、风蚀、空气污染和人为活动等。

要从根本上解决遗骸的保护问题，必须尽快开展以下几项工作：

（1）现有抗暴青工遗骨馆和死难矿工遗骨馆两处馆舍均存在屋顶漏雨、墙体渗水、窗户残破潲雨，需尽快重建场馆以彻底解决此类问题。

（2）委托专业机构进行防治地下水处理，馆舍周边的地表水也要确保不会侵蚀遗骨坑内。

（3）委托专业机构对遗骸本体进行保护处理。

（4）阜新万人坑管理单位应加强日常维护管理，将遗骸遗址的温湿度控制在适宜的范围内，同时要处理好保护与利用的关系，确保文物本体安全。

致谢：本研究受2015年江苏省重点研发计划（社会发展）项目“纳米材料保护风化骨质文物的研究”（编号：BE2015710）和国家重点文物保护专项补助资金（批准号：文保函〔2014〕2865号）资助。

石质修补材料试验设计中文物保护原则的应用
——以南京瞻园明代石狮修复为例

李　玮　王光明

（南京市文化遗产保护研究所，江苏南京，210004）

摘要　石质文物是世界各民族历代先民创造的物质财富精华，具有十分重要的历史、艺术、科学价值，也是珍贵的文化遗产。本文拟从瞻园明代石狮修复保护研究角度出发，深入探讨了在修复保护过程中，石质文物保护原则在材料试验环节中的运用问题。

关键词　石质文物　保护原则　材料试验　设计

1　文 物 概 况

石质文物是世界各民族历代先民创造的物质财富精华，具有十分重要的历史、艺术、科学价值，也是珍贵的文化遗产。坐落于南京市城南的瞻园，原为明中山王徐达府邸的一部分，明嘉靖初年始建园，迄今已近600年历史。清代时，其为布政使衙署，乾隆皇帝下江南时曾驻跸斯园，并赐匾“瞻园”。民国时，江苏省省长公署、国民政府内政部、水利委员会等政府机关曾设于园内。1982年3月被江苏省人民政府公布为江苏省省级文物保护单位。2006年5月被国务院公布为全国重点文物保护单位。作为全国重点文物保护单位的瞻园，其大门外东西两侧有一对石狮，是瞻园文保单位所属最为重要的历史文物，见图1。由于2009年8月中旬的一场交通事故，将位于大门外西侧的石狮撞成“重伤”，石狮的上颌、尾下部已碎裂成几段。位于大门外东侧的石狮虽保存完好，但经岁月的侵蚀，石刻表面的风化也较为严重。2010年6月在江苏省文物局的精心组织下，瞻园两尊明代石狮的修复与保护正式开始。本文拟在石狮修复研究中，对石质文物保护原则和材料试验环节设计运用问题做深入探讨。

图1　坐落于瞻园大门两侧的石狮原状

2 文物保存现状

两尊石狮采用石灰岩（青石）雕琢，西侧石狮损毁严重，东侧石狮保存完整，但表面风化严重。两尊石狮质地均为石灰岩，西侧石狮怀抱小狮，通高135.3cm，长82.4cm，宽55.5cm，下有石质基座，座高26.1cm，长74.2cm，宽55.5cm。东侧石狮怀抱石球一枚，通高135.7cm，长81.4cm，宽55.2cm，下有石质基座，座高25.2cm，长73.6cm，宽55.3cm。西侧石狮的主要损伤有两处，一处在石狮头部上颌位置，另一处位于石狮尾下部。两处损伤均为外力撞击所致，散落的石块残片也较多。西侧石狮头部上颌残损面积400mm × 180mm，损伤面积达72000mm^2，尾下部位颌残损面呈梯形状，上边800mm，下边320mm，宽540mm，损伤面积达302400mm^2，见图2。

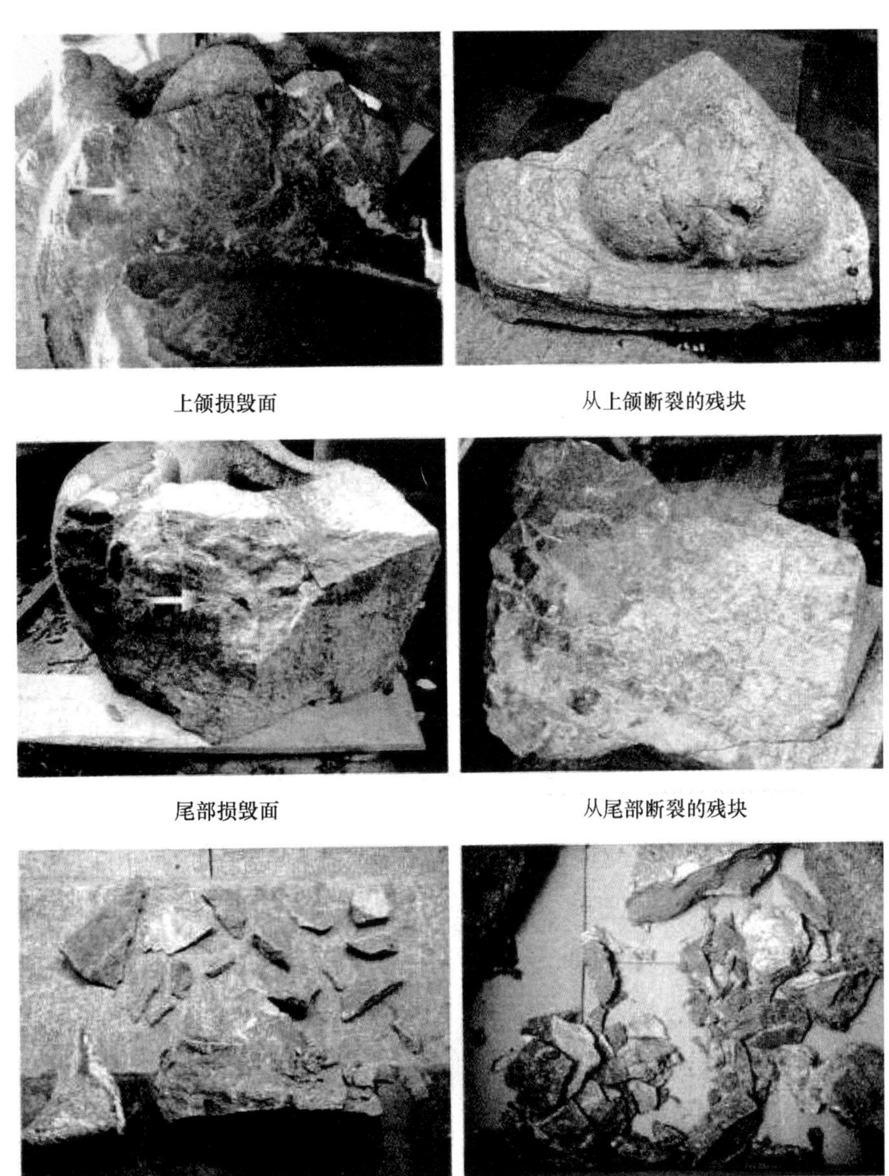

上颌损毁面　　从上颌断裂的残块

尾部损毁面　　从尾部断裂的残块

破损的残片

图2　拍摄的石狮损毁现状照片

依据两尊石狮的保存状况，并结合相关仪器检测分析，瞻园明代石狮的病害主要有结构病变、表面完整性病变、不当修补病变等。结构病变以石质残损、裂隙、断裂为主。残损总面积约3860cm^2，石刻表面裂隙总面积约为756cm^2。表面完整性病变以粉化脱落、片状剥落和人为污染覆盖为主。其中粉化脱落与人为污染覆盖面积分别约占石刻总面积的13%和9%。不当修补病变主要源于20世纪50～60年代用水泥拌和黄沙对石狮爪部弯曲部位和腹部缝隙填充，以及石狮下部基座表面的填充抹平处理。其不当修补面积约占石刻总面积的7.5%，见图3。

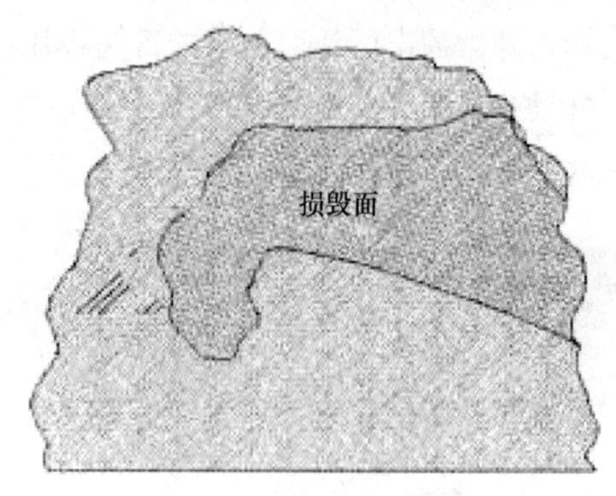

石狮头部上颌损毁面

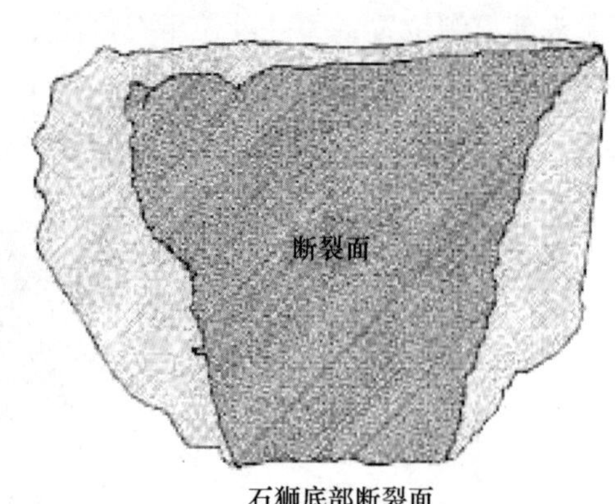

石狮底部断裂面

图3　绘制的石狮损毁面积图示

3　修复依据及指导原则

通过对上述石狮保存现状和病害的综合分析得出，石狮本体的残损与裂隙所造成的病变已经严重影响到石刻的完整性、稳定性以及本体的安全性。另外，风化与人为污染覆盖等所造成的石质表面的粉化脱落，又使得石狮本体雕刻纹饰变得模糊不清，其艺术价值和观赏性也将受到严重影响。为此，针对石狮本体的全面科学系统修复与保护尤为迫切。

修复与保护的目的是还原被修复文物真实的历史面貌，修复与保护工作必须严格遵守“不改变原貌”的基本原则，根据《中华人民共和国文物保护法》第四十六条规定“修复馆藏文物，不得改变馆藏文物的原状；……”，在实施修复过程中，一定要忠实于文物本体的原状与原貌，在需要进行补配、做色、补绘、补刻图案纹饰等工艺时，应有确凿的参照物或实物图片、影像资料等。在没有确切依据的情况下，绝不能凭主观臆造，随意加以改变。另外，在修复工作中，采用的修复技术和保护处理的措施必须经过实践证明，且对文物本体无不良后果。所选用的修复材料和保护技术要具备可逆性，任何添加在文物本体上的材料都可随时取下和重新进行修复处理。

4　设计文物修复流程

遵照上述修复依据和基本指导原则，并结合两尊石狮本体信息资料概况和保存现状，修复工作将按照分析检测、实验室验证、破损残片比对拼接、断裂石块锚固、清除不当修补材料、表面清洗、补配加固、表面做旧、表面封护和吊装复位等技术步骤实施。

分析检测、实验室验证作为两尊石狮文物修复保护技术流程中客观分析与科学评估环节，其主要目的不但是要弄清石质文物的保存状况及病害情况（类型、分布、面积）以及制作工艺等，更为重要的是它进一步明确部分长期模糊的历史信息和存疑，进一步深入了解石质文物本体存在的病害及发展规律，为今后长期、持续研究石质文物劣化机理储备基础数据，为总结表征岩体和石质风化程度的量化指标提供科学依据，也为后期对造成文物病害的可能因素的研究和修复保护实践提供经验与有效的预防措施。

由于石质文物长期受自然和人为因素的影响，本体自身的稳定性与安全性已经处于濒危临界点，因此在对石材取样分析时，必须依照最小干预原则、准确性原则和典型性原则进行操作。最小干预原则是指在对病害调查和样品取样过程中避免采集数据和样本造成对本体的干扰，应尽量采取无损或微损检测技术。准确性原则是指为保证数据和分析结论的准确性，应采用两种以上无损检测技术互相补充、互相印证，尽量减少人为因素的影响，使测量误差降到最低水平。典型性原则是指样品的位置选择和提取要集中反映调查对象普遍存在的病害。对于部分特殊或不能忽略病害的类型，应单独取样进行分析和研究[1]。

5 实验室验证

为确定石狮材质状况，对石狮破损残片进行了相应物理和拉曼光谱、XRF检测。由检测结果分析，石狮材质为碳酸盐岩，三角度3.7～3.8，吸水率≤0.75%，弯曲强度≥10.0MPa，光泽度60左右，密度2800kg/m^3，见图4。

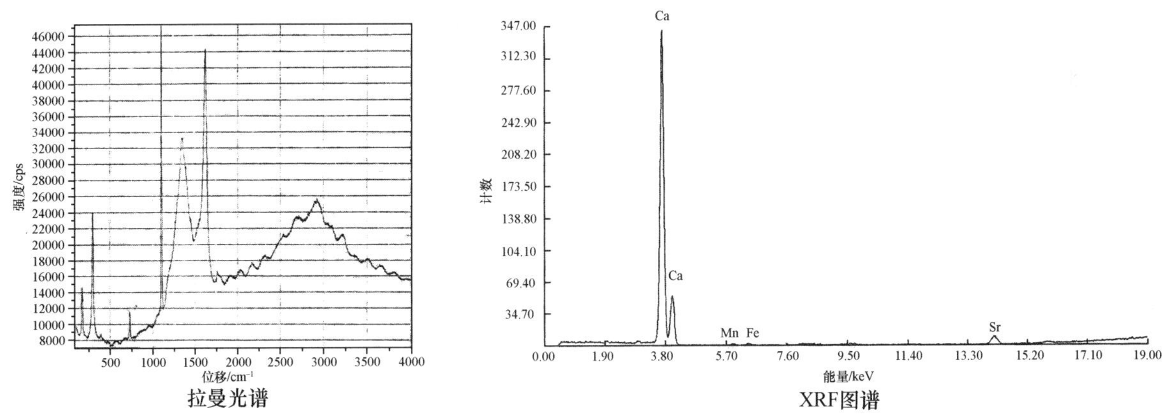

图4　残损石狮拉曼光谱、XRF检测图谱照

由于残损石狮的碎片较多，通过比对拼接，大部残损可复原。为此将进行相关试验以确定修补加固保护材料。

5.1 修补加固材料选择与试验

5.1.1 加固材料选择依据

首先，要保证加固剂能深层均匀渗透到石质风化区域的所有部位，并能有效提高石质的强度

（内聚力）；其次，加固剂应与被加固石质不存在有害的理化作用；再次，加固剂应与石质有接近的膨胀系数，经加固剂加固后的石质还必须具有较好的透气性和防水性，确保石质具有良好的“呼吸”能力。最后，选择的加固剂具有耐老化和可再处理的能力，也不会引起岩石表面颜色的变化。

5.1.2　加固剂选配原则

总体上讲，石质文物保护材料主要分为无机保护材料和有机保护材料两大类。无机材料是最传统的石质文物保护材料，常用的无机保护材料有石灰水、氢氧化钡、硅酸盐等；各种研究资料和应用实例表明，石质文物无机保护材料加固保护成功与否，不仅仅看材料本身的特性，在很大程度上还取决于材料制备技术、适应条件、加固工艺和文物所处保存环境。而且无机保护材料渗透性差、加固强度低、在文物本体中产生可溶性盐等问题也是制约无机保护材料广泛应用的因素。随着材料学和文保技术发展，石质文物防风化加固材料由无机保护材料发展到有机保护材料及复合材料。目前，一些新型保护材料如纳米材料和仿生材料也在不断研发与试验中。因此，一些渗透性良好、耐老化性能强的有机保护材料经试验对比评估后用于石质文物保护中。有机保护材料主要有有机硅类、丙烯酸类、有机氟类、环氧树脂类。第一类是有机硅类，有机硅类材料具有较好的耐久性和不易变色的特点，硅树脂水解后形成硅烷或硅氧烷，容易与含Si—O—Si键的基材结合，含硅的土、石等材质的结合力较好，老化后对文物表面色泽影响小，在不可移动文物保护领域得到广泛运用。第二类是丙烯酸类，丙烯酸树脂在20世纪80～90年代曾广泛用于土、石、砖等多孔性材质文物的保护，经常使用的有溶剂型和乳液型两种，也是非常好的渗透加固剂。第三类是有机氟类，有机氟聚合物材料具有防水、抗氧、耐酸碱等特点，20世纪末就应用于石质文物保护。第四类是环氧树脂类，环氧树脂是目前岩石黏接与围崖裂隙灌浆补强有效的材料之一，但其易老化、可塑性较差以及与水不相溶的缺陷也是较明显的。经过改良后，其抗老化性、可塑性、与水相溶性以及可逆性都有显著提高。

综合参考以上四类保护材料，总体而言，有机保护材料由于其具有较好的黏接性、防水性、抗酸碱性以及单体或预聚体的良好渗透性，已被广泛用于不可移动文物的保护，但近几年来研究发现，使用高分子保护材料可能出现保护时效短、与文物本体相容性较差等情况，从而产生一些保护性破坏的问题。因此，充分认识有机保护材料在不同环境条件下的各种优缺点、通过试验选择最“恰当”的材料、采用最合适的施工工艺应该是文保人员目前最需要做的事情[2]。

5.1.3　黏接试件的制备

由于石狮残损面积较大需要重新补配，为此在补配工作开始前，我们将对补配石材黏接材料做相关匹配性能与耐候性能试验，以确定黏接材料的适用范围。黏接强度表明树脂黏接岩石的黏接力大小，本次试验采用20mm×20mm×50mm岩石构件，将两试件20mm×20mm端面用环氧树脂浆液黏接在一起，黏接层浆液厚度控制在1mm左右，室温下在空气中固化21天测定黏接强度。

半涂试件是将试件的一半用环氧树脂浆液涂覆，通过改变温度或其他环境条件来考察环氧体积安定性和耐候性能的一种方法，它可以反映出环氧体与岩石基体的热膨胀性是否匹配，涂试区域与非涂试区域的老化情况。制备好的试件放在室温下空气中固化21天，见图5。

将制备的试件室温放置21天，分别测定抗压强度、抗拉强度和石材黏接强度，其中抗压强度测定按GB/T 2569—1995《树脂浇铸体压缩性能试验方法》进行测定，抗拉强度和石材黏接强度的测定参照GB/T 2568—1995《树脂浇铸体拉伸性能试验方法》进行测定。具体信息可见表1。

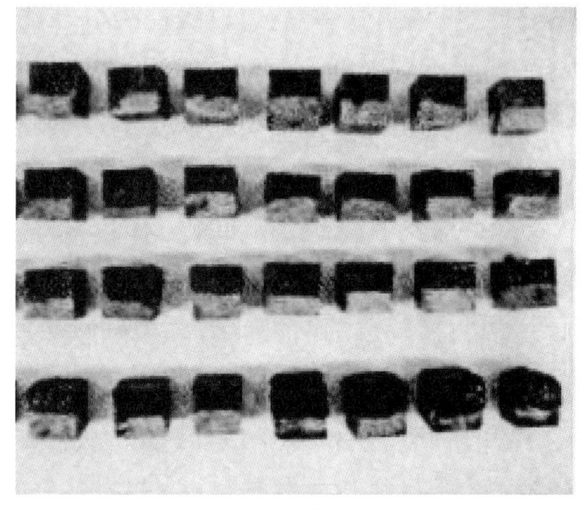
（a）侧面

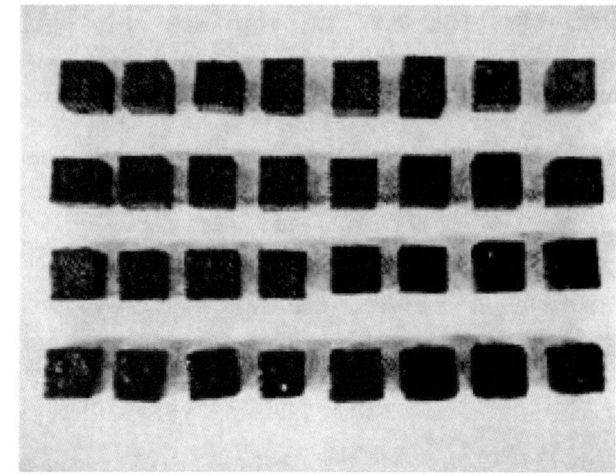
（b）正面

图5　半涂试件制备的照片

表1　试件的各项机械性能

材料名称	抗压强度/MPa	压缩弹性模量/MPa	抗拉强度/MPa	黏接强度/MPa
XH160A/B	92.71	1832	28.51	12.18

耐热试验：将半涂试件在烘箱中100℃烘16h，冷却8h，记录试块外观变化情况，如此往复进行，共做10个循环，测试结果显示半涂试件上的环氧树脂胶黏剂在100℃老化时，表面略泛黄，其他无裂纹、变形等现象，这是因为环氧树脂的耐热温度一般为80～150℃，高于此温度时，环氧树脂结构老化会产生变形和变色现象，本次试验在100℃出现变色，说明此种材料的耐热温度低于100℃，因此此种材料不能在高于80℃时使用，也不适宜在岩石表面变色。具体信息可见表2。

表2　试件半涂环氧树脂的耐热实验结果

材料名称	1个循环外观	10个循环外观
XH160A/B	环氧表面略泛黄	环氧表面略泛黄，其他无变化

耐冻融试验：首先将样块在水中浸泡8h，在－20℃冷冻16h，记录样块外观变化情况，共做10个循环，测试结果显示，经过10个冻融循环，半涂试件外观无变化，与岩石试件无剥离、无裂纹等破坏现象，表明全部配方材料均有良好的耐冻融性，见图6。

图6　10个冻融循环后半涂试件的照片

耐高低温交变试验：将试件在烘箱中100℃烘4h，取出在水中浸泡4h，在－20℃冷冻12h，取出后再在水中浸泡4h，记录试样外观变化情况，共进行了10个循环，经高低温交变循环试验后，表面略泛黄，外观基本与热循环试验相同，表明变色主要由高温老化引起，而与低温冷冻无关。

综上所述，XH160A/B具有较高的强度，其21天抗压强度为92.71MPa，抗拉强度为

28.51MPa，石材黏接强度为12.18MPa，符合匹配石狮黏接要求。其次，制备试件分别在经过热循环、冻融循环和高低温交变循环后，树脂体与岩石体结合良好，无剥离和裂纹等破坏现象，这表明二者黏接体的体积安定性相匹配。试验结果还表明，虽然环氧树脂具有良好的耐冻融性，但在高温时易变色，因此不适合在高温与露天文物表面加固中使用。

5.2 表面填缝材料试验

环氧树脂只能作为灌浆加固材料，注入岩石的内部起到加固作用，由于其在自然的条件下容易老化变黄，因此不能直接暴露在石狮表面，石狮表面的填缝处理材料应选用一些不受高温影响的无机保护材料，同时要对此类材料做体积安定性和耐高温变化性能试验。

石狮表面填缝材料拟采用目前广泛用于石材表面处理的水硬石灰与水按一定比例配制而成。水与灰的质量比称为水灰比，水灰比直接影响固结体性能。水灰比过大，粉浆容易搅拌，但由于游离水的挥发性大，灰浆成形后体积收缩大，容易产生裂缝；水灰比过小，粉浆不易搅拌，则影响硬化，内部空隙率大，强度降低。石灰类灰浆需水量的测定目前还无国家标准，但其填缝处理的稳定性还需试验证明。本文参照GB 1346—2011《水泥标准稠度用水量、凝结时间、安定性检验方法》进行测定。具体信息可见表3。

表3　表面填缝材料的工艺条件

材料名称	需水量（水灰比）	初凝时间/h	终凝时间/h
NHL	0.42	5	18

石狮处于季节温度变化明显、昼夜温差大的露天环境中，因此对表面填缝灰浆材料耐热、耐水、耐盐蚀以及耐二氧化硫（空气污染物）情况做模拟试验。

将制备的试件室温放置21天，分别测定试体的抗压强度、体积密度和吸水量。测试结果表明：灰浆试体的基本性能抗压强度为1.47MPa，吸水率近30%，吸水性很强。

在灰浆基本性能测试完毕后，依照沸煮法和干烘法测定体积安定性状态。结果表明：灰浆试体无论在干燥和水浸、硬化时和硬化后均具有良好的体积安定性，不随温度变化发生溃散、裂纹、鼓泡、变形等破坏。

耐水性能测定：耐水浸蚀试验是在室温下，将试体浸泡在水中1个月，表面无明显变化，因此，灰浆体有良好的耐水性能。耐盐浸蚀试验是将试体浸泡在盐的饱和溶液中，经过一定时间取出，烘干后再次浸泡，按此周期反复循环。由于盐溶液可通过孔隙侵蚀试体内部，试体烘干后盐结晶产生较大压力，从而使样块开裂溃散，通过观察破坏出现的时间和程度，能够测定试体的耐盐性能。为达到模拟试验逼真，试验采用饱和硫酸钠溶液。具体操作为：将试体用饱和硫酸钠溶液浸泡16h，在105～110℃高温下烘干4h，冷却4h后，观察记录试体表面变化情况，此为一个循环，如此反复进行，直至试体出现严重缺陷为止。试验结果表明，试体可以抵御5次耐盐浸蚀循环，10次循环后，试体外观略变暗，底层有轻微剥落[3]。

耐二氧化硫侵蚀：本试验目的是考察封护后的试体暴露在二氧化硫气氛中的变化情况，可反映岩石抵抗大气中二氧化硫和酸雨侵蚀的能力。模拟试验是将亚硫酸氢钠饱和溶液放在干燥器下层，试体放在干燥器上层，亚硫酸氢钠会分解产生大量二氧化硫气体，试件在这样的气氛环境中放置10天，定时观察破坏情况。试验结果表明：在浓二氧化硫气氛中，灰浆件试体在96h出现泛黄，其后逐渐加深，240h色差ΔE=10.58，见图7。

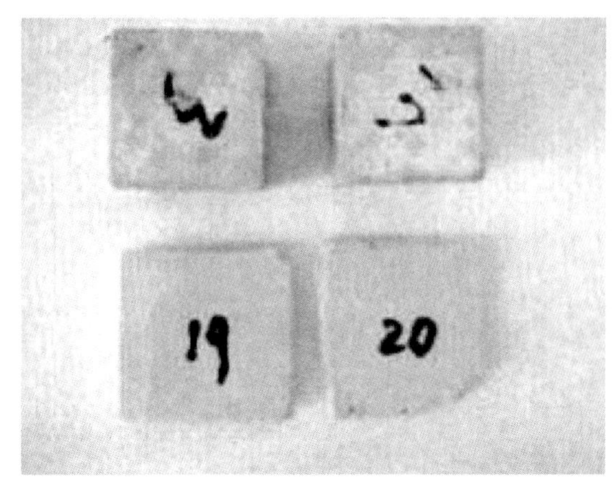

图7　耐二氧化硫试验240h后试体外观

我们还将灰浆试件同样采取与黏接试件体进行耐热、耐冻融试验以及耐高低温交变试验（试验方式等同于黏接试件试验）。

试验证明，以天然水硬石灰为主要成分的NHL材料，成形后试体吸水性高，具有良好的耐水性，在干燥和水浸条件下的体积安定性均达到石质文物加固填缝的指标要求。其固结体21天的抗压强度达到1.47MPa，且试体具有很强的耐热性，较好的耐冻融、耐高低温交变和耐盐浸蚀性能，各项指标明显好于环氧树脂在相同条件下的表现，说明NHL材料可以作为填缝材料覆盖在容易老化的环氧树脂表面，防止环氧树脂的老化变色。但其在高浓度二氧化硫气氛中，表面会出现轻微泛黄迹象，此原因还需做深入地研究与试验证明。

另外，黏接试件耐热性能良好，但在耐冻融试验和耐高低温交变试验中灰浆有少许脱落现象，其主要原因经分析主要有以下几点，一是岩石试验试件表面比较光滑（不似石狮表面粗糙），导致它与灰浆表面黏接强度较低。二是模拟试验采取的类似于半涂的效果，由于膨胀系数的不同，经过多次反复高低温变化，容易出现脱落的现象。通过上述试验结论，在对石狮实际修复中，我们还将进一步细化研究，并结合现场工艺操作实践，进一步完善石狮修复环节科学化管理。

用科学分析和试验论证的方法对石狮修复过程中相关保护原则的贯彻应用，是做好此次修复保护工作的关键，也是从科学试验角度对石质文物相关保护原则做诠释的一次新的尝试。

参 考 文 献

［1］ 王婷. 石质文物修复操作程序与评估方法［J］. 文物世界，2015，（5）：48-53.

［2］ 张秉坚，尹海燕，铁景沪. 石质文物表面防护中的问题和新材料［J］. 文物保护与考古科学，2000，12（2）：1-4.

［3］ 郭宏，韩汝玢，赵静，等. 水在广西花山岩画风化病害中的作用及其防治对策［J］. 文物保护与考古科学，2007，19（2）：5-13.

泥土稳定剂在熊家冢遗址土化学加固中的应用

陈　华[1]　周丽珍[2]　吴顺清[1]

（1. 荆州文物保护中心，湖北荆州，434020；2. 中国地质大学，湖北武汉，430074）

摘要　熊家冢遗址殉葬墓发掘后出现墓坑坑壁龟裂、掉块现象，威胁遗址原址保护，建议采用对遗址扰动较小的化学加固法来治理。考虑到遗址区潮湿多雨的气候条件，通过开展现场试验筛选泥土稳定剂作为遗址土化学加固材料，采用室内试验对比遗址土加固前后的物理力学性质，结果表明土体加固后水稳定性较好、透气性好、胀缩性减弱、强度增加。本文最后研究土体的初始含水率对加固效果的影响，结果表明土体的初始含水率为17.50%时，泥土稳定剂的渗透深度和渗透量最大。考古发掘现场采用泥土稳定剂加固殉葬墓坑壁作为应急性保护措施，目前坑壁无明显开裂、灰化现象，坑体整体稳定性较好。该研究对其他潮湿环境土遗址的保护具有一定的借鉴意义。

关键词　泥土稳定剂　化学加固　土遗址　潮湿环境

引　　言

熊家冢遗址位于湖北省荆州市，遗址由主冢、祔冢、殉葬墓、车马坑、祭祀坑以及地面建筑遗存等六大部分组成，整个墓地占地面积约为15万m^2，是楚国规模最大、布局最完整的高级贵族特大型古墓之一[1]，其原址保护意义重大。

2005年11月，国家文物局正式批准对熊家冢墓地车马坑和部分殉葬墓进行抢救性考古发掘，现场考古发掘[2]中发现该遗址区殉葬墓坑开挖后墓坑坑壁龟裂、鳞片状剥落、掉块现象，威胁熊家冢遗址原址保护，如图1所示。

现场钻探取芯的室内试验结果表明，遗址区主要地层土具有中等膨胀潜势[3]，膨胀土因含亲水矿物，受大气影响反复湿胀干缩裂隙发育，导致边坡土块崩解；雨水顺裂隙下渗，使边坡一定深度土体抗剪强度衰减，造成边坡溜塌、滑坡。工程上边坡稳定性和围岩体加固措施有机械加固和化学加固，化学加固对遗址岩土体扰动很小，并且与遗址景观相容，被国际普遍认可。

目前在西北干旱地区开展大量的土遗址化学加固研究[4-7]，并取得成功的实践经验。土遗址的病害与地质环境因素直接相关，南方潮湿多雨的气候条件下土遗址病害的特点和产生机理不同干旱的西北地区，潮湿环境下遗址土化学加固方面的研究工作较少[8]。下面结合熊家冢土遗址开展试验研究潮湿环境下遗址土化学加固。

（a）墓坑坑壁龟裂

（b）墓坑坑体垮塌

图1 遗址区墓坑稳定性问题

1 化学加固材料优选

熊家冢遗址土化学加固剂的选择首先要考虑潮湿环境的适用性，在此通过开展现场模拟试验来筛选。这里选用四种遗址土化学加固材料：①水玻璃，主要成分为硅酸钠溶液；②溶胶溶液，主要成分为硅溶胶乳液；③硅丙溶液，主要成分为改性有机硅丙烯酸树脂；④泥土稳定剂，主要成分是硅酸钠、高镁矿粉、氯化镁、土壤胶黏材料、表面活性剂等。在熊家冢遗址区不影响主体的部位开挖长、宽、高均为2m的试验坑，分别用相同量的四种化学溶液对坑壁上相同地层的不同区域喷洒加固。经过近半年的动态观察发现：①水玻璃溶液加固面土体严重泛白，三个月后加固土出现蜂窝状孔洞；②溶胶溶液加固面土体颜色基本无变化，但是三个月后加固区域出现大量裂缝，甚至局部脱落；③硅丙溶液加固面土体颜色变白，一个月后局部出现起皮甚至脱落；④泥土稳定剂加固面土体表面渗析少量白色物质，六个月后加固区白色物质基本消失，加固土体颜色无变化。

四种选用的遗址土化学加固材料中，水玻璃、溶胶溶液和硅丙溶液是目前在国内土遗址保护中应用比较成功的保护材料。①水玻璃，易与空气中的二氧化碳以及土壤中的钙、镁等离子反应，从而提高土体强度，起到保护土遗址的作用。在潮湿环境中，渗透深度较低，加固后表面泛白明显，脆性大[9]。熊兵采用10%水玻璃溶液加固遗址土重塑样，耐水性试验结果是加固样入水就开始大量冒泡掉渣，20min左右就崩解。耐盐腐蚀性试验结果是加固样入水就有大量气泡，30min左右部分坍塌，60min只剩柱心[10]。②溶胶溶液，其特点是分散性好、稳定性强，基本不影响文物外观，渗透性强，耐老化，老化后的最终产物是二氧化硅，不会损伤文物[11]。熊兵室内采用10%硅溶胶加固遗址土，耐水性试验结果是加固样入水几分钟就开始坍塌，1h后完全坍塌。耐盐腐蚀性试验结果是加固样入水就有大量气泡，15s开始流失，3min后局部坍塌，45min成散泥[10]。③硅丙溶液，它兼具有机硅和丙烯酸树脂的优点，渗透性较好，加固材料在土体中固化，形成网络聚合物黏接土颗粒，提高土质的整体强度。而且由于其是形成的网络结构，因此不影响土体遗址的透气性[11]。王赟采用不同浓度硅丙乳液加固榆林明长城原状土样，耐水性试验结果是加固样入水原有裂缝发育，并断裂为两半。在Na_2SO_4溶液中进行耐盐腐蚀性试验，加固土样在经历1～3个循环就产生裂隙，并伴有土流失和结壳现象[12]。熊兵室内采用10%硅丙溶液加固遗址土重塑样，耐水性试验结果是加固样入水5h土样表面出现裂缝，裂缝不断发展，6天后有的脱皮坍塌。

耐盐腐蚀性试验结果是加固样入水后有气泡，2h后四周起皮，6个循环后裂缝发育，7个循环开裂破坏[10]。周双林等对比研究硅丙溶液和有机硅改性丙烯酸树脂非水分散体加固遗址土，硅丙溶液加固样耐水性试验结果是入水10min后，土样中部开始掉土[13]。文献［10］~［13］分别开展室内试验研究水玻璃、溶胶溶液和硅丙溶液加固遗址土，加固样的耐水性、耐盐腐蚀性试验现象与在熊家冢遗址土现场加固试验现象具有一定程度的一致性，表明这三种加固材料不适宜潮湿环境遗址土化学加固。

泥土稳定剂用于现场遗址土加固具有较好效果，见图2。初期加固土体表面渗析少量的白色物质，但是随着时间的推移，该现象消失。推断其原因可能是溶质随溶剂渗入被加固材料，并随溶剂挥发移向表面，产生该现象的本质原因将在今后进一步研究。综合现场试验结果和文献，初步选择泥土稳定剂作为熊家冢遗址土化学加固材料。

（a）墓坑开挖出露的新鲜面

（b）风化面

（c）泥土稳定剂加固后

图2　泥土稳定剂加固前后对比图

2　加固效果研究

化学加固是通过化学材料渗透已风化的文物，提高岩土体的胶结强度，降低岩土体随温度、湿度变化反复胀缩，达到土体加固目的。下面开展一系列室内试验研究熊家冢遗址土体的基本物理力学性质评价化学加固效果。

2.1　加固土的密度

本试验采用原状土样，参照标准《土工试验规程》[14]（SL237—1999）切削为标准环刀样，用电子天平称量土样的质量m_1，将土样浸泡在泥土稳定剂中28天，然后取出土样轻轻擦拭表面的化学溶液，再次称量土样加固后的质量m_2，分别将m_1、m_2除以环刀的体积v，得到土样加固前后的密度ρ_1、ρ_2，图3是土体加固前后的密度对比。加固后土样的密度略有增加，其中1号土样密度的增长率最小为1.742%，4号土样密度的增长率最大为2.5%。土样加固后其密度的增长率较小，可以忽略加固土密度增加而加大墓坑边坡的下滑力。

2.2　土体的稠度

按照规范要求将天然土样加水调成土膏泥，过0.5mm的筛，取筛下土，采用广东佛山光学研究所生产的FG-Ⅲ型液限测定仪测定，土样加固前后塑性指数的平均值分别为20.675、12.875，加固后土体的塑性指数降低率为37.73%。土体的塑性指数能够一定程度综合反映影响黏性土特征的重要因素，图4为土样加固前后塑性指数对比图，对比土样的塑性指数发现加固土样的塑性指数都有很大程度的降低，塑性指数越大，土体的颗粒越细，比表面积越大，土体的黏粒或者亲水矿物含量越高，土体处在可塑状态的含水率变化范围越大，塑性指数降低表明土体物理力学性能提高。

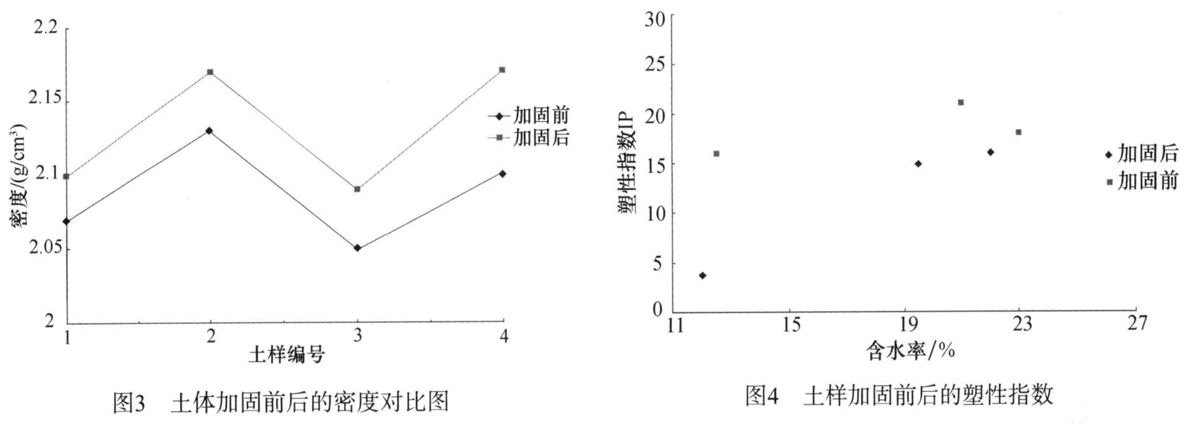

图3　土体加固前后的密度对比图　　图4　土样加固前后的塑性指数

2.3　土样的胀缩性

为了研究泥土稳定剂对土体胀缩性的削弱作用，这里分两组开展试验，一组采用天然土样测定其自由膨胀率和膨胀力，另一组土样在泥土稳定剂中浸泡28天后，取出擦干表面加固剂，然后保鲜膜密封置于保湿缸中养护30天，最后试验测定其自由膨胀率和膨胀力，试验结果如图5所示。

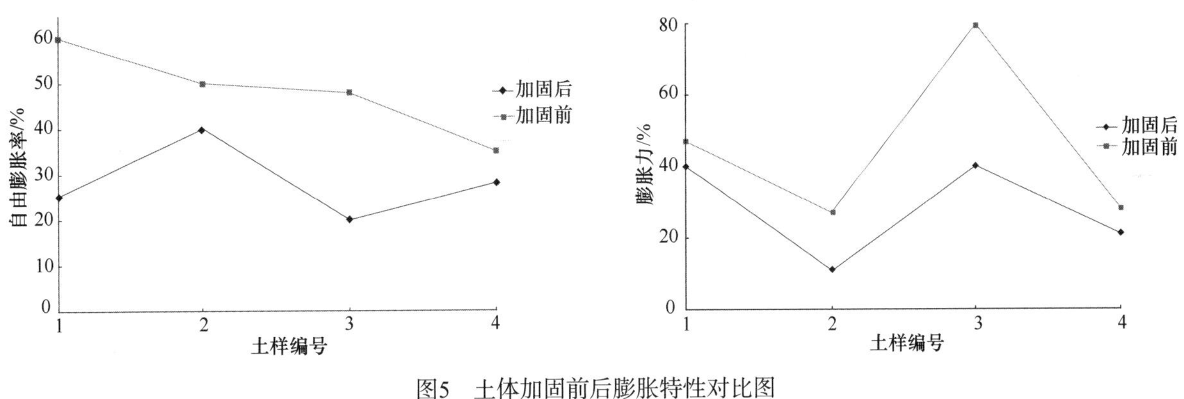

图5　土体加固前后膨胀特性对比图

整体上来看，泥土稳定剂加固后土体的自由膨胀率和膨胀力都一定程度的降低。加固后的土样的自由膨胀率都小于40%，土样的塑性指数基本小于18，根据规范［15］可以判定加固后的土体不具膨胀潜势。

2.4　土样的水稳定性

膨胀土因含亲水矿物，遇水软化，水稳定性差，这里采用崩解试验研究泥土稳定剂加固后土体的水稳定性。试验采用一次击实重塑环刀6个，分两组，一组用于直接试验，另一组浸泡加固后开展试验。将两组土样分别单独浸没在装水的透明烧杯中，记录开始崩解时间，并观察每一个土样的崩解过程。抗崩解试验结果如表1所示。

抗崩解试验的结果表明，未经加固的试样的耐水性能很差，遇水浸泡后，在0.5h内能完全崩解，但是试样经过泥土稳定剂加固之后，试样的耐水性能都非常高，在水中浸泡一个月之后，试样仍然保持完好，并且具有很好的强度，说明泥土稳定剂可以大大提高遗址土体的耐水性能。

表1　土样抗崩解试验结果

试样编号	类型	浸入水中崩解情况	水稳定性
2-5-1	未加固样	7min后开始脱落，18min后脱落一半，25min后完全崩解	差
2-5-2	未加固样	2min后开始脱落，3min后出现崩解，13min后崩解一半，25min后完全崩解	差
2-5-3	未加固样	2min后出现脱落，4min后出现崩解，11min后崩解一半，23min后完全崩解	差
2-5-4	加固样	无明显变化，1个月后仍完好，强度无明显变化	好
2-5-5	加固样	无明显变化，1个月后仍完好，强度无明显变化	好
2-5-6	加固样	无明显变化，1个月后仍完好，强度无明显变化	好

2.5　土样的透水性

为了测定化学剂加固后土体的渗透性的变化，开展室内变水头渗透试验测量土体的饱和渗透系数，试验采用原状土样分两组进行，一组直接开展试验，另一组采用泥土稳定剂浸泡加固后再开展试验，对泥土稳定剂加固后的土体试验结果如表2所示。

表2　土样加固前后的饱和渗透系数

土层	渗透系数/（cm/s）	平均值/（cm/s）
加固前	$4.95\times10^{-6}\sim9.22\times10^{-5}$	2.25×10^{-5}（6）
加固后	$5.53\times10^{-5}\sim3.82\times10^{-7}$	9.87×10^{-6}（4）

注：（ ）内为试验的组数。

整体上来看，采用化学加固后土体渗透性都一定程度地减小，加固后土样的渗透系数比加固前减小了56.13%，表明化学加固试验小幅降低了土体的透气性和透水性，保证了水汽在遗址土中的运移能力，避免墓坑边坡表层加固土体在表里水力差的作用下起皮脱落，这对于潮湿环境下的土遗址保护具有积极作用。

2.6　土样的耐候性

这里采用环刀样研究遗址土加固前后的抗干湿循环能力，试验方法是采用较低温度60℃烘干6h模拟干燥过程，按规范要求采用抽气饱和模拟吸湿过程。由湿到干为一个循环，一共开展了5次干湿循环，试验结果如表3所示。

表3　土样干湿循环试验结果

试样编号	类型	第一次循环	第二次循环	第三次循环	第四次循环	第五次循环
2-7-1	未加固样	出现龟裂纹	出现裂缝	裂缝扩大 数量增多	试样破碎	—
2-7-2	未加固样	出现龟裂纹	出现裂缝	裂缝扩大贯通	试样破裂	—

续表

试样编号	类型	第一次循环	第二次循环	第三次循环	第四次循环	第五次循环
2-7-3	未加固样	出现龟裂纹	出现裂缝	裂缝扩大 数量增多	试样破裂	—
2-7-4	加固样	完好	完好	完好	完好	完好
2-7-5	加固样	完好	完好	完好	完好	完好
2-7-6	加固样	完好	完好	完好	完好	完好

从试样的耐候性试验结果可以看出，加固前土样的耐候性能很差，经过一次干湿循环后土样就会出现裂缝，但是加固样的耐候性能都得到了明显的改善，经过5个循环之后，试样仍然保持完好。

2.7 土体的压缩性

土体的压缩模量是衡量土体抵抗变形能力的指标值，土体压缩模量越大，其力学性能越强。试验采用原状环刀样，一组直接开展压缩试验，另一组采用泥土稳定剂浸泡加固后开展试验，试验结果见图6，可以发现土样加固后压缩模量都得到了提高，土样压缩模量平均值由加固前的10.00kPa增加到加固后的24.398kPa，增长率为143.98%，加固后土体压缩模量增大，其力学性能增强。

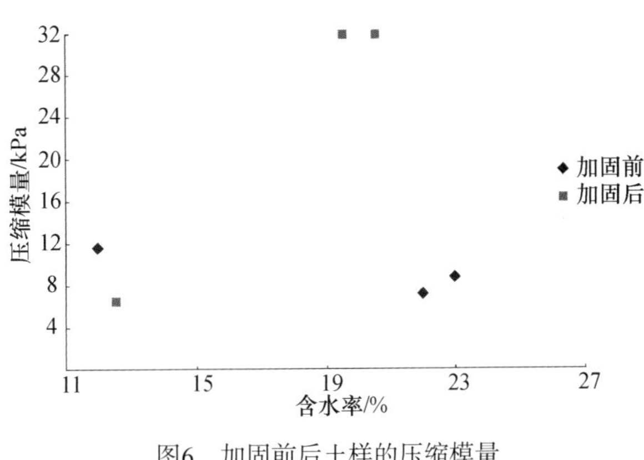

图6 加固前后土样的压缩模量

2.8 土体的强度

这里采用两组土样进行直剪试验，一组直接开展试验，另一组采用浸泡加固后按要求养护后再开展试验，图7试验结果表明化学加固后土样的黏聚力和内摩擦角都有很大程度的增加，具体表现为黏聚力从加固前的平均值28.83kPa升高到加固后的99.33kPa，增加了2.45倍；内摩擦角由加固前的平均值11.33°增加到加固后的33.5°，增加了近2倍，加固土体的强度也得到了一定程度的提高。

土样在泥土稳定剂中浸泡加固后，其无侧限抗压强度也得到了一定程度的提高（图8），具体体现是土样由加固前的平均无侧限抗压强度值0.379MPa增加到0.511MPa，增加率为34.83%。

3 土体的初始含水率对加固剂渗透深度的影响

从前面的试验结果可以看出，遗址土化学加固后其物理力学性质得到了提高，但是化学加固要保证化学溶液在土中的渗透深度。土体的初始含水率直接影响化学加固剂渗透深度，含水率太低，土体会开裂，含水率太高不利于化学溶液向土中渗透。下面采用重塑土样研究土体的初始含水率对加固剂渗透深度的影响，重塑样按照规范［14］要求配制一定含水率的土样，然后采用模具一次击实成型，用于开展室内试验，试验结果为遗址土化学加固现场实施提供试验依据。

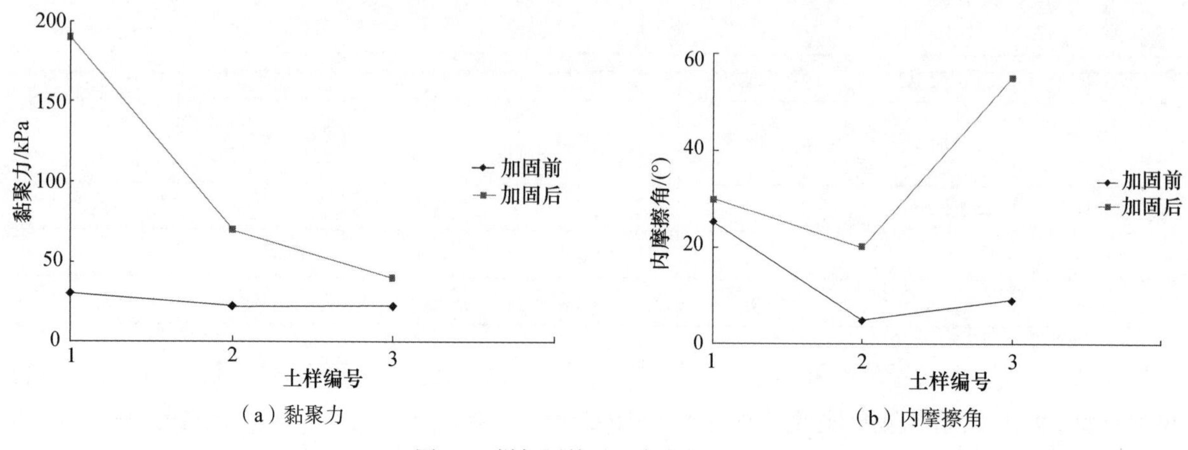

（a）黏聚力　（b）内摩擦角

图7　土样加固前后强度变化对比图

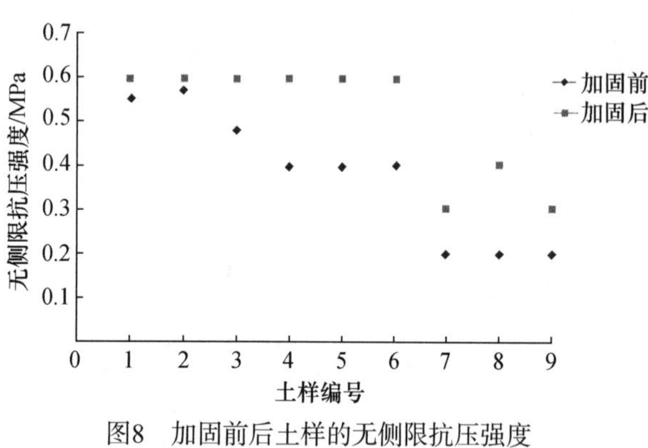

图8　加固前后土样的无侧限抗压强度

3.1　加固剂的渗透深度

文献［16］以遗址土的天然含水率的最小值、土体的进气值对应的含水率、塑限配制三个含水率的重塑土样，土样是长、宽、高均为5cm的立方体。将立方体重塑样浸泡在泥土稳定剂要求：泥土稳定剂的液面浸没土样高度的2/3，浸泡时间28天。加固完成后，将土样取出室内风干，对比观察加固剂浸泡的表面和未被加固剂浸泡的表面，可以发现加固面土体的颜色略深。风干过程中未加固部分因失水收缩，加固部分几乎没有变化，导致加固部分和未加固部分之间由于变形差异而产生裂缝，另外含水率20.50%的土样未加固部分风干后表面有裂缝发育，如图9所示。

含水率为14.50%　含水率为17.50%　含水率为20.50%

图9　不同初始含水率的加固土样

用钢锯锯开土样的加固部分，观察加固剂的渗透深度。试验结果为：①初始含水率14.50%的土样，五个面的渗透深度分别为4.0mm、6.0mm、5.0mm、4.0mm、5.0mm，平均渗透深度为4.8mm；②含水率17.50%的土样，五个面的渗透深度分别为5.0mm、5.4mm、6.0mm、5.2mm、5.5mm，平均渗透深度为5.4mm；③含水率20.45%的土样，五个面的渗透深度分别为

5.0mm、5.0mm、5.0mm、4.7mm、4.5mm，平均渗透深度为4.9mm。土样初始含水率为17.50%，泥土稳定剂在土体中的渗透深度最大。

3.2 初始含水率对加固剂渗透量的影响

试验前称量土样的质量，然后将土样浸泡在泥土稳定剂中28天，取出擦干表面的加固剂，放在电子天平上再次称其质量，土样浸泡后与浸泡前的质量差为加固剂在土样中的渗入量。图10为加固剂在不同含水率土样中的渗入量，整体而言加固剂的渗入量随土体含水率的增加而先增加再减少，土样含水率在17.50%左右加固剂渗入量最大平均值为34.12g，以此含水率为基准，含水率增加或减小同样的幅度，对应加固剂的渗入量都会减少。所以土体的初始含水率为17.50%加固剂在土体中渗透量最大。

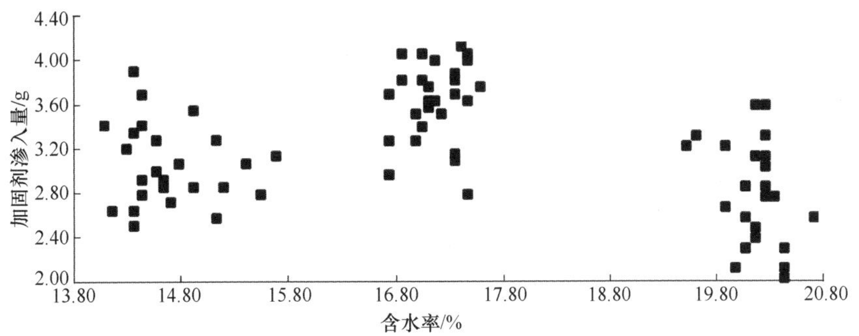

图10 加固剂的渗入量与含水率的关系

4 结 论

遗址土经过泥土稳定剂加固后颜色变化小、水稳定性好、耐候性好、透气透水性好、强度提高，胀缩性降低。在遗址殉葬墓发掘过程中使用泥土稳定剂，采用了喷洒、滴渗和高压灌注相结合的方式对遗址土进行加固。现场应急性保护工作完成后经过八年的考验，殉葬墓坑壁土体化学加固后，坑壁无明显开裂、灰化现象，坑体整体稳定性较好，如图11所示。研究结果表明泥土稳定剂对熊家冢遗址土具有较好的加固效果，该研究对其他潮湿环境土遗址的保护具有一定的借鉴意义。

（a）化学加固前（墓坑边坡临时支护）

（b）泥土稳定剂加固后

图11 殉葬墓坑壁化学加固前后

参 考 文 献

［1］荆州博物馆. 湖北荆州熊家冢墓地2006—2007年发掘简报［J］. 文物，2009，（4）：4-25.

［2］陈光利，魏彦飞，袁万红. 熊家冢土遗址保护概述［J］. 东南文化，2009，（3）：114-118.

［3］湖北省水文地质工程地质勘察院. 熊家冢墓地工程地质勘察报告［R］. 荆州：湖北省水文地质工程地质勘察院，2009.

［4］赵海英，李最雄. PS材料加固土遗址风蚀试验研究［J］. 岩土力学，2008，29（2）：392-396.

［5］李最雄，王旭东，张志军. 秦俑坑土遗址的加固试验［J］. 敦煌研究，1998，（4）：151-158

［6］李最雄，王旭东，田琳. 交河古城土建筑遗址的加固试验［J］. 敦煌研究，1997，（3）：171-188.

［7］邵明申. PS加固对非饱和遗址土的渗透特性影响研究［D］. 兰州：兰州大学，2010.

［8］周环. 潮湿环境土遗址的加固保护研究［D］. 杭州：浙江大学，2008.

［9］陈利君. 硅溶胶-硅丙复合土遗址加固剂的合成与应用［D］. 西安：西安建筑科技大学，2012.

［10］熊兵. 土遗址加固与保护［D］. 西安：西安建筑科技大学，2008.

［11］李小洁. 新型土遗址保护材料的制备、表征和应用［D］. 成都：成都理工大学，2007.

［12］王赟. 土遗址加固材料比选及试验研究［J］. 陕西理工学院学报（自然科学版），2010，26（2）：36-39.

［13］周双林，原思训，杨宪伟，等. 丙烯酸非水分散体等几种土遗址防风化加固剂的效果比较［J］. 文物保护与考古科学，2003，15（2）：40-48.

［14］中华人民共和国水利部. SL237—1999 土工试验规程［S］. 北京：中国水利水电出版社，1999.

［15］中华人民共和国住房和城乡建设部. GB 50112—2013 膨胀土地区建筑技术规范［S］，北京：中国建筑工业出版社，2012.

［16］袁万红. 膨胀土地区土遗址加固保护试验研究——以熊家冢墓地土遗址为例［D］. 荆州：长江大学，2011.

敦煌莫高窟生态环境研究进展

杨小菊[1-3]　武发思[1-3]　贺东鹏[1-3]　徐瑞红[1-3]　汪万福[1-3]

（1. 国家古代壁画与土遗址保护工程技术研究中心，甘肃敦煌，736200；2. 古代壁画保护国家文物局重点科研基地，甘肃敦煌，736200；3. 甘肃省古代壁画与土遗址保护重点实验室，甘肃敦煌，736200）

摘要　敦煌莫高窟因其地处我国八大沙漠之一的库姆塔格沙漠东南缘、鸣沙山东麓，当地常年干燥少雨，风大沙多，洞窟围岩及壁画彩塑饱受积沙、风蚀、粉尘危害，生态环境的综合治理一直是莫高窟保护的主要环境问题。本文在结合莫高窟遗产保护、资源利用、环境协调和生态健康等多位一体的可持续发展模式基础上，回顾了莫高窟生态环境保护历程以及取得的成果，包括莫高窟的风沙危害及防治、窟顶戈壁无灌溉生态恢复及洞窟水盐运移、人为扰动引起的洞窟微环境变化监测及生物多样性等；阐述了以固为主，固、阻、输、导相结合的风沙防治理念的深刻内涵；以文物生态环境保护新理念为导向，遵循“预防性、科学性保护”的原则，提出在遗产保护的基础上发展旅游，形成把旅游开发建立在生态环境和当地社会人文环境可承受范围内，从戈壁荒漠植被恢复需水及洞窟水分来源出发，提出了未来莫高窟的保护应遵循水分平衡、生物多样性及遗产预防性保护三大生态原则，并为“一带一路”沿线极端干旱条件下文化遗产保护、传承、创新提供示范与借鉴，追求文化与人类生存环境的和谐发展，探索出一条文化遗产可持续发展道路。

关键词　敦煌莫高窟　生态环境　遗产保护　防沙治沙　可持续发展

引　　言

我国西部地区具有丰富的能源、矿产和旅游等资源，但由于生态环境极其敏感、脆弱，以及气候变化和人类活动等多重因素影响，出现西部生态系统退化、环境污染严重、水资源短缺及风沙灾害频发等诸多问题。近年来，政府提倡的生态文明建设与“丝绸之路经济带”战略等重要举措，成为解决西部经济发展与生态环境保护矛盾的关键。地处我国西北干旱区东部地带的河西走廊，作为古“丝绸之路”和现代“欧亚大陆桥”的咽喉要道，具有十分重要的战略地位。丝绸之路沿线分布有大量的文化遗产，随着经济的发展及公众意识形态的转变，文化遗产地已成为全球重要的旅游目的地之一，在旅游业发展战略中至关重要。

莫高窟地处我国八大沙漠之一的库姆塔格沙漠东南缘和鸣沙山东麓，干燥的气候环境、相对稳定的区域地质环境和比较偏僻的社会环境为石窟的保存提供了客观条件[1]。但是洞窟壁画普遍存在着起甲、酥碱、疱疹、烟熏及生物侵蚀等多种病害，严重威胁着这类珍贵文化遗产的长久传承，壁画病害与保存环境有直接关系[2-6]。风沙尘、人为扰动、NaCl等盐、强光、大的温差、较高的湿度波动及微生物等因素加速了壁画病害的产生和发展[7-14]。

1　敦煌莫高窟生态环境特征

1.1　风沙危害

莫高窟地区受蒙古高压的影响，在当地盛行风的作用下，壁画、彩塑、洞窟围岩、窟前遗址等长期受到积沙、风蚀、粉尘及沙丘移动等危害[15]。源自鸣沙山的风沙受偏南、偏西两股气流的影响在洞窟形成堆积，以及窟前防护林带灌溉水的共同作用，使洞窟下层1m以下的壁画几乎全部被毁[16]［图（a）和（b）］。风沙流不仅对窟顶戈壁区造成侵蚀，而且在运行至窟顶临空面时产生气流反转，从而引起反向挟沙气流对崖面露天壁画的撞击、磨蚀，导致壁画褪色、变色。并且挟沙气流进入洞窟内，形成大面积沙尘覆盖［图（c）和（d）］，沙尘附着在壁画表面，极难清除，给文物保护工作者带来了严峻的考验[17]。

（a）第96窟附近积沙

（b）第72窟南壁积沙痕迹

（c）特大沙尘暴中的九层楼

（d）第16窟壁画彩塑表面降尘

图1　莫高窟风沙危害

1.2 水-盐运移

水是制约我国干旱区发展的主要环境要素之一，也是生态修复的关键因素。关于敦煌莫高窟水分来源的科学判断是敦煌文化遗产保护面临的主要技术瓶颈。水分是引起莫高窟壁画病害最活跃的因子，水分介导的盐分活动可引起壁画酥碱、疱疹、起甲、粉化、空鼓等多种严重病害发生[1, 18, 19]（图2）。洞窟外部环境变化及游客参观等是引起岩体内部水-盐运移的主要因素，进而诱发洞窟壁画产生盐害。例如，突发性强降雨事件，入渗水分会携带可溶盐沿崖体裂隙和岩土体孔隙运移至壁画地仗层，诱发病害发生和发展，超渗水分则汇成地表径流，对崖壁造成冲蚀，甚至伴随着区域性洪水的发生[20-22]；季节性的空气循环会带动水分蒸发，引起可溶盐的风化，从而使壁画剥落[23]；窟前绿化灌溉入渗水以非饱和形式向底层洞窟运移，增加了底层洞窟的湿度；游客参观引起窟内温度、相对湿度上升，导致微生态环境变化[1]；针对水分的吸收与释放对壁画的影响而进行的室内模拟试验表明，壁画在相对湿度较高的环境中会吸收水分，而在相对湿度较低的环境中会释放水分[24]。

（a）第26窟壁画酥碱

（b）第135窟壁画疱疹

图2 水-盐运移引起的莫高窟壁画病害

1.3 气溶胶污染

沙尘气溶胶污染一直是莫高窟区域环境的主要污染物之一，尤其是春夏两季沙尘暴频发，窟外与窟内的大气颗粒物浓度高于秋冬两季[25]，游客参观扰动引起的二次降尘在洞窟沙尘气溶胶污染中占重要贡献（图3）。窟内降尘主要来源于莫高窟窟顶不同地表类型二次起沙，当地表风速达到起沙风速，地表沉降物近距离运输，进入洞窟的粉尘对壁画彩塑的破坏速度缓慢，但破坏性强，使很多珍贵的壁画面目全非[26]，尤其是粒径小、比表面积大的细颗粒物（PM_{10}和$PM_{2.5}$等），更易于富集周围环境中的污染物，且悬浮在大气中的周期较长，不但磨蚀、污染壁画，而且进入破损壁画的缝隙间，加速起甲壁画、空鼓壁画的产生和发展[2, 14, 26-32]。

1.4 生物活动危害

由于莫高窟地区干燥的自然环境，比较单一的地表类型，以及景观的破碎化程度高等，生物多样性较低，生态系统极其脆弱。生物多样性是构成文化遗产生态系统多样性的基础，也是文化

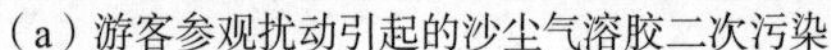

（a）游客参观扰动引起的沙尘气溶胶二次污染　　（b）洞窟内悬浮颗粒物

图3　莫高窟沙尘气溶胶污染

遗产生态系统维持稳定性的重要因素[33]。莫高窟人工防护林带可改变风向、遮蔽阳光、阻挡风沙及减弱岩体风化[34，35]，但在历史时期，受风沙淹埋的部分下层洞窟，根系生长延伸至窟内，对壁画造成机械损伤，不过当前已不存在这一问题；昆虫不仅可以取食窟顶防护林嫩叶［图4（a）和（b）］，在洞窟内活动，对壁画产生力学损伤，其排泄物也可侵蚀壁画[36，37]。

（a）拟步甲啃食窟顶人工植被　　（b）拟步甲在洞窟内地面活动

图4　莫高窟生物活动病害

2　主要研究进展

2.1　构建了“五带一体”的风沙危害综合防护体系

从根本上解决莫高窟地区的风沙危害问题，除与整个河西地区生态环境建设综合考虑外，还要结合莫高窟地区独特的风沙地貌特征及风沙运动规律，建立一个由工程、生物、化学措施组成的多层次、多功能的综合防护体系。在确保所采取的防治措施不给洞窟的永久保存带来任何间接或潜在威胁的前提下，使莫高窟的风沙灾害得到有效控制，从而明显地改善窟区生态环境质量，为世界文化遗产地敦煌莫高窟的可持续发展提供重要保障[38-40]。

目前，莫高窟窟顶综合防护体系以现有荒漠灌木林带的南端为起点，逐渐向北延伸，总长度2000m，宽度1300～2000m。其中高立式栅栏6395m，麦草方格沙障$1.12\times10^6m^2$，植物固沙带$1.1\times10^5m^2$，砾石铺压$1.65\times10^6m^2$，化学固崖$3\times10^4m^2$，窟区以防护林带配套工程为主[4]。

鸣沙山前缘流动沙丘和平坦沙地阻固区包括半隐蔽式方格沙障和以滴灌技术为主的荒漠灌木林带。草方格沙障能促使风沙流携带的沙物质沉降，引起沉积物粒度分布结构的重新分布，增加粉粒和黏粒等细粒物质的含量，同时对降水有一定的截流效果，从而提高沙层含水率，有利于植物的定植[41]。工程治沙见效快，但是不能从根本上解决沙害，植物固沙被认为是永久的治沙措施，流沙地表植被覆盖度达到50%以上时，地表风蚀基本得到控制[8]。为了筛选适宜的植物种，汪万福等于1992年在窟顶定植多枝红柳（*Tamarix ramosissima* Lcdcb）、花棒（*Hedysarum scoparium*）、梭梭［*Haloxylon ammodendron* （C. A. Mey.）Bunge］及沙拐枣（*Calligonum arborescens* Litv.）四种沙生植物苗进行栽培试验，结合滴灌技术，其成活率可达81.5%～100%。对四种固沙植物的物候、形态特征、成活率及防风固沙效应等因素分析，证明莫高窟窟顶实施植物固沙具有良好的前景[42, 43]。人工植被的建立，增大了地表粗糙度，降低了风速，改变了微气候，为沙质地表的成土过程提供了更为适宜的母质粒度成分，从而为天然植被的演替创造了有利条件[17]。通过风洞模拟试验和野外观测表明，当10m/s的低风速时，防护林带阻沙能力较强，阻滞风沙流达到90%，在风速为15m/s及以上中高速时，林带对风沙流的阻滞只有20%，明显减弱[44]。

窟顶戈壁防护区包括砾石压沙带和空白带。张伟民等研究结果表明，鸣沙山相对稳定，对莫高窟的危害不大，就地起沙是莫高窟风沙危害的主要因素[40]。植物及尼轮网等防护体系短期内可以阻挡风沙，但是积沙会给石窟造成新的隐患[45]，如何因势利导，使窟顶流场与风沙地貌达到一种动力平衡，是莫高窟综合防护体系成功与否的关键之一[46]。因此，利用砾石来增加地表粗糙度，抑制风蚀危害[47]，砾石覆盖度在60%左右，戈壁床面形成比较稳定的状态，达到最佳的防护功效[46]。薛娴等针对莫高窟顶的风沙地貌及戈壁地表特征，结合风洞模拟试验与野外观测，结果表明砾石形状和高度对增加地表粗糙度、抑制风蚀具有一定的作用，稳定床面具有特定的粒径和砾石覆盖度，如果形成稳定床面，应保持床面的稳定状态[47]。

莫高窟窟顶崖面受到强风风蚀，化学材料固结能够防止岩体风蚀[34]。李最雄等采用实验室模拟试验结合现场试验，表明高模数硅酸钾（PS）有较强的耐候性和耐紫外线辐射性，成本较低，对环境及人体健康影响较小[48]。固沙后的沙胶结体能够加速水分下渗，提高沙层含水率，改善植物生长条件。因此，植物固沙结合化学固沙，在植被生态恢复中具有良好的前景。

为了减弱偏东风对洞窟围岩的强烈风蚀，窟前种植了以乔木为主的防风林带，改善了窟区微环境[49]。汪万福等从窟前流场、崖面崖角形状及其受力等方面对其防护效应进行风洞模拟，结果表明，窟前防护林带形成了阻滞低风速区，削弱了崖角的风蚀危害[35]。

由于综合防沙治沙体系的日趋完善，防沙效果明显增强（图5）。栅栏建立一年后的1991年，每年风季3～5月窟前栈道积沙明显减少。化学固沙、灌木林带等措施的实施及清沙对地表的扰动等因素，引起窟区积沙量变化（2000年）。2009年，莫高窟保护利用工程子项目——风沙防护工程的实施，形成一个由工程、生物、化学措施组成的综合性防护体系，窟前栈道积沙逐渐减少，并保持一个较稳定的动态平衡，防护的效果十分显著。

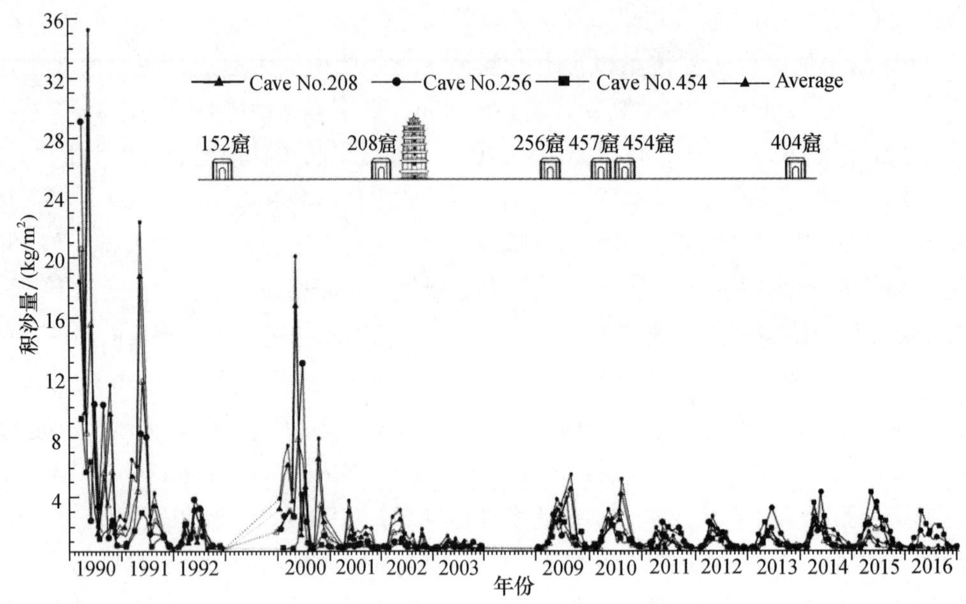

图5 莫高窟洞窟前栈道积沙量的月变化

2.2 莫高窟水分来源及生态利用方面取得重要进展

水分是莫高窟生态恢复的主要限制因子，同时也一直是洞窟文物保护研究的重要视角。李红寿等采用拱棚-空调凝结法封闭测定系统，对潜水埋深超过200m 的莫高窟极干旱戈壁的环境分析表明，该区存在水分运转机制，可形成潜水蒸发，45天的监测表明，在潜水埋深超过200m 的敦煌极干旱地区存在不少于0.0219mm/d的潜水蒸发[50-53]。并采用隔绝对比试验印证了极干旱区深埋潜水蒸发的存在[54]，盐分对极干旱土壤水分垂直分布有一定影响[55]，洞窟水分的蒸发受围岩温度主导，围岩结合水分的分解与吸收，在分解与吸收的年过程中引导深层水汽向外运移与蒸发，而深层水分来源于潜水，温度年周期波动是引起洞窟潜水蒸发的根源[56]。陈海玲等对莫高窟南区四个洞窟长达10 年（2004～2013年）的环境数据分析表明，降雨促使开放洞窟相对湿度迅速上升，关闭洞窟能够及时阻隔窟外相对湿度波动对窟内的影响，这为敦煌莫高窟洞窟在极端环境下开放提供了依据[57]。李红寿等用水同位素示踪原理研究表明，野马山区降水是党河水的来源，而党河是莫高窟地下潜水和洞窟蒸发水的合理来源，存在清晰的来源渠道：野马山降水→党河→党河潜水→莫高窟地下潜水→洞窟围岩水分→洞窟蒸发水分[58]。同时，窟前防护林带采用少量、多次或滴灌结合喷灌的方式，将有助于减少水分在深层土壤的积累，防止深层土壤水分的侧渗对石窟造成威胁[59]。

在对莫高窟潜水蒸发机理研究的基础上，本研究团队发明了一种利用地下潜水及降雨对干旱区荒漠化土地生态恢复的方法。具体地说，在干旱缺水的荒漠化地区，通过对不同粒径土壤的分选整理、沙下地膜的覆盖、水分引导等综合技术，达到充分利用地下深埋潜水和降水，进而实现荒漠化土地生态恢复的目的。主要适用于极干旱、干旱、半干旱地区戈壁沙漠的生态恢复，目前初步的无滴灌种植试验表明，该发明非常成功，具有十分广阔的应用前景。

2.3 沙尘气溶胶研究进展

针对莫高窟洞窟壁画、彩塑表面大气降尘污染，本课题组对洞窟内外TSP、$PM_{2.5}$及PM_{10}质量浓度、易溶盐含量、微生物群落结构等方面进行了全面深入的监测和研究。

汪万福等对莫高窟及敦煌农村大气环境研究表明（图6），莫高窟窟区和农村TSP质量浓度变化趋势基本一致，连续6年TSP质量浓度年平均值也比较接近，分别为0.3077mg/m^{3}和0.3494mg/m^3 [28]。敦煌农村秋季农业焚烧秸秆等活动使得TSP质量浓度较高，莫高窟距离农村较远，基本不受农业活动影响[60]。

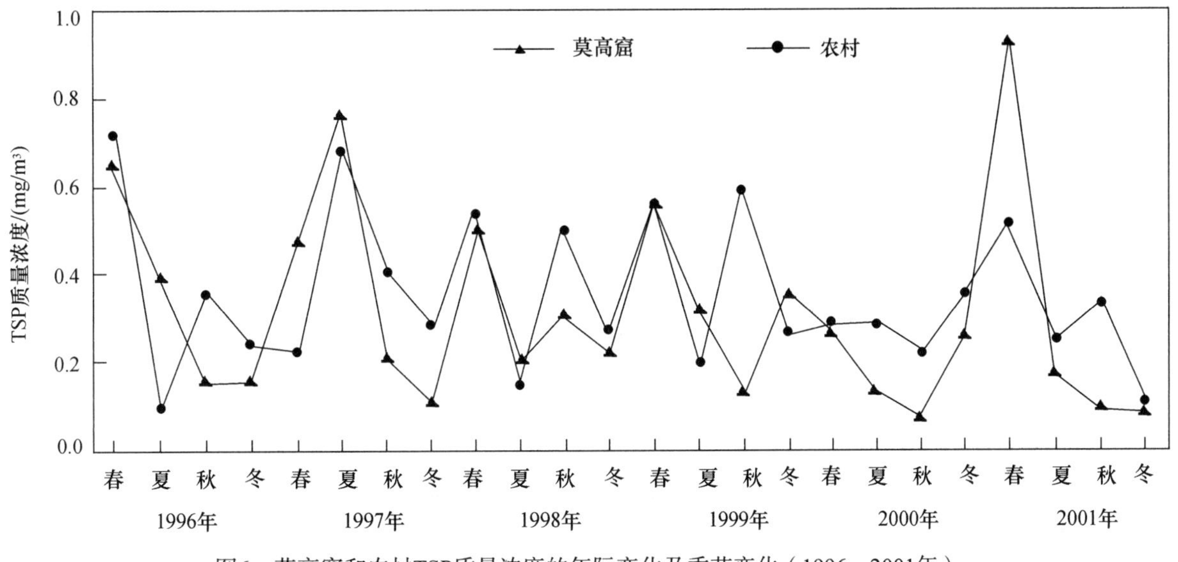

图6 莫高窟和农村TSP质量浓度的年际变化及季节变化（1996～2001年）

徐瑞红等对莫高窟窟外与第16窟窟内$PM_{2.5}$、PM_{10}浓度季节变化研究表明（图7），窟外环境和第16窟窟内环境大气颗粒物浓度$PM_{2.5}$与PM_{10}变化趋势基本一致，在春夏两季的波动性较强，秋冬季节较为平稳。这是因为莫高窟地区春季、夏季沙尘天气较多，数据的波动较大[25]。

图8样品编号S1～S8分别表示为：晴朗天气—窟内$PM_{2.5}$、沙尘天气—窟内$PM_{2.5}$、晴朗天气—窟内PM_{10}、沙尘天气—窟内PM_{10}、晴朗天气—窟外$PM_{2.5}$、沙尘天气—窟外$PM_{2.5}$、晴朗天气—窟外PM_{10}、沙尘天气—窟外PM_{10}。

2014年9月20日，敦煌地区出现特大沙尘暴天气，窟内外PM_{10}和$PM_{2.5}$中可溶性离子总量均有不同程度升高，Cl^-、NO_3^-、SO_4^{2-}、Na^+、K^+、Mg^{2+}和Ca^{2+}浓度增加，其中SO_4^{2-}和Ca^{2+}浓度占有绝对优势，对总离子浓度贡献起了重要作用。可见，沙尘暴天气引起的邻近区域干盐湖、盐渍土等地壳源对颗粒物中水溶性离子比例的影响占主要地位。

武发思等针对游客量较多的“五一假期”（图9），对洞窟外环境及第16窟洞窟内$PM_{2.5}$和$PM_{10～2.5}$空气颗粒物中真菌群落特征研究表明，在属的水平上，洞窟外$PM_{2.5}$中以链格孢属（*Alternaria*，14%）、隐球菌属（*Cryptococcus*，10%）、枝孢属（*Cladosporium*，5%）和细基格孢属（*Ulocladium*，4%）为主，洞窟外中以半乳糖霉菌属（*Galactomyces*，10%）和地霉属（*Geotrichum*，1%）为主；洞窟内$PM_{2.5}$中为链格孢属（29%）、枝孢属（11%）、隐球菌属

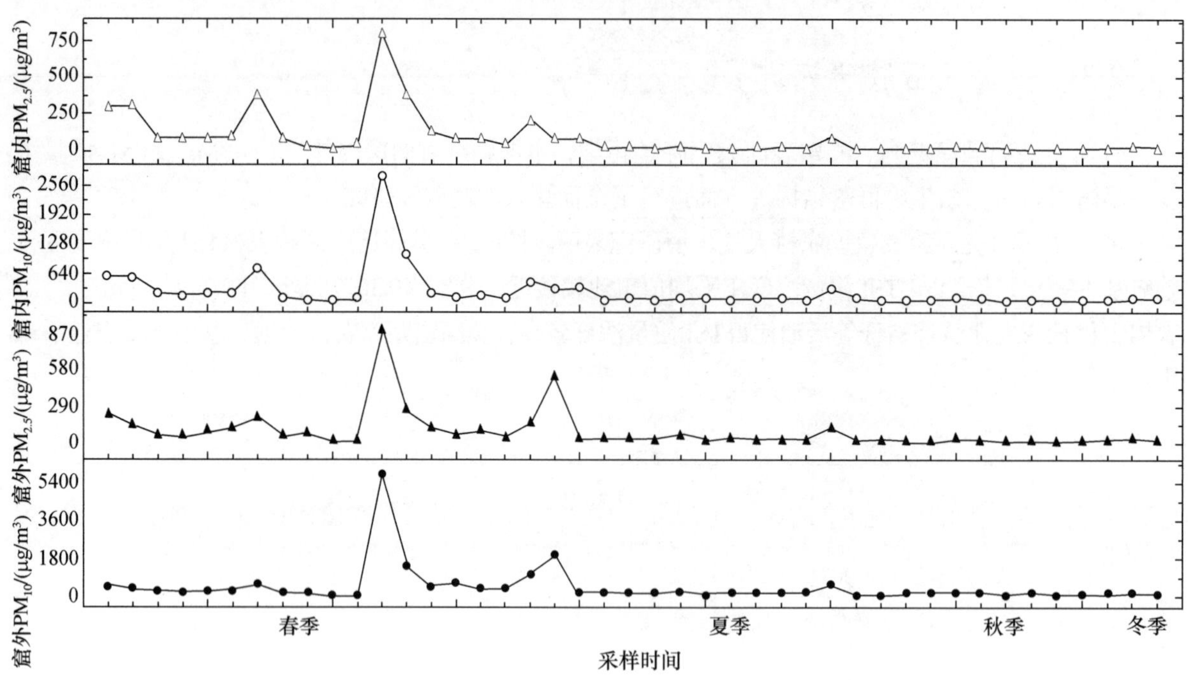

图7　窟外、第16窟窟内大气颗粒物PM$_{2.5}$与PM$_{10}$浓度季节变化趋势

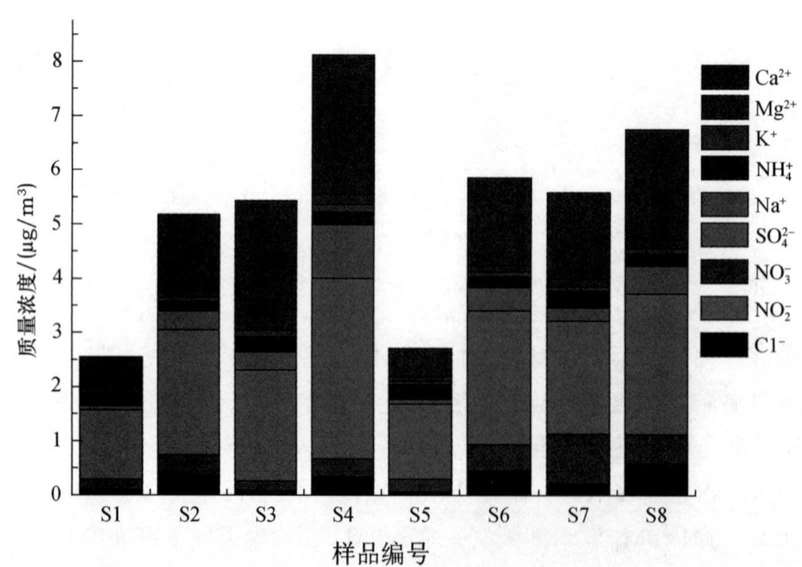

图8　窟内外晴朗天气和沙尘天气下PM$_{2.5}$和PM$_{10}$中可溶性离子浓度变化

（10%）、*Guehomyces*（3%）和曲霉属（*Aspergillus*，3%），洞窟内PM$_{10\sim2.5}$中以半乳糖霉菌属（10%）、青霉属（*Penicillium*，3%）、囊酵母属（*Zygoascus*，2%）和布氏白粉菌属（*Blumeria*，2%）为主。真菌群落结构在洞窟内外差异明显。洞窟稳定的微环境及大量游客参观对窟内环境的扰动可能是引起窟内PM$_{2.5}$和PM$_{10-2.5}$中真菌群落组成与结构变化的关键因素[30]。

2.4　生物危害机理研究取得进展

贺东鹏等以第88窟前的银白杨作为研究对象，采用探地雷达系统，在探测区域−150～−20cm

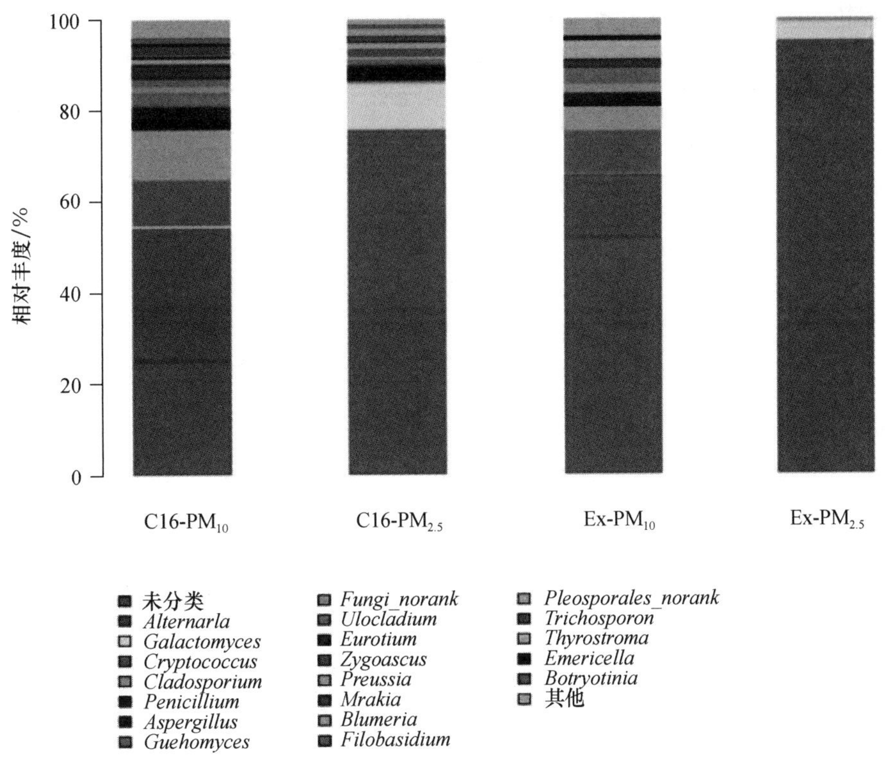

图9 空气颗粒物中真菌在属水平上群落特征

深度范围内，发现根系的分布呈现东侧、南侧与北侧分布密集，西侧稀少的特征，并有直径大于50cm的根系向洞窟方向延伸，这将会对洞窟的安全造成一定威胁，建议采取相应保护措施[61]。

汪万福等针对仿爱夜蛾成虫对莫高窟壁画的损害，现场调查结合室内模拟试验结果表明，受洞窟温度、相对湿度影响，成虫数量在底层洞窟分布较多，其排泄物不仅污染壁画，而且残余物中的酸性物质对壁画发生腐蚀[36, 37, 62]；将模拟洞窟置于莫高窟第53窟，结果表明8～9月份是成虫病害高峰期，壁画颜料明度可以影响成虫趋向性，成虫比较偏好靛蓝、铁红和墨[63]；成虫在壁画表面活动时，其爪部接触冲击和拍翅行为加速了起甲、酥碱等病害，并导致壁画的脱落[64, 65]。

综上所述，敦煌莫高窟风沙综合防护体系的构建，以及洞窟窟门、防沙门的安装，有效地阻止、截留了沙尘进入洞窟；部分开放洞窟前室、甬道的木质地板，也对进入洞窟的沙尘有一定的缓冲作用；甬道两边的玻璃屏风，不仅避免了游客触碰壁画，而且有效地隔离了游客参观扰动引起的灰尘污染；防护林带合理的灌溉，避免了水分向洞窟的迁移；生物多样性的研究，为有效地治理壁画生物病害提供了数据支撑。在文物预防性保护背景下，莫高窟保护区及窟内生态环境的改善，是文物的完好赋存与传承不可或缺的组成部分。

3 问题与展望

随着公众认识的不断深化和保护理念的不断更新，文物保护的内涵与外延都发生了巨大变化。文物保护已经成为社会科学、自然科学和工程技术等科学技术领域相互渗透融合的交叉学科。同时，“十三五”时期，文物保护要实现“两个转变”：由注重抢救性保护向抢救性与预防性保护并重转变，由注重文物本体保护向文物本体与周边环境、文化生态的整体保护转变，确保文物安全。莫高窟文物的保存现状和维护工作得到了我国政府的高度重视，也广受世界不同国家的关注，对其保护不仅限于石窟本体，还包括与其共存的环境[66, 67]。这种理念的转变，对莫高窟的预防性保护来说，既是挑战，又是千载难逢的机遇。

因此，敦煌莫高窟生态环境的改善主要结合生态学、生物学、环境科学及文物保护等学科，从洞窟支撑体病害的防治、风沙治理、水分平衡及旅游开放等方面入手，构建文物赋存的生态环境大数据平台，不断更新防护体系。基于文物预防性保护理念，在遗产保护的基础上合理发展旅游，尽可能减弱人为扰动对文物赋存生态环境的影响，把旅游开发建立在生态环境和当地社会人文环境可承受范围内，形成可持续开放的良好发展模式。同时，莫高窟生态环境保护应该从全国性资源环境问题出发，紧密结合河西走廊地区社会经济发展、生态环境建设的需求，进行区域资源合理开发、生态环境恢复与治理、社会经济发展规划等研究工作。敦煌地区生态环境的改善，不仅是丝绸之路文化遗产保护的基本需求，也是事关中国整个西部地区实现可持续发展的重大举措。

致谢：本研究受国家自然科学基金（31560160、31500430）、甘肃省科技计划项目（18JR3RA004，1604WKCA003）和甘肃省文物局课题（201609）资助。

参 考 文 献

[1] 张明泉，张虎元，曾正中，等. 敦煌莫高窟保护中的主要环境问题分析［J］. 干旱区资源与环境，1997，11（1）：34-38.

[2] 李最雄. 丝绸之路石窟壁画彩塑保护［M］. 北京：科学出版社，2005.

[3] 王旭东，苏伯民，陈港泉，等. 中国古代壁画保护规范研究［M］. 北京：科学出版社，2013.

[4] 汪万福. 敦煌莫高窟风沙危害及防治［M］. 北京：科学出版社，2018.

[5] Wang W, Ma X, Ma Y, et al. Seasonal dynamics of airborne fungi in different caves of the Mogao Grottoes, Dunhuang, China [J]. International Biodeterioration & Biodegradation, 2010, 64(6): 461-466.

[6] Qu J, Cao S, Li G, et al. Conservation of natural and cultural heritage in Dunhuang, China [J]. Gondwana Research, 2014, 26(3-4): 1216-1221.

[7] Zhang W, Tan L, Zhang G, et al. Aeolian processes over gravel beds: field wind tunnel simulation and its application atop the Mogao Grottoes, China [J]. Aeolian Research, 2014, 15(335-344): 335-344.

[8] Wang W, Dong Z, Wang T, et al. The equilibrium gravel coverage of the deflated gobi above the Mogao Grottoes of Dunhuang, China (EI) [J]. Environmental Geology, 2006, 50(7): 1077-1083.

[9] 张国彬，薛平，侯文芳，等. 游客流量对莫高窟洞窟内小环境的影响研究［J］. 敦煌研究，2005，（4）：83-86.

[10] Guo Q L, Wang X D, Zhang H Y, et al. Damage and conservation of the high cliff on the Northern area of Dunhuang Mogao Grottoes, China [J]. Landslides, 2009, 6(2): 89-100.

[11] Uno T, Xue P, Takabayashi H. Influence of solar radiation on the deterioration of the mural paintings in Mogao Cave 285 [J]. Conservation Science, 2010, 49: 111-118.

[12] Li G S, Wang W F, Qu J J, et al. Study on temperature and humidity environment of grotto 72 at the Mogao Grottoes in Dunhuang, China [J]. International Journal of Climatology, 2013, 33(8): 1863-1872.

[13] 周启友，李禾澍，王冬，等. 莫高窟108窟内空气温湿度的变化过程及其对窟内水汽和热量来源的启示［J］. 文物保护与考古科学，2018，30（3）：51-60.

[14] Ma Y, Zhang H, Du Y, et al. The community distribution of bacteria and fungi on ancient wall paintings of the Mogao Grottoes [J]. Scientific Reports, 2015, 5: 7752.

［15］ 唐玉民，孙儒僩．敦煌莫高窟大气环境质量与壁画保护［J］．敦煌研究，1988，（3）：15-22.

［16］ 孙儒僩．回忆石窟保护工作［J］．敦煌研究，2000，（1）：24-29.

［17］ 汪万福，张伟民，李云鹤．敦煌莫高窟的风沙危害与防治研究［J］．敦煌研究，2000，（1）：42-48.

［18］ 郭青林．敦煌莫高窟壁画病害水盐来源研究［D］．兰州：兰州大学，2009.

［19］ 赵海英，李最雄，韩文峰，等．西北干旱区土遗址的主要病害及成因［J］．岩石力学与工程学报，2003，22（增2）：2875-2880.

［20］ 王旭东，郭青林，李最雄，等．敦煌莫高窟洞窟围岩渗透特性研究［J］．岩土力学，2010，31（10）：3139-3144.

［21］ 刘洪丽，王旭东，张明泉，等．敦煌莫高窟降雨分布及入渗特征研究［J］．文物保护与考古科学，2016，28（2）：32-37.

［22］ 张正模，刘洪丽，郭青林，等．突发性强降雨对莫高窟洞窟微环境影响分析［J］．敦煌研究，2013，（1）：120-124.

［23］ Miura S, Nishiura T, Zhang Y J, et al. Microclimate of Cave Temples 53 and 194, Mogao Grottoes [A]//Conservation of Ancient Sites on the Silk Road: Proceedings of an International Conference on the Conservation of Grotto Sites [C]. The Getty Conservation Institute, Los Angeles, 1997: 294-300.

［24］ Zhang H Y, Yan G S , Wang X D . Laboratory test on moisture adsorption-desorption of wall paintings at Mogao Grottoes, China [J]. Journal of Zhejiang University-Science A (Applied Physics & Engineering), 2012, 13(3): 208-218.

［25］ 徐瑞红，武发思，张国彬，等．敦煌莫高窟大气颗粒物$PM_{2.5}$和PM_{10}浓度的季节变化分析［A］// 海峡两岸气溶胶技术研讨会论文集［C］．2015.

［26］ 屈建军，张伟民，王旭东．敦煌莫高窟大气降尘的初步观测研究［J］．环境研究与监测，1992，（3）：8-12.

［27］ 刘立超，沈志宝，王涛，等．敦煌地区沙尘气溶胶质量浓度的观测研究［J］．高原气象，2005，24（5）：765-771.

［28］ 汪万福，王涛，沈志宝，等．敦煌莫高窟区大气环境成分的监测分析［J］．高原气象，2006，25（1）：164- 168.

［29］ 张二科，曹军骥，王旭东，等．敦煌莫高窟室内外空气质量的初步研究［J］．中国科学院研究生院学报，2007，24（5）：612- 618.

［30］ 武发思，汪万福，贺东鹏，等．基于454测序的莫高窟大气颗粒物中真菌群落特征分析［A］．海峡两岸气溶胶技术研讨会论文集［C］．2015：344-352.

［31］ Mikayama A, Hokoi S, Ogura D, et al. The effects of windblown sand on the deterioration of mural paintings in cave 285, in Mogao caves, Dunhuang [J]. Journal of Building Physics, 2018: 1-20.

［32］ Tan L, Zhang W, Qu J, et al. Aeolian sediment transport over gobi: field studies atop the Mogao Grottoes, China [J]. Aeolian Research, 2016, 21: 53-60.

［33］ 申华敏，王世宏，王小鹏，等．齐峰文化遗产的环境系统特征承载力及保护原则［J］．环境科学与技术，2006，29：58-62.

［34］ 屈建军，张伟民，王远萍，等．敦煌莫高窟岩体风蚀机制及其防护对策研究［J］．中国沙漠，1994，14（2）：18 - 23.

［35］ 汪万福，安黎哲，冯虎元，等．敦煌莫高窟窟前林带防护效应的风洞实验［J］．中国沙漠，2009，29（3）：383-390.

［36］ 汪万福，马赞峰，蔺创业，等．昆虫对石窟壁画的危害与防治研究［J］．敦煌研究，2002，（4）：84-91.

［37］ 汪万福，蔺创业，王涛，等．仿爱夜蛾成虫排泄物对敦煌石窟壁画的损害及其治理［J］．昆虫学报，2005，48（1）：74-81.

［38］ 屈建军，张伟民，彭启龙，等．论敦煌莫高窟的若干风沙问题［J］．地理学报，1996，51（5）：418-425.

［39］ 朱震达．中国沙漠化研究的进展［J］．中国沙漠，1999，19（4）：299-311.

［40］ 张伟民，王涛，薛娴，等．敦煌莫高窟风沙危害综合防护体系探讨［J］．中国沙漠，2000，20（4）：409-414.

［41］ 吴正．风沙地貌与治沙工程学［M］．北京：科学出版社，2003.

［42］ 汪万福，李云鹤，阿根纽，等．莫高窟地区生物固沙植物种选择试验报告［J］．敦煌研究，1993，（3）：98-118.

［43］ 汪万福，李云鹤，林博明．莫高窟崖顶植物固沙试验研究［J］．敦煌研究，1996，（3）：112-135，186-187.

［44］ 汪万福，李最雄，刘贤万，等．敦煌莫高窟顶灌木林带防护效应研究［J］．中国沙漠，2004，24（3）：306-312.

［45］ Li G S, Qu J J, Han Q J, et al. Responses of three typical plants to wind erosion in the shrub belts atop Mogao Grottoes, China [J].

Ecological Engineering, 2013, 57: 293-296.

[46] 王涛，张伟民，汪万福，等．莫高窟窟顶戈壁防护带阻截和输导功能研究［J］．中国沙漠，2004，24（2）：187-190.

[47] 薛娴，张伟民，王涛．戈壁砾石防护效应的风洞实验与野外观测结果——以敦煌莫高窟顶戈壁的风蚀防护为例［J］．地理学报，2000，55（3）：375-383.

[48] 李最雄，Neville A，林博明．莫高窟崖顶的化学固沙实验［J］．敦煌研究，1993，（1）：89-119.

[49] Li G S, Qu J J, Li X Z. The effect of microclimates in the aeolian sand environment at the Mogao Grottoes, China [J]. Terrestrial Atmospheric and Oceanic Sciences, 2013, 1(24): 89-105.

[50] 李红寿，汪万福，郭青林，等．敦煌莫高窟干旱地区水分凝聚机理分析［J］．生态学报，2009，29（6）：3198-3205.

[51] 李红寿，汪万福，张国彬，等．极干旱区深埋潜水蒸发量的测定［J］．生态学报，2010，30（24）：6798-6803.

[52] Li H S, Wang W F, Zhan H T, et al. New judgement on the source of soil water in extremely dry zone [J]. Acta Ecologica Sinica (International Journal), 2010, 30(1): 1-7.

[53] Li H, Wang W. Determination and analysis of phreatic water evaporation in extra-arid dune region [J]. Acta Ecologica Sinica, 2014, 34(2): 116-122.

[54] 李红寿，汪万福，柳本立，等．用隔绝法对极干旱区土壤水分来源的分析［J］．干旱区地理（汉文版），2013，36（1）：92-100.

[55] 李红寿，汪万福，武发思，等．盐分对极干旱土壤水分垂直分布与运转的影响［J］．土壤，2011，43（5）：809-816.

[56] Li H S, Wang W F, Zhan H T, et al. Water in the Mogao Grottoes, China: where it comes from and how it is driven [J]. Journal of Arid Land, 2015, 7(1): 37-45.

[57] 陈海玲，陈港泉，Neville A，等．开放参观对莫高窟洞窟微环境的影响［J］．文物保护与考古科学，2017，29（6）：10-17.

[58] 李红寿，汪万福，詹鸿涛，等．应用氢氧稳定同位素对极端干旱区蒸发水分来源的确定［J］．生态学报，2016，36（22）：7436-7445.

[59] 郑彩霞，秦全胜，汪万福．敦煌莫高窟窟区林地土壤水分的入渗规律［J］．敦煌研究，2001，（3）：172-177.

[60] Du M Y, Wang W F, Yonemura S, et al. Evaluation of regional dust emission with different surface conditions at Dunhuang, China [J]. Journal of Arid Land Studies, 2016, 26(1): 1-7.

[61] 贺东鹏，武发思，徐瑞红，等．探地雷达在莫高窟窟区树木根系探测方面的应用［J］．干旱区资源与环境，2015，29（2）：86-91.

[62] 汪万福，蔺创业，张国彬，等．甘肃境内石窟寺中壁画有害生物调查及防治对策［J］．敦煌研究，2009，（6）：30-35.

[63] 汪万福，武发思，张国彬，等．仿爱夜蛾成虫对敦煌莫高窟模拟壁画的选择趋性［J］．昆虫学报，2013，56（10）：1181-1188.

[64] 汪万福，吉爱红，武发思，等．仿爱夜蛾成虫在莫高窟模拟壁画表面的运动行为及其损害机理［J］．昆虫学报，2014，57（6）：703-709.

[65] Ji A H, Wang W F, Yan J F, et al. Locomotive and adhesive behavior of *Apopestes spectrum* on murals in Mogao Grottoes, Dunhuang [J]. Applied Mechanics & Materials, 2014, 461(19): 235-240.

[66] 樊锦诗．简述敦煌莫高窟保护管理工作的探索和实践［J］．敦煌研究，2016，（5）：1-5.

[67] 樊锦诗．为了敦煌久远长存——敦煌石窟保护的探索［J］．敦煌研究，2004，（3）：16-21.

莫高窟第245窟裂隙渗水对壁画产生的病害破坏研究

牛贺强[1, 2]　王丽琴[3]　郭青林[1, 2]

（1. 敦煌研究院，甘肃敦煌，736200；2. 国家古代壁画保护工程技术研究中心，甘肃敦煌，736200；3. 西北大学文化遗产学院，陕西西安，710069）

摘要　本文通过对第245窟壁画的制作材料、工艺及易溶盐含量等分析，根据分析结果制作与原壁画基本相同的实验试块，依据东壁壁画病害形成原因设计壁画病害模拟实验，在实验循环过程中壁画试块出现不同的现象和病害，如颜料层开裂、泡状起甲、起甲、脱落、带状或球形疱疹、疱疹状脱落、酥碱、裂缝、片状或锥形盐壳等多种病害，通过观察裂隙渗水实验产生不同病害和变化现象，验证渗水对壁画产生的病害以及破坏作用。

关键词　壁画　盐害　裂隙渗水　模拟实验

引　　言

莫高窟第245窟位于莫高窟南区中段二层，营建于沙州回鹘时期。第245窟为沙州回鹘时期的代表洞窟，壁画中出现回鹘文化艺术特有的编织纹佛光图案、三珠火焰纹、波状云头纹卷草边饰等装饰纹样，以及独具特点的回鹘族男女供养人画像等沙州回鹘艺术形象，在回鹘研究、宗教美术表现形式、传统中国画技法与材料、佛教艺术发展研究等方面具有丰富的史料价值[1-3]，其建筑装饰纹样、着装服饰等方面提供的科学资料，在莫高窟同时期的洞窟中，表现出不可替代的历史、艺术与科学价值。

图1　第245窟东壁壁画酥碱、空鼓、盐壳病害

第245窟位于中层，因前部洞身外伸，降水沿地震后产生的裂隙和洞窟开凿产生的裂隙入渗，使地层中的盐分发生溶解和运移，造成洞内局部壁画酥碱[4]，见图1。莫高窟壁画因降雨沿地震后产生的裂隙进入壁画，溶解了岩体中大量盐分，并带入壁画结构中，导致洞窟内部分壁画产生酥

碱[4-7]、空鼓、疱疹[8]等病害（图1）。本文根据第245窟壁画制作材料和工艺分析、地仗含盐量分析结果，设计裂隙渗水对壁画产生病害的模拟实验，观察裂隙渗水对壁画产生的破坏现象和病害情况。

1　壁画制作材料及工艺分析

1.1　壁画颜料分析

利用X射线衍射仪对取自第245窟的6个粉末状颜料样品进行物相分析，分析仪器为日本理学电机Dmax/2500衍射仪，测试条件为：管压40kV，管流100mA，采用连续扫描，扫描范围5°～70°。第245窟壁画颜料XRD物相分析结果见表1。

表1　第245窟壁画颜料XRD物相分析结果

样品编号	颜色	主要物相	显色物相	显色物相化学式
M245WN02	白色	氯铅矿、硬石膏、生石膏	氯铅矿、硬石膏、生石膏	$PbCl_2$、$CaSO_4$ $CaSO_4\cdot 2H_2O$
M245WN03	绿色	生石膏、硬石膏、石英、氯铜矿	氯铜矿	$Cu_2Cl(OH)_3$
M245WS06	灰色	生石膏、石英、方解石、白云母、绿泥石	生石膏	$CaSO_4\cdot 2H_2O$
M245WS07	棕色	石英、生石膏、硬石膏、方解石、绿泥石、白云母、块黑铅矿	块黑铅矿	PbO_2
M245WE09	白色	生石膏、硬石膏、石英	生石膏、硬石膏	$CaSO_4\cdot 2H_2O$、$CaSO_4$
M245WN16	肉色	硬石膏、氯铅矿、石英、生石膏	—	—

莫高窟第245窟壁画颜料XRD物相分析结果表明，壁画均使用传统矿物颜料，大面积的白色底色层主要使用石膏类材料，也有少量石英，菩萨面部白色颜料为氯铅矿，绿色颜料为氯铜矿，主尊佛华盖区域棕色颜料为二氧化铅，灰色与肉色颜料未发现显色物质。第245窟壁画中部分红色铅颜料产生了变色现象，由铅丹变为二氧化铅。

根据第245窟壁画6个颜料样品以及剖面样品的分析结果得知，壁画颜料层的绘画材料是：铅丹、二氧化铅、蓝铜矿、氯铜矿、赤铁矿、石膏等，均为传统无机矿物颜料。第245窟的壁画颜料较单一，主要有白色、红色、绿色、蓝色四种。对掉落的颜料层碎片作剖面分析，壁画绘画层较薄，厚度为10～50μm，第245窟壁画蓝色颜料剖面形貌见图2。

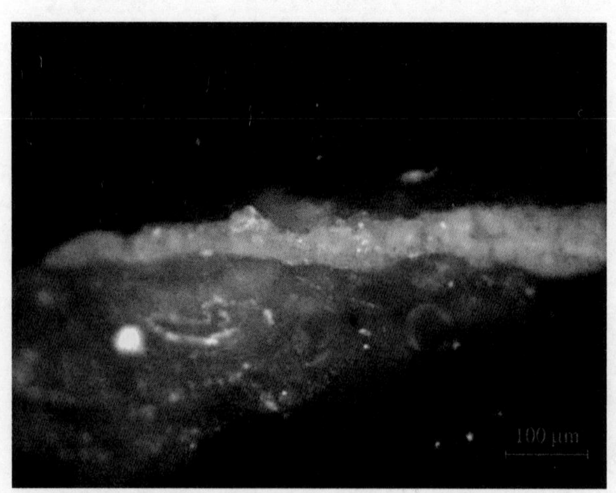

图2　莫高窟第245窟壁画颜料层显微镜剖面图

1.2 壁画地仗分析

1.2.1 壁画地仗样品的XRD物相分析

壁画地仗样品来源：第245窟甬道西壁下边缘及甬道北壁下边缘处地仗。分析仪器为理学电机Dmax/2500衍射仪，测试条件为：管压40kV，管流100mA，采用连续扫描，扫描范围3°～70°。地仗样品XRD图谱见图3。

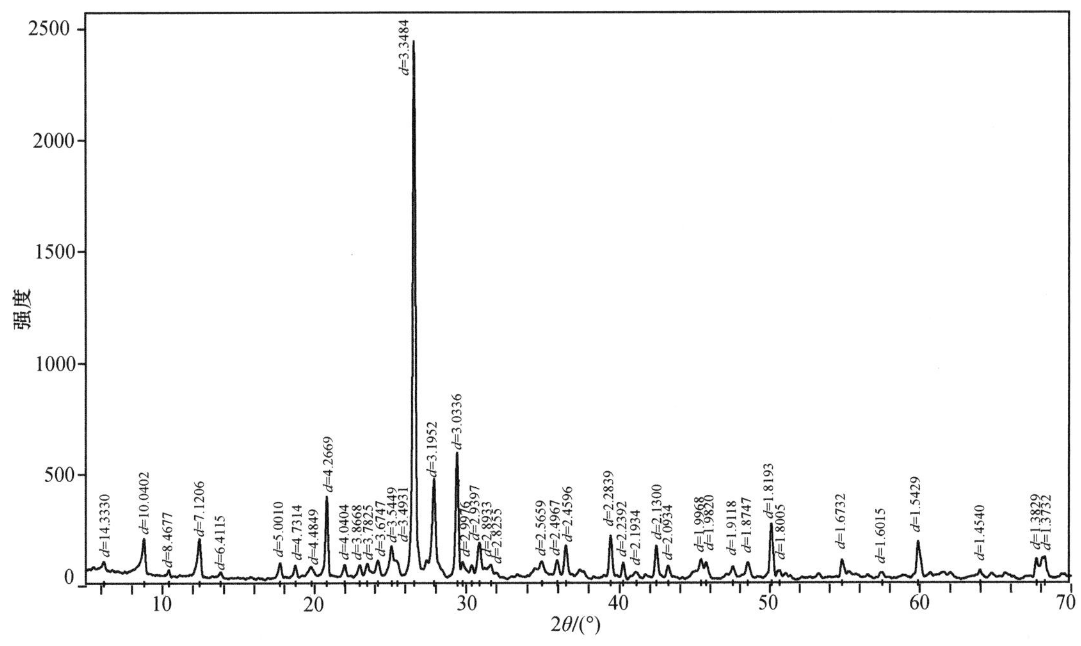

图3 第245窟地仗样品的XRD图谱

分析结果表明，地仗样品物相主要为石英、方解石、钠长石、白云母、绿泥石和白云石。

1.2.2 地仗颗粒粒径分析

采用注射进样型粒度分析仪AccuSizer 780粒度仪对第245窟地仗样品进行颗粒分析，采用的传感器为LE400-0.5。样品处理说明：取土样0.0569g，加入去离子水40.7614g，摇匀静置24h后测量。实验进样量为0.05mL，运行60s。

AccuSizer 780粒度仪受检测限（0.57）影响，将分析的数据绘制成粒径频率曲线，见图4。从粒径分析曲线和分析结果得出，单峰（mode，亦称众数）为0.6μm，以黏粒（小于5μm）为主，不含黏粒，地仗样品的颗粒组成与莫高窟窟前宕泉河河床的沉积粉土（敦煌称为澄板土，粒径众数为1.6μm，见图5）接近，这种粉土粒度很细，一般都在0.05～0.001mm，作为地仗材料，这类地仗的特点是密度大，强度高，表面平整度好，易于作画。

纤维含量分析方法为：取M245WE11样品若干，称重，用带橡胶头的研棒研磨，将筛出的植物纤维称重，得出麻纤维含量约占地仗的2.5%。

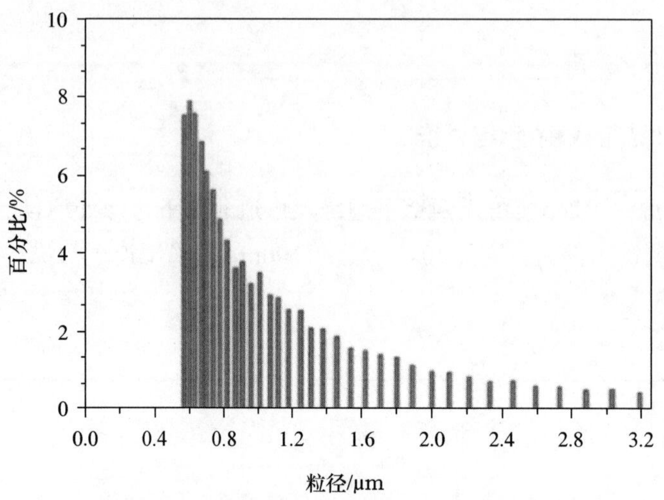

图4　第245窟地仗样品粒径分析图

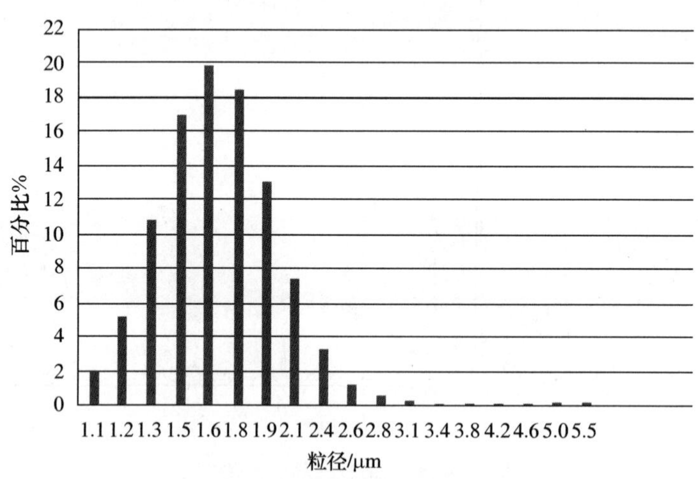

图5　当地澄板土粒径分析图

1.2.3　地仗易溶盐分析

对取自第245窟的5个土样进行易溶盐含量的测定。方法如下：在实验室将烘干的土样浸泡于去离子水中，严格控制水土比为5：1，在超声振荡器上振荡3min。采用注射针头过滤器（孔径0.45μm）过滤上部清液，利用戴安ICS-90睿智型离子色谱仪对清液进行分析，分析条件见表2。根据土样浸泡处理时的固液比，对仪器分析结果进行计算。为方便使用，土样中的离子含量用百分比表示，分析结果见表3。

表2　阴阳离子分析条件

名称	阳离子	阴离子
分析柱	CS12A	AS14
淋洗液	20mmMSA（甲烷磺酸）	Na_2CO_3（3.5mm）/$NaHCO_3$（1.0mm）
淋洗液速度	1.0mL/min	1.2mL/min
系统压力	1320psi	1219psi
抑制电流	59mA	24mA

表3 第245窟壁画地仗可溶盐分析结果

样品编号	各种离子含量/%							总盐量/%
	Cl^-	NO_3^-	SO_4^{2-}	Na^+	K^+	Mg^{2+}	Ca^{2+}	
M245WW10	0.2793	0.0666	0.2334	0.2180	0.0257	0.0104	0.0749	0.9084
M245WE11	19.3847	3.1790	2.8502	13.7495	0.6622	0.0990	0.2679	40.1925
M245WN12	0.6162	0.0621	0.3326	0.4557	0.0234	0.0041	0.0466	1.5406
M245WN13	0.6537	0.0672	0.3464	0.5960	0.0331	0.0202	0.1247	1.8414
M245WE14	0.8189	0.2001	2.1250	0.9796	0.0823	0.0615	0.7553	5.0228

通过对地仗可溶盐的离子色谱数据分析发现，莫高窟第245窟壁画地仗可溶盐阴离子以Cl^-、SO_4^{2-}为主，含有少量的NO_3^-，阳离子以Na^+为主，同时含有少量的Ca^{2+}、K^+。从整体来看，第245窟易溶盐含量较高，大部分样品的可溶盐含量在1%以上，东壁壁画病害区域易溶盐含量超过40%，是正常壁画含盐量的几十倍，故推测此盐分必为进入壁画结构中不断累积的外来盐分。外来盐分进入洞窟必须借助水的作用，这与张明泉、张虎元、曾正中等在《莫高窟壁画酥碱病害产生机理》[4]中阐述到莫高窟第245窟位于崖体中层，因前部洞身外伸，降雨雨水沿地震后产生的裂隙和洞窟开凿产生的裂隙入渗，使地层中的盐分发生溶解和运移，造成洞内局部壁画酥碱，并认为决定壁画酥碱发生发展的主要因素是水的来源和地层的透水性，对莫高窟壁画来说，无水则安，有水则患。因此，开展裂隙渗水对壁画病害的研究颇具意义。莫高窟第245窟因窟顶部裂隙渗水导致洞窟内壁画产生酥碱、盐壳病害，见图6。

图6 第245窟北壁壁画酥碱、盐壳病害

2 实验部分

2.1 壁画试块制作

壁画试块的支撑体为两片厚度基本相同的砂砾岩片石，采集于莫高窟南侧大泉河防洪工程两侧刷除的岩体，将两块砂砾岩片石之间预留2cm宽间隙，固定于竹胶板上，澄板土和沙重量比为3∶1，加入3%麻（以100g沙土中加入3g麻计）和制成的泥抹在片石支撑体上。试块制作材料见图7，实验试块长约35cm，宽约25cm。试块干燥后，用方解石粉和5%明胶涂于表面作底色层，并在底色层上绘制石青、石绿、朱砂、雌黄等矿物颜料。壁画试块中黏土含量为1500g，沙500g，加入麻纤维60g。

2.2 实验条件

在裂隙渗水实验中，窟顶岩体内含盐量、雨水渗透量及盐分溶解量均为未知数，未能测出崖体入渗裂隙水的实际浓度，故本次实验模拟裂隙渗水对壁画产生病害情况，采用浓度为0.5%、1%、

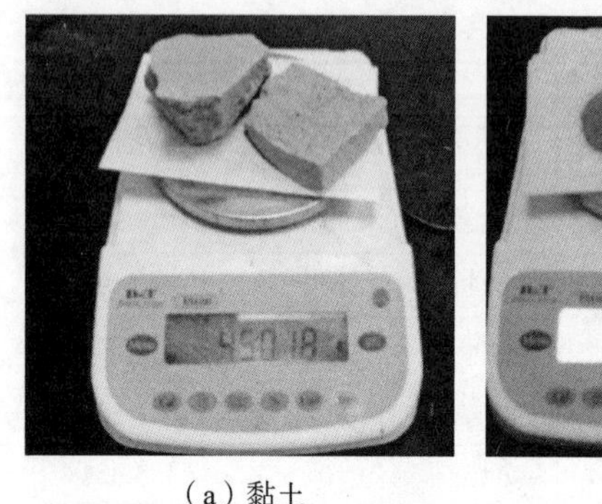

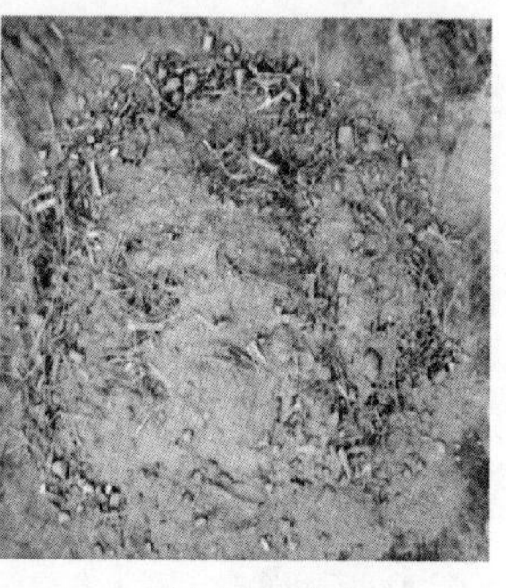

（a）黏土　（b）沙　（c）麻　（d）三者混合

图7　实验试块制作材料

1.5%混合盐水进行实验模拟。对东壁壁画M245WE11地仗样品中可溶盐含量经过成盐计算[9]得知，地仗样品中主要盐分为NaCl和Na_2SO_4，其中100g地仗样品中NaCl质量为31.93g，Na_2SO_4质量为4.86g，这两种混合盐的质量比约为6.57∶1。

实验模拟条件：按照莫高窟壁画制作材料和工艺制作三个实验试块，干燥后在三个试块背部裂隙处用注射器分别注射浓度为0.5%、1%、1.5%混合盐水15mL，将实验试块放置于恒温恒湿箱中在温度25℃、相对湿度25%条件下3h后，置入温度25℃、相对湿度75%条件下3h，每一次循环后，向三个试块a、b、c背部裂隙处分别注射浓度为0.5%、1%、1.5%混合盐水15mL，模拟洞窟中裂隙渗水对壁画的影响和产生的病害，实验试块及循环情况见图8，实验试块渗水模型见图9。

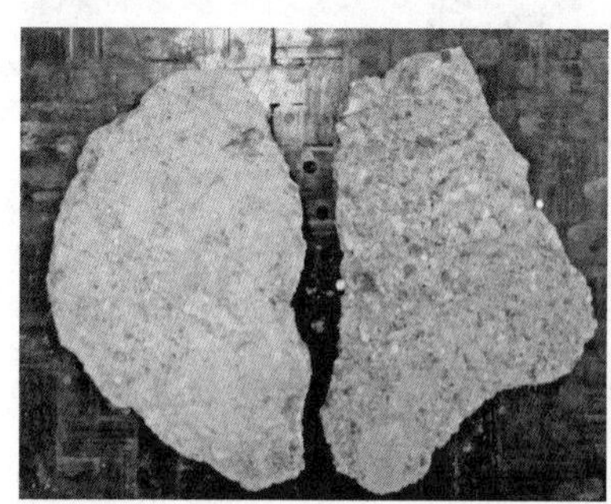

图8　实验试块砂砾岩片石支撑体、制成试块、恒温恒湿箱循环

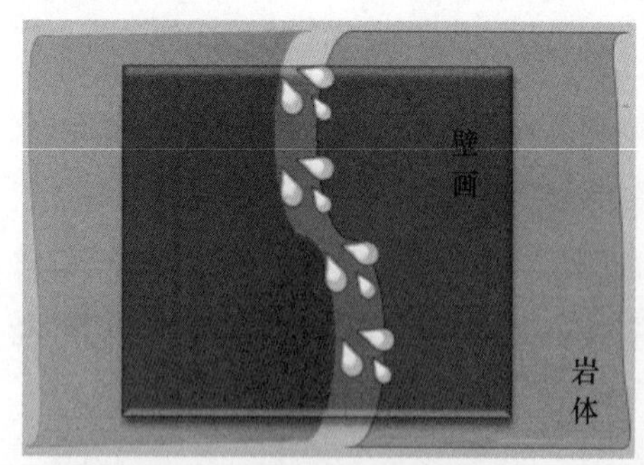

图9　实验试块渗水模型

2.3　实验结果

壁画试块a在经过200次实验循环（入渗盐分约15g）后，表面小裂纹和凸起较多，绿色颜料表面两处凸起部位开裂，开裂缝较长，棕色颜料有三处微小皱褶，大多棕色颜料出现粉末颗粒状。试块a经过400次循环（入渗盐分约30g混合盐）后，试块整体疏松，膨胀凸起变厚，试块表面不同程度凸起变形严重，蓝色、绿色和棕色颜料层开裂起翘严重，为片状起甲，绿色颜料表面凸起较多，整体地仗酥碱严重以至于在背部渗水、试块倾斜75°时，部分起甲的棕色颜料因地仗酥碱丧失与地仗黏接力而掉落成碎片，从脱落处可见其地仗酥碱严重，地仗均为已酥松的粉土颗粒，地仗中细麻纤维部分已

糟朽，若试块稍有倾斜，其表面的地仗颗粒将会随之掉落。试块a在循环过程中变化状况见图10。

（a）0次

（b）200次

（c）400次

图10 试块a实验循环过程中变化状况

壁画试块b在经过200次循环（入渗约30g混合盐）后，表面凸起较多，主要分布于片石两侧背部裂隙渗水时流向部位，中间部位布满小裂纹和微小颗粒，出现泡状起甲、球形疱疹、带状疱疹病害，棕色颜料层上有粉末状微小泡堆积；经过400次循环（入渗约60g混合盐）后，试块b整体形变较严重，表面布满大小不等的凸起，部分凸起为颜料层起甲，部分凸起为地仗连带颜料层共同凸起，表面颜料为整片盐壳，盐壳呈锥形立体结构，大多盐壳锥形顶部开裂，其中绿色颜料处较严重，试块b在循环过程中变化状况见图11。

（a）0次

（b）200次

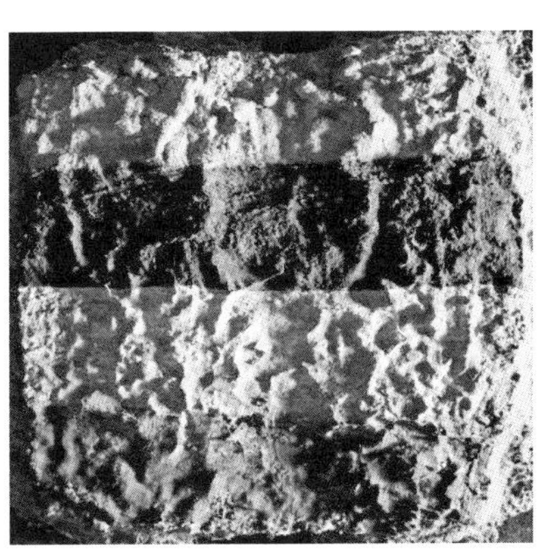
（c）400次

图11 试块b在循环过程中变化状况

壁画试块c在经过200个实验循环（入渗约45g混合盐）后，表面有较多凸起，整体颜料粉化严重，中间绿色颜料粉末颗粒较多，棕色颜料表面有较多的微小疱疹颗粒，部分为疱疹状脱落，蓝色和黄色颜料凸起部位开裂较多，棕色、绿色和蓝色颜料起翘卷曲严重，部分较小的甲片已脱落。经过400次循环（入渗约90g混合盐）后，绿色颜料上出现微小疱疹颗粒和盐颗粒，被疱疹顶起的颜料为粉末状，黄色和蓝色颜料层卷曲起翘、开裂，为片状起甲，裂缝和凸起较多，棕色颜料起翘卷曲和泡状凸起较为严重，棕色颜料出现坚硬的堆积凸起，成为锥形盐壳，部分凸起顶部周围呈粉末状土颗粒，表现为盐壳和酥碱病害共同作用，试块c在循环过程中变化状况见图12。

2.4 实验结论

实验现象和结果表明，多次少量渗入的混合盐水可导致壁画产生颜料粉化、裂缝、脱落、疱

（a）0次

（b）200次

（c）400次

图12　试块c在循环过程中变化状况

疹、疱疹状脱落、起甲、酥碱、盐壳等病害。在实验过程中，壁画试块依次出现不同的现象和病害，最初壁画表面出现小裂纹、凸起疱疹、粉化、泡状起甲、疱疹状脱落、起甲，直到后期整个地仗酥碱，在不断渗入过程中出现盐壳现象，对壁画产生极大的破坏作用。

3　结　　论

（1）莫高窟第245窟壁画颜料层的绘画材料均为传统矿物颜料，绘画层均较薄，厚度为10～50μm。壁画底色层厚度范围为50～150μm，材质为石膏。地仗层主要由黏土颗粒组成，与敦煌当地澄板土颗粒组成类似，地仗中麻纤维含量为2.5%。根据壁画制作材料分析，如矿物颜料、地仗土物相和粒径，以及结合壁画样品的绘画层厚度、细泥层厚度和剖面结构等，得出第245窟表层壁画制作材料和工艺基本一致。

（2）对地仗样品可溶盐进行分析，第245窟壁画地仗含盐量整体较高，含盐量均在1%以上，盐离子以Na^+、Cl^-、SO_4^{2-}为主，东壁酥碱空鼓复合病害区域含盐量达40%，比较其他地仗样品含盐量，调查莫高窟地仗样品分析记录得知，为外来盐分进入壁画结构中，外来盐分的迁移进入壁画的过程是导致东北角壁画产生病害的主要原因。

（3）通过模拟实验得知，少量的低浓度混合盐水长期入渗产生的壁画颜料开裂、粉化、疱疹、起甲、颜料脱落、盐壳、地仗酥碱等多种复合病害足以破坏壁画结构，少量高浓度的混合盐水长期入渗壁画，产生颜料粉化、疱疹、疱疹状脱落、起甲、地仗酥碱和盐壳等多种复合病害，对壁画产生极大的破坏作用。

4　存在的问题

裂隙渗水实验中，混合盐水从壁画试块背部裂隙处渗入时，盐水的渗透方向无法控制，同时裂隙渗水后水汽盐分运移方向与洞窟内实际裂隙渗水相比存在很大的误差，洞窟内实际渗水过程中水分的运移受相关动力学影响具有潜在的方向性，且模拟实验中温湿度老化条件未能代表洞窟内实际温湿度场，老化实验中温湿度起加快实验速率的作用，只能进行破坏现象观察，如何精确解释第245窟内裂隙渗水对壁画的破坏作用，从微观角度把握水盐渗水作用对壁画产生病害变化，还需要展开进一步的研究。

参 考 文 献

［1］ 敦煌研究院，甘肃省文物局. 甘肃石窟志［M］. 兰州：甘肃教育出版社，2011：12.

［2］ 敦煌研究院. 讲解莫高窟［M］. 杭州：浙江文艺出版社，2006.

［3］ 敦煌文物研究所. 敦煌莫高窟内容总录［M］. 北京：文物出版社，1982.

［4］ 张明泉，张虎元，曾正中，等. 莫高窟壁画酥碱病害产生机理［J］. 兰州大学学报，1995，（1）：96-101.

［5］ 郭宏，段修业，李军. 莫高窟53窟壁画酥碱病害原因的初步研究［J］. 敦煌研究，1992，（3）：73-85，129-140.

［6］ 郭宏，李最雄，裘元勋，等. 敦煌莫高窟壁画酥碱病害机理研究之三［J］. 敦煌研究，1999，（3）：153-175.

［7］ 陈港泉. 敦煌莫高窟壁画盐害分析及治理研究［D］. 兰州：兰州大学，2016.

［8］ 陈港泉. 引起莫高窟第351窟壁画疱疹病害发生的水分来源分析及疱疹病害初步模拟试验［J］. 敦煌研究，2010，（6）：54-58.

［9］ 靳治良，陈港泉，夏寅，等. 硫酸盐与氯化物对壁画的破坏性对比研究——硫酸钠超强的穿透、迁移及结晶破坏力证据［J］. 文物保护与考古科学，2015，（1）：29-38.

常用壁画保护材料的性质评价与研究

张化冰[1, 2]　苏伯民[1, 2]　谈　翔[1, 2]　张　瑞[1, 2]

（1. 敦煌研究院保护研究所，甘肃敦煌，736200；2. 国家古代壁画与土遗址保护工程技术研究中心，甘肃敦煌，736200）

摘要　莫高窟壁画颜料层起甲、酥碱、脱落、疱疹、地仗层空鼓等病害，与地仗层、粉层和颜料层中胶结物质在盐分-水汽运移、光照、温湿度、微生物等作用下的老化、变性和降解，导致其黏接性丧失有关。选用符合物理化学原理和文物工作理念的高分子材料及正确工艺，是修复保护莫高窟壁画的关键。自20世纪50年代起，卡塞因胶（酪素胶）、天然动植物胶、聚乙酸乙烯酯类、乙基纤维素、丙烯酸酯类、乙烯基酯-丙烯酸酯共聚类、有机硅改性丙烯酸酯类等多种材料，均被用于莫高窟壁画修复试验。经过多年筛选，目前使用效果较好的材料有聚乙酸乙烯酯乳液（白乳胶）、丙烯酸与有机硅丙烯酸乳液和明胶三类。基于壁画保护的高分子材料研究，主要围绕材料的物化性质，包括红外光谱结构（FT-IR）、玻璃化温度（T_g）、分子量分布（GPC）、黏度、力学、酸碱度、固含量；工作性质，包括水汽透过性、黏接性、渗透性、微观形貌分析（SEM）、表面性质（接触角）；耐老化性质（人工加速老化试验，干旱、半干旱条件）展开。研究结果将为已修复壁画所用材料性质档案的建立，壁画保护材料评价体系、标准的构建，壁画修复现场工作提供科学支撑。

关键词　敦煌壁画　保护材料　历史　研究

引　言

通过专业的现状评估与科学的调查分析，发现莫高窟壁画病害主要有：地仗层空鼓、颜料层起甲、酥碱、脱落、疱疹等。这主要与地仗、粉层和颜料层中的胶结物质（如明胶、桃胶、骨胶，土中的黏土矿等）在盐分-水汽运移、光照、温湿度、微生物等多因素作用下老化、变性和降解等，导致其黏接性丧失有关[1, 2]。因此，选用有适宜物理化学性质和工作性质的高分子材料（天然或合成）以及正确工艺，使材料（溶液或乳液）作用于壁画颜料层和地仗层内，在溶剂逐步挥发的过程中，通过静电作用和部分化学键力，与颜料层、地仗层中的极性小分子（团）结构作用，加固壁画本体，是修复和保护莫高窟壁画的关键。

1 历　史

20世纪50年代初，敦煌文物研究所（敦煌研究院前身）逐步开展了石窟加固、壁画泥塑保护修复。1957年，捷克壁画修复专家约瑟夫-格拉尔（Joseph-Graal）到莫高窟参观，用他带来的修复西方湿壁画常用的卡塞因胶［KAZAINA，注：可能是酪素胶（casein glue）］，在莫高窟第474窟做现场修复试验[3，4]。

遗憾的是，由于东西方干、湿壁画在制作材料、工艺上的不同，加之该胶吸湿性强，易变质，操作时胶浓度过大，使草泥地仗渗透吸收困难，造成涂层干燥后性脆易开裂和重新起甲。且由于胶浓度过大，操作不便，修复后在壁画表面留下多条褐色流痕，影响表观感受（图1）。

之后，敦煌研究院李云鹤先生又尝试了广胶、鹿胶、龙须胶、鱼鳔胶、桃胶等天然动物、植物胶类材料，在第130窟进行小面积修复试验[5]（图2）。

图1　莫高窟第474窟佛龛右侧北壁试验位置

图2　莫高窟第130窟小面积修复试验（2017年修复工作照）

试验发现，几种材料干燥过程中有收缩，对起甲颜料片的黏接不强。部分情况下，修复后会出现二次起甲和脱落。且该类材料本身就是微生物的营养基，易发霉变质，对壁画表面造成影响。此外，材料代谢释放的小分子有刺激性气味，令人感到不适。因此不适宜作壁画修复材料。

1962年，中国文物保护科学技术研究所（中国文化遗产研究院前身）胡继高先生和敦煌文物研究所李云鹤先生，共同选用了聚乙酸乙烯酯乳液（polyvinyl acetate emulsion）、聚乙烯醇溶液（polyvinyl alcohol）、聚乙烯醇缩丁醛（polyvinyl butyral）、乙基纤维素（ethylene cellulose）、聚甲基丙烯酸甲酯（polymethyl methacrylate）等水溶性和油溶性合成高分子材料，尝试修复莫高窟第161窟起甲、脱落和酥碱壁画[3，6，7]。试验结果表明，以水作溶剂的聚乙酸乙烯酯乳液、聚乙烯醇溶液，对以无机质为主、微观结构多孔疏松的敦煌壁画地仗、粉层、颜料层有良好的层间黏接作用。单独或以不同比例混合的两种材料，对起甲颜料片有良好的软化、黏接、渗透和加固作用，且材料具有操作性（黏度适宜）良好、成膜质地柔软、对矿物颜料惰性、修复后表面无眩光、不影响壁画外观、耐候性良好等特点（图3）。

由此，该方法得到推广，修复了大量濒危的莫高窟、榆林窟起甲、酥碱、脱落壁画和泥塑，对石窟保护起到了重要作用。修复的重要洞窟有45、55、71、85、98、159、268、285、431等[6]。

此外，1980年前后，敦煌文物研究所和化工部涂料工业研究所还合作研究，尝试采用苯乙烯-丙烯酸酯乳液、乙酸乙烯酯-丙烯酸酯乳液、乙酸乙烯酯-顺丁烯二酸二丁酯乳液等作为修复材料，但现场试验效果不好，后续工作未继续展开[6]。

1997年，敦煌研究院和美国盖蒂研究所合作开展了莫高窟第85窟壁画修复项目。在筛选修复材料时，引入了尽量采用与制作壁画时所用胶结材料相同的理念，并选择明胶（Gelatin）作为壁画的修复材料[5]（图4）。

图3　莫高窟第161窟起甲、脱落壁画的修复

图4　莫高窟第85窟起甲壁画修复

2003年，敦煌研究院承担了西藏萨迦寺壁画修复。调查发现，该处壁画表面有清漆涂层，虽然大部分降解为低聚体小分子片段，但仍使现有水性修复材料难以渗透，难软化回贴起甲颜料层。以丙酮软化时，易造成较薄起甲颜料层收缩、破碎，给修复造成困难。为此，敦煌研究院和甘肃知本新材料科技有限公司联合研发了新型水溶性丙烯酸乳液和有机硅改性丙烯酸乳液（ZB-SE系列）。通过单独或按比例混合使用，对这种表面有涂层的起甲颜料层具有良好的渗透、软化、黏接回贴作用，修复取得良好效果[8, 9]（图5）。

（a）修复前

（b）修复后

图5　萨迦寺银塔殿西壁观音修复前后对比

此外，该类材料还具有上述水溶性修复材料的一般特点，如操作性良好，修复后壁画表面无眩光，对颜料惰性，耐候性良好等[10]。随后，ZB-SE系列乳液又应用于敦煌莫高窟第45、103、23、44、360窟、河南嵩山少林寺（白衣观音殿）等处壁画修复，均取得良好效果[11-16]。

2 现 状

经过数十年壁画修复材料的筛选、评价和研究，目前应用于莫高窟壁画修复的高分子材料主要有：聚乙酸乙烯酯乳液、丙烯酸和有机硅丙烯酸乳液（acrylic and silicon modified acrylic emulsion）和明胶等三类。图6是几种合成高分子修复材料的结构简式（示性式）。

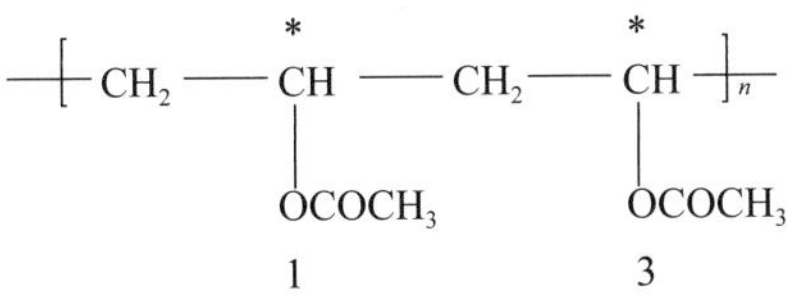

(a)聚乙酸乙烯酯

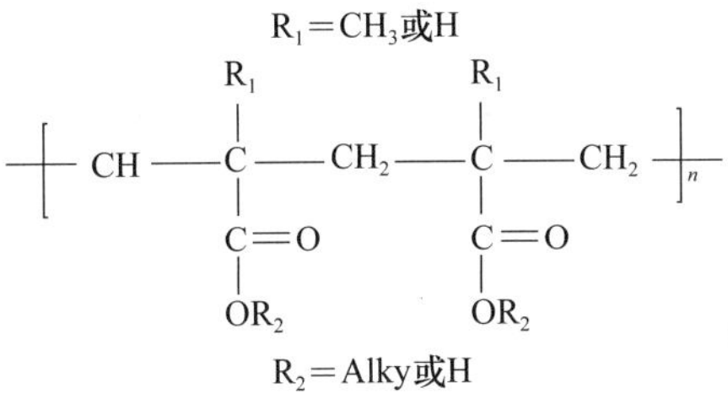

R_1=CH_3或H

R_2=Alky或H

(b)丙烯酸树脂

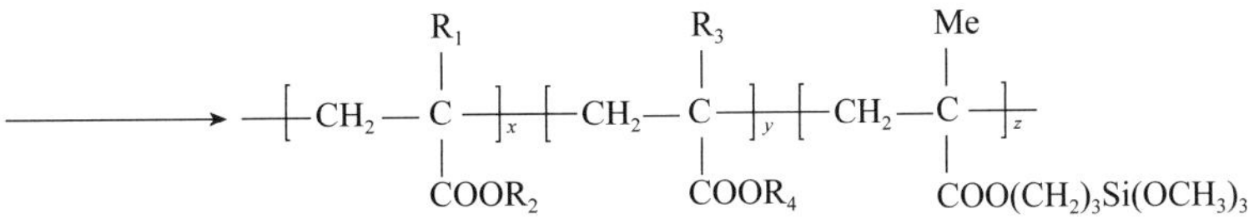

(c)有机硅改性丙烯酸树脂

图6 几种合成高分子修复材料的结构简式

3 研 究

随着保护科学的不断发展，对应用于壁画保护的高分子材料的物理化学性质、工作性质的评价与研究，对材料介入壁画本体后，与其各层间材料作用（兼容性）和对各层间材料性质的影响，对材料耐老化性能的评价和老化机理研究，失效材料的可逆性去除等问题，都提出了新的要求。

2012年，苏伯民和张化冰等围绕莫高窟壁画修复常用的3类5种材料，开展了高分子类壁画保护材料的性质评价与研究[17, 18]。

3.1 材料的物理化学性质

材料的物理化学性质包括红外光谱结构（FT-IR）、玻璃化温度（T_g）、分子量分布（GPC）、黏度、力学、酸碱度、固含量等（详见图7、表1、图8、表2）。

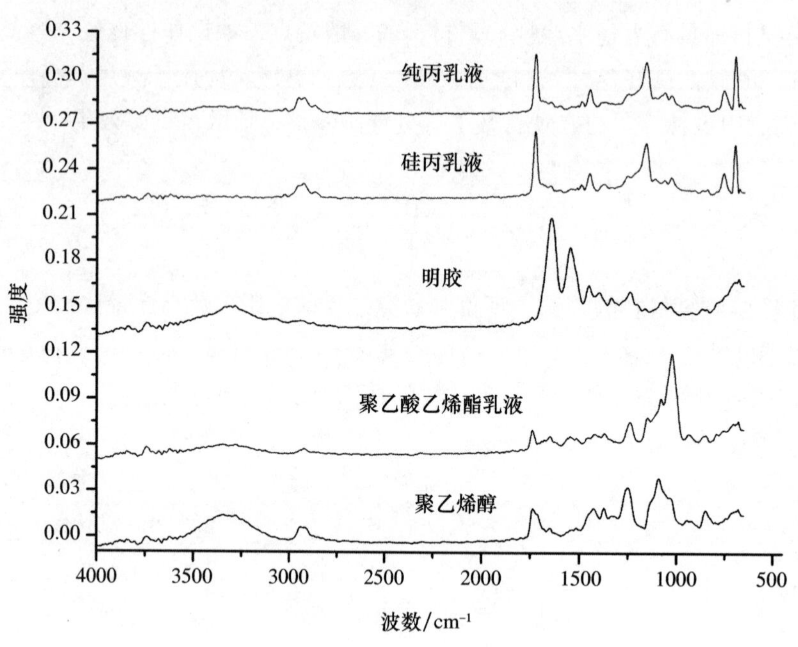

图7　5种壁画保护材料的红外光谱

表1　5种壁画保护材料的物理化学性质

材料	固含量/%	黏度/（mPa·s）[a]	T_g/℃	分子量[b]	pH[a]
纯丙乳液（PA）	44.2	1.31	28.24	M_w=90613；M_n=50646；D=1.789	7.25
硅丙乳液（SA）	46.4	1.32	32.35	M_w=106832，M_n=55523，D=1.92	7.24
明胶（Gelatin）	—	30.5	—	M_w=348152，M_n=22917，D=15.19	6.55
聚乙酸乙烯酯乳液（PVAcE）	25.5	1.53	32.40	—	6.72
聚乙烯醇（PVAL）	—	25.2	35.28	M_w=119202，M_n=95929，D=1.24	6.65

a．乳液、固体树脂均以水稀释，浓度5%，室温下测定；

b．聚乙酸乙烯酯乳液，因未能有效分离出树脂成膜物，分子量未测出。

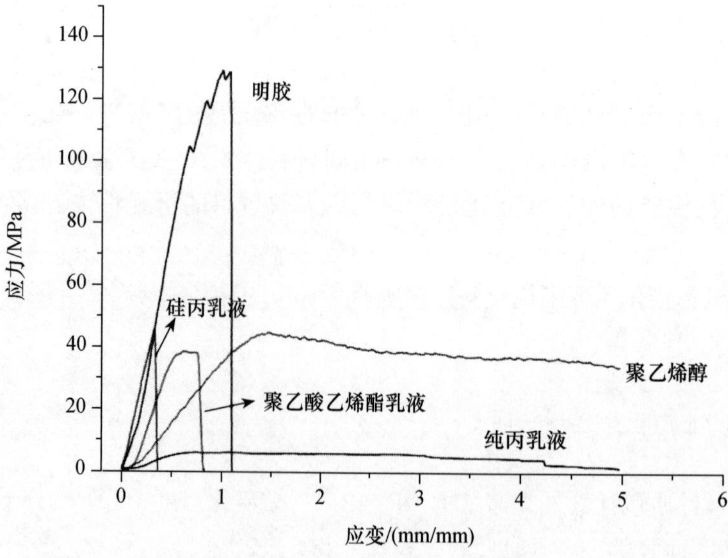

图8　5种壁画保护材料的应力-应变图

表2 5种壁画保护材料的力学性质

材料	弹性模量/MPa	拉伸强度/MPa	断裂伸长率/%
纯丙乳液（PA）	790.0	5.83	19.88
硅丙乳液（SA）	5291.5	44.62	1.93
明胶（Gelatin）	4736.8	129.37	4.73
聚乙酸乙烯酯乳液（PVAcE）	2982.5	38.49	3.77
聚乙烯醇（PVAL）	1415.78	44.65	19.69

3.2 材料的工作性质评价

材料的工作性质评价包括水汽透过性［图9（a）］、黏接性［图9（b）］、渗透性［图9（c）］、材料作用于壁画试块后对其表面性质的影响［接触角，图9（d）］和材料作用于壁画试块后的微观形貌分析（SEM，图10和表3）。

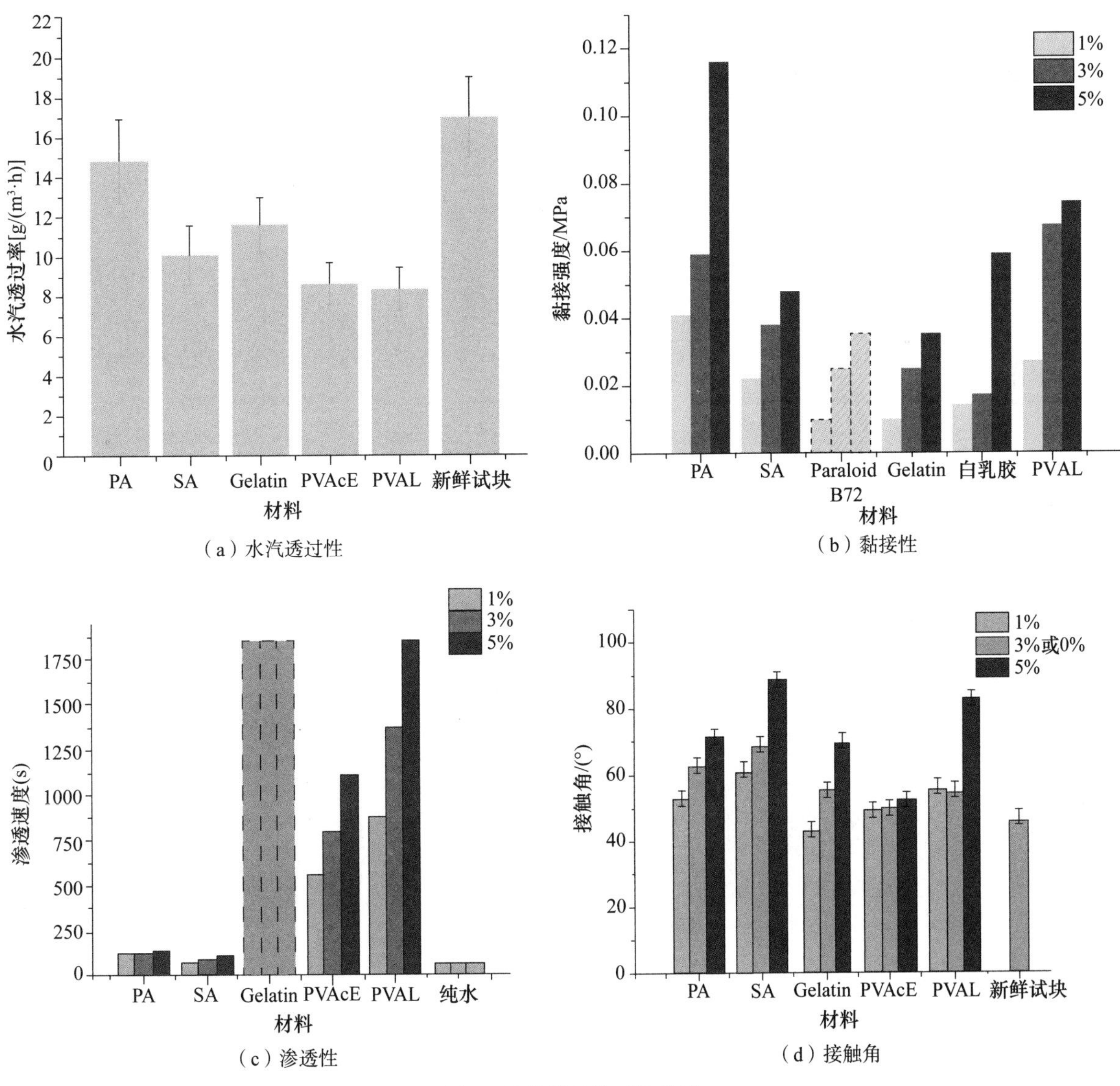

（a）水汽透过性

（b）黏接性

（c）渗透性

（d）接触角

图9 几种材料的工作性质

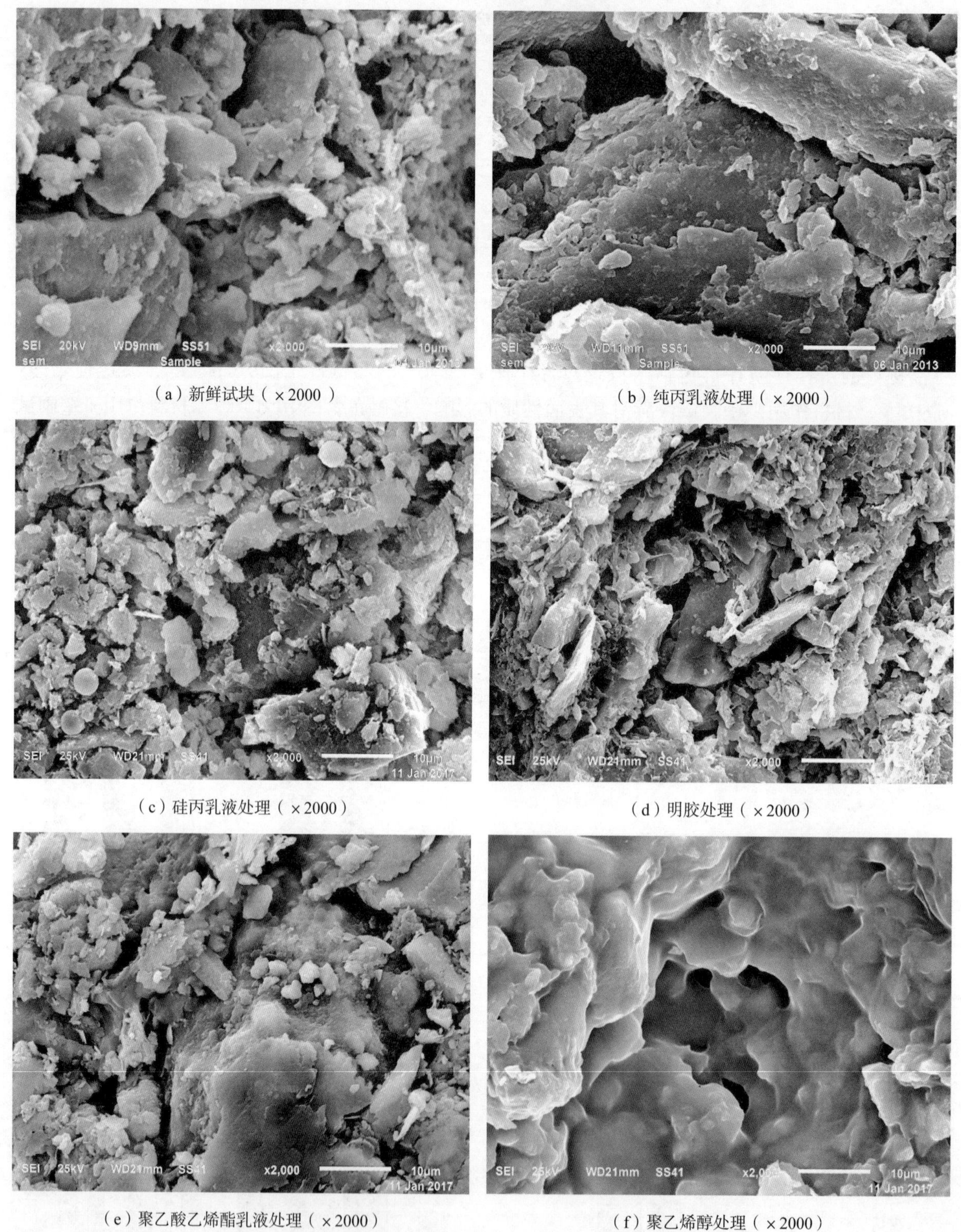

（a）新鲜试块（×2000）

（b）纯丙乳液处理（×2000）

（c）硅丙乳液处理（×2000）

（d）明胶处理（×2000）

（e）聚乙酸乙烯酯乳液处理（×2000）

（f）聚乙烯醇处理（×2000）

图10　材料作用于壁画试块后的微观形貌

表3　5种材料对壁画试块微观形貌的影响

材料[a]	微观形貌特征	对壁画本体影响
纯丙乳液	试块形貌、空隙基本保持，有一定程度的平滑、均一，不规则块状颗粒锐利边缘消失	不大，壁画本体性质保持
硅丙乳液	同上	同上
明胶	试块形貌、空隙基本保持，有一定程度的平滑、均一，不规则块状颗粒锐利边缘保留	同上
聚乙酸乙烯酯乳液	试块形貌、空隙基本保持，有一定程度的平滑、均一，不规则块状颗粒锐利边缘基本保留	同上
聚乙烯醇	试块形貌明显平滑和均一，似有一层膜涂覆于试块表面，不规则块状小颗粒的锐利边缘消失	有一定影响
新鲜试块	结构疏松、孔隙多，小颗粒呈不规则块状、边缘锐利	—

a. 乳液、固体树脂均以水稀释，浓度为5%；室温下处理壁画试块，干燥一周后分析。

3.3　材料耐老化性质研究

模拟材料真实服役环境的主要因素，如光照、温度、湿度、酸碱度等，并在一定的加速条件下进行材料的老化试验，追踪材料老化过程，评价材料的耐老化性质。试验条件见表4，半干旱条件下材料耐老化性能分析见表5。

表4　材料耐老化试验条件

模拟环境	辐照度/（W/m^2）	温度（环境仓）/℃	相对湿度/%
半干旱	60（290～400nm）	50	45
	490（400～800nm）		
干旱	5（320～400nm）	30	10
	280（400～1000nm）		

表5　5种壁画保护材料半干旱条件下耐老化性能分析

材 料	外观、颜色	结构（红外、GPC）	力学性质	耐老化性
纯丙乳液	变硬、变脆、破碎，颜色变黄、变深	明显降解	变硬、变脆、破碎	中等
硅丙乳液	变硬、变脆、破碎，颜色变黄、变深	明显降解	变硬、变脆、破碎	中等
明胶	变硬、变脆，边缘有起翘、开裂，颜色加深	明显降解	变硬、变脆，边缘有起翘、开裂	中等略偏上
聚乙酸乙烯酯乳液	收缩、颜色略加深，边缘有轻微破损	轻微降解	变硬、变脆	较强
聚乙烯醇	变硬，变脆，颜色略加深	轻微降解	变硬、变脆	较强

4　结　　论

（1）高分子材料应用于莫高窟壁画保护的历史已有60多年。保护材料的筛选、评价与研究应用，大致经历了1940 ~ 1950年、1960 ~ 1980年、1990 ~ 2000年三个阶段，逐渐形成了现有的三类五种材料。

（2）随着保护科学的发展，对现有保护材料的研究不断深入。材料的各项物理化学性质，如材料的分子量及其分布，材料的工作性质（水汽透过性、黏接性、渗透性、表面性质、微观形貌），材料基于壁画保护的适用性、优缺点得到了科学的分析和总结。

（3）材料研究的结果，将为已修复壁画所用材料档案的建立提供数据支持；为壁画保护材料评价体系、标准的构建奠定基础；从材料性质认知、理解和使用的角度，为壁画修复现场工作提供科学支撑。

（4）今后保护材料的研究，可在现有结果的基础上，进一步探讨材料作用于壁画本体后对其各层间材料的作用与影响，材料耐老化性能的评价和老化机理研究，失效材料的可逆性去除，潜在、新型材料的适用性评价等方面。

参 考 文 献

［1］ 王蕙贞．文物保护学［M］．北京：文物出版社，2009：304-305.

［2］ 孙满利，王旭东．土遗址保护初论［M］．北京：科学出版社，2010：25-51.

［3］ 胡继高．文物保护科学的规律性［J］．科技导报，2001，（4）：52-55.

［4］ 段文杰．莫高窟保护工作进入新阶段［J］．敦煌研究，1988，（3）：1-2.

［5］ Wong L, Agnew N. The conservation of Cave 85 at the Mogao Grottoes, Dunhuang: development and implementation of a systematic methodology to conserve the wall paintings and sculpture [R]. Los Angeles: The Getty Conservation Institute, 2013.

［6］ 王进玉．高分子黏合剂在壁画保护上的应用［J］．自然杂志，1987，（1）：33-36.

［7］ 李云鹤．莫高窟壁画修复初探［J］．敦煌研究，1985，（2）：183-193.

［8］ 王旭东，段修业，李最雄，等．西藏萨迦寺壁画修复现场试验研究［J］．敦煌研究，2005，（4）：16-23.

［9］ 苏伯民，蒋德强，马想生，等．布达拉宫等处壁画起甲原因的初步分析和修复材料的筛选［J］．敦煌研究，2007，（5）：39-44.

［10］ 苏伯民，张化冰，蒋德强，等．壁画保护材料纯丙乳液的性能表征［J］．涂料工业，2014，44（2）：54-59.

［11］ 莫高窟第45窟壁画保护竣工报告［R］．敦煌：敦煌研究院保护研究所，2006.

［12］ 莫高窟第103窟壁画彩塑保护修复工程竣工报告［R］．敦煌：敦煌研究院保护研究所，2008.

［13］ 莫高窟第23窟壁画保护修复竣工报告［R］．敦煌：敦煌研究院保护研究所，2009.

［14］ 莫高窟第44窟壁画保护工程竣工报告［R］．敦煌：敦煌研究院保护研究所，2009.

［15］ 莫高窟第360窟壁画保护修复工程竣工报告［R］．敦煌：敦煌研究院保护研究所，2014.

［16］ 河南嵩山少林寺修复竣工报告［R］．敦煌：敦煌研究院保护研究所，2005.

［17］ 973国家重点基础研究发展计划．2012CB720902．已用典型保护材料与工艺的功能及失效规律研究．2012/01-2016/12.

［18］ Bomin S, Huabing Z, Binjian Z, et al. A scientific investigation of five polymeric materials used in the conservation of murals in Dunhuang Mogao Grottoes [J]. Journal of Cultural Heritage, 2018, 31: 105-111.

韩休墓《玄武图》壁画的保护修复

金紫琳　杨文宗　王　佳　霍晓彤
（陕西历史博物馆，陕西西安，710061）

摘要　韩休墓《玄武图》壁画是一幅极具历史价值与艺术价值的珍贵壁画，但由于早期盗墓者怀疑该壁画背后墙体有暗室，对其进行破坏，导致壁画缺失面积接近二分之一。《玄武图》壁画的修复工作采用壁画修复常用方法，按壁画背面清理—制作支撑体—正面病害处理—美学修复的步骤进行。美学修复时，若仅对《玄武图》壁画补做白灰“做旧”，在观赏壁画时只能看到大面积缺失。由于盗墓者抓获后，硬盘中存有《玄武图》壁画破坏前的完整照片，这为《玄武图》壁画的修复提供了依据，因此修复人员在美学修复时选用适当方法对《玄武图》壁画缺失区域进行图案复原。本文介绍了韩休墓《玄武图》壁画的保护修复工作，特别是缺失区域图案的复原过程，这为修复大面积缺失的壁画提供了一定参考。

关键词　壁画　缺失　修复　画面复原

1　修复背景

韩休墓位于西安市长安区郭新庄，为唐玄宗时期宰相韩休与柳氏的合葬之墓。2014年，陕西省考古研究院、陕西历史博物馆与长安区文物局联合对该墓葬进行发掘。韩休墓中出土了21幅精彩纷呈的壁画，引起学术界的高度关注[1，2]。《玄武图》壁画位于韩休墓墓室北墙，壁画宽约180cm、高约195cm，与墓室南墙《朱雀图》壁画相对应。文物保护工作者采用壁画传统铲取法对墓室中的《玄武图》壁画进行揭取，切割时壁画被切割为三块，运输至陕西历史博物馆壁画修复实验室进行保护修复。

图1　考古发掘时的《玄武图》壁画

韩休墓中其他壁画均保存较为完好，唯独《玄武图》壁画被破坏，破坏面积接近二分之一，见图1。《玄武图》壁画的破坏为盗墓者所做，其在盗墓过程中，认为壁画所在墙体背后藏有暗室，故将壁画破坏找寻暗室。警方抓获盗墓分子后，《玄武图》壁画破坏前的完整照片在盗墓者移动硬盘中被发现（图2），这为壁画的修复工作提供了依据。

图2　《玄武图》壁画破坏前的完整照片

2　《玄武图》壁画价值

韩休为唐玄宗时期的丞相，为官清廉正直，其子韩滉以绘画作品《五牛图》而名闻天下，韩休墓中壁画充分展示出了唐代画师的艺术才华，对于我们研究唐代绘画具有重要的历史价值。韩休墓《玄武图》壁画绘制了象征北方的四神玄武。玄武图腾自上古时期出现至唐宋不断演变，从神鹿变至神龟再至龟蛇缠绕，造型上不断变化[3]。《楚辞·远游补注》："玄武，谓龟蛇。位在北方，故曰玄。身有鳞甲，故曰武。"考古发掘时，《玄武图》壁画玄武龟身脱落，仅存蛇身，玄武四周分布着几朵上升飘逸的如意云朵[4]。

通过壁画破坏前的完整照片可看出，壁画中形象为龟和蛇同体，龟形体态壮硕、足部苍劲有力，蛇体态较瘦、面部灵动生猛，蛇从龟腹前后足之间缠绕成两箍，首尾结合环绕，蛇、龟相互对视，分别做吞云吐雾状。这样一胖一瘦的结合，疑似有东汉魏伯阳《周易参同契》一书中雌雄同体之意。玄武四周绘制祥云，布局看似随意，实则对称，这在唐墓壁画中并不多见。《玄武图》壁画色彩鲜亮，绘制技法高超。

3　壁画制作工艺

韩休墓壁画相关研究表明，韩休墓壁画的制作方法是先在砖室壁面涂抹一层厚0.7cm左右的草拌泥地仗，再涂抹一层厚0.15～0.37cm的以碳酸钙为主要成分的白灰层，白灰层压抹光滑后在其上绘制壁画[5]。

《玄武图》壁画使用的颜料有四种，用黑色颜料勾勒图案线条，用黄色颜料和橘红色颜料绘制玄武、祥云色彩，用红色颜料绘制玄武图红色边框。壁画前期研究通过显微镜、扫描电子显微镜-能谱、微区X射线衍射、拉曼光谱等方法，测得韩休墓中黑色颜料为炭黑，黄色颜料为密陀僧，红色颜料为赭石，橘红色颜料为铁丹[1, 5]。

4　壁画修复步骤

4.1　壁画背部处理

首先，进行壁画背面处理。采用竹签、手术刀、2A溶液等清理壁画背部的草泥层，见图3。检查壁画背部叠压、错位的残块，用镊子、石灰水、Primal AC33溶液对其进行回贴，见图4。由于壁画在揭取时被分割为三部分，故分别对三部分矫形，具体做法是：把石灰水均匀喷湿在壁画背面，壁画回软时适当施压，若脱水过快则需在壁画表面覆盖塑料膜以降低脱水速度，见图5。矫形后在壁画上粘贴纱布，并拼接三部分壁画，使其成为一个整体，拼接后的壁画如图6所示。

图3　清理草泥层

图4　回贴错位残块

图5　背部矫形

图6　拼接壁画

其次，制作壁画过渡层。准备过渡层所需白灰，将淋好的熟石灰膏用纱网过滤出杂质，向其中加入适量麻刀，并用灰铲反复搅拌，至白灰均匀。使用灰刀给壁画背部填补白灰，至壁画背部形成厚约3.5cm的白灰过渡层，然后其上覆膜晾干，见图7和图8。约四个月后，过渡层完全晾干。

图7　制作过渡层

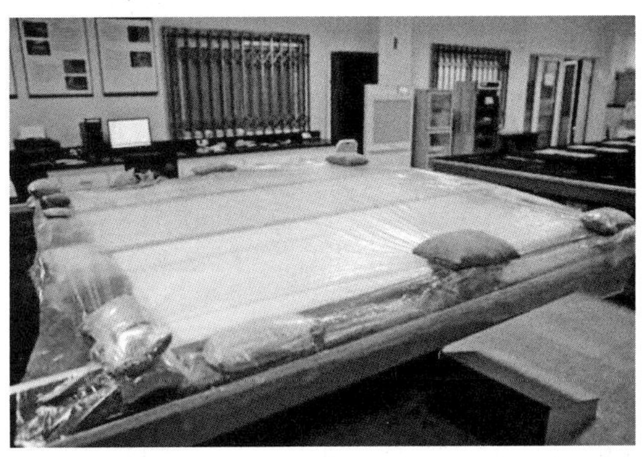
图8　晾干过渡层

最后，黏接支撑体。采用蜂窝铝板作为壁画的支撑体。用环氧树脂在壁画过渡层上粘贴两层玻璃纤维布，再对齐位置，用环氧树脂将蜂窝铝板粘贴在壁画背部，见图9和图10。涂刷环氧树脂时注意涂刷均匀，确保过渡层与支撑体之间胶结性良好，受力均匀。然后用沙袋、砖块等重物放置在蜂窝铝板上确保胶液的粘贴强度。

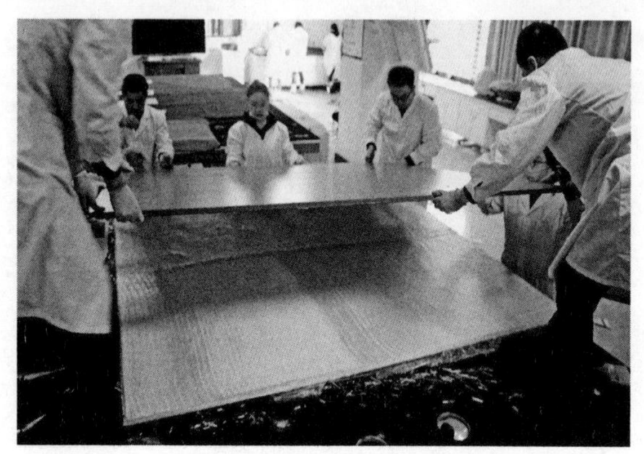

图9　背部刷环氧树脂胶

图10　黏接蜂窝铝板

4.2　正面病害处理

翻转壁画至正面，使用热毛巾热敷的方法去除壁画表面的纱布和宣纸，对于残留的桃胶，使用毛笔蘸热水去除。检查壁画表面病害，对壁画酥碱、脱落、起甲等区域用胶头滴管滴加Primal AC33溶液进行预加固，防止病害处理中脆弱区域脱落。

使用棉签、竹签蘸无水乙醇对壁画表面的霉菌进行擦拭，见图11。使用棉签蘸蒸馏水和乙醇按1∶1比例配制的2A溶液软化泥土，再使用手术刀、竹签或毛笔剔除钙质泥土和烟熏痕迹，见图12。对于起甲病害，先用洗耳球和软毛刷清理干净该区域，再用胶头滴管在起翘处背部滴加Primal AC33溶液，待胶液吸收后，用垫有棉纸的手术刀将起甲画面回贴至原处。

图11　剔除霉菌

图12　清理泥渍

对壁画的缺失、酥碱区域进行填补。具体做法是：用胶头滴管在需要填补的区域滴加2A溶液和Primal AC33溶液，再用牙科工具将白灰“分层式”填补缺失区域，摁压填补的白灰，使壁画与白灰衔接紧实。注意：填补区域低于壁画表面0.5mm。

4.3　画面复原

依据《玄武图》壁画破坏前的照片，遵循可识别原则，补全缺失画面，修复方法如下[5-7]。

第一步，按照壁画原图制作玻璃纸线稿。重绘壁画需要参照壁画破坏前的照片，但盗墓分子所拍照片有一定程度的倾斜，无法与实际壁画重合，因此需要使用Photoshop软件调整照片。拍摄一张当前壁画正面照片作为基准，通过在软件中比对和拉伸盗墓分子拍摄的照片，使两者图案线条重合，矫正《玄武图》壁画照片，矫正前后照片见图13和图14。将矫正后壁画照片按壁画实际尺寸打印出来，用玻璃纸覆盖其上，用黑色马克笔在玻璃纸上细致地临摹图案线条，画出《玄武图》壁画玻璃纸线稿。《玄武图》玻璃纸线稿绘制后，需要与实际壁画比对，若线条不重合则需要修改至与壁画重合，见图15和图16。《玄武图》玻璃纸线稿是透明的，使用它能够在下一步绘制缺失区域画稿时准确分辨出壁画本体与后补区域，防止操作时伤害到壁画本体。

图13　照片矫正前

图14　照片矫正后

图15　修改不重合线条

图16　绘制完成的玻璃纸线稿

第二步，绘制壁画缺失区域的画稿。在壁画补做的白灰区域垫上复写纸，再将《玄武图》玻璃纸线稿覆盖在壁画上，沿着玻璃纸线稿中缺失区域的图案，用铅笔勾勒玄武线条的外轮廓，见图17和图18。此种做法能够通过复写纸的复写作用，使玻璃纸线稿上的图案准确无误地印在壁画的白灰区域，形成缺失区域的蓝色线条画稿。绘制时有两点需要注意：第一，绘制时胳膊悬空、手向上提，保证身体不能压到复写纸，防止复写纸在壁画后补白灰上面印出蓝色印子；第二，在紧邻壁

图17　勾勒玄武线条

图18　蓝色线条画稿

画本体处勾勒线条时，一定要小心谨慎，不能将线条勾画过多导致其复写在壁画本体之上。

第三步，将墓室中收集的壁画残块回贴在壁画的相应位置。修复人员先整理壁画残块，按照残块上的线条进行分类；然后对比残块线条走向和碴口，将小片残块拼接、粘贴成大片残块；最后，以壁画破坏前的完整照片为依据，对于有线条的残块，对比线条走向、粗细、接口，找到原始位置，进行回贴，对于没有线条的残块，对比其边沿形状、碴口位置，对能找到原始位置的残块也进行回贴，见图19～图22。回贴残块能够尽可能多地留存壁画的原始信息。

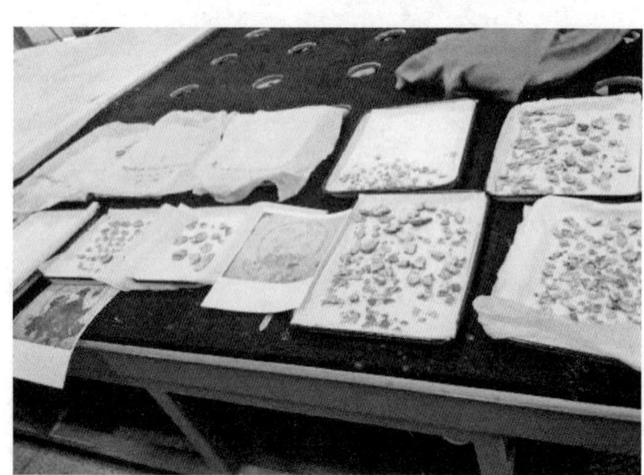

图19　残块分类

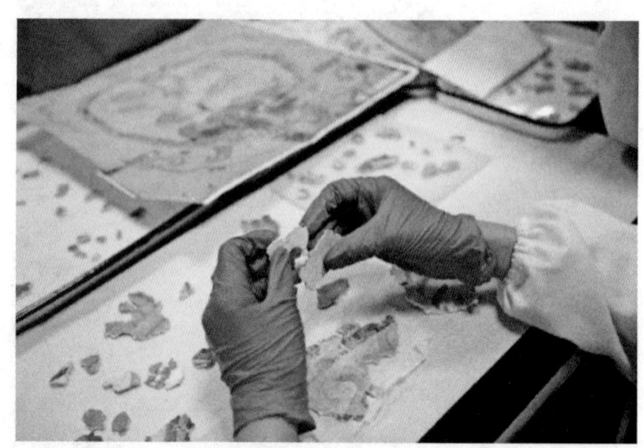

图20　残块拼接

图21　比对残块位置

图22　残块回贴

第四步，复原《玄武图》壁画的缺失图案。首先，绘制《玄武图》线稿。用毛笔蘸黑色颜料填充复写纸所印蓝色线条，在缺失处形成《玄武图》线稿。黑色颜料选用国画颜料中的焦墨，毛笔主要选用小号白云毛笔，线条较细处使用鼠须毛笔。勾勒完成后检查线条，对未被遮盖住的蓝色复写线条用手术刀剔去。然后，复原玄武色彩。选用雄黄和雌黄作为复原玄武龟背色彩所用颜料，选用石青、花青、雄黄、雌黄作为复原祥云色彩所用颜料。将颜料按照一定比例调配至颜料色彩与壁画色彩相近，使用毛笔采用层层晕染的方式复原出玄武色彩。最后，修改画面。检查画面，对绘制后收色不均的区域进行剔除并重新绘制。再一次勾勒墨线，根据壁画原图线条深浅、明暗的变化，用毛笔蘸较深的墨色由内而外加深黑色线条，做出色彩叠压的效果。绘制缺失图案后的壁画见图23。

图23 绘制缺失图案后的壁画

4.4 壁画全色

完成缺失图案的绘制后，需要对壁画的补做部分“做旧”。全色使用的颜色需要与壁画基色一致又略浅于壁画，这里使用藤黄、花青、赭石三种颜料按照比例调配。调好颜色后，将沉淀的颜料颗粒充分搅拌均匀，用毛笔稀释少量的颜料，将笔尖在颜色盘外滤出多余的水分，使毛笔所蘸取的颜料饱满且无水滴状滴出，把笔尖垂直于需要的全色区域，由浅至深分层进行全色。全色后，若部分区域因白灰收缩而使局部颜色深浅不一，需用手术刀剔除并重新全色。修复完成的《玄武图》见图24。

图24 修复完成的《玄武图》

5 讨论与问题

（1）对于缺失的文物，是否进行复原是文物保护界一个有争议的问题。近段时间，文物因复原而产生的破坏情况在社会上引起很大争论，成为社会热点，如中国国家博物馆杨思勖墓出土的大理石雕俑被质疑修复时没有依据就复原俑腰间兵器，山西省广胜寺禅壁画修复被质疑壁画画面遭到大面积涂抹，四川安岳古代佛像修复被质疑“修旧如新”。但该问题需要分不同情况讨论，若不复原《玄武图》壁画图案，而是在大面积补做白灰的区域“做旧”，会导致壁画观赏时映入眼帘的是大面积的缺失，仅从残余的蛇身无法辨认出原有画面。由于存在《玄武图》壁画破坏前完整画面的照片，缺失部位信息能准确得知，重绘壁画有依据，为了恢复原貌，使修复后的壁画达到自身的一体性、和谐性，且在展览中能够向观众传达出壁画的艺术价值与历史价值，故对《玄武图》缺失画面进行复原。《玄武图》缺失区域的复原是在壁画人为补做的白灰区域进行，后期若需有必要可以去除，也符合可再处理原则。在壁画复原过程中不对壁画原有画面进行干预，也不会伤害到壁画本体。因此，复原《玄武图》缺失画面是一种合理的修复方法。

（2）修复材料的可再处理性。修复中使用蜂窝铝板作为支撑体，加入麻刀的白灰膏作为填补材料和新地仗材料，这是当前壁画修复中普遍使用的修复材料。蜂窝铝板轻便、不变形、平整，加入麻刀的白灰膏便宜易得、操作简单、与原壁画结合好。然而，任何一种修复技术和修复材料都不具备永久性，如若未来壁画出现问题，蜂窝铝板与壁画之间有玻璃纤维布和过渡层，能够分离壁画与支撑体，填补的白灰膏也能用手术刀剔除，这些都为壁画未来的修复留有可再处理空间。

（3）可识别原则。在进行壁画修复时，不能追求“以假乱真”和“天衣无缝”，要使得修复过的地方与原壁画能够区分出来，达到“远看一致，近看不同”的效果。为了有一定辨识度，《玄武图》壁画表面填补的材料低于原画面，全色时选用的颜色要略浅于壁画。在近距离观察绘制的缺失画面时也能够看出区别。

（4）修复中存在关于图片矫形的问题。修复人员用Photoshop软件对盗墓分子拍摄照片调整后，打印出实际尺寸等大照片后发现其与实际壁画无法完全重合。这是由于：①矫形使用的基准照片为相机所拍摄的壁画照片，相机有镜头畸变，会导致基准图片变形；②使用Photoshop软件修改图片时也存在误差。具体操作时，修复人员会对无法重合的区域重新进行局部小面积的矫正，多次修改，使之重合。对使用修改后的图再进行《玄武图》缺失区域的复原。但此方法绘制的玄武图案会与实际玄武图案存在偏差，从而导致复原的壁画有一定误差。在图像处理技术发达的今天，是否有更合适的技术能够更加准确地矫正盗墓分子所摄照片呢？这还需要进一步研究。

参 考 文 献

［1］ 杨文宗．唐韩休墓壁画的抢救性保护［J］．中国国家博物馆馆刊，2016，（12）：141-147.

［2］ 杨文宗，张媛媛，王佳．唐韩休墓壁画保护现状调查与分析［J］．中原文物，2017，（1）：122-128.

［3］ 梁田．玄武艺术符号研究［D］．株洲：湖南工业大学，2014.

［4］ 刘呆运，赵占锐．唐韩休墓墓室壁画布局解析［J］．中国书画，2015，（11）：20-22.

［5］ 严静，刘呆运，赵西晨，等．唐韩休墓壁画制作工艺及材质研究［J］．考古与文物，2016，（2）：117-127.

［6］ 詹长法．意大利现代的文物修复理论和修复史（下）［J］．中国文物科学研究，2006，（3）：90-95.

［7］ 万婧．浅析文物修复理念与应用［J］．魅力中国，2014，（25）：111.

赤峰博物馆馆藏塔子山辽墓、砂子山元墓壁画的保护修复中的认识

任亚云

（呼和浩特博物馆，内蒙古呼和浩特，010051）

摘要 壁画题材丰富，向我们展示了深邃而广阔的辽、元代社会生活及人物图卷，从政治、民族、民俗、艺术等方面提供了难得的实物资料，从揭取到入藏博物馆就一直受到专家、学者的关注。由于当时揭取工艺及保存、展出条件的限制，壁画现已出现了多种病害，为了更好地保护这一批珍贵文物，尽量延续其保存时间，对病害做了有效的保护、修复，并使用新型材料更换其支撑体。但是任何文物保护修复都有其时代局限性，现在所遴选的材料、技术不能保证始终具有先进性，若干年后这样的保护又会对壁画有怎样的影响，文中对修复中和修复后的一些问题进行了探讨及思考。

关键词 壁画 揭取 保护修复 局限性

引 言

2016年12月，受赤峰博物馆委托，内蒙古壁画保护中心对赤峰博物馆馆藏塔子山辽墓、砂子山元墓壁画进行了保护修复，保护修复方案是由敦煌研究院与内蒙古壁画保护中心于2014年合作完成，本次修复基本按照保护修复方案进行，修复于2017年6月底完成，历时7个多月，完成11幅9.123m^2，其中塔子山辽代壁画1幅1.579m^2，砂子山元代壁画10幅7.544m^2。

1 壁画概况

内蒙古赤峰地区现存馆藏壁画均为揭取后入藏博物馆的墓室壁画，绝大部分为辽墓壁画，有少量的元墓壁画，分别由赤峰博物馆、巴林左旗辽上京博物馆和敖汉旗博物馆等单位收藏。这些辽墓壁画出土于哈拉海场辽墓、帐房山辽墓、韩德昌墓（韩匡嗣家族墓）、羊山辽墓、七家辽墓、下湾子辽墓、喇嘛沟辽墓等20余座辽代墓葬，揭取壁画总面积达到256.80m^2。本次保护修复的壁画为赤峰博物馆馆藏的辽代与元代两个时期的墓室壁画，其基本情况介绍如下。

1.1　赤峰元宝山区塔子山2号辽墓

塔子山2号辽墓（图1）位于赤峰市元宝山区政府所在地平庄镇西北约30km处的大营子村北的一座孤山，山顶立有自治区级文物保护单位“塔子山白塔”标志。1989年文物普查时，在山的南坡发现大量辽代青砖板瓦，是一处辽代建筑遗址[1]。

此次保护修复的《辽代侍卫图》是2004年赤峰市元宝山区塔子山2号辽墓成功揭取的唯一一块壁画，尺寸为205cm×77cm。画面描绘一位身着红色袍服，手持骨朵，留有契丹人传统发型的高大威猛契丹族男性侍卫（图2）。

图1　墓室位置示意图

图2　《辽代侍卫图》

1.2　赤峰元宝山区砂子山元墓

1982年在元宝山发现的壁画墓为小型砖砌单室墓，墓顶呈穹隆式，内室与现代牧民居住的蒙古包相似，墓室结构严谨、小巧，四壁及券顶布满彩绘[2]。赤峰博物馆收藏的这10幅墓室揭取壁画，具有浓郁的时代气息和民族风格，向我们展示了元代社会生活深邃而广阔的图卷，从政治、经济、民族、民俗、艺术等方面提供了难得的实物资料，现将一一介绍。

《墓主人对坐图》于1983年揭取回博物馆。横幅宽234cm，高94cm。壁画之上绘有的垂幔高高卷起，正中悬一长方形垂饰，上有花卉，之下男女墓主人左右相对而坐。男女主人身后立各一男、一女仆人，画面对人物的面容、脸庞、服饰、头饰、耳后缀饰都做了细致的描绘，值得一提的是在女仆胖圆脸的额间有一美人痣，梳双丫髻，髻上扎红带，身着窄袖左衽袍，外罩开襟短衫，双手捧印，男仆则是双手捧一印盒（图3）。

《山居图》长0.96m，宽0.49m。左侧山岩间有房舍隐约可见，山前有枝叶苍劲浓郁的大树，山下小溪中双禽正在嬉游，右侧苍松之下有一超然世外之人，此人身着圆领长袍，双手扶膝，盘坐于岩石上（图4）。

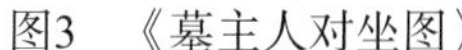

图3 《墓主人对坐图》

图4 《山居图》

《研茶图》长0.97m，宽0.8m。壁画中一长方形高桌，桌上一端倒扣三个茶碗，碗侧放一炊帚。桌面正中放一黑花执壶，旁有一装茶末的黑花盖罐，此二物壶盖均呈莲花状，桌旁立一人，左手捧碗，右手握研杵于碗中（图5）。

《奉茶图》长0.94m，宽0.7m。高桌上放置黑花瓷壶，盖罐和元代典型的玉壶各一件，桌旁立一人，头戴硬角幞头，身着圆领窄袖袍，加短护腰，双手托盘，盘内置两碗，作供奉状。这幅壁画与前一幅都是元代社会生活中茶俗的真实写照（图6）。

图5 《研茶图》

图6 《奉茶图》

《礼乐仪仗图》，左边壁画长0.79m，宽0.64m；右边壁画长0.81m，宽0.68m。两幅画面六人，均着圆领窄袖长袍，腰围玉带，其中四人手执各种礼乐器，另两人均双手执仗。左、右两幅壁画对双手执仗人物的绘画表现较为突出。左边中间一人浓眉大眼，腰系带垂至膝下，吹奏横笛。第三人右手执槌击鼓，鼓于架上，鼓面为黄色，腹侧有一提环。右面中间人腰间横系一鼓，鼓为长圆形略有亚腰，形似元代杖鼓，此人右手执一细槌击鼓，左手五指伸张，击拍。第三人双手击拍板，拍板长条形上窄下宽四枚一束合穿，下端系彩带（图7）。

图7　《礼乐仪仗图》

穹隆形券顶遍饰彩绘，两幅壁画分别为长0.65m、宽0.56m和长0.65m、宽0.54m。仰视犹如装饰华丽的天花板，题材有缠枝牡丹、荷花、菊花等，花叶上点缀粉红、翠绿，也极别致（图8）。

图8　墓室顶部花卉

2　采取的保护技术路线和研究方法

本次保护修复按《赤峰博物馆馆藏塔子山辽墓、砂子山元墓壁画保护修复方案》进行，并依照《中国文物古迹保护准则》的相关规定，对此次保护修复壁画采取以下六个基本步骤：①价值评估；②现状病害调查；③病害机理分析；④依据壁画制作材料筛选最恰当修复材料及工艺；⑤制定实施保护修复；⑥实施后的监测。

本次涉及的壁画，表面大多用三甲树脂做整体加固，由于表面加固层的影响，病害调查无法全面反映壁画的所有病害现状，病害图所表现出的信息只能反映主要的病害特征。同时，表面加固层也影响了壁画制作材料与工艺分析，只能是遇到问题另行展开现场有效修复实验后再对壁画进行研究保护。

3 价值评估

根据对文物的考古发掘与调查研究，赤峰市元宝山区塔子山2号辽墓《辽代侍卫图》与元宝山区砂子山元墓壁画的价值集中体现在历史价值与艺术价值两方面，下面将这两处壁画分别进行描述。

3.1 赤峰市元宝山区塔子山2号辽墓壁画价值

3.1.1 历史价值

20世纪80～90年代，由赤峰地区文物工作者抢救性揭取一大批已遭盗掘的辽墓壁画，成为国内收藏辽墓壁画较多的地区之一。此幅壁画通过对人物五官的细致描写表现其结构特性、个性特征和内心感情，通过具体地描绘人物体态与服饰，显示量感、独特性和真实感。尤其是契丹人像的描绘更富有契丹民族性格与特点，不仅形象逼真，而且造型淳朴方正，气质沉雄开阔，反映出辽代社会不同层面人们的衣食住行、百般风情，成为研究辽文化最珍贵也最重要的部分，是不可再生的珍贵遗产，对于研究辽代的历史、社会、文化与生活更是具有重要的史料价值。

3.1.2 艺术价值

辽墓壁画在其不同的发展阶段具有不同的艺术特点。早期墓葬壁画多承唐风，民族题材初见端倪，但画风朴拙。中期壁画逐渐成熟，题材多围绕辽代政治活动的四季捺钵和游牧狩猎的习俗，形成鲜明的本民族题材风格。晚期壁画中大型的人物画成熟，构图完整，富于节奏感。壁画艺术表现出的审美趣味与审美特色均表现出刚劲清健之风，与契丹族葆有的游牧民族的朝气不谋而合，代表了“北方草原画派”的画风[3]。

墓葬壁画所呈现的民间匠师作品，弥补了文献资料方面的不足，为了解中国古代绘画艺术的发展提供了极其珍贵的实物，为学术研究提供了相对便利的条件。对了解中国古代人物画、山水画和花鸟画的发展，墓葬壁画都具有重要的意义和不可替代的特殊地位。辽代绘画在吸收中原绘画传统的基础上，又注重文化的建设，其墓葬壁画反映出鲜明的民族和地方特色，大大丰富了中国多民族艺术的内涵，对于中国美术史的研究具有重要意义[4]。

赤峰地区辽墓壁画既有民族特点又有地区特点，是中华文化整体不可分的有机组成，是中华民族多元一体特点在文化领域中的生动表现，为构筑中华民族多民族美术史作出了贡献。

由此，赤峰博物馆馆藏元宝山区塔子山2号辽墓壁画作为众多辽代墓葬壁画的一部分，对于研究辽代绘画史具有重要的史料价值与艺术价值。

3.2　元宝山区砂子山元墓壁画价值

3.2.1　历史价值

赤峰博物馆馆藏元宝山区砂子山元墓作为元代墓葬的一例，在其墓葬中既展现了蒙古族日常生活的片段，也有汉族人文情怀的山水画，其多样的壁画主题充分展现了元代时期民族融合与思想交流[5]，墓葬中所保存的壁画作品对于研究元代时期的历史、社会、经济、文化具有不可替代的史料价值，对于研究元代民族思想的相互融合具有特殊的史料价值，特别是对于研究元代的丧葬习俗与礼仪具有重要的历史价值。

3.2.2　艺术价值

虽然元代的墓室壁画数量不多，但是这些壁画墓中的实物用于蒙古族的古代研究以及中国古代的传世绘画研究，其中所蕴含的美学价值和史学价值是不能低估的。元宝山元墓中的壁画在技法上主要也是用黑线勾勒，然后以平涂着色。壁画的构图相对完整，人物被刻画得十分生动形象，尤其是线条的绘画劲道有力，潇洒自如。

元宝山墓葬壁画堪称民间艺术的珍品，虽在工艺技法的造诣不及那些名家名师之作，但是在绘画的生动性、写实性、世俗性方面也堪称件件精品，这些墓葬壁画所表现出来的题材和内容为研究元代的社会历史提供了大量丰富信息，为研究元代社会生活、社会习气、服饰、头饰、家具等提供了诸多宝贵资料。

由此，赤峰博物馆馆藏的元宝山元代壁画墓的壁画作品对于研究元代绘画的创作与技法及元代绘画史都具有重要的史料价值与艺术价值，在研究中国美术发展的课题中，具有不可或缺的价值。

4　保存现状调查

赤峰博物馆馆藏的这11幅壁画揭取于20世纪80年代至21世纪初，有几幅作为展品陈列于展厅，有些是在墓葬出土发掘后，对壁画进行了分块“铲取法”处理，将壁画连同部分支撑体分块用石膏包裹后装箱，搬运回考古所库房做简单的加固处理后收藏于博物馆库房内，由于保存环境和条件的不适宜，随着时间推移，壁画表面以及内部结构相应地发生了一系列变化，保存状况十分危险，亟须进行保护修复，对于壁画保护而言，了解它的保存现状至关重要（图9）。

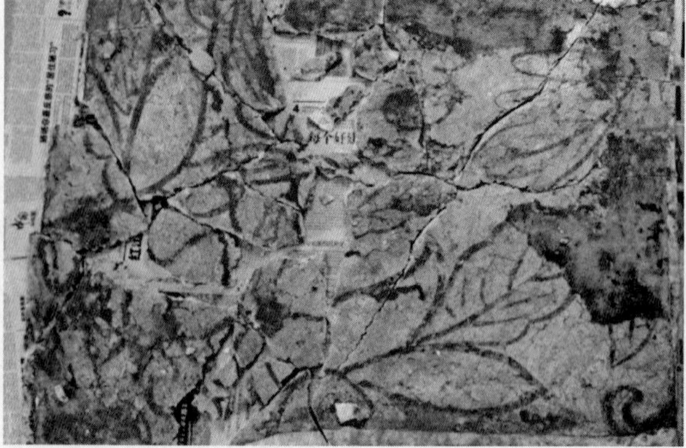

图9　赤峰博物馆馆藏砂子山区元墓部分壁画保存现状

4.1 调查方法

按照中华人民共和国文物保护行业标准《古代壁画病害与图示》《古代壁画现状调查规范》的要求，对赤峰博物馆馆藏11幅壁画做详细的调查，并绘制病害图。

4.1.1 摄影

对壁画进行拍照，记录壁画现状为保护修复工作提供资料依据，是现状调查的底稿。

4.1.2 绘制壁画病害图

使用AutoCAD软件并以拍摄的数码照片为底图，按照调查标准，绘制壁画病害图，准确、直观地反映壁画修复前的状况（图10）。

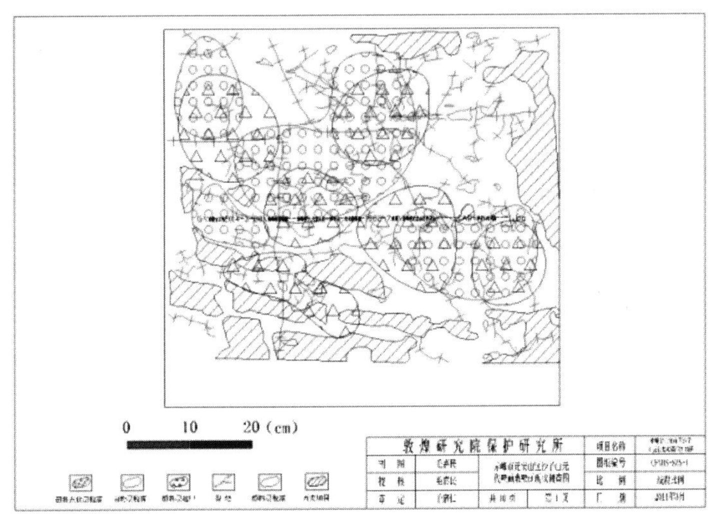

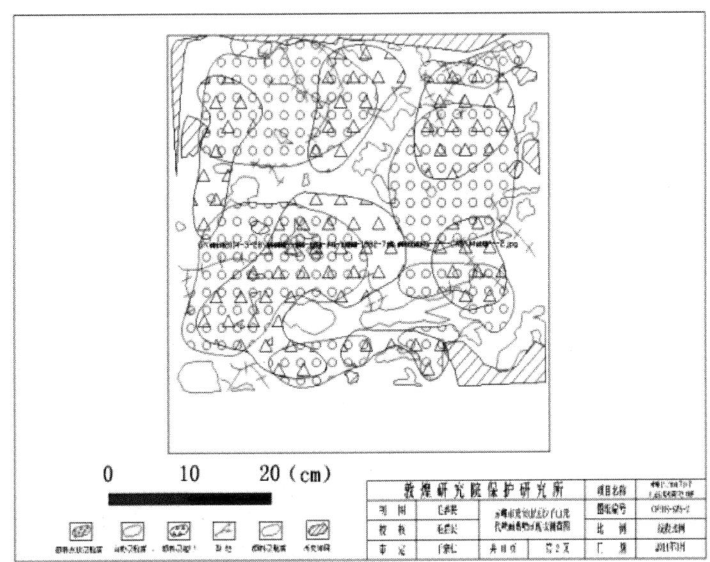

图10 壁画病害图

4.2 壁画病害现状的分类

经勘察分析后，确定了壁画有9种主要病害，分别是白粉层脱落、颜料层脱落、起甲、历史加固、裂缝、点状脱落、地仗脱落、人工地仗加固、划痕等病害。

4.3 壁画保护历史

赤峰博物馆馆藏墓葬壁画揭取始于20世纪80年代，壁画基本是在墓道、天井、甬道及墓室内的墙壁上，抹出白粉层，然后在白粉层上作画[6]。经过近千年的地下埋藏保存到现在，墙壁上白粉层有的强度较大，有的较小，还有因墙壁的下沉、变形以及其他原因而导致画面出现纵横交错的裂缝、变形、脱落等多种病害。为完整保存这些珍贵的文化遗存，文物管理部门的工作人员对这些墓葬壁画进行揭取工作。王丽华于1986年6月15日在《内蒙古文化考古》上发表《砂子山元墓壁画的揭取与修复》一文，将揭取时工艺进行说明：①划定揭取范围，清洗画面，进行画面加固；②根据画面保存状况涂刷或喷涂不同浓度三甲树脂丙酮溶液；③使用桃胶将豆包布贴在壁画上进行固定，等待布干；④拆砖取画，从墓葬券顶洞口边缘，用有弹性的腻铲取掉砖；⑤撬离砖块，画层与砖结合紧密时滴乙醇渗透，振动剥下，剥离不开时，用锤子和凿子将砖凿断，凿砖时锤击方向不可向壁画一侧用力，以免震坏画层；⑥取画，用木板托好靠实颜料层，托板与颜料层中间缝隙用棉花或泡沫填平，防止画面滑掉；⑦将壁画装放于木盒中，做好标记，编号，运回室内；⑧制作新的石膏支撑体，将与壁画尺寸相配的木框放在地仗层，加少量“乳胶”石膏水搅拌均匀灌缝后用适度的石膏浇注已套好木框的壁画背部整体，浇注时石膏由四周向中间靠拢，直到石膏与四周边框刮平为止。为防止石膏体断裂，苔壁画面积较大，在浇注石膏前，放置20cm × 20cm铜焊条方格状骨架，方格交叉点用漆包线缠好，骨架四周断头处弯成钩状，平放在壁画背面，以增加石膏体强度。壁画面积增大，浇注的石膏层相应增厚，然后用1∶0.5的环氧树脂和651型低分子聚酰胺在壁画石膏支撑体处粘贴五合板（图11）。这种做法有支撑体过重、易断裂等缺点，为克服这些缺点，后期修复时用环氧树脂+木龙骨作支撑体（图12和图13）。

墓葬壁画从原址被移到博物馆收藏后，在人为干预下，原址壁画支撑体由墙壁转换为人造支撑结构，揭取壁画的构成材料与组合体系变得更为复杂，在壁画材料演变、揭取保护修复过程产生许多新问题（图14和图15）。

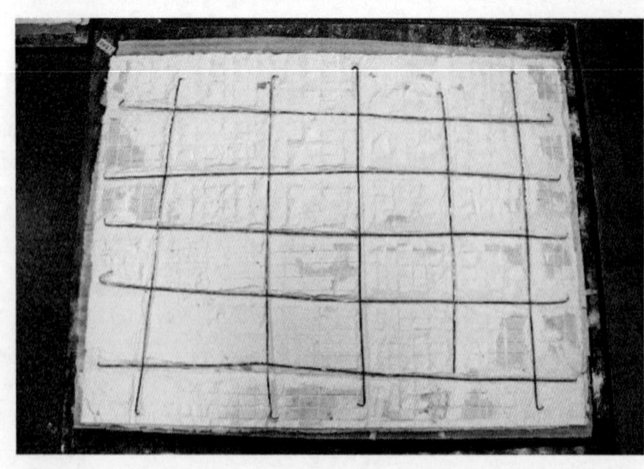

（a）

（b）

图11 （a）铜焊条方格状骨架；（b）五合板

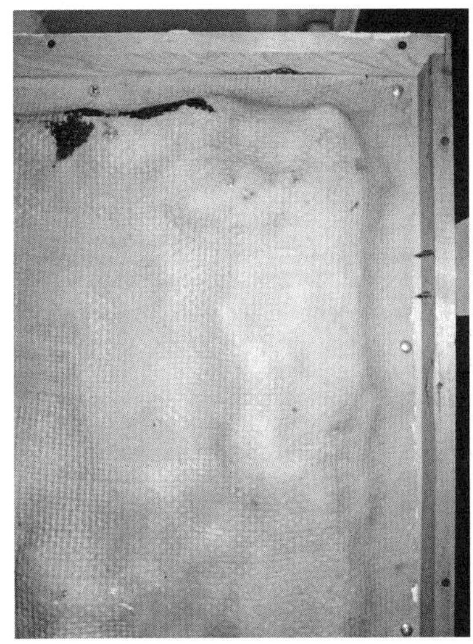
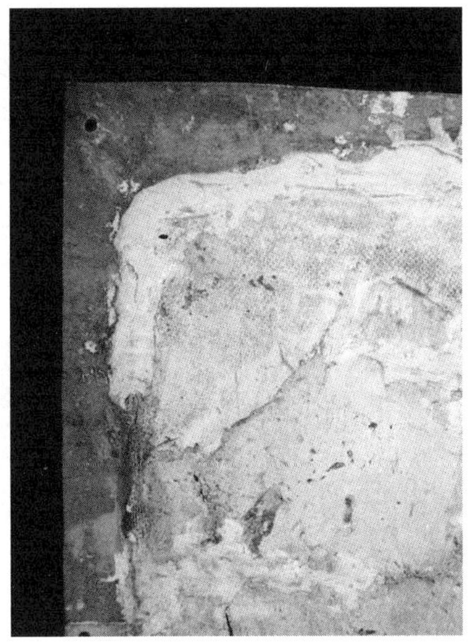

图12 （a）壁画背部的环氧树脂+木龙骨；（b）壁画背部的环氧树脂

图13 壁画支撑体厚度约2cm

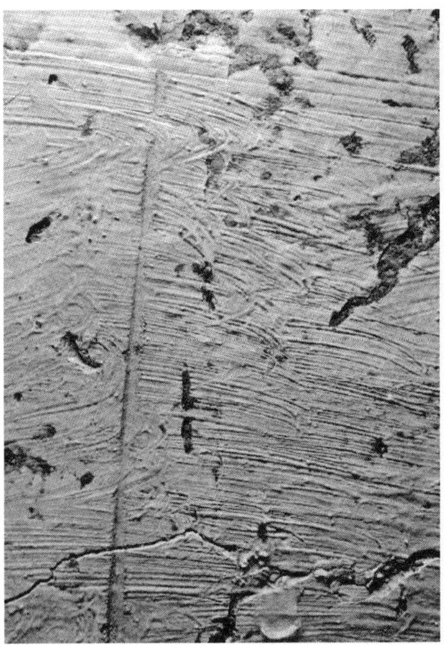

图14 壁画表面人工加固剂形成的刷痕

图15　壁画正反两面残留的人工加固剂

4.4　病害面积统计

4.4.1　病害面积统计方法

为了精确统计壁画病害面积，按照AutoCAD软件面积统计标准，统计出病害面积。

4.4.2　病害壁画面积

赤峰元宝山区辽墓和元墓壁画病害统计见表1。

表1　赤峰元宝山区辽墓和元墓壁画病害统计

壁画名称	编号	白粉层脱落/m^2	颜料层脱落/m^2	起甲/m^2	历史加固/m^2	裂缝/m	点状脱落/m^2	地仗脱落/m^2	环氧树脂/m^2	壁画总面积/m^2
赤峰元宝山区砂子山元墓壁画	1	0.03	0.06	0.31	0.07	1.5	0.12			0.35
	2	0.02	0.06	0.2	0.06	0.7	0.1			0.21
	3	0.04		0.36	0.09	1.6	0.1	0.01		0.53
	4		0.01	0.28	0.03	1.7	0.17			0.36
	5			1.23	0.07	1	0.32			1.83
	6	0.03		0.27	0.18	0.8	0.13			0.55
	7		0.01	0.31	0.1	0.5	0.1	0.01		0.5
	8			0.66	0.1	1.3	0.21			0.78
	9	0.04	0.05	0.42	0.13	1.1	0.27			0.65
	10	0.01		0.38	0.14	1.2	0.23			0.48
赤峰塔子山2号墓甬道东壁壁画	11	0.01	0.06	1.26	0.16	0.07	0.2		0.13	1.55

5　壁画制作工艺与材料研究

根据考古发掘、壁画揭取和修复方案进行的无损分析调查发现，赤峰市元宝山区塔子山2号辽墓和砂子山元墓这两处墓葬壁画均为砖砌支撑体，在支撑体上先用草拌泥进行涂抹，再涂抹石灰，壁画彩绘层最后均是在石灰石的地仗上直接作画，并无泥层。壁画于石灰层之上，绘画技法为先起白描稿然后上色，而且上色不是十分均匀。由于石灰层厚度（1～3mm）相对泥层（1～2cm）较薄，壁画表面尤其画面空白处随处可见麦草的痕迹。

6　保护修复研究

6.1　保护修复原则

在修复过程中，必须遵守《中华人民共和国文物保护法》等法律法规，坚持“保护为主，抢救第一”的文物工作方针，以病害现状和特点为依据，对同一处壁画多种病害并存的情况，根据不同病害的表现特征和严重程度，选择适宜的保护程序，依病害轻重程度分步实施（图16）。

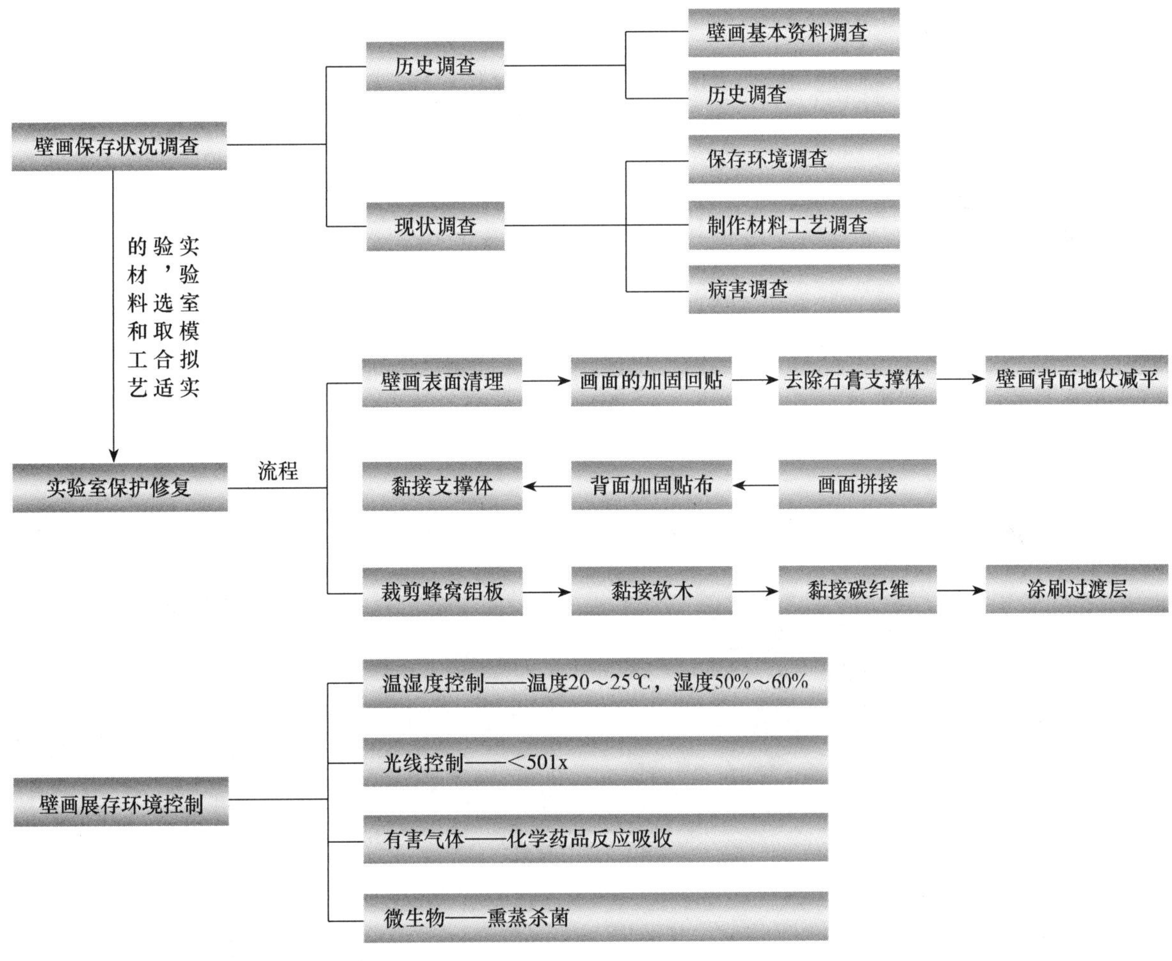

图16　保护修复原则分步实施图

6.2 保护修复路线

两处墓葬壁画揭取时选用三甲树脂在壁画颜料层表面进行加固和封护处理。历经多年后，由于树脂老化而形成亮膜，使壁画板结、坚硬，出现壁画画面层颜色加深、起翘、开裂等病害现象；壁画无论是以环氧树脂材料加木框还是直接用石膏加环氧树脂再加五合板制作背部支撑体，经过这些年保存后出现了壁画画面扭曲、变形、贯穿性断裂、画面裂隙增多和增宽，为了对其实施有效的保护措施，基本保护路线为：壁画背部原加固材料清理；背部加固重新制作新地仗层；壁画正面颜料层的清理、加固、回贴；壁画拼对；黏接新支撑体——铝蜂窝板；壁画表层颜料层拼接及表面边缘的处理；壁画美学修复；壁画整体封护。

7 施工组织计划和管理

本次保护修复中可能用到的化学及生物材料尽量为对人体和环境无危害或者危害很小的材料，并严格实施以下安全措施进行。

（1）所有保护修复实施人员均为从事壁画保护修复五年以上工作人员。

（2）加强安全保卫工作，在工作场所安装监控设备和具备相应的灭火设备，确保文物安全。

（3）确保文物运输过程中的安全。由于壁画是异地修复的，确保壁画安全是至关重要的。

壁画修复过程可能出现的风险主要来自修复人员的操作、修复试剂的选择使用等，应分别予以规避。尤其是在壁画的翻转、石膏背衬的去除等方面要切实做到保证壁画安全为前提。

8 保护修复工艺及步骤

此项目保护修复壁画是从赤峰博物馆库房搬运到呼和浩特博物馆壁画保护修复中心进行，搬运前在赤峰博物馆的库房中已经对每一幅壁画进行了预保护，步骤一般是：画面清理，加固，回贴，错位、断裂拼接，碎裂拼对，壁画预保护如图17～图28所示。

图17　领导和修复人员现场探讨

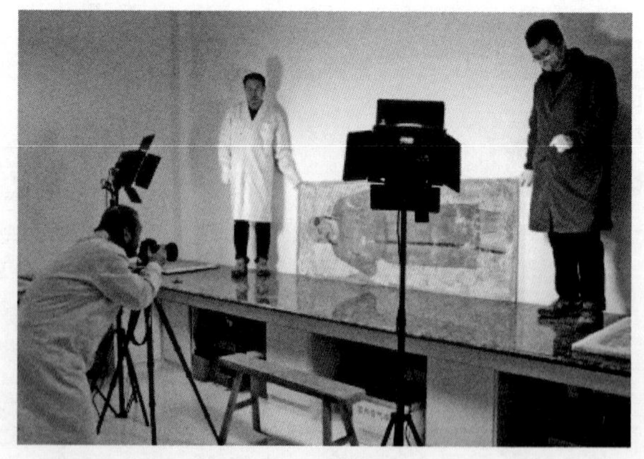

图18　拍摄病害

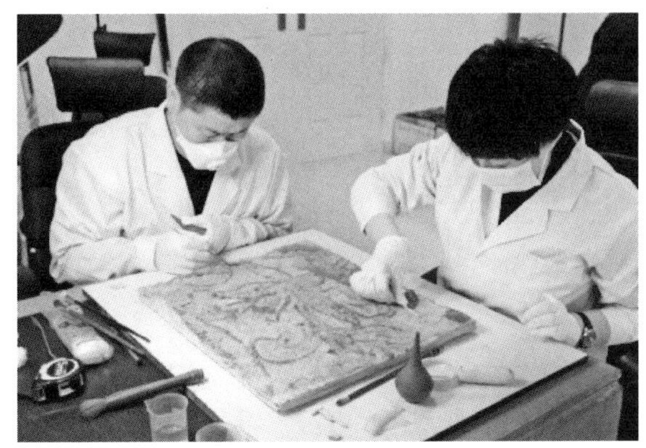
图19　表面除尘

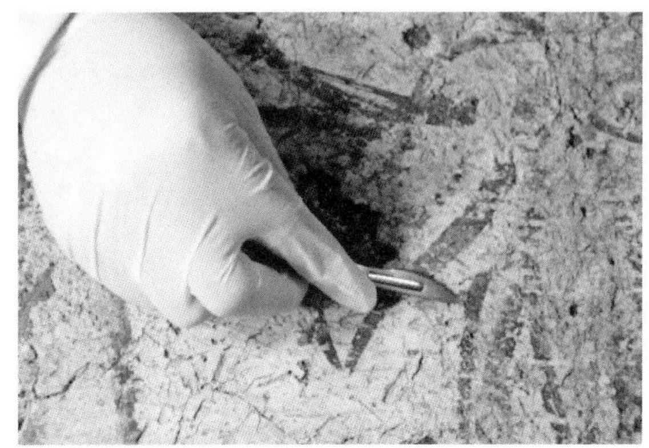
图20　剔除污物

图21　清洗画面

图22　滴注加固剂

图23　不锈钢刀按压

图24　细小裂缝封护

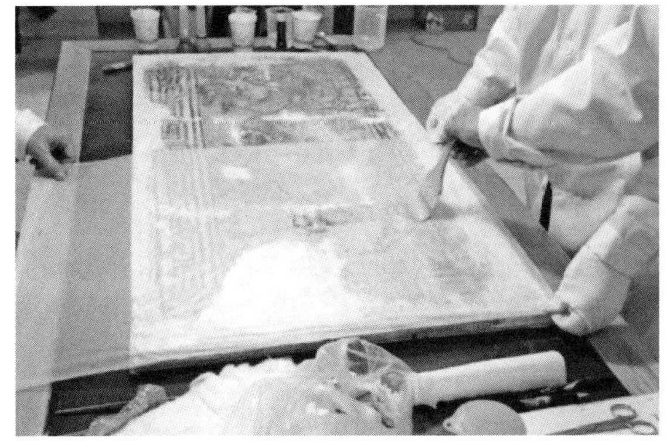
图25　整体封护

图26　背部地仗封护

图27　木板固定

图28　装入包装箱

8.1　壁画背部清理

前期预保护中壁画的加固封护已经做好，壁画从包装箱取出进行保护修复时直接做壁画背部清理。

8.1.1　去除原地仗层背部加固层

分两个步骤进行，先去除木龙骨框架和五合板，然后分离环氧树脂固化物。

（1）去除木龙骨框架：画面封护后加垫块状或条状海绵层，用与壁画尺寸相适应的壁板压住海绵，将壁画翻转至背面向上，倒置于壁板上；用恒速电动切割机切割壁画背部木龙骨框架（图29）。

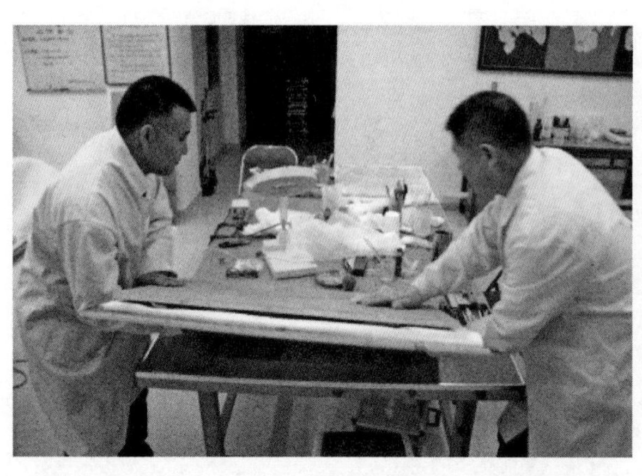

（a）

（b）

图29　（a）翻转壁画；（b）切割木龙骨框架

（2）分离五合板及环氧树脂固化物：在木框架和五合板上运用手工和现代小型机械，采用分块切割（网格状切割）、化整为零的办法，将五合板切割成2cm×2cm的小方格状，用手锯、小撬杠等工具撬除切割块儿。而在分离强度不一、厚度不均的环氧树脂加固支撑层时，由于环氧树脂固化物非常坚硬，目前尚无直接将其熔化、溶解的方法和技术，仍要采取机械切割法分离。为了减少对壁画的震动，对切割速度、面积、切割深度反复试验，切出横纵的线条，交错形成边长约为1.5cm×2cm的小方格状，用手锯、小撬杠等工具撬除切割块儿，并辅以电热风机加热，待环氧树脂层变软后用修复刀剔除环氧树脂，切不可伤及壁画，有些地方还需配合牙科器具、手术刀具使用（图30）。

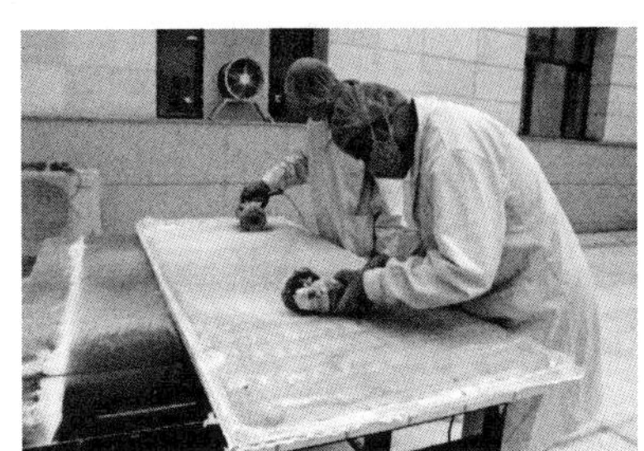

图30　切割五合板、环氧树脂加固支撑层

8.1.2　去除石膏支撑体（切割撬除、细化剔除）

去除木板时发现有些石膏水泥背衬有铜焊条方格状骨架以增强石膏的强度，石膏层直接粘壁画地仗层，切割时需要灵活掌握角向磨光机的切割深度、角度、方向，机器调节至合适高度切出横纵的线条，交错形成边长约为1.5cm × 2cm的小格状，用修复刀、小撬杠等工具撬除石膏块儿，壁画地仗层厚薄不均，粘连一些下层壁画的颜料层，撬除后再用手术刀进行细化剔除（图31）。

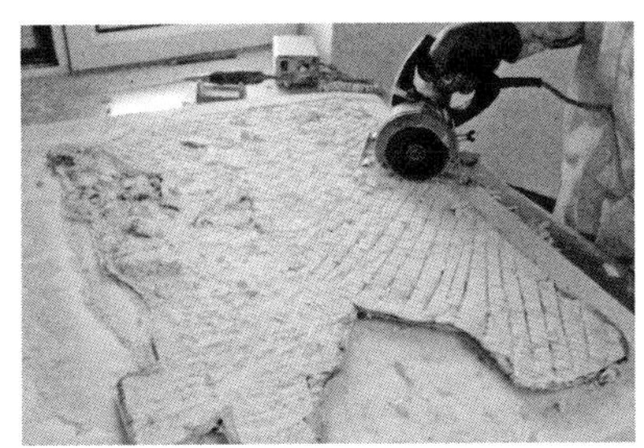
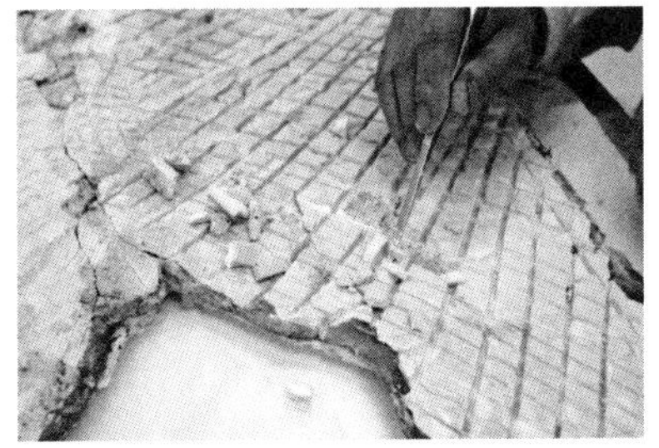

图31　用不同工具去除石膏支撑体

8.2　壁画地仗减薄、修补、找平、加固修复

（1）使用灰膏、沙子、10% SF-016配制临时填补材料，填补缺失处。清理壁画背部地仗到一定的厚度，裂缝、缺失的地方要使用灰膏、沙子、10% SF-016配制临时填补材料，值得注意的是有些缺失的地方是在揭取壁画时地仗层已经丢失，有些是由于环氧树脂渗透到画面造成的，修复人员把已经渗透到画面的环氧树脂剔除掉时也可能造成地仗的缺失（图32）。

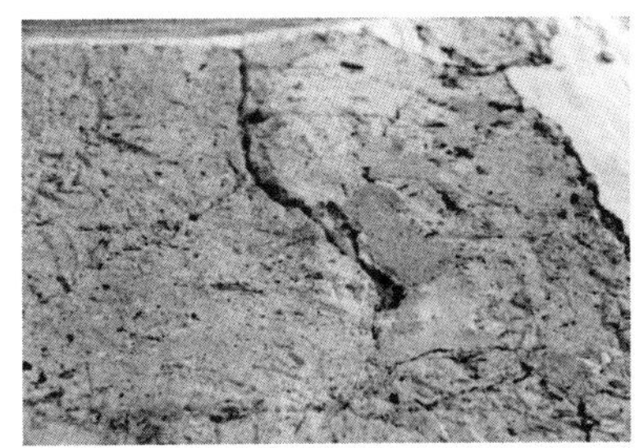

图32　壁画地仗软化渗透、剔刀剔除环氧树脂、找平

（2）用5% SF-016分别加固壁画背部2～3遍地仗补强。

（3）用方砖、沙包等压到铺的两层宣纸上找平错位、高低不平的壁画。

（4）用修复刀将减薄地仗打上菱形网格，用灰膏、沙子、30% SF-016配制材料，选0.5 ~ 1.0cm厚的木板作框架，重新制作新地仗层，抹泥尽量把裂隙处缝子压至吻合，待其半干时，用重物平压新制作的地仗层（图33）。

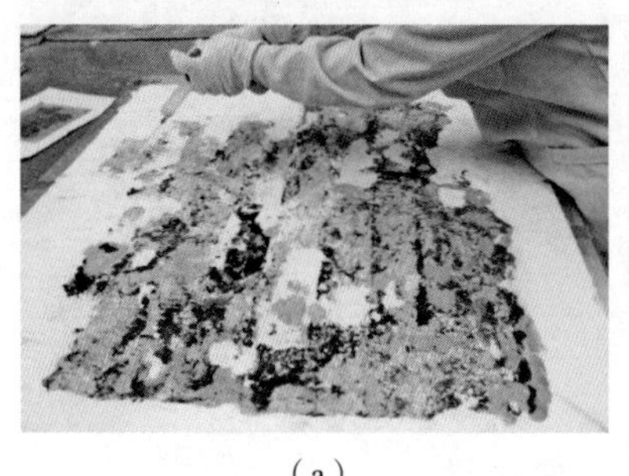
（a）

（b）

（c）

图33　（a）地仗补强；（b）重物压平；（c）重新制作新地仗层

（5）用100% SF-016将纤维布条贴在重新制作的地仗层上，使壁画成为一个相对稳固的整体（图34）。

（a）

（b）

（c）

图34　（a）新地仗层；（b）用重物平压新制作的地仗层；（c）贴纤维布条

8.3　新支撑体的制作和黏接

8.3.1　新支撑体的制作

（1）用粗砂纸打磨裁切尺寸适合的蜂窝板表面（图35），裁切软木板、碳纤维布。

（2）环氧树脂：固化剂=3：1，加适量丙酮稀释。用电炉加热环氧树脂使其易与固化剂混合。将软木板与蜂窝板用以上材料黏接后加压固化，约2h后同样将上述胶黏剂刷涂在软木板上来黏接裁切好的碳纤维布，待干后在新制成的支撑体碳纤维层上涂刷隔离层（15% Paraloid B72的丙酮溶液）2遍（图36 ~ 图38）。

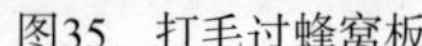
图35　打毛过蜂窝板

图36　配制环氧树脂涂刷软木板

图37　粘贴碳纤维布

图38　涂刷隔离层

8.3.2　新支撑体的黏接

剪去画背边沿多余的无纺布，画3cm × 3cm网状格子线条。在格子交叉点点胶（使用大注射器吸取白乳胶注射点胶，胶点直径约为1.5cm），胶点呈棋盘状。

将支撑体抬至点好胶的壁画上，按照之前画好的定位线放好，将壁画背部与支撑体黏合起来，再确定尺寸有无差错进行微调；垫上宣纸、盖上木板进行加压固化（图39）。

（a）打格子

（b）点胶

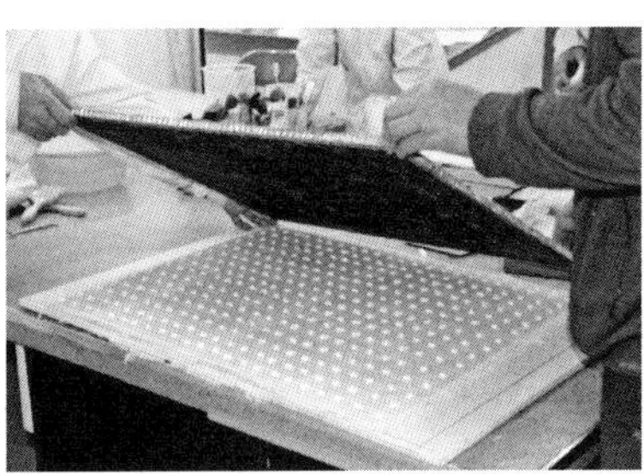

（c）黏接

（d）调整

（e）加压固化

图39　新支撑体的黏接

8.4　壁画正面的清理和局部加固

8.4.1　壁画正面的清理

将黏接好的新支撑体壁画翻转至正面，用软毛刷蘸温的蒸馏水刷纱布和修复绵纸，用修复刀和镊子揭取纱布和绵纸（图40）。

8.4.1.1　边沿清理（剔除遮盖画面的历史加固材料）

对画面边沿的石膏修补材料滴注热水稍软化后，用各种大小不一的刀具小心剔除，由于石膏中

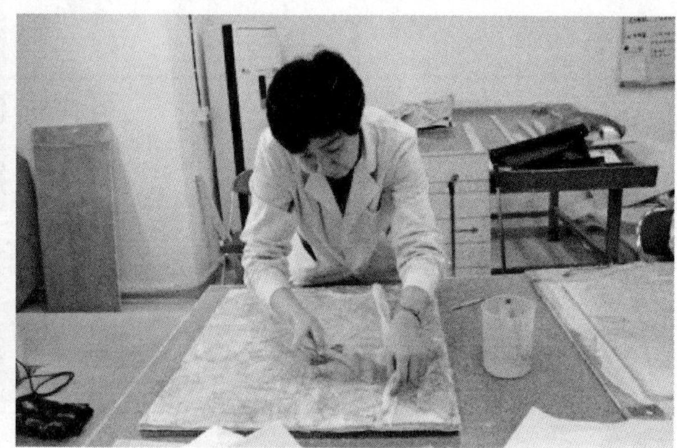

图40　揭取纱布和绵纸

添加有水泥不易去除，操作时需小心慢慢清除。画面酥碱、粉化、颜料层脱落处用滴管取少量蒸馏水滴在棉签上，棉签刚湿透为止，然后进行清理；对钙质结垢物部分，用化学试剂软化后清理。

8.4.1.2　画面清理（除浮尘、预加固、清洗）

用吹耳球或软毛刷（图41）从中部向四周轻轻清扫去除画面表面浮土［对粉化脆弱部位先用塑胶头注射器或滴管滴注清水稍作加固（图42），再进行清理；对脱落的小块白粉层先小心清除灰尘，滴注清水加固，再做下一步清理工作］，用棉签蘸上温水进行清洗（图43）。

对画面上三甲树脂污染物用丙酮稍软化后，用手术刀轻轻剔除后再用棉签蘸温水进行清洗。边沿水泥石膏清理方法同上，对于画芯的水泥石膏，需要用热水浸润，再用手术刀小心清理剔除（图44）。

图41　画面清理

图42　脆弱部位预加固

图43　棉签清洗

图44　污染物剔除

8.4.2 画面加固（滴胶加固、回贴滚压）

壁画颜料层的粉化、起甲和脱落等病害，可通过表面加固回贴的技术手段，应用可再处理的加固剂对壁画表面进行保护加固。

（1）用改性丙烯酸、改性有机硅丙烯酸、蒸馏水配制1.5%、2%、2.5%、3%水溶液用针管滴注；注射的胶黏剂不宜过多或过少，过多时会溢流，形成胶痕；过少时颜料层黏接不牢固；视壁画病害严重程度不同，每处注射2～3遍。

（2）待胶黏剂被地仗层吸收后，用垫棉纸防护的木质修复刀轻轻压实滴注画面，将病害画面轻轻回贴原处。

（3）再用不锈钢铁质修复刀对压实画面微调按压。

（4）将颜料层回贴后，用纺绸包裹药棉制成的棉球滚压，滚压的方向应从颜料层未裂口处向开裂处轻轻滚压，这样能将起甲部位的空气排出，不产生气泡，同时也确保壁画表面不会被压出皱褶（图45）。

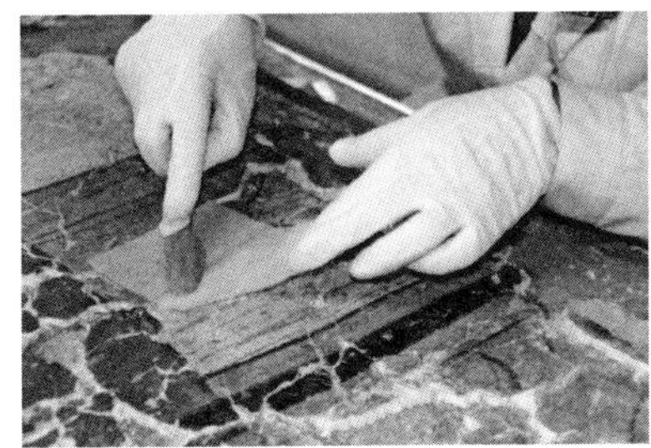

图45 画面加固滴注胶黏剂加固、回贴颜料层

8.4.3 画面正面拼对

（1）在本次修复的壁画中每一幅壁画都有多处大的裂缝、错位和叠压，需要在上新支撑体前进行拼对。拼对裂缝、错位和叠压先用临时填补材料填实缝隙再将错位壁画拼接归位。断裂、错位、高低不平的壁画，用细沙类将壁画垫在同一水平面上进行拼接，线条、碴口成功拼对后用浓度稍大的胶黏剂黏接在一起，再以纤维素和棉纸封护后将壁画翻至背面，在拼对缝上贴纱布条，使其更加牢固（图46～图51）。

图46 棉花、细沙等垫平

图47 临时填补材料填实缝隙

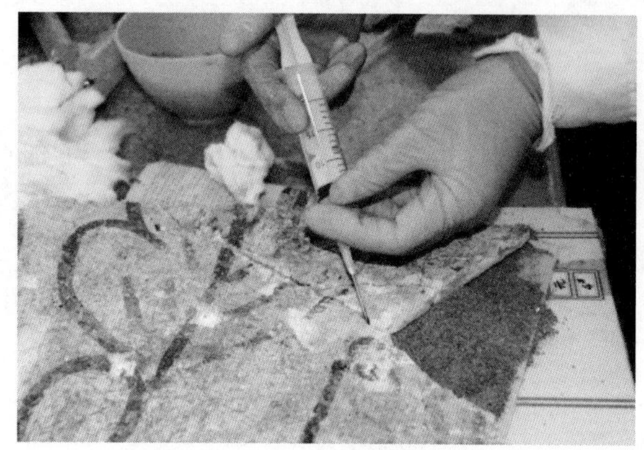

图48　黏接拼对碎裂壁画

图49　拼接后细微调整

图50　棉纸条封护

图51　拼对、黏接完成

（2）拼对小的碎块、填补缺失处。对于画面小的碎块进行拼对，用表面填补材料（用灰膏、沙子、麻刀、大理石粉、地板黄、100% Primai AC-33配制）填补裂缝。

（3）剔除缺失处临时填补材料，用表面填补材料填补。

8.4.4　壁画表面周边及边缘的处理

（1）对壁画周边做底部填补材料层和表面填补材料层，共三层，三层总厚度须略低于壁画的厚度：第一层，约1mm厚的隔离层砂浆，以增加粗糙程度便于后续的黏接；第二层，约2mm厚的底部填补材料；第三层，约2mm厚的表面填补材料。由于此次壁画保护修复不做壁画表面颜色的补全，为了使壁画表面填补材料与壁画整体画面颜色协调，我们做了大量试验，用各种不同配比的沙、白灰膏、地板黄和不同浓度的胶黏剂配制成不同的试验块与原壁画进行比对，筛选出颜色最接近的表面填补材料（图52）。

（2）对壁画侧边做防护协调层（填粗沙粒、抹泥浆）。在壁画侧面的蜂窝板蜂窝空隙处，用隔离层砂浆（用哥俩好胶调配粗沙砾）填实，外面用砂浆（用沙子、100% FS-016 、大理石粉配制）抹平，最后用较硬毛笔蘸稍稀的砂浆做防护协调层。

8.5　壁画美学修复

壁画边缘美学修复：对新做的地仗层边缘在半干时用海绵或毛刷打磨，使之看起来有颗粒感，

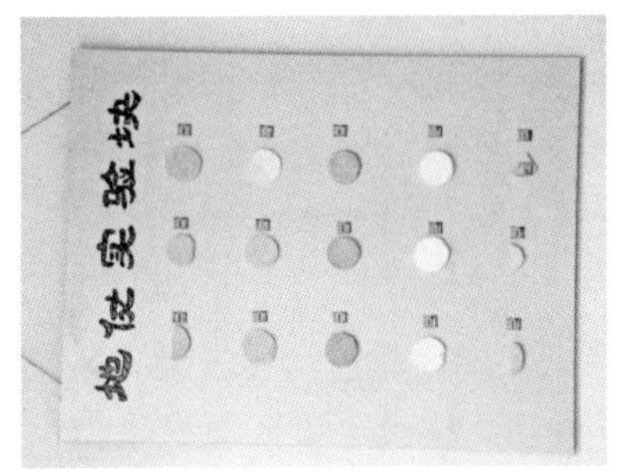

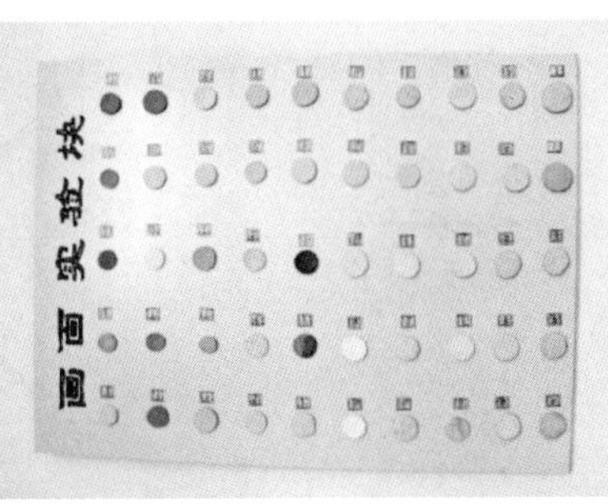

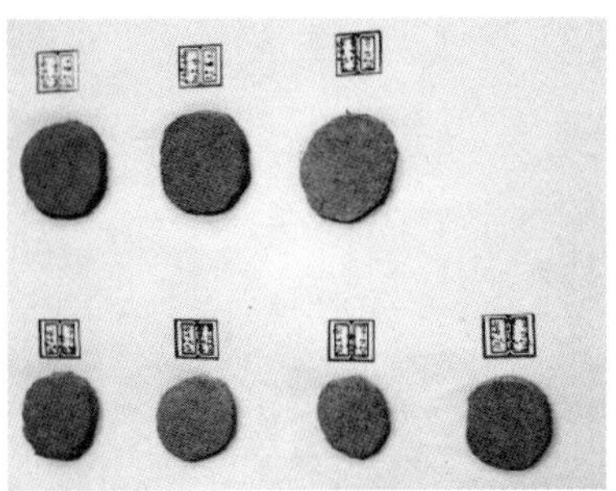

图52　沙、石膏、地板黄与胶黏剂浓度配比不同的画面、地仗试验块

并略低于壁画表面，保持整体的协调（图53和图54）。

壁画画面美学修复：对壁画画面中缺失或裂缝处，只补泥不进行补色，只是为了使表面的填补材料与画面相一致时在填补材料处做颜色协调处理（图55～图58）。

图53　比对画面配比材料

图54　画面填补

图55　边沿粗沙填实

图56　边沿填充

8.6　壁画画面的封护

分别配制低浓度的Paraloid B72，对壁画表面颜料进行封护，这样既有利于壁画整体的协调性，又有利于壁画的长期保存（图59～图61）。

图57　边沿与画面补泥协调

图58　边沿美学

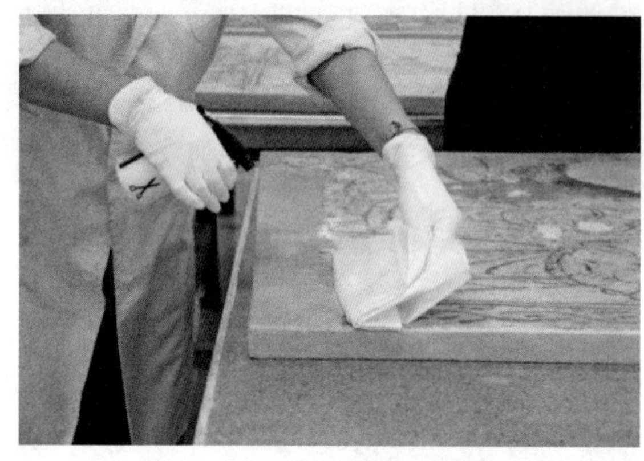

图59　画面封护

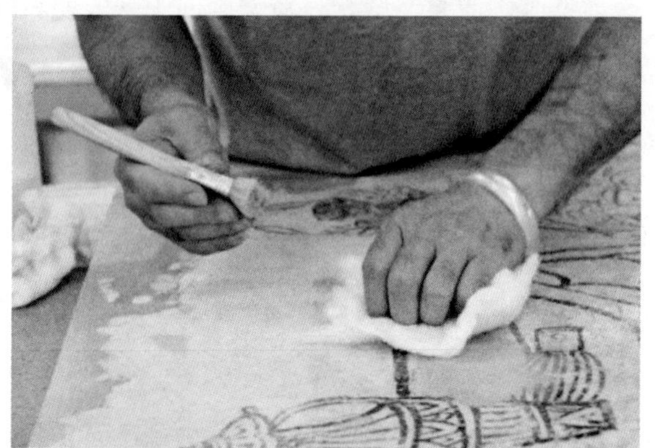

图60　补泥处打磨

图61　填补材料颜色协调

9　保护修复日志

（1）对保护修复全过程作详细记录。主要包括文物保护单位名称或其单体名称、编号、保护修复人员、修复日期、工作区域、工作内容、使用材料、工艺、操作条件、现状描述、工作小结、存在问题等，由保护修复人员根据实际工作情况填写。

（2）对于使用材料，主要记录成分；对于工艺，主要记录技术方法和操作步骤；对于操作条件，主要记录操作环境的温度、湿度等。

（3）在保护修复过程中，遇到方案设计需要技术变更的情况，做了细致记录及更改原因和过程。

10 保护修复后保存环境（条件）建议

壁画保护修复完成后无论是陈列展示还是在库房内收藏都应做好环境保护，包括环境监测与环境控制两方面内容。

通过壁画微环境与区域性环境的长期跟踪监测，决定是否对环境进行治理并采取相应的控制措施，为壁画保存提供相对稳定的环境氛围，这一点对于延长壁画的寿命至关重要。

保护修复后的壁画应保存在稳定、清洁的环境中，根据壁画材质有如下详细保存建议（表2）。

表2 修复后的壁画保存条件

环境控制	存放要求	注意事项
温度：20℃±2℃ 相对湿度：50%～55% 照度：不大于50lx	空气洁净，密封防尘，忌温湿度骤变	平时要不断观察画面颜料状况，及时发现支撑体变形、颜料层起甲、龟裂、褪色、盐析、酥粉等病变

11 效果评价

通过保护修复的实施，壁画的画面得到了加固，治理了壁画的各种病害，去除背部脆弱易断裂的历史加固支撑体后，更换了新型蜂窝铝板支撑体，新的支撑体制作工艺实现了可再处理性（B72隔离层可用丙酮溶解拆除），画面也在修复后变得平整了。同时减轻了壁画整体重量，便于日后搬运展陈。新的协调修复措施使壁画看上去更加协调美观。以下是修复前后对比效果图（图62～图85）。

图62 修复前壁画背部

图63 修复后壁画背部

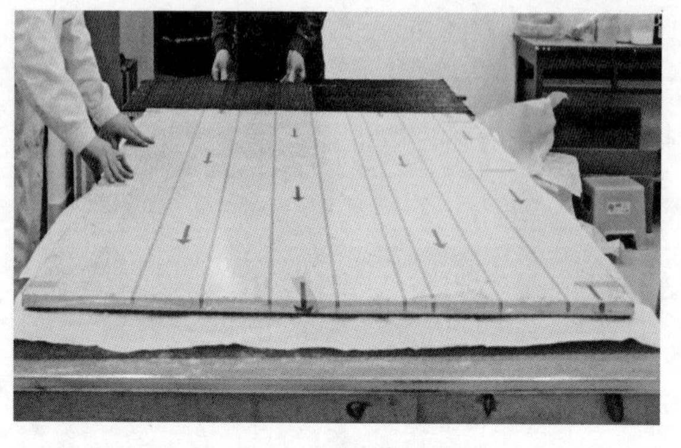
图64　修复前背部

图65　修复后背部

图66　修复前（3号）

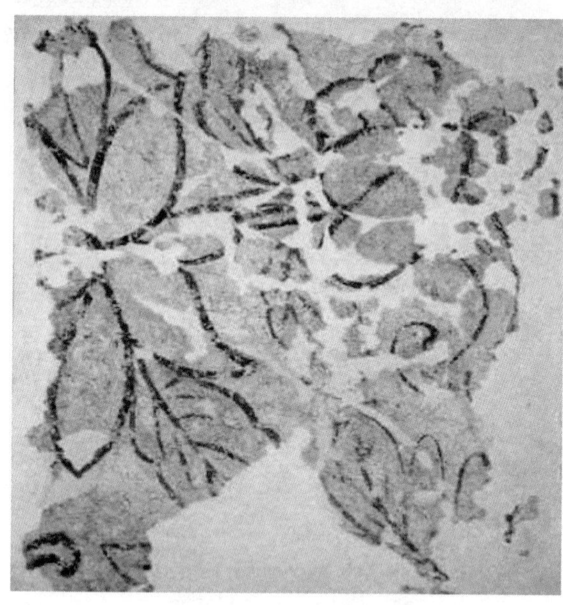
图67　修复后（3号）

图68　修复前（4号）

图69　修复后（4号）

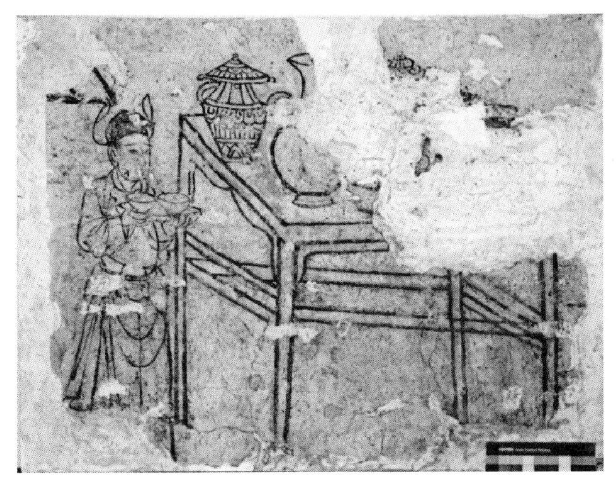
图70　修复前（9号）

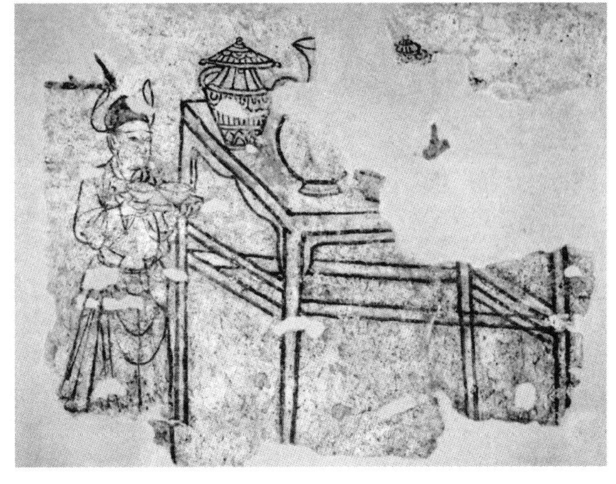
图71　修复后（9号）

图72　修复前（5号）

图73　修复后（5号）

图74　修复前（6号）

图75　修复后（6号）

图76　修复前（10号）

图77　修复后（10号）

图78　修复前（11号）

图79　修复后（11号）

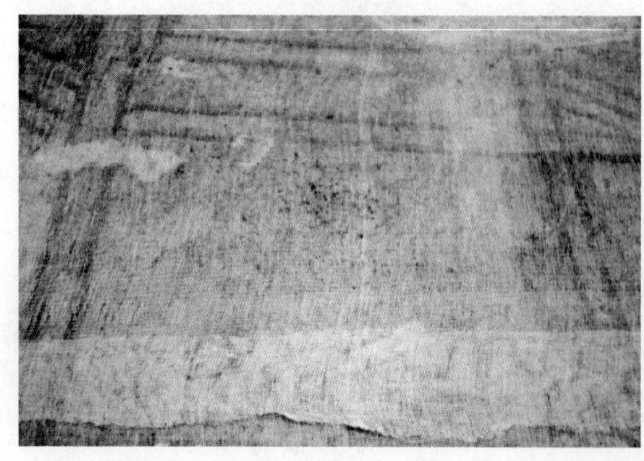

图80　霉菌处理前

图81　霉菌处理后

图82　修复前断裂、起甲、历史加固

图83　图82修复后

图84　修复前错位、裂缝起甲、粉化

图85　图84修复后

12　思考及认识

壁画保护修复过程中，由于壁画病害种类较多，修复内容主要有以下几方面。

表面污染物的清除：有泥渍和钙质土垢的清除，在壁画的四周有约1cm覆盖，清理出这些可以看到更为完整的画面。

壁画龟裂、起甲颜料层的回贴加固：国内20世纪60年代就进行了研究，经过不断提高已总结出从注射到回贴一套成功的工艺方法，在保护修复时按此工艺进行粘贴，效果已经很好。

酥碱壁画的地仗粉状脱落和缺失：颜料层悬空，如果直接注射胶黏剂回贴，会使颜料层低陷，画面凹凸不平而影响美观。具体的方法是：用较长针头的注射器将明胶多次注入地仗缺失部位，使胶液向地仗里层渗透浸润，将掺有1/3细沙的稀石灰浆用较长针头注射器或滴管均匀地灌注到地仗缺失部位。填垫石灰浆的量要严格掌握，过多或过少都会影响颜料层的回贴效果。

断裂、破碎和错位壁画的拼接：用手术刀把断面剔成“∧”形，用30%（*w/w*）的改性丙烯酸乳液对各断面滴渗加固。将每两块断裂的壁画对好位置，用1.5%（*w/w*）改性丙烯酸乳液：1.5%（*w/w*）有机硅丙烯酸乳液=1：1混合乳液调制的稀泥小心填入裂缝，对各残块进行拼接，拼接的顺序是先小块壁画拼接后整体拼接。待整块壁画拼接完成后，用混合乳液调制的石灰浆膏少量多次填入裂缝，使壁画表面平整，填入浆膏高度应稍低于颜料层。拼接时应注意断面的碴口及线条的吻合并考虑壁画的整体衔接效果。

霉菌的处理：也是此次壁画修复的难点之一，由于当时在进行壁画保护修复时天气炎热，连日下雨，霉菌快速生长，清除霉菌时发现有些已经深入地仗层，对壁画的危害很大，必须把这些霉菌清除干净，以免在后期展陈或库存过程中引起新的病害。

颜料层、地仗层的加固和壁画的修复：在进行画面修复时，画面有起甲、龟裂、断裂、错位、叠压等病害，画面缺失是最为常见的病害，在做这种病害的修补时修补层要略低于画面，以示区别，为了保持壁画原貌，不进行补绘，保持画面灰膏层自然色。

原支撑体的更换：原壁画中使用石膏或环氧树脂加木板作为支撑体易使壁画出现局部开裂、原地仗层与原支撑体的分离和空鼓等病害，使用机械性能好、质轻、制作方便、外形美观的新型支撑体能达到壁画保存、展出和搬运的要求。

制作隔离层：将来对壁画进行再次修复时，对隔离层注射Paraloid B72丙酮溶液，可实现支撑体与壁画的分离。

通过科学的修复保护手段，阻止了病害对壁画的进一步损害，由于原壁画加固支撑体的局限性，若干年后使壁画出现了画面扭曲、变形、通透性断裂，此次的保护修复对这些旧支撑体进行全面更换，对画面病害也采取了回贴加固保护措施，大大延长了壁画的寿命，同时壁画表面裂隙、裂缝及四周缺失处用与画面类似的材料填充，使整幅壁画更协调统一。

壁画的保护修复中，修复人员全力以赴，集思广益，充分发挥团队协作精神，修复实施前针对不同的病害情况进行详细的前期试验，以求规避风险，将壁画的保护修复研究的使命感和责任心植入每个壁画保护工作者心里，但文物个体的差异保护修复的过程也存在诸多不确定因素，文物保护修复技术也有其时代局限性，修复中所遴选的技术、材料不能保证始终具有先进性，若干年后这样的修复对这些壁画又会有怎样的影响？这些问题值得我们这些修复工作者不断地探索和思考。

参 考 文 献

［1］ 刘伟东．赤峰市元宝山区大营子辽墓［J］．内蒙古文物考古，2004，（2）：17-23.

［2］ 项春松．内蒙古赤峰市元宝山元代壁画墓［J］．文物，1983，（4）：40-46.

［3］ 罗世平．辽墓壁画试读［J］．文物，1999，（1）：76-85.

［4］ 巫鸿，郑岩．古代墓葬美术研究（第一辑）［C］．北京：文物出版社，2011.

［5］ 董新林．蒙元壁画墓的时代特征初探——兼论登封王上等壁画墓的年代［J］．美术研究，2013，（4）：77-80.

［6］ 邵国田．赤峰辽墓壁画综述［J］．华西语文学刊，2013，（1）：182-261.

应县木塔变形的过去、现在与将来

吴育华　永昕群

（中国文化遗产研究院，北京，100029）

摘要　应县木塔是目前世界上唯一幸存的体量最大、高度最高、年代最久的可登临的一座木构塔式建筑。历经千年自然和人为因素影响，虽然总体上保存完整，但局部倾斜与残损已十分严重。由于木塔结构及病害的异常复杂性，长期以来人们对其现存结构的安全性评估以及保护维修方法存在较大争议。显然，准确掌握木塔的变形状况与趋势规律最为关键。通过对木塔历史影像及测绘等数据资料的系统梳理以及近10年来的持续变形监测，对木塔历史上的变形、当前的变化以及未来的趋势有了进一步认识，分析发现木塔既有整体的规律性变形，也有局部的差异性变化，且当前倾斜严重的木塔明层二层仍在持续发展，既有数百年长时间积累的缓慢变形，也有因地震、炮火或修缮等原因而引起的突变。结合应县木塔变形数据及相关因素分析，可为其更科学合理的保护思路与技术方案提供数据支撑。

关键词　应县木塔　保护维修　变形监测　数据支撑

引　言

应县木塔（本名释迦塔）位于应县城西隅的佛宫寺内。应县木塔建于辽代，是世界上现存最古、最高的一座可登临的木构塔式建筑。应县木塔高65.838m（2011年测，自正南面地面算起），塔底层面阔30.27m（含副阶），外观为五层六檐，因各明层夹设平坐暗层而实为九层。应县木塔规模宏大、结构科学，具有重要的历史、艺术与科学等价值，1961年被国务院公布为第一批全国重点文物保护单位[1-3]（图1）。

图1　应县木塔（2011年，正南面）

由于地震、大风等自然灾害及战争破坏等人为因素影响，木塔出现了倾斜、错位、构件损坏及木材风化等病害，存在安全风险。由于其结构本身及变化的异常复杂性，长期以来，应县木塔的保护与研究工作成为备受关注的焦点。20世纪中叶以来，针对应县木塔的保护维修方法，相继出现“落架大修”、“全支撑”以及“上部抬升”等观点各异的代表性方案[1]，很难提出一个大家都认同的维修方案，维修方案均未得以实施。直至2014年，国家文物局同意了“应县木塔严重倾斜部位及严重残损构件加固方案”，旨在不改变木塔整体结构的前提下，纠正木塔残损最严重的部位，目前该项加固工程仍处在试验优化阶段。

变形监测是实现文物古迹保护中一项重要工作[4, 5]，准确掌握应县木塔的变形状况与发展趋势是科学保护的根本前提。然而，木塔自建成千余年来，经历了长期、复杂的变化，限于历史条件原因，未能持续记录其翔实的变化状况。随着保护理念的发展和科学技术的进步，木塔的变形监测工作越来越得到重视，其监测水平也得到进一步提高，取得了一定成果与经验。

本文通过对历史资料的梳理，结合近年来的变形监测实测数据，首次对木塔变形的历史、当年变化状况及未来发展趋势进行了系统分析。

1 历史变形监测工作回顾

1.1 监测相关工作概况

20世纪以来，通过多次对木塔进行摄影、勘察、测绘、结构监测、变形测量等工作，获得了木塔不同历史时期的数据，成为研究木塔变形与监测的重要资料。

1.2 历史影像资料比对

据目前所知，最早的应县木塔影像资料来自1903年由日本人尹东中太所摄。1933年梁思成先生实地测绘木塔前，曾致函应县当地最好的照相馆索取了一张木塔完整照片。1993年，梁思成、莫宗江首次现场调查测绘木塔时，拍摄了100余张照片，在1934年补充调查时又拍摄了多张照片。随后，随着摄影技术的不断发展，留存了许多木塔照片。这些历史老照片（图2），虽然多数是以建筑史与古建筑保护视角拍摄，但可定性了解木塔倾斜发展的过程，从80年来木塔正南面的影像对比分析，发现木塔局部由西向东倾斜。

1.3 测绘数据比对

1933年，梁思成先生对木塔进行了首次测绘，留下当时木塔的真实现状，其中记录“（二层外平柱）西南向内倚，（三层外平柱）西之北向内倚甚；（三层外角柱）西之北向内倚，南之东向外倚”等信息。对比木塔现状，当下倾斜最为严重的西南外平柱在当时还不严重，因此梁先生未用上“倚甚”的评价，可见80余年来木塔二层西南柱的倾斜变形在不断加大。1943年，为了给中央研究院制作模型，陈明达先生根据梁思成和莫宗江两位先生测稿绘制了1∶80图纸。20世纪50年代，为了制作应县木塔模型，文化部古代建筑修整所（现中国文化遗产研究院）对木塔进行了补测。1991年，中国文物研究所（现中国文化遗产研究院）与北京建筑工程学院（现北京建筑大学）合作完成《佛宫寺释迦塔现状测绘图》，成为至今最齐全的一套基础图纸，在此图纸上，先后于1994年、2000年通过补充测绘形成了木塔残损现状测绘图。2011年，中国文化遗产研究院利用三维激光扫描等新技术对木塔底部三层进行了详细测绘。这些不同时期的测绘数据，尽管没有统一基准，但可作为研究木塔局部变化的重要参考。

1.4 变形测量

1974～1977年，太原工学院（现太原理工大学）首次利用测绘技术进行了变形测量工作，在木

（a）1903年

（b）1933年以前

（c）1933年

（d）20世纪50年代

图2　应县木塔历史照片比对

塔周围建立了5个观测基准点（观测墩），建立观测基准网，自1975年始连续三年测量了木塔的塔高、倾斜现状及沉降等。由于技术设备所限，当时测量精度较低（±10mm），而相关原始数据至今未能查到。1999～2001年，太原市勘察测绘研究院进行第二次为期三年的连续变形测量，恢复重建了1974年建立的观测基准网，除了塔高、倾斜、沉降、水平位移等测量外，还进行了内外柱相互空间关系的测量。然而，后来未能稳定保存当时建立的基准，而当时的实测人员又未建立详细的测绘数据档案，加上各种历史原因，变形测量未能持续进行。

1.5 局部结构监测

2008～2013年，中国文化遗产研究院先后采用拉线位移计和固定测斜仪两种方式进行了局部结构的监测。通过数据分析得出：木塔柱子倾斜变形与温度的变化具有相关性，且木塔倾斜程度在持续增加，拉线位移计所测的最大倾斜变形量为3.07mm/a，而固定倾斜仪测得的法向倾斜增量为8.49mm/a，切向倾斜增量为10.47mm/a。可见，这两种监测方法获得的数据存在较大差异，应与设备本身精度及环境温度等相关。

此外，应县木塔还开展过非接触式摄影测量、地面脉动及地震监测、环境监测、风荷载及风效应监测等工作，获取了一批宝贵的原始数据，积累了一定经验，取得初步成效。但是，由于历史和技术条件等原因，监测基准未能持续稳定，监测技术未能恰当选取，尚不能准确把握木塔的真实变形状况与趋势。

2 近三年变形监测成果进展

2.1 方案设计与监测实施

2014年，中国文化遗产研究院将应县木塔变形监测作为专项，设计了应县木塔变形监测（三年）方案。旨在通过梳理前人监测数据成果，利用成熟技术，建立永久的监测基准，优化监测点，对木塔整体及局部重点结构进行准确的定期变形测量。方案主要设计了监测基准网的建设，并利用高精全站仪及精密水准仪，对木塔二层明层内外槽立柱、木塔外部各层柱头、木塔整体扭转、木塔基础及各层沉降进行了分项监测设计。

2015～2017年，按照方案实施变形监测。主要内容包括：变形监测基准的建立和校核、二层明层内外槽立柱倾斜监测与数据分析、木塔外部柱头的监测与整体分析、木塔基础及各层沉降监测与分析、木塔扭转变形监测与分析以及木塔自动化监测试验。其中，为了更准确地了解倾斜严重的二层明层立柱变化，将立柱上下均增设为3个点，拟合成立柱上下中心，并在数据分析中按照木塔八边形几何特性，将所测数据按法向和切向分解。

2.2 数据分析与主要成果

2.2.1 二层明层立柱现状

二层明层内外槽共32根立柱，其中外槽24根，内槽为8根。2015年首次实施监测时，通过测量获得了其现状数据，如图3所示。

由图可见：木塔二层明层西南部位立柱倾斜最为严重，其中M2W23号柱最大，倾斜为11°36′0.71″；北部及东北倾斜相对较小；北部和东北部外槽柱还出现外倾。

2.2.2 局部结构变形

图4为2015～2017年三年期间，木塔二层明层各立柱变化的大小及方向示意图，图5为三年累积位移量，图6为部分外槽柱倾斜变化趋势图。

可见：倾斜最为严重的木塔西南部位变形依旧相对较大，且存在西南向东北持续倾斜的变化趋

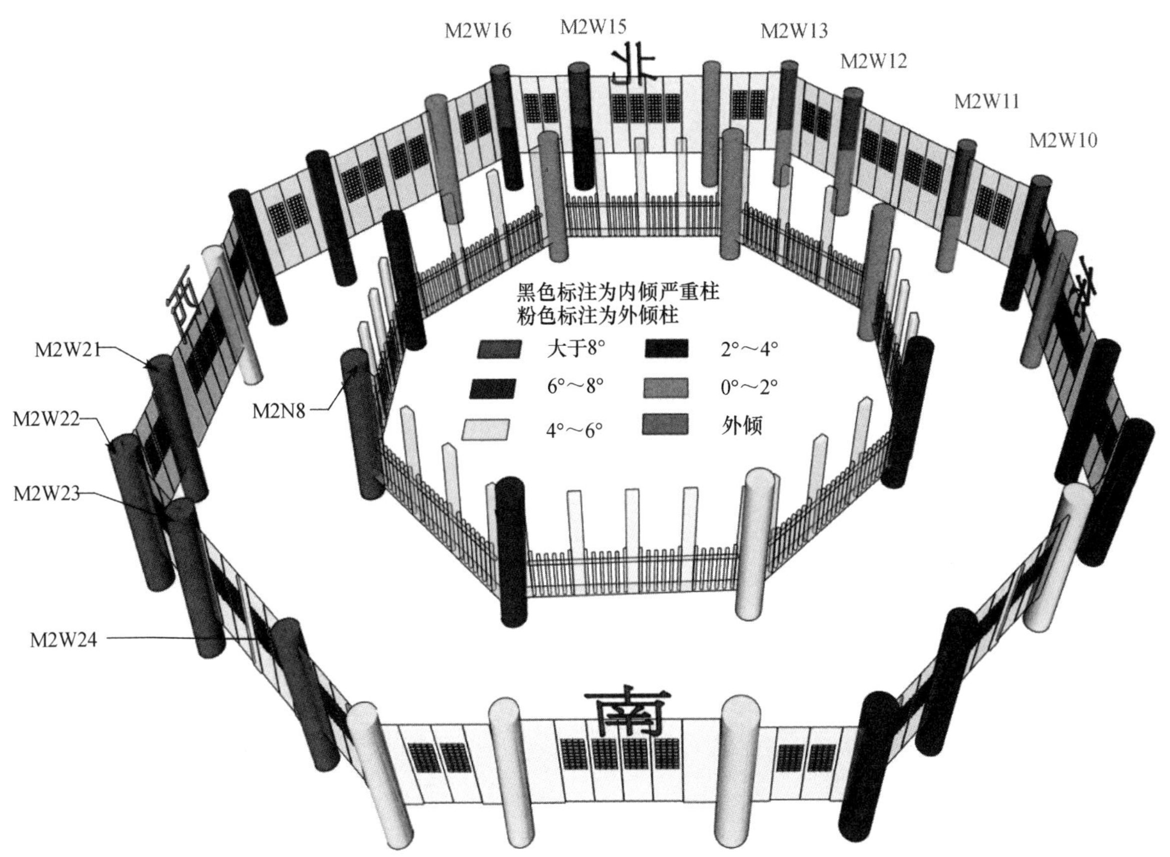

图3　应县木塔二层明层内外槽立柱倾斜现状示意图

势，年倾斜变化最大为2～3mm（根据监测部位数据换算）。

2.2.3　整体结构变形

通过定期测量木塔外部柱头数据，了解木塔整体变形状况。图7为各层柱头变化状况示意图。结合实测数据发现：监测周期内累积变化量最大为二层暗层西北平柱（P2W24），向西南偏移3.93mm，二层暗层柱头整体向西南偏移，尤其正西、西南及正南部位偏移相对明显；二层明层西南部倾斜严重柱的柱头持续向东、北方向倾斜，正东、东北及正北柱头向东北方向外扩，西北立柱存在向西北偏移的变形趋势；三层明层柱头整体向东北方向偏移，西侧、西南内倾较明显，正东、正北及东北外倾较明显；四层明层柱头未见明显变形趋势；五层明层整体向西南偏移，正西、正南及西南立柱向外偏移较明显，正北、东北及正东立柱内倾较明显。

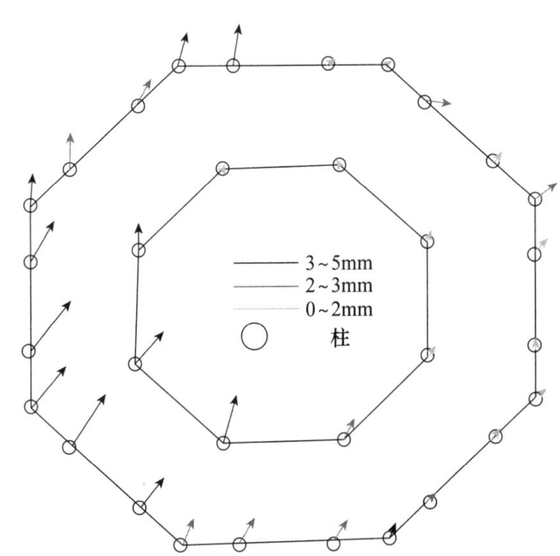

图4　应县木塔二层明层内外槽立柱三年变化示意图（2015～2017年）

图8为木塔二层明层柱头上部几何形心变化示意图，可见其几何中心变化相对较小，在1mm左右变化。

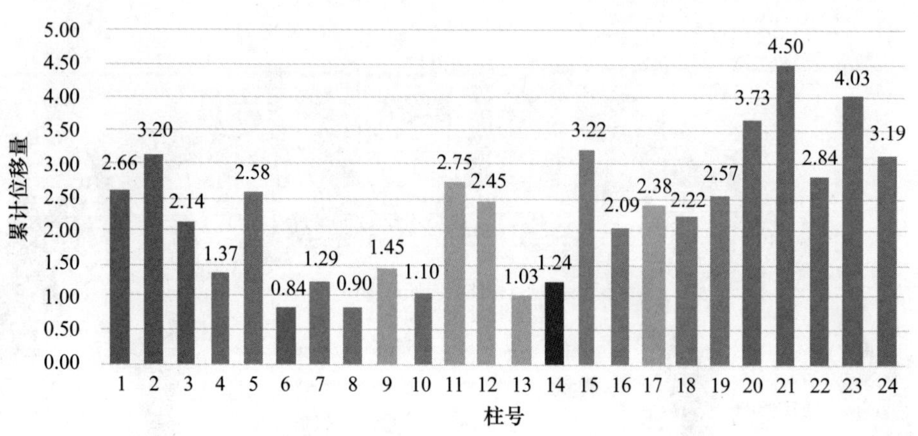

图5　应县木塔二层明层立柱三年累积位移量

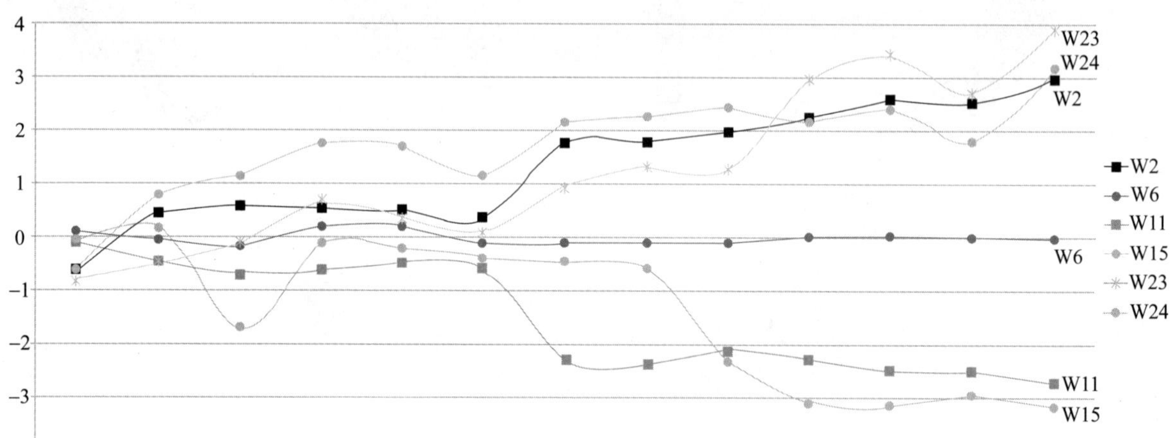

图6　木塔二层明层外槽柱倾斜变化趋势图

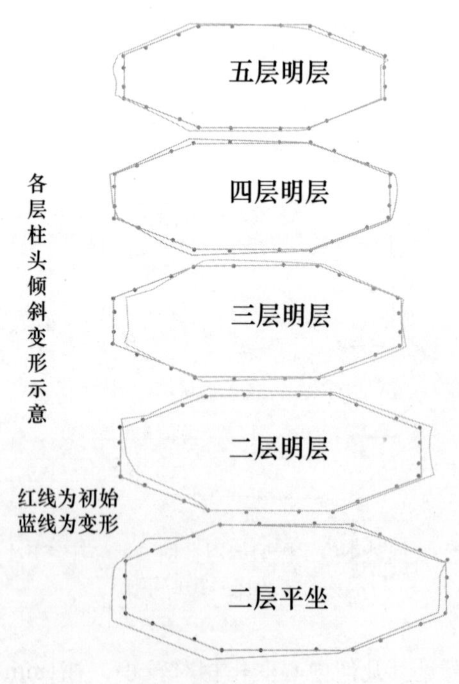

图7　木塔外部柱头变化状况示意图

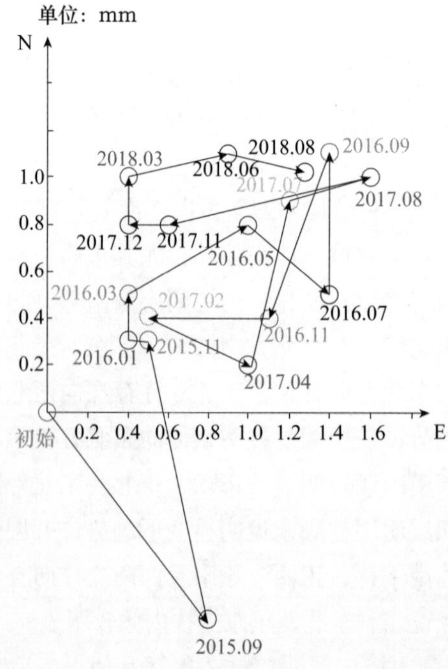

图8　木塔二层明层柱头上部几何形心变化示意图

2.2.4 其他变形

根据木塔基础的沉降监测数据，发现木塔基础相对稳定，年平均沉降量在1mm以内。在西南部通过测量机器人进行实时变形监测试验，所获得的数据成果与上述测量结果一致。

3 总　结

通过系统梳理历史影像、测绘及监测等数据资料，结合近年来的高精变形监测，有如下主要结论：

（1）木塔在80余年来持续发生变形，其中二层明层最为突出，据资料推测，其变化原因与炮击受损及当年拆除外槽斜撑泥墙有关。

（2）近三年的变成监测数据表明，倾斜现状最为严重的二层明层仍存在持续由西南向东北倾斜的趋势，年变化量为2～3mm。

（3）木塔各层呈差异性变化，二层暗层和明层均变化相对较大，而其八边形几何中心的变化相对较小。

可见，木塔变形十分复杂，目前监测所得的成果仅可为木塔保护维修提供一定参考，但是要真正提供科技支撑，既需要持续稳定的长期监测及技术的优化完善，更需要对相关机理的研究与深化分析。

参 考 文 献

[1] 梁思成. 山西应县佛宫寺辽释迦木塔［A］. 梁思成全集（第十卷）［C］. 北京：中国建筑工业出版社，2007.

[2] 陈明达. 应县木塔［M］. 北京：文物出版社，2001.

[3] 侯卫东，王林安，永昕群. 应县木塔保护研究［M］. 北京：文物出版社，2016.

[4] 国际古迹遗址理事会中国国家委员会. 中国文物古迹保护准则及阐释［M］. 北京：文物出版社，2015.

[5] 吴育华，侯妙乐，石力文. 文物古迹监测中空间信息技术应用的要点分析及实践探索［J］. 地理信息世界，2018，25（5）：18-22.

基于历史传承的晋祠鱼沼飞梁维修设计研究

李晋芳

（太原市晋祠博物馆，山西太原，030025）

摘要 晋祠是我国第一批全国重点文物保护单位，也是我国现存最早的皇家祭祀园林。在中轴线上的鱼沼飞梁更是晋祠三大国宝建筑之一，作为我国早期十字形木构桥梁的代表，具有极其重要的历史、科学、艺术价值。对鱼沼飞梁的保护是通过研究历史文献、专家走访等方法，提出了针对性保护措施，对保护人类珍贵文化遗产具有重要的现实意义。

关键词 晋祠 鱼沼飞梁 十字形 木构架

引 言

晋祠初名为唐叔虞祠，是为纪念晋国开国诸侯唐叔虞（后被追封为晋王）而建，位于山西太原市西南悬瓮山麓，是集中国古代祭祀建筑、园林、雕塑、壁画、碑刻艺术为一体的珍贵的历史文化遗产，也是世界建筑、园林、雕刻艺术中公元7世纪至12世纪间极为辉煌壮美、璀璨绚烂的篇章[1]。1961年由国务院公布为全国首批重点文物保护单位，2001年由国家旅游局公布为首批全国AAAA级旅游景区。晋祠是太原最负盛名的风景名胜区，是太原最重要的旅游服务接待窗口，更是太原的历史文化名片。晋祠是初始于西周，繁衍于北魏，发展于唐初，成熟于北宋时期的宗祠园林，是中国现存最早的皇家祭祀园林——晋国宗祠[2]；是中国古代建筑艺术的集约载体，现存宋元明清至民国各种类型古代建筑一百余座，是中国古代建筑时代序列完整的孤例，被誉为中国古建筑博物馆。晋祠以其独具匠心的总体布局，使建筑伴以奔流不息的难老泉水、古树名木，将建筑空间和自然景色融为一体，人工美与自然美巧妙地糅合在一起，集中体现了中国传统建筑“天人合一，物我相融”的理念[3, 4]（图1）。

图1 晋祠圣母殿与鱼沼飞梁

1 价 值 评 估

鱼沼飞梁坐落于晋祠中轴线上，前临献殿，后依圣母殿，为晋祠三大国宝建筑之一（图2）。

该桥始建于北魏时期，与圣母殿同建，距今已有1500多年的历史[5]。现存建筑应为宋金遗构，造型精美、结构奇特，为我国早期十字形木构桥梁中的孤例，具有重要的历史、科学、艺术价值。

图2 鱼沼飞梁

鱼沼飞梁下部方形鱼沼是晋水三泉之一。沼上建有十字形桥梁（也称板桥）。桥面东西平坦，长19.6m，宽5m，高出地面1.3m，南北两面下斜如翼，即两侧桥面下斜与沼岸地面相接，犹如禽鸟展翅，翩翩欲飞，故曰飞梁。桥边设勾栏，供游人凭栏观景。

桥下沼中立34根小八角形石柱，柱底为复盆莲瓣柱础，柱身造型及柱底莲瓣式样尚存北朝遗风。柱头做卷刹。柱上有普柏枋相交，其上置大斗，斗上施十字拱相交，承托梁枋，上面承载十字形桥面。

古往今来，桥梁多为“一字形”，唯有此桥连通沼之四岸，桥面结成“十字形”，可谓因地施建，独具匠心。现存的飞梁为宋代遗物，是通往圣母殿的要冲[6]。古代建筑师充分利用地形将鱼沼上的这座桥，变成了圣母殿的前檐月台、平台、殿前场地，起到了其他建筑形式无可替代的作用。它是中国古代桥梁建筑中唯一的孤例，也是中国桥梁建筑艺术史上利用特定环境成功营造的一则杰作和典范[7]。建筑学家梁思成先生评价：“此式石柱桥，在古画中偶见，实物则仅此一孤例，洵为可贵。”它对于研究我国古代桥梁建筑有极高的价值。20世纪50年代初由从事古建筑的勘察、测绘及研究工作的杜先洲先生主持编制了《太原晋祠鱼沼飞梁修缮设计》，并于1953年修缮竣工。

2 现状评估

由于自然环境等原因，鱼沼飞梁多处损坏严重，甚至一些结构性梁枋构件随时有折断的可能，严重威胁着鱼沼飞梁的安全。1996年、2001年，太原市晋祠博物馆委托山西省古建筑保护研究所多次对鱼沼飞梁的残损现状进行勘测和修缮设计，报请国家文物局、省文物局，得到了省文物局的大力支持。根据国家文物局2002年文物保护工作计划，山西省文物局《关于下达晋祠鱼沼飞梁维修保护任务的通知》（晋文物函〔2002〕200号文件），下拨补助经费40万元，决定对晋祠鱼沼飞梁进行落架大修。并要求在本次维修中，要遵守《中华人民共和国文物保护法》的有关规定，坚持不改变文物原状的原则。2003年3月，由山西省古建筑保护研究所按照设计方案组织实施，对鱼沼飞梁进行保护修缮。

3 前期准备

3.1 组织准备

在开工前，成立由太原市晋祠博物馆和山西省古建筑保护研究所为主体的工程领导组，建立鱼沼飞梁修缮工程项目经理部，并健全项目经理部的安全保卫、技术质量等职能组织，为工程的顺利进展提供坚强的组织保证。

3.2　技术准备

在开工前，对原有设计文件、图纸等资料进行了认真的会审，并聘请古建筑专家柴泽俊同志为技术顾问，对工程的有关技术问题或在施工中可能出现的问题进行技术指导、咨询、答疑，并提出相应的对策措施。

3.3　人员准备

将参加过晋祠圣母殿、朔州崇福寺、大同华严经等大型文物保护工程的主要技术工人、班组长进行了筛选、征调。同时对工种进行合理配置，保证鱼沼飞梁保护修缮工程技术力量的足额到位。

3.4　现场准备

选择合理施工的场地，搭设临时工棚，租用了当地居民住所，解决大批工人进场后的作业场地和食宿问题。

3.5　材料准备

对鱼沼飞梁保护修缮工程所需的主要材料进行了市场调查，了解了所选材料的品质、价格、运输、加工等方面的情况。同时，及时购置了小型机械、工具和零星材料，为正式开工做好准备。

3.6　资料准备

除汇总现有的有关资料外，还对鱼沼飞梁现状进行摄影、文字记录，勾绘编号草图，制作有关档案表格。

4　保护维修工程

我们按照《中华人民共和国文物保护法》第四条“文物工作贯彻保护为主，抢救第一，合理利用，加强管理的方针”和第二十一条规定“对不可移动文物进行修缮、保养、迁移，必须遵守不改变文物原状的原则”，在修缮时遵循“修旧如旧”的理念。能加固使用的构件尽量使用，能小修的则不大修，尽量使用原有构件，保存历史信息。在施工期间，山西省古建专家柴泽俊先生多次亲临现场，仔细检查、具体指导、果断决策，解决了许多重大问题。

维修时，主要施工方法及技术措施有以下几方面。

4.1　搭设脚手架、保护架、防护棚

首先搭设了脚手架，脚手架在桥底“沼”的部位，为双排钢管脚手架，独立支撑，用于施工时

人员及构件的承重。在桥底“梁”的部位，搭设了满堂红脚手架，将每根石柱（共34根）柱头、柱脚四面用钢管夹护，钢管与石柱间用木塞垫紧卡固，使整个石柱成为一个整体。防止柱位偏移和闪动，确保柱子的安全，保证柱位的原始性。为确保梁下大木构件在施工中免遭雨水淋浸，在拆除了石栏杆和垫层后，又在脚手架上升高搭支的大棚防护架，架高距作业面2m，其上盖防雨工程布，确保木构件安全，保证施工作业时间。

4.2 构件检查和编号记录

在脚手架搭设好之后，对所有木、石构件做了全面细致的检查，同时对所有构件统一进行有序编号，定制编号标牌。

4.3 桥面、石栏杆、石地栿、木基层、大木构件的拆除

4.3.1 桥面的拆除

现有桥面为水泥块和水泥垫层，在拆除时，先平台后坡道进行。先将水泥块用撬棍撬起运走，然后将垫层也用撬杠撬碎运走。严格禁止用猛锤敲击，避免在拆除桥面时损伤木、石构件。

4.3.2 石栏杆的拆除

在石栏杆拆除前，首先将石栏杆之间的勾缝灰进行剔除，使其石榫松动，然后自中心平台四角自上而下拆除。有些石榫部位黏接较紧，采取震动、轻摇、拉牵等方法使其石榫松动。石榫部分黏接特紧，采取以上方法仍不能分离石榫者，采取栏板、望柱整体拆除的办法，对已断裂的石构件，采用分段拆除的方法。拆除时，使用专业的拆除工具；撬抬时，在石构件撬抬部位支垫木块、胶垫等保护材料；捣震时，使用木槌；牵拉时，使用麻绳，防止在拆除时损伤石构件，确保石构件安全。

4.3.3 石地栿的拆除

在拆除完石栏杆后，石地栿的拆除较为顺利。原石地栿之间使用铁扒钉进行连接，用水泥灌注。在拆除时先将水泥剔除，将铁扒钉撬起，对石地栿进行分离，由于石地栿块大、较重，采用吊链起吊移位进行拆除。

4.3.4 木基层和大木构件的拆除

木基层的腐朽损坏最为严重，木基层桥枕木因无须编号，只须按序拆除、分类存放即可。所有大木构件的拆除，都是自上而下按序进行。由于中心平台木构件保存较为完好，为了保护原构件的稳定性、原始性，对中心平台横梁以下的木构件不予拆除，进行原状保护。

4.4 石、木构件的保护、运输、存放

对于斗、拱、枋类构件，按号按区有序存放于加工场地，以利于检查、加固、修复。对木构件的运输，采用人工抬运的方式，防止机械损伤。

4.5　石、木构件的修复、加固和复制

鱼沼飞梁的石构件较多，残损、断裂较为严重。对断裂的构件，将其断裂部位用丙酮洗液进行断面清洗，用环氧树脂等化学材料进行黏接加固，表面接缝处则用云石胶添加汉白玉石粉进行表面处理。这样既保证了黏接强度，又使外观效果接近于构件本色。木构件表面糟朽深度超过其断面高度三分之一者则不再继续使用，采用同质材料，制作手法、制作工艺均参照原构件予以更换。不超过三分之一的剔除其糟朽部位，用同质材料进行剔补，用环氧树脂黏接，用铁钉钉牢。裂隙宽度超过10mm、深度超过50mm、长度超过1m的进行剔补、除垢后，用木条加环氧树脂补缝。

4.6　木构件的安装

木构件在加工制作整修完毕后，先在加工工棚内进行局部试安装搭套，然后运至施工现场进行组装。每层安装完毕后，即时检查其高度、水平度、垂直度，检查无误后，再进行下一层构件的安装。

4.7　垫层铺设

桥面垫层铺设于木基层上，一共两层。第一层直接铺在木基层上，为混凝土材料，垫层厚度8cm左右。用平板震动机振捣。待凝固后铺设防水材料。防水铺设完后，再用0.5cm细石混凝土浇筑保护层。

4.8　防水处理

防水材料为复合土工膜，对边缘部位采用热熔焊接处理。桥梁进深方向四端均超出木基层0.7～0.8m，使木基层与沼壁之间的结合部位形成整体的防水面。

4.9　构件的防腐做旧

所有新旧构件均刷涂桐油，在木基层表面又刷沥青，以增加其防腐能力。新配石构件的做旧处理，采用高锰酸钾做旧法。即将高锰酸钾用开水冲化按3%～5%的浓度涂刷于新配构件上，待其颜色与旧构件基本相似，将表面浮色用清水冲洗干净，然后用少量黄土、积尘擦拭一遍。

图3　鱼沼飞梁维修后现状

4.10　桥面、月台、坡道、散水铺墁

鱼沼飞梁桥面、月台、坡道、散水等地面铺墁均改用青石块细墁。其规格同方砖，表面细剁斧，底灰均是水泥、白灰砂浆稳固，用干水泥粉扫缝，采用横向工字缝。泛水尺寸按旧制，外口栽一行“牙子石”，添补压檐石（图3）。

结　语

古老的晋祠历经沧桑，数度变迁，仍给我们留下了许多珍贵的文物古迹[8]。山西现存的古建筑数量之多、历史之久居全国首位。据统计辽、宋以前的木结构建筑为106座，占全国同期木结构建筑的72.6%，全国仅存的4座完整的唐代建筑都在山西[9]。山西素有中国古建艺术宝库之称，晋祠就是其中的重要组成部分，被誉为中国古建筑博物馆[10]。晋祠继唐代以后，有宋、金、元、明、清时期殿堂楼阁、亭台桥榭等各式建筑100多座，其中中国宋代建筑的代表作圣母殿，举世罕见的十字形古桥鱼沼飞梁，稳如大殿、巧似凉亭的金代建筑献殿，被国家文化部鉴定为三大国宝建筑[11]。

文物是传承历史的重要符号，也是不可再生的文化资源，更是进行传统文化教育的重要载体。历史文物凝聚了我们祖先的大量智慧，这些文物承载着珍贵的历史信息，还可以让我们看到早期的历史。历史文物一旦被损毁，就不可追回。所以，历史文物保护具有重要意义，保护文物就是继承历史、继承文化。保护文物是每一个文物工作者和全社会的职责。因此，我们要传承文化和加强文化遗产保护工作。经过历次保护修缮和晋祠博物馆的日常养护，鱼沼飞梁得到了很好的保护，使这座独特的文物建筑星火传承、永续利用。

参考文献

[1] 张亚辉．皇权、封建与丰产——晋祠诸神的历史、神话与隐喻的人类学研究［J］．社会学研究，2014，（1）：174-193，245.

[2] 赵世瑜．二元的晋祠：礼与俗的分合［J］．民俗研究，2015，（4）：10-12.

[3] 赵茜，李素英．晋祠兴建之山水形胜考［J］．中国园林，2017，（8）：119-123.

[4] 朱向东，杜森．晋祠中的祠庙寺观建筑研究［J］．太原理工大学学报，2008，（1）：83-86.

[5] 彭海．晋祠圣母殿勘测收获——圣母殿创建年代析［J］．文物，1996，（1）：66-80.

[6] 史连江．晋祠“鱼沼飞梁”重建之探讨［J］．太原工学院学报，1962，（4）：31-34.

[7] 王志军．浅析鱼沼飞梁在古桥梁史上唯一性的合理性［J］．科技与创新，2014，（13）：127-128.

[8] 玄武．晋祠寻梦［M］．太原：山西古籍出版社，2005.

[9] 韩振远．山西古祠堂［M］．沈阳：辽宁人民出版社，2004.

[10] 刘大鹏．晋祠志［M］．太原：山西人民出版社，2003.

[11] 太原文物名胜录编辑委员会．太原文物名胜录［M］．北京：文物出版社，1999.

浅谈古建筑文物的保护研究

阴雪融

（太原市晋祠博物馆，山西太原，030025）

摘要 随着经济发展，城市改造步伐加快，导致了对古建筑文物或多或少的破坏。而古建筑是中华文化的重要载体，向我们诉说着中国5000多年的历史，不能因城市的现代化发展而忽略古建筑的保护。本文旨在指出当前在古建筑文物保护过程中出现的问题，并针对问题提出应对措施，以便更好地对古建筑文物进行保护。

关键词 古建筑文物 保护问题与措施

文物是一种不可再生的文化资源。它是一种特殊的实物，是一个地区、一个民族或一个国家的人民所创造的文化的载体，是物化的文化。中国地域辽阔，历史悠久，她的文化传统不曾中断。遗存至今的大量文物古迹，特别是古建筑，形象地记载着中华民族形成发展的进程，它们不但是认识历史的证据，也是增强民族凝聚力、促进民族文化可持续发展的基础。

1 古建筑文物保护面临的问题

1.1 自然因素

我国的古建筑大多以木材、砖体为主。客观上来说，木材的使用寿命较短，因而我国的古建筑在保存上有先天的缺陷性。悠悠历史长河下，我国古建筑面临诸多自然因素的影响。

第一，砖体风化。大部分古建筑使用的砖体，在长时间的风化作用下出现变形、脱落等情况，从而导致古建筑存在极大的安全隐患。在众多古建筑中，砖和青石板的风化程度是最为严重的。但在具体实施保护及修缮时，专家们的理念具有极大的偏差性。虽保护欲望强烈，但各类措施力度不够，因而难以实现高效的保护。

第二，大木损毁、虫蛀。我国古建筑最为常见的建筑材料即是木材。不难想象，木材在自然环境下容易发生腐朽、变形，尤其是年代过于久远的古建筑，其大木支撑已经有数百年的历史，局部地方已然消失无痕。在对木材古建筑保护及修缮过程中稍有不慎，就会导致整个古建筑毁于一旦。

第三，地基沉降。相较于现代建筑，古建筑地基的夯实度较低，而这取决于古建筑的整体质量与高度。在地质运动及人为的地下工作影响下，古建筑极易发生地基下沉的情况。地基发生沉降，建筑的整体结构均会受到破坏，从而导致古建筑发生墙体开裂、木架走形，甚至是坍塌。

1.2 忽视古建筑保护

古建筑被破坏的主要原因是，政府保护不到位，古建筑群拆迁，维护资金不到位等。如果当地政府不重视古建筑保护，就会极易出现私自买卖古建筑、管理责任划分不明确等问题，从而大大提高古建筑被破坏的可能性。此外，古建筑保护需要大量的资金投入，部分地区为了提高城市发展水平，会将资金更多地用于城市基础设施建设上，并且随着经济的发展，很多城市开始规划城市发展路线，城市会按照各个区域的发展速度对城市进行划分，一方面发展发达的城市区域，另一方面保留发展不迅速的城市区域，并通过开发商楼盘和拓展开发商等方式，实现城市的全面发展。也正是因为城市的规划，一些古建筑文物遭到破坏甚至位置迁移，所以现在这些古建筑文物虽然还保留着，但已经不能通过修缮保护体现原有的韵味与文化，因此现在古建筑文物保护与修缮工作的开展存在难度。

1.3 未建立规范的文物保护制度

很多时候开展古建筑文物的保护与修缮工作并没有具体的施工标准和成果验收标准，修缮工作的成果不能得到体现，又因为很多施工团队施工周期短、成本有限、修缮技术不完善，所以现在很多古建筑文物的保护与修缮工作不能满足基本的文物保护要求。这样不仅不会对古建筑文物产生较好的保护作用， 还会恶化古建筑文物的破损情况。所以我国要重视古建筑文物的保护与修缮工作，并通过建立规范的文物保护制度，提高古建筑文物的保护效率。

1.4 游客数量增多

通常来说，古建筑的建成时间都比较久远，保存至今的多多少少都存在一些问题，需要及时进行维护和修缮。再加上古建筑自身所具有的艺术魅力，更是吸引了众多游客前来旅游。同时，随着城市知名度的不断提升，参观古建筑的人更是络绎不绝。这一旅游盛况的出现，不仅为城市经济发展带来了新的契机，而且也使得古建筑保护难度进一步加大，部分游客在旅游时的不文明行为，也对古建筑造成了不同程度的破坏。

2 古建筑文物保护应对措施

2.1 加强人们的古建筑文物保护意识

要加强人们的古建筑文物保护意识，可以采用很多方法，首先可以借助网络这个平台，呼吁网民们保护身边的古建筑文物， 同时让更多的人参与保护古建筑文物的工作中。其次，我国可以将古建筑文物的保护意识与教育领域相结合，针对不同阶段的教育，教师可以适当融汇古建筑文物保护意识，通过这种教育的形式提高人们的古建筑文物的保护意识。我国可以对各个城市的古建筑文物的位置和破坏程度进行统计，一方面有利于国家对古建筑文物进行管理；另一方面国家能够制定古建筑文物保护与修缮工作的开展方向，加强我国古建筑文物的保护与修缮力度。

2.2　制度保障

自新中国成立以来，我国相继出台了许多关于保护古建筑文物的法律法规。但我国幅员辽阔，历史悠久，因而在法律上古建筑文物的保护工作必然是类型繁多且数量庞大的系统性工程，难以做到面面俱到。可在现在的基础之上，按照区域及传统风俗的差异性，因地制宜地实施地方保护。地方可结合自身的实际情况，构建出符合本地区古建筑文物保护的规章制度。需要注意的是，对于某些不可发展为旅游事业的古建筑文物，需要严格制定出相关的法律保障，从而在法律上确保古建筑文物的保护力度。此外，各地区、城市应组建并完善“古建筑文物保护单位”，并扩大其在城市规划中的权利，对于城市规划中存在的恶性破坏古建筑文物行为坚决予以否决，以此在地方上扩大古建筑文物保护的深入度与及时性。

2.3　加强对古建筑整体价值的评估

根据古建筑时间的长短、完整度、历史意义等，对古建筑的整体价值进行科学的评估，能够进一步提高古建筑保护的精准性。政府应组织专业的评估小组对当地古建筑进行评估，然后根据评估结果划分出相应的等级，并采用就地保护、异地保护等方式，对那些有价值的古建筑进行保护，而对于那些破坏严重、不具备历史研究价值的古建筑，则可以根据城市发展需要进行拆迁。通过上述方式，不仅能够保证古建筑保护工作的顺利开展，也能够进一步提升城市的建设水平，为当地旅游业的稳定发展奠定基础。

2.4　构建古建筑保护多渠道资金来源体系

古建筑遗产保护需要有完善的资金运作机制。采用以政府投资为主体，市场运作和社会资金为辅助的多渠道投资的资金来源手段。首先，国家和地方政府的财政拨款是古建筑保护资金最主要的来源。将古建筑遗产保护资金列入政府收支预算，统一拨款、统一使用、专款专用。其次，充分依靠社会的力量，开辟市场化运作的投融资体制。鼓励社会资本和民间团体参与古建筑保护，多渠道筹集保护资金。利用市场化运作模式，在保护的前提下适度开发利用，实现古建筑保护的可持续发展，以取得更好的社会效益和经济效益。再次，利用各类古建筑文物保护的相关优惠政策，为古建筑文物保护提供政策层面的资金筹措方式。例如，利用在文物保护方面的优惠政策，如土地建设方面的税收减免、文物保护低息贷款、公益事业拨款、发行奖券等，开辟多层面的资金来源渠道。最后，建立保护资金专项监督机制，充分发挥组织机构、社会监督的作用，特别是新闻媒体，资金支出要申请由政府部门向全社会公开，共同监督。

2.5　修缮技术

古建筑文物保护离不开修缮工作，在一定程度上可以说修缮技术的好坏决定了古建筑文物保护的质量高低。古代遗留下的修缮技术，在很多方面难以保障古建筑文化的修缮质量。对于一些年代久远的古建筑，在修缮时需要固定其内部结构，而这仅凭人力难以实现。为此，我们在开展古建筑文物修缮时，要在保障古建筑文物历史蕴含的前提下，合理采用新兴技术，确保新兴技术与传统技术相互融合。古建筑文物的修缮材料也十分重要。对于不同的古建筑文物，其所需的材料要尽可能"循其本"，找到相同的材质替换，保障古建筑文物的一致性。在选取材料时既要确保材料的质量过关，同时也要结合当地的气候特点，对应采取不同属性的材料，以延长使用材料的寿命，同时提高古建筑文物的保护效率。

2.6 培养古建筑文物专业人员

国家每年都在培养古建筑文物方面的人才，但由于古建筑文物的保护与修缮没有太大的发展市场，所以该行业很难留住专业的人才，因此，现在古建筑文物的保护与修缮工作采用的技术没有得到及时的创新，团队也没有招揽到专业的人才，这给古建筑文物的保护与修缮工作带来难度。因此国家需要重点培养古建筑文物专业人才，让人们体会到古建筑文物保护行业的良好的发展前景。在培养古建筑文物专业人员时，一方面可以通过学校的专业教育培养人员的专业素养；另一方面可以通过加强古建筑文物的工作实践， 让专业人员在实践中总结古建筑文物的修缮技巧与方法，这样能够为我国培养出更多从事古建筑文物保护与修缮工作的人才。

结　　语

作为历史悠久的文明古国，我国的土地上遗留着大量的古建筑。在历史长河中，古建筑文物静静承载着历史文化。作为历史文化的保护者，古建筑文物是我们特殊的财富，我们应以发展的眼光对待，确保其完美地保存下来。

浅谈古建筑维修工程管理中存在的问题及对策

连颖俊　姚　远
（太原市晋祠博物馆，山西太原，030025）

摘要　文物建筑因自然原因或年久失修存在问题较多，笔者总结了古建筑维修工程管理中存在的设计方案、资质挂靠、低价中标、工程质量监管、问题整改、工程资料等方面的问题，提出了针对性的解决办法，即严把设计深度，把好招标关，加大信息公开、对资质单位有效监管，加强施工管理，明确责任、把项目法人制落到实处，期检查资料归档情况，以达到文物建筑“修旧如旧，延年益寿”的目标。

关键词　古建筑　工程管理　问题　对策

山西是中华民族的重要发祥地，历史悠久，文化遗存丰厚，为我国文物大省之一。全省现有不可移动文物53875处，其中古建筑28027处。现存古建筑中，元代及以前的木结构建筑数量占全国总量的75%以上。这些早期木构建筑，反映了我国古代建筑文明的综合成就，是我国古代建筑史上重要的实物例证，是中华民族极为珍贵的文化财富，见证和承载着过去不同历史时代的政治、经济、文化及科学、艺术发展水平，是历史的记忆，其原真性和历史真实性弥足珍贵。

晋祠以纪念唐侯叔虞及其母亲圣母邑姜为主题，是我国自然山水和宗祠建筑相结合的名胜古迹、三晋历史文脉的集约载体，汇集宋、元、明、清至民国建筑百余座，时间跨度大，建筑类型多，典型性和多样性兼得，统一性和地方性融合，堪称“中国古代建筑博物馆”。

文物建筑因自然原因或年久失修存在的问题较多。实施保养维护工程、抢险加固工程、修缮工程、保护性设施建设工程、迁移工程等是文物建筑保护的常用手段。近年来，国家在文物保护工程方面的投入逐年增加，笔者主持了太原市天龙山文物保管所圣寿寺、关帝庙、白龙庙保护修缮工程，参与了晋祠博物馆圣母殿保养维护工程，唐叔虞祠揭顶维修、墙体加固工程，胜赢楼揭顶维修和保养维护工程，公输子祠、东岳祠、七十二台、文昌宫等保护维修工程。以下介绍施工的管理过程中遇到的问题和解决的办法。

1　存在的主要问题

1.1　设计方案深度不够

目前，古建筑保护修缮工程设计方案经第三方或委托专家审核能一次性通过的约占60%，有些方案需二次或多次修改才获通过。有的虽获通过但专家们给出的修改完善意见少则几条，多则十几条，其主要原因是设计方对文物保护工程应把握的原则和方法理解不透，对文物环境风貌的控制要求认识不足，还是沿用一般建筑维修理念来设计文物建筑的维修方案。同时，由于前期现场主客观条件的限制，影响了调查测绘数据的调取，造成方案设计深度不够，缺乏准确性和针对性。

常见的问题有：对文物保护工程修缮的具体做法不能因地制宜、详尽表述，用“传统工艺”几个字代替，就连文物保护工程中保护性设施以及地基加固等分项工程，也没有明确说明护坡砌筑砂浆标号，仅用“水泥砂浆砌筑护坡”表述，这些做法直接导致不能有效指导施工；设计方案中往往多关注地表建筑，而忽视地下基础问题，有的只对柱根糟朽、梁架走闪等进行勘察，对地基、基础的勘察分析不够，待地表建筑维修后，地基稳定性出了问题，修缮后出现新的问题；大木构件铁件加固中对原构件的承载力不进行科学分析计算，有的加固做法不符合原结构的受力特点，导致在施工中构件加固的方法各不相同，加固的结果就是铁件只起到装饰作用。

依据相关法律法规和国家文物局的有关规定，文物行政部门一般仅对文物保护工程设计方案进行审核，而十分关键的施工图设计并没要求审查。施工图是编制标底的直接依据，也是结算的主要依据。行业明确规定施工方在项目进行中要“按图施工”，这个“图”指的就是施工图，是直接影响工程质量的关键，是对设计方案细化落地的关键。如果不能对施工图设计实施审核把关，再好的设计方案也只能是纸上谈兵。现实中，由于文物保护工程不确定因素比较多，施工过程中出现新的问题，如在唐叔虞祠揭顶维修过程中，揭顶后发现西山墙歪闪、地基不均匀沉降等；公输子祠保护维修中发现了内墙有覆盖的壁画等，必须变更施工方案，重新审批，造成工程周期长，设计方和施工方、监理方的费用会明显加大，业主的管理成本也会提高。这种情况如果出现在有些基层文博单位，由于人力、财力缺乏，工程可能会搁浅。

1.2 资质挂靠时有发生

设计和施工单位必须要依法取得相应的资质后，才能承揽对应级别的文物保护工程项目。但现实中，无资质的单位，以双方联合或资质挂靠承揽工程十分常见。政府层面则因相关部门之间信息交流不畅，很难杜绝。

1.3 低价中标普遍存在

文物保护工程一般都是政府项目，在山西文物保护维修项目招投标中大多采用低价中标法。由于文物保护工程十分复杂，国内至今尚未出台比较科学完整的《文物保护工程概（预）算定额》。例如，太原市在文物保护工程工程量清单编制时，只能套用版本较早的2011《山西省仿古建筑及园林工程预算定额》《太原市修缮工程预算定额·古建筑工程分册》和晋建标字（2013）71号山西省住房和城乡建设厅《关于调整山西省建筑工程计价依据中人工单价的通知》相关标准，导致人工、材料、机械方面测算误差较大。文物保护工程千差万别，传统工艺要求很高，砖木雕刻要精细，油漆、彩绘要慢工细活，人力和物力消耗大，费工费时。有些复杂的保护工程采用低价中标，工程质量很难保证。

1.4　工程质量监管难度大

文物保护工程施工组织复杂，现场施工过程也是一个探索发现的过程。若设计、施工、监理单位技术力量强，项目经理和现场负责人责任心强、施工经验丰富，建设单位、设计、施工和监理方配合密切，工程质量还是有所保证的。但是，目前文物保护工程方面监理奇缺，有些工程监理的文物保护意识甚至还不如施工方。假如监理责任心不强，就会导致文物构件该拆的要拆，不该拆的也拆，造成不可逆转的损失。另外，由于基层文物部门专业人才少，难以实施有效监管，特别是一些隐蔽工程施工环节，工程质量难以保证。

1.5　出现问题整改难以实现

文物保护工程质量好坏一般要经过一个雨季的自然检验，屋面渗漏、木构开裂、油漆剥落、结构变形等问题才能暴露。但工程合同约定保修期一般是两年，竣工验收又涉及工程款的拨付。目前文物部门验收仅能从外观上给出一个评价结果，对一些小问题提出整改意见，有时发现与设计方案有较大出入的地方，因木已成舟，也无法整改，只能将错就错。现实中有的工程修旧如新，有的修了时间不长就问题成堆。

1.6　工程资料缺乏完整性

施工资料全面反映了文物保护工程情况，对工程质量评定以及后续的管理和维护具有重要的参考价值。现实中，由于建设方专业人员缺乏，在施工过程中收集整理工程资料主要靠施工方，造成竣工验收时多数保护工程资料不完整，缺项较多，不能完整地记录施工中各个环节出现过的重要历史信息。一旦验收通过后，再补充难度很大，有的资料无法补齐，成了永久的遗憾。

2　主要对策

文物是不可再生的文化资源，实施文物保护工程是实现传统文化保护与传承的重要手段，是技术与工艺的完美结合。如何加强工程质量监管，提高文物保护经费绩效，有效解决保护工程中出现的问题，是各级文物行政部门、基层文博单位必须认真研究、不断创新实践的课题。

2.1　严把设计深度

文物建筑修缮设计方案是指导修缮保护工程科学实施的基础与依据。国家文物局已经出台了《文物保护工程设计文件编制深度要求（试行）》，维修设计方案从设计说明到图纸表述增加了许多内容。这就要求勘察单位在编制设计文本时，要按照设计要求，做好文物的前期调查、测绘以及历史信息研究，力求资料完整准确；工程方案编制中要重视工程语言，能用图纸表达清楚的就不要用文字；施工说明中对施工方法、采用的材料、运用的工艺、注意事项等一定要交代清楚。同时设计人员一定要找准病害问题，认真分析导致建筑结构发生变形、局部或整体失稳等问题的病因；对建筑风格、形制方面发生的变化，复原依据等都要做充分准确的评估分析。尤其是不能局限于建筑表面及外观出现的构件脱落、残损等现象，要使维修内容、维修对象、做法要求等更具有针对性，使受力构件加固方法更具有科学性。

设计方案初步完成后要征求各方意见，要组织相关专家初步论证，确保达到设计深度要求；建设单位要对设计方案和施工图组织专家审核把关，必要时聘请第三方对施工图进行审查，发现问题及时修正。设计方案的审核：一是控制工程性质，杜绝实施过程中擅自调整、变更现象，不断强化方案的完整性、科学性、指导性；二是控制工程范围，对方案中涉及文物保护单位需要维修的各个项目进行认真审查，杜绝擅自扩大工程范围的违规现象；三是控制工程预算，按照“专款专用”原则，由中介机构进行工程造价审核，如需变更按程序报批。

2.2 把好招标关

选择一个既有相应资质、技术力量强、业绩声誉好的企业，又能以合适的价格使中标单位精心参与工程建设，是确保文物保护工程质量的重要前提。一方面亟须从国家或省级文物行政部门出台比较科学完整的《文物保护工程概（预）算定额》；另一方面文物保护工程建设单位在工程招标前主动与招标代理公司沟通，充分说明文物保护工程的复杂性和特殊性，在政策允许的前提下，设置合理的招标条件，既要注意标底清单编制的全面详细，又要留足备用金来解决施工中不断出现的新问题。需要强调的是文物建筑的不可逆属性，特别是环境条件复杂的项目在工程招投标环节中对最低价中标说“不”！山西省文物局在南部古建筑保护工程实践中组织有关单位结合北方片区实际，探索制定了《文物保护工程预算定额（北方片区初稿）》，待进一步修改完善后将送相关部门审查后实施。有望填补山西省文物古建保护工程没有专门定额标准的空白，制定了《文物保护工程招投标管理办法》《文物保护项目预算编制规范》。随着相关法律法规的不断完善，根据项目的难易程度选择合适的中标价，以保证工程质量。

2.3 加大信息公开，对资质单位有效监管

文物行政部门是文物保护工程资质的审批和监管单位，在重视培育这支文物保护技术队伍的同时，要采用业务培训、定期检查工地、评比优质工程、年度保护工程情况讲评等方式，提升行业从业者的职业素质。同时，为了杜绝资质挂靠现象，要加大相关信息的公开，如资质单位名单，有关从业单位、资质人员严重违规所受行政处罚的消息，年审不予通过（或限期整改）的单位，以及与资质单位有关且应当公开的信息，通过文物行政部门的门户网站或文件进行公开，接受社会监督。在投标文件中明确的项目经理和技术负责人未经建设方同意不得随意替换，一旦发现资质单位有挂靠现象立即责令其整改，并与单位诚信经营记录挂钩。

2.4 加强施工管理

文物保护工程不同于一般的建设工程，每一座建筑都有其独特的历史价值，每一次维修既是对其生命和价值的延续，也是对其价值的磨损，因此每一次维修都应特别慎重。虽然有批复的维修方案做工程指导，但聘请有相应经验的专家进行检查，形成专家不定期检查制度是非常必要的。每项工程确保至少组织两次专家或省级以上文物质检部门对施工工地进行检查，遇到特殊情况随时咨询，检查内容包括：工程维修质量、工程资料、工地管理、工程技术问题等。在施工管理中把好以

下几个关口：一是开工前的技术交底，由建设单位组织设计单位、施工单位、监理单位进行技术交底；二是开工关口，要求施工单位按规定办理开工手续和质量备案监督手续；三是用料关口，要求工程施工单位要按标准规定购置材料并出具质量检测报告，不符合标准的要更换，不得违规操作；四是施工过程中，重点对基础、大木构架、屋面三个阶段性验收工程进行监督，发现问题及时解决。

另外，建设单位要定期召开工程例会，及时分析和解决施工问题，在确保工程质量和保证安全的前提下推进施工进度。对工程变更要从严控制，必须经设计方和第三方审查同意后才可实施，必要时要经工程审计方确认。施工中要对监理单位提出明确要求，确保其在岗尽责。为保证文物保护工程修旧如旧，在施工时最好聘请当地的老工匠参与现场技术指导。对施工中出现的问题要及时纠正，该返工的必须返工。对材料把关要严格，重视对隐蔽工程的验收环节，确保工程实施的每一步都符合设计要求。可以考虑引进第三方机构参与文物保护工程质量和效果评估，制定《古建筑修缮工程施工规程》，使工程管理更具科学性和针对性。

2.5 明确责任，把项目法人制落到实处

文物保护工程是多方合作、各负其责的过程，必须把项目法人制落到实处。制定项目管理制度，认真对待设计、施工、监理等各方的合同起草，特别是责任条款要明晰，避免出现问题纠缠不清。明确建设单位现场代表责任，增强他们的责任心和事业心，在确保施工质量的前提下，及时按合同支付工程款，以有效推进工程的进度。每一环节的责任，做到问题有人抓、责任有人担。出现严重的工程质量问题，要查找原因，并做出严肃处理，做到问题不查清不放过，责任不追究到位不放过。在实施阶段性验收和竣工验收时，要严密组织，对发现的问题要明确整改要求，整改到位并经再次验收合格后，才可确认验收通过。每个环节都必须有相关责任单位和人员签字确认。山西南部工程实施过程中，先后制定了《山西南部早期建筑保护工程管理办法》《山西南部早期建筑保护工程专项经费使用管理办法》《山西南部早期建筑保护工程施工招标投标管理办法》《山西南部早期建筑保护工程资料收集编制管理办法》《山西省文物保护工程管理办法》《山西省文物保护工程质量监督管理办法》《关于进一步加强文物保护工程质量管理工作实施意见》《关于做好文物保护工程资质单位及从业人员管理工作实施意见》等办法及制度，这些办法和制度都为落实项目法人制，为我们在今后以制度管人、管事、管工程提供了保证。

2.6 定期检查资料归档情况

工程资料是检查工程质量、工程进度、工程投资等方面的重要依据，也是今后再次实施文物保护工程的历史信息。工程资料完善、规范是合格工程的重要内容，应当在工程实施的过程中加强对工程资料的及时收集整理。这就要求工程的各个参与方必须指定专人负责工程资料的清理归档，必要时将各方负责资料管理的人员进行培训，统一标准、统一要求。

文物维修保护工程对文物建筑来讲，就是每一次的手术，其病例档案应当真实、全面、经得起检验。施工中不仅仅是要按照现代建筑工程填写一些自检的表格，最为重要的是对整个施工工序进行记录，对每个原构件勘察进行解读，这才是资料收集的真正目的，才能使维修过程、维修手术全程成为一个历史性的回顾和展示。

在实际工作中，我们进一步细化施工过程中每一分项分部工程工序资料收集要求，一是将资料工作纳入竣工验收内容，不仅验收工程的实体质量，还包括全部施工中数据资料的收集建档；二是设置专职资料员，认真记录维修施工全过程，及时收集每项工程的有关数据、图纸、照片和视频资料；三是把工程资料检查作为质量监督的重要方面，发现问题及时提醒，切不可到工程竣工验收时再去“造资料”或“写回忆录”，一旦发现工程资料有缺损的，要在工程验收前补充完毕；四是对有时代特征的部位，要制作模型，引进科研教学中解剖组合的理念，用活动的榫卯连接便于打开和研究。只要从一开始就真正重视、责任到人，才能做出齐全、规整、有价值的工程资料档案。

结　语

近年来，晋祠博物馆在实践中不断探索，破解难题，寻找对策，加强对文物保护工程管理，履职尽责，提高文物保护经费的使用效能，同时，以“不改变文物原状”与“最小干预”为原则，遵循“原材料、原形制、原工艺”的施工方法，基本上真实、全面地保存古建筑的历史信息和价值，达到了文物建筑“延年益寿”的目的。

晋祠圣母殿消防安全保护浅析

马晓军

（太原市晋祠博物馆，山西太原，030025）

摘要 晋祠是皇家园林的代表祠堂，它历史久远，古迹众多。尤其是主体建筑圣母殿更是以其独特的建筑艺术和雕塑艺术，成为闻名遐迩的宋代国宝建筑。我们要保护晋祠圣母殿这样的历史文化遗产，消防安全工作必不可少。圣母殿是砖木结构的千年古建筑，耐火点很低，殿宇高大易遭雷击，存在着种种难以克服的消防难题。我们在工作中积累了一套对圣母殿行之有效的消防安全保护措施。例如，在传统保护的基础上，借鉴历史文化遗产保护的突尼斯式消防安全保护。结合圣母殿独特的地理性，制定适合圣母殿的“人防”“物防”“技防”的联防机制。引用幕帘式红外探测仪对圣母殿实现火焰、火情的远程监控等，来确保圣母殿的“安宁”。运用现代科学保护文化遗产并协调两者之间的平衡性，也就是更好地把华盛顿式消防保护和圣母殿古建筑保护有机联合，为古建筑的消防安全“保驾护航”。时代发展迅速，消防科技水平日新月异，我们也要与时俱进，紧跟潮流。把最新的消防科技运用到圣母殿的保护中，为古建筑消防保护迈出探索性的一步。

关键词 圣母殿 古建筑 消防安全保护 突尼斯式文物保护 消防探测仪

引　言

晋祠，位于山西省太原市晋源区晋祠镇，原名为唐叔虞祠，是为纪念晋国开国诸侯唐叔虞而建。因后人尊唐叔虞为晋王，唐叔虞祠改为晋王祠，简称晋祠。春秋战国时期，在中原大地出现了很多的诸侯国，但作为国家祠堂保留至今的，晋祠是孤例。它是中国现存最早的古典宗祠皇家园林，见证了中国唐宋到明清园林的变迁。其丰富的祭祀文化也在众多园林祠堂中孤树一帜，蜚声中外。1961年3月晋祠被国务院公布为第一批全国重点文物保护单位。

1　晋祠圣母殿消防保护的意义

晋祠古迹众多，历史久远，祠内保存大量的古建筑、雕塑、碑刻、壁画、古树名木，从不同的侧面反映了中国古代政治、经济、建筑、园林、雕塑、宗教、文化等诸多领域的发展变化。晋祠，是中国现存最大的古建筑群之一，总占地面积101538m²，建筑面积25000余m²，现存有300年以上的建筑98座、塑像110尊、碑刻300块、铸造艺术品37尊。尤其是祠内现存最早主体建筑圣母殿更是宋代建筑的典范。圣母殿（图1），创建于北宋太平兴国九年（984年），殿四周围廊为中国现存古建筑中的最早实例，是中国北宋《营造法式》的杰出代表，对研究中国宋代建筑和建筑发展史有着重要意义。殿内保留的43尊宋代彩色泥塑，是反映宋代宫廷人物的现实主义作品，是中国雕塑艺术宝库中的珍品。此外，殿内保留的宋元壁画、题记、碑刻、牌匾也都是不可多得的珍贵文物。如此众多的珍贵文物集中在一起，这就对文物保护者如何做好消防安全保护工作，为文物保驾护航提出了新的要求。

图1　晋祠圣母殿

2　晋祠圣母殿消防保护的难点和隐患分析

圣母殿是中国重要的文化遗产，是历代人们不断保护遗留下来的智慧结晶。所有的古建筑面对消防保护，都具有一个特征，即建筑修建在前，消防保护在后，它和我们现代建筑的消防建设一体还有很大区别的。文物保护工作贯彻保护为主、抢救第一、合理利用、加强管理的方针。面对消防工作，珍贵古建筑的保护一直是个难点。目前对于圣母殿消防保护主要还是做好防范工作，而如果只是单纯以保护圣母殿古建筑采用消防喷水灭火，一旦失火，那么圣母殿内珍贵的雕塑、壁画必将受到致命毁坏。如何平衡现代消防技术和古代建筑遗产保护，是我们面临的最大考验[1]。

圣母殿建于1000多年前的宋代，建筑为砖木结构重檐歇山顶，选材大多为附近太行山上的华北落叶松和柏树。由于树木本身就属油脂类，再加上数千年的风化干燥，圣母殿耐火等级很低。圣母殿采用“副阶周匝”的建筑模式，空间很大，这也成为火灾一旦发生会加速燃烧的条件。1993年，依据国家文物的批准，圣母殿实行落架翻修。翻修过程中，发现圣母殿的木材经过千年风化，木材已经转化为干柴。含水率接近0%，这已经是绝干材的临界点。虽然圣母殿前面就是鱼沼飞梁水源点，但是由于北方干燥的气候，木材早已充分干化了。而且个别柱子出现了镂空，梁枋椽都有不同程度的开裂和朽烂，这也为建筑的易燃、自燃埋下了隐患。圣母殿是晋祠的主体建筑，附近的建筑非常密集，毗连的国宝建筑有鱼沼飞梁、金代献殿等。再加上附近的植被茂盛，大型消防车不易通行，如果发生火情，非常不利于近距离扑灭。圣母殿建筑高19.5m，整个建筑坐落于悬瓮山的山石台基之上。因为建筑高大，附近避雷措施少，也给雷击留下了隐患。加上圣母殿位于晋祠主位，是旅游参观人员必去景点。随着旅游业的迅速发展，存在圣母殿人员密集、不易疏散，吸烟等明火易发生等隐患。总体来说，圣母殿等古建筑普遍存在危险性大、影响力大、损失大以及预防难、控制难、扑救难、管理难等问题。业内统称“三大四难”[2]。

3　晋祠圣母殿消防保护措施

针对圣母殿消防保护的难点和火灾易发原因，我们也总结了一套行之有效的文物消防安全保护措施，并加以运用实践，也确保了晋祠博物馆自成立以来无文物火灾受损情况的发生。现分享几点圣母殿消防保护举措，以便一起商榷更好的文物消防保护方法。

3.1　传统保护

圣母殿是古人留给我们的珍贵建筑遗产，它和所有的古建筑一样都具有不可再生性。古代人民运用他们的智慧，千百年来也留下了很多保护圣母殿的消防方法。例如，定期的古建修复、文物整理、环境更新、水源配比等方法对现在人同样有启迪作用。当今世界对文化遗产的保护有两种形式：一种是突尼斯式保护，另一种是华盛顿式保护。圣母殿等诸多古建筑大多采用突尼斯式消防保护。所谓突尼斯式保护就是完全保证古建筑的外观，现代消防设施不更改建筑本身特征，以维持建筑最大历史价值和文化价值。突尼斯式消防保护的方法就是和文物保护的方针异曲同工，即发挥自然平衡的功效，突出人的作用。也就是针对圣母殿这样的古建筑，消防工作重点不是火灾发生后如何去救，而是如何使这样的古建筑火灾发生率降到零。人的防范意识就要放在首位。晋祠博物馆针对圣母殿这样的消防重点防护建筑，采用的是24h值班和防火巡防无间断制度。白天的陈列人员负责圣母殿日常维护，夜晚值班人员负责夜间巡防、安全隐患的排除工作，并且相互制约，相互监督，配有详细巡更及交接班制度。严防死守，以人为本，也是传统保护的核心所在。

3.2　联防保护

现代消防的技术日新月异，人们不断地更新设备完善设施，力争从火神祝融手里抢夺更多的社会资源，保护人民财产的安全。而圣母殿这样的珍宝建筑也应当与时俱进，配以适合自己风格的现代消防设施。例如，在圣母殿内布置红外光束感烟探测器。红外光束感烟探测器，作为消防硬件设施的一种，它引入了PAM技术，可以快速识别火焰、火情。同时它的抗干扰能力较强，不会受到潮湿、风雨等因素的影响[3]。火灾灵敏度可达到1～40m处响应，响应时间是0.5～1s，有利于做好圣母殿等古建筑的消防安全控制工作。再如，早在20世纪90年代，晋祠博物馆就投入资金安装了最先进的电子监控设备，除了做好防火的古建保护工作，兼顾文物防盗的工作重责，几十年随着科学技术的更新，这套设备也随时推陈出新，保证用最先进的技术手段实现古建消防保护的最前沿，做好早期火灾的探测和报警，把火灾的发生消灭在萌芽状态。但是，无论是红外检测，还是微波检测，电子监控设备的安装都必须符合文物保护的要求和公安消防的标准，并备案获得批准后方可实施。圣母殿消防设备施工中涉及的电线都是微电流的，没有出现大规模的电缆布线，也不允许电线直接与木质建筑接触，大多采用绝缘的穿管走线，既保证了古建的美观，又没有消防隐患的存在。联防保护就是加强圣母殿的技防水平，以实现对古建保护的“人防”“物防”“技防”的联防手段。

3.3　责任保护

认真落实单位逐级消防责任制和岗位防火安全责任制。每年都会组织召开单位文物消防保护会议，请各部门负责人签署消防责任书和防火安全书。把文物消防保护工作落实到每个人，把消防安全的思想灌入每个职工心中。组建精兵强将成立一支能够拉得出去的义务消防队伍，对全景区实行不定期的消防安全检查，及时排除景区尤其是重点部位圣母殿等国宝建筑的消防安全隐患。每年不少于四次消防安全培训，进行《文物古建筑消防安全》专题讲座和消防安全培训讲座，让全员认识到古建筑发生火灾的危险因素，了解火灾危险的特点；观看案例分析，自查所在岗位的安全隐患，制定预防措施，并书写培训心得小节，留存档案。就是通过责任到人，通过学习消防法规，提高全体职工对圣母殿等古建筑消防安全工作重要性的认识，把人防工作做到细致化、责任化。

3.4 消防器材保护

随着历年晋祠博物馆对文物消防安全工作的重视，逐年投入资金购买消防设备，更新消防器材。在2002年投资一套消防管网系统，利用红外线电视监控系统对馆内进行监测。同时对馆内的29处地下消火栓，2km^{3}的水池，275具手提式灭火器，6处消防水带，4个阀门井以及消防工具消防锹、消防桶、消防斧、消防钩等进行检验、编号、维修，确保消防器材和设施的完整好用。2008年馆内增设了喷雾水枪、浮泵艇、电动消防车、漏电保护器、个人防护器、巡根系统等一批消防新科技产品。尤其是在重点部位圣母殿消防器材的配置上也是煞费苦心。圣母殿外南北门内外侧各配置2个8kg干粉灭火器，殿内增设两个35kg推车式灭火器，左右厢房苗裔堂、骀台庙各设一处消防水带。并利用晋祠丰富的水源，在圣母殿前面空阔地，分设四处消防栓，保证了一旦周围古建筑有火情，喷水灭火能够兼顾。而且在消防栓的压力测试也经过科学实验，既要保证压力可以压制火情，到达圣母殿最高点，同时又要避免压力过大对文物造成二次损害，力争最大限度保护圣母殿等古建筑，减少文物损失。距离晋祠博物馆2km外还驻扎着一支消防中队，保证一旦发生火情，能够在第一时间出现。多年来晋祠博物馆区和消防队共享共建，互相促进，消防单位也根据景区文物消防安全保护的特殊性，调整消防车的安全水压，增设了适用于圣母殿等古建筑保护的泡沫灭火器材。消防器材的配置使用也是为了强化对圣母殿等古建保护的“物防”功能，在“人防”基础上，一旦发生火情，可以及时有效地控制初期状况。图2为圣母殿周边消防器材配备图。

3.5 周边保护

圣母殿独特的地理位置和地质特性也决定了它的消防保护方法和别处古建筑的不同之处。为了防止雷击，我们对圣母殿周边的关联树木进行了修剪，保证雷电不会由于树木的引导，直击殿体。实验证明，圣母殿虽然高大，但是在雷雨密集的夏天，也有效避免了雷击所造成的火灾隐患。而相距20m外的两个30多m高的白杨树，很好地起到了避雷针的作用，化解了来自圣母殿被雷击的威胁。圣母殿背靠悬瓮山，山体坚硬，杂草灌木丛生。为了消除这一隐患，派专人定期对圣母殿后的杂草进行修整，并安装铁丝防护网，重新进行绿化处理，种植低矮花卉，既防止山体滑坡，杂草易燃，又能美化环境。在环境整治过程中，取缔了圣母殿附近所有明火，包括取暖用电，把古建筑群的火灾等级降到最低。为了拓展消防通道，方便游客疏散，把四棵新中国成立后种植的柏树进行了移植。保证如有火情，消防车可以在最近位置对圣母殿展开扑救，把文物损失降到最小化（图3）。

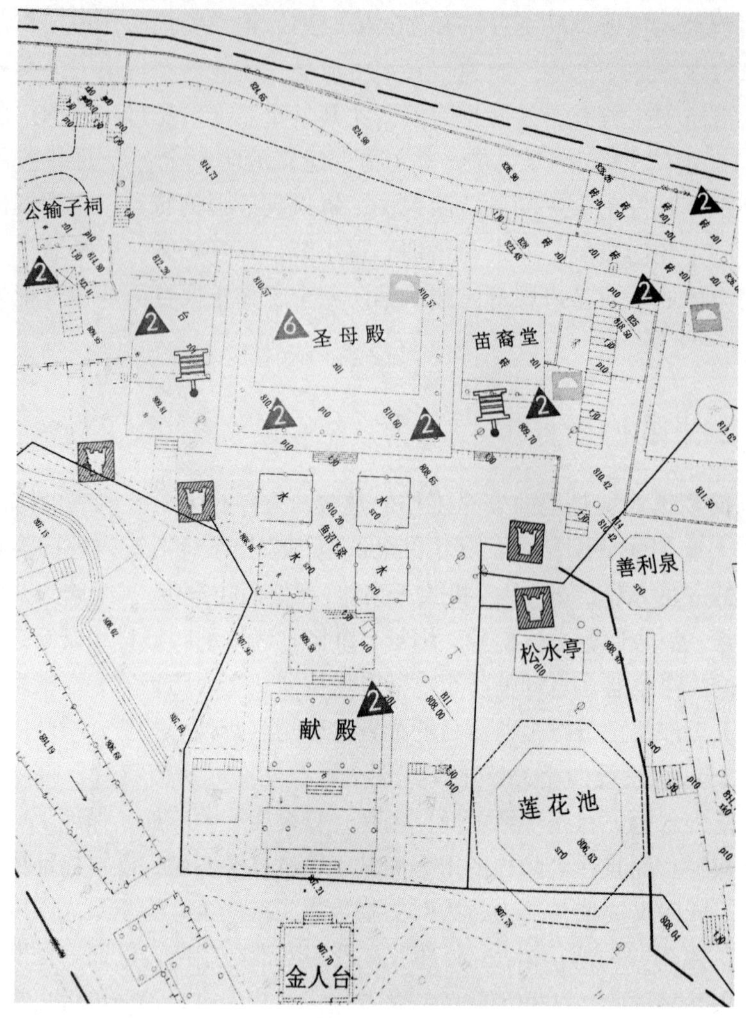

图2　圣母殿周边消防器材配备图

图3　圣母殿北侧古柏

3.6　宣传保护

鉴于文物消防安全保护工作的重要性，加强宣传力度势在必行。在景区所有醒目标志上都写有严禁烟火标志。在人手一册的门票也印有爱护文物、禁止吸烟的善意提醒。尤其在圣母殿主要区域，不仅设有警示牌，还有专人负责明火制止和文物保护宣传，使整个馆区“人人重视安全，人人宣传消防”。结合景区的旅游淡旺季特点及景区的消防工作具体情况，采取办消防培训班、实地消防演戏、军训等多种措施，并会同相关部门，打造景区各种形式的消防队伍，大力宣传消防知识，不断提高全馆广大干部群众的消防安全意识，增强单位员工组织火场逃生自救等能力，确保馆内安全。尤其是围绕圣母殿进行的消防演练，通过全体人员，会同消防武警、公安干警、医护人员等进行多次模拟训练，强化了大家的安全意识，也给参观的游客起到了良好的宣传示范作用（图4）。

3.7　祭祀管理保护

晋祠是山西独具特色的宗祠庙堂，它重要的一个功能就是祭祀。虽然出于文物保护的目的，简化规范了很多祭祀活动。但是每年农历的六月十五、七月初二依旧是晋祠主要的祭祀活动日，围绕着圣母生辰、水母生辰是当地居民最为重要的庙会节日，而这些祭祀活动的中心就在圣母殿。祭祀就会有香烛烟火的出现，针对特殊祭祀活动的消防工作，我们做了有关祭祀活动的应急预案和实施方案，力争做到文物安全保护的长效机制。预案中对有关人流疏散控制、车辆出入管理、香火烟烛管理、消防车辆配置等一系列问题做了详细安排部署。尤其是对火烛香实行专人专管，远离古建筑区域，做到人走烟灭，安全防范。同时也尽量缩短群众祭祀的时间，减少或分散群体聚集的时间，消防安全和人员安全双保险。每年五一节假日、十一国庆黄金周等应对游客突增的经验的积累，也为每年的庙会提供了应急参考，确保了祭祀活动的平安顺利（图5）。

图4　消防安全宣传牌

图5　晋祠祭祀活动现场

4　晋祠圣母殿现代消防保护

文物保护的工作任重道远，对于圣母殿的消防安全保护措施也是大家集思广益，在一代代人的努力积累下来的。“从严管理，防患于未然”对于任何文物古建筑的保护都适用。尤其是文化遗产的突尼斯式消防保护都是文物古建筑的消防保护工作走向可持续性发展的道路。相比较突尼斯式消防保护模式，华盛顿式消防保护模式适用范围更广，实施起来容易。它是以保证古建筑的外观，内部可以适当根据现代消防的需要增设消防设备，运用现代技术为古建筑“保驾护航”。圣母殿保护虽然不能增加内部的喷淋装置和烟感报警等装置，但是在圣母殿的维修过程可以有效运用现代科技。例如，翻修圣母殿时，在柱子、拱枋的开裂、蛀空处，可以运用清洁、高效的阻燃材料填充空隙，既能有效黏合木结构，也能对木构件进行阻燃处理，从而改善圣母殿木构件的耐火极限。再如针对圣母殿殿外壁画的保护，采用耐火材质的墙壁材料临摹壁画，再覆盖在原壁画之上。对绘画颜料的选择也是以环保、耐火、阻燃为先决条件。充分运用现代文明的科技手段，对圣母殿古建筑的保护开展多方面的研究，为现代消防保护与古代建筑保护建设开创性探索道路。

5　晋祠圣母殿消防保护未来发展方向

随着科技的日新月异，人们重视历史文化遗产保护，消防技术水平也是一日三变，这对圣母殿这样的国宝建筑未来的消防保护工作提出新的构想。例如，运用线性光纤感温探测器，它是响应某一连续线路周围温度参数的火灾探测器，并将温度值信号或温度单位时间内变化量信号，转换为电信号以达到探测火灾并输出报警信号的新型消防仪器。又如，运用无线监控，它是利用无线电波传输视频、声音、数据等信号的监控系统。无线监控由于不需要进行线缆的布防，因此大大降低了初始建造的成本，特别是扩大了监控区域的应用场景，尤其对圣母殿这样的古建筑事半功倍。再如，对于圣母殿这样的古建筑可以采用“强化室外，暂缓室内”的理念，把现代消防设施安置于圣母殿室外的山石高空之上，不影响建筑外观的保护，还能有效缓解古建筑消防保护的压力，同时把对古建筑破坏力较大的消防直流水枪改为雾状喷淋水枪等（图6）。

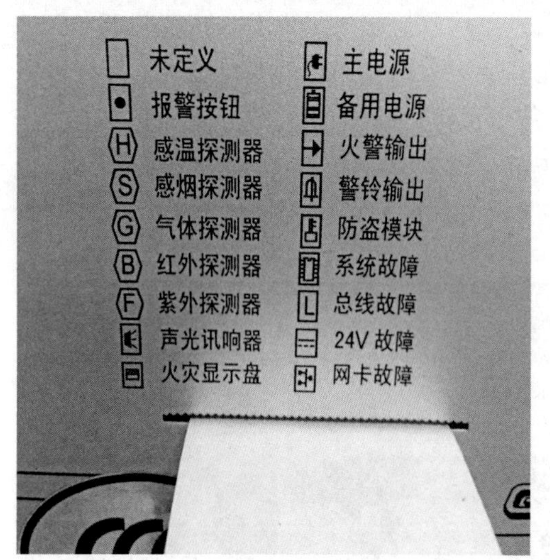

图6　消防设施说明牌

结　　语

晋祠是集庄严壮观与清雅秀丽、宗祠祭祀建筑与自然山水完美结合的典范。圣母殿更是晋祠文物保护的重中之重。无论是突尼斯式的传统消防保护模式，还是华盛顿式现代消防保护模式，都要根据文物保护的原则和消防安全的规定实施。对圣母殿等古建筑进行科学的保护是所有人的责任。当然在保护过程中应该根据建筑自身特点和特殊环境的需求制定行之有效的消防措施，落实责任，齐抓共管，确实保护古建筑的消防安全。圣母殿等古建筑是人类的共同财富，是古人留给我们的珍贵历史遗存，我们文博工作者有责任、有义务保护好这些世代相传的文化瑰宝。

参 考 文 献

［1］　张涛. 文物古建筑消防安全现状及对策分析［J］. 科技创新与应用，2016，（9）：262.
［2］　周尔东. 文物古建筑火灾特点分析与消防安全措施探讨［J］. 江西化工，2017，（3）：149-151.
［3］　王堃. 文物古建筑消防安全现状与对策［J］. 消防界（电子版），2017，（11）：107-109.

文物预防性保护

中国古代壁画生物病害研究现状与展望

武发思[1-4]　贺东鹏[2-4]　苏　敏[1]　田　恬[1]　杨小菊[2-4]
陈　章[2-4]　冯虎元[1]　汪万福[1-4]

（1. 兰州大学细胞活动与逆境适应教育部重点实验室，甘肃兰州，730000；2. 敦煌研究院国家古代壁画与土遗址保护工程技术研究中心，甘肃敦煌，736200；3. 古代壁画保护国家文物局重点科研基地，甘肃敦煌，736200；4. 甘肃省古代壁画与土遗址保护重点实验室，甘肃敦煌，736200）

摘要　生物体活动与代谢常造成古代壁画美学价值降低与结构损伤，生物病害防治成为壁画保护修复中面临的一大难题。本文全面回顾了我国在壁画生物病害及其防治方面的研究进展，对比了石窟寺、墓葬和博物馆等不同环境中壁画生物病害的类型特点，阐释了优势病害生物危害壁画的作用机理，分析了影响壁画生物病害发生和发展的主要因素，归纳了相关的研究方法与分析技术，并提出了该领域研究未来的问题与挑战。基于文献数据库调研，概括出总体研究现状和发展趋势；通过对本课题组在敦煌莫高窟、嘉峪关魏晋墓和曲阳北岳庙等处壁画生物病害研究案例的剖析，总结了已取得的经验和存在的不足。总体而言，对于微生物引起的壁画侵蚀关注度最高，动物损害及防治次之，温度、湿度、光照及大气污染物等环境因素和游客扰动等人为因素与壁画生物病害的关系正逐渐被重视；然而针对病害微生物及蝙蝠、鸟类、昆虫等病害动物的防治依然是壁画保护中的棘手问题。受基础研究薄弱、应用技术缺乏、保护实践有限、相关标准规范缺位和专业人才不足等方面制约，古代壁画生物病害监检测和风险预警工作推进滞后。随着基因组学、代谢组学、蛋白质组学、生物信息学和仿生生物学等学科发展成熟，在微观和分子水平上揭示壁画损坏的生物学机制已成为必然趋势；研发便携式实时在线生物病害监检测设备和构建新型综合防治技术体系刻不容缓。借助多学科手段、运用生态学思维、开展国际和区域科技合作以及全面推进“文化遗产保护生物学”学科建设是该领域未来发展的定位和方向。本文也为其他类型文物的生物病害研究与防治提供了参考和借鉴。

关键词　壁画保护　生物病害　防治对策　研究进展　监测预警

引　言

古代壁画是历史文化的重要载体，具有稀缺性、脆弱性和不可再生性。其分布广泛，类型多样，具有极其丰富的艺术内涵和多元价值。在制作工艺、历史朝代演替、战争、宗教信仰或审美改变、自然环境变化等多重因素的共同作用下，保留至今的壁画普遍存在着诸如空鼓、裂隙、坍塌、酥碱、颜料层脱落及生物侵蚀损坏等多种类型的病害，威胁到其长久保存和展示利用。为此，壁画保护工作者长期以来不懈探索，查找病害成因，制定防治对策。本文正是以危害壁画保存的生物病害研究为出发点，全面回顾和总结了近30年来我国在古代壁画生物病害研究方面取得的成果，并提出了现阶段该领域研究中亟待解决的问题和未来的发展方向。

1　古代壁画及其生物病害概述

我国拥有大量种类多样形式各异的古代壁画资源，然而这些珍贵壁画病害普遍且复杂，其中生物病害是壁画保护中面临的突出问题之一。

1.1　古代壁画的分布及价值

古代壁画类型多样，广泛分布于世界各地，具有极其重要的历史价值、艺术价值和科学价值，其文化和社会价值方面的重要性也日益凸显。截至2018年7月，《世界遗产名录》收录的845项世界文化遗产（含文化景观遗产）中，因具有重要古代壁画而被列入的达32处之多，主要分布在欧洲、亚太地区、拉丁美洲和加勒比地区；按国别分布数量来看，意大利列入世界文化遗产的壁画类遗产数量最多（7处），俄罗斯和西班牙分别有3处，法国、希腊和中国分别有2处[1]。

中国的古代壁画资源丰富，星罗棋布于石窟寺、庙宇、墓葬及博物馆馆藏环境中，其中最具代表性的敦煌莫高窟，以492个洞窟中的2000余身彩塑和45000m^{2}壁画闻名于世，展示了延续千年的佛教艺术；1987年，联合国教育、科学及文化组织（UNESCO）世界遗产委员会根据世界文化遗产遴选标准认定其符合（i）~（vi）全部六条标准而入选《世界遗产名录》。

1.2　古代壁画保存面临的威胁

根据UNESCO统计世界文化遗产普遍面临的威胁因素，将其归纳为13大类：包括管理和机构因素、外来物种入侵或超级优势物种、突然的生态或地质事件、气候改变和极端天气事件、其他人类活动、遗产的社会或文化利用、当地环境影响的遗产物理结构改变、物质资源获取、生物资源利用和调整、污染、服务性基础设施、交通基础设施、建筑物和发展等。其中当地环境包括如微生物和害虫等生物病害，以及沙尘、太阳辐射和光照、相对湿度、温度、水分（包括降雨和地下水位）、风的影响[1]。正是在自然和人为等多重因素的共同作用下，古代壁画普遍存在着诸如空鼓、酥碱、颜料层脱落、色变及生物损害等多种类型的病害，威胁着古代壁画的长久保存和安全展示[2]。

1.3　古代壁画的生物病害

20世纪初，已有地衣和植物体导致历史纪念碑生物退化的相关报道；而“生物退化”（或生物侵蚀、生物劣化）指由生物活动性导致非生命物质的性质发生不利于人类需求的变化，即非生命物质的内在价值受到削弱[3]。微生物、动物和植物体均可对包括古代壁画在内的诸多文化遗产造成生物病害（图1），其中古代壁画的微生物病害指因微生物滋生对壁画产生的伤害，包括霉变、菌

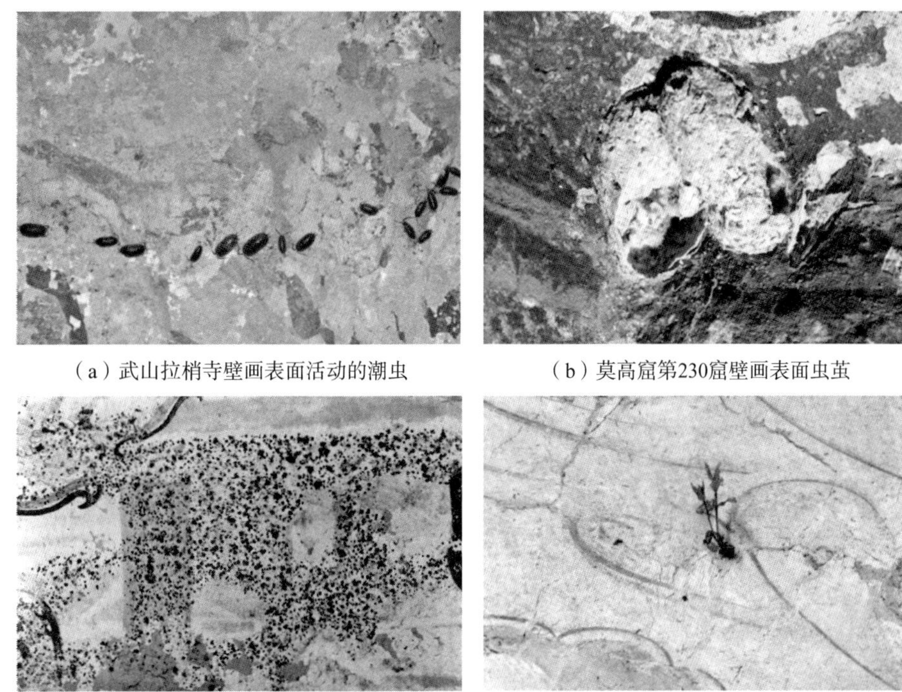

（a）武山拉梢寺壁画表面活动的潮虫　（b）莫高窟第230窟壁画表面虫茧

（c）敦煌莫高窟第53窟壁画菌害　（d）山西忻州北齐墓壁画中长出的酸枣枝叶

图1　古代壁画的生物病害

害等形式；动物病害主要指动物活动对壁画造成的各种破坏；植物病害指植物的根系、枝条对壁画结构造成的破坏[2]。

2　研究现状与进展

根据当前该领域研究情况、壁画病害生物类别及保存环境差异，本文将依次分类展开述评，并讨论在壁画生物病害研究方面取得的最新进展。

2.1　文献发表

从文献计量学的角度来看，通过在Web of Science与PubMed数据库以关键词“Wall painting”和“Biodeterioration”检索1990～2018年发表在国际刊物上与壁画的生物退化与防治相关研究论文数量，共获得文献540余篇，总体来看国际上对壁画生物病害研究呈逐年增长趋势，这与文物保护意识的提高和研究经费的投入增加密切相关。而基于中国知网、维普和万方数据库，以“文物”和“生物”为关键词共检索到1990～2018年发表的相关文献380余篇，进一步筛选分析可知石质文物生物病害相关研究最多，木质文物、壁画类次之，与壁画生物病害相关文献40余篇。

在已有研究中，壁画的微生物病害关注度最高，动物病害次之，植物病害较少，其中微生物和动物病害的防治长期以来是文物保护工作者关注的焦点问题。整体而言，我国壁画生物病害及其防治研究的成果还较少，多数研究报道以生物本底水平基础调查为主，具有突出影响力的成果较少，研究的深度还有待加强。

2.2　研究方法

生命科学领域在动物学、植物学和微生物学研究中使用的方法有别，因此对于壁画生物病害的监测、检测和防治所采用的研究方法技术和措施具有很大差异。动物病害研究以野外调查的方法为主，主要关注病害动物类型、活动特点及其对遗址地文物的危害形式，其防治常借鉴农业和工业中控制害虫及鸟害的方法与措施。植物病害研究常采用样方调查、根系解剖鉴定及利用便携式探地雷达无损探测根径的大小及分布等。微生物病害研究方法多样，基于各类培养基的传统培养方法一直是研究微生物生理代谢和特性的主流方法，但自分子生物学技术出现以来，包括克隆文库构建、变性梯度凝胶电泳（DGGE）技术和分子测序等技术迅速发展并被应用于壁画微生物病害的调查和菌种鉴定中。

近年来，随着宏基因组学（metagenomics）、高通量测序（NGS）、原位荧光杂交（FISH）、qPCR和酶测定（enzyme assays）等新手段的快速发展，这些技术与传统培养法和16S/18S/ITS克隆文库法等一起构成病害微生物群落特征和退化机理研究的"工具库"。与此同时，功能群分析及群落功能的预测已成为未来发展的趋势之一。依据文化遗产微生物监测和防治研究中已有报道，我们对主流研究思路和常见方法进行了总结（图2）。

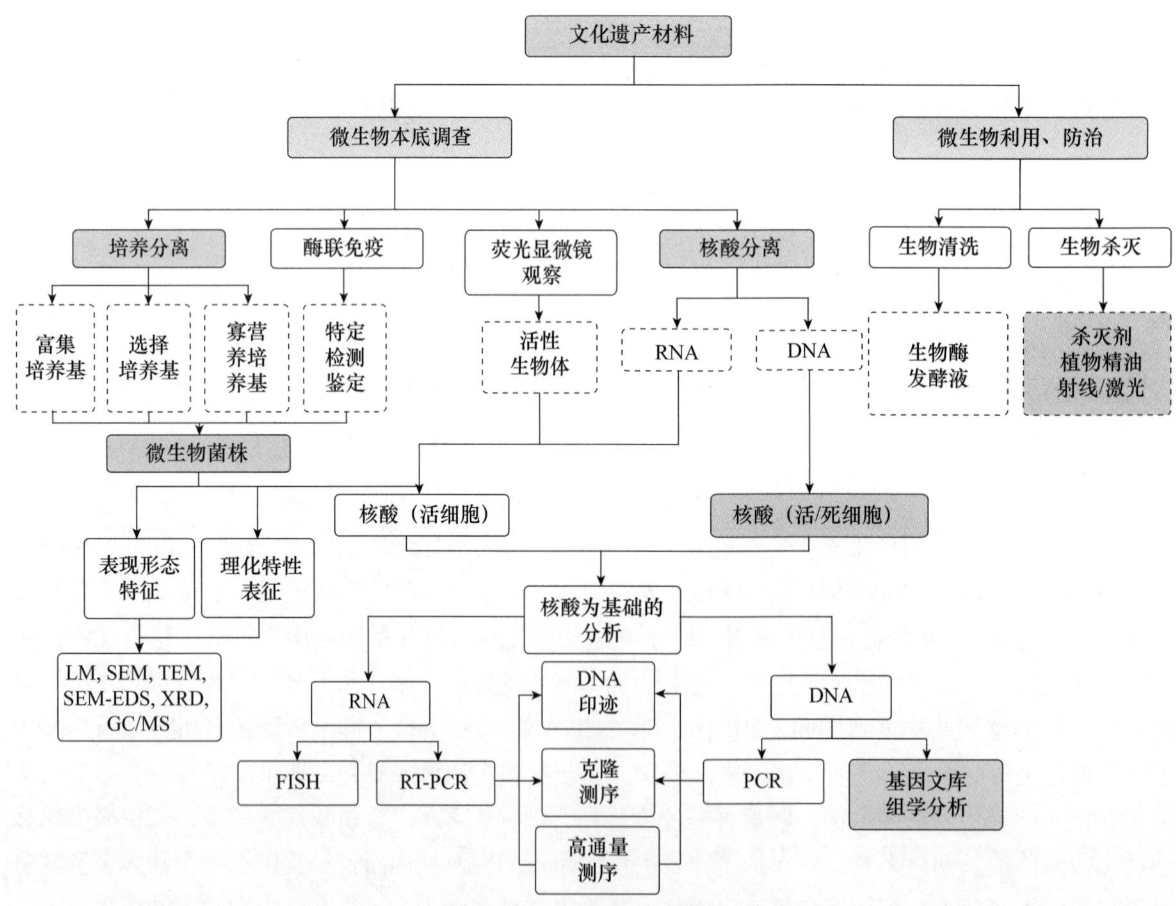

图2　文化遗产材料微生物病害研究技术路线

2.3 典型案例研究

我国在古代壁画及其赋存环境中生物病害的调查、分析和防治等方面已开展了较为全面的研究，以下以典型案例研究为主线，对研究现状和已取得的进展进行总结，其中重点介绍本课题组近年来开展的相关工作。

2.3.1 赋存环境空气微生物

现阶段，文物保护的内涵已延伸到对于文物及其赋存环境的保护，而壁画赋存环境的改变与病害发生的关系密切。例如，在壁画支撑体和地仗层中的水分活动以及壁画赋存环境高湿度的共同作用下，壁画盐害和菌害的发生率将大大升高，而环境空气中微生物孢子的传播和沉降则被认为与壁画微生物病害的发生存在关联。

本课题组通过对莫高窟三种开放类型和外部环境中空气微生物浓度的逐月监测发现，开放和完全不开放洞窟空气中的可培养细菌数量高于调节性开放和窟外环境；空气中大多数细菌及携带细菌的粒径在2～6μm之间，部分大于8μm；莫高窟空气中细菌的分布受到空气温度、相对湿度、风速和风向等环境因子的影响；空气中真菌数量在不开放洞窟和窟外数量较多，空气真菌的分布和群落组成与采样时间和地点具有显著的相关性；温度、相对湿度和游客活动是影响空气中微生物浓度和群落组成的主要因子[4, 5]。

莫高窟空气中的优势细菌属依次为詹森菌属（14.91%）、假单胞菌属（13.40%）、芽孢杆菌属（11.25%）、鞘胺醇单孢菌属（11.21%）、微球菌属（10.31%）、微杆菌属（6.92%），柄杆菌属（6.31%）、玫瑰单孢菌属（5.85%）；窟区环境中共鉴定得到空气真菌11属17种，主要为枝孢霉属、镰刀霉属、链格孢属、曲霉属和青霉属；空气微生物群落组成和结构特征受时空分布和游客数量等因素影响[4-9]。

如何控制壁画赋存环境空气质量，以及减小因井喷式游客数量增长造成的壁画赋存环境扰动是壁画预防性保护面临的难题之一。通过长期监测和评估不同开放模式下石窟内空气微生物浓度和类群变化，也可为遗产地游客承载量研究和旅游开放管理提供数据支撑和科学依据。

2.3.2 石窟寺壁画微生物

自20世纪90年代以来，我国在石窟寺壁画微生物研究方面已开展了许多工作。传统的分离培养技术在壁画微生物种类鉴定中被普遍应用，是由于其在病害菌株生理特性研究方面具有明显优势。然而，目前大部分微生物仍无法通过培养获得，外源营养的介入使得基于培养的方法无法准确揭示如壁画这类寡营养介质中微生物群落的真实信息。近年来，微生物群落特征的分子检测技术因其敏感性和准确性而广受微生物学家和文物保护工作者青睐，其可在短期内得到文物病害微生物群落组成和结构方面的重要信息。

对于石窟寺壁画微生物的关注兴起于壁画矿物颜料铅丹色变的研究。马清林等提出，壁画地仗层中的纤维类和颜料层中的胶结材料给异养微生物的生长繁殖提供了营养源，微生物在壁画的褪变色、酥碱粉化过程中可能发挥了重要作用[10]。冯清平等从敦煌变色颜料中分离获得了6个属的细菌，优势菌为芽孢杆菌属和产碱菌属；霉菌5个属，优势菌为青霉属[11]；利用分离菌株的模拟试验证明枝孢霉、黑曲霉和两种特殊细菌对壁画红色颜料变色和胶结材料的老化均起到重要作用；微生物通过产色素污染壁画、代谢形成的草酸盐引起颜料晶形和铅丹价态的改变和变色[12]；分离获得的枝孢霉在温度20℃、相对湿度60%或温度30℃、相对湿度50%就可在模拟壁画表面萌发，骨胶能对铅丹起到保护作用，但枝孢霉可分解骨胶，造成颜料稳定性下降，并通过产酸促进了铅丹向铅白的转变[13, 14]；而黄杆菌属细菌的模拟实验发现，该菌体在加有铅丹的培养基上呈棕黑色，鉴定发现其可将铅丹氧化成PbO_2，在pH 9.8、37℃、黑暗条件下氧化程度最高，该氧化过程受质粒控制，并且菌体具有主动吸收铅的能力，扫描电子显微镜确定铅主要位于原生质体内[15]。这些工作为我国壁画微生物研究奠定了重要基础。

近年来，本课题组围绕石窟寺壁画微生物类群的分子鉴定、群落特征、微生物与壁画颜料色变间的关系以及壁画菌害的成因和防治等方面开展了诸多工作：如对敦煌莫高窟壁画微生物多样性的研究[16, 17]；通过克隆文库技术对莫高窟不同历史时期壁画微生物群落特征的研究，从时空尺度上揭示微生物群落的分布特点[18]；利用Illumina MiSeq高通量测序技术确定假诺卡氏菌属和红色杆菌属为优势属，两者作为指示微生物，表明麦积山石窟壁画及彩塑正遭受着缓慢的微生物侵蚀[19]；对武威天梯山石窟第18窟壁画微生物分析发现，主要隶属于细菌18门、158科、296属，芽孢杆菌属、乳球菌属、假单胞菌属和链球菌属为最优细菌属，真菌12门、45科、39属，其中酵母目为最优真菌。对于壁画病害指示微生物假诺卡氏菌特性及其对岩画及壁画的危害，近年也有过相关总结和讨论[20]。

在美学价值破坏方面，微生物通过代谢胞外酶、色素和酸性产物等在壁画上沉积，导致壁画褪色或变色（如铅丹）。而在结构性损害方面，微生物可通过降解壁画中胶结材料和有机颜料、菌丝体生长，导致其起甲，降低结构稳定性。随着壁画微生物生态学研究的持续推进，微生物在壁画退化过程中扮演的角色将会更加清晰。

2.3.3 墓葬壁画微生物

自20世纪90年代开始，我国研究人员使用基于培养的手段对甘肃酒泉丁家闸十六国墓壁画和嘉峪关新城魏晋墓壁画[21]、河南密县汉墓壁画[22, 23]、陕西长安唐墓壁画[24]、西安曲江翠竹园西汉墓壁画[25]等几处墓葬壁画病害微生物进行了分离和鉴定；利用分子生物学技术研究微生物的报道有对我国北方5世纪墓室壁画[26]、嘉峪关魏晋墓砖壁画[17, 27]及唐韩休墓考古发掘现场壁画表面霉变病害菌群落特征的检测分析[28]；本课题组研究发现假诺卡氏菌属与曲霉属在嘉峪关壁画墓中占优势，墓室开放可能改变了壁画微生物群落结构[17, 27]。对北齐徐显秀墓壁画菌害及成因分析显示，白色侧齿霉属导致壁画霉变，长期高湿度是其诱因（图3）；并在该墓葬中获得一株新细菌种[29, 30]；近期，马文霞等对敦煌汉墓和魏晋墓酥碱砖壁画中可培养真菌类群及其耐盐性进行了分析[31]，该研究为微生物活动导致壁画产生其他类型病害提供了新证据。

墓室环境通常密闭潮湿，高湿度及空气循环不畅成为墓室壁画菌害的主要环境成因。外源性有机质的引入及游客参观等因素应加以有效控制，以避免破坏墓室脆弱微生境的相对平衡。

2.3.4 馆藏壁画微生物

我国现有馆藏壁画绝大多数是从石窟寺或墓葬壁画揭取而来，主要因考古现场保存条件和技术有限，或因建设需要等其他原因所致。张艳杰等采用现代分子生物学技术，对造成会宁丁沟康湾墓画像

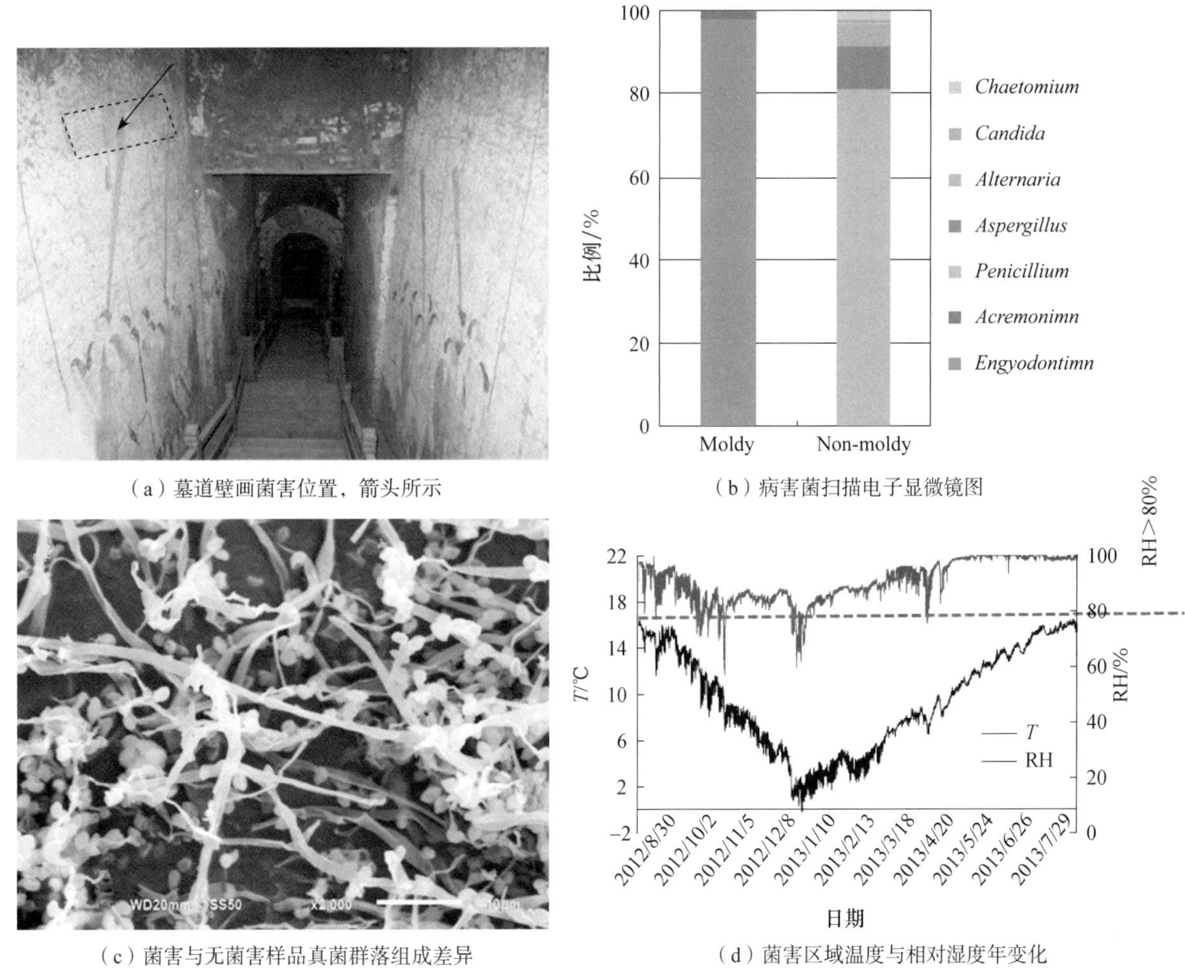

（a）墓道壁画菌害位置，箭头所示

（b）病害菌扫描电子显微镜图

（c）菌害与无菌害样品真菌群落组成差异

（d）菌害区域温度与相对湿度年变化

图3　北齐徐显秀墓壁画菌害及环境成因[29]

砖腐蚀的真菌类群进行分离和鉴定，所获得的真菌序列主要隶属于曲霉属和交链孢霉属[32]，并得出由于壁画墓画像砖被多次搬迁，常受人为扰动，画像砖的真菌多样性下降，其群落结构也发生变化。

本课题组利用高通量测序技术从天梯山石窟馆藏壁画分析确定细菌22门、239科、518属，以原小单孢菌属和动性杆菌属为最优势菌属；真菌17门、57科、51属，以粪壳菌目和发菌科为最优真菌类群。原小单孢菌属、动性杆菌属等细菌和粪壳目、发菌科等真菌，具有很强的有机物降解能力，能利用壁画制作材料中的有机成分，其大量存在可能会加速壁画的劣化；因黄羊河水库修建，20世纪60年代揭取搬迁时，部分人为干预措施，包括鹿皮胶、生石膏的大量使用，运输壁画的木箱包装过于严实；搬迁后的管理缺位，以及搬迁后壁画长期保存环境不良等因素，是造成揭取壁画霉变的主要原因[33]。

因此，保持博物馆壁画保存环境中温度、相对湿度的相对恒定至关重要，尚未进行保护和展示而储藏在文物库房中的壁画须加强病害日常巡查和管理。

2.3.5　壁画菌害防治

壁画微生物病害防治的传统方法包括紫外线或激光杀灭清洗技术、化学抑菌剂防治方法以及环境控制等；近年来纳米Ag_2O、ZnO、TiO_2等抗菌新材料运用兴起，植物精油等天然抑菌产物广受青眯。然而在制定防治措施时，前期菌害调查分析必不可少，并深入剖析菌害成因和侵蚀机理。杀菌剂的使用应加以严格控制，以避免抗性菌株的形成，在非应急或抢救性防护条件下，减少生物杀灭剂的使用，进行保存环境及水源控制是当前主要趋势。

张昺林通过抑制剂对霉菌生长的影响试验，确定氯化汞和三丁基氧化锡的抑菌效果非常明显，基于色度影响评估确定，三丁基氧化锡、山梨酸钾、脱氢乙酸钠、苯扎溴铵、氯化汞、富马酸二甲酯的影响依次降低，建议氯化汞为壁画抑菌剂[34]。而基于病害菌的筛选发现，0.2%～0.5%双氯酚对北齐徐显秀墓壁画菌害的抢救性防治最为有效[35]，其在现场应用中取得了较好的杀菌效果。然而，如果从环境控制方面可以解决菌害问题，其必然符合目前绿色环保和生态保护等方面的倡议。

2.3.6　动物病害类型、机理及防治

病害动物活动长期以来困扰着壁画及馆藏文物的保护，其中昆虫类病害最为严重。对于文物病害动物研究主要集中在害虫调查及防治研究、动物活动造成的损伤机理、排泄物污染及腐蚀影响壁画美学价值评价等几个方面[36-41]。

本课题组在石窟寺壁画虫害研究方面已开展了大量工作；通过对包括敦煌莫高窟、西千佛洞、瓜州榆林窟、东千佛洞、张掖马蹄寺、永靖炳灵寺和天水麦积山等甘肃境内12处石窟寺中112个典型洞窟中活动的动物的调查和分析，确定了引起石窟寺病害主要动物类群及分布特征，明确了优势病害昆虫对石窟寺壁画的危害特点[42, 43]；通过傅里叶变换红外光谱分析仪（FTIR）等分析了昆虫排泄物成分组成特点，结合剖面分析确定了昆虫排泄物与壁画的结合状态，并监测其对壁画的污染程度和速度，揭示了病害昆虫及排泄物对壁画的损坏机理[37]；通过设计模拟洞窟，并结合真实洞窟环境，研究了壁画病害昆虫仿爱夜蛾在模拟洞窟内的分布特征、迁移规律及其颜料趋性；将仿生学研究中的新技术运用到文物保护中，研发了一种高速图像与力数据同步采集系统来记录仿爱夜蛾在壁画表面的步态信息，确定其在壁画表面的运动步态和行为特征，进一步揭示了其对壁画的危害机理[44-48]。

其他类型动物，如鸟类和蝙蝠的防治也是石窟寺和古建保护中涉及的重要方面。利用物理防治，如纱网、防鸟刺、黑光灯和超声波等依然是鸽子和蝙蝠等有害动物防治中的重要措施[49, 50]。近年来，本课题组基于国际上倡导的综合害虫防治体系（IPM），构建形成了集定期监测跟踪和综合防治于一体的“敦煌莫高窟病害生物综合监测预警管理系统”，取得了较好的效果（图4），今后将在其他遗址地推广应用。

2.3.7　壁画植物病害及防治

截至目前，壁画的植物病害主要出现如墓葬和地宫等地下遗址环境中。也有石窟寺因灌木或乔木的生长形成的“根劈作用”而面临威胁。敦煌莫高窟壁画的植物病害仅出现在少数几个洞窟中，这些洞窟在历史时期积沙严重，以至于植物根系沿着流沙生长进入壁画，造成破坏，但目前这些植物根系已干枯，为非活动性植物病害。

遗产地植物与遗产保护的关系是一个非常值得深入探究的领域[51]。为了判定莫高窟窟区周边大型乔木白杨根系大小、分布及其对石窟寺可能的影响，本课题组近年采用便携式探地雷达技术进行了一些探索性研究，为遗产地植物根系危害的无损评估提供了借鉴[52]。

图4 敦煌莫高窟病害生物综合监测预警管理系统

3 问题与展望

长期以来，国内外对于壁画生物病害尤其是微生物病害方面已有大量的研究，但是鉴于病害生物本身的独立性以及壁画保存环境各自的特殊性，尽管在研究方法上不同学者已趋于一致，但是所获结果的可对比性和相互借鉴性依然不强，导致在病害生物防治方面保护工作中很少有可完全套用的成熟方法和技术体系。

近年来新出现的壁画保存环境中游客人数激增等问题，导致旅游旺季石窟寺应急开放窟及小型洞窟扰动后面临的空气微生物浓度升高及壁画菌害风险增大，但是文化遗产保护中空气微生物检测及阈值相关的规范标准仍然缺失。同时，蝙蝠、鸟害及虫害防治仍是一大难题亟待解决。“水”是文物病害之源已成为普遍共识，但是如何有效地防治水患依然任重而道远。

壁画病害生物及其防治研究当前已进入了一个全新的阶段[53]，核心功能群分析和网络关联分析等技术日新月异，这与计算机科学、生物信息学、分析科学等学科领域技术的飞速发展密不可分。进一步加强多学科交叉研究，运用生态学思维，开展更多国际和区域科技合作以及全面推进“文化遗产保护生物学”学科建设（图5），以全方位推进生物退化及其防治方面研究工作，这将有助于提高我国乃至世界文化遗产的科学保护水平。

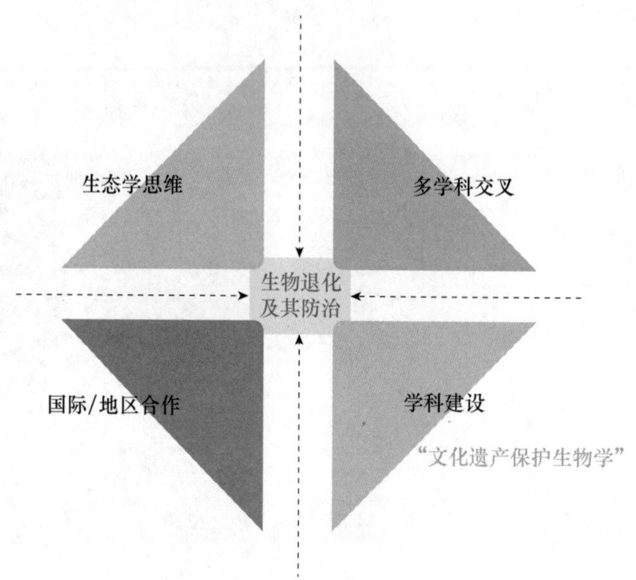

图5 文化遗产的生物退化及其防治研究展望

致谢：本研究受国家自然科学基金（31500430、31560160）、中国科学院"西部之光"人才培养引进计划、甘肃省科技计划项目（18JR3RA004、1604WKCA003）、甘肃省文物局课题（GWJ2014003）和山西省文物局课题（2014-kb-04）资助。

参考文献

[1] 世界遗产中心［EB/OL］. http://whc.unesco.org/.

[2] 古代壁画病害与图示（GB/T 30237—2013）［S］.

[3] Hueck H J. Biodeterioration of textiles and its prevention [J]. Studies in Conservation, 1965, 9 (Supp 1): 94-104.

[4] Wang W, Ma X, Ma Y, et al. Seasonal dynamics of airborne fungi in different caves of the Mogao Grottoes, Dunhuang, China [J]. International Biodeterioration & Biodegradation, 2010, 64 (6): 461-466.

[5] Wang W, Ma Y, Ma X, et al. Seasonal variations of airborne bacteria in the Mogao Grottoes, Dunhuang, China [J]. International Biodeterioration & Biodegradation, 2010, 64 (4): 309-315.

[6] Wang W, Ma Y, Ma X, et al. Diversity and seasonal dynamics of airborne bacteria in the Mogao Grottoes, Dunhuang, China [J]. Aerobiologia, 2012, 28 (1): 27-38.

[7] Wang W, Ma X, Ma Y, et al. Molecular characterization of airborne fungi in caves of the Mogao Grottoes, Dunhuang, China [J]. International Biodeterioration & Biodegradation, 2011, 65 (5): 726-731.

[8] 马旭，汪万福，马燕天，等. 敦煌莫高窟第16窟空气微生物动态变化研究［J］. 敦煌研究，2010，（5）：113-118.

[9] 马燕天，汪万福，马旭，等. 敦煌莫高窟洞窟内外空气中微生物的对比研究［J］. 文物保护与考古科学，2011，23（1）：13-18.

[10] 马清林，胡之德，李最雄. 微生物对壁画颜料的腐蚀与危害［J］. 敦煌研究，1996，（3）：136-144.

[11] 冯清平，马晓军，张晓君，等. 敦煌壁画色变中微生物因素的研究——Ⅰ. 色变壁画的微生物类群及优势菌的检测［J］. 微生物学报，1998，38（1）：52-56.

[12] 冯清平，张晓军，马清林，等. 敦煌壁画色变中微生物因素的研究——Ⅱ. 微生物对模拟石窟壁画颜料的影响［J］. 微生物学报，1998，38（2）：131-136.

[13] 冯清平，张晓君，马晓军，等. 敦煌壁画色变中微生物因素的研究——Ⅲ. 枝孢霉在石窟壁画铅丹变色中的作用［J］.

微生物学报，1998，38（5）：365-370.

［14］ 张晓君，冯清平. 枝孢霉在敦煌壁画颜料变色过程中的作用［J］. 应用与环境生物学报，1998，4（3）：277-280.

［15］ 冯清平，杨玲，张晓君，等. 使敦煌壁画红色铅丹变色菌株生理特性的研究［J］. 微生物学报，1998，38（6）：454-460.

［16］ 张昺林，唐德平，张楠，等. 敦煌莫高窟中细菌多样性的研究［J］. 微生物学通报，2012，39（5）：614-623.

［17］ 武发思，汪万福，贺东鹏，等. 嘉峪关魏晋墓腐蚀壁画真菌群落组成分析［J］. 敦煌研究，2013，（1）：60-66.

［18］ Ma Y, Zhang H, Du Y, et al. The community distribution of bacteria and fungi on ancient wall paintings of the Mogao Grottoes [J]. Scientific Reports, 2015, 5: 7752.

［19］ Duan Y, Wu F, Wang W, et al. The microbial community characteristics of ancient painted sculptures in Maijishan Grottoes, China [J]. Plos One, 2017, 12 (7): e0179718.

［20］ 潘晓轩，葛琴雅，潘皎. 假诺卡氏菌属（*Pseudonocardia*）微生物对壁画和岩画类文物的危害［J］. 微生物学报，2015，55（7）：813-818.

［21］ 郑国钰，马清林. 甘肃酒泉、嘉峪关壁画墓霉菌分离鉴定与防治研究［J］. 文物保护与考古科学，1996，8（1）：43-50.

［22］ 陈红歌，贾新成. 密县汉墓霉变壁画霉菌的分离鉴定［J］. 敦煌研究，1996，（3）：145-148.

［23］ 张慧，敬言，晁开，等. 墓葬壁画霉菌的分离与鉴定［J］. 甘肃科学学报，1998，10（2）：60-64.

［24］ 郭爱莲，单暐，杨文宗. 陕西长安南礼王村出土壁画的微生物类群鉴定［J］. 文物保护与考古科学，1997，9（1）：39-43.

［25］ 赵凤燕，严淑梅，李华. 西安曲江翠竹园西汉壁画墓霉菌分析研究［J］. 文博，2010，（5）：82-84.

［26］ 葛琴雅，李哲敏，孙延忠，等. 壁画菌害主要种群之分子生物学技术检测［J］. 文物保护与考古科学，2012，24（2）：14-21.

［27］ 武发思，汪万福，贺东鹏，等. 嘉峪关魏晋墓腐蚀壁画细菌类群的分子生物学检测［J］. 敦煌研究，2011，（6）：51-58.

［28］ 马艺蓉，肖娅萍，李玉虎，等. 唐韩休墓考古发掘现场霉菌污染物的采集与鉴定［J］. 中原文物，2017，（6）：117-124.

［29］ 武发思，武光文，刘岩，等. 太原北齐徐显秀墓壁画真菌群落组成与菌害成因［J］. 微生物学通报，2016，43（3）：479-487.

［30］ Tian T, Wu F, Ma Y, et al. Description of *Naumannella cuiyingiana* sp. nov. isolated from a ca. 1500-year-old mural painting, and emended description of the genus *Naumannella* [J]. International Journal of Systematic & Evolutionary Microbiology, 2017, 67 (8): 2609.

［31］ 马文霞，武发思，田恬，等. 墓室酥碱砖壁画及其环境的真菌多样性分析［J］. 微生物学通报，2018，45（10）：2091-2104.

［32］ 张艳杰，陈庚龄，俄军，等. 甘肃会宁丁沟康湾墓画像砖真菌鉴定与组成分析［J］. 丝绸之路，2016，（10）：75-76.

［33］ Duan Y, Wu F, Wang W, et al. Differences of microbial community on the wall paintings preserved *in situ* and *ex situ* of the Tiantishan Grottoes, China [J]. International Biodeterioration & Biodegradation, 2018, 132: 102-113.

［34］ 张昺林. 敦煌壁画霉菌病害的防治研究［D］. 兰州：兰州交通大学，2012.

［35］ 汪万福，武光文，赵林毅，等. 北齐徐显秀墓壁画保护修复研究［M］. 北京：文物出版社，2016.

［36］ 王春，于小玲. 博物馆藏品害虫的综合防治［J］. 四川文物，2003，（1）：91-93.

［37］ 汪万福，蔺创业，王涛，等. 仿爱夜蛾成虫排泄物对敦煌石窟壁画的损害及其治理［J］. 昆虫学报，2005，48（1）：74-81.

［38］ 马淑琴. 文物霉害和虫害的防治［M］. 北京：科学出版社，2013.

［39］ 韩彤彤，葛琴雅，成倩. 白蚁对古代建筑的危害及防治方法研究现状［J］. 文物保护与考古科学，2014，26（3）：110-116.

［40］ 柴长宏，汤春梅. 麦积山石窟及周边环境有害生物调查及防治对策［J］. 林业科技通讯，2015，（4）：32-36.

［41］ 田敬伊. 馆藏文物常见害虫及综合防治［J］. 河北北方学院学报（自然科学版），2017，33（5）：55-58.

［42］ 汪万福，马赞峰，蔺创业，等. 昆虫对石窟壁画的危害与防治研究［J］. 敦煌研究，2002，（4）：84-91.

［43］ 汪万福，蔺创业，张国彬，等. 甘肃境内石窟寺中壁画有害生物调查及防治对策［J］. 敦煌研究，2009，（6）：30-35.

［44］ 汪万福，武发思，张国彬，等. 仿爱夜蛾成虫对敦煌莫高窟模拟壁画的选择趋性［J］. 昆虫学报，2013，56（10）：1181-1188.

［45］ 汪万福，吉爱红，武发思，等. 仿爱夜蛾成虫在莫高窟模拟壁画表面的运动行为及其损害机理［J］. 昆虫学报，2014，57（6）：703-709.

［46］ Wang W F, Wu F S, Ji A H, et al. Advancement and prospect of bionic techniques in the conservation of the cultural heritage [J]. Applied Mechanics & Materials, 2014, 461 (19): 469-475.

［47］ Ji A H, Wang W F, Yan J F, et al. Locomotive and adhesive behavior of *Apopestes spectrum* on murals in Mogao Grottoes, Dunhuang [J]. Applied Mechanics & Materials, 2014, 461 (19): 235-240.

［48］ 吉爱红，汪万福，闫俊峰，等. 仿爱夜蛾在敦煌莫高窟模拟壁画表面的附着力研究［J］. 敦煌研究，2015，（1）：111-115.

［49］ 刘俭. 辽宁义县奉国寺殿宇驱除蝙蝠纪实［J］. 中国文物科学研究，2010，（4）：43-46.

［50］ 武发思，汪万福，贺东鹏，等. 河北曲阳北岳庙动物病害调查与防治对策研究［J］. 文物保护与考古科学，2013，25（4）：82-88.

［51］ 汪万福，武发思，陈拓，等. 遗产地植物与遗产保护间关系研究进展［J］. 敦煌研究，2011，（6）：101-108.

［52］ 贺东鹏，武发思，徐瑞红，等. 探地雷达在莫高窟窟区树木根系探测方面的应用［J］. 干旱区资源与环境，2015，29（2）：86-91.

［53］ Wu F, Wang W, Feng H, et al. Realization of biodeterioration to cultural heritage protection in China [J]. International Biodeterioration & Biodegradation, 2017, 117: 128-130.

浅谈田野石质文物在线保护系统

邓　宏[1, 2]　全定可[1, 2]　杨双国[1, 2]　贾　甲[1, 2]

（1. 西安元智系统技术有限责任公司，陕西西安，710000；
2. 陕西省文物保护研究院，陕西西安，710000）

摘要　我国是历史悠久、幅员辽阔的文明古国，拥有丰富的文化遗产，其中田野石质文物分布广泛，但在漫长的历史长河中，这些文物长期暴露在空气中，遭受着物理、化学、自然风化影响，再加上近年来工业化带来的空气污染、酸雨侵蚀以及旅游开发等作用，导致文物所携带的包括历史、文化及艺术等重要信息丢失，甚至有大批文物本体已损毁，造成无法弥补的损失。本文从我国田野石质文物保护现状出发，结合最新的科学技术，说明田野石质文物在线保护系统的研究背景、基本原理和工作成果。

关键词　田野石质文物　环境监测　本体监测　安防监测　无线传感网络

引　言

我国拥有大量珍贵文物古迹，列入世界文化遗产目录的就有三十余处，其中相当一部分是石质文物。石质文物包括建筑、洞窟、石碑、石雕、岩画等，其特点是组成材料都为无机矿物质。由于自然因素和人为因素的多重破坏，这些长期暴露在野外的历史文化遗产饱经沧桑，面临着老化、被盗等问题。近年来，随着科技成果在文物保护领域的深入应用，田野石质文物的保护也取得了一定成果。本文介绍的田野石质文物在线保护系统，遵循“事前监测、事中报警、事后追溯”的设计原则，集成现代传感器、无线通信、大数据、云计算等前沿技术，提供了一套融环境监测、本体监测、安防监测为一体的系统解决方案。

1　田野石质文物环境监测

一般来说，田野石质文物赋存的地质环境比较稳定，大气环境、水文环境及生物环境对文物的影响是缓慢而持续的，日积月累，影响不容小觑。温度、湿度、降雨量、风速、风向、有害气体、降雨酸碱度等环境指标与石质文物本体的裂隙、风化、侵蚀等病害紧密关联，本文介绍的环境监测系统可实现对文物赋存环境的实时监测，提供可靠、稳定的数据，便于进行文物损伤预防及成因分析。

1.1　温度和湿度的监测

温度和湿度与石质文物的病害发育息息相关。在高温低湿的环境中，石质文物裂隙中的水溶解着大量的盐类矿物，一旦蒸发浓度达到饱和，盐类再结晶会使自身体积增大，对裂隙产生膨胀压力，使裂隙扩大加深。在低温高湿的环境中，石质文物易遭遇冰劈危害。冰劈作用是指岩石的孔隙或裂隙中的水在冻结成冰时，由于密度的变化，体积增大，因而对围限的岩石裂隙产生压力，使岩石裂隙加深、加宽。环境监测系统实时收集的温湿度信息和其他环境指标的结合，有助于对石质文物的裂隙发育做出预警。

1.2　风速和风向的监测

石材是最古老的建筑材料和艺术雕刻材料，长期暴露于自然环境中的岩画、石窟造像、经幢石塔、牌坊石桥、石碑石雕等，由于风化作用，不同程度地出现溶蚀、裂纹、脱块、空鼓、劈裂等病害。风力可使石质文物表层已经疏松的颗粒剥蚀，暴露出新的表面，使破坏作用进一步向深层发展。风化作用是长年累月的侵蚀作用，环境监测系统实时收集的风速、风向信息，有助于量化风化侵蚀对石质文物病害发育的影响。

1.3　有害气体和酸雨的监测

大气中含有CO_2、SO_2、NO_2等多种对石质文物有害的酸性气体，在降水过程中，可形成pH≤5.6的酸性降水，而大多数造岩矿物在一定的温度下，极易遭受腐蚀。环境监测系统实时收集的CO_2、SO_2、NO_2、降雨酸碱度等数据，有助于进一步开展石质文物抗酸性气体、液体腐蚀的预警工作。

2　田野石质文物本体监测

田野石质文物长期暴露在空气中，遭受着物理、化学、自然风化的影响，再加上近年来工业化带来的空气污染、酸雨侵蚀，研究人员总结了石质文物的十八种病害（参考WW/T 0002—2007），其中结构裂隙、风化裂隙、断裂、植物病害、微生物病害等病害类型较为常见，对已出现的病变及存在隐患的部分进行长期监测可有效预防文物病害进一步恶化。

2.1　裂隙监测

结构裂隙、风化裂隙是田野石质文物经常出现的病害，除了上文中提到的温度、湿度因素，由于年代久远，地震、滑坡等地质灾害也是造成文物裂隙的一个自然因素。本体监测系统实时收集的裂隙发育数据，对文物保护尤为关键。

如图1所示，在2013年4月20日四川雅安发生地震时，某唐陵石刻的*X*和*Z*方向裂隙基本不受影响，*Y*方向裂隙有轻微影响。

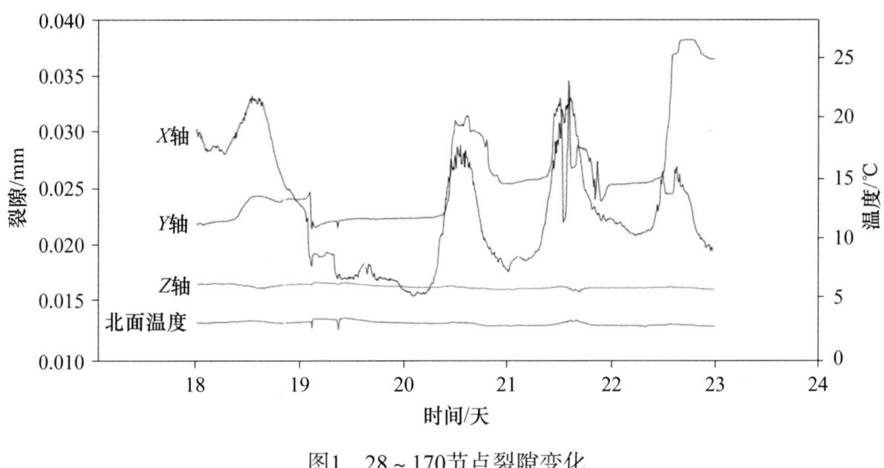

图1　28～170节点裂隙变化

2.2　位移沉降监测

石质文物一般密度较大、质量较高，当其赋存环境降雨量增多时，地基土壤含水率会不均匀上升，继而诱发不均匀沉降。结合图2和图3可以看出某唐陵石刻在有降雨的天气内位移变化，石刻基座东北角和西南角在8月31日22:00左右均发生对应变化：基座西南角存在下沉趋势，东北角存在相应的上升趋势。

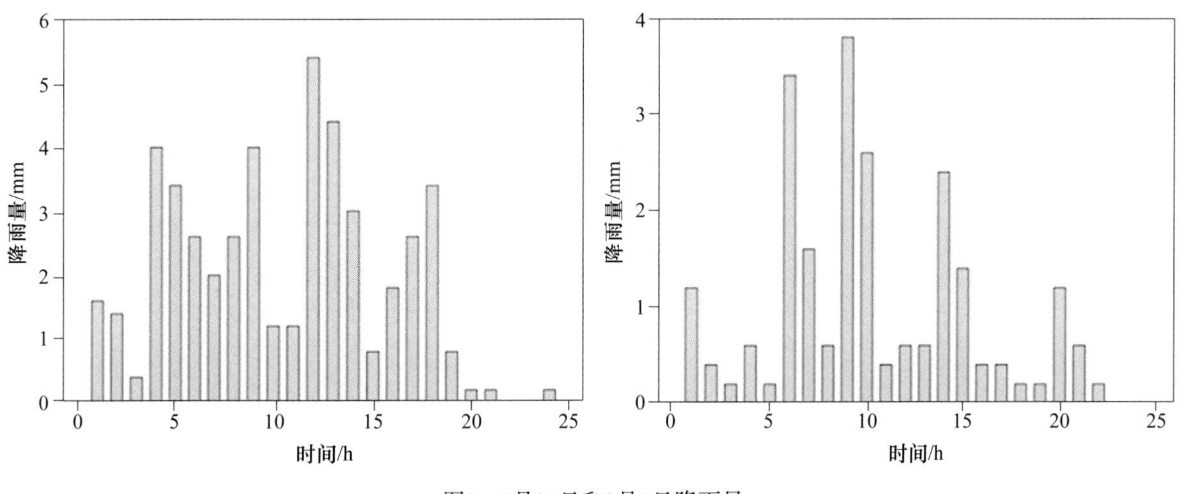

图2　8月31日和9月1日降雨量

2.3　表面温度监测

当石质文物表面温度过低时，文物的孔隙或裂隙中的水将冻结成冰，由于密度的变化，体积增大，因而对围限它的岩石裂隙壁产生压力，使岩石裂隙加深加宽。某唐陵石刻裂隙变化如图4所示，当文物表面温度低于20℃时，石刻裂隙安全，表面温度在20～25℃时，裂隙可能存在变化的风险，表面温度高于25℃时，石刻裂隙确定存在变化的风险。

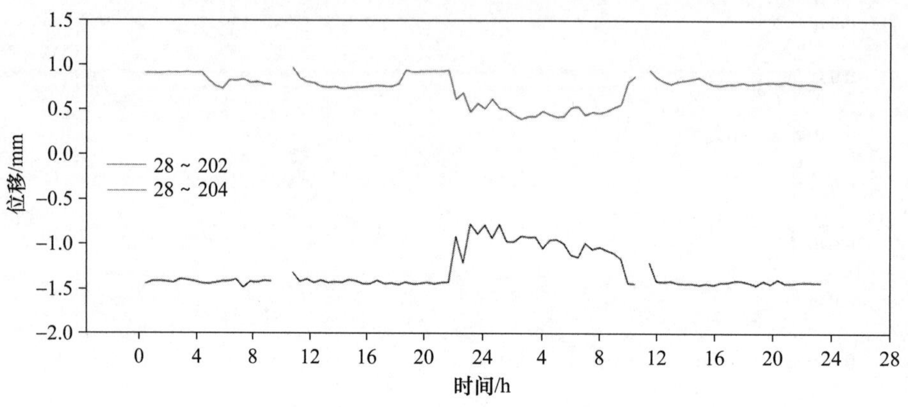

图3　某唐陵石刻位移变化曲线图

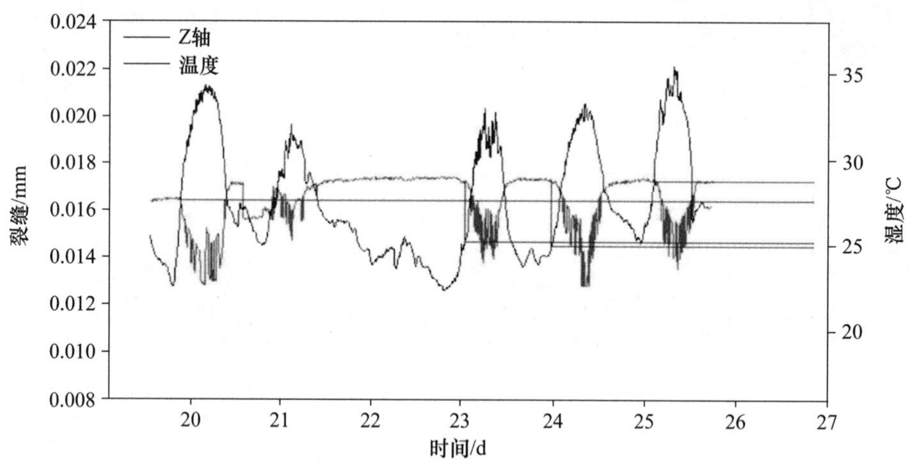

图4　某唐陵石刻裂隙与表面温度风险关系曲线图

3　田野石质文物安防监测

与自然因素对石质文物病害发育的缓慢影响不同，盗窃、恶意破坏等人文因素往往具有一定的突发性，且影响极大。自20世纪90年代中期开始，我国大遗址文物盗窃案件频繁发生，至今势头不减，对我国文物保护事业造成了巨大损害。对于田野石质文物而言，常见的安防监测手段有振动监测、红外监测、微动监测、位置监测（北斗）和射频识别（radio frequency identification，RFID）等技术手段，如图5所示。

3.1　事前监测技术方案

事前监测既包括上文提到的环境监测、本体监测，还包括RFID技术，该技术主要由读写设备和电子标签组成，读写设备和电子标签之间通过射频信号自动识别目标对象，获取其相关数据，从而实现对物体的识别。利用RFID技术的原理和特点，在石质文物本体通过无损手段嵌入电子标签，巡检人员可通过手持设备定期巡检。

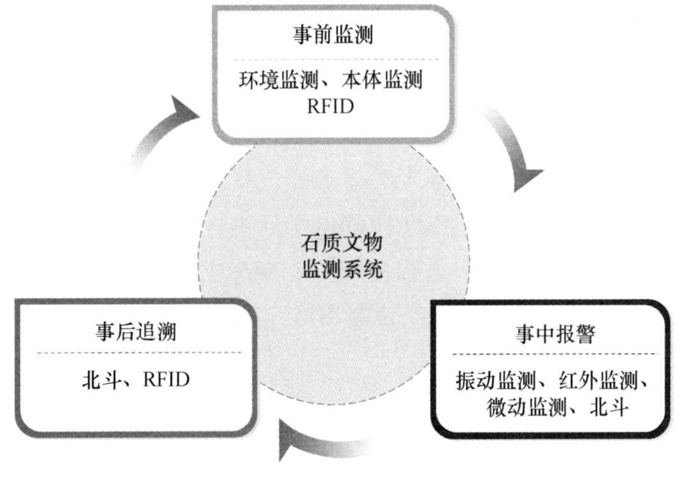

图5　石质文物监测系统

3.2　事中报警技术方案

3.2.1　振动监测

振动监测终端是文物安防监测中最为常见的一种监测设备，它集成了加速度传感器检测被测文物的振动。施工时可将监测终端部署在石质文物的周边或本体上，监测终端将根据设定的工作周期定期上传数据，当振动数值超过设定阈值时，终端将通过无线射频向服务器监测系统发送报警信息。

由于我国幅员辽阔，环境差异性较大，因此应对振动监测终端的环境适应能力提出严格要求，以适应各地的气候条件。除此之外，其无线通信技术应能满足田野和遗址区等应用场景，和网关之间点对点的传输距离至少应达到5km以上，尽可能减少中继设备数量，以降低施工成本。

振动监测终端应具备低功耗、小体积和易安装的设计要求，充满电的监测终端施工后至少应能持续运行三年，以降低运维成本。除此之外，还应确保其部署的方便性和隐蔽性，提高其自我防护的能力。

3.2.2　位置监测

对于存在于野外的石质文物，北斗定位在线报警终端更为实用，利用北斗传感器检测被测文物的坐标，该监测终端的传感器部分同样可与文物本体绑定，终端通过无线射频向监测系统发送坐标信息，系统通过坐标数据可以判断该监测终端绑定的文物是否已经偏离了既有位置。

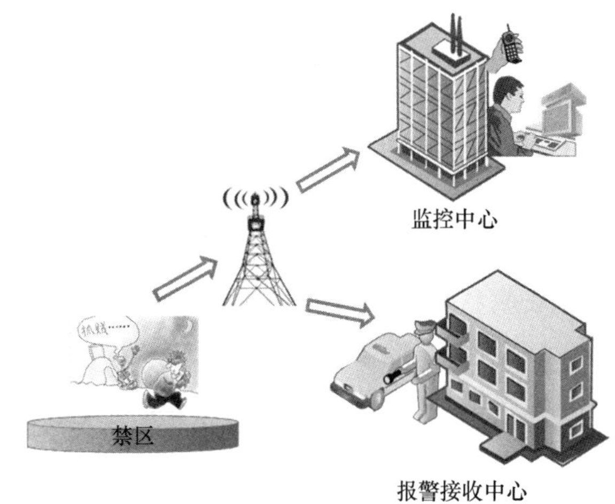

图6　事中报警系统

事中报警技术方案应借助于多样化的监测指标，建立风险评估模型，形成一套实用化的入侵报警系统，如图6所示。该系统中，振动和位置监测均为事中报警模型的促进因子，使文物管理者在第一时间获悉事故的发生。

3.3　事后追溯技术方案

在事故发生后，可利用位置监测终端以及RFID资产管理系统还原轨迹，追溯文物。如果文物已确定丢失，则可以通过文物本体内预置的RFID电子标签进行取证，并通过定位跟踪系统实时追踪，定位跟踪系统应具备数据序列化能力和良好的GIS呈现能力，为调查取证提供清晰的路径轨迹，如图7所示，模拟了某石狮被盗后的运动轨迹和最终定位。

❮ 文物位置轨迹

石狮

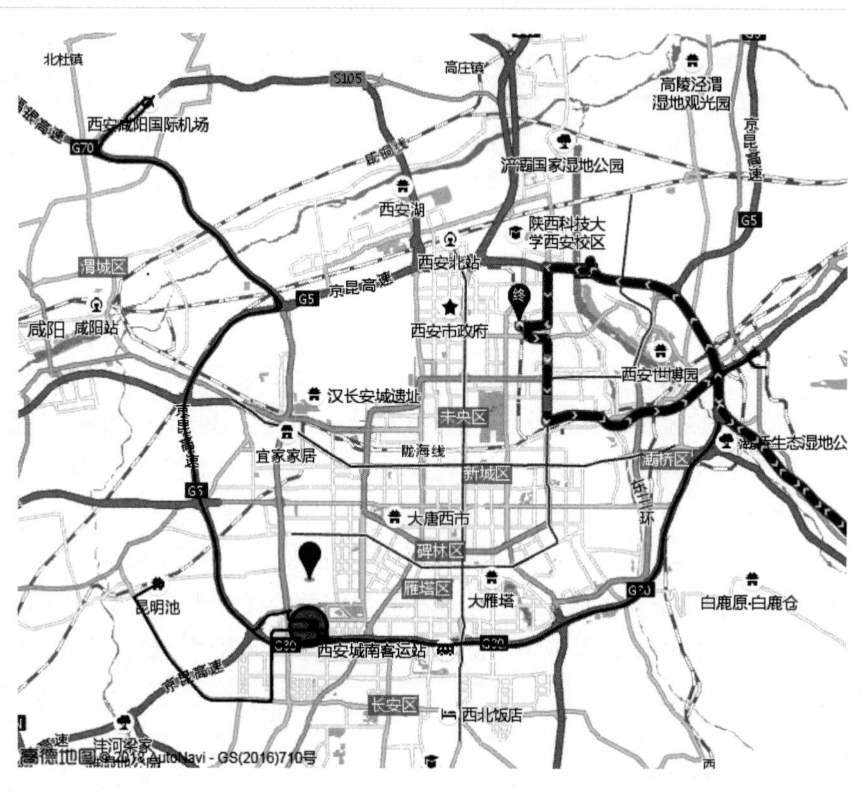

图7　文物定位轨迹

结　　语

文物是不可再生的文化资源，受各种因素的影响，田野石质文物的残损率一直不低。截至目前，在田野石质文物的保护领域，普遍缺乏融环境监测、本体监测、安防监测为一体的综合性防护系统，因此，笔者认为，借助技术成熟的监测系统，提升田野石质文物风险预控能力是当务之急。

纸质文物有害微生物监测方法研究

张　诺[1, 2]　郑冬青[1, 2]

［1. 纸质文物保护国家文物局重点科研基地（南京博物院），江苏南京，210016；2. 近现代纸质文献脱酸保护技术文化和旅游部重点实验室（南京博物院），江苏南京，210016］

摘要　为维护纸质文物的安全并保障保管人员的身体健康，本文通过文献调研和实验研究，从统计调查、样品采集及分子生物学鉴定三个方面系统地总结了纸质文物有害微生物监测的研究方法。本文还结合微生物防治的现状进行讨论，并提出建立长期的监测机制，发现潜在的微生物病源，为纸质文物的预防性保护提供科学依据。

关键词　纸质文物　微生物　监测

引　言

自古代纸张被发明制作以来，社会不断进步、变迁，纸张作为一种可长久保存的载体，详细记载了古代文明，对现代人类具有十分宝贵的研究意义[1]。当前，许多纸质文物都是采用纸质材料为载体进行保存的。纸质材质本身组成成分为保存纸质文物提出了较高的要求。年代久远的纸质文物容易遭受各种污渍的侵袭。其中，微生物是影响其保存与展示的重要因素之一，它可以以纸张为营养物质直接破坏材料，也可以生成代谢物直接污染载体。因此，当保管环境过于阴暗潮湿时，纸质文物更容易受到来自微生物的侵袭，最常见的就是在载体表面形成各种污斑[2]。同时，微生物代谢产生的各种代谢产物中包括各种有机酸，黏附上之后，就会使纸质文物一直处于一种低酸度的环境，并能在较短时间内大大降低纸张的牢固性能。据研究，纸张上霉菌病害种类可多达266种（105属）[3]。在常见的微生物中，霉菌以青霉、曲霉等分布广泛的菌属[4]为主；而细菌主要是球菌属和杆菌属[5]。受历史、经济条件及管理水平等多种因素的影响，我国各个地区在对纸质文物保护方面都存在着一定的差异。经济条件基础较好的地区，保管文物的物质条件较好，发生霉变现象可能性比经济条件差的地区也少。因此，研究纸质文物有害微生物的监测方法，及时掌握危害程度，对于及时采取防治措施、维护文物的安全并保障保管人员的身体健康，都有很重要的意义。

1　监测方法

1.1　统计调查

人类在科学研究中常与数据打交道，需要对特定的研究对象进行测量、记录并分析所得到的数据。测量全部的对象既不现实也不可能，我们只能从全部研究对象中抽出一部分个体，通过对这一部分个体的研究来推断全体的情况，统计学研究的核心就是如何通过这一部分个体推断全体[6]。

抽样调查则为这一方法的基础，是指从调查对象的总体中抽取一定数量的样本，进而通过对样本的研究推断总体的方法。总体就是我们研究的全部对象；样本则为总体的一部分，样本内包含的个体数目为样本含量。在实际工作中，由于受时间、人力等资源的限制，往往不可能对总体中的每一个个体进行现状调查。因此，科学运用抽样调查法，不仅可以最大限度获得可信的样本信息，还节约了研究成本。通过对抽样调查获得的样本数据进行分析和统计推断，阐明总体的特征，这些可为科学防治纸质文物上有害微生物提供相应的依据。

抽样得到的样本应该是一个总体的缩影，应遵循随机原则。我国疆域辽阔，南北跨不同气候带，东西则从湿润到干燥，形成了全国气候复杂多样的特点。从总体中抽样的方法很多，各地区可结合当地的气候特点并根据抽样的组织形式选择适宜的方法。随机抽样法是指随机地抽取调查样本，可分为简单随机抽样法和分层随机抽样法。简单随机抽样法适用于样本数目较少、个体差异较小的总体；分层随机抽样法适用于总体情况复杂、样本个体差异较大的总体，需要先将总体分组再对各组进行简单随机抽样；除此之外，抽样的方法还有系统抽样法和典型抽样法[7]。这些抽样的方法可以单独使用，也可以联合使用。在对微生物污染程度进行调查时，记录的内容应包括当地的气候特点、库房的保管情况、被危害纸张年代和质地、采用何种方法防霉等，这些调查结果要能够反映有害微生物发生与危害情况。

1.2　样品采集

1.2.1　空气样品[8]

空气中微生物总数是指每立方米空气中微生物的总数，单位cfu/m^3。测量空气中微生物总数有两种方法：沉降法和撞击法。空气中细菌总数的检测参照《医院消毒卫生标准》（GB 15982—2012），附录A（规范性附属）“采样及检查方法”，选择六级撞击式空气采样器为采样工具，选择具有代表性的位置为采样点，采用琼脂培养平板，将采样器置于0.8～1.5m高度进行采样，结果的评价参照《图书馆、博物馆、美术馆、展览馆卫生标准》（GB 9669—1996）进行比较，撞击法菌落数≤2500cfu/m^3。空气中霉菌总数的检测参照《馆藏文物保存环境质量检测技术规范》（WW/T 0016—2008），附录E（规范性附属）“馆藏文物保存环境中霉菌总数的测定方法”，结果的评价参照《图书馆、博物馆、美术馆、展览馆卫生标准》（GB 9669—1996）进行比较，沉降菌落≤30个/皿。

1.2.2　本体样品

用浸润的无菌棉签在有污斑的位置轻柔旋转摩擦，随即将棉签涂抹至适宜微生物生长的无菌LB平板、PDA平板上进行培养。将LB平板恒温37℃培养，其间陆续在平板的棉签涂抹位置发现细菌菌落，随后采用平板划线法对细菌进行分离纯化（非棉签涂抹处生长的细菌视为操作污染，不列入后续研究）。将PDA平板恒温28℃培养，其间陆续在平板的棉签涂抹位置发现霉菌菌落，随后采用点培养法对霉菌进行分离纯化（非棉签涂抹处生长的霉菌视为操作污染，不列入后续研究）。后续参考相关专业资料进行分析，鉴定微生物种属。

1.3 分子生物学鉴定

在微生物病害研究上，早期主要通过微生物的纯培养并依据微生物的形态及生理生化特征对其进行鉴定。受培养条件的限制，微生物在常规条件下都是不可培养或者难培养的，而且纯培养得到的菌株并不一定为危害纸质文物的优势菌株[9]。随着分子生物学技术的发展，基于16S rDNA/18S rDNA的分子鉴定、变性梯度凝胶电泳（DGGE）、原位荧光杂交（FISH）、高通量测序等技术被应用于微生物的相关研究，这些分子生物学技术已在一定的范围内得到应用。

作为分子生物学和信息技术的结合体，生物信息学在微生物群落组分分析研究方面也发挥了重要的作用。目前，与生物相关的数据资源有NCBI、EMBL等，将核酸序列上传到数据库就可以进行序列比对，并通过聚类分析、构建分子系统发育树可最终确定种属。同时，为了全面反映微生物群落的特征，chao1指数和ACE指数可表达群落的丰富度；Shannon指数和Simpson指数可表达群落的丰富度和均匀度，此种分析方法适用于微生物免培养的高通量测序技术[10]。

2 研究案例

贵州省气候湿润、潮湿，绝大部分馆藏纸质文物受到微生物病害的侵染。本文以两家市级博物馆为调研对象，采用无损采样方法对随机抽取纸质文物的表面微生物进行采集、分离、纯化，并结合分子生物学技术对其类别进行鉴定分析，同时通过高通量测序来检验结果的可信度。

本研究案例所选取的纸质文物（1～9）为同一馆藏文物，纸质文物（10～19）为另一博物馆馆藏。文物为近现代、清朝和民国时期的作品，样本纸张含水率较高，pH偏酸性。实验中共分离得到33株细菌和42株真菌，通过鉴定实际得到16种细菌和8种真菌。细菌分属于9个属：假单胞菌属、动性球菌属、芽孢杆菌属、类芽孢杆菌属、伯克氏菌属、考克氏菌属、咸海鲜球菌属、葡萄球菌属和肠杆菌属。真菌分属于3个属：双聚散霉属、青霉属和曲霉属。分离鉴定得到的结果见表1，其中青霉属出现的频率为32%，双聚散霉属和曲霉属出现的频率各为26%，芽孢杆菌属出现的频率为21%，故可推测芽孢杆菌属、曲霉属、青霉属和双聚散霉属为优势菌属。

表1 微生物鉴定结果

微生物	No.1	No.2	No.3	No.4	No.5	No.7	No.11	No.13	No.14	No.15	No.17	No.18	No.19
假单胞菌属	○								○				
动性球菌属	○												
芽孢杆菌属		○					○				○	○	
类芽孢杆菌属						○							
伯克氏菌属			○	○									
考克氏菌属			○	○									
咸海鲜球菌属									○				
葡萄球菌属									○				○
肠杆菌属									○				
双聚散霉属	○		○	○	○		○						
青霉属	○	○				○	○	○	○				
曲霉属	○		○	○	○					○			

注：○表示此项检测出。

同时，也对一块残破碎片进行了高通量测序。测序结果如图1所示，细菌菌属主要是糖多孢菌属（17%）、乳球菌属（6%）、盐单胞菌属（2%）和芽孢杆菌属（1%），真菌菌属主要是曲霉属（73%）、青霉属（20%）和双聚散霉属（5%）。

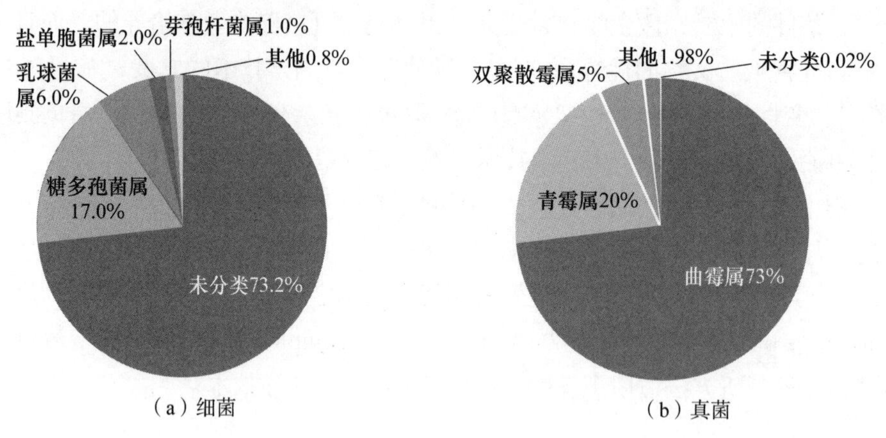

图1　高通量测序结果

3　讨　　论

微生物病害在纸质文物中较为常见。微生物具有分布广、对环境适应能力强、代谢转换能力强、繁殖速度快等特点。微生物防治一直是文物保护的难点之一。开展纸质文物有害微生物监测，其目的是了解有害微生物的危害情况，研究制定防治措施，以及时控制微生物的蔓延。

近几十年来，国内外的专业人员对纸质文物上的微生物做了大量的科学研究，虽然大多数研究针对的是真菌，事实上细菌对纤维素的降解、纸张的酸化等现象的产生都起到一定的作用，两者应该是一种协同共生的关系。例如，细菌中的芽孢杆菌等在代谢中易产生甲酸、乙酸、丙酮酸[11]；细菌中的放线菌类群有降解木质素的能力；黑曲霉等真菌产生的纤维素酶可以水解纤维素的β-1, 4-葡萄糖苷键[12]。这些微生物在载体材料上群居杂生，势必共同影响着纸张纤维的老化降解。

随着分子生物学技术的发展，微生物高通量测序可一次性从样品中获得数万条基因序列；变性梯度凝胶电泳技术可以研究微生物结构的时间空间变化，对长期监测工作十分必要；宏基因组技术解释了微生物在颜料上生长的原因。同时，随着预防性保护理念的日益深入，监测文物保存环境中空气微生物组成、控制环境中的微生物污染已成为近年来预防性保护研究的一个新方向，国内部分博物馆、图书馆和国外一些专业机构均开展了这方面的研究[13]。这些全新的视角促进了微生物防治和保护工作的推进。

本文从统计学和生物学的视角介绍了目前纸质文物有害微生物监测的方法。事实上，文物所处的环境不可能做到无菌，微生物防治工作的重点是“防”，如果防的工作做好了，“治”就不显得格外重要。通过对微生物污染监测，评价微生物污染的状况，从控制保存环境的温湿度条件、控制孢子源头和使用相应的防霉剂等方面抑制微生物生长。此外，保管人员普遍欠缺微生物常识，这也间接造成了病害的传播。所以，建立微生物综合防治体系，就需要从诊病、治病、防病三个方面形成规范的长效管理制度，从而为科学有效解决微生物病害提供保障。

参 考 文 献

［1］杨春燕. 浅谈纸质文物的保护［J］. 学理论，2010，（10）：146-147.

［2］李祎. 纸质档案霉菌防治方法研究［J］. 档案学研究，2017，（1）：61-65.

［3］Kowalik R, Sadurska I. Microflora of papyrus from samples of Cairo museums [J]. Studies in Conservation, 1973, 18 (1): 1-24.

［4］中国纺织品鉴定保护中心. 纺织品鉴定保护概论［M］. 北京：文物出版社，2002：154-157.

［5］Li Y. Taking about the comparison of mildewproof effect of commonly used book antiseptics [J]. Sci-Tech Information Development and Economy, 2009, 19 (24): 98-99.

［6］杜荣骞. 生物统计学［M］. 2版. 北京：高等教育出版社，2006：1-2.

［7］陶琴. 档案有害生物监测技术［J］. 中国档案，2014，（7）：64-66.

［8］陶琴. 霉菌对档案的危害及其防治技术研究进展［J］. 档案学通讯，2013，（6）：90-93.

［9］王亚丽. 微生物分子生态技术在文物保护中应用的进展［J］. 文物保护与考古科学，2012，24（2）：108-111.

［10］周言君，钟江. 古籍纸张表面微生物群落组成的初步研究［J］. 复旦学报（自然科学版），2016，55（6）：707-714.

［11］Pinzari F, Zotti M, Mico A D, et al. Biodegradation of inorganic components in paper documents: formation of calcium oxalate crystals as a consequence of *Aspergillus terreus* Thom growth [J]. Int-Biodeter Biodeg, 2010, 64 (6): 499-505.

［12］姚娜，闫丽，周文华，等. 早期霉变纸币霉菌分离与鉴定研究［J］. 中国纸币，2015，（6）：44-48.

［13］唐欢，范文奇，王春，等. 重庆中国三峡博物馆小环境空气微生物种属与数量的动态研究［J］. 文物保护与考古科学，2017，29（1）：35-43.

如何做好馆藏古籍善本的预防性保护工作
——以湖北省博物馆为例

赵艳红　谢　梦

（湖北省博物馆，湖北武汉，430077）

摘要　目前古籍善本的保护方法主要有抢救性保护和预防性保护，抢救性保护是针对那些“有药可救”的古籍善本所采取的不得已而为之的保护措施。若从根本上延缓或抑制病害的发生，预防性保护工作显得尤为重要。本文针对该馆古籍善本的保存状况和病害类型，提出从保存环境调控、数字化管理和加强风险管理意识三方面着手，把它们可能受到的损害降到最低限度，最大化地保护古籍善本所携带的各种信息。

关键词　古籍善本　病害　预防性保护

引　言

湖北省博物馆馆藏古籍善本种类丰富、数量庞大，版本类型多样，目前馆内收藏古籍线装书72000余册，善本7400余册，内容涵盖了经、史、子、集、丛书、方志、家谱等多个学科，具有很高的科学研究价值、历史考究价值和艺术创作价值。

湖北省博物馆筹建初期，文物库房条件简陋，库房数量有限，大量的古籍善本没有得到妥善的保管和利用。加之武汉特殊的气候环境，鼠蛀虫害、水浸、有害气体侵蚀等现象屡见不鲜。近年来，随着抢救性保护工作的进行，预防性保护的理念也逐渐渗透在文化遗产保护的各个领域，古籍文献保护的工作重心也从原来的抢救性、被动式的直接干预转向了主动式的预防性保护方向[1]。这就要求古籍善本保护工作做到“对症下药”，找出古籍文献出现劣变的原因，从源头上采取预防性保护措施来延缓或者抑制尚未遭遇损毁的古籍文献病害的发生，最大限度地延长古籍文献的寿命。

1　馆藏古籍的病害类型及成因探析

对馆藏古籍善本的病害调研分析，发现该馆主要有酸化变色、动物损害、断裂、粘连、水渍、污渍、微生物损害、糟朽、絮化、字迹扩散等病害类型。这些病害的存在不仅严重影响文物的外观，而且存在进一步发展的趋势，严重威胁文物的耐久性保存。

1.1 酸化变色

酸化变色是造纸过程中使用的原料、加入的填料、书写材料、保存环境以及大气中的酸性气体、粉尘、微生物等的影响，致使古籍纸质劣变，颜色变黄，如图1所示。

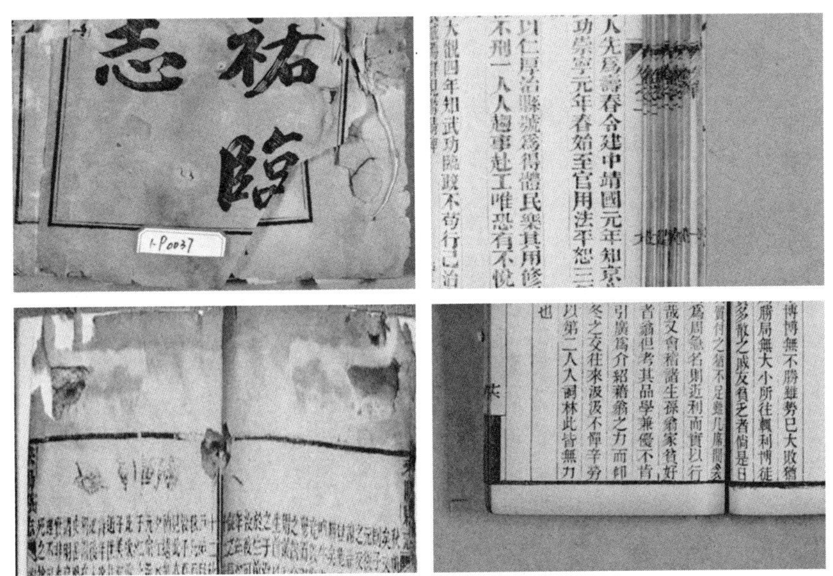

图1 酸化变色

1.2 动物损害

古籍善本属有机质类纸质文物，是虫类和鼠类等动物的食物来源。蛀虫和鼠类在其中筑巢生息繁衍后代，把书页蚕食得千疮百孔，如图2所示。

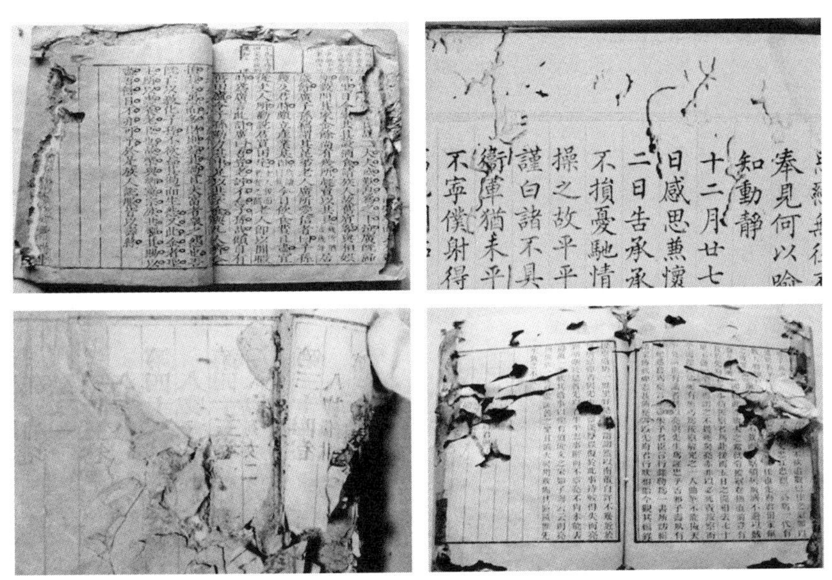

图2 动物损害

1.3　断裂

断裂是由纸张酸化变脆或外界物理作用而导致的书页或者封面纸张强度降低进而劣化断裂的现象，如图3所示。

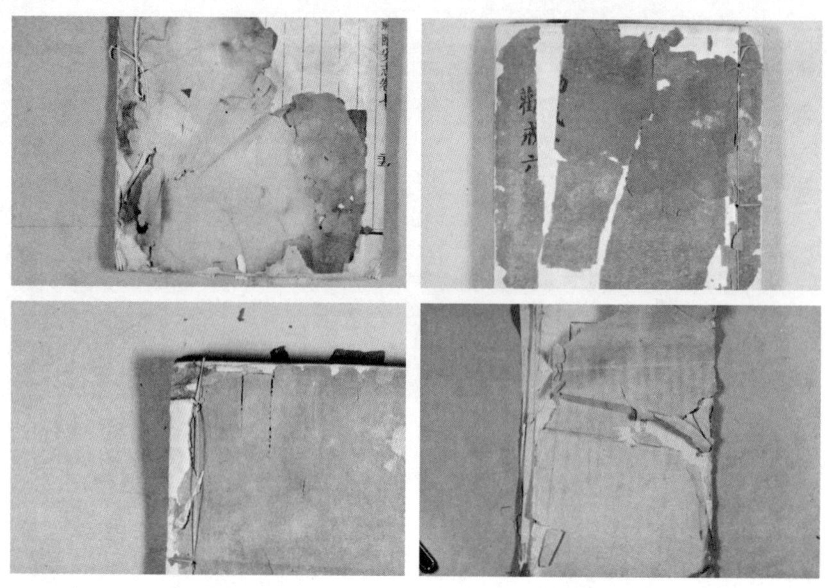

图3　断裂

1.4　粘连

粘连通常是由于古籍在保存过程中环境潮湿、液体浸泡或者微生物的影响而导致的书页皱褶和互相粘连难以分开，如图4所示。

图4　粘连

1.5 水渍、污渍

水渍、污渍是古籍的书页受雨水或者其他污染物的浸润而留下的各种斑迹、痕迹。通常这种污染物都呈酸性，不仅影响书页外观，还会对书页造成进一步的损坏，如图5所示。

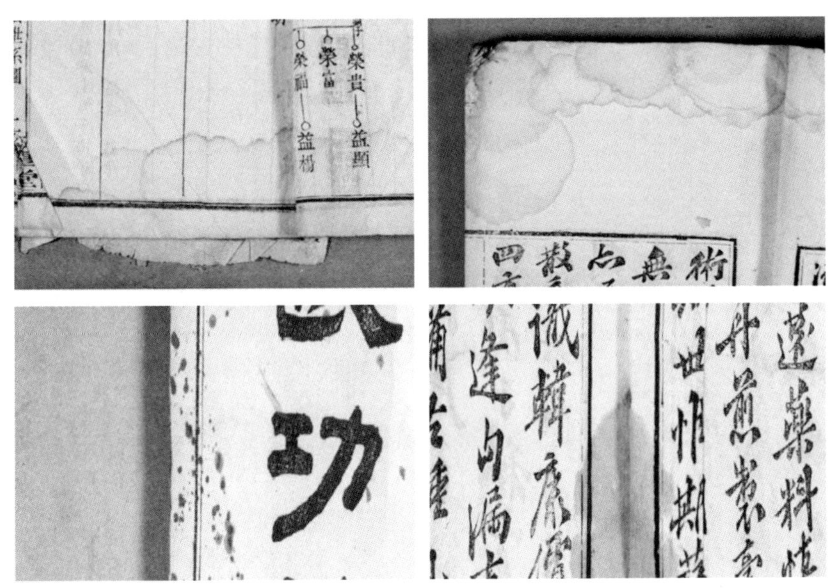

图5 水渍、污渍

1.6 微生物损害

微生物损害通常是由于书页发生霉菌污染，霉菌菌丝根植在纸张纤维内部大量繁殖，导致纸张强度降低、字迹模糊的现象，如图6所示。

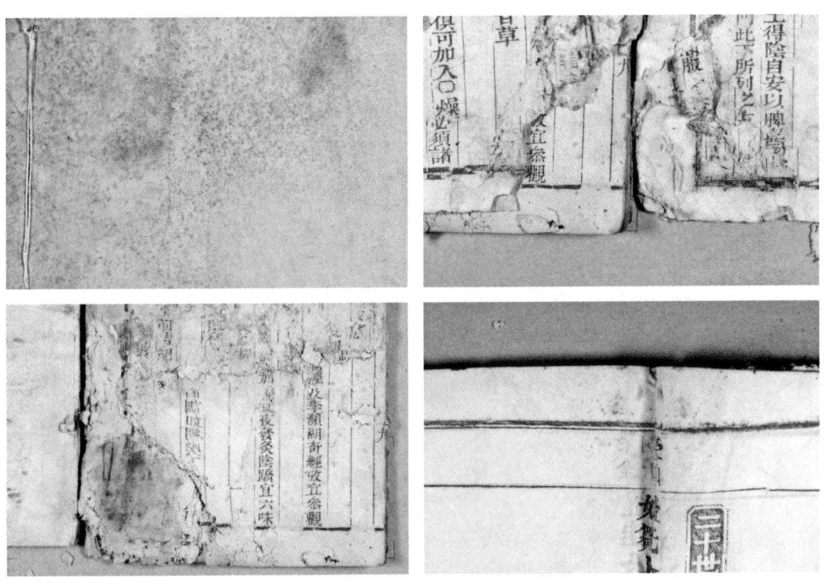

图6 微生物损害

1.7　糟朽、絮化

糟朽、絮化是指古籍书页因物理、化学或者生物原因导致纸张纤维降解、结构疏松、力学强度大幅度降低呈棉絮状。发生糟朽、絮化的古籍纸张几乎失去了强度，任何的机械处理都可能对纸张造成新的不可逆转的损害。对于古籍书页来说，糟朽、絮化这种类型的病害十分严重，一旦出现在古籍上，几乎可以定义为濒危文物，如图7所示。

图7　糟朽、絮化

1.8　字迹扩散

字迹扩散通常是由于古籍文献的有色字迹、印章、印鉴或者黑色墨迹遇到无机、有机溶剂的浸润而导致的字迹边缘呈羽状晕开的现象，如图8所示。

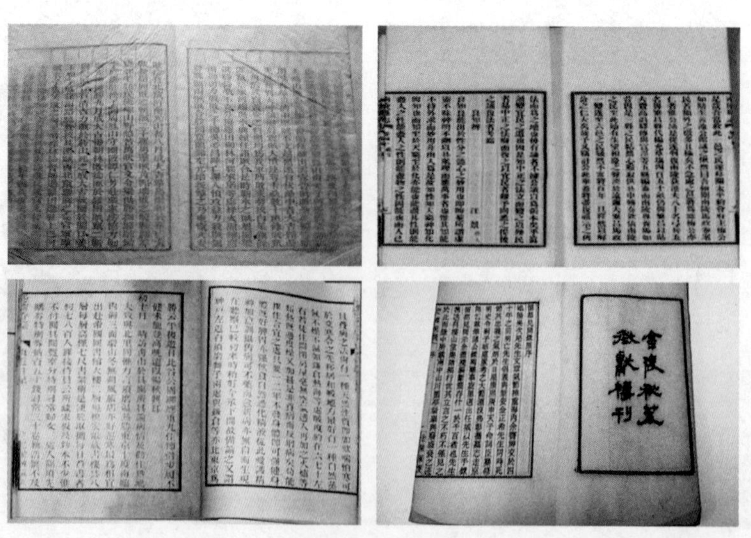

图8　字迹扩散

2 预防性保护措施

2.1 环境因素的调控

影响古籍文献寿命的因素，除了内因即构成材料的自然老化外，更重要的是外因即保存环境的影响。环境因素方面的预防性保护措施对古籍善本的耐久性保存具有非常重要的影响。温湿度的变化会引起古籍纤维的溶胀、收缩而影响纤维组织；高能量的紫外线引起纤维断裂使得古籍纸张断裂；空气中的硫化物、氮氧化物、臭氧等使纸张酸化、氧化进而脆化发黄；空气中的灰尘等携带的霉菌菌丝在纤维表面及内部引起的生物污染，使得纤维被腐蚀、酸化、断裂等。针对以上问题提出以下具体的对策。

2.1.1 温湿度的调控

适宜的温湿度是古籍善本长期耐久保存的重要保证，而高温高湿、高温干燥或低温潮湿及忽高忽低的环境对古籍文献的耐久性保存都是不利的。当然，在考虑古籍文献的温湿度适宜的同时，还应兼顾其滋生霉菌的温湿度条件[2]。温湿度控制范围不科学或控制不稳定都易造成纸张形变和受到虫霉侵害。以下是几种常见的霉菌生存的相对湿度（表1）。

表1 几种常见的霉菌生存的相对湿度

霉菌名称	相对湿度/%	霉菌名称	相对湿度/%
青霉	80～90	灰绿曲霉	78
刺状毛霉	93	耐旱真菌	60
黑曲霉	88	黄曲霉	90

注：霉菌最适宜的温度为25～37℃。

根据武汉市的具体环境因素及气候条件，结合国内外博物馆温湿度管理规定，同时结合霉菌生长所需的温湿度条件，古籍善本保存环境温度应控制在20℃左右，相对湿度控制在50%～60%，温度波动范围应控制在±2℃，湿度波动范围应控制在±5%左右。夏季炎热潮湿时，利用空调系统或隔热设备进行降温，采用去湿机或吸湿剂（氯化钙、硅胶等）降低湿度；冬季寒冷干燥时，要及时供暖，同时采用加湿器或在室内放置敞口盛水的容器等方法，保证良好的温湿度环境。

2.1.2 光照条件的控制

光照是古籍善本受损的重要外因，其中危害最大的因素是太阳光中的紫外光和光照强度。然而在古籍文献的使用过程中又不可避免地有光的存在。因此，古籍善本的光照条件控制可以从以下两个方面着手：一方面要限制太阳光的照射时间和照射强度，可以通过减少库房窗户数量和窗户面积或避免开设朝南的窗户；然而，窗户又不能过少，否则影响通风效率，易使古籍文献遭受霉变、虫害等，因此还可以在室内及室外增设遮阳措施，以保证合理的照度（50lx）[2]。另一方面可以在玻璃上涂布紫外吸收剂或将透明玻璃换成深色玻璃（红色或绿色）、毛玻璃等，也能起到一定的滤光作用，从而降低光对古籍文献的危害，即起到相当程度的防光效果[3]。

2.1.3　空气质量的控制

对古籍善本有害的污染物主要有具有酸性或氧化性的有害气体及固体颗粒，如硫化物、氮氧化物、卤化物、粉尘及某些有机化合物等。有害气体，尤其是酸性气体二氧化硫、氮氧化物，会导致纸质文物酸度增大，加速其氧化降解；一些颗粒污染物会在古籍上与空气中的有害物质形成胶体，甚至发生水解并分泌出黏性物质，导致其形成“书砖”；霉菌孢子会随着空气进入室内的各个角落，导致古籍滋生霉菌。了解了上述污染物的特征和性能，即可采取相应的防治措施，提高古籍善本的耐久性能。主要防治措施有以下几种。

（1）气相过滤[3]。在古籍库房中投放活性炭和活性氧化铝等化学介质，通过吸附、吸收及化学反应等方式达到净化空气的目的，如有效地净化库房中的硫化物、氮氧化物、臭氧等气体。

（2）安装空气净化系统。利用空气过滤系统不断将库房或者展柜内的气体通过进风口与过滤网和空气净化过滤器净化处理后，再放回库房或者展柜中，达到保持内部空气洁净的效果。

（3）安装环境监测系统。在古籍善本库房和展柜安装传感器，对其温湿度、气态污染物、紫外线强度等进行24h监测，将反馈的数据信息加以分析，制定适合该馆古籍善本保存的环境质量标准，用以指导环境调控工作和分析研究古籍文献病害成因。

2.1.4　生物污染的防治

微生物、害虫和老鼠是危害纸质文物的重要生物因素，如果条件适宜，短期内就会给纸质文物带来毁灭性的破坏[2]。然而，微生物与虫鼠又无处不在，因此，在保管和利用古籍文献时，应本着以防为主、防治结合的原则，尽量将有害微生物和动物的危害范围及程度降到最小。古籍防治微生物和害虫的实践表明，可以首先杜绝微生物和害虫的入库渠道，古籍文献入库之前进行全面的消毒杀菌处理。从源头上阻断它，其次定期清理库房和展柜，做好库内卫生，调节并控制库房温湿度；然后采用具有防火、防虫、防霉、防酸化的“四防”函套为古籍善本定制“外衣”；同时还可以采取低温保存和缺氧保存的方法或采用化学预防的办法，利用化学防霉药剂，如麝香草酚、五氯苯酚钠、溴甲烷、磷化氢、环氧乙烷、硫酰氟等直接杀灭有害微生物与害虫。

2.2　数字化管理

为减少人为因素对古籍善本本体的损坏概率，进而达到利用和保护古籍的目的，可采用照相、扫描、缩微复制等技术，将古籍的语言文字或图形符号转化为能被计算机识别的数字符号，制成古籍文献书目数据库和古籍全文数据库[4]。在展出和利用过程中可使用复制品，阅读时可使用电子扫描件。经过数字化处理，可达到对古籍文献本体的预防性保护效果。

2.3　风险管理意识的加强

意识是行动的先导，只有真正意识到古籍文献收藏和保护工作中的各种风险因素，才能在实际工作中采取具体的预防性保护对策。

2.3.1 强化古籍管理者的预防性保护意识

古籍管理者是直接接触古籍文献的人员，是古籍文献的“守护神”，其预防性保护意识的加强对延长古籍文献的使用寿命起到事半功倍的作用。作为古籍管理者对于古籍文献的预防性保护要做到以下三点：一是专业性，古籍管理者应掌握保管方面的专业知识，在文物的使用、拿取、移动、存放过程中采用正确的方法，可以在很大程度上预防文物病害的发生。同时需要具有古籍保护的基础知识，应在专业领域受到高标准的训练，培养基础科学素养，以便更好地履行管理和保护的职责。二是科学性，预先根据古籍文献本身的物理特性、收藏和保存环境、可能发生的状况等因素，进行科学预测、分析、研究，制定科学的解决方法和措施，以提高预防性保护的有效性[5]。三是预见性，以发展性和前瞻性的眼光，围绕文物收藏和保护这一核心，充分考虑到可能发生的各种状况，统筹安排和具体部署整项工作，做到充分预测、提前规避、有效预防，确保预防性保护工作稳步推进[5]。

2.3.2 完善预防性保护制度

古籍文献的预防性保护工作的开展，离不开健全和完善的规章制度。首先应根据古籍文献的类别，分别制定《普通古籍书库管理制度》《善本书库管理制度》《家谱书库管理制度》《近代文献珍本库管理制度》；其次围绕书库人员进出库、文献出入库、文献保护和文献安全等管理要求，制定《书库文献保护制度》《书库巡检制度》《书库安全管理制度》等各项规章制度，保障古籍文献的安全、规范、有序[6]。

建立风险评估与预控机制是古籍文献预防性保护的制度保障。针对古籍文献在保管、展陈和阅读利用过程中存在的不确定事件等风险，通过风险识别、评估和量化，制定相应的风险预防控制措施，以便在风险发生前、风险发生过程中和风险发生后作出最佳选择，将损失控制在最低限度[1]。例如，“古籍管理人员应注意观察虫鼠害、水患、火警、温湿度变化等库房安全隐患，一旦发现应及时报告”，“要做好书籍的遮阳工作，防止阳光直射书籍造成损害”，“做好库内的清洁卫生工作”，“发现图书虫蛀、鼠啮、霉蚀等情况，先咨询相关专家，不能擅自使用未经专门检测过的防霉、防蛀产品和设备，以免对古籍文献和人员造成伤害”。

结　语

“预防胜于治疗”，加强和重视古籍文献的预防性保护研究，是先进的文物保护理念和保护技术的集中体现[5]。将古籍文献的保护从原来的抢救性、被动式的直接干预转向了主动式的预防性保护方向；将古籍文献的保护从简单的加固、补缺、清洗、脱酸等抢救性保护工作转向环境调控、数字化管理、风险管理的预防性保护层面。即通过有效的调控、监测、评估、管理等手段，延缓或抑制各种不良因素对古籍文献的危害，达到长期或永久保存历史文献的目的。

古籍文献的预防性保护工作也是一个不断完善、提高、循序渐进的过程，始终把预防为主的保护理念贯彻到文献保管和保护体系中，加强与国内外同行的交流、学习，积极探讨和研究古籍文献预防性保护的经验和做法，尽量消除影响文献耐久性保存的隐患因素，从根本上实现预防性保护的目的。

参 考 文 献

［1］ 陈华锋．古籍文献预防性保护工作的实践与思考［J］．档案，2013，（5）：60.

［2］ 李玉虎，宗岚，王文军．红墨水字迹档案修裱过程防洇化保护方法［P］．ZL201010586407.9．2010.

［3］ 张欢，梁义．纸质文物保护技术及环境控制对策［J］．中国文物科学研究，2010，（4）：22-22.

［4］ 高娟，刘家真．中国大陆地区古籍数字化问题及对策［J］．中国图书馆学报，2013，（4）：110-119.

［5］ 赵吉平．文物收藏和保护中的预防性保护探讨［J］．中国民族博览，2017，（9）：222-223.

［6］ 蒯培珠．历史文献典藏预防性保护的实践——以上海图书馆为例［J］．图书馆杂志，2017，（8）：47-51.

浅谈开封市博物馆新馆文物预防性保护建设思路

吕淑颖

（开封市博物馆，河南开封，475000）

摘要 开封市博物馆新馆于2018年3月开放试用，但关于文物预防性保护这方面的工作还在建设中。开封市博物馆馆藏文物八万余件，种类丰富，质地复杂，对环境要求各有不同。为了使馆藏文物能有一个良好的保存环境，开封市博物馆必须采取多种技术性预防措施，从温度、湿度、光照强度、空气洁净度、微生物以及害虫预防等多个方面进行馆藏文物的预防性建设。在分展厅和库房两个文物长期保存区域，从环境检测与控制系统、空气净化系统、生物侵害防范系统等多方面出发，进行开封市博物馆的预防性保护建设，以达到“稳定、洁净”的文物保存环境。

关键词 开封市博物馆新馆 环境调查 馆藏文物 预防性保护建设

1 开封市博物馆新馆及地理环境

开封地处豫东平原，黄河下游大冲积扇南翼，年均降雨量654.9mm，地下水位1～15m[1]。降水多集中在夏季7、8月份，入渗率高，从多年平均看，入渗量约占资源量的81%，四季分明，全年温差较大。黄河河床底面高于开封城地面10m左右，形成开封市地势低湿、频繁水患的特点[2]。历史上黄河多次泛滥和开封城独特的地理位置，造成了开封市“湖泊众多 、河道纵横 ”的独特水文景观，素有“北方水城”之称。开封市政府多年来也致力于将开封打造成以水系为依托的旅游城市。

开封市博物馆新馆位于开封市西部偏北，距离黄河大约有12km，距离东部汴西湖大约有2km，根据开封市城市总体规划，在开封市博物馆新馆西侧1km将建成一个小型湖泊，四周水域环境较多；邻近城市主干道（郑开大道），绿化带较薄弱，有害气体、尘土、噪声等不能避免；背靠商业区，虽现因尚未开发完全，人流量较少，但随着城市的发展，人流量也会随之增加；开封市博物馆为非独立建筑，与开封市规划馆、美术馆是一体建筑，不便于整体改造。总体来说，开封市博物馆地理环境较差，外部环境改造困难，因此，现阶段在开封市博物馆展厅和库房这两个文物长期存放的环境中，馆藏文物的预防性保护建设非常必要且迫切。

2 新馆展厅环境及问题

开封市博物馆新馆共有“八朝古都 千载京华——开封古代文明展”“馆藏明清佛像展”“明

清皇家用品展”“石刻精品展”“馆藏书画展”“开封朱仙镇木板年画精品展”等六个常设展览，两个临时展厅，共14个文物陈列展厅，面积共11855m^2。

开封市博物馆展厅内有中央空调设备，冬夏两季开放，可调节展厅内部温度。青铜器、竹木漆器等对湿度敏感的文物有配备恒湿机的设计，但是书画等纸质文物却缺乏此类设计，其他质地文物也无恒湿设计。展厅均为新近装修，外部装修材料及展柜内装饰材料，甚至文物自身降解老化都会散发出各种污染气体如甲酸（HCOOH）、乙酸（CH_3COOH）、甲醛（HCHO）、乙醛（CH_3CHO），参观者带来的及室外的污染物——硫化物以及灰尘等也会通过渗透等进入展柜内部。但是，开封市博物馆并未有此类检测和控制设备。环境条件是引发文物劣化或损害的主要原因，包括温度、湿度、污染气体、光辐射、虫害和霉菌等各种因素，因此，这些方面的问题应引起我们的足够重视，这些方面的情况也应在我们的掌控之中。

3　新馆库房环境及问题

开封市博物馆新馆库房为地下库房，地下空间具有温度稳定性、安全性、隔离性（防风尘、隔噪声、减震、遮光等）、防护性和抗震性等特征。但是地下库房也有不可避免的缺点，如相对湿度过高、空间封闭、通风不畅等。首先要考虑的就是如何解决湿度过高的问题，开封市地下水位较高，降水较集中，土壤入渗率高，博物馆周围水域较多，所以地下库房湿度较大，要将库房的相对湿度控制在适合文物长期存放的50%左右是一个艰巨的工程。另外，地下库房四周完全封闭，透气性差，通风不畅，建筑材料、装修材料、保存设备等含有的挥发性有害物质在库内聚集，会给文物带来酸化、锈蚀、腐蚀等重大危害；各个质地文物的库房在同一空间内，如有需要防虫防霉的挥发性药品，各种气味混杂在一起，会造成很大困扰。另外，由于地下空间隔离性比较好，所以一旦发生生物与微生物危害将很难处理。生物与微生物危害主要指害虫对文物的蛀蚀，细菌、霉菌等微生物对文物的腐败变质。文物害虫通过咬食木器、纸张、纺织品、皮革等有机质文物，造成文物材质结构的改变，同时其排泄物不仅影响文物外观，还是微生物侵蚀文物的“源泉”。霉菌等微生物的传播速度极快，文物一旦发现被感染，往往整柜、整库已受损，危害极大[3]。地上库房一般都会放防虫药剂以驱除害虫，避免文物遭受蛀蚀，但是由于地下库房封闭性极强，使用驱虫剂只能将害虫从一个库房驱赶到另一个库房，想要将害虫驱赶到地上是很困难的。而且在地下库房投放药物对要进入库房的工作人员也会产生极大的身体伤害[4]。

4　开封市馆藏文物现状

开封市博物馆馆藏文物八万余件，种类丰富，质地复杂，有陶瓷类，青铜器、铁器等金属类，书画、契书、古籍等纸质类，纺织品类，竹木漆器类，石质类等。文物现藏于开封市博物馆老馆的地上库房，共1500m^2，分三层，采取分质地、分类别存放。不同质地的文物对环境的要求都有所不同，但是由于老馆库房条件有限，并无恒温恒湿空调设备和除尘设备，仅能根据文物质地，将纸质文物、丝织品类文物放置在通风更好的三楼，将瓷器、金属类文物放置在温差较小的二楼库房。但是不可避免地造成纸质文物库房温差较大，积尘较重，书画需定期晾晒，雨季需谨防漏水，铜器、瓷器库房通风条件一般等问题。整体而言，老库房文物保存环境亟待改善，文物保存状况堪忧，具体情况见表1。

表1　开封市博物馆馆藏文物质地分类及环境影响因素

文物质地	主要环境因素	受损形式	适宜湿度/%
陶瓷	湿度、震动	粉化、脱釉、破碎	40～50
金属	湿度、二氧化硫、硫化氢等酸性气体	生锈、腐蚀	0～40
书画	湿度、光照、二氧化硫等酸性气体	酸化、脆化、变色	50～60
石刻	二氧化氮、臭氧、湿度、颗粒物、硫氧化物	表面风化	40～50
纺织染料	湿度、硫、氮氧化物、光线、物理疲劳、高温、二氧化硫、颗粒物	褪色、脆化	50～60
竹木漆器	湿度	翘曲、干裂	50～60

5　开封市博物馆预防性保护建设的几点建议

5.1　环境监测与调控的重要意义

博物馆环境检测与调控应用系统的建设，主要是通过对博物馆环境多个方面形成有效的、长期的环境监测，布设无线传感实时监测系统，配备必要的手持式环境检测仪器。从温度、湿度、污染空气、光照强度等多方面进行监测，制定管理手册，形成馆藏文物保存环境质量评估、风险预警、决策调控机制，提高防范文物收藏保管风险，尽可能预防保护珍贵文物，掌握环境质量，了解环境的变化规律，及时调控，改善文物保存环境。

在开封博物馆建立一套环境监测与调控系统，实现对展厅和重点展柜等文物保存环境质量的及时感知和反馈，对博物馆文物保存环境实施有效的监测和控制，提高博物馆馆藏珍贵文物的风险预防控制能力，最大限度地防止或减缓环境因素对文物的破坏作用，是预防性保护的关键。

5.2　展厅环境控制的措施

新馆展柜对于青铜类文物和竹木漆器等对湿度敏感的文物有配备恒湿机的设计，书画等纸质文物却无此类设计，但是开封冬季气候干燥，相对湿度远远达不到纸质文物适宜的50%～60%，所以书画展柜也迫切需要加装恒湿设备，其他文物展柜也应在条件允许的情况下逐步实现恒温恒湿的保存条件。

有效控制展厅内的空气污染物，使展厅内部环境达到“洁净”的状态，做到对文物负责。首先，在展厅入口处安装空气淋浴和铺设防尘地毯清除观众带入的污染物；其次，加强展柜的密封性，防止外界有害气体从缝隙透入，可在柜内放置活性吸附材料来减小甲醛等污染物的浓度；最重要的是安装空气净化设备，减少有害气体对文物的损害，集中式空调系统应分别对文物的不同材质和级别，相应地设置粗效、中效、亚高效或高效空气过滤器，或选用具有吸收化学元素能力的特殊材质空气过滤器，但不可选用静电类空气清洁器，因为它会产生臭氧，而臭氧对文物的腐蚀、破坏性很大[5]。

因为新馆展厅均为人工照明，基本可以控制紫外线对文物的损害，但是，人工照明对文物也有一定的损伤，高强度的光照会使环境及物体的温度升高，导致文物材质变性，颜色改变，纤维强度下降。光照的强度与破坏性是成正比的，与文物的距离成反比，即光线越强，破坏性越大，距离越远，破坏性就越小[6]。所以控制如何光照强度、角度距离和照射时长是控制光辐射对文物影响较大的因素。应严格按照国家文物局《博物馆照明设计规范》，创造适于文物保存的光环境，对光线敏感的纺织类、纸质类文物应定期更换展品，避免长时间曝光。不同质地文物的可见光照强度标准见表2。

表2 各种材料的可见光照强度标准[7]

类别	照度值/lx	文物质地
对不光敏感	≤300	金属、石器、玻璃、陶瓷、宝石、珐琅
对光敏感	≤150	油画、水彩画、天然皮革、象牙、竹木漆器
对光特别敏感	≤50	纺织品、印刷品、素描画、邮品、缩微胶片、照片、染色皮革等

5.3 库房环境的控制

詹长法曾经提出，为了降低湿度，应对建筑物的地基运用防水涂层，而不应使用除湿器[8]。开封市位于黄河冲积平原，土壤入渗率高，开封市新馆库房为地下库房，为杜绝地下潮气毛细上来影响文物，应在库房地基运用防水涂层，并设一道20多cm高的空气隔离层[9]。库房的地板应铺设具有防滑、消音、无污染、易清洁、具弹性的安全材料，且应具有很好的平整度，以免在文物柜架摆放和运输过程中发生震动而对文物造成损伤。

根据开封市博物馆新馆库房的设计，青铜器库房、纸质文物库房、竹木漆器库房等配有恒温恒湿设备，瓷器、石刻等对湿度较不敏感的文物库房无此类设备，但是这类文物对空气相对湿度也有一定要求，夏季降雨增多，地下库房难免湿度加大，在这些库房添置一部分除湿机有备无患。

地下库房具有封闭性强的特点，一旦有可传染的污染物进入库房，很难彻底消除，所以要严格控制室外污染物进入库房。库房入口应安装风淋除尘消毒设备，避免室外污染物进入库内。库房工作人员应配备防护服装、手套、一次性鞋套、口罩、防尘帽等工作用品，防止其带入的外来污染物损坏文物本体[3]。库房除尘设备也是不可或缺的一部分，吸尘器、抹布等是库房必备，以便定期库房打扫卫生，对文物进行除尘工作。库房安装的新风系统一定要到达每一个库房，同时要注意新风机出风口不能直接对着文物，并限制风速，将其控制在0.5m/s以下，使文物不直接受风的影响。

库房均为人工照明，光的强弱会对文物产生相应的影响，不同质地的文物对光照的敏感的也不一样，所以，控制光源光照强度在文物可接受的范围之内，不同类别的文物库房可配置不同照明强度的光源，有条件的地下文物库区应设两套强弱有别的人工光源，平时日常工作时打开较弱的人工光源，需要仔细观察文物时扫开较强的人工光源[6]。

开封市博物馆珍贵文物都配有囊匣，囊匣创造出的微环境，基本上可以满足小范围内温湿度稳定，减少空气污染，达到洁净的目的，是比较好的控制文物微环境的做法。

5.4 文物入库前的预防性保护及熏蒸室建设

对有机质地的文物来说，在移入地下库房之前一定要认真执行检查消毒制度，不要将害虫隐患带至地下，只有这样，才能在通常设定的温湿度条件下（温度不超过20℃，相对湿度不超过65%）防止害虫的发生。因此，我们强调对进入地库的文物必须认真执行入库前的检查、消毒制度，力争不把隐患带至地下[4]。

为了给文物带来一个健康的新环境，在新馆库房外建设一个消毒熏蒸室非常必要。文物入库之前进行全面的消毒和清洁，以防止将许多隐藏的、肉眼看不见的病菌带入库房。现在常用的杀虫消毒技术包括物理和化学两种。物理方式大多采用低温冷冻方式来杀虫灭菌，这种方式对人体无害，操作安全，但是需要大量经费购置专业设备，可以在经费充裕的时期考虑添置。化学处理中，大部分采用有毒化学试剂熏蒸，常用的熏蒸剂是硫酰氟、环氧乙烷和溴甲烷等，在文物行业中后两种的处理工艺比较成熟，市场上有专业公司生产消毒设备，并且不少文博单位都在应用，其具有操作简便、效果彻底、作用迅速、受环境客观因素影响小等优点[10]。所以，关于熏蒸室的建设，可以考虑以化学处理熏蒸设备为基础，可用于日常文物入库的熏蒸杀毒，然后，后续添置物理处理专业设备，可在大量文物入库或大批文物定期杀毒时使用。

结　语

文物的预防性保护归根结底是要给文物一个“稳定、洁净”的环境。“稳定”是指给文物创造一个适合的、变化波动不大的温湿度环境，“洁净”是指给文物一个气态悬浮污染物相对较少，其浓度达到科学合理的安全数值以内，干净、安全的空气环境。因此，开封市博物馆新馆的文物预防性保护系统的建设最重要的是从两方面入手，一方面是展厅和库房温、湿度监测和控制系统的建设，另一方面从小范围来说，是对展厅、库房空气中有害气体的过滤系统、生物侵害的防范系统的建设。只有先做好这两方面的工作，奠定了开封市馆藏文物预防性保护的基础，才能为博物馆环境做更多、更大范围的预防性措施，为馆藏文物做更细致、更深入的保护做进一步的规划。

参考文献

[1] 赵志贡，荣晓明，马绍君. 开封市水资源供需分析及可持续利用策略[J]. 中国农村水利水电，2005，（1）：52-54.

[2] 张妙弟. 开封城与黄河[J]. 北京联合大学学报，2002，（1）：133-138.

[3] 梁先媚. 浅谈馆藏可移动文物的预防性保护[J]. 文物鉴定与鉴赏，2018，（3）：122-125.

[4] 刘恩迪. 文物害虫防治工作中的几个问题[J]. 中国博物馆，2003，（2）：59-63.

[5] 郑爱平. 文物保存环境存在的问题及应采取的措施[J]. 暖通空调，2000，（2）：63-65.

[6] 顾苏宁，魏杨菁. 地下库房文物保管刍议[A]//江苏省博物馆学会. 区域特色与中小型博物馆——江苏省博物馆学会2010学术年会论文集[C]. 2010：5.

[7] 李连新. 文物的环境与保护[A]//国家文物局博物馆司，中国博物馆学会保管专业委员会. 博物馆藏品保管文集[C]. 北京：中华书局，2001：309.

[8] 詹长法. 预防性保护问题面面观[J]. 国际博物馆（中文版），2009，（3）：96-99.

[9] 黄福康. 博物馆文物库房标准的探讨[J]. 文物保护与考古科学，2002，（S1）：192-203.

[10] 张艳红，钟学利. 纸质文物保护中的生物危害与防治[J]. 文物修复与研究，2012：213-216.

山东博物馆文物预防性保护工作实践与环境评估

李　晶

（山东博物馆，山东济南，250014）

摘要　文物预防性保护越来越受到文物工作者的重视。本文介绍了近几年山东博物馆在文物预防性保护方面的工作概况和具体实践，探讨了山东博物馆文物保存环境现状，评价了在文物保存环境方面存在的问题，并提出相关建议，为提高文物保护水平提供参考，同时为同行提供借鉴。

关键词　文物　预防性保护　实践　环境评估

1　山东博物馆“预防性保护”工作概况

文物“预防性保护”，就是采取有效的质量管理、监测、评估、调控等预防措施，抑制各种环境因素对文物的危害作用，努力使文物处于一个“稳定、洁净”的安全生存环境，尽可能阻止或延缓文物的物理和化学性质改变乃至最终劣化，达到长久保存文物的目的[1]。

1930年，在意大利罗马召开的国际文物保护研讨会上首次提出“预防性保护”（preventive conservation）的概念。随着馆藏文物科技保护的理念发展，馆藏文物的预防性保护水平现已成为衡量博物馆文物收藏、保护能力的重要标准，文物保护理念从以抢救性保护修复、被动修复文物，向以预防性调控环境、主动保护防止文物劣化方面转变。

山东博物馆位于山东省济南市，成立于1954年，是新中国成立后建立的第一座省级综合性地志博物馆，收藏各类文物、标本24万余件，包含陶瓷器、金属器、玉器、石器、竹木漆器、丝织品、彩绘壁画、动物骨骼等各种门类，拥有众多国家珍贵文物。山东博物馆新馆于2011年建设完成并投入使用，主体建筑面积8.29万m^2，库房面积5500m^2，具有比较先进的文物保护修复设施，展厅、库房中央空调系统具有一定的环境调节作用，文物保护管理制度相对完善。但在文物保存环境监测、微环境调控、环境质量管理等方面仍有诸多不足。

为了更好地保护馆藏文物，弥补博物馆在环境监测、微环境控制、环境质量管理体系等诸多方面的不足，为馆藏文物提供“稳定、洁净”的保存环境，提高馆藏文物的预防性保护水平，山东博物馆于2014年委托上海博物馆（馆藏文物保存环境国家文物局重点科研基地）编制了《山东博物馆可移动文物预防性保护方案》，针对山东博物馆珍贵文物保存环境质量监测、调控等方面的工作提升提出了系统解决方案，经申报通过国家文物局和财政部评审，被批准列入2014年国家重点文物保护专项补助资金项目。针对山东博物馆馆藏文物保存环境状况，为了使该项目的预防性保护效果发挥最佳水平，经前期的调研及专家论证，山东博物馆决定利用该项目建立覆盖全馆的环境监测系统，全面提升鲁王展厅（即10号展厅）文物保存微环境，形成山东博物馆环境质量管理体系。

2 山东博物馆“预防性保护”工作具体实践

2.1 环境监测方面

自2016年至今，山东博物馆建立了覆盖全馆展厅和文物库房区域的环境监测系统，包括建设监测站点软件平台、布设无线传感实时监测系统、定期检测和评估无线监测系统运行状况等，实现了对所有展厅、重点展柜以及所有库房文物保存环境质量的及时感知和反馈，同时建成了负责监测、检测全馆文物保存环境的“馆藏文物保存环境监控中心”。

无线传感实时监测系统包括监测层、通用传感数据采集器、多接口数据转发网关、传感数据采集服务系统和文物监测感知数据共享服务平台，分别对微环境（温湿度、CO_2浓度）等要素进行监测[2]。对于自然气象环境及空气污染状况等监测，主要采用的设备包括前端各类信息传感监测采集装置，如自动气象站、各类温湿度传感器、CO_2浓度传感器等设备。无线监测系统网络数据传输图如图1所示。

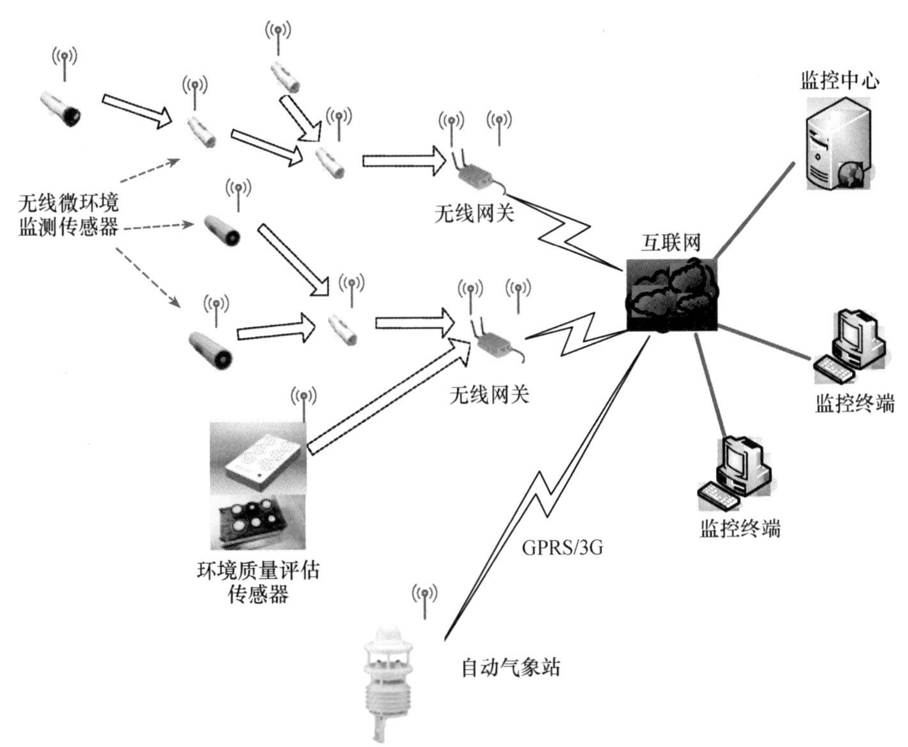

图1 无线监测系统网络数据传输图

通过分析山东博物馆文物展厅、库房的实际布局和保存文物状况，测试室内无线网络传输条件，分析珍贵文物和环境敏感文物环境监测的需求，山东博物馆采用了温湿度、二氧化碳、二氧化硫、有机挥发物（VOC）、光照强度、紫外线6种基本环境指标传感器，以及有机污染物、无机污染物和含硫污染物3种环境质量综合评估传感器作为无线传感环境监测终端。针对不同文物的材质和需求，合理使用数量有限的监测终端，科学布设网关、中继和监测终端，确保库房和展厅环境监测系统无线网络信号全覆盖，保障重要文物的环境监测评估需求。同时设立小型气象站，对室外温湿度、光照、风速、风向、降雨量等环境因素进行监测。部分展厅、库房布设点如图2和图3所示。

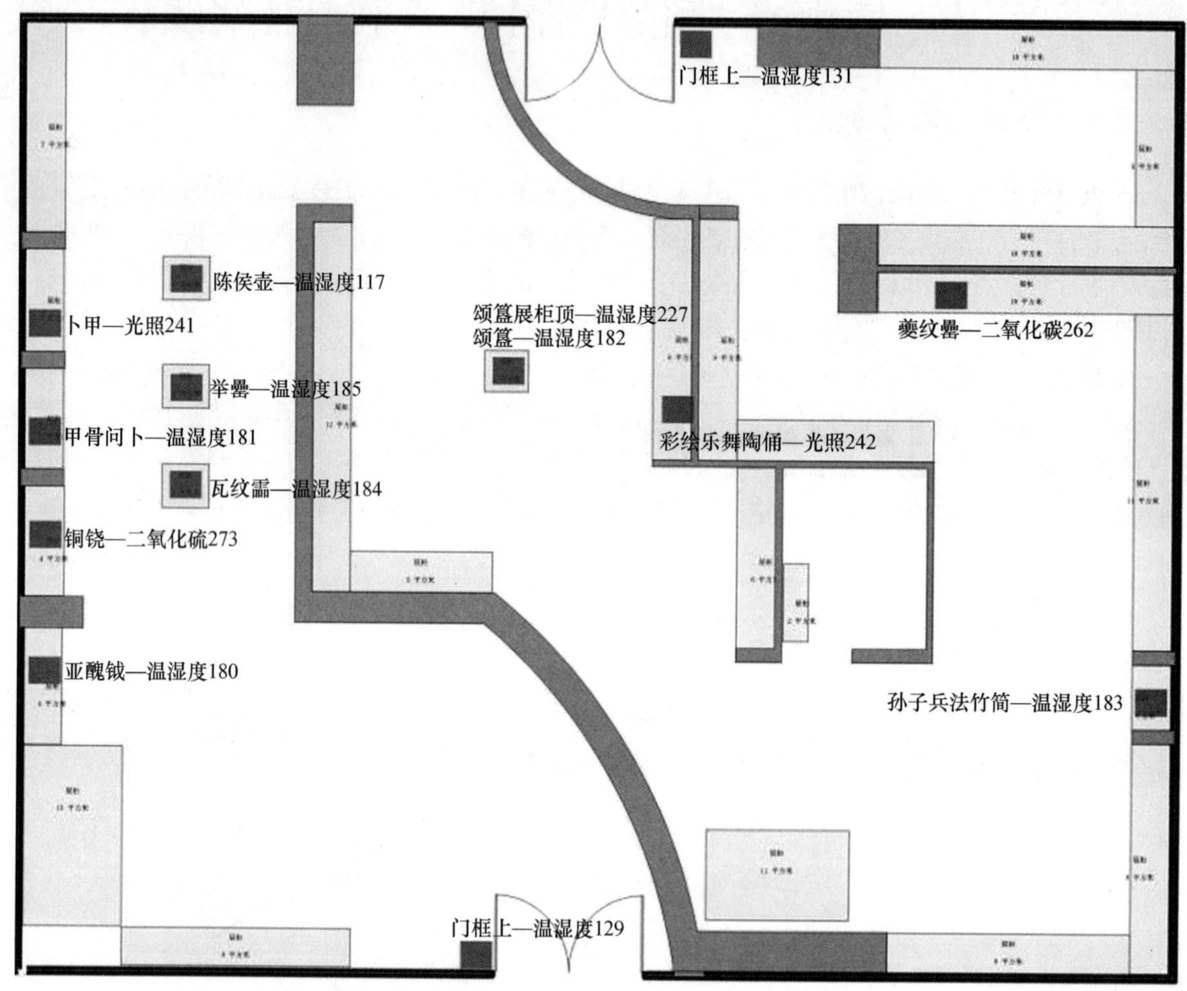

图2　山东博物馆二层7展厅环境监测点分布图

山东博物馆“馆藏文物保存环境监控中心”的工作人员，通过山东博物馆文物保存环境监测系统平台软件，随时查看各文物保存环境监测点的状况，以图表或文字形式进行环境质量分析，定期出具环境监测报告，在出现异常情况时向相关部门进行反馈，及时干预，做好预控。

作为无线环境监控系统的补充，山东博物馆还采用离线环境检测系统用于非固定位置的临时检测、监控，延伸了环境监测的范围。该离线环境监测系统主要包括便携式ppb级VOC检测仪、便携式甲醛检测仪、便携式温湿度检测仪、温湿度记录仪、二氧化碳检测仪、光照检测仪、红外检测仪等离线式设备。

各类监控终端及离线设备的检测准确度会随着使用而发生偏移，为了确保设备的检测准备性，山东博物馆配备了冷镜式精密露点仪及恒温恒湿温湿度检定箱，作为仪器校正系统，定期对各类检测设备精准校正。

通过项目的实施，现有监测系统基本满足了博物馆管理人员日常的环境参数采集需要，对于探索研究文物最佳保存环境，制定文物保护措施，控制文物保存环境，研究文物保存环境“稳定、洁净”的目的有一定理论数据支撑。

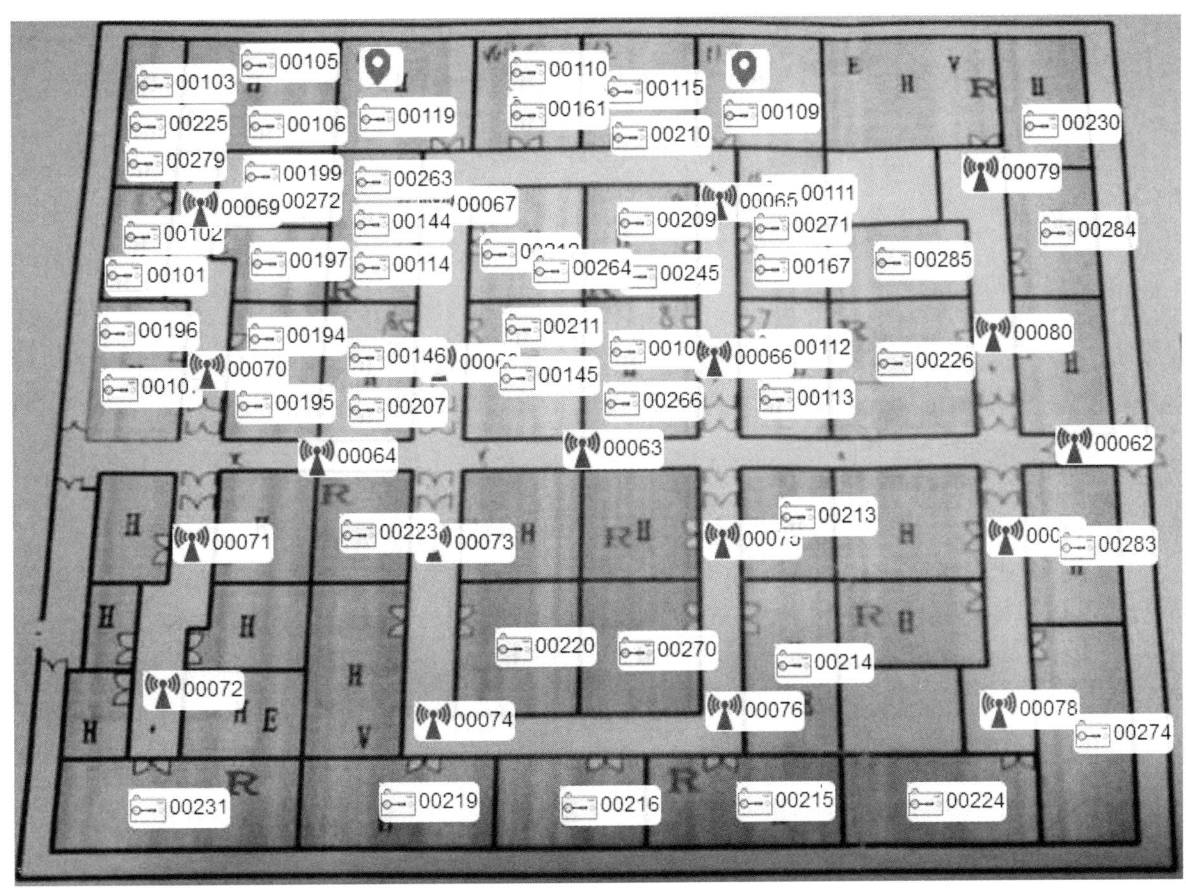

图3　山东博物馆负一层文物库房环境监测点分布图

2.2　微环境调控方面

根据国家文物局批复方案要求及资金数额，经多方论证，山东博物馆选择珍贵文物数量较多且对环境敏感型文物较集中的鲁王展厅（即10号展厅）作为此次文物预防性保护项目环境调控的重点对象。

鲁王展厅面积为894m^2，厅内主要展出鲁王朱檀墓出土的稀世奇珍的文物，包括鲁王墓木俑、服饰、书画、冠冕等珍贵文物。该展厅采用的是人工环境的常规舒适性中央空调系统，仅能满足文物保存所需大环境的基本加热与降温功能，缺乏展厅大环境恒温恒湿需求的调节措施和功能，无法满足文物保存环境的根本需要。

经现场勘察，10号展厅展柜密封不严密，内部连接处密封深化处理不到位，展柜无法达到恒湿密闭要求；部分展柜采用卤素灯具照明，展柜顶部温度较高，间接影响展柜内部湿度的变化，且卤素灯含有波长较短的紫外线波长，不利于纸质文物和纤维类文物保护；原展厅展柜采用电子式恒湿机，利用温差原理进行除湿，除湿效率不高。

为了满足展柜内不同材质重点文物对保存环境温湿度的差异化需求，对重点文物展柜采用更换照明灯具、密闭性改造、增加恒湿设备的方法，改善展柜内文物保存的微环境，同时配备展厅用加湿设备，对展厅小环境进行控制。

将原有卤素灯全部更换成光纤灯和LED灯，严格控制光照强度，避免展柜内照明设施损害文

图4　山东博物馆10展厅展柜内恒湿模块示意图

物。在原展柜基础上进行密闭性改造，展板背面全部覆铝膜处理，对尺寸误差较大的展柜更换零件重新安装，展柜玻璃门重新更换进口硅胶密封条，保证开启部位密封。对所有改造展柜在合理位置预留恒湿口，加装恒湿模块（图4），恒湿设备选用湿膜加湿和水蒸气压平衡法除湿两套系统的恒湿模块，使用环境0～40℃，控制湿度35%～65%，微电脑控制，内置杀菌净化系统。部分恒湿模块配置无水模块，在展厅湿度不低于35%环境下可自动吸收空气中水分，存储于无水模块内，用于给恒湿模块供水，无水模块内配置净化系统、杀菌系统及水位探测器。

由于济南四季气候变化明显，夏季湿热，冬季干冷，夏季雨季时湿度在75%左右，冬季湿度最低可达15%（图5）。山东博物馆展厅内控湿设备能力有限，文物保存环境温湿度波动非常大，尤其在冬季空调开启后展厅内环境更加干燥，在展厅内加装加湿机，根据展厅空间确定加湿机的合理位置（图6），可以增加展厅内湿度，对展厅大环境进行有效的湿度控制，同时也为展柜内恒湿机无水模块提供了环境湿度保证。

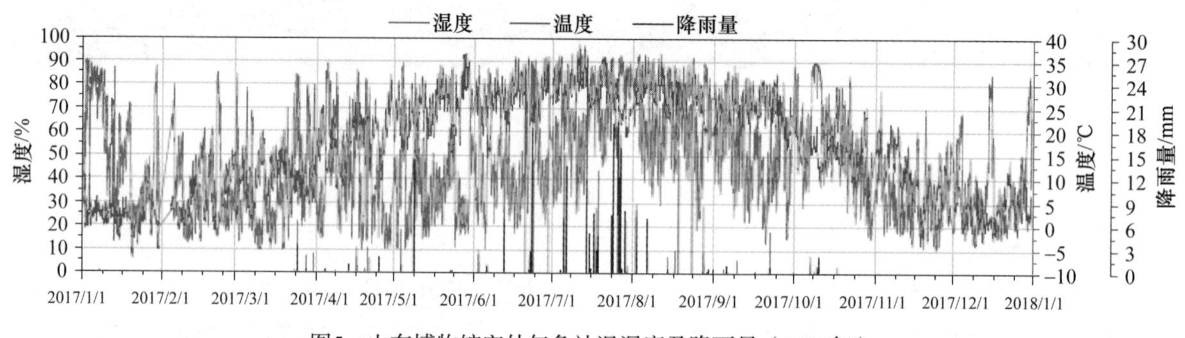

图5　山东博物馆室外气象站温湿度及降雨量（2017年）

10号展厅经过微环境调控，根据展柜内文物材质设置每个展柜的控制湿度，展柜湿度整体控制在45%～60%，浮动范围不超过5%，控制效果较好，为文物提供了安全、稳定的保存展示环境。个别展柜湿度监测曲线如图7所示。

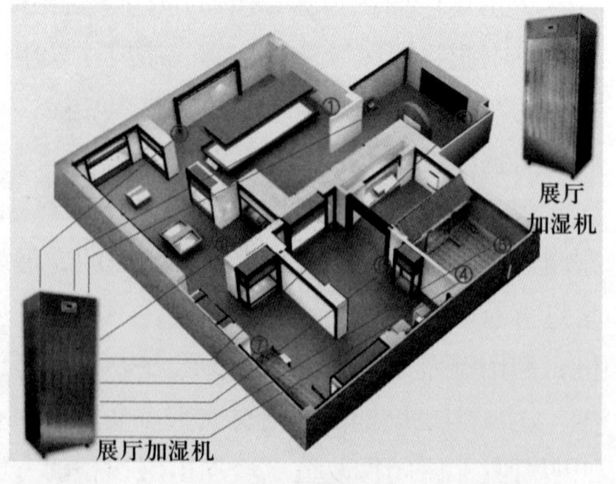

图6　山东博物馆10展厅加湿设备分布图

2.3　环境质量管理体系建设方面

博物馆文物保存环境预防性保护，不仅限于技术设施建设，更需要管理体系的运行配合。山东博物馆借助该项目的实施，以文物保存环境的“稳定、洁净”为控制目标，将文物保存环境监测和调

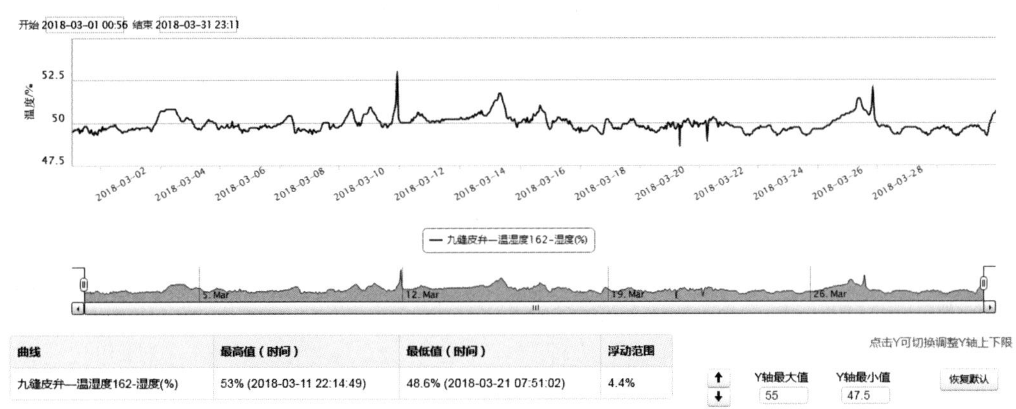

图7　山东博物馆10展厅九缝皮弁展柜湿度监测曲线

控作为一种日常管理工作，按照计划、执行、检查、反馈的动态循环管理模式，探索建立博物馆环境质量管理体系及风险评估体系。通过管理程序、规章制度等不断地完善，全面提升文物预防性保护的科学技术水平和能力，使文物预防性保护的理念、意识深入人心，让文物的预防性保护成为一种普通的博物馆意识、文化。

山东博物馆馆藏文物环境质量管理体系主要任务就是对文物本体及其保存环境进行管理监督、定期检查、汇总分析、提出建议、研究对策和及时处理，确保文物保存环境的“稳定、洁净”，保证馆藏文物安全。根据该项目预防性保护具体实施情况，按照《博物馆藏品保存环境试行规范》，结合山东博物馆管理方式及文保部人员配置，对相关部室及个人定职、定岗、定责，明确分工，制定《馆藏文物预防性保护管理办法》，清晰管理程序和标准。

3　山东博物馆文物保存环境监测结果与建议

3.1　监测结果

济南四季气候变化明显，夏季湿热，冬季干冷，由安置在山东博物馆室外的小型气象站监测的2017年全年的温湿度和降雨量（图5）可知，2017年度室外温度为-7～38.6℃，波动范围为45.6℃；湿度为9.8%～93.2%，波动范围为83.4%；第二三季度降水较多，最大降雨量出现在7月，为24.3mm。

山东博物馆展厅、库房内控湿设备能力有限，文物保存环境温湿度会随着室外温湿度的变化而发生波动，产生夏季湿度偏高、冬季湿度偏低的情况，从时间上看，1～3月和12月湿度在一年之中最低，基本在30%以下，7、8月湿度最高，基本在70%以上。由于库房相对封闭，库房总体温湿度比展厅稳定。 2017年库房监测所得平均湿度为52.6%，日波动为1.09%；平均温度为21.66℃，温度标准差为1.43℃，日波动为0.18℃。各展厅湿度均较稳定，日波动除个别展柜外均达标（湿度日波动<5%）。馆内温度普遍在16～30℃之间，虽有空调进行调控，但温度整体较高，文物要求的温度标准为（18～22）±2℃，建议适当调低空调温度。温度日波动均较小，较稳定。

库房和一层展厅光照含量基本达标。二层6展厅骨角牙雕、二层7展厅彩绘乐舞陶俑、二层8展厅男侍俑、戴风帽胡俑、二层10展厅仪仗俑群光照强度基本在300lx左右，超标较多。一层展厅紫外含量基本达标，二层展厅紫外稍高，在0.5 ~ 1.2μW/cm²之间。

各监测区域有机挥发物（VOC）污染严重，VOC平均值多在1000ppb左右，二层8展厅和三层16展厅污染稍小。二氧化硫只在二层7展厅监测到，平均含量为39ppb，超出4ppb。库房二氧化碳始终达标，展厅偶有超出1000ppm。

3.2 建议

根据监测数据分析结果，提出以下建议：

（1）适当调低空调温度，使展柜内温度保持在（18 ~ 22）±2℃。对于1 ~ 3月和12月供暖时期湿度低，7、8月湿度高，湿度全年波动大的情况，建议开启加湿机、除湿机对展厅、库房大环境进行调控，同时对不密封的展柜进行密封改造，安装恒温恒湿机、放置调湿剂等，进行柜内微环境调控。

（2）调低光敏感型展品展柜的光照强度，减少照射时间，防止光照紫外对文物的损害。

（3）加强库房和展厅通风和换气处理，净化空气质量，在有机挥发物和二氧化硫监测污染严重的展柜内放置活性炭等吸附剂，同时控制参观人流量，避免二氧化碳含量过高。

结　语

文物的预防性保护是一项长期工作，山东博物馆从2015年开始开展此项工作，建立了较完善的环境监测系统，环境调控做了部分尝试，取得了一些成绩，但是全馆库房、展厅的文物保存环境现状还存在很多问题，需要进一步改善，只有在治理和控制好文物保存环境方面作出长期不懈的努力，不断加强预防性保护，才能使中华民族的宝贵物质文化遗产得到科学保护。

参 考 文 献

［1］ 黄河，吴来明．馆藏文物保存环境研究的发展与现状［J］．文物保护与考古科学，2012，24（增刊）：13-19.

［2］ 张晋平．环境监测控制技术［M］．北京：中国环境出版社，2013.

天津博物馆馆藏文物预防性保护系统应用研究

王冬冬

（天津博物馆，天津，300201）

摘要 博物馆馆藏文物预防性保护理念已成为国际文化遗产保护的共识。通过预防性保护体系可有效地对博物馆文物保存环境质量实施监测和调控，最大限度防止或减缓环境因素对文物材料的破坏作用，这是预防性保护珍贵文物的关键。天津博物馆新馆总建筑面积64003m^2，其中展厅面积14000m^2，库房面积11000m^2。各类藏品20万件，包括759件（套）一级文物、4115件（套）二级文物和40028件（套）三级文物共计近4.5万件珍贵文物。按照国家文物局“十二五”规划建设，基于文物预防性保护原则和洁净概念的博物馆文物保存环境理念，天津博物馆建立起一套完备的馆藏文物预防性保护监测体系，借助馆藏文物保存环境监测平台，对馆藏文物环境监测数据进行全面的采集、整理、比对分析、评估和预警。建立了适用于天津博物馆的分级风险评估系统，构建了天津博物馆环境监控管理体系，可及时采取被动调控和主动调控相结合调控手段针对性地实施环境调控措施，达到联合整治优化文物保存环境的目的，使馆藏文物环境达到“稳定、洁净”的保存状态。

关键词 天津博物馆 文物预防性保护 馆藏文物环境监控

1 天津博物馆概况

天津博物馆是一座历史艺术类综合性博物馆，其前身可追溯到1918年成立的天津博物院，是国内建立较早的博物馆之一。其收藏特色是中国历代艺术品和近现代历史文献、地方史料并重，现有古代青铜器、陶瓷器、法书、绘画、玉器、玺印、文房用具、甲骨、货币、邮票、敦煌遗书、竹木牙角器、地方民间工艺品及近现代历史文献等各类藏品20万件，包括759件（套）一级文物、4115件（套）二级文物和40028件（套）三级文物共计近4.5万件珍贵文物，基本以传世文物为主；另外还收藏图书资料20万册。2008年被评为国家一级博物馆。

天津博物馆新馆位于天津文化中心区域内，新馆地上五层，地下一层，层叠错落；内部空间设计融合了博物馆穿越时空隧道、连接未来之窗的理念，新颖独特。总建筑面积64003m^2，其中展厅面积14000m^2，库房面积11000m^2。新馆特设2800m^{2}的临时交流展厅，除了基本陈列和馆藏文物专题陈列外，可以不定期举办国内外大型临时性特展。新馆的建成充分满足了博物馆陈列展览、藏品管理、学术研究、文物保护与修复、社会教育等功能需求，是天津地区最大的集收藏、保护、研究、陈列、教育为一体的大型公益性文化机构和对外文化交流的窗口。

2　天津博物馆馆藏可移动文物预防性保护概况

目前，博物馆馆藏文物预防性保护理念已成为国际文化遗产保护的共识。通过预防性保护体系可有效地对博物馆文物保存环境质量实施监测和调控，加强针对博物馆珍贵文物的风险预控能力，最大限度防止或减缓环境因素对文物材料的破坏作用，是预防性保护珍贵文物的关键。

按照国家文物局"十二五"规划建设"全国馆藏文物保存环境监测平台"三级网络系统的部署和"全国馆藏文物保存环境监测平台建设"试点工作安排，拟建的全国馆藏珍贵文物保存环境监测平台，将作为我国可移动文物保存环境监测共享平台和国家监测信息中心，其功能是实时监测我国主要和重要博物馆珍藏文物的保存环境质量、汇集统计信息、科学分析数据、评估环境质量、查询交流信息、召开咨询和培训等活动[1]。全国馆藏珍贵文物保存环境监测平台拟由一个国家文物保存环境监测中心、若干个区域文物保存环境监测中心和一批文物保存环境监测站构成，建立三层馆藏文物环境监测网络信息平台，按照各自分工配备必要的监测和分析仪器设备，通过技术培训实施运行。

天津博物馆按照国家文物局文物保护技术成果推广应用工作的统一部署，分别于2013年6月和2015年1月委托上海博物馆馆藏文物保存环境国家文物局重点科研基地，编制了天津博物馆珍贵文物预防性保护一期和二期方案，其中在一期项目中对天津博物馆珍贵文物保存环境质量监测、调控和囊匣配置等方面的提升工作提出了系统解决方案，二期方案中对天津博物馆珍贵文物保存环境质量监测、调控和囊匣配置等方面的提升工作提出了系统解决方案，两期方案经申报通过国家文物局和财政部评审，均被批准列入国家重点文物保护专项补助资金项目。

依照国家文物局"十二五"规划的统一部署，在国家文物局与天津市文化广播影视局的支持及监督下，天津博物馆先后圆满完成了馆藏文物预防性保护项目一期、二期的全部工作，并分别于2016年9月与2017年11月顺利通过验收，天津博物馆现已在全国省级博物馆中率先建立起一套较为完备的馆藏文物预防性保护监测体系，作为天津区域的"馆藏文物保存环境监测区域中心"天津博物馆具备天津区域内文物保存和展示环境数据的无线采集、传输、存储和分析处理等条件以及藏品的保护管理、协调、监测、分析、处理、预案等一系列风险预控机制，可承担全市博物馆环境监测调控指导及服务职责，可为全市文物预防性保护提供科学有力的依据，为博物馆馆藏可移动文物的保护和管理提供科学依据和指导，馆藏文物预防性保护项目不仅全面、整体提升了天津博物馆馆藏文物预防性保护水平，同时也为推动行业内相关领域的发展提供了可资借鉴的经验。

3　天津博物馆馆藏文物预防性保护系统应用研究

3.1　天津博物馆馆藏文物预防性保护环境监测系统

天津博物馆在两期文物预防性保护项目的实施过程中，积累了大量的可供文物预防性保护科学研究的数据资料，摸索出一套符合该馆实际情况的工作经验。建成了以该馆为重点监控区域的天津博物馆"馆藏可移动文物保存环境监测站"环境监测系统平台和以天津区域内为监测对象的"区域文物保存环境监测中心"环境监测系统平台，既实现了对天津博物馆馆藏可移动文物环境质量的监控，又为后期天津地区各博物馆文物预防性保护系统与天津博物馆馆藏可移动文物保存环境监测平台的数据无缝对接奠定了基础。

天津博物馆馆内的“文物保存环境监测站”环境监测系统（图1）已经实现了对该馆整体环境空间——室外环境、大环境、小环境、微环境（图2）监测网络及监测点位的全面覆盖。

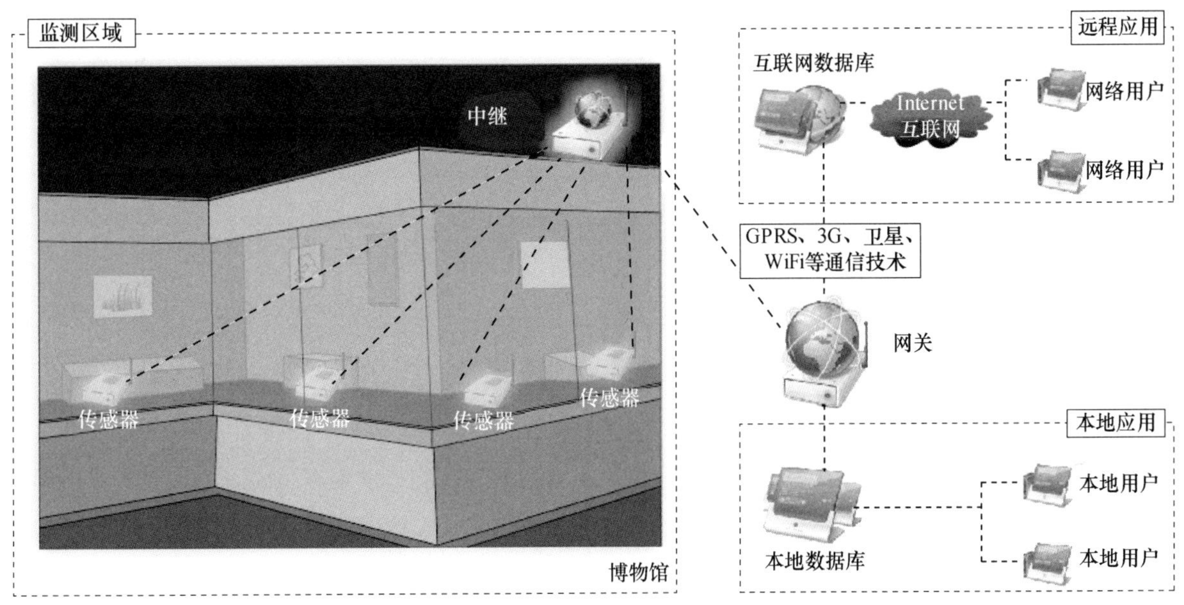

图1 天津博物馆“文物保存环境监测站”环境监测系统

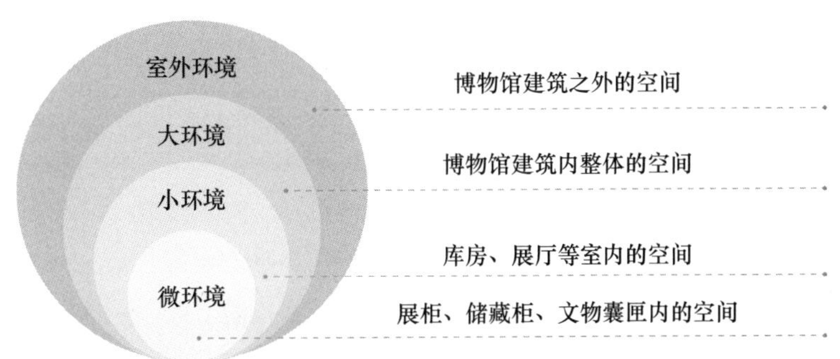

图2 天津博物馆环境空间分类

首先，设置在博物馆外的在线式超声波气象站可以对天津博物馆馆外空间局域范围内的温湿度、光照强度、紫外强度、降雨量、风向、风速、风力、大气压强等气象指标实施24h不间断监测，使该馆文物保护人员可以通过文物预防性保护系统的大数据计算分析，进一步研究博物馆建筑外局域气候条件变化下对馆内环境质量变化之间的相互作用和影响。

其次，布置在馆内展厅、库房、文物修复区域等室内空间和展柜、文物囊匣、储藏柜等微环境空间的监测节点，可以实现对馆藏文物环境质量的24h不间断监测，通过天津博物馆“文物保存环境监测系统”计算大数据来评估、监测、保护和管理文物，进而采用人工或自动手段来调节文物保存环境，以达到“稳定、洁净”的文物保存环境状态，实现了天津博物馆工作人员对馆藏文物环境质量进行全面的数据采集、整理、比对分析、评估和预警的目的，对研究不同区域和大气环境之间关系与变化规律提供了可靠的科学依据。

天津博物馆文物预防性保护项目中馆内文物保存环境质量监测区域达到全面覆盖（图3）。并根据文物分布情况规划侧重的监测区域为二楼耀世奇珍精品厅、五楼书画展厅、青铜器展厅及重点文物库房（书画库房、青铜器库房）。现在可以通过室内型大气温湿度传感器、室内型光照度温湿度合一传感器、紫外温湿度合一传感器、室内型二氧化硫（SO_2）温湿度合一传感器、室内型二氧化碳（CO_2）温湿度合一传感器、室内型粉尘在线监测传感器、室内型大气有机挥发物（VOC）总量温湿度合一传感器等各类型传感器终端节点实现监测范围内针对不同材质文物的保存环境质量进行24h不间断数据采样，达到实时连续对文物保存环境质量及时感知和反馈。

区域		温度	湿度	光照	紫外	二氧化碳	二氧化硫	有机挥发物	QCM
负一层库房		√	√					√	√
古籍库		√	√	√				√	
一层展厅		√	√	√	√	√			
二层展厅		√	√	√	√	√	√	√	√
三层展厅		√	√	√	√	√			
四层大临展		√	√	√	√	√		√	
五层	一展厅	√	√						
	二展厅	√	√	√	√	√			
	三展厅	√	√	√	√			√	
	四展厅	√	√						
	五展厅	√	√	√	√	√			
	六展厅	√	√		√				
	七展厅	√	√	√	√	√			√
	八展厅	√	√	√	√		√		√

图3　天津博物馆展厅环境质量监测内容

3.2　馆藏文物预防性保护实验室检测分析系统

为了科学检验布设的直接型无线监测仪系统和反应型无线监测仪系统监测点的采集数据的准确性，完善对酸性污染气体和碱性污染气体的科学监测，天津博物馆采用行业技术标准，应用离子色谱仪、被动采样器、专用滤膜，定期采样并送相关监测中心进行实验分析。利用实验室检测分析手段获得的实验数据，可以通过博物馆环境监测站计算机录入“文物保存环境监测平台”与无线传感监测系统的实时监测数据进行比对和补充，并进行统计、分析、作图、查询等评估分析。

天津博物馆馆藏文物预防性保护项目现已形成了，包括：无线传感实时监测系统（互联网、数据服务器、多功能存储网关、中继、无线传感器等）；环境分析实验室，配备冷镜式精密露点仪、恒温恒湿温湿度检定箱、离线式手持式环境检测仪器［便携式温湿度检测仪、温湿度记录仪、全数字照度计、专用紫外辐照计、二氧化碳检测仪、便携式ppb级VOC检测仪、便携式甲醛检测仪、数字式声级计（噪声仪）］；应用离子色谱仪、无动力扩散采样器分析技术等一系列科技手段为基础的科研平台，定期对馆藏文物环境质量中环境污染物进行监测和检测，评估无线监测系统运行状况。

3.3　天津博物馆馆藏文物预防性保护环境监控管理机制

天津博物馆馆藏可移动文物预防性保护已经形成了完善的环境监测系统，建立了一套完备的馆藏文物预防性保护监测体系。通过文物预防性保护项目的实施，一方面建立了文物保存环境监测站，实现了重点文物保存区域内环境质量相关指标的24h不间断实时监测和环境调控措施；另一方面结合天津博物馆的单位管理体系建立了天津博物馆可移动文物预防性保护管理制度和协调工作机制，从全面强化文物预防性保护理念、有效开展馆藏文物保存环境监控工作出发，通过对环境数据的分析和应用研究，对天津博物馆可移动文物保存环境质量进行长期、全面的监测，合理有效的指导以及制度化的调控管理。天津博物馆形成了具有本单位特点的博物馆环境质量监控和风险评估管理体系，包括：天津地区可移动文物预防性保护区域中心安全管理制度、天津地区可移动文物预防性保护区域中心维护和质控制度。从管理程序、规章制度、设施装备等方面规划构成单位文物预防性保护管理机制。通过强化意识、高度重视、形成制度、综合管理，达到合理应用预防性保护技术和措施有效的目的，提升文物预防性保护的水平和能力，从根本上保护珍贵文物。

3.4　天津博物馆馆藏文物预防性保护微环境调控

预防性保护珍贵文物的主要措施是使文物长期处于一个“稳定、洁净”的安全保存环境，是当前馆藏文物保存的主流研究方向[2, 3]。从天津博物馆“馆藏可移动文物保存环境监测系统”的数据分析中发现，在库房和展厅中由于受到个别展柜的密封性和展柜放置空间位置的局域环境质量影响，外界环境对展柜或文物库房中文物囊匣内的微环境相互影响作用非常明显。此次文物预防性保护项目中，天津博物馆应用高效且对文物有可靠安全性的文物保护专用调湿剂、吸附剂等微环境被动调控功能材料放置于部分重要文物展柜内和各囊匣中，同时在重要文物展柜中采用微动力电子调湿器、净化器以及除湿机等主动调控装置来控制博物馆文物保存微环境，应用“藏展材料评估筛选技术”[4]，强化预防性文物保护原则和基于洁净概念的馆藏文物保存环境理念，改善文物展出和保藏期间文物周围的环境质量，提升珍贵文物保存环境控制能力，提高环境平稳和洁净质量。天津博物馆应用被动调控与主动调控相结合的调控措施整治优化文物保存环境，努力达到“稳定、洁净”的文物保存环境状态。

4　天津博物馆在馆藏文物预防性保护环境监测系统应用中发现的问题及解决方法

在天津博物馆文物预防性保护监控系统的运行使用中，我们发现前期项目虽然基本满足了博物馆文物预防性保护管理人员对监测系统日常环境参数采集需要[5]，但对于探索研究文物最佳保存环境、制定文物保护措施、控制文物保存环境的目的还是具有种种局限性，需要逐渐完善。因此在后期项目中针对天津博物馆馆藏文物保存环境监测系统覆盖范围，怎样能够使馆藏文物保存环境通过更完善的预防和控制手段，最大限度地抑制和减缓环境因素对文物材质的破坏作用，怎样使文物长期处于“稳定、洁净”的环境中，从而预防性地从源头上保护珍贵文物等方向提出改善思路并做出了几点完善措施：

（1）对天津博物馆重点监测的书画、青铜器文物库房和剩余重点展柜进行文物保存环境质量监测评估，增设监测点位加强对重点文物保存环境质量的监控。增设中继设备以增强自组织网络自行搜索及入网能力，保证监测数据链接质量的同时实现监测系统的中继信号覆盖全馆，使所收集到的环境监测数据有一定的客观性，并能完整地体现出文物所处环境的合理性，做出环境监测数据系统性的对比分析。

（2）根据对前期环境质量数据的分析结果，在后期项目中对监测指标中湿度波动较大的库房配置可移动恒湿典藏柜保存珍贵文物，避免因湿度波动较大对所藏文物造成损害。在青铜器文物展厅内，若监测到部分展柜内湿度过高，根据数据分析的波动情况及展柜空间体积等情况对独立展柜采用放入调湿剂和放置电子恒湿机相结合的调控手段，对微环境湿度进行调控，以改善文物在保存和展出时的微环境质量，使文物长期处于一个“稳定、洁净”的安全保存环境。

（3）增加珍贵文物充氮调湿柜，用于研究不同保存环境下文物的劣化情况及调控装备对文物预防性保护的作用。天津博物馆有一批贵重而稀有的书画藏品，对保存环境的要求很高，通过对书画展厅和书画库房的环境监测数据来看，现在馆内环境还不能满足这些书画的长期保存。为了使空间内的氧含量长时间维持在较低水平，降低氧气和气态污染物对珍贵书画的化学氧化作用，破坏害虫及霉菌等赖以生存的氧环境，天津博物馆利用充氮调湿柜研究低氧环境下文物保存的可行性，为提升天津博物馆珍贵书画的保护能力奠定了基础。

（4）根据天津博物馆珍贵馆藏文物保存现状，对部分文物采取文物保存微环境调控措施，配备对文物环境安全可靠的无酸纸包装囊匣，为珍贵文物营造相对密闭、洁净、安全的保存空间，同时配合调湿材料和吸附材料，避免和减缓温室度波动及污染气体的影响，提升珍贵文物微环境的“稳定、洁净”质量调控水平，增强馆藏文物收藏保管能力，达到预防性保护珍贵文物的目的[6]。

5　天津博物馆馆藏文物预防性保护达成的目标

文物预防性保护就是通过改善文物保存环境，使文物处于较为优越的保存环境中，进而延缓文物的劣化速度，从而达到保护文物的目的。天津博物馆陈列区和库房面积较大，为了达到环境控制的目的，天津博物馆对监测系统点位做到全面覆盖，借助于天津博物馆文物预防性保护数据终端系统——馆藏文物保存环境监测平台，对馆藏文物环境监测数据进行全面的采集、整理、比对与分析、评估和预警，从天津博物馆环境监测的大数据中分析出展厅陈列区、库房及办公区修复区域等不同区域的大气环境之间关系与变化规律，通过与实验室文物劣化分析相结合，进一步建立环境数据及文物劣化的数学模型，通过计算机评估、监测、保护和管理文物，采用人工或自动手段，被动调控和主动调控相结合的措施调控文物保存环境，达到联合整治优化文物保存环境的目的。

馆藏可移动文物预防性保护项目是天津博物馆研究环境因素和文物相互作用机理，实现环境控制的一个关键步骤和重要内容；有效地提高了天津博物馆可移动文物保存环境质量调控工作；为天津博物馆文物的管理提供科学依据和指导，提升天津博物馆馆藏文物的预防性保护的综合能力，使天津博物馆形成了一整套完善的藏品保护管理、协调、监测、分析、处理、预案等一系列风险预控机制，全面提升了天津博物馆馆藏文物预防性保护水平，同时为后期指导天津地区各博物馆的预防性保护工作奠定了坚实的基础和完善的预防性文物保护经验。

6 总结与展望

为了全面贯彻“保护为主、抢救第一、合理利用、加强管理”的工作方针，切实加大文物保护力度，推进文物的合理适度利用。天津博物馆将全面推进“天津区域文物预防性保护”战略，充分发挥自身文物保护科技的综合优势，利用丰富的科技创新资源，借助大数据、云计算、互联网等技术手段，深入开展天津地区馆际间文物预防性保护工作的合作。天津博物馆将开放技术资源，与天津区域内形成馆际共建科技创新平台，联合开展文物预防性保护科技战略研究和相关专业人才培养，更好地为天津文物保护工作服务，进而促进天津地区馆际间文物预防性保护学科的研究。天津博物馆将以可移动文物预防性保护区域中心为平台，积极推动天津地区区域内可移动文物预防性保护体系建设，达到全面提升天津地区可移动文物预防性保护能力的目的。

参 考 文 献

[1] 国家文物局．国家文物博物馆事业发展“十二五”规划（2011—2015年）[EB/OL]．http://www.sach.gov.cn/Portals/0/download/zhwgk110706101.doc．2011-07-08．

[2] 吴来明，周浩，蔡兰坤．基于“洁净”概念的馆藏文物保存环境研究[J]．文物保护与考古科学，2008，20（增刊）：136-140．

[3] 陈元生，解玉林．博物馆文物保存环境质量标准研究[J]．文物保护与考古科学，2002，14（增刊）：152-191．

[4] 陈晖，孔令东，陈建民，等．博物馆藏展材料评估筛选的薄膜试片测试法[J]．文物保护与考古科学，2009，21（增刊）：40-47．

[5] 吴来明，徐方圆，黄河．博物馆环境监控及相关物联网技术应用需求分析[J]．文物保护与考古科学，2011，23（3）：96-102．

[6] 徐方圆，解玉林，吴来明．文物保存微环境用调湿材料调湿性能研究[J]．文物保护与考古科学，2009，21（增刊）：18-23．

湖北省博物馆纸质文物保存环境调查研究
——以荆楚百年英杰展厅为例

张晓珑　赵晓龙
（湖北省博物馆，湖北武汉，430071）

摘要　纸质文物是人类文明的重要载体和各类博物馆的重要收藏门类，具有脆弱性与易损性的特点。本文通过对湖北省博物馆展厅纸质文物保存环境进行了深入调研，全面分析纸质文物受损原因和潜在威胁，在前人研究成果的基础上，针对湖北省博物馆的特点，找出更有针对性的保护办法，提出具体解决方案的建议，从而使更多的纸质文物可以得到更有效的保存保护和传承。

关键词　湖北省博物馆　纸质文物　环境调查

1　湖北省博物馆简介

湖北省博物馆始建于1953年，地处风景秀丽的东湖之滨，是湖北省独有的省级综合性博物馆，同时也是排名靠前的大型国家级博物馆，属AAAA级游览景区。迄今，湖北省博物馆馆藏文物达20万余件（套），其中一级文物千余件（套），位居全国省级博物馆单位前列。四大镇馆之宝——曾侯乙编钟、越王勾践剑、郧县人头骨化石和元青花四爱图梅瓶都在中国古代文明发展史上具备极高的学术地位和价值。湖北省博物馆举办有“曾侯乙墓”“梁庄王墓”“土与火的艺术”“郧县人”“屈家岭”“盘龙城”“荆楚百年英杰”等十多个展览。其中精彩丰硕的藏品、浓重的文化气氛和舒适的游赏环境，向观众展示湖北地域悠长的历史和光辉的文化，深受海内外游客的赞赏。

为了提升湖北省博物馆的预防性保护水平，改善馆内文物保存环境，避免因环境因素加快馆藏文物的衰老，湖北省博物馆于2015年建立湖北省博物馆文物保存环境监测系统，应用多种调控方式对馆藏文物保存环境实施有效的调控。目前，环境监测系统主要针对综合馆展厅进行实时无线网络全覆盖。监测终端指标有：温度、湿度、光照强度、紫外辐射强度、二氧化碳含量、大气有机挥发物含量等，具体式样如图1所示。

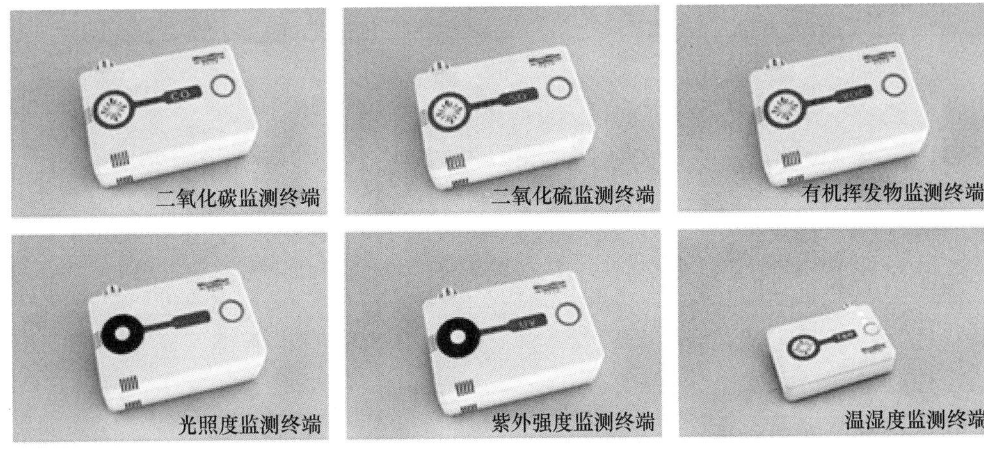

图1 监测终端产品示意图

2 环境监测调查

湖北省博物馆纸质文物主要集中在综合馆四层荆楚百年英杰展厅内，因此本文针对荆楚百年英杰展厅的环境做详细调查。紫外线的长期照射不仅会使文物的颜料层褪色，还会使纸张的纤维断链，影响字画纸张的强度。因此在展柜内除了放置基本的温湿度监测终端（展柜序号191），还分别放置光照度监测终端和紫外强度监测终端（展柜序号210），了解展柜内光环境的能级水平以及变化情况，为后续的展柜照明和玻璃的防紫外线处理工作提供有力的支持；另外布设有机挥发物及二氧化碳监测终端（展柜序号250），了解展柜内外大气污染物含量差异及关联，以及游客人数对展厅二氧化碳含量的影响。具体终端布设如图2所示。

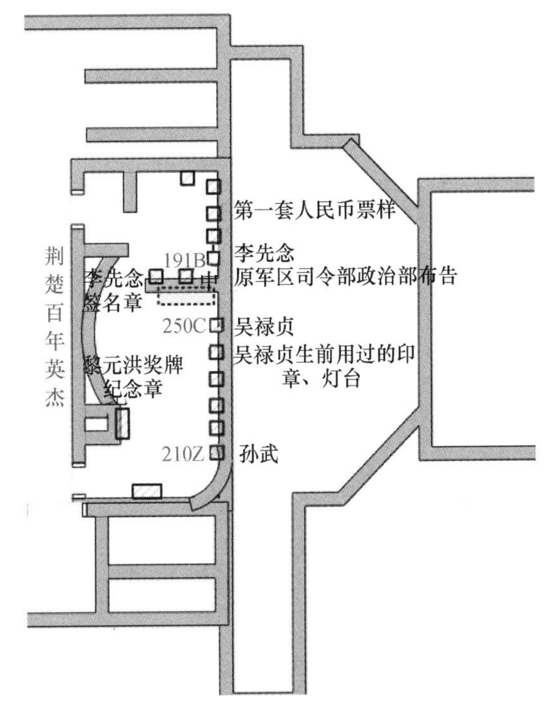

图2 荆楚百年英杰展厅监测终端布设图

本文通过对湖北省博物馆荆楚百年英杰展厅监测终端数据的截取筛选了从2016年夏至2017年春环境的温湿度、光照强度、大气污染物等情况，具体按照四季做划分，分析如下。

2.1 温湿度情况

如图3所示，2016年夏季监测点191监测所得温度为23.8～34℃，波动范围为10.2℃，平均温度为30.30℃；湿度为55.6%～76.8%，波动范围为21.2%，平均湿度为68.81%。该监测点平均温湿度值均超过标准水平。

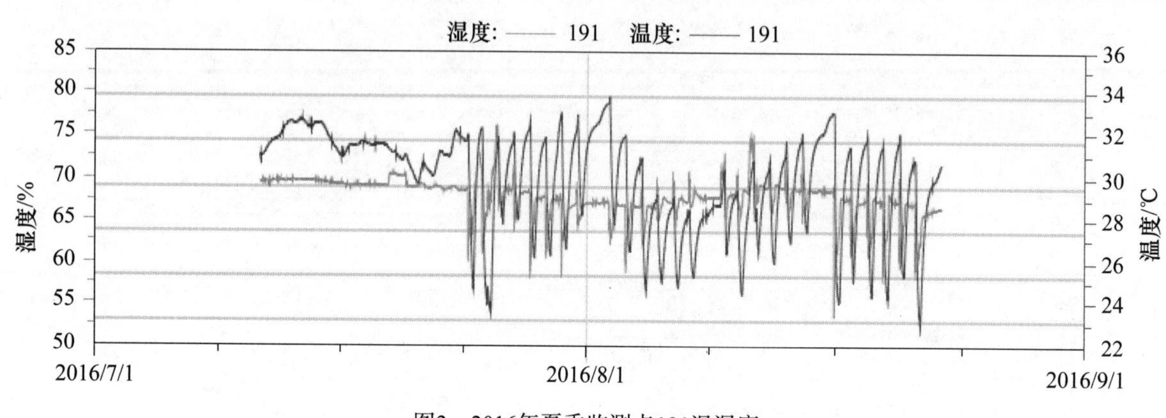

图3　2016年夏季监测点191温湿度

由图4可知，2016年秋季监测点191监测所得温度为11.7～29.3℃，波动范围为17.6℃，平均温度为21.93℃；湿度为55.5%～69.2%，波动范围为13.7%，平均湿度为64.46%。该监测点平均温湿度符合标准范围，但温度变化曲线在10月和11月初各有一个突变，对比2016年秋季武汉天气，因与当时气温大幅度下降又回升有关。

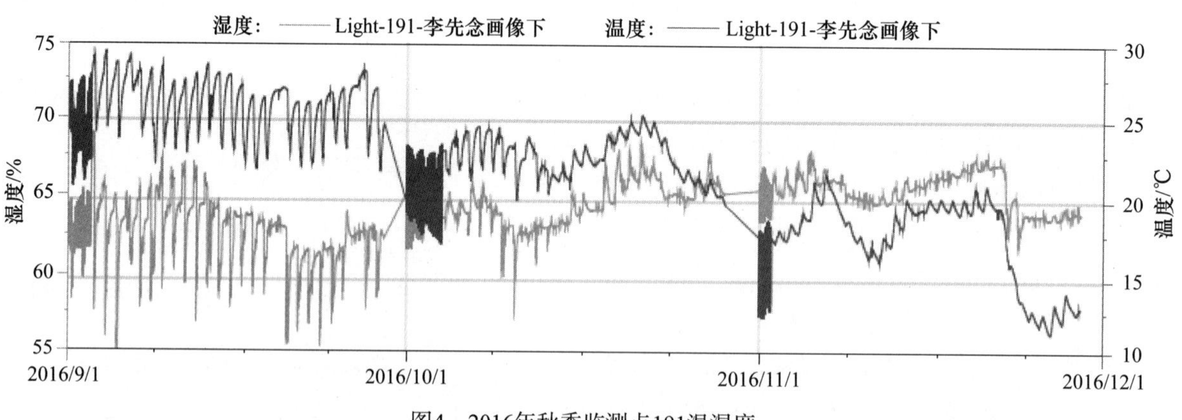

图4　2016年秋季监测点191温湿度

图5显示，2016年冬季监测点191监测所得温度为12.7～23.9℃，波动范围为11.2℃，平均温度为18.4℃；湿度为49.6%～65.9%，波动范围为16.3%，平均湿度为59.21%。该监测点平均温湿度均符合标准，且温湿度波动均较小，环境较稳定。

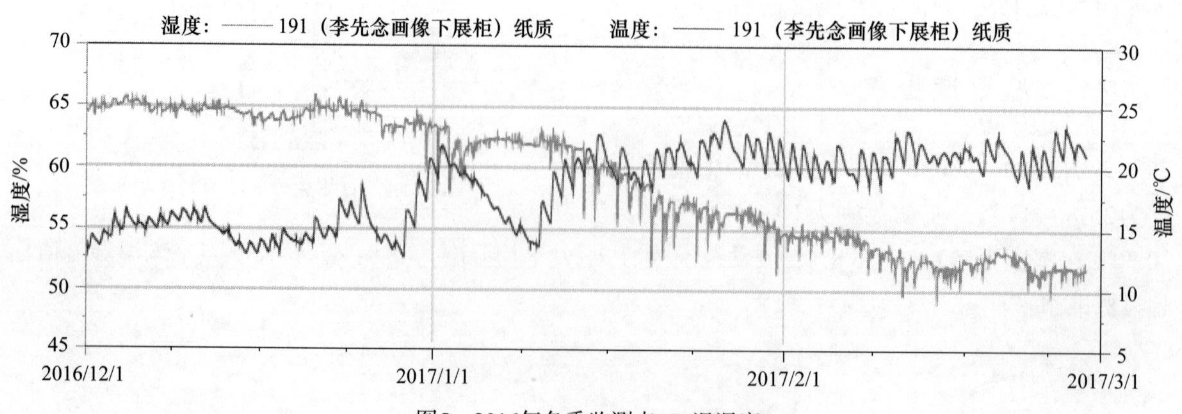

图5　2016年冬季监测点191温湿度

图6表明，2017年春季监测点191监测所得温度为14.8～29.7℃，波动范围为14.9℃，平均温度为22.15℃；湿度为49.6%～63.6%，波动范围为14.0%，平均湿度为56.89%。该监测点平均温湿度均符合标准，且温湿度波动均较小，环境稳定。

图6　2017年春季监测点191温湿度

2.2　光辐射情况

由图7可知，荆楚百年英杰展厅光照强度为0.04～28.12lx，符合纸质文物光照强度的推荐值（≤50lx）；紫外辐射强度为0.01～0.39μW/cm^2，稍微超出纸质文物紫外的推荐值（紫外辐射强度≤0.1μW/cm^2）。建议稍微削减纸质文物周边的紫外辐射强度，降低紫外线对纸质文物的损害，防止纸张老化，强度下降。

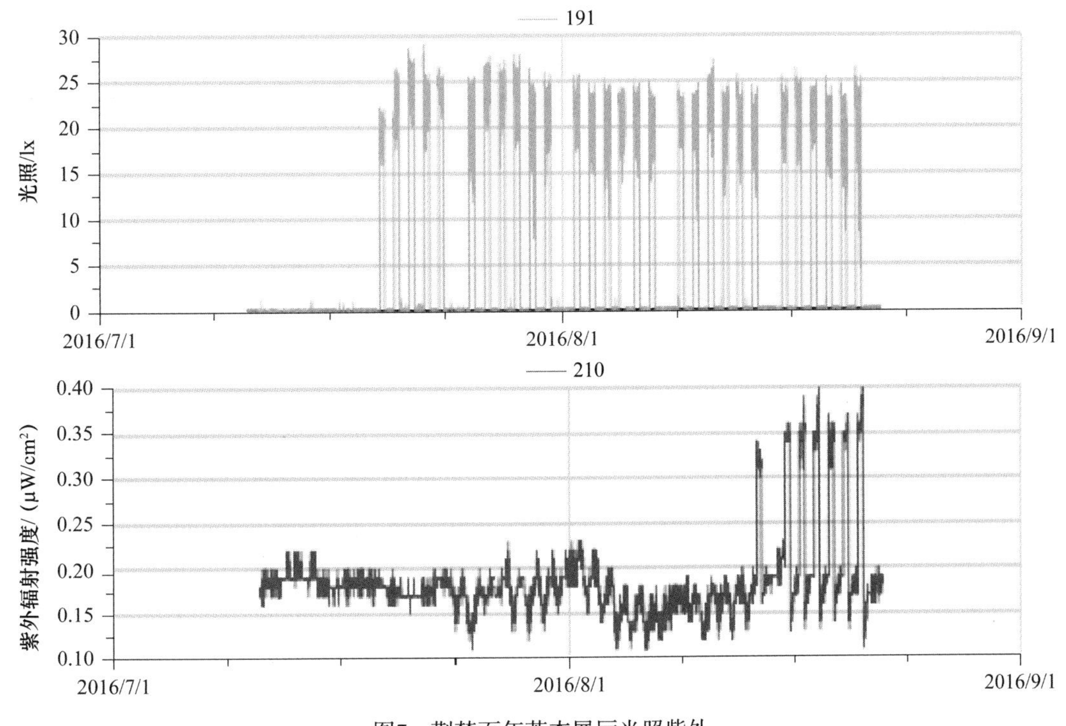

图7　荆楚百年英杰展厅光照紫外

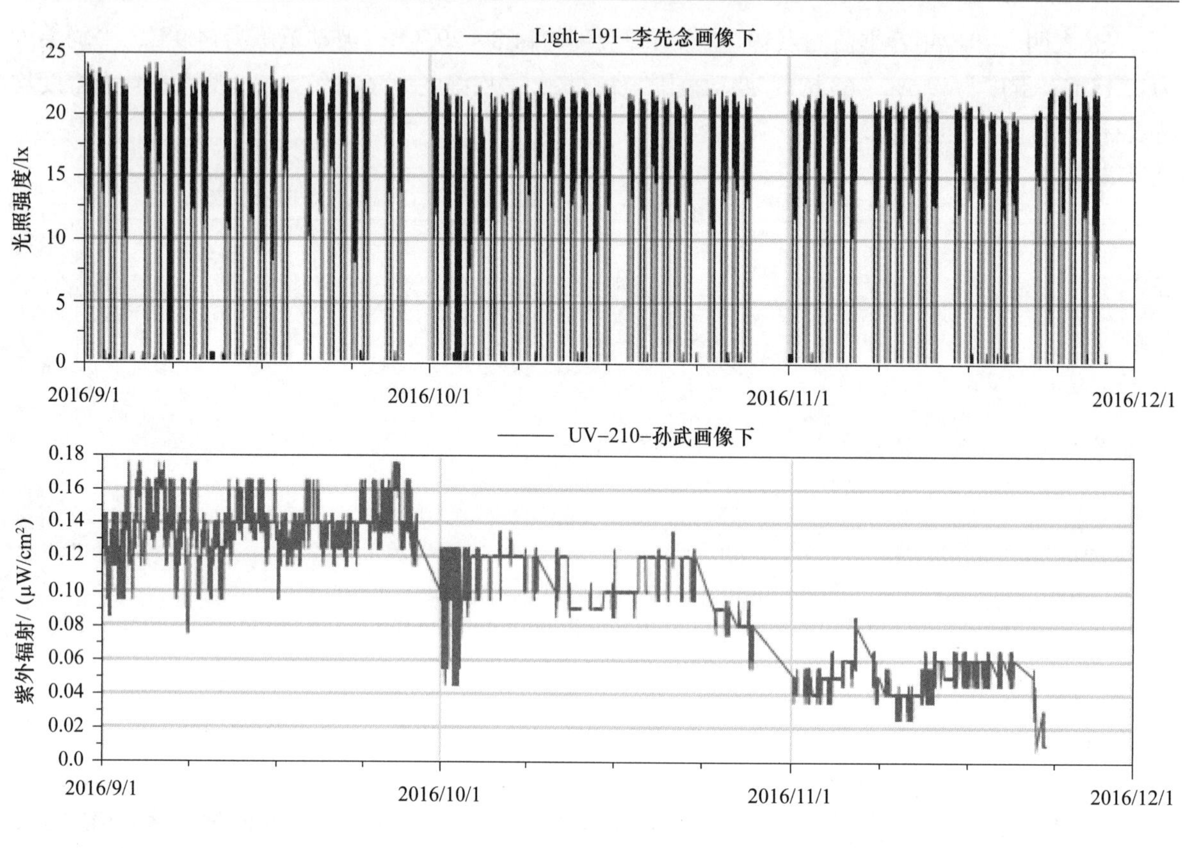
Light-191-李先念画像下
光照强度/lx
2016/9/1
2016/10/1
2016/11/1
2016/12/1
UV-210-孙武画像下
紫外辐射/（μW/cm²）
2016/9/1
2016/10/1
2016/11/1
2016/12/1

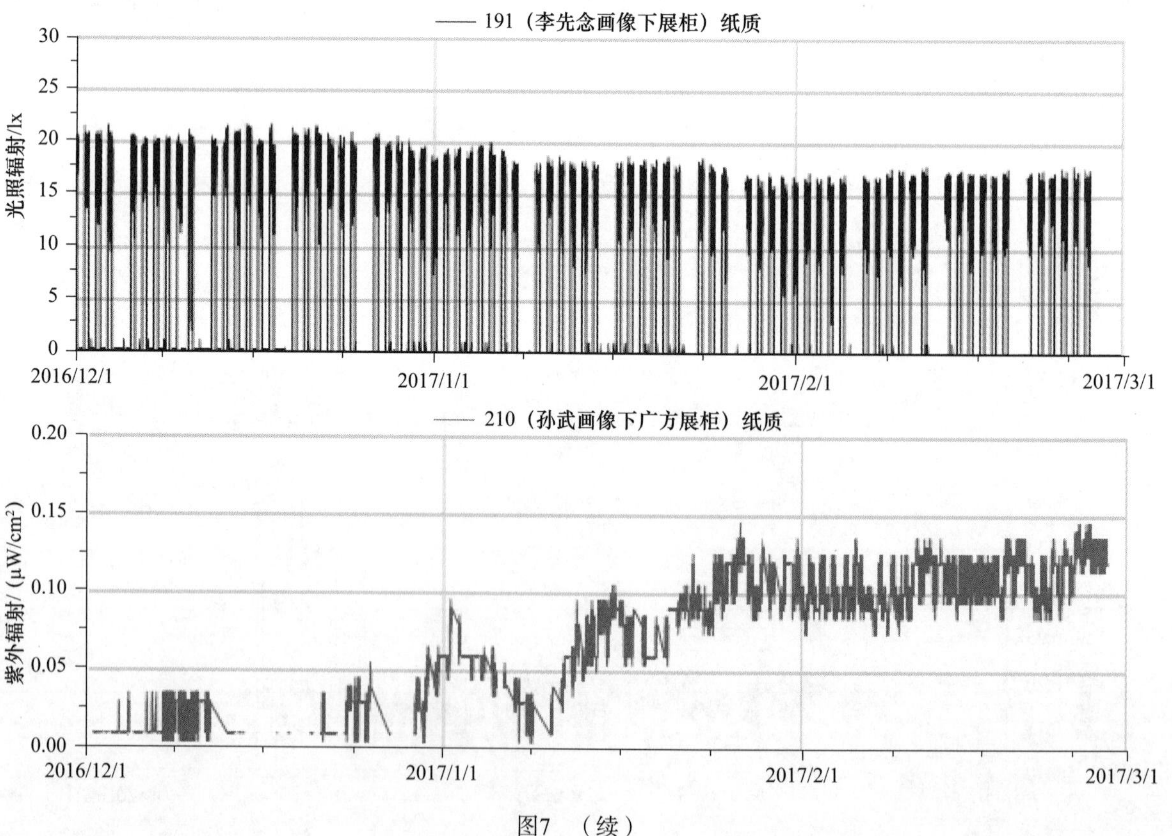
191（李先念画像下展柜）纸质
光照辐射/lx
2016/12/1
2017/1/1
2017/2/1
2017/3/1
210（孙武画像下广方展柜）纸质
紫外辐射/（μW/cm²）
2016/12/1
2017/1/1
2017/2/1
2017/3/1

图7　（续）

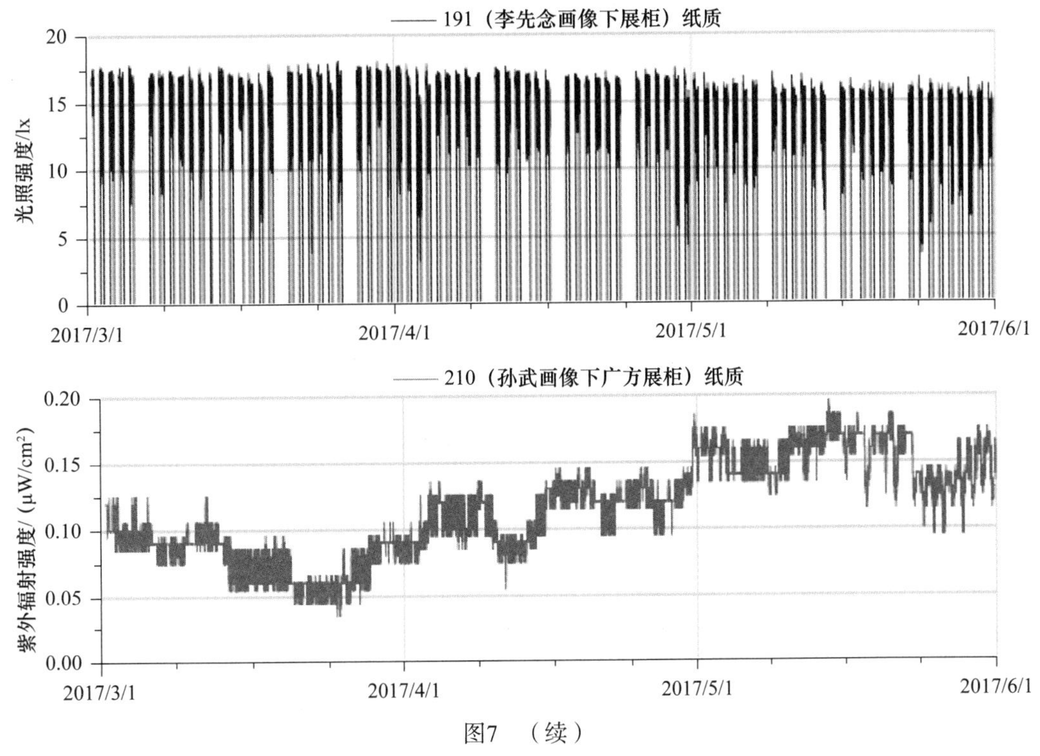

图7 （续）

2.3 有机挥发物分析

由图8可见，荆楚百年英杰展厅在2016年夏季有机挥发物含量为242～600ppb，超出文物的VOC推荐值（VOC含量小于300ppb）；在2016年秋季有机挥发物含量为222～333ppb，稍微超出文物的VOC推荐值；在2016年冬季到2017年春季有机挥发物含量为156～270ppb，符合文物的VOC推荐值。荆楚百年英杰展厅有机挥发物含量从2016年到2017年稳步降低，且在2016年10月以后降低至文物保存环境安全推荐范围，有利于文物的长期保存。

2.4 二氧化碳分析

如图9所示，荆楚百年英杰展厅二氧化碳含量为365～2075ppm，除十一节假日外，二氧化碳含量基本在1000ppm 以下，较有利于文物的保存。建议节假日展馆对游客进行分流，既能保持游人参

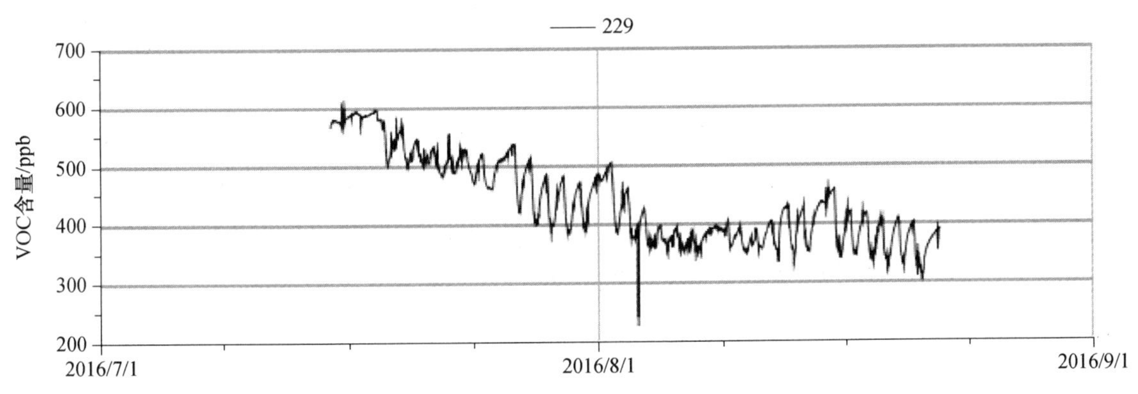

图8 荆楚百年英杰展厅有机挥发物

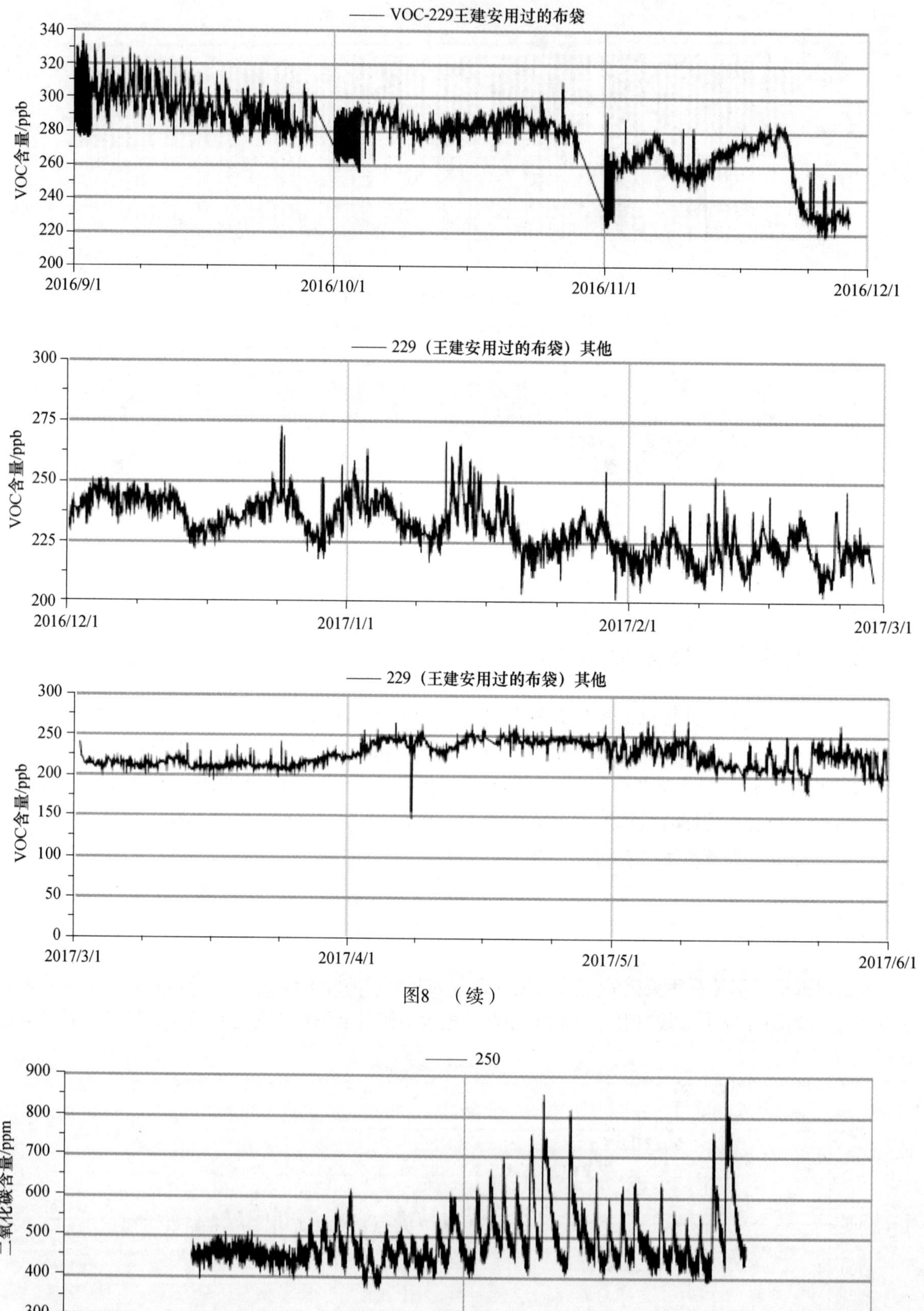

图8　（续）

图9　荆楚百年英杰展厅二氧化碳

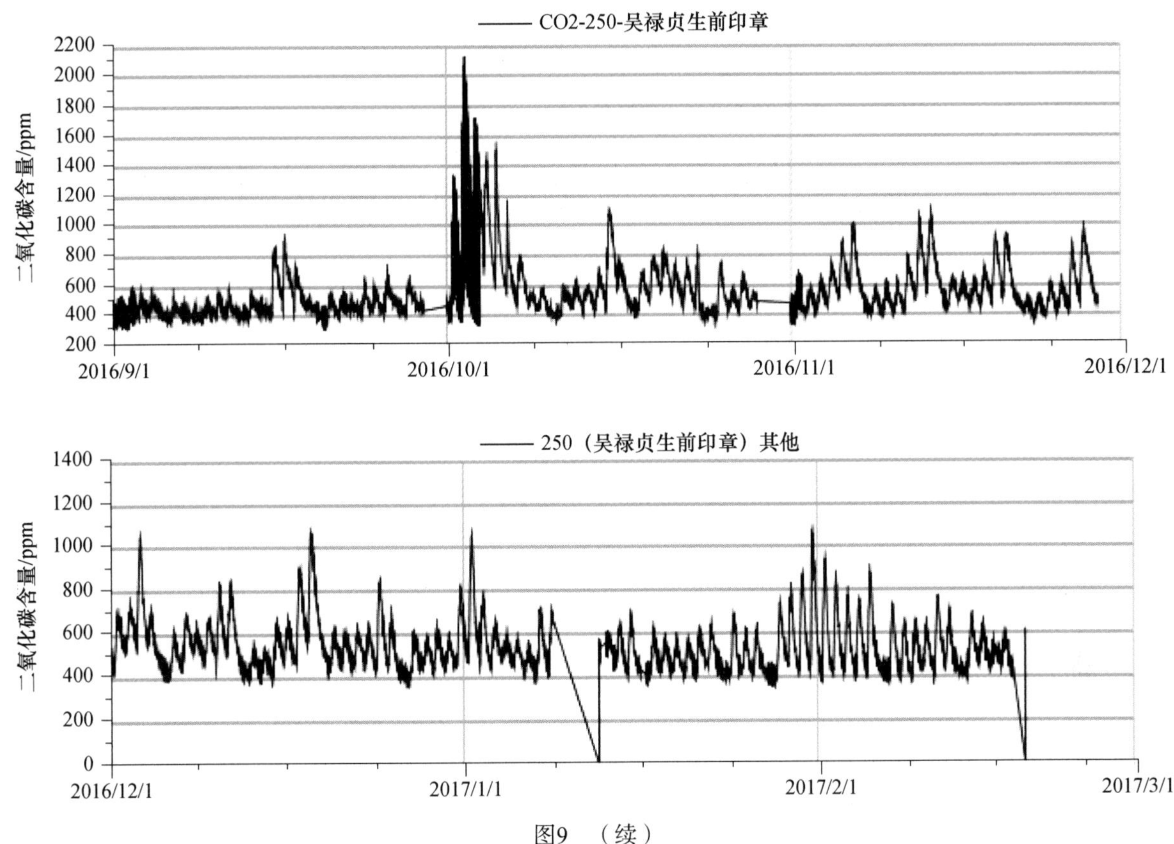

图9 （续）

观舒适度，又可以保护文物避免受到过高二氧化碳的损害。

结　语

根据2016年夏季至2017年春季荆楚百年英杰展厅文物保存环境监测结果分析可知，该展厅整体环境质量较好，适宜本馆纸质文物的保存。

在温湿度方面，除了2016年夏季温湿度平均值均高于参考标准范围，其余三个季度都符合标准。波动情况除2016年秋季温度变化较大之外，其他三个季度的温湿度波动均较小，环境较稳定。但夏季的高温高湿易使纸质文物水解，使字画颜料变色，易滋生霉菌。建议在展厅内增设除湿机，在展柜内加入调湿剂或更换恒温恒湿展柜来达到文物适宜的保存环境温湿度。

在光辐射方面，荆楚百年英杰展厅各检测点光照强度都较低，紫外辐射强度略有超标。由于展厅中纸张书画等文物对光敏感，建议针对照射文物的灯光进行适当调整。最好定期对展柜内展出的书画作品进行轮换展出，降低书画所受到的年累积照度。

在大气污染物方面，有机挥发物随时间的推移逐步降低，除2016年夏季轻微超标，后期都保持在标准范围以内；二氧化碳除十一等节假日超标以外，其余时间空气质量都符合标准。

近年来，随着国家政府对文物保护事业关注度和支持度的加大，湖北省博物馆必将总体加强馆藏文物预防性保护。今后，在投入更多的监控设施应用于馆藏文物预防性保护的同时，我们文物保护工作者也要坚持观察记录发现问题，并找到解决问题的方法，只有这样才能实现对馆藏文物有效和长久的保存。

植物精油熏蒸剂在纸张上残留的初步研究

曾 檀[1,2] 唐 欢[1,2] 何 纳[1,2] 王 春[1,2] 周理坤[1,2]

（1. 重庆市文化遗产保护科研基地，重庆，400015；2. 重庆中国三峡博物馆馆藏文物有害生物控制研究中心，重庆，400015）

摘要 植物精油与传统化学熏蒸剂相比具有环境友好等诸多优势，在有机质文物防虫防霉的应用中极具潜力。为考察熏蒸剂在文物上的残留，本文以现代书画纸和手工竹纸为例，进行实验室模拟熏蒸，采用气相色谱法，测定熏蒸后香茅醛精油在纸张上的残留量。实验结果表明，熏蒸后精油残留量约为0.02μg/100cm^2，其中不能通过自然通风去除的精油残留量约0.01μg/100cm^2，约占熏蒸剂残留量的一半。

关键词 精油 熏蒸 残留

引 言

博物馆藏品中的有机质藏品如纸张、纺织品、皮革制品等，由于其材质本身富含纤维素、淀粉或蛋白质的特点，容易发生菌害和虫害。熏蒸法作为防治虫霉最有效、最彻底的方法，应用十分广泛。传统熏蒸剂如环氧乙烷、溴甲烷和磺酰氟，其有效性虽已得到证实，但其安全性尚存在争议。鉴于此，上海博物馆、重庆中国三峡博物馆等研究团队相继开展相关研究，探索环境友好型的植物源熏蒸剂如蒜素、精油等在文物防霉防虫上的应用。植物源熏蒸剂作为天然抑菌物质，抑菌活性强，对环境危害小，对人体的安全性显著优于传统化学熏蒸剂，但其在文物上的残留和对文物本身的影响尚待研究。本文以香茅醛为例，探讨其在纸张上的残留。

1 材料与方法

1.1 材料

香茅醛精油：重庆日用化学工业研究所提供。宣纸：红星书画纸，购于重庆市渝中区古玩城。手工竹纸：四川夹江某手工抄纸工作室提供。

1.2 样品处理方法

取红星书画纸和手工竹纸，分别裁成25cm × 2cm大小的长方形，悬挂于熏蒸容器顶部使其自然下垂。将香茅醛精油滴加于玻璃平皿内，将此平皿置于熏蒸容器底部，然后密封容器，保证容器内香茅醛精油始终处于饱和状态。注意样品底部不可与平皿内的精油直接接触。样品在此容器内室温熏蒸24h后取出备用。取出的两种纸张样品分别分为四组，第一组立即置于20mL顶空瓶中并加盖密封。第二组、第三组和第四组均置于自然通风处，分别放置24h、48h和72h后置于20mL顶空瓶中并加盖密封。

1.3 香茅醛检测方法

1.3.1 检测仪器

GC7890气相色谱仪（FID检测器），美国Agilent公司。

1.3.2 色谱条件

色谱柱为Elite1701（30m × 0.25mm × 0.32μm），以高纯氮气为载气，流速2mL/min；柱温120℃，保持8min，以50℃/min升至220℃，保持2min；进样口温度230℃；检测器温度265℃；顶空平衡温度100℃，平衡时间30min。

1.3.3 对照样品配制方法

精密吸取香茅醛精油1mL，置于100mL容量瓶中，加入无水乙醇溶解并定容至刻度，摇匀，作为储备液。分别精密吸取此储备液0.5μL、1.0μL、1.5μL、2.0μL，置于20mL顶空瓶中，加盖密封，作为对照样品。

2 结果与讨论

2.1 标准曲线

取上述对照样品，参照1.3.2节色谱条件进行检测，对照典型色谱图如图1所示。以峰面积A对加入精油体积V（μL）作标准曲线，得到的标准曲线方程为$A=9199.4V-12.57$，$R^2=1$。

2.2 纸张样品

取上述熏蒸过的红星书画纸和手工竹纸样品，参照1.3.2节色谱条件进行检测，样品典型色谱图如图2和图3所示。

分别测定熏蒸结束后0h、自然通风24h、48h、72h后取样的样品中香茅醛的残留量，结果如表1所示。

表1 两种纸张样品精油残留量检测结果 （单位：μL/100cm^2）

样品名称	0h	24h	48h	72h
红星书画纸	0.0227	0.012	0.011	0.011
手工竹纸	0.0278	0.012	0.013	0.012

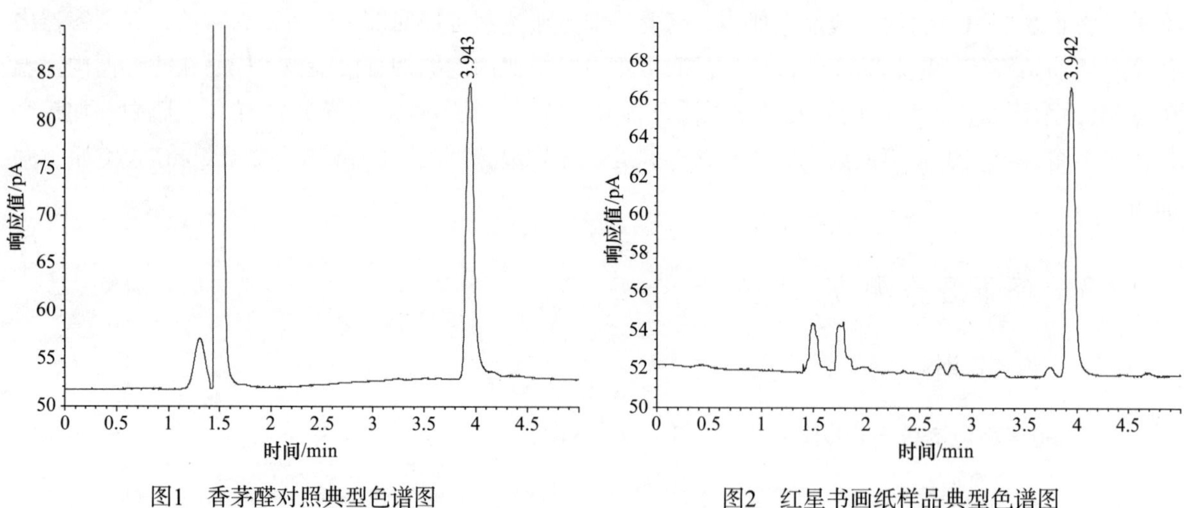

图1　香茅醛对照典型色谱图　　　　图2　红星书画纸样品典型色谱图

香茅醛精油的纯度按照100%计，密度按照0.8550g/cm^{3}计算，残留量以每100cm^{2}面积的纸张上残留的精油质量（单位μg）表示，结果如表2所示。

表2　两种纸张样品精油残留量检测结果　　（单位：μg/100cm^2）

样品名称	0h	24h	48h	72h
红星书画纸	0.0194	0.0099	0.0093	0.0094
手工竹纸	0.0238	0.0102	0.0109	0.0102

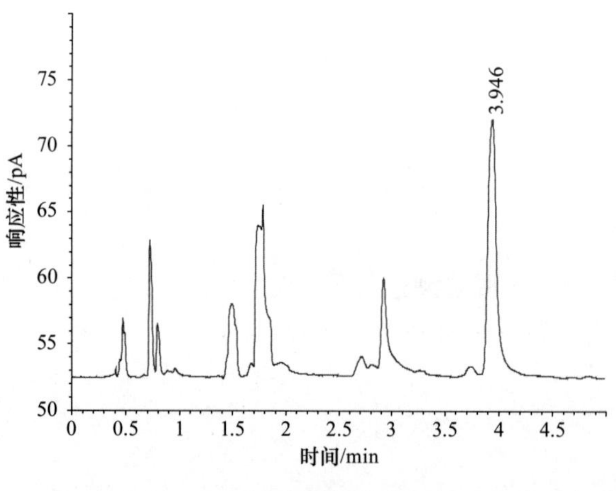

图3　手工竹纸样品典型色谱图

2.3　讨论

（1）从熏蒸后两种纸张样品精油残留量测定的结果可以看出，熏蒸结束立即测定的精油残留量最高，在自然通风条件下放置后残留量降低约为熏蒸结束时的1/2，放置24h、48h和72h，精油残留量趋于稳定，并没有随着放置时间延长而降低，放置不同时间后测得的精油残留量基本一致。此结果提示，精油在纸张表面的残留可分为两部分，一部分吸附于纸张表面，可自然挥发而去除；另一部分以某种方式附着在纸张上，不能通过自然挥发去除。

（2）本实验中熏蒸过程是在常压和室温时，精油在熏蒸容器中达到饱和的条件下进行的。实际操作中，熏蒸柜配备有真空、加热、循环风等功能，熏蒸剂浓度会与本实验条件存在差异，熏蒸剂残留的方式和残留量也会有所不同，后续需要在实际操作条件下再进一步研究。

（3）精油在纸张上的残留，一方面会对纸张的物理和化学性能产生影响，另一方面有持续抑制虫霉侵害的作用。后续需要对此进行进一步研究，为精油熏蒸剂在应用时的剂量选择提供参考。

文物科学分析研究

应用Illumina MiSeq高通量测序技术研究白鹤梁水下题刻表面淤泥的微生物组成

唐 欢[1, 2] 范文奇[1, 2] 何 纳[1, 2] 周理坤[1, 2] 曾 檀[1, 2]

（1. 重庆市文化遗产保护科研基地，重庆，400015；2. 重庆中国三峡博物馆馆藏文物有害生物控制研究中心，重庆，400015）

摘要 白鹤梁水下题刻是保存于长江水下的重要石质文物，由于长期位于水下，所以其表面的微生物病害不同于地面石质文物。本文利用Illumina MiSeq高通量测序技术对附着于白鹤梁水下题刻表面的淤泥进行了微生物群落多样性及组成的分析，细菌上的相对优势菌门（大于1%）11个，其中变形菌门和硬壁菌门细菌种类最多，分别占比63.66%和67.74%，在属的水平上，占比最大的为未知菌（17%），其次为微小杆菌属细菌（12%）。真菌中，相对优势菌门仅有2个，其中未知菌占比达到59%，其次是子囊菌门（40%）。在属的水平上，未知菌占比更是达到85%，其次是镰刀菌属（7%）、座囊菌（2%）和海卷孢属（1%）。霉变文物常检出的青霉属和曲霉属占比分别仅为0.3%和0.2%，并不是水下题刻表面的主要真菌菌属。由此可见，水下石质文物表面的微生物群落构成相对简单，与地面文物存在较大差异，并且测试样品中存在大量的未知菌，这些未知菌对于石质文物的影响尚不明确。以上结果为水下石质文物保护提供了新的值得关注的研究方向。

关键词 高通量 水下文物 石质文物 白鹤梁 微生物多样性

引 言

石质文物表面的微生物病害是指微生物菌群在石质文物表面及其裂隙中繁衍生长，导致石质文物表面变色及表层风化的现象[1]。石质文物多数为不可移动文物，在户外，对其保存环境的控制存在较大难度，因此，从某种程度上看，对石质文物开展生物腐蚀防治比可移动文物困难；同时，对于石质文物而言，微生物的侵蚀、破坏作用过程十分缓慢，不易察觉，因而更容易被忽视。因此，与有机质文物的微生物病害调查和防治相比，石质文物表面的微生物群落调查及其对石质文物的腐蚀机理机制的研究极其有限。

白鹤梁水下题刻是保存于长江水下的重要石质文物，由于长期位于水下，文物经年累月的保存环境是江水水环境，与地面石质文物长期接触的空气环境明显不同。水下题刻表面覆盖一层轻薄的淤泥层，本文拟对与石质文物表面直接接触的淤泥层内的微生物群落进行分析，以期对水下石质文物表面的微生物附着情况进行详细调查，进而为其下一步的保护方案积累微生物病害防治的基础数据。

1 材料与方法

1.1 样品采集

白鹤梁水下题刻表面由潜水员定期进行清淤工作，因此本实验样品由潜水员在潜入水体开始工作前进行采集。1号样品由水下题刻中央位置获得，2号样品由水下题刻边缘位置获得。

1.2 主要试剂

DNA提取试剂盒采用E.Z.N.A™ Mag-Bind Soil DNA Kit（OMEGA，D5625-01），DNA定量使用Qubit2.0 DNA检测试剂盒（Life，Q10212），Taq DNA Polymerase（Thermo，Ep0406），Agencourt AMPure XP（Beckman，A63882）。

1.3 主要仪器

本实验使用的主要仪器：台式离心机（Thermo Fisher，Pico-21），凝胶成像系统（美国UVP），Qubit® 2.0荧光计（Invitrogen，Q32866），PCR仪（BIO-RAD，T100TM Thermal Cyeler）。

1.4 DNA提取

具体提取步骤参照OMEGA试剂盒E.Z.N.ATM Mag-Bind Soil DNA Kit的试剂盒使用说明书（网址链接：http://www.omegabiotek.com.cn/Product/109.html）。

1.5 Illumina Miseq测序、数据处理与统计分析

DNA样品送至上海生工生物工程有限公司进行Illumina MiSeq高通量测序，细菌测序结果与RDP及NCBI数据库进行比对，真菌ITS测序结果与RDP数据库进行比对，分别将样本序列按照序列间的距离进行聚类，然后根据序列之间的相似性将序列分成不同的操作分类单元（operational taxonomic units，OTU），取97%的相似水平以上的OTU进行生物信息统计分析。

2 结果与分析

2.1 样品细菌群落的组成分析

2.1.1 门水平上的组成分析

由图1可见，两个样品中，优势细菌在门水平上具有一定的相似性，变形菌门和硬壁菌门是水

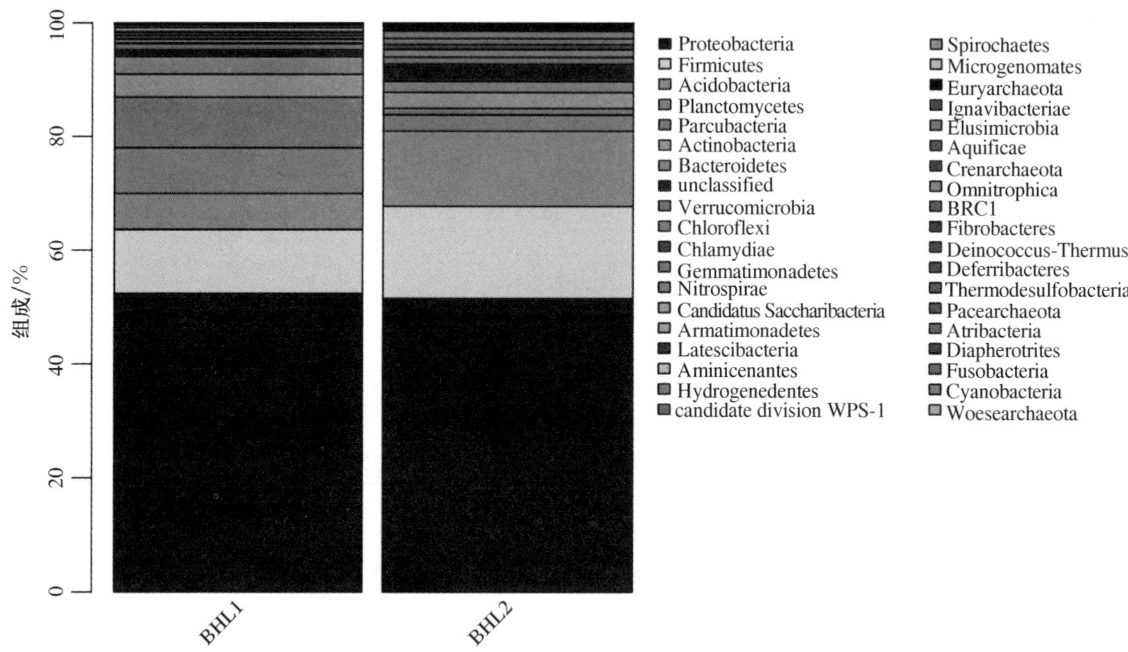

图1　细菌在门水平上的组成分析

下题刻表面淤泥中的主要优势菌，二者分别占两个样品细菌总数的63.66%和67.74%。

1号样品中优势菌门（相对丰度大于1%）有9个，分别是变形菌门（52.42%）、硬壁菌门（11.24%）、Parcubacteria（8.85%）、浮霉状菌（8.12%）、酸杆菌门（6.29%）、放线菌门（4.01%）、拟杆菌门（3.12%）、未经分类（1.26%）、疣微菌门（1.14%），占到1号样品所有细菌比例的96.45%；2号样品中的优势菌门有10个，较1号样品多一类优势菌——绿弯菌门。其中各优势菌门所占比例分别为变形菌门（51.56%）、硬壁菌门（16.18%）、酸杆菌门（13.23%）、未经分类（2.99%）、浮霉状菌（2.85%）、放线菌门（2.79%）、拟杆菌门（2.02%）、绿湾菌门（1.45%）、疣微菌门（1.2%）、Parcubacteria（1.16%）。以上10个门的细菌占到2号样品所有细菌比例的95.43%。

考虑到石刻表面淤泥内的微生物来源主要是水体内本身携带及动物代谢产物，因此我们重点比较了本文与一些水环境微生物高通量测序的结果。王绍祥等[2]对春季水库水样进行16S测序在门水平上的结果显示，优势物种分别是蓝藻门、变形菌门、放线菌门、拟杆菌门、No rank、浮霉菌门、绿弯菌门、硬壁菌门、疣微菌门和酸杆菌门。除蓝藻门外，该结果与本文样品的吻合程度极高。这可能是由于白鹤梁的水环境是江水经过净化后流入的，同时参观体内的水与江水相通，始终保持了一定的流动性，因此蓝藻门不是白鹤梁水下题刻表面淤泥的优势菌。

李军[3]利用高通量测序技术对地下水污染的研究中发现，中度污染区门水平菌群主要包括变形菌门、硬壁菌门、拟杆菌门、Omnitrophica和放线菌门，而与水体溶解氧相关的Omnitrophica在本文中未被检出。

另外，本文检出的优势菌门Parcubacteria已被报道在多种缺氧环境中采集到。而这个门的细菌在1号样品中的相对丰度为8.85%，在2号样品中的相对丰度1.16%，优势地位也较为显著。据Nelson等的研究表明，这类细菌可能是其他生物的共生菌或寄生物[4]。

2.1.2　纲水平上的组成分析

饼图（图2）显示了两个样品中主要细菌在纲水平上的组成。二者之间的相似性是显而易见的，γ-变形菌（Gamma-proteobacteria）在两个样品中所含比例均超过20%，是最优势的细菌。其次，α-变形菌纲（Alpha-proteobacteria）、β-变形菌纲（Beta-proteobacteria）以及芽孢杆菌纲（Bacilli）是次优势菌纲。

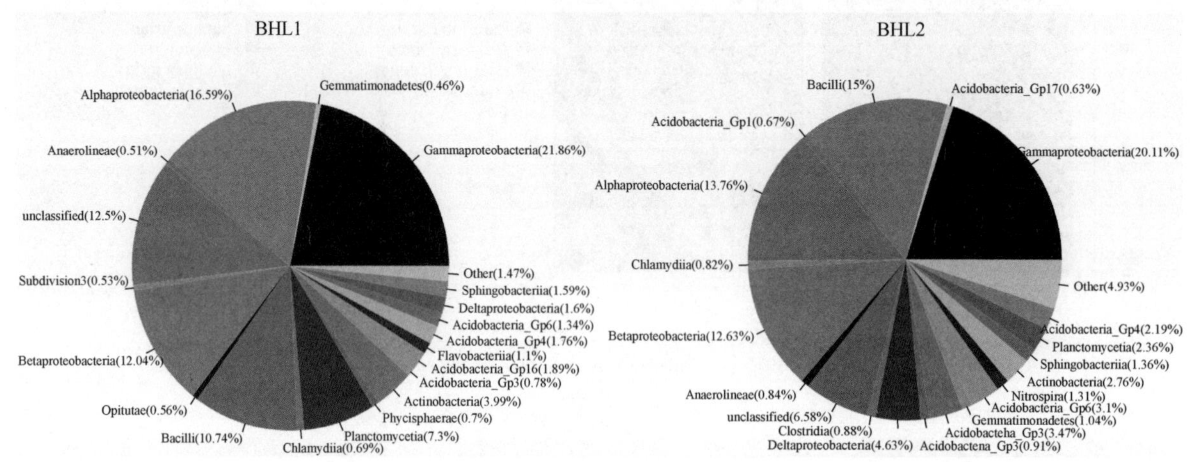

图2　细菌在纲水平上的组成分析

对于地面石质文物表面的微生物组成分析，颜菲等于2012年利用PCR-DGGE（变性梯度凝胶电泳）的方法对云冈石窟石质文物表面及周边岩石样品进行了微生物组成分析[5]，其结果显示，γ-变形菌纲、鞘脂杆菌门（Sphingobacteria）、α-变形菌纲和放线菌纲（*Actinobacteria*）是其主要类群。对比本文的优势菌（门和纲水平上），γ-变形菌纲、α-变形菌纲、β-变形菌纲、芽孢杆菌纲、未经分类、Planctomycetia、Δ-变形菌纲、酸杆菌门、鞘脂杆菌纲，存在一定的相似性。从两个结果的比较也可以看出，水下石质文物表面的微生物组成较地面文物多样性高，检出物种更为丰富，但由于DGGE能够获得的微生物信息与高通量测序相比本身较为有限，这种结果是由于环境因素、样品本身还是检测技术的不同而呈现差异尚需要进一步研究。但综合两项研究可以得出的一致结果是，石质文物表面的细菌主要群落应包含变形菌、鞘脂杆菌等。

白娜[6]对黑臭水体内的微生物进行16S rDNA高通量测序得出：水体微生物在纲水平下，优势群落包括β-变形菌纲（13.3%～31.9%）、γ-变形菌纲（5.6%～53.4%）、α-变形菌纲（5.2%～18.3%）、蓝藻纲（0.3%～21.7%）、梭菌纲（0.2%～15.15%）、拟杆菌纲（0～10.2%）、Δ-变形菌纲（0.1%～10.2%），该结果与李军对污染水体的研究相比具有一定的一致性，蓝藻纲应是水体污染的典型微生物代表，而本文在水下题刻表面淤泥中未检出。

章高森等对故宫石雕房山汉白玉石内生微生物进行了研究，发现石内生微生物群落的初级生存者以蓝藻为主体，而蓝藻会加速石质文物表层的疏松和孔隙形成，引起石质文物变色或生物退化。

白鹤梁水下题刻保存的水环境净化在一定程度上预防了水体污染，对水下题刻具有保护作用。

2.1.3 属水平上的组成分析

热图（图3）显示了两个石质文物表面淤泥中细菌在属水平上的组成分析结果。热图用颜色变化来反映群落分布的丰度信息，可以直观地将群落分布丰度值用定义的颜色深浅表示出来。颜色块代表相对物种丰度值，颜色越红表示相对丰富越高，颜色越蓝则反之。同时，热图将样品以及群落分布信息进行聚类并重新排布，将聚类后的结果显示在热图中，因此，可以很好地反映各分类水平上群落分布组成的异同。

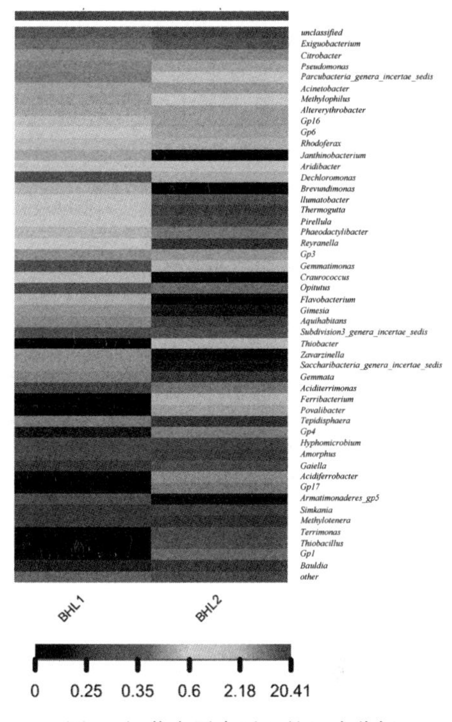

图3 细菌在属水平上的组成分析

就本实验结果看，BHL1和BHL2两个样品的细菌在属的分类水平上大致相似，但也存在一定差异。相同的趋势是2个受试样品中未经分类和微小杆菌属是明显的优势属；差异表现在2号样品中的未经分类和微小杆菌属颜色较1号样品更红，说明2号样品中这两个属的细菌相对丰度较1号样品高。同时，结合热图和数据列表（表1）可见，在1号样品中相对丰度较高的紫色杆菌属（2.96%）在2号样品中完全没有检出（0），类似地，2号样品中相对丰度为2.14%的*Dechloromonas*，在1号样品中则并不占优势（0.54%）。这种情况还见于2个样品中*Parcubacteria_genera_incertae_sedis*、短波单胞菌属（*Brevundimonas*）、*Thermogutta*。总体而言，1号样品的细菌在属的水平上，相对丰度较2号样品高。

表1 样品中细菌在属水平上的占比比较

序号	细菌	在BHL1中的占比/%	在BHL2中的占比/%
1	unclassified（未经分类）	13.53	20.41
2	*Exiguobacterium*（微小杆菌属）	10.39	14.46
3	*Citrobacter*（柠檬酸杆菌属）	5.78	6.99
4	*Pseudomonas*（假单胞菌）	7.82	2.58
5	*Parcubacteria_genera_incertae_sedis*	8.85	1.16
6	*Acinetobacter*（不动杆菌属）	2.76	3.52
7	*Methylophilus*（嗜甲基菌属）	4.17	1.23
8	*Altererythrobacter*（交替赤杆菌属）	2.29	3.34
9	*Gp16*	1.89	3.47
10	*Gp6*	1.34	3.1
11	*Rhodoferax*（红育菌属）	1.95	2.18
12	*Janthinobacterium*（紫色杆菌属）	2.96	0
13	*Aridibacter*	1.49	1.46
14	*Dechloromoas*	0.54	2.14
15	*Brevundimonas*（短波单胞菌属）	2.16	0.02

续表

序号	细菌	在BHL1中的占比/%	在BHL2中的占比/%
16	*Ilumatobacter*	1.43	0.55
17	*Thermogutta*	1.55	0.36
18	*Pirellula*（小梨形菌属）	1.29	0.5
19	*Phaeodactylibacter*	1.04	0.63
20	*Reyranella*	1.25	0.29

颜非等的研究发现，假单胞菌属细菌在云冈石窟38号窟样品中也是优势种群。假单胞菌是兼性厌氧菌，属于异养微生物，必须利用有机质作为碳源、无机物或有机物作为氮源获得能量而生长[5]。白鹤梁水下题刻保护体内部的水环境，虽然由江水过滤后获得，但存在大量的河虾和少量的鱼类，这些生物的活动和繁殖无疑为细菌的生长提供了不间断且充足的有机质成分。

2.1.4　样品间的两两比较

图4和图5是差异比较的误差线图，所示为不同物种分类在两个样品中的丰度比例，中间所示为95%置信区间内，物种分类丰度的差异比例，$p<0.05$表示差异显著。

首先看2个样品在门水平上的两两比较（图4），除了Candidate division WPS-1、Parcubacteria、Omnitrophica之外，其余门的丰度在2个样品中存在显著性差异。而且，BHL2中的大部分细菌在门

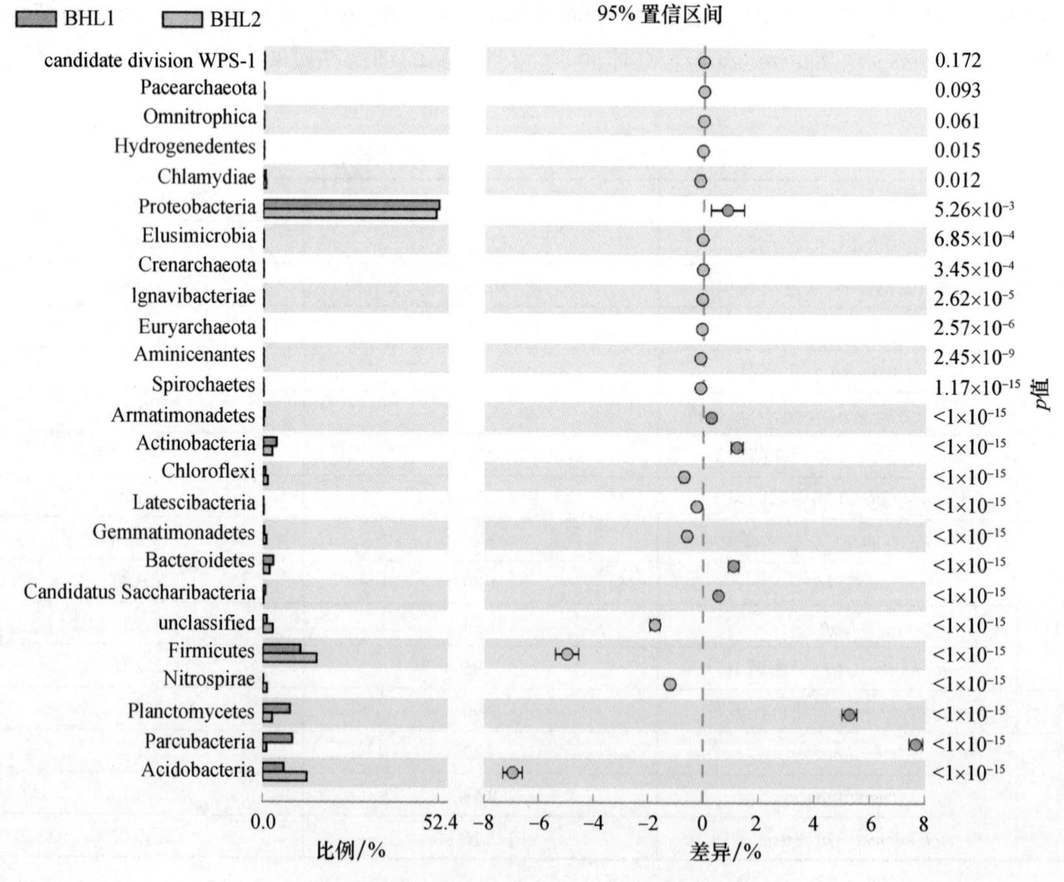

图4　样品中细菌丰度在门水平上的差异比较

水平上相对丰度高于BHL1。2个样品中细菌在属之间的比较结果可见图5，在优势菌属中，未经分类、微小杆菌属、*Gp6*（酸杆菌属）、*Gp16*（酸杆菌属）等在2号样品中的相对丰度显著大于1号样品（$p<0.05$）；*Parcubacteria_genera_incertae_sedis*、假单胞菌属（*Pseudomonas*）、紫色杆菌属（*Janthinobacterium*）等在2号样品中的相对丰度显著小于1号样品（$p<0.05$）。

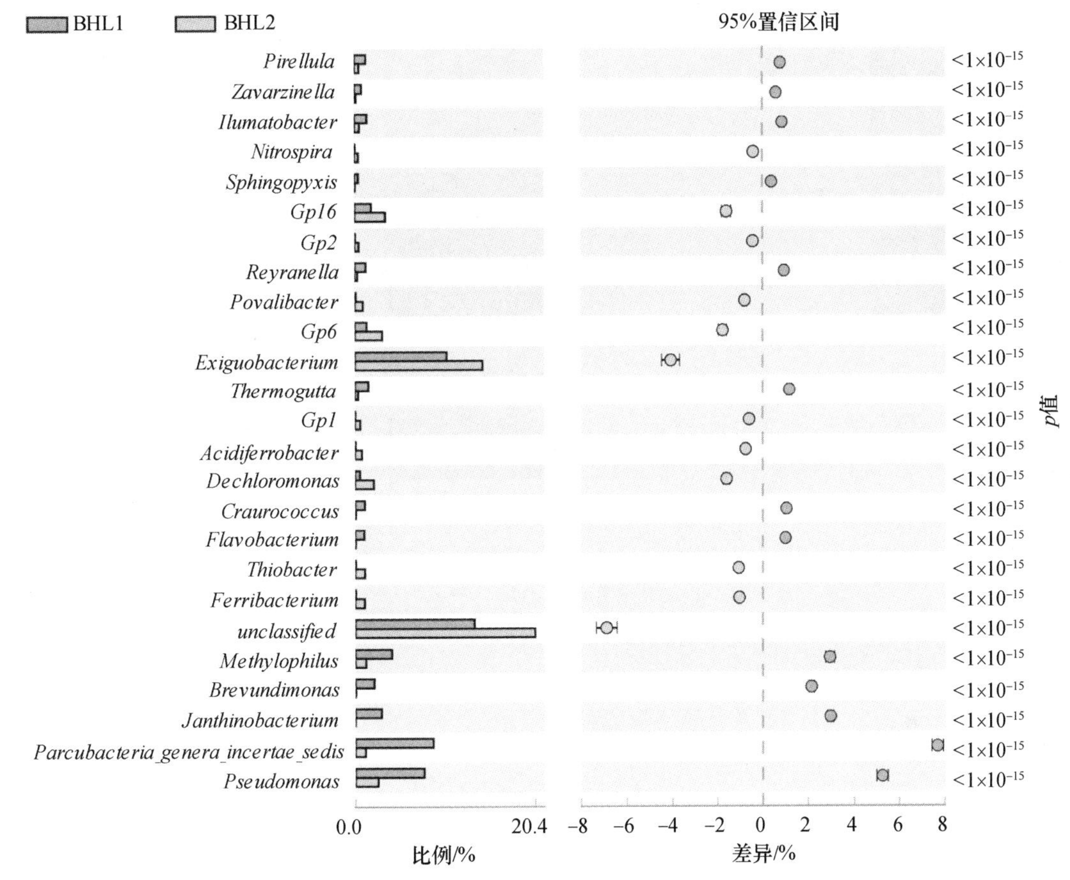

图5　样品中细菌丰度在属水平的差异比较

2.2　样品真菌菌落的组成分析

2.2.1　门水平上的组成分析

与细菌热图的复杂相比较，真菌组成的热图色块很少，该结果直观表明水下题刻表面淤泥中的微生物组成上，真菌的多样性远远低于细菌（图6）。两个样本中，相对丰度大于1%的优势菌菌门主要包括未知菌和子囊菌门（Ascomycota），仅这两类即分别占到两个样品中真菌比例的99.46%、99.02%，是占有绝对优势的真菌类群。其余检出的真菌分属于担子菌门（Basidiomycota）、接合菌门（Zygomycota）、壶菌门（Chytridiomycota）、小孢子虫目（Microsporidia）。

2.2.2　纲水平上的组成分析

群落结构分布柱形图（图7）的结果可见，在纲的水平上，2号样品中的优势菌有5种，而1号样

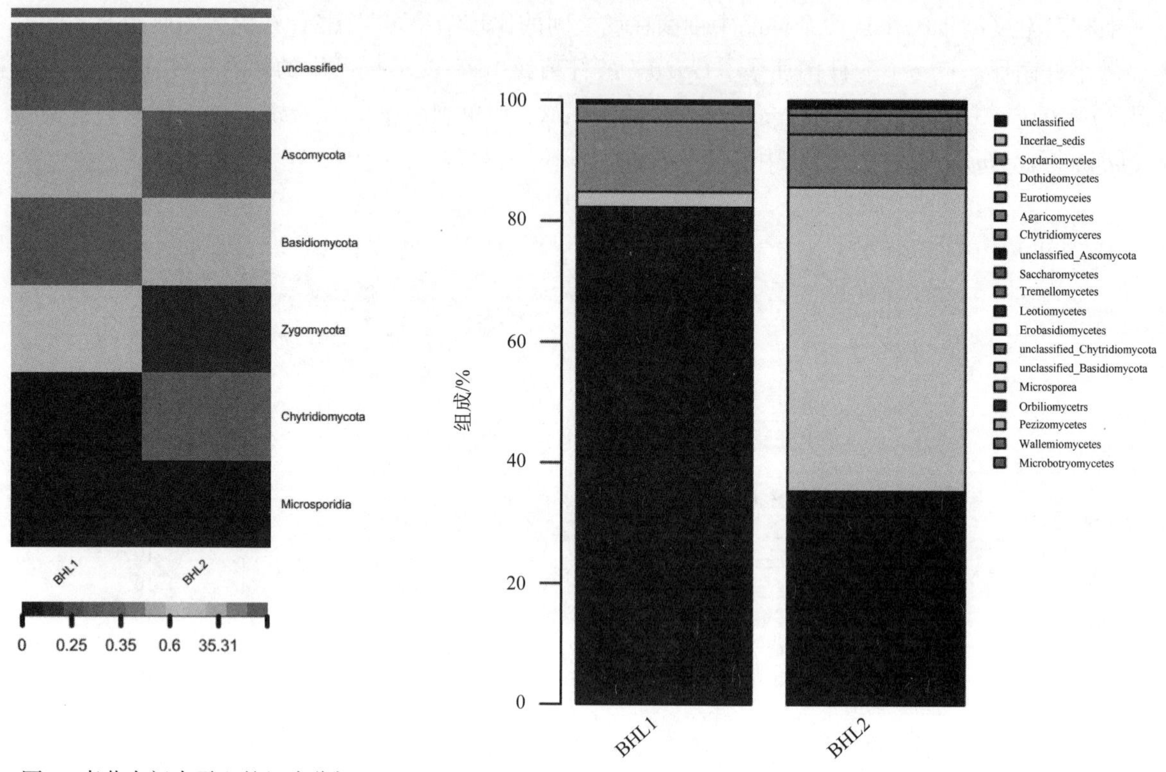

图6　真菌在门水平上的组成分析

图7　真菌在纲水平上的组成分析

品有4种。这些优势菌包括未知菌、Incertae_sedis（分类地位未定）、粪壳菌纲（Sordariomycetes）、座囊菌纲（Dothideomycetes）、散囊菌纲（Eurotiomycetes）等。值得注意的是2个样品的差异较为明显，如Incertae_sedis是2号样品的优势菌（50.39%），在1号样品中却只占2.52%；未知菌在1号样品中占82.36%，在2号样品中只占35.31%。

2.2.3　属水平上的组成分析

在属的水平上，从图8和表2可见，2号样品的相对丰度高于1号样品，同时，在2个被测样品中，未知菌的真菌种属占比均较高，尤其是在1号样品中，占比超过80%。同时，分类地位尚不能确定的属在2号样品中比例最大，占比超过50%。

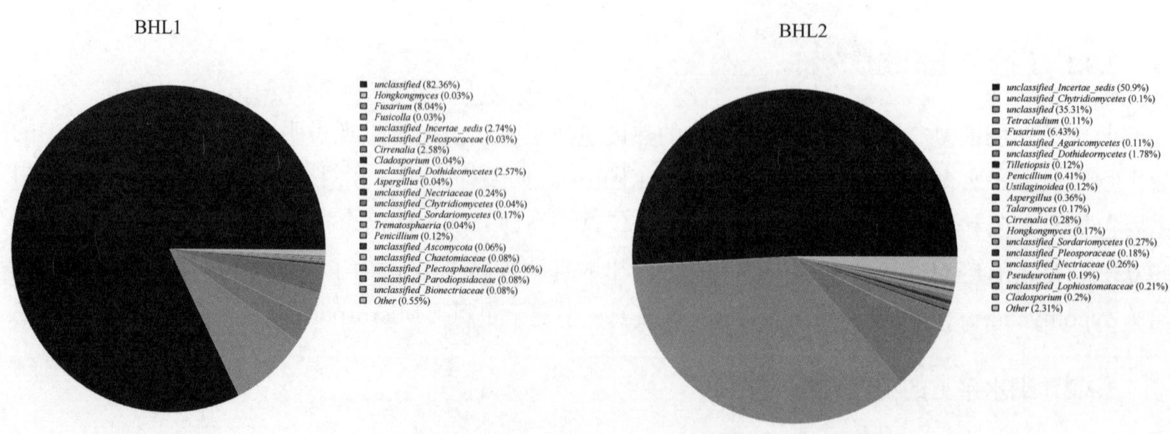

图8　真菌在属水平上的组成分析

表2 样品中真菌在属水平上的占比比较

序号	Genus	在BHL1中的占比/%	在BHL2中的占比/%
1	unclassified未经分类	82.36	35.31
2	unclassified-Incertae-sedis（未经分类 地位未定）	2.74	50.9
3	*Fusarium*（镰刀菌属）	8.04	6.43
4	unclassified Dothideomycetes（未经分类 座囊菌纲）	2.57	1.78
5	*Cirrenalia*（海卷孢属）	2.58	0.28
6	unclassified Nectriaceae（未经分类 丛赤壳科）	0.24	0.26
7	*Penicillium*（青霉菌属）	0.12	0.41
8	unclassified Sordariomycetes（未经分类 粪壳菌纲）	0.17	0.27
9	*Aspergillus*（曲霉属）	0.04	0.36
10	Cladosporium	0.04	0.2
11	unclassified Lophiostomataceae（未经分类 扁孔腔菌科）	0.02	0.21
12	unclassified Pleosporaceae（未经分类 假球壳科）	0.03	0.18
13	*Hongkongmyces*	0.03	0.17
14	Talaromyces（蓝状菌属）	0.03	0.17
15	*Pseudeurotium*	0	0.19
16	unclassified Ascomycota（未经分类 子囊菌门）	0.06	0.09
17	unclassified-Chytridiomycetes（未经分类 壶菌纲）	0.04	0.1
18	unclassified-Chaetomiaceae（未经分类 毛壳菌科）	0.08	0.04
19	unclassified Plectosphaerellaceae（未经分类 Plectosphaerellaceae）	0.06	0.05
20	*Tilletiopsis*（腥掷孢菌属）	0.01	0.12

可见，2个样品的真菌多样性分析中存在大量未知信息。另外，镰刀菌属、座囊菌和海卷孢属也是2个样品中的优势属。馆藏文物中常见的真菌污染主要为青霉属和曲霉属，在样品1和样品2中分别也有少量检出，但不是优势菌属。

2.2.4 样品间的两两比较

无论在门或属之间，两个样品在优势真菌种类的比较中均存在显著性差异（图9和图10）。

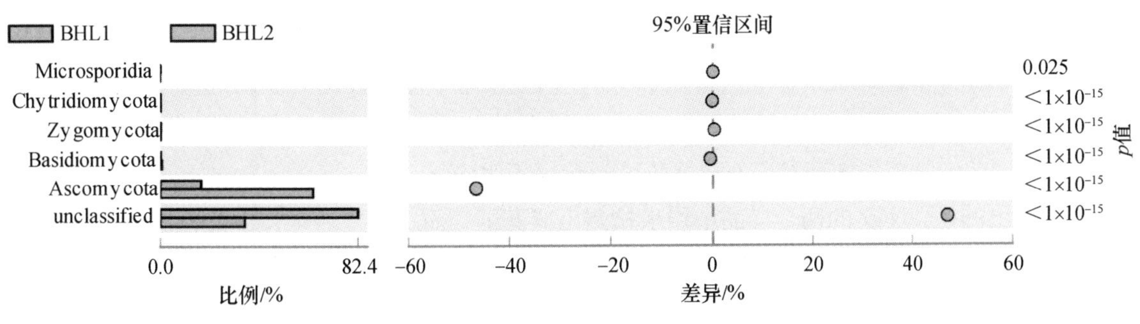

图9 样品中真菌丰度在门水平上的差异比较

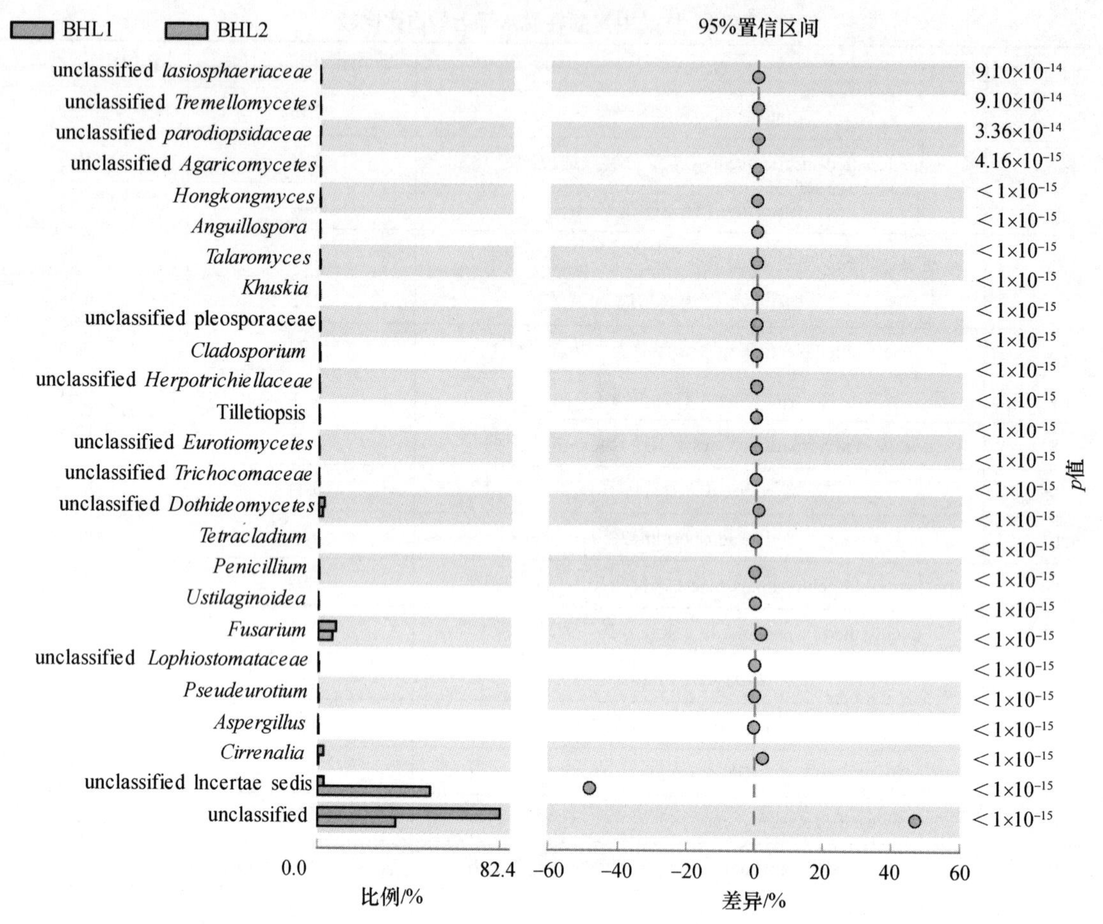

图10　样品中真菌丰度在属水平的差异比较

从整个真菌的高通量测序结果可见，真菌群落多样性分析较细菌分析获得的信息量少，这是因为真菌多样性分析本身的引物信息、数据库都有限，导致类似研究较少，故大部分研究仅仅止步于细菌的群落结构分析。本文获得的水下石刻表面淤泥内的真菌多样性结果，可丰富相关的数据库，为后续真菌群落多样性研究提供资料。

尽管结果有限，但是不难发现，与有机质文物表面霉变的真菌群落分析结果对比，霉变文物表面经常检出的青霉菌属、曲霉属、枝孢属、毛壳属等，都不是水下淤泥中的优势菌种属，取而代之的是镰刀菌属和海卷孢属，而青霉属和曲霉属虽也有检出，但相对丰度极小。

结　　语

本文利用Illumina MiSeq高通量测序技术研究白鹤梁水下题刻表面淤泥内的微生物组成，发现水下石质文物表面的微生物群落构成相对简单，与地面文物表面存在较大差异，并且测试样品中存在大量的未知菌，这些未知菌对于石质文物的影响尚不明确。

值得指出的是，本文的两个样品中均未检测出蓝藻纲，而定期检测水体中的蓝藻可以作为白鹤梁水下题刻水体净化检测的指标，用于进一步判断微生物在石质文物表面产生侵蚀的发生风险。

参 考 文 献

［1］国家文物局. 石质文物病害分类与图示［S］. 北京：文物出版社，2008.

［2］王绍祥，杨洲祥，孙真，等. 高通量测序技术在水环境微生物群落多样性中的应用［J］. 化学通报，2017，77（3）：196-203.

［3］李军. 高通量测序技术及其在地下水污染研究中的应用［D］. 北京：中国地质科学院，2018.

［4］Nelson W C, Stegen J C. The reduced genomes of *Parcubacteria* (OD1) contain signatures of a symbiotic lifestyle [J]. Frontiers in Microbiology, 2015, 6 (713): 713.

［5］颜菲，葛琴雅，李强，等. 云冈石窟石质文物表面及周边岩石样品中微生物群落分析［J］. 微生物学报，2012，52（5）：629-636.

［6］白娜. 典型区域黑臭水体形成的微生物学过程探究［D］. 北京：首都经济贸易大学，2018.

拉曼光谱仪在陶瓷修复常用胶黏剂上的应用

范文奇　李　磊　王　春　唐　欢

（重庆中国三峡博物馆文物保护部，重庆，400015）

摘要　本文采用拉曼光谱仪对陶瓷修复常用胶黏剂进行检测分析。根据检测结果，与已修复过的陶瓷器胶黏剂进行比对，得出原胶的种类。实验表明，拉曼光谱仪能够较好地区分各种胶料的差异，为陶瓷再修复过程中胶黏剂去除的材料及方法的选择提供数据支持。

关键词　拉曼光谱仪　胶　古陶瓷　修复

引　言

陶瓷器文物是博物馆的重要藏品。随着各区县博物馆的建立，为满足展陈的需要，陶瓷器文物大多面临着再修复的问题。戚军超和马侠[1, 2]采用手术刀、钢锉去除曾经过修复的陶器上附着的胶黏剂；牛飞[3]采用热风枪、有机试剂等多种方式结合，对已知环氧树脂胶、快干胶、丙烯酸树脂（Paraloid B72，以下简称B72）三种胶料进行拆分实验，以模拟瓷质文物的再修复过程。

重庆地区是三峡考古的重要组成部分，沿江区县的文物大多出土于三峡考古大发掘时期，其间全国多个考古队参与其中，各单位所采用的黏接材料均有所区别；同时，原修复的陶瓷器历时多年，胶黏剂部分出现老化变色情况，陶瓷片分离，已不能完全满足文物展陈的要求，并对陶瓷器文物的保存存在明显的安全隐患，故陶瓷上胶黏剂的去除成为再修复过程中极为重要的一部分。

拉曼光谱是分子的散射光谱，可对物质分子进行结构分析和定性鉴定，同时具备制样容易、较红外光谱简单等特点[4]，近年来被广泛应用于古代文物的研究中。黄建华等采用拉曼光谱对传统彩绘用胶进行检测，以得出不同胶的指纹拉曼谱图[5]；左健等[6]、常晶晶[7]采用拉曼光谱对陶俑、壁画彩绘进行检测分析；凡小盼等[8]、王怡林等[9]采用拉曼光谱对青铜器腐蚀物进行检测。本文采用显微共聚焦拉曼光谱仪对常用三类胶黏剂进行检测，以此数据作为标准样，与陶瓷器上所取胶样数据进行对比，得出原胶黏剂的种类，为再修复过程中胶黏剂的去除材料及方法的选择提供数据支持。

1　实验样品

业内比较常用的三种类型胶料见表1。

表1　常用胶料

类型	品牌
快干胶	金三秒502
	禹王502
环氧树脂胶	合众AAA超能胶
	Araldite2020（爱牢达2020）
丙烯酸树脂	B72

样品制备：将各类胶料按照说明书参考比例进行调配，并均匀涂抹于玻璃板上，室温待胶固化。

2　实验仪器和条件

实验仪器：雷尼绍Invia Reflex 激光显微共聚拉曼光谱仪（英国）。

测试条件：激光光源532nm；物镜倍数50×；扫描范围200～3200cm^{-1}；激光功率、累计时间、累计次数根据样品不同进行调整。

3　拉曼光谱在已知胶样中的测试结果

快干胶是一种以α-氰基丙烯酸树脂为单体的单组分胶黏剂，实验测得金三秒502（图1）、禹王502（图2）拉曼光谱，通过对比（图3），两者的拉曼峰基本重合。参照赵婧和杨超[10]

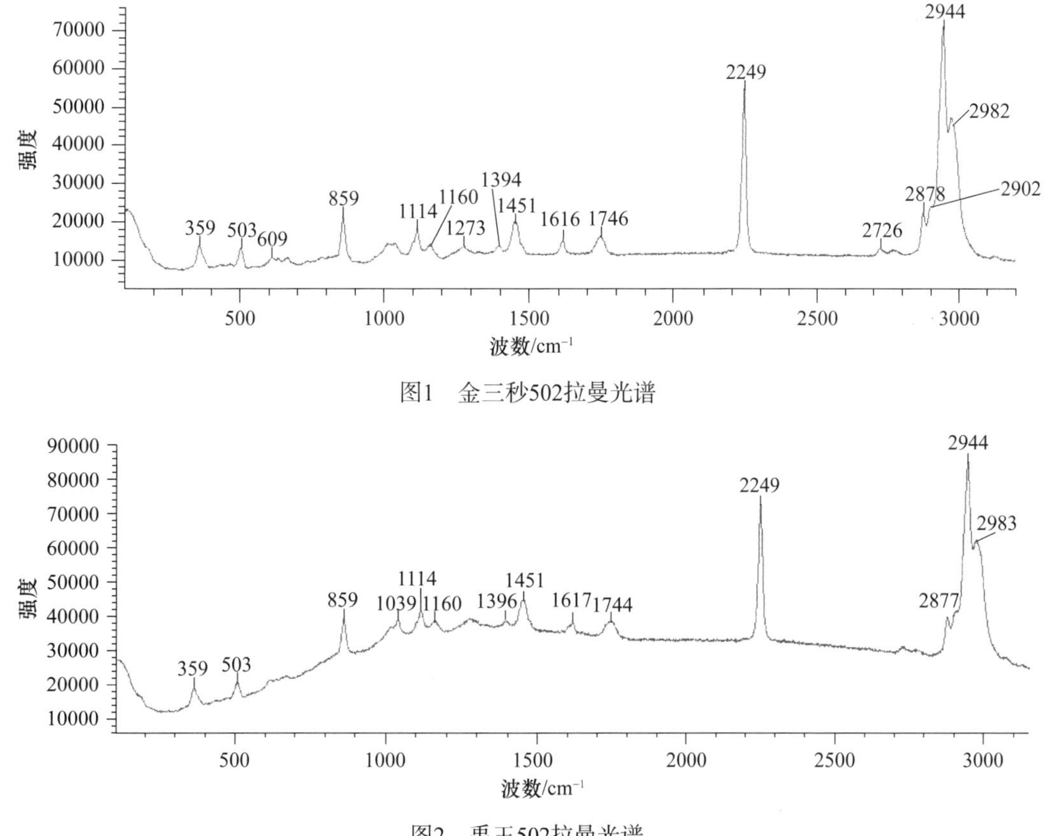

图1　金三秒502拉曼光谱

图2　禹王502拉曼光谱

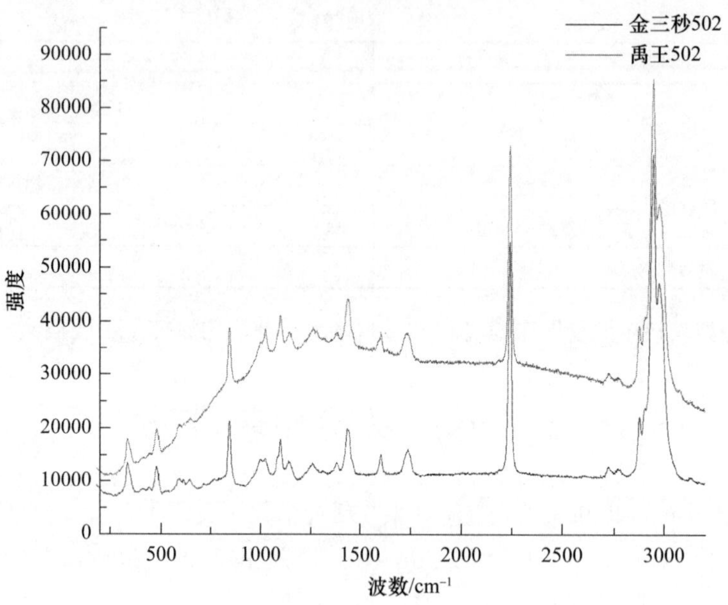

图3　两种快干胶拉曼光谱比对

对氰基丙烯酸乙酯聚合物的拉曼光谱分析实验结果，得出3130cm^{-1}为H—C—H不对称伸缩振动，2983cm^{-1}、2877cm^{-1}为乙基H—C—H对称伸缩振动，2944cm^{-1}为H—C—H不对称伸缩振动及C≡N伸缩振动，2249cm^{-1}为C≡N伸缩振动，1744cm^{-1}为O—C═O伸缩振动，1617cm^{-1}为C═C的伸缩振动，1450cm^{-1}、1396cm^{-1}为乙基H—C—H的弯曲振动，1271cm^{-1}、1039cm^{-1}为C—O的伸缩振动，1160cm^{-1}、859cm^{-1}为C—C的骨架伸缩振动，1114cm^{-1}为乙基H—C—H的扭转振动，503cm^{-1}为C—C≡N平面弯曲振动及平面摇摆振动，359cm^{-1}为C—C—O弯曲振动。其中C≡N为快干胶的特有官能团，故2944cm^{-1}、2249cm^{-1}、502cm^{-1}为其特征拉曼峰。

环氧树脂胶为双组分胶黏剂，属于含苯环的有机化合物，以（苯环）—C、C—H、C—O、C—C、C═O官能团为主。通过实验，爱牢达2020、合众AAA超能胶拉曼光谱图分别见图4和图5，所测两种环氧树脂胶的拉曼峰基本重合（图6），其四条强特征谱带都与苯基有关，参照郑楚生等[11]、吴烨[12]、Vašková和Kěesálek[13]对环氧树脂胶的拉曼光谱分析实验结果，得出

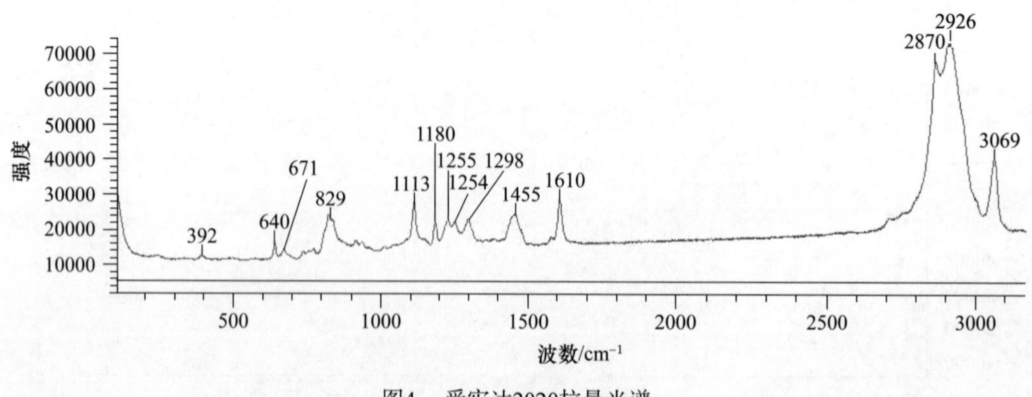

图4　爱牢达2020拉曼光谱

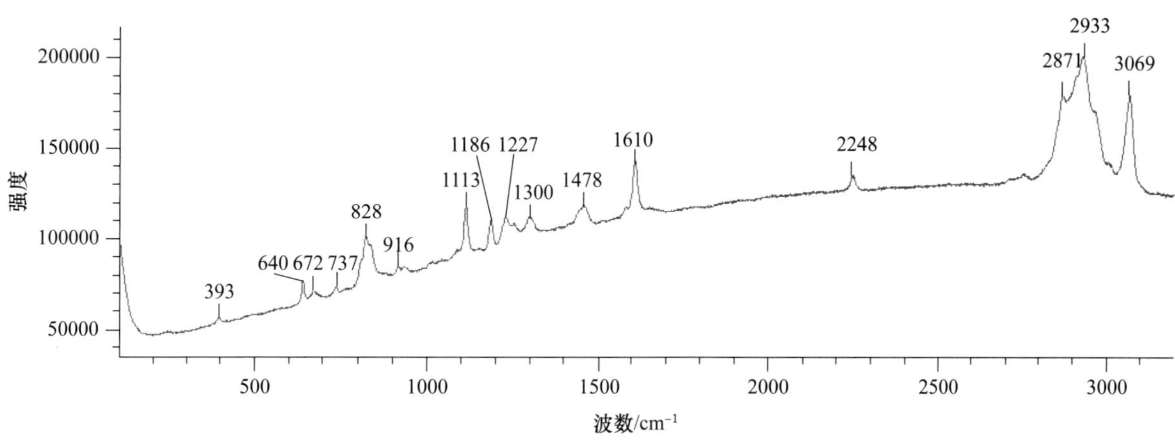

图5　合众AAA超能胶拉曼光谱

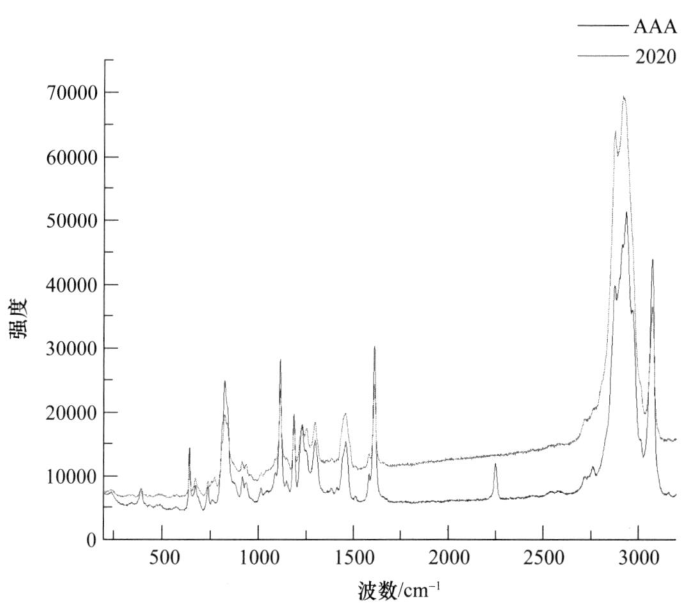

图6　AAA-2020拉曼光谱比对

3069cm^{-1}为苯环碳氢伸缩振动，2905cm^{-1}、2871cm^{-1}为C—H伸缩振动，1610cm^{-1}、1113cm^{-1}为苯环内C═C伸缩振动，1455cm^{-1}为乙基内H—C—H弯曲振动，1300cm^{-1}、1227cm^{-1}为环氧环振动，1180cm^{-1}为苯环内C—H面内弯曲振动，829cm^{-1}为C—O—C对称伸缩振动。其中苯环为环氧树脂胶的特有官能团，故3069cm^{-1}、1610cm^{-1}、1185cm^{-1}、1112cm^{-1}为其特征拉曼峰。

B72为丙烯酸甲酯与甲基丙烯酸乙酯的共聚物，以C—H、C—O、C—C、C═O官能团为主。通过实验（图7），参照常见有机官能团特征拉曼峰值及强度表[4]，得出2940cm^{-1}、2876cm^{-1}为H—C—H不对称伸缩振动，2848cm^{-1}为C—H伸缩振动，1727cm^{-1}为C═O伸缩振动，1453cm^{-1}为乙基内H—C—H弯曲振动，1115cm^{-1}为乙基扭转振动，1027cm^{-1}为C—O伸缩振动，974cm^{-1}、836cm^{-1}为C—O—C对称伸缩振动，864cm^{-1}为C—C骨架振动，599cm^{-1}为H—C—H不对称摇摆振动。

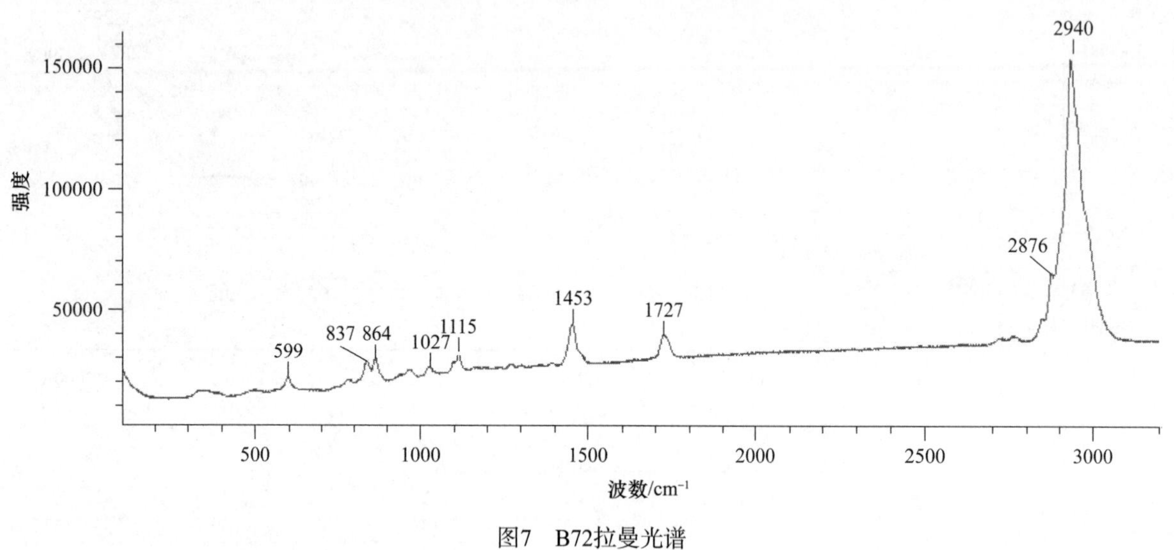

图7　B72拉曼光谱

4 结　　论

快干胶（金三秒）、环氧树脂（爱劳达2020）、B72拉曼光谱对比见图8。

通过实验，得出以下结论：

（1）快干胶、环氧树脂、B72均能出现明显拉曼光谱。

（2）拉曼光谱能明显区分出三种类型胶料。其中，快干胶为含有氰基的有机化合物，其特征拉曼峰为2944cm^{-1}、2249cm^{-1}、502cm^{-1}；环氧树脂为含有苯环的有机化合物，其特征拉曼峰为3069cm^{-1}、1610cm^{-1}、1185cm^{-1}、1112cm^{-1}。

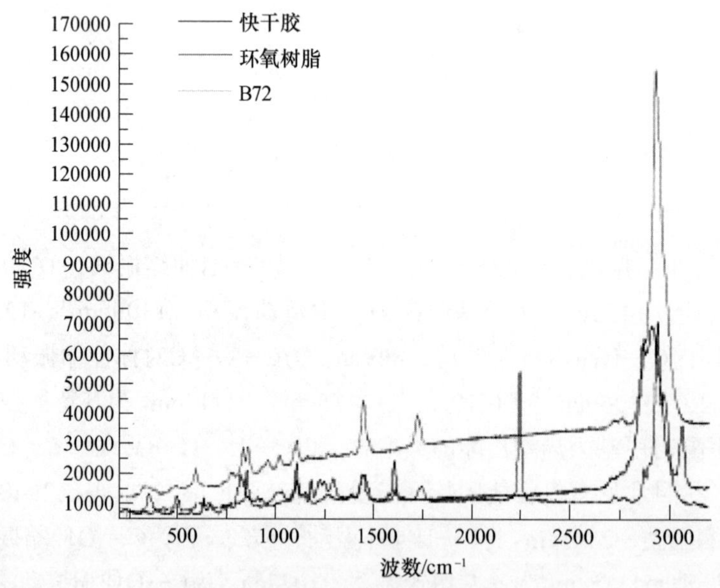

图8　快干胶-环氧树脂-B72拉曼光谱对比图

致谢：感谢中国科学技术大学龚德才教授对本论文提供的帮助。

参考文献

[1] 戚军超，马侠．一件西晋灰陶兽的再修复［J］．文物鉴定与鉴赏，2018，（9）：114-116.

[2] 戚军超．一件汉代陶伎乐俑的再修复［A］//孙鹏．河南文化文物年鉴［M］．郑州：中州古籍出版社，2017：607-610.

[3] 牛飞．陶瓷再修复中拆胶技术的研究［J］．黏接，2018，39（3）：57-60.

[4] 叶宪曾，张新祥，等．仪器分析教程［M］．北京：北京大学出版社，2007：77-84.

[5] 黄建华，杨璐，余珊珊．中国文物彩绘常用胶料的显微共聚焦拉曼光谱特征研究［J］．光谱学与光谱分析，2011，31（3）：687-690.

[6] 左健，赵西晨，吴若，等．汉阳陵陶俑彩绘颜料的拉曼光谱分析［J］．光散射学报，2002，（3）：162-165.

[7] 常晶晶．古代壁画中颜料及染料的拉曼光谱研究［D］．长春：吉林大学，2010.

[8] 凡小盼，赵雄伟，温小华．一青铜耳杯锈蚀的拉曼光谱分析［J］．光散射学报，2017，29（2）：148-152

[9] 王怡林，杨群，张鹏翔，等．元代铜镜腐蚀情形的拉曼光谱研究［J］．光谱学与光谱分析，2002，（1）：48-50

[10] 赵婧，杨超．α-氰基丙烯酸乙酯聚合物的拉曼光谱分析［J］．光散射学报，2016，28（2）：140-143.

[11] 郑楚生，王英，张惠芬，等．含蜡翡翠A货与B货的拉曼光谱鉴别［J］．矿床地质，1996，（S2）：133-136.

[12] 吴烨．宝石有机填充材料的拉曼光谱研究［D］．昆明：昆明理工大学，2010.

[13] Vašková H, Kěesálek V. Raman spectroscopy of epoxy resin crosslinking [J]. Recent Researches in Automatic Control, 2011: 357-361.

松滋市博物馆馆藏铜镜的初步科学分析

魏 蓓[1] 李华丽[2] 李冰洁[3] 江旭东[1] 胡 涛[1] 曾燕凌[1]

（1. 湖北省博物馆，湖北武汉，430077；2. 松滋市博物馆，湖北松滋，434000；3. 武汉大学，湖北武汉，430072）

摘要 松滋市博物馆现有馆藏文物2563件（套），其中铜镜51件。本文利用光学显微镜、扫描电子显微镜、能谱仪、X射线光谱仪和拉曼光谱仪等对选取的11件具有代表性的样品进行初步科学分析。研究表明：样品3#、样品4#、样品7#、样品8#、样品9#和样品10#为黄铜镜，其余样品为铅锡青铜镜；锈蚀产物中白色部分为白铅矿，而绿色部分则可能为孔雀石、氯铜矿。其中，样品1#在金相显微镜下，α相呈两端尖锐的长条状及针状，（α+δ）相连成网状；样品2#和样品11#存在大量有害锈，应立即与其他样品隔离。

关键词 铜镜 科学分析 锈蚀产物 有害锈

引 言

松滋位于湖北省西南部，东临荆州，西连宜昌，南接武陵，北濒长江。松滋古属荆州，战国属楚，秦属南郡，隋朝大业年间属南郡。汉高祖五年（公元前202年）设县，名高成。东汉建武六年（30年）裁高成，并入孱陵（今公安县）。三国时属吴，隶于孱陵，但设乐乡督治（治于今涴市镇）。东晋咸康三年（337年）庐江郡松滋县（今安徽宿松县）流民避兵乱到此，侨置松滋县，从此县名延续至今[1]。松滋地形复杂，高低悬殊，空间气候差异较大。松滋历史悠久，文化灿烂，势必会催生出作为历史文化物质载体的历史文物的独特价值。

松滋市博物馆现有馆藏文物2563件（套），其中铜镜51件。这些铜镜来源于发掘、采集、征集购买和旧藏。其中，发掘的文物多半是配合农田基本建设和国家建设工程出土的；征集购买、采集、旧藏、移交的文物也多是地下出土的。这些文物经过洪涝、雨水、气候、湿度、土壤等自然因素以及文物保存不当等人为因素的影响后，出现了难以避免的损坏。

我们此次根据文物特点，选取了11件具有代表性的铜镜，利用光学显微镜（OM）、扫描电子显微镜（SEM）、能谱仪（EDS）、X射线光谱仪（XRF）和拉曼光谱仪（Raman）等对样品进行了初步科学分析，为下一步文物保护修复工作提供实验依据。

1　实验材料与方法

如表1所示，样品取自铜镜体与现有碴口不能拼接的残片或锈蚀产物，其中金相样品需要进行切割、镶嵌、打磨、抛光等常规金相处理。样品的显微组织观察和表面锈蚀产物的成分测试分别在金相显微镜（DM2700M型，Leica公司，德国）和便携的X射线荧光光谱仪（Niton XL3t 950型，赛默飞世尔科技公司，中国）上进行。样品的合金成分测定在装配有能谱仪的扫描电子显微镜［Phenom XL型，复纳科学仪器（上海）有限公司，中国］上进行。样品的锈蚀产物的化学组成在激光扫描共聚焦显微拉曼光谱仪（LabRAM HR型，HORIBA公司，法国）上进行，测试条件为：物镜为50倍，光斑直径为1μm，激光器波长为532nm。

表1　松滋市博物馆馆藏铜镜取样表

样品号	年代	器物取样照片	
		镜面	纹面
1#	汉代		
2#	宋代		
3#	元代		

续表

样品号	年代	器物取样照片	
		镜面	纹面
4#	明代		
5#	宋代		
6#	南北朝		
7#	明代		
8#	宋代		

续表

样品号	年代	器物取样照片	
		镜面	纹面
9#	明代		
10#	明代		
11#	汉代		

2 实验结果与分析

2.1 成分分析

2.1.1 XRF分析

结果如表2所示，样品1#、样品2#、样品5#、样品6#、样品11#表面锈蚀产物含有的元素成分主要有Cu、Sn、Pb、Fe等元素，Cu、Sn、Pb应源于器物本体，说明样品基体为Cu-Sn-Pb三元合金。样品1#镜面的Sn含量平均值约为48.97wt%，纹面的Sn含量约为37.76wt%，碴口面的Sn含量约为26.48wt%，Sn含量较高，说明样品基体为高Sn青铜。样品2#、样品5#、样品11# Ag和Zn含量极低，应为实验误差。样品1#、样品6#中Fe等元素，样品2#、样品5#、样品11#中Fe、S等元素可能源于样品表面锈蚀中附带的泥土。同时，样品1#、样品5#、样品6#锈蚀产物不含有害锈的主要产物Cl元素，而样品2#、样品11#锈蚀产物含有害锈的主要产物Cl元素，由此推断样品1#、样品5#、样品6#

表2　样品表面锈蚀产物的元素组成　（单位：wt%）

样品号		Cu	Sn	Pb	Zn	Fe	Ag	S	Cl	Bal
1#	镜面	45.67	47.26	4.96	0.00	1.20	0.00	0.00	0.00	0.91
	镜面	40.50	50.67	5.58	0.00	1.74	0.00	0.00	0.00	1.51
	碴口	67.00	26.48	5.79	0.00	0.17	0.00	0.00	0.00	0.56
	纹面	55.48	37.76	4.60	0.00	1.35	0.00	0.00	0.00	0.81
2#	纹面	33.64	7.00	12.65	0.07	0.14	0.03	1.56	6.80	38.11
	镜面	35.48	18.06	38.48	0.17	1.50	0.00	0.00	0.00	6.31
3#	镜面	58.88	2.51	4.10	27.40	1.20	0.00	0.00	0.00	5.91
4#	镜面	66.79	8.10	12.04	8.72	0.45	0.00	0.00	0.00	3.90
5#	镜面（光滑）	42.96	6.52	5.27	0.04	0.48	0.04	0.36	0.00	44.33
	镜面（浮锈）	54.64	1.67	0.33	0.11	0.61	0.01	0.50	0.00	42.13
6#	镜面	23.98	63.49	6.82	0.00	4.37	0.00	0.00	0.00	1.34
	镜面	32.76	53.29	8.69	0.00	3.98	0.00	0.00	0.00	1.28
7#	镜面	58.84	1.79	3.65	28.48	1.17	0.00	0.00	0.00	6.07
	镜面	61.37	1.60	2.85	27.60	1.12	0.00	0.00	0.00	5.46
	纹面	59.11	1.87	5.53	26.33	0.97	0.00	0.00	0.00	6.19
8#	镜面	57.42	2.67	4.38	34.16	0.55	0.00	0.00	0.00	0.82
9#	镜面	66.88	2.96	2.72	24.95	0.59	0.00	0.00	0.00	1.90
	镜面	67.32	3.18	1.67	24.98	0.56	0.00	0.00	0.00	2.29
10#	镜面	44.62	3.74	3.46	46.46	0.59	0.00	0.00	0.00	1.13
	纹面	43.22	4.43	3.33	47.19	0.80	0.00	0.00	0.00	1.03
11#	镜面	60.61	33.01	4.28	0.65	0.46	0.00	0.00	0.00	0.99
	镜面	59.40	34.12	3.87	0.56	0.38	0.00	0.00	0.00	1.67
	纹面	28.15	27.63	4.25	0.26	0.80	0.06	3.13	0.55	35.17

对应的这3件铜镜的锈蚀产物属于无害锈。样品2#、样品11#对应的这2件铜镜的锈蚀产物属于有害锈。

样品3#、样品4#、样品7#、样品8#、样品9#、样品10#表面锈蚀产物含有的元素成分主要有Cu、Zn等元素，说明样品基体为Cu-Zn合金。同时，这6件样品均不含有害锈的主要产物Cl元素，由此推断这6件铜镜的锈蚀产物属于无害锈。

2.1.2　SEM-EDS分析

SEM-EDS结果如表3所示，扫描电子显微镜测量表明，样品1#基体Cu含量约为67.22wt%，而Sn和Pb含量分别约为24.16wt%和8.63wt%。有研究者认为，Pb＜10wt%，Sn＞17wt%，可称为“低铅高锡青铜”[2]。由此推断这件铜镜属于低铅高锡青铜镜。再者，Sn含量超过23wt%的高锡青铜，铸造青铜显微组织不再以α固溶体为基体，α相呈两端尖锐的条状，（α+δ）共析体呈针状，这与上文显微组织观察的结果一致。

表3　样品1#扫描能谱分析数据

样品	质量分数/wt%		
	Cu	Sn	Pb
1#	67.22	24.16	8.63

2.2　形貌观察（表4）

表4　样品形貌观察

样品号	锈蚀特征	图样
1#	致密钙质结垢与基体紧密结合	
2#	浅绿色粉末小颗粒聚集成层状，分布均匀，锈层不致密	
3#	黑色锈与基体紧密结合，局部有析出的纯铜颗粒	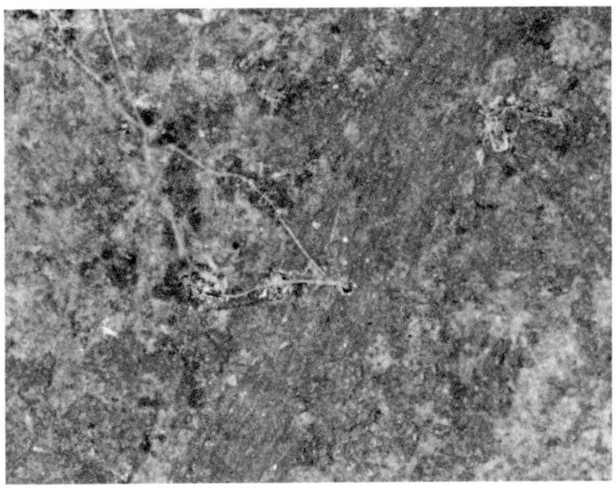

续表

样品号	锈蚀特征	图样
4#	黑色锈与基体紧密结合，并覆盖致密白色钙质结垢	
5#	致密绿色锈附着于黄色锈上，较坚硬致密	
6#	红色锈在绿色锈下，锈层结成皮壳，较坚硬致密。局部附着白色的致密结垢	
7#	绿色锈与基体紧密结合，并夹杂黄色锈和白色颗粒	

续表

样品号	锈蚀特征	图样
8#	蓝色锈蚀凝结成核并聚集成皮壳，局部表层附着土垢	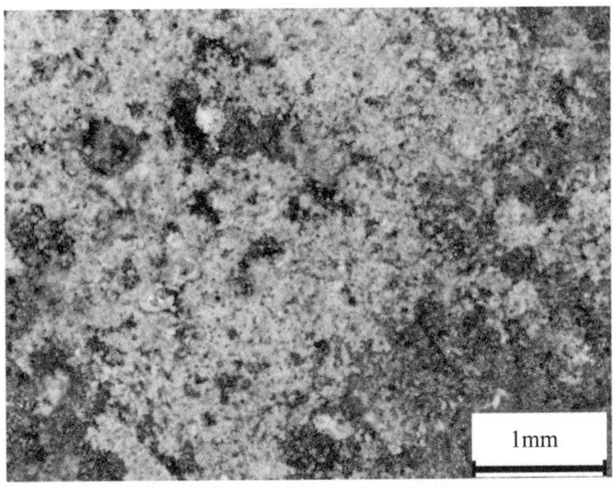 1mm
9#	致密绿色锈和蓝色锈附着于黄色锈上，较坚硬致密	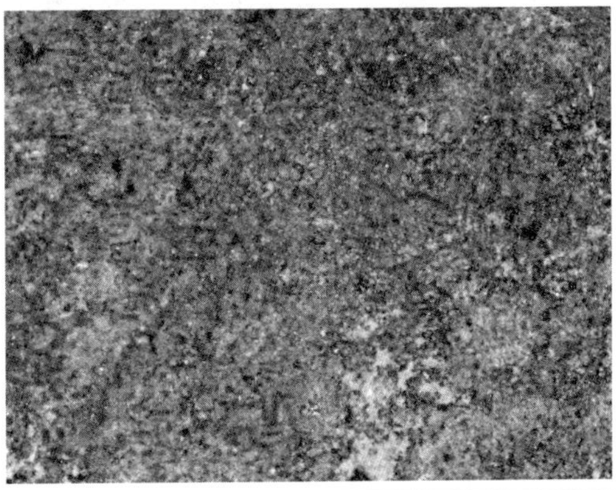
10#	黑色锈附于黄色锈上，较坚硬致密，此外器物上还有绿色锈蚀物	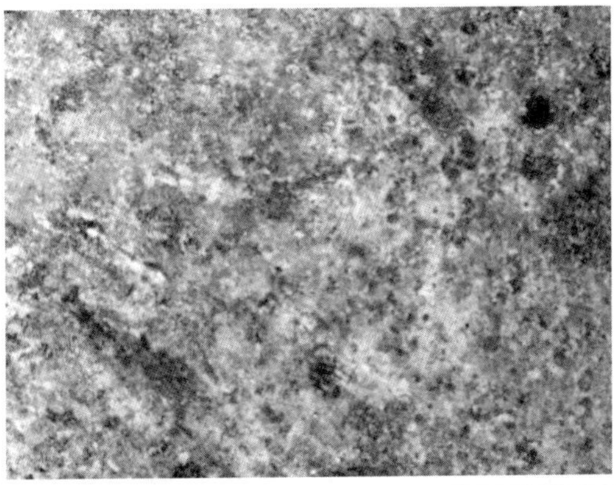
11#	浅绿色粉末小颗粒聚集成层状，分布不均，锈层不致密	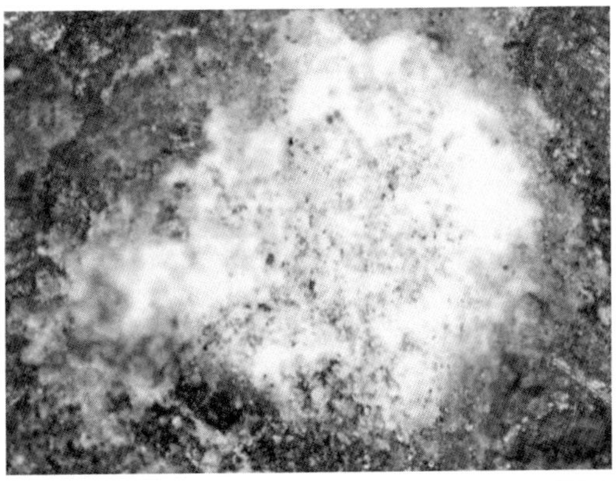

2.3　金相组织观察

金相组织如图1所示，明场下可见边沿灰色部分为基体腐蚀物，（α+δ）共析组织数量较多，连成基体状，α相呈两端尖锐的条状，针状孤立分布在互连成网络状的（α+δ）共析体基体上。铅呈颗粒状，分布于树枝晶间隙。有明显的铸造缩孔缺陷，为典型的高锡青铜铸造组织。

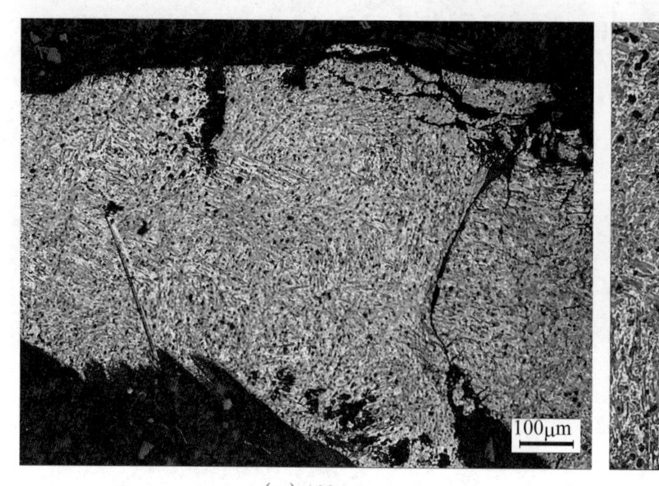

（a）100×

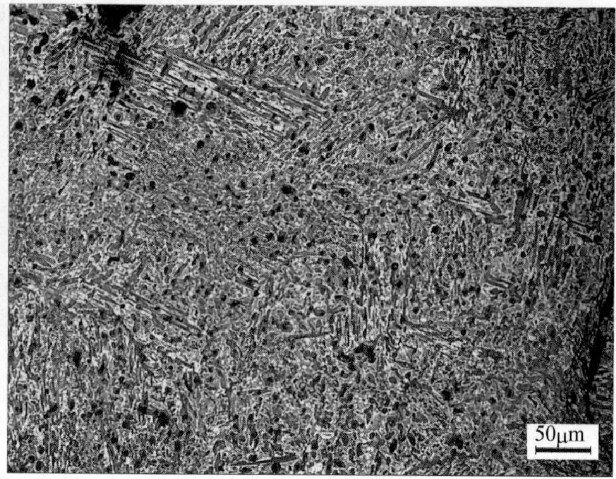

（b）200×

图1　样品1#基体显微组织照片

2.4　物相检测

2.4.1　样品2#拉曼分析

如图2所示，样品2#锈蚀产物拉曼光谱：在3434.5cm^{-1}、3348.7cm^{-1}、974.4cm^{-1}处有明显的拉曼振动，与氯铜矿的拉曼[3]峰值基本对应。由此推断这件铜镜的锈蚀产物是氯铜矿，为有害锈。这与上文XRF检测的结果一致。

2.4.2　样品5#拉曼分析

如图3所示，样品5#锈蚀产物的拉曼光谱：在174.7cm^{-1}、221.5cm^{-1}、1050.8cm^{-1}、1370.9cm^{-1}、1483cm^{-1}处有明显的拉曼振动，与白铅矿的拉曼[3]峰值基本对应。由此推断这件铜镜的锈蚀产物是白铅矿，为无害锈。这与上文XRF检测的结果一致。

2.4.3　样品6#拉曼分析

如图4所示，样品6#锈蚀产物的拉曼光谱：在217.3cm^{-1}、268.1cm^{-1}、430.6cm^{-1}、3379.4cm^{-1}处有明显的拉曼振动，与孔雀石的拉曼[4, 5]峰值基本对应。由此推断这件铜镜的锈蚀产物是孔雀石，为无害锈。这与上文XRF检测的结果一致。

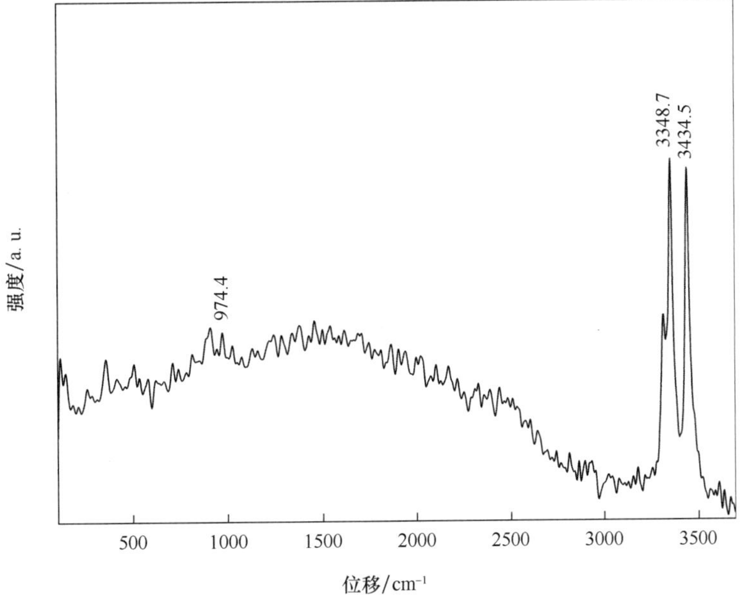

图2 样品2#锈蚀产物的拉曼光谱

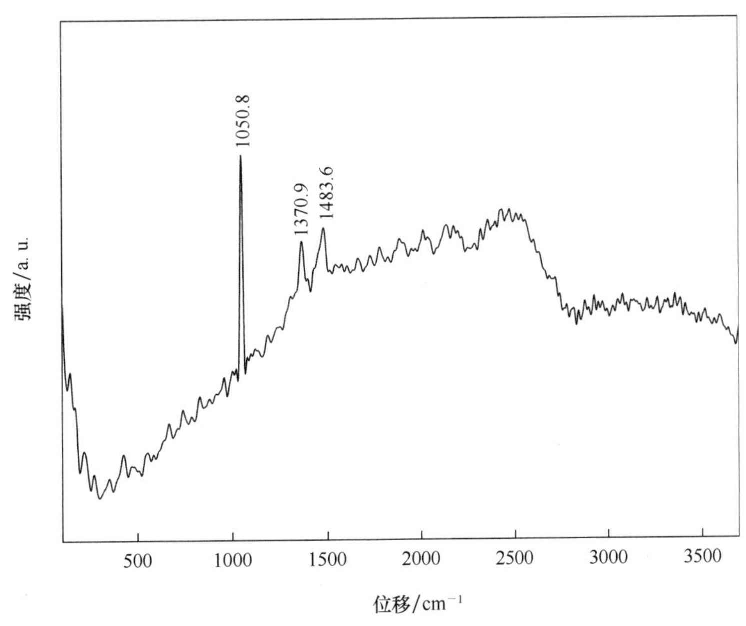

图3 样品5#锈蚀产物的拉曼光谱

2.4.4 样品11#拉曼分析

如图5所示，样品11#锈蚀产物的拉曼光谱：在357.4cm^{-1}、974.4cm^{-1}、3348.7cm^{-1}、3435.3cm^{-1}处有明显的拉曼振动，与氯铜矿的拉曼[3]峰值基本对应。由此推断这件铜镜的锈蚀产物是氯铜矿，为有害锈。这与上文XRF检测的结果一致。

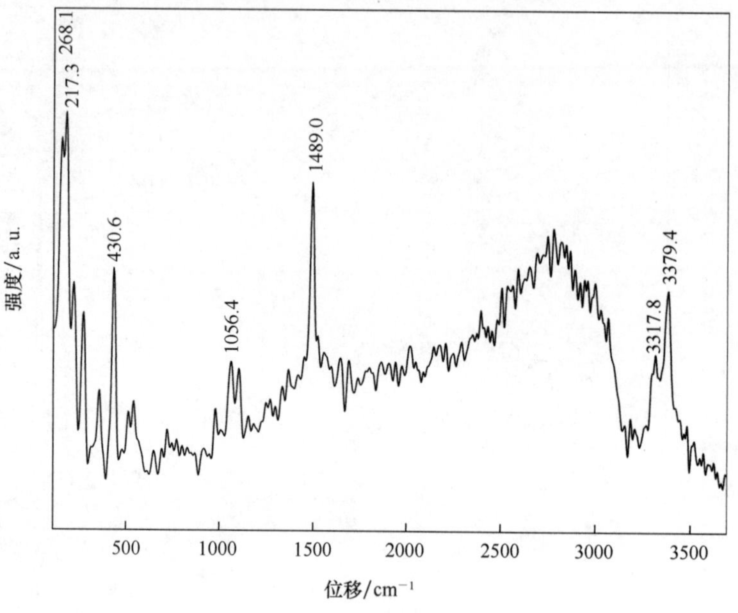

图4　样品6#锈蚀产物的拉曼光谱

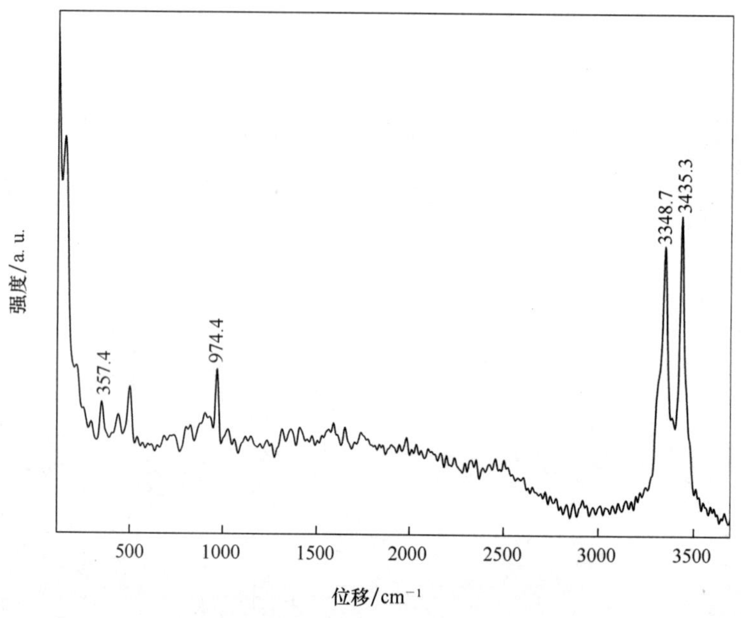

图5　样品11#锈蚀产物的拉曼光谱

结　　语

通过对部分铜镜的检测，发现松滋市博物馆馆藏铜镜以铅锡青铜（铜锡铅合金）和黄铜（铜锌合金）为主。光学显微镜对锈蚀产物不同颜色的辨别，可以对锈蚀产物种类做出初步的判断。由拉曼光谱分析可知，一般绿色部分为孔雀石、氯铜矿，而白色部分主要成分是白铅矿。样品1#属于高锡青铜镜，Sn含量的增加，可以有效地提高铜镜的硬度、耐摩擦性和耐腐蚀性能。样品2#和样品11#的锈蚀产物主要是氯铜矿，即有害锈。这对于青铜文物将是很大的威胁，会大大加快腐蚀速率，需要将这两件文物与其他青铜文物隔离，尽快进行除锈、缓蚀、封护等处理。其余样品则为无害锈，可以保持锈蚀产物的原貌。此次铜镜的科学分析研究对后期保护修复工作具有指导意义，对今后铜镜的鉴定工作提供重要依据。

致谢：本文的研究工作得到了湖北省博物馆、松滋市博物馆、宜城市博物馆的大力支持和协助，在实验检测过程中得到了武汉大学物理科学与技术学院的指导和帮助，在此一并表示衷心的感谢！

参 考 文 献

［1］ 湖北省松滋县地方志办公室. 松滋年鉴1987［M］. 松滋县：湖北省松滋县地方志办公室，1988.

［2］ 孙淑云，韩汝玢，李秀辉. 中国古代金属材料显微组织谱图（有色金属卷）［M］. 北京：科学出版社，2011.

［3］ 国家文物局博物馆与社会文物司. 博物馆青铜文物保护技术手册［M］. 北京：文物出版社，2014.

［4］ Frost R L, Martens W N, Rintoul L, et al. Raman spectroscopic study of azurite and malachite at 298 and 77 K [J]. Journal of Raman Spectroscopy, 2002, 33 (4): 252-259.

［5］ Bell I M, Clark R J, Gibbs P J. Raman spectroscopic library of natural and synthetic pigments (pre-approximately 1850 AD)[J]. Spectrochimica Acta Part A Molecular & Biomolecular Spectroscopy, 1997, 53A (12): 2159-2179.

成都蒲江飞虎村战国墓葬群出土青铜器的保护研究

肖　嶙[1]　蒋璐蔓[1]　龚扬民[1]　杨　弢[1]　赵丽娟[2]　宋永娇[2]　杨军昌[3]

（1. 成都文物考古研究院，四川成都，610072；2. 四川师范大学，四川成都，610066；
3. 西北工业大学，陕西西安，710068）

摘要　2016年9月初，成都文物考古研究院、蒲江县文管所在配合商建项目的文物勘探工作时，发现了战国墓群，共有60座战国中晚期墓葬，出土了181件青铜器，包括铜剑、铜斤、铜鍪、带钩等。经过室内整理、病害调查、分析检测等发现该批青铜器保存状况较差，部分器物高度矿化，力学强度很差，亟须选取适当的加固材料来提高其力学强度。高度矿化铜器的锈蚀物中Sn元素含量较高，锈蚀物以SnO_2为主。为选择适当的加固材料对成都蒲江飞虎村出土的高度矿化青铜器进行加固，对常用的文物保护材料丙烯酸树脂进行了化学结构、材料性能及耐老化性能等研究。

关键词　青铜器　飞虎村战国墓葬群　高度矿化　加固　丙烯酸树脂

引　　言

成都蒲江飞虎村战国墓葬群位于山麓与河流间的平坝地带，西北距蒲江河约400m、东南距长秋山约1000m，墓葬多为南北向，分4排东西向分布，墓葬间少见打破关系，墓群应经过严格规划，葬具多为船棺，其中最长的船棺约7m，该墓葬群应为蜀地的贵族墓葬群。墓地文化因素以巴蜀土著文化为主，另外还有较浓厚的楚文化和秦文化因素。

该墓葬群共有60座战国中晚期墓葬，出土了181件青铜器，器形包括鍪、釜、釜甑、盆、剑、矛、箭镞、弩机、戈、斤、钺、削刀、钱、印章、带钩、璜、铃等。其中部分铸刻文字或符号，少量镶嵌金银。鍪、釜等容器具有典型的巴蜀地区特色，带有绳索状环耳；剑主要为柳叶型剑，无格，只有一件青铜剑为有格的秦式剑，部分剑、矛表面装饰有斑纹，其中M25出土的铜矛一面脊上刻有“成都”二字，另一面脊上刻有“公”字，刻有“成都”二字的器物为成都地区首次出土；箭镞主要为两翼型，还有少量秦式三棱型箭镞。

成都蒲江飞虎村战国墓葬群的发掘工作与文物保护工作无缝连接，文物保护工作人员从现场保护、文物提取、实验室清理方面，全程参与发掘与保护过程，最大限度地保护了出土文物，提取了文物信息。

1 保存现状

通过对墓葬环境及文物情况的调查表明，蒲江飞虎村船棺葬出土的该批青铜器部分保存状况很差，破损及矿化严重，严重损伤了文物的价值。具体情况如下：

（1）四川地区土壤多呈酸性，对蒲江飞虎村船棺墓葬内土壤采样测定的pH均为6.0左右，金属器出土时黏附许多泥土，容器内装满泥土（图1）。若不及时清理易造成青铜器的进一步腐蚀。

（2）部分器物破碎十分严重，该批青铜器中的容器均为薄壁器物，高度矿化，强度很差，大多破碎成若干部分（图2），若不加以保护易继续破碎，严重影响对其形制的确定。

（3）由于受到周围泥土的作用，该批青铜器不仅残缺严重，变形也很严重（图3）。

（4）器物表面普遍存在瘤状物及表面硬结物（图4），覆盖了青铜器表面的铭文和花纹。

图1 装满泥土的铜鍪

图2 破碎严重的铜鍪

图3 变形的铜釜

图4 被瘤状物覆盖的铜环

2　检测分析

为了解成都蒲江飞虎村战国墓葬群出土青铜器的保存状况和病害情况，使用X射线成像系统、扫描电子显微镜-能谱系统、金相显微镜、X射线衍射仪等现代仪器分析方法对其进行检测分析。

2.1　仪器分析方法

仪器型号及测试条件如下：

（1）X射线成像系统为Yxlon MG325 X射线机和德国德尔HD-CR35数字成像板扫描仪。测试条件为电压50～170kV，电流2mA，时间90s。

（2）金相显微镜为Zeiss Imager.A2m。

（3）扫描电子显微镜-能谱系统为Zeiss EVO18钨灯丝扫描电子显微镜，牛津公司生产的Oxford X-MAXN50MM2，扫描电压20kV，采集谱图至250000计数。

（4）X射线衍射仪为日本理学Miniflex 600台式X射线衍射仪，Cu靶，电压40kV、电流15mA，扫描速度1°/min，扫描范围5°～90°。

2.2　检测分析结果

2.2.1　X射线成像检测分析结果

成都蒲江飞虎村战国墓葬群青铜器出土后由于器物破碎严重，且部分器物与泥土整体提取，包裹于泥土中，未知其器形及病害情况，所以第一时间进行了X射线成像分析，以整体了解其残缺、破碎、锈蚀情况。本文篇幅有限，取两件典型器物X射线成像图进行说明。

如图5所示，M46：7为一块泥土包裹着的形似带钩的残件，通过X射线成像图可以看出其上有金丝或银丝装饰而成的纹饰，其可能为错金或错银的带钩，且带钩锈蚀、破碎严重，需进行加固处理。图6为一件漆皮包裹物的X射线成像图，由图可见漆皮下有金属物质存在，其形制与剑相似，但残缺破碎严重。

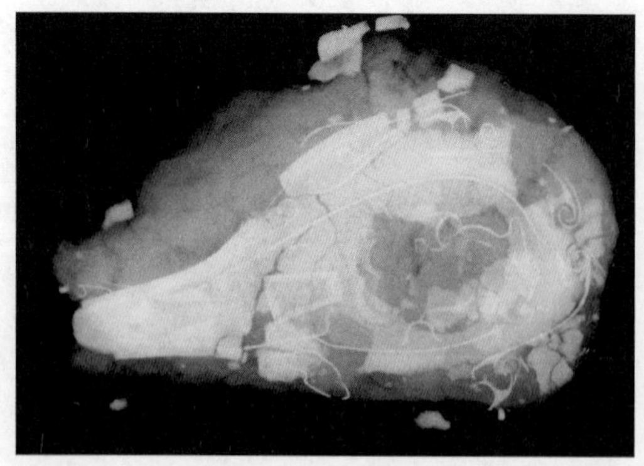

图5　M46：7带钩X射线成像图

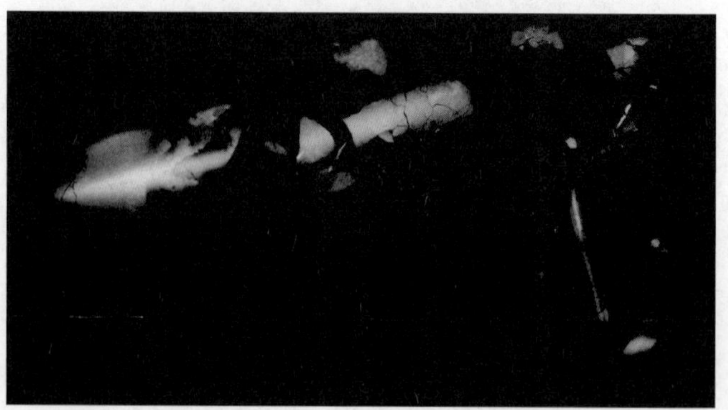

图6　M11：10疑似剑鞘物X射线成像图

2.2.2 金相显微分析结果

青铜器基体金相分析是推断青铜器制造工艺的重要依据，也是研究青铜病害成因及机理的前提，有助于科学认识青铜器的价值并制定相应的保护方法。利用金相显微镜对部分器物细小残块进行了金相组织观察，观察结果如表1所示，部分金相组织照片如图7所示。

表1 部分青铜器残块金相观察结果

采样文物编号	采样文物名称	取样位置	金相观察描述	结论
2016CPF M3：2	铜矛	矛骹部残块	α固溶体树枝晶存在晶内偏析，偏析明显，（α+δ）共析体呈岛屿状，分布在固溶体之间。铅呈颗粒状分布，分布较均匀。少量硫化物夹杂	铸造
2016CPF M12：5	釜甑	残块	α固溶体树枝晶存在晶内偏析，偏析明显，（α+δ）共析体呈岛屿状，分布在固溶体之间。铅颗粒分布不均匀。少量硫化物夹杂	铸造
2016CPF M16	箭镞	尖部残块	α固溶体树枝晶存在晶内偏析，偏析明显。铅呈颗粒状、球状分布，分布较均匀。少量硫化物夹杂	铸造
2016CPF M38：5	铜鍪	残块	α固溶体树枝晶存在晶内偏析，偏析明显，晶间大量（α+δ）共析体连成网状。铅呈球状分布，分布较均匀。较多硫化物夹杂	铸造
2016CPF M46：1	铜鍪	残块	α固溶体树枝晶存在晶内偏析，偏析明显，晶间大量（α+δ）共析体连成网状。铅呈颗粒状分布，分布较不均匀	铸造
2016CPF M30：5	铜盆	残块	α固溶体树枝晶铸后受热均匀，存在等轴晶与孪晶，部分晶粒内有滑移带，晶界存在少量硫化物夹杂	热锻
2016CPF M39：2-2	铜盆	残块	α固溶体树枝晶铸后受热均匀，存在等轴晶与孪晶，晶界存在少量硫化物夹杂	热锻
2016CPF M46：7	带钩	残块	未见金属基体	
2016CPF M11：10	铜剑	残块	未见金属基体	

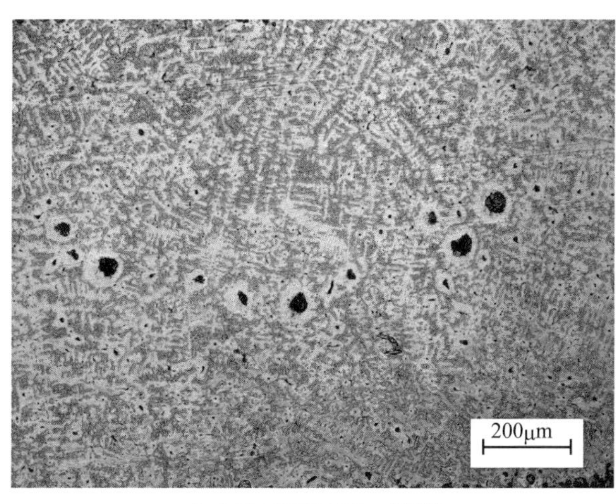

（a）2016CPF M12：5釜甑

（b）2016CPF M30：5铜盆

图7 部分青铜器金相组织照片

在蒲江飞虎村出土青铜器中存在铸造和热锻两种加工技术，出土的铜盆均为热锻而成，M30：5铜盆在热锻后还进行了冷加工处理；铜兵器和铜鍪大部分为铸造而成，还有部分器物由于锈蚀十分严重，已不存在金属基体，未能观察到其金相特征。

2.2.3　扫描电子显微镜-能谱系统分析结果

由于蒲江飞虎村出土青铜器锈蚀严重，基体残存区域很小，故利用扫描电子显微镜-能谱系统对青铜器基体及锈蚀产物进行分析。青铜器基体分析结果如表2所示，检测的青铜器基体材质均为锡铅青铜，铜含量在77.0wt%～85.9wt%之间，锡含量在12.0wt%～18.5wt%之间，铅含量在2.1wt%～6.3wt%之间。

表2　青铜器基体成分EDS分析结果　　（单位：wt%）

文物编号	器物名称	Cu	Sn	Pb	Fe	S
2016CPF M3：2	铜矛	79.6	14.2	5.3	0.9	
2016CPF M16	铜箭镞	81.3	13.4	4.7	0.3	0.3
2016CPF M38：5	铜鍪	78.6	18.5	2.9		
2016CPF M46：1	铜鍪	77.0	16.7	6.3		
2016CPF M30：5	铜盆	84.5	12.4	3.1		
2016CPF M39：2-2	铜盆	85.9	12.0	2.1		

锈蚀产物取样及分析结果如表3所示，除1、4号样品铜元素含量较高，2号样品铅元素含量较高外，其余10个样品的能谱测试结果均显示锡含量很高，均达到了35%以上，而铜元素含量最高仅有6.2%，特别是基体已完全锈蚀的M11：10剑，锡含量为50.0%，铜含量仅为1.0%。由此可见，成都蒲江飞虎村出土青铜器的锈蚀产物中的主要成分为锡元素，而在高度矿化铜器的锈蚀产物中锡元素含量尤其高，与浙江瓯海出土的一件严重腐蚀、铜元素大量流失的青铜剑的样品边缘腐蚀物的情况类似[1]。

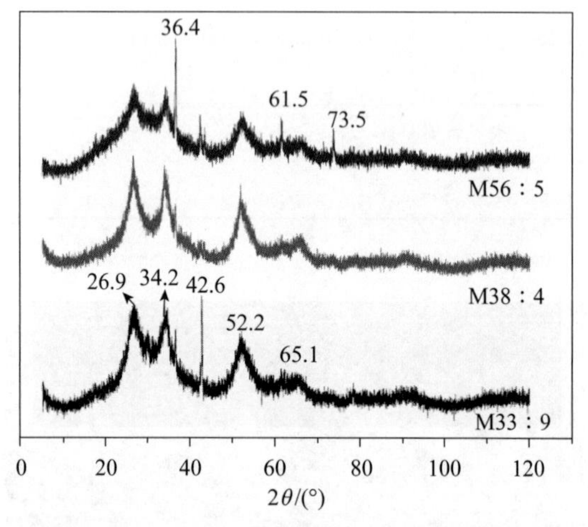

图8　部分青铜器残块粉末X射线衍射分析图谱

2.2.4　X射线衍射分析结果

使用X射线衍射仪对锈蚀物的物相成分进行进一步的分析，结果见表4。结果表明，成都蒲江飞虎村出土青铜器的锈蚀产物主要为SnO_2、$Cu_2(OH)_2CO_3$、$CuCO_3$等，其中SnO_2最多，且SnO_2的峰均较为弥散（图8），其可能多以非晶或弱结晶的状态存在。

2.3　检测分析结论

根据各项检测分析结果可知，成都蒲江飞虎村出土青铜器整体保存状况较差，器物锈蚀严重，高度矿化，部分器物已无金属基体。锈蚀产物大部分以锡元素为主，铜元素含量很低，特别是高度矿化已无金属基体的锈蚀物中铜锡比仅为0.02，锈蚀产物物相多为非晶或弱结晶的具有锡石结构的SnO_2。综上所述，成都蒲江飞虎村出土青铜器锈蚀十分严重，锈蚀产物以非晶或弱结晶的SnO_2为主。

表3　锈蚀产物取样及SEM-EDS分析结果（单位：wt%）

样品编号	文物编号及名称	采样位置	样品描述	Cu	Sn	Pb	Fe	P	S	As	Si	Al	K	C	O
1	M1：2铜斤	铜斤刃部	瘤状锈蚀	49.6	3.7	1.0	1.6		7.0		0.2			13.2	23.7
2	M2：4铜半两钱	无损	器物发黑，较其他半两钱密度大	0.8		57.0	1.7		10.2	2.4	0.7	0.6		14.8	11.0
3	M2：5印	无损	器物表面光滑	2.7	40.4	6.3	5.9	3.1			1.6	1.3		7.0	31.6
4	M2：6印	无损	器物表面光滑	43.8	17.6	6.7	7.3	0.3	13.5		0.7	0.5		3.4	6.2
5	M3：2铜矛	矛骹残块	外侧光滑黑色，有分层	5.0	41.9	5.0	16.9	0.8			1.5	0.5		3.5	24.8
6	M13：11铜矛	骹部	浅绿色点状锈	5.6	45.0	4.5	6.0	1.4			0.8	1.2		4.2	31.4
7	M16铜箭镞	无损	箭镞表面光滑	1.9	43.3	3.5	5.3	0.6			1.7	1.2		5.6	36.9
8	M19：2铜剑	表面	铜剑表面黑色锈蚀	3.9	40.1		5.8	1.6			1.8	1.6		7.0	38.4
9	M33：6弩机	望山残缺处	浅绿色疏松锈	3.8	43.8	5.6	4.5	1.0			1.2	0.7		6.8	32.6
10	M11：10剑	残块包埋	灰黑色锈	1.0	50.0	4.4	7.6	1.5							35.4
11	M39：2釜	口沿	浅绿色点状锈	6.2	43.0	8.1	0.3		0.9		1.3			6.2	34.1
12	M46：5铜矛	表层	表层黑色较致密外壳	2.0	35.8	8.9	6.2	0.9			1.5	0.6		7.4	36.6
13	M46：5铜矛	黑色表层下	浅绿色较疏松	1.8	37.6	9.0	4.4	0.8			1.6	0.3		7.7	36.8

表4　锈蚀产物取样及X射线衍射分析结果

样品编号	文物编号及名称	采样位置	样品描述	测试结果
14	M33：9铜鍪	残块	灰黑色残块	SnO_2
15	M56：5铜鍪	残块	灰黑色残块	SnO_2
16	M38：4铜釜	残块	灰黑色残块	SnO_2
17	M13：11铜矛	骹部	浅绿色点状锈	SnO_2
18	M46：5铜矛	表层	表层黑色较致密外壳	SnO_2
19	M1：12铜戈	残块	绿色锈蚀	$Cu_2(OH)_2CO_3$
20	M1：2铜斤	铜斤刃部	瘤状锈蚀	$Cu_2(OH)_2CO_3$
21	M10：5铜钺	表层起壳掉落	黑色较致密	$CuCO_3$
22	M46：7带钩	残块	灰白色	SnO_2

3　加固材料研究

经过室内整理、病害调查、分析检测等发现成都蒲江飞虎村出土青铜器保存状况较差，部分器物高度矿化，锈蚀产物以非晶或弱结晶的SnO_2为主。针对该批器物的实际情况，并进行文献调研后拟采用丙烯酸树脂Paraloid B72对高度矿化青铜器进行加固处理，但文献调研时发现对丙烯酸树脂Paraloid B72应用的案例很多[2-4]，但对丙烯酸树脂Paraloid B72的化学结构、材料性能及耐老化性能等的研究不够。为保证文物安全，利用核磁共振（NMR）、差示扫描量热仪（DSC）、傅里叶变换红外光谱仪（FTIR）等仪器设备对丙烯酸树脂Paraloid B72的分子结构、热老化过程进行了研究。

3.1　研究材料及方法

（1）核磁共振仪为美国瓦里安公司生产的XTIPC VARIAN MR-400，采用氯仿作为溶剂进行氢谱和碳谱测试。

（2）差示扫描量热仪为美国TA公司生产的Q10，取样品5.5mg，在氮气气氛下将样品快速升温至250℃，保温10min后以10℃/min降温至−50℃，再次以10℃/min升温至250℃。

（3）傅里叶变换红外光谱仪为德国Bruker公司生产的VERTEX70，样品和背景扫描32次，扫描波数范围4000～500cm^{-1}，分辨率为4cm^{-1}。

3.2　丙烯酸树脂Paraloid B72基本结构

由图9丙烯酸树脂Paraloid B72（以下简称B72）的核磁共振谱图中的氢谱可知，B72聚合物中共有7种类型的氢，3.9ppm处为单体丙烯酸甲酯中甲基的化学位移；3.5ppm处为甲基丙烯酸乙酯中亚甲基的化学位移。在图9（b）的核磁共振碳谱中，60ppm处为丙烯酸甲酯中甲氧基的化学位移，55ppm处为甲基丙烯酸乙酯中亚甲氧基的化学位移。

由图10中差示扫描量热仪的测试表明，B72在经过一个熔融和结晶过程后，再次升温后整个共聚

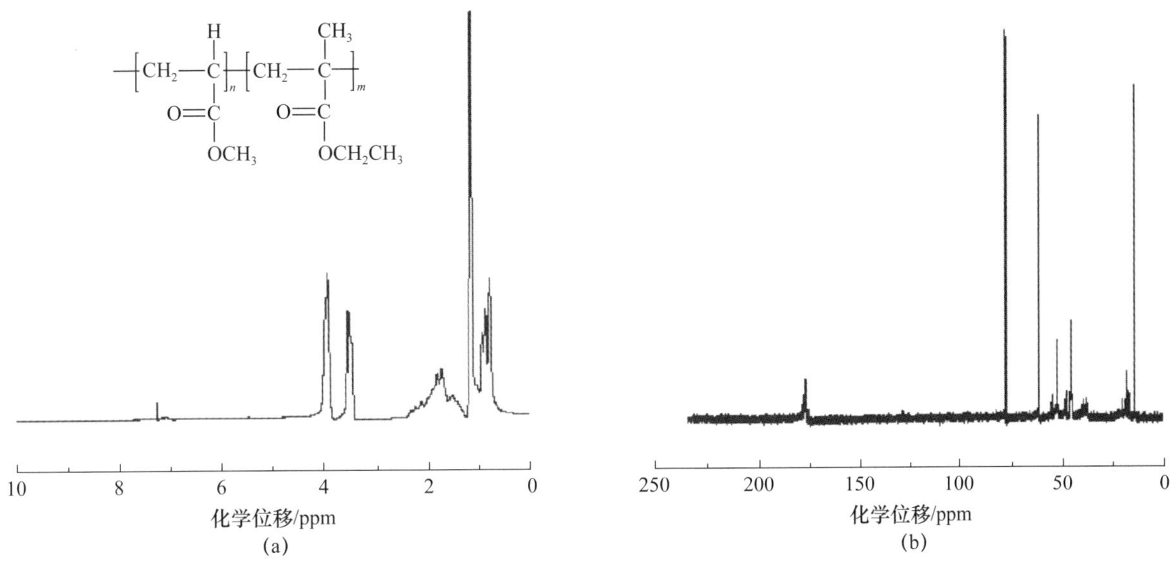

图9 B72的核磁共振氢谱（a）和碳谱（b）图

物的玻璃化转变温度约为42℃，因此B72不适合在热带地区及户外使用。

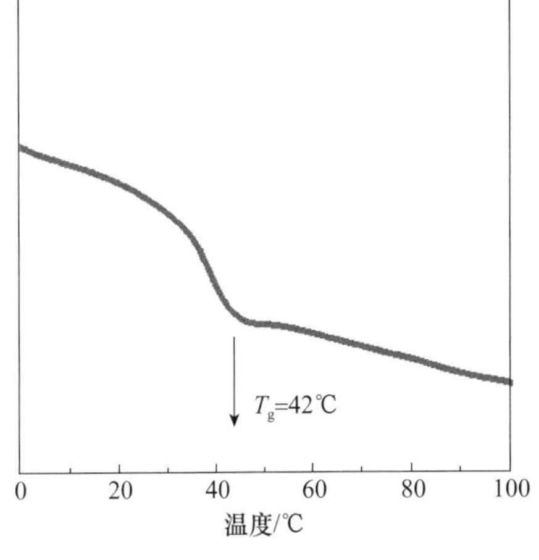

图10 B72的差示扫描量热分析图

3.3 丙烯酸树脂Paraloid B72的热稳定性

将B72与丙酮配制成质量浓度为3%的B72丙酮溶液，滴加在溴化钾压片上，待丙酮挥发干净后作为老化实验的样品。将样品置于150℃烘箱中进行热老化，通过红外光谱吸收峰的变化追踪B72的热老化情况。

图11中0号线为B72未老化的红外谱图，由图可知，未老化B72的红外吸收峰主要有3468～3399cm^{-1} —OH伸缩振动峰，2983cm^{-1} CH$_3$平面伸缩振动峰，2951cm^{-1} —OCH$_2$CH$_3$或—CH$_2$平面伸缩振动峰，1722cm^{-1}饱和酯中C═O伸缩振动峰，1446cm^{-1} —CH$_2$剪切振动峰，1386cm^{-1} —CH$_3$变形振动峰，1236～1023cm^{-1}C—O—C伸缩振动峰。1、2、3号线分别为B72热老化90h、300h、720h的红外谱图，通过红外光谱中B72主要吸收峰强度的降低或增加幅度可表示出B72的老化程度。由图11可以看出，B72经历720h热老化后，1722cm^{-1}处的酯基峰发生轻微的减弱，但没有新的特征峰产生，并未产生Favaro等[5]报道的酸性基团，说明B72在热老化过程中仅发生了轻微的降解，其热稳定性较好。

3.4 结论

通过对B72分子结构、热老化性能等的表征可知其主要由丙烯酸甲酯和甲基丙烯酸乙酯组成，玻璃化转变温度约为42℃，耐热老化性能较好，初步认为其适用于室内可移动文物的保护。但其湿热老化性能、与文物的作用机理、加固文物后的老化性能等方面还需进行进一步的研究。

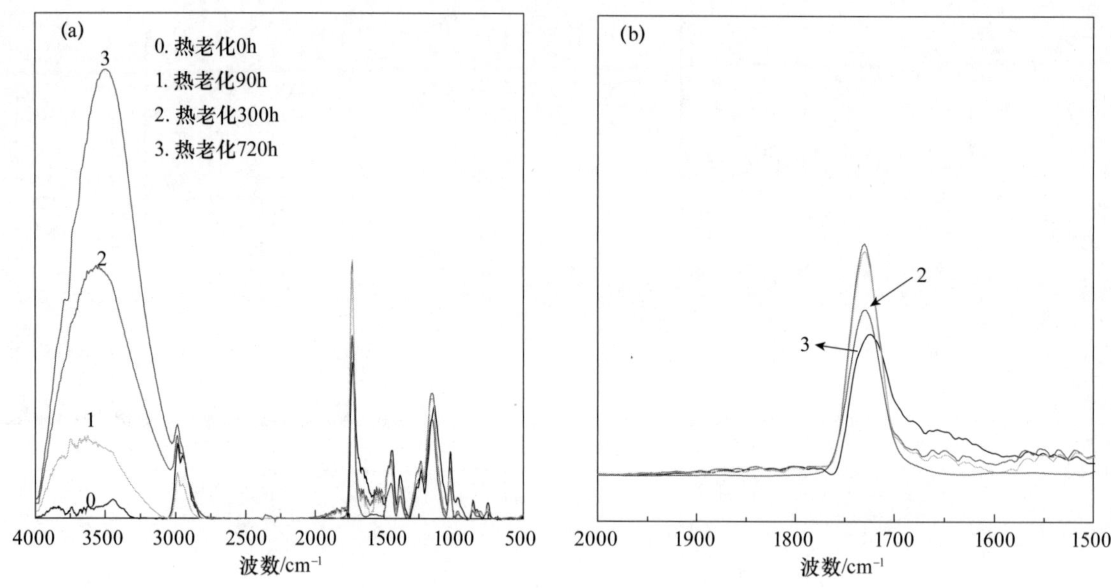

图11　B72热老化过程中的红外谱图

结　语

经过室内整理、病害调查发现成都蒲江飞虎村出土青铜器存在容器器壁普遍很薄，部分器物通体矿化、高度矿化情况普遍存在、器物破损严重等病害情况。经过进一步的分析检测可知，埋藏土壤的酸性环境，加速了青铜器中铜的离子化及向土壤中的溶解扩散，而锡的氧化物难以被酸性物质溶解而保留，导致锈蚀产物中铜流失、锡富集现象普遍，锈蚀物以锡元素为主，其物相成分为非晶或弱结晶的SnO_2。对文物保护常用材料丙烯酸树脂Paraloid B72的研究表明，其主要由丙烯酸甲酯和甲基丙烯酸乙酯组成，耐热老化性能较好，热老化后未见新物质生成，后续还应对其与文物的作用机理、加固文物后的老化性能等方面进行进一步的研究。

参 考 文 献

[1] 马菁毓，梁宏刚，王菊琳．浙江瓯海出土一件西周青铜器腐蚀成因研究［J］．文物保护与考古科学，2012，24（2）：84-89.

[2] Koob S P. The Use of Paraloid B-72 as an Adhesive: Its application for archaeological ceramics and other materials[J]. Studies in Conservation, 1986, 31(1): 7-14.

[3] Bonini M, Lenz S, Giorgi R, et al. Nanomagnetic sponges for the cleaning of works of art [J]. Langmuir the ACS Journal of Surfaces & Colloids, 2007, 23 (17): 8681.

[4] Favaro M, Mendichi R, Ossola F, et al. Evaluation of polymers for conservation treatments of outdoor exposed stone monuments. Part Ⅱ: Photo-oxidative and salt-induced weathering of acrylic-silicone mixtures [J]. Polymer Degradation & Stability, 2007, 92(3): 335-351.

[5] Favaro M, Mendichi R, Ossola F, et al. Evaluation of polymers for conservation treatments of outdoor exposed stone monuments. Part Ⅰ: photo-oxidative weathering [J]. Polymer Degradation and Stability, 2006, 91(12): 3083-3096.

汉代漆纱残片的检测及研究

王　丹

（中国社会科学院考古研究所，北京，100710）

摘要　本文通过对盱眙大云山汉墓出土漆纱残片的科学分析，对其及汉代漆纱的成分、结构、制作工艺、装饰物性质等方面均有了较为清晰的了解，为研究我国古代科技史、服饰史以及物质文化等多方面提供了较为重要的材料。

关键词　漆纱　分析检测　综合研究

引　　言

漆纱在我国古代又称“纚”或“縰”，其结构为内部由丝、麻等物编织，再于表面髹漆而成，是一种较为高级的服用材料。《释名·释首饰》中有：“纚以韬发者也，以纚为之，因以为名。”《类篇》有：“纚或作縰。”由于漆纱的有机质材料属性，不易保存，历来考古出土者并不多。有学者研究了漆纱的保存情况，“耐水解老化能力较差，在丝织物之下”[1]。所以即使在有纺织品发现的墓葬中也不易见到。

所幸的是笔者在不久前对于江苏盱眙大云山汉墓出土的遗物进行清理时，得到一小片汉代漆纱残片，并对其进行了有效提取和系统分析，从而得以获知关于汉代漆纱的一系列深入认识，现记录如下。

1　漆纱残片基本情况

此次出土的漆纱残片遗存出土时折叠成一团，与泥土杂存一处。经小心清理揭展后，得到漆纱遗存面积约20cm^2（图1）。漆纱整体呈亮黑色，质较硬，局部表面粘有红色物质。孔洞呈方形或菱形，编制规整，均匀精巧。编织线投影宽度较均匀，为0.28～0.42mm，经纬向密度均约为10根/cm。

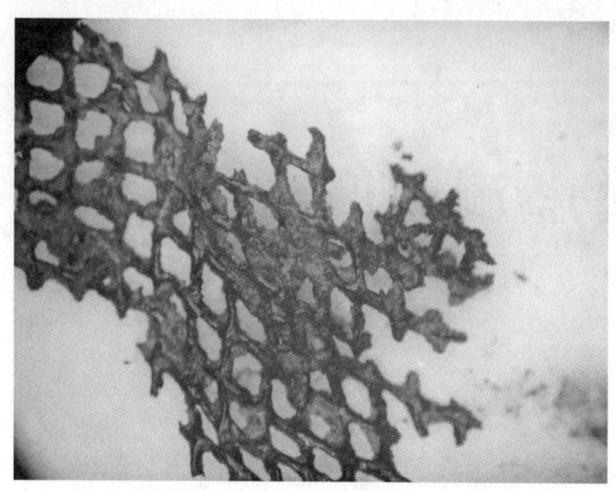
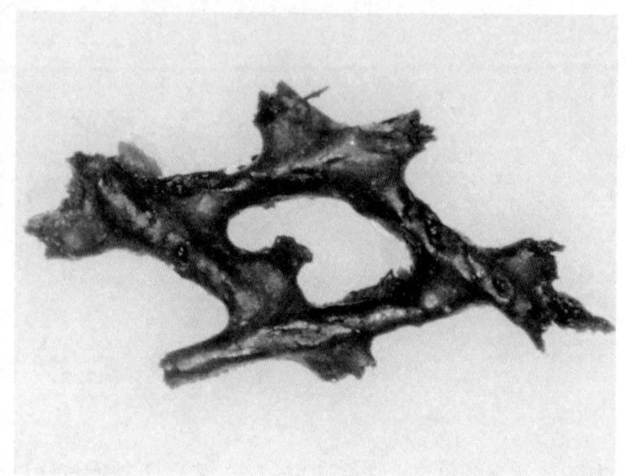

图1　大云山汉墓出土漆纱残片细照

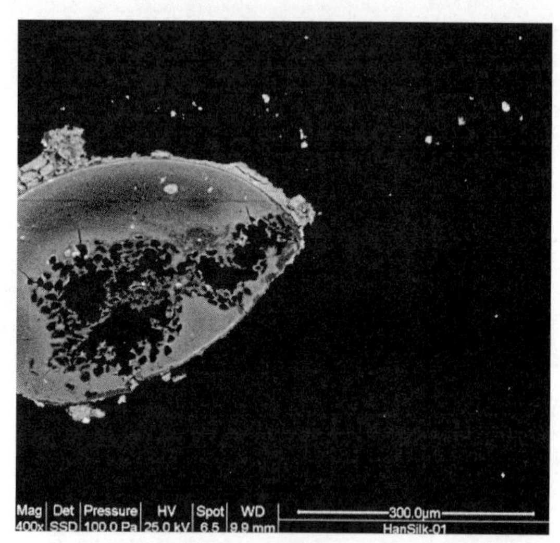

图2　漆纱横截面切片扫描电子显微镜照片

2　漆纱的材料分析

对漆纱碎块进行提取检测，其外层包裹物经傅里叶变换红外光谱检测，成分为大漆。漆纱内部织物纤维早已朽蚀不见，只有通过对漆纱残片整体包埋切片，观察其横截面上纤维朽蚀后留下的孔洞形态而推测。在扫描电子显微镜下清晰可见，其单根纤维横截面呈边角圆润的三角形（图2），对照标准纤维图谱可知，其具有典型的桑蚕丝纤维特征，由此推断漆纱残片内部主体纤维为桑蚕丝。

笔者收集了考古出土的漆纱制品材料，目前已发现可知的早期（汉及以前）漆纱情况见表1。

表1　考古发现汉及以前漆纱情况表

出土地点	年代	类型	密度/（根/cm^2）	投影宽/mm	包含物	颜色
江陵马山一号楚墓[2]	战国	残片2片	不详		方孔纱	深褐色
临淄齐故城[3]	战国至秦汉	残片	15×15		纱	朱红色
北京大堡台西汉墓[4]	西汉	残片和冠编号851	18×18	0.11		棕黑色
		编号852	20×20	0.16	不详	棕黑色
马王堆三号墓[5]	西汉	漆纱冠	（20～22）×（21～24）	0.25	生丝	黑色
广西贵县罗泊湾汉墓[6]	西汉	漆纱冠	18×10		麻织品	青黑色
西汉南越王墓[7]	西汉	残片2片				黑色
大云山汉墓	西汉	残片	10×10	0.28～0.42	丝	黑色表面局部有红色物
甘肃武威磨嘴子汉墓[8]	东汉	29号漆冠	7×7	0.2		黑色表面残存红色颗粒状颜料
		16号漆冠	14×14	0.15		黑色

对比大云山汉墓出土漆纱残片和以往考古发现的漆纱材料，可知漆纱内部所用的纤维种类是一致的。是否可推知，内部用蚕丝编织作主体，外部髹大漆，为古代漆纱制作的常见方式（内部为麻纤维的材料仅见一例）。

3 漆纱的组织结构

在显微镜下可见，漆纱残片内为编织物外部髹漆，其编织组织结构为经编织物的组带形式（或可称纂组结构）。具体为，两组编织经向线约呈垂直方向编织（为方便理解暂称为经向编织线和纬向编织线），每根编织线均由2股线合股组成，其经纬向线相互交穿绞合，即在此组织点2股经向编织线捻合合股后夹于2股分股的纬向编织线中，之后经纬向编织线2股间分别相绞，在下一个组织点则呈现为2股捻合合股的纬向线夹于2股分股的经向线中，由此往复循环（图3）。这种编织方式的优点为网格的可形变基数大，便于后续整形。

这种编织方式可被称为"组"式结构，其获得的织物具有轻薄、美观、伸缩性强的特点。考古发现这种编织方式主要用于带子，如印绶、冠缨、甲胄系带、鞋带等，质地一般为蚕丝纤维。在包山楚墓、长沙楚墓、马王堆一号汉墓、满城汉墓、大葆台汉墓等遗址都曾发现过（图4）。根据文献记载《说文・系部》："组，绶属也，其小者以为冠缨。"《仪礼・士丧礼》："夏葛屦，冬白屦，皆繶缁絇纯组綦，系于踵。"《礼记・内则》："屦，著綦。"郑玄注："綦，履系也。"可知这种形式的编织物，在古代被称为"组"或"綦"。

图3 漆纱组织结构示意图

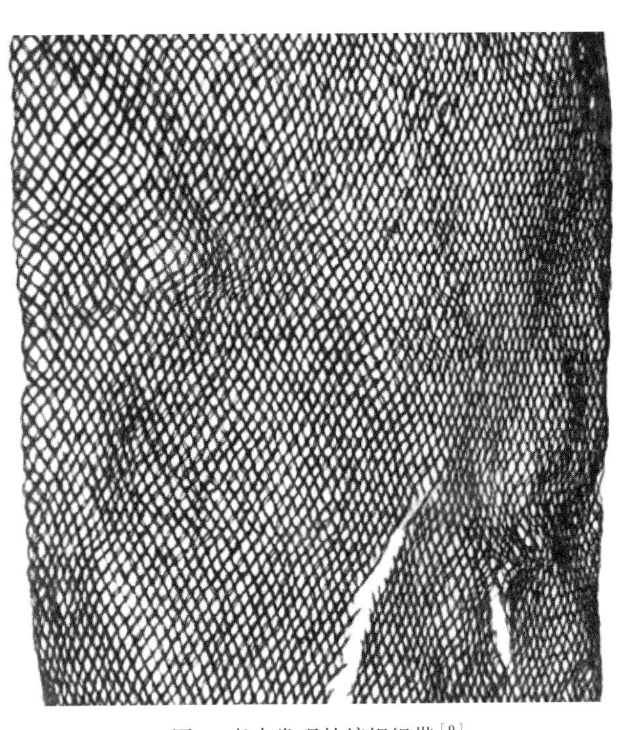

图4 考古发现的编织组带[9]

而纂组织物外再髹漆，便成了漆纱。显微观察大云山汉墓出土漆纱残片清晰可见，漆皮仅分布于漆纱表面，其纤维间并不见，可知髹漆是在内部编织定型后再进行的。即先用柔软的丝线编织纂组并整理成器物所需形状。根据纂组的特点，髹漆前其经纬线的交织点是可以相对移动的，即通过拉抻改变每四个结点间菱形对角线的长度，从而可达到织物形状的变化。而后用大漆封固表面，将经纬向线间的结点固定，即可保持一定的立体效果。正是因为漆纱这种独特的可塑形特性，这种材料常被用来制作漆纱冠。

4　漆纱表面装饰物

大云山汉墓出土漆纱残片在出土时局部表面粘有一层红色物质，略呈粉末状，分布不太均匀，且固着性差，很容易散落。提取这种红色物质，经荧光光谱分析可知，其中存在较高的汞元素（图5）；检测漆纱表面无明显红色物质处，也有汞元素存在。结合相应资料，可知其表面原红色物质为硫化汞即朱砂。朱砂作为一种易得的矿物染料，在我国古代早期被较为普遍地使用。同时对残片表面无明显红色物质覆盖处检测也显示有较强汞元素存在，可知原红色颜料覆盖区域应比残存面积更大。

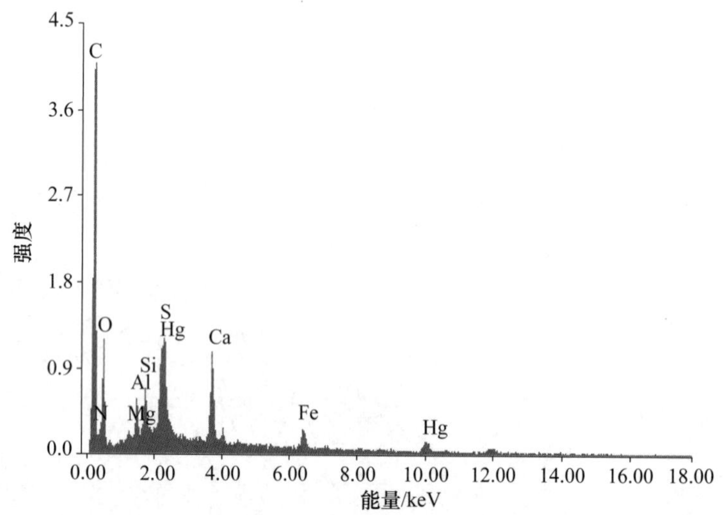

元素	含量/wt%
C	57.53
O	16.85
N	8.88
Hg	8.32
Ca	3.06
S	1.67

图5　漆纱残片荧光光谱及元素分析表

残片除红色颜料覆盖外，整体表现为亮黑色，具有漆器的天然光泽。这是目前考古已发现的漆纱遗物的普遍颜色，也是东周至汉代出土漆器的常见颜色。个别漆纱遗物显示为棕黑色，推测应是大漆在氧化后褪色而形成的。

分析以往考古发现中，也有漆纱表面还施有红色颜料的例子，如甘肃武威磨咀子汉墓M62出土漆冠，“冠表面残存红色颗粒状颜料残迹”[8]，从颜料呈颗粒状分析，疑也是矿物染料朱砂。还有，根据南京博物院编写的《长毋相忘：读盱眙大云山江都王陵》一书记载，大云山汉墓主墓中除回廊甲胄箱发现此漆纱外，其前室也有漆纱遗迹出土，从发表的图片可见，彼处漆纱的面积更大，根据该书对同出“桃叶形金饰片”的描述，“此类金饰片与红色丝织品共出一处，出土时部分金饰片背面尚留有大量红色漆纱残片”[10]。

姚青芳先生在论文中提到也曾对得到的一些漆纱残片进行检测分析，其中一枚表面呈黑色的漆纱，其荧光能谱检测结果也显示有很强的汞元素存在[11]（图6）。另有一处新近材料，中国社会科

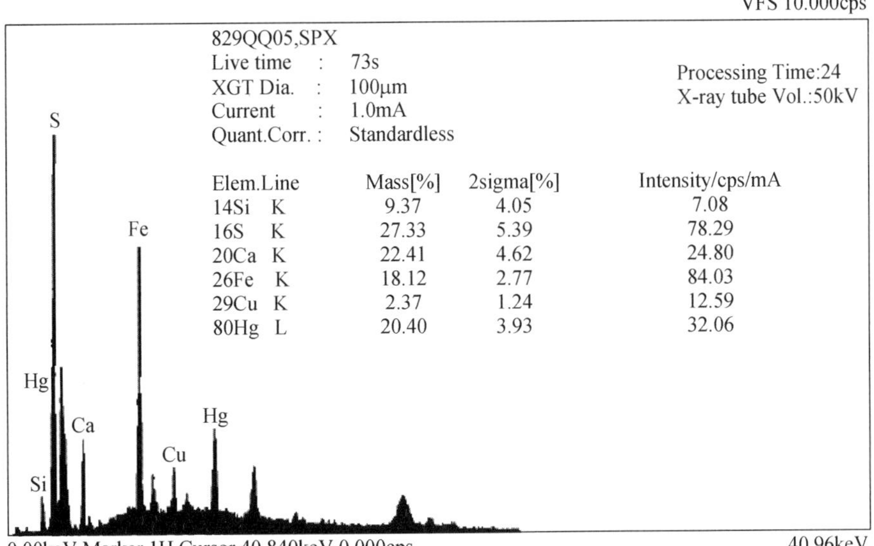

图6 姚青芳先生分析漆纱谱图

学院考古研究所于2013年在临淄齐故城遗址发现一处漆纱遗迹，漆纱表面整体覆盖红色，颜色保存极为鲜艳[3]。

后世使用的漆纱冠应多为黑色，因有所谓的“乌纱帽”之称。而考古发现的早期绝大多数漆纱也都是黑色的，那么这5例表面涂朱的个案，虽然不能排除是埋葬时在墓葬中粘染上的可能性，但是至少可以带给人们这样一个启示：或许这种漆纱织物表面原本是可以整体或局部作红色装饰的。特别是齐故城的材料，从照片可见红色物质只存在于漆纱表面，其所附着的泥土中并未见，且漆纱孔洞内也并未见红色（图7），或可推测矿物颜料朱砂是在髹饰时便已混合于大漆中。

图7 临淄齐故城发现的漆纱

另外的佐证可从实物与壁画中描绘形象的比较中获得。考古发现出土于马王堆三号墓中的漆纱冠（北162-1），由于存放在油彩漆奁中得以很好地保存[12]。其与甘肃武威磨咀子汉墓M62出土的漆纱质所谓“短耳屋形冠”[8]形制略同，这大概是汉代漆纱冠的常见样式。

而1916～1924年于河南洛阳八里台出土，现藏于美国波士顿艺术博物馆的一幅西汉晚期的壁画中一人所戴之帽，其形制又与二者十分相似[13]。从壁画可清楚看出，冠即为朱红色。虽无法肯定壁画中人物头戴之冠材质一定为漆纱，但或可作为这种形制漆纱冠可能有红色的旁证（图8）。

对于红色漆纱考古并不多见的现象，概是由于朱砂属于矿物颜料，其装饰时需借用胶类物质黏合，而在埋藏过程中随着古代动物或植物胶类渐渐分解消逝，朱砂也就渐渐脱离漆纱表面混合于周围泥土中。这一推测能否被证实，需要等待日后更多的考古发现。

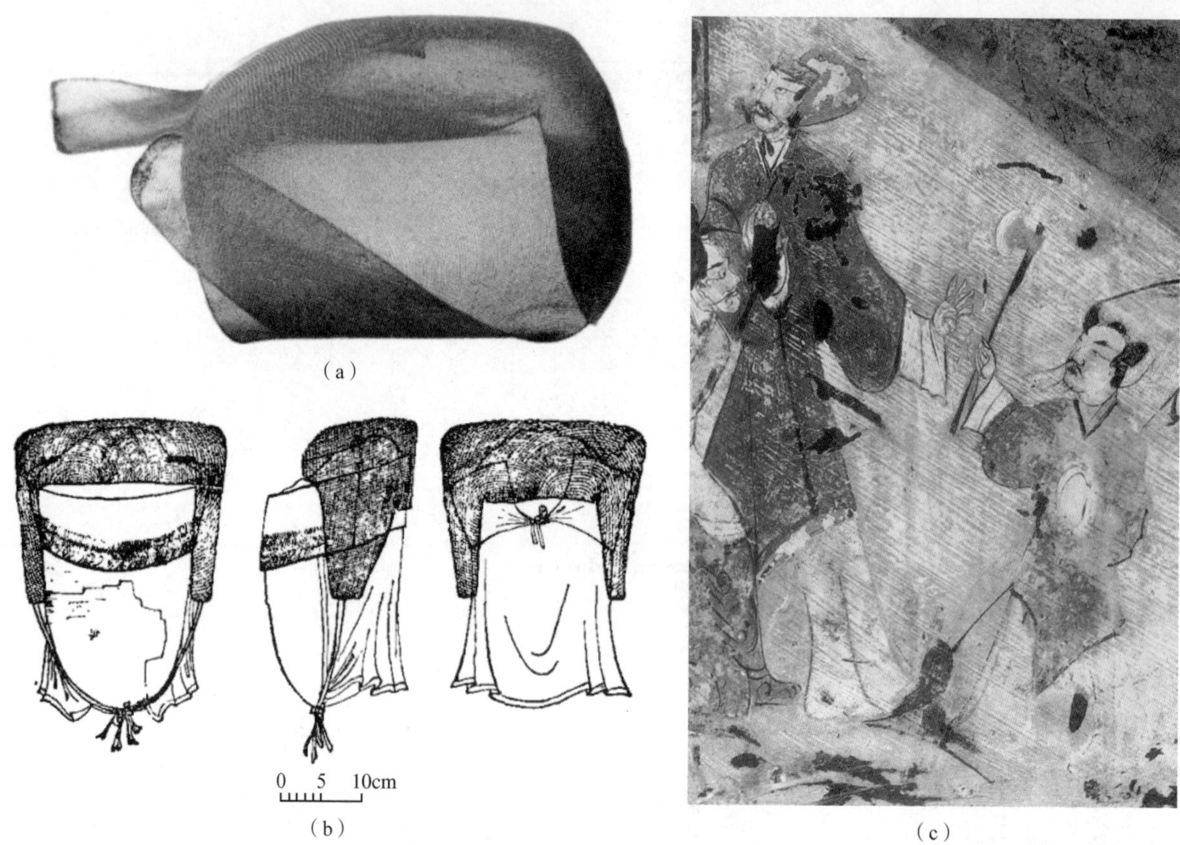

图8　（a）马王堆三号墓出土漆纱冠；（b）甘肃磨咀子汉墓出土漆纱冠；（c）洛阳八里台汉墓壁画

结　语

本文通过对盱眙大云山汉墓出土漆纱残片的科学分析，对其及汉代漆纱的成分、结构、制作工艺、装饰物性质等方面均有了较为清晰的了解，即内部为桑蚕丝编织、外部髹大漆是漆纱的常见组成形式；其组织结构为“组”式结构；漆纱表面常见为黑色，但是可能有红色朱砂装饰的情况等。这为研究我国古代科技史、服饰史以及物质文化等多方面提供了较为重要的材料。

参考文献

[1] 王厉冰，刘辉，屠恒贤．髹漆丝织物的水解老化性能研究［J］．文物保护与考古科学，2009，（2）：27.
[2] 湖北省荆州地区博物馆．江陵马山一号楚墓［M］．北京：文物出版社，1985：33.
[3] 周旸．丹漆纱和素麻——临淄齐故城出土纺织品的一些认识［J］．丝绸，2015，52（8）：13.
[4] 中国社会科学院考古研究所．北京大葆台汉墓［M］．北京：文物出版社，1989：58.
[5] 湖南省博物馆．长沙马王堆二、三号汉墓（第1卷）——田野考古发掘报告［M］．北京：文物出版社，2004：226.
[6] 广西壮族自治区博物馆．广西贵县罗泊湾汉墓［M］．北京：文物出版社，1988：86.
[7] 广州市文物管理委员会，中国社会科学院考古研究所，广东省博物馆．西汉南越王墓［M］．北京：文物出版社，1991：138.

[8] 甘肃省博物馆. 武威磨咀子三座汉墓发掘简报[J]. 文物, 1972, (12): 9-19.
[9] 湖南省博物馆, 湖南省文物考古研究所, 长沙市博物馆, 等. 长沙楚墓[M]. 北京: 文物出版社, 2000: 彩版四七, 4.
[10] 南京博物院. 长毋相忘: 读盱眙大云山江都王陵[M]. 南京: 译林出版社, 2013: 293.
[11] 姚青芳. 漆纚冠的组织结构兼谈X射线荧光分析显微镜在文物无损检测中的应用[A]//2002年材料科学与工程新进展(下)——2002年中国材料研讨会论文集[C]. 北京: 冶金工业出版社, 2003: 2114-2116.
[12] 湖南省博物馆. 长沙马王堆二、三号汉墓(第1卷)——田野考古发掘报告[M]. 北京: 文物出版, 2004: 彩版四三.
[13] 中国墓室壁画全集编辑委员会. 中国墓室壁画全集(汉魏晋南北朝)[Z]. 石家庄: 河北教育出版社, 2011: 20.

平遥清虚观藏纱阁戏人主要制作材料及工艺研究

韩　宁

（山西博物院，山西太原，030024）

摘要　平遥清虚观藏纱阁戏人融扎活、粘糊、泥塑、剪纸和绘画等中国传统民间工艺于一身，以传统戏曲剧目为题材，在木阁内固定纸扎戏剧人物而成。由于制作工艺精美、造型生动，戏人纸扎服饰挺阔平展，衣褶清晰自然，着色尤显绚丽多姿，好似纱衣一般，故取名纱阁戏人。平遥清虚观藏纱阁戏人制作于清代光绪三十二年（1906年），现存28阁，阁内戏人一般身高为48～50cm，是我国传统纸扎中规格最高、数量最多、内容最完整、工艺最精美的工艺珍品，被列为一级文物和中国非物质文化遗产。

纱阁戏人常展示于开放式环境中，致使多阁戏人老化、污染严重，出现了不同程度的残缺、断裂、颜料变色、泥塑颜料层龟裂、起甲、污渍等病害，有的甚至倾斜、倒塌，文物价值严重受损，保护任务日益紧迫。但是，2015年之前针对平遥清虚观藏纱阁戏人的综合保护研究尚未开展，其保护修复工作还缺乏可靠的科学依据。

在中国科学技术大学和山西博物院的大力支持和推动下，2015年平遥清虚观藏纱阁戏人保护修复方案的立项申请获得国家文物局的批准。第一阶段，由纱阁戏人库存3阁取样49件，对10件纸纤维样品、2件纺织物样品、5件颜料样品、2件纸表施粉样品、1件塑土样品、5件纸填料样品、4件污染物样品分别利用超景深显微镜、纤维仪、拉曼光谱、X射线荧光光谱测试仪、X射线衍射测试仪进行了检测，并根据相关研究文献记载和当地文化部门所藏对纱阁戏人传承艺人走访的相关影像资料记录，初步了解了平遥清虚观藏纱阁戏人主要的制作材料及工艺情况，为下一步的保护研究工作提供科学依据。

关键词　平遥清虚观藏纱阁戏人　纸扎　制作材料　制作工艺

引　言

纸扎是一种将扎制、贴糊、剪纸、泥塑、彩绘等工艺融为一体的中国传统民间艺术。通常以当地易获取的高粱秆、麦秸、芦苇等做成骨架轮廓，将各种色纸用糨糊贴制外层，再用颜料绘制花纹，最后用彩色剪纸贴花装饰。纸扎源于古代民间宗教祭祀活动，而后逐渐进入丧葬礼俗和节日庆典。广义的纸扎包括庆祝或祭祀所用的一切纸扎制之物，如风筝、花灯、灵棚、纸马、纸人等。狭义的纸扎仅限于丧葬用具，就是纸明器，如以纸扎制的人、马、摇钱树、金山、银山等。

据史料记载，早在1500多年前的南北朝时期，中国就有烧纸祭祀的活动。据考古发掘证实，

1973年新疆维吾尔自治区吐鲁番阿斯塔那唐代古墓群出土的纸棺是迄今发现最早的纸扎实物，距今已有1200多年的历史[1]。宋代，造纸原料种类增加，手工业和商业繁荣发展，烧纸人、纸马逐渐盛行，纸扎不仅成为丧俗之一，而且形成专业行当。宋人吴自牧《梦粱录》中便有杭州闹市的“舒家纸扎铺”“狮子巷口徐家纸扎铺”的记载。明清时期，随着造纸技术的提高，纸扎工艺得到空前的发展，竹料、皮料的各色加工纸成为制作纸扎的主要材料。纸扎成为丧葬礼俗和节日庆典用品的重要组成部分。烧纸钱、送寒衣、造纸船已经固定为寻常的民间祭祀风俗。

纸扎工艺遍布全国各地，种类繁多，形式多样，各具特色。西北地区和胶东一带惯以扎制大型院落、住宅、牌坊等。河北、河南、山西、福建、云南、江苏等地区则以扎制各类纸扎人物为胜，包括童男童女、戏曲人物、侍者等。自清中后期，山西晋中、晋东南等地纸扎盛行，工艺考究，制作精良。较为出名的有晋中平遥纸扎、吕梁岚县纸扎、晋中祁县纸扎、长治潞城纸扎等。其中，最为著名的便是被评为一级文物和中国非物质文化遗产的平遥清虚观藏纱阁戏人。平遥清虚观藏纱阁戏人，填补了中国古代造型艺术的一项空白，丰富了民间工艺美术的史料，同时也在19世纪末到20世纪初从山西蒲州梆子分化出中路梆子这段历史，留下了形象的佐证，为了解梆子声腔在晋商林立的山西中部地区的繁荣情形、艺术风貌，以及纱阁戏人的展出习俗、剧目和其中某一场面的装扮、表演形式等，提供了最为直观的参照，具有珍贵的戏曲民俗史料和戏曲文物价值，成为研究中国古代戏曲、雕塑、剪纸、纸扎艺术的珍贵标本[2]。从保存现状来看，多阁戏人出现了不同程度的残缺、断裂、颜料变色、泥塑颜料层龟裂、起甲、污渍等病害，有的甚至倾斜、倒塌，严重损害了原有的历史和艺术价值。

对于平遥清虚观藏纱阁戏人的研究，目前只限于历史和艺术方面，其材质及制作工艺问题尚无研究成果发表。在中国科学技术大学和山西博物院的大力支持和推动下，2015年平遥清虚观藏纱阁戏人保护修复方案的立项申请获得国家文物局的批准。第一阶段，由纱阁戏人库存3阁取样49件，对10件纸纤维样品、2件纺织物样品、5件颜料样品、2件纸表施粉样品、1件塑土样品、5件纸填料样品、4件污染物样品分别利用超景深显微镜、纤维仪、拉曼光谱、X射线荧光光谱测试仪、X射线衍射测试仪进行了检测，初步了解了平遥清虚观藏纱阁戏人主要的制作材料及工艺情况，为下一步的保护研究工作提供科学依据。

1　平遥清虚观藏纱阁戏人概况

平遥清虚观藏纱阁戏人，以传统戏曲剧目为题材，在木阁内固定纸扎戏剧人物而成。由于制作工艺精美、造型生动，戏人纸扎服饰挺阔平展，衣褶清晰自然，着色尤显绚丽多姿，好似纱衣一般，故取名纱阁戏人。

纱阁戏人过去存于平遥县城南大街的市楼上，每逢元宵节和富户治丧时展出，现珍藏于平遥清虚观的珍品馆内。清虚观坐落于平遥县城下东门内，是一座道教庙观，始创于唐高宗显庆二年（657年），原名太平观，北宋元祐年间改为清虚观，几经易名，清代恢复清虚观之名，现为平遥县博物馆。1996年1月，山西省人民政府公布其为省级重点文物保护单位。2006年5月，作为元至清古建筑，被国务院批准列入第六批全国重点文物保护单位名单。据记载，纱阁戏人为清代光绪三十二年（1906年）平遥县城纸扎店铺六合斋老板许立廷制作，原有36阁，现存28阁，每阁一剧，每剧三至四个戏曲人物，另有6阁戏人残损严重，剧情人物待考，存于库房。男戏人身高在50cm上下，女戏人身高在48cm左右。纱阁戏人将纸扎、泥塑、彩绘、剪纸、贴花等工艺融汇得淋漓尽致，人物精致逼真，惟妙惟肖，虽属纸扎作品，但其做工之考究，造型之生动，却是迄今所见纸扎工艺品的极致，具有较高的艺术价值。被联合国教育、科学及文化组织誉为“世界仅存的规模最大的民间纸扎工艺品”。

经过一百多年的洗礼，现存28阁纱阁戏人88个戏曲人物中，56个人物衣袖、裤腿、披肩等纸质部分出现不同程度的破损、残缺，约占64%；3处装饰贴花脱落；5处颜料褪色；8处泥塑手指断裂或缺失；3处泥塑颜料层龟裂。此外，由于年代久远，保存不当，频繁裸露展示，受到大量灰尘污染，纸质部分老化严重，保护任务十分紧迫。

2　戏人制作材料分析

根据《中华人民共和国文物保护法》第四十六条，修复馆藏文物不得改变其原状的保护原则，有必要对纱阁戏人的主要制作材料进行系统分析（表1）。

表1　平遥清虚观藏纱阁戏人样品

编号	取样位置	样品描述	检测内容
No.1	第1阁第1人外衣前襟	纸，白色，很薄	纤维种类分析
No.2	第1阁第1人左袖	纸，深绿，厚	颜料成分分析
No.3	第1阁第1人颈肩连接处	固体粉末，黑色	污染物成分分析
No.4	第1阁第2人衣服内层	纸，泛黄，偏薄，表面银色花纹	纤维种类分析 纸表银色涂料分析 纸中填料分析
No.5	第1阁第2人衣服外层	同上	同上
No.6	第1阁第2人外衣前襟	纸，一面蓝色，偏厚	颜料成分分析
No.7	第1阁第3人衣服外层	纸，显绿色，较厚	纸中填料分析 颜料成分分析
No.8	第1阁第4人衣服内层	纸，浅粉，厚度适中	纸中填料分析
No.9	第1阁第4人衣裙下摆花边	纸，贴蓝色花纹图案，较厚	纸中填料分析
No.10	第1阁第4人右裤腿外层	纸，黑色，厚度适中	颜料成分分析
No.11	第1阁第4人左臂	固体粉末，黑色	污染物成分分析
No.12	第1阁第4人衣服外层	固体粉末，黑色	污染物成分分析
No.13	第2阁第1人腰系飘带	纺织物，丝状，褐色	纤维种类分析
No.14	第2阁第1人右臂	固体粉末，黑色	污染物成分分析
No.15	第2阁第2人衣服内层	纸，浅粉	纤维种类分析
No.16	第2阁第3人衣服披肩内层	纸，泛黄，偏薄	纤维种类分析
No.17	第2阁第3人衣服前胸	纸，黄色	纤维种类分析
No.18	第2阁第3人衣服内层	纸，浅黄，偏薄	纤维种类分析
No.19	第3阁第1人衣服内层	纸，一面略有绿色，偏厚	纤维种类分析
No.20	第3阁第1人裤腿外层	纸，渗透性鲜红色，厚度适中	纸中填料分析
No.21	第3阁第1人左手	固体，白色	塑土成分分析
No.22	第3阁第2人衣服内层	纸，白中略泛黄，偏薄	纤维种类分析
No.23	第3阁第2人裤腿外层	纸，深黄偏褐，厚度适中	纤维种类分析
No.24	第3阁第2人右袖	纸，带蓝色贴花，厚	颜料成分分析
No.25	第3阁第3人后腰系带	纺织物，片状，绿色	纤维种类分析

2.1 纸纤维

2.1.1 实验样品

表1中编号为No.1、No.4、No.5、No.15、No.16、No.17、No.18、No.19、No.22、No.23，共10件纸质样品。

2.1.2 分析仪器、方法及测试条件

1）仪器

XWY-V1型纤维仪，珠海华伦造纸科技有限公司生产。

2）方法

按照文献《中国造纸原料纤维特性及显微图谱》[3]配制碘-氯化锌染色剂。

制备显微玻片并观察：取上述10件纸质样品各少许分别于洁净的试管中，加少量蒸馏水，振荡使纤维完全分散。用镊子取各试管分散好的试样少许，置于载玻片上，滴两滴碘-氯化锌染色剂，使纤维在染色剂中分散均匀，盖上盖玻片后使用纤维测量仪观察纤维的形态特征及染色情况。

3）测试条件

10倍物镜（数值孔径0.18）、20倍物镜（数值孔径0.075）。

2.1.3 分析结果

10件试样纤维的显微照片如图1所示。

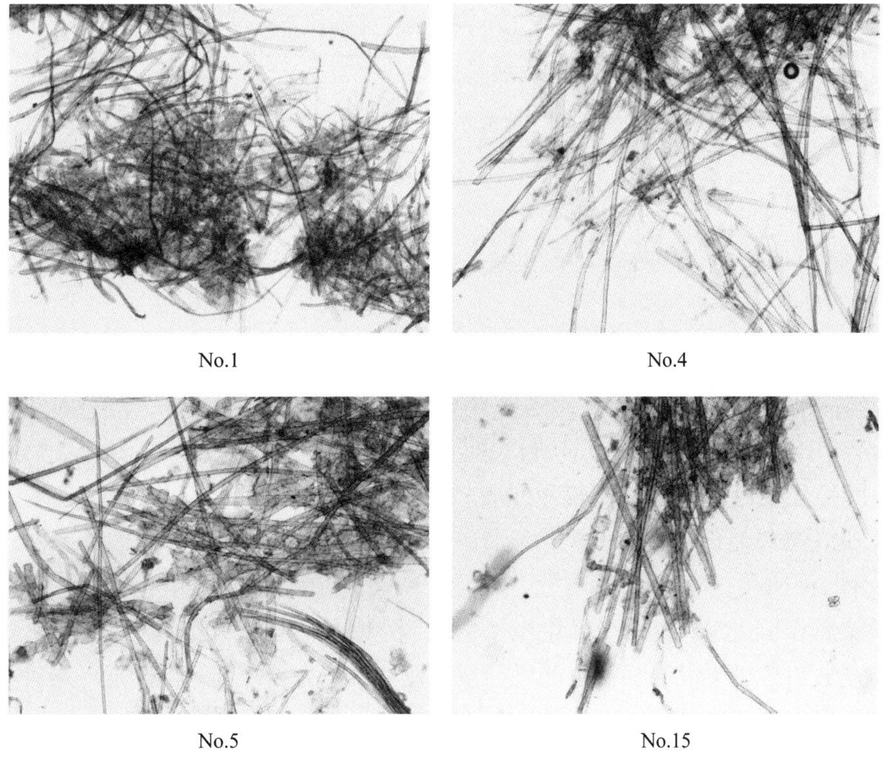

No.1 No.4

No.5 No.15

图1 纸张纤维显微照片

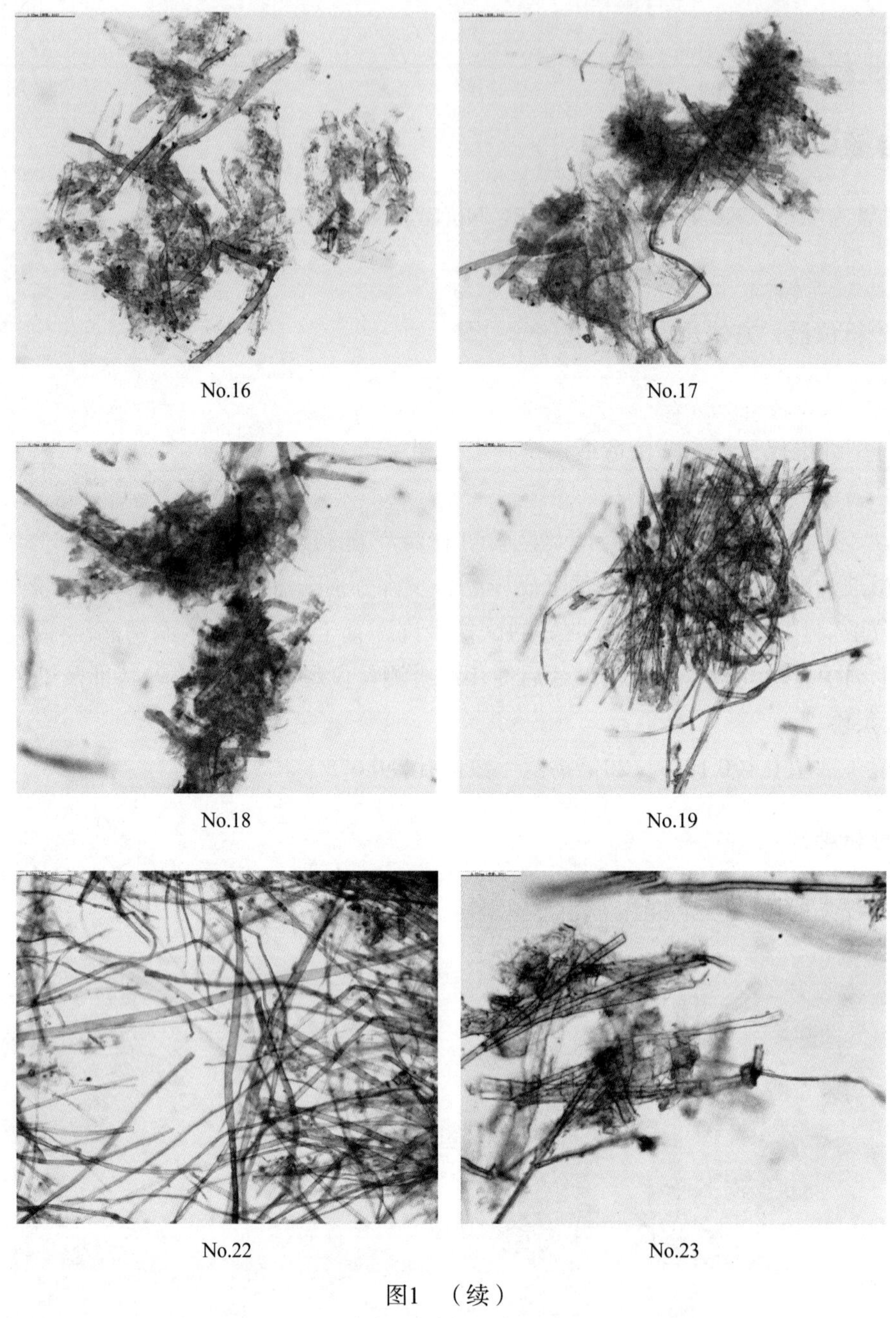

No.16　　No.17

No.18　　No.19

No.22　　No.23

图1　（续）

采用XWY-ⅥB型纤维测量仪对纸样纤维纵向进行观察，如图1中No.4、No.5、No.15、No.19、No.23所示，纤维经染色后呈黄色，较为僵硬，很少有弯曲的现象。石细胞比较多，表皮细胞都平滑无齿痕，此为竹纤维的特征，经测量统计纤维平均宽度为12～14μm，因此判断这几件试样纤维为竹纤维；图1中No.1、No.16、No.17、No.18、No.22所示，纤维经染色剂染色后，纤维显棕红色，细且长，表面十分光滑，无分丝帚化现象。纤维外壁有一层透明胶衣，在端部尤为明显，并且有横节纹，此为皮纤维的主要特征，由此可判断这几件试样为皮纤维。由于皮纤维种类差别较大，所以经测量统计纤维平均宽度分别为8～9μm、13～15μm、21～23μm[3]。

2.2 纸中填料

2.2.1 实验样品

表1中编号为No.4、No.7、No.8、No.9、No.20共5件纸质样品。

2.2.2 分析仪器、方法及测试条件

1）仪器

TTR-Ⅲ型18kW转靶θ/θ扫描（立式测角仪）样品水平型大功率X射线衍射仪。TTRⅢ多功能X射线衍射仪是日本理学公司生产的集粉末衍射、应力和极图分析、小角散射、薄膜分析等为一体的X射线分析设备。用于多晶X射线衍射、多晶薄膜、单晶薄膜X射线衍射，确定单晶取向及某些特征，转变不同几何布置，研究取向态薄层材料或纤维材料。

2）方法

将上述5件纸质样品分别制成1cm见方平放于样品板上，比样品板略高，用玻璃片轻压，使样品足够紧密，压制后表面光滑平整，样品黏附在样品板上稳固而不会脱落。

3）测试条件

波长1.541841Å，Cu K_{α}靶，管压40kV，管流200mA，衍射范围5°～80°。

2.2.3 分析结果

除No.20试样受干扰较为严重，检测效果不理想外，其余4件试样的X射线衍射图如图2所示。

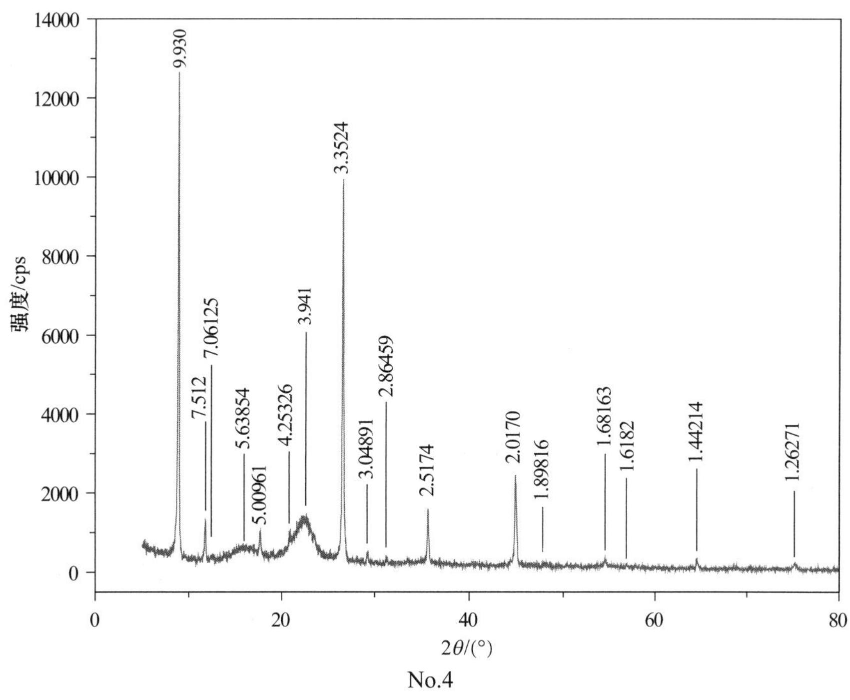

No.4

图2 纸中填料XRD图谱

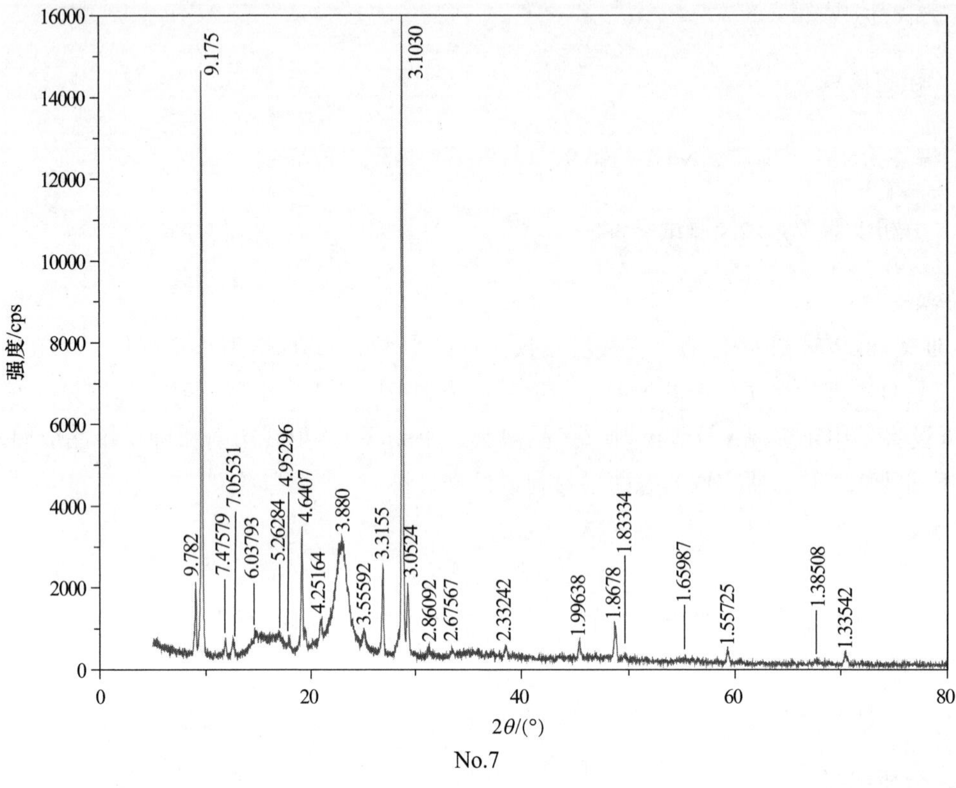
强度/cps
2θ/(°)
9.175
3.1030
9.782
7.47579
7.05531
6.03793
5.26284
4.95296
4.6407
4.25164
3.880
3.55592
3.3155
3.0524
2.86092
2.67567
2.33242
1.99638
1.8678
1.83334
1.65987
1.55725
1.38508
1.33542

No.7

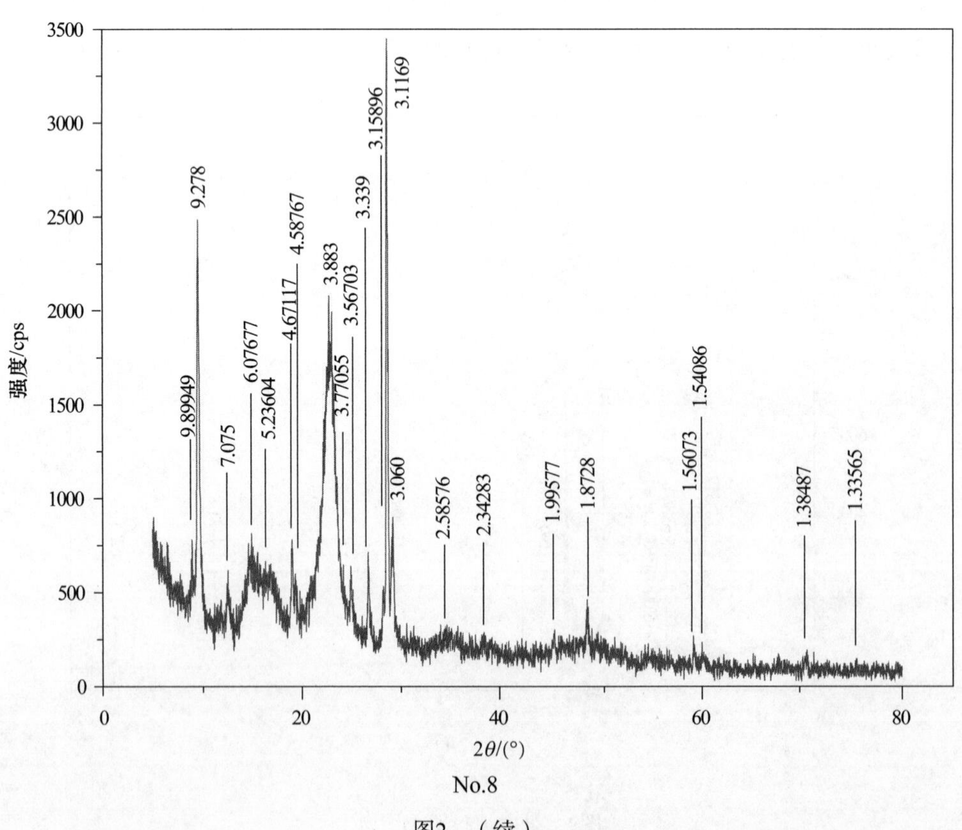
强度/cps
2θ/(°)
9.89949
9.278
7.075
6.07677
5.23604
4.67117
4.58767
3.883
3.77055
3.56703
3.339
3.15896
3.1169
3.060
2.58576
2.34283
1.99577
1.8728
1.56073
1.54086
1.38487
1.33565

No.8

图2　（续）

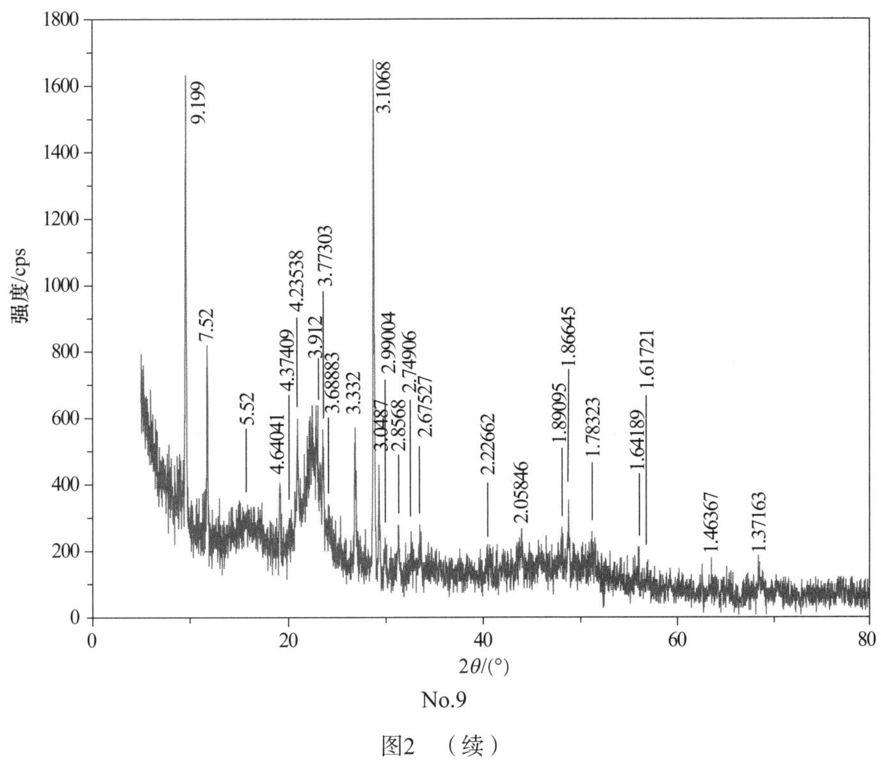

No.9

图2　（续）

采用样品水平型大功率X射线衍射仪对纸中填料进行分析测试，结果如图2所示，纸中填料含有大量的α-SiO_2、$CaCO_3$、$Al_2Si_2O_5(OH)_4 \cdot xH_2O$、$CaMg(CO_3)$等物质，推断纸张以石英、方解石、高岭土、白云石、长石等为主要填料成分。

2.3　纸表施粉

2.3.1　实验样品

表1中编号为No.4、No.5共2件纸表施粉样品。

2.3.2　分析仪器、方法及测试条件

1）仪器

显微镜：VHX-2000C型超景深视频显微镜。

X射线荧光光谱仪：顺序型X射线荧光谱仪（XRF-1800型）。X射线荧光光谱（XRFS）分析法为物质中成分分析的国际标准（ISO）分析方法之一。该仪器利用背景基本参数法（FP），用世界上最快的超高速后期扫描（300°/min）可以进行简单而快速的定性、定量分析。

样品水平型大功率X射线衍射仪：同2.2.2节。

2）方法

将上述2件纸质样品分别制成2cm见方平放于样品板上，比样品板略高，用玻璃片轻压，使样品足够紧密，压制后表面光滑平整，样品黏附在样品板上稳固而不会脱落。对试样表面银色施粉进

行检测。

3）测试条件

超景深视频显微镜：镜头Z100：×100，孔径500μm。

X射线荧光光谱：孔径200μm微区分析，4kW薄窗铑（Rh）靶X射线管，激发光源Rh 40kV，电流90mA，检测时间60s。

X射线衍射：同2.2.2节。

2.3.3　分析结果

2件试样的超景深视频显微照片及X射线荧光光谱元素含量列表如图3所示。

［定量结果］

分析物	结果	处理-计算	谱线	净值强度	背景强度
C	65.9534%	定量-FP	C K_{α}	2.260	0.286
Si	10.3164%	定量-FP	Si K_{α}	48.190	0.189
Mg	6.6156%	定量-FP	MgK_{α}	13.217	0.318
K	3.8317%	定量-FP	K K_{α}	42.640	0.996
Al	3.5002%	定量-FP	AI K_{α}	20.095	0.986
Ca	3.1872%	定量-FP	Ca K_{α}	28.765	0.958
S	2.6907%	定量-FP	S K_{α}	22.856	0.355
Cl	1.9429%	定量-FP	CI K_{α}	5.648	0.613
Fe	0.9280%	定量-FP	FeK_{α}	15.296	0.866
Na	0.7475%	定量-FP	NaK_{α}	0.506	0.036
Ti	0.1669%	定量-FP	Ti K_{α}	0.551	0.096
P	0.1196%	定量-FP	P K_{a}	1.083	0.125

No.4

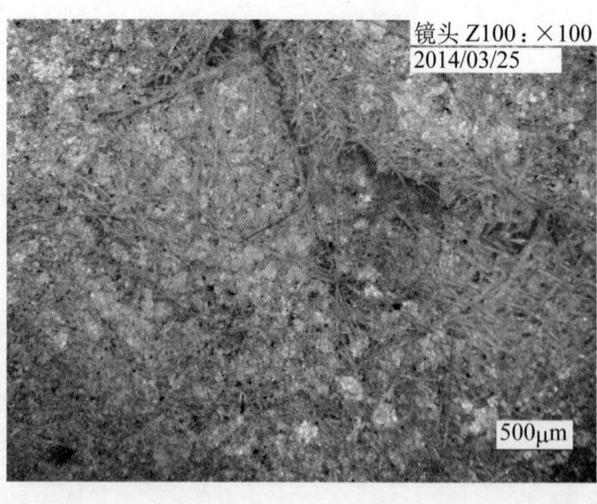

［定量结果］

分析物	结果	处理-计算	谱线	净值强度	背景强度
C	71.1464%	定量-FP	C K_{α}	3.145	0.364
Si	8.1024%	定量-FP	Si K_{α}	46.424	0.209
Mg	5.0937%	定量-FP	MgK_{α}	11.579	0.243
Ca	3.9125%	定量-FP	Ca K_{α}	42.217	0.933
Al	2.9578%	定量-FP	Al K_{α}	20.452	0.994
K	2.4326%	定量-FP	K K_{α}	34.950	0.941
S	2.2354%	定量-FP	S K_{α}	24.451	0.299
Cl	2.1079%	定量-FP	CI K_{α}	7.917	0.509
Na	0.8451%	定量-FP	Na K_{α}	0.648	0.046
Fe	0.7606%	定量-FP	FeF_{α}	15.907	0.875
Ti	0.1685%	定量-FP	Ti K_{α}	0.704	0.092
P	0.1119%	定量-FP	P K_{α}	1.302	0.106
Cu	0.0662%	定量-FP	Cu K_{α}	2.312	2.173
Ni	0.0590%	定量-FP	Ni K_{α}	1.978	1.642

No.5

图3　No.4、No.5试样超景深视频显微照片及X射线荧光光谱元素含量列表

采用VHX-2000C型超景深视频显微镜对No.4、No.5试样表面银色施粉进行形貌观察，银色施粉呈固体颗粒状，有银色光泽，不均匀分布于纸表。

采用X射线荧光光谱仪对2件试样表面物质元素含量进行测试，结果如图3所示，纸表含有大量的C、Si、Mg、Ca、Al、K等元素，初步推测为铝硅酸盐和碳酸钙成分为主。

采用样品水平型大功率X射线衍射仪进一步对纸表进行物相分析，结果可见图2中No.4所示，5.00961°、3.3524°、2.5174°、2.0170°、1.89816°、1.68163°几处特征峰值表明纸表施粉主要物质成分为金云母$KMg_3(Si_3Al)O_{10}(OH)_2$。

2.4 颜料

2.4.1 实验样品

表1中编号为No.2绿色颜料、No.6蓝色颜料、No.7绿色颜料、No.10黑色颜料、No.24蓝色颜料共5件附着于纸质之上的颜料样品。

2.4.2 分析仪器、方法及测试条件

1）仪器

显微镜：VHX-2000C型超景深视频显微镜。

LabRamHR型激光拉曼光谱仪系统：可进行空间分辨的光谱分析（空间分辨率*X*：*Y*平面1μm，*Z*方向2μm）和样品表面空间分布（mapping）的研究。

2）方法

将上述5件颜料样品分别连同其纸质附着物平放于载玻片上，有颜色一面向上，比载玻片略高，用玻璃片轻压，使样品足够紧密，压制后表面光滑平整。对附着于纸质之上的颜料试样成分进行检测。

3）测试条件

超景深视频显微镜：镜头Z100：×200/100，孔径250μm/500μm。

LabRamHR型激光拉曼光谱仪系统：室温、暗室环境，激发光为氩离子激光器的514.5nm/785nm线，样品表面功率5mW，物镜50倍长焦，信息采集时间为2～60s，光谱测试范围3000～100cm^{-1}。

2.4.3 分析结果

5件颜料试样的超景深视频显微照片及拉曼谱图如图4所示。

采用VHX-2000C型超景深视频显微镜对5件颜料试样形貌进行观察，除No.7绿色颜料试样外，其余4件颜料试样在纸表均呈晶体颗粒状，初步推测为矿物。

采用LabRamHR型激光拉曼光谱仪系统对附着于纸上的颜料进行检测，结果可见图4中No.2绿色颜料拉曼谱图所示，在122cm^{-1}、154cm^{-1}、175cm^{-1}、217cm^{-1}、242cm^{-1}、325cm^{-1}、371cm^{-1}、429cm^{-1}、492cm^{-1}、539cm^{-1}、835cm^{-1}、951cm^{-1}几处均出现与巴黎绿拉曼光谱相近的特征峰；No.6蓝色颜料拉曼谱图所示，仅在250cm^{-1}、403cm^{-1}、1580cm^{-1}、1623cm^{-1}几处出现与石青拉曼光谱相近的特征峰；No.7绿色颜料拉曼谱图所示，在354cm^{-1}、433cm^{-1}、553cm^{-1}、1085cm^{-1}、1492cm^{-1}几处出现与孔雀石拉曼光谱相近的特征峰，但峰形整体特征不明显；No.10黑色颜料拉曼谱图所示，

在1360cm^{-1}、1585cm^{-1}两处出现较为明显的与炭黑拉曼光谱相近的特征峰；No.24蓝色颜料拉曼谱图所示，在258cm^{-1}、548cm^{-1}、822cm^{-1}、1098cm^{-1}几处出现与青金石拉曼光谱相近的特征峰，且整体

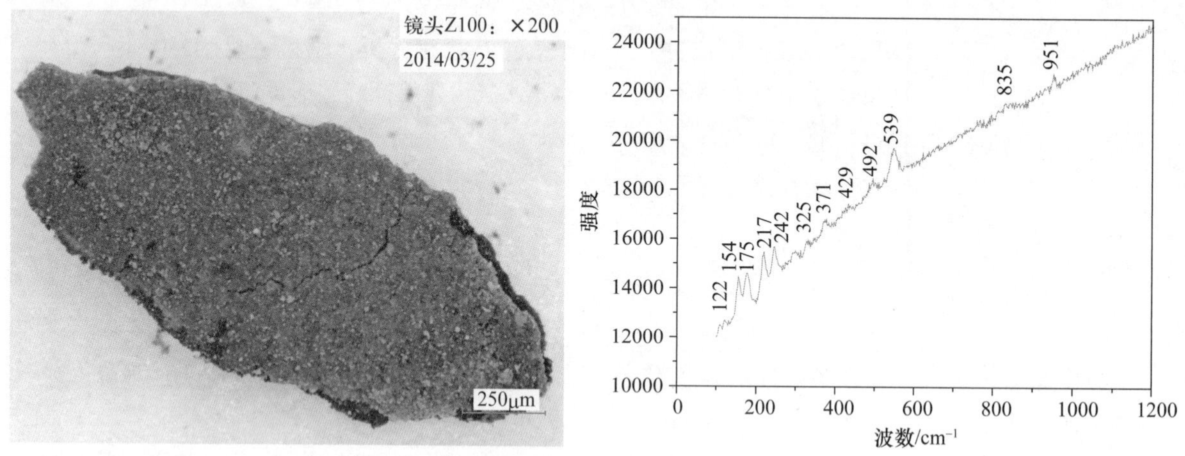

No.2绿色颜料显微照片及拉曼谱图

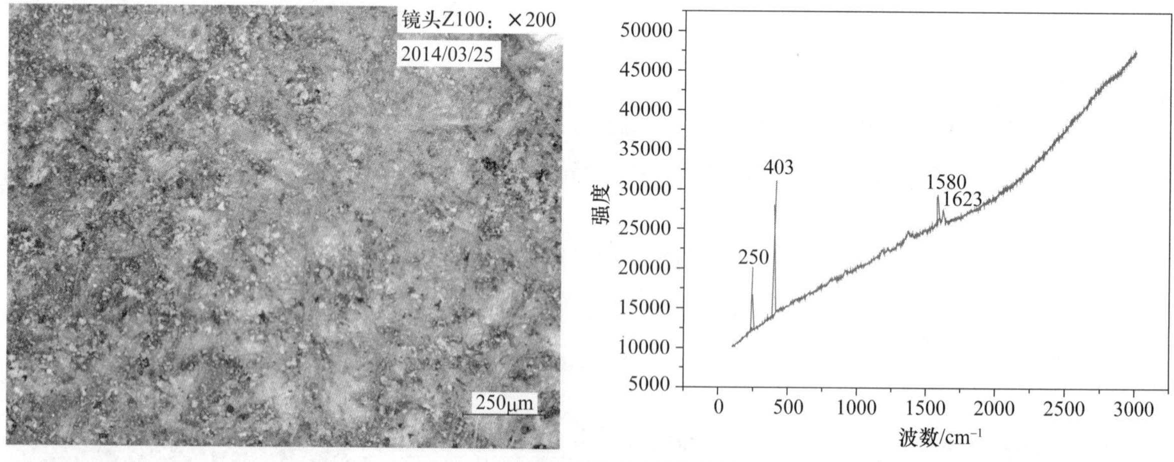

No.6蓝色颜料显微照片及拉曼谱图

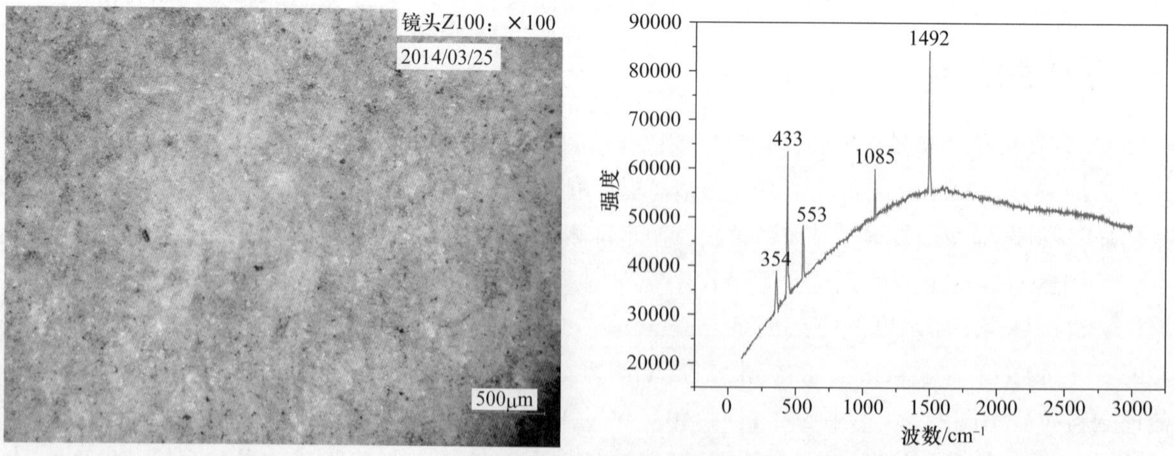

No.7绿色颜料显微照片及拉曼谱图

图4　颜料试样超景深视频显微照片及拉曼谱图

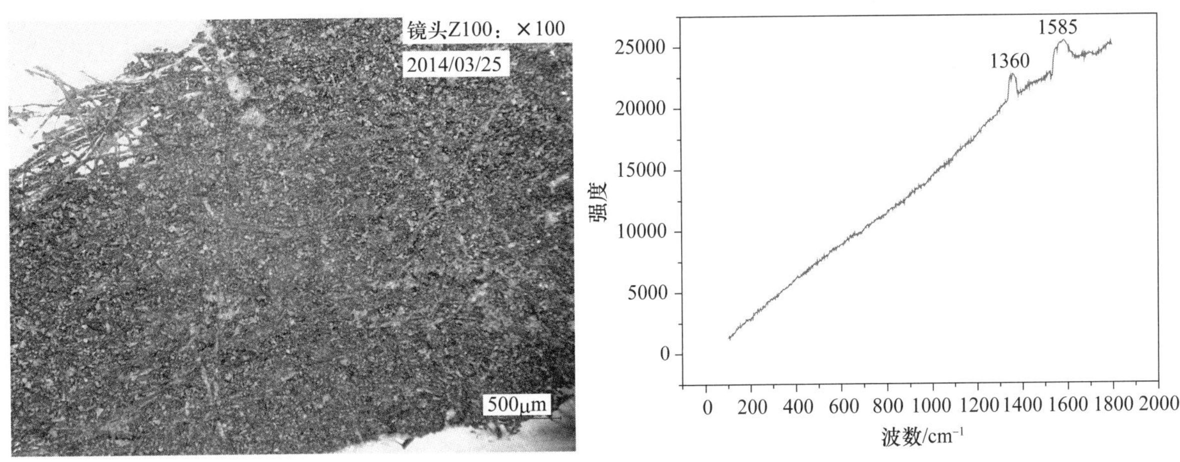

No.10黑色颜料显微照片及拉曼谱图

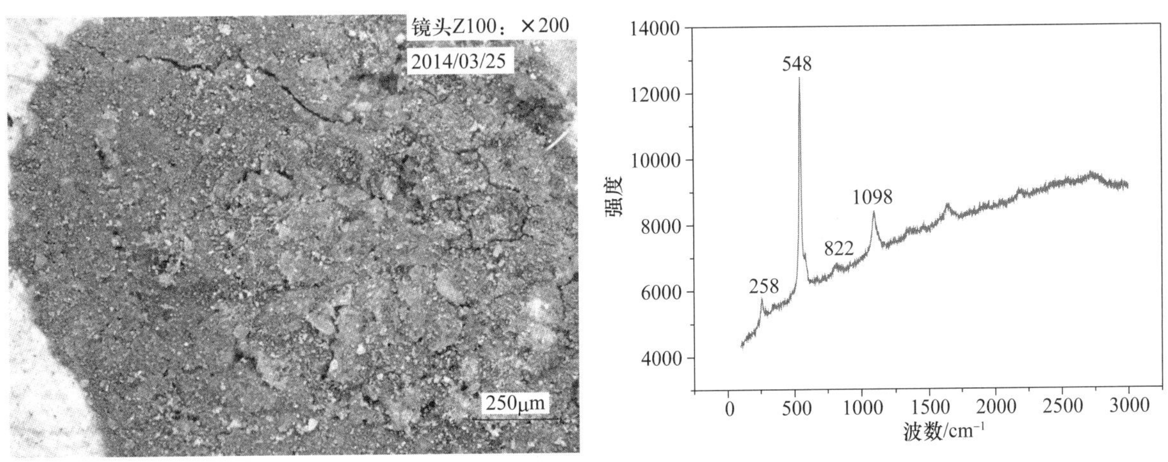

No.24蓝色颜料显微照片及拉曼谱图

图4 （续）

峰形特征明显。根据上述比对分析，推断No.2绿色颜料为巴黎绿、No.10黑色颜料为炭黑、No.24蓝色颜料为青金石。No.6蓝色颜料和No.7绿色颜料的谱图特征不明显，暂不作推断。

2.5 塑土

2.5.1 实验样品

表1中编号为No.21的塑土样品。

2.5.2 分析仪器、方法及测试条件

1）仪器

TTR-Ⅲ型18kW转靶θ/θ扫描（立式测角仪）样品水平型大功率X射线衍射仪。

2）方法

用玛瑙研钵将No.21塑土样品磨细至小于200目。将样品均匀地撒入样品板内，比样品板略高，用玻璃片轻压，使样品足够紧密，要求压制完毕后表面光滑平整，样品黏附在样品板上可立住且不

会脱落。

3）测试条件

波长1.541841Å，Cu K_{α}靶，管压40kV，管流200mA，衍射范围5°～80°。

2.5.3　分析结果

No.21塑土试样X射线衍射图如图5所示。

采用样品水平型大功率X射线衍射仪对No.21塑土试样进行物相分析，结果如图5所示，塑土中主要含有α-SiO_2（特征峰值1.5406、2.4549、3.3379、4.274等）、$CaSO_4 \cdot 2H_2O$（特征峰值2.0841、2.492、2.6773、2.78199、3.795、7.577等）等物质，推断塑土以石英、生石膏、绿泥石（特征峰值3.51172、7.067、14.2425）等为主要成分，与胶泥成分基本符合。结合泥人材料相关文献的研究[4]和对平遥县当地泥塑原料的分析，推断纱阁戏人泥塑用泥为地下1m多深的黄胶泥。

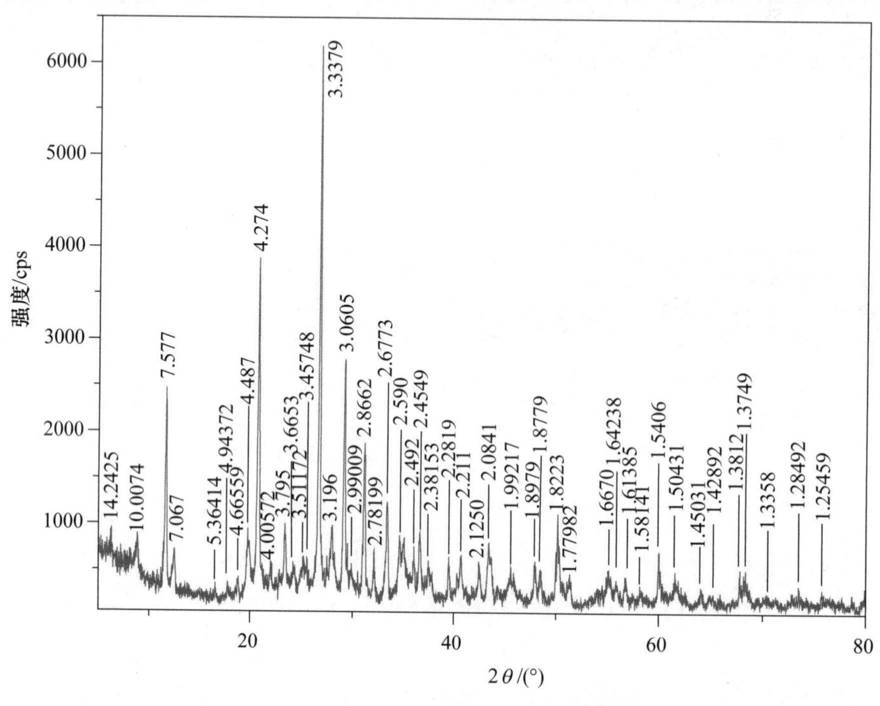

图5　No.21塑土试样X射线衍射图

2.6　纺织物纤维

2.6.1　实验样品

表1中编号为No.13、No.25的纺织物样品。

2.6.2　分析仪器、方法及测试条件

1）仪器

显微镜：VHX-2000C型超景深视频显微镜。

纤维仪：XWY-V1型纤维仪，珠海华伦造纸科技有限公司生产。

2）方法

显微镜：直接将2件纺织物样品置于载物台（以白色纸张为衬底）对2件样品的形貌进行观察。

纤维仪：取上述2件纺织物纤维样品各少许分别于洁净的试管中，加少量蒸馏水，振荡使纤维完全分散。用镊子取各试管分散好的试样少许，置于载玻片上，滴两滴碘-氯化锌染色剂，使纤维在染色剂中分散均匀，盖上盖玻片后使用纤维测量仪观察纤维的形态特征及染色情况。

3）测试条件

超景深视频显微镜：镜头Z100：×200/100，孔径250μm/500μm。

纤维仪：10倍物镜（数值孔径0.18）、20倍物镜（数值孔径0.075）、40倍物镜（数值孔径0.042）。

2.6.3 分析结果

2件试样的超景深视频显微镜照片及纤维显微镜照片如图6所示。

先用镊子撕取2件样品少许，用点燃的香（由于试样较少，防止直接用火燃烧过快，实验效果

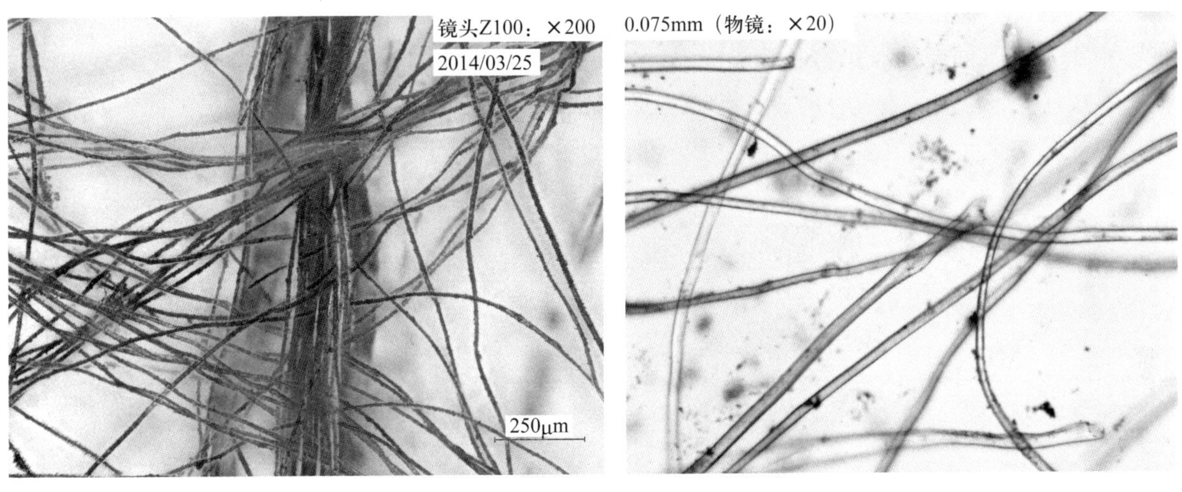

No.13超景深视频显微镜照片及纤维显微镜照片

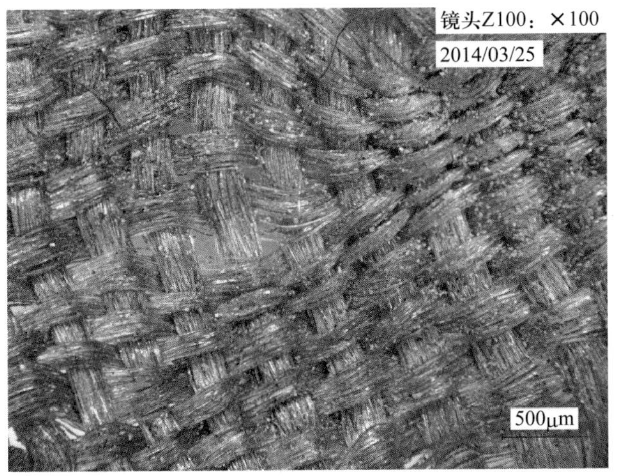

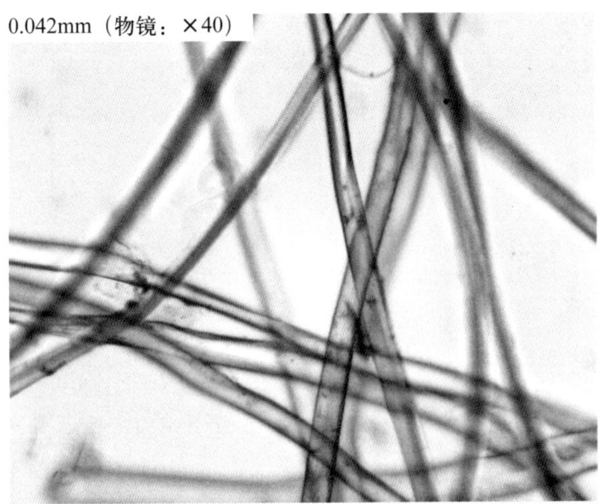

No.25超景深视频显微镜照片及纤维显微镜照片

图6 纺织物超景深视频显微镜照片及纤维显微镜照片

不明显，所以选用点燃的香）对所取试样进行灼烧试验时，有烧毛发臭味，且残渣为脆灰，因此初步推断2件纺织物样品纤维同属蛋白质纤维。

采用VHX-2000C型超景深视频显微镜对2件纺织物样品形貌进行观察，2件样品表面具有明亮而柔和的光泽，平整度低，拉伸度较好，基本符合蚕丝织物的特性。

采用XWY-ⅦB型纤维测量仪对纺织物纤维纵向进行观察，如图6纤维显微镜照片所示，纤维经染色后呈黄偏绿色[5]，细而柔软，平滑，富有弹性，此为蚕丝纤维的主要特征，综合上述推断2件纺织物纤维均为蚕丝纤维。

3 制作工艺研究

根据相关研究文献记载和当地文化部门所藏对纱阁戏人传承艺人走访的相关影像资料记录，结合以上对其主要制作材料检测结果的分析，将纱阁戏人主要制作工艺作重新梳理。

3.1 扎制人形骨架

根据戏人不同性别、年龄和姿势确定比例，男性约20cm，女性约16cm（均指所截高粱秆长度），用剪刀将结实的高粱秆剪成长度相同的三段，并将其固定在一起作为人形骨架的主要部分，再用细木棍支撑重心。这就是简单的人形骨架，如图7和图8所示。

图7 高粱秆

图8 制作人形骨架

3.2 泥塑头、手和靴

3.2.1 泥的处理

根据2.5部分对纱阁戏人塑土的物相分析，推断其选用了当地的黄胶泥作为泥塑原料。这种泥具有黏性好，杂质少，塑造起来不易变形、开裂的特点。

对泥的处理：需要把草纸剪碎和在泥中，用木槌不断敲打至纸纤维散开和泥黏合在一起，这样处理的泥基本不会变形和开裂，被传承艺人称为熟泥，见图9和图10。

图9 草纸剪碎和泥

图10 熟泥

3.2.2 塑形

在既成模具中先涂一层石膏粉，再用手将其擦去。将处理好的塑泥在手中反复挤压，排净泥中的空气后放入模具中，用力按压，使泥与模具内壁充分接触。根据头像大小，选取适当填充物（可以是稻草或棉花）绑缚于小木棍上，置于模具内，用力按压，使其与模具内的泥充分黏合。待塑泥稍干出模后，五官轮廓基本成形。再根据人物表情、神态开眼角、嘴角，表现人物不同的神态特征。手和靴则是直接用泥捏制而成，见图11和图12。

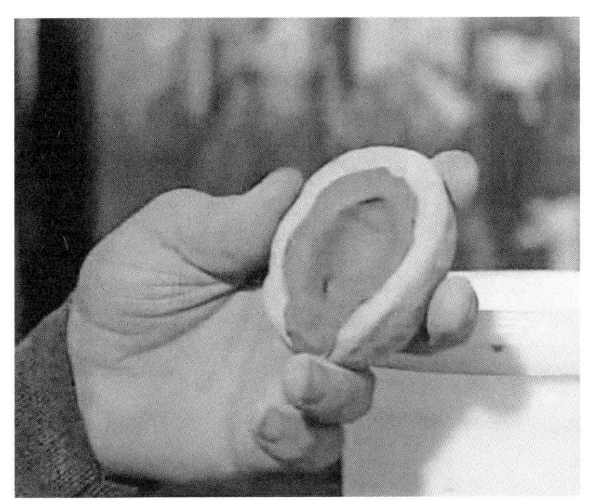

图11 塑泥

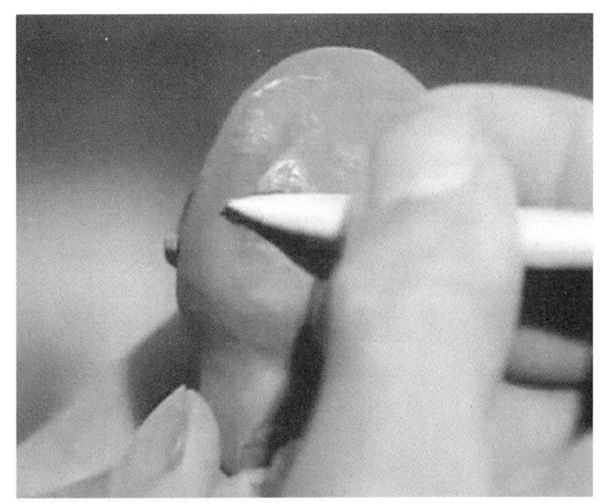

图12 面部修饰

3.3 戏人裹纸

3.3.1 纸材

纸是纱阁戏人最主要的制作材料，裹纸也是制作戏人最重要的工艺，直接决定了戏人的整体艺术价值。根据目前所得纱阁戏人相关文献记载，纱阁戏人的裹纸主要分内外两层，内层用草纸塑形，外层用洒金宣纸妆衣[2]。而经过上述2.1节对多件纸样纤维的检测，只发现了竹纤维和皮纤维，推断戏人裹纸以竹纸和皮纸为主。就目前采集样品检测结果中，尚未发现青檀皮纤维和稻草或其他草类纤维，暂无法有宣纸和草纸使用的推断。经过观察统计，戏人裹纸基本全部用了色纸，且根据2.2节对纸中填料的检测分析，推断多采用加工纸。

根据以《古代的纸扎》[6]为代表的纸扎相关文献的研究，纸扎工艺多以竹纸和皮纸作为扎制材料。山西稷山宋末元初的五女坟棺内中，发现每具尸骨上敷有各种色纸糊成的女人衣履各一套。"这些纸有黑、蓝、红、黄各色，蜡尖纸上的花纹历历分明，金花纸上白金箔，尚闪闪有光，纸质多为竹质，纸料的大小及样式，与现在市上出卖的蜡尖纸、五色纸的规格多接近。"[7]特别是到了清代，相当发达的造纸工艺，将竹纸的加工和应用推向了手工艺用纸的主要领域，加之竹纸在性价比方面的优势，致使其成为纸扎工艺的主要制作材料之一。另有可能就是在清代造纸工艺极为发达的时期，人们将品质上好的手工纸都称为宣纸，而品相不好的多说成草纸。正如20世纪70～80年代以前，人们将上好的书画用纸通称宣纸一样。竹纸的加工主要有细工和粗制两种，前者如夹江竹纸，后者如毛边纸。由此或许可以解释纱阁戏人制作材料相关记载与目前检测不一致的问题。

3.3.2　裹纸

先用柔软且不易破损的纸裹紧人形骨架，以此塑造出不同的形体姿势。待糨糊晾干后，再在外面裹上一层色纸，主要将前后心粘牢。戏人形体基本制作完成，见图13和图14。

图13　裹骨架的纸

图14　裹上色纸

3.4　装饰戏人

3.4.1　纸表银色施粉及颜料

根据相关文献记载，纱阁戏人所用洒金色纸是为了达到与现实戏服同样柔软闪亮的效果。经过2.3节对纸表施粉的检测分析，使纸面有银色花纹出现的主要成分是金云母，推断造纸加工过程中施加了云母粉。

根据2.4节对纸上贴花颜料的检测分析，视频显微镜下呈现颗粒状，几件试样拉曼图谱分别与青金石、石青、巴黎绿、炭黑图谱特征基本符合，推断其所用颜料基本为矿物颜料。这种颜料色泽自然，长久不褪色。

3.4.2 装饰

装饰戏人包括画脸谱、贴头饰、戴服饰三项，按照由内向外的顺序进行，主要分为上色和贴花两个程序。上色是较难的一道工序，采用水粉颜料快速一次性涂饰，防止晕染。贴花是先在色纸上画出各种图案，继而剪下贴到合适的部位，如果要做点缀补充，可用工笔彩画直接画到衣服上。对于衣服的处理，在穿好衣服之后要巧喷水，以使人感到衣料的柔软和衣褶的自然。头饰需先用纸板制作各种帽、盔、额子之类，再裹以色纸，然后根据帽、盔和大小额子的式样，或根据人物发型之所需，予以上色、贴花、簪花或插英雄球，见图15和图16。至此，戏人制作完成。

图15 贴花

图16 头饰制作

4 结 论

本文对平遥清虚观藏纱阁戏人3阁共6戏人的裹纸、贴花颜料、塑土等进行初步研究，得出如下结论：

（1）制作材料。纱阁戏人选用以加工竹纸和皮纸为主要裹纸材料。纸表施粉为金云母粉，纸中填料主要包含石英、方解石、高岭土、白云石、长石等。贴花颜料全部采用矿物颜料。塑土的主要成分为石英、生石膏、绿泥石等，为地下1m深的黄胶泥。装饰纺织物为蚕丝制品。由此可见，清代随着商业和手工业的发达，市场流通快步发展，纸扎工艺所用材料也可根据需要源自全国各地。

（2）制作工艺。纱阁戏人制作流程为：扎制人形骨架→泥塑头、手和靴→戏人裹纸→装饰戏人四大步骤。首先根据戏人尺寸和姿态用高粱秆制作好骨架，随后用当地地下1m深的黄胶泥和以草纸，反复摔打至熟泥后入模具制成头，再用泥直接捏制手和靴，然后用柔软且不易破损的纸裹出戏人基本形态，再在外面裹以各种加工色纸作为衣装，最后给戏人画脸谱、贴头饰、戴服饰。可以看出，平遥清虚观藏纱阁戏人用料普通但精细，制作工艺复杂而讲究。

（3）保护建议。平遥清虚观藏纱阁戏人存在不同程度的残缺、断裂、颜料变色、泥塑颜料层龟裂、起甲、污渍等多种病害，对损害严重的部位进行修复和加固应选用与传统制作材料相近的材料，并承袭传统制作工艺实施。此外，很多纸质材料受到光照和温湿度差异较大的影响，出现不同程度的老化，致使纸质酥松、泛黄、贴花脱落，且灰尘沉积也加剧这些状况。因此，做好戏人的防尘、防潮、防霉、防强光等工作非常必要。

本项研究是对平遥清虚观藏纱阁戏人制作材料与工艺的初步探索，旨在为后期的保护修复工作提供科学参考。

参 考 文 献

[1] 陆锡兴．吐鲁番古墓纸明器研究［J］．西域研究，2006，63（3）：50-55.

[2] 冯俊杰，王志峰．平遥纱阁戏人［M］．1版．太原：山西古籍出版社，2005：1-2，219-220.

[3] 王菊华．中国造纸原料纤维特性及显微图谱［M］．1版．北京：中国轻工业出版社，1999：150-189，291.

[4] 刘岩，李伯川．河北白沟传统泥塑工艺的探究［J］．云南农业大学学报，2012，6（3）：118-122.

[5] 王华杰．纤维鉴别［J］．丝绸，1981，（3）：30-33.

[6] 陆锡兴．古代的纸扎［J］．中国典籍与文化，2007，63（4）：106-113.

[7] 陆锡兴．山西稷山县“五女坟”发掘简报［J］．考古通讯，1958，（7）：31-37.

南陵县铁拐宋墓M1出土丝织品老化程度研究
——以蚕丝蛋白取向度为视角

张晓宁　龚钰轩　龚德才

（中国科学技术大学文物保护科学基础研究中心，安徽合肥，230026）

摘要　古代丝织品老化程度的评估长期以来是一项基础且富有挑战性的工作。本文从分子水平出发，以蚕丝蛋白β-折叠微晶体取向度为视角，通过偏振红外光谱手段研究现代及热老化丝织品的蚕丝蛋白取向度，证明蚕丝蛋白取向度与丝织品老化程度具有相关性。在此基础上，将该方法运用于南陵县铁拐宋墓M1出土丝织品的老化程度的表征。由古代丝织品取向度与模拟老化样品的对比研究，可判断古代丝织品相对老化程度。因此，以蚕丝蛋白β-折叠微晶体取向度为研究视角，可作为评估古代丝织品老化程度的新思路。

关键词　古代丝织品　老化程度　取向度

引　言

古代丝织品的数量在我国馆藏文物中占有相当大的比例，许多珍贵的古代丝织品代表了古代中国在艺术、绘画、纺织等领域的最高成就，是研究我国经济、社会、历史等学科稀缺的实物资料。古代丝织品基本通过蚕丝脱胶制得，蚕丝主要由大量相互平行的微原纤组成，主要成分为丝素蛋白。丝素蛋白大部分是由无规链团连接的反平行的β-折叠微晶构成。β-折叠微晶体是高度有序的，并且沿着纤维轴平行排列[1，2]。由于古代丝织品是由氨基酸组成的天然高分子化合物，这种化学结构决定了古代丝织品易与环境因素作用，发生氧化和水解等反应，丝素肽链发生断裂，使其强度降低、糟朽，大大影响了文物的价值。古代丝织品老化程度的评估长期以来是一项基础且富有挑战性的工作，对古代丝织品微观结构的认识，可为丝织品的保护加固、保存等方面提供重要信息。从分子水平研究古代丝织品的结构及其老化机理，已成为众多学者关注的方向[3-9]。

评估古代丝织品老化程度的主要途径是将古代丝织品与模拟老化样品进行对比研究。模拟老化的方法主要包括水解老化、微生物老化、光老化和热老化[10-12]。其中热老化是一种通过升温从而增加丝织品降解老化速率的常见且简便的手段[13]。评价丝织品老化程度的检测方法主要有X射线衍射、尺寸排阻色谱法、电子自旋共振、氨基酸分析、红外光谱法等[14-17]。

红外光谱法是一种根据分子内部原子间的相对振动和分子转动等信息来确定物质分子结构和鉴别化合物的分析方法，是剖析研究中运用最广泛的结构分析手段，可以反映一种物质的整体分子结构信息。基于古代丝绸稀少珍贵的特点，红外光谱法作为一种无损或微损分析方法，既可以对老化丝绸各吸收峰定性，也可以定量或半定量分析古代丝织品的纤维聚集态结构变化规律，从而评价丝绸老化程度。通过在红外光路前引入偏振片，得到偏振红外光谱。当红外偏振光谱通过具有各向异性的样品时，红外偏振光电矢量与样品中的基团振动偶极矩改变的方向平行或垂直，基团振动谱带的强度会在不同方向上出现最大值或最小值，证明该化学键是有取向的。以特定基团或化学键的振动方向为研究对象，偏振红外光谱可得到纤维取向结构等信息，即聚集态与纤维轴的平行程度（取向度）[18, 19]。

国外Garside 课题组使用红外光谱法研究光老化丝织品的结晶度、取向度与老化程度之间的关联[17, 20]。国内龚德才课题组也报道了通过偏振红外光谱研究酸碱老化丝织品的取向度变化情况[21]。由于β-折叠微晶体的取向与纤维的宏观力学性能存在很大的关联性[22]，故本文通过显微偏振红外光谱法研究现代丝织品及热老化丝织品蛋白质取向度，在证明丝织品老化与蚕丝蛋白β-折叠微晶体取向改变有关的基础上，将该方法运用于南陵县铁拐宋墓M1出土丝织品的老化程度的表征，阐明其可能的老化机理。

1　材料与方法

1.1　材料来源

本文所采用的新鲜丝织品来源于合肥光华丝绸厂。所用的化学试剂购买自国药集团，为分析纯。古代样品为南陵县铁拐宋墓M1出土丝织品（简称南陵样品）。

1.2　样品制备

将新鲜丝织品剪裁成合适大小。将其浸泡在0.5%碳酸钠水溶液中进行脱胶[21]，95℃加热0.5h，重复两遍，并用蒸馏水清洗后室温干燥。在200℃下干热老化1天、3天、7天、9天。最后将这些样品剪裁成1cm × 1cm供显微红外分析。古代样品通过蒸馏水洗去表面至无污染物，室温晾干。所有样品在测试前均需要在（20 ± 2）℃、相对湿度50% ± 4%下进行预调湿。

1.3　图谱获取

使用Nicolet 8700 红外光谱仪，配备有 Nicolet Continuμm 红外显微镜。检测使用反射模式，使用Ge作为ATR晶片以及偏振片。检测器为MCT/A，光谱范围为4000 ~ 650cm^{-1}，扫描次数为128，分辨率为4cm^{-1}。样品测试微区面积设为100μm × 100μm。将ATR晶片与织物表面保持紧密接触，并保证所测区域内蚕丝纤维相对平行排列。电矢量方向与样品成水平、垂直角度时，分别得到样品的水平吸收谱带$A_{\parallel}$和垂直吸收谱带（$A_{\perp}$）。所有红外光谱均采用1740 ~ 1120cm^{-1}两点基线校正，13点平滑。

1.4　取向度计算

β-折叠微晶体取向度的计算公式：

$$\Omega=\frac{A_{\perp}}{A_{\parallel}\times\rho}=\frac{A_{\perp}}{A_{\parallel}\times\frac{A_{am\perp}}{A_{am\parallel}}}=\frac{A_{\perp}\times A_{am\parallel}}{A_{\parallel}\times A_{am\perp}}$$

其中Ω为取向度；ρ为校正因子，校正的目的是减少图谱因基线漂移造成实际与理论值之间的偏差；$A_{am\parallel}$、$A_{am\perp}$分别为偏振光电矢量与纤维轴平行、垂直时无规卷曲吸收强度；$A_{\perp}$、$A_{\parallel}$分别为偏振光电矢量与纤维轴垂直、平行时化学键的吸收强度。Ω大于1.0，表明该化学键垂直取向，且值越高取向度越大；Ω等于1.0，说明该化学键无取向；Ω小于1.0，表明该化学键平行取向。为了便于数据之间的比较，化学键平行取向时，取向度取倒数处理。

根据化学键与β-折叠构象的几何关系，可推测β-折叠微晶体相对于纤维轴排列的取向度。

1.5 结晶度计算

酰胺Ⅰ、Ⅱ、Ⅲ带可用来计算丝素蛋白中β-折叠相对含量。该构象含量不依赖于偏振光电矢量与纤维轴的角度之间的变化。对于偏振光谱，使用如下方法可以计算：

$$A_0=\frac{A_{\parallel}+2A_{\perp}}{3}$$

式中，A_0为丝织品结晶度。

2 结果与讨论

2.1 现代样品

2.1.1 取向度

图1为空白丝织品偏振红外图谱。1615cm^{-1}隶属于丝素蛋白Silk Ⅱ结构中羰基的伸缩振动；1520cm^{-1}吸收峰归属于C—N伸缩振动以及N—H弯曲振动；1441cm^{-1}为CH_3弯曲振动；1265cm^{-1}、1230cm^{-1}位于酰胺Ⅲ带，为N—H面内弯曲振动以及C—N伸缩振动。

其中1615cm^{-1}附近羰基吸收峰强度在电矢量方向与纤维轴成90°时有明显的增加，即有红外二向色性。由羰基的跃迁偶极矩方向是垂直于β-折叠骨架，可证明β-折叠微晶体沿纤维轴定向排列。1520cm^{-1}吸收峰是由β-折叠构象中C—N伸缩振动和N—H弯曲振动贡献而来（简写为C—N—H），其电矢量方向与纤维轴成0°时有最大吸收。由C—N—H混合振动的跃迁偶极矩方向与纤维轴水平，也可证明β-折叠微晶体沿纤维轴的水平方向取向排列[23]。另外，1698cm^{-1}、1265cm^{-1}吸收峰强度随偏振光电矢量方向改变而变化，可知该两处吸收峰也存在红外二向色性。而1653cm^{-1}附近的吸收峰强度随偏振光电矢量方向的改变并没有发生明显的变化，说明该区域的吸收峰的构

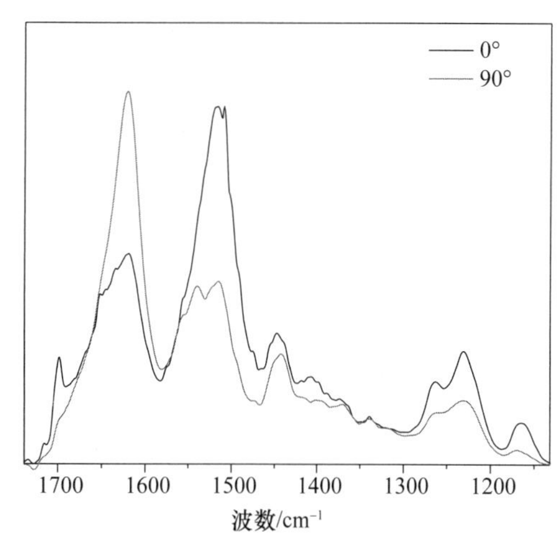

图1 现代丝织品偏振红外光谱图
（偏振角为0°和90°）

象为各向同性的无规卷曲。现代丝织品各吸收峰构象归属及取向度参数见表1。

表1 现代丝织品各吸收峰构象归属及取向度

波数/cm^{-1}	构象	取向	取向度
1653	无规卷曲		
1615	β-折叠	垂直	1.86
1540	无规卷曲		
1520	β-折叠	平行	1.45
1265	β-折叠		1.10
1230	无规卷曲		

由于丝素蛋白聚集态是由β-折叠微晶体与无规卷曲构象共同构成，无规卷曲构象被证明是无取向的，因此聚集态的取向完全是由β-折叠微晶体贡献而来。由计算结果可知，1615cm^{-1}吸收峰对应的β-折叠微晶体取向度与文献报道的较为一致（文献值为1.9[21]）。而1265cm^{-1}对应的β-折叠构象的取向度接近于1.0，与该区域吸收本身较弱有关。因此本文将重点关注1615cm^{-1}、1520cm^{-1}对应的β-折叠构象在模拟老化样品以及古代样品中的取向度。

2.1.2 结晶度

将0°和90°图谱的酰胺Ⅰ、Ⅱ、Ⅲ带各构象的峰高归一化后，使用1.5节中的公式计算得到β-折叠含量。酰胺Ⅰ带β-折叠含量为67%，比文献值（48% ± 3%）高；酰胺Ⅱ带β-折叠含量为47%与文献值（50% ± 4%）结果较为一致[23]。因此本文以酰胺Ⅱ带为对象，研究结晶度在模拟老化及古代丝织品中的变化情况。

2.2 热老化样品

2.2.1 取向度

由热老化丝织品偏振红外光谱图（图2）可知，第一，几乎所有的热老化丝织品依然表现出一定的二向色性，说明蚕丝结构具有一定的稳定性；第二，酰胺Ⅰ区由羰基官能团的取向度变化对热老化十分敏感，随着老化时间的延长而呈现下降趋势（图3），说明β-折叠微晶体从各向异性逐渐转变为各向同性；第三，酰胺Ⅱ带β-折叠取向度变化在很小的范围内，说明该区域不能敏感地反映蚕丝蛋白取向度改变。

根据以上分析结果可推测，随着热老化的进行，β-折叠微晶从沿纤维轴水平有序规整排列转变为无序排列，这个猜想与Garside研究结果较为一致[24]。另外，酰胺Ⅰ带1615cm^{-1}可作为揭示丝织品β-折叠微晶体取向度改变，反映丝织品结构变化的依据。

2.2.2 结晶度

蚕丝蛋白取向度变化可能还与构象改变有关，因此须考虑老化过程中β-折叠构象含量变化。由酰胺Ⅱ带β-折叠含量计算结果可知，丝织品结晶度随老化时间的延长而增加（图4）。结晶度增加可能归结于两种原因：一方面体系中中间相（介于完全有序和无序之间）的有序堆积，转为化有序

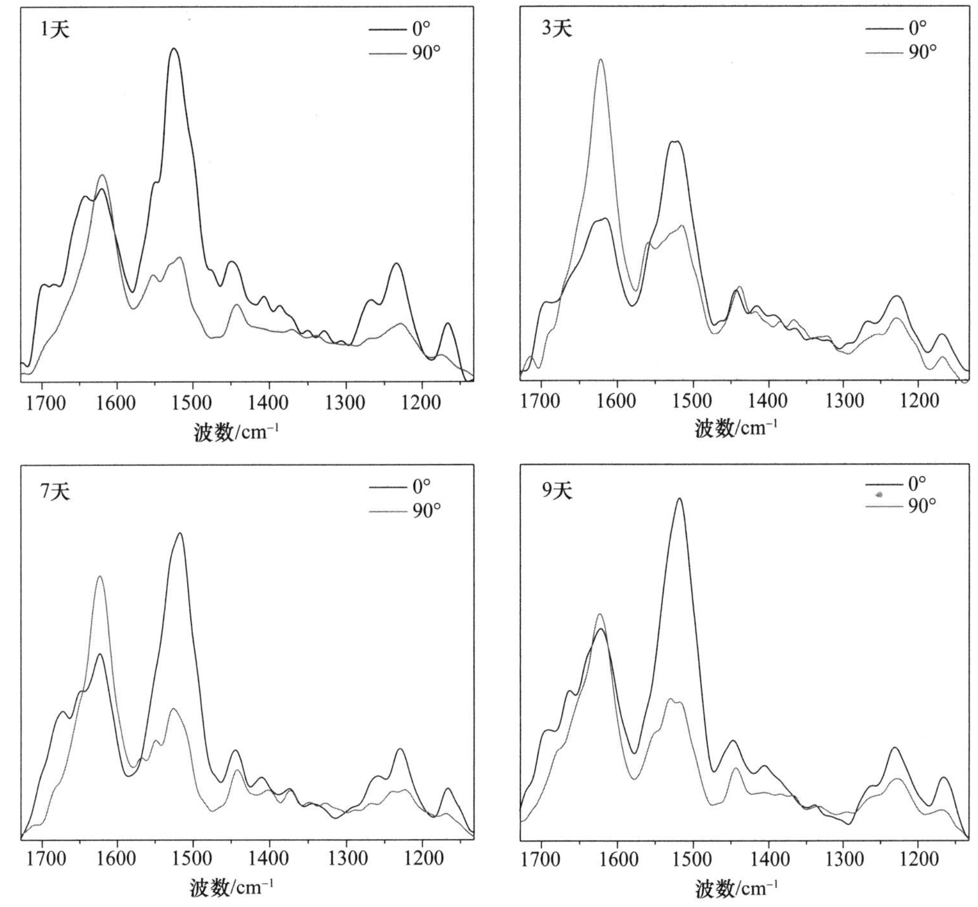

图2　热老化丝织品偏振红外光谱图（偏振角为0°和90°）

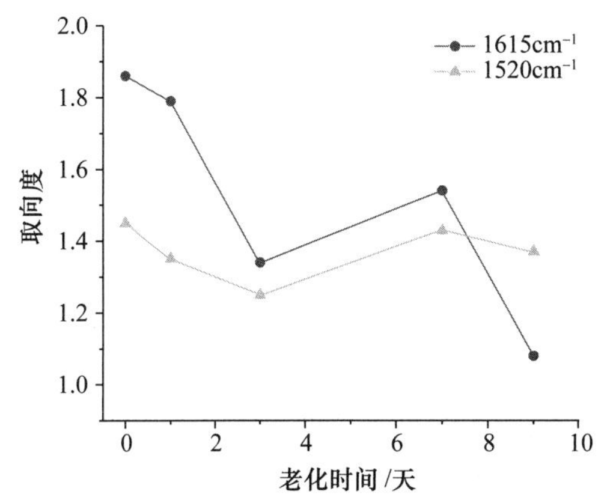

图3　热老化丝织品红外各吸收峰对应的β-折叠取向度

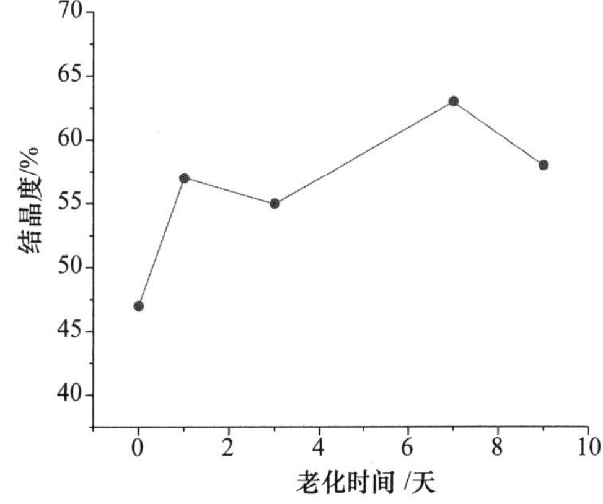

图4　热老化丝织品结晶度变化趋势图

相；另一方面无规卷曲构象相比有序相降解速率更快，导致有序相相对含量提高。同时，该结果也证明β-折叠聚集态的取向结构会遭到破坏，因为维持聚集态稳定性的主要是氢键等弱相互作用力，这些弱相互作用力的破坏比无规卷曲中的共价键的破坏应更容易。

因此，蚕丝在加热老化过程中，中间相转化为有序相以及无序相的降解导致结晶度升高，均对β-折叠微晶取向度的下降有一定的贡献。热老化1天时，结晶度变化明显而取向度变化不明显。

这说明加热过程中，破坏聚集态的有序排列相比中间相转为化有序相或无序相的降解有一定的滞后性，从侧面也证明蚕丝蛋白聚集态的有序排列不容易被轻易打破。但是老化1天后，β-折叠微晶取向度的变化率比结晶度变化率更快。

2.2.3　老化机理

结合蚕丝蛋白取向度以及结晶度分析，丝织品老化机理可能是：β-折叠的取向相对于纤维轴原先是水平排列，无规卷曲构象是无序排列。随着老化的进行，丝绸的无定形区域首先被降解，主要是因为无定形区相比结晶区更加松散，无规卷曲降解产物也会插入结晶区中，使得结晶度增加。与无规卷曲构象相比，β-折叠微晶体的取向结构更容易受到温度影响。β-折叠微晶体取向度的下降可归结于无规卷曲的降解导致施加于β-折叠微晶体上的弱相互作用力的削弱，极大地增加了β-折叠微晶体的自由度，即增加了聚集态的自由度。这从侧面也证明无规卷曲构象在传递弱相互作用力（如氢键等）以及维持体系原本的高取向度扮演着非常重要的作用。

随着老化时间的延长，提供更多的能量去破坏β-折叠微晶体之间的氢键，高分子链发生运动，体系自由度进一步提高，最终导致β-折叠微晶体转变为无序排列。另外，从取向度变化的趋势来看，热老化过程中新生成的β-折叠微晶体以无序排列的方式存在。

2.3　古代样品

2.3.1　取向度

由图5可知，尽管古代样品力学强度差，但与现代样品比较，偏振红外图谱显示古代丝织品仍然保持了一定的丝素蛋白的取向结构。

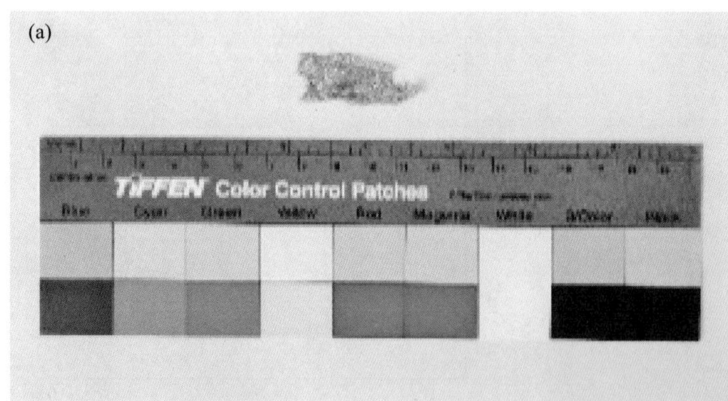

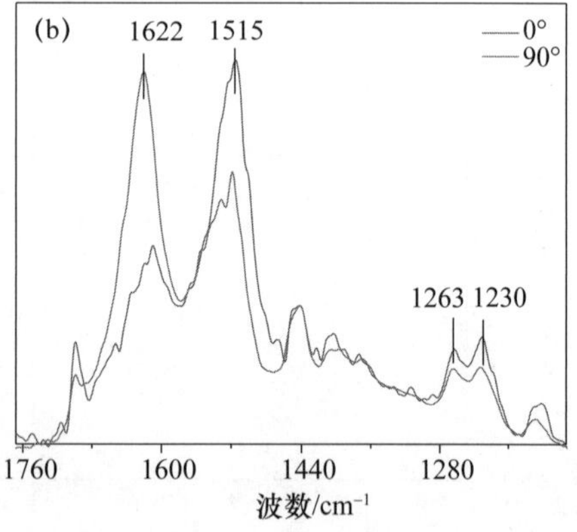

图5　南陵出土的丝织品残片照片（a）以及偏振光谱图（偏振角为0°和90°）（b）

由热老化样品取向变化的趋势可见，酰胺Ⅰ带1615cm^{-1}吸收峰可作为潜在地揭示丝织品β-折叠微晶体取向度改变，反映丝织品结构变化的依据。南陵样品该区域计算得到的取向度为1.24（接近于1.0），与现代样品取向度相比下降明显（图6）。假设7～9天丝织品取向度下降与老化时间呈线性关系，则南陵样品取向度与热老化8天左右的丝织品的取向度相当。而酰胺Ⅱ带1520cm^{-1}取向度与现代样品相比，取向度也接近于1.0，说明该区域计算得到的取向度也下降了。由于1615cm^{-1}与1520cm^{-1}均代表β-折叠构象，这两个区域取向度变化的一致性说明古代丝织品蚕丝蛋白β-折叠微晶体取向度相比现代样品发生了改变。因此，古代样品的研究可证实酰胺Ⅰ带1615cm^{-1}吸收峰能够敏感地指示丝织品取向度变化以及判定丝织品老化程度。

2.3.2 结晶度

南陵样品结晶度为56%，相比现代样品结晶度提高了。南陵样品无规卷曲构象含量下降，与热老化样品结晶度变化的趋势一致。古代样品结晶度的提高，主要与无规卷曲构象的降解有关，而其结晶度的提高是否与中间相向β-折叠微晶体转变有关需要进一步验证。

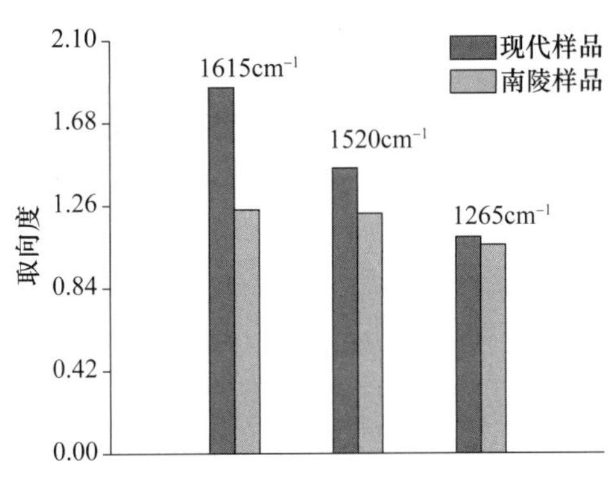

图6 南陵样品各吸收峰代表的β-折叠微晶体取向度与现代样品对比

综合古代样品取向度与结晶度的研究可大致推测古代样品的老化机理：古代丝织品在埋藏前，其丝素蛋白β-折叠微晶体是沿着纤维轴向高度定向排列的。古代丝织品在埋藏过程中，受到酸碱盐、微生物等外来物质的侵入，结构松散的无规卷曲构象首先发生诸如溶胀、降解等变化。由于无规卷曲对维持β-折叠微晶体高度取向结构有很大的作用，它的降解导致施加于β-折叠微晶体上的弱相互作用力（如氢键）削弱，进而极大地增加了β-折叠微晶体的自由度。因此，随着古代丝织品进一步老化，蚕丝蛋白β-折叠微晶体有序度逐渐被打破，从与纤维轴平行排列转变为无序排列。从模拟老化的分析结果看，上述过程是不可逆的。

结 语

偏振红外图谱提供蚕丝蛋白β-折叠微晶体取向度的信息，从而获取模拟老化样品以及古代样品劣化程度。与蚕丝蛋白结晶度分析结合研究，证明丝素蛋白β-折叠微晶体的原先高取向度的结构被打破，取向度改变与丝织品降解程度有关，且该过程是不可逆的。另外，1615cm^{-1}代表的β-折叠吸收峰可用来反映古代丝织品取向改变及降解特征。因此，以蚕丝蛋白β-折叠微晶体取向度数为研究视角，不仅提供了研究丝织品老化的微观机理的方法，对出土文物老化程度的评估也提供了一定的建议。

参 考 文 献

[1] Lefèvre T, Rousseau M, Pézolet M. Protein secondary structure and orientation in silk as revealed by raman spectromicroscopy [J]. Biophysical Journal, 2007, 92 (8): 2885-2895.

[2] Hernández C D, Rousseau M E, West M M, et al. Quantitative mapping of the orientation of fibroin β-sheets in B. mori cocoon fibers by scanning transmission X-ray microscopy [J]. Biomacromolecules, 2006, 7 (3): 836-843.

[3] 罗霄，车春玲，王国和．基于红外光谱法的古代丝织品蛋白质二级结构变化分析［J］．现代丝绸科学与技术，2011，（5）：161-163.

[4] 刘秋香，吴顺清，赵宇，等．古代（战国）丝织品的降解特征初探［J］．文物保护与考古科学，2008，（3）：1-5+73.

[5] 龚德才，奚三彩，孙淑云．古代丝织品的劣化机理研究方法综述［J］．考古与文物，2003，（6）：87-93.

[6] 陈华锋，龚德才，刘博．二阶导数红外光谱分析辽代丝绸的降解特征［J］．丝绸，2011，（1）：1-4.

[7] 陈华锋，龚德才，黄文川，等．SDS-PAGE分析辽宁法库叶茂台出土辽代丝绸的老化特征［J］．文物保护与考古科学，2010，22（4）：9-13.

[8] Zhu Z, Gong D, Liu L, et al. Microstructure elucidation of historic silk (*Bombyx mori*) by nuclear magnetic resonance [J]. Analytical and Bioanalytical Chemistry, 2014, 406 (11): 2709-2718.

[9] Gong D, Zhu Z, Liu L. Micro-mechanism elucidation of the effects of dehydration on waterlogged historic silk (*Bombyx mori*) by near-infrared spectroscopy [J]. Studies in Conservation, 2015, 60 (5): 284-290.

[10] Li M, Zhao Y, Tong T, et al. Study of the degradation mechanism of Chinese historic silk (*Bombyx mori*) for the purpose of conservation [J]. Polymer Degradation and Stability, 2013, 98 (3): 727-735.

[11] Seves A, Romano M, Maifreni T, et al. The microbial degradation of silk: a laboratory investigation [J]. International Biodeterioration & Biodegradation, 1998, 42 (4): 203-211.

[12] Vilaplana F, Nilsson J, Sommer D, et al. Analytical markers for silk degradation: comparing historic silk and silk artificially aged in different environments [J]. Analytical and Bioanalytical Chemistry, 2015, 407 (5): 1433-1449.

[13] Luxford N, Thickett D. Designing accelerated ageing experiments to study silk deterioration in historic houses [J]. Journal of the Institute of Conservation, 2011, 34 (1): 115-127.

[14] Tsukada M, et al. Structural changes of silk fibers induced by heat treatment [J]. Journal of Applied Polymer Science, 1992, 46 (11): 1945-1953.

[15] Zhang X, Berghe I V, Wyeth P. Heat and moisture promoted deterioration of raw silk estimated by amino acid analysis [J]. Journal of Cultural Heritage, 2011, 12 (4): 408-411.

[16] Pawcenis D, Smoleń M, Aksamit M, et al. Evaluating the impact of different exogenous factors on silk textiles deterioration with use of size exclusion chromatography [J]. Applied Physics A, 2016, 122 (6): 576.

[17] Gong D, Yang H. The discovery of free radicals in ancient silk textiles [J]. Polymer Degradation and Stability, 2013, 98 (9): 1780-1783.

[18] Okuyama M, Sato M, Akada M. The study on excavated bast fibers using synchrotron polarized FT-IR micro-spectroscopy [J]. Fiber, 2012, 68 (3): 55-58.

[19] Akada M, Sato M, Okuyama M. The evaluation of degraded state of archaeological silk fibers using polarized infrared micro spectroscopy [J]. Journal of Textile Engineering, 2009, 55 (6): 171-177.

[20] Garside P, Wyeth P. Crystallinity and degradation of silk: correlations between analytical signatures and physical condition on ageing [J]. Applied Physics A, 2007, 89 (4): 871-876.

[21] 龚德才，刘柳，朱展云．红外光谱在古代丝织品的纤维聚集态结构表征中的应用研究［J］．蚕业科学，2015，（4）：694-700.

[22] Xu C, Li D, Yuan C, et al. Pulling out a peptide chain from β-sheet crystallite: propagation of instability of H-bonds under shear force [J]. Acta Mechanica Sinica, 2015, 31 (3): 416-424.

[23] Paquet-Mercier F, Lefevre T, Auger M, et al. Evidence by infrared spectroscopy of the presence of two types of β-sheets in major ampullate spider silk and silkworm silk [J]. Soft Matter, 2013, 9 (1): 208-215.

[24] Garside P, Lahlil S, Wyeth P. Characterization of historic silk by polarized attenuated total reflectance Fourier transform infrared spectroscopy for informed conservation [J]. Applied Spectroscopy, 2005, 59 (10): 1242-1247.

漆器文物的科技检测方法应用研究

马江丽[1] 颜玮莉[2]

（1. 上海博物馆文物保护科技中心，上海，200231；2. 上海中国航海博物馆，上海，201306）

摘要 中国的漆器文物历史悠久，是珍贵的文化遗产。但漆器文物若保护不当，易出现变形、开裂等问题。检测分析是开展漆器文物科技保护研究中的基础。本文基于文献信息学，统计和提炼漆器文物保护科技研究中的检测方法及研究成果，通过分类归纳科学仪器及测试分析方法在漆器文物保护中的应用，追踪漆器文物已开展的现代科技检测技术研究动态，以期总结和推动该领域无损测试分析的发展。

关键词 漆器 文物保护 科技检测

引 言

漆器是在各类质地和形制的胎体上髹以生漆的器物。生漆是漆树次生韧皮部中代谢过程的产物，主要成分为漆酚、漆酶、树胶质及水分[1]。生漆耐潮湿、耐腐蚀、耐高温，涂饰后能很好地保护器物。古代工艺精湛、品类各异的漆器蕴含了大量的历史文化信息，不同时期的漆器文物代表着所处时期的漆器制作水平，具有极高的艺术和历史等价值。

由于古代漆器易发生老化降解，漆器制作中又经常添加其他物质，对漆器材质鉴定、保存修复及制作工艺分析时，单一仪器的测试数据会受到干扰。一般采用多种分析测试综合分析结果，使用较广泛的有裂解色谱、裂解质谱等与红外光谱技术的联用。随着技术水平的不断发展，X射线衍射（XRD）、X射线荧光（XRF）、傅里叶变换红外光谱（FTIR）、能量色散X射线荧光（EDXRF）、元素分析（EA）、拉曼光谱、电感耦合等离子体发射光谱（ICP）、热裂解气相色谱质谱（Py-GC-MS）、气相色谱质谱（GC-MS）、扫描电子显微镜及能谱分析（SEM-EDS）、计算机断层扫描技术（X-CT）等应用于漆器分析中[2]。

1 目前常用于漆器文物的无损/微损检测方法

检测分析是漆器文物科技保护研究中最基础的环节。用科学仪器进行无损或微损检测分析，如XRD常用于分析漆灰层成分、鉴定颜料；拉曼光谱等技术可用于对漆膜添加颜料进行检测等。依据科技检测的检测机理和应用用途进行分类，从材质分析、制作工艺分析、病害检测及保护修复等三方面展开。

1.1　漆器材质分析

材质分析是开展漆器文物保护和制定修复方案的根本。漆膜一般分为漆灰层、底漆层、颜料层。在漆膜的成分分析方面，金普军[3]对漆膜、漆灰层和花纹漆膜进行了XRD、拉曼分析，以探明漆膜的呈色填料。采用XRD方法分析了漆膜和漆灰层[3, 4]，得到漆灰层选用了石英和钠长石为主的矿物；对红色漆膜的XRF成分分析，显示其主要元素是Hg和S，微量元素有Ca、Si、Cu和Fe等，呈色颜料为朱砂等信息；漆膜的FTIR测试，与XRD测试结果相互验证，显示漆膜中在1630cm^{-1}和1576cm^{-1}处存在着可能苯环骨架振动的红外吸收峰，漆膜是由添加了桐油的熟漆结膜而成。利用XRD粉末法、FTIR和显微镜等分析方法对安徽巢湖放王岗出土的西汉漆器漆膜[5]进行了测试分析。采用拉曼分析、XRF、FTIR、SEM形貌观察，对盱眙出土夹纻胎漆器[6]的漆灰层、红色漆膜、颜料等进行分析。王飞[7]采用SEM与显微镜对黄岩区屿头乡前礁村大坟岗墓出土宋代男棺和女棺的漆膜形貌观察；用IR、XRF、ICP、拉曼光谱等成分分析方法检测结果显示漆膜采用的红色颜料的成分为HgS。岳婧津[1]通过超景深显微、SEM、FTIR等技术对安徽白鹭洲战国墓出土漆甲的制作材料、工艺进行分析。张彤[8]通过XRD、SEM-EDS、FTIR等技术，系统分析了高陵出土明代彩绘3个漆棺底胎的制作材料。漆膜中可能含有桐油，且有些漆层加入Fe元素的物质；纤维层为麻类；木胎为柏树、杉树等树种所制成。蒋建荣等[9]用Py-GC-MS、GC-MS、SEM-EDS分析了宝蕴楼门窗漆层的成分。张杨等[10]利用拉曼光谱、SEM-EDS、XRD、XRF、FTIR等分析确定了河南南阳出土战国漆皮甲的物相组成和元素组成。胡克良等[11]对徐州出土的西汉漆衣陶残片的漆膜用不同的IR制样法和光谱差减技术进行了测试分析，认为漆衣陶的漆膜是由麦漆涂饰而成的。采用FTIR对盱眙大云山汉墓出土夹纻胎漆器[12]红色、黑色漆膜进行了分析，确定为传统的中国生漆，不含桐油；采用SEM-EDS对漆膜表面进行观察及元素分析，分析红色漆膜为含有朱砂的大漆，黑色漆膜颜料为含铁化合物的大漆。李映福等[13]利用SEM-EDS对绵阳双包山一、二号西汉木椁墓出土的漆器进行元素构成测定。蒋成光等[14]采用SEM、XRF和FTIR对长沙风篷岭M1出土的漆器样品漆膜进行检测；采用XRF、XRD和SEM对样品漆灰层进行检测；采用SEM对漆器断面进行元素分布分析。冈田文男等[15]通过显微镜观察了中国出土古代漆器切片、漆灰结构及无机填充物种类。

在漆器彩绘颜料分析方面，王宜飞[16]采用X射线能谱仪对样品表面及其断面上的黑色、褐色、红色、黄褐色等区域进行元素分析，结合便携式XRF对马王堆汉墓出土部分完整漆器表面黑色、褐色等漆膜的检测结果，分析了导致漆膜颜色变化的原因。何秋菊[17]利用拉曼光谱、XRF、FTIR、XRD等方法对漆器残片颜料、漆膜进行了分析。陈元生等[18]利用Py-GC-FTIR联用技术分析漆碗上的红色有机膜的成膜材料是生漆，红色颜料为朱砂。吴双成[19]利用FTIR以及XRD分析漆皮表面颜料的成分和石棺内壁的上结晶物，同时利用电子探针对漆皮的层次结构做了分析研究。杨颖东等对成都十二桥遗址新一村一期出土的漆彩绘陶的漆彩绘膜进行IR分析[20]，确定彩绘陶残片上的各种颜色的成膜材料；陶器彩绘的断面显微观察，揭示各层的分层结构、色泽，测量各层的厚度；采用拉曼光谱、XRF对漆彩绘和彩绘陶颜料成分进行分析，这批陶器以生漆为胶结材料，分别以朱砂和炭黑为显色物质；采用XRF对彩绘陶片胎体进行分析，陶胎原料为黏土。从^{14}C测定数据看出7个样品的年代。用拉曼光谱和FTIR对司马金龙墓出土的木板漆画屏风[21]残片上的颜色（红、黑、黄、白）进行分析，确定颜料中有朱砂、炭黑、雌黄、雄黄、石膏。通过XRF、XRD、拉曼光谱、FTIR、EA、SEM-EDS等多种检测手段，分析了高陵出土明代彩绘漆棺[8]彩绘颜料层中的制作材料。漆画中的颜料主要是朱砂、雌黄、铅白等常见矿物，另外发现了靛蓝等难以检测的有机颜料。采用EDXRF、XRD、FTIR及电子探针（EPMA）等手段对陕西西安市汉墓出土的陶器[22]残片进行了测试，这批陶器中有北方汉墓鲜有报道的红色彩绘漆陶器，其红色颜料为朱砂（HgS）。

漆膜的物质组成复杂，属聚合产物，加上漆膜腐蚀产物的影响，对漆膜的分析研究有很大难度。不断借鉴现代测试技术应用于漆膜、彩绘的分析，有助于开展漆器工艺的发展研究，为漆器文物鉴定、保护等提供依据。

1.2 制作工艺分析

中国古代漆器的制作工艺包括底胎制作和漆上装饰工艺。底胎是漆器的骨架，漆上装饰工艺则是漆器制作的灵魂，受各个时期、不同地域、多文化因素的影响，使得漆器文物各具特色。

樊晓蕾等[23]对陕西长安出土的明代墓葬里的漆棺样品进行了剖面结构分析，从剖面的显微镜照片看到样品分层清楚，最下面为腐朽木质基层，倒数第二层纤维层有一些孔洞，说明该漆棺的制作是先用织物裹糊在木胎骨上，然后再进行其他工序。通过树脂包埋、镶样、打磨、抛光，制成厚度适宜的样品，使用JSM-6360LV型SEM分析马王堆汉墓出土漆器[16]制作工艺。何秋菊[17]采用显微镜观察漆器残片断面结构层次，漆器切片分析可揭示漆膜的分层结构及测量各层漆膜的厚度，还可显示漆膜中填料的外观特性。通过探索不同时期、不同地域的漆膜髹制特点，为研究古代漆器制作技术、辨别漆器的真伪提供可靠的依据。观察漆膜切片时，采用两种光学显微镜[3]，通过体视显微镜可以看到漆膜断面的大致分层和每层的色泽，通过生物显微镜可以清晰地观察到漆膜断面细微分层。孙红燕等[24]使用偏光显微镜观察到淀粉颗粒，证实了在汉代漆器制作过程中使用淀粉作为胶黏剂，为研究汉代漆器的制作工艺提供了新的科学方法。选用树脂包埋法，利用体视显微镜、SEM对陕西出土亚浸水漆器[25]样品的剖面进行观察分析；采用FTIR、XRD、SEM-EDS等方法对漆膜、漆灰、颜料、纤维等进行分析。结果表明，漆器主要的制作材料是麻、黏土、生漆和朱砂，按照木胎-纤维-灰层-漆膜-颜料的工序来制作。李涛等[21]用体视显微镜、XRF、断面切片等技术，对司马金龙墓出土的屏风红色漆底层髹漆工艺、彩绘工艺、断面分层进行分析。张彤[8]利用超景深数码显微镜观察样品，结果表明，高陵出土明代彩绘漆棺的制作工艺与文献所记载工艺基本吻合，为典型的古代漆器制作工艺。孙红燕等[26]采用漆膜切片、FTIR、XRD、XRF等方法对湖南长沙风篷岭汉墓出土漆器进行了髹漆工艺技术分析。王飞[27]通过显微镜、IR、SEM、XRF、拉曼光谱等方法对浙江松阳出土南宋剔犀漆器残样的制作工艺和材质进行了分析，为研究中国古代漆器的髹漆工艺和漆器的保护修复提供科学依据。运用超景深三维显微光学系统研究了河南南阳出土战国漆皮甲[28]的制作工艺。采用体视显微镜（OM）、SEM-EDS、XRD、XRF和FTIR等现代仪器分析方法对风篷岭夹纻胎耳杯[29]残片进行分析测试，这批器物胎体由漆灰黏接多层麻布而成，漆膜断面显示为3层，采用朱砂作为主要呈色颜料，形成了红色纹饰层或者红色漆膜层。利用SEM的背散射电子和能谱仪、XRD对湖北枣阳九连墩楚墓出土的两件具有厚漆灰层漆膜样品[30]进行了形貌和结构表征研究：石英（SiO_2）和骨灰$Ca_5(PO_4)_3(OH)$颗粒是漆灰中的无机填料；先髹制混合大颗粒骨灰的漆灰，再髹制调和细粒径石英颗粒的漆灰。张炜等[31]经Py-GC-MS、差热分析、色谱-红外联用等现代分析技术对出土的汉代漆器残片样品的综合分析，证实在西汉漆器制造中已使用油或其他添加剂。采用了体视显微镜观测漆膜断面的大致分层和各层色泽；用生物显微镜观察漆膜断面细微分层，以研究漆器髹漆工艺[5]。

可见，现代科技检测方法主要通过观察漆膜切片或漆器残片断面，从结构层次分析漆器文物的制作工艺。依据漆器文物的材质及制作工艺的科技检测分析，可有针对性地选用保护修复漆器文物的方法。

1.3 病害检测与保护修复

漆器文物保存状况受湿度影响较大，出土后应立即采取相应的保护措施。吴秀玲等[32]用人工方法对天然生漆膜进行腐蚀，再用硅酸乙酯对已被腐蚀的生漆膜进行化学修复。对该修复膜用JSM I6380LV SEM、NICOLET5700 FTIR、热重分析仪和动态热机械热分析，用METTLER TGA/SDTA851热分析系统进行，以期研究结果对出土漆器文物的修复与保护提供参考。先脱水，用导电胶定位后，将整面风纹漆衣铜镜[33]直接放入SEM检测室进行检测分析。并结合显微镜观察，复原漆彩绘铜镜的绘制步骤和图形。采用分光光度仪、万能材料试验机结合耐破脆性夹具对陕西出土亚浸水漆器[25]漆膜进行漆膜回软测试，对比回软前后漆膜的红外光谱图，分析漆膜内部结构变化。通过SEM、FTIR、热重等微观分析手段对不同回软时间的安徽白鹭洲战国墓出土漆甲[1]进行检测，探讨漆膜的软化机理。采用SEM、FTIR、XRD等现代仪器分析方法，对邗江西湖胡场20号西汉墓出土木漆器[34]样品的含水量、降解程度、保存现状进行了分析，对其腐蚀状况进行分析检测。张军等[35]对老化后的生漆进行FTIR测试，证实通过添加剂的作用开发的以改性有机硅为基体的加固剂与秦俑生漆极为相似，具有实验价值。经三维视频显微镜观察，在采集漆层、木胎等样品进行XRF、FTIR、拉曼光谱、切片观察等分析检测的基础上，对清代髹漆贴金木雕观音菩萨坐像[36]实施了表面清理、菌虫防治、裂缝和残缺部位修复补全、脱落漆皮回软回贴、髹漆贴金仿古处理等技术措施。王宜飞等[37]使用色彩检测仪和色彩色差仪对马王堆汉墓不同器物及区域进行无损检测，建立主要色彩类型的色谱图系，并记录主要色彩的色差数据作为标准色差。姜捷等[38]基于髹漆样品显微观察分析结果，采用实验考古学手段对唐髹漆金银平脱黄釉秘色瓷碗进行复制。王丽琴等[39]研制了一种适用于脆弱漆膜强度的夹具，可对面积微小、形态不规则的漆膜回软前后的强度进行定量测试，指导漆器的修复保护。

与饱水漆木器相比，失水的漆膜较为脆弱、易起翘，回软是起翘、发脆漆膜保护修复工作中的关键步骤。应优先选用无损检测方法识别竹木漆器类文物病害，对于无法识别的病害，应根据文物的具体情况报相关部门审批，再采用取样分析法[40]。以上文物保护研究人员从漆膜回软、漆膜强度表征及防止漆膜干燥收缩等多个角度对漆器文物的保护修复理论进行了探索研究。

2 X-CT等技术的新应用

X-CT扫描可以得到待测样品的立体图像，该项技术开始应用于漆器文物，以获取漆器的材料、结构、制作方法方面更多的信息[41]。X-CT优势在于无损分析漆器内部结构和精确测量尺寸，反映漆器胎体材质、制作工艺、细节特征和保存状态等信息。上海博物馆丁忠明《漆器制作工艺X-CT检测报告》[42]对几十件馆藏漆器作X-CT检测分析，并做检测图样及分析。

结　语

通过分类归纳针对漆器文物开展的科学仪器及测试分析方法，可见，随着科学技术的发展，漆器文物保护科技研究中的检测方法多样，在材质鉴定、制作工艺分析、病害及保护等方面取得了诸多研究成果。但漆器文物具有底漆层、颜料层和漆皮层不易分离，物质组成、制作工艺复杂，腐蚀原因多样等特点，要对其实施科学有效的保护，科技检测的分析深度、研究思路仍待拓展。

参考文献

[1] 岳婧津. 安徽白鹭洲战国墓出土漆甲回软方法研究［D］. 合肥：中国科学技术大学，2017.

[2] 吴玥，容波，赵静. 古代漆膜的分析研究现状及进展［J］. 文物保护与考古科学，2016，28（2）：128-133.

[3] 金普军. 汉代髹漆工艺研究［D］. 合肥：中国科学技术大学，2008.

[4] 金普军，谢元安，李乃胜. 盱眙东阳汉墓两件木胎漆器髹漆工艺探讨［J］. 文物保护与考古科学，2009，21（3）：53-58.

[5] 金普军，王昌燧，郑一新，等. 安徽巢湖放王岗出土西汉漆器漆膜测试分析［J］. 文物保护与考古科学，2007，19（3）：44-49，74.

[6] 金普军，毛振伟，秦颍，等. 江苏盱眙出土夹纻胎漆器的测试分析［J］. 分析测试学报，2008，（4）：372-376.

[7] 王飞. 黄岩区屿头乡前礁村大坟岗墓出土宋代漆棺的漆膜测试分析［J］. 东方博物，2017，（1）：119-123.

[8] 张彤. 高陵出土明代彩绘漆棺的制作工艺及材质研究［D］. 西安：西北大学，2015.

[9] 蒋建荣，魏书亚，吴伟. 宝蕴楼建筑门窗漆层材料的分析研究［J］. 中国文物科学研究，2016，（3）：44-48.

[10] 张杨，徐津津. 河南南阳出土战国漆皮甲制作工艺的分析研究［J］. 江汉考古，2014，（S1）：135-143.

[11] 胡克良，李银德，杨嘉玲，等. 徐州西汉陶漆的红外光谱分析［J］. 光谱学与光谱分析，1994，（5）：31-34.

[12] 陈潇俐. 盱眙大云山汉墓出土夹纻胎漆器保护前期研究［J］. 文物保护与考古科学，2014，26（3）：7-12.

[13] 李映福，唐光孝. 绵阳双包山一、二号西汉木椁墓出土漆器的检测报告［J］. 四川文物，2005，（3）：80-81，86.

[14] 蒋成光，佘玲珠，莫泽，等. 长沙风篷岭M1出土漆器检测研究［J］. 文物保护与考古科学，2016，28（1）：112-117.

[15] 冈田文男，王元林. 中国古代漆器材质与技法的显微镜观察［J］. 海岱考古，2013：476-492.

[16] 王宜飞. 马王堆汉墓出土漆器残片髹漆工艺探讨［J］. 湖南省博物馆馆刊，2012：541-549.

[17] 何秋菊. 科技分析在古代漆器制作工艺研究中的应用［J］. 首都博物馆论丛，2012：351-356.

[18] 陈元生，解玉林，卢衡，等. 史前漆膜的分析鉴定技术研究［J］. 文物保护与考古科学，1995，7（2）：12-20.

[19] 吴双成. 曲阜柴峪汉墓出土漆棺画的分析保护研究［A］//中国文物保护技术协会. 中国文物保护技术协会第三次学术年会论文集［C］. 北京：紫禁城出版社，2004：7.

[20] 杨颖东，何秋菊，周志清，等. 成都十二桥遗址新一村一期出土漆彩绘陶的分析研究［J］. 成都考古研究，2016：458-467.

[21] 李涛，杨益民，王昌燧，等. 司马金龙墓出土木板漆画屏风残片的初步分析［J］. 文物保护与考古科学，2009，21（3）：23-28.

[22] 李强，李伟东，罗宏杰，等. 西安汉墓出土漆陶器的科学研究［J］. 自然杂志，2016，38（1）：15-22.

[23] 樊晓蕾，王丽琴，高愚民，等. 中国古代漆器制作工艺剖析［J］. 西部考古，2011：403-410.

[24] 孙红燕，龚德才，黄文川，等. 长沙风篷岭汉代漆器制作工艺中淀粉胶黏剂的分析［J］. 文物保护与考古科学，2011，23（4）：52-58.

[25] 樊晓蕾. 陕西出土亚浸水漆器的材质、工艺及修复保护研究［D］. 西安：西北大学，2011.

[26] 孙红燕，江勤，佘玲珠. 湖南长沙风篷岭汉墓漆器漆膜测试分析与髹漆工艺研究［J］. 江汉考古，2014，（S1）：144-150.

[27] 王飞. 浙江松阳出土南宋剔犀漆器的制作工艺及材质的研究［J］. 文物保护与考古科学，2017，29（4）：27-35.

[28] 张杨，徐津津. 河南南阳出土战国漆皮甲制作工艺的分析研究［J］. 江汉考古，2014，（S1）：135-143.

[29] 佘玲珠，吴双成，蒋成光，等. 西汉夹纻胎耳杯漆层分析［J］. 中国生漆，2015，34（4）：43-48.

[30] 金普军，胡雅丽，谷旭亮，等. 九连墩出土漆器漆灰层制作工艺研究［J］. 江汉考古，2012，（4）：2，108-111，137.

[31] 张炜，单伟芳，郭时清. 汉代漆器的剖析［J］. 文物保护与考古科学，1995，（2）：28-36.

[32] 吴秀玲，卓东贤，林金火. 硅酸乙酯对腐坏天然生漆膜的化学修复［J］. 材料保护，2008，（4）：61-63.

[33] 马菁毓，程博. 一件凤纹漆衣铜镜的保护处理［J］. 文博，2009，（6）：487-491.

[34] 王子尧，靳祎庆，张杨，等. 邗江西湖胡场20号西汉墓出土木漆器腐蚀状况分析与保护前处理［A］//中国文物保护技术协会，湖北省博物馆. 中国文物保护技术协会第八次学术年会论文集［C］. 北京：科学出版社，2015：80-88.

[35] 张军，蔡玲，高翔，等. 改性有机硅在模拟漆底彩绘保护中的应用研究［J］. 文物保护与考古科学，2012，24（1）：32-37.

[36] 卢燕玲. 一件清代髹漆贴金木雕观音菩萨坐像的保护研究和修复［J］. 文物保护与考古科学，2016，28（1）：38-46.

[37] 王宜飞，陈建明，聂菲. 马王堆汉墓漆器彩绘色彩初步研究［J］. 湖南省博物馆馆刊，2013：592-600.

[38] 姜捷，程智. 实验考古学在唐髹漆金银平脱秘色瓷碗研究中的作用及意义［J］. 中国生漆，2015，34（4）：1-6.

[39] 王丽琴，樊晓蕾，寇天骄，等. 测量脆弱漆膜强度的夹具的研制及其在漆器修复中的应用［J］. 文物保护与考古科学，2013，25（3）：93-97.

[40] 邱祖明. 《可移动文物病害评估技术规程——竹木漆器类文物》阐述［J］. 江汉考古，2014，（S1）：86-91.

[41] 川畑宪子. 中国雕漆器木胎构造的X射线CT扫描分析［J］. 中国生漆，2015，34（2）：48-52.

[42] 丁忠明. 漆器制作工艺X-CT检测报告［A］//上海博物馆. 千文万华：中国历代漆器艺术［M］. 上海：上海书画出版社，2018.

晋中市文物局库房藏部分壁画制作材料初探

解 晋[1] 梁 萍[2] 双 瑞[2] 张政敏[2]

（1. 山西博物院，山西太原，030024；2. 山西省文物保护研究中心，山西太原，030024）

摘要 晋中市文物局库房藏部分壁画来源于2016年底晋中警方破获系列文物盗窃案时缴获的壁画，时代不明，材质不明。通过使用数码显微镜、扫描电子显微镜和能谱仪对壁画从显微结构和成分方面进行了检测，在壁画的材质、内部结构及制作工艺信息方面进行了初步分析，为盗割壁画在离开古建载体后的价值判定提供基础科学依据。

关键词 壁画 加筋材料 成分

引 言

山西是中华民族重要的发祥地之一，是全国文物数量最多的省份之一，全国重点文物保护单位数量位居第一。山西古代寺观壁画作为古建筑的附属，有非常高的科学价值、文化价值和艺术价值，由于数量庞大和特定功能属性，更适合原址保存，无法全部揭取，纳入博物馆的文物保护工作体系。数量众多的古寺观零星散落于偏僻村镇，除自然损坏和人为破坏外，经常面临被盗割的巨大风险。寺观壁画难以集中保护，现状堪忧，是目前山西文保工作面临的难题之一。2016年底，山西晋中警方破获系列文物盗窃案时缴获了部分壁画，存入晋中市文物局库房。之后为了配合警方工作，这些壁画曾暂存山西博物院。在暂存期间为了解这批壁画的真伪和现状，对追缴壁画进行了初步检测，使用光学显微镜、扫描电子显微镜及能谱仪对部分壁画脱落残块进行了显微观察和成分分析。

1 实验样品和仪器分析方法

古代壁画结构大多由三部分组成，即支撑体、地仗层、颜料层。大部分寺观殿堂壁画多采用复合地仗，即多重地仗。多重地仗一般又分为粗地仗和细地仗。粗地仗一般是起找平的作用，其厚度不均，视支撑体的表面情况不同而不同。细地仗的作用主要是防止开裂和为绘画提供良好的吸水和着色表面。细地仗可以是多层的[1]。壁画的地仗材料一般由黏土、沙粒、石灰[2]、白垩、麦秸、草、麻、棉、纸等材料构成。还有一种较特殊的建筑壁画支持体，即在石灰地仗层表面贴一层画纸，然后在纸上作画[3]。此次警方追缴回来的壁画仅剩部分地仗层（白底层）和颜料层，其中屯留壁画有两种类型：绘在薄纸上的壁画和绘在白底层上的壁画。本次检测颜料样品收集自壁画颜料层起甲开裂脱落处，白底层样品采自壁画块边缘或背面脱落的断裂块。样品内容有屯留收缴壁画采集颜料及白底层、山水人物系列壁画采集白底层、平遥收缴八块壁画的脱落块、临汾翼城收缴壁画地仗脱落块（部分壁画见图1～图4）。（注：本次检测样品均以收缴地命名）

图1 屯留北客厅7-3壁画残块

图2 山水人物系列壁画9

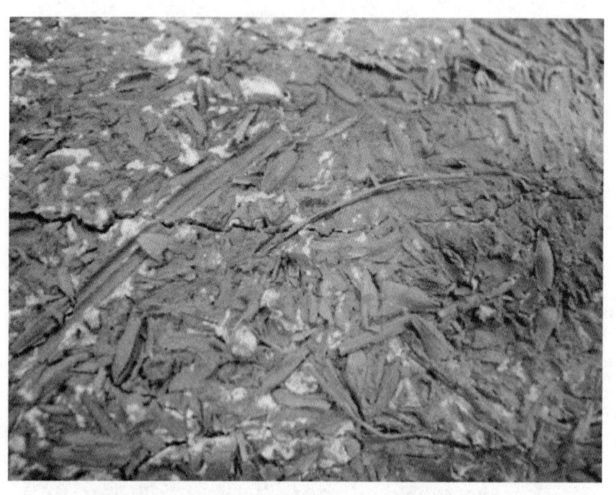

图3 平遥收缴壁画块的背面

图4 屯留北客厅7-4壁画块边缘

实验仪器和分析方法如下：

（1）数码显微镜（超景深三维数码显微分析系统）仪器品牌为基恩士，型号为VHX-600。观察样品显微形貌。

（2）扫描电子显微镜仪器厂家为FEI公司，型号为Quanta650；能谱仪（EDS）厂家为OXFORDX，型号为-MaxN50；样品制备：取样品用导电胶粘在样品托上，压实后用洗耳球吹去表面未粘牢的浮尘。实验条件：工作电压：20.00kV，工作距离：10mm，放大倍数不固定。观察样品形貌并对其做成分分析。

2 分析检测结果

2.1 地仗及加筋材料显微对比观察

以天然植物和动物毛发纤维作为壁画的加筋材料已有几千年的历史，植物纤维一般是植物的秸秆类、麻、棉花等[4]。添加纤维主要目的是增加地仗强度和减小表面收缩以防止地仗干后开裂。纤维在地仗中可以形成网络，可以固定土质颗粒和增加韧性，提高土质颗粒间的黏接力的同时可以减轻地仗的重量[5]。将当今市售棉花取样和收集的壁画中的加筋材料进行对比显微观察（图5～图20）。

2.1.1　壁画样品

图5和图6是参照物样品，取自市售棉花和棉签，纤维显微观察显示，丝状、白色半透明、表面光滑、纤维长，纤维粗细14.1～25.12μm。

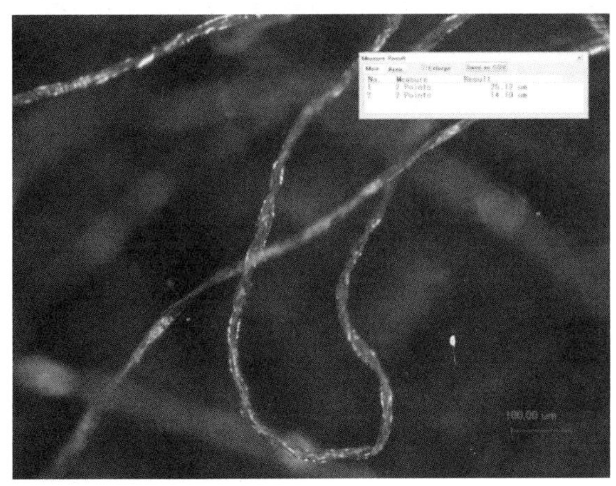
图5　市售棉花纤维1显微图

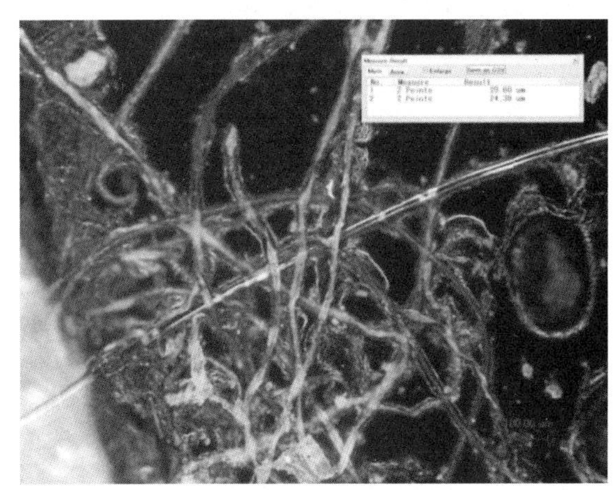
图6　市售棉签棉花纤维2显微图

从图7和图8来看，屯留北客厅7-1壁画样品中的加筋材料分布不多，条状、微发黄、纤维表面粗糙，表面呈现典型平行脉络，较短，较脆。纤维粗细27.53～65.79μm，非棉花，可能为麻。

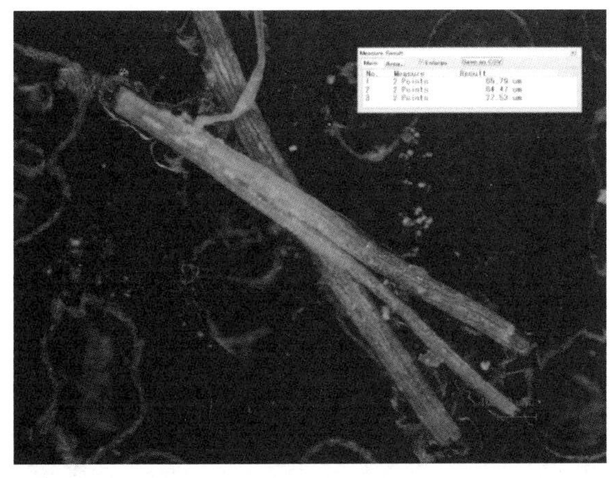
图7　屯留北客厅7-1壁画地仗加筋材料显微图

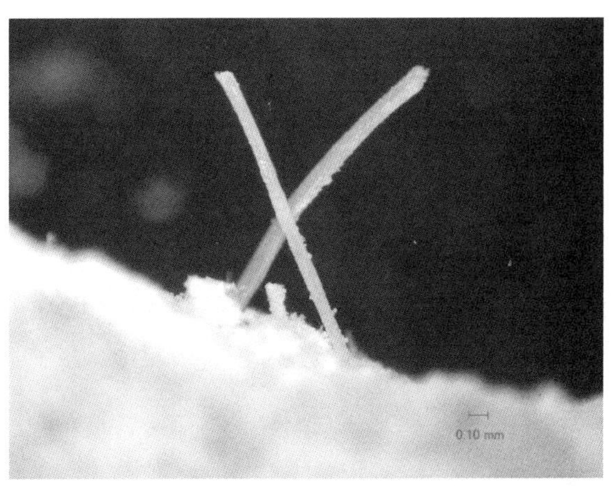

图8　屯留北客厅7-1壁画地仗边缘显微图

从图9和图10显微观察显示地仗中分布的纤维多、短、极细、较软，有分条现象。地面脱落块地仗。

图11和图12显示样品为禾本科植物片段，表面呈现典型平行脉络，质脆，粗细（径宽）133.6μm，地仗中夹杂的加筋材料分布不均匀，有韧性，呈条状，发黄，纤维较短，表面粗糙，脆。

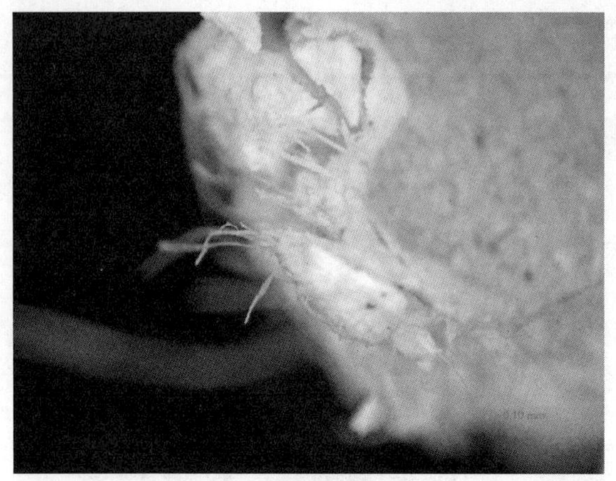

图9　屯留壁画脱落块显微图

图10　屯留壁画脱落块中加筋材料显微图

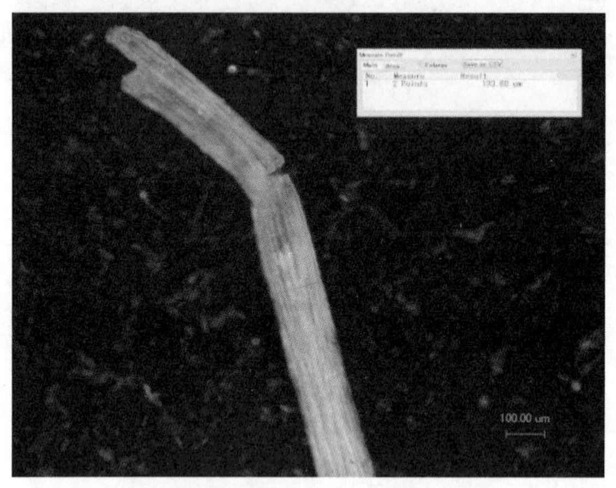

图11　地面脱落块中加筋材料显微图

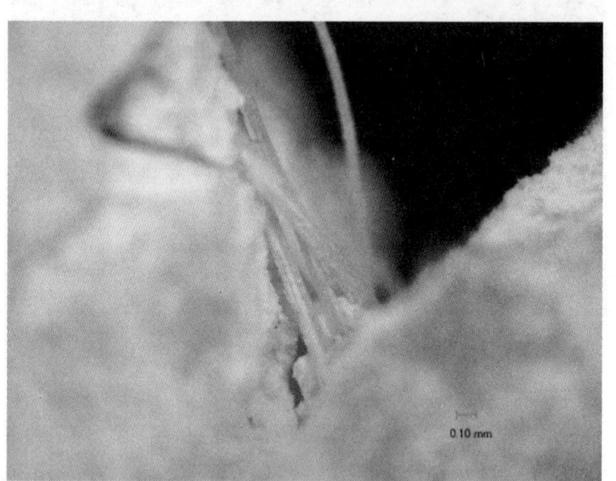

图12　地面脱落块地仗及加筋材料显微图

图13和图14显示壁画样品剖面有分层现象，可能为重层地仗。图14显示黑色颜料覆盖红色颜料，可以看到工匠的绘画程序。

图13　壁画脱落块剖面多重地仗显微图

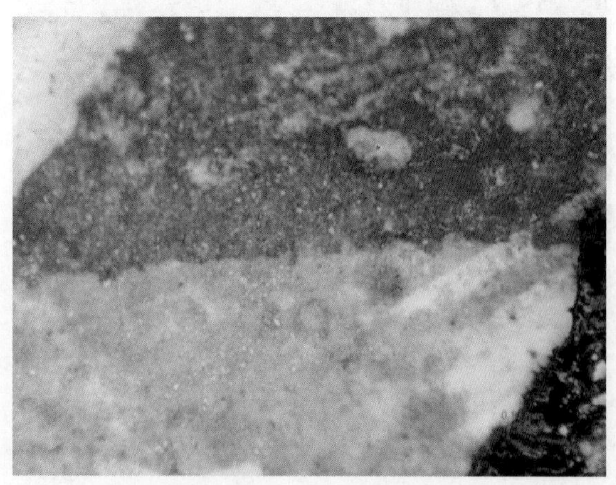

图14　壁画脱落块表面颜料层显微图

2.1.2 临汾翼城壁画

图15显示临汾翼城壁画加筋材料可能为禾本科植物片段，表面呈现典型平行脉络，质脆。图16显示地仗中加筋材料较少，剖面上部的淡黄色渗透层证明壁画表面疑似经过处理。

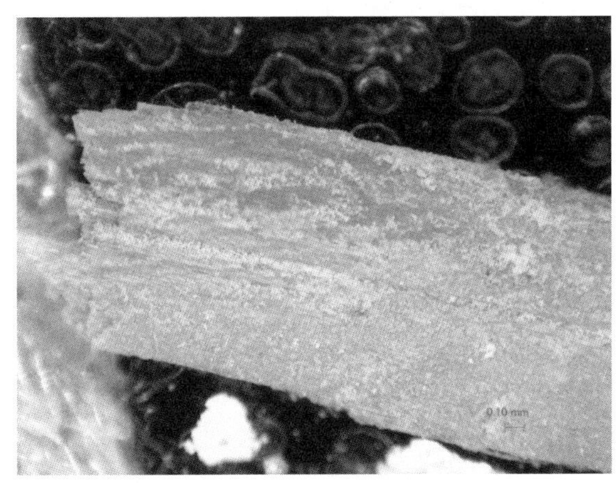

图15　临汾翼城壁画加筋材料显微图

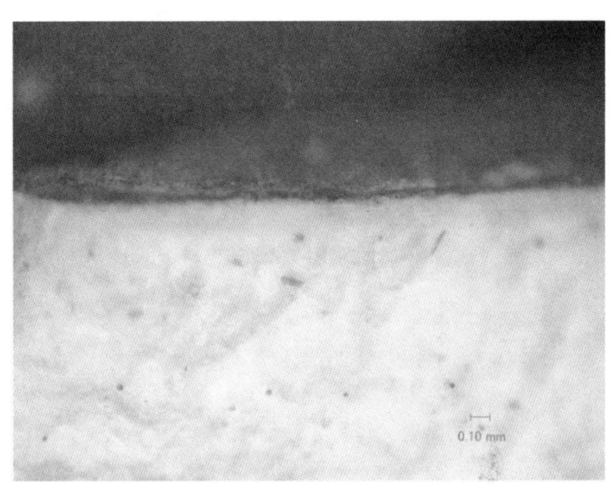

图16　临汾翼城壁画地仗剖面显微图

2.1.3 屯留纸壁画

图17和图18可以看到纸壁画表面较光滑，有较均匀分布的圆形，疑似有胶。背面残留部分白底层，白底层可见有加筋材料。

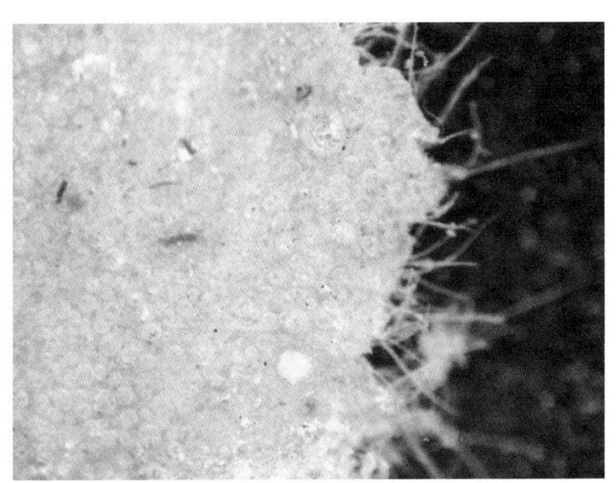

图17　纸壁画正面显微图

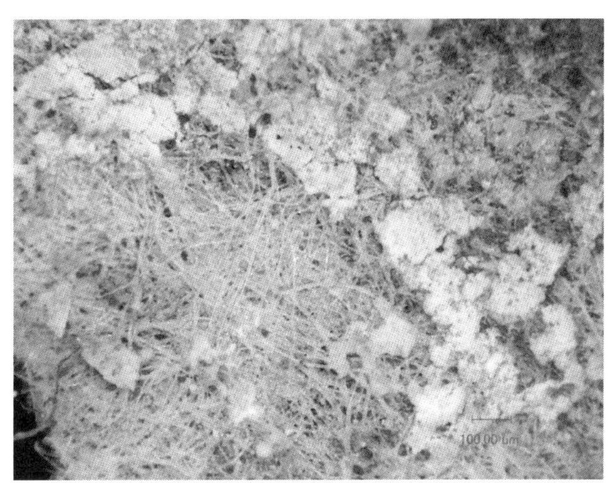

图18　纸壁画背面显微图

图19是纸壁画地仗中的加筋材料，分布较少，呈条状、淡黄色、纤维表面粗糙，呈现典型平行脉络，较短，脆，粗细（径宽）112.24μm，非棉花，可能为禾本科植物片段。图20为纸壁画边缘纤维，所测量的两处纤维粗细（径宽）分别为12.26μm、21.11μm。

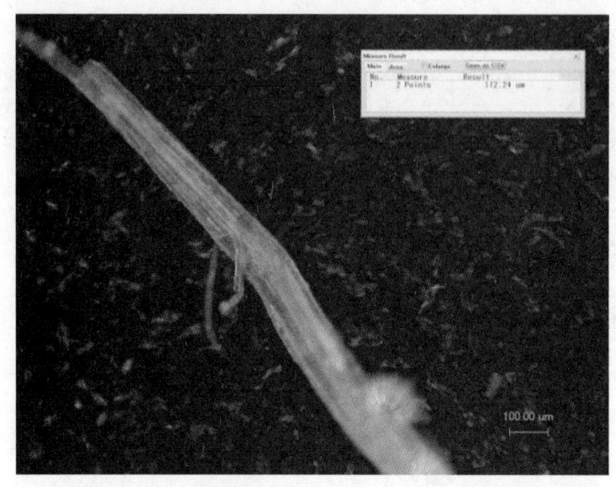

图19 纸壁画地仗层中的加筋材料显微图

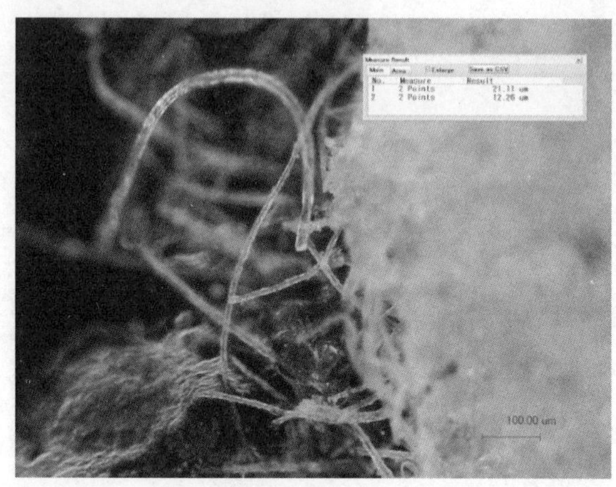

图20 纸壁画边缘纤维显微图

2.2 壁画颜料和地仗材质的电镜形貌观察和能谱成分分析

对壁画采集样品进行了电镜形貌观察（电子图像见图21～图30）和能谱成分分析。结果如下：

北客厅壁画颜料样品绿色、粉色、红色、肉色、橙红色、蓝色均为测到的明显显色元素，主要成分为C、O，该壁画颜料应不是矿物颜料。底色层为白色，成分主要为O 48.1%、Ca 33.7%、C 15.5%，从含量上看应为石灰。

山水人物花卉图壁画的黑色颜料主要成分为C 82.7%。绿色颜料主要含Cu 47.2%、Cl 6.9%、O 23.4%、C 15.7%，应为含铜的矿物颜料。底色层为白色，较薄，主要成分为O 40.2%、Ca 47.1%、C 10.3%，从含量上看可能为石灰。地仗中的加筋材料见电子图像（图21）显示，细密、软绵，成分以C、O为主，应为植物纤维。

白底单体人物图壁画的底色层色洁白，主要成分为O 46%、Ca 18.6%、C 26.8%、S 7.8%，从含量上看该壁画白底层较为特殊，不是单一成分，可能包含石灰、石膏。

加筋材料电子图像（图22）显示，为均匀粗细纤维，直径大约为28.29μm，结合成分以O

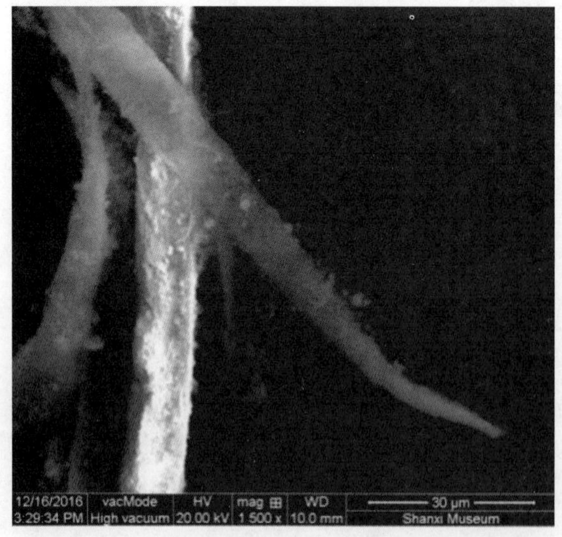

图21 山水人物花卉图壁画加筋材料SEM图

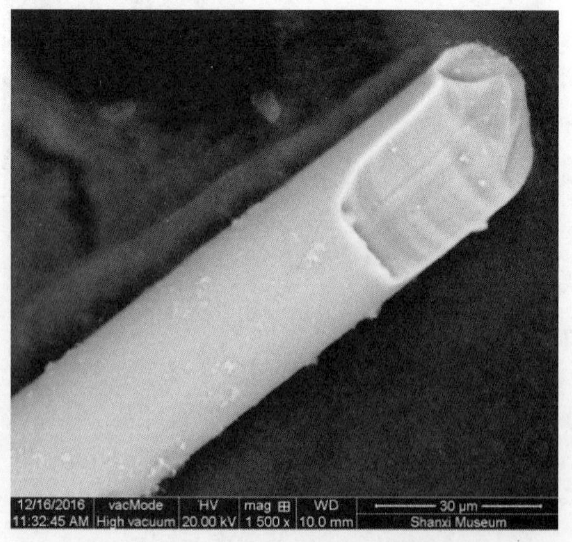

图22 白底单体人物图壁画地仗中的加筋材料SEM图

（46.0）、Si（39.0%）、Na（14.9%）为主，与市场购买玻璃丝（图23）作对比，从形貌和成分上可以判断该加筋材料为玻璃纤维，不符合古代壁画传统工艺中白底层加筋材料为植物类纤维（棉花、麻刀、碎麦秸、纸）为主，此材料使用应为现代工艺。

平遥壁画粗泥层中加筋材料经肉眼观察可能为常见的麦秆、麦壳，高倍电子图像（图24）观察显示，纤维表皮有气孔，显微特征符合禾本科植物。底色层为白色，成分主要为O 47.1%、Ca 33.5%、C 14.0%，从含量上看应为石灰。

加筋材料电子图像（图25、图27、图29）显示纤维表面有环形节，多股成束，末端纤维较细，经与市场上买的天然麻的显微电子图像（图26、图28、图30）对比，加筋材料符合麻的显微特征，应为麻刀。

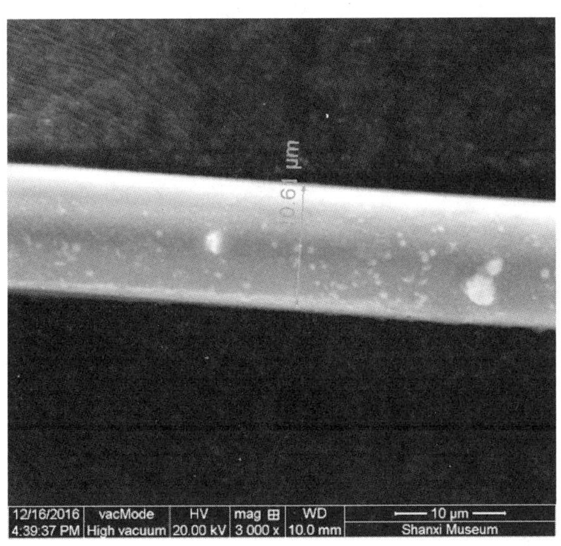

图23　市售玻璃丝SEM图

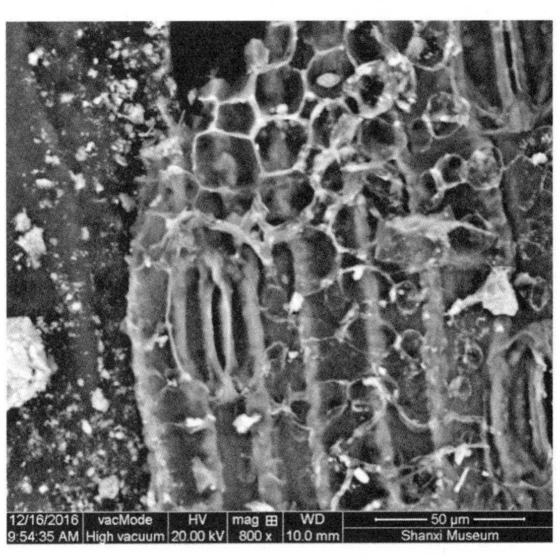

图24　平遥壁画粗泥层中加筋材料SEM图

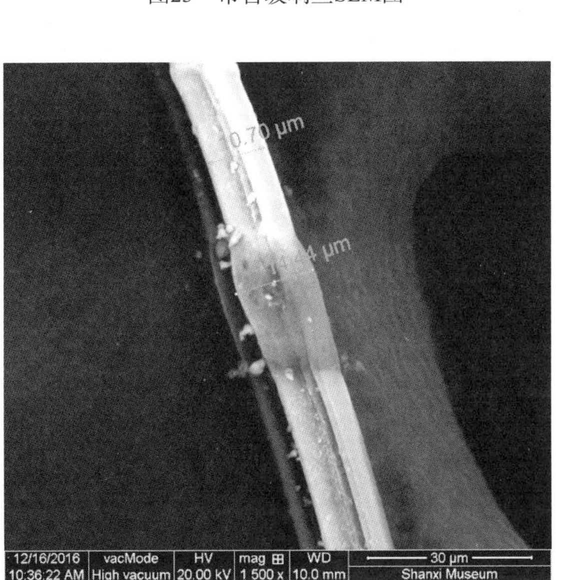

图25　平遥壁画加筋材料SEM图1

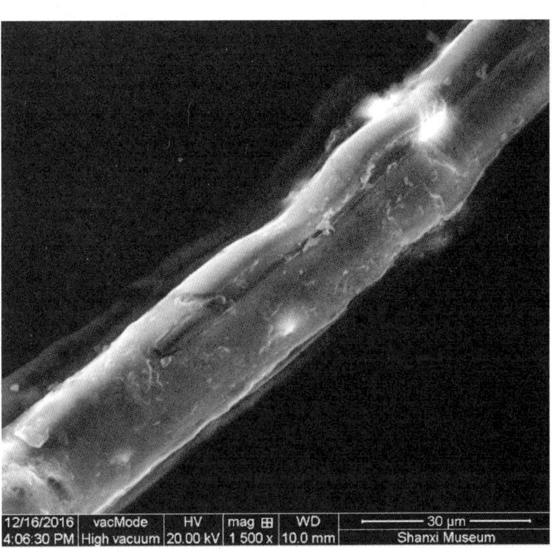

图26　市售麻SEM图1

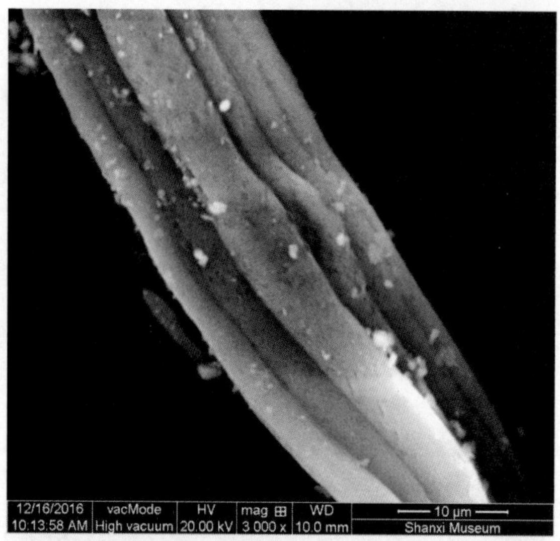

图27　平遥壁画加筋材料SEM图2

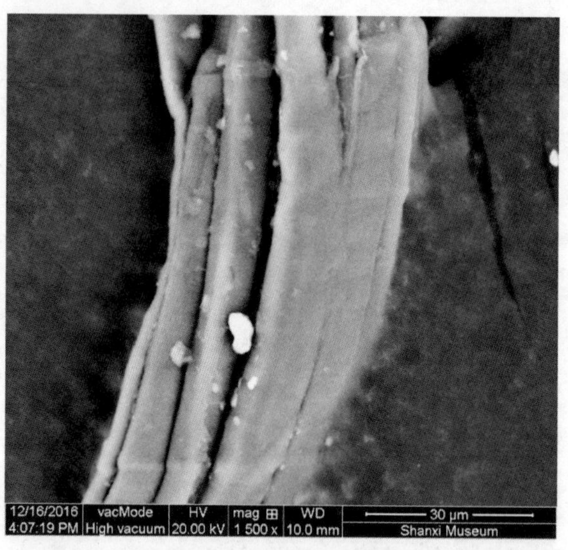

图28　市售麻SEM图2

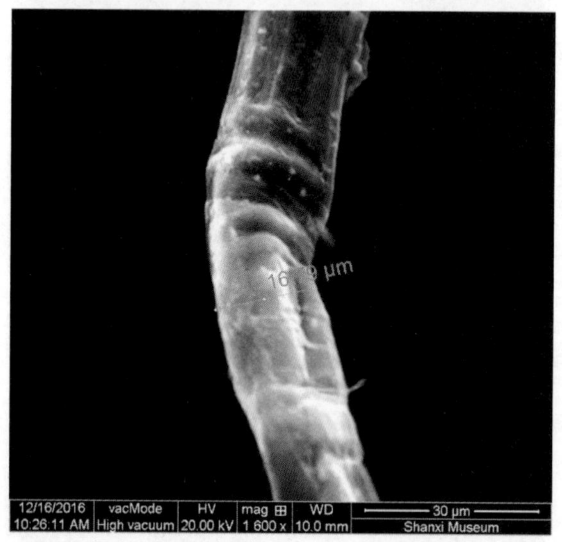

图29　平遥壁画加筋材料SEM图3

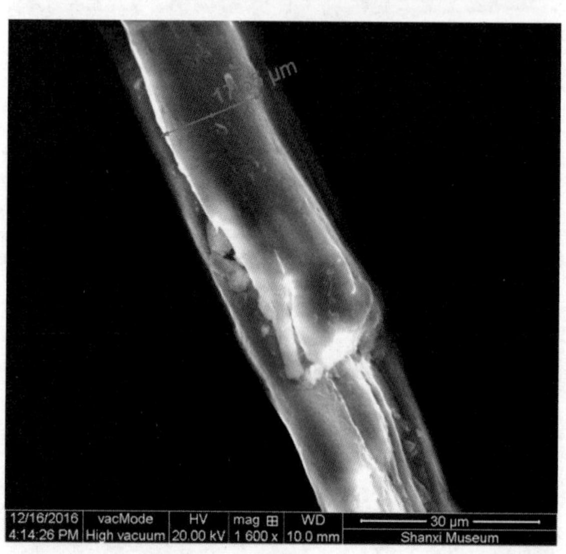

图30　市售麻SEM图3

样品能谱成分分析结果见表1。

表1　样品能谱成分分析结果

序号	位置	样品描述	成分检测结果
1	屯留南房6-1	画面外边缘绿色线条	主要成分为C、O，未测到显色元素，可能不是矿物颜料
2		画面绿色颜料	主要成分为C、O、Cu，显色元素为Cu，该颜料可能为含铜矿物颜料
3		白色地仗	主要成分为Ca、O、C，地仗主要成分为石灰
4		黑色颜料	主要成分为C
5	屯留纸壁画	纸纤维	主要成分为C、O，符合纸的成分
6	屯留最大块壁画1号样	绿色	主要成分为C、O、Cu，显色元素为Cu，该颜料可能为含铜矿物颜料
7		黄色	主要成分为C、O，未测到明显显黄色的元素
8		黑色	主要成分为C、O、Ca，显色元素为C，颜料层较薄，含有地仗成分

续表

序号	位置	样品描述	成分检测结果
9	屯留北客厅7块-1	绿色颜料	主要成分为C、O、Ca、Cu，显色元素为Cu，该颜料可能为含铜矿物颜料，此外有高含量的Ca是由于颜料薄测到地仗成分
10		地仗	主要成分为Ca、O、C，地仗主要成分为石灰
11	屯留南房6-2	红色	主要成分为Pb、O、C，可能为铅丹（Pb_3O_4）
12	地面采集脱落块	红色	显色元素为Fe，但含量（3.7%）很低，可能为铁红
13		加筋材料	形貌为细丝状纤维，主要成分为C、O、Ca，其中C、O为植物纤维的主要成分，纤维表面附着地仗，故测到Ca
14	纸壁画-1	地仗	主要成分为O、Ca、C
15	临汾翼城壁画	加筋材料	形貌为淡黄色秸秆皮，主要成分为C、O
16	屯留最大块壁画2号样	红色颜料	显色元素为Fe，但含量（1.4%）很低，可能为铁红
17		黄色颜料	主要成分为C、O、Ca，未测到明显显黄色的元素，可能不是矿物颜料
18		绿色颜料	主要成分为C、O、Cu、Ca，显色元素为Cu，该颜料可能为含铜矿物颜料
19-1	屯留纸壁画	纸	主要成分为C、O、Si、Ca，除纸主要成分C、O外，Si、Ca可能来自纸的填料或者表面灰尘陈积
19-2		背后白色地仗	地仗主要成分为C、O、Ca，可能为石灰，纤维成分以C、O为主，可能是加筋材料来自植物类纤维
20	屯留北客厅7块-1	地仗中加筋材料	形貌为细条状纤维，主要成分为C、O、Ca，其中C、O为植物纤维的主要成分，纤维表面附着地仗，故测到Ca
21	医用棉签棉花	棉花纤维	成分为C、O，显微形貌为较长纤维，表面光滑

3 结　论

（1）屯留南房6-1壁画画面绿色颜料为含铜矿物颜料，外边缘绿色线条成分不明应不是矿物颜料，可能是割壁画时人为所画。黑色颜料为碳，地仗成分为碳酸钙。屯留南房6-2壁画红色颜料可能为铅丹，地仗有少量细条状加筋材料。

（2）屯留纸壁画的表面成分以C、O、Si、Ca为主，除纸成分C、O外，Si、Ca可能来自纸的填料或者表面灰尘陈积。地仗中夹杂少量细条状植物纤维，地仗成分为碳酸钙。

（3）屯留北客厅7块-1壁画绿色颜料为含铜矿物颜料，地仗成分为碳酸钙。加筋材料为细条状植物纤维。

（4）临汾翼城壁画白色地仗样品中未找到加筋材料，但白色地仗表面夹杂大量形貌为淡黄色的秸秆皮，推测可能存在泥层，泥层的加筋材料为秸秆皮。

（5）地面采集脱落块壁画红色颜料含少量铁，可能为铁红。加筋材料地仗有片状和细条状两种，片状材料附在壁画背面最外层，从壁画背面可以看到存在较多泥土，该加筋材料可能存在泥层中，少部分进入白灰地仗层，形貌为淡黄色秸秆皮。细丝形貌为长条状纤维，应为植物纤维，均匀分布于白色地仗中。

（6）屯留最大块壁画（无编号）2块样品，绿色为含铜矿物颜料，黄色未测出，红色可能为铁红，黑色为碳，地仗为碳酸钙。地仗加筋材料有较多、极细短纤维，从成分来看为植物纤维。

由于山西是文物大省，古建筑数量众多，古建数量和文保力量的差距比较大，保护资金有限很难覆盖到每一处文保单位。近年来，山西省加强了对文物保护工作推进的力度，文物工作在保护理念上由注重抢救性保护向抢救性保护与预防性保护并重转变；在保护方法上由注重单一的实体保护向以实体保护为主、兼顾数字化保护、环境保护并重转变；在保护资金筹措上由注重单一的财政投入为主向吸引社会力量投入的多元化机制转变[6]。2016年，为防止古建筑构件失盗起草的《山西省文物建筑构件保护管理办法（草案）》，已列入省政府2016年出台的政府规章立法计划。2016年9月，山西省文物局公布了《山西省社会力量参与文物建筑保护利用暂行办法》，打通了社会资金进入文物保护领域的渠道。2017年3月，山西省又出台了《山西省动员社会力量参与文物保护利用“文明守望工程”实施方案》，成为我国省级政府首次制定社会力量参与文物保护利用的具体实施方案。与此同时，《山西省社会力量参与古建筑保护利用条例》也正式列入2017年地方立法规划[7]。

2018年以来，遵照习近平总书记关于文物安全和打击文物犯罪的重要指示精神，按照省委省政府和公安部工作要求，山西公安机关和广大公安民警，怀着对五千年历史文明高度负责、对子孙后代高度负责的精神，针对一些地方文物犯罪多发态势，特别是聚焦文物犯罪背后隐藏的黑恶势力和“保护伞”问题，在全省公安机关部署开展了为期三年的打击文物犯罪专项行动[8]，确保文物的安全，事关文化的传承，事关文明的永续，是既要面对历史又要面向未来的功德事业[9]。

参考文献

［1］ 胡可佳．陕西安康紫阳北五省会馆壁画制作工艺及材质分析研究［D］．西安：西北大学，2013.

［2］ （明）宋应星．天工开物［M］．管巧灵，谭属春，点校，注释．长沙：岳麓书社，2002.

［3］ 赵林毅，李燕飞，于宗仁，等．丝绸之路石窟壁画地仗制作材料及工艺分析［J］．敦煌研究，2005，（4）：75-82.

［4］ 杜文凤，张虎元．莫高窟壁画加筋土地仗干缩变形研究［J］．敦煌研究，2015，（1）：116-123.

［5］ 王丹阳．古代泥塑彩绘分析中的植物纤维检测技术研究［D］．杭州：浙江大学，2016.

［6］ 杨珏．山西构建文物保护新机制［N］．光明日报，2017-06-12（001）.

［7］ 山西省文物局网站http://wwj. shanxi. gov. cn.

［8］ “山西公安机关打击文物犯罪成果展”在山西博物院展出［EB/OL］．http: //www. shanximuseum. com/about/news/3161. html.

［9］ 山西省教育厅，山西省公安厅．“守护文明 传承文化 珍爱文物”倡议书——致全省大中小学的同学们［EB/OL］. http:// news. sina. com. cn /0/ 2018-07-04/ oloc-ihevauxk 0276744. shtml.

一种新型文物颜色测量方法应用初探
——以一件清代官服补子的颜色数字化为例

付文斌[1] 张雪艳[2] 刘存良[2]

（1. 陕西历史博物馆，陕西西安，710061；2. 西安鼎诺测控技术有限公司，陕西西安，710077）

摘要 文物颜色是文物信息的重要组成部分，当前文物的颜色测量技术有了长足发展，基于非接触、预览定位、小色块（2mm）测量的新型分光测色技术可准确安全测量各类材质文物（如古代壁画、陶器、泥塑、漆木器、瓷器、字画、纺织品等）的表面颜色，以CIE L^*、a^*、b^*等形式记录并保存，为测量样品提供颜色数据、反射光谱、模拟色块及颜色数据变化趋势分析等。本文采用这种新型的文物颜色测量方法，通过对一件清代官服的补子表面颜色数字化的测量实例，进行初探研究并与同行交流。

关键词 文物颜色　颜色测量　分光测色技术　非接触　预览定位　小色块

引　　言

文物是文化遗产的物质载体，其承载的信息具有历史、科学、艺术价值。人们主要通过文物的形态结构、材质、颜色[1]、制作工艺等特性来获取文物的重要信息。文物颜色作为文物的主要特征之一，不仅使人们拥有丰富的视觉体验，而且传递着不同历史时期的人类文明和人文气质。文物颜色的科学分析和研究成为趋势和必然，长期以来人们一直都在研究用各种不同的方法对文物颜色进行感知，其中国际照明委员会建立的CIE L^*、a^*、b^*颜色三维立体空间在文物颜色测量中得到了认可和广泛的应用[2]。随着科学技术的不断发展，各种颜色测量设备的产生为文物颜色的测量提供了很大的帮助，文物保护工作者及相关人员在此基础上做出了大量的实践和研究工作，但是基于文物测量的安全性和文物表面颜色的特殊性，对文物颜色的测量技术和设备的要求越来越高，本文对最新出现的文物颜色测量技术进行应用初探。

1　文物颜色测量技术现状

在文物保护过程中，文物颜色测量技术主要表现为，通过分光光度仪、色差仪、成像仪等设备进行文物表面颜色的测量和记录[3]。以往的文物颜色测量技术，在实际应用中存在着一些不足，但是随着科技的进步以及使用需求，最新出现的文物颜色测量技术解决了这些问题。这里，我们对文物颜色测量新技术的变化进行说明和对比，见表1。

表1　新型文物颜色测量技术变化说明及对比表

序号	传统文物颜色测量技术	新型文物颜色测量技术
1	接触式测量： 以往的测色设备大多采用d/8°积分球光学结构，如图1所示。测量孔必须与被测物体表面紧密接触，防止环境光影响测量结果，即测量设备与文物的被测量表面相接触，这种方式难免对一些脆弱的文物表面造成损伤，对文物安全存在一定的隐患。 图1　d/8°积分球光学结构示意图	非接触测量： 新的测量技术采用0°/45°光学测量结构，如图2所示。符合人眼视觉效果，光源垂直于物体表面入射，测量孔与被测物体表面不接触测量，避免测量时仪器测头对文物接触、挤压造成文物表面损伤或变形，特别是古代壁画颜料层及脆弱的纸质和纺织品文物。同时采用脉冲技术避免环境光影响测量结果。 图2　0°/45°光学测量结构示意图
2	测量光源对文物有伤害： 以往的测量技术中，测色设备自身的测量光源为钨丝灯等，这些光源在长期使用时会在文物表面产生热量，从而可能会对文物表面产生影响。	测量光源对文物伤害减少： 采用全光谱系统LED冷光源测量，LED 冷光源发出的热量小，减少了每次测量由于光源发热对脆弱文物的伤害。
3	测量孔径的大小局限了文物微小色块的测量： 以往的测量技术中，测色设备的测量孔径一般为大小两个孔径切换测量，且最小测量孔径不能满足对文物表面小色块的测量。测量孔径的大小对应被测目标的区域直径，如8mm的测量孔径测量直径为8mm的被测区域中颜色的平均值。当被测色块的直径小于设备的测量孔径时，便无法测量得到准确的颜色数据。	孔径（2～12mm）满足小色块测量： 测量孔径范围为2 ～12mm，2mm的孔径可测量得到文物表面微小色块的颜色数据，仪器可根据文物表面颜色特点和测量需求在2～12mm之间任意设定孔径大小，完整科学地测量文物表面的颜色数据。
4	无法实现原位测量： 以往的测量技术中，当研究者在连续测量某一固定区域的颜色时，第一次测量和第二次测量的目标点位置很难完全一致，测色设备的位置也会发生移动，想要重复测量原来的测量目标点时无法实现准确的原位测量，从而带来测量偏差。对于需要隔一段时间便要测试颜色数据进行颜色比较样品，移动设备带来的偏差就更大了。	具有预览定位功能，可实现原位测量： 测量时可以在软件窗口中预览到测量光圈精准定位文物表面的测量位置并对画面进行调整，可以直接对光圈在文物表面的测量位置进行拍照储存，以便准确对应测量数据和光谱曲线，便于准确分析。测量时仪器不需要移动位置，可通过电脑软件控制，设定测量时间间隔，仪器连续自动测量，测试的数据能够准确地分析原位颜色的变化情况。

2　新型文物颜色测量方法的应用

充分运用新型的文物颜色测量技术，对一块清代五官服补子的表面颜色进行测量，补子实物图见图3。我们依次对补子表面的黄色、红色、蓝色、青色、白色、灰色共六种色系的所有色块都做了测量，完成了完整的数字化，得到了大量的测量数据。本文中节选补子左半中的蓝色系色块和补子右半中的红色系色块，分享其测量过程及测量结果。

2.1 测量样品简介

补子为补缀于品官补服前胸后背之上的一块织物，补服是一种饰有官位品级徽识的官服，或称补袍，在清代官服中是穿用场合最多、时间最长的一种，而表示官阶差异最明显的就是文官绣有文禽、武将绣有猛兽纹饰的“补子”。五品官服补子图案为白鹇补子，分为左右两半块，以金线及彩丝绣成，有着丰富多彩的颜色。如图3所示，主要颜色有黄色、红色、蓝色、青色、白色、灰色，各种颜色深浅不一，色块大小不一，有部分地方出现磨损褪色的现象。

图3　清代五品官服补子

2.2 测量条件说明

（1）测量仪器：VS3200（WB）非接触文物颜色测量系统，见图4。

测量仪器主机

非接触测量

测量系统

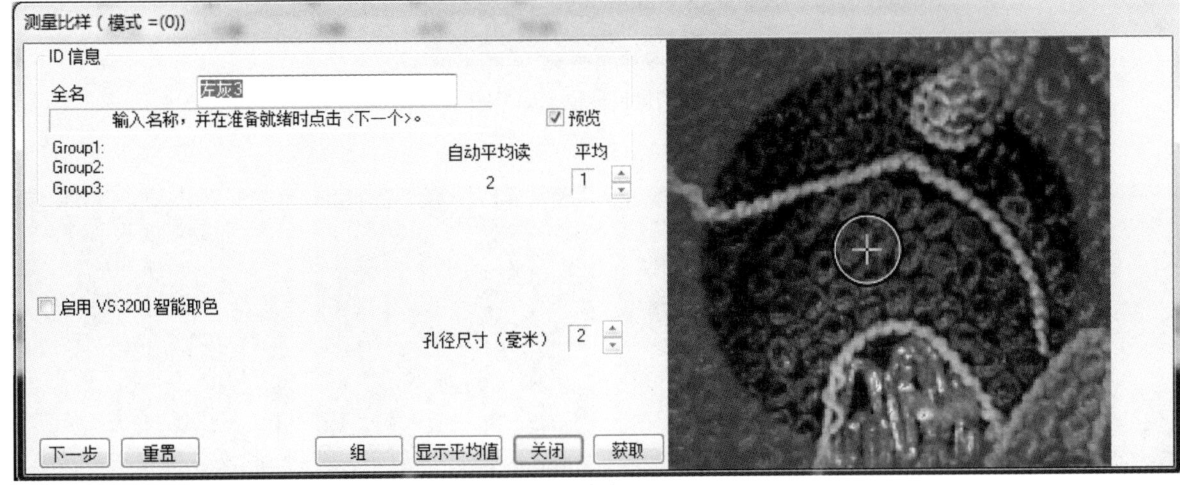

预览定位界面

图4　测量仪器

（2）测量光源：D65-10（10°标准观察者）。

（3）测量距离：3～5mm。

（4）光学几何结构：45°/0°。

（5）测量孔径：2～12mm。

2.3　测量过程

2.3.1　测量目标：补子左半中的蓝色系色块

（1）测量目标位置编号：左蓝1、左蓝2、左蓝3、左蓝4、左蓝5、左蓝6、左蓝7、左蓝8，如图5所示。其测量目标位置放大5倍的预览定位图，如图6所示。

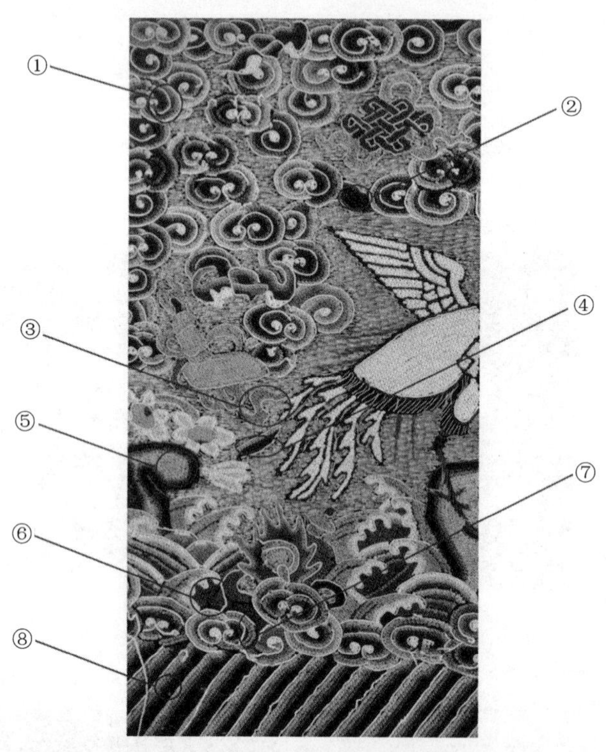

图5　测量目标位置编号图

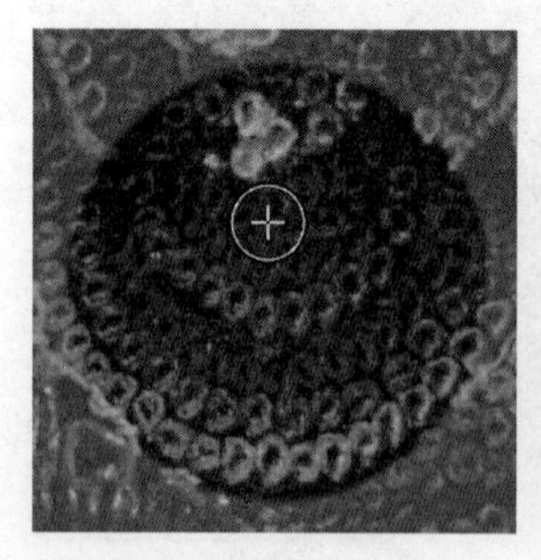

左蓝1-1

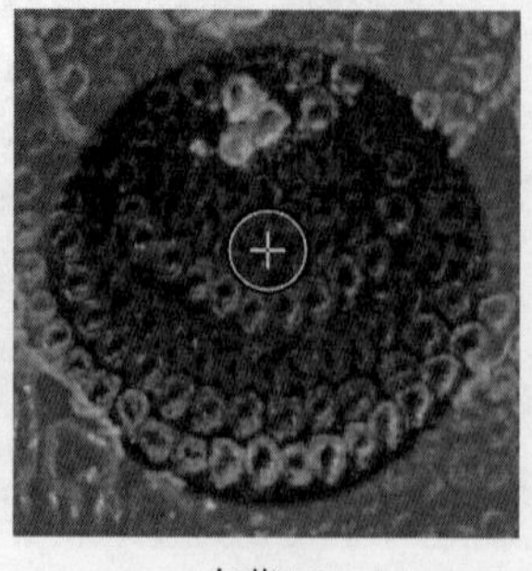

左蓝1-2

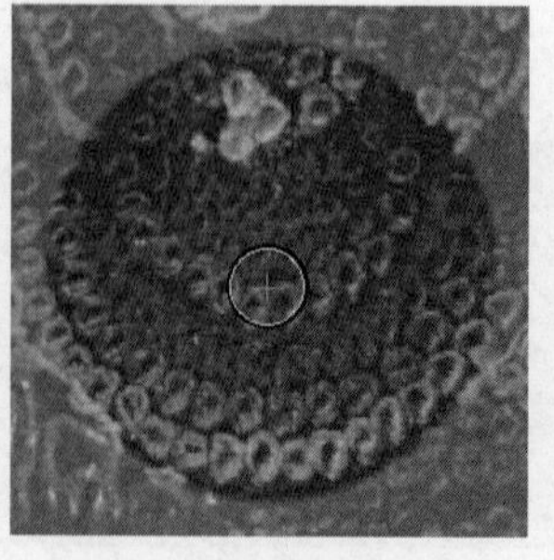

左蓝1-3

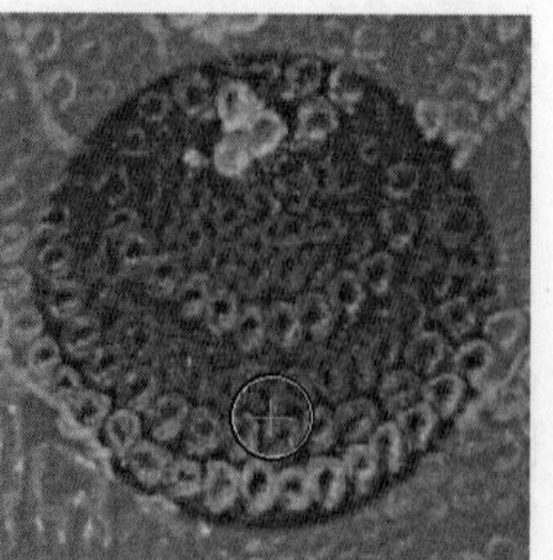

左蓝1-4

图6　测量目标位置放大5倍的预览定位图

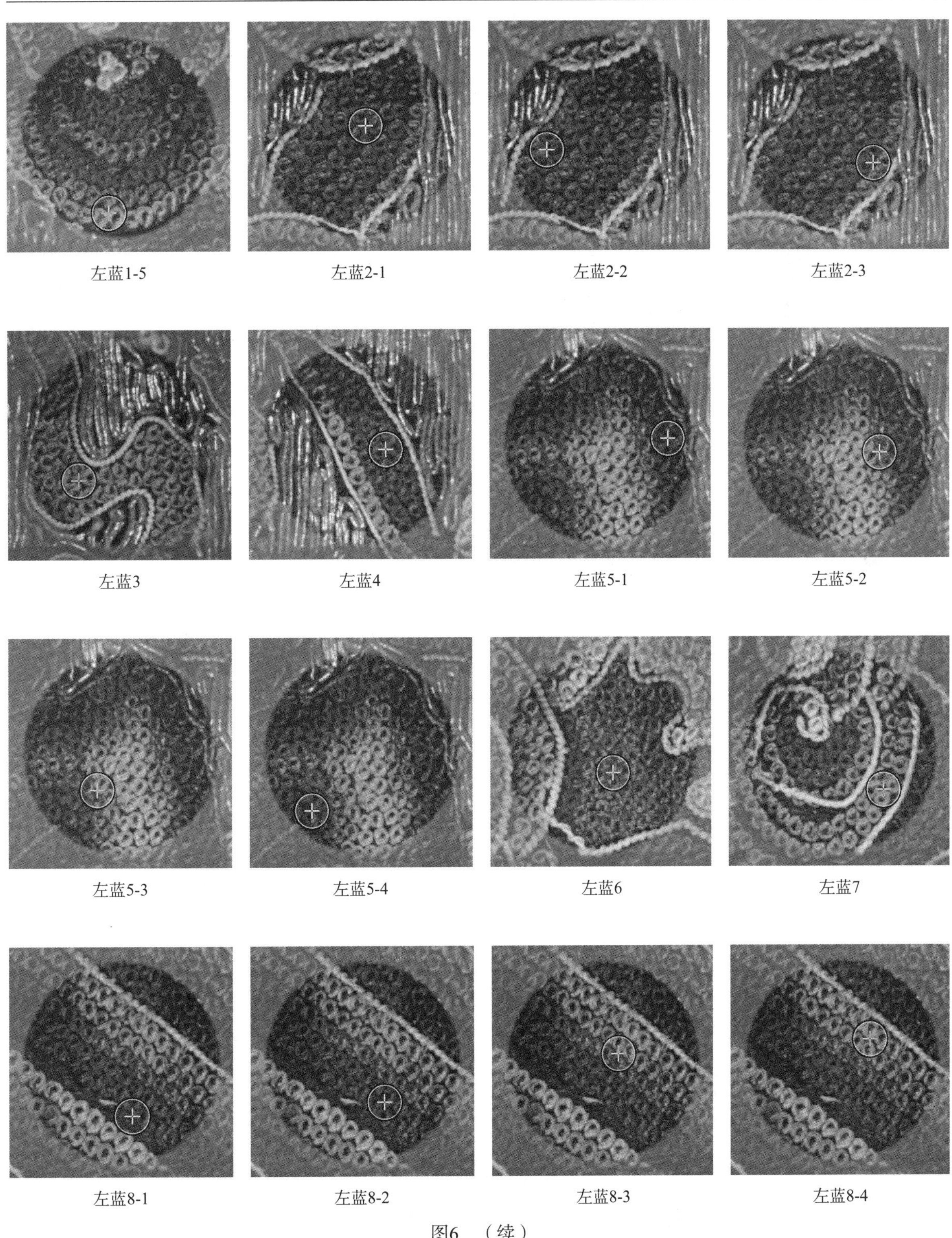

图6 （续）

（2）测量结果：测量结果详见表2、表3、图7～图10。

颜色的变化趋势图即颜色的L^*、a^*、b^*三个值各自的变化趋势，从图中可以看出补子左半中的蓝色系色块的L^*值发生了较大的波动，a^*、b^*变化极小，说明所有的蓝色系色块的色相基本接近，主要是其明度即颜色的深浅程度在发生变化。

表2　颜色数据

名称	测量孔径/mm	日期/时间	L^*	a^*	b^*	C^*	h°
左蓝1-1	2	2018-06-30 16:03	19.38	−0.78	−8.32	8.36	264.66
左蓝1-2	2	2018-06-30 16:03	20.42	0.32	−13.44	13.45	271.37
左蓝1-3	2	2018-06-30 16:04	26.66	−0.98	−16.59	16.61	266.63
左蓝1-4	2	2018-06-30 16:04	24.85	−0.95	−16.41	16.44	266.67
左蓝1-5	2	2018-06-30 16:04	36.69	−5.72	−10.14	11.64	240.59
左蓝2-1	2	2018-06-30 16:06	20.31	−0.41	−8.52	8.53	267.27
左蓝2-2	2	2018-06-30 16:06	21.54	−0.27	−14.91	14.91	268.98
左蓝2-3	2	2018-06-30 16:07	23.69	−0.61	−14.75	14.76	267.64
左蓝3	2	2018-06-30 16:09	37.71	−5.48	−10.88	12.18	243.29
左蓝4	2	2018-06-30 16:11	23.08	−4.46	−6.26	7.68	234.55
左蓝5-1	2	2018-06-30 16:13	17.23	0.19	−7.64	7.64	271.42
左蓝5-2	2	2018-06-30 16:13	28.66	−3.86	−13.72	14.26	254.28
左蓝5-3	2	2018-06-30 16:14	32.8	−4.16	−13.72	14.34	253.15
左蓝5-4	2	2018-06-30 16:15	18.43	0.7	−9.27	9.3	274.32
左蓝6	2	2018-06-30 16:16	28.46	−1.63	−17.47	17.55	264.68
左蓝7	2	2018-06-30 16:20	38.53	−5.9	−8.51	10.35	235.25
左蓝8-1	2	2018-06-30 16:22	21.09	1.26	−2.51	2.81	296.7
左蓝8-2	2	2018-06-30 16:22	21.73	0.72	−4.63	4.69	278.88
左蓝8-3	2	2018-06-30 16:23	35.31	−4.23	−13.05	13.72	252.02
左蓝8-4	2	2018-06-30 16:23	39.76	−5.5	−6.7	8.67	230.65

注：L^*表示颜色明度；a^*表示红绿值；b^*表示黄蓝值；C^*表示饱和度；h°表示色调。

表3　光谱反射率列表

色块	可见光波长										
	400nm	410nm	420nm	430nm	440nm	450nm	460nm	470nm	480nm	490nm	500nm
左蓝1-1	3.54	4.15	4.39	4.36	4.36	4.28	4.2	3.96	3.79	3.71	3.54
左蓝1-2	5	5.93	6.29	6.22	5.98	5.7	5.41	5.04	4.72	4.41	4.13
左蓝1-3	8.48	9.85	10.46	10.31	9.92	9.45	8.86	8.21	7.74	7.43	6.91
左蓝1-4	7.23	8.71	9.32	9.27	8.98	8.4	7.89	7.33	6.98	6.59	6.2
左蓝1-5	10.28	11.69	12.93	13.6	13.7	13.47	12.63	11.95	11.79	12.15	12.21
左蓝2-1	3.77	4.35	4.62	4.76	4.79	4.62	4.51	4.27	4.1	4.05	3.79
左蓝2-2	5.71	6.73	7.12	7.28	7.19	6.46	5.87	5.64	5.26	5.01	4.68
左蓝2-3	6.31	7.59	8	7.9	7.63	7.35	7.11	6.8	6.38	5.88	5.43
左蓝3	11.3	12.97	14.02	14.54	14.56	14.23	13.65	13.27	13.05	13.05	12.87
左蓝4	4.25	4.71	4.89	4.83	4.95	4.93	5.11	5.12	5.21	5.27	5.11
左蓝5-1	3.13	3.38	3.65	3.63	3.6	3.56	3.42	3.2	3.07	3.01	2.87
左蓝5-2	8.26	9.4	9.8	9.65	9.48	9.54	9.49	9.19	8.82	8.45	7.84
左蓝5-3	9.79	11.55	12.28	12.38	12.2	11.98	11.74	11.24	10.91	10.52	10.05
左蓝5-4	3.41	4.19	4.53	4.57	4.46	4.3	3.85	3.48	3.31	3.26	3.24

续表

色块	可见光波长										
	400nm	410nm	420nm	430nm	440nm	450nm	460nm	470nm	480nm	490nm	500nm
左蓝6	9.2	10.72	11.47	11.41	11.07	10.69	10.37	9.84	9.17	8.61	8
左蓝7	10.61	12.13	12.95	13.42	13.66	13.58	13.67	13.72	13.57	13.44	13
左蓝8-1	3.22	3.52	3.73	3.65	3.77	3.68	3.73	3.61	3.65	3.52	3.47
左蓝8-2	3.45	3.98	4.14	4.23	4.33	4.32	4.33	4.26	4.08	3.99	3.82
左蓝8-3	10.94	12.61	13.36	13.67	13.53	13.34	13.11	12.87	12.36	11.95	11.36
左蓝8-4	10.38	11.96	13.09	13.73	14.01	14.05	13.69	13.16	13.2	13.62	13.59

色块	可见光波长									
	510nm	520nm	530nm	540nm	550nm	560nm	570nm	580nm	590nm	600nm
左蓝1-1	3.37	3.1	2.9	2.78	2.7	2.59	2.55	2.49	2.42	3.37
左蓝1-2	3.82	3.47	3.17	2.96	2.83	2.72	2.62	2.54	2.48	3.82
左蓝1-3	6.4	5.78	5.28	4.84	4.6	4.34	4.14	3.91	3.7	6.4
左蓝1-4	5.66	5.15	4.56	4.25	3.99	3.8	3.61	3.39	3.25	5.66
左蓝1-5	11.86	11.11	10.37	9.76	9.22	8.86	8.46	7.99	7.48	11.86
左蓝2-1	3.58	3.32	3.1	2.96	2.86	2.82	2.78	2.77	2.69	3.58
左蓝2-2	4.32	3.95	3.62	3.26	3.12	2.93	2.79	2.67	2.53	4.32
左蓝2-3	4.99	4.55	4.16	3.87	3.65	3.58	3.38	3.2	3.05	4.99
左蓝3	12.34	11.58	10.87	10.23	9.73	9.42	8.97	8.53	8.02	12.34
左蓝4	4.77	4.44	4.1	3.84	3.7	3.54	3.41	3.24	3.11	4.77
左蓝5-1	2.71	2.53	2.36	2.25	2.2	2.15	2.12	2.1	2.12	2.71
左蓝5-2	7.28	6.67	6.17	5.7	5.43	5.13	4.9	4.57	4.33	7.28
左蓝5-3	9.44	8.73	8.09	7.49	7.07	6.83	6.5	6.17	5.78	9.44
左蓝5-4	3.09	2.9	2.65	2.51	2.42	2.41	2.32	2.32	2.29	3.09
左蓝6	7.28	6.55	5.91	5.45	5.17	4.92	4.68	4.38	4.13	7.28
左蓝7	12.59	11.92	11.35	10.73	10.33	9.88	9.48	9.01	8.53	12.59
左蓝8-1	3.29	3.27	3.13	3.11	3.11	3.14	3.16	3.23	3.28	3.29
左蓝8-2	3.69	3.51	3.39	3.22	3.21	3.24	3.25	3.31	3.33	3.69
左蓝8-3	10.75	10.09	9.35	8.71	8.29	7.98	7.61	7.29	6.85	10.75
左蓝8-4	13.23	12.72	12.01	11.46	11.05	10.77	10.4	9.98	9.54	13.23

色块	可见光波长									
	610nm	620nm	630nm	640nm	650nm	660nm	670nm	680nm	690nm	700nm
左蓝1-1	2.34	2.32	2.29	2.19	2.14	2.13	2.18	2.4	2.85	4.13
左蓝1-2	2.36	2.29	2.24	2.18	2.08	2.12	2.14	2.39	2.82	4.22
左蓝1-3	3.52	3.34	3.21	3.11	3.04	2.99	3.07	3.47	4.36	6.54
左蓝1-4	3.05	2.94	2.7	2.69	2.53	2.63	2.56	3.01	3.7	5.62
左蓝1-5	7.07	6.61	6.31	6.03	5.83	5.88	6.11	6.99	8.58	11.58
左蓝2-1	2.57	2.51	2.5	2.43	2.34	2.37	2.45	2.71	3.26	4.78
左蓝2-2	2.45	2.38	2.22	2.21	2.12	2.1	2.17	2.54	3.04	4.49
左蓝2-3	2.92	2.87	2.73	2.66	2.52	2.61	2.66	2.96	3.64	5.35

续表

色块	可见光波长									
	610nm	620nm	630nm	640nm	650nm	660nm	670nm	680nm	690nm	700nm
左蓝3	7.51	7.08	6.68	6.41	6.1	6.06	6.19	7.11	8.69	11.81
左蓝4	2.89	2.93	2.72	2.78	2.62	2.73	2.71	3.29	3.74	5.27
左蓝5-1	2.02	2.01	1.96	1.99	1.92	1.92	1.99	2.27	2.65	3.75
左蓝5-2	4.03	3.79	3.59	3.39	3.22	3.16	3.21	3.7	4.74	6.93
左蓝5-3	5.38	5.11	4.82	4.52	4.27	4.21	4.32	4.95	6.2	8.89
左蓝5-4	2.22	2.2	2.12	2.14	2.07	2.07	2.14	2.38	2.8	4.06
左蓝6	3.88	3.69	3.55	3.42	3.26	3.22	3.33	3.74	4.8	7.32
左蓝7	8.15	7.65	7.48	7.09	6.94	6.94	7.38	8.18	9.84	12.71
左蓝8-1	3.25	3.34	3.26	3.39	3.32	3.44	3.57	4.01	4.58	5.96
左蓝8-2	3.39	3.28	3.27	3.18	3.21	3.18	3.35	3.68	4.59	6.54
左蓝8-3	6.47	6.13	5.81	5.54	5.31	5.29	5.56	6.3	7.85	10.96
左蓝8-4	9.04	8.68	8.28	7.92	7.66	7.64	7.91	8.85	10.61	13.73

颜色的反射光谱曲线称为颜色的指纹，每一条反射光谱曲线对应一种颜色，其横坐标表示可见光光谱波长的变化，纵坐标表示反射率，体现了一种颜色在可见光谱中不同波长位置（不同颜色）上的反射率的变化情况，具体到每间隔10nm波长所对应的反射率的大小，详见表3。图中可以看出所有色块的反射光谱曲线趋势基本一致，但是在同一波长位置上对应的反射率大小不同。

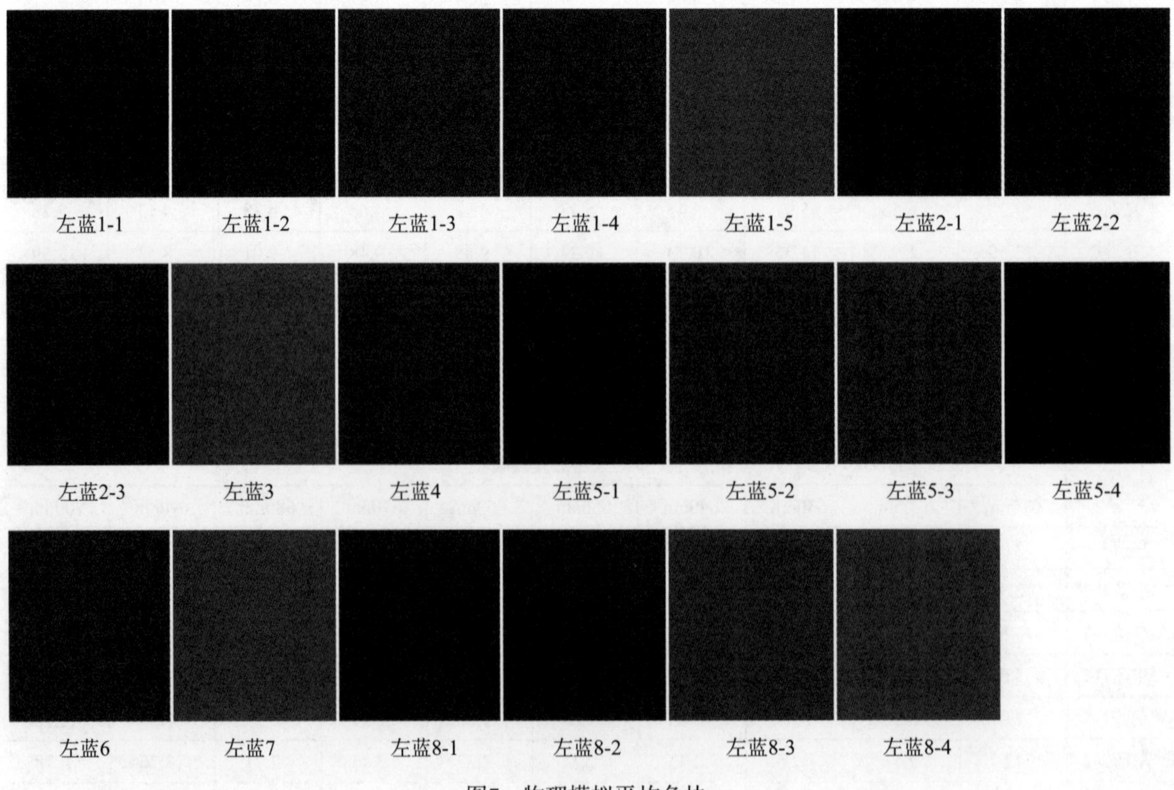

图7　物理模拟平均色块

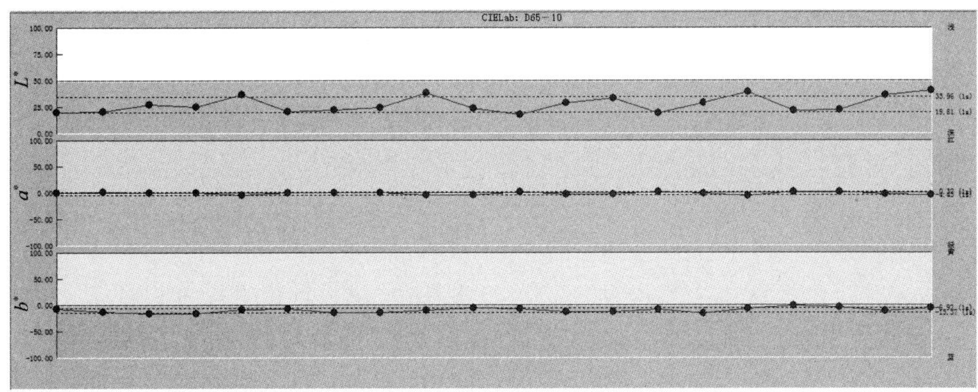

图8　颜色变化趋势图

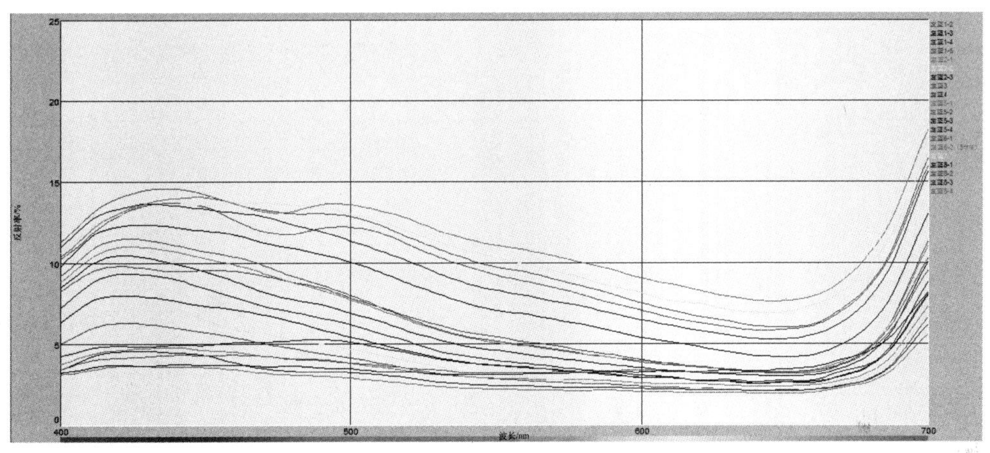

图9　反射光谱曲线

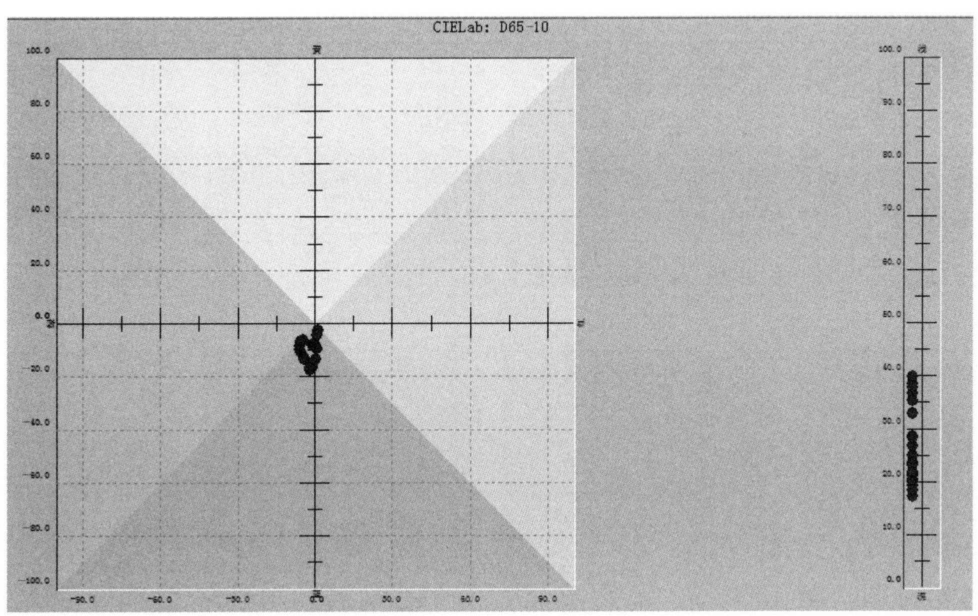

图10　颜色色空间位置图

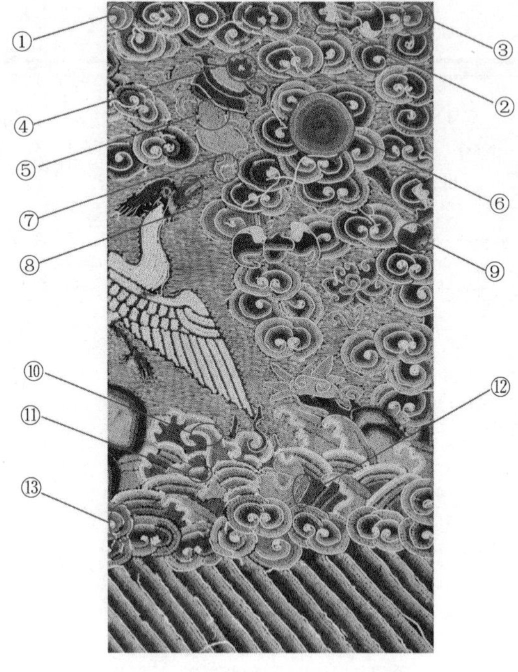

图11　补子右半中的红色系色块

颜色色空间位置图即表示一种颜色在色空间中的位置，从图中可以看出，所有的蓝色系色块的颜色都聚集分布在蓝色空间中，其明度小于50且分布在20～40之间，体现了蓝色色调的深浅分布范围。

2.3.2　测量目标：补子右半中的红色系色块

（1）测量目标位置编号：右红1、右红2、右红3、右红4、右红5、右红6、右红7、右红8、右红9、右红10、右红11、右红12、右红13，如图11所示。其测量目标位置放大5倍预览定位图，如图12所示。

（2）测量结果：测量结果详见表4、表5、图13～图16。

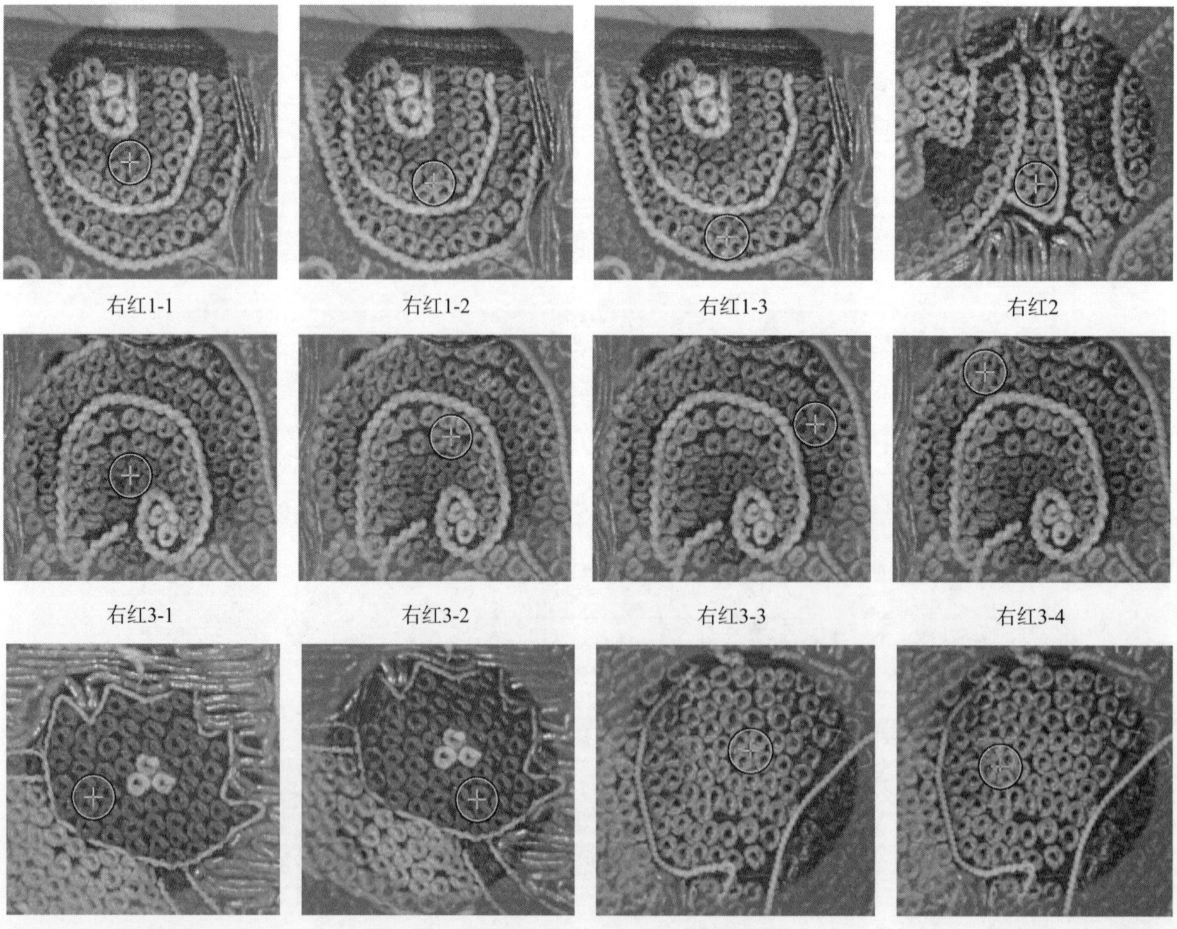

右红1-1　右红1-2　右红1-3　右红2

右红3-1　右红3-2　右红3-3　右红3-4

右红4-1　右红4-2　右红5-1　右红5-2

图12　测量目标位置放大5倍预览定位图

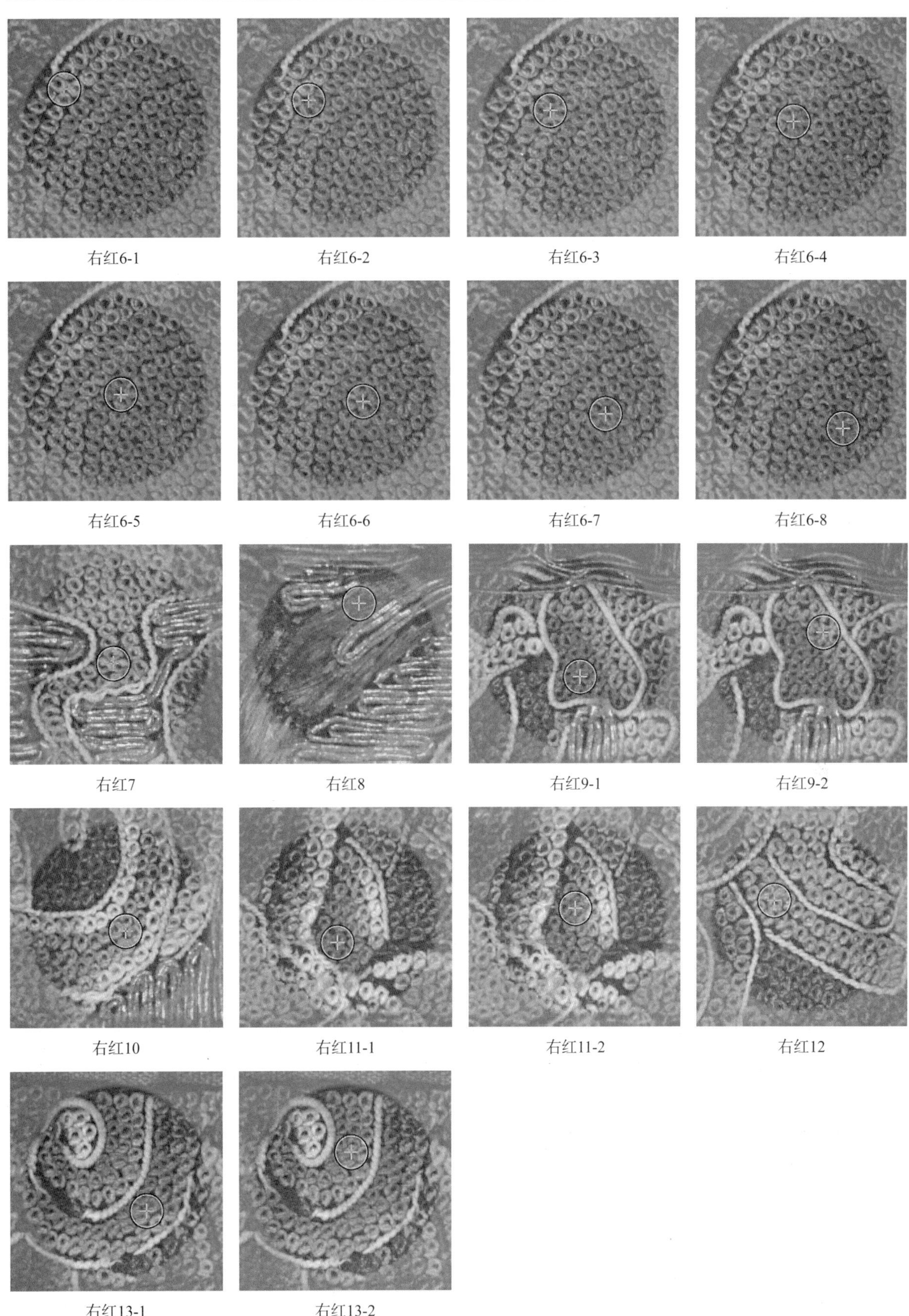
右红6-1
右红6-2
右红6-3
右红6-4
右红6-5
右红6-6
右红6-7
右红6-8
右红7
右红8
右红9-1
右红9-2
右红10
右红11-1
右红11-2
右红12
右红13-1
右红13-2

图12 （续）

表4　颜色数据

名称	测量孔径/mm	日期/时间	L^*	a^*	b^*	C^*	$h°$
右红1-1	2	2018-06-30 13:37	31.88	25.44	15.98	30.04	32.13
右红1-2	2	2018-06-30 13:38	38.56	24.27	15.71	28.91	32.91
右红1-3	2	2018-06-30 13:38	38.16	24.42	15.49	28.92	32.4
右红2	2	2018-06-30 13:41	39.83	22.31	14.17	26.43	32.42
右红3-1	2	2018-06-30 13:42	27.01	25.21	14.65	29.16	30.17
右红3-2	2	2018-06-30 13:43	37.83	23.02	16.23	28.17	35.19
右红3-3	2	2018-06-30 13:44	28.22	22.22	14.85	26.72	33.75
右红3-4	2	2018-06-30 13:45	36.45	21.1	16.17	26.58	37.46
右红4-1	2	2018-06-30 13:47	25.84	27.56	14.97	31.36	28.52
右红4-2	2	2018-06-30 13:48	25.56	24.01	12.51	27.07	27.51
右红5-1	2	2018-06-30 13:50	41.2	22.75	16.17	27.91	35.4
右红5-2	2	2018-06-30 13:51	41.93	24.03	17.17	29.54	35.55
右红6-1	2	2018-06-30 14:00	40.52	25.58	16.95	30.69	33.53
右红6-2	2	2018-06-30 14:01	36.88	27.67	16.01	31.97	30.05
右红6-3	2	2018-06-30 14:02	33.62	29.3	15.28	33.04	27.55
右红6-4	2	2018-06-30 14:03	31.91	29.62	15.54	33.45	27.68
右红6-5	2	2018-06-30 14:04	30.56	29.9	15.95	33.89	28.07
右红6-6	2	2018-06-30 14:04	30.2	29.69	15.92	33.69	28.2
右红6-7	2	2018-06-30 14:05	28.53	29.8	15.67	33.67	27.74
右红6-8	2	2018-06-30 14:06	28.51	29.87	15.67	33.73	27.69
右红7	2	2018-06-30 14:12	40.39	22.14	14.81	26.64	33.77
右红8	2	2018-06-30 14:14	33.84	25.03	18.89	31.36	37.03
右红9-1	2	2018-06-30 14:16	28.38	29.27	14.89	32.84	26.97
右红9-2	2	2018-06-30 14:16	37.72	27.42	16.2	31.85	30.57
右红10	2	2018-06-30 14:24	42.68	22.91	15.15	27.47	33.47
右红11-1	2	2018-06-30 14:25	30.13	28.34	15.84	32.46	29.21
右红11-2	2	2018-06-30 14:26	35.83	25.55	16.24	30.27	32.44
右红12	2	2018-06-30 14:27	40.86	21.73	16.76	27.45	37.64
右红13-1	2	2018-06-30 14:28	35.54	24.99	17.1	30.28	34.39
右红13-2	2	2018-06-30 14:29	36.72	26.37	17.44	31.61	33.48

注：L^*表示颜色明度；a^*表示红绿值；b^*表示黄蓝值；C^*表示饱和度；$h°$表示色调。

表5　光谱反射率列表

色块	400nm	410nm	420nm	430nm	440nm	450nm	460nm	470nm	480nm	490nm	500nm
右红1-1	2.7	2.92	3.03	3.26	3.48	3.73	4.06	4.18	4.11	3.81	3.56
右红1-2	3.88	4.36	4.63	5.14	5.68	6.31	6.79	6.79	6.6	6.18	5.63
右红1-3	3.93	4.23	4.77	5.18	5.91	6.32	6.57	6.25	6.07	5.78	5.42
右红2	4.32	4.83	5.29	5.91	6.71	7.29	7.73	7.82	7.48	6.94	6.33
右红3-1	2.05	2.29	2.3	2.41	2.58	2.6	2.8	2.9	2.89	2.77	2.56
右红3-2	3.67	3.97	4.19	4.74	5.32	5.83	6.27	6.45	6.28	5.91	5.47

续表

色块	400nm	410nm	420nm	430nm	440nm	450nm	460nm	470nm	480nm	490nm	500nm
右红3-3	2.02	2.22	2.29	2.45	2.67	3.06	3.2	3.29	3.21	3.04	2.78
右红3-4	3.46	3.69	4.03	4.44	4.96	5.38	5.64	5.57	5.46	5.35	5.23
右红4-1	1.94	2.03	2.06	2.15	2.29	2.42	2.43	2.57	2.46	2.33	2.11
右红4-2	2.13	2.28	2.34	2.44	2.54	2.59	2.75	2.73	2.75	2.67	2.47
右红5-1	4.48	4.81	5.33	5.94	6.7	7.45	7.85	7.82	7.6	7.24	6.79
右红5-2	4.66	4.99	5.56	6.22	7.02	7.62	7.77	7.48	7.32	7.21	6.85
右红6-1	4.36	4.70	5.21	5.90	6.65	7.11	7.09	6.77	6.38	6.34	6.02
右红6-2	3.79	4.04	4.26	4.68	5.23	5.68	5.95	5.83	5.41	4.96	4.44
右红6-3	3.28	3.45	3.64	3.89	4.34	4.61	4.84	4.74	4.30	3.87	3.43
右红6-4	2.92	3.12	3.24	3.45	3.74	3.93	4.09	4.14	3.93	3.52	3.07
右红6-5	2.60	2.8	2.88	3.02	3.19	3.44	3.64	3.68	3.54	3.25	2.91
右红6-6	2.63	2.75	2.78	2.90	3.11	3.32	3.55	3.60	3.48	3.15	2.82
右红6-7	2.40	2.52	2.56	2.61	2.76	2.92	3.12	3.12	2.95	2.73	2.47
右红6-8	2.15	2.47	2.52	2.60	2.74	2.90	3.13	3.13	3.02	2.72	2.47
右红7	4.49	4.85	5.31	6.01	6.72	7.37	7.81	7.91	7.64	7.15	6.59
右红8	2.6	2.97	3.13	3.43	3.77	3.88	3.94	4.06	3.96	3.93	3.78
右红9-1	2.41	2.51	2.6	2.77	2.92	2.98	3.13	3.16	3.03	2.79	2.47
右红9-2	3.79	4.02	4.32	4.77	5.45	5.92	6.29	6.3	5.89	5.38	4.86
右红10	5.35	5.75	6.2	6.74	7.55	8.23	8.98	9.08	8.77	8.15	7.52
右红11-1	2.42	2.71	2.8	2.91	3.1	3.34	3.53	3.56	3.43	3.16	2.87
右红11-2	3.36	3.8	3.93	4.36	4.64	5.12	5.28	5.5	5.28	5.12	4.63
右红12	4.37	4.67	5.03	5.55	6.31	6.95	7.56	7.72	7.56	7.2	6.68
右红13-1	3.19	3.51	3.81	4.01	4.41	4.7	5.07	5.15	5.16	4.89	4.62
右红13-2	3.38	3.75	4.04	4.37	4.83	5.17	5.41	5.42	5.28	5.13	4.79

色块	510nm	520nm	530nm	540nm	550nm	560nm	570nm	580nm	590nm	600nm
右红1-1	3.29	3.15	3.27	3.67	4.36	5.35	6.83	8.82	11.2	13.39
右红1-2	5.14	5.02	5.3	6.05	7.23	8.92	11.17	13.79	16.57	18.67
右红1-3	5.04	4.97	5.17	5.95	7.06	8.73	10.91	13.53	16.21	18.54
右红2	5.86	5.75	6.1	6.89	8.25	9.99	12.29	14.8	17.29	19.19
右红3-1	2.29	2.29	2.34	2.51	2.89	3.49	4.53	5.96	7.86	9.9
右红3-2	5.09	5	5.3	6.03	7.12	8.66	10.64	13.21	15.62	17.73
右红3-3	2.61	2.48	2.61	3.02	3.6	4.45	5.64	7.2	8.89	10.32
右红3-4	4.96	5	5.23	5.85	6.83	8.16	9.86	12.05	14.2	16.09
右红4-1	1.96	1.82	1.9	2.07	2.4	2.92	3.83	5.34	7.37	9.63
右红4-2	2.32	2.18	2.24	2.36	2.63	3.05	3.88	5.13	6.86	8.72
右红5-1	6.36	6.19	6.55	7.52	8.92	10.83	13.2	15.96	18.54	20.55

续表

色块	510nm	520nm	530nm	540nm	550nm	560nm	570nm	580nm	590nm	600nm
右红5-2	6.48	6.29	6.71	7.66	9.12	11.14	13.69	16.63	19.53	21.79
右红6-1	5.68	5.55	5.88	6.74	8.12	10.02	12.48	15.54	18.59	21.10
右红6-2	4.11	4.1	4.33	4.95	6.06	7.57	9.65	12.54	15.58	18.35
右红6-3	3.12	3.00	3.14	3.65	4.48	5.81	7.62	10.19	13.12	15.82
右红6-4	2.81	2.68	2.79	3.19	3.84	4.93	6.45	8.75	11.59	14.49
右红6-5	2.58	2.44	2.51	2.82	3.36	4.23	5.60	7.75	10.50	13.47
右红6-6	2.54	2.42	2.49	2.74	3.25	4.12	5.42	7.55	10.23	13.16
右红6-7	2.26	2.10	2.18	2.40	2.84	3.54	4.68	6.53	8.98	11.80
右红6-8	2.30	2.18	2.21	2.40	2.79	3.48	4.64	6.40	8.85	11.68
右红7	6.15	5.94	6.3	7.21	8.57	10.42	12.63	15.22	17.76	19.69
右红8	3.78	3.86	4.04	4.46	5.28	6.36	7.95	10.07	12.36	14.7
右红9-1	2.3	2.2	2.21	2.41	2.84	3.51	4.61	6.47	8.92	11.6
右红9-2	4.36	4.3	4.52	5.25	6.36	8.08	10.27	13.28	16.32	18.95
右红10	6.94	6.89	7.27	8.18	9.69	11.57	14.07	16.95	19.76	21.98
右红11-1	2.63	2.46	2.57	2.88	3.49	4.29	5.7	7.7	10.17	12.57
右红11-2	4.33	4.15	4.36	4.9	5.85	7.17	9.07	11.56	14.07	16.4
右红12	6.32	6.26	6.63	7.58	8.92	10.74	13	15.54	17.99	19.97
右红13-1	4.26	4.2	4.33	4.95	5.82	7.12	8.93	11.24	13.78	16.07
右红13-2	4.46	4.29	4.44	5.16	6.1	7.6	9.62	12.19	14.96	17.56
色块	610nm	620nm	630nm	640nm	650nm	660nm	670nm	680nm	690nm	700nm
右红1-1	15.38	16.93	18.47	19.69	21.01	21.98	23.3	24.47	25.79	27.29
右红1-2	20.45	21.75	23.06	24	25.29	26	27.1	28.21	29.38	30.64
右红1-3	20.12	21.43	22.56	23.55	24.51	25.23	26.03	27.27	28.49	29.62
右红2	20.62	21.74	22.73	23.42	24.33	25.2	26.27	27.19	28.23	29.41
右红3-1	11.83	13.44	14.95	16.15	17.43	18.41	19.67	20.74	21.99	23.46
右红3-2	19.33	20.69	21.81	22.74	23.63	24.71	25.7	26.9	28.11	29.32
右红3-3	11.7	12.79	13.75	14.61	15.39	16.15	16.96	17.9	18.86	19.83
右红3-4	17.44	18.57	19.54	20.28	21.21	21.94	22.77	23.83	24.91	25.99
右红4-1	11.66	13.55	15.14	16.52	17.91	19.11	20.34	21.67	23.06	24.5
右红4-2	10.52	12.09	13.52	14.67	15.82	16.77	18	19.27	20.72	22.36
右红5-1	22.14	23.49	24.76	25.79	26.8	27.64	28.71	29.78	30.9	32.08
右红5-2	23.55	25.05	26.3	27.37	28.57	29.46	30.54	31.67	32.8	33.92
右红6-1	22.93	24.35	25.62	26.66	27.71	28.73	29.80	30.92	32.06	33.24
右红6-2	20.41	22.09	23.41	24.54	25.63	26.80	28.02	29.26	30.51	31.78
右红6-3	18.07	19.83	21.46	22.70	23.93	25.05	26.30	27.62	29.01	30.47
右红6-4	16.79	18.88	20.50	22.03	23.32	24.56	25.94	27.23	28.62	30.13
右红6-5	15.91	18.11	19.91	21.38	22.77	24.04	25.37	26.79	28.22	29.64
右红6-6	15.63	17.71	19.53	20.92	22.25	23.58	24.83	26.15	27.49	28.84
右红6-7	14.33	16.43	18.32	19.91	21.40	22.66	24.03	25.43	26.87	28.36

续表

色块	610nm	620nm	630nm	640nm	650nm	660nm	670nm	680nm	690nm	700nm
右红6-8	14.29	16.53	18.61	20.12	21.72	23.07	24.55	26.03	27.58	29.23
右红7	21.1	22.23	23.23	24.12	25.03	25.82	26.74	27.82	29	30.25
右红8	16.64	18.46	20.15	21.67	23.25	24.81	26.31	27.98	29.55	31.01
右红9-1	14.02	16.07	17.85	19.33	20.8	22.04	23.35	24.68	26.08	27.57
右红9-2	21.06	22.7	24.17	25.26	26.38	27.6	28.66	29.89	31.08	32.22
右红10	23.72	25.01	26.48	27.39	28.54	29.64	30.85	32.06	33.36	34.75
右红11-1	14.98	16.81	18.71	20.07	21.6	22.8	24.33	25.48	26.85	28.49
右红11-2	18.47	20.25	21.93	23.25	24.58	25.82	27.12	28.54	30.04	31.61
右红12	21.49	22.75	23.88	24.89	26.01	26.91	28	29.15	30.4	31.75
右红13-1	18.14	19.86	21.51	22.7	24.15	25.24	26.67	27.96	29.34	30.82
右红13-2	19.67	21.55	23.17	24.66	26.02	27.15	28.42	29.8	31.24	32.75

同理，从图中可以看出补子右半中的红色系色块的L^*值发生了较大的波动，a^*、b^*变化极小，说明所有的红色系色块的色相基本接近，主要是其明度即颜色的深浅程度在发生变化。

同理，从图中可以看出所有色块的反射光谱曲线变化趋势基本一致，但是在同一波长位置上对应的反射率大小不同。

所有的红色系色块的颜色都聚集分布在红色空间中且较为密集，其明度小于50且分布在25 ~ 42之间，体现了红色色调的深浅分布范围。

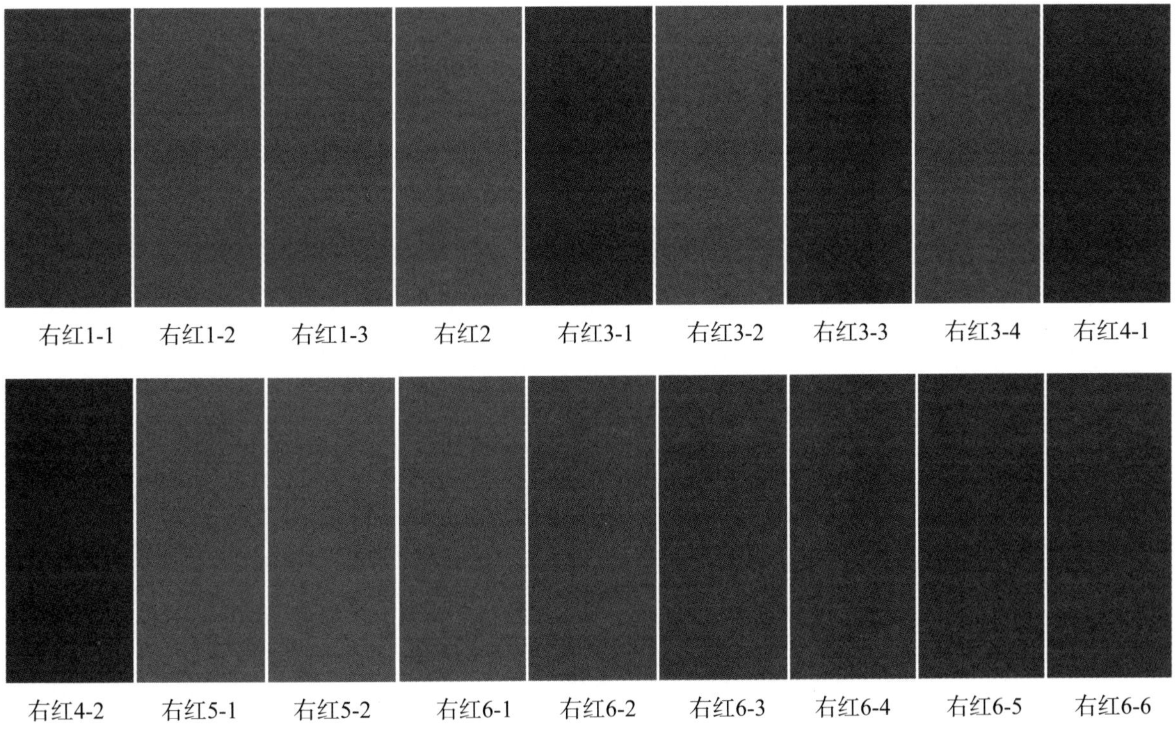

图13　物理模拟平均色块

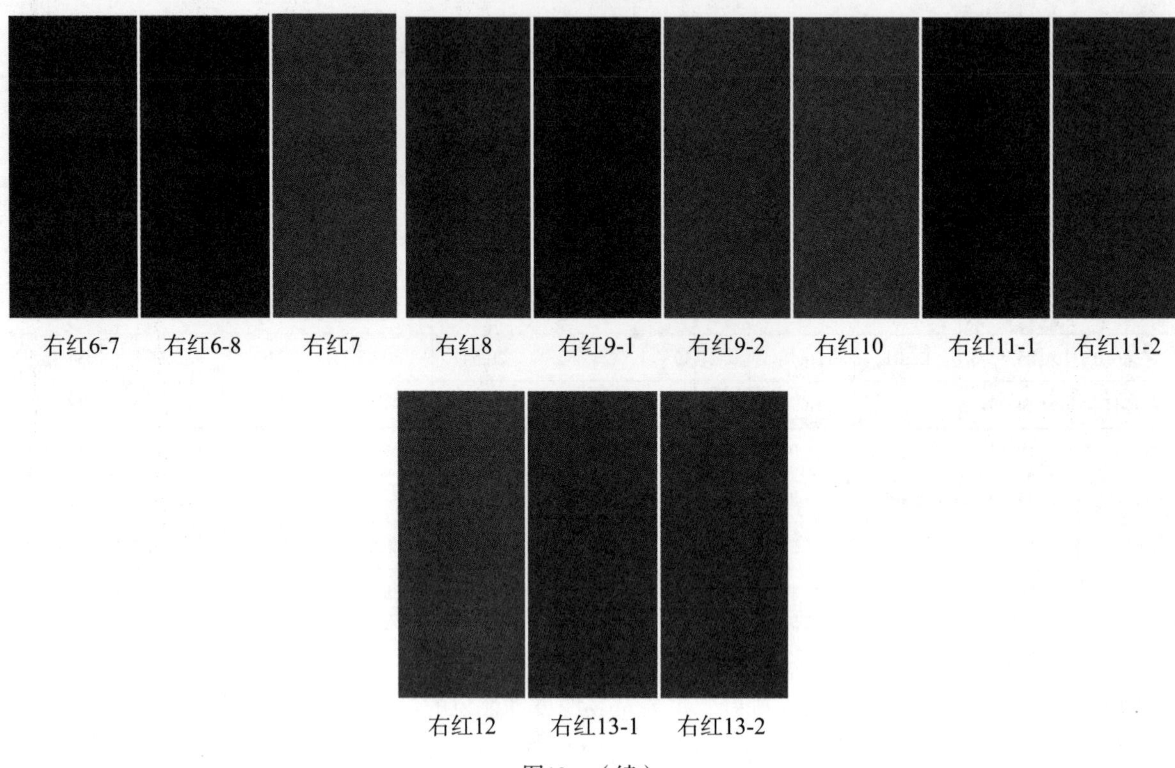

图13　（续）

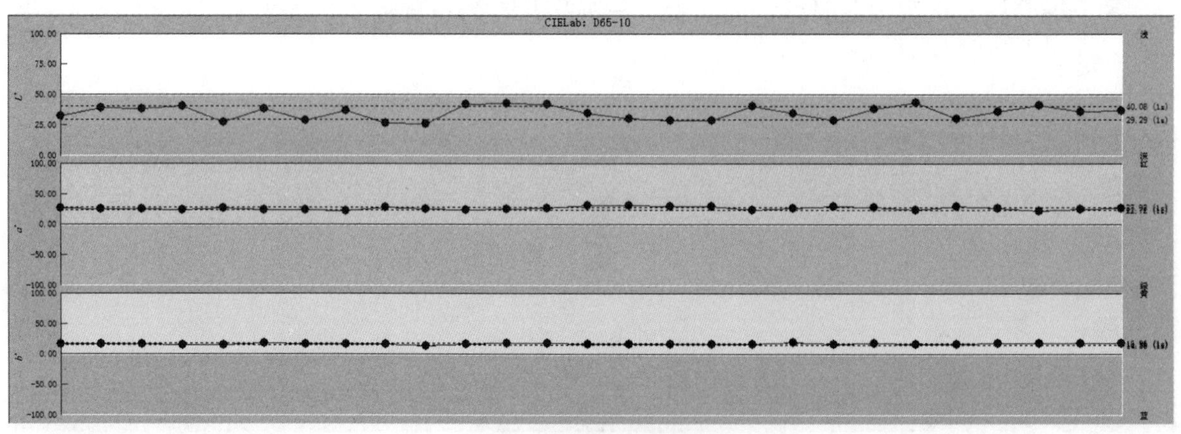

图14　颜色变化趋势图

2.3.3　测量结果说明

通过这些数据的测量采集，我们准确记录了清代五品官服补子的颜色信息，得到了不同色块的颜色色度数据、颜色的反射率数据、颜色的反射光谱曲线、不同标准光源条件下颜色的物理模拟色块、同一色系中不同色块的颜色变化趋势等。这些数据信息保存成多个文件，储存在计算机中，后期通过软件可以随时进行数据的筛选、分组、对比等，进行进一步的研究分析。

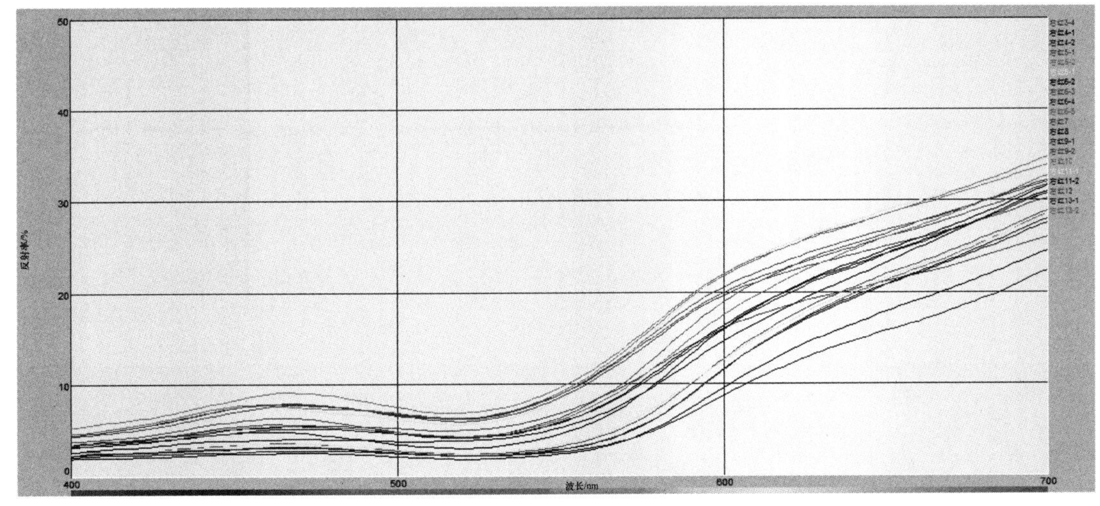
图15　反射光谱曲线

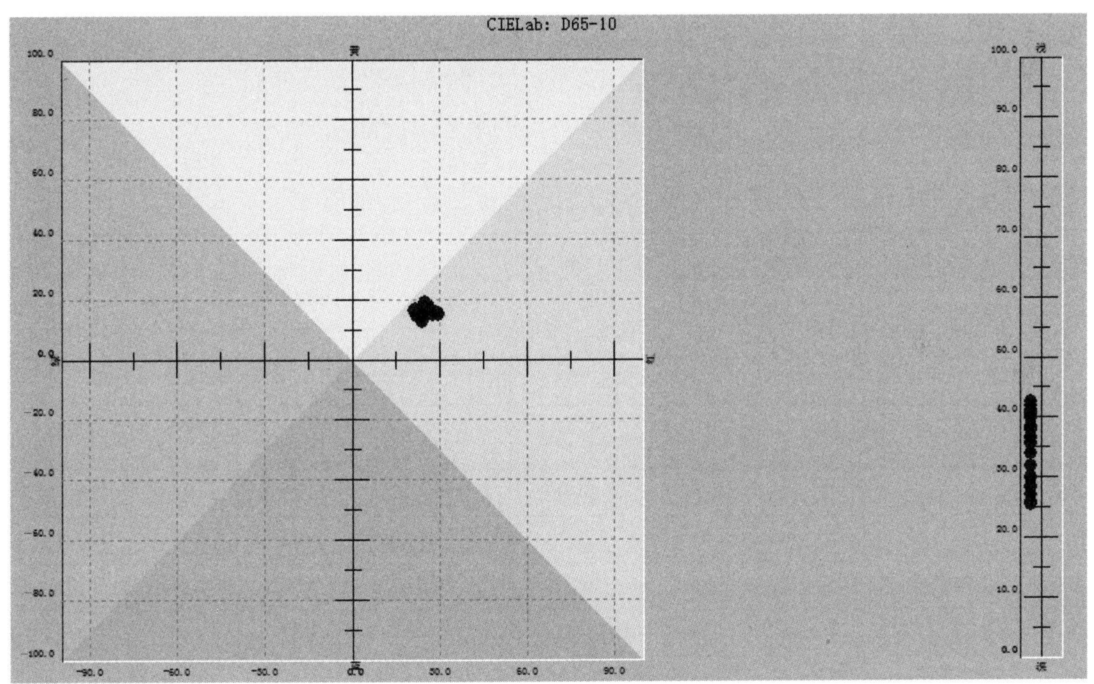

图16　色空间位置图

例如，我们观察补子右半中红色系色块中的6号色块的一组测量结果。6号色块是一个太阳图案，从太阳图案的边沿到中心位置，其颜色的L^*值依次减小，a^*值和b^*值变化极小，颜色从浅到深均匀过渡，形象地表达太阳的光芒效果，也体现出当时成熟且高超的丝线染色及织造技艺。其测量位置放大5倍预览定位图如图17所示，其测量结果见表6、表7及图18～图21。

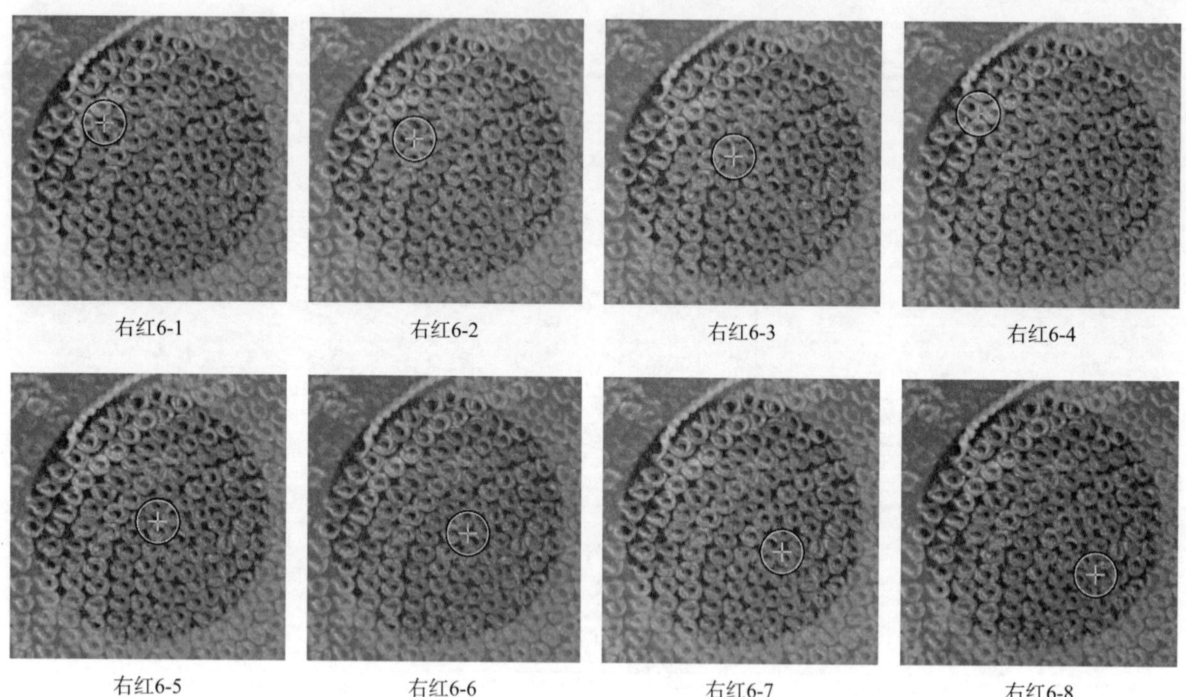

图17 测量位置放大5倍预览定位图

表6 6号色块的颜色数据

名称	测量孔径/mm	日期/时间	L^*	a^*	b^*	C^*	$h°$
右红6-1	2	2018-06-30 14:00	40.52	25.58	16.95	30.69	33.53
右红6-2	2	2018-06-30 14:01	36.88	27.67	16.01	31.97	30.05
右红6-3	2	2018-06-30 14:02	33.62	29.3	15.28	33.04	27.55
右红6-4	2	2018-06-30 14:03	31.91	29.62	15.54	33.45	27.68
右红6-5	2	2018-06-30 14:04	30.56	29.9	15.95	33.89	28.07
右红6-6	2	2018-06-30 14:04	30.2	29.69	15.92	33.69	28.2
右红6-7	2	2018-06-30 14:05	28.53	29.8	15.67	33.67	27.74
右红6-8	2	2018-06-30 14:06	28.51	29.87	15.67	33.73	27.69

注：L^*表示颜色明度；a^*表示红绿值；b^*表示黄蓝值；C^*表示饱和度；$h°$表示色调。

表7 光谱反射率列表

色块	400nm	410nm	420nm	430nm	440nm	450nm	460nm	470nm	480nm	490nm	500nm
右红6-1	4.36	4.70	5.21	5.90	6.65	7.11	7.09	6.77	6.38	6.34	6.02
右红6-2	3.79	4.04	4.26	4.68	5.23	5.68	5.95	5.83	5.41	4.96	4.44
右红6-3	3.28	3.45	3.64	3.89	4.34	4.61	4.84	4.74	4.30	3.87	3.43
右红6-4	2.92	3.12	3.24	3.45	3.74	3.93	4.09	4.14	3.93	3.52	3.07
右红6-5	2.60	2.8	2.88	3.02	3.19	3.44	3.64	3.68	3.54	3.25	2.91
右红6-6	2.63	2.75	2.78	2.90	3.11	3.32	3.55	3.60	3.48	3.15	2.82
右红6-7	2.40	2.52	2.56	2.61	2.76	2.92	3.12	3.12	2.95	2.73	2.47
右红6-8	2.15	2.47	2.52	2.60	2.74	2.90	3.13	3.13	3.02	2.72	2.47

续表

色块	510nm	520nm	530nm	540nm	550nm	560nm	570nm	580nm	590nm	600nm
右红6-1	5.68	5.55	5.88	6.74	8.12	10.02	12.48	15.54	18.59	21.10
右红6-2	4.11	4.1	4.33	4.95	6.06	7.57	9.65	12.54	15.58	18.35
右红6-3	3.12	3.00	3.14	3.65	4.48	5.81	7.62	10.19	13.12	15.82
右红6-4	2.81	2.68	2.79	3.19	3.84	4.93	6.45	8.75	11.59	14.49
右红6-5	2.58	2.44	2.51	2.82	3.36	4.23	5.60	7.75	10.50	13.47
右红6-6	2.54	2.42	2.49	2.74	3.25	4.12	5.42	7.55	10.23	13.16
右红6-7	2.26	2.10	2.18	2.40	2.84	3.54	4.68	6.53	8.98	11.80
右红6-8	2.30	2.18	2.21	2.40	2.79	3.48	4.64	6.40	8.85	11.68
色块	610nm	620nm	630nm	640nm	650nm	660nm	670nm	680nm	690nm	700nm
右红6-1	22.93	24.35	25.62	26.66	27.71	28.73	29.80	30.92	32.06	33.24
右红6-2	20.41	22.09	23.41	24.54	25.63	26.80	28.02	29.26	30.51	31.78
右红6-3	18.07	19.83	21.46	22.70	23.93	25.05	26.30	27.62	29.01	30.47
右红6-4	16.79	18.88	20.50	22.03	23.32	24.56	25.94	27.23	28.62	30.13
右红6-5	15.91	18.11	19.91	21.38	22.77	24.04	25.37	26.79	28.22	29.64
右红6-6	15.63	17.71	19.53	20.92	22.25	23.58	24.83	26.15	27.49	28.84
右红6-7	14.33	16.43	18.32	19.91	21.40	22.66	24.03	25.43	26.87	28.36
右红6-8	14.29	16.53	18.61	20.12	21.72	23.07	24.55	26.03	27.58	29.23

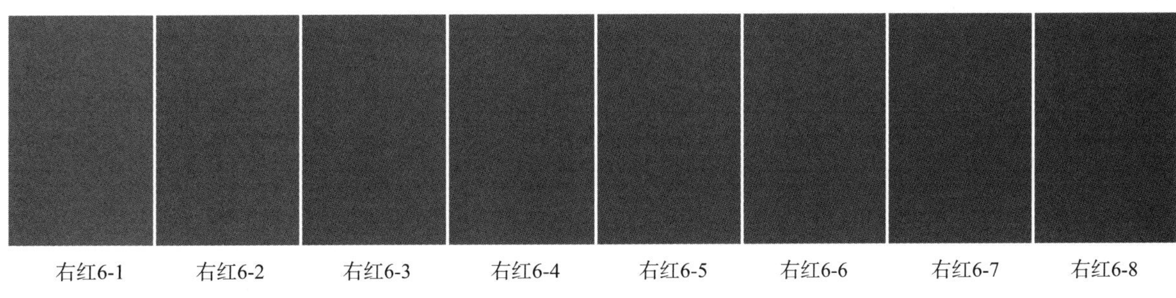

图18　物理模拟平均色块

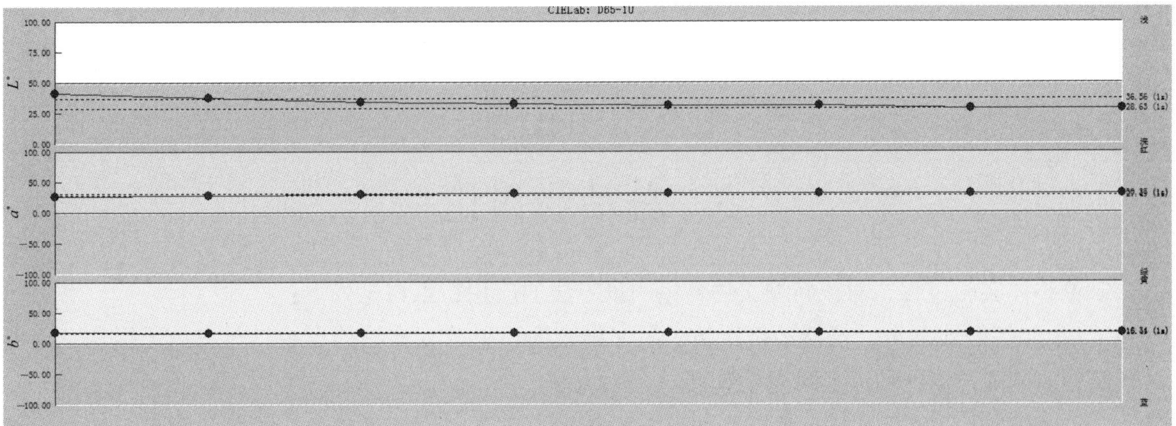

图19　颜色变化趋势图

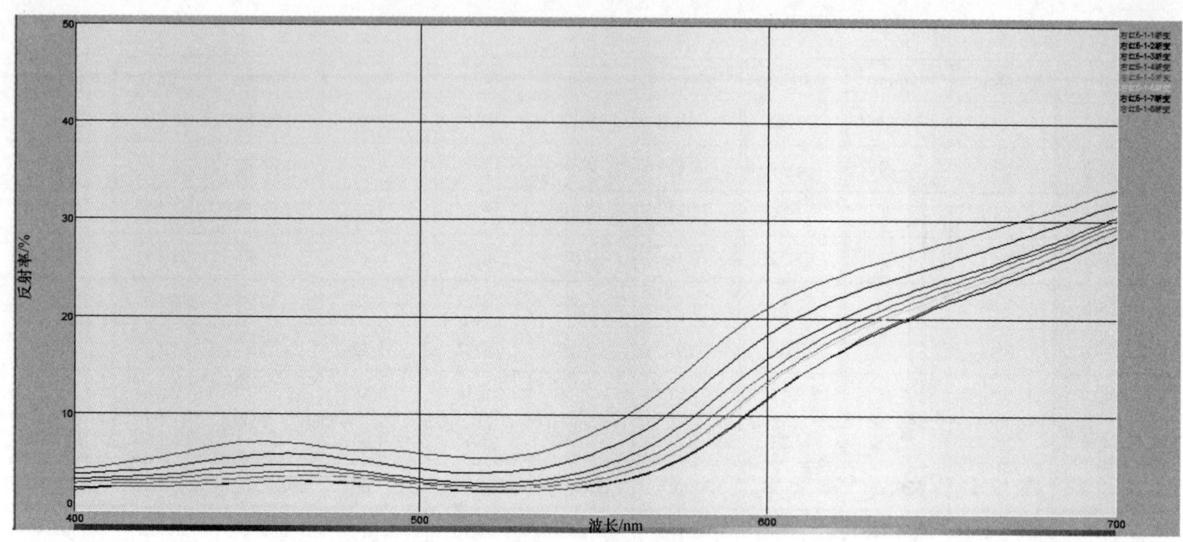

图20　光谱曲线

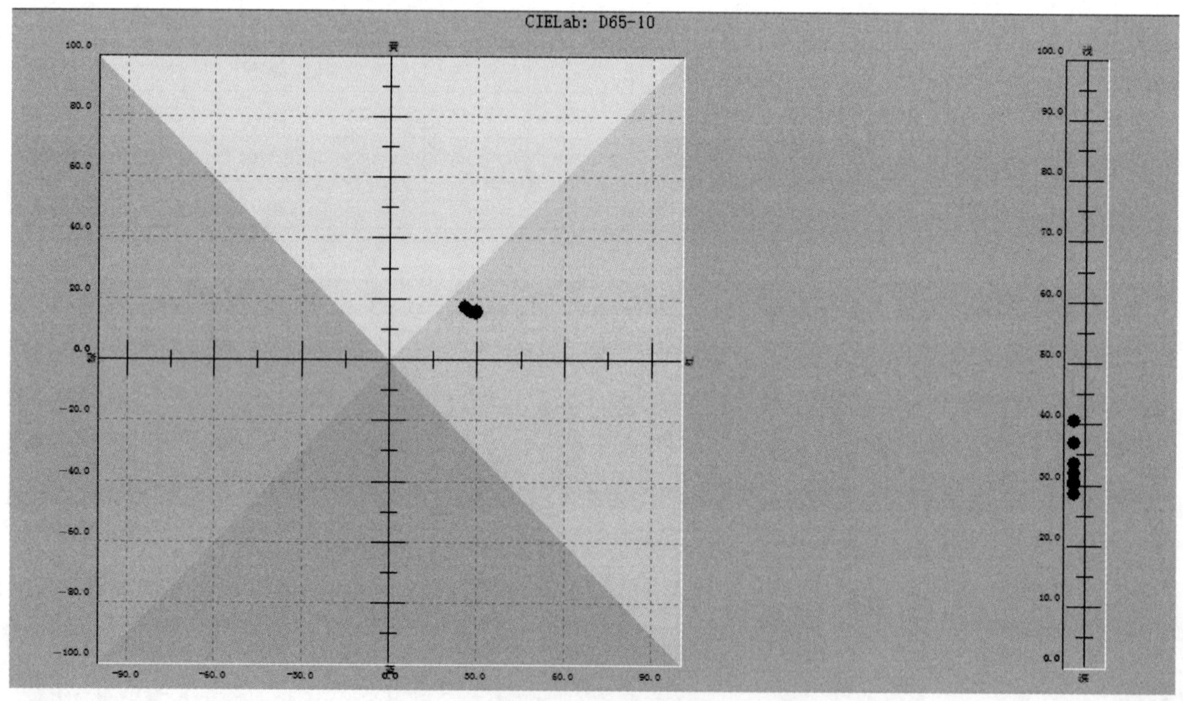

图21　色空间位置图

3　总结与讨论

纵览整体实验过程，对该新型文物颜色测量方法的应用特点讨论如下：

（1）非接触式测量，仪器不挤压纺织品文物表面，不改变文物的形貌，对文物无损伤，使测量数据更加准确，更加贴近人眼视觉效果。

（2）测量孔径在2～12mm范围之间可自由选择，实现了面积极小色块的颜色测量，使文物颜色信息的采集更完整。

（3）可以预览并精准定位测量位置，使测量数据与测量位置一一对应，提高测量效率。

（4）可得到测量目标的颜色数据、颜色模拟色块、颜色变化趋势、反射光谱曲线、光谱反射率值等测量结果，可为后续的文物颜色研究及文物保护修复提供完整科学的依据和第一手资料。

文物颜色的数字化实践对于文物保护工作有着深远的意义，适合文物特点的颜色测量新技术及新设备的应用会使文物颜色数字化更准确、更科学、更全面。

参考文献

［1］ 荆其诚，焦书兰，喻柏林，等. 色度学［M］. 北京：科学出版社，1979.

［2］ 马清林，苏伯民，胡之德，等. 中国文物分析鉴别与科学保护［M］. 北京：科学出版社，2001.

［3］ 吴畏，卢轩，张更建. 文物色彩信息数据化技术现状及展望［A］//陕西历史博物馆. 中意合作古代壁画保护与研究学术研讨会论文集［C］. 北京：文物出版社，2016：337-343.

其　他

一种文物保护用湿固化聚氨酯的研制、表征及应用

赵　星　王丽琴　王子铭

（西北大学文化遗产学院，陕西西安，710069）

摘要　为了解决高湿环境中脆弱有机质文物难以加固保护的问题，本文通过脂肪族异氰酸酯和聚醚多元醇为主要原料合成了可在高湿环境中固化的湿固化聚氨酯。使用分光光度计、万能材料试验机和色度仪等表征了湿固化聚氨酯薄膜的透光率、机械性能、颜色和热老化性能等，并应用于出土竹笥（一种植物纤维制成的容器）文物样品的加固保护。实验结果表明，聚氨酯薄膜无色透明，可见和近红外区透光率为83%～85%；抗拉强度为1.419MPa，断裂延伸率超过1500%；当环境温度低于17.5℃时，材料的寿命高于100年。加固后竹笥机械性能显著提高，碎裂纤维形成一个整体，且外观无变化。因此，湿固化聚氨酯可用于高湿环境下脆弱有机质文物的加固保护。本文解决了高湿环境下脆弱有机质文物保护的难题，对丰富和发展文物保护材料体系、加强文物科学保护起到积极的指导和示范作用。

关键词　湿固化聚氨酯　保护　脆弱有机质文物　加固剂

引　言

墓室、洞窟等考古发掘现场环境通常十分潮湿，相对湿度一般超过90%，而经过长时间的埋藏，出土的有机质文物腐朽严重，甚至仅存其形。当文物疏松、强度丧失难以维持其自身形态时，利用加固材料对其加固处理是保护文物最行之有效的技术手段。

目前较为常用的材料有丙烯酸树脂、环氧树脂、环十二烷和薄荷醇等。Paraloid B72（以下简称B72）是一种常用的热塑性丙烯酸树脂，同时也是使用最广泛的文物保护材料[1]。南普恒等选择浓度为1%～3%的B72丙酮溶液作为加固剂，对严重腐蚀的脆弱猪骨架进行现场保护[2]。当环境相对湿度超过80%时，B72薄膜发白变脆，不适用于高湿环境下的文物保护。环氧树脂具有优异的机械性能和较高的强度[3]，广泛应用于石质文物等的加固[4-6]。然而由于其机械强度过大，加固区域附近易出现新裂痕，因此环氧树脂不宜用于脆弱有机质文物加固。环十二烷和薄荷醇是新型临时固型材料，熔点略高于室温，可在室温环境中完全升华。将其熔化或溶解后用于临时加固，可在文物外表形成包裹物，以提取到实验室进行深入保护。韩向娜等使用薄荷醇加固兵马俑中的脆弱箭

镞遗迹和周围的土壤，将遗迹整体提取到实验室[7, 8]。然而对于脆弱遗迹，加固剂升华后，需要再次加固，可能会对文物产生破坏。目前，常用的文物保护材料都只能在普通环境中使用，不适宜用于潮湿环境中对脆弱文物的加固。因此，潮湿环境下脆弱文物加固成为文物保护领域亟待解决的难题。

湿固化聚氨酯（MCPU）是一种端异氰酸酯基聚氨酯，由于其黏度低、固化迅速、易于处理、韧性好、耐水、耐化学腐蚀等优点，被广泛应用于涂料、密封剂和胶黏剂领域中[9]，然而未见其应用于文物保护领域的报道。本文合成、表征了一种湿固化聚氨酯，并将其应用于潮湿环境下脆弱有机质文物的保护，该研究为高湿环境下的文物保护提供了途径。

1 实验部分

1.1 试剂、样品和仪器

试剂：异佛尔酮二异氰酸酯（IPDI，99%，阿拉丁试剂有限公司）、聚乙二醇600（PEG 600，A. R.，阿拉丁试剂有限公司）、二月桂酸二丁基锡（DBTDL，A. R.，成都科龙化工试剂厂）、双（2,2,6,6-四甲基-4-哌啶基）癸二酸酯（东莞文华塑胶助剂公司）、乙酸乙酯（A. R.，天津科密欧化学试剂公司）、丙酮（A. R.，四川西陇化工有限公司）。

竹笥样品取自陕西省考古研究院发掘的凤栖原家族墓，样品未经过任何处理。

仪器：U2001紫外-可见分光光度计（日本日立公司）、SC-80C色度计（北京康光公司）、PT-1176PC万能材料试验机（东莞宝大公司）、JGW-360B润湿角仪（承德承惠公司）、VEGA3 XM扫描电子显微镜（捷克泰斯肯公司）。

1.2 方法

1.2.1 湿固化聚氨酯的制备

将脱水干燥的聚乙二醇600和催化剂DBTDL加入装有搅拌器和冷凝管的三口烧瓶中，搅拌升温至40℃。加入适量IPDI，继续升温至50℃，反应数小时，得到白色黏稠产物湿固化聚氨酯。反应结束后加入少量双（2,2,6,6-四甲基-4-哌啶基）癸二酸酯。

将20%的湿固化聚氨酯溶液滴到玻璃板表面，置于相对湿度100%环境中固化。薄膜固化12h后，测试其性能。

1.2.2 MCPU膜性能的表征及条件

1.2.2.1 透光率

薄膜的透光率通过紫外-可见分光光度计来测量。将样品裁剪成25mm × 15mm规格，放入样品槽，参比为空气，使用透过模式。扫描速度为100nm/min，波长范围为200 ~ 1100nm。

1.2.2.2 色度和色差

色度使用色度计测量。光源为D65标准光源，观察角度为10°。样品放置在标准白板上测量三次求平均值，记录样品热老化前后的色度值并求色差，以评估样品热老化前后色度的变化。

1.2.2.3 机械性能测试

通过万能材料试验机测量薄膜的抗拉强度和断裂伸长率。将样品裁剪成75mm × 25mm规格，测量值为三次测量的平均值。荷重元为49.03N，标距为20mm，拉伸速度为50mm/min。

1.2.2.4 润湿角

使用润湿角仪测量润湿角，光源为LED光源，使用显微镜拍摄液滴在样品表面的照片。环境温度为16.5℃ ± 2℃，湿度为43.7% ± 10%。

1.2.2.5 耐热老化性能

将薄膜放入烘箱中，分别于100℃和120℃温度进行热老化，老化的终点为Δb^*达到6，并利用Dakin动力学模型估算了固化剂的预期寿命[10]。

1.2.3 竹笥样品的加固及加固效果的表征

将竹笥放置在相对湿度高于90%的环境中稳定24h，使用10%（质量分数）湿固化聚氨酯的丙酮溶液涂刷加固两遍，放置在湿度箱中固化12h。使用扫描电子显微镜观察加固前后样品显微结构，电压为5kV，真空压强为90Pa，未进行喷碳和喷金处理，并对加固前后竹笥样品的耐穿刺力进行测试[11]。

2 结果与讨论

2.1 MCPU的合成及固化反应

PEG600为聚氨酯软段（SS），影响柔韧性和柔软度，IPDI为硬段（HS），为聚合物基体提供内聚强度[12]。IPDI中的异氰酸酯基团与PEG600中的羟基反应生成氨基甲酸酯基团（反应1）。由于异氰酸酯基团过量，产物为以异氰酸酯基为端基的聚氨酯预聚体。在固化过程中，聚氨酯预聚体与水反应生成胺并放出二氧化碳（反应2），然后胺与异氰酸酯基反应形成脲基（反应3）。整个固化过程持续12h，最终固化形成固化膜。

$$(n+1)\ \mathrm{OCN{-}R_1{-}NCO} + n\ \mathrm{HO{-}R_2{-}OH} \longrightarrow \mathrm{OCN{-}R_1}\!\left[\mathrm{NHCOOR_2NHCOOR_1}\right]_n\mathrm{NCO} \qquad \text{反应1}$$

其中：方程式中反应物OCN—R_1—NCO、HO—R_2—OH分别为IPDI和PEG600，生成物为MCPU。

$$\mathrm{OCN{-}R{-}NCO} + 2H_2O \longrightarrow \mathrm{H_2N{-}R{-}NH_2} + 2CO_2 \qquad \text{反应2}$$

$$\mathrm{OCN{-}R{-}NCO} + \mathrm{H_2N{-}R{-}NH_2} \longrightarrow \left[\mathrm{\overset{H}{N}{-}R{-}\overset{H}{N}{-}\underset{\underset{O}{\|}}{C}{-}\overset{H}{N}{-}R{-}\overset{H}{N}{-}\underset{\underset{O}{\|}}{C}}\right]_n \qquad \text{反应3}$$

2.2 性能表征

2.2.1 外观

为了保持文物的原貌，保护材料须无色透明。本文利用CIELAB（1976）系统对湿固化聚氨酯的色度进行表征，其中L^*表示颜色的明度（0表示黑色，100表示白色），a^*表示绿色或红色（负值表示绿色，正值表示红色），b^*表示蓝色或黄色（负值表示蓝色，正值表示黄色）。结果表明，MCPU的a^*和b^*的值分别为−0.61和2.84，在400～1100nm波长范围内的透光率为83%～85%。因此，MCPU薄膜是无色透明的，不会对文物产生任何外观上的明显改变。

2.2.2　机械性能

机械性能是评价保护材料的重要指标之一，也是文物提取运输的保障。机械性能测试结果表明，湿固化聚氨酯抗拉强度为1.419MPa，最大伸长率超过1500%。当万能材料试验机的力达到最大时，MCPU膜没有发生断裂，当拉力去除后，薄膜恢复原来的状态。MCPU膜具有良好的柔韧性，可以用于脆弱文物的加固。

图1　聚氨酯薄膜的润湿角

2.2.3　憎水性

润湿角常用来表征固体膜材料表面的憎水性。在墓室环境中，环境相对湿度较高，水蒸气容易在文物表面凝结，对文物造成直接或间接的伤害。MCPU的润湿角约为100°（图1），具有轻微疏水性，能够阻止液态水进入文物内部。

2.3　热老化寿命计算

在热加速老化过程中，在100℃环境中的寿命为71.59h，在120℃环境中寿命为13.21h，根据Dakin热老化方程，在一定条件下材料的寿命可以用ln $\tau=a/T+b$表示（τ单位为h，T为热力学温度，单位为K），因此MCPU的热老化方程为lg $\tau=5383.6639/T-12.5728$。根据此方程预测，在温度低于17.5℃（博物馆储存文物的常见温度）时，材料寿命高于100年，根据相关文献，材料的使用寿命应高于100年，最低不少于20年，因此该材料的稳定性[13]能满足文物保护的要求。由图2可知，在

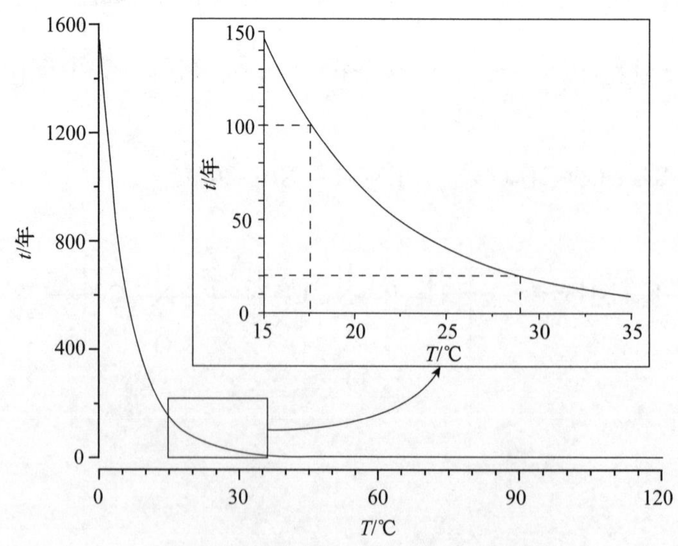

图2　MCPU寿命与温度的对应曲线图

低温范围内MCPU寿命曲线斜率较大，表明随着温度的升高，材料寿命急剧降低，因此使用MCPU进行保护的文物应在低温下进行保存。

2.4 加固效果表征

陕西西安西汉张安世家族墓是2010年十大考古新发现之一[14]，在M1墓室中出土了11件竹笥［图3（a）］，竹笥完全腐朽，结构疏松。墓室内的相对湿度约为93%[15]，在考古现场使用环氧树脂、B72和有机硅等对竹笥进行了原位加固测试，效果不佳。实验结果表明，加固前竹笥纤维之间存在缝隙，呈松散、无序状态，发生断裂和部分碎裂［图3（b）］，且力学性能差，耐穿刺力低于万能材料试验机的检测下限。使用MCPU加固后，纤维内部孔隙被加固剂填充，并在纤维表面形成一层保护膜，将纤维束加固成一个整体［图3（c）］，且加固后外观无明显变化，耐穿刺力提高到超过1N，显著提高了竹笥残片的力学性能，为现场提取奠定基础。

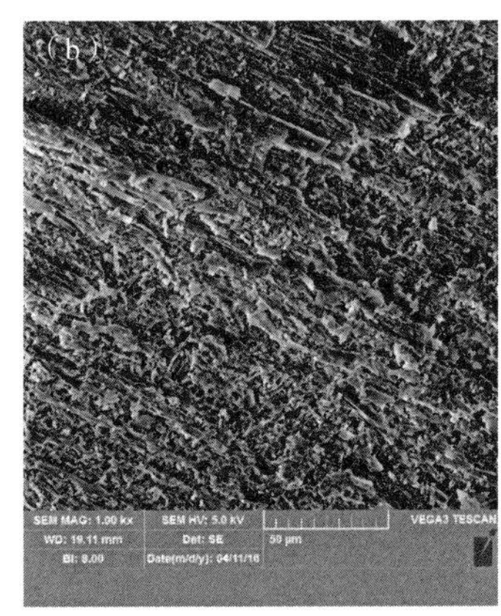

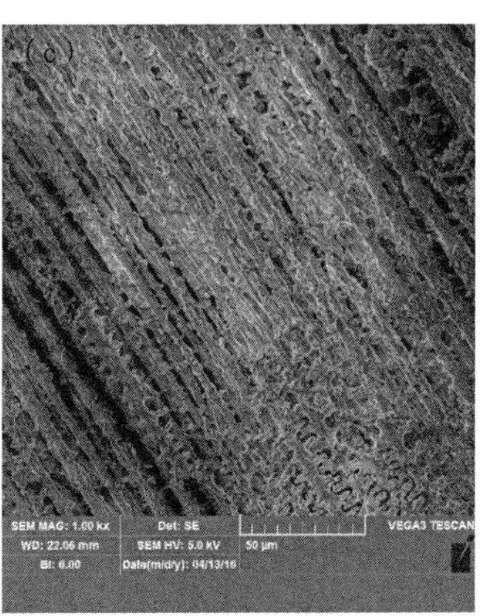

图3 出土竹笥残片（a）、加固前的竹笥SEM图像（b）、加固后的竹笥SEM图像（c）

结　　语

本实验合成了一种湿固化聚氨酯以解决高湿环境下脆弱有机质文物残留物难以保存的问题。MCPU薄膜无色透明、柔韧性好，在室温下其使用寿命超过100年。在使用湿固化聚氨酯加固竹笥后，竹笥残片中被破坏的纤维与加固剂形成一个整体，机械性能提高，且外观无明显变化。因此，MCPU可用于高湿环境下的文物保护，本研究解决了高湿环境下脆弱有机质文物的保护难题。

参 考 文 献

［1］ Muhcu D, Terzi E, Kartal S N, et al. Biological performance, water absorption, and swelling of wood treated with nano-particles combined with the application of Paraloid B72® [J]. Journol of Forestry Research, 2016, 28: 381-394.

［2］ Nan P H, Tian J M, Wang J Y. *In situ* conservation and block lifting of archaeological pig skeletons from gongcun site, pingyao [J]. Science of Conservation & Archaeology, 2011, 23: 52-57.

［3］ Mcfadden P D, Frederick K, Arguello L A, et al. UV Fluorescent epoxy adhesives from noncovalent and covalent incorporation of coumarin dyes [J]. ACS Applied Materials & Interfaces, 2017, 9: 10061-10068.

[4] Zhang X Y, Wen W Y, Yu H Q, et al. Preparation and artificial ageing tests in stone conservation of fluorosilicone vinyl acetate/acrylic/epoxy polymers [J]. Chemical Papers, 2016, 70: 1621-1631.

[5] Xu F G, Li D. Modification of HBA/D230 polymer for stone protection [J]. Journal of Polymers & the Environment, 2017, 25: 1304-1312.

[6] Voltolina S, Nodari L, Aibeo C, et al. Assessment of plasma torches as innovative tool for cleaning of historical stone materials [J]. Journal of Cultural Heritage, 2016, 22: 940-950.

[7] Han X, Rong B, Huang X, et al. The use of menthol as temporary consolidant in the excavation of Qin Shihuang's terracotta army [J]. Archaeometry, 2014, 56: 1041–1053.

[8] Han X, Huang X, Zhang B. Morphological studies of menthol as a temporary consolidant for urgent conservation in archaeological field [J]. Journal of Cultural Heritage, 2016, 18: 271-278.

[9] Tan C, Tirri T, Wilen C E. Investigation on the influence of chain extenders on the performance of one-component moisture-curable polyurethane adhesives [J]. Polymers, 2017, 9: 184.

[10] Wu K, Wang X, Deng G, et al. Determination of thermal lifetime and IR spectra of conducting polyaniline at various temperatures [J]. Journal of University of Science & Technology Beijing, 2005, 27: 593-595.

[11] Wang L Q, Fan X L, Kou T J, et al. Development of a fixture to test intensities of frail lacquer films and its application in restoration of ancient lacquer ware [J]. Science of Conservation & Archaeology, 2013, 25: 93-97.

[12] Saralegi A, Rueda L, Fernández-D'arlas B, et al. Thermoplastic polyurethanes from renewable resources: effect of soft segment chemical structure and molecular weight on morphology and final properties [J]. Polymer International, 2013, 62: 106-115.

[13] Feller R L. Accelerated aging: photochemical and thermal aspects [R]. The Getty Conservation Institute, 1994.

[14] Chen G, Yu Z, Li N, et al. A study on the spatial distribution pattern of metal elements in the soil in the side chamber of western han tomb M25 in fengqiyuan, Shaanxi Province [J]. Dunhuang Research, 2013, 1: 44-50.

[15] Cao J J, Yang J C, Hu T F, et al. Investigation on atmospheric environment in M1 tomb chamber of mausoleum Zhang An-shi, Han Dynasty [J]. Science of Conservation & Archaeology, 2013, 25: 69-76.

青铜文物保护修复项目验收规范的制定

钟博超　龚德才

（中国科学技术大学，安徽合肥，230026）

摘要　山西省可移动文物数量位居全国第四，其中青铜器为第三大类文物。有大量青铜文物亟须规范地保护修复，制定与之密切相关的《青铜文物保护修复项目验收规范》是十分必要的。本文从规范的制定背景、制定意义、编制原则及主要内容等方面进行了论述和探讨。

关键词　规范　青铜器　保护修复　验收规范

1　青铜文物保护修复项目验收规范的制定背景

山西作为我国的文物大省，2016年底第一次可移动文物普查结果表明，全省共有35类总计三百余万件可移动文物[1]。其中青铜文物数量在全省各类文物中排名第三，共计六万余件（套），但实际完成修复的数量仅占总数的十分之一左右，青铜文物的保护修复任务紧迫且艰巨[2]。同时，文物保护修复工作中又存在着较大空白与诸多问题，如修复工作过程缺乏监管、修复理念认识不统一、对修复质量的判定过于主观等。近年来，我国文物保护行业发展迅速，数十项国家、行业标准相继颁布实施，但各类文物修复验收的规范几乎仍处于空白状态[3]。文物保护是庞大且复杂的工作，文物不可再生的属性赋予其更特殊的珍贵意义，从出土到修复、从保管到展出，每个环节的执行都需要一套科学有效的规范作为依据，才能保证文物保护和修复工作的规范性。基于上述背景，结合目前青铜文物保护修复工作经验与调研对比的保护理念，研究并制定了《青铜文物保护修复项目验收规范》。

2　青铜文物保护修复项目验收规范的制定意义

针对目前文物保护修复工作中存在的问题，对保护修复项目的验收过程制定此类规范，不仅是要保证修复人员的修复质量，更是对验收专家的评判提出规范性要求，对文物保护工作有着如下意义。

2.1　完善文物保护修复工作的监督机制

监督机制的缺失极易导致修复人员的轻视，甚至会间接对文化遗产造成无法弥补的损害。例如，在山西某些条件较差的地区，修复人员缺乏基本认识，腐蚀性化学药品滥用、对器物随意锯解的事件还时有发生。本规范对监督机制做出相应要求，首先项目负责人应对修复工作中各个环节进行监督并签字确认，其次修复人员应如实填写修复日志及自检评级表，最后保护修复工作资料列为验收内容的一部分。希望通过这些强制性措施，搭建起一个完整的监督体系，力求在最大限度上保证工作规范及修复质量。

2.2 规范保护修复项目的验收工作

在以往验收工作中，评判依据往往在于多年积累的修复工作经验及约定俗成的理念，虽不存在较大错误，但主观因素在不成文的验收中仍有着较大影响，不同专家验收的修复成果、完成质量也有所差别，同时也不利于日后的返修保养[4]。在本规范制定过程及评审会议过程中，广泛听取了全国范围内相关专家及青铜文物修复人员的意见，在评级指标及验收资料上，选取了普遍认可的评判依据，具有普遍适用性。此外，为了避免制度化造成验收工作烦琐，本规范引入了保护修复自评级机制，专家可以结合修复人员提供的自评级表对照验收。

2.3 加快文物保护修复工作的制度化进程

随着文博单位逐渐增多，文保行业队伍也不断壮大，无论对于文化遗产还是从业人员，科学的管理是文物保护的基础和前提。近年来国家对文博领域相关法律的不断完善，无疑揭示着一个事实，文博行业的重要发展方向之一是制度化[5]。在此规范的基础上，今后有望陆续完善其他类型文物的保护修复验收规范，使之形成一个系列，构建起一个完整科学规范的文物保护修复验收体系。

2.4 促进行业技术进步

文物修复工作没有极限的概念，规范可以促进行业的相关技术进步，新技术新方法的出现又会反作用于规范。例如，2015年颁布的JGJ66—2015《博物馆建筑设计规范》，相较于1991年的旧版本，在适用范围和规范内容上，均提出了更高的要求。其中，新版补充内容有章节术语、适用性、藏品保管等方面；增加内容有建筑智能化系统；最重要的是，根据近年博物馆建设的经验和发展要求，对照现行有关建设和技术规范的要求做出相应提升[6]。由此可看出，现有技术与规范呈螺旋式交替上升，当现有技术可以较容易满足规范要求时，必将促进更高规范的诞生。

3 青铜文物保护修复项目验收规范的编制原则

本规范的编制主要考虑到以下五项原则：修复理念的界定，验收工作依据修复方案进行，合格标准的规定，规范的稳定性与动态性。

3.1 修复理念的界定

规范即衡量人或事物的依据或准则，其最重要的要求是具有普适性。尤其对于保护理念，甚至可以上升到文物保护中的哲学高度。对于这个本质问题，应从唯一本源出发，从两个角度评判。唯一本源为保护文物最根本的属性，即价值；两个角度为：①如何体现文物保护的本源；②当多重价值产生冲突时，应如何取舍。

对于文物来说，价值具有多重含义，最根本也是最早提出的有历史价值、科学价值及艺术价值，能代表这些价值的要素为文物实体、所包含的各类信息及历史遗留痕迹等。因此，反之也可以印证：文物保护实质也就是利用现代技术进行人为干预，进而延续文物价值的过程。与此同时，文物具有多重价值的属性，中西方保护理念差异的根本之处也是在价值的取舍上有所区别。从上述观点出发，文物价值可以抽象看成由文物本体价值、纹饰与工艺信息价值及历史痕迹价值构成。例如，在除锈问题上，西方观点普遍是将锈层彻底去除并打磨到露出黄亮的基体[7]，这种观点强调了纹饰与工艺信息价值，舍弃了时间积淀而产生的历史痕迹价值。而我国传统观念更强调文物的“完整性”与“原真性”[8]，在多重价值的取舍出现冲突时，从综合角度考量，在消除文物隐患的同时兼顾保留更多种价值。我国需要有中国特色的保护理念，进而反馈到保护理念的判定，应是在保证文物保护科学性及原真性的基础上，最大限度地维护其价值。

3.2 验收工作依据修复方案进行

根据目前青铜文物保护修复工作的具体情况来看，一件青铜器从接收到修复完成，需要经过检测分析、制定及申报修复方案、病害的修复和缓蚀封护、填写各项档案资料等一系列工作。本规范内容主要是规范修复和缓蚀封护质量的验收，若单独将修复工作拆分来看，横向代表修复方法，纵向则代表完成质量的高低。前者是选择性的，主要包括清理、去锈、连接等技术措施，根据不同病害选择相应的措施，而每项措施又可以从造型、材料、工艺（方法）去考量。评判材料是否科学、工艺是否得当，是在申报的修复方案中需要审查的内容，在本规范中不予讨论；后者是评判性的，不同的修复方法也有质量优劣之分。因此，验收工作以批复的修复方案为依据，检验修复工作是否严格按照修复方案进行及修复质量是否符合要求。

3.3 合格标准的规定

青铜文物保护修复验收的制定中，标准水平的高低与文物保护修复工作的实施也有着紧密的联系。若标准制定过高，修复人员难以达到预期要求，将拖延保护修复项目进度，同时也不利于其余文物的保护修复；若标准制定过低，修复人员会逐渐丧失积极性，久而久之也在很大程度上阻碍了新方法的研究。纵观文物修复技术史，新技术、新材料、新思路都是在实践工作与问题的冲突博弈中诞生的。因此标准要求的制定，应源于现阶段技术及工作经验，但在修复质量和效果上，应适当超前。

3.4 规范的稳定性与动态性

作为一项规范，在实施的过程中应同时具备稳定性与动态性。稳定性是体现准则作用的根本要素，其内涵是在一定程度上具有导向作用，引导修复人员规范地做修复工作，并逐渐使科学的理念形成习惯；动态性赋予了规范“榜样”的意义，其内涵在于随着科学技术不断进步、保护观念趋于成熟，规范的判定细则和规范性要求应做出相应更新，以回应技术、观念的更替，使文物得以受到更好的保护。

4　青铜文物保护修复项目验收规范的主要内容

青铜文物保护修复项目验收规范主要包括4部分内容：青铜文物保护修复工作的基本术语、验收程序、验收内容及验收细则。

4.1　基本术语

本规范除引用WW T0004—2007、WW T0009—2007两项行业标准中的术语外，定义了青铜文物保护修复工作中的各项技术措施（主要有清理、去锈、矫形、补配、连接、缓蚀、做旧等），规范了修复工作中各项技术措施的概念。

4.2　验收程序

该部分规范了青铜文物保护修复项目验收工作的流程，主要内容有：验收工作的具体程序、验收资料不符合要求时的处理办法、修复质量不合格时的处理办法、项目验收通过的具体条件和验收通过后各项档案资料的管理。

4.3　验收内容

验收内容主要包括资料验收和修复效果评级，验收资料除保护修复项目的申报资料、保护修复项目工作资料、补充说明资料三项外，还包括建立文物档案。根据本规范编制原则，修复效果评级主要依据验收细则执行。

4.4　验收细则

验收细则包括评级细则及评级指标，评级细则主要规定了单件器物的通过验收条件及特殊情况器物的验收办法。在实际工作中，考虑到检测分析技术及工作量的限制，无法完全了解文物的保存状况，少数器物在修复工作中因实际情况无法达到合格要求。例如，对于一些出土状况很差、病害严重的青铜文物，过度修复非但不能达到很好的效果，反而会对器物造成更大的损伤。对于这类器物，应选择保守修复，无法达到规范要求的可在附录的保护修复自评级表中说明理由，不会影响验收通过。

例如，2016年山西出土的一件商代铜壶，保存状况如图1所示：器物整体被土层压扁，变形严重，器身下半部大面积残缺；经X射线探伤及XRF检测可知，器物胎质较薄，因腐蚀严重几乎完全失去铜性。经修复人员修缮后，效果如图2所示：器物恢复完整，表面有较多裂隙，近距离观察矫形部位与本体差异明显，不符合合格要求。但考虑到器物保存状况，在验收中修复人员可提供保护修复自评级表及检测数据，也可通过验收。

评级指标具体规范了各项修复技术措施的合格判定方法：

清洗主要针对器物表面的土垢及疏松浮锈，这些表面有害物会遮挡器物的纹饰信息、破坏氧化层甚至对青铜基体造成二次腐蚀，通常情况下应将器物表面的有害物清除，内部面的锈蚀可视情况而定。

去锈主要针对有害锈，有害锈会持续扩散并腐蚀青铜基体，必须全部去除；无害锈应视情况而

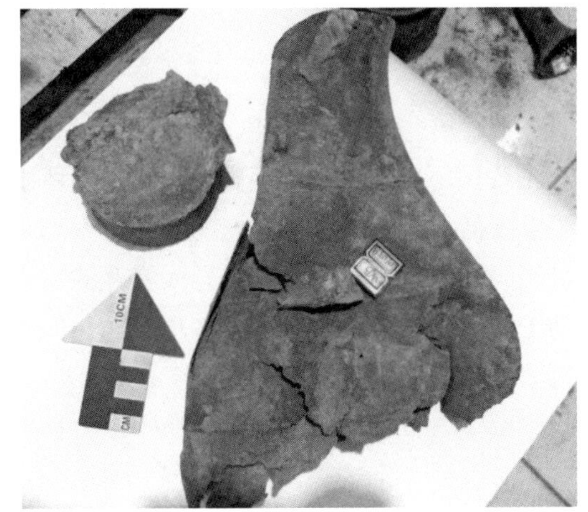

图1 修复前

图2 修复后

定，有些无害锈非常致密，可以隔绝水和氧气，对器物起到保护作用，出于“保持文物原状”的基本原则，无害锈应视情况而定。

修复损伤主要为了提高修复人员的保护意识，引导修复人员在修复过程中应小心谨慎，形成“为了保护而修复”的理念。

矫形的考察标准是使器物矫形部位与基体基本一致，但是国际上通用的“六六原则”目前来看要求过低，因此选择正常距离裸眼观察。

补配的关键在于是否有准确的依据，且补配效果应良好、自然，主要表现在造型相配、纹饰相符、尺寸合适、接口处理得当。

连接这项技术措施主要针对断裂和补配的修复，要求在正常距离裸眼观察没有明显错位。

做旧针对连接和补配处，结合目前国内普遍认知，一件器物的完整性和协调性是艺术价值的重要组成部分，对于做旧应做到大众不易辨识，专业人员或借助仪器工具可以辨识。因此，规定做旧部位外观色泽应基本协调，不可不加以处理，更不可过度做旧。

缓蚀和封护应注意溶液配制浓度，浓度过低起不到保护效果，浓度过高会有残留痕迹影响观赏效果。

5　总结与展望

我国历史悠久幅员辽阔，有无数遗留下来的文化瑰宝需要我们传承和发扬。但文物种类繁杂、要求高低的界定、保护理念的差异等，都是行业制度化的严重阻碍。因此，也更需要文保工作者通过调研实证与协调学术研究导入实践的障碍，来逐渐填补文博行业规范的空白。各类规范的实行有助于规范文物保护事业中的各项工作，但归根结底只有一个目的，即不断追求以更完善的体制、更科学的方式去保护文物。

参 考 文 献

[1]　施雨岑，王思北，蒋芳．全国第一次可移动文物大普查［J］．小康，2017，（26）：82-83.

[2]　肖君．对第一次可移动文物普查的几点思考——以山西博物院图书馆实践为例［J］．文物世界，2018，（1）：72-74.

[3]　李建．我国近代文物保护法制化进程研究［D］．济南：山东大学，2015.

[4]　何流．文物保护标准体系构建的探讨［J］．东南文化，2013，（3）：14-18.

[5]　安静．浅谈如何打造文物保护标准体系［J］．才智，2015，（3）：314.

[6]　中华人民共和国住房和城乡建设部．JGJ 66—2015 博物馆建筑设计规范［S］．北京：中国建筑工业出版社，2015.

[7]　陈仲陶．对青铜器保护修复理念、原则的探讨［J］．文物保护与考古科学，2010，（3）：87-91.

[8]　陆寿麟．我国文物保护理念的探索［J］．东南文化，2012，（2）：6-9.

青铜文物保护修复项目验收规范正文

1 范围

本标准定义了青铜文物保护修复工作的基本术语，规定了青铜文物保护修复项目的验收程序、验收内容及修复质量判定方法。

本标准适用于山西省内各级文物收藏单位对各类青铜文物的保护修复项目验收。

2 规范性引用文件

下列文件对于本文件的应用是必不可少的。凡是注日期的引用文件，仅所注日期的版本适用于本文件。凡是不注日期的引用文件，其最新版本（包括所有的修改单）适用于本文件。

GB/T23865—2009 比例照相规则

WW/T0004—2007 馆藏青铜文物病害与图示

WW/T0009—2007 馆藏金属文物保护修复方案编写规范

WW/T0010—2008 馆藏金属文物保护修复档案记录规范

WW/T0020—2008 文物藏品档案规范

WW/T0058—2014 可移动文物病害评估技术规程——金属类文物

WW/T0066—2015 馆藏文物预防性保护方案编写规范

WW/T0070—2015 文物保护项目评估规范

3 术语

3.1 清理cleaning

利用机械方法去除青铜文物表面土垢、硬结物等污染物的技术措施。

3.2 去锈descaling

利用物理或化学方法去除青铜文物含氯锈蚀产物和掩盖纹饰的锈蚀产物的技术措施。

3.3 矫形straightening

对青铜文物出现的凹陷、错位、开裂等形变进行纠正修复，使其恢复到原外观形状的技术措施。

3.4 补配supplement

针对青铜文物缺失的部分，依据可靠资料制作出相应缺块，修补青铜文物残缺部位的技术措施。

3.5 连接bonding

依据青铜文物残块的弧度及碴口，通过焊接、黏接等方法把青铜文物残块连接在一起的技术措施。

3.6　缓蚀corrosion inhibition

延缓青铜文物腐蚀的技术措施。

3.7　做旧archaize

对修复后的痕迹进行随色处理，使其与器物表面色泽相接近的技术措施。

4　验收的组织与程序

4.1　一般规定

4.1.1　验收组成员应坚持客观公正的原则，验收过程中应检查修复人员在保护修复工作中是否遵循文物保护基本原则，是否认真执行文物修复操作规程和相关技术规范，是否采用适用的技术手段和有效的管理方法，以保存和彰显文物的历史、艺术、科学价值。

4.1.2　保护修复项目完成后，修复人员应自检修复工作是否严格按照批复方案进行。自检合格且经项目负责人确认，项目承担单位方可申请项目验收。

4.1.3　青铜文物保护修复项目验收应包括修复资料验收、修复质量验收。

4.1.4　项目完成单位需提供完备的相关资料，自评估表格应填写完整、真实（按照附录A填写）。

4.1.5　保护修复项目完成后，以修复日志记录完成时间为准，验收工作应在3个月内进行。项目验收应由项目实施单位向省级文物主管部门提出验收申请。

4.1.6　项目通过验收资格审查后，应组织成立验收组进行验收。

4.1.7　验收组成员人数应为单数，且不得少于3人。其中，具有保护修复高级专业技术职称的人员比例不小于三分之二。

4.2　验收程序

4.2.1　验收程序包括：修复工作汇报、资料验收、现场查验、质询、评分和出具验收意见。

4.2.2　当验收资料不齐全时，应补全验收资料或给出合理理由。

4.2.3　当检验修复质量不符合要求时，应进行返工修复，并重新组织验收。

4.2.4　验收结论需三分之二以上验收组成员签字方能生效，未签字的验收组成员，应出具书面说明。

4.2.5　文物验收通过后，项目委托单位应按规定将修复验收资料和验收意见，整体上报上级文物主管部门备案。

5　验收的内容与细则

5.1　验收内容

验收资料应包括保护修复项目的申报资料、保护修复项目工作资料、补充说明资料。文物收藏单位应将上述资料和验收意见整理立卷，归入相应的文物档案。

5.1.1　保护修复项目的申报资料应包括：

a. 已批复的保护修复方案；

b. 保护修复方案批复函；

c. 项目实施单位的资质证明；

d. 项目实施的委托协议；

e. 中标文件；

f. 审批部门需要的其他资料。

5.1.2　保护修复项目工作资料应包括：

a. 保护修复实施方案；

b. 实施方案专家论证意见；

c. 保护修复方案变动的说明；

d. 保护修复档案（保护修复工作日志、分析检测报告、保护修复登记表）；

e. 保护修复自评估表；

f. 国家重点文物保护专项补助资金决算表；

g. 结项报告。

5.1.3　补充说明资料

修复中存在不足的说明。

5.2　验收细则

5.2.1　验收评级细则

a. 项目指标的修复质量评级应全部合格，方能通过验收。

b. 若有不合格项目，应在自评估表格中说明情况及无法达到合格要求的原因，若经专家鉴定情况属实，可通过验收。

5.2.2　评级指标

a. 清理：器物表面无土垢、硬结物等污染物残留，判定为合格。

b. 去锈：器物表面未发现有害锈，判定为合格（若发现疑似有害锈，专家可进行取样检测），遮盖纹饰的无害锈视具体情况予以处理。

c. 修复损伤：以修复前照片为依据，器物没有出现二次损伤痕迹（如：划痕、破碎、孔洞、二次腐蚀等），判定为合格。

d. 矫形：裸眼观察，矫形部位与本体基本一致，判定为合格。

e. 补配：有必要、有依据的补配且补配效果良好，判定为合格。

f. 连接错位：无裸眼可分辨的错位，判定为合格。

g. 做旧外观色泽：裸眼观察，修复部位与本体色泽基本协调，判定为合格。

h. 缓蚀外观：裸眼观察器物表面，缓蚀剂无明显残留（如：白点、白斑），判定为合格。

i. 封护外观：裸眼观察，无明显封护痕迹（如眩光），判定为合格。

附录A　（规范性附录）

保护修复自评级表

<table>
<tr><td colspan="6">保护修复自评级表</td></tr>
<tr><td rowspan="4">文物基本信息</td><td>名称</td><td colspan="2"></td><td>登录号</td><td></td></tr>
<tr><td>纹饰</td><td colspan="2">□无；□有：（部位及名称）</td><td>铭文</td><td>□无；□有：（部位及内容）</td></tr>
<tr><td>重要信息</td><td colspan="4"></td></tr>
<tr><td>保护修复历史</td><td colspan="4">□无；□有：（部位及技术措施）□无资料；□有资料</td></tr>
<tr><td rowspan="12">保护修复自评估记录</td><td>保护修复措施</td><td colspan="4">□检测、□清理、□除锈、□脱氯、□加固、□连接、□矫形、□补配、□做旧、□缓蚀、□封护、□其他</td></tr>
<tr><td>是否变更设计</td><td colspan="4">□否；□是：（简述理由和内容，尤其是材料或方法）</td></tr>
<tr><td rowspan="10">修复效果的自我评价</td><td>序号</td><td>评级内容</td><td>是否合格</td><td>不合格项情况说明及证明</td></tr>
<tr><td>1</td><td>□清理</td><td>□是　□否</td><td></td></tr>
<tr><td>2</td><td>□去锈</td><td>□是　□否</td><td></td></tr>
<tr><td>3</td><td>□保护修复损伤</td><td>□是　□否</td><td></td></tr>
<tr><td>4</td><td>□矫形</td><td>□是　□否</td><td></td></tr>
<tr><td>5</td><td>□补配</td><td>□是　□否</td><td></td></tr>
<tr><td>6</td><td>□连接错位</td><td>□是　□否</td><td></td></tr>
<tr><td>7</td><td>□做旧外观色泽</td><td>□是　□否</td><td></td></tr>
<tr><td>8</td><td>□缓蚀效果</td><td>□是　□否</td><td></td></tr>
<tr><td>9</td><td>□封护效果</td><td>□是　□否</td><td></td></tr>
<tr><td rowspan="7">保护修复影像记录</td><td colspan="5">对比照片（可根据内容适当调整或附加）</td></tr>
<tr><td colspan="3">（整体）
修复前</td><td colspan="2">（整体）
修复后</td></tr>
<tr><td colspan="3">（保护修复部位）
修复前</td><td colspan="2">（保护修复部位）
修复后</td></tr>
<tr><td colspan="5">重要信息影像记录（可根据内容适当调整或附加）</td></tr>
<tr><td colspan="3">（修复前）</td><td colspan="2">（修复后）</td></tr>
<tr><td colspan="5">评估人：　　负责人：　　日期：</td></tr>
</table>

附录B （规范性附录）

保护修复验收评级表

保护修复验收评级表				
序号	评级内容	判定理由	是否合格	备注
1	□验收资料	□完备齐全 □有缺失	□是 □否	
2	□清理	□无土垢、硬结物等污染物残留 □有土垢、硬结物等污染物残留	□是 □否	
3	□去锈	□器物表面无有害锈 □器物表面残留有害锈	□是 □否	
4	□修复损伤	□无二次损伤痕迹 □有二次损伤痕迹	□是 □否	
5	□矫形	□矫形部位与本体基本一致 □矫形部位与本体存在较明显差异	□是 □否	
6	□补配	□有充分依据且效果良好 □无充分依据	□是 □否	
7	□连接错位	□无裸眼可分辨错位 □有裸眼可分辨错位	□是 □否	
8	□做旧外观色泽	□色泽基本协调 □色泽差异明显	□是 □否	
9	□缓蚀效果	□缓蚀剂无明显残留 □缓蚀剂残留明显	□是 □否	
10	□封护效果	□无明显封护痕迹 □有明显封护痕迹	□是 □否	
11	□专家评级	□合格 □不合格		
专家意见： 专家签章： 日期：				

现代测绘技术在彩画现状记录中的应用
——以景福宫为例

王 莫

（故宫博物院，北京，100009）

摘要 景福宫位于故宫内廷外东路宁寿宫区东北部，是宁寿宫东路的主体建筑。本文在介绍景福宫彩画现状及其记录重要性的基础上，详细阐述了应用三维激光扫描技术和数字摄影测量技术进行景福宫彩画现状数据采集、处理的全过程，并总结了该方法相较于传统彩画记录方法的几点优势。

关键词 景福宫 彩画 现状记录 三维激光扫描 数字摄影测量

1 景福宫概况

景福宫位于故宫内廷外东路宁寿宫区东北部，是宁寿宫东路的主体建筑。始建于清康熙二十八年（1689年），为康熙皇帝孝惠皇太后（即顺治帝孝惠皇后）所居。乾隆三十七年（1772年）仿照建福宫后的静怡轩重建[1]，以待乾隆皇帝归政后宴憩之用。此后又分别于嘉庆七年（1802年）、光绪十七年（1891年）进行了修葺和改建。

景福宫坐北朝南，平面近似正方形（图1），面阔五间，进深三间，四周环以围廊。除前檐明间、后檐东梢间开门外，其余开间以及东西两山面均为槛墙和支摘窗。建筑坐落于汉白玉须弥座台基上，檐柱柱础雕刻有精美的仰覆莲花纹，为宫中少见。屋顶为绿琉璃瓦黄剪边，采用三卷棚勾连搭歇山式（图2），曲线优美，坡度平缓。景福宫占地面积较大，由于屋顶形式处理得当，因此建筑并无突兀之感，造型灵巧舒展，与周围园林式环境相协调，体现了宁寿宫作为归政后居处的建筑意匠。

2 景福宫彩画现状及其记录意义

景福宫檐下饰苏式彩画，为清晚期遗迹。苏式彩画是清代官式彩画的一个主要类别，多应用于装饰皇家园林建筑，其基本构图形式分为三种：方心式、包袱式、海墁式。景福宫的苏式彩画包含了全部三种形式，且以包袱式为主（图3）。建筑内檐和外檐内侧的彩画受外界环境、气候等因素影响较小，因此大部分保存状况良好，彩画颜色、纹饰清晰，只是表面灰尘较厚。而建筑外檐外侧的彩画由于直接经受日晒雨淋、温湿度变化较大等原因，残损情况则较为严重，表面出现了不同程

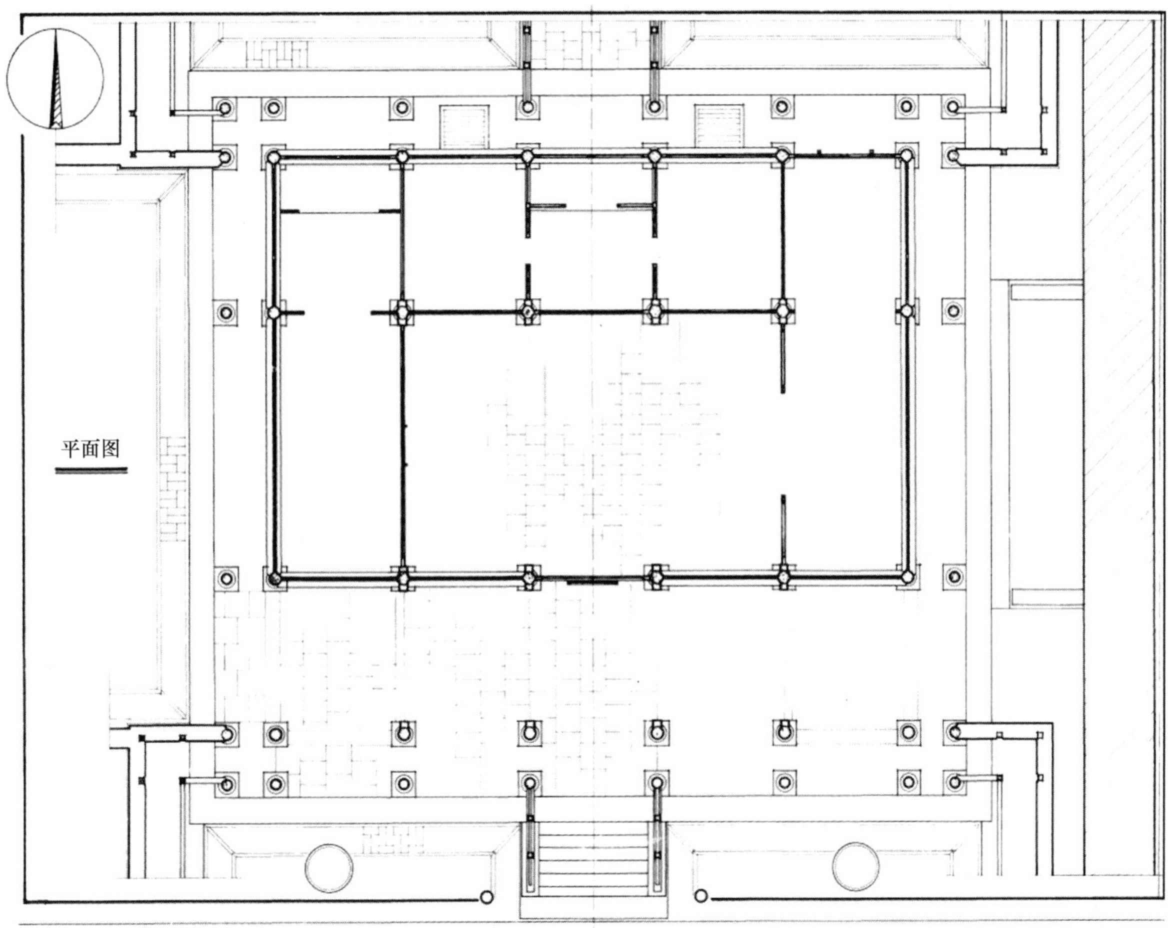

图1　景福宫平面图

图2　景福宫纵剖面图

图3　景福宫苏式彩画

度的开裂、起翘、剥落[2]，特别是彩画褪色明显，并且局部有水渍痕迹，致使纹饰晦暗不清。

彩画是中国传统木构古建筑的重要组成部分，也是中国木构古建筑的主要特征之一。除了对木构的保护和美化两大功能，彩画还是明确显示建筑用途和等级的一种形象“语言”。景福宫的苏式彩画具有明显的时代特征，携带着大量的历史信息，为我们研究清晚期的官式苏画提供了有力物证。它不仅是研究景福宫历史沿革的重要参考依据，见证着景福宫的发展历程；而且还承载着多方面的人文信息，是研究晚清社会形态与社会发展的珍贵资料。与此同时，作为中国绘画艺术中的一个特殊门类，景福宫彩画的艺术价值也很突出，它能为当代艺术创作提供丰富的借鉴。所以，我们有责任把景福宫彩画现状真实、完整地记录下来，并使之长久留存，这对于中国传统文化的传承具有重要意义。

3　现代测绘技术简介

鉴于景福宫彩画现状记录的重要性，为了能够完整记录绘制于立体构件上的彩画的几何形态与色彩信息，最大限度地反映出彩画的真实面貌，我们决定运用近些年在测量界快速发展起来的三维激光扫描技术和数字摄影测量技术开展此次彩画现状的记录工作。

3.1 三维激光扫描技术

传统的测量设备，如全站仪、水准仪、GPS等只能获取目标物体上重要的几何特征点坐标，而三维激光扫描仪则有所不同，它可以自动完成对目标物体表面的高密度坐标点采集工作[3]。其工作原理为：三维激光扫描仪通过内部的发射装置连续对目标物体发射激光，激光碰到物体表面后反射回来，并由扫描仪内的探测装置接收，根据激光束发射和接收时刻的相位移动值或者飞行时间差，仪器会自动解算出该点的三维坐标。众多个测量点依据各自的空间坐标排列，就形成了三维激光扫描仪的可视化测量数据——点云。三维激光扫描技术的出现为空间三维信息的获取提供了全新的技术手段，与之前的离散点测量方法相比，具有测量速度快、获取信息丰富、数据价值高等优点。

3.2 数字摄影测量技术

数字摄影测量学是基于数字影像和摄影测量的基本原理，应用计算机技术、数字影像处理、影像匹配、模式识别等多学科的理论与方法，提取所拍物体用数字方式表达几何和物理信息的摄影测量分支学科。数字摄影测量软件通过对具有一定重叠率的数字影像进行匹配和处理，可以自动识别出相互对应的像点，并且应用解析摄影测量的方法运算出所拍物体的空间坐标，进而构建出带有纹理信息的彩色三维模型。数字摄影测量技术具有操作简便、数据量小、模型与纹理的匹配准确性高等优点。

我们将结合三维激光扫描技术和数字摄影测量技术的不同特点，把扫描仪获取的彩画空间位置信息，作为其摄影测量成果的定位及尺寸基准，以完成真实坐标三维模型和彩画展开图的制作。

4 景福宫彩画现状数据的采集

4.1 使用设备

我们选用Surphaser 25HSX三维激光扫描仪（图4和表1）和佳能EOS 5D Mark Ⅲ数码单反相机（图5和表2）进行景福宫彩画现状数据的采集。

表1 Surphaser 25HSX三维激光扫描仪的主要参数表

序号	参数	参数值
1	测距方式	相位式
2	视场角	360°（水平）×270°（垂直）
3	最高扫描速度	120万点/s
4	最大扫描半径	46m
5	可靠扫描半径	0.4～19m
6	距离精度	<0.5mm@5m
7	数据噪声	0.12mm@3m
8	测距分辨率	0.001mm
9	角度分辨率	1s

表2　佳能EOS 5D Mark Ⅲ数码单反相机的主要参数表

序号	参数	参数值
1	相机类型	35mm全画幅数码单反相机
2	传感器类型	CMOS
3	传感器尺寸	约36 × 24mm
4	总像素	约2340万
5	有效像素	约2230万
6	拍摄分辨率	约2210万像素（5760 × 3840）

该设备是目前市场上速度最快、精度最高的地面型三维激光扫描仪，工作稳定可靠；缺点是设备的电源外置，集成度差，扫描时需要同计算机连接操作。

在拍摄彩画构件照片的过程中，为确保彩画纹理的拍摄质量，我们选用了佳能24～70mm镜头。

图4　Surphaser 25HSX三维激光扫描仪

图5　佳能EOS 5D Mark Ⅲ数码单反相机

4.2　三维激光扫描

我们首先在景福宫院内布设了6个控制点（图6），并利用原有控制点将景福宫数据纳入了故宫的整体坐标系中，这样做有利于景福宫数据的统一管理与综合利用。随后，为了快速、准确拼接多站点云数据，我们还在景福宫院内粘贴了诸多平面标靶（图7）。标靶布设均匀，且保证相邻测站间至少有3个同时可见为原则。当公共标靶被不同测站使用的次数越多时，这几个测站间的拼接精度就会越高。

扫描站点的布设需要考虑各个测站之间的互补性、相邻测站的通视性、测站覆盖的全面性等多个方面。在保证扫描精度的前提下，通常选取尽可能少的站点来覆盖整体目标。因此，三维激光扫描宜从高、中、低角度结合进行。我们根据扫描站位的远近及扫描精度要求将Surphaser扫描仪的参数设置为24 × 24或60 × 60，即在横、纵方向上每度分隔内均有24个或60个激光测距点（三维激光扫描仪实际都是按角度分辨率工作的）；仪器与目标的扫描距离基本控制在0.5～3m范围内（图8）。此次针对景福宫彩画构件及其院落环境共布设了90个扫描站点，原始点云的数据量总计约为35.6GB。

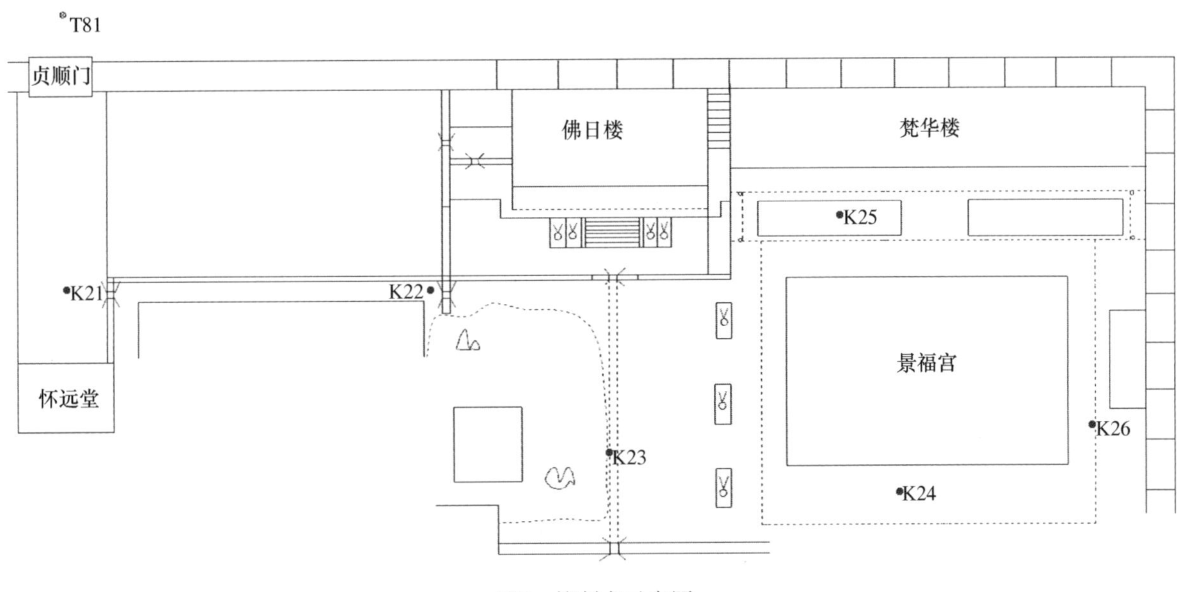

图6　控制点示意图

图7　粘贴的平面标靶

图8　三维激光扫描现场

4.3　数字摄影测量

我们在拍摄用于彩画构件建模的照片时遵循以下原则：

（1）根据成果影像输出分辨率为150dpi的要求，控制好拍摄距离，并尽可能拍摄较小范围的照片。

（2）相机镜头应与被拍摄彩画保持平行，且相邻照片之间的覆盖率为50%以上；对于非平面部位应适当变换拍摄角度，并确保该部位被拍摄到至少2次以上。

（3）要根据彩画构件的具体情况布设闪光灯，通过调整辅助光源的位置和光照强度（图9）以及增加局部反光面（图10）等方法进行补光拍摄。

图9　闪光灯布设

图10　反光面布设

（4）在相同的光线条件下，需拍摄一张色卡（图11），用于照片处理过程中的色彩校正。

佳能EOS 5D Mark Ⅲ数码单反相机的拍摄参数设置如下：

（1）采用数码相机的P挡进行拍摄。

（2）测光模式采用点测光，单点对焦和多点对焦结合使用。

（3）光圈范围控制在8～16之间，一般情况下设置为16。

（4）选用24～70mm镜头，在拍摄环境允许的情况下，镜头焦距设置为50mm左右；在环境不允许的情况下，要根据拍摄对象所处空间的可操作性确定焦距，但镜头焦距均控制在24～50mm之间。

（5）感光度设置在ISO100到ISO400之间，这样能保证将照片的噪点控制在可接受范围内。

图11　拍摄色卡

此次，我们共拍摄了10922张景福宫彩画构件的照片，数据量总计约为375.8GB。

5 景福宫彩画现状数据的处理与成果展示

5.1 点云拼接

利用全站仪控制网内的标靶坐标，我们将获得的多站扫描数据拼接到一起，形成了完整的景福宫建筑点云。具体方法如下：

（1）直接将全站仪所测标靶数值导入点云数据处理软件Cyclone中，并对每站点云数据中的标靶进行识别和命名，之后采用点云约束的方式执行拼接。

（2）对误差大于5mm的拼接约束进行检查，调整其权重，或删除某些明显错误的约束。

（3）如果拼接精度达不到要求，则要增加特征点匹配，直到所有站的拼接误差均小于5mm为止，且同时检查拼接后点云的正确性。

此次，景福宫多站点云数据的拼接精度基本控制在1～4mm范围内。

5.2 照片处理

我们要先利用色卡识别工具软件，通过色卡照片制作出该条件下的色彩校正配置文件；再将彩画照片的无损格式文件导入图像处理软件Lightroom中，调整好阴影和高光（即把照片中的暗处调亮、曝光过度部分调正常）后，用刚制作出的色彩校正配置文件对其进行色彩校正（图12），与此同时，启用软件中的“镜头校正”功能对彩画照片进行镜头畸变校正（图13）；最后，为保留照片细节，需将经过色彩和镜头畸变校正的彩画照片文件以不压缩的TIFF格式导出。

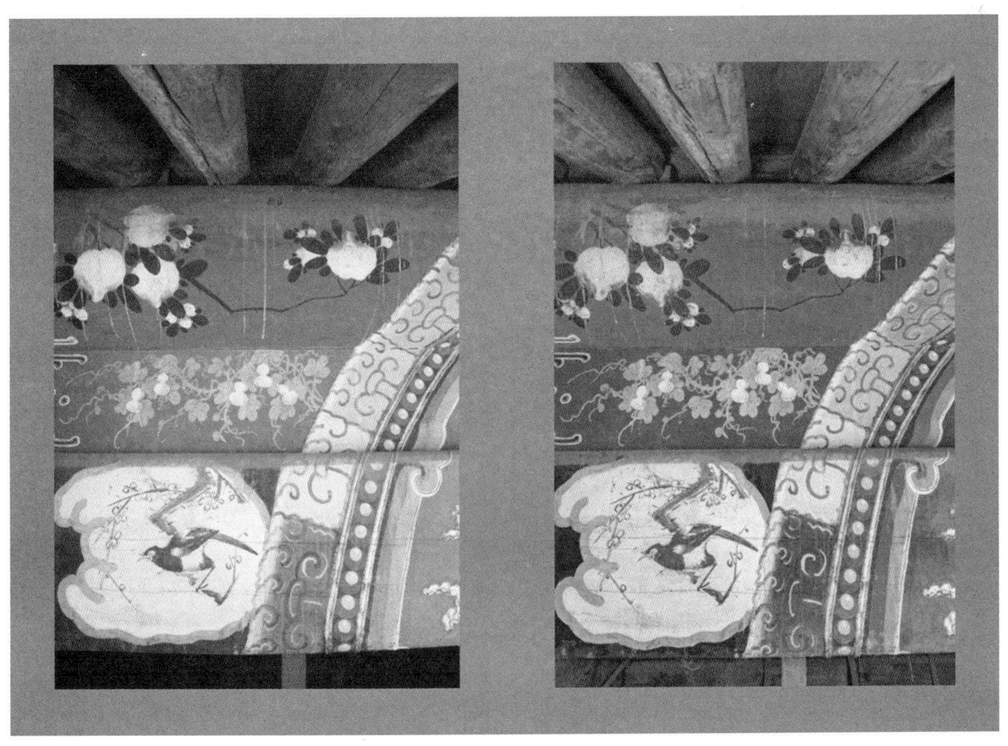

图12 色彩校正前后对比

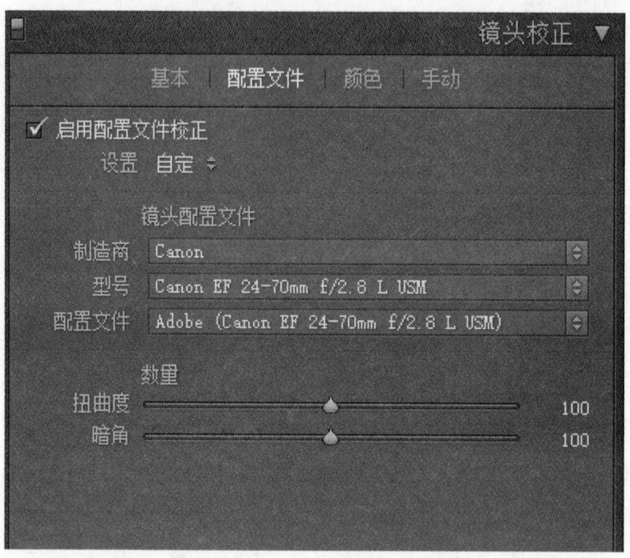

图13　照片的镜头畸变校正

图14　在照片上设置控制点

5.3　彩色纹理模型构建

我们先在摄影测量软件Photoscan中加载完成校正的TIFF格式彩画照片，并在照片上设置控制点（图14）；再从拼接好的景福宫建筑点云中量取所需控制点的空间坐标；将控制点的坐标值输入Photoscan后，软件就能进行摄影测量的计算处理工作了，其主要步骤包括：

（1）对齐照片。采用中等精度对齐，可生成稀疏的点云（图15）。

（2）生成密集的彩色点云（图16）。点云生成质量设置为高精度，此时点间距多数在0.6mm左右。

（3）构建模型。构建的模型种类为三角网模型（图17），网格面数设置为高。

（4）纹理贴图。需要根据构件大小来确定贴图用的纹理尺寸。通过摄影测量软件计算生成的彩色纹理模型（图18），其纹理与模型是完全吻合的。

5.4　展开图制作

从摄影测量软件中导出OBJ格式的彩色纹理模型后，我们先使用三维建模软件Rhino中的“压扁”命令把模型展开，并同样以OBJ格式输出；再在三维动画渲染与制作软件3D Max中打开该展开模型，执行“渲染”命令，设置好输出图像的大小和JPG格式，即完成了彩色纹理模型的展开图（图19，注：白色区域为木棍遮挡部位）制作。

展开图按照150dpi的分辨率输出，其尺寸误差在1mm左右。

图15　照片对齐后的稀疏点云

图16　密集的彩色点云

图17　无色三角网模型

图18　彩色纹理模型

图19　明间脊檩彩画展开图

6　现代测绘技术用于彩画现状记录的优势

徒手测量与拍照相结合的现状记录方法在古建界已被沿用了很长时间，相较于这种传统的彩画记录方法，现代测绘技术的应用具有以下几点明显优势：

第一，有利于彩画遗迹的保护。徒手测量时使用的钢卷尺容易把老彩画酥松的沥粉痕迹以及单皮灰地仗的起翘部位破坏。而无论是进行三维激光扫描还是数字摄影测量，操作人员及设备均不会与彩画产生直接接触，所以也就不会对彩画遗迹造成任何损坏。

第二，数据的采集速度快。在徒手测量建筑构件和彩画大线尺寸前要先搭建大量靠近古建筑的脚手架。与之相比，三维激光扫描仪不但测量速度快，而且现场只需临时搭建少量脚手架，这些都大大缩减了数据的采集时间，提高了工作效率。

第三，获取的信息丰富。除了彩画的纹样线条、色彩和残损情况等常规信息外，应用现代测绘技术还能记录传统方式无法获取的构件空间形态与所有空间尺寸，绘制于立体构件上的彩画将因此得到完整、直观的展现。

第四，数据的准确性高。由于拍照时不能确保正视角度，且相机镜头存在畸变，所以照片（特别是边缘处）变形明显，而其中的彩画纹样也难免失真。但在经过摄影测量软件精确计算后，纠正了镜头畸变的照片，所构建出的彩色三维模型不存在变形，因此模型上的纹饰图案也没有任何变形，这就使彩画的纹饰特征得以真实记录。另外，在拍照过程中放置色卡，并利用软件进行色彩校正的工作步骤，还有效解决了日常拍摄时照片色彩还原度差的问题。

第五，数据的利用价值高。真实坐标三维模型具有广泛的应用性，设计人员可根据工程需要，利用其制作出各种形式的成果文件，如彩画展开图、正射影像图等；也可利用三维模型详细统计出彩画残损部分的表面积等设计所需数值。

综上所述，现代测绘技术能够在不接触彩画的条件下快速、全面、准确地采集现状数据，并将数据处理成果以各种形式直观展现，它比目前使用的传统方法更加符合专业人员的实际需求，因此古建筑彩画的现状记录工作应当逐渐改用现代测绘技术，这是大势所趋，也是测绘技术进步带来的必然结果。

参考文献

［1］ 刘榕．静怡轩的建筑渊源及其复原设计［J］．故宫博物院院刊，2005，（5）：172-189．

［2］ 杨红．故宫建福宫区主轴线建筑油饰彩画保护修复设计研究［A］//中国文物保护技术协会，新疆文物古迹保护中心．中国文物保护技术协会第六次学术年会论文集［C］．北京：科学出版社，2010：196-215．

［3］ 王莫．三维激光扫描技术在故宫古建修缮工程中的应用研究［J］．世界建筑，2010，（9）：146-147．

无人机倾斜摄影技术在云冈石窟的应用

潘　鹏

（山西云冈数字科技有限公司，山西大同，037007）

摘要　传统的文物建筑现场调查往往受限于周边的复杂地形，而小型多旋翼无人机携带相机具备灵活性、高效性等优势。通过对云冈石窟的地形采用无人机进行现场调查和数据处理，可以获取文物本体及周边环境的详细影像资料。应用表明无人机影像结合三维重建技术，不仅提高了文物保护工作的效率，而且提供了更为准确的数据。

关键词　无人机　倾斜摄影　云冈石窟

引　言

在以往的文物保护工作中，经常会因文物建筑本体周边地形环境复杂，人的视角无法看到文物本体的每个部位和细节[1]，以云冈石窟为例，石窟依山开凿，由于存在一些体量庞大的洞窟，研究人员很难近距离地观察到洞窟高处的形态或者调查残损状况，而以前的洞窟三维激光扫描和影像采集也是非常烦琐的，需要在洞窟周围搭设许多脚手架，小型多旋翼无人机的出现就为这种情况下的工作提供了极大便利。当人自身视角受到限制时，小型多旋翼无人机携带相机可为我们提供文物本体及周边环境的详细影像资料。

1　无人机倾斜摄影测量技术的优势

无人机倾斜摄影测量，是利用无人机搭载的光学相机获取的相片，经过处理以获取被摄物体的形状、大小、位置、特性及其相互关系等。在获取文物影像后，我们结合三维重建技术，实现文物全面数字化的分析与建档。此种工作方法，相比于三维激光扫描技术，具有操作简便、外业作业效率高、内业数据处理快、模型效果更加真实等优势，适合在文物保护工作中推广使用。

2　无人机倾斜摄影测量技术在云冈石窟中的应用

2.1　无人机的选择

电动多旋翼无人机因其飞行速度较慢，可垂直起降，可稳定悬停，对起降场地要求简单，携带便捷等优势成为我们选择的类型（图1）。我们选定的无人机还要具备以下几个要求：第一，具

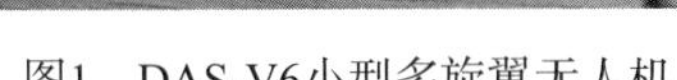
图1 DAS-V6小型多旋翼无人机

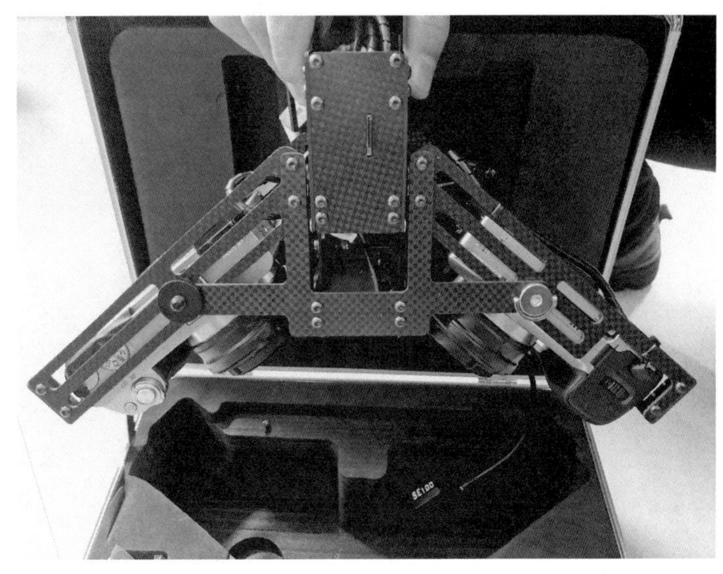
图2 双鱼座倾斜摄影云台相机

有高度安全的飞行性能，由于云冈石窟是5A级旅游景区，每天的游客量非常多，这就需要无人机飞行稳定，减少故障率，抗干扰能力强等。第二，能获取高分辨率的影像，保证文物保护工作的严谨性。第三，需要持续飞行时间长，具备执行复杂航空遥感任务能力，由于云冈石窟大景区面积约8km^2，无人机较长的续航时间可以减少起降次数。基于以上要求，我们选择DAS-V6小型多旋翼无人机作为工作平台，采用双鱼座倾斜摄影云台相机（图2），搭载单镜头2430万像素的相机，每个摇摆拍摄周期有效像素近1.5亿。

2.2 航线规划

由于云冈石窟大景区面积比较大，在外业采集前，我们共规划了两种航线，一种是以石窟区为主体的100m航高的航线共5个架次，另一种是大景区范围的150m航高的航线共19个（图3）。为了保证实景三维模型的效果，本次倾斜航空摄影共分两种高度的航线，航高越低，采集数据精度越高（表1），航向重叠度设计为80%，旁向重叠度应为80%（图4）。

表1 飞行限速表

地物分辨率	1cm	2cm	3cm	4cm	5cm	8cm	10cm
飞行航高/m	50	100	150	200	250	410	500
架次（30min）	14	4	2	1	1	1	1
航片数	25848	8586	3696	1980	1404	492	354
速度限制/（m/s）	2.5	5.0	5.0	10	12	20	25

注：双鱼倾斜相机等同1km^{2}测区无外延不同航高倾斜摄影数据参数对比。

资料来源：引自武汉大势智慧科技有限公司官方微信。

2.3 无人机影像采集

在遥控无人机采集影像之前，要在每个拍摄区域的四角布设至少4个控制点，在控制点地面上放标靶。标靶颜色要醒目，保证在采集的影像中能明确看到标靶中心。对标靶位置坐标进行测量，

图3　地面站航线规划工作界面

图4　无人机航线拍摄点位以及拍照覆盖面积

虽然无人机影像中带有GPS信息，但是为了减少后期软件运算难度，为了能够将测量精度误差控制在3～5mm，还要对布设的控制点进行方位和拍照记录，避免后期数据处理时出现录入错误。控制无人机起飞之前，要对天气环境进行判断，观察有无干扰源，每次飞行的地点距离超过10km都要重新校准地磁，保证飞行安全是首要前提。尽量选择在阳光较弱的时间或避免阳光直射时（如中午）进行影像采集工作，这样能减弱晴天阳光直射下相机对石窟的明暗部拍摄时因光照不同产生曝光量的巨大反差，明暗差距过大的照片会增加后期处理的工作量，增加软件的运算难度。无人机起飞前还需检查云台相机，连接地面站遥控云台相机进行试拍，检查相机曝光是否正常，参数是否准确，如无误，将地面站航线数据写入无人机飞控，上桨，准备起飞。

无人机以手动模式起飞，当无人机飞离地面到达安全高度后，将手动模式切换到定高定点模式，然后由电脑地面站托管，无人机在升至指定高度后会自动进入事先规划好的航线，进行该架次的拍摄任务。为了更好地采集到石窟立面的细节，航线规划是沿石窟的山体走势规划的，而且双鱼座倾斜摄影云台相机采用的是双相机摇摆式的拍摄方式（图5），不但减轻了机身的重量，更增加了照片拍摄数量。无人机每个架次飞行时长大约为25min，完成拍摄任务后，无人机会自动返航，返回到起飞点然后自动降落。经长期使用验证，DAS-V6小型多旋翼无人机配合双鱼座倾斜摄影云台相机使用具有飞行稳定性高、工作效率高、影像采集精准无死角等特点（图6和图7）。

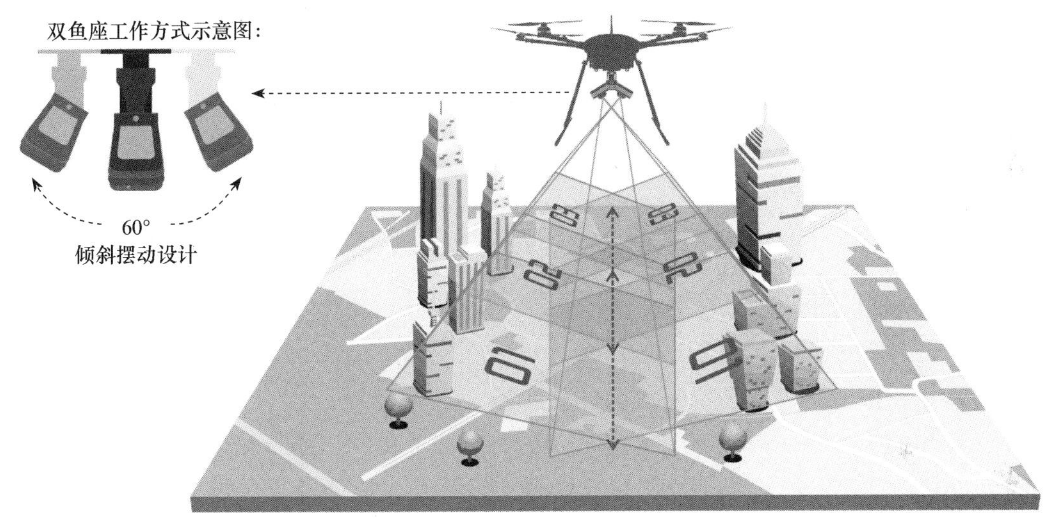

图5　双鱼座倾斜摄影云台工作方式

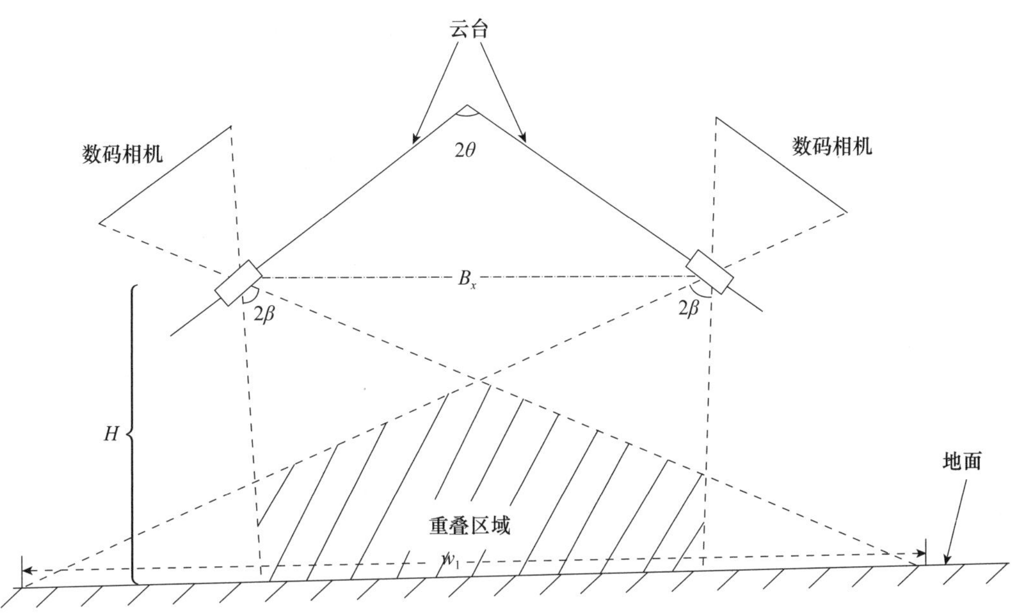

图6　单次拍照覆盖范围（引自武汉大势智慧有限公司官方微信）

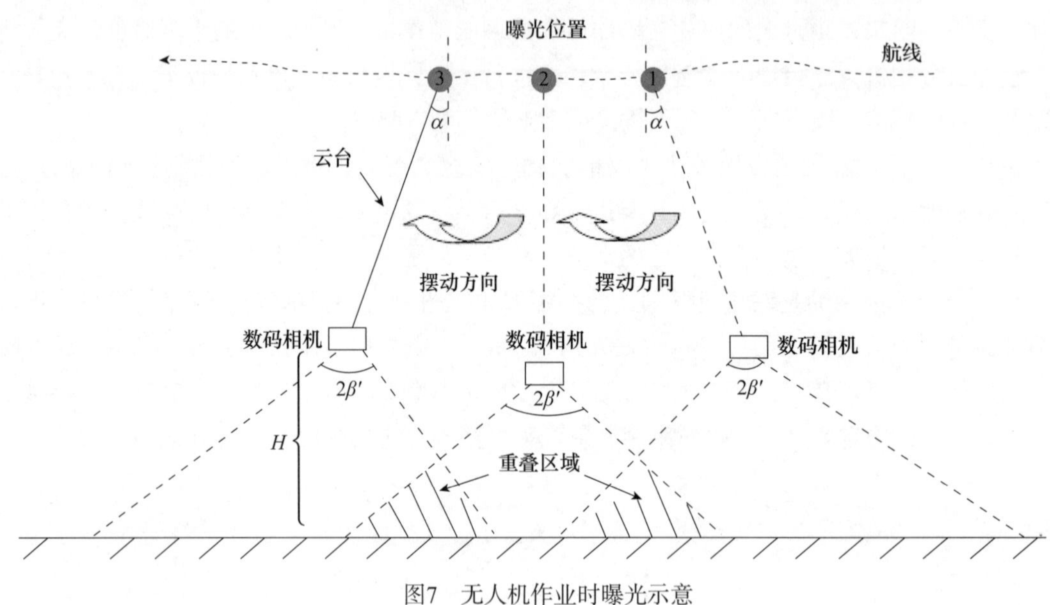

图7　无人机作业时曝光示意

2.4　数据处理及应用

在数据处理阶段，首先对采集的影像进行亮度和对比度的调节，保证处理前影像的明暗效果较为统一。通过 Adobe Photoshop软件的“色阶”和“曲线”功能调整影像的亮度和对比度，必要时可用“阴影/高光”功能找回暗部或亮部细节，但是要根据情况控制找回细节的程度，设置数值过大会造成大量噪点的产生，影响三维重建的模型质量[2]。

将影像导入Adobe Photoshop软件，处理步骤分为对齐照片、生成密集点云、生成网格、生成纹理四个步骤。首先选择对齐照片，精度选择“高”，生成稀疏点云。利用调整区域大小工具，选择工作区域，剔除不需要的稀疏点云以提高运算速度。选择“建立密集点云”选择使用中等或中等以上的精度（图8）。再通过生成网格和生成纹理两步，完成三维模型重建，这四个步骤的参数设置可根据石窟本体的复杂程度自行设置参数。最后在建好的模型中找到事先布设的控制点通过“创建标记”输入各个控制点的三维坐标，这样组成整个模型的每个密集点云就都有了自己的空间位置信息[3]。云冈石窟大景区三维数据外业采集共历时36天，航测范围约5km^2，采集航片大小约233GB，航片数量约24200张（图9），为今后建立云冈石窟数字化信息系

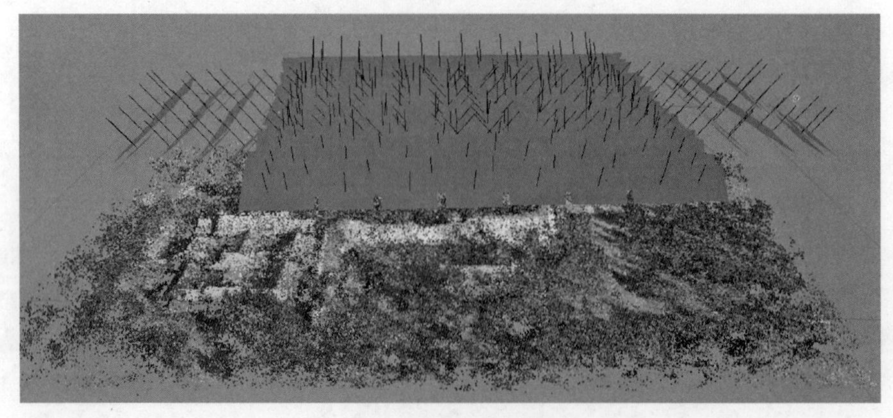

图8　密集点云建立

统做出了重要的基础数据准备。利用生成的三维模型（图10），可以逼真地表现文化遗产场景（图11），为云冈石窟景区的建设规划、游览路线设计、文化弘扬和旅游资源宣传等提供了重要的技术平台。可在导出的三维模型上石窟各个部位的尺寸进行精细测量，为考古研究提供数据支持。这种工作方法基本将以往繁重的外业测绘工作，以数字化的形式在电脑上进行，使得测绘精度和工作效率都得到了提高，同时也建立了完整的云冈石窟大景区数字化的档案。

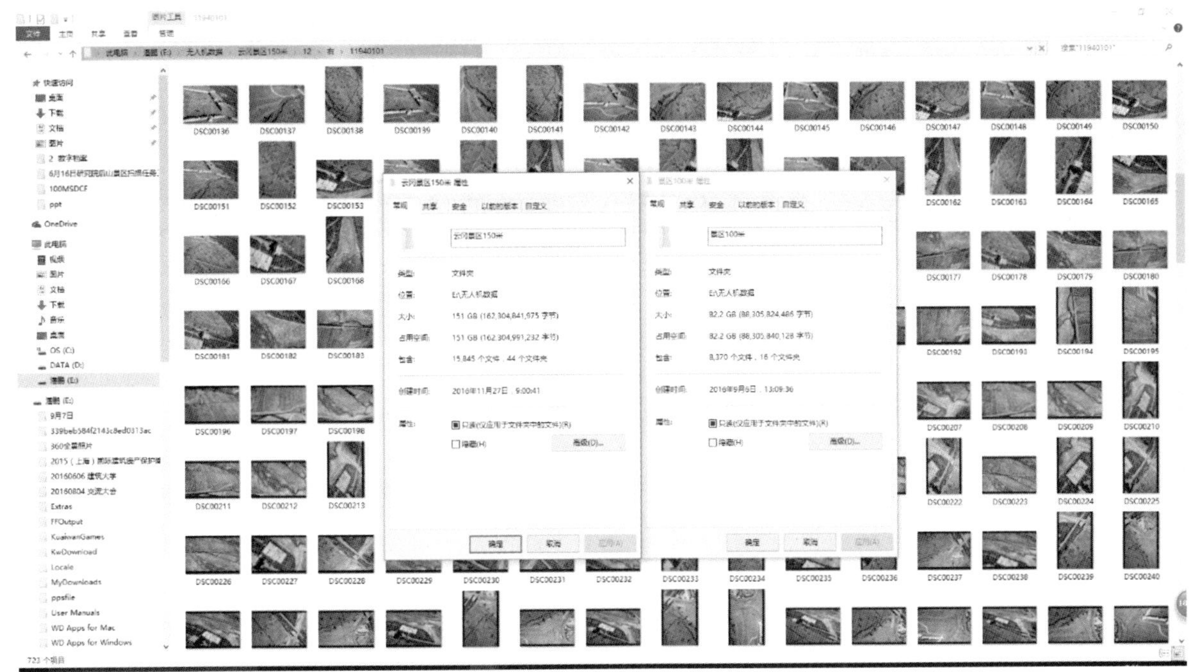

图9　采集航片数量

图10　云冈石窟大景区模型

图11　云冈石窟景区模型近景

结　语

无人机影像结合三维重建技术，不仅提高了文物保护工作的效率，而且提供了更为准确的数据，随着无人机技术的发展和相关软件的不断进步，这种方法将会更广泛地应用于文物保护工作中，成为文物科技保护工作的重要方式。

文化遗产不可再生，也不能永生，文化遗产是我国的一种奇特的艺术成就，通过对云冈石窟大景区进行高精度的逼真三维场景的建模，随着更多洞窟数字化记录工作的开展，这些成果将逐步形成体系完整、内容充实的“云冈石窟资源数据库”，为云冈石窟今后的研究、保护及文化产业的发展奠定坚实的基础。

参 考 文 献

［1］ 付力．无人机影像在文物建筑保护中的应用［J］．中国文化遗产，2016，5（1）：59-64.

［2］ 王琳．无人机倾斜摄影技术在三维城市建模中的应用［J］．测绘与空间地理信息，2015，（12）：30-32.

［3］ 孙运豪，高洪，胡朵朵，等．无人机倾斜摄影在文物修复中的应用［J］．北京测绘，2017，（5）：92-95.

青铜器修复补配材料使用历史调查

蔡毓真　温建华

（北京大学考古文博学院，北京，100871）

摘要　青铜器修复历史悠久，其中补配材料的使用也随时代发展而多样化，文物修复概念萌芽阶段——20世纪90年代初期，为补配材料使用的分水岭，在这之前以补铸、旧铜器等为主要补配材料，在这之后使用铜皮、铜合金与合成树脂等材料作为补配主要材料，最后总结国内外古代到现代青铜修复补配材料的使用年代，为文物保护人员再次修复时提供参考依据。

关键词　青铜器补配　补配材料历史　青铜器修复

引　　言

作为文物保护修复师，文物修复的历史是必修课程，我国从古代便有青铜器修复的工艺技术，可以在出土文物上得到印证，晚清至今仍有相当多的技术流传。现代青铜器保护修复技术随着材料科学发展，材料使用相当多元，特别是在清洁、补配、缓蚀与封护等修复步骤中都有新材料或技术的运用。

青铜器修复师不仅要修复考古出土不久的器物，还要解决前人所使用的修复材料经过漫长岁月发生老化以及其对文物本体造成的新病害。因此除了对青铜本体腐蚀情况进行研究外，对已使用过的修复材料与技术的了解也相当重要，尤其是青铜器存在历史悠久，其修复方法与材料的使用历史也随之发展，其中又以补配材料发展最长久，因此对古代青铜器的修补材料与方法及现代的修复材料与技术均需要有一定认识。

补配的意义除了恢复历史样貌与器物造型以彰显文物价值之外，还能稳定结构，对文物缺损处补配需要有依据，不可臆测。青铜器补配材料发展研究中前人已有一些文献报道，如说明修复历史与材料使用的专文——《青铜文物保护修复技术的中外比较研究》一文等进行青铜文物保护修复技术发展梳理[1]、刘新德从材料性能的角度讨论如何选择并说明常用的补配方法[2]、刘彦琪则对薄壁青铜器补全方法进行探究[3]，更多文献则着重于修复应用等[4-9]。

本文将针对青铜器补配材料进行文献梳理，归纳过去至今在青铜器修复中使用的补配材料，了解过去使用的材料种类以及使用时间，说明材料性能与优缺点，为修复人员提供参考。

1　青铜器补配材料的发展

1.1　商时期至20世纪初

图1　小口鼓腹鼎（足为后补）[14]

青铜器最早的修补概念始于弥补铸造缺陷的熔补或补铸，在一些青铜器上都能观察到补铸痕迹，补铸工艺可分成嵌入式、单面突起式、双面补铸[10]。另外也有案例是对缺损构件直接进行二次铸造，如战国中晚期的小口鼓腹鼎，足部外观和颜色均与器身不同，明显是后来铸造的（图1）。

最早用于青铜器修补的材料出现在商代盘龙城杨家嘴遗址出土一件青铜斝足内部，经检测分析后确认其成分为碳酸钙（方解石相），研究认为当时人们已知道烧制生石灰且加水后成为熟石灰，能够用于修补破损斝足[11]，然而这样的例子只有一件，因此是否在商代就使用这样的材料修补青铜器仍待探究。

秦代铜车马、青铜水禽上则有“铜片镶嵌补缀工艺”（或铜片补缀工艺），其与补铸明显不同，使用硬质工具先在需要补缀处的缺损处周围凿出2～3mm的方形或长方形凹槽，接着镶嵌与凹槽大小、文物厚度一致的铜片，必要时可能进行捶打[12]。

汉代薄壁青铜器的修补则是较明确的例子，薄壁青铜器长时间使用后出现裂隙的修补——使用铜皮从内外铆上，铜皮铆钉的修补方法目前已知最早从汉代开始使用，如西汉南越王墓出土铜鋗（小盆或盆形有环的温器）就使用这样的方法，在器物底部铆钉葫芦型铜片[13]（图2）。

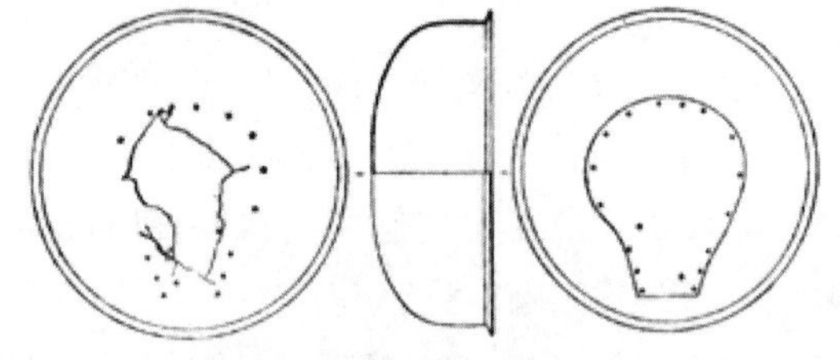

图2　铜皮铆接修补[13]

在明万历高濂撰《遵生八笺·燕闲清赏笺·上卷·论新铸伪造辨》中提到：

“……若用铅补并冷焊者，悉以法蜡填饰器内，以山黄泥调稠遮掩，作出土状态。……”

“……以古壶盖作肚，屑凑古墓碎器飞龙脚焊上，以旧鼎耳作耳，造成一炉……”

由此可知，当时使用铅这种低熔点的金属补配，或者以旧铜器补配进而拼凑成一件新器。

到了近现代，约从清末至解放时期，民间出现补锅技术，使用工具有坩埚、火炉、风箱、煤块、砧凳、小锤、钻子和棉布卷等，首先利用连着风箱的小炉子填入焦煤作为燃料，在小坩埚内放生铁与古铜钱，拉风箱升温使之熔化，补锅匠人一手拿着棉布卷，上方放一些谷糠，另一手往谷糠浇铜水，谷糠遇热着火就迅速将其往破洞处补上。如果有裂缝直接上铁水，最后使用粗砂轮打磨、细砂纸整平即可[15]。

1.2 20世纪初至今

文物修复的概念出现后不再使用旧铜器补配，而是使用另外的材料补配，根据使用材料性质可分为金属材料、树脂材料、无机材料、有机材料等。

补配技术则依据使用材料的不同而有不同方式，如选择铜皮补配则需要通过钣金工艺将铜皮敲打出符合器物造型的铜片（图3和图4），合金材料铸造则采用翻模技术，将纹饰从相对位置以石膏等材料翻模后再浇注合金材料，另外还使用失蜡法[16]与电铸法[5]进行铜质文物的补配和修复。

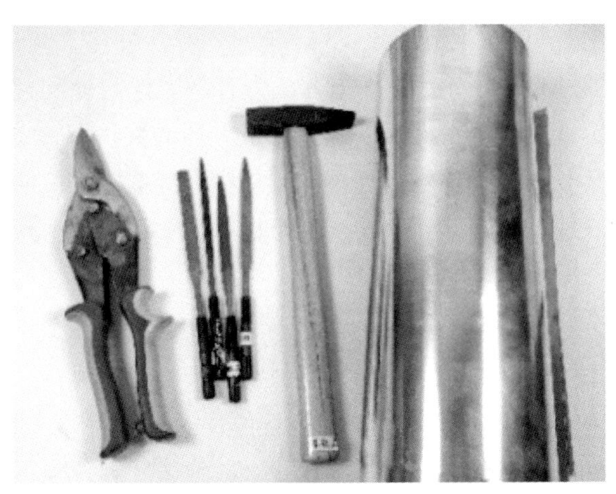

图3 打制补配材料及工具

图4 打制补配工具

树脂材料除了能使用翻模技术进行补配外，也可用泥胎法，方法为先将器物外形以雕塑泥制作出来，之后逐一贴上残片，先以树脂黏接，缺失处再补上树脂与玻璃纤维布，固化后将胶料调和填料并涂敷于玻璃纤维布表面，最后打磨做旧[17]。

1.2.1 金属

金属材料补配可分为铜皮打制补配与合金铸造补配，其中合金铸造补配种类在过去的报道中有：低温锡铅合金翻模铸造补配、铅锌合金翻模铸造补配、青铜合金翻模铸造补配、轴承合金（锑、铋）翻模铸造补配与镓铜合金补配（34%镓，56%铜）等，配合做旧手法，使青铜器恢复完整样貌。

1.2.1.1 红铜皮

红铜延展性高、塑性好，在大气、盐酸、稀硫酸等非氧化性、碱、盐与有机酸等环境下耐蚀性好，维氏硬度为85.2HV，为中国传统青铜器修复补配材料，铜皮打制补配多用于没有纹饰的器形，将铜皮捶打出符合器形的弧度以配缺[18]，有的采用焊接方式固接，有的直接使用树脂黏接。

1.2.1.2 合金系列

（1）锡铅合金：熔点低，含锡60%与含铅40%的铅具有最低的共熔点（183℃）、流动性好、收缩性小，补配多用于纹饰复制、构件缺失情况，一般以硅橡胶、石膏或蜡翻模后再以铸造或失蜡法制作[1, 2, 19]。

（2）铅锌合金：也曾用于修复，通过浇铸制作缺失处，以焊接方式固接，由于质地与青铜文物不同、机械性能较低，现在较少使用，此外在锌合金中，铅元素为杂质元素，会使锌合金产生严重的晶间腐蚀、降低机械性能，如果铅含量过高，会造成表面鼓泡[5]。

（3）青铜合金：古代青铜器为铜锡或铜锡铅合金，与纯铜相比，硬度提高，熔点降低至800℃，耐磨性、耐腐蚀性提高，现代青铜则是由不同元素组成的铜基合金，如锡青铜（Sn 6～7，Pb≤0.02，P 0.1～0.25……）、铝青铜、铍青铜、硅青铜和磷青铜等，掺杂不同元素而使金属有不同的性能。青铜器修复中将青铜合金作为铸造配缺与复制材料[20]。

（4）轴承合金：为一种软基体上分布硬颗粒相的低熔点轴承合金，文献中使用于铜镜的补配，将轴承合金熔化后加入少量锑、铋以增加其流动性、脆性与光滑度[6]。

（5）镓铜合金：补配配比为34%镓56%铜，由R. M. Organ提出，作者认为有潜力作为补配材料，制备方法为将新鲜的脱氧的铜粉末倒入已经熔化、温度高于30℃的镓中，形成软质的块状物后放入一个模型或者空腔中，保持25℃的温度，4h后硬化[21]。然而镓在地壳中含量极少，提取困难，使用成本过高，此外其虽然对人体皮肤无害，但进入体内会造成肾脏毒性[22]，因此不适合用于修复。

1.2.2　合成树脂及其混合物

除了以金属材质进行补配外，合成树脂也成为青铜器的补配材料的选择，特别是对于矿化严重、无铜质且无法焊接的青铜器，合成树脂除了具备黏接功能外，也能根据文物结构的强度而调制出较相近的硬度，避免补配处强度大于原文物，导致文物有新的断裂。树脂材料补配多以翻模复制纹饰，依不同树脂再分为环氧树脂、不饱和聚酯树脂、酚醛树脂、丙烯酸树脂、氰基丙酸酯等[23, 24]；无机材料为石膏、金属丝网+水泥+金属粉末，有机材料为纸浆/纸纤维。

1.2.2.1　聚乙烯醇缩醛（polyvinyl acetals）

聚乙烯醇缩醛于1930年被发现，用于工业黏接与涂料领域，聚乙烯醇缩甲醛、聚乙醇缩丁醛、混合缩醛等均属于此类树脂，其中前二者应用范围较广，能够用于黏接陶瓷、橡胶、纸张等材料[25]。R. M. Organ于1961年报道中提到AJK面团即是使用聚乙烯醇缩醛、黄麻纤维、高岭土混合制成，由伦敦考古学院研制，用于铁质修复[21]，其为热塑性材料，收缩率大。

1.2.2.2　聚乙酸乙烯酯（polyvinyl acetate）

聚乙酸乙烯酯又称聚醋酸乙烯酯，软化点为38℃，熔点为60℃，与乙醇、乙酸、丙酮、乙酸乙酯互溶，可用水稀释，但潮湿环境中容易水解或发生皱缩[26]，耐候性能差[27]。H. J. Plenderleith在《古物及艺术品的保养（处理、整修与复原）》中提到将毛毡捶成与所需补配部位大致相仿的形状，在聚乙酸乙烯酯中浸透，半干可捏塑时，塑造成形[28]。

1.2.2.3　不饱和聚酯树脂（unsaturated polyester resin）

不饱和聚酯树脂简称聚酯树脂（polyester resin），英文缩写为UP，是二元醇或二元酸或多元醇和多元酸缩聚而成的高分子化合物总称。特点为室温固化，固化速度快，黏度低，易渗透，黏接强度高，耐摩擦、耐热性能佳，操作方便，力学性能介于环氧树脂与酚醛树脂；缺点是固化体积收缩率大，容易开裂，脆性大而耐冲击性能差[29, 30]（图5）。国内于1958年开始生产不饱和聚酯树脂，20世纪70年代民间开始发展玻璃钢制品[31]。1980年有文献对不饱和聚酯树脂玻璃钢的耐候、耐水、耐酸、耐油等四种性能进行老化研究报道，试验结果显示通过自然暴晒、冷热水浸泡、强酸浸泡、汽油浸泡等分别测试其吸水性、弯曲强度，191#与196#型不饱和聚酯树脂表现较好[32]。

由于树脂内添加苯乙烯，使用时味道极大，对人眼、气管、黏膜有刺激，需要在通风良好的场所操作，避免对使用人员的健康造成影响。图6为不饱和聚酯树脂产品的补配效果。

图5 不饱和聚酯树脂

图6 不饱和聚酯树脂补配范例

Organ曾使用双组分聚酯材料+矿物填料“Bonda-filler”作为补配材料[21]；现代青铜器修复中常用补配材料产品——云石胶的组成有两种，其中一种是不饱和聚酯树脂加云石粉制成，多用于石材、建筑行业，对石材间的黏接或修补、处理石材表面裂缝、断裂等效果良好，透明性好、容易着色，缺点是胶体韧性低、强度小，固化剂比例过高会降低黏接强度，导致脆性提高，此外，不饱和聚酯树脂耐候性差，在潮湿环境中容易水解、老化[33]。

1.2.2.4 环氧树脂（epoxy resin）

国内在1958年开始工业生产环氧树脂，环氧树脂种类多样，分子中含有两个或两个以上的环氧基团的有机化合物都称为环氧树脂，分子量不高。环氧树脂分子链中的环氧基团能够与多种固化剂发生交联反应，形成不溶的三维网状结构的高聚物，属于热固型树脂，键结力强以达到黏接效果。按分子结构大致可分为缩水甘油醚类环氧树脂、缩水甘油酯类环氧树脂、缩水甘油胺类环氧树脂、环氧化烯烃环氧树脂、脂环族类环氧树脂以及其他新型环氧树脂[34]，最常使用的是缩水甘油醚类环氧树脂这一大类中的双酚A型环氧树脂，国内称为E型环氧树脂[35]。环氧树脂抗剪力强度高[36]、收缩率小，耐介质腐蚀等，但大部分的环氧树脂产品耐紫外差，容易黄化[37]。青铜器修复中使用过的环氧树脂种类或产品大致有以下7类。

（1）618型（E51）/聚酰胺：双酚A二缩水甘油醚类，具有高环氧值（>0.40），固化快但强度稍低，适合用于浇注；莫鹏等修复青铜器使用的瑞士金钱万能胶即属于此类[38]。图 7与图 8为尝试使用不同填料加入环氧树脂中，固化后观察其补配效果。

（2）云石胶：云石胶的另一种组分为环氧树脂，陈琦曾使用环氧树脂型云石胶作为青铜器修复的补配材料[9]。邓任生在汉代青铜马的修复上使用了云石胶补配[39]。云石胶多用于石材黏接与表面缝隙修补，能够在潮湿环境中固化，收缩率小，耐热与耐化学药品性，机械性能强、流动性较差。

（3）UHU PLUS：UHU PLUS为德国品牌，成分为环氧树脂双组分材料，不吸湿、强度大，青铜器修复中乃是将环氧树脂加入硅粉，使之消光与增稠，并以矿物颜料调色[40]，或者将UHU PLUS加入环氧颜料作为青铜器修复补配材料[41]。

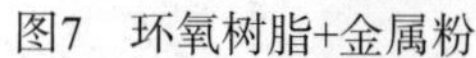

图7　环氧树脂+金属粉

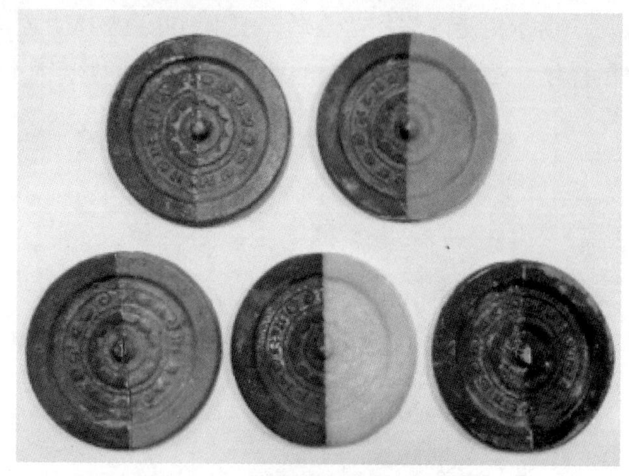

图8　不同填料补配效果

（4）Araldite2020 双组分：Araldite为美国品牌，为双组分环氧树脂，室温固化、黏度低、耐化学介质、抗冲击性能好，无毒，崔丽娟等将其作为铜镜修复的补配材料，为加强补配强度，在树脂内加衬[42]。

（5）AAA超能胶与石粉：AAA超能胶为环氧树脂双组分型，黏接强度与硬度高，通常加入石粉（石膏粉、石英粉、滑石粉），或按补配需要加入铜筋、玻璃布增加强度[43-45]。

（6）普施QUIKCOPPER速成铜胶棒：为胶泥状双组分同芯胶棒的加固型修补产品，对铜与铜合金有强烈的黏接效果，无毒、不溶解、强度强，固化快。青铜器修复中经常使用此产品补配，可以翻模补配、捏塑补配，运用范围广，固化后可直接进行打磨修整[7, 8, 23]（图9）。除了速成铜产品外，还有速成木、速成钢、水中补等产品，产品之间的差异在于操作时间、硬度强度等不同，如速成木可操作时间长，硬度与强度比速成铜低[8]。

（7）安特固：为速干型环氧树脂，近年来用于青铜器焊接后灌缝、黏接与补配中，固化后坚硬[46]（图10）。

图9　速成铜补配范例

图10　速干型环氧树脂补配范例

1.2.2.5　丙烯酸酯

1）改性丙烯酸酯胶黏剂

改性丙烯酸酯胶黏剂是以过氧化氢型的过氧化物为引发剂，Du Pont 808醛胺缩合物为促进剂的胶黏剂，固化后带有些微韧性，剥离强度与冲击强度性能明显提高。优点在于室温环境固化快，低温环境也可固化，对于黏接面处理要求不严格，双组分调配比例要求也不严格。缺点则是气味大、有毒性，对产品有腐蚀性，固化时大量放热不适合大面积黏接、大间隙的黏接和灌封，耐热与耐候性不佳，不适用于紫铜、黄铜的黏接[47]。此类产品用于青铜器修复中的有哥俩好，味道非常强烈、大量放热。

2）氰基丙烯酸酯（cyanoacrylate）

成分以α-氰基丙烯酸甲酯为主，又称快干胶、三秒胶、瞬间胶、502胶，为单组分、流动性高的透明液体，胶黏剂涂布后溶剂会蒸发，通过与微量水分（氢氧离子）催化，使单体进行阴离子聚合反应（anionic polymerization）形成长且强的链，进而起到黏接作用[48]（图11）。目前市售产品除了氰基丙烯酸酯，如502胶，还有乙基型，固化速度和强度稍微强于氰基，如乐泰401。其优点为固化快、透明度高，但脆性高、耐碱性、耐热与耐水性差，高温下耐湿性更差[49]，固化过程遇到大量水分容易发生雾白情况并造成黏接强度降低。

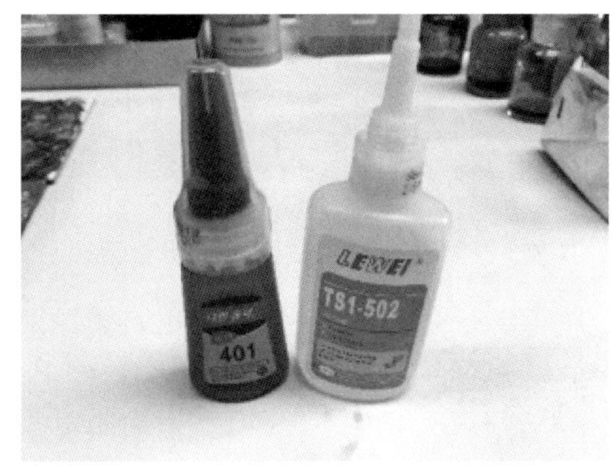

图11 氰基丙烯酸酯

青铜器修复中多用于黏接，在补配上则为小缝隙、小孔、局部缺损处的快速填补，将青铜锈粉、土粉等填入小缝隙、小孔、局部缺损处，再以氰基丙烯酸酯滴加以达到补配效果。

1.2.2.6 酚醛树脂（phenol-formaldehyde Resin）

酚醛树脂又称电木粉，发展年代相当早，国内于1946年开始生产。其由酚类化合物与醛类化合物缩聚而成，其中以苯酚和甲醛缩聚的酚醛树脂最为重要，为无色或黄褐色透明物，可分成热塑型与热固型两种，耐弱酸和弱碱、耐高温，不溶于水，溶于丙酮、乙醇等，常用于保温、防火、隔热产品。酚醛树脂黏接强度高、化学性质稳定，但长期使用后发现其强度性能明显下降，耐湿热老化差，原因在于其分子链上有活泼的羟基和亚甲基，容易被氧化，其中酚羟基不稳定，在一定温度下容易断裂[50]。

1.2.2.7 复合类型产品

1）玻璃钢+树脂

玻璃钢又称玻璃纤维增强塑料（FRP或GRE），一般将合成树脂作为胶黏剂，玻璃纤维布为增强材料，密度小、强度高、质地硬、耐腐蚀性能好、操作简单，依基体树脂可分为环氧玻璃钢、不饱和聚酯玻璃钢、酚醛玻璃钢与呋喃玻璃钢等[51]；依纤维种类分为玻璃纤维、碳纤维、硼纤维等。优点是质量轻、耐腐蚀，但其刚性不足、不耐长期高温、不耐紫外光、剪切强度低。用于青铜修复密度不足，手感欠佳，需要加入青铜粉作为填料，增加重量与降低收缩率[52]。

2）原子灰

原子灰（poly-putty base）可分为水性原子灰与油性原子灰，水性原子灰以丙烯酸共聚物为基底，加入填料、颜料等，不需要固化剂，多用于木质家具、墙壁补缝、模型制作等；油性原子灰多用于汽车钣金修理，近20年来发展快速，主要成分为不饱和聚酯树脂，配入钴盐引发剂、阻聚剂，并加入各种填料（如滑石粉、轻质碳酸钙、苯乙烯等），用过氧化物作为固化剂。主剂与固化剂在常温下互相交联固化且固化快，形成坚硬固体，容易打磨、附着力强，耐热温度达120℃[53]。青铜器修复中一般使用油性原子灰，通常与铜皮补配，用来腻平与文物壁厚之间的落差，或直接翻模补配[54-56]。

3）铜质修补剂

铜制修补剂由合金粉末与改性增韧耐热树脂复合调配制成，适用于黄铜、青铜铸件和铸造缺陷的修补，强度高，耐磨与耐老化性能强，固化不收缩。在常温下固化时间为1天，若加温80℃则可以使固化时间缩短成1～2h，完全固化需要一天半，最高耐温180℃[23]。贾文熙等使用美国Devcon铜质修补剂作为青铜器黏接、补配材料，对矿化严重的青铜器有良好的黏接性，固化后不收缩、固化快（固化时间2h）、硬度高[57]。

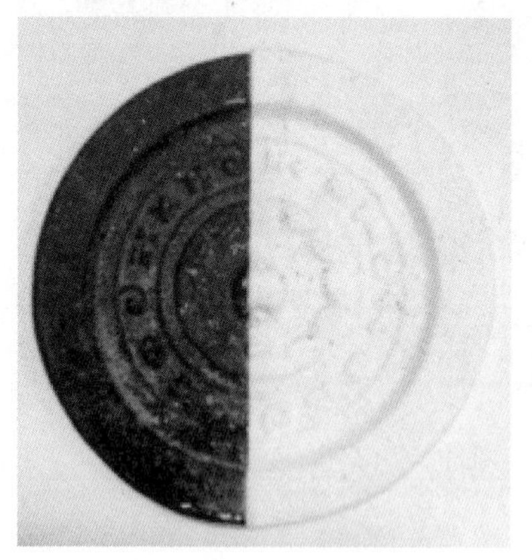

图12　石膏补配范例

1.2.3　石膏

石膏主要成分为硫酸钙水合物，依其成分、物理特征、用途外观，其名称与应用范围也不同，如建筑石膏、脱硫石膏、α高强石膏、生石膏、熟石膏、无水石膏、模具石膏、齿科石膏、玻璃纤维增强石膏（GRG）等[58-59]。石膏由于操作方便、不变形、强度高等特性而曾被运用于青铜器补配，但其易碎且作旧后的质感仍与青铜器有差异，但其材料因取得、操作便利等特性仍持续在使用，胡家喜等[60]、李瑾[23]等都使用石膏补配过。图12为使用石膏补配的效果。

1.2.4　铜丝网、水泥与金属粉

使用时间不明，目前仅知上海博物馆一件商晚期兽面纹簋过去使用金属网丝为基体，加入水泥与金属粉末作为补配材料，表面还有环氧树脂与金属粉末，二次修复时不易移除[61]。

1.2.5　纸浆/纸纤维

纸浆/纸纤维补配青铜器使用时间大约在民国初年，迄今已知使用案例为“台湾中央研究院”历史语言研究所一批青铜器，然而现代工艺制作中却有这样的案例，一位北京通州区的马艺华就利用纸浆制作青铜器，纹饰、腐蚀质感等都能仿制[62]，图13与图14为尝试使用纸浆制作铜镜。

图13　制浆

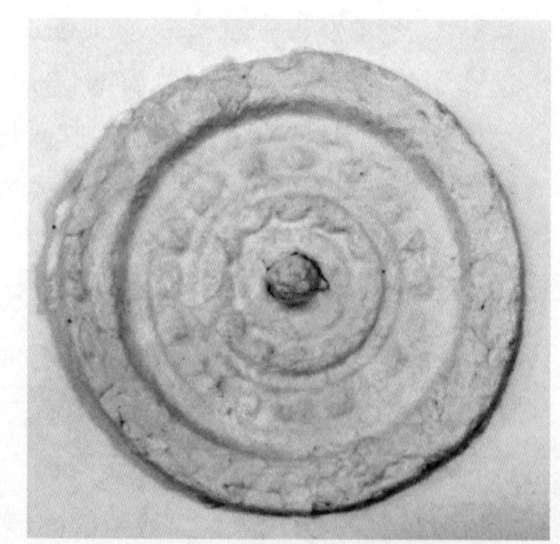

图14　纸浆制作范例

2 结　论

由前人研究中梳理出青铜器修复曾使用的补配材料相当多，大致可分成三大类：金属、树脂与其他材质，金属与树脂是目前修复中使用的主流材料，除了过去青铜器修复传统传承下来的材料外，新材料也由于其操作便利而广泛被接受。

从时间脉络来看，金属材料作为补配是最早也是使用最久的补配材料，至今能持续使用，原因在于其与原材料的性质极度相似；中间有一段时间出现不同材料的尝试（纸浆、呋喃树脂），尔后高分子材料的开发也促使各种类的树脂用于青铜器补配，经过时间考验与使用者的需求，部分树脂材料被淘汰不再使用。

目前常使用的材料有铜皮与锡铅合金、环氧树脂，其中对于补配材料相关研究较多的是针对树脂材料进行耐候性能研究，树脂材料的耐候性能是使用的一大考虑重点，相比金属补配材料则无此考量，反而在焊药使用上是否会对器物造成影响，这是需要注意的。

参 考 文 献

［1］ 梁宏刚，王贺．青铜文物保护修复技术的中外比较研究［J］．南方文物，2015，（1）：81-88.

［2］ 刘新德．浅谈青铜鼎配补修复［J］．文物修复与研究，2016：79-82.

［3］ 刘彦琪．薄壁残缺青铜器的补全工艺研究［J］．文物修复与研究，2016：127-132.

［4］ 张海滨，刘新德，王雪梅，等．克黄升鼎铸造技术考察及其修复补铸［J］．文物春秋，2017，（2）：51-57.

［5］ 罗夜起．用电铸法进行铜质文物的补配和修复［A］//中国文物保护技术协会第二届学术年会论文集［C］．2002：83-84.

［6］ 易泽林，易锋戈．残缺故事纹饰青铜镜补配修复［J］．文物修复与研究，2016：20-22.

［7］ 赵晓伟．PSI在速成铜胶上青铜豹镇修复中的应用［A］//文物保护研究新论（三）［C］．北京：文物出版社，2012：101-105.

［8］ 王金潮．美国P. S. I公司生产的速成胶在文物修复中的应用［J］．东南文化，1995，（4）：67-68.

［9］ 陈琦．浅谈文物修复中补配材料的应用［J］．文物修复与研究，2014：98-100.

［10］ 胡东波．文物的X射线成像［M］．北京：科学出版社，2012：78-80.

［11］ 李洋，黎骐，童华．盘龙城杨家嘴遗址M26出土青铜斝足内壁白色物质的初步分析［J］．江汉考古，2016，（2）：114-117.

［12］ 邵安定，梅建军，杨军昌，等．秦始皇帝陵园出土青铜水禽的补缀工艺及相关问题初探［J］．考古，2014，（7）：96-104.

［13］ 李洋．炉捶之间：先秦两汉时期热锻薄壁青铜器研究［M］．上海：上海古籍出版社，2017：123.

［14］ http://www.capitalmuseum.org.cn/jpdc/content/2011-01/19/content_23807.htm.

［15］ 夏启平．补锅锔碗的旧事［J］．文史博览，2008，（12）：62.

［16］ 贾文忠．文物修复与复制［M］．北京：中国农业科技出版社，1996：24-25.

［17］ 王海阔，姚志新．应用玻璃钢修复文物［J］．考古与文物，1986，（3）：107-110.

［18］ 贾文忠．文物修复与复制［M］．北京：中国农业科技出版社，1996：22-23.

［19］ 潘慧琳．青铜器修复复制中低熔点金属与化学镀铜的应用［A］// 全国考古与文物保护化学学术会议论文集［C］．2002.

［20］ 周宝中．文物修复与辨伪［M］．郑州：大象出版社，2007：56.

［21］ Organ R M. The consolidation of fragile metallic objects [J]. Studies in Conservation, 1961, 6 (4): 135-136.

［22］ 金属百科http: //baike. asianmetal. cn/metal/ga/ga. shtml.

［23］ 李瑾．浅谈文物修复黏接剂的配适性［J］．文物修复与研究，2009：443-450.

［24］ 贾文忠．青铜器修复程序［A］//李震，贾文忠．青铜器修复与鉴定［M］．北京：文物出版社，2012：166-177.

［25］ 汤显玉．聚乙烯醇缩醛类树脂应用新领域［J］．辽宁化工，1984，（1）：31-36.

［26］ 李实，李云鹤，向晓梅，等．聚乙烯醇和聚醋酸乙烯在特殊环境中的光照老化试验［J］．敦煌研究，1992，（4）：61-77，124.

［27］ 契尔尼纳Э З，武雅茹．聚醋酸乙烯酯胶粘剂［J］．粘接，1980，（3）：27-31.

［28］ 作铭．古物和艺术品的保存方法［J］．考古，1958，（2）：82-83.

［29］ 枫轩．不饱和聚酯树脂胶粘剂［J］．热固性树脂，1990，（2）：58-60.

［30］ 李玲．不饱和聚酯树脂及其应用［M］．北京：化学工业出版社，2012：6.

［31］ 张小苹．不饱和聚酯树脂及其新发展［J］．纤维复合材料，2008，（2）：23-30.

［32］ 建材二五三厂老化组．不饱和聚酯玻璃钢老化试验报告［J］．玻璃钢，1980，（2）：13-16，44.

［33］ 何冬梅，陈炳耀，毛秋燕，等．浅析云石胶与干挂胶的区别和应用［J］．建材发展导向，2017，15（24）：39-41.

［34］ 陈平，刘胜平，王德中．环氧树脂及其应用［M］．北京：化学工业出版社，2011：3-5.

［35］ 李建宗，徐晓鸣．国内环氧树脂发展概述［J］．热固性树脂，1986，（4）：44-57.

［36］ 史磊，杨新建．青铜器修复中焊接与黏接工艺的现状与展望［J］．文物修复与研究，2003：24-26.

［37］ 王菊琳，席鹏，陈青．金属文物用黏接材料物理化学性能及应用效果分析［A］// 中国考古与文物保护化学学术研讨会论文集［C］．2006：289-292.

［38］ 莫鹏，许方强．广州象岗南越王墓出土青铜器的保护与修复［J］．文物修复与研究，1995：25-35.

［39］ 邓任生．浅谈汉代青铜马的修复［J］．文物修复与研究，2009：50-51.

［40］ 张恒金，于晓靖．文物修复理论在青铜敦修复中的应用［A］//（意）马里奥·米凯利，詹长法．文物保护与修复的问题（第2卷）［C］．北京：文物出版社，2009：10-14.

［41］ 张奎，张俊才．晋侯墓青铜盘的修复［J］．文物世界，2007，（2）：70-72.

［42］ 崔丽娟．一批古铜镜保护修复及体会［J］．文物修复与研究，2016：157-162.

［43］ 肖磷，曾帆．彭州宋代铜琮修复［J］．文物修复与研究，2003：22-23.

［44］ 贾文忠．青铜器修复程序［A］//李震，贾文忠．青铜器修复与鉴定［M］．北京：文物出版社，2012：171.

［45］ 李园．一件清代牛形铜（?）的保护与修复［A］//博物馆学文集（8）［C］．长沙：岳麓书社，2013：264-266.

［46］ 许玲，江化国，葛洪，等．传统与现代保护修复方法在一件战国铜鼎上的契合［A］//文物保护研究新论（三）［C］．北京：文物出版社，2012：111.

［47］ 改性丙烯酸酯胶黏剂．https://baike.baidu.com/item/%E6%94%B9%E6%80%A7%E4%B8%99%E7%83%AF%E9%85%B8%E9%85%AF%E8%83%B6%E9%BB%8F%E5%89%82/9786171?fr=aladdin.

［48］ 刘万章，张在新．氰基丙烯酸酯胶粘剂的现状和发展动态［J］．中国胶粘剂，2004，（2）：40-45.

［49］ 聂聪，刘洁，黄海江．α-氰基丙烯酸酯胶粘剂的耐湿热老化性能研究［J］．中国胶粘剂，2013，22（1）：9-11.

［50］ 胡玉静，邹文俊，彭进．酚醛树脂耐湿热老化性能研究进展［J］．塑料工业，2014，42（4）：7-11.

［51］ 张俊生．文物复制中玻璃钢技术的应用［J］．文物修复与研究，2007：342-344.

［52］ 卢燕玲．礼县大堡子山出土垂鳞纹秦公铜鼎的保护修复［J］．文物保护与考古科学，2012，24（2）：95-101.

［53］ 刘文彬．原子灰在文物修复中的利用［A］// 耕耘录：吉林省博物院学术文集［C］．长春：吉林人民出版社，2010：200-203.

［54］ 王志强，赵家英，陈仲陶，等．甘肃平凉地区明代铜佛的修复保护和科学分析［J］．文物修复与研究，2007.

［55］ 陈振耀．河南信阳黄国贵族墓出土青铜鼎的保护研究与修复［J］．文物修复与研究，2016：192-197.

［56］ 陈仲陶．红铜镶嵌鸟兽纹铜壶的修复——兼谈文物保护修复原则的灵活运用［J］．中国文物科学研究，2007，（3）：72-75.

［57］ 贾文熙，郭移洪．美国Devcon铜质修补剂在修复青铜器中的应用［J］．文物保护与考古科学，1996，（1）：51-54.

［58］ 李青．模型石膏的制备、性能及应用研究［D］．重庆：重庆大学，2004.

［59］ 张欢．α高强石膏的发展和应用探析［N］．中国建材报，2017-06-29（007）.

［60］ 胡家喜，丁国荣．古代青铜器腐蚀后的加固和修复［J］．江汉考古，1987，（3）：92-93，104.

［61］ 钱青．兽面纹簋的修复［A］// 中国文物保护技术协会第六次学术年会论文集［C］．北京：科学出版社，2009：30-33.

［62］ 北京通州“巧手匠”用薄纸造出“青铜器”上春晚［EB/OL］．http://www.bjwmb.gov.cn/jrrd/qhxw/t20160112_764179.htm.

晋祠博物馆法人治理结构建设浅析

王新生

（太原市晋祠博物馆　山西太原，030025）

摘要　博物馆、图书馆、美术馆等公共文化事业单位法人治理结构建设，是进一步落实自主权、激发文化事业单位动力和活力的重要举措，也是事业单位改革的必然要求。当前，虽然一部分博物馆已经积极完成了改革试点任务，但是由于长期以来博物馆因自我发展动力不足、产权制度不清晰、有效的绩效考核缺乏、监督管理与约束机制不完善等原因，改革的效果还未完全凸显，仍有一些问题亟待解决。本文通过当前试点单位经验总结，分析当前建设法人治理结构的难点问题，并提出相关解决对策，为推动落实下一步改革建言献策。

关键词　博物馆　法人治理结构　理事会

引　言

2011年3月，中共中央、国务院发布《中共中央国务院关于分类推进事业单位改革的指导意见》，同年7月国务院办公厅发布《国务院办公厅关于印发分类推进事业单位改革配套文件的通知》，明确提出要在面向社会提供公益服务的事业单位中建立健全法人治理结构。事业单位法人治理结构建设，是以激发事业单位活力、提高公益服务效益为目的，借鉴国内外企业法人治理结构的先进经验，通过构建以理事会等为核心的治理架构，实现事业单位由传统管理走向现代治理的一种改革探索。近年来，学界及试点地区和单位对事业单位法人治理结构的难点进行了有针对性的研究，不少相关成果和论文相继发表，从体制机制、政策支持、内部运行、外部环境等方面都有较为深入的探讨，为事业单位法人治理结构改革提供了经验总结和理论指导。

2017年9月，中宣部、文化部等7部门联合印发《关于深入推进公共文化机构法人治理结构改革的实施方案》，该实施方案作为文化类事业单位深入推进法人治理结构改革的重要举措，明确提出到2020年底，全国市（地）级以上规模较大、面向社会提供公益服务的公共图书馆、博物馆、文化馆、科技馆、美术馆等公共文化机构，基本建立以理事会为主要形式的法人治理结构。与此同时，国家文物局表示，将把法人治理结构建设纳入博物馆运行评估和绩效考评体系，完善监督和激励机制，推动实施方案的落实落地。可以说，全国地市级以上博物馆建立以理事会为主要形式的法人治理结构建设已经进入了倒计时。

实际上在2015年，国家文物局曾印发《关于推进博物馆理事会建设的指导意见》，要求各省区市选取一到两家博物馆作为试点进行理事会建设，最终在全国选取了142家博物馆试点单位。根据当时的部署，2016年各地要在总结试点经验的基础上，逐步全面推开理事会制度建设工作。当时如云南省博物馆、山西博物院、湖南省博物馆等一批博物馆先后建立了理事会制度，在完善博物馆管理体制和治理机制、推动公众和社会力量参与博物馆决策和建设、增加管理公开透明度等方面积累了有益经验。

然而，就目前的发展状况来看，以建立理事会制度为核心的文化公益类事业单位法人治理结构改革似乎并不顺利，也未能按照国家文物局当初的设想在2016年全面铺开。2017年9月中宣部、文化部等七部门联合印发的《关于深入推进公共文化机构法人治理结构改革的实施方案》作为强力推进变革的信号，也恰好从侧面反映了目前改革的进展同国家的期望还有一定的差距。究其原因，这一方面可能是各地的改革措施还在反复酝酿之中，另一方面也可能是其中还有不小的困难和压力。

笔者作为基层文博单位管理者，在文博单位有较长的工作经验，也是多年来事业单位体制变革的亲历者，对改革中的一些难点问题有着切身体会。面对法人治理结构改革，笔者将从改革目的出发，结合当前试点单位的经验和教训，因地制宜地探索下一步本单位的法人治理结构模式，也为做好与现行事业单位管理体制的衔接和平稳过渡建言献策。

1 事业单位法人治理结构建设的目标

博物馆、图书馆、美术馆等文化公益类事业单位落实法人治理结构是我国事业单位体制改革的重要环节。建立以理事会为中心的法人治理结构，是进一步落实事业单位自主权，实现政事分开、管办分离、激发单位动力和活力的重要举措。法人治理结构的关键是单位所有权与管理权的分离，具体措施是建立理事会以行使决策和监督权，管理层由理事会产生并负责执行理事会决策。通过法人治理结构的建设，探索以公益目标为导向的现代博物馆运行机制，实现决策、执行、监督、保障的科学化、民主化和制度化。

2 当前试点博物馆的做法和经验

从公开资料来看，国内一些省级博物馆已经陆续建立了法人治理结构。2013年，云南省博物馆被确定为全国事业单位法人治理结构建设试点单位。按照中央和云南省要求，云南省文化厅与云南省博物馆开展工作，探索建立事业单位法人治理结构。云南省博物馆法人治理结构，在组织、制度、管理、人事和服务方面均有新的探索。理事会15名成员由政府相关职能部门代表、社会服务对象代表（企业或社会教育机构人士、文博专家、文化企业或博物馆所在地基层组织机构人员等）、云南省博物馆管理层和职工代表组成，三方代表人数各占理事总数的1/3；理事会议事规则实行票决制，管理层是理事会的执行机构，由云南省博物馆党政负责人和主要管理人员组成，向理事会负责并报告工作。

2014年12月31日，山西博物院作为山西省首批事业单位法人治理结构建设试点单位之一，成立了山西博物院理事会。根据官方发布，山西博物院理事会由政府相关职能部门代表、举办单位代表、服务对象代表、文博专家代表、本单位管理层和职工代表11人组成。理事会的成立是完善法人治理结构、发挥事业单位公益职能、提升服务质量、提高运行效率的重要举措。作为决策和监督机构，山西博物院理事依照法律法规、国家有关政策和《山西博物院章程》开展工作，接受政府监管和社会监督，负责做好博物院发展规划、财务预决算、重大业务、章程拟定和修订等决策事项，按照有关规定履行人事管理方面的职责并监督博物院的运行。

2015年11月30日，湖南省博物馆理事会正式成立。根据官方发布，首届理事会由15名理事组成，包括政府部门代表4名、湖南省博物馆代表3名、公众代表1名、行业专家代表2名以及企事业单位代表5名。其中，企事业单位代表、公众代表、行业专家代表通过推选或公开招募产生。湖南省博物馆法人治理结构改革借鉴了国内外非营利组织的先进经验，旨在建立政府主导、法制规范、社会参与的新型公益性文化事业单位管理体制，动员全社会参与博物馆建设和管理，调动全馆员工创业干事的积极性，提升博物馆公共文化服务能力和水平。

从以上几家博物馆的改革不难看出，各家单位都搭建了以理事会为中心的法人治理结构，在形式上实现了决策层和管理层的分离。改革的初衷是要形成由省博物馆理事会行使决策权和监督权、博物馆管理层负责执行和管理的法人治理运行模式，但是从实际运行的效果来看，还很难说“政事分开、管办分离”的目标已经实现，原因是其中有两个核心问题并不容易解决。

3 事业单位法人治理结构建设的难点问题

3.1 理事会、管理层权责不明晰

事业单位法人治理结构改革的初衷是借鉴企业法人治理结构的做法，将所有权和管理权分离，由于管理人员与所有权人的利益不完全一致，因此需要一套制度来维护所有权人的利益，这套制度就是法人治理结构。事业单位性质的博物馆在所有权上属于国家，但是由谁来代表国家行使所有权呢？目前事业单位的实际运行中受到行政、人事、财政等多重上级行政部门的领导，而理事会的建立就是为了解决所有权不清晰带来的管理问题，通过确立理事会的决策和监督地位，把行政主管部门的领导权交给理事会，进一步激发博物馆的活力。

然而我们从几个试点博物馆理事会的组成可以看出，由于理事会的组成人员依然是上级行政部门占绝大多数，理事长由文化或文物部门领导兼任，部分理事来自人事和财政部门的官员兼任，因而理事会在功能上同上级行政部门有着很大的交叉，理事会的地位和功能并没有得到彰显。而实际上，在现行的人事和财政制度下，理事会的作用确实要大打折扣。由于现行国有公益性博物馆的资金主要来源于财政，因此其资金的使用必然在很大程度上受到财政体系的制约，导致很多项目无法实施。而本应由理事会产生的管理层，由于传统上人事制度的存在，理事会在人事上没有发言权，因而对管理层形不成约束，而管理层实际也并不会完全对理事会负责。还有一种情形是，有些博物馆理事会的理事长和博物馆馆长是同一人，理事会也就形同虚设。

3.2 博物馆绩效考核和评价体系不完善

长期以来事业单位的改革，特别是博物馆、图书馆等公益类文化事业单位有一个难点问题，就是很难建立适合自己的评价体系。公益类文化事业单位对外往往以社会效益为最终目标，但社会评价是一种很难量化的指标；对内虽然已经按照要求建立了绩效考核目标，但在实际运行中由于缺少细化的具体目标任务，最终导致该类型事业单位效益评估困难。事业单位法人治理结构改革的目标能否达到，关键在于是否通过改革激活了博物馆自身力量，实现了博物馆社会效益的最大化。然而如果没有细化和量化的效益体系，评价只会流于形式。

4　晋祠博物馆法人治理结构建设的几点建议

当前，博物馆法人治理结构建设还处于试点阶段，尽管大多数试点单位都表现出改革的信心和决心，但就目前的实际效果来看，理事会制度并没有很好地落实，其应有的职能，特别是决策权并没有得到有效发挥。同时由于内外评价体系的不完善，法人治理结构建设最终能够实现怎样的效果，社会满意度如何都难以评估。太原市晋祠博物馆是隶属于太原市文物局的全额财政事业单位，是首批全国重点文物保护单位——晋祠的管理机构。作为一家市级文博单位，该馆承担着遗产保护、文化传承、社会教育、公众服务等社会责任。面对即将到来的法人治理机构深化改革，笔者结合多年基层工作经验，针对目前改革难点，提出以下三点建议，谨供未来改革者参考。

（1）完善理事会运行制度，提高理事积极性。

理事会制度是事业单位法人治理结构建设的核心，理事会能否按照改革预期发挥作用是法人治理结构改革成败的关键所在。传统上，博物馆作为公益类文化事业单位由政府部门成立机构进行管理。理事会的成立不仅是为了实现政事分开、管办分离，也是为了体现社会公益事业由全社会共同管理的理念。因此在我们国家，博物馆理事会要建立在政府主导下，通过立法的手段，明确上级政府部门和博物馆、理事会之间的关系和权利边界，切实保障理事会对博物馆的决策、监督地位，否则理事会的建立毫无意义。

同时，还要通过立法的手段，保障理事会成员的合法地位、权利和责任，否则理事会理事无法专心履职。由于理事会组成来源包含其他社会组织、专家学者、群众代表等，他们来自其他行业，本身有着自己的工作和业务，再加上一些主观、客观原因，对理事会的工作热情不高。要通过一套行之有效的法律和制度将理事调动起来，提高理事的主人翁精神和投入力度，通过扩大社会理事名额，来提供公众参与度，增强公益事业的群众属性。

（2）配套人事、财政制度改革，树立理事会权威。

理事会的独立、有效运行，依赖于相对独立的人事权和财权。如果理事会没有一定的人事任免权，管理层不是由理事会产生，那么管理层也必然不会对理事会负责。不解决权力来源的问题，理事会的决策权和监管权就要大打折扣。理事会要发挥人事权，一方面要打破原有用人体制，将原事业单位管理层由上级行政部门任命，逐步过渡到管理层全部实行聘用制，并由理事会产生。聘用范围可以面向原单位，也要面向社会，实行竞争上岗、岗位工资制度。另一方面要赋予管理层独立开展各项业务工作的权利，制定详细的绩效考核目标，从目标上激励管理层，充分发挥管理层的积极性，从而真正实现管理层对理事会负责。

理事会财权的实现，不仅体现在对博物馆预算审核和决算审计上，更重要的是要有相对灵活的资金凑集能力和管理权。当前，公益类博物馆资金主要依靠财政，财政资金在使用范围和程序上都要按照财政部门的相关要求执行。但有时某些政策制定得不够灵活，还有些地方政策和国家政策衔接不及时。近年来，虽然国家出台了多项政策大力推动文化文物单位文博创意产品研发，但是有些政策并没有及时落地，基层单位因受财务政策的制约而无法开展工作。

另外，当前博物馆资金筹措的能力和渠道都非常有限。虽然国家有鼓励社会力量参与文物保护等类似政策出台，但由于各种原因，绝大多数文博单位对此非常谨慎，公益类博物馆依赖财政的状况仍将长期存在，财政部门也要逐步放宽博物馆的资金来源渠道。博物馆要在使用好财政资金的同时，学习国外博物馆在资金凑集、管理、使用的经验和做法，提高博物馆的独立性和公信力，解放思想、大胆实践，逐步走出完全依赖财政资金的境地，为博物馆健康运行营造良好的资金环境。

（3）建立细化的内部绩效和外部评价两个体系。

事业单位建立绩效奖励制度是激发事业单位内部活力的一项重要举措。然而由于各种原因，很多单位并没有建立细化的绩效考核目标。虽然因部门不同、工种不同，建立统一的量化标准确实存在一定的困难，但是正因如此，才需要每个单位结合自身实际情况，按照不同岗位设置，制定相应的岗位目标责任，细化岗位考核内容，至少在相同类型的岗位上，实现有效考核。结合用人改革，实现竞争上岗、能上能下、多劳多得的格局。这也是法人治理结构建设的一项重要内容。通过建立职工对管理层负责、管理层对理事会负责的体系，进一步激发博物馆的活力。

对于外部评价体系的建立，关键是要建立人民群众满意的评价标准，才能实现社会效益的最大化。然而在现实中，群众的要求可能是千差万别的，有时候甚至对我们的期望超过我们的实际能力。因此要通过建立一条畅通的反馈途径，不断满足群众的合理要求和期望，促进博物馆的改革发展。博物馆作为公益文化事业，群众是否满意是最终的评价标准。更为重要的是，要扩大群众代表在理事会的席位，扩大群众的声音，听取群众的意见，最终实现公益事业为公众服务的目标。

结　语

我国博物馆建立法人治理结构的大幕即将拉开。法人治理结构改革最终要实现政事分开、管办分离，就是要让博物馆相对独立地运行。然而改革是一项综合工程，牵一发而动全身，需要相关措施的协调推进，特别是一些关键领域的核心改革必须跟进，如人事、财务制度等，否则法人治理结构建设很可能半途而废。任何改革都不可能一路坦途、一蹴而就，作为博物馆人，我们不仅需要有直面现实问题的勇气，更要有迎难而上、解决问题的担当，坚定信念、勇于创新，就必然能够成功。

公众对文物保护修复的认知情况调查

刘逸堃
（北京大学考古文博学院，北京，100871）

摘要 以公众为主要研究对象，整体探究了公众对于文物保护修复的认知情况，对比了公众和文博行业从业者之间的认知差异。针对文物保护理念中几个关键要点设计案例题，利用问卷法进行研究。通过对问卷结果的统计分析发现：公众基本认可延长文物寿命的保护工作，但对保护修复理念存在误解，且不能很好地识别各类破坏性修复；相较于商业修复，公众更倾向于考古修复和博物馆修复；对于文物的重建与复制，公众具有很高的接纳度；从业者和公众在保护修复理念上有明显差异，主要体现在修复尺度的倾向和对创造性修复的态度有所不同；各从业者之间在理念的各个层面仍有分歧。研究结果弥补了文物保护修复工作中面向公众层面研究的缺失，为文物保护修复的宣传和推广工作提供了指引，也为后续的相关研究提供了重要的参考资料。

关键词 文物保护 文物修复 理念 公众 问卷调查 统计

引　言

近年来，在“让文物活起来”的号召下，全国文博行业均不断努力“让文物资源更好地传承文明、服务社会”。在文物保护修复领域，各地的文物工作者在保护修复技术研究上已经获得了大量杰出的成就，使得更多文物得以完整、长久地保存并呈现给公众。然而，在公众这一遗产的权益主体[1]面前，文物是否较好地发挥了其蕴含的价值，现有的保护修复工作是否被认可，我们却不甚了解。近几年公众对于保护修复工程存在误解和批评的新闻事件也屡屡发生。这种双向的不了解既反映了文物从业者与公众之间理念的差异，也是二者之间缺乏沟通和互动的表现，最终成为文物价值广泛传播的严重阻碍。因此，研究公众对文物保护修复的认知情况，再据此有的放矢地进行传播和推广，可以拉近双方距离，建立连接文物从业者与公众的桥梁，从而同时达到创新文物价值传播体系与推进文物合理利用的目的[2]。

以公众为研究对象，利用问卷进行定量研究的方法，在社会学、传播学、管理学等各领域早已十分成熟[3-5]；在博物馆领域，王玲[6]和徐婧[7]等部分学者也曾针对博物馆游客进行了问卷调查，分析了游客的参观需求以及评价和建议；极少数学者对于公众的文物保护需求进行过探索：项项[8]通过问卷初步调查了青岛市博物馆游客关于文物保护意识和需求的自我认知情况。而对于公众认知情况的客观评定，以及对问卷数据的深入挖掘和分析，尚待大量更深入的调查研究。

本文进行了一次关于公众对于文物保护修复认知情况的问卷调查，挑选了现有文物保护修复理念中几个与公众认知关系密切的要点，设计了生动易懂的案例题，同时向公众和文博行业从业者提问，并对结果进行了统计分析，从中初步挖掘了公众的认知倾向，弥补了面向公众层面研究的缺失，为文物保护修复的传播和推广提供指引。

1 研究方法

1.1 问卷设计

1.1.1 问卷概述

本次问卷设计包含了三部分内容：社会人口特征、自我认知综合题和理念案例题。其中，社会人口特征将在1.3节介绍；自我认知综合题部分将在未来的研究中介绍并作深入分析；本次研究主要利用7道理念案例题的答案进行分析。本小节主要介绍题目内容和设计思路。

1.1.2 设计思路

文物保护修复理念指导着保护修复工作尺度的把握[9]。工作不够可能危及文物的安全，过度则又可能破坏文物原真性。一个合适的尺度可以权衡利弊，使文物价值得以最大限度地保存。对于公众而言，虽然没有保护修复理念的知识背景，但对于一项具体保护修复工作的好坏，仍有其主观的判断——“这件文物修得好不好”“文物价值有没有受损”，公众也有自己的尺度。那些公众对于保护修复工作存在误解的新闻事件，也体现了公众与文物工作者之间价值判断的差异。因此，要探究公众的认知，应选择具体的保护修复案例，并用通俗的语言进行描述，让公众站在其个人角度对这些案例进行评价，而后从大量答案中统计分析出公众认知的倾向，从而得到较为准确客观的分析结果。

又因为不同类型文物在保护修复理念上有着不同的展现方式（许多学者也曾分别针对不同类型文物的保护修复理念进行了探讨[9-12]），故本次研究选取了7种不同类型文物的具体保护修复案例，围绕“完整性和原真性”“创造性修复”“重建”等文物保护修复的理念要点，设计了7道单项选择题，并配以图片及简要文字对案例进行描述。部分题目的选项设计方式参考李克特五级量表，即设计“非常好”“比较好”“无所谓”“比较糟”“非常糟”5个选项；其余题目的选项则根据案例的具体情况而设计；为避免过多专业词汇可能导致理解困难，题目中对于保护修复方法等描述均替换为对应的通俗语言。各案例题目详见表1。

表1 理念案例题题目

	题目	选项	图片	
陶瓷题	对于图中陶器的残损碎片，您觉得以下哪种保护及修复方式是最好的?	A. 原样保存就好，不做任何拼接、填补等工作 B. 将碎片拼接完整，将空缺的地方用其他材料简单填补起来	(A)	(B)

续表

	题目	选项	图片	
陶瓷题	对于图中陶器的残损碎片，您觉得以下哪种保护及修复方式是最好的？	C. 在填补处参照其他区域的特点适当美化，但近看依然可以分辨出哪里是填补的 D. 将碎片拼接填补完整后，参照其他区域的特点，对缺失部分进行再创作。最终将其恢复成一个完整的香炉，看不出任何损坏过的痕迹	 （C）	 （D）
青铜题	图为一青铜鼎修复前和修复后，这次修复去除了青铜鼎上大部分锈迹，使其很大程度上恢复了崭新的状态。您如何评价这次修复？	A. 正确的修复，青铜鼎展现了当年的风采 B. 采取延长寿命的保护就好了，不应清除所有铜锈 C. 不应对青铜鼎做任何处理		
佛像题	图为一尊佛像，因为历史的原因，它失去了头部和右臂，右图是修复后的形态。您如何评价这次重建头部和右臂的修复？	A. 非常好，完整的佛像比之前好看了许多 B. 比较好，外观有了一定程度的改善 C. 无所谓，修复与不修复都可以 D. 比较糟，这些填补不太和谐 E. 非常糟，肆意创作几乎毁了这件文物		
肖像题	图为一幅肖像油画修复前和修复后，您如何评价这次修复？	A. 正确的修复，画像恢复了其应有的艺术价值 B. 清除表面污渍灰尘是合理的，但不应该补画头部缺失的部分 C. 不好，不应该对这幅油画做任何的处理		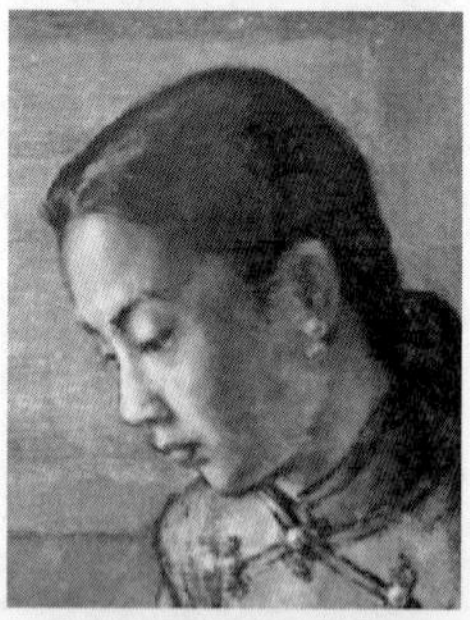
壁画题	左图为某寺内的一处壁画，近年该壁画被补画和重描（右图），您如何评价此次壁画重绘？	A. 非常好，壁画重现往日风采 B. 比较好，画面有所改善 C. 无所谓，重绘与否皆可 D. 比较糟，壁画价值有些受损 E. 非常糟，壁画价值遭到严重破坏		

续表

	题目	选项	图片
重建题	“欲穷千里目，更上一层楼。”——2002年，山西永济鹳雀楼完成了复建。出于对这句唐诗的热爱及对文化的传承，这座元代就已毁坏的名楼，在没有留下任何建筑图纸的情况下重现于世。您如何评价鹳雀楼的重建？	A．完全支持，重建能让人有机会感受鹳雀楼过去的风韵 B．比较支持，依然愿意到此处游玩，感受诗中意境 C．无所谓，说不清楚 D．比较反对，新的鹳雀楼使诗意大打折扣 E．完全反对，全新的鹳雀楼没有任何意义和价值	
复制品题	当某个文物的真品不再存在或不宜展出时，为了展陈需要，博物馆会展出其复制品。您如何评价参观博物馆时看到文物的复制品？	A．完全接受，只要它能看起来和真品一样 B．比较接受，不是特别影响我参观该文物 C．说不清楚，要看情况 D．不太能接受，知道是复制品后就不那么有热情了 E．完全不能接受，复制品没有任何意义，我只愿意看到文物的真品	

1.1.3 题目设计

（1）陶瓷题。古陶瓷修复中，依需求的不同，修复尺度可大致分为考古修复、博物馆修复和商业修复。三种修复手段在陶瓷的原真性和完整性上有着不同的取舍，这与公众在博物馆观赏文物时“更在意文物的观赏性还是历史原真性”这样的问题相呼应。因此，本题挑选了一件破损陶器经三种不同修复手段后的照片（分别对应选项B、C、D），让公众选择其中最认可的一种，从而探究公众对于三种经典陶瓷修复方式的认知倾向。

（2）青铜题。青铜器上的无害锈被视为承载其历史价值的关键[13]，给人带来古朴的视觉美感的同时，也是文物“原状”的一部分。通过让公众对一个完全清除了无害锈的保护案例进行评价，可以探究公众对这一层历史价值的重视度，进而一定程度上反映公众潜在的对文物“原状”的认知倾向。

（3）佛像题。布兰迪[14]和尤基莱托[15]均在他们各自的著作中指出：保护修复工作不应对文物进行再创作。布兰迪称其为“历史的造假和审美的侵犯”[14]。本题通过向公众展现一个重建佛像头部和右臂的修复案例，探究公众对于创造性修复的认知态度。

（4）肖像题。本题所列的肖像画修复案例为一次常规的修复案例，通过对头部破损的补绘使画像恢复了完整性，且将引入的干预降到了最小。该题用于与其他题目进行对比研究。

（5）壁画题。与“青铜题”相似，本题是破坏文物“原状”的修复行为在壁画类文物上的一种体现。本题用于探究公众是否对于“引入现代颜料带来历史信息的破坏”有所认知，亦即历史价值的重视度。

（6）重建题。重建是一种特别的建筑保护工程。重建工作需要考虑是否有遗址残留，是否有文字史料、图纸等诸多条件后再决定是否进行以及如何进行[16]。本题着重关注其中“没有足够史料而重建的仿古建筑”，以鹳雀楼为例，通过询问公众的评价来整体把握公众对此类重建的接纳度。

（7）复制品题。文物复制品是博物馆以保护文物本体为目的，用于展陈、科研而制的一种特殊物品[17]。文物复制工作不仅历史悠久，也是各地博物馆工作内容之一。而对于作为博物馆游客的公众，用以代替真实文物的复制品是否影响了参观，我们也应予以了解。由于此问题具有一般普遍性，故不设计案例而直接提问。

1.2 问卷发放、回收与预处理

本次问卷调查使用互联网问卷在线填写的方式进行。通过网络问卷平台进行编辑，并通过微信好友及朋友圈分享、二维码扫描的方式进行传播。问卷开放填写时间为2017年3月12日至2017年3月19日，并最终收回2302份问卷。

随后对问卷数据进行了预处理：所收回问卷中无填写或不完整问卷，不作清理；按问卷总量的5%清理填写时间过短的问卷127份，以减小随意填写行为对问卷有效性造成的影响；清除填写逻辑有误的问卷8份，如在社会人口特征题中同时选择“未受过任何教育”和“学生”的问卷；依照设置的问题“是否属于文博从业者”和“亲属中是否有文博从业者”，将具有行业背景知识者的问卷从公众中分离，以保证问卷对于公众的代表性不受过多干扰，也为对比分析公众与从业者认知差异做准备。最终用于分析的公众问卷为1056份。

1.3 社会人口特征

问卷收集了性别、年龄、受教育程度、职业四项社会人口特征信息，其中：男性占42.6%，女性占57.4%；年龄上18～25岁居多，占32.9%，26～30岁、31～40岁、41～50岁相近，各占17.0%、20.3%、16.0%，18岁以下及60岁以上较少，均不足2.0%；职业分布上，学生最多，占23.0%，“教师、工程师、医生、律师”类占17.6%，国家机关事业，单位领导与工作人员及企业公司中高级管理人员相当，分别占14.5%、11.6%，商业与服务业一般职工占9.1%，其余职业类型为1.0%～7.6%不等；受教育程度上，以大学本科为主，占50.9%，硕士研究生及以上占21.1%，大学专科、高中（中专/技校）分别占17.3%、8.4%，初中及以下占2.2%。四项社会人口特征的具体数据如表2所示。

表2 社会人口特征数据

基本特征	类别	样本数量/人	比例/%
性别	女	606	57.4
	男	450	42.6
年龄	18岁以下	9	0.9
	18～25岁	347	32.9
	26～30岁	180	17.0
	31～40岁	214	20.3
	41～50岁	169	16.0
	51～60岁	117	11.1
	60岁以上	20	1.9

续表

基本特征	类别	样本数量/人	比例/%
受教育程度	初中及以下	23	2.2
	高中（中专/技校）	89	8.4
	大学专科	183	17.3
	大学本科	538	50.9
	硕士研究生及以上	223	21.1
职业	学生	243	23.0
	国家机关/事业单位领导与工作人员	153	14.5
	企业/公司中高级管理人员	122	11.6
	教师、工程师、医生、律师	186	17.6
	技术工人（包括司机）	26	2.5
	生产与制造业一般职工	45	4.3
	商业与服务业一般职工	96	9.1
	个体户	42	4.0
	农民	11	1.0
	无业、失业、下岗	52	4.9
	其他	80	7.6

2 结果与分析

通过对公众的理念案例题答案进行统计分析，并将其与从业者答案通过交叉分析进行比较，得出各题的分析结果如下，详细的统计数据如图1所示。

（1）陶瓷题。公众的选择集中在B、C两种修复方式，分别占31.5%和31.3%；A、D选项较少，占14.8%和22.3%。可以看出，公众在古陶瓷修复尺度上更倾向于考古修复和博物馆修复，而对商业修复的需求不高，且认为不应做任何修复的公众很少。从业者的选择以C为主，占53.6%；较公众而言，A、D的选择都更少（分别为4.6%、12.3%）。由此得知，此题上从业者答案与公众有较大的差异：从业者明显倾向于博物馆修复，而公众的选择更加多样化。

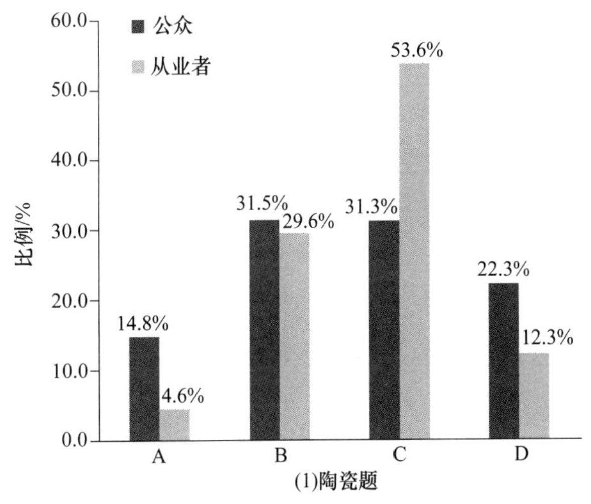

图1 公众与从业者案例题数据统计

（2）青铜题。选择“保护但不清除铜锈”的公众较多，占54.0%；选择“正确的修复”的公众占38.1%；仅有7.9%的公众认为“不应做任何处理”。这说明公众整体上更倾向于保留锈迹，即对青铜锈的价值有一定的认同，但仍有一定数量公众认可这次“修旧如新”的修复。从业者的选择明显更集中于

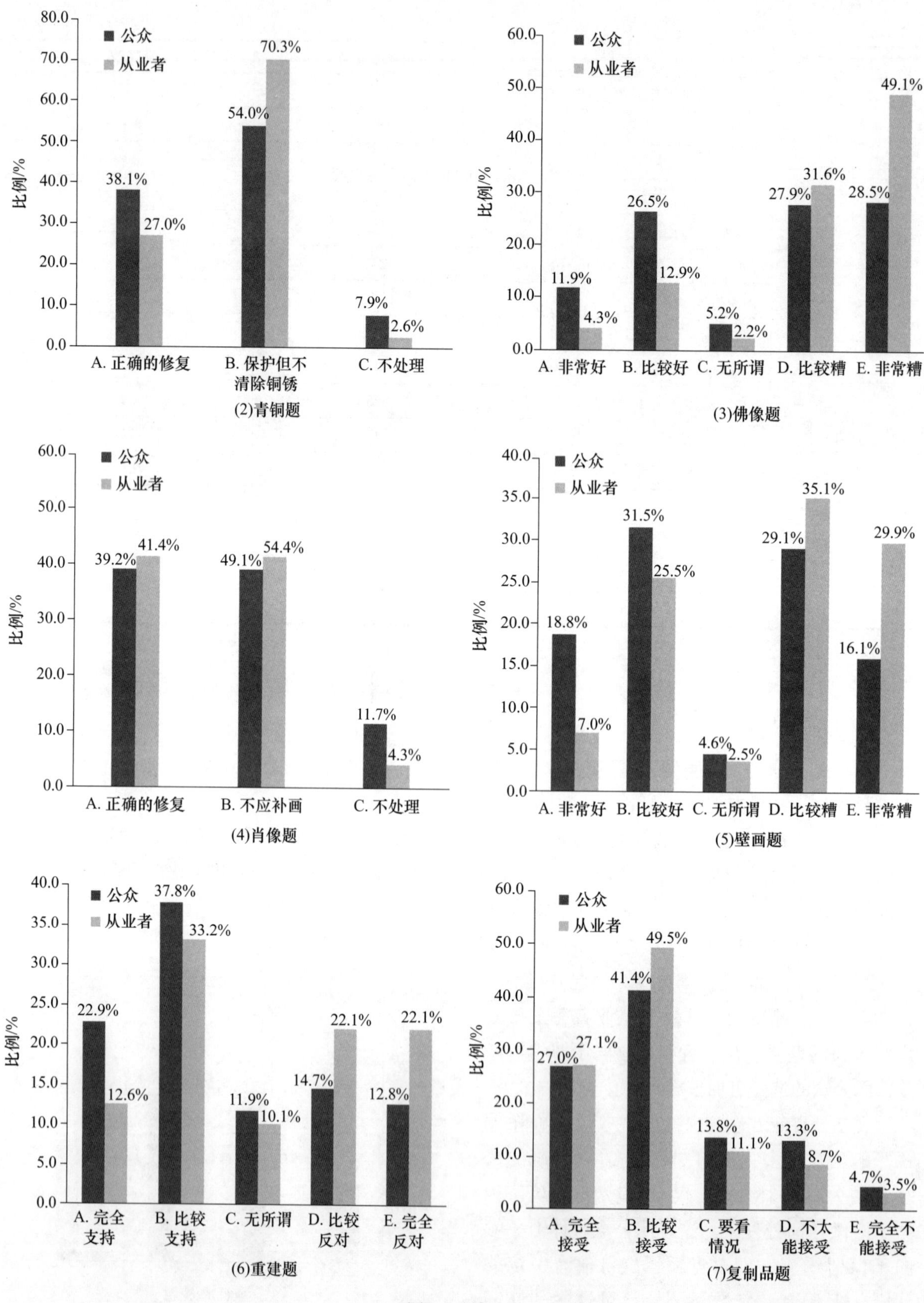
公众
从业者
比例/%
A. 正确的修复
B. 保护但不清除铜锈
C. 不处理
38.1%
27.0%
54.0%
70.3%
7.9%
2.6%
(2)青铜题
A. 非常好
B. 比较好
C. 无所谓
D. 比较糟
E. 非常糟
11.9%
4.3%
26.5%
12.9%
5.2%
2.2%
27.9%
31.6%
28.5%
49.1%
(3)佛像题
A. 正确的修复
B. 不应补画
C. 不处理
39.2%
41.4%
49.1%
54.4%
11.7%
4.3%
(4)肖像题
18.8%
7.0%
31.5%
25.5%
4.6%
2.5%
29.1%
35.1%
16.1%
29.9%
(5)壁画题
A. 完全支持
B. 比较支持
C. 无所谓
D. 比较反对
E. 完全反对
22.9%
12.6%
37.8%
33.2%
11.9%
10.1%
14.7%
22.1%
12.8%
22.1%
(6)重建题
A. 完全接受
B. 比较接受
C. 要看情况
D. 不太能接受
E. 完全不能接受
27.0%
27.1%
41.4%
49.5%
13.8%
11.1%
13.3%
8.7%
4.7%
3.5%
(7)复制品题

图1 （续）

"保护但不清除铜锈"，占70.3%；较公众而言，"正确的修复""不处理"的选择都很少（分别占27.0%、2.6%）。可以看出公众与从业者认知倾向较一致，从业者对青铜锈的价值有更高的认可度。然而仍有一部分从业者认可清除全部铜锈的修复。

（3）佛像题。反对此佛像修复的公众较多，占56.4%（非常糟占28.5%，比较糟占27.9%），认可的公众占38.4%（非常好占11.9%，比较好占26.5%）。可以看出在重建佛头和右臂的"创造性修复"上，公众的认知有所分歧，反对者稍多。从业者则非常不认可该修复（非常糟占49.1%，比较糟占31.6%），这与公众有较大差异。然而仍有少量从业者表示了认可，占17.27%。

（4）肖像题。选择"不应补画"的公众较多，占49.1%，选择"正确的修复"公众的占39.2%。可以看出公众的认知有一定的分歧，反对补画头部区域的公众略多。从业者的选择与公众答案非常相似，仅在"不做任何处理"上，从业者的选择少于公众。可以看出，对于这样一个没有再创作且恢复了作品完整性的常规修复，从业者仍持有不同观点。

该题公众的答案分布与"青铜题"非常相似，然而实际上两个修复案例是截然不同的：一则为清除了有价值的历史信息的"修旧如新"；二则在没有进行任何再创作的情况下做到了恢复画面完整性。随后对公众两题答案进行了双变量相关性分析，得到相关系数为0.319，存在一定相关性。这说明公众对于这两道题的选择具有一定程度的一致性。由此可推测，公众在认知上可能存在某种盲目性：即在面对相似题目时出于习惯而做出相似的答案选择，而非真正出于自己对文物价值的判断做出的选择。此推论仍需要进一步数据分析予以验证。

（5）壁画题。认可这次壁画补绘和重描的公众居多，占50.3%（非常好占18.8%，比较好占31.5%），反对的略少，占45.2%（非常糟占16.1%，比较糟占29.1%）。可以看出在这次壁画的补绘重描上，公众的认知有较大分歧，且认可的略多。而从业者则明显更反对此修复（非常糟占29.9%，比较糟占35.1%）。但仍有32.5%从业者认可这次修复（非常好占7.0%，比较好占25.5%）。这说明对于壁画重描可能带来的文物原材料的破坏和历史信息的丢失，部分从业者与公众没有足够认识。或者相比于历史信息，公众更在意画面的完整性。

（6）重建题。公众对于此类重建行为具有非常高的接纳度，60.7%的公众选择支持（完全支持占22.9%，比较支持占37.8%），仅27.5%的公众选择反对。而从业者的分歧较大：支持与反对分别占45.8%和44.2%，且反对的态度较支持的更强烈（完全反对比完全支持多9.5%）。可以推测，公众对于此类没有遵照图纸及足够史料记载而重建的"历史建筑"所带来的观光游览价值及文化价值更为认可，而对其原真性并没有很高的要求；相比之下，许多从业者更看重其原真性及历史价值。

（7）复制品题。公众对于文物复制具有非常高的接纳度，68.4%的公众选择接受（完全接受占27.0%，比较接受占41.4%），仅有18.0%的公众选择不接受。从业者与公众的认知一致，且具有更高的接纳度：接受占76.6%，不接受仅占12.2%。可以推测，公众与从业者都能接受博物馆展陈时复制品对于文物原真性的影响；由于从业者相较公众更加了解文物复制对于文物保护的意义，故对其具有更高的接纳度。

3 结　论

综合分析各案例题答案，可初步得出如下结论：

（1）绝大部分公众认可延长文物寿命的保护工作。在陶瓷题、青铜题、肖像题中，关于"不应做任何处理"的选项的被选频次均非常少（分别占14.8%、7.9%、11.7%），而这些选项与其他选项的主要区别就在于是否进行了“延长寿命的保护工作”。因此可以看出，公众比较在意文物的安全，且片面追求不干预文物以及不在意文物安全的观点很少。

（2）公众对于保护理念存在误解，不能很好地识别出破坏文物价值的修复。各题目中涉及“修旧如新”“创造性修复”等的修复行为，均有大量公众表示了认同。通过对比肖像题和青铜题的答案，发现这两种尺度截然不同的修复案例具有十分相似的答案分布和一定的相关性（相关系数0.319）。推测公众可能在答案选择上存在着盲目性：即相似的题目做出相似选择，对于文物价值并没有明确的认知。

（3）对于修复尺度，公众更倾向于考古修复和博物馆修复，对商业修复的需求不高。该结论主要由陶瓷题的答案得出：公众的选择以考古修复和博物馆修复两个选项最多。公众这种对于陶瓷修复尺度的选择，也可以看作对文物修复尺度的整体认知倾向。同样，在青铜题和肖像题中，公众的选择也更倾向于“尺度适中的修复”（两题的B选项分别占54.0%、49.1%），而对“尺度较大的修复”倾向不高（两题的A选项分别占38.1%、39.2%），这也一定程度上支持了该论点。

（4）对于文物的重建和复制，公众持有非常高的接纳和认可度。两题中“支持”的选项上，公众的选择非常集中，分别为60.7%和68.4%，明显比其余案例题中答案的集中度更高，说明重建和复制已经被公众广泛接受，这对于文物工作方向具有很强的指导意义。

（5）公众和从业者之间存在诸多保护修复理念上的差异。例如，修复尺度上，公众的倾向较多样化，而从业者明显倾向于博物馆修复；佛像的再创作上，公众的观点分歧较大，而从业者大多表示反对等。理念认知的差异是误解产生的根源，只有针对公众与从业者认知差异较大的点进行宣传和普及，才能消除障碍，使二者之间有足够的沟通，并最终有益于文物价值的传递。

（6）各从业者之间对文物保护理念的认知仍具有分歧，且有一定数量的从业者在理念层面仍存在错误的认知。除复制品题以外，各题从业者的答案均展现出一定程度的多样化——即使在明显对文物价值有损的修复案例面前，表示认同的从业者仍不在少数。这既说明在保护修复理念上，不同学者之间观念仍有较大分歧，又说明许多从业者对于文物价值和理念仍缺乏正确的认识。因此在这种现状之下，我们不仅需要向公众宣传和普及保护修复理念，公众对于保护修复理念的认知也可以作为我们文物工作方向的参考。

本次调查研究仍有一定的局限性，这有待于进一步深入的研究和分析：本次问卷的受试者年龄集中于18～25岁，职业上则学生占大多数，这是问卷的发放方式导致的抽样不均匀。然而这种抽样的不均匀很难在实际地问卷调查工作中很好地解决。因此这种不均匀是否对问卷答案产生了较大的影响，亟待进一步的数据分析；在题目的设计上，不同文物及对应的不同修复方式之间有较大的差异，每一项具体的保护修复案例也都有其独特性，故案例题的答案对于公众真实的认知情况的反映必然有限，这有待于更科学的问卷设计以及引入访谈的研究方式予以优化和补充。

参 考 文 献

［1］ 孙华，王思渝，魏子元，等. 关于遗产保护主体的思考［J］. 遗产与保护研究，2016，（2）：27-32.

［2］ 中共中央办公厅、国务院办公厅印发《关于加强文物保护利用改革的若干意见》［EB/OL］. 新华网，2018-10-08.

［3］ 金碚，李钢. 企业社会责任公众调查的初步报告［J］. 经济管理，2006，（3）：13-16.

［4］ 佟新，刘爱玉. 城镇双职工家庭夫妻合作型家务劳动模式——基于2010年中国第三期妇女地位调查［J］. 中国社会科学，2015，（6）：96-111.

［5］ 征鹏，浦颖娟，孙艳. 网络青年亚文化传播路径研究报告——基于江苏21所高校的调查［J］. 中国青年研究，2013，（9）：18-24.

[6] 王玲. 基于公共文化空间视角的上海市博物馆旅游发展研究［D］. 上海：复旦大学，2010.

[7] 徐婧. 基于考古遗址保护与展示的国内遗址博物馆案例调查研究［D］. 西安：西安建筑科技大学，2014.

[8] 项琐. 青岛市博物馆公众文物保护需求调查统计分析［J］. 遗产与保护研究，2016，1（3）：73-77.

[9] 陈仲陶. 对青铜器保护修复理念、原则的探讨［J］. 文物保护与考古科学，2010，22（3）：87-91.

[10] 仝艳锋，王晶. 济南华阳宫古建筑群壁画保护修复理念研究［J］. 中国名城，2011，（10）：38-41.

[11] 骆琳. 概述古陶器的考古修复［J］. 中国文物科学研究，2008，（1）：23-26.

[12] 曹怀义. 浅谈古代建筑彩画保护修复理念［J］. 文物世界，2013，（1）：58-60.

[13] 郭宏. 论“不改变原状原则”的本质意义——兼论文物保护科学的文理交叉性［J］. 文物保护与考古科学，2004，16（1）：60-64.

[14] 布兰迪. 文物修复理论［M］. 意大利非洲与东方研究院，2006.

[15] 尤基莱托. 建筑保护史［M］. 北京：中华书局，2011.

[16] 郭黛姮. 关于文物建筑遗迹保护与重建的思考［J］. 建筑学报，2006，（6）：21-24.

[17] 成仲旭，吴海涛. 博物馆的文物复制［J］. 中国博物馆，1993，（2）：59-62.

数字化技术在博物馆文物保护工作中的思考

张宝圣

（山西博物院，山西太原，030024）

摘要 作为文物大省，山西的文物资源十分丰富。最近几年，山西省在文物资源的管理、保护、利用等方面取得了长足的进步，但可提升的空间依然较大。在“互联网+”时代，文物数字化建设、博物馆数字化建设，可以改变博物馆运营理念，提升博物馆工作效率，并开辟新的发展空间。它所提供的新理念、新方法可以有效整合博物馆资源，使沉寂在博物馆里的文物活起来，使博物馆在提升人民群众文化素养方面发挥更大的作用。

山西博物院近几年在文物数字化保护工作方面进行了积极的探索，取得了较大的成果，文物信息系统平台建设、部分珍贵文物数据采集、物联网库房管理等项目，都是数字化技术应用的典范。

关键词 山西博物院 文物保护 数字化应用

引 言

习总书记说，“让收藏在博物馆里的文物、陈列在广阔大地上的遗产、书写在古籍里的文字都活起来”，这就说明博物馆不能仅是作为物的保险箱，更是一个为人、为社会生活服务的公共文化机构，它与人们生活的联系也越来越密切。

在“互联网+”思维的影响下，人们已经日益习惯于数字化给生活学习带来的便利，我们在考虑博物馆建设和发展时，也必须要接受互联网思维。

博物馆数字化建设不仅可以提高工作效率、辅助陈列展览，而且可以改变博物馆原有的意识形态和工作方式。博物馆中传统的各项工作，如收藏、管理、研究、展示、教育等，都将会由于文物数字化建设而再次被注入活力，博物馆的大多数业务工作也将借力数字化建设实现升级转型。博物馆运行模式和工作方法改变，也会刺激人类社会活跃和产生创新思维。

博物馆也将在数字化建设的进程中实现对博物馆原有内涵和外延的扩展，与外界重新建立生态关系，在多学科交叉汇通的情况下，积极参与、协同创新，开拓出新的生存领域。

文物是具有历史、艺术、科学价值的遗物和遗迹，是人类宝贵的历史文化遗产，同时承载着人类的精神文化价值。

由于文物的稀缺性和不可再生性，如果缺乏原始的、准确的基础数据，一旦遭遇地震、火灾、水灾、偷盗等各种意外损毁或灭失，修复或还原将变得极为艰难。例如，2018年10月9日巴西国家博物馆因一场大火而使无数价值连城的文物遭受毁灭，其损失难以衡量。可以说，文物保护工作是与时间赛跑的工作，有助于我们记录更多的信息。

传统的文物保护手段通常以手工操作为主，并使用拍照、拓片等辅助技术手段，这些方法难免遗漏掉诸多信息，有的还需要直接接触文物，对文物造成了一定程度的损害。文物数字化可以使文物在数字领域中无限接近文物当时的准确信息，既真实、直观又不会对文物造成损伤，同时还可以增强人们对现存文物的关注度，并激发人们的文物保护意识。

1 文物数字化相关问题

随着文物保护的重要性越来越受重视，客观上要求从业者不能像从前那样局限于单一专业领域，文物数字化应运而生。文物数字化是利用数字技术完整记录文物信息，持续监测文物状态，支持本体保护、科学认知、价值发掘与创新传承。

文物数字化主要以计算机科学技术为基础，并结合其他学科相关先进技术对文物实现数字化。要想掌握基本的文物数字化技能，就必须重视文、理、工多学科的交叉和多技术针对性的综合应用，如计算机相关技术（数据库技术、计算机辅助三维建模、计算机图形处理等）、颜色科学（文物在色彩管理、色彩校准等方面的问题）、摄影技术（大量的图片数据都必须通过摄影拍照来获得）、人工智能（利用领先的人工智能算法对采集到的多形态数据进行分析、处理以及虚拟重建，为后续的修缮、维护提供指导）、测绘技术（倾斜摄像技术、PPK相机、无人机对大遗址航拍实现三维实景遗址重建）等的相互融通合作[1]。

大体而言，文物数字化需要注意以下几个方面：①文物数字化要求把严谨的考古理论方法同精准的数字化技术结合起来，尽力获取详细的数据，以实现对文物的保护、管理、研究和利用。以尽力永久地保存并传承文化遗产的信息数据为目标，将先进的数字技术应用到文化遗产的保护、研究等领域，保障并促进文化遗产事业的健康蓬勃发展。②文物数字化，是一个系统工程，不是某个专业人员的工作，而是需要多专业的人才合作，团队分工要明确，分工要专业。分工不明确，专业不对口，必然会影响最终的数字化结果，项目失败可以重新做，但是延误的时间对于文物保护来说是无法弥补的，因此，前期进行文物数字化方案设计和规划是非常必要的。③不同类别的文物实现数字化的方法也不同，同样类别的文物因所处的地理位置和自然环境不同所需要的数字方法也不同，这就需要在文物保护大框架下，依据具体的文物来制定具体的数字化方案。④文物数字化的价值，不仅在于文物保护研究本身，而是对公众和社会有用，其能否给人类社会的发展和进步带来积极的启示，这一点很重要，也是难点，现在文博界对文物数字化后的海量数据力不从心，不知道怎么去用，甚至根本不用，让这些数据直接沉睡在硬盘中，这就要求文物数字化工作者必须发挥主观能动性，让数字化数据尽可能活起来，为文博事业的健康发展作出应有的贡献[2]。

建立文物数字化档案具有多方面的意义：①为文物保护研究建立完整、准确、永久、逼真的数字档案；②通过数字化记录的方法为文物保护提供检测和修复依据，并能在已有模型的基础上重建已经不存在的或被毁坏的历史遗迹，能够真实记录考古发掘现场，再现考古发掘前后的遗址原貌；③建立虚拟博物馆，以虚拟展览方式为研究人员及游览者提供更自由的观察角度；④依据数字化技术得到文物数字化数据来建立文物模型，使用数控加工手段或3D打印，可以复制出文物的真实形貌或制作文物衍生品，用于代替文物真品进行实物展示，使人们能够欣赏文物造型的同时，减少和避免对文物真品的损坏[3]。

文物数字化修复方案的优势主要体现在以下几个方面：①全程可控，如在3D扫描、数字建模、3D打印等环节，与原作都是非接触的，不会对原作造成任何损害；②精确，无论是3D扫描，还是3D打印，精度可以在0.02～0.1mm以内，以保证最终成品的修复效果；③操作相对简单，传统文物修复技术对于手工操作的要求非常高，而专业的修复技师又比较紧缺，导致大量的文物得不到及时修复，现在借助先进的3D扫描和3D打印技术，可以使文物在修复之前就介入，尽早记录最原始、最准确的数据，为后期文物保护和修复做好准备工作，同时可以大幅降低对手工操作的依赖程度，且更加快捷、高效。

2　山西博物院的数字化工作

山西博物院作为国家级博物馆，馆藏文物资源丰富，但是从对文物资源的保护、管理和利用等方面来看，山西博物院和故宫博物院、上海博物院、南京博物院等还有比较大的差距。之所以有这么大的差距，其中一个很重要的原因是文物数字化方面人才短缺，技术比较落后。建立山西博物院文物数字化技术专业团队，决策层在对各类文物保护、管理和利用方面做出决策时，可以根据文物数字化的采集数据及成果支持，做出科学、严谨、有效的决策。

山西博物院近几年的文物数字化工作，主要包括山西忻州九原岗北朝壁画墓壁画的数字化采集和山西博物院馆藏精品文物的数字化等，通过实例运用文物数字化方法，按照文物数字化的工作流程，对不可移动文物和可移动文物制定不同的数字采集方案，校准色卡、对采集图片进行色彩管理、确定拍摄精度和拍摄扫描方法等，使用文物采集设备、激光三维描仪、高精度高保真扫描等相关硬件设备进行数据采集，通过计算机专业图形软件和数字三维建模软件等对壁画和文物的多图像数据进行分析计算，最终生成完整翔实的数字化文物数据。

其中山西忻州九原岗北朝壁画墓壁画的数字化采集非常不易，尤其各种自然环境的因素，如户外、白天黑夜、灯光、温度、湿度等这些人力不可控的因素，对户外大型文物的数字化采集影响很大，客观上要求制定更完善的数字化采集方案。

三维激光扫描技术的出现，为文物保护工作开辟了新的方式与途径。三维激光扫描技术具有非接触式、快速、高精度、高分辨率的成像效果等诸多优势，可系统、精确采集文物的各种信息（如尺寸、纹理、细节等），全面、系统化地采集与记录数字信息，最终建立基于文保修复和科研使用并具有数字展示能力的数码档案库，再通过相关的技术设备可以发现很多肉眼无法观察到的信息，为文物的修缮保护、虚拟展示、监测及进一步研究提供精确的数据支持。

通过三维激光扫描技术获取到的文物全息影像，再结合运用虚拟现实技术、计算机网络技术、立体显示系统、互动娱乐技术、特种视效技术，还可将现实存在的实体博物馆以三维立体的方式完整呈现于网络上，增强数字博物馆的建设，把枯燥的数据变成鲜活的模型，引领博物馆进入公众可参与交互的新时代，使大众可以近距离、全方位、深层次进行艺术欣赏和体验，使不可移动的文物突破物理空间和时间限制，通过互联网和移动终端实现资源共享，激发大众对文物的欣赏热情，培养人们对文化遗产保护的意识。

3 小　　结

（1）提高文物保护安全性。从理论上说，即使保护技术再先进，随着时间延长，文物还是会发生变化或损坏。但是通过数字信息获取与处理技术，可以更精准地收集、记录、整理、保存文物的信息，达到传统意义保护方式所不能达到的展示要求与保真效果，以另一种方式安全和长久地保存弥足珍贵的文物。

（2）扩大文物保护交流性。对于文物的传播交流而言，文物数字化保护相对于传统的文物保护，能起到更大的扩大和辐射作用。数字技术传播速度和快捷程度可以在最短的时间内使文化传遍世界，还可以将文物传播的内容从表面化、模式化、边缘化向深度推广。

（3）增强文物保护大众性。一方面，数字化的平台可以让我们不受地理位置限制，通过互联网就能走近文物，欣赏文物，且不受时间、财力、体力等条件限制，接近文物变得更加容易，使文物真正成为大众的文物，成为活起来的文物。另一方面，数字信息的网络传播及现代软件技术的应用更利于公众主动了解、认识和探索文物，激发和培养公众参与文物保护的自觉意识的同时，也提升公众保护文物的行动力。

（4）促进文物保护环保性。传统的文物保护，特别是物质文化遗产的实物修复与重建需要耗费大量木材、石材等自然环保材料的资源，造成对自然环境资源的破坏和浪费。而文物的数字化保护通过数字技术修复和还原文物，虽然也需要大量的人力和财力投入，但它不用消耗林木石材等自然环保资源，这种可持续的资源使用方式也代表着人类社会未来资源利用发展的方向。

参 考 文 献

［1］ 熊四明，肖增超．不可移动文物的数字化展示［J］．电子技术与软件工程，2016，（24）：260-261.

［2］ 刘健．对博物馆数字化建设中几个常见说法的质疑和解惑［EB/OL］．https://www.sohu.com/a/136410941_669468.

［3］ 孙霖楠．数字技术之于文物修复的意义研究［J］．博物馆研究，2010，（1）：52-59.

文物数字化在文化遗产保护中的应用探究
——以晋祠文化遗产保护为例

郭　蕾

（太原市晋祠博物馆，山西太原，030025）

摘要　博物馆是文化遗产保护和研究的重要场所，具有收藏保管、科学研究和教育传播等基本职能。文化遗产是一个国家和民族历史和文化的重要载体，也是文化资源的精华。随着文物数字化技术的不断进步和在文物保护领域的成功应用，该技术已经成为文化遗产保护和研究的重要技术手段。本文就文物数字化概念及技术手段，结合晋祠文化遗产特点，阐述了对晋祠文化遗产应用数字化技术保护的思路，并提出了实际应用中存在的难题和对策建议。

关键词　博物馆　文化遗产保护　文物数字化

众所周知，博物馆是征集、典藏、陈列和研究代表自然和人类文化遗产实物的机构，具有收藏保管、科学研究和教育传播等基本职能，是文化遗产保护和研究的重要场所。文化遗产凝结了先人智慧，反映了民族进步的足迹，是民族文化的代表，是一个国家和民族历史与文化的重要载体，也是文化资源的精华，其不可再生更不可替代。在我国几千年的历史长河中，沉淀下来丰富的文化遗产资源。同时，在经历了环境变化、战争破坏、历史变迁及经济飞速发展等因素的影响，很多文化遗产遭到破坏。如何能将这些珍贵的文化遗产保存记录，抢救修复并得以传承，对每一位文博人来说都是一个重要的课题。充分保护和研究，再现其历史价值，促进其合理利用，具有重要的历史和现实意义。随着信息技术的飞速发展，其高速运算、处理大数据、应用领域广泛等优势逐渐被认可，文物数字化也成为文化遗产保护中重要的技术手段，拓展了文化保护的途径，提升了文化遗产保护、保存与展示的水平。

1　文物数字化的概念

数字化是指使用“0”和“1”两位数字编码来表达和传输一切信息的一种综合性技术，在同一种综合业务中进行传输，再通过接收器使其复原，可以无限地复原，而质量不会受到任何损害，是信息处理的一场革命。

文物数字化就是利用数字化技术完整记录文物信息（历史、艺术、文化、科学），实现对文物信息的数字化保存和展示，通过计算机、软件等信息技术支撑达到对文化遗产保护和传承。主要有数字化扫描、摄影、数字化编辑等对文物进行数字化加工处理，结合计算机图形学、图像处理和虚拟信息技术，对历史文化遗产加以数字化建模、虚拟修复、数字展示等。

文物数字化真实、直观地保存和再现文物信息，而且不会对文物本体造成直接伤害，同时为文化遗产建立完整的数据资料库，为文物修复、重建及宣传展示提供翔实的数据支撑，前所未有地改变了文化遗产的保护方式。

2 文物数字化的技术手段

文化遗产种类繁多，大体分为物质文化遗产和非物质文化遗产。物质文化遗产即为实实在在存在的，我们可以看得到的文物实体，其类别又可分为可移动文物和不可移动文物。尤其是不可移动文物，因其特有的不可移动性，保护难度较大。我国也曾对其进行过三次文物普查，建立了全国不可移动文物数据资料库，尤其是2008年全国第三次文物普查数据资料信息更为翔实。不仅有纸质的文本，还有利用计算机信息技术形成的数字档案（电子文本、图片资料、GPS信息、CAD图纸等）。但是，随后的短短十年，这些文物有不同程度的损坏甚至消失，现有的数字资料对文物信息的记录尚在二维空间，无法完全呈现文物本体信息。

随着数字化技术的飞速发展和应用，文物数字化技术逐步被文化遗产保护领域所认可并广泛应用，习总书记提出的“让文物‘活’起来”更是让文物数字化技术如雨后春笋般快速发展。尤其是三维建模、VR（virtual reality，虚拟现实）展示、AR（augmented reality，增强现实）应用等，广泛应用于博物馆信息化建设领域。

2.1 常规技术手段

文物的数字化根据文物类别的不同，技术手段针对平面文物和立体文物可以大致区分。顾名思义，平面文物包括古建筑的附属文物壁画、彩绘、碣及可移动文物中的字画、扇面、服装、唐卡等。而立体文物所含种类就要丰富很多，古建筑及建筑构件、彩塑、碑刻、雕刻及可移动文物陶器、瓷器、玉器、青铜器、竹木牙雕等。平面文物的数字化主要采用扫描和拍摄的方法，形成二维影像数据资料。立体文物的数字化之前也是通过拍摄形成照片，或通过测绘生成图纸等数据。同时，在某些领域（古建筑测绘、考古发掘等），还会进行线图的绘制。但是，之前的技术手段已经远远满足不了目前主流的业务需求。

随着三维激光扫描技术的成熟，该技术被广泛应用于文化遗产（古建筑、古遗址、古寺庙等）保护项目，结合测绘技术能够快速、准确地记录和生成文物保护所需的数据资料，但是传统的技术手段无法达到这个要求[1]。例如，对一个单体的古建筑而言，传统的图纸资料仅仅根据建筑结构凭经验，按照建筑规范绘制出平立剖图纸，建筑上的彩绘、佛像身上的褶皱纹理等也得由有经验的画师进行临摹才能绘出；还有一些古墓葬的现场考古图纸等。这些人工绘制的图纸无疑和文物实体本身有很大的误差，不能真实反映文物本体信息。通过三维激光扫描技术，可以对文物本体采集带有坐标的点云数据，通过软件生产三维模型数据[2-4]。基于这些模型数据可以任意进行剖切，输出所需的图纸。对于彩绘和佛像来说，可以轻易地提炼出线图。关键是这些图纸是文物本体的真实信息资料，可以分析出建筑用料的形制和大小[5]。

三维扫描技术和摄影技术的结合，可以通过软件对三维模型进行纹理映射贴图处理，使得模型数据不仅有三维信息，而且有颜色信息，从而更加趋于真实[6]。这些数据保存了文物本体翔实的三维信息，不仅是文物的一个数字档案，而且为文物检测保护、宣传展示、文创研发提供了数据支撑[7]。

2.2　技术手段革新

计算机技术的进步颠覆了传统技术手段，基于图像三维重建技术的出现，使数字化工作进入了新的发展阶段[8]。该技术诞生之初就备受关注，它是由计算机视觉和计算机图形学发展而来的，该方法可以采用多幅图像对物体进行重建，还可以从图像序列中恢复三维模型，目前已经被广泛应用于计算机虚拟现实、文物数字化保护、基于图像绘制等领域[9]。

所以，现在无论平面文物还是立体文物、可移动文物还是不可移动文物、古建筑还是古遗址，可以通过摄影的方法采集数据，之后通过图像三维重建软件来实现三维模型的复原。但是，并非所有的文化遗产都可以用这种方法来实现，其中的技术环节复杂，需要有经验的工作人员进行周密的总体规划和细节把控。

由于，相机摄影本身无法获取坐标信息，所以对大遗址、古建筑群及石窟寺等文物对象开展此项工作时，航空摄影技术（倾斜摄影）也广泛被使用。但有时必须利用全站仪进行测量获取坐标信息，甚至必须用三维激光扫描的方法才能完成整体三维模型重建。至于平面文物、不可移动文物及部分附属文物则可以完全信赖此技术完成数字化。随着科技的进步，这种高效、精准的数字化手段势必成为文物数字化的核心手段，为文化遗产数字化保护服务。

3　晋祠文化遗产概述

晋祠位于山西省太原市晋源区，距离市中心25km，是国务院首批公布的全国重点文物保护单位，是集历史文化遗产和自然园林景观为一体的著名遗址类文化遗产地。晋祠文化遗产价值独特，是中国现存最早的皇家园林、晋国的宗祠；是中国古代建筑艺术的集约载体、国内宋元明清至民国本体建筑类型序列完整的孤例，附属的彩塑、壁画、碑碣石刻均为国宝；是三晋历史文脉的综合载体，晋文化系统上溯西周封唐建晋至盛唐肇创文脉传承的实证孤例。

北宋以来的各类古建筑一百余座。建于北宋太平兴国九年的圣母殿堪称宋代建筑典范；同期兴建造型奇特的鱼沼飞梁是我国桥梁建筑史上的实物孤例；建于金大定八年的献殿稳如大殿，巧似凉亭，是我国唯一一座殿与亭结合的古建筑。此外，对越坊、水镜台、胜瀛楼等古建筑也各具特色。

北宋以来的各式彩塑190尊。彩塑侍女像突破了北朝以来宗教造像的藩篱，是中国雕塑史上宋代宫廷生活的真实写照，对于研究北宋宫廷六尚制和宋代宫廷生活、衣冠服饰以及研究宋代彩塑艺术都具有重要的历史、艺术和科学价值。元代乐伎像为目前已知的全国唯一一组完整的元代乐队塑像，是研究元代杂剧和古代乐器发展的珍贵实物资料。此外，水母楼鱼美人像、老君洞金身三清像等古代塑像，也具有极高的历史价值和艺术价值。

壁画12处，最有价值者当属关帝庙内壁画，是目前已知的唯一一套完整的古代三国志连环画壁画。

碑碣石刻400余通。唐太宗李世民御制御书的“晋祠之铭并序”碑开创了我国行书上碑的先河，被誉为第一通行书碑，是晋祠博物馆的镇馆之宝，具有极高的历史和艺术价值。凿刻于武周时期的华严经石刻共132块，内有19个武周造字，武则天亲笔为之题序，具有极高的历史价值、艺术价值。

此外，晋祠金属文物也有突出代表。四尊宋代铁人挺拔威武，虽历经风霜，历千年而雄风不减；五对铁狮分别铸于宋朝、明朝，张牙舞爪，威风八面；五口大钟满布铭文，记载着历史岁月沧桑。这些文物代表了古代冶金技术的突出成就。

晋祠青山环绕，碧水川流。在这里，自然山水与人文景观完美融合，古树掩映，曲径通幽。祠内有古树名木96株，其中千年以上古树30株。西周初年所植周柏（卧龙柏）、长龄柏经碳-14科学测定，均已有3000年树龄，隋唐所植的数株槐树历经1500年风霜雪雨，至今仍枝繁叶茂，郁郁苍苍。

4 晋祠文化遗产数字化

晋祠文化遗产资源丰富、种类众多，而且晋祠这座神奇的祠堂历经数千年，保存下来了自北宋以来各个时期的古建筑，形成了现在独具特色的古建筑群，堪称古建筑博物馆。同时，又拥有雕塑、壁画、碑刻、楹联匾额、古树名木等各类文物精品，还有历年收藏保存的可移动文物数千件，可以说晋祠就是一个文化遗产宝库。如此众多的文化遗产，如何保护和利用，就成为晋祠几代文物工作者研究的课题。

4.1 晋祠以往的数字化工作

文化遗产保护一直是晋祠文物工作的重中之重。多年来在实际工作中，文化遗产真实状态的文字描述准确性、影像资料完整性、动态监测持续性均无法满足文化遗产保护的需要；技术手段、保护经费、自然条件等诸多客观因素及文物的特殊性，使保护工作不可能一蹴而就，短期完成；文物环境（尤其是不可移动文物及附属文物），在自然状况及某些非自然状况下存在着一定的侵蚀与损坏。因此，对文化遗产的真实状态、保存环境、保护手段等信息的系统收集整理，是文化遗产保护工作的基础，是一项紧迫的艰巨任务。

因此，在全国第三次不可移动文物普查工作结束之后，于2009年毅然决然地启动了晋祠文化遗产数据库建设项目。经过多次论证，对馆内所有文化遗产进行了彻底调研和系统梳理，经过反复论证修改，最终将晋祠文化遗产分为古建、彩塑、壁画、楹联匾额、碑揭石刻、铁质文物、馆藏文物、古树名木、四季景观、文献史料等十大类进行采集和整理。

整个过程采取最新的影像采集技术，通过数码影像，对晋祠历史文化遗产进行全方位、多角度的真实记录。采集过程中组建了高水平的专业文物摄影师技术团队，选用高档专业设备，具体包括：英国保荣3000W/S电源箱及灯头七支、英国保荣21×50标准反光罩、英国保荣束光罩等，飞思数码后背及罗敦斯德Apo Digital5.6/120mm、罗效斯德Apo Digital5.6/90mm、罗敦斯德Apo Digital5.6/50mm等镜头，Nikon D3S专业数码单反相机、日本骑士6×12相机等，以及苹果G4笔记本、捷信云台、捷信脚架等。为了确保采集信息的质量，我们对拍摄有严格的要求，根据不同拍摄对象，合理选用1230万像素专业数码单反相机和3300万像素数码后背等设备，同时严格计算拍摄距离，使所有图片均达到300dpi采集精度，同时严格进行色彩管理，保证了影像的清晰度和文物的原真性。整个拍摄过程持续了一年零七个月，对晋祠内所有文物，从多角度、多细节及残损状态全部记录，形成了近4TB的晋祠文化遗产数字资料。

之后，从2011年5月开始启动晋祠文化遗产数据整理归档工作。经过长达约3个月的摸索、讨论，针对晋祠各类文物遗产最终于2011年8月16日确定了一物一表的数据框架结构。2011年12月19日所有数据整理完毕，形成了完整的晋祠文化遗产数据资料库。

2012年针对晋祠文化遗产数据资料进一步完善，补充完善文字资料、对图片资料进一步分类整理和标注。于2012年12月17日，与文物出版社洽谈达成共识，正式签订《晋祠文化遗产全书》出版合同。为使《晋祠文化遗产全书》达到出版要求，晋祠博物馆组织专人负责，抽调专业队伍对所有分卷数据进行校对修改。尤其是古建卷，古建卷在所有分卷中内容最多，专业性最强，所以专门聘请古建专家进行了多达5次的校对修改。最终，《晋祠文化遗产全书》于2015年正式出版。

4.2　晋祠文化遗产数字化思路

尽管在文物数字化方面对晋祠做了一些工作，但是现有的数字化资料离完整的文物数字档案的标准甚远，尤其是在三维模型数据及利用方面。所以晋祠文化遗产数字化工作亟待规范和完善，建议从以下几个方面开展晋祠文化遗产数字化工作。

4.2.1　深入调研，制定详细合理的文化遗产数字化工作方案

晋祠保存着丰富的文化遗产资源，种类繁多、特点鲜明，所以晋祠文化遗产数字化工作是一项巨大的系统工程，非一朝一夕可以完成的。所以，就应在开始具体工作前制定详细而合理的工作方案。①要明确晋祠哪些文化遗产需要进行数字化，哪些是亟须进行的，合理规划进度；②应根据不同的文物类别确定数字化标准，即数字化的精度及这些数据将来如何转换应用等；③要确定技术路线，是利用三维激光扫描技术还是多图像三维重建技术，这完全取决于所采集的文物类型；④针对晋祠复杂的文物分布和文物环境，可能会出现的难点和困难要有充足的预判和解决方案；⑤所有采集的成果将是大量的数据资料，这些数据如何保存、归档和利用也是文物数字化工作不可忽视的重点，否则文物数字化工作将会面临庞大数据量带来的困惑。

因此，拟确定该工作规划4～5年进行。

（1）筹建晋祠文化遗产数字化团队，包括文物相关专业、信息化专业、数字化专业、摄影专业等方面的专业人才。

（2）利用2～3个月时间，对晋祠所有文化遗产资源进行摸排，汇总、分类、筛选文物并制作详细名录表，同时讨论制定采集工作计划。

（3）利用2个月时间，确定技术路线并准备相关设备、器材、搭建工作硬件和软件环境。

（4）利用2年左右时间，严格按照规划工作方案进行前期数字化采集工作，并根据具体工作进度及客观情况，配合内业进行数据检查和整理，完成阶段性成果转化。

（5）同时，应配合整个数字化工作，建设晋祠文化遗产数据库，搭建能满足存储需要的磁盘阵列和运行数字化软件的服务器集群，实现数据存放和成果转化需求。

（6）将所有晋祠文化遗产数据资料进行成果转化，可建立完善的晋祠文物信息资料库以供晋祠文物存档、修复和研究需要；可进行VR、AR、动画、数字出版等宣传和展示；也可利用这些数据进行晋祠文创产品开发，将这些数据直接转换为经济收入。

4.2.2　晋祠文化遗产数字化技术路线

晋祠的文化遗产决定了数字化的技术手段必须对其负责，必须整合所有的技术手段，集所有优

势于一体才能将晋祠文化遗产所有信息和精华完全收纳。

（1）利用航拍技术倾斜摄影快速采集晋祠文化遗产大环境的数据，运用多图像三维重建来获得晋祠总体三维数据模型。

（2）利用三维激光扫描采集晋祠单体文物的建筑点云模型数据，配合摄影图片进行纹理映射，还原建筑真实三维模型。

（3）晋祠建筑文物的附属文物，包括雕塑、碑刻、匾额等，可以运用三维激光扫描、激光臂扫描、多图像三维重建等方式来采集数据。

（4）晋祠保存的大量壁画文物，则可以利用摄影技术结合三维激光扫描来采集数据，主要根据文物所处环境来选择合适的采集手段。

（5）晋祠的文化遗存历经数代，彩绘及壁画有些经过补绘，所以有的在表层之下还有之前绘制的图案，对于这些可以用多光谱扫描技术进行扫描来探索其究竟，为文物研究提供科学依据。

（6）由于晋祠文化遗产覆盖范围较大，而且各种文物之间的关系复杂，所有必须在采集过程中严格采集坐标信息。航拍及三维激光扫描可以实时采集地理坐标信息，摄影无法采集坐标信息，所以需结合全站仪建立坐标系统，将所有文物数据准确地还原在三维数据模型中，从而建立晋祠标准的文物数字信息资料。

4.3 晋祠文化遗产数字化技术难点

晋祠是一座集古建园林为一体的综合类博物馆，园区内植被茂盛、建筑密集；同时建筑结构复杂、体量较大，而且附属文物密集。所以，对晋祠进行文物数字化大致有如下几个方面的难点。

（1）航拍采集图片时，由于植被茂密，遮挡严重，造成采集文物本体信息较少或几乎无法采集到。同时在采集建筑上部及顶部数据时，航拍用的飞机操控困难，造成采集数据不全。

（2）采集圣母殿数据时，由于该殿体量大，殿内光线不足，建筑结构复杂，所以在进行三维激光扫描时，会受到遮挡而采集不到所有信息数据。同时，图片资料采集工作很难进行，无法采到高清晰度图片资料，从而造成还原的三维模型数据失真。

（3）殿内彩塑和壁画距离很近，文物之间距离较近，操作空间受限，造成采集困难或无法采集。例如，圣母殿内彩塑因保护需要而建有暖阁，十方奉圣寺内碑廊陈列的华严经石刻等，采集这些文物时即使采用手持激光扫描仪进行采集，空间都十分狭小，也难以操作。

（4）晋祠内30余株上千年的古树，也是晋祠特有的珍贵文物，这些活文物的数字化是非常大的一个难题。由于树木枝叶错综复杂，遮挡严重，空间关系更是难以琢磨，现有的数字化采集手段很难对其进行采集。

4.4 晋祠文化遗产数字化难题解决思路

针对目前晋祠文化遗产数字化工作中体现出来的一些难题，可以分别从以下几个方面加以解决。

（1）航拍树木遮挡问题，是无法用单方面技术解决的。可以结合地面三维激光扫描和多图像三维重建来综合解决，将航拍获得的图片资料利用多图像三维重建进行模型还原，无法还原的数据用地面的数据进行补充，从而建立完善的三维数据模型。在这个过程中，利用全站仪建立坐标体系是前提和关键，没有这个数据做保障，是无法将多个数据整合拼接的。

（2）针对体量较大的建筑内部进行数据采集遇到的遮挡和光线不足的问题，解决方法就较为复杂。在殿内进行综合布光，使殿内整体亮起来，是解决此类问题的根本。但是，像圣母殿这样的建筑，这种方式极难实现。首先，空间太大了，要使整体光照度非常均衡，几乎不可能。而且殿内有圣母佛龛和侍女像暖阁，打光后形成的影子将是所有图像资料的硬伤。其次，空间大造成在图片采集过程中色彩管理很难进行，要获取高保真图片资料几乎不可能。所以，唯一可以相对解决此类问题的方法是搭设脚手架，将工作面提高，尽可能接近文物本体，然后进行小范围布光，分块采集，最后进行数据拼接整合。在此过程中，关键要求灯光输出功率一定尽量一致，这通过测光和色彩管理严格控制灯光来实现。

（3）针对文物采集过程中操控空间狭小问题，在激光臂和手持激光扫描仪无法实现时，唯一的解决方法就是利用多图像三维重建技术。在此过程中，用尽量从不同高度、不同角度、不同焦距进行文物的图像采集，争取多采集文物本体细节信息资料，利用多图像三维重建软件进行文物三维模型的复原。

（4）针对晋祠古树名木的三维数据采集，现有的采集手段和软件很难实现。唯一补救方法就是利用摄影技术结合三维建模来尽量模拟古树的信息数据。所以目前，只有尽量有计划地对树木进行摄影数据的采集，建立二维的数据资料库。

数字化发展到今天，已经应用到诸多领域，尤其是文化遗产的数字化，在文化遗产保护领域起到了重要的作用。晋祠文化遗产数字化工作也是顺应时代发展，严格执行“保护为主”的文物保护方针的体现。只有第一时间将文化遗产最全、最详细的信息资料保存下来，才能科学地利用这些数据资料对文物进行研究、保护和利用。随着科学技术的不断进步，文物数字化的技术和手段必将不断进步和革新，这就需要我们从事文物数字化工作的文博人不断地学习和研究，不断地探索新的技术手段和方法，将计算机技术、数字化技术、图像技术等充分地应用于文化遗产保护事业，逐步形成文化遗产数字化保护的标准和规范，使文化遗产数字化保护工作更加科学，促进文化遗产保护事业走向辉煌。

参考文献

［1］ 吴玉涵，周明全. 三维扫描技术在文物保护中的应用［J］. 计算机技术与发展，2009，（9）：173-176.

［2］ 白成军. 三维激光扫描技术在古建筑测绘中的应用及相关问题研究［D］. 天津：天津大学，2007.

［3］ 王茹. 古建筑数字化及三维建模关键技术研究［D］. 西安：西北大学，2010.

［4］ 王晓南，郑顺义. 基于激光扫描和高分辨率影像的文物三维重建［J］. 测绘工程，2009，（6）：53-55.

［5］ 周明全，税午阳，王学松，等. 文物数字化关键技术及其在数字博物馆中的应用［A］// 数字博物馆研究与实践（2009）［C］，2010.

［6］ 齐扬，周伟强，薛烨，等. 文物三维彩色数字化模型实现方式探讨［J］. 文博，2009，（6）：492-495.

［7］ 杨丽萍. 面向文物的三维信息可视化关键技术研究［D］. 北京：首都师范大学，2007.

［8］ 刘亚文. 利用数码相机进行房产测量与建筑物的精细三维重建［D］. 武汉：武汉大学，2004.

［9］ 吴暲. 三维扫描技术在模具CAD/CAM中的应用［J］. 科学家，2017，（1）：79-80.

革命文物藏品的保管保护的工作实践

董海鹏
（八路军太行纪念馆，山西长治，224400）

摘要 文化自信是对我国文化生命力的鉴定信心，在一百多年前，中国人民在反对外来侵略，争取民族独立和解，进行革命战争，建设新中国的过程中收藏了很多遗存的红色收藏，这些都是需要珍惜和保护的文化资源，承载着中国特殊历史时期的精神文化，是一代人的红色记忆。

关键词 革命文物 藏品 保管保护

在革命时期遗留下的红色藏品在革命博物馆中展览，影响着后人的品格，明白坚强不屈奋斗的意义，这些都是非常具有教育意义的展品，所以在保存方面应该也有非常严格的要求。本文主要对革命文物的藏品保管保护进行分析，保证文物能在安全稳定的博物馆环境下保存，让博物馆更有价值，也把博物馆打造成示范爱国教育的基地。

1 调整策略，努力做好新时期的革命文物征集工作

1.1 制定文物征集计划工作

时间正在快速的流逝，越来越少的经历过革命斗争的老同志还在世，革命陈列馆想要获得这些藏品，要趁早拜访老同志，提前做好准备工作，计划如何对革命文物进行更好的征集和抢救，做任何事情都要做到心中有数，不仅要了解老同志及其革命文物的情况，也要详细了解当时的历史情况和博物馆的现有情况，这样方便了拜访，也方便收集工作的进行。

1.2 建设一支稳定的革命文物征集小组

建设这样一个小组，明确征集的方向，加快工作进度，保证工作完成质量。每个博物馆对于展品的竞争也比较强烈，大地方的展馆更应该收集一些有地方特色的、突出本地的党史特点，收集典型性文物，这样才可以在竞争中突出重围，展现出不一样的地方。对于新的革命馆，最需要的征集就是需要有历史的连贯性和完整性，在更多章节和小细节上有更多的展品弥补空缺[1]。

1.3 积极主动争取团体和个人捐赠

现在社会中也有许多文物收藏者和爱好者，收藏的目的各不相同，有一些是个人的荣誉，如

奖章或者证书之类的东西先要留存，有一些就是想要研究和收藏，有一些是祖祖辈辈留下的祖传宝贝，一直保存在自己的家中。当然如果作为博物馆，肯定希望这些东西可以由收藏者主动地捐献给博物馆，博物馆也会给捐赠者颁发证书，物件会在博物馆进行展出，博物馆也会给予更好的保存。在文物征集小组进行工作的时候，多一些真诚，多给同志们做些思想工作，帮助他们缓解顾虑，认真详细地做好填表等手续的工作，给捐赠者更大的安心。

1.4　经常举办老同志座谈会

对老同志以及亲属的走访，更有助于对文物的征集，老同志对于自己的革命历史还是有着深刻的印象的，文物征集小组需要用足够的真诚和老同志们交心地谈论，拉近人与人之间的关系，老同志们会工作理解甚至支持文物征集的。老同志们的回忆描述对文物收集工作也是有很大帮助的，这可以为文物收集工作提供思路和方向。

1.5　积极适应市场并拓宽征集途径

征集文物的工作面不仅仅放在对于老同志们的方向，要开阔眼界了解市场，寻找更多的文物爱好者，跟他们保持持续的联系，寻找更多可以收集为文物的市场，汇集更多的文物，把收集到的文物保护起来，尽力保护和拯救那些没有受到珍惜重视的文物，尽可能还是原来的样子，对于那些流入其他市场的，尽力寻找途径，尽可能拯救回来，不一味追求数量，质量也是需要保障的。

2　文物藏品管理存在的问题

2.1　管理人员意识相对薄弱

博物馆也是相对来讲比较受欢迎的旅游景点，经常会吸引大量游客进行参观，但一些管理人员的管理能力还有一定的提升空间，对工作的认真度也不够，需要培养认真工作的态度，正确地对文物进行管理，避免因为管理不当对于文物有更加快速的消耗，对所有进入博物馆的文物进行建档工作，配齐相关文件，管理者要对自己所管理的文物有一个充分的了解，对于文物的陈列也有一定的讲究，要有一定的顺序，这样可以在维护时更加有序。

2.2　缺少科学的发展规划

文物收藏的管理相对于其他事物的管理更为复杂，需要有更加仔细认真的管理工作者，当然这样的管理不仅需要优秀的人员，更加需要资金的支持，一些博物馆在收集藏品时就花费了大量的资金，所以在管理方面关注较少，至于在管理方面存在一定的问题，这都是可以解决的。另外，文物藏品的保护，需要有更为科学的保护措施和保护计划，并把计划的事情落实到实处，而且真地做到位，如果工资的待遇不错，也会极大地增强管理者的积极性，更加有利于做好文物的管理和保护工作，使得文物更加完整和健康地长久存在于博物馆中。

2.3 缺乏完整的管理途径

关于文物的建档还不够规范，需要统一规划建档部门，由统一人员进行有序的建档，人员的不统一可能会使得建档的规范不同，也可能会出现档案的差别性太大，所以文物的建档需要更加地有序合理化，人员也需要经过培训，对建档流程有详细的了解，实现科学建档，而关于数据的收集，需要哪方面信息的收集，关于需要用到的资料，都需要有一个统一的标准，建档和管理都需要及时，这样才可以更好地对文物进行管理。

3 如何对革命文物藏品进行保管保护

3.1 对革命文物的优化管理

优化管理最开始要做的就是对文物进行分类，这样做可以使得后续的保护工作更加方便地进行，不仅可以使养护工作更加快捷，也会减少工作的失误，提升工作效率，文物可以根据不同的属性进行分类，也可以根据时间或者来源进行分类，对于一些重要的具有特殊性文物，需要进行单独保管方式，博物馆对于文物的保管，一定要有一套完整的、有效的保管方案，对于文物的保管问题不容忽视，需要一起努力，慢慢地完成。

3.1.1 标准化的库房管理

对于展品类的文物，库房的管理非常重要，物品的各种细节都必须记录得很详细，如物品出入库的登记，甚至管理人员的上班时间，对于藏品的检查时间都要记录在内，当然如果发生事故，事故发生的地点和位置以及值班人员都要进行详细的记录。在库房管理制度中，需要把管理规则进行更加详细的划分，对文物的搬运要尽可能做到最少，避免不断地转换地方给藏品造成的伤害，标准化车间的优势就是有良好的记录，方便任何信息的查询，保障藏品的安全。

3.1.2 标准化文物保管系统管理

信息技术在世界范围内都在不断地发展，信息技术更是可以运用到文物的管理和保护中，所以如果科技可以给管理和保护文物有更强劲的保护时，就需要科技真正的存在了，这不管是对于展览还是保护，都会起到强大的作用。

一是关于文物各项内容的登记问题。文物保管系统需要注意的方面很多，对于文物信息的登记必须非常严格，文物大多是历史事件的反映，代表着这个时期的故事，管理人员需要详细地记录信息，物件的年代、材质、名字等，都需要进行一个详细的记录，以保证信息录入的完整度。

二是关于报表的管理。博物馆可以将物件的信息采用图片或者文字的形式制作成报表，方便在对文物进行修复保养时进行核对，对博物馆内多种形式的信息展示，需要管理人员细心将文物和文字信息相匹配，进行文物信息的核对和检查。

三是关于数据查询。文物的管理也应当像图书馆管理书籍一样，对每一个物件都按照分类进行编码的编排，使文物的管理更加有序，方便导游介绍，也为后期的维护做出很大贡献，方便维护人员找到该物件，对检修工作提供了很大的帮助，在检修时更加快速地找到需要维修的物件，使得检查更加快速和高效。

四是对于数据的备份。文物的资料以及相关资料都要进行多方面的保存和备份，不仅需要传输到网络上，在网络上进行备份，纸质版的也需要最少有一份，确保多方位的数据的存在，避免丢失后难以弥补的情况，而且这样也可以确保数据的准确性，可以多方面地对数据进行核对。

五是对于登录人员的管理。在信息科技的时代，博物馆的每位工作人员，都应该有登录系统的权限，不仅有访问记录，可以在之后出现问题时进行排查，也可以监管平时的状况、关于新信息的登记、值班的记录，这些纪律可以帮助博物馆对文物的管理。

3.2　对于革命文物的科学保护

文物的保护是为了文物可以长久地存在，科学的保护方法可以使文物更加长久地保存，为后人的观赏提供更长久的价值，也能发挥到在爱国教育方面的功能，科学的保护，不仅仅要考虑到环境和地质对于文物的影响，也要通过科学的手段进行养护。

3.2.1　对文物的预防性保护

预防性保护是指在事情还未发生时就对文物进行了相对应的保护，不仅对文物所处环境的调试，对展馆和库房都有相对应的环境的调试，使得不管是气温还是光照都有非常适合保存文物的环境，避免环境问题对于文物的影响，预防性保护是现在文物保护中必要的前期工作[2]。

3.2.2　对文物的抢救性保护

预防性保护是前期的预防工作，但是对于已经受到影响的文物，需要进行抢救性的保护，这就对维护人员的要求非常高，维护人员需要对该维修物件有比较充分的了解，这样才能正确地对文物进行最好的维护，必须明确文物的工艺，了解这项工艺的修复方法，这样才能最好地对文物进行修复。

3.2.3　对文物的法律性保护

社会是需要规则约束的，法律也是对社会的规则进行约束的必要武器，关于文物的保护工作也是需要法律介入的，法律的规则也可以更好地对文物进行保护，文物的保护是一项大型的工作，仅仅依靠博物馆内部制定的制度，不足以有威胁性，所以法律法规的制度不仅对博物馆管理很有必要，对文物的管理也很有必要，所以国家出台了相关法律《文物保护法》，有了法律的保护，文物就会更加安全。

但由于法律的内容较多，许多人还是不够了解，所以最好召开一些会议，请了解相关法律的人员对于法律有一些详细的讲解，也引导人们主动了解和遵守法律，更加关心和爱护革命文物，在博物馆工作的相关人员，对法律应该有更加细致的了解，这样也为自己的工作提供更多的帮助，法律的设置是为了给人们一个约束的力量，希望人们都文明执法，这样才能形成更加良好的对文物保护的风气。

结　语

博物馆中保存的红色收藏，是历史留给现在的记忆，许多的人们都已经将文物细心地收藏过了，博物馆也只是保护红色收藏这条路上的一员，现在文物需要博物馆的守护，需要管理人员的辛勤付出，这样才能使文物的价值继续延续下去。

参 考 文 献

[1] 杜浩军. 新形势下进一步加强革命文物工作[J]. 学术研究，2017，(19)：93-95.

[2] 张颖. 革命文物藏品的保管保护研究[J]. 求知导刊，2016，(2)：95.

后　记

2018年9月11日至12日，由中国文物保护技术协会主办，山西省文物局、山西省博物馆协会协办，山西同方知网数字出版技术有限公司承办的“中国文物保护技术协会第十次学术年会”在山西省太原市举行。本次年会以“科学保护文物，弘扬中华文明，实现中华民族伟大复兴”为主题，进行文物科技成果的展示和学术交流。来自故宫博物院、中国国家博物馆、中国文化遗产研究院、敦煌研究院等140余家国内文博单位的300余位专家学者参加年会，探讨新时期文物保护理念，分享实践经验，交流信息。

本次会议共收到两百多篇论文，涵盖文物保护理念、金属质文物保护、陶瓷质文物保护、石质文物保护、文物建筑保护、漆木类文物保护、彩绘彩画保护、纸张文献类文物保护、丝麻皮革类文物保护、考古现场保护、预防性保护、文物保护相关技术等内容，31名专家学者做了大会及分组学术报告，会议交流气氛热烈，尤其是青年学者交流踊跃，取得了良好的增进交流与合作的效果。会后，会议代表集体参观了由山西省文物局主办、山西博物院承办、全省19家文博单位共同协办的“古韵新生——山西省可移动文物保护成果展”。

本次学术年会的成功举办得到了国家文物局、山西省文物局的悉心指导与帮助，协办单位山西省博物馆协会、承办单位山西同方知网数字出版技术有限公司事无巨细的悉心筹备以及辛勤付出获得了与会代表的一致好评，另外按照会议筹备计划，山西博物院资助了本论文集的出版费用，在此一并表示诚挚的感谢。

中国文物保护技术协会秘书长

曲　亮

2019年9月25日